D1735439

J. von Staudingers
Kommentar zum Bürgerlichen Gesetzbuch
mit Einführungsgesetz und Nebengesetzen
EGBGB/IPR
Art 25, 26 EGBGB;
Anhang zu Art 25 und 26 EGBGB

**Kommentatorinnen
und Kommentatoren**

Dr. Karl-Dieter Albrecht
Vorsitzender Richter am Bayerischen
Verwaltungsgerichtshof, München

Dr. Hermann Amann
Notar in Berchtesgaden

Dr. Christian Armbrüster
Wiss. Assistent an der Freien Universität
Berlin

Dr. Martin Avenarius
Wiss. Assistent an der Universität
Göttingen

Dr. Wolfgang Baumann
Notar in Wuppertal

Dr. Roland Michael Beckmann
Privatdozent an der Universität des
Saarlandes, Saarbrücken

Dr. Okko Behrends
Professor an der Universität Göttingen

Dr. Detlev W. Belling, M.C.L.
Professor an der Universität Potsdam

Dr. Werner Bienwald
Professor an der Evangelischen
Fachhochschule Hannover

Dr. Claudia Bittner, LL. M.
Privatdozentin an der Universität
Freiburg i. Br.

Dr. Andreas Blaschczok
Professor an der Universität Leipzig

Dr. Dieter Blumenwitz
Professor an der Universität Würzburg

Dr. Reinhard Bork
Professor an der Universität Hamburg,
Richter am Hanseatischen Oberlandes-
gericht zu Hamburg

Dr. Wolf-Rüdiger Bub
Rechtsanwalt in München, Lehrbeauf-
tragter an der Universität Potsdam

Dr. Elmar Bund
Professor an der Universität Freiburg
i. Br.

Dr. Jan Busche
Privatdozent an der Freien Universität
Berlin

Dr. Michael Coester, LL.M.
Professor an der Universität München

Dr. Dagmar Coester-Waltjen,
LL.M.
Professorin an der Universität München

Dr. Matthias Cremer
Notar in Dresden

Dr. Heinrich Dörner
Professor an der Universität Münster

Dr. Christina Eberl-Borges
Privatdozentin an der Universität Potsdam

Dr. Werner F. Ebke, LL.M.
Professor an der Universität Konstanz

Dr. Jörn Eckert
Professor an der Universität Kiel, Richter
am Schleswig-Holsteinischen Oberlandesgericht in Schleswig

Dr. Volker Emmerich
Professor an der Universität Bayreuth,
Richter am Oberlandesgericht Nürnberg

Dipl.-Kfm. Dr. Norbert Engel
Leitender Ministerialrat im Bayerischen
Senat, München

Dr. Helmut Engler
Professor an der Universität Freiburg
i. Br., Minister in Baden-Württemberg
a. D.

Dr. Karl-Heinz Fezer
Professor an der Universität Konstanz,
Honorarprofessor an der Universität
Leipzig, Richter am Oberlandesgericht
Stuttgart

Dr. Johann Frank
Notar in Amberg

Dr. Rainer Frank
Professor an der Universität Freiburg
i. Br.

Dr. Bernhard Großfeld, LL.M.
Professor an der Universität Münster

Dr. Karl-Heinz Gursky
Professor an der Universität Osnabrück

Dr. Ulrich Haas
Professor an der Universität Halle-
Wittenberg

Norbert Habermann
Richter am Amtsgericht Offenbach

Dr. Johannes Hager
Professor an der Humboldt-Universität zu
Berlin

Dr. Rainer Hausmann
Professor an der Universität Konstanz

Dr. Dott. h. c. Dieter Henrich
Professor an der Universität Regensburg

Dr. Reinhard Hepting
Professor an der Universität Mainz

Joseph Hönle
Notar in Tittmoning

Dr. Bernd von Hoffmann
Professor an der Universität Trier

Dr. Heinrich Honsell
Professor an der Universität Zürich,
Honorarprofessor an der Universität
Salzburg

J. von Staudingers
Kommentar zum Bürgerlichen Gesetzbuch
mit Einführungsgesetz und Nebengesetzen

Einführungsgesetz zum
Bürgerlichen Gesetzbuche/IPR
Art 25, 26 EGBGB;
Anhang zu Art 25 und 26 EGBGB:
Ausländische Rechte

Neubearbeitung 2000
von
Heinrich Dörner

Redaktor
Jan Kropholler

Sellier – de Gruyter · Berlin

Die Kommentatorinnen und Kommentatoren

Neubearbeitung 2000
Art 25, 26; Anh zu Art 25 f:
HEINRICH DÖRNER

Dreizehnte Bearbeitung 1995
Art 25, 26; Anh zu Art 25 f:
HEINRICH DÖRNER

12. Auflage
Art 24–26 aF: Professor Dr KARL FIRSCHING (1981)
Anh zu Art 25 f: ./.

11. Auflage
Art 24–26 aF: Professor Dr KARL FIRSCHING (1981)
Anh zu Art 25 f: ./.

Sachregister

Rechtsanwalt Dr. Dr. VOLKER KLUGE, Berlin

Zitierweise

STAUDINGER/DÖRNER (2000) Vorbem 1 zu Art 25
STAUDINGER/DÖRNER (2000) Art 25 Rn 1
STAUDINGER/DÖRNER (2000) Anh zu Art 25 f Rn 1

Zitiert wird nur nach Paragraph bzw. Artikel und Randnummer.

Hinweise

Das **Vorläufige Abkürzungsverzeichnis 1993** für das „Gesamtwerk STAUDINGER" befindet sich in einer Broschüre, die den Abonnenten zusammen mit dem Band §§ 985–1011 (1993) bzw. seit 2000 gesondert mitgeliefert wird. Eine aktualisierte Neubearbeitung befindet sich in Vorbereitung und wird den Abonnenten wiederum kostenlos geliefert werden.

Der **Stand der Bearbeitung** ist jeweils mit Monat und Jahr auf den linken Seiten unten angegeben.

Am Ende eines jeden Bandes befindet sich eine Übersicht über den aktuellen **Stand des Gesamtwerkes** STAUDINGER.

Die Deutsche Bibliothek – CIP-Einheitsaufnahme

J. von Staudingers Kommentar zum Bürgerlichen Gesetzbuch : mit Einführungsgesetz und Nebengesetzen / [Kommentatoren Karl-Dieter Albrecht ...]. – Berlin : Sellier de Gruyter
Teilw. hrsg. von Günther Beitzke ... – Teilw. im Verl. Schweitzer, Berlin. – Teilw. im Verl. Schweitzer de Gruyter, Berlin. – Teilw. u.d.T.: J. v. Staudingers Kommentar zum Bürgerlichen Gesetzbuch
ISBN 3-8059-0784-2

[Erg.-Bd.]. Einführungsgesetz zum Bürgerlichen Gesetzbuche / IPR Art 25, 26 EGBGB ; Anhang zu Art 25 f EGBGB: ausländische Rechte / von Heinrich Dörner.
Red.: Jan Kropholler. – Neubearb. – 2000
ISBN 3-8059-0937-3

Printed in Germany.

Satz: Typosatz Ullrich, Nördlingen.
Druck: Sebald Sachsendruck, Plauen.

Bindearbeiten: Lüderitz und Bauer, Buchgewerbe GmbH, Berlin.

Umschlaggestaltung: Bib Wies, München.

♾ Gedruckt auf säurefreiem Papier, das die DIN ISO 9706 über Haltbarkeit erfüllt.

Inhaltsübersicht

[*] Zitiert wird nicht nach Seiten, sondern nach
Paragraph bzw Artikel und Randnummer; siehe
dazu auch S VI.

Allgemeines Schrifttum

Das Sonderschrifttum ist zu Beginn der einzelnen Kommentierungen bzw in Fußnoten innerhalb der Kommentierung aufgeführt.

vBar, Internationales Privatrecht, Erster Band: Allgemeine Lehren (1987); Zweiter Band: Besonderer Teil (1991)

Ebenroth, Erbrecht (1992)

Erman/Hohloch, Handkommentar zum Bürgerlichen Gesetzbuch (9. Aufl 1993)

Ferid, Internationales Privatrecht (3. Aufl 1986)

Ferid/Firsching, Internationales Erbrecht (Loseblattausgabe)

Flick/Piltz, Der Internationale Erbfall (1999)

Kegel/Schurig, Internationales Privatrecht (8. Aufl 2000)

Kropholler, Internationales Privatrecht (3. Aufl 1997)

Kropholler/Krüger/Riering/Samtleben/Siehr, Außereuropäische IPR-Gesetze (1999)

Lange/Kuchinke, Lehrbuch des Erbrechts (4. Aufl 1995)

Lüderitz, Internationales Privatrecht (2. Aufl 1992)

Makarov, Quellen des Internationalen Privatrechts, Bd I: Gesetztexte (2. Aufl 1953); Bd II: Staatsverträge (2. Aufl 1960); Bd III: Nationale Kodifikationen (3. Aufl 1978)

Münchener Kommentar zum Bürgerlichen Gesetzbuch, Bd 10: Einführungsgesetz (Art 1–38), Internationales Privatrecht (3. Aufl. 1998)

Palandt, Bürgerliches Gesetzbuch (59. Aufl 2000)

Soergel, Bürgerliches Gesetzbuch, Bd 8: Einführungsgesetz (12. Aufl 1996)

Vierter Abschnitt
Erbrecht

Vorbemerkungen zu Art 25 und 26 EGBGB

Systematische Übersicht

1

Heinrich Dörner

Alphabetische Übersicht

Erbrecht

Heinrich Dörner

A. Textgeschichte

Schrifttum

1. Zu A./I. (Art 24–26 aF)

Vgl bis einschließlich 1980: STAUDINGER/FIRSCHING[12] Vorbem zu Art 24–26 aF, Schrifttum I.–VIII.

BEITZKE, Beiträge zum Kollisionsrecht der Adoptionsfolgen, in: FS Firsching (1985) 9

CLAUSNITZER, Die güter- und erbrechtliche Stellung des überlebenden Ehegatten nach den Kollisionsrechten der Bundesrepublik Deutschland und der USA (1986)

COESTER, Zum Erbrechtsausschluß des „schuldigen" Ehegatten (§ 759 Abs 2 ABGB) bei deutschem Scheidungsstatut, IPRax 1981, 206

DENZLER, Die Konversion eines ungültigen Erbvertrages in Einzeltestamente nach österreichischem und italienischem Recht, IPRax 1982, 181

FIRSCHING, Doppelstaater im internationalen Erbrecht, IPRax 1981, 14

ders, Die Erbfolge nach einem österreichischen Erblasser, der mit letztem Wohnsitz und Aufenthalt in der Bundesrepublik Deutschland nach dem 1. 1. 1979 verstorben ist – Abhandlung des Nachlasses, IPRax 1981, 86

ders, Joint tenancy im internationalen Erbrecht – Erbscheinsverfahren nach einem ausländischen (hier US-)Erblasser, IPRax 1982, 98

ders, Das Erbrecht des Fiskus im deutschen und österreichischen internationalen Privatrecht, in: FS Kralik (1986) 371

ders, Das Anfallsrecht des Fiskus bei erblosem Nachlaß, IPRax 1986, 25

GRAUPNER/DREYLING, Erblose Nachlässe im deutsch-britischen internationalen Privatrecht, ZVglRW 1983, 193

GRUNDMANN, Zur Errichtung eines gemeinschaftlichen Testaments durch italienische Ehegatten in Deutschland, IPRax 1986, 94

HEINEN, Zum Erbstatut des Mehrstaaters mit deutscher Staatsangehörigkeit, MittRhNotK 1985, 34

HENRICH, Die Behandlung von joint tenancies bei der Abwicklung von Nachlässen in Deutschland, in: FS Riesenfeld (1983) 103

ders, Die Schenkung von Todes wegen in Fällen mit Auslandsberührung, in: FS Firsching (1985) 111

HERING, Die gesetzlichen Rechte des überlebenden Ehegatten in deutsch-kanadischen Erbfällen (1984)

JAYME, Zur Errichtung eines gemeinschaftlichen Testaments durch portugiesische Eheleute im Ausland, IPRax 1982, 210

ders, Nochmals: Zur Errichtung eines gemeinschaftlichen Testaments durch portugiesische Eheleute im Ausland, IPRax 1983, 308

ders, Grundfragen des internationalen Erbrechts – dargestellt an deutsch-österreichischen Nachlaßfällen, ZfRvgl 1983, 162

JAYME/HAACK, Die Kommorientenvermutung im internationalen Erbrecht bei verschiedener Staatsangehörigkeit der Verstorbenen, ZVglRW 1985, 80

KEGEL, Der Kinderreiche aus Ghana oder zum Statut des vorzeitigen Erbausgleichs, IPRax 1986, 229

KREMER, Die Bedeutung des deutsch-türkischen Konsularvertrages für Nachlaßverfahren in der Bundesrepublik Deutschland, IPRax 1981, 205

K MÜLLER, Erbrechtliche Konsequenzen der Adoption im Internationalen Privatrecht, NJW 1985, 2056

SCHEICHENBAUER, Erbschein – Einantwortungsurkunde und Nachlaßspaltung im deutsch-österreichischen Verhältnis, ZfRvgl 1985, 106

SIPP-MERCIER, Die Abwicklung deutsch-französischer Erbfälle in der Bundesrepublik und in Frankreich (1985)

STURM, Parteiautonomie als bestimmender Faktor im internationalen Familien- und Erbrecht, in: FS Wolf (1985) 637

UMSTÄTTER, Gemeinschaftliche Testamente mit Auslandsberührung, DNotZ 1984, 532

VAN VENROOY, Internationalprivatrechtliche Bemerkungen zu § 2302 BGB, JZ 1985, 609

ders, Inländische Wirkung ausländischer Vindikationslegate, ZVglRW 1986, 205

VEELKEN, Französische Substitution und deutsche Vor- und Nacherbschaft – Probleme des internationalen Privatrechts, RabelsZ 1985, 1

VÉKAS, Zur Konkurrenz zwischen Erbstatut und Güterrechtsstatut, IPRax 1985, 24

WALTER/HELMAN, Betrachtungen zur Planung deutsch-amerikanischer Nachlässe, ZVglRW 1986, 359.

2. Zu A./II. und III. (Reform des IPR)

vBAR, Das deutsche IPR vor, in und nach der Reform – Rechtsprechung zum Kollisionsrecht seit 1984, JZ 1987, 814

BASEDOW, Die Neuregelung des Internationalen Privat- und Prozeßrechts, NJW 1986, 2971

BEITZKE (Hrsg), Vorschläge und Gutachten zur Reform des deutschen internationalen Personen-, Familien- und Erbrechts (1981)

ders, Zur Reform des deutschen IPR, DAVorm 1983, 163

BERNHARDT, Die Neuregelung des Internationalen Privatrechts, DB 1986, 2009

BÖHMER, Das deutsche Gesetz zur Neuregelung des internationalen Privatrechts von 1986, RabelsZ 1986, 646

ders, Der Entwurf eines Gesetzes zur Neuregelung des Internationalen Privatrechts, JA 1986, 235

BRAGA, Zum internationalen Privatrecht des § 1371, in: LAUTERBACH (Hrsg), Vorschläge und Gutachten zur Reform des deutschen internationalen Erbrechts (1969) 65

CLAUSNITZER, Der Normenwiderspruch zwischen Güter- und Erbstatut, Ein Beitrag zur Reform des Internationalen Ehegüter- und Ehegattenerbrechts, ZRP 1986, 254

DOPFFEL, Ehegüter- und Erbrecht, in: DOPFFEL/DROBNIG/SIEHR, Reform des deutschen internationalen Privatrechts (1980) 45

DOPFFEL/SIEHR, Thesen des Instituts zur Reform des Internationalen Privat- und Verfahrensrechts, RabelsZ 1980, 344

DOPFFEL/DROBNIG/SIEHR, Reform des deut-

schen IPR. Kolloquium im Max-Planck-Institut vom 19.–21. Juni 1980 (1980)

FERID, Das internationale gesetzliche Erbrecht, in: LAUTERBACH (Hrsg), Vorschläge und Gutachten zur Reform des deutschen internationalen Erbrechts (1969) 20

ders, Die gewillkürte Erbfolge im internationalen Privatrecht, in: LAUTERBACH ebda 91

ders, Der Statutenwechsel im internationalen Erbrecht, in: LAUTERBACH ebda 121

FIRSCHING, Zur Reform des deutschen internationalen Erbrechts, in: BEITZKE (Hrsg), Vorschläge und Gutachten zur Reform des deutschen internationalen Personen-, Familien- und Erbrechts (1981) 202

GEIMER, Die Reform des deutschen IPR aus notarieller Sicht, Sonderheft der DNotZ 1985, 102

HENRICH, Zum Stand der deutschen IPR-Reform, IPRax 1981, 2

ders, Ehegüter- und Erbrecht, Lausanner Kolloquium über den deutschen und den schweizerischen Gesetzentwurf zur Neuregelung des IPR (1984) 103

HOHLOCH, Erste Erfahrungen mit der Neuregelung des Internationalen Privatrechts in der Bundesrepublik, JuS 1989, 81

JAYME, Das neue IPR-Gesetz – Brennpunkte der Reform, IPRax 1986, 265

KEGEL, IPR – Rechtsangleichung in Europa und deutsche Reform, Rpfleger 1987, 1

KOCH, Das neue IPR, JZ 1986, 1102

KÜHNE, IPR-Gesetzentwurf nebst Begründung (1980)

LAUTERBACH (Hrsg), Vorschläge und Gutachten zur Reform des deutschen internationalen Erbrechts (1969)

LICHTENBERGER, Zum Gesetz zur Neuregelung des Internationalen Privatrechts, DNotZ 1986, 644

E LORENZ, Die Reform des deutschen IPR, ZRP 1982, 148

LÜDERITZ, Internationales Privatrecht im Übergang – Theoretische und praktische Aspekte der deutschen Reform, in: FS Kegel (1987) 343

Max-Planck-Institut, Kodifikation des deutschen IPR, RabelsZ 1983, 595

MÜLLER-FREIENFELS, Zur kollisionsrechtlichen

Heinrich Dörner

Abgrenzung von Ehegüterrecht und Erbrecht, in: LAUTERBACH (Hrsg), Vorschläge und Gutachten zur Reform des deutschen internationalen Erbrechts (1969) 42

NEUHAUS, Um die Reform des deutschen Internationalen Personen-, Familien- und Erbrechts, FamRZ 1981, 741

NEUHAUS/KROPHOLLER, Das Elend mit dem IPR, FamRZ 1980, 753

dies, Vorschläge zur Reform des deutschen IPR. Zum Entwurf eines IPR-Gesetzes, RabelsZ 1980, 325

OTTO, Der deutsche und der schweizerische Entwurf eines Gesetzes über das internationale Privatrecht auf dem Prüfstand, StAZ 1984, 29

PIRRUNG, Der Regierungsentwurf eines Gesetzes zur Neuregelung des IPR, IPRax 1983, 201

ders, Internationales Privat- und Verfahrensrecht nach dem Inkrafttreten der Neuregelung des IPR – Texte, Materialien, Hinweise (1987)

REICHARD, Stand des Entwurfs zur Änderung des IPR nach Abschluß der Beratungen im

Deutschen Bundesrat in der Sitzung am 1.7.1983, StAZ 1984, 81

ders, Entwurf des Gesetzes zur Neuregelung des IPR, StAZ 1983, 80

REINHART, Zur Parteiautonomie im künftigen deutschen IPR auf den Gebieten des Familien- und des Erbrechts, ZVglRW 1981, 150

SCHWIMANN, Worum geht es bei der geplanten Neukodifikation des IPR?, JuS 1984, 14

STÖCKER, Die Neuordnung des IPR und das Höferecht, WM 1980, 1134

STURM, Zur Reform des internationalen Familien- und Erbrechts in der Schweiz und in der Bundesrepublik Deutschland, FamRZ 1984, 744

WENGLER, Zur Reform des IPR, JR 1981, 268

ders, Kritische Gedanken zu den Reformarbeiten am deutschen IPR, StAZ 1983, 11

WIETHÖLTER, Internationales Nachlaßverfahrensrecht, in: LAUTERBACH (Hrsg), Vorschläge und Gutachten zur Reform des deutschen internationalen Erbrechts (1969).

I. Die Regelung des Internationalen Erbrechts im EGBGB aF

1 Art 25 und 26 enthalten das Internationale Erbrecht des EGBGB. Diese beiden Bestimmungen sind mit dem Gesetz zur Neuregelung des Internationalen Privatrechts v 25.7.1986 (BGBl 1986 I 1142) am 1.9.1986 in Kraft getreten. Bis zum 31.8.1986 galten für diese Materie Art 24 bis 26 in der ursprünglichen Fassung des EGBGB v 18.8.1896 (RGBl 604) mit folgendem Wortlaut:

Art 24

(1) Ein Deutscher wird, auch wenn er seinen Wohnsitz im Auslande hatte, nach den deutschen Gesetzen beerbt.

(2) Hat ein Deutscher zur Zeit seines Todes seinen Wohnsitz im Auslande gehabt, so können die Erben sich in Ansehung der Haftung für die Nachlaßverbindlichkeiten auch auf die an dem Wohnsitze des Erblassers geltenden Gesetze berufen.

(3) Erwirbt ein Ausländer, der eine Verfügung von Todes wegen errichtet oder aufgehoben hat, die Reichsangehörigkeit, so wird die Gültigkeit der Errichtung oder der Aufhebung nach den Gesetzen des Staates beurteilt, dem er zur Zeit der Errichtung oder der Aufhebung angehörte; auch behält er die Fähigkeit zur Errichtung einer Verfügung von Todes wegen, selbst wenn er das nach den deutschen Gesetzen erforderliche Alter noch nicht erreicht hatte. Die Vorschrift des Artikel 11 Absatz 1 Satz 2 bleibt unberührt.

Art 25
Ein Ausländer, der zur Zeit seines Todes seinen Wohnsitz im Inlande hatte, wird nach den Gesetzen des Staates beerbt, dem er zur Zeit seines Todes angehörte. Ein Deutscher kann jedoch erbrechtliche Ansprüche auch dann geltend machen, wenn sie nur nach den deutschen Gesetzen begründet sind, es sei denn, daß nach dem Recht des Staates, dem der Erblasser angehörte, für die Beerbung eines Deutschen, welcher seinen Wohnsitz in diesem Staat hatte, die deutschen Gesetze ausschließlich maßgebend sind.

Art 26
Gelangt aus einem im Ausland eröffneten Nachlasse für die nach den dortigen Gesetzen berechtigten Erben oder Vermächtnisnehmer durch Vermittlung deutscher Behörden Vermögen ins Inland, so kann ein anderer der Herausgabe nicht aus dem Grunde widersprechen, daß er als Erbe oder Vermächtnisnehmer einen Anspruch auf das Vermögen habe.

Art 24 aF enthielt die **Bestimmung des Erbstatuts** bei einem Erblasser mit deutscher **2** Staatsangehörigkeit. Gemäß Abs 1 wurde er nach den deutschen Gesetzen, dh also seinem Heimatrecht beerbt. Art 25 aF behandelte den Fall, daß der Erblasser Ausländer war und zum Zeitpunkt seines Todes seinen Wohnsitz im Inland hatte. Die Erbfolge unterlag dann nach S 1 den Gesetzen des Staates, dem er zum Zeitpunkt seines Todes angehörte. Die Kollisionsnorm war lückenhaft; sie besagte nichts über das maßgebliche Erbstatut für den Fall, daß der ausländische Erblasser mit letztem Wohnsitz im Ausland verstarb. Aus den unvollkommenen Kollisionsnormen der Art 24 Abs 1 und 25 S 1 aF hatten Rechtsprechung (vgl nur RGZ 91, 139; BGHZ 19, 316; 45, 351) und Lehre (statt aller STAUDINGER/FIRSCHING¹² Vorbem 1 zu Art 24–26) jedoch den allgemeinen Grundsatz abgeleitet, daß auf die Beerbung einer Person grundsätzlich ihr Heimatrecht zum Zeitpunkt des Todes Anwendung finden sollte.

Für den *deutschen Erblasser* mit Wohnsitz im Ausland enthielt Art 24 Abs 2 aF eine **3** Durchbrechung des Staatsangehörigkeitsprinzips zugunsten einer Wohnsitzanknüpfung: Im Hinblick auf ihre Haftung für Nachlaßverbindlichkeiten konnten die Erben zwischen den Vorschriften des deutschen Heimat- und denen des ausländischen Wohnsitzrechts wählen (vgl STAUDINGER/FIRSCHING¹² Art 24 Rn 59 ff). Eine Ausnahme von dem Grundsatz, daß erbrechtliche Fragen nach dem jeweils *letzten* Heimatrecht des Erblassers zu beurteilen sein sollten, machte Art 24 Abs 3 aF für den deutschen Erblasser, der früher eine andere Staatsangehörigkeit besessen hatte. Im Hinblick auf die Gültigkeit der Errichtung oder Aufhebung einer Verfügung von Todes wegen berief die Vorschrift das Heimatrecht zum Zeitpunkt der Vornahme (Abs 3 S 1 1. HS). Der Testator behielt eine nach seinem früheren Heimatrecht bestehende Testierfähigkeit in jedem Fall auch nach dem Erwerb der deutschen Staatsangehörigkeit (Abs 3 S 1 2. HS).

Eine Ausnahme vom Staatsangehörigkeitsprinzip beim Ableben eines *ausländischen* **4** *Erblassers* machte Art 25 S 2 aF zugunsten deutscher Nachlaßberechtigter (sog „privilegium germanicum"). Danach konnte ein Deutscher beim Tode eines ausländischen Erblassers mit letztem Wohnsitz im Inland ein Erbrecht und erbrechtliche Ansprüche nach deutschem Recht geltend machen, sofern sich der Heimatstaat des Erblassers seinerseits nicht an das Staatsangehörigkeitsprinzip hielt und im Hin-

Heinrich Dörner

blick auf die Beerbung eines Deutschen mit letztem Wohnsitz in diesem Staat nicht ausschließlich deutsches Recht für anwendbar erklärte. Unter diesen Voraussetzungen stellte die Vorschrift dem deutschen Erbberechtigten alternativ das deutsche neben dem ausländischen Erbstatut zur Verfügung (STAUDINGER/FIRSCHING[12] Art 25 Rn 128 ff).

5 Keine Kollisions-, sondern eine Sachnorm enthielt Art 26 aF (STAUDINGER/FIRSCHING[12] Art 26 Rn 1 ff). Sie gestattete deutschen Behörden die Aushändigung eines Nachlasses, den sie von ausländischen Stellen erhalten hatten, an die nach ausländischem Recht berechtigten Erben oder Vermächtnisnehmer, und zwar ohne Rücksicht auf etwa andere, selbst nach deutschem Recht bestehende Ansprüche weiterer Erbprätendenten.

II. Reformvorschläge

6 Die Neufassung des Internationalen Erbrechts durch das IPR-Reformgesetz ging auf eine Reihe von Vorarbeiten zurück. Zwei Jahrzehnte lang beschäftigte sich die Erbrechtskommission des Deutschen Rates für Internationales Privatrecht mit der Ausarbeitung von Vorschlägen für eine Reform des deutschen internationalen Erb- und Nachlaßrechts. Der erste, unter dem Vorsitz von LAUTERBACH im Jahre 1969 vorgelegte Entwurf (LAUTERBACH [Hrsg], Vorschläge und Gutachten 1 ff) wurde in der Folgezeit überarbeitet und von einer Redaktionskommission endgültig formuliert. Die überarbeiteten Vorschläge (abgedruckt bei BEITZKE [Hrsg], Vorschläge und Gutachten 13 ff und 66 ff) wichen von denen des Jahres 1969 insofern ab, als sie eine begrenzte Rechtswahl zuließen (§ A Abs 2) und Besonderheiten für verheiratete Erblasser im Hinblick auf angestrebte Veränderungen im Ehe- und Güterrecht strichen. Insbesondere die Zulassung der Rechtswahl war in der Kommission nicht unumstritten (sehr kritisch etwa FIRSCHING, in: BEITZKE, Vorschläge und Gutachten 213 ff).

7 Auf der Grundlage dieser Vorschläge des Deutschen Rats erstellte KÜHNE im Auftrag des Bundesjustizministeriums den „Entwurf eines Gesetzes zur Reform des internationalen Privat- und Verfahrensrechts" nebst Begründung (KÜHNE, IPR-Gesetzentwurf [1980]). Der Entwurf behielt im Internationalen Erbrecht die Anknüpfung an die Staatsangehörigkeit des Erblassers grundsätzlich bei, gestattete dem Erblasser jedoch ebenfalls eine – wenn auch beschränkte – Wahl des Erbstatuts (§ 29). Die Beerbung verheirateter Erblasser sollte sich nach dem Ehegüterstatut richten, sofern dieses objektiv, dh nicht durch Rechtswahl bestimmt werde und die für die Anknüpfung maßgebenden Tatsachen auch noch im Zeitpunkt des Todes gegeben seien (§ 30).

8 Bereits vor Bekanntwerden des KÜHNE-Entwurfs hatten NEUHAUS und KROPHOLLER einen eigenen Entwurf vorgelegt (RabelsZ 1980, 326 ff, 333) und sich darin im Interesse der Einzelfallgerechtigkeit und Rechtssicherheit gleichfalls für eine Rechtswahl im Internationalen Erbrecht ausgesprochen. Um einen positiven oder negativen Konflikt von güter- und erbrechtlichen Berechtigungen eines überlebenden Ehegatten zu vermeiden, sollte Erbstatut verheirateter Erblasser das für die ehegüterrechtlichen Wirkungen der Ehe maßgebende Recht sein. Ähnliche Überlegungen finden sich auch in Thesen, die von den Mitarbeitern des Max-Planck-Instituts für ausländisches und internationales Privatrecht in Hamburg formuliert wurden (RabelsZ 1980,

344, 352 f). Sämtliche Vorschläge und Entwürfe wurden auf einem Kolloquium erörtert, das vom 19. bis 21. 6. 1980 im Hamburger Max-Planck-Institut stattfand. Die Diskussion kreiste einerseits um die Frage einer Ankoppelung des Erbstatuts Verheirateter an das letzte Ehegüterstatut, andererseits um die Zulässigkeit und die Grenzen erbrechtlicher Parteiautonomie (DOPFFEL, in: DOPFFEL/DROBNIG/SIEHR, Reform des deutschen internationalen Privatrechts 48 ff).

III. Begründung der geltenden Gesetzesfassung

Der Gesetzentwurf der Bundesregierung zur Neuregelung des internationalen Pri- **9** vatrechts v 20. 10. 1983 (BT-Drucks 10/504 S 11) enthielt zunächst nur Art 25 Abs 1 sowie Art 26 Abs 1 Nr 1 bis 4 und Abs 2 bis 5 der späteren Gesetzesfassung. Der geltende Art 25 Abs 2 (beschränkte Rechtswahl) sowie die Formanknüpfung des Art 26 Abs 1 Nr 5 (Erb- und Errichtungsstatut) wurden erst auf Veranlassung des Rechtsausschusses (BT-Drucks 10/5632 S 44) eingefügt. Die Begründung des Entwurfs stellt für das Internationale Erbrecht folgende Grundgedanken heraus:

1. Anknüpfung an die Staatsangehörigkeit des Erblassers

Das IPR-Neuregelungsgesetz behält in seinem Art 25 Abs 1 die **Anknüpfung an die** **10** **Staatsangehörigkeit des Erblassers** im Grundsatz bei. Die Entwurfsbegründung beruft sich in diesem Zusammenhang auf „Gründe der Klarheit, die Übereinstimmung mit den personenrechtlichen Anknüpfungen und die Beibehaltung eines bewährten Rechtsgrundsatzes" (BT-Drucks 10/504 S 74). Für einen Übergang zum *Aufenthaltsprinzip* bestehe kein Bedürfnis.

Außerdem hält der Entwurf auch am Prinzip der sogenannten **kollisionsrechtlichen** **11** **Nachlaßeinheit** als dem internationalprivatrechtlichen Gegenstück zur materiellrechtlichen Universalsukzession fest. Eine solche einheitliche kollisionsrechtliche Behandlung des Nachlasses sei einer Nachlaßspaltung vorzuziehen, weil sie die mit einer Aufspaltung des Gesamtnachlasses in Teilnachlässe verbundenen Schwierigkeiten vermeide (BT-Drucks 10/504 S 75).

2. Keine akzessorische Anknüpfung von Erb- und Ehegüterrecht

Die Gesetzesbegründung hebt zwar hervor, daß die Abgrenzung von Erb- und Ehe- **12** güterstatut besondere Schwierigkeiten bereitet, da die einzelnen Rechtsordnungen eine Beteiligung des überlebenden Ehegatten am Nachlaß teils auf erb-, teils auf güterrechtlichem Wege sichern. Diese Gemengelage führe zu einer Fülle von Qualifikations- und Anpassungsproblemen. Eine gesetzliche Lösung dieser Fragen sei „angesichts der Vielgestaltigkeit der materiellen Regelungen und der unüberschaubaren Fülle der Kombinationsmöglichkeiten beim Aufeinandertreffen güterrechtlicher und erbrechtlicher Regelungen" unmöglich (BT-Drucks 10/504 S 75). Eine gewisse Milderung der kollisionsrechtlichen Konfliktlagen könne nur dadurch erreicht werden, daß die Beteiligten bei den güterrechtlichen Rechtswahlmöglichkeiten auf erbrechtliche Bedürfnisse Rücksicht nähmen (BT-Drucks aaO).

Insbesondere wird eine Lösung dieser Fragen durch eine **akzessorische Anknüpfung** **13** von Erb- und Ehegüterstatut, wie sie in der vorangehenden Diskussion zT vorgeschlagen worden war (Rn 7, 8), **abgelehnt**. Die auf den ersten Blick naheliegende Anknüpfungsgleichheit von Erb- und Ehegüterrecht sei nicht zwingend, „weil die Entwicklung der Ehe und die Reihenfolge des Todes der Ehegatten nicht vorausgesehen werden können. Der für die sachgerechte Ausgestaltung einer solchen Anknüpfungsgleichheit erforderliche Aufwand (Vermeidung der Anknüpfung an ein „versteinertes" Güterrechtsstatut) stünde auch außer Verhältnis zum Ergebnis" (BT-Drucks 10/504 S 74).

3. Wahl des Erbstatuts

14 Die Frage, ob dem Erblasser die Möglichkeit eingeräumt werden sollte, wenigstens in begrenztem Umfang das Erbstatut durch Rechtswahl festzulegen, wird in der Begründung des Gesetzentwurfs zunächst negativ beantwortet. Für die Zulassung einer Rechtswahl spreche zwar, daß sie im Hinblick auf die materiellrechtliche Testierfreiheit naheliege und dazu beitragen könne, die aufgezeigten Unstimmigkeiten zwischen Erb- und Ehegüterstatut zu vermeiden. Aber: „Mit der Einräumung einer Wahlmöglichkeit zugunsten des Aufenthaltsrechts könnte ... ein Anreiz geschaffen werden, zB nichteheliche Kinder des Erblassers, sonstige Pflichtteilsberechtigte oder Nachlaßgläubiger durch eine manipulierte Aufenthaltsgestaltung zu benachteiligen. Würden bei Zulassung einer Rechtswahl die Interessen der besonders schutzwürdig erscheinenden Personen (Abkömmlinge des Erblassers einschließlich der nichtehelichen Kinder, Ehegatten und Eltern des Erblassers) dadurch gesichert, daß diese ihre nach der gesetzlichen Anknüpfung unentziehbaren Rechte ungeachtet einer Rechtswahl geltend machen können, so ginge die Rechtswahl über eine materiellrechtliche Verweisung auf fremdes Erbrecht kaum hinaus" (BT-Drucks 10/504 S 74). Der Aufwand für eine solche Lösung sei unverhältnismäßig groß angesichts der Notwendigkeit, auf verfahrensrechtlichem Gebiet umfangreiche Folgeregelungen zu schaffen. Das spreche auch dagegen, eine Wahl des Ehegüterstatuts zuzulassen. Angesichts der für Grundstücke vorgesehenen Sonderanknüpfung in Art 3 Abs 3 bedürfe es nicht der Möglichkeit, wegen der Lage des Nachlasses in verschiedenen Staaten eine Nachlaßspaltung durch Rechtswahl zu erreichen (BT-Drucks 10/504 S 74 f).

15 Der jetzige Art 25 Abs 2 mit der für ausländische Erblasser geschaffenen Möglichkeit, im Hinblick auf deutsches unbewegliches Vermögen zugunsten des deutschen Erbrechts zu optieren (vgl Art 25 Rn 461 ff), ist erst durch den Rechtsausschuß des Bundestages in die Gesetzesvorlage eingefügt worden. Zur Begründung heißt es im Bericht des Rechtsausschusses v 9. 6. 1986 (BT-Drucks 10/5632 S 44):

16 „Grundsätzlich erscheint zumindest eine gewisse Öffnung des Erbrechts für Parteieinfluß sachgerecht. Mit der Möglichkeit, die Rechtswahl allgemein zugunsten des Rechts des gewöhnlichen Aufenthalts und/oder des Lageorts von unbeweglichem Vermögen zuzulassen, ergäbe sich vor allem das (bisher nicht gelöste) Problem des Schutzes von Pflichtteilsberechtigten. Daher wurde letztlich der Weg beschritten, eine Rechtswahl nur für im Inland belegenes unbewegliches Vermögen und nur zugunsten des deutschen Rechts zuzulassen. Auch eine solche Lösung führt allerdings zur Möglichkeit der Nachlaßspaltung: Für hier belegene Grundstücke kann deutsches Erbrecht gelten, für den übrigen inländischen Nachlaß eines Ausländers gilt ausländisches Recht. Der Rechtsausschuß sieht diesen grundsätzlichen Nachteil einer solchen Regelung, nimmt die hiermit verbundenen Schwierigkeiten aber in Kauf, weil ihnen der erhebliche Vorteil der Vereinfachung gegenübersteht, daß der Erblasser sich bei Verfügung über inländische Grundstücke ausschließlich nach deutschem Recht richten kann. Als Form der Rechtswahl wird diejenige der Verfügung von Todes wegen aus Gründen des Sachzusammenhangs gefordert. Damit ist Art 26 EGBGB insbesondere mit seinen Formerleichterungen nach Absatz 1 auch für die Rechtswahlform heranzuziehen."

4. Alternative Formanknüpfung

Für die Anknüpfung der Testamentsform verweist die Gesetzesbegründung auf das **17** **Haager Übereinkommen** über das auf die **Form letztwilliger Verfügungen** anzuwendende Recht vom 5. 10. 1961 (BGBl 1965 II 1144; 1966 II 11, vgl Rn 31 ff), das nach seinem Art 6 an die Stelle des innerstaatlichen internationalen Testamentsformrechts getreten sei. Anstelle einer Verweisung auf das Übereinkommen, wie sie § 31 Abs 2 des KÜHNE-Entwurfs (vgl Rn 7) enthalte, sehe der Entwurf vor, die Bestimmungen des Übereinkommens in das EGBGB zu übernehmen. Zwar lasse Art 3 des Testamentsformübereinkommens weitere Anknüpfungen zu; angesichts der ohnehin schon zahlreichen Anknüpfungsalternativen des Abkommens sei darauf aber zu verzichten. Die nach dem Abkommen zunächst nur für Testamente vorgesehene Alternativanknüpfung solle auf andere Verfügungen von Todes wegen übertragen werden, so daß auch die Formwirksamkeit von Erbverträgen den gleichen Regeln unterliege (BT-Drucks 10/504 S 75 f).

Der Rechtsausschuß hat Art 26 Abs 1 noch um die geltende Nr 5 erweitert. Damit **18** sollte sichergestellt werden, „daß auch das im Wege einer Rück- oder Weiterverweisung auf die Rechtsnachfolge von Todes wegen anzuwendende Recht für die Formerfüllung ausreicht" (BT-Drucks 10/5632 S 44).

5. Maßgeblichkeit des Errichtungsstatuts

Während die Frage der materiellen Wirksamkeit von Verfügungen von Todes wegen **19** grundsätzlich dem Erbstatut unterliegt, sieht Art 26 Abs 5 S 1 vor, daß sich die Gültigkeit der Errichtung sowie eine mögliche Bindungswirkung nach dem Recht beurteilen, das im Zeitpunkt der Verfügung auf die Rechtsnachfolge von Todes wegen anzuwenden wäre. Berufen wird also das **Errichtungs-** oder **hypothetische Erbstatut** (vgl Art 26 Rn 60 ff). Nach der Gesetzesbegründung soll diese Lösung dem Umstand Rechnung tragen, „daß zwischen der Errichtung einer Verfügung von Todes wegen und dem Erbfall häufig längere Zeiträume liegen, in denen sich die für die Anknüpfung maßgebenden Verhältnisse ändern können" (BT-Drucks 10/504 S 76). Aus Gründen des Vertrauensschutzes und in Übereinstimmung mit den Vorentwürfen und den Lösungen anderer moderner Kollisionsrechte seien daher Gültigkeit und Bindungswirkung nach dem Errichtungszeitpunkt zu beurteilen.

Den geltenden Art 26 Abs 5 S 2 sieht die Begründung als Gegenstück zu Art 7 Abs 2: **20** Die einmal erlangte Testierfähigkeit müsse auch nach einem Statutenwechsel fortbestehen. Eine unterschiedliche Behandlung von Geschäftsfähigkeit und Testierfähigkeit in dieser Hinsicht sei nicht gerechtfertigt (BT-Drucks 10/504 S 76).

Heinrich Dörner

B. Staatsverträge

I. Allgemeines

1. Überblick

21 Eine Reihe **multilateraler Staatsverträge** (Rn 31 ff) zielen darauf ab, einzelne Bereiche sowohl des Erbkollisions- als auch des materiellen Erbrechts der Vertragsstaaten zu vereinheitlichen. Ratifiziert hat die Bundesrepublik von diesen Verträgen bis jetzt nur das **Haager Übereinkommen über das auf die Form letztwilliger Verfügungen anzuwendende Recht** (Rn 31 ff). Das *Baseler Europäische Abkommen über die Einrichtung einer Organisation zur Registrierung von Testamenten* (Rn 142 ff) hat sie lediglich gezeichnet, aber noch nicht ratifiziert (JAYME/HAUSMANN, Internationales Privat- und Verfahrensrecht [9. Aufl 1998] 103 Fn 3). Nicht einmal unterzeichnet wurden bislang das *Haager Übereinkommen über das auf die Rechtsnachfolge von Todes wegen anwendbare Recht* (Rn 111 ff), das *Haager Übereinkommen über die internationale Verwaltung von Nachlässen* (Rn 121 ff), das *Haager Abkommen über das auf Trusts anzuwendende Recht* (Rn 129 ff) sowie das *Washingtoner UN-Übereinkommen über ein einheitliches Recht der Form eines internationalen Testaments* (Rn 136 ff).

22 Erbrechtlich relevante Bestimmungen sind daneben in *bilateralen Konsular-, Freundschafts-, Niederlassungs- und Handelsabkommen* der Bundesrepublik anzutreffen (vgl Rn 200 ff). Sie garantieren zB den beiderseitigen Staatsangehörigen Testier- und Erbfähigkeit oder gestatten den Konsuln, letztwillige Verfügungen aufzunehmen oder bei der Abwicklung von Nachlaßverfahren tätig zu werden. Spezielle *erbrechtliche Kollisionsnormen* finden sich allerdings nur im **Niederlassungsabkommen zwischen dem Deutschen Reich und dem Kaiserreich Persien** (Rn 147 ff), im **Konsularvertrag zwischen dem Deutschen Reich und der Türkischen Republik** (Rn 158 ff) sowie im **Konsularvertrag zwischen der Bundesrepublik Deutschland und der Union der sozialistischen Sowjetrepubliken** (Rn 191 ff).

2. Außer Kraft getretene ältere Staatsverträge

23 Von den erbrechtlichen Staatsverträgen, die *vor der Reichsgründung* des Jahres 1871 von den deutschen Einzelstaaten mit ausländischen Staaten geschlossen worden waren, galt aufgrund Art 56 EGBGB der **Staatsvertrag zwischen der Schweizerischen Eidgenossenschaft und dem Großherzogtum Baden** *betreffend die gegenseitigen Bedingungen über Freizügigkeit und weitere nachbarliche Verhältnisse* v 6.12.1856 (BadRegBl 1857, 431) zunächst fort (vgl schweizBundesgericht BGE 81 II [1955] 319, 329 ff; SCHNORR VON CAROLSFELD RabelsZ 1939, 285; H MÜLLER, in: FS Raape [1948] 229; WOCHNER KTS 1977, 204 ff) und ist erst durch Kündigung der Schweiz am 28.2.1979 außer Kraft getreten (Amtliche Sammlung der eidgenössischen Gesetze 1978, 1858; Gbl BadWürtt 1979, 76; dazu WOCHNER RIW 1986, 134). Der Vertrag enthielt eine erbrechtliche Kollisionsnorm in seinem Art 6, wonach in erbrechtlichen Streitigkeiten das Belegenheitsrecht, bei Vorhandensein von Nachlaßgegenständen in beiden Vertragsstaaten für Angehörige der Vertragsstaaten das Heimat-, für Nichtangehörige dagegen das Wohnsitzrecht entscheiden sollte (Wortlaut und nähere Angaben bei STAUDINGER/FIRSCHING[12] Vorbem 451 zu Art 24–26; vgl auch FERID/FIRSCHING/S LORENZ Bd V: Schweiz, Texte I Nr 2). Diese Regeln waren vor dem Außerkrafttreten des Vertrages nach Ansicht des baden-württembergischen Justizministeriums im Oberlandesgerichtsbezirk Karlsruhe weiterhin anzuwenden mit der Folge, daß ein deutsch-schweizerischer Erbfall von den badischen Gerichten nach anderen Kollisionsnormen beurteilt wurde als von den Gerichten in der übrigen Bundesrepublik (STAUDINGER/FIRSCHING[12] Vorbem 451 zu Art 24–26).

Die *vor dem 1. Weltkrieg* zwischen dem Deutschen Reich und den Ententemächten **24** abgeschlossenen Staatsverträge, so zB die **deutsch-russische Nachlaßkonvention** v 12.11.1874, sind mit Kriegsausbruch im Jahre 1914 außer Kraft getreten. Sie hätten gemäß Art 282 des Versailler Vertrages nur auf Verlangen der Gegenseite wieder in Geltung gesetzt werden können.

Der **Konsularvertrag zwischen dem Deutschen Reiche und der Republik Estland** v **25** 13.3.1925 (in Kraft seit dem 11.8.1926, vgl Gesetz v 28.5.1926, RGBl II 327 u Bekanntmachung v 19.7.1926, RGBl II 426; Text auch in: FERID/FIRSCHING, Bd II: Deutschland, Texte A II 2 Nr 5) stellte in seinem § 14 für Mobilien im Prinzip auf die Staatsangehörigkeit des Erblassers, für Immobilien auf den Lageort ab. Der Vertrag ist mit der Annexion Estlands durch die Sowjetunion am 6.8.1940 außer Kraft getreten und mit der Neuentstehung der Republik Estland im Jahre 1991 nicht wieder aufgelebt.

Das auf dem Staatsangehörigkeitsprinzip beruhende **Nachlaßabkommen zwischen** **26** **dem Deutschen Reich und der Republik Österreich** v 5.2.1927 (RGBl II 506, 878, kommentiert bei STAUDINGER/RAAPE[9] [1931] Art 25 Anm H IV; Text auch in: FERID/FIRSCHING Bd II: Deutschland, Texte A II 2 Nr 9) fand als zwischenstaatlicher Vertrag sein Ende mit dem „Anschluß" Österreichs am 13.3.1938 und verlor seine verbleibende interlokale Bedeutung durch die Verordnung über den Anwendungsbereich erbrechtlicher Vorschriften v 12.12.1941, RGBl I 765 (Einführung des Wohnsitzprinzips). Das Abkommen wurde nach 1945 nicht wieder angewandt (BayObLGZ 1959, 396; 1980, 276; BayObLG DNotZ 1982, 50; FIRSCHING DNotZ 1963, 329; ders IPRax 1981, 87 Fn 6).

Die Anwendbarkeit der zwischen dem Deutschen Reich und den späteren *Feind-* **27** *staaten des 2. Weltkriegs* abgeschlossenen Verträge wurde mit Kriegsbeginn aufgehoben. Das gilt zB für den **Freundschafts-, Handels- und Konsularvertrag zwischen dem Deutschen Reiche und den Vereinigten Staaten von Amerika** v 8.12.1923 mit Änderungen (RGBl 1925 II 795; 1935 II 743, Text auch bei FERID/FIRSCHING, Bd II: Deutschland, Texte A II 2 Nr 4, dazu auch unten Rn 207), das **deutsch-russische Nachlaßabkommen** v 12.10.1925 (RGBl 1926 II 1 mit AusführungsVO v 12.3.1926, RGBl 1926 II 179; kommentiert bei STAUDINGER/ RAAPE[9] [1931] Art 25 Anm H III; Text auch in: FERID/FIRSCHING, Bd II: Deutschland, Texte A II 2 Nr 6: Vererbung des beweglichen Nachlasses nach Heimatrecht, des unbeweglichen nach Belegenheitsrecht) oder das **Niederlassungsabkommen zwischen dem Deutschen Reich und dem Kaiserreich Persien** v 17.2.1929 (RGBl 1930 II 1002, dazu Rn 147 ff). Ob diese Verträge nach Kriegsende ipso iure wieder wirksam geworden sind (so zB SOERGEL/KEGEL Vor Art 3 Rn 55 ff; BLECKMANN ZaöRV 1973, 607 für Verträge mit materiellprivatrechtlichem und internationalprivatrechtlichem Inhalt [„Differenzierungstheorie"]; vgl auch JAYME NJW 1965, 13 ff) oder nur durch eine besondere Wiederanwendungserklärung der Vertragsstaaten wieder in Geltung gesetzt werden konnten (vgl MünchKomm/SONNENBERGER Einl Rn 283 ff, 288), ist unklar und streitig. In der diplomatischen Praxis sind die sich daraus ergebenden Unsicherheiten vielfach durch entsprechende Wiederanwendungsvereinbarungen (Veröffentlichung im BGBl) beseitigt worden.

Heinrich Dörner

28 Soweit die vorgenannten Staatsverträge *erbrechtliche Kollisionsnormen* enthalten, verlangen diese *weiterhin Beachtung* für die Behandlung von Erbfällen, die während der Geltungsdauer der Verträge eingetreten, sowie für Verfügungen von Todes wegen, die während dieser Geltungsdauer errichtet worden sind. Das ergibt sich aus dem Gedanken des *Vertrauensschutzes*, der nicht nur das autonome deutsche intertemporale Erbkollisionsrecht beherrscht (STAUDINGER/DÖRNER [1996] Art 220 Rn 3 ff, 53 ff), sondern sich auch als Bestandteil der – hier maßgeblichen – allgemeinen völkerrechtlichen Grundsätze über die Anwendung von Staatsverträgen nachweisen läßt (vgl Art 28 der Wiener Vertragsrechtskonvention v 23. 5. 1969, BGBl 1985 II 938 [Grundsatz der Nichtrückwirkung] und dazu STAUDINGER/DÖRNER [1996] Art 220 Rn 136 f).

3. Auslegung von Staatsverträgen*

29 Für die Auslegung und Anwendung staatsvertraglicher Normen gelten eigenständige methodische Grundsätze, die der Autonomie staatsvertraglicher Regelungen Rechnung tragen (BGHZ 52, 221; ausführlich zum folgenden MEYER-SPARENBERG 102 ff) und jetzt weitgehend in Art 31–33 der am 20. 8. 1987 in der Bundesrepublik in Kraft getretenen **Wiener Vertragsrechtskonvention** (WVK, Bek v 26. 10. 1987, BGBl 1987 II 757, 1985 II 926) niedergelegt sind (zur WVK BRÖTEL Jura 1988, 344). Diese Bestimmungen sind zwar gemäß Art 4 WVK nur für die Auslegung solcher Staatsverträge heranzuziehen, die *nach* dem Inkrafttreten der Konvention geschlossen wurden, während die älteren Verträge den bis dahin maßgebenden unkodifizierten völkerrechtlichen Auslegungsgrundsätzen unterliegen. Jedoch stimmen diese ungeschriebenen gewohnheitsrechtlichen Prinzipien im wesentlichen mit den Vorschriften der WVK überein.

30 Methodischer Ausgangspunkt ist danach die Idee einer **autonomen Interpretation:** Der Inhalt der in einem Staatsvertrag verwandten Begriffe ist eigenständig unter Bezugnahme auf Text, Geschichte, System und Zwecke des Staatsvertrages zu ermitteln und kann grundsätzlich nicht durch Rückgriff auf nationale – und damit möglicherweise voneinander abweichende – Definitionen festgelegt werden. Dabei steht der *Wortlaut* des Vertragstextes im Vordergrund (Art 31 Abs 1 WVK). Existiert der Vertrag in mehreren authentischen Sprachen, sind alle Fassungen gleichberechtigt maßgebend, sofern die Parteien nicht den Vorrang einer bestimmten Fassung vereinbart haben (Art 33 Abs 1 WVK). Daneben und zumindest bei unklarem Wortsinn entscheidend greift die *teleologische Auslegung* ein (Art 31 Abs 1, vgl auch Art 33 Abs 4 WVK). Neben die von Vertrag zu Vertrag unterschiedlichen materiellen Vertragszwecke tritt dabei als formales Ziel eines jeden auf Rechtsvereinheitlichung angelegten Staatsvertrages das Bestreben, in allen Vertragsstaaten eine übereinstimmende Anwendungspraxis zu erreichen. Die *historische Auslegung* hat lediglich subsidiären Charakter (Art 32 WVK). Die Bedeutung der *systematischen Auslegung* ist angesichts der geringen Normdichte von Staatsverträgen nur gering.

---

* **Schrifttum:** BAYER, Auslegung und Ergänzung international vereinheitlichter Normen durch staatliche Gerichte, RabelsZ 1955, 603; DÖLLE, Zur Problematik mehrsprachiger Gesetzes- und Vertragstexte, RabelsZ 1961, 4; BERNHARDT, Die Auslegung völkerrechtlicher Verträge insbesondere in der neueren Rechtsprechung internationaler Gerichte (1963); KROPHOLLER, Internationales Einheitsrecht, Allgemeine Lehren (1965) 258 ff; MEYER-SPARENBERG, Staatsvertragliche Kollisionsnormen (1990) 101 ff.

II. Multilaterale Staatsverträge

1. Haager Übereinkommen über das auf die Form letztwilliger Verfügungen anzuwendende Recht v 5. 10. 1961 (TestÜbk – BGBl 1965 II 1145, 1966 II 11)*

a) Einführung

Das Abkommen ist für die Bundesrepublik Deutschland am *1. 1. 1966 in Kraft getre-* **31** *ten.* Authentisch ist der französische Text; die nachfolgende deutsche Übersetzung ist zwischen der Bundesrepublik Deutschland und Österreich abgestimmt worden (vSchack DNotZ 1966, 132). Weitere **Vertragsstaaten** sind (vgl Beilage zum BGBl II, Fundstellennachweise B, v 1. 3. 94 S. 385):

Vertragsparteien	in Kraft am	BGBl	
		Jg	S
Antigua und Barbuda[1]	1. 11. 1981	85 II	1125
Australien	21. 11. 1986	87 II	174
Belgien	19. 12. 1971	71 II	1315
Bosnien-Herzegowina	6. 3. 1992	94 II	296
Botsuana	17. 1. 1969	69 II	993
			2200
Brunei Darussalam	9. 7. 1988	88 II	971
Dänemark	19. 9. 1976	76 II	1718
Estland	12. 7. 1998	98 II	1667
Fidschi[1]	10. 10. 1970	71 II	1075

---

* **Materialien:** Actes et Documents III de la Neuvième Session de la Conférence de la Haye de Droit International Privé (1961); Deutsche Denkschrift zu dem Übereinkommen: BT-Drucks 4/2880; Schriftlicher Bericht des Rechtsausschusses des Bundestages: BT-Drucks 4/3673.

Schrifttum: Batiffol, Rapport explicatif, in: Actes et Documents, Bd III (1960) 159; ders, La neuvième session de la conférence de la Haye de droit international privé, Rev crit dr i pr 1961, 461; ders, Une succession de méthodes, La forme des testaments en droit international privé, in: FS Beitzke (1979) 429; Beck, Bemerkungen zum Entwurf einer Haager Konvention über die Form des Testaments, ZfSchweizR 1961, 403; Breemhaar, Das Haager Testamentsabkommen und Art 992 des niederländischen Zivilgesetzbuches, IPRax 1983, 93; Droz, Les nouvelles règles de conflit françaises en matière de forme des testaments, Rev crit dr i pr 1968, 1; Ferid,

Die 9. Haager Konferenz, RabelsZ 1962/63, 410; Haopei Li, Conflict of Laws of Succession, Rec des Cours 1993 V 19; Mann, The Formal Validity of Wills in Case of Dual Nationality, 35 (1986) IntCompLQ 423; Morris, The Wills Act, 13 (1964) IntCompLQ 684; vOverbeck, Vers une convention internationale sur la loi applicable à la forme des testament, SchwJbIntR 15 (1958) 215; ders, L'unification des règles de conflits de lois en matière de forme des testaments (1961); ders, Divers aspects de l'unification du droit international privé, spécialement en matière de successions, Rec des Cours 104 (1961) III 529; vSchack, Das Haager Übereinkommen über das auf die Form letztwilliger Verfügungen anzuwendende Recht, DNotZ 1966, 131; Scheucher, Das Haager Testamentsabkommen, ZfRvgl 1964, 216; 1965, 85; Schwind, Testierfähigkeit und Testamentsform, IPRax 1988, 375; Volken, Von der Testamentsform im IPR, in: FS vOverbeck (1990) 575.

Heinrich Dörner

Vertragsparteien	in Kraft am	BGBl Jg	S
Finnland	23. 8. 1976	76 II	1718
Frankreich	19. 11. 1967	67 II	2548
Grenada[1]	7. 2. 1974	85 II	1125
Griechenland	2. 8. 1983	83 II	479
Irland	2. 10. 1967	67 II	2362
Israel	10. 1. 1978	77 II	1270
Japan	2. 8. 1964	66 II	11
Jugoslawien, ehemaliges	5. 1. 1964	66 II	11
Kroatien[1]	8. 10. 1991	93 II	1962
Lesotho[1]	4. 10. 1966	85 II	1125
Luxemburg	5. 2. 1979	79 II	303
Mauritius[1]	12. 3. 1968	70 II	1063
Mazedonien	17. 9. 1991	94 II	296
Niederlande[3]	1. 8. 1982	82 II	684
Norwegen	1. 1. 1973	72 II	1639
Österreich	5. 1. 1964	66 II	11
Polen	2. 11. 1969	69 II	2200
		71 II	6
Schweden	7. 9. 1976	76 II	1718
Schweiz	17. 10. 1971	71 II	1149
Slowenien[1]	25. 6. 1991	93 II	1962
Spanien	10. 6. 1988	88 II	971
Südafrika	4. 12. 1970	71 II	6
Swasiland	22. 1. 1971	71 II	98
Tonga[1]	4. 6. 1970	78 II	1294
Türkei	22. 10. 1983	83 II	720
Vereinigtes Königreich[2]	5. 1. 1964	66 II	11

[1] Erklärung über die Weiteranwendung
[2] Weitere Bek – 1966 II 191, 296; 1968 II 94, 808
[3] Weitere Bek – 1986 II 723

32 **Ziel** des Übereinkommens (zu seiner Geschichte FERID RabelsZ 1962/63, 417) ist es, Testamenten möglichst insoweit zur Formwirksamkeit zu verhelfen, als die Verwirklichung des Erblasserwillens nicht an den Formvorschriften eines vom Testator möglicherweise nicht vorhergesehenen Formstatuts scheitern soll (*favor testamenti*). Außerdem soll vermieden werden, daß ein Statutenwechsel zur Formungültigkeit eines Testaments führt. Zweck des Abkommens ist es dagegen *nicht*, die Wirksamkeit eines Testaments auch dann zu sichern, wenn der Erblasser etwa aus Nachlässigkeit oder Rechtsunkenntnis die von dem berufenen Recht geforderte Form nicht einhält (vgl vSCHACK DNotZ 1966, 132).

33 Das Abkommen sucht sein Anliegen dadurch zu erreichen, daß es für die Bestimmung des Formstatuts fünf, berücksichtigt man die unterschiedlichen Zeitpunkte in Art 1 Abs 1 lit b), c) und d) sogar acht verschiedene Anknüpfungspunkte zur Verfügung stellt. Aus Gründen der Rechtssicherheit (Vermeidung von forum shopping) wurde die lex fori nicht in den Anknüpfungskatalog aufgenommen (dazu FERID RabelsZ 1962/63, 422). Hingegen kommt im deutschen Recht zusätzlich über Art 26 Abs 1 S 1 Nr 5 noch das Erbstatut bzw das hypothetische Erbstatut zum Zeitpunkt der Errichtung zum Zuge (dazu Art 3 TestÜbk Rn 74 f). Genügt die Testamentsform den Erfordernissen auch nur eines der ermittelten Rechte, so ist das Testament formgerecht errichtet worden. Seine Formungültigkeit steht daher erst dann fest, wenn die Formvorschriften *keines* der alternativ berufenen Rechte eingehalten worden sind.

Das Abkommen ist als sog „**loi uniforme**" vereinbart, dh es überlagert das autonome **34** Kollisionsrecht der Mitgliedsstaaten generell und nicht nur im Verhältnis der Vertragsstaaten untereinander (Art 6 S 1, unten Rn 94). Seine Bestimmungen gehen gemäß Art 3 Abs 2 EGBGB dem Art 26 vor (näher Art 26 Rn 12 ff).

Das TestÜbk enthält keine Bestimmung über sein Verhältnis zu *anderen*, insbeson- **35** dere bilateralen *Staatsverträgen*. Damit greifen die für **Konventionskonflikte** allgemein geltenden Regeln Platz (vgl dazu MünchKomm/SONNENBERGER Einl Rn 278 ff mwN). Danach bleibt entsprechend Art 30 Abs 4 lit b) WVK (vgl auch Rn 29) der ältere Staatsvertrag maßgeblich (dazu BGH IPRax 1986, 384; MünchKomm/SONNENBERGER Einl Rn 278), solange von den Partnern eines älteren bilateralen Abkommens nur einer der neueren Konvention beigetreten ist.

Aus der Sicht des deutschen Rechts stellt sich in diesem Zusammenhang nur die Frage **36** nach dem Verhältnis des TestÜbk zum **deutsch-türkischen Nachlaßabkommen** (Anlage § 16, vgl Rn 182 ff), da weder das deutsch-iranische Niederlassungsabkommen (Rn 147 ff) noch der deutsch-sowjetische Konsularvertrag (Rn 191 ff) Bestimmungen zur Testamentsform enthalten. Das TestÜbk ist in der Türkei erst am 22. 10. 1983 in Kraft getreten (BGBl 1983 II 720). Daher wird das deutsch-türkische Nachlaßabkommen auch erst mit Wirkung von diesem Tage an durch das TestÜbk abgelöst (vgl Art 30 Abs 4 lit a) WVK; dazu v BAR II Rn 393 Fn 278; ERMAN/HOHLOCH Art 26 Rn 5; s auch IPG 1977 Nr 36 [Hamburg] 348). Die Frage der Formgültigkeit von Testamenten (nicht von anderen Verfügungen von Todes wegen, vgl Rn 76 und Art 26 Rn 30) eines türkischen Erblassers wird daher aus der Sicht des deutschen Rechts nach den Bestimmungen des TestÜbk angeknüpft, wenn der Erblasser nach dem 21. 10. 1983 (vgl Art 8 TestÜbk) verstorben ist.

Einen der nach Art 9–13 TestÜbk möglichen **Vorbehalte** hat die Bundesrepublik **37** nicht eingelegt. Andere Vorbehalte sind nicht zulässig (Art 18 Abs 1 S 2 TestÜbk).

Die **intertemporale Anwendbarkeit** des TestÜbk bestimmt sich nach seinem Art 8 **38** (Rn 100 ff). Es findet aus der Sicht des deutschen Rechts Anwendung, wenn der Erblasser nach seinem Inkrafttreten in der Bundesrepublik (1. 1. 1966) verstorben ist.

In der **ehemaligen DDR** galt das Abkommen mit Wirkung vom 21. 9. 1974 an (GBl DDR **39** 1975 II 40, dazu LÜBCHEN/KOSEWÄHR, Internationales Privatrecht. Kommentar zum Rechtsanwendungsgesetz [1989] Art 26 Nr 4) bis zur Wiedervereinigung am 3. 10. 1990 (vgl Art 25 Rn 593, 614). Da sich die von der Bundesrepublik abgeschlossenen völkerrechtlichen Verträge nach Art 11 des Einigungsvertrages auf das Beitrittsgebiet erstrecken (vgl nur BT-Drucks 11/7760 S 362; MANSEL JR 1990, 443; DÖRNER/MEYER-SPARENBERG DtZ 1991, 5; SIEHR RabelsZ 1991, 243 f), gilt das Abkommen nach der Wiedervereinigung im Beitrittsgebiet als Bestandteil des Bundesrechts fort. Auf den Streit darüber, ob und in welchem Ausmaß die von der früheren DDR geschlossenen Staatsverträge kollisionsrechtlichen Inhalts *nach dem 2.10.1990* im Beitrittsgebiet fortgelten (dazu STAUDINGER/DÖRNER [1996] Art 236 Rn 37 ff), kommt es daher im vorliegenden Zusammenhang nicht an.

b) Text und Erläuterung des Abkommens

40 **Art 1 [Anknüpfungspunkte]**
(1) Eine letztwillige Verfügung ist hinsichtlich ihrer Form gültig, wenn diese dem innerstaatlichen Recht entspricht:
a) des Ortes, an dem der Erblasser letztwillig verfügt hat, oder
b) eines Staates, dessen Staatsangehörigkeit der Erblasser im Zeitpunkt, in dem er letztwillig verfügt hat, oder im Zeitpunkt seines Todes besessen hat, oder
c) eines Ortes, an dem der Erblasser im Zeitpunkt, in dem er letztwillig verfügt hat, oder im Zeitpunkt seines Todes seinen Wohnsitz gehabt hat, oder
d) des Ortes, an dem der Erblasser im Zeitpunkt, in dem er letztwillig verfügt hat, oder im Zeitpunkt seines Todes seinen gewöhnlichen Aufenthalt gehabt hat, oder
e) soweit es sich um unbewegliches Vermögen handelt, des Ortes, an dem sich dieses befindet.

(2) Ist die Rechtsordnung, die auf Grund der Staatsangehörigkeit anzuwenden ist, nicht vereinheitlicht, so wird für den Bereich dieses Übereinkommens das anzuwendende Recht durch die innerhalb dieser Rechtsordnung geltenden Vorschriften, mangels solcher Vorschriften durch die engste Bindung bestimmt, die der Erblasser zu einer der Teilrechtsordnungen gehabt hat, aus denen sich die Rechtsordnung zusammensetzt.

(3) Die Frage, ob der Erblasser an einem bestimmten Ort einen Wohnsitz gehabt hat, wird durch das an diesem Ort geltende Recht geregelt.

Art 1 TestÜbk stellt dem Erblasser für die Beurteilung der **Form** (vgl Art 5 TestÜbk, dazu Rn 84 ff) **letztwilliger Verfügungen** (vgl Art 4 TestÜbk, dazu Rn 76 ff) *alternativ* alle Rechtsordnungen zur Verfügung, „zu denen er bestimmte persönliche oder sachliche Bindungen hatte" (BT-Drucks 4/3673 S 1). Während die Anknüpfungspunkte des Abs 1 lit a–d die Form des Testaments für den gesamten – beweglichen wie unbeweglichen – Nachlaß betreffen, beruft lit e die Formvorschriften des Lageortrechts nur für das in seinem Geltungsbereich befindliche unbewegliche Vermögen (dazu SCHEUCHER ZfRvgl 1965, 95). Der Anknüpfungskatalog des Abs 1 kann sich noch erweitern, wenn der Erblasser mehrere Wohnsitze (Rn 53) oder mehrere Staatsangehörigkeiten (Rn 49) besitzt. *Neben* den Anknüpfungen des Art 1 Abs 1 TestÜbk verweist Art 26 Abs 1 S 1 Nr 5 für die Form letztwilliger Verfügungen zusätzlich auf das Errichtungs- und das Erbstatut, vgl näher Art 3 TestÜbk (Rn 74 f).

41 Sind die Formerfordernisse des über *einen* Anknüpfungspunkt gefundenen Rechts erfüllt, erübrigt sich eine Prüfung der übrigen Rechte. Das Testament ist dann formgültig errichtet worden (vgl etwa BayObLGZ 1980, 47; SCHEUCHER ZfRvgl 1965, 85). *Beispiel:* Das eigenhändige Testament eines in New York domizilierten US-Amerikaners mit gewöhnlichem Aufenthalt in der Bundesrepublik ist nach seinem Heimatrecht formungültig, nach deutschem Aufenthaltsrecht jedoch formwirksam errichtet worden. Umgekehrt ist das in der Bundesrepublik maschinenschriftlich errichtete Zweizeugentestament dieses Erblassers unwirksam nach seinem Aufenthalts-, aber formgültig nach seinem Heimatrecht. In beiden Fällen wird das Testament aus der Sicht des deutschen Rechts als formwirksames Testament behandelt.

Auf den **Inhalt** einer letztwilligen Verfügung (Erbeinsetzung, Vermächtnis, Enter- **42** bung usw) kommt es nicht an. Nach den Bestimmungen des Haager TestÜbk ist auch die Formgültigkeit von Rechtsakten zu ermitteln, in denen zB ein französischer oder italienischer Erblasser eine (die gesetzliche Erbfolge unberührt lassende) *Vorausteilung vornimmt* (MünchKomm/BIRK Art 26 Rn 130).

Die **Folgen eines Formverstoßes** sind dem jeweils berufenen Formstatut zu entneh- **43** men, vgl näher Rn 86.

Bei einer **Nachlaßspaltung** ist zwar jede Teilmasse als gesonderter Nachlaß anzusehen **44** (Art 25 Rn 730), so daß die Gültigkeit einer letztwilligen Verfügung grundsätzlich auch hinsichtlich einer jeden Teilmasse gesondert geprüft werden muß (vgl auch BEITZKE, in: FS Lewald [1953] 235 ff). Für die Frage der Formgültigkeit hat eine solche Spaltung jedoch nur begrenzte Bedeutung, da die erblasserbezogenen Anknüpfungen des Art 1 Abs 1 TestÜbk (Verfügungsort, Staatsangehörigkeit, Wohnsitz, Aufenthalt) für das Testament *insgesamt* stets zu demselben Recht führen. Ist zB ein Testament nach dem Recht des Verfügungsortes formwirksam errichtet worden, so kommt es nicht darauf an, ob die auf die Vererbung der einen oder anderen Nachlaßmasse anzuwendende Rechtsordnung eine entsprechende Testamentsform kennt oder nicht (vgl auch ERMAN/HOHLOCH Art 26 Rn 13). Etwas anderes kann sich bei Anwendung des Art 1 Abs 1 lit e) ergeben (näher Rn 61).

Eine letztwillige Verfügung ist formgültig, wenn sie die Voraussetzungen des „inner- **45** staatlichen Rechts" der jeweils berufenen Rechtsordnung erfüllt. Damit finden unmittelbar die Sachnormen des berufenen Rechts Anwendung; **Rück- oder Weiterverweisung** durch das betreffende Kollisionsrecht **bleiben außer Betracht** (BayObLGZ 1967, 426 f; vBAR II Rn 393; SOERGEL/SCHURIG Art 26 Rn 50; IPG 1979 Nr 32 [Berlin] 322). Zur Beachtlichkeit eines Renvoi bei der Anwendung von Art 26 Abs 1 S 1 Nr 5 vgl dagegen Art 26 Rn 27.

Wird gemäß Art 1 Abs 1 TestÜbk das Recht eines Staates berufen, der dem Washing- **46** toner UN-Übereinkommen über ein einheitliches Recht der *Form eines internationalen Testaments* (Rn 136 ff) angehört, liegt aus deutscher Sicht ein formgerechtes Testament auch dann vor, wenn der Testator die dort für ein „internationales Testament" aufgestellten Bedingungen einhält. In diesem Fall stellt der betreffende Staat nämlich die Form des Übereinkommens zusätzlich zu denen seines nationalen Rechts zur Verfügung.

aa) Verfügungsort (Abs 1 lit a)
Eine letztwillige Verfügung ist formwirksam, wenn sie dem Sachrecht des Ortes **47** entspricht, an welchem der Erblasser letztwillig verfügt hat (Abs 1 lit a; vgl dazu BGH ZEV 1994, 114; BayOblGZ 95, 372; 96, 168; LG München I FamRZ 1998, 1067). Der Begriff des Verfügungsortes wird im Abkommen nicht erläutert. Sein Bedeutungsgehalt ist durch autonome Interpretation (vgl Rn 30) zu ermitteln (MünchKomm/BIRK Art 26 Rn 52). Unter dem Verfügungsort wird man danach den Ort zu verstehen haben, an dem der

Rechtsakt der letztwilligen Verfügung vorgenommen wurde. Innerhalb eines Gesamtstaates mit mehreren Teilrechtsordnungen gelangt diejenige zur Anwendung, in welcher sich der Verfügungsort befindet.

48 Durch öffentliches Testament wird dort verfügt, wo die mündliche oder schriftliche Erklärung des Erblassers abgegeben und von der jeweiligen Urkundsperson entgegengenommen und festgehalten wurde; bei einem privatschriftlichen Testament kommt es darauf an, wo der Testator die Erklärung niedergeschrieben und unterschrieben hat (LG München I FamRZ 1999, 1308). Beim mündlichen Testament ist der Ort der Verlautbarung maßgebend (BayObLG ZEV 1999, 489; LG München I FamRZ 1999, 1308; vgl auch OLG Frankfurt aM OLGZ 1977, 385; IPG 1980/81 Nr 42 [Hamburg] 362). Dabei ist ein Aufenthalt von einiger Dauer am Vornahmeort nicht erforderlich (BayObLG ZEV 1999, 489). Im Falle einer sukzessiven Errichtung ist entscheidend, an welchem Ort das Rechtsgeschäft abgeschlossen wurde (ebenso ERMAN/HOHLOCH Art 26 Rn 14). Bei Abfassung eines privatschriftlichen Testaments wird dies regelmäßig der Ort sein, an dem der Verfügende seine letztwillige Verfügung unterschrieben hat (MünchKomm/BIRK Art 26 Rn 52; vgl auch vSCHACK DNotZ 1966, 141; anders SCHEUCHER ZfRvgl 1965, 89). Hat der Erblasser zu verschiedenen Zeitpunkten und an verschiedenen Orten mehrere sich ergänzende Verfügungen vorgenommen, kommt das Recht des *jeweiligen Errichtungsortes* zur Anwendung (vgl auch ERMAN/HOHLOCH Art 26 Rn 14).

bb) Staatsangehörigkeit (Abs 1 lit b, Abs 2)
49 Eine letztwillige Verfügung ist auch dann formwirksam, wenn sie den Formvorschriften des Staates entspricht, dessen Staatsangehörigkeit der Erblasser zum Zeitpunkt der Errichtung oder zum Zeitpunkt seines Todes besaß (Abs 1 lit b; vgl dazu AG Hildesheim IPRspr 1985 Nr 117). Welche Staatsangehörigkeit ein Erblasser hatte, wird – wie üblich (vgl KEGEL/SCHURIG § 13 II 4) – nach den einschlägigen Gesetzen der jeweils in Frage kommenden Staaten ermittelt. Dem Zweck des Abkommens (Rn 32) entsprechend kann bei **Mehrstaatern** jede Staatsangehörigkeit – auch eine iS des Art 5 Abs 1 ineffektive – Anknüpfungspunkt sein (OLG Hamburg IPRspr 1981 Nr 131 S 311; FERID RabelsZ 1962/63, 421; SCHEUCHER ZfRvgl 1965, 90; vSCHACK DNotZ 1966, 141; MünchKomm/ BIRK Art 26 Rn 53; ERMAN/HOHLOCH Art 26 Rn 14; IPG 1978 Nr 38 [Berlin] 405). Das gilt nicht nur abweichend von Art 5 Abs 1 S 1 bei Personen mit mehrfacher ausländischer Staatsangehörigkeit, sondern entgegen Art 5 Abs 1 S 2 auch für deutsch-ausländische Mehrstaater (vBAR II Rn 394). Bei **Flüchtlingen**, deren Personalstatut sich nach Aufenthaltsrecht richtet (dazu Art 25 Rn 451 ff), ist im Rahmen des Abs 1 lit b) weiterhin auch die fortbestehende Staatsangehörigkeit maßgeblich. Das ergibt sich aus dem Wortlaut der Vorschrift und entspricht dem Zweck des TestÜbk (favor testamenti – zur Genfer Flüchtlingskonvention wie hier vSCHACK DNotZ 1966, 142; aA SCHEUCHER ZfRvgl 1965, 90). Dagegen muß bei *Staatenlosen* dieser Anknüpfungspunkt naturgemäß entfallen.

50 Gehört der Erblasser einem Staat mit mehreren **Teilrechtsordnungen** an, so wird die erforderliche Unteranknüpfung entsprechend Art 1 Abs 2 des Übereinkommens vorgenommen, der als staatsvertragliche Sonderregelung (Art 3 Abs 2 S 1) den Art 4 Abs 3 ausschließt. Primär maßgebend sind danach die interlokalen Vorschriften des Gesamtstaates; kennt der Gesamtstaat keine Unteranknüpfungsregeln, kommt es darauf an, zu welcher Teilrechtsordnung der Erblasser zu dem maßgeblichen Zeitpunkt die engste Bindung gehabt hat. Diese engste Beziehung wird durch objektive Umstände, in erster Linie durch den gewöhnlichen oder letzten gewöhnlichen Aufenthaltsort innerhalb des Gesamtstaates festgelegt; eine „professio iuris" genügt also nicht (FERID RabelsZ 1962/63, 421; vgl ferner SCHEUCHER ZfRvgl 1965, 91; vSCHACK DNotZ 1966, 142; MünchKomm/BIRK Art 26 Rn 54; IPG 1978 Nr 39 [München] 416).

Es reicht aus, daß die letztwillige Verfügung den Formvorschriften entweder des **51** Heimatrechts zum Zeitpunkt der Errichtung oder denen des Heimatrechts beim Ableben des Erblassers entspricht. Ein zum Zeitpunkt der Errichtung formgültiges Testament bleibt daher trotz eines **Staatsangehörigkeitswechsels** wirksam, auch wenn es nach dem Heimatrecht zum Zeitpunkt des Todes formunwirksam wäre. Umgekehrt kann eine zunächst ungültige Verfügung konvaleszieren, wenn ein später erworbenes und bis zum Todeszeitpunkt beibehaltenes Heimatrecht eine entsprechende Testamentsform kennt (vBAR II Rn 394). *Irrt sich* der Erblasser über die Wirksamkeit seiner Verfügung (weil er annimmt, das vor dem Statutenwechsel wirksam errichtete Testament sei mit dem Erwerb der neuen Staatsangehörigkeit außer Kraft getreten oder das vorher formungültige Testament sei unwirksam geblieben) und unterläßt er deswegen eine erneute Verfügung von Todes wegen oder einen Widerruf, so ist nach den Vorschriften des *Erbstatuts* (vgl Art 25 Rn 264) zu prüfen, ob die formwirksame Verfügung nicht später wegen dieses Irrtums angefochten werden kann. Ist deutsches Recht Erbstatut, sind die §§ 2078 ff BGB einschlägig. Danach kann das irrtumsbedingte Unterlassen der Errichtung einer letztwilligen Verfügung nicht angefochten werden (vgl LANGE/KUCHINKE § 36 II 1 a mwN).

cc) Wohnsitz (Abs 1 lit c, Abs 3)

Weiterhin ist eine letztwillige Verfügung dann formgültig, wenn sie die Formerfor- **52** dernisse der Rechtsordnung beachtet, innerhalb derer der Erblasser zum Zeitpunkt der Verfügung oder aber zum Zeitpunkt seines Todes seinen Wohnsitz hatte (Abs 1 lit c TestÜbk, vgl OLG Düsseldorf IPRspr 1985 Nr 114 S 292; OLG Zweibrücken FamRZ 1992, 609). Der Begriff des Wohnsitzes ist nicht autonom (vgl Rn 30) zu interpretieren, weil das Abkommen selbst durch eine Qualifikationsverweisung eine abweichende Regelung trifft. Gemäß Art 1 *Abs 3* TestÜbk ist nämlich die Frage, ob der Erblasser an einem bestimmten Ort seinen Wohnsitz gehabt hat, nach dem an diesem Ort geltenden Recht zu beantworten. Ebenso wie bei der Staatsangehörigkeit legt demnach jede der möglicherweise in Betracht kommenden Rechtsordnungen die Kriterien des Anknüpfungspunktes selbständig fest. Dieser Verzicht auf ein vertragsautonomes Begriffsverständnis ist ungewöhnlich. Er beruht auf der Schwierigkeit, angesichts der international unterschiedlichen Konzeptionen von „Wohnsitz" – dabei handelt es sich bereits um eine ungenaue Übersetzung des im englischen und französischen Text gebrauchten „domicil" – eine gemeinsame Definition zu finden (vgl BATIFFOL, Rapport, in: Actes et Documents 164: „une tâche probablement irréalisable"). Gemäß Art 9 TestÜbk (Rn 106) kann sich jeder Vertragsstaat das Recht vorbehalten, den Wohnsitzbegriff nach Maßgabe der lex fori zu definieren. Die Bundesrepublik hat (ebenso wie die frühere DDR, vgl Rn 39) einen solchen Vorbehalt *nicht* eingelegt.

Ob ein Erblasser zu einem der fraglichen Zeitpunkte seinen Wohnsitz in der Bundes- **53** republik Deutschland gehabt hat, wird daher von einem deutschen Gericht nach den §§ 7–9 und 11 BGB beurteilt. Wird ein „Wohnsitz" in einem anderen Staat behauptet, steht die Begriffsbestimmung dem dortigen Recht zu. Im Ergebnis kann diese Methode dazu führen, daß ein Erblasser für den Anwendungsbereich des Abkommens in *keinem* Staat einen Wohnsitz hat, obwohl nach dem Sachrecht einer der

Heinrich Dörner

beteiligten Rechtsordnungen durchaus ein Wohnsitz gegeben wäre, oder daß er über einen Wohnsitz in *mehreren Staaten* verfügt, obwohl die beteiligten Rechte vom Prinzip der Wohnsitzeinheit ausgehen (vgl näher SCHEUCHER ZfRvgl 1965, 93 f; auch vBAR II Rn 397).

54 Berufen ist sowohl das Recht des Wohnsitzes zum Zeitpunkt der Verfügung als auch das Wohnsitzrecht beim Tode des Erblassers. Es gilt daher das oben Rn 51 Gesagte: Die bestehende Formwirksamkeit einer Verfügung wird durch einen Wohnsitzwechsel nicht beeinträchtigt; eine zunächst ungültige Verfügung kann aufgrund eines **Wohnsitzwechsels** Formwirksamkeit erlangen. Zur Behandlung eines mit dem Statutenwechsel zusammenhängenden Irrtums des Erblassers vgl Rn 51.

55 Innerhalb eines Gesamtstaates mit mehreren Teilrechtsordnungen gelangt diejenige zur Anwendung, in welcher sich der Wohnsitz des Erblassers zum Zeitpunkt der Verfügung oder zum Zeitpunkt seines Todes befand.

dd) Gewöhnlicher Aufenthalt (Abs 1 lit d)

56 Neben dem Wohnsitz stellt Abs 1 lit d TestÜbk als weiteren Anknüpfungspunkt den gewöhnlichen Aufenthaltsort („résidence habituelle") des Erblassers zum Errichtungszeitpunkt bzw zum Zeitpunkt seines Todes zur Verfügung. Der Begriff des „gewöhnlichen Aufenthalts" ist autonom zu interpretieren und sollte aus Praktikabilitätsgründen ebenso definiert werden, wie dies in anderen internationalen Übereinkommen – so etwa in Art 1 des Haager Minderjährigenschutzabkommens v 5. 10. 1961 (BGBl 1971 II 219) oder in Art 4 Abs 1 des Haager Übereinkommens über das auf Unterhaltspflichten anzuwendende Recht v 2. 10. 1973 (BGBl 1986 II 837) geschieht (dazu SIEP, Der gewöhnliche Aufenthalt im deutschen internationalen Privatrecht [Diss Köln 1981] 93 f; vgl ERMAN/HOHLOCH Art 26 Rn 16; aber auch KROPHOLLER § 39 II 5 [„vorsichtige Differenzierung nach Rechtsgebieten"]; ferner SCHWIND, in: FS Ferid [1988] 431). Unter einem „gewöhnlichen Aufenthalt" ist danach der Ort zu verstehen, an dem sich der „Daseinsmittelpunkt" einer Person befindet, dh der Ort, an dem sie sich – regelmäßig für einen längeren Zeitraum – faktisch aufhält und an dem der Schwerpunkt ihrer familiären, sozialen und beruflichen Beziehungen liegt (vgl BGH NJW 1975, 1068; BayObLGZ 1979, 196 f). Ein rechtsgeschäftlicher Wille zur Begründung eines gewöhnlichen Aufenthalts ist nicht erforderlich (im einzelnen KROPHOLLER § 39 II und die dort unter 1b) abgedruckten Empfehlungen des Europarats v 18. 1. 1972; MünchKomm/SONNENBERGER Einl Rn 663 ff).

57 Abs 1 lit d beruft alternativ das Aufenthaltsrecht zum Zeitpunkt der Verfügung und zum Zeitpunkt des Todes. Innerhalb eines Gesamtstaates mit mehreren Teilrechtsordnungen ist diejenige berufen, in welcher sich der gewöhnliche Aufenthaltsort des Erblassers zum Zeitpunkt der Verfügung oder zum Zeitpunkt seines Todes befand. Für die Formwirksamkeit eines vor oder nach einem **Aufenthaltswechsel** errichteten Testaments gilt daher das oben in Rn 51 Gesagte entsprechend. Zur Behandlung eines mit dem Statutenwechsel zusammenhängenden Irrtums des Erblassers vgl ebenfalls Rn 51. Der *schlichte Aufenthalt* eines Erblassers zum Zeitpunkt des Todes bzw der Errichtung einer letztwilligen Verfügung kann bei Anwendung von Art 26 S 1 Nr 5 (Art 26 Rn 26) Bedeutung gewinnen.

ee) Lageort des unbeweglichen Vermögens (Abs 1 lit e)

58 Gemäß Abs 1 lit e ist eine letztwillige Verfügung, die *unbewegliches Vermögen* betrifft, auch dann formgültig, wenn sie den Formvorschriften des Lageorts entspricht (IPG 1978 Nr 36 [Kiel] 373 f; 1979 Nr 32 [Berlin] 323). Wie der Begriff des „unbeweglichen Vermögens" ermittelt werden soll, wird nicht einheitlich beurteilt. KEGEL (KEGEL/SCHURIG § 21 III 2a) will den Bedeutungsgehalt autonom festgelegt und *eng* interpretiert wissen. Angesichts der im französischen und englischen Text verwandten Begriffe („immeubles" bzw „immovables") seien darunter nur Grundstücke zu verstehen. Demgegenüber geht die hM davon aus, daß – aufgrund einer ungeschriebenen Qualifikationsverweisung – die jeweilige lex rei sitae darüber entscheidet, welche Vermögensrechte „unbewegliches Vermögen" darstellen (FERID RabelsZ 1962/63, 420; MünchKomm/BIRK Art 26 Rn 59 [„universale Geltung" dieses Grundsatzes]; PALANDT/HELDRICH Art 26 Rn 4; ERMAN/HOHLOCH Art 26 Rn 17).

Für die Auffassung KEGELS spricht, daß das TestÜbk im vorliegenden Zusammen- **59** hang keine ausdrückliche Qualifikationsverweisung vorsieht, obwohl es diese Technik in Art 1 Abs 3 (Rn 52) verwendet. Dagegen kann sich die hM auf den Sinn und Zweck des Abkommens berufen. Wenn nämlich die jeweilige lex rei sitae den Begriff des „unbeweglichen Vermögens" selbständig – und möglicherweise extensiv (vgl Art 25 Rn 481) – definiert, dann können letztwillige Verfügungen, welche die Formvorschriften nur des Belegenheitsrechts, nicht aber der übrigen berufenen Rechtsordnungen erfüllen, auch dann Wirksamkeit erlangen, wenn Vermögensrechte betroffen sind, die bei einer autonomen – noch dazu restriktiven – Interpretation von dem Begriff nicht mehr erfaßt würden. Daher ist im Interesse des favor testamenti der hM zuzustimmen.

Nach der jeweiligen lex rei sitae beurteilt sich aber nicht nur, welche Vermögens- **60** rechte als „unbewegliches Vermögen" anzusehen sind (Anknüpfungsgegenstand), sondern auch, *wo* der betreffende Vermögenswert *belegen* ist (Anknüpfungspunkt). Zur Definition des unbeweglichen Vermögens nach deutschem Recht vgl Art 25 Rn 482 ff; aus der Sicht des deutschen Rechts ist „unbewegliches Vermögen" in dem Staat belegen, auf dessen Territorium sich das Grundstück befindet, an dem die fraglichen dinglichen Rechte bestehen (vgl auch Art 25 Rn 487). Innerhalb eines Gesamtstaates mit mehreren Teilrechtsordnungen ist diejenige berufen, in welcher sich das Grundstück unmittelbar befindet.

Die Anknüpfung des Art 1 Abs 1 lit e tritt *neben* die übrigen Anknüpfungsmöglich- **61** keiten; eine letztwillige Verfügung über unbewegliches Vermögen ist daher auch dann formwirksam, wenn sie zwar nicht die Formvorschriften des Lageorts, wohl aber die entweder des Orts-, Heimat-, Wohnsitz- oder des Aufenthaltsrechts einhält. Ist umgekehrt *nur* die von der lex rei sitae vorgeschriebene Form beachtet worden und das Testament nach den daneben berufenen Formstatuten unwirksam, so äußert es nur Rechtswirkungen hinsichtlich des unbeweglichen Nachlasses, soweit er im Geltungsbereich der lex rei sitae belegen ist. Im übrigen ist das Testament ungültig; es tritt ggf partiell gesetzliche Erbfolge nach Maßgabe des Erbstatuts ein (vgl auch ERMAN/HOHLOCH Art 26 Rn 13), soweit die partielle nicht zur vollständigen Unwirksamkeit des Testaments führt.

Ob und unter welchen Voraussetzungen eine teilweise Formunwirksamkeit zur Total- **62** nichtigkeit führt, ist keine Frage der Form, sondern hängt letztlich davon ab, ob das nur partiell wirksame Testament angesichts der Formnichtigkeit im übrigen noch als eine dem Erblasserwillen entsprechende Vermögensverteilung aufgefaßt werden kann. Darüber entscheidet nicht das Belegenheitsrecht als Formstatut, sondern das über die Gültigkeit des Rechtsgeschäfts entscheidende *Errichtungsstatut* (Art 26 Abs 5 S 1), in der Regel also das Heimatrecht des Erblassers zum Zeitpunkt der Verfügung. Ist deutsches Recht Errichtungsstatut, findet § 2085 BGB Anwendung.

63 Die Rechtslage ist ähnlich, wenn eine **Nachlaßspaltung** (Art 25 Rn 723 ff) vorliegt und nur über die eine, aus unbeweglichem Vermögen bestehende Nachlaßmasse gemäß Art 1 Abs 1 lit e formgerecht verfügt worden, die Verfügung über den restlichen Nachlaß dagegen nach allen anderen möglichen Formstatuten unwirksam ist. In diesem Fall ist das Testament nur im Hinblick auf die eine Nachlaßmasse wirksam errichtet worden (vgl auch ERMAN/HOHLOCH Art 25 Rn 13).

64 Hier befindet das für *diese Nachlaßmasse* maßgebende Errichtungsstatut darüber, ob die Teilnichtigkeit angesichts der vom Erblasser vermutlich gewollten einheitlichen Vermögensdisposition auch die zunächst wirksame Verfügung über die ihm unterliegenden Vermögenswerte ergreift (Art 26 Abs 5 S 1). *Beispiel:* Ein in der Bundesrepublik verstorbener Deutscher hinterläßt Grundbesitz im Staate New York. Hier tritt eine Nachlaßspaltung ein, weil aus der Sicht des deutschen Kollisionsrechts die Rechtsnachfolge von Todes wegen zwar grundsätzlich dem deutschen Heimatrecht (Art 25 Abs 1), die in den New Yorker Grundbesitz nach Art 3 Abs 3 aber dem Recht von New York unterliegt. Hatte der Erblasser in der Bundesrepublik ein maschinenschriftliches Zweizeugentestament errichtet, so ist dieses Testament nach New Yorker Recht für das in New York belegene Grundvermögen wirksam errichtet worden (Art 1 Abs 1 lit e); hinsichtlich des übrigen beweglichen oder etwa in der Bundesrepublik belegenen unbeweglichen Vermögens ist es dagegen unwirksam. Damit entscheidet nunmehr das New Yorker Recht *als Errichtungsstatut* darüber, ob auch die für sich betrachtet formwirksame Verfügung über den New Yorker Grundbesitz von der Unwirksamkeit erfaßt wird.

65   **Art 2 [Widerruf]**
(1) Artikel 1 ist auch auf letztwillige Verfügungen anzuwenden, durch die eine frühere letztwillige Verfügung widerrufen wird.

(2) Der Widerruf ist hinsichtlich seiner Form auch dann gültig, wenn diese einer der Rechtsordnungen entspricht, nach denen die widerrufene letztwillige Verfügung gemäß Artikel 1 gültig gewesen ist.

Art 2 TestÜbk legt fest, welches Recht auf die **Form** (vgl Art 5 TestÜbk, Rn 84 ff) **letztwilliger Verfügungen** (vgl Art 4 TestÜbk, Rn 76 ff) Anwendung findet, durch die eine frühere letztwillige Verfügung **widerrufen** wird (BayObLGZ 1967, 428). Ob der Widerruf einer früheren Verfügung *zulässig* ist, beurteilt sich dagegen als Frage der Bindungswirkung nach dem Recht, das zum Zeitpunkt der *Errichtung der früheren Verfügung* für die Erbfolge gegolten hat (Art 26 Abs 5: Errichtungsstatut, vgl Art 26 Rn 77 ff; vBAR II Rn 399; MünchKomm/BIRK Art 26 Rn 61). Die *materiellen Voraussetzungen des Widerrufs selbst* (Fähigkeit, Willensmängel, Zulässigkeit der Stellvertretung) unterliegen wiederum dem Recht, das im Zeitpunkt *des Widerrufs* auf die Rechtsnachfolge von Todes wegen anzuwenden wäre (Art 26 Abs 5, dazu unten Art 26

Rn 78). Die *Auslegung* eines Widerrufs schließlich richtet sich nach dem *Erbstatut* (vgl Art 25 Rn 249 ff).

Die Bestimmung betrifft lediglich die Revokation von Testamenten durch eine **66** *rechtsgeschäftliche Erklärung*, welche den Widerrufswillen *sprachlich vermittelt* zum Ausdruck bringt. Das kann ausdrücklich oder konkludent, durch isolierte Bekanntgabe des Widerrufswillens (vSCHACK DNotZ 1966, 134) oder durch eine neue, widersprechende Disposition über den Nachlaß geschehen. In dem letztgenannten Fall ist zu unterscheiden: Ob der Testator über sein Vermögen erneut formgültig verfügt hat, bestimmt sich nach den von Art 1 TestÜbk berufenen Rechten (ebenso ERMAN/HOHLOCH Art 26 Rn 20; SOERGEL/SCHURIG Art 26 Rn 15). Selbst wenn aber danach die neue Verfügung (und damit im Zweifel gemäß Abs 1 auch der Widerruf der alten) form*un*wirksam sein sollte, könnte der zum Ausdruck gebrachte Widerruf der früheren Anordnungen immer noch nach einem Recht formwirksam sein, auf welches Abs 2 (Rn 69 f) verweist.

Von Art 2 TestÜbk nicht erfaßt sind der (ebenfalls rechtsgeschäftliche) Widerruf **67** durch schlüssige Handlung (zB durch Vernichtung oder Veränderung einer Testamentsurkunde), ein Widerruf durch rechtsgeschäftsähnliche Handlung (zB Rücknahme aus der amtlichen Verwahrung) oder ein Widerruf, der dadurch erfolgt, daß das Gesetz die Widerrufswirkung mit bestimmten anderen Rechtsakten (wie Eheschließung oder Ehescheidung) verbindet (vSCHACK DNotZ 1966, 134; MünchKomm/ BIRK Art 26 Rn 63; ERMAN/HOHLOCH Art 26 Rn 20). In diesen Fällen unterliegen die Voraussetzungen der Widerrufshandlung analog Art 26 Abs 5 dem Recht, das zum Zeitpunkt der Vornahme des betreffenden Rechtsakts auf die Rechtsnachfolge von Todes wegen anzuwenden wäre (vgl Art 26 Rn 78); über die Rechtswirkungen eines solchen Widerrufs befindet das Erbstatut (undifferenziert und generell für Maßgeblichkeit des Erbstatuts ERMAN/HOHLOCH Art 26 Rn 20; MünchKomm/BIRK Art 26 Rn 63; PALANDT/HELDRICH Art 26 Rn 5).

Ein von Art 2 TestÜbk erfaßter Widerruf ist zunächst formgültig, wenn er der Wider- **68** rufsform einer der Rechtsordnungen entspricht, auf welche die Anknüpfungspunkte des Art 1 Abs 1 TestÜbk verweisen (*Abs 1*, vgl LG Heidelberg IPRax 1992, 171). Es ist mithin danach zu fragen, welche Formvorschriften für einen testamentarischen Widerruf das zum Zeitpunkt des Widerrufs bzw zum Zeitpunkt des Todes maßgebende Heimat-, Wohnsitz- und Aufenthaltsrecht, das Recht des Widerrufsortes und – im Hinblick auf unbewegliches Vermögen – das des Lageortes aufstellen.

Ein testamentarischer Widerruf ist ferner dann formgültig, wenn er der Form einer **69** Rechtsordnung entspricht, nach der *die zu widerrufende Verfügung wirksam gewesen ist* (*Abs 2*). Diese Vorschrift läßt zu, daß der Testator einen Widerruf in der Form des Rechts vornimmt, das in formeller Hinsicht für die frühere letztwillige Verfügung maßgebend war, obwohl es wegen der Wahl eines anderen Errichtungsortes oder aufgrund eines Wechsels der Staatsangehörigkeit oder einer Verlegung von Wohnsitz oder gewöhnlichem Aufenthaltsort nach Art 2 Abs 1 iVm Art 1 Abs 1 TestÜbk *jetzt nicht mehr* zur Verfügung stünde. Durch diese Anknüpfung wird nicht die *Formgültigkeit*, sondern die *Möglichkeit zur Beseitigung* einer formgültigen Verfügung gefördert (LÜDERITZ Rn 411). Dahinter steht die Überlegung, daß ein Erblasser dazu neigen könnte, einen Widerruf in der gleichen Form vorzunehmen, wie sie für die Errichtung des Testaments vorgesehen war. Ein solcher Widerruf soll nicht an der mangelnden Formgültigkeit scheitern. **Beispiel:** Ein Deutscher hat in Österreich seinen Wohnsitz (iS des österreichischen Rechts, vgl Art 1 Abs 3 TestÜbk) und errichtet dort ein Testament in mündlicher Form vor drei Zeugen (§§ 584 ff ABGB). Er verlegt dann seinen Wohnsitz (iS des deutschen Rechts) in die Bundesrepublik und widerruft das Testament in gleicher Form. Der Widerruf ist gültig, weil Abs 2 auch die Widerrufsformen des österreichischen Rechts mit einbezieht.

70 Bei Anwendung des Abs 2 ist *nicht jede* Rechtsordnung berufen, die gemäß Art 1 Abs 1 TestÜbk für die Beurteilung der Form der früheren letztwilligen Verfügung anwendbar war. Es kann vielmehr nur auf solche Rechtsordnungen zurückgegriffen werden, nach denen das Testament auch *tatsächlich als gültig* zu erachten ist (Scheucher ZfRvgl 1965, 95). Art 2 Abs 1 und 2 TestÜbk sind ihrerseits gleichrangig anwendbar, dh es muß nicht etwa zunächst der von Abs 1 in Bezug genommene Anknüpfungskatalog durchgeprüft werden, um erst dann – bei negativem Ergebnis – auf die von Abs 2 berufenen Rechte zurückzugreifen (zustimmend MünchKomm/Birk Art 26 Rn 61 anders Scheucher ZfRvgl 1965, 95).

71 Über Art 2 Abs 1 u 2 TestÜbk hinaus läßt Art 3 TestÜbk zu, daß die Vertragsstaaten für den Widerruf ein Formstatut bezeichnen, das in Art 1 und 2 TestÜbk noch nicht vorgesehen ist. Der deutsche Gesetzgeber hat von dieser Möglichkeit in Art 26 Abs 2 Gebrauch gemacht. Ein Widerruf ist daher auch dann formgültig, wenn er den Bestimmungen des hypothetischen oder realen Erbstatuts entspricht (vgl Art 3 Test-Übk, Rn 75 und Art 26 Rn 24; im Ergebnis ebenso MünchKomm/Birk Art 26 Rn 61).

72 Ein nach Art 2 Abs 1 iVm Art 1 Abs 1 lit a bis d TestÜbk formgültiger Widerruf erfaßt – natürlich nach Maßgabe des Erblasserwillens – die gesamte frühere letztwillige Verfügung. Ergibt sich die Formgültigkeit des Widerrufs dagegen *ausschließlich* aus Art 2 Abs 1 iVm Art 1 Abs 1 *lit e* TestÜbk, so ist der Widerruf insoweit unwirksam bzw es bleibt die frühere Verfügung insoweit gültig, als nicht das im Belegenheitsstaat befindliche unbewegliche Vermögen betroffen ist (vgl bereits Rn 61 ff). In diesem Fall entscheidet das Errichtungsstatut (Art 26 Abs 5 S 1, vgl Rn 62) darüber, ob der Widerruf partiell unwirksam bleibt oder ob unter diesen Umständen nach dem hypothetischen Erblasserwillen der Widerruf insgesamt hinfällig wird und damit das frühere Testament seine Wirksamkeit behält.

73 Eine Teilunwirksamkeit kann sich auch daraus ergeben, daß der Widerruf im Falle einer Nachlaßspaltung (vgl Art 25 Rn 723 ff) gemäß Art 2 Abs 1 iVm Art 1 Abs 1 lit e nur hinsichtlich der einen, aus unbeweglichem Vermögen bestehenden Nachlaßmasse wirkt, im übrigen aber formunwirksam vorgenommen wurde. Dann befindet das für das unbewegliche Vermögen maßgebende Errichtungsstatut darüber, ob der Widerruf tatsächlich auf diese Nachlaßmasse beschränkt bleibt oder aber insgesamt hinfällig wird (vgl auch Rn 64).

74 **Art 3 [Formvorschriften der Vertragsstaaten]**
Dieses Übereinkommen berührt bestehende oder künftige Vorschriften der Vertragsstaaten nicht, wodurch letztwillige Verfügungen anerkannt werden, die der Form nach entsprechend einer in den vorangehenden Artikeln nicht vorgesehenen Rechtsordnung errichtet worden sind.

Art 3 TestÜbk respektiert ausdrücklich *zusätzliche Formanknüpfungen*, die das autonome Kollisionsrecht der Vertragsstaaten enthält oder aber später einführt. Dieser Vorbehalt, so BATIFFOL Rapport 167, „pousse à son extrême l'idée de la faveur au testament". In diesem Zusammenhang liegt zB der Gedanke nahe, das Formstatut noch durch eine akzessorische Anknüpfung mit dem Erbstatut zu koordinieren. Im Abkommen selbst ist das Erb- als weiteres Formstatut deswegen unberücksichtigt geblieben, weil dem Erblasser nur solche Anknüpfungen zur Verfügung gestellt werden sollten, die schon im Zeitpunkt der Testamentserrichtung feststehen und sich bis zum Erbfall nicht wieder ändern können (vSCHACK DNotZ 1965, 144).

Der deutsche Gesetzgeber hat in Art 26 Abs 1 Nr 5 von der hier eingeräumten **75** Möglichkeit Gebrauch gemacht und als weiteres Formstatut das (reale oder hypothetische) Erbstatut berufen. Gemäß Art 26 Abs 1 Nr 5 sind letztwillige Verfügungen daher auch dann formgültig, wenn sie der Rechtsordnung entsprechen, die auf die Rechtsnachfolge von Todes wegen selbst Anwendung findet oder zum Zeitpunkt der Errichtung Anwendung finden würde (näher Art 26 Rn 23 ff). Entsprechendes gilt für den Widerruf einer letztwilligen Verfügung (vgl Art 26 Rn 24).

Art 4 [Gemeinschaftliche Testamente] **76**
Dieses Übereinkommen ist auch auf die Form letztwilliger Verfügungen anzuwenden, die zwei oder mehrere Personen in derselben Urkunde errichtet haben.

Letztwillige Verfügungen iS des TestÜbk sind nur *einseitige* Verfügungen von Todes wegen (auch Nottestamente, ferner die Kodizille des österreichischen Rechts, vgl vSCHACK DNotZ 1966, 132 Fn 4). Das Abkommen *schließt* damit, ohne dies ausdrücklich zu sagen, *Erbverträge* und auch *Erbverzichte aus* (BATIFFOL Rapport 168; KEGEL/SCHURIG § 21 III 2a; vgl ferner BayObLGZ 1975, 90; s aber auch Art 26 Abs 4, dazu Art 26 Rn 29 ff).

Zur Klarstellung bezieht *Art 4 TestÜbk* jedoch ausdrücklich **gemeinschaftliche Testa- 77 mente** („testaments conjonctifs") in seinen Geltungsbereich ein. Unter gemeinschaftlichen Testamenten sind nach der autonomen Definition (vgl Rn 30) des TestÜbk alle Arten von letztwilligen Verfügungen zu verstehen, die zwei oder mehrere Personen in derselben Urkunde errichtet haben. Dazu gehören also nicht nur Ehegattentestamente, wie sie zB das deutsche Recht in den §§ 2265 ff BGB kennt, sondern auch gemeinsame Testamente etwa von Verlobten oder von Geschwistern, wie das dänische und schwedische Recht sie zuläßt (FERID RabelsZ 1962/63, 423; MünchKomm/BIRK Art 26 Rn 65). Zur *intertemporalen Anwendbarkeit* des Abkommens auf gemeinschaftliche Testamente vgl Art 8 TestÜbk, Rn 102.

Haben zwei oder mehrere Testierende in ein und demselben Rechtsakt gemeinsam **78** letztwillig verfügt, so ist für *jeden Testator gesondert* zu prüfen, ob das gemeinschaftliche Testament den Formvorschriften eines der über Art 1 Abs 1 TestÜbk berufenen Rechte genügt (SOERGEL/SCHURIG Art 26 Rn 7). Ist ein gemeinschaftliches Testament an verschiedenen, nicht in derselben Rechtsordnung befindlichen Orten errichtet worden, so läßt sich die Feststellung, daß die *Ortsform* (Art 1 Abs 1 lit a) eingehalten wurde, dementsprechend nur für die an dem betreffenden Ort vorgenommene Verfügung treffen; die Wahrung nur einer Ortsform reicht nicht aus, um – gestützt auf Art 1 Abs 1 lit a) – die Formgültigkeit des gemeinschaftlichen Testaments insgesamt anzunehmen (anders ERMAN/HOHLOCH Art 26 Rn 15; MünchKomm/BIRK Art 26 Rn 68). Form-

Heinrich Dörner

erleichterungen in einem der berufenen Rechte (vgl im deutschen Recht §§ 2266, 2267 BGB) finden Berücksichtigung im Hinblick nur auf denjenigen Testator, für dessen Verfügung das betreffende Statut zur Anwendung gelangt.

79 Das maßgebende Formstatut muß nicht für jeden Testator mit Hilfe desselben Anknüpfungspunktes bestimmt werden (vgl MünchKomm/BIRK Art 26 Rn 69). Ein gemeinsames Ehegattentestament kann also zB zur Gänze formgültig sein, weil der eine Gatte nach seinem Heimat- und der andere nach seinem Wohnsitzrecht formgültig testiert hat. Ist ein gemeinsames Testament von dem einen Testator formgerecht, von dem anderen aber formunwirksam errichtet worden, so entscheidet das für jenen maßgebende Errichtungsstatut (vgl Art 26 Abs 5) darüber, ob die Formunwirksamkeit der einen Verfügung aufgrund inhaltlicher Verbundenheit (vgl im deutschen Recht etwa § 2270 BGB) auch auf die zunächst formgültig errichtete andere übergreift (aA SCHEUCHER ZfRvgl 1964, 219: Gültigkeit beider Testamente).

80 **Beispiel:** Ein deutsch-österreichisches Ehepaar mit Wohnsitz und gewöhnlichem Aufenthalt in der Bundesrepublik errichtet hier vor drei Zeugen ein mündliches Testament nach §§ 584 ff ABGB. Die österreichische Ehefrau hat dann formwirksam (Art 1 Abs 1 lit b TestÜbk), der deutsche Ehemann hingegen formunwirksam testiert. Das für die Ehefrau maßgebende österreichische Errichtungsstatut (Art 26 Abs 5) gibt dann an, ob die letztwillige Verfügung der Ehefrau aufgrund der Formungültigkeit der Mannesverfügung ebenfalls als formunwirksam anzusehen ist.

81 Ob und unter welchen Voraussetzungen ein gemeinschaftliches Testament als besonderer Testamentstyp *zulässig* ist, richtet sich nicht nach dem Form-, sondern nach dem Errichtungsstatut (Art 26 Abs 5, vgl MünchKomm/BIRK Art 26 Rn 17; vgl auch Art 25 Rn 301). Allerdings ist nicht immer leicht zu entscheiden, ob die in den einzelnen (insbesondere romanischen) Rechtsordnungen vorgesehenen Verbote und Einschränkungen gemeinschaftlicher Testamente auf Formgründen beruhen oder durch Erwägungen inhaltlicher Art motiviert sind. Angesichts der in diesem Punkt international stark voneinander abweichenden Vorstellungen nimmt das Abkommen selbst eine nähere Zuordnung bewußt nicht vor (FERID RabelsZ 1962/63, 423 f; vSCHACK DNotZ 1966, 134; BATIFFOL, Rapport 167 und Rev crit dr i pr 1982, 687). Die heute hM geht davon aus, daß die Qualifizierung des Verbots gemeinschaftlicher Testamente von dem Recht des Staates vorgenommen werden soll, der das Verbot erlassen hat (PALANDT/HELDRICH Art 25 Rn 14; MünchKomm/BIRK Art 26 Rn 70; ERMAN/HOHLOCH Art 26 Rn 21; weit Nachw Art 25 Rn 307; für autonome Qualifikation SCHEUCHER ZfRvgl 1964, 218 u 1965, 85). Dem ist jedoch **nicht zuzustimmen**. Wenn die lex fori entscheidet, welche Rechtsfragen zur „Form" iS des TestÜbk gehören (vgl Rn 84), kann die sich daraus unmittelbar ergebende Abgrenzung zwischen Form- und Errichtungsstatut im Hinblick auf etwaige Verbote gemeinschaftlicher Testamente nicht der lex causae überlassen bleiben. Auch diese Abgrenzung ist daher aus der Sicht der jeweiligen lex fori vorzunehmen (ebenso wohl FERID RabelsZ 1962/63, 423), wobei der deutsche Rechtsanwender allerdings die Funktion berücksichtigen wird, welche dem Verbot gemeinschaftlicher Testamente in dem betreffenden Recht zukommt (näher Art 25 Rn 310).

82 Das bedeutet: Beruht das Verbot gemeinschaftlicher Testamente aus deutscher Sicht auf *materiellen Erwägungen* (wie zB im italienischen Recht), so kann ein Testator kein gemeinschaftliches Testament errichten, wenn diese Rechtsordnung *als Errich-*

tungsstatut (Art 26 Abs 5) berufen ist. Dies gilt auch dann, wenn nach einem oder mehreren von Art 1 Abs 1 TestÜbk bezeichneten Rechten eine formgültige Errichtung möglich wäre. Daher ist zB einem italienischen Staatsangehörigen die Errichtung eines gemeinschaftlichen Testaments verwehrt, auch wenn er sich der an seinem Wohnsitz in der Bundesrepublik geltenden Form des deutschen Rechts bedient.

Hält dagegen eine bestimmte Rechtsordnung die Errichtung gemeinschaftlicher **83** Testamente aus *Formgründen* für unzulässig (Frankreich, Niederlande) und wird diese Rechtsordnung über einen oder mehrere der in Art 1 TestÜbk bezeichneten Anknüpfungspunkte berufen, so ist das Testament zwar nach *dieser* Rechtsordnung formunwirksam, kann aber gleichwohl formgültig sein, wenn es von einer *anderen* von Art 1 Abs 1 TestÜbk benannten Rechtsordnung als formgerecht angesehen wird. Daher können zB Franzosen zwar nicht in Frankreich, bei Wohnsitz in der Bundesrepublik wohl aber nach deutschem Wohnsitzrecht (Art 1 Abs 1 lit c TestÜbk) ein formgültiges gemeinschaftliches Testament errichten. Ob dieses Testament materiell gültig errichtet wurde, richtet sich allerdings stets nach dem Errichtungsstatut. Danach mag ein – formgerecht errichtetes – gemeinschaftliches Testament zwar gültig sein, aber keinerlei Bindungswirkung erzeugen (vgl Art 25 Rn 313).

Art 5 [Zur Form gehörend] **84**
Für den Bereich dieses Übereinkommens werden die Vorschriften, welche die für letztwillige Verfügungen zugelassenen Formen mit Beziehung auf das Alter, die Staatsangehörigkeit oder andere persönliche Eigenschaften des Erblassers beschränken, als zur Form gehörend angesehen. Das gleiche gilt für Eigenschaften, welche die für die Gültigkeit einer letztwilligen Verfügung erforderlichen Zeugen besitzen müssen.

Den zentralen Begriff der „**Form**" letztwilliger Verfügungen präzisiert das TestÜbk nicht. Seine Verfasser haben vielmehr im Interesse einer möglichst weiten Verbreitung des Abkommens von einer Definition abgesehen (vgl FERID RabelsZ 1962/63, 423 f). Diese bewußte Abstinenz der Vertragsparteien stellt sich als kaum überwindbares methodisches Hindernis für eine ansonsten durchaus wünschenswerte (vgl SCHEUCHER ZfRvgl 1964, 218) autonome Interpretation (Rn 30) dar. Welche Rechtsfragen unter den Systembegriff der „Form" letztwilliger Verfügungen fallen, muß daher – allgemeinen Qualifikationsregeln entsprechend (vgl Art 25 Rn 17 f) – nach Maßgabe der jeweiligen lex fori ermittelt werden (FERID RabelsZ 1962/63, 423; BATIFFOL Rev crit dr i pr 1982, 687; vgl auch BayObLGZ 1967, 428; aA MünchKomm/BIRK Art 26 Rn 46: autonome Interpretation; PALANDT/HELDRICH Art 26 Rn 6: lex causae). Der inländische Rechtsanwender wird daher vom Formbegriff des deutschen Rechts ausgehen, dabei allerdings die in Art 5 S 1 u 2 TestÜbk enthaltenen Qualifikationsregeln (Rn 87 ff) berücksichtigen. Zur Form gemeinschaftlicher Testamente vgl Rn 77 ff.

Aus der Sicht des deutschen Rechts befassen sich mit der „Form" letztwilliger Ver- **85** fügungen alle Regeln, die zur Sicherung der Beweisbarkeit, Authentizität und unverfälschten Niederlegung des Erblasserwillens eine bestimmte äußere Gestaltung des Rechtsgeschäfts vorschreiben (vgl auch vBAR II Rn 400, zur Abgrenzung von Form und Inhalt im allgemeinen vgl KROPHOLLER § 41 III 2). So ist es zB eine Formfrage (vgl zum folgenden vBAR II Rn 400), ob eine Verfügung von Todes wegen *mündlich* errichtet werden kann (vgl auch Art 10 des Übk, Rn 107) oder eines *Skripturaktes* bedarf, ob im zweiten Fall der Erblasserwillen *handschriftlich* niedergelegt werden muß oder ob bei der Abfassung des Textes der Einsatz von *Maschinen* (Schreibmaschine, Computer) gestattet ist, ob und in welcher Weise (eigenhändig? handschriftlich?) der Testator seine Erklärung *unterzeichnen* muß (vgl etwa § 2247 Abs 1 BGB), ob bestimmte Bekräftigungen (Siegelung, Stempelung, Eid) erforderlich sind, welche *Angaben* (zB über Ort und Zeit) die Erklärung enthalten muß (vgl § 2247 Abs 2 BGB), ob *Dritte* (Notar, Gericht, Zeugen) hinzugezogen werden müssen oder können und in welcher Weise sie mitzuwirken haben. Das Formstatut entscheidet ferner darüber, unter welchen (erleichterten) Voraussetzungen in bestimmten Situationen ein *außerordentliches Testament* (vgl §§ 2249 ff BGB) errichtet werden kann und ob seine Gültigkeit möglicherweise befristet ist (vgl § 2252 BGB).

86 Eine Frage der „Form" ist auch, welche **Rechtsfolgen** ein **Formverstoß** nach sich zieht (vgl auch vSchack DNotZ 1966, 140; Erman/Hohloch Art 26 Rn 21; Soergel/Schurig Art 26 Rn 25; aA MünchKomm/Birk Art 26 Rn 47, 82 f [Erbstatut]), ob ein Testament also zB vollständig oder nur teilweise nichtig, ob es anfechtbar oder uU trotz Verstoßes gültig ist und ob ein formunwirksames Testament zB durch ein Gericht bestätigt oder auf andere Weise geheilt werden kann. Ist ein Testament nach sämtlichen in Frage kommenden Rechtsordnungen nicht voll wirksam, wird man auf diejenige zurückgreifen, welche die schwächste Sanktion ausspricht (Gedanke des „favor testamenti", vgl Jayme ZfRvgl 1983, 174; Soergel/Schurig Art 26 Rn 25).

87 Einige schwierige Qualifikationsfragen werden von Art 5 TestÜbk entschieden. Nach *S 1* sind solche Vorschriften als zur Form gehörend anzusehen, welche die für letztwillige Verfügungen zugelassenen Formen im Hinblick auf **persönliche Eigenschaften des Erblassers** verbieten oder beschränken. Zu den persönlichen Eigenschaften iS der Vorschrift rechnen das Alter des Erblassers, seine Staatsangehörigkeit, Rasse, Geschlecht (vgl aber Art 7 TestÜbk, dazu Rn 99), Analphabetismus (vgl auch Soergel/Schurig Art 26 Rn 18) oder bestimmte körperliche Gebrechen wie Blind-, Stumm- oder Taubheit, aber auch Krankheiten wie zB Geistesschwäche, Verschwendungs- oder Trunksucht.

88 Eine Beschränkung der möglichen Testamentsformen im Hinblick auf das *Alter* des Erblassers enthalten zB §§ 2247 Abs 4, 2233 Abs 1 BGB, wonach ein minderjähriger Erblasser nur ein öffentliches Testament und dieses auch nur durch mündliche Erklärung oder Übergabe einer offenen Schrift errichten kann. Ähnliche Beschränkungen für *Leseunfähige* (Analphabeten bzw Blinde, welche die Blindenschrift nicht beherrschen) oder *Stumme* kennt das deutsche Recht in den §§ 2247 Abs 4, 2233 Abs 2 u 3 BGB. Die Anwendbarkeit des TestÜbk führt dazu, daß eine solche Person an die Beschränkungen ihres Heimatrechts nicht gebunden ist, wenn ein anderes über Art 1 TestÜbk berufenes Recht eine entsprechende Form zur Verfügung stellt. So kann etwa ein testierfähiger (vgl Rn 90) deutscher Minderjähriger ein Testament auch privatschriftlich oder durch Übergabe einer verschlossenen Schrift errichten, wenn das Orts-, Wohnsitz- oder Aufenthaltsrecht ihm dies gestatten sollte.

89 Eine Vorschrift, welche die Zulässigkeit einer Testamentsform im Hinblick auf die *Staatsangehörigkeit* des Erblassers beschränkte, enthielt Art 992 BW aF (so BGH NJW 1967, 1177; krit aber Czapski NJW 1967, 1710). Diese Bestimmung besagte, daß niederländische Staatsangehörige im Ausland ein Testament grundsätzlich nur unter Mit-

wirkung eines Notars oder einer anderen Amtsperson errichten konnten. Sie ist am
1. 8. 1982 außer Kraft getreten (vgl BREMHAAR IPRax 1983, 93).

Nicht zu den persönlichen Eigenschaften des Erblassers iS der Vorschrift gehört **90**
dagegen seine **Testierfähigkeit** (vSCHACK DNotZ 1966, 135; SOERGEL/SCHURIG Art 26 Rn 19;
MünchKomm/BIRK Art 26 Rn 71; PALANDT/HELDRICH Art 26 Rn 6; ERMAN/HOHLOCH Art 26 Rn 22;
anders LANGE/KUCHINKE § 18 VII), die grundsätzlich nach dem Errichtungsstatut beurteilt wird (näher Art 25 Rn 225 u Art 26 Rn 84 ff). Ein nach Maßgabe des Errichtungsstatuts nicht testierfähiger minderjähriger Ausländer kann daher zB vor einem deutschen Notar kein offenes Testament gemäß § 2233 Abs 1 BGB errichten.

Nach *S 2* sind ferner solche Vorschriften zur Form zu rechnen, die bestimmte **Eigen- 91
schaften** für die bei der Errichtung einer letztwilligen Verfügung mitwirkenden **Zeugen** vorschreiben, also etwa verlangen, daß der Zeuge geschäftsfähig sein muß, nicht
mit dem Erblasser verwandt oder verheiratet sein oder nicht im Büro des Notars
beschäftigt sein darf (vBAR II Rn 401). Keine Eigenschaft iS des S 2 ist dagegen das
Nichtbedachtwerden im Testament; Vorschriften, die (wie im deutschen Recht die
§§ 2249 Abs 1 S 3 bzw 2250 Abs 3 S 2 BGB iVm §§ 7, 27 BeurkG) eine letztwillige
Verfügung zugunsten eines Testamentszeugen für unwirksam erklären, werden daher
von Art 5 S 2 TestÜbk nicht erfaßt (ebenso MünchKomm/BIRK Art 26 Rn 72; aA aber vBAR II
Rn 401; SOERGEL/SCHURIG Art 26 Rn 21; PALANDT/HELDRICH Art 26 Rn 6; ERMAN/HOHLOCH
Art 26 Rn 23).

Die Frage nach der Zulässigkeit einer **Stellvertretung** bei der Errichtung letztwilliger **92**
Verfügungen ist *nicht* als Formproblem zu qualifizieren (vgl KEGEL/SCHURIG § 21 III 2c;
ERMAN/HOHLOCH Art 26 Rn 21), soweit es darum geht, durch Anordnung einer persönlichen Testamentserrichtung eine *unbeeinflußte Willensbildung* des Erblassers zu
gewährleisten (näher Art 25 Rn 309). Dagegen sind solche Bestimmungen als Formvorschriften anzusehen, die bei der Abfassung der Testamentsurkunde anstelle einer
persönlichen Unterschrift des Testators die Unterschriftsleistung durch einen Dritten
erlauben und gleichzeitig die Authentizität des – einwandfrei gebildeten – Erblasserwillens auf andere Weise sichern (näher Art 25 Rn 309). Dazu gehören beispielsweise
die im Recht mehrerer amerikanischer Bundesstaaten anzutreffenden Bestimmungen, welche auf Ersuchen und im Beisein des Testators bei Zeugentestamenten die
Vornahme der Unterschrift durch einen beauftragten Dritten gestatten.

Nicht von der Verweisung des Formstatuts erfaßt werden auch Vorschriften, welche **93**
testamentarische **Zuwendungen an nahestehende Personen** (Notare und andere
Urkundspersonen, Ärzte, deren Ehegatten und Angehörige, Zeugen usw) untersagen
oder die Einsetzung dieser Personen als Testamentsvollstrecker verbieten und bei
Nichtbeachtung die entgegenstehenden Verfügungen oder sogar das Testament insgesamt für unwirksam erklären (KEGEL/SCHURIG § 21 III 2 a; SOERGEL/SCHURIG Art 26 Rn 20;
ERMAN/HOHLOCH Art 26 Rn 23; anders LG Zweibrücken NJW 1955, 1800). Vorschriften dieser
Art zielen nicht darauf ab, den (einwandfrei gebildeten) Willen des Erblassers im
Verlaufe des Testierakts vor Verfälschung zu bewahren, sondern wollen verhindern,
daß der betreffende Personenkreis bereits auf die Willensbildung des Erblassers
unangemessenen Einfluß ausüben kann. Sie verfolgen also einen materiellen Zweck
und werden daher nur im Rahmen des Errichtungsstatuts (Art 26 Abs 5 S 1) berufen.
Im deutschen Recht gehören dazu die §§ 7, 24 Abs 2, 26 Abs 1 Nr 2, 27 BeurkG;

Heinrich Dörner

dagegen ist § 6 BeurkG als Formvorschrift anzusehen (vgl KEGEL/SCHURIG § 21 III 2a; SOERGEL/SCHURIG Art 26 Rn 20)!

94   **Art 6 [Allseitige Anwendung des Abkommens]**
Die Anwendung der in diesem Übereinkommen aufgestellten Regeln über das anzuwendende Recht hängt nicht von der Gegenseitigkeit ab. Das Übereinkommen ist auch dann anzuwenden, wenn die Beteiligten nicht Staatsangehörige eines Vertragsstaates sind oder das auf Grund der vorangehenden Artikel anzuwendende Recht nicht das eines Vertragsstaates ist.

Das TestÜbk ist als „loi uniforme" vereinbart, dh nach seiner Ratifizierung wird es zum Bestandteil des IPR der Vertragsstaaten und verdrängt als allseitig und unbedingt geltendes Recht (allgemein KROPHOLLER § 9 IV 3) im Rahmen seines Anwendungsbereichs deren autonome Kollisionsnormen (vgl im deutschen Recht Art 3 Abs 2, im übrigen dazu BayObLGZ 1967, 427; öst OGH ZfRvgl 1970, 144 m Anm MARSCHALL 146). Zum Verhältnis des TestÜbk zu den Art 26 Abs 1 bis 3 vgl Art 26 Rn 12 ff.

95 Die Anwendung setzt demnach keine Gegenseitigkeit voraus (S 1). Die Bestimmungen des Übereinkommens sind daher auch dann maßgebend, wenn ein Angehöriger eines Nichtvertragsstaates ein Testament errichtet (vgl BayObLGZ 1982, 336) oder auf das Recht eines Nichtvertragsstaates verwiesen wird (IPG 1978 Nr 39 [München] 411). **Beispiel:** Testiert ein im Staate New York domizilierter US-Amerikaner in Lissabon, so ist die Formgültigkeit des Testaments aus deutscher Sicht sowohl nach dem Recht von New York (Art 1 Abs 1 lit b iVm Abs 2) als auch nach portugiesischem Recht (Art 1 Abs 1 lit a) zu prüfen, obwohl weder die USA noch Portugal zum Kreis der Vertragsstaaten gehören.

96 Zum Verhältnis des TestÜbk zu bilateralen Staatsverträgen vgl Rn 35 f.

97   **Art 7 [ordre public]**
Die Anwendung eines durch dieses Übereinkommen für maßgebend erklärten Rechts darf nur abgelehnt werden, wenn sie mit der öffentlichen Ordnung offensichtlich unvereinbar ist.

Ebenso wie die übrigen Bestimmungen des Übereinkommens (vgl Rn 94) geht auch Art 7 dem autonomen Kollisionsrecht der Vertragsstaaten in der Anwendung vor (vgl im deutschen Recht Art 3 Abs 2 S 1). Sofern Vorschriften eines ausländischen Rechts zur Formgültigkeit von Testamenten gegen den deutschen ordre public verstoßen, werden sie aus deutscher Sicht daher nicht mit Hilfe des Art 6, sondern vermittels Art 7 TestÜbk ausgeschaltet (anders MünchKomm/BIRK Art 26 Rn 74; SOERGEL/SCHURIG Art 26 Rn 55). Allerdings bestehen im Hinblick auf den *Kontrollmaßstab* zwischen beiden Vorschriften keinerlei Unterschiede (aA MünchKomm/BIRK Art 26 Rn 74). Einerseits hat Art 6 das hier und in anderen Haager Übereinkommen benutzte Kriterium der „offensichtlichen" Unvereinbarkeit („manifestement incompatible avec l'ordre public") übernommen; nach den Konventionsprotokollen soll damit den nationalen Gerichten eine Zurückhaltung in der Anwendung der Klausel nahegelegt werden (Actes et Documents[9] III 106, 129, dazu auch BATIFFOL ebda 170). Andererseits bestimmt – der Funktion der Vorschrift entsprechend – jeder Vertragsstaat selbst, was zum Bestandteil seiner „öffentlichen Ordnung" gehört. Für das deutsche

Recht hat der Gesetzgeber diesen Begriff in Art 6 näher definiert; danach ist ein Verstoß gegen die öffentliche Ordnung anzunehmen, wenn eine ausländische Rechtsnorm mit den „wesentlichen Grundsätzen des deutschen Rechts" (Art 6 S 1) oder den Grundrechten (S 2) nicht zu vereinbaren ist (näher Art 25 Rn 675 ff).

Eine fremde Vorschrift bleibt unberücksichtigt, wenn ihre „Anwendung" gegen den **98** inländischen ordre public verstößt: Es reicht also nicht aus, daß die ausländische Norm einer abstrakten Überprüfung anhand inländischer Gerechtigkeitsvorstellungen nicht standhält; vielmehr muß die Anwendung im konkreten Fall anstößig erscheinen (vgl Art 25 Rn 674).

Die *praktische Bedeutung* von Art 7 TestÜbk dürfte *sehr gering* sein. Daß Vorschrif- **99** ten über Testamentsformen gegen die öffentliche Ordnung verstoßen, erscheint schwer vorstellbar. Allenfalls kommen Regelungen in Betracht, die einzelnen Personengruppen wegen ihrer Rasse oder ihres Geschlechts (vgl Rn 87) die Verwendung bestimmter Formen vorenthalten. Derartige Bestimmungen würden Art 3 Abs 2 u 3 GG widersprechen und damit auch einen Verstoß gegen den deutschen ordre public indizieren. In der Zulässigkeit mündlicher oder auf Bild- oder Tonträger gesprochener Testamente kann ein Verstoß gegen den ordre public nicht gesehen werden (vgl auch Art 10 des Übereinkommens). Im übrigen wird es die Vielfalt der in Art 1 Abs 1 TestÜbk vorgesehenen Anknüpfungspunkte häufig erlauben, Sachrechten mit problematischen Regelungen auszuweichen und die Formgültigkeit einer letztwilligen Verfügung unter Rückgriff auf eine andere Rechtsordnung zu begründen.

Art 8 [Intertemporale Anwendung] **100**
Dieses Übereinkommen ist in allen Fällen anzuwenden, in denen der Erblasser nach dem Inkrafttreten des Übereinkommens verstorben ist.

Das TestÜbk ist in der Bundesrepublik am *1. 1. 1966* in Kraft getreten (Bekanntmachung v 29. 12. 1965, BGBl 1966 II 11). Seine Vorschriften finden daher Anwendung, wenn der Erblasser an diesem Tag oder später verstorben ist. Da die Bundesrepublik von dem Vorbehalt des Art 13 (vgl Rn 116) keinen Gebrauch gemacht hat, unterliegt auch die Formgültigkeit solcher Testamente (einschließlich Widerrufstestamente) den Vorschriften des Übereinkommens, die der **nach Inkrafttreten verstorbene Erblasser vor dem 1. 1. 1966 errichtet** hatte. Ist der Erblasser dagegen *vor dem 1. 1. 1966 verstorben*, so gilt für die Formgültigkeit letztwilliger Verfügungen gemäß Art 220 Abs 1 (dazu STAUDINGER/DÖRNER [1996] Art 220 Rn 53 ff) Art 11 *aF*. Danach wurde die Formgültigkeit von Rechtsgeschäften alternativ dem Recht *des Errichtungsortes* sowie dem in der Sache selbst maßgebenden Recht (Errichtungsstatut) unterstellt.

Ist der Testator daher *nach* dem 1. 1. 1966 verstorben, so ist ein vor diesem Zeitpunkt **101** errichtetes und unter den von Art 11 aF berufenen Statuten form*unwirksames* Testament mit Inkrafttreten des TestÜbk wirksam geworden, sofern es den Erfordernissen eines über Art 1 TestÜbk gefundenen Rechts entspricht. Die darin liegende „echte" Rückwirkung (vgl STAUDINGER/DÖRNER [1996] Art 220 Rn 4) ist verfassungsrechtlich nicht unbedenklich, da der Testator sich möglicherweise auf die zunächst gegebene Unwirksamkeit seiner letztwilligen Verfügung eingestellt hatte. Sie läßt sich aber möglicherweise mit dem Gedanken rechtfertigen, daß eine rückwirkende Validation des Testaments *typischerweise* dem Interesse des Erblassers entspricht und schützens-

Heinrich Dörner

werte Interessen Dritter regelmäßig nicht betroffen sind. Hatte sich der Testator allerdings auf die *frühere Nichtigkeit* des Testaments verlassen und deswegen kein neues mehr errichtet oder einen Widerruf versäumt, so ist – ebenso wie bei einem statutenwechselbedingten Irrtum (Rn 51, 54, 57) – zu prüfen, ob nicht nach dem Tode des Erblassers eine Irrtumsanfechtung möglich ist. Maßgebend dafür sind die Vorschriften des Erbstatuts (Art 25 Rn 262), bei Anwendbarkeit deutschen Rechts also die §§ 2078 ff BGB (vgl Rn 51).

102 Ist nach Errichtung eines *gemeinschaftlichen Testaments* einer der Testatoren vor und einer nach dem 1.1.1966 verstorben, so greifen für jeden Erblasser die zum Zeitpunkt seines Todes geltenden Kollisionsnormen ein (**aA** SCHEUCHER ZfRvgl 1964, 216; MünchKomm/BIRK Art 26 Rn 67; EBENROTH Rn 1287: Abkommen beim Tod beider Erblasser anwendbar). Ist nach den von diesen Kollisionsnormen jeweils berufenen Sachrechten das Testament für den einen Testator formwirksam, für den anderen dagegen formunwirksam errichtet worden, so gelten die in Rn 79 dargestellten Regeln.

103 Hatte der Testator eine *Vor- und Nacherbfolge* angeordnet, findet das Abkommen nur dann Anwendung, wenn er selbst nach dem 1.1.1966 verstorben ist (vSCHACK DNotZ 1966, 138).

104 Ist der Erblasser *verschollen*, kommt es auf den Zeitpunkt an, der im Todeserklärungsbeschluß festgelegt wird (vgl §§ 23 iVm 9 Abs 2, 3 VerschG). Liegt dieser Zeitpunkt nach dem 1.1.1966, ist das Abkommen anwendbar (enger vSCHACK DNotZ 1966, 138).

105 Die frühere *DDR* war dem Übereinkommen mit Wirkung vom 21.9.1974 beigetreten (Bekanntmachung v 19.11.1974, BGBl 1974 II 1461) und hatte ebenfalls keinen zeitlichen Vorbehalt nach Art 13 TestÜbk erklärt. Soweit daher nach Maßgabe des Art 236 § 1 auf Altfälle das Internationale Privatrecht der DDR Anwendung findet (vgl Art 25 Rn 577, 579 ff), unterliegt die Frage der Formgültigkeit von (vor oder nach dem Inkrafttreten errichteten) Testamenten den von Art 1 TestÜbk berufenen Rechtsordnungen, sofern der Erblasser *nach* dem 20.9.1974 und *vor* der Wiedervereinigung am 3.10.1990 verstorben ist. Nach diesem Zeitpunkt kommt das TestÜbk im Beitrittsgebiet als Bestandteil des Bundesrechts zur Anwendung (vgl Art 25 Rn 614). Für Erbfälle vor dem 21.9.1974 sind nach dem Recht der früheren DDR die zum Zeitpunkt des Todes maßgebenden Kollisionsnormen heranzuziehen (vgl LÜBCHEN/KOSEWÄHR, Internationales Privatrecht. Kommentar zum RAG [1989] § 29 Nr 2). Insoweit kommt ebenfalls der seinerzeit in der DDR noch fortgeltende Art 11 EGBGB v 18.8.1896 (vgl Rn 100) zum Zuge.

106   **Art 9 [Vorbehalt bezüglich der Wohnsitzbestimmung]**
        Jeder Vertragsstaat kann sich, abweichend von Artikel 1 Abs 3, das Recht vorbehalten, den Ort, an dem der Erblasser seinen Wohnsitz gehabt hat, nach dem am Gerichtsort geltenden Recht zu bestimmen.

Gemäß Art 1 Abs 3 TestÜbk wird die Frage, ob der Erblasser an einem bestimmten Ort seinen Wohnsitz gehabt hat, nach dem an diesem Ort geltenden Recht beantwortet (vgl Rn 58). Art 9 erlaubt den Vertragsstaaten, den Begriff des „Wohnsitzes" iS von Art 1 Abs 1 lit c) nach dem Verständnis ihrer lex fori zu bestimmen. Von dieser

Möglichkeit haben ua das Vereinigte Königreich (BGBl 1966 II 11, 191; 1968 II 94, 808) und die Türkei (BGBl 1983 II 720) Gebrauch gemacht. Die Bundesrepublik hat (ebenso wie die frühere DDR) *keinen Vorbehalt* nach Art 9 TestÜbk eingelegt.

Art 10 [Vorbehalt bezüglich mündlicher Testamente]　　　　**107**
Jeder Vertragsstaat kann sich das Recht vorbehalten, letztwillige Verfügungen nicht anzuerkennen, die einer seiner Staatsangehörigen, der keine andere Staatsangehörigkeit besaß, ausgenommen den Fall außergewöhnlicher Umstände, in mündlicher Form errichtet hat.

Die Bundesrepublik hat (ebenso wie die frühere DDR) keinen Vorbehalt nach Art 10 TestÜbk eingelegt (vgl auch BayObLG ZEV 1999, 489). Demnach ist eine mündliche (oder auf Bild- oder Tonträger gesprochene, vgl ERMAN/HOHLOCH Art 26 Rn 7) Verfügung von Todes wegen formgültig, die ein deutscher Staatsangehöriger zB in Übereinstimmung mit den Vorschriften seines Wohnsitzrechts oder des Rechts des Verfügungsortes getroffen hat (vgl LG München I FamRZ 1999, 1308 f). Demgegenüber sind entsprechende Vorbehalte ua von Belgien (BGBl 1971 II 1315), Frankreich (BGBl 1967 II 2548), Luxemburg (BGBl 1979 II 303), den Niederlanden (BGBl 1982 II 684), der Schweiz (BGBl 1971 II 1149), der Türkei (BGBl 1983 II 720) und dem Vereinigten Königreich (BGBl 1966 II 11, 191; 1968 II 94, 808) eingelegt worden.

Art 11 [Vorbehalt bezüglich bestimmter Formen]　　　　**108**
(1) Jeder Vertragsstaat kann sich das Recht vorbehalten, bestimmte Formen im Ausland errichteter letztwilliger Verfügungen auf Grund der einschlägigen Vorschriften seines Rechts nicht anzuerkennen, wenn sämtliche der folgenden Voraussetzungen erfüllt sind:
a) Die letztwillige Verfügung ist hinsichtlich ihrer Form nur nach einem Recht gültig, das ausschließlich auf Grund des Ortes anzuwenden ist, an dem der Erblasser sie errichtet hat,
b) der Erblasser war Staatsangehöriger des Staates, der den Vorbehalt erklärt hat,
c) der Erblasser hatte in diesem Staat einen Wohnsitz oder seinen gewöhnlichen Aufenthalt und
d) der Erblasser ist in einem anderen Staat gestorben als in dem, wo er letztwillig verfügt hatte.

(2) Dieser Vorbehalt ist nur für das Vermögen wirksam, das sich in dem Staat befindet, der den Vorbehalt erklärt hat.

Der Vorbehalt ist von keinem Vertragsstaat eingelegt worden. Die komplizierte Ausnahmeregelung bezog sich wohl auf den niederländischen Art 992 BW (SOERGEL/SCHURIG Art 26 Rn 59; vgl Rn 89). Die Niederlande haben jedoch von diesem Artikel keinen Gebrauch gemacht, sondern den Art 992 BW mit dem Inkrafttreten des Abkommens aufgehoben (BREEMHAAR IPRax 1983, 93).

Art 12 [Vorbehalt für Anordnungen nicht erbrechtlicher Art]　　　　**109**
Jeder Vertragsstaat kann sich das Recht vorbehalten, die Anwendung dieses Übereinkommens auf Anordnungen in einer letztwilligen Verfügung auszuschließen, die nach seinem Rechte nicht erbrechtlicher Art sind.

Heinrich Dörner

Der Vorbehalt erlaubt den Vertragsstaaten, die Formgültigkeit einer in einer letztwilligen Verfügung getroffenen nichterbrechtlichen Anordnung (Beispiel: Einsetzung eines Vormunds) nicht gemäß Art 1 TestÜbk, sondern nach Maßgabe ihrer
autonomen Kollisionsnormen anzuknüpfen. Die Bundesrepublik hat (ebenso wie
die frühere DDR) keinen solchen Vorbehalt eingelegt. Dagegen haben ua einen
Vorbehalt erklärt: Luxemburg (BGBl 1979 II 303), Österreich (BGBl 1966 II 11), Polen
(BGBl 1969 II 2200) und die Türkei (BGBl 1983 II 720).

110   **Art 13 [Zeitlicher Vorbehalt]**
**Jeder Vertragsstaat kann sich, abweichend von Artikel 8, das Recht vorbehalten,
dieses Übereinkommen nur auf letztwillige Verfügungen anzuwenden, die nach
dessen Inkrafttreten errichtet worden sind.**

Zum intertemporalen Anwendungsbereich des Abkommens s Rn 100 ff. Einen Vorbehalt nach Art 13 TestÜbk hat bislang nur Botsuana erklärt (BGBl 1969 II 993, 2200).

Art 14 [Zeichnung, Ratifizierung]
**(1) Dieses Übereinkommen liegt für die bei der Neunten Tagung der Haager
Konferenz für Internationales Privatrecht vertretenen Staaten zur Unterzeichnung
aus.**

**(2) Es bedarf der Ratifizierung; die Ratifikationsurkunden sind beim Ministerium
für Auswärtige Angelegenheiten der Niederlande zu hinterlegen.**

Art 15 [Inkrafttreten]
**(1) Dieses Übereinkommen tritt am sechzigsten Tage nach der gemäß Artikel 14
Abs 2 vorgenommenen Hinterlegung der dritten Ratifikationsurkunde in Kraft.**

**(2) Das Übereinkommen tritt für jeden Unterzeichnerstaat, der es später ratifi-
ziert, am sechzigsten Tage nach Hinterlegung seiner Ratifikationsurkunde in
Kraft.**

Art 16 [Beitritt]
**(1) Jeder bei der Neunten Tagung der Haager Konferenz für Internationales Pri-
vatrecht nicht vertretene Staat kann diesem Übereinkommen beitreten, nachdem
es gemäß Artikel 15 Abs 1 in Kraft getreten ist. Die Beitrittsurkunde ist beim
Ministerium für Auswärtige Angelegenheiten der Niederlande zu hinterlegen.**

**(2) Das Übereinkommen tritt für den beitretenden Staat am sechzigsten Tage nach
Hinterlegung seiner Beitrittsurkunde in Kraft.**

Art 17 [Ausdehnung]
**(1) Jeder Staat kann bei der Unterzeichnung, bei der Ratifizierung oder beim
Beitritt erklären, daß dieses Übereinkommen auf alle oder einzelne der Gebiete
ausgedehnt werde, deren internationale Beziehungen er wahrnimmt. Eine solche
Erklärung wird wirksam, sobald das Übereinkommen für den Staat, der sie abgegeben hat, in Kraft tritt.**

(2) Später kann dieses Übereinkommen auf solche Gebiete durch eine an das

Ministerium für Auswärtige Angelegenheiten der Niederlande gerichtete Notifikation ausgedehnt werden.

(3) Das Übereinkommen tritt für die Gebiete, auf die sich die Ausdehnung erstreckt, am sechzigsten Tage nach der in Absatz 2 vorgesehenen Notifikation in Kraft.

Art 18 [Vorbehalte]
(1) Jeder Staat kann spätestens bei der Ratifizierung oder beim Beitritt einen oder mehrere der in den Artikeln 9, 10, 11, 12 und 13 vorgesehenen Vorbehalte erklären. Andere Vorbehalte sind nicht zulässig.

(2) Ebenso kann jeder Staat bei der Notifikation einer Ausdehnung des Übereinkommens gemäß Artikel 17 einen oder mehrere dieser Vorbehalte für alle oder einzelne der Gebiete, auf die sich die Ausdehnung erstreckt, erklären.

(3) Jeder Vertragsstaat kann einen Vorbehalt, den er erklärt hat, jederzeit zurückziehen. Diese Zurückziehung ist dem Ministerium für Auswärtige Angelegenheiten der Niederlande zu notifizieren.

(4) Die Wirkung der Vorbehalte erlischt am sechzigsten Tage nach der in Absatz 3 vorgesehenen Notifikation.

Art 19 [Geltungsdauer]
(1) Dieses Übereinkommen gilt für die Dauer von fünf Jahren, gerechnet von seinem Inkrafttreten gemäß Artikel 15 Abs 1, und zwar auch für Staaten, die es später ratifiziert haben oder ihm später beigetreten sind.

(2) Die Geltungsdauer des Übereinkommens verlängert sich, außer im Falle der Kündigung, stillschweigend um jeweils fünf Jahre.

(3) Die Kündigung ist spätestens sechs Monate, bevor der Zeitraum von fünf Jahren jeweils abläuft, dem Ministerium für Auswärtige Angelegenheiten der Niederlande zu notifizieren.

(4) Sie kann sich auf bestimmte Gebiete, auf die das Übereinkommen anzuwenden ist, beschränken.

(5) Die Kündigung wirkt nur für den Staat, der sie notifiziert hat. Für die anderen Vertragsstaaten bleibt das Übereinkommen in Kraft.

Art 20 [Notifikation]
Das Ministerium für Auswärtige Angelegenheiten der Niederlande notifiziert den in Artikel 14 bezeichneten Staaten sowie den Staaten, die gemäß Artikel 16 beigetreten sind:

a) die Unterzeichnung und Ratifikationen gemäß Artikel 14;
b) den Tag, an dem dieses Übereinkommen gemäß Artikel 15 Abs 1 in Kraft tritt;

Heinrich Dörner

c) die Beitrittserklärungen gemäß Artikel 16 sowie den Tag, an dem sie wirksam werden;

d) die Erklärungen über die Ausdehnung gemäß Artikel 17 sowie den Tag, an dem sie wirksam werden;

e) die Vorbehalte und Zurückziehungen von Vorbehalten gemäß Artikel 18;

f) die Kündigungen gemäß Artikel 19 Abs 3.

2. Haager Übereinkommen über das auf die Rechtsnachfolge von Todes wegen anzuwendende Recht v 1. 8. 1989*

a) Einführung

111 Das Abkommen ist bislang lediglich von den Niederlanden am 27. 9. 1996 (ohne einen der in Art 24 vorgesehenen Vorbehalte) ratifiziert und von Argentinien, Luxemburg und der Schweiz gezeichnet worden. Es ist daher nach seinem Art 28 **noch nicht in Kraft** getreten. Allerdings haben die Niederlande durch ein Erbrechtskollisionsgesetz die Bestimmungen des Abkommens mit Wirkung v 1. 10. 1996 in ihr Internationales Privatrecht übernommen (vgl Anh Rn 464 ff zu Art 25, 26).

112 Das Abkommen strebt – in Ergänzung des Haager TestÜbk (Rn 31 ff) – eine **Vereinheitlichung** auch des **materiellen Erbkollisionsrechts** an (Art 1 Abs 1). Es findet keine Anwendung auf die Form der Verfügungen von Todes wegen, die Testierfähigkeit, auf Fragen des Ehegüterrechts und auf bestimmte Rechtsgeschäfte unter Lebenden auf den Todesfall wie zB die Begründung gemeinschaftlichen Eigentums mit Heimfallrecht zugunsten des Überlebenden, Pensions- oder Versicherungsverträge (Art 1 Abs 2 lit a–d). Im übrigen ist das Übereinkommen als „loi uniforme" (vgl Rn 34, 94) konzipiert (Art 2).

113 Als Anknüpfungsregel schlägt das Abkommen einen **Kompromiß zwischen Aufenthalts- und Staatsangehörigkeitsprinzip** vor. Nach seinem Art 3 unterliegt die Rechtsnachfolge von Todes wegen in erster Linie dem Recht des Staates, in dem sich der gewöhnliche Aufenthalt des Erblassers zur Zeit seines Todes befand, sofern er zu diesem Zeitpunkt entweder die Staatsangehörigkeit dieses Staates besaß (Abs 1)

---

* **Schrifttum:** BORRÁS, La Convention de la Haye de 1989 sur la loi applicable aux successions à cause de mort et l'Espagne, Liber Amicorum Georges A.L. Droz (1996) 7; BRANDI, Das Haager Abkommen von 1989 über das auf die Erbfolge anzuwendende Recht (1996); EBENROTH Rn 1227; HAOPEI LI, Conflict of Laws of Succession, Rec des Cours 1993 V 19; HAYTON, The Significance of the Hague Convention on Trusts and on Succession: A Common Law Perspective, Liber Amicorum Georges A. L. Droz (1996) 121; HEYNING, Een prakijkvoorbehold over de rechtskeuze in het Haags Erfrechtsverdrag, WPNR 1997, 592; KUNZ, Wandel oder Ruhe im deutschen Internationalen Erbrecht, ZRP 1990, 212; LAGARDE, La nouvelle Convention de la Haye sur la loi applicable aux successions, Rev crit dr i pr 1989, 249; VAN LOON, Die Haager Konferenz und ihre Bestrebungen zur Reform des Internationalen Erbrechts, MittRhNotK 1989, 1; vOVERBECK, La convention du premier août 1989 sur la loi applicable aux successions pour cause de mort, SchwJBIntR 46 (1989) 138; PIRRUNG, Die Haager Konferenz für Internationales Privatrecht, in: FS Ferid 80 (1988) 339; ders, Die Haager Konferenz für IPR und ihr Übereinkommen vom 1. August 1989 über das auf die Rechtsnachfolge von Todes wegen anzuwendende Recht, Mélanges Fritz Sturm (1999) Bd II, 1608; SCOLES, The Hague Convention on Succession, AmJCompL 1994, 85.

oder in ihm für die Dauer von mindestens fünf Jahren vor seinem Tod gelebt hatte (Abs 2 S 1). In diesem letzten Fall gilt jedoch ausnahmsweise Heimatrecht, wenn der Verstorbene zum Zeitpunkt seines Todes zu seinem Heimatstaat „offensichtlich engere Beziehungen" hatte. Liegen die Voraussetzungen der Abs 1 und 2 nicht vor, gelangt das Heimatrecht des Verstorbenen zur Anwendung, sofern er nicht zum Zeitpunkt des Todes engere Beziehungen zu einem anderen Staat hatte (Art 3 Abs 3). Wird von Art 3 das Recht eines Nichtvertragsstaates berufen, so ist ein (auch partieller) Renvoi auf das Recht eines anderen Nichtvertragsstaates beachtlich, sofern dieser die Verweisung annimmt (Art 4). Der Erblasser kann durch Rechtswahl für sein Heimatrecht oder das Recht seines gewöhnlichen Aufenthalts optieren (Art 5 Abs 1). Die Rechtswahl – und ihr eventueller Widerruf – müssen in Form einer Verfügung von Todes wegen erfolgen (Art 5 Abs 2 S 1, Abs 3). Existenz und materielle Wirksamkeit der Erklärung richten sich nach dem gewählten Recht (Art 5 Abs 2 S 2). Ist danach die Rechtswahl unwirksam, kommt das durch die objektive Anknüpfung des Art 3 bestimmte Recht zum Zuge (Art 5 Abs 2 S 3). Ohne ausdrückliche gegenteilige Anordnung des Erblassers gilt die Rechtswahl sowohl für die gewillkürte als auch für die gesetzliche Erbfolge (Art 5 Abs 4). Der Erblasser kann hinsichtlich einzelner Nachlaßgegenstände im Rahmen der zwingenden Bestimmungen des Erbstatuts eine materialrechtliche Verweisung vornehmen (Art 6, dazu SCHMELLENKAMP MittRhNotK 1997, 252; BRANDI 309 ff).

Das nach Art 3 und 5 Abs 1 bestimmte Recht beherrscht ohne Rücksicht auf die **114** Belegenheit des Nachlasses die gesamte Rechtsnachfolge von Todes wegen, insbesondere die Rechtsstellung und Berufung der Erbberechtigten wie zB der Erben, Legatare und Pflichtteilsberechtigten, sowie die Verteilung des Nachlasses, ferner die Enterbung und Erbunwürdigkeit, die Reduktion von Schenkungen des Erblassers und ihre Berücksichtigung bei der Berechnung der Erbteile, die Beschränkungen der Testierfreiheit sowie die materielle Wirksamkeit der Verfügungen von Todes wegen (Art 7 Abs 1 u 2).

Das Abkommen befaßt sich in seinem 3. Kapitel mit der „vertraglichen Rechtsnach- **115** folge von Todes wegen", wobei ein Erbvertrag definiert wird als die „schriftliche oder sich aus gegenseitigen Testamenten ergebende Willensübereinstimmung, mit der Rechte aus einer zukünftigen Erbfolge einer oder mehrerer beteiligter Personen mit oder ohne Gegenleistung übertragen, geändert oder entzogen werden" (Art 8). Regelt ein solcher Vertrag die Erbfolge nach einer einzigen Person, so unterliegen seine inhaltliche Wirksamkeit, seine Wirkungen sowie die von ihm ausgehende Bindung dem Recht, das gemäß Art 3 oder 5 Abs 1 zum Zeitpunkt des Vertragsschlusses, hilfsweise dem Recht, das entsprechend diesen Bestimmungen zum Zeitpunkt des Todes auf die Beerbung dieser Person anzuwenden wäre (Art 9 Abs 1 u 2). Regelt der Erbvertrag dagegen die Erbfolge für mehrere Personen, so ist er nur dann inhaltlich wirksam, wenn jede der Rechtsordnungen, denen entsprechend Art 3 oder 5 Abs 1 zum Zeitpunkt des Vertragsschlusses die Beerbung der Beteiligten unterliegen würde, ihn für wirksam ansieht (Art 10 Abs 1). Welche Vertragswirkungen eintreten und unter welchen Voraussetzungen die Beteiligten daran gebunden bleiben, ist sämtlichen beteiligten Rechtsordnungen gemeinsam zu entnehmen (Art 10 Abs 2).

Inhaltliche Wirksamkeit, Wirkungen und Bindung können die Parteien durch aus- **116** drückliche Bezeichnung derjenigen Rechtsordnung unterstellen, die zum Zeitpunkt des Vertragsschlusses als Aufenthalts- oder Heimatrecht der Person bzw einer der Personen anzusehen ist, deren Erbfolge geregelt werden soll (Art 11).

117 In seinen allgemeinen Bestimmungen greift das Übereinkommen das Problem fehlender oder sich widersprechender Kommorientenvermutungen auf: Läßt sich die Reihenfolge des Ablebens zweier oder mehrerer Personen aufgrund der Umstände nicht feststellen, steht keiner von ihnen ein Erbrecht zu (Art 13). Auf einen durch Verfügung von Todes wegen errichteten trust können neben dem Erbstatut auch die Bestimmungen des Rechts Anwendung finden, welches den trust beherrscht (und umgekehrt, vgl Art 14 Abs 1). Eine Sondererbfolge nach dem Recht des Belegenheitsstaates wird respektiert (Art 15), der Zugriff des Belegenheitsstaates auf erbenloses Nachlaßvermögen nicht gehindert (Art 16).

118 Das Abkommen verweist (mit Ausnahme von Art 4) auf innerstaatliches Recht (Art 17). Vorschriften des Erbstatuts finden nur dann keine Anwendung, wenn sie mit dem ordre public offensichtlich unvereinbar sind (Art 18). Das Abkommen enthält im übrigen detaillierte Unteranknüpfungsregeln in seinen Art 19 bis 21. Den Vertragsstaaten werden durch Art 24 Abs 1 des Abkommens weitgehende Möglichkeiten zur Einlegung von Vorbehalten eingeräumt; insbesondere müssen die Bestimmungen über die Anknüpfung des Erbvertrages (Art 24 Abs 1 lit a) sowie – unter bestimmten Voraussetzungen – auch die Vorschriften über eine erbrechtliche Rechtswahl in Art 5 (Art 24 Abs 1 lit d) nicht übernommen werden.

119 Dem Übereinkommen werden in der Bundesrepublik nur geringe Erfolgsaussichten eingeräumt (vgl PIRRUNG, in: Mélanges F Sturm [1999] Bd II 1626; zu seinen Vor- und Nachteilen ausführlich BRANDI 129 ff, 220 ff, 320 ff, 403).

b)   Text

120 Der Text des Abkommens ist auf englisch, französisch und deutsch abgedruckt in MittRhNotK 1997, 271 (deutsche Übersetzung von RIERING) sowie bei BRANDI 426 ff. Die nachfolgende, von den Justizministerien der deutschsprachigen Staaten erarbeitete gemeinsame Übersetzung ist bereits abgedruckt in IPRax 2000, 53.

Übereinkommen über das auf die Rechtsnachfolge von Todes wegen anzuwendende Recht

Die Unterzeichnerstaaten dieses Übereinkommens, in dem Wunsch, gemeinsame Bestimmungen über das auf die Rechtsnachfolge von Todes wegen anzuwendende Recht festzulegen, haben beschlossen, zu diesem Zweck ein Übereinkommen zu schließen, und haben die folgenden Bestimmungen vereinbart:

Kapitel I – Anwendungsbereich des Übereinkommens

Artikel 1

(1) Dieses Übereinkommen bestimmt das auf die Rechtsnachfolge von Todes wegen anzuwendende Recht.

(2) Das Übereinkommen ist nicht anzuwenden

(a) auf die Form von Verfügungen von Todes wegen;

(b) auf die Testierfähigkeit;

(c) auf Fragen des ehelichen Güterrechts;

(d) auf Rechte und Vermögenswerte, die auf andere Weise als durch Erbrecht geschaffen oder übertragen werden, wie gemeinschaftliches Eigentum mit Anwartschaft des Übergangs auf den Überlebenden, Rentenpläne, Versicherungsverträge und ähnliche Vereinbarungen.

Artikel 2

Das Übereinkommen ist auch anzuwenden, wenn das darin bezeichnete Recht das eines Nichtvertragsstaats ist.

Kapitel II – Anzuwendendes Recht

Artikel 3

(1) Die Rechtsnachfolge von Todes wegen unterliegt dem Recht des Staates, in dem der Erblasser im Zeitpunkt seines Todes seinen gewöhnlichen Aufenthalt hatte, wenn er in diesem Zeitpunkt Angehöriger dieses Staates war.

(2) Die Rechtsnachfolge von Todes wegen unterliegt ebenfalls dem Recht des Staates, in dem der Erblasser im Zeitpunkt seines Todes seinen gewöhnlichen Aufenthalt hatte, wenn er sich mindestens fünf Jahre unmittelbar vor seinem Tod in diesem Staat aufgehalten hatte. Unter außergewöhnlichen Umständen ist jedoch, wenn der Erblasser im Zeitpunkt seines Todes offensichtlich mit dem Staat enger verbunden war, dem er in diesem Zeitpunkt angehörte, das Recht dieses Staates anzuwenden.

(3) In anderen Fällen unterliegt die Rechtsnachfolge von Todes wegen dem Recht des Staates, dem der Erblasser im Zeitpunkt seines Todes angehörte, es sei denn, er war in diesem Zeitpunkt mit einem anderen Staat enger verbunden, in welchem Fall das Recht dieses anderen Staates anzuwenden ist.

Artikel 4

Ist das nach Artikel 3 anzuwendende Recht das eines Nichtvertragsstaats und verweist das Internationale Privatrecht dieses Staates für die gesamte oder einen Teil der Rechtsnachfolge von Todes wegen auf das Recht eines anderen Nichtvertragsstaats, der sein eigenes Recht anwenden würde, so ist das Recht dieses anderen Staates anzuwenden.

Artikel 5

(1) Eine Person kann das Recht eines bestimmten Staates wählen, dem die Rechtsnachfolge in ihren gesamten Nachlaß unterliegen soll. Die Rechtswahl wird nur wirksam, wenn diese Person im Zeitpunkt der Rechtswahl oder ihres Todes Angehöriger dieses Staates war oder dort ihren gewöhnlichen Aufenthalt hatte.

(2) Diese Rechtswahl muß in einer Erklärung ausgedrückt sein, die den Formerfordernissen einer Verfügung von Todes wegen entspricht. Das Zustandekommen und die materielle Wirksamkeit der Rechtswahl unterliegen dem gewählten Recht. Ist die Rechtswahl nach diesem Recht unwirksam, so wird das auf die Rechtsnachfolge von Todes wegen anzuwendende Recht nach Artikel 3 bestimmt.

(3) Der Widerruf einer solchen Rechtswahl durch ihren Urheber muß den Formvorschriften für den Widerruf einer Verfügung von Todes wegen entsprechen.

(4) Bei der Anwendung dieses Artikels ist die Wahl eines Rechts bei Fehlen einer ausdrücklichen gegenteiligen Anordnung des Erblassers so auszulegen, daß sie sich auf den gesamten Nachlaß bezieht, unabhängig davon, ob der Erblasser ohne Verfügung von Todes wegen oder mit einer solchen für sein gesamtes Vermögen oder einen Teil seines Vermögens verstorben ist.

Heinrich Dörner

Artikel 6

Eine Person kann die Rechtsnachfolge in bestimmte Vermögenswerte ihres Nachlasses dem Recht eines oder mehrerer Staaten unterstellen. Diese Rechtswahl berührt jedoch nicht die Anwendung der zwingenden Bestimmungen des nach Artikel 3 oder Artikel 5 Absatz 1 anzuwendenden Rechts.

Artikel 7

(1) Dem nach Artikel 3 und Artikel 5 Absatz 1 anzuwendenden Recht unterliegt vorbehaltlich des Artikels 6 der gesamte Nachlaß, wo auch immer die Vermögenswerte belegen sind.

(2) Diesem Recht unterliegen

(a) die Berufung der Erben und Vermächtnisnehmer, die Bestimmung ihrer jeweiligen Anteile, die ihnen vom Erblasser auferlegten Pflichten sowie sonstige Rechte auf den Nachlaß, die mit dem Tod entstanden sind, einschließlich Zuteilungen aus dem Nachlaß durch ein Gericht oder eine andere Behörde zugunsten von Personen, die dem Erblasser nahestehen;

(b) Enterbung und Erbunwürdigkeit;

(c) Ausgleich und Anrechnung unentgeltlicher Zuwendungen bei der Bestimmung der Anteile von Erben oder Vermächtnisnehmern;

(d) der frei verfügbare Teil des Nachlasses, die Pflichtteile und andere Beschränkungen der Freiheit zur Verfügungsfreiheit;

(e) die materielle Wirksamkeit letztwilliger Verfügungen.

(3) Absatz 2 steht der Anwendung dieses Rechts in einem Vertragsstaat auf andere Fragen, die das Recht dieses Staates dem Erbstatut unterstellt, nicht entgegen.

Kapitel III – Vertragliche Rechtsnachfolge von Todes wegen

Artikel 8

Im Sinne dieses Kapitels ist ein Erbvertrag eine Vereinbarung, die schriftlich getroffen wird oder sich aus gegenseitigen Testamenten ergibt und die mit oder ohne Gegenleistung Rechte auf den künftigen Nachlaß einer oder mehrerer an dieser Vereinbarung beteiligter Personen begründet, ändert oder entzieht.

Artikel 9

(1) Betrifft der Erbvertrag den Nachlaß einer einzigen Person, so unterliegen seine materielle Wirksamkeit, seine Wirkungen und die Umstände, die zum Erlöschen der Wirkungen führen, dem Recht, das nach Artikel 3 oder Artikel 5 Absatz 1 auf die Rechtsnachfolge dieser Person anwendbar gewesen wäre, wenn sie an dem Tag verstorben wäre, an dem der Erbvertrag errichtet worden ist.

(2) Ist der Erbvertrag nach diesem Recht unwirksam, so wird er dennoch als wirksam angesehen, wenn er nach dem Recht wirksam ist, das im Zeitpunkt des Todes nach Artikel 3 oder Artikel 5 Absatz 1 auf die Rechtsnachfolge anzuwenden ist. Diesem Recht unterliegen dann die Wirkungen des Ervertrags und die Umstände, die zum Erlöschen dieser Wirkungen führen.

Artikel 10

(1) Betrifft der Erbvertrag den Nachlaß mehr als einer Person, so ist er nur dann materiell wirksam, wenn jedes der Rechte ihn als wirksam ansieht, die nach Artikel 3 oder Artikel 5 Absatz 1 auf die Rechtsnachfolge jeder dieser Personen anwendbar gewesen wären, wenn sie an dem Tag verstorben wären, an dem der Erbvertrag errichtet worden ist.

(2) Die Wirkungen des Erbvertrages und die Umstände, die zum Erlöschen der Wirkungen führen, sind diejenigen, die von allen diesen Rechten anerkannt werden.

Artikel 11

Die Parteien können durch ausdrückliche Rechtswahl vereinbaren, den Erbvertrag hinsichtlich seiner materiellen Wirksamkeit, seiner Wirkungen und der Umstände, die zum Erlöschen der Wirkungen führen, dem Recht eines Staates zu unterstellen, in dem die Person oder eine der Personen, deren Nachlaß betroffen ist, im Zeitpunkt der Errichtung des Erbvertrags ihren gewöhnlichen Aufenthalt hat oder dem sie in diesem Zeitpunkt angehört.

Artikel 12

(1) Gegen die materielle Wirksamkeit eines Erbvertrags, der nach dem in Artikel 9, 10 oder 11 bezeichneten Recht wirksam ist, kann nicht geltend gemacht werden, daß das in Artikel 3 oder Artikel 5 Absatz 1 bezeichnete Recht den Erbvertrag als unwirksam ansehen würde.

(2) Die Anwendung des in Artikel 9, 10 oder 11 bezeichneten Rechts berührt jedoch nicht die Rechte eines an dem Erbvertrag nicht beteiligten Dritten, der nach dem in Artikel 3 oder Artikel 5 Absatz 1 bezeichneten Recht einen Pflichtteilsanspruch oder ein anderes Recht hat, das ihm von der Person, deren Nachlaß betroffen ist, nicht entzogen werden kann.

Kapitel IV – Allgemeine Bestimmungen

Artikel 13

Sterben zwei oder mehr Personen, deren Rechtsnachfolge von Todes wegen verschiedenen Rechten unterliegt, unter Umständen, die es nicht zulassen, die Reihenfolge ihres Todes zu bestimmen, und regeln diese Rechte diesen Sachverhalt nicht oder durch miteinander unvereinbare Bestimmungen, so hat keine dieser Personen Anspruch auf den Nachlaß der anderen.

Artikel 14

(1) Wird durch Verfügung von Todes wegen ein trust errichtet, so steht die Anwendung des in dem Übereinkommen bezeichneten Rechts auf die Rechtsnachfolge von Todes wegen der Anwendung eines anderen Rechts auf den trust nicht entgegen. Umgekehrt steht die Anwendung des Rechts, dem der trust unterliegt, auf diesen der Anwendung des Rechts, dem die Rechtsnachfolge von Todes wegen nach dem Übereinkommen unterliegt, auf diese nicht entgegen.

(2) Dies gilt entsprechend für Stiftungen und ähnliche Einrichtungen, die durch Verfügung von Todes wegen errichtet worden sind.

Artikel 15

Das nach dem Übereinkommen anzuwendende Recht berührt nicht die Anwendung besonderer Regelungen über die Rechtsnachfolge von Todes wegen, denen bestimmte unbewegliche Sachen, Unternehmen oder andere besondere Arten von Vermögenswerten wegen ihrer wirtschaftlichen, familiären oder sozialen Bestimmung nach dem Recht des Staates unterliegen, in dem sie belegen sind.

Artikel 16

Ist nach dem aufgrund des Übereinkommens anzuwendenden Recht weder ein durch Verfügung von Todes wegen eingesetzter Erbe oder Vermächtnisnehmer noch eine natürliche Person als gesetzlicher Erbe vorhanden, so hindert die Anwendung dieses Rechts einen Staat oder eine von ihm dazu bestimmte Einrichtung nicht daran, sich den im Hoheitsgebiet dieses Staates belegenen Nachlaß anzueignen.

Heinrich Dörner

Artikel 17

Außer im Fall des Artikels 4 bedeutet in diesem Übereinkommen der Ausdruck Recht die in einem Staat geltenden Rechtsnormen unter Ausschluß derjenigen des Internationalen Privatsrechts.

Artikel 18

Von der Anwendung eines der in dem Übereinkommen bezeichneten Rechts darf nur abgesehen werden, wenn dieses mit der öffentlichen Ordnung offensichtlich unvereinbar ist.

Artikel 19

(1) Dieser Artikel bestimmt das nach dem Übereinkommen anzuwendende Recht, wenn ein Staat zwei oder mehr Gebietseinheiten umfaßt, von denen jede ein eigenes Rechtssystem oder eigene Rechtsnormen auf dem Gebiet des Erbrechts hat.

(2) Gelten in einem solchen Staat Rechtsnormen, die für die in diesem Artikel vorgesehenen Fälle die Gebietseinheit bezeichnen, deren Recht anzuwenden ist, so ist das Recht dieser Gebietseinheit anzuwenden. Fehlen derartige Rechtsnormen, so sind die Absätze 3 bis 7 anzuwenden.

(3) Nimmt das Übereinkommen oder nimmt der Erblasser in einer Rechtswahl nach dem Übereinkommen auf ein Recht Bezug,

    (a) so bedeutet das Recht des Staates, in dem der Erblasser im Zeitpunkt der Rechtswahl oder seines Todes seinen gewöhnlichen Aufenthalt hatte, das Recht der Gebietseinheit dieses Staates, in welcher der Erblasser im maßgeblichen Zeitpunkt seinen gewöhnlichen Aufenthalt hatte;

    (b) so bedeutet das Recht des Staates, dessen Angehöriger der Erblasser im Zeitpunkt der Rechtswahl oder seines Todes war, das Recht der Gebietseinheit dieses Staates, in welcher der Erblasser im maßgeblichen Zeitpunkt seinen gewöhnlichen Aufenthalt hatte, oder mangels eines solchen das Recht der Gebietseinheit, mit welcher der Erblasser am engsten verbunden war.

(4) Nimmt das Übereinkommen auf das Recht des Staates der engsten Verbindung Bezug, so bedeutet dies das Recht der Gebietseinheit dieses Staates, mit welcher der Erblasser am engsten verbunden war.

(5) Hat der Erblasser nach dem Übereinkommen das Recht einer Gebietseinheit eines Staates gewählt und war er im Zeitpunkt der Rechtswahl oder seines Todes

    (a) Angehöriger dieses Staates, so ist vorbehaltlich des Artikels 6 diese Rechtswahl nur wirkam, wenn er in irgendeinem Zeitpunkt seinen gewöhnlichen Aufenthalt in dieser Gebietseinheit hatte oder mangels eines solchen mit dieser Gebietseinheit eng verbunden war, oder

    (b) nicht Angehöriger dieses Staates, so ist vorbehaltlich des Artikels 6 diese Rechtswahl nur wirksam, wenn er in diesem Zeitpunkt seinen gewöhnlichen Aufenthalt in dieser Gebietseinheit hatte oder – für den Fall, daß er in diesem Zeitpunkt seinen gewöhnlichen Aufenthalt nicht in dieser Gebietseinheit, wohl aber in diesem Staat hatte –, wenn er in irgendeinem Zeitpunkt seinen gewöhnlichen Aufenthalt in dieser Gebietseinheit gehabt hatte.

(6) Hat der Erblasser nach Artikel 6 für bestimmte Vermögenswerte das Recht eines Staates gewählt, so wird außer bei Nachweis einer gegenteiligen Absicht vermutet, daß die Rechtswahl sich auf das Recht der jeweiligen Gebietseinheit bezieht, in der die Vermögenswerte belegen sind.

(7) Für die Anwendung des Artikels 3 Absatz 2 ist die erforderliche Aufenthaltsdauer erfüllt, wenn der Erblasser während der fünf Jahre unmittelbar vor seinem Tod seinen Aufenthalt in diesem Staat hatte, auch wenn er sich in dieser Zeit in mehr als einer Gebietseinheit dieses Staates aufgehalten hat. Ist diese Aufenthaltsdauer erfüllt und hatte der Erblasser seinen gewöhnlichen Aufenthalt im maßgeblichen Zeitpunkt in diesem Staat, ohne einen gewöhnlichen Aufenthalt in einer bestimmten Gebietseinheit zu haben, so ist das Recht der Gebietseinheit anzuwenden, in der sich der Erblasser zuletzt aufgehalten hatte, es sei denn, er war in diesem Zeitpunkt mit einer

anderen Gebietseinheit dieses Staates enger verbunden gewesen, in welchem Fall das Recht dieser Gebietseinheit anzuwenden ist.

Artikel 20

Bestehen in einem Staat auf dem Gebiet des Erbrechts zwei oder mehr Rechtssysteme, die für verschiedene Personengruppen gelten, so ist bei der Bestimmung des nach dem Übereinkommen anzuwendenden Rechts eine Verweisung auf das Recht dieses Staates als Verweisung auf das Rechtssystem zu verstehen, das sich aus den Rechtsvorschriften dieses Staates ergibt. Mangels solcher Vorschriften ist die Verweisung als Verweisung auf das Rechtssystem zu verstehen, mit dem der Erblasser am engsten verbunden war.

Artikel 21

Ein Vertragsstaat, in dem unterschiedliche Rechtssysteme oder Gesamtregelungen auf dem Gebiet des Erbrechts gelten, ist nicht verpflichtet, die Bestimmungen des Übereinkommens auf Fälle anzuwenden, bei denen es nur um Kollisionen zwischen diesen unterschiedlichen Rechtssystemen oder Gesamtregelungen geht.

Artikel 22

(1) Das Übereinkommen ist in einem Vertragsstaat auf die Rechtsnachfolge solcher Personen anzuwenden, die verstorben sind, nachdem es für diesen Staat in Kraft getreten ist.

(2) Hatte der Erblasser vor Inkrafttreten des Übereinkommens in diesem Staat das auf seine Rechtsnachfolge anzuwendende Recht gewählt, so ist diese Rechtswahl dort als wirksam anzusehen, wenn sie Artikel 5 entspricht.

(3) Hatten die Parteien eines Erbvertrags vor Inkrafttreten des Übereinkommens in diesem Staat das auf den Erbvertrag anzuwendende Recht gewählt, so ist diese Rechtswahl dort als wirksam anzusehen, wenn sie Artikel 11 entspricht.

Artikel 23

(1) Das Übereinkommen läßt internationale Übereinkünfte unberührt, denen Vertragsstaaten als Vertragsparteien angehören oder angehören werden und die Bestimmungen über die in dem Übereinkommen geregelten Angelegenheiten enthalten, sofern die durch eine solche Übereinkunft gebundenen Staaten keine gegenteilige Erklärung abgeben.

(2) Absatz 1 ist auch auf einheitliche Rechtsvorschriften anzuwenden, die auf besonderen Bindungen regionaler oder anderer Art zwischen den betroffenen Staaten beruhen.

Artikel 24

(1) Jeder Staat kann sich bei der Unterzeichnung, der Ratifikation, der Annahme, der Genehmigung oder dem Beitritt vorbehalten,

(a) das Übereinkommen auf den Erbvertrag im Sinne des Artikels 8 nicht anzuwenden und infolgedessen eine nach Artikel 5 vorgenommene Rechtswahl nicht anzuerkennen, wenn diese Rechtswahl nicht in einer Erklärung ausgedrückt ist, die den Formerfordernissen einer letztwilligen Verfügung entspricht,

(b) Artikel 4 nicht anzuwenden;

(c) eine nach Artikel 5 vorgenommene Rechtswahl einer Person nicht anzuerkennen, die im Zeitpunkt ihres Todes nicht oder nicht mehr dem Staat angehörte, dessen Recht gewählt wurde, oder dort nicht oder nicht mehr ihren gewöhnlichen Aufenthalt hatte, jedoch in diesem Zeitpunkt dem Staat angehörte, der den Vorbehalt gemacht hat, und dort ihren gewöhnlichen Aufenthalt hatte;

Heinrich Dörner

(d) eine nach Artikel 5 vorgenommene Rechtswahl nicht anzuerkennen, wenn alle folgenden Voraussetzungen erfüllt sind:

– Das Recht des Staates, der den Vorbehalt gemacht hat, wäre das nach Artikel 3 anzuwendende Recht gewesen, wenn nicht eine wirksame Rechtswahl nach Artikel 5 vorgenommen worden wäre,

– die Anwendung des nach Artikel 5 gewählten Rechts würde dem Ehegatten oder Kind des Erblassers die gesamten erb- oder familienrechtlichen Zuwendungen oder einen sehr erheblichen Teil davon entziehen, auf die sie nach den zwingenden Bestimmungen des Rechts des Staates, der den Vorbehalt gemacht hat, Anspruch gehabt hätten,

– der Ehegatte oder das Kind ist Angehöriger des Staates, der den Vorbehalt gemacht hat, oder hat dort den gewöhnlichen Aufenthalt.

(2) Andere Vorbehalte sind nicht zulässig.

(3) Jeder Vertragsstaat kann einen Vorbehalt, den er gemacht hat, jederzeit zurücknehmen; die Wirkung des Vorbehalts endet am ersten Tag des Monats, der auf einen Zeitabschnitt von drei Monaten nach der Notifikation der Rücknahme des Vorbehalts folgt.

Kapitel V – Schlussbestimmungen

Artikel 25

(1) Das Übereinkommen liegt für die Staaten zur Unterzeichnung auf, die zur Zeit der Sechzehnten Tagung der Haager Konferenz für Internationales Privatrecht Mitglied der Konferenz waren.

(2) Es bedarf der Ratifikation, Annahme oder Genehmigung; die Ratifikations, Annahme- oder Genehmigungsurkunden werden beim Ministerium für Auswärtige Angelegenheiten des Königreichs der Niederlande, dem Depositar des Übereinkommens, hinterlegt.

Artikel 26

(1) Jeder andere Staat kann dem Übereinkommen beitreten, nachdem es gemäß Artikel 28 Absatz 1 in Kraft getreten ist.

(2) Die Beitrittsurkunde wird beim Depositar hinterlegt.

Artikel 27

(1) Ein Staat, der aus zwei oder mehr Gebietseinheiten besteht, in denen für die in dem Übereinkommen behandelten Angelegenheiten unterschiedliche Rechtssysteme gelten, kann bei der Unterzeichnung, der Ratifikation, der Annahme, der Genehmigung oder dem Beitritt erklären, daß das Übereinkommen auf alle seine Gebietseinheiten oder nur auf eine oder mehrere davon erstreckt wird; er kann diese Erklärung durch Abgabe einer neuen Erklärung jederzeit ändern.

(2) Jede derartige Erklärung wird dem Depositar unter ausdrücklicher Bezeichnung der Gebietseinheiten notifiziert, auf die das Übereinkommen angewendet wird.

(3) Gibt ein Staat keine Erklärung nach diesem Artikel ab, so ist das Übereinkommen auf sein gesamtes Hoheitsgebiet anzuwenden.

Artikel 28

(1) Das Übereinkommen tritt am ersten Tag des Monats in Kraft, der auf einen Zeitabschnitt von drei Monaten nach der in Artikel 25 vorgesehenen Hinterlegung der dritten Ratifikations-, Annahme- oder Genehmigungsurkunde folgt.

(2) Danach tritt das Übereinkommen in Kraft

(a) für jeden Staat, der es später ratifiziert, annimmt oder genehmigt oder der ihm beitritt, am ersten Tag des Monats, der auf einen Zeitabschnitt von drei Monaten nach Hinterlegung seiner Ratifikations-, Annahme-, Genehmigungs- oder Beitrittsurkunde folgt;

(b) für jede Gebietseinheit, auf die es nach Artikel 27 erstreckt worden ist, am ersten Tag des Monats, der auf einen Zeitabschnitt von drei Monaten nach der in jenem Artikel vorgesehenen Notifikation folgt.

Artikel 29

Nachdem eine Übereinkunft zur Revision des Übereinkommens in Kraft getreten ist, kann ein Staat nur Vertragspartei des revidierten Übereinkommens werden.

Artikel 30

(1) Jeder Vertragsstaat kann das Übereinkommen oder nur Kapitel III durch eine an den Depositar* gerichtete schriftliche Notifikation kündigen.

(2) Die Kündigung wird am ersten Tag des Monats wirksam, der auf einen Zeitabschnitt von drei Monaten nach Eingang der Notifikation beim Depositar folgt. Ist in der Notifikation für das Wirksamwerden der Kündigung ein längerer Zeitabschnitt angegeben, so wird die Kündigung nach Ablauf des entsprechenden Zeitabschnitts nach Eingang der Notifikation wirksam.

Artikel 31

Der Depositar notifiziert den Mitgliedstaaten der Haager Konferenz für Internationales Privatrecht sowie den Staaten, die nach Artikel 26 beigetreten sind,

a) jede Unterzeichnung, Ratifikation, Annahme und Genehmigung sowie jeden Beitritt nach den Artikeln 25 und 26;

b) den Tag, an dem das Übereinkommen nach Artikel 28 in Kraft tritt;

c) jede Erklärung nach Artikel 27;

d) jeden Vorbehalt und jede Rücknahme eines Vorbehalts nach Artikel 24;

e) jede Kündigung nach Artikel 30.

Zu Urkund dessen haben die hierzu gehörig befugten Unterzeichneten dieses Übereinkommens unterschrieben.

Geschehen in Den Haag am 1. August 1989

in englischer und französischer Sprache, wobei jeder Wortlaut gleichermaßen verbindlich ist, in einer Urschrift, die im Archiv der Regierung des Königreichs der Niederlande hinterlegt und von der jedem Staat, der zur Zeit der Sechzehnten Tagung der Haager Konferenz für Internationales Privatrecht Mitglied der Konferenz war, auf diplomatischem Weg eine beglaubigte Abschrift übermittelt wird.

3.   Haager Übereinkommen über die internationale Verwaltung von Nachlässen v 2. 10. 1973**

a)   Einführung

Das Abkommen ist von Portugal und der Tschechoslowakei ratifiziert, ferner von **121**

---

* Für die Bundesrepublik Deutschland: „Verwahrer".

** **Schrifttum:** BATIFFOL, La douzième session de la conférence de la Haye de droit international privé, Rev crit dr i pr 1973, 244; BEREN-

BROK, Internationale Nachlaßabwicklung (1989) 159 ff; FIRSCHING, Überlegungen zu einer internationalen Mobiliar-Nachlaßverwaltung, in: FS Wengler (1973) II 321; FRAGISTAS, La Convention de la Haye sur l'administration internatio-

Italien, Luxemburg, den Niederlanden, der Türkei und dem Vereinigten Königreich, *nicht dagegen von der Bundesrepublik gezeichnet* worden (vgl dazu IPRax 1993, 202). Aus dem Umstand, daß sich die Tschechoslowakei am 1. 1. 1993 in die Tschechische und Slowakische Republik gespalten hat, folgern JAYME/HAUSMANN, Internationales Privat- und Verfahrensrecht [9. Aufl 1998] 103 Fn 1, daß damit die vorausgesetzten drei Ratifikationen vorliegen und das Abkommen folglich am 1. 7. 1993 für Portugal sowie die Tschechische und Slowakische Republik in Kraft getreten sei.

122 **Ziel** des Abkommens ist die **Einführung eines „Internationalen Zeugnisses"**, das die zur Verwaltung des *beweglichen Nachlasses* berechtigten Personen bezeichnet und deren Befugnisse angibt (Art 1 Abs 1). Dieses Zeugnis wird nach einem dem Abkommen beigefügten Muster von einer als zuständig bestimmten Behörde (Art 6) des Staates ausgegeben, in dem der Erblasser zum Zeitpunkt seines Todes seinen gewöhnlichen Aufenthalt hatte (Art 2, 32); es ist dann in den anderen Vertragsstaaten anzuerkennen (Art 1 Abs 2).

123 Bei der Bezeichnung des Berechtigten und der Angabe seiner Befugnisse wenden die Behörden des *Aufenthaltsstaates* grundsätzlich ihr eigenes Sachrecht an. Ausnahmsweise ist das *Heimatrecht* des Erblassers maßgeblich, wenn entweder Aufenthalts- wie Heimatstaat erklärt haben, daß die im Zeugnis enthaltenen Angaben dem Heimatrecht unterliegen sollen (Art 3 Nr 1, 31), oder zwar nur eine solche Erklärung des Heimatstaates vorliegt, der Erblasser aber vor seinem Tode im Aufenthaltsstaat weniger als fünf Jahre ständig gelebt hatte (Art 3 Nr 2, 31; zu den sich daraus möglicherweise ergebenden Widersprüchen s KEGEL/SCHURIG § 21 V 3 d; kritisch auch eingehend BERENBROK 162 ff). Die Vertragsstaaten können zum Ausdruck bringen, daß sie hinsichtlich des Zeugnisinhalts – je nach einer vom Erblasser getroffenen Wahl – Aufenthalts- oder Heimatrecht anwenden wollen (Art 4).

124 Zum *Nachweis* der Person des Berechtigten und seiner Befugnisse genügt in jedem Vertragsstaat grundsätzlich allein die Vorlage dieses Zeugnisses, ohne daß eine Legalisation oder eine andere Förmlichkeit erforderlich ist (Art 9). Jedoch kann jeder Vertragsstaat die *Anerkennung* von einer in einem beschleunigten Verfahren getroffenen Entscheidung seiner eigenen Behörden oder von einer einfachen Veröffentlichung abhängig machen (Art 10 Abs 1). Im übrigen kann die Anerkennung nur *verweigert* werden,
– wenn das Zeugnis nicht in Urschrift vorliegt,
– wenn es nicht dem im Anhang aufgeführten Muster entspricht,
– wenn aus dem Zeugnis nicht hervorgeht, daß es von einer nach dem Abkommen zuständigen Behörde ausgestellt worden ist (Art 13),

---

nale des successions, AnDerInt 1974, 29; GOLDMAN, Le projet de Convention de la Haye sur l'administration internationale des successions, Clunet 1974, 256; HAOPEI LI, Conflict of Laws of Succession, Rec des Cours 1993 V 19; KEGEL § 21 V 3 d; LALIVE, L'administration internationale des successions, SchwJbIntR 28 (1972) 61; LIPSTEIN, Das Haager Abkommen über die internationale Abwicklung von Nachlässen, RabelsZ 1975, 29; NADELMANN, Draft Convention Concerning the International Administration of Estates of Deceased Persons (Introductory Note), AmJCompL 21 (1973) 139; SIPP-MERCIER, Die Abwicklung deutsch-französischer Erbfälle in der Bundesrepublik und in Frankreich (1985) 123 ff.

– wenn der Verstorbene aus der Sicht des Anerkennungsstaates seinen letzten gewöhnlichen Aufenthalt in diesem Staat hatte,
– wenn der Erblasser Staatsangehöriger des Anerkennungsstaates war, nach Art 3 oder 4 sein Heimatrecht hätte Anwendung finden müssen und der Inhalt des Zeugnisses mit dem Sachrecht des Anerkennungsstaates nicht übereinstimmt (Art 14),
– wenn das Zeugnis im Widerspruch zu einer Entscheidung steht, die im Anerkennungsstaat gefällt wurde oder anzuerkennen ist (Art 15), schließlich,
– wenn die Anerkennung mit dem ordre public des Anerkennungsstaates offensichtlich unvereinbar wäre (Art 17). Der Anerkennungsstaat kann den Zeugnisinhaber ebenso wie einen nach eigenem Recht bestellten Nachlaßverwalter überwachen und kontrollieren (Art 21 Abs 1); er kann außerdem die Inbesitznahme der auf seinem Gebiet belegenen Nachlaßwerte davon abhängig machen, daß sie zur Schuldenzahlung verwandt werden (Art 21 Abs 2).

Wer an die in dem Zeugnis ausgewiesene Person *zahlt* oder an sie *Eigentum überträgt*, **125** wird von seiner Verpflichtung befreit, soweit er nicht bösgläubig war (Art 22). Wer Nachlaßwerte von dem Zeugnisinhaber *erwirbt*, wird – sofern er nicht bösgläubig war – so behandelt, als ob er sie von einem Verfügungsberechtigten erlangt hätte (Art 23).

Sofern das Recht, nach welchem das Zeugnis ausgestellt worden ist, dem Inhaber **126** Befugnisse über *unbewegliches Vermögen* in einem anderen Staat verleiht, sind sie anzugeben (Art 30 Abs 1). Andere Vertragsstaaten können diese Befugnisse ganz oder teilweise anerkennen (Art 30 Abs 2).

Dem Abkommen sind in einem Anhang *Musterzeugnisse* in englischer und franzö- **127** sischer Sprache beigefügt, deren vorgedruckte Teile daneben auch in der Landessprache wiedergegeben werden können (Art 33 Abs 1). Die Befugnisse des Zeugnisinhabers können darin wahlweise (1) mit einer Generalklausel umfassend bezeichnet, (2) umfassend bezeichnet, aber mit bestimmten Ausnahmen versehen oder aber (3) enumerativ aufgeführt werden (vgl unter C des Musterzeugnisses).

b)   Text

Der Text des Abkommens ist in englischer und französischer Sprache abgedruckt in **128** RabelsZ 1975, 104 ff (weitere Fundstellen bei KEGEL/SCHURIG § 21 V 3 d). Eine nicht offizielle Übersetzung gibt STAUDINGER/FIRSCHING[12] Vorbem 397 zu Art 24–26.

Convention sur l'administration internationale des successions	Convention Concerning the International Administration of the Estates of Deceased Persons
Les Etats signataires de la présente Convention, Désirant établir des dispositions communes en vue de faciliter l'administration internationale des successions, Ont résolu de conclure une Convention à cet effet et sont convenus des dispositions suivantes:	The States signatory to this Convention, Desiring to facilitate the international administration of the estates of deceased persons, Have resolved to conclude a Convention to this effect and have agreed upon the following provisions:

Heinrich Dörner

Chapitre I – Certificat international	**Chapter I – The International Certificate**

Article premier

Les Etats contractants instituent un certificat international désignant la ou les personnes habilitées à administrer la succession mobilière, et indiquant ses ou leurs pouvoirs.

Ce certificat, établi dans l'Etat contractant désigné à l'article 2, et selon le modèle annexé à la présente Convention, sera reconnu dans les Etats contractants.

Tout Etat contractant aura la faculté de subordonner cette reconnaissance à la procédure ou à la publicité prévue à l'article 10.

Article 1

The Contracting States shall establish an international certificate designating the person or persons entitled to administer the movable estate of a deceased person and indicating his or their powers.

This certificate, drawn up in the Contracting State designated in Article 2 in accordance with the model annexed to this Convention, shall be recognised in the Contracting States.

A Contracting State may subject this recognition to the procedure or to the publicity provided for in Article 10.

Chapitre II – Établissement du certificat

Chapter II – The Drawing up of the Certificate

Article 2

Le certificat est établi par l'autorité compétente dans l'Etat de la résidence habituelle du défunt.

Article 2

The certificate shall be drawn up by the competent authority in the State of the habitual residence of the deceased.

Article 3

Pour désigner le titulaire du certificat et indiquer ses pouvoirs, l'autorité compétente applique sa loi interne, sauf dans les cas suivants, où elle appliquera la loi interne de l'Etat dont le défunt était ressortissant:

1. lorsque tant l'Etat de la résidence habituelle que celui dont le défunt était ressortissant ont fait la déclaration prévue à l'article 31;
2. lorsque l'Etat dont le défunt était ressortissant, mais non celui de la résidence habituelle, a fait la déclaration prévue à l'article 31 et que le défunt n'avait pas habité depuis au moins 5 ans – avant son décès dans l'Etat de l'autorité émettrice du certificat.

Article 3

For the purpose of designating the holder of the certificate and indicating his powers, the competent authority shall apply its internal law except in the following cases, in which it shall apply the internal law of the State of which the deceased was a national –

(1) if both the State of his habitual residence and the State of his nationality have made the declaration provided for in Article 31;
(2) if the State of which he was a national, but not the State of his habitual residence has made the declaration provided for in Article 31, and if the deceased had lived in the State of the issuing – authority for less than 5 years immediately prior to his death.

Article 4

Tout Etat contractant a la faculté de déclarer que, pour désigner le titulaire du certificat et indiquer ses pouvoirs, il appliquera, par dérogation à l'article 3, sa loi interne ou celle de l'Etat dont le défunt était ressortissant selon le choix fait par ce dernier.

Article 4

A Contracting State may declare that in designating the holder of the certificate and indicating his powers it will, notwithstanding Article 3, apply its internal law or that of the State of which the deceased was a national in accordance with the choice made by him.

Article 5

Avant l'émission du certificat, l'autorité compétente peut, au cas où elle applique la loi interne de l'Etat dont le défunt était ressortissant, demander à une autorité de cet Etat, désignée à cet effet, si les mentions du certificat sont conformes à ladite loi et fixer, si elle l'estime opportun, un délai pour la réponse. Faute de réponse dans ce délai, elle établit le certificat selon sa propre appréciation du contenu de la loi applicable.

Article 6

Chaque Etat contractant désigne l'autorité judiciaire ou administrative compétente pour établir le certificat.

Tout Etat contractant a la faculté de déclarer que le certificat, dressé sur son territoire, sera considéré comme „établi par l'autorité compétente" s'il est établi par une des personnes appartenant à une catégorie professionnelle désignée par cet Etat, et s'il est confirmé par l'autorité compétente.

Article 7

L'autorité émettrice, après avoir pris les mesures de publicité propres à informer les intéressés, notamment le conjoint survivant, et avoir procédé, au besoin, à des recherches, délivre sans retard le certificat.

Article 8

L'autorité compétente informe, sur sa demande, toute personne ou autorité intéressée de l'émission du certificat et de son contenu et, le cas échéant, de son annulation, de sa modification ou de la suspension de ses effets.

L'annulation du certificat, sa modification ou la suspension de ses effets par l'autorité émettrice doit ètre portée à la connaissance de toute personne ou autorité qui aura été précédemment informée par écrit de son émission.

Chapitre III – Reconnaissance du certificat – Mesures conservatoires ou urgentes

Article 9

Sous réserve des dispositions de l'article 10,

Article 5

Before issuing the certificate, the competent authority, when applying the internal law of the State of which the deceased was a national, may enquire of an authority of that State, which has been designated for that purpose, whether the contents of the certificate accord with that law and, in its discretion, fix a time-limit for the submission of a reply. If no reply is received within this period it shall draw up the certificate in accordance with its own understanding of the applicable law.

Article 6

Each Contracting State shall designate the competent judicial or administrative authority to draw up the certificate.

A Contracting State may declare that a certificate drawn up within its territory shall be deemed to be ‚drawn up by the competent authority' if it is drawn up by a member of a professional body which has been designated by that State, and if it is confirmed by the competent authority.

Article 7

The issuing authority shall, after measures of publicity have been taken to inform those interested, in particular the surviving spouse, and after investigations, if any are necessary, have been made, issue the certificate without delay.

Article 8

The competent authority shall, on request, inform any interested person or authority that a certificate has been issued and of its contents, and of any annulment or modification of the certificate or of any suspension of its effects.

The annulment or modification of the certificate or the suspension of its effects by the issuing authority shall be brought to the attention of any person or authority that has been notified in writing that the certificate had been issued.

Chapter III – Recognition of the Certificate – Protective or Urgent Measures

Article 9

Subject to the provisions of Article 10, in order

seule la présentation du certificat peut être exigée, dans les Etats contractants autres que celui où il a été émis, pour attester la désignation et les pouvoirs de la ou des personnes habilitées à administrer la succession.

Aucune légalisation ni formalité analogue ne peut être exigée.

Article 10

Tout Etat contractant a la faculté de subordonner la reconnaissance du certificat, soit à la décision d'une autorité statuant à la suite d'une procédure rapide, soit seulement à une publicité.

Cette procédure pourra comporter des oppositions et recours, pour autant qu'ils soient fondés sur les articles 13, 14, 15, 16 et 17.

Article 11

Lorsque la procédure ou la publicité prévue à l'article 10 est requise, le titulaire du certificat peut, dès la date de l'entrée en vigueur de celui-ci, et le cas échéant pendant toute la procédure de reconnaissance, prendre ou solliciter, sur simple présentation, dans les limites du certificat, toutes mesures conservatoires ou urgentes, jusqu'à décision contraire.

Les dispositions de la loi de l'Etat requis relatives à une reconnaissance intérimaire pourront être appliquées, pourvu que cette reconnaissance fasse l'objet d'une procédure d'urgence.

Toutefois, le titulaire du certificat ne pourra plus prendre ou solliciter les mesures visées à l'alinéa premier après le soixantième jour qui suit la date de l'entrée en vigueur du certificat, s'il n'a pas entamé la procédure de reconnaissance ou accompli les diligences nécessaires à la publicité prévue.

Article 12

La validité des mesures conservatoires ou urgentes qui ont été prises en vertu de l'article 11 n'est pas affectée par l'expiration du délai prévu à cet article, ni par une décision de refus de reconnaissance.

Tout intéressé peut néanmoins demander la mainlevée ou la confirmation de ces mesures, conformément à la loi de l'Etat requis.

to attest the designation and powers of the person or persons entitled to administer the estate, the production only of the certificate may be required in the Contracting States other than that in which it was issued.

No legalisation or like formality may be required.

Article 10

A Contracting State may make the recognition of the certificate depend either upon a decision of an authority following an expeditious procedure, or upon simple publicity.

This procedure may comprise ,opposition' and appeal, insofar as either is founded on Articles 13, 14, 15, 16 and 17.

Article 11

If the procedure or the publicity envisaged in Article 10 is required, the holder of the certificate may, on mere production, take or seek any protective or urgent measures within the limits of the certificate, as from the date of its entry into force and throughout the duration of the procedure of recognition, if any, until a decision to the contrary is made.

A requested State may require that interim recognition is to be subject to the provisions of its internal law for such recognition, provided that the recognition is the subject of an expeditious procedure.

However, the holder may not take or seek the measures mentioned in paragraph 1 after the sixtieth day following the date of entry into force of the certificate, if by then he has not initiated the procedure for recognition or taken the necessary measures of publicity.

Article 12

The validity of any protective or urgent measures taken under Article 11 shall not be affected by the expiry of the period of time specified in that Article, or by a decision refusing recognition.

However, any interested person may request the setting aside or confirmation of these measures in accordance with the law of the requested State.

Article 13

La reconnaissance peut être refusée dans les cas suivants:

1. s'il apparaît que le certificat n'est pas authentique ou n'est pas conforme au modèle annexé à la présente Convention;

2. s'il ne ressort pas des mentions du certificat qu'il émane d'une autorité internationalement compétente au sens de la présente Convention.

Article 14

La reconnaissance du certificat peut en outre être refusée si, du point de vue de l'Etat requis:

1. le défunt avait sa résidence habituelle dans cet Etat; ou bien

2. si le défunt avait la nationalité de cet Etat et qu'il résulte de cette circonstance que, selon les articles 3 et 4, la loi interne de l'Etat requis aurait dûêtre appliquée pour la désignation du titulaire du certificat et l'indication de ses pouvoirs. Toutefois, dans ce cas, la reconnaissance ne peut être refusée si les mentions du certificat ne sont pas en opposition avec la loi interne de l'Etat requis.

Article 15

La reconnaissance peut également être refusée lorsque le certificat est incompatible avec une décision sur le fond rendue ou reconnue dans l'Etat requis.

Article 16

Au cas où un certificat mentionné à l'article premier lui serait présenté, alors qu'un autre certificat mentionné au même article aurait déjà été antérieurement reconnu dans L'Etat requis, l'autorité requise peut, si les deux certificats sont incompatibles, soit rétracter la reconnaissance du premier et reconnaître le second, soit refuser la reconnaissance du second.

Article 17

La reconnaissance du certificat peut enfin être refusée si elle est manifestement incompatible avec l'ordre public de l'Etat requis.

Article 13

Recognition may be refused in the following cases –

(1) if the certificate is not authentic, or not in accordance with the model annexed to this Convention;

(2) if it does not appear from the contents of the certificate that it was drawn up by an authority having jurisdiction within the meaning of this Convention.

Article 14

Recognition of the certificate may also be refused if, in the view of the requested State –

(1) the deceased had his habitual residence in that State; or

(2) the deceased had the nationality of that State, and for that reason, according to Articles 3 and 4, the internal law of the requested State should have been applied with respect to the designation of the holder of the certificate and to the indication of his powers. However, in this case recognition shall not be refused unless the contents of the certificate are contrary to the internal law of the requested State.

Article 15

Recognition may also be refused if the certificate is incompatible with a decision on the merits, rendered or recognised in the requested State.

Article 16

Where a certificate mentioned in Article 1 is presented for recognition, and another certificate mentioned in the same Article which is incompatible with it has previously been recognised in the requested State, the requested authority may either withdraw the recognition of the first certificate and recognise the second, or refuse to recognise the second.

Article 17

Finally, recognition of the certificate may be refused if such recognition is manifestly incompatible with the public policy ('ordre public') of the requested State.

Heinrich Dörner

Article 18

Le refus de reconnaissance peut être limité à certains des pouvoirs indiqués dans le certificat.

Article 18

Refusal of recognition may be restricted to certain of the powers indicated in the certificate.

Article 19

La reconnaissance ne peut être refusée ni partiellement, ni totalement, pour aucun motif autre que ceux énumérés aux articles 13, 14, 15, 16 et 17. Il en va de même en cas de rétractation ou d'infirmation de la reconnaissance.

Article 19

Recognition may not be refused partially or totally on any grounds other than those set out in Articles 13, 14, 15, 16 and 17. The same shall also apply to the withdrawal or reversal of the recognition.

Article 20

L'existence d'une administration locale antérieure dans l'Etat requis ne dispense pas l'autorité de ce dernier de l'obligation de reconnaître le certificat, conformément à la présente Convention.

Dans ce cas le titulaire du certificat est seul investi des pouvoirs indiqués dans ce document; pour les pouvoirs qui n'y sont pas indiqués, l'Etat requis peut maintenir l'administration locale.

Article 20

The existence of a prior local administration in the requested State shall not relieve the authority of the State of the obligation to recognise the certificate in accordance with this Convention.

In such a case the powers indicated in the certificate shall be vested in the holder alone. The requested State may maintain the local administration in respect of powers which are not indicated in the certificate.

Chapitre IV – Utilisation et effets du certificat

Chapter IV – Use of the Certificate and Its Effects

Article 21

L'Etat requis a la faculté de subordonner l'exercice des pouvoirs du titulaire du certificat au respect des règles relatives à la surveillance et au contrôle des administrations locales.

En outre, il a la faculté de subordonner l'appréhension des biens situés sur son territoire au paiement des dettes.

L'application du présent article ne peut mettre en cause la désignation et l'étendue des pouvoirs du titulaire du certificat.

Article 21

The requested State may subject the holder of the certificate in exercise of his powers to the same local supervision and control applicable to estate representatives in that State.

In addition, the requested State may subject the taking of possession of the assets situate in its territory to the payment of debts.

The application of this Article shall not affect the designation and the extent of the powers of the holder of the certificate.

Article 22

Toute personne qui paie ou remet des biens au titulaire d'un certificat dressé, et s'il y a lieu reconnu, conformément à la présente Convention, sera libérée, sauf s'il est établi qu'elle était de mauvaise foi.

Article 22

Any person who pays, or delivers property to, the holder of the certificate drawn up, and, where necessary, recognised, in accordance with this Convention shall be discharged, unless it is proved the person that acted in bad faith.

Article 23

Toute personne ayant acquis des biens successoraux du titulaire d'un certificat dressé, et s'il y a lieu reconnu, conformément à la présente Convention, est considérée, sauf s'il est établi

Article 23

Any person who has acquired assets of the estate from the holder of a certificate drawn up, and, where necessary, recognised, in accordance with this Convention shall, unless it is proved that he qu'elle était de mauvaise foi, les avoir acquis d'une personne ayant pouvoir d'en disposer.

acted in bad faith, be deemed to have acquired them from a person having power to dispose of them.

Chapitre V – Annulation – Modification – Suspension du certificat

Chapter V – Annulment – Modification – Suspension of the Certificate

Article 24

Lorsque, au cours d'une procédure de reconnaissance, la désignation ou les pouvoirs du titulaire du certificat sont mis en cause pour un motif de fond, les autorités de l'Etat requis peuvent suspendre les effets provisoires du certificat et surseoir à statuer, en fixant le cas échéant un délai pour l'introduction de l'action au fond devant le tribunal compétent.

Article 24

If, in the course of a procedure of recognition, the designation or powers of the holder of a certificate are challenged on the merits, the authorities of the requested State may suspend the provisional effects of the certificate, stay judgment and, if the case so requires, settle a period of time within which an action on the merits must be instituted in the court having jurisdiction.

Article 25

Lorsque la désignation ou les pouvoirs du titulaire de certificat sont mis en cause dans une contestation au fond devant les tribunaux de l'Etat où le certificat a été émis, les autorités de tout autre Etat contractant peuvent suspendre les effets du certificat jusqu'à la fin du litige.

Lorsque la contestation au fond a été portée devant les tribunaux de l'Etat requis ou d'un autre Etat contractant, les autorités de l'Etat requis peuvent de même suspendre les effets du certificat jusqu'à la fin du litige.

Article 25

If the designation or powers of the holder of a certificate are put in issue in a dispute on the merits before the courts of the State in which the certificate was issued, the authorities of any other Contracting State may suspend the effects of the certificate until the end of the litigation.

If a dispute on the merits is brought before the courts of the requested State or of another Contracting State, the authorities of the requested State may likewise suspend the effects of the certificate until the end of the litigation.

Article 26

Si un certificat est annulé ou si ses effets sont suspendus dans l'Etat où il a été établi, les autorités de tout Etat contractant doivent donner effet à cette annulation ou à cette suspension sur le territoire de cet Etat, à la demande de tout intéressé ou si elles en ont été informées conformément à l'article 8.

Si une des mentions du certificat est modifiée dans l'Etat de l'autorité émettrice, cette autorité doit annuler le certificat et en établir un nouveau.

Article 26

If the certificate is annulled or if its effects are suspended in the State in which it was drawn up, the authorities of every Contracting State shall give effect within its territory to such annulment or suspension, at the request of any interested person or if they are informed of such annulment or suspension in accordance with Article 8.

If any provisions of the certificate are modified in the State of the issuing authority, that authority shall annul the existing certificate and issue a new certificate as modified.

Article 27

L'annulation d'un certificat, sa modification ou la suspension de ses effets selon les articles 24, 25 et 26 ne met pas en cause les actes accomplis par

Article 27

Annulment or modification of the certificate or suspension of its effects according to Articles 24, 25 and 26 shall not affect acts carried out by its son titulaire sur le territoire d'un Etat contractant avant la décision de l'autorité de cet Etat donnant effet à l'annulation, à la modification ou à la suspension.

holder within the territory of a Contracting State prior to the decision of the authority of that State giving effect to the annulment, modification or suspension.

Article 28

La validité des actes juridiques passés avec le titulaire du certificat ne peut être mise en cause pour la seule raison que le certificat a été annulé ou modifié ou que ses effets ont cessé ou ont été suspendus, sauf si la mauvaise foi de l'autre partie est établie.

Article 28

The validity of dealings by a person with the holder of the certificate shall not be challenged merely because the certificate has been annulled or modified, or its effects have been suspended, unless it is proved that the person acted in bad faith.

Article 29

Les conséquences de la rétractation ou de l'infirmation de la reconnaissance sont les mêmes que celles qui ont été prévues aux articles 27 et 28.

Article 29

The consequences of the withdrawal or reversal of recognition shall be the same as those set out in Articles 27 and 28.

Chapitre VI – Immeubles

Chapter VI – Immovables

Article 30

Si la loi en conformité de laquelle le certificat a été établi accorde à son titulaire des pouvoirs sur les immeubles situés à l'étranger, l'autorité émettrice indiquera l'existence de ces pouvoirs dans le certificat.
Les autres Etats contractants auront la faculté de reconnaître ces pouvoirs en tout ou en partie.
Les Etats contractants qui auront fait usage de la faculté prévue à alinéa précédent indiqueront dans quelle mesure ils reconnaîtront de tels pouvoirs.

Article 30

If the law in accordance with which the certificate was drawn up gives the holder powers over immovables situated abroad, the issuing authority shall indicate in the certificate the existence of these powers.
Other Contracting States may recognise these powers in whole or in part.
Those Contracting States which have made use of the option provided for in the foregoing paragraph shall indicate to what extent they will recognise such powers.

Chapitre VII – Dispositions générales

Chapter VII – General Clauses

Article 31

Aux fins et sous les conditions de l'article 3, tout Etat contractant a la faculté de déclarer que sa loi interne doit être appliquée, si le défunt est un de ses ressortissants, pour désigner le titulaire du certificat et indiquer ses pouvoirs.

Article 31

For the purposes of, and subject to, the conditions set out in Article 3, a Contracting State may declare that if the deceased was a national of that State its internal law shall be applied in order to designate the holder of the certificate and to indicate his powers.

Article 32

Au sens de la présente Convention, on entend par „résidence habituelle" ou „nationalité" du défunt celle qu'il avait au moment du décès.

Article 32

For the purposes of this Convention, ‚habitual residence' und ‚nationality' mean respectively the habitual residence and nationality of the deceased at the time of his death.

Article 33

Les mentions imprimées dans la formule modèle du certificat annexée à la présente Convention peuvent être rédigées dans la langue ou l'une des langues officielles de l'autorité émettrice. Elles doivent en outre être rédigées soit en langue française, soit en langue anglaise.

Les blancs correspondant à ces mentions sont remplis soit dans la langue ou l'une des langues officielles de l'autorité émettrice, soit en langue française, soit en langue anglaise.

Le titulaire du certificat qui invoque la reconnaissance doit produire, sauf dispense de l'autorité requise, la traduction des mentions non imprimées figurant dans le certificat.

Article 34

A l'égard d'un Etat contractant qui connaît en matière d'administration des successions deux ou plusieurs systèmes de droit applicables à des catégories différentes de personnes, toute référence à la loi de cet Etat sera interprétée comme visant le système de droit désigné par le droit de celui-ci.

Article 35

Tout Etat contractant qui comprend deux ou plusieurs unités territoriales dans lesquelles des systèmes de droit différents s'appliquent en ce qui concerne l'administration des successions, pourra déclarer que la présente Convention s'étendra à toutes ces unités territoriales ou seulement à l'une ou à plusieurs d'entre elles, et pourra à tout moment modifier cette déclaration en faisant une nouvelle déclaration.

Ces déclarations indiqueront expressément l'unité territoriale à laquelle la Convention s'applique.

Les autres Etats contractants pourront refuser de reconnaître un certificat si, à la date où la reconnaissance est invoquée, la Convention n'est pas applicable à l'unité territoriale dans laquelle le certificat a été émis.

Article 36

Lorsqu'un Etat contractant est composé de deux ou plusieurs unités territoriales dans lesquelles des lois différentes sont en vigueur en ce qui concerne l'administration des successions:

Article 33

The standard terms in the model certificate annexed to this Convention may be expressed in the official language, or in one of the official languages of the State of the issuing authority, and shall in all cases be expressed either in French or in English.

The corresponding blanks shall be completed either in the official language or in one of the official languages of the State of the issuing authority or in French or in English.

The holder of the certificate seeking recognition shall furnish translations of the information supplied in the certificate, unless the requested authority dispenses with this requirement.

Article 34

In relation to a Contracting State having, in matters of estate administration, two or more legal systems applicable to different categories of persons, any reference to the law of that State shall be construed as referring to the legal system specified by the law of that State, as applicable to the particular category of persons.

Article 35

If a Contracting State has two or more territorial units in which different systems of law apply in relation to matters of estate administration, it may declare that this Convention shall extend to all its territorial units or only to one or more of them, and may modify its declaration by submitting another declaration at any time.

These declarations shall state expressly the territorial units to which the Convention applies.

Other Contracting States may decline to recognise a certificate if, at the date on which recognition is sought, the Convention is not applicable to the territorial unit in which the certificate was issued.

Article 36

In the application of this Convention to a Contracting State having two or more territorial units in which different systems of law apply in relation to estate administration –

Heinrich Dörner

1. toute référence aux autorités, à la loi ou à la procédure de l'Etat d'origine du certificat sera interprétée comme visant l'autorité, la loi ou la procédure de l'unité territoriale dans laquelle le défunt avait sa résidence habituelle;

2. toute référence aux autorités, à la loi ou à la procédure de l'Etat requis sera interprétée comme visant les autorités, la loi ou la procédure de l'unité territoriale dans laquelle le certificat est produit;

3. toute référence faite en vertu des chiffres 1 et 2 du présent article à la loi ou à la procédure de l'Etat d'origine du certificat ou de l'Etat requis sera interprétée comme comprenant les règles et principes en vigueur dans cet Etat et qui sont applicables dans l'unité territoriale considérée;

4. toute référence à la loi nationale du défunt sera interprétée comme visant la loi déterminée par les règles en vigueur dans l'Etat dont le défunt était ressortissant ou, à défaut de telles règles, la loi de l'unité territoriale avec laquelle le défunt avait les liens les plus étroits.

Article 37
Chaque Etat contractant notifiera au Ministère des Affaires Etrangères des Pays-Bas au moment du dépôt de son instrument de ratification, d'acceptation, d'approbation ou d'adhésion:

1. la désignation des autorités prévues aux articles 5 et 6, alinéa 1;
2. l'indication des modalités selon lesquelles les informations prévues à l'article 8 peuvent être obtenues;
3. s'il a choisi ou non de subordonner la reconnaissance à une procédure ou à une publicité et, au cas où une procédure existe, la désignation de l'autorité devant laquelle elle doit être portée.

Chaque Etat contractant mentionné à l'article 35 notifiera au même moment au Ministère des Affaires Etrangères des Pays-Bas les indications prévues à l'alinéa 2 dudit article.

Chaque Etat contractant notifiera par la suite, de la même manière, toute modification des désignations et indications mentionnées ci-dessus.

(1) any reference to the authority or law or procedure of the State which issues the certificate shall be construed as referring to the authority or law or procedure of the territorial unit in which the deceased had his habitual residence;

(2) any reference to the authority or law or procedure of the requested State shall be construed as referring to the authority or law or procedure of the territorial unit in which the certificate is sought to be used;

(3) any reference made in the application of sub-paragraph 1 or 2 to the law or procedure of the State which issues the certificate or of the requested State shall be construed as including any relevant legal rules and principles of the Contracting State which apply to the territorial units comprising it;

(4) any reference to the national law of the deceased shall be construed as referring to the law determined by the rules in force in the State of which the deceased was a national, or, if there is no such rule, to the law of the territorial unit with which the deceased was most closely connected.

Article 37
Each Contracting State shall, at the time of the deposit of its instrument of ratification, acceptance, approval or accession notify the Ministry of Foreign Affairs of the Netherlands of the following –

(1) the designation of the authorities, pursuant to Article 5 and the first paragraph of Article 6;
(2) the way in which the information provided for under Article 8 may be obtained;

(3) whether or not it has chosen to subject the recognition to a procedure or to publicity, and, if a procedure exists, the designation of the authority before which the proceedings are to be brought.

Each Contracting State mentioned in Article 35 shall, at the same time, notify the Ministry of Foreign Affairs of the Netherlands of the information provided for in paragraph 2 of that Article.

Subsequently, each Contracting State shall likewise notify the Ministry of any modification of the designations and information mentioned above.

Article 38

Chaque Etat contractant qui désire faire usage d'une ou plusieurs des facultés prévues aux articles 4, 6 alinéa 2, 30 alinéas 2 et 3 et 31, le notifiera au Ministère des Affaires Etrangères des Pays-Bas soit au moment du dépôt de son instrument de ratification, d'acceptation, d'approbation ou d'adhésion, soit ultérieurement.

La désignation prévue à l'article 6, alinéa 2, et l'indication prévue à l'article 30, alinéa 3, seront faites dans la notification.

Chaque Etat contractant notifiera par la suite, de la même manière, toute modification aux déclarations, désignations et indications mentionnées ci-dessus.

Article 39

Les dispositions de la présente Convention prévalent sur celles de toutes Conventions bilatérales auxquelles les Etats contractants sont ou seront Parties et qui contiennent des dispositions relatives aux mêmes matières, à moins qu'il n'en soit autrement convenu entre les Parties à de telles Conventions.
La présente Convention ne porte pas atteinte à l'application d'autres Conventions multilatérales auxquelles un ou plusieurs Etats contractants sont ou seront Parties et qui contiennent des dispositions relatives aux mêmes matières.

Article 40

La présente Convention s'applique même aux successions ouvertes avant son entrée en vigueur.

Chapitre VIII – Dispositions finales

Article 41

La présente Convention est ouverte à la signature des Etats qui étaient Membres de la Conférence de La Haye de droit international privé lors de sa Douzième session.
Elle sera ratifiée, acceptée ou approuvée et les instruments de ratification, d'acceptation ou d'approbation seront déposés auprès du Ministère des Affaires Etrangères des Pays-Bas.

Article 38

A Contracting State desiring to exercise one or more of the options envisaged in Article 4, the second paragraph of Article 6, the second and third paragraphs of Article 30 and Article 31, shall notify this to the Ministry of Foreign Affairs of the Netherlands, either at the time of the deposit of its instrument of ratification, acceptance, approval, or accession, or subsequently.
The designation envisaged by the second paragraph of Article 6, or the indication envisaged by the third paragraph of Article 30, shall be made in the notification.
A Contracting State shall likewise notify any modification to a declaration, designation or indication mentioned above.

Article 39

The provisions of this Convention shall prevail over the terms of any bilateral Convention to which Contracting States are or may in the future become Parties and which contains provisions relating to the same subject-matter, unless it is otherwise agreed between the Parties to such Convention.
This Convention shall not affect the operation of other multilateral Conventions to which one or several Contracting States are or may in the future become Parties and which contain provisions relating to the same subject-matter.

Article 40

This Convention shall apply even if the deceased died before its entry into force.

Chapter VIII – Final Clauses

Article 41

This Convention shall be open for signature by the States which were Members of the Hague Conference on Private International Law at the time of its Twelfth Session.
It shall be ratified, accepted or approved and the instruments of ratification, acceptance or approval shall be deposited with the Ministry of Foreign Affairs of the Netherlands.

Heinrich Dörner

Article 42

Tout Etat qui n'est devenu Membre de la Conférence qu'après la Douzième session, ou qui appartient à l'Organisation des Nations Unies ou à une institution spécialisée de celle-ci, ou est Partie au Statut de la Cour internationale de Justice, pourra adhérer à la présente Convention aprés son entrée en vigueur en vertu de l'article 44.

L'instrument d'adhésion sera déposé auprès du Ministère des Affaires Etrangères des Pays-Bas.

L'adhésion n'aura d'effet que dans les rapports entre l'Etat adhérant et les Etats contractants qui n'auront pas élevé d'objection à son encontre dans les douze mois après la réception de la notification prévue au chiffre 3 de l'article 46. Une telle objection pourra également ètre élevée par tout Etat membre au moment d'une ratification, acceptation ou approbation de la Convention, ultérieure à l'adhésion.
Ces objections seront notifiées au Ministère des Affaires Etrangères des Pay-Bas.

Article 43

Tout Etat, au moment de la signature, de la ratification, de l'acceptation, de l'approbation ou de l'adhésion, pourra déclarer que la présente Convention s'étendra à l'ensemble des territoires qu'il représente sur le plan international, ou à l'un ou plusieurs d'entre eux. Cette déclaration aura effet au moment de l'entrée en vigueur de la Convention pour ledit Etat.
Par la suite, toute extension de cette nature sera notifiée au Ministère des Affaires Etrangères des Pays-Bas.
L'extension aura effet dans les rapports entre les Etats qui, douze mois après la réception de la notification prévue à l'article 46, chiffre 4, n'auront pas élevé d'objection à son encontre, et le territoire ou les territoires dont les relations internationales sont assurées par l'Etat en question, et pour lequel ou lesquels la notification aura été faite.
Une telle objection pourra également ètre élevée par tout Etat membre au moment d'une ratification, acceptation ou approbation ultérieure à l'extension.

Article 42

Any State which has become a Member of the Hague Conference on Private International Law after the date of its Twelfth Session, or which is a Member of the United Nations or of a specialised agency of that Organisation, or a Party to the Statute of the International Court of Justice may accede to this Convention after it has entered into force in accordance with Article 44.

The instrument of accession shall be deposited with the Ministry of Foreign Affairs of the Netherlands.

Such accession shall have effect only as regards the relations between the acceding State and those Contracting States which have not raised an objection to its accession in the twelve months after the receipt of the notification referred to in sub-paragraph 3 of Article 46. The objection may also be raised by Member States at the time when they ratify, accept or approve the Convention after an accession.

Any such objection shall be notified to the Ministry of Foreign Affairs of the Netherlands.

Article 43

Any State may, at the time of signature, ratification, acceptance, approval, or accession, declare that this Convention shall extend to all the territories for the international relations of which it is responsible, or to one or more of them. Such a declaration shall take effect on the date of entry into force of the Convention for the State concerned.

At any time thereafter, such extensions shall be notified to the Ministry of Foreign Affairs of the Netherlands.

The extension shall have effect as regards the relations between the Contracting States which have not raised an objection to the extension in the twelve months after the receipt of the notification referred to in Article 46, sub-paragraph 4, and the territory or territories for the international relations of which the notification was made.

Such an objection may also be raised by Member States when they ratify, accept or approve the Convention after an extension.

Ces objections seront notifiées au Ministère des Affaires Etrangères des Pays-Bas.

Any such objection shall be notified to the Ministry of Foreign Affairs of the Netherlands.

Article 44

La présente Convention entrera en vigueur le premier jour du troisième mois du calendrier suivant le dépôt du troisième instrument de ratification, d'acceptation ou d'approbation prévu par l'article 41, alinéa 2.

Ensuite, la Convention entrera en vigueur:

– pour chaque Etat signataire ratifiant, acceptant ou approuvant postérieurement, le premier jour du troisième mois du calendrier après le dépôt de son instrument de ratification, d'acceptation ou d'approbation;

– pour tout Etat adhérant, le premier jour du troisième mois du calendrier après l'expiration du délai visé à l'article 42;

– pour les territoires auxquels la Convention a été étendue conformément à l'article 43, le premier jour du troisième mois du calendrier qui suit l'expiration du délai visé audit article.

Article 44

This Convention shall enter into force on the first day of the third calendar month after the deposit of the third instrument of ratification, acceptance or approval referred to in the second paragraph of Article 41.

Thereafter the Convention shall enter into force

– for each State ratifying, accepting or approving it subsequently, on the first day of the third calendar month after the deposit of its instrument of ratification, acceptance or approval;

– for each acceding State, on the first day of the third calendar month after the expiry of the period referred to in Article 42;

– for a territory to which the Convention has been extended in conformity with Article 43, on the first day of the third calendar month after the expiry of the period referred to in that Article.

Article 45

La présente Convention aura une durée de cinq ans à partir de la date de son entrée en vigueur conformément à l'article 44, alinéa premier, même pour les Etats qui postérieurement l'auront ratifiée, acceptée, approuvée ou y auront adhéré.

La Convention sera renouvelée tacitement de cinq ans en cinq ans, sauf dénonciation.

La dénonciation sera, au moins six mois avant l'expiration du délai de cinq ans, notifiée au Ministère des Affaires Etrangères des Pays-Bas. Elle pourra se limiter à certains territoires auxquels s'applique la Convention.

La dénonciation n'aura d'effet qu'à l'égard de l'Etat qui l'aura notifiée. La Convention restera en vigueur pour les autres Etats contractants.

Article 45

This Convention shall remain in force for five years from the date of its entry into force in accordance with the first paragraph of Article 44, even for States which have ratified, accepted, approved or acceded to it subsequently.

If there has been no denunciation, it shall be renewed tacitly every five years.

Any denunciation shall be notified to the Ministry of Foreign Affairs of the Netherlands, at least six months before the expiry of the five year period. It may be limited to certain of the territories to which the Convention applies.

The denunciation shall have effect only as regards the State which has notified it. The Convention shall remain in force for the other Contracting States.

Article 46

Le Ministère des Affaires Etrangères des Pays-Bas notifiera aux Etats membres de la Conférence ainsi qu'aux Etats qui auront adhéré conformément aux dispositions de l'article 42:

Article 46

The Ministry of Foreign Affairs of the Netherlands shall notify the States Members of the Conference, and the States which have acceded in accordance with Article 42 of the following –

Heinrich Dörner

1. les signatures, ratifications, acceptations, et approbations visées à l'article 41;
2. la date à laquelle la présente Convention entrera en vigueur conformément aux dispositions de l'article 44;
3. les adhésions visées à l'article 42 et la date à laquelle elles auront effet;
4. les extensions visées à l'article 43 et la date à laquelle elles auront effet;
5. les objections aux adhésions et aux extensions visées aux articles 42 et 43;
6. les désignations, indications, et déclarations mentionnées aux articles 37 et 38;
7. les dénonciations visées à l'article 45.
En foi de quoi, les soussignés, dûment autorisés, ont signé la présente Convention.
Fait à La Haye, le..., en français et en anglais, les deux textes faisant également foi, en un seul exemplaire, qui sera déposé dans les archives du Gouvernement des Pays-Bas et dont une copie certifiée conforme sera remise, par la voie diplomatique, à chacun des Etats membres de la Conférence de La Haye de droit international privé lors de sa Douzième session.

(1) the signatures and ratifications, acceptances and approvals referred to in Article 41;
(2) the date on which the Convention enters into force in accordance with Article 44;
(3) the accessions referred to in Article 42 and the dates on which they take effect;
(4) the extensions referred to in Article 43 and the dates on which they take effect;
(5) the objections raised to accessions and extensions referred to in Articles 42 and 43;
(6) the designations, indications and declarations referred to in Articles 37 and 38;
(7) the denunciations referred to in Article 45.
In witness whereof the undersigned, being duly authorised thereto, have signed this Convention.
Done at The Hague, on the... day of..., 19..., in the English and French languages, both texts being equally authentic, in a single copy which shall be deposited in the archives of the Government of the Netherlands, and of which a certified copy shall be sent, through the diplomatic channel, to each of the States Members of the Hague Conference on Private International Law at the date of its Twelfth Session.

Annexe à la Convention

Annex to the Convention

Certificat International
(Convention de La Haye du... sur l'administration internationale des successions)

International Certificate
(Hague Convention of... concerning the International Administration of the Estates of Deceased Persons)

A Autorité émettrice
1 Pays:
2 – Le (nom et adresse de l'autorité) certifie que:

ou
– (nom et adresse et qualité de la personne) désignée conformément à l'article 6, alinéa 2, et dont le certificat est confirmé sous lettre I, *b*, ci-dessous, certifie que:

A Issuing Authority
1 Country:
2 – The (name and address of the authority) certifies that:

or
– (name, address and capacity of the person) designated according to Article 6, paragraph 2 and whose certificate is confirmed in accordance with I *b* below, certifies that:

B Renseignements concernant le défunt
3 par suite du décès de... de sexe... (célibataire/ marié/veuf/divorcé), date et lieu de naissance... survenu le... à...
4 dont la dernière adresse connue était...
5 de nationalité...

B Information concerning the deceased
3 following the death on... at... of... (marital status, sex of deceased, date and place of birth)
4 whose last known address was...
5 of... nationality

6 dont la dernière résidence habituelle était située... (Etat, ville, rue...)

7 dont un testament a été présenté (ou non) à l'autorité

8 et dont un contrat de mariage en date du... a été présenté (ou non) à l'autorité

C Titulaire du certificat

9 nom... adresse... (de la personne ou de l'organisme)

10 est (sont) habilité(es) en vertu de la loi... à accomplir tous actes sur tous les bien corporels ou incorporels de la succession mobilière et à agir dans l'intérèt ou pour le compte de celle-ci, ou

est (sont) habilité(es) en vertu de la loi... à accomplir tous actes sur tous les biens corporels ou incorporels de la succession mobilière et à agir dans l'intérèt ou pour le compte de celle-ci, à l'exception des actes suivants:...

a) sur tous les biens:...

b) sur tel bien ou telle catégorie de biens:...

ou

est (sont) habilité(es) en vertu de la loi... à accomplir les actes indiqués dans la liste annexée.

D Pouvoirs sur les immeubles (le cas échéant)

E Faculté de se faire représenter: oui/non

F Autres observations:

G Date limite des pouvoirs (le cas échéant):

H Date d'entrée en vigueur du certificat (le cas échéant):

I Date du certificat et signature:

Fait le... à...

Signature/sceau de l'autorité émettrice:

ou

a) signature/sceau de la personne ayant établi le certificat, et

b) signature/sceau de l'autorité confirmant le certificat.

6 whose last habitual residence was in (State, town, street)

7 whose will has/has not been produced to the authority

8 and whose marriage contract dated... has/has not been presented

C Holder of the certificate

9 name... address... (of the person or body)

10 is/are entitled under... law to effect all acts in respect of all corporeal or incorporeal movables in the estate and to act in the interest or on behalf of such movable estate,

or

is/are entitled under... law to effect all acts in respect of all corporeal or incorporeal movables in the estate and to act in the interest or on behalf of such movable estate,

with the exception of:...

a) in respect of all assets:...

b) in respect of any particular asset or category of assets:...

or

is/are entitled under... law to effect the acts indicated in the annexed schedule.

D Powers, if any, over immovables:

E Power to appoint an agent: Yes/No

F Other remarks:

G Date, if any, of expiry of the powers:

H Date, if any, of the entry into force of the certificate:

I Date of the certificate and signatures:

Drawn up on the... at...

Signature/seal of the issuing authority:

or

a) signature/seal of the person drawing up the certificate, and

b) Signature/seal of the confirming authority.

(Liste/Schedule: siehe Übersicht auf S. 64)

Schedule

Acts which may be carried out in respect of the corporeal or incorporeal movables in the estate, and in the interest or on behalf of such estate	Put „No" against acts which the bearer may not carry out	Severally	Jointly
To obtain all information concerning the assets and debts of the estate			
To take cognisance of all wills and other documents relating to the estate			
To take any protective measures			
To take any urgent measures			
To collect the assets			
To collect the debts and give a valid receipt			
To perform and rescind contracts			
To open, operate and close a bank account			
To deposit			
To let or hire			
To lend			
To borrow			
To charge			
To sell			
To carry on a business			
To exercise the rights of a shareholder			
To make a gift			
To bring an action			
T defend an action			
To effect a compromise			
To make a settlement			
To settle debts			
To distribute legacies			
To divide the estate			
To distribute the residue			

Any other acts:

Particular assets or categories of assets in respect of which acts cannot be carried out –

a) Particular assets or categories of assets:
b) Acts which may not be carried out:

Liste

Actes pouvant être accomplis relativement aux biens corporels ou incorporels de la succession mobilière ou pour le compte de celle-ci	Mettre le mot „non" en face des actes qui ne sont pas autorisés	Individuelle-ment	Collective-ment
Obtenir tous renseignements concernant l'actif et le passif de la succession			
Prendre connaissance de tous testaments ou autres actes concernant la succession			
Prendre toutes mesures conservatoires			
Prendre toutes mesures urgentes			
Se faire remettre les biens			
Recevoir paiement des dettes et délivrer quittance			
Exécuter ou dénoncer des contrats			
Ouvrir, utiliser, clore un compte en banque			
Déposer			
Donner ou prendre en location			
Prêter			
Emprunter			
Mettre en gage			
Vendre			
Continuer un commerce			
Exercer les droits d'actionnaire			
Donner			
Agir en justice			
Défendre en justice			
Compromettre			
Transiger			
Payer les dettes			
Délivrer les legs			
Procéder au partage			
Distribuer l'actif			

Autres actes:

Biens ou catégories de biens sur lesquels des actes ne peuvent être accomplis:

a) biens ou catégories de biens:
b) actes ne pouvant être accomplis:

4. Haager Übereinkommen über das auf trusts anzuwendende Recht und über ihre Anerkennung v 1. 7. 1985*

a) Einführung

Das Übereinkommen ist für Australien, Italien und das Vereinigte Königreich am **129** 1. 1. 1992, inzwischen auch für Kanada, die Sonderverwaltungsregion Hongkong, Malta und die Niederlande in Kraft getreten. Ferner ist es von Frankreich, Luxemburg, den Vereinigten Staaten und Zypern gezeichnet worden. Mit einer Ratifikation durch die Bundesrepublik ist einstweilen nicht zu rechnen (Pirrung IPRax 1987, 55).

Der trust ist ein Rechtsinstitut vornehmlich des anglo-amerikanischen Rechtskreises. **130** Es handelt sich dabei um ein Rechtsverhältnis, in welchem der Begründer („settlor" oder „grantor") typischerweise Vermögensgegenstände auf eine andere Person (den „trustee") überträgt mit der Maßgabe, daß der „trustee" diese Vermögenswerte zugunsten eines Drittbegünstigten (des „beneficiary") oder zu einem bestimmten Zweck innehaben und verwalten soll. Dabei stellt das Trustvermögen ein vom persönlichen Vermögen des trustee zu trennendes Sondervermögen dar, über welches er Rechenschaft ablegen muß (vgl näher Art 2). Da ein trust nicht nur durch Rechtsgeschäft unter Lebenden („inter vivos trust"), sondern auch durch Verfügung von Todes wegen („testamentary trust") errichtet werden kann, kommt diesem Rechtsinstitut als Instrument der Nachlaßplanung beträchtliche Bedeutung zu (vgl auch Art 25 Rn 407 ff mit Literaturnachweisen).

---

* Schrifttum: Bouckaert, Een appartement in Antibes, een „resulting" trust in Engeland en het eex Verdrag, WPNR 1995, 241; Breitschmid, Trust und Nachlaßplanung, in: FS Heini (1995) 49; Dyer, Introductory note on the Hague Convention on the law applicable to trusts and on their recognition, Rev dr unif 1985 I 274; Gaillard/ Trautmann, La Convention de La Haye du 1er juillet 1985 relative à la loi applicable au trust et à sa reconnaissance, Rev crit dr i pr 1986, 1; dies, Trusts in non-trust countries: Conflict of laws and the Hague Convention of trusts, 35 (1987) AmJ-CompL 307; Hayton, The Hague convention on the law applicable to trusts and on their recognition, 36 (1987) IntCompLQ 260; ders, The Significance of the Hague Convention on Trusts and on Succession: A Common Law Perspective, Liber Amicorum Georges A.L. Droz (1996) 121; ders, Developing the use of trusts in the Netherlands, WPNR 1997, 542; Jauffret-Spinosi, La Convention de la Haye relative à la loi applicable au trust et à sa reconnaissance (1er juillet 1985), Clunet 1987, 23; Joppe, Het „Hags Trustverdrag" in werking, WPNR 1996, 181; Kegel § 17 III 2; Kötz, Die 15. Haager Konferenz und das Kolli-

sionsrecht des trust, RabelsZ 1986, 562; Koppenol-Laforce, Inbreng van Nederlandse goederen in een trust, WPNR 1997, 545; Kottenhagen, De trust in de Nederlandse rechtsliteratuur, WPNR 1997, 572; vOverbeck, La Convention de la Haye du premier juillet 1985 relative à la loi applicable au trust et a sa reconnaissance, SchwJBIntR 41 (1985) 30; Pirrung, Die XV. Tagung der Haager Konferenz für Internationales Privatrecht – Trustübereinkommen vom 1. Juli 1985, IPrax 1987, 52; van Rijn van Alkemade, Yes, the Dutch can tame the trust!, WPNR 1998, 361, 379; Snijders, Verhaal op trustvermogen in Nederland, WPNR 1997, 551; Steinebach, Entwurf eines Übereinkommens der Haager Konferenz über das auf Trusts anzuwendende Recht und über ihre Anerkennung, RIW 1986, 1; Stille, De „Haagse" trust in het familie-, huwelijksvermogens- en erfrecht (family estate planning), WPNR 1997, 561; Vriesendorp, Schuldeisers en het Haagse Trustverdrag: einde van het verhaal?, WPNR 1997, 556; Waters, The Institution of the trust in Civil and Common Law, Rec des Cours 1995 II 252 (113 ff, 435 ff).

Heinrich Dörner

131 Das Abkommen bestimmt die für einen trust **maßgebenden Kollisionsnormen** und regelt seine „**Anerkennung**" (Art 1). Es ist nur auf freiwillig errichtete und schriftlich bestätigte trusts anzuwenden (Art 3) und gilt nicht für Vorfragen in bezug auf die Gültigkeit eines Rechtsgeschäfts, insbesondere Testaments, durch welches dem trustee Vermögen übertragen wird (Art 4).

132 Danach untersteht ein trust in erster Linie dem vom Begründer gewählten Recht (Art 6 Abs 1 S 1). Die Rechtswahl muß ausdrücklich sein oder sich im Wege einer Auslegung aus den Bestimmungen der Errichtungsurkunde entnehmen lassen (Art 6 Abs 1 S 2). Sofern das gewählte Recht trusts im allgemeinen oder den gewählten trust-Typ nicht kennt, ist die Rechtswahl unwirksam, und es kommt zu einer objektiven Anknüpfung (Art 6 Abs 2). Hat der trust-Begründer keine oder aber eine unwirksame Rechtswahl vorgenommen, untersteht der trust der Rechtsordnung, zu welcher er die engsten Verbindungen aufweist (Art 7 Abs 1). Bei der Konkretisierung dieser Generalklausel sind insbesondere der vom Begründer vorgesehene Verwaltungssitz des trust, die Belegenheit des trust-Vermögens, Aufenthaltsort oder Niederlassung des trustee und der trust-Zweck zu berücksichtigen (Art 7 Abs 2). Das trust-Statut regelt die Frage der Gültigkeit des trust, seiner Auslegung, seiner Wirkungen (Änderung, Beendigung) und seiner Verwaltung, bestimmt also insbesondere die Rechte und Pflichten des Trustee und sein Verhältnis gegenüber den Begünstigten (Art 8). Ein abtrennbarer Teilbereich eines trust kann gesondert angeknüpft werden (Art 9). Das trust-Statut bestimmt auch, ob das einmal ermittelte anwendbare Recht nachträglich durch ein anderes ersetzt werden kann (Art 10). Führt auch die objektive Anknüpfung zu einem Recht, das einen trust oder die jeweilige Art von trusts nicht kennt, so findet das Abkommen keine Anwendung; es gilt vielmehr das autonome Kollisionsrecht eines jeden Vertragsstaates (Art 5).

133 Das Abkommen verweist auf innerstaatliches Recht, schließt also einen Renvoi aus (Art 17). Soweit das vom Kollisionsrecht der lex fori berufene Recht zwingende Vorschriften zB auf dem Gebiet des Minderjährigen-, Ehe-, Erb- oder Sachenrechts kennt, bleiben diese Bestimmungen unberührt (Art 15). Außerdem steht das Abkommen der Anwendung international zwingender Vorschriften der lex fori nicht entgegen, dh also solcher Bestimmungen, die ohne Rücksicht auf das maßgebende Statut für internationale Sachverhalte gelten (Art 16 Abs 1). Die Bestimmungen des Abkommens bleiben außer Betracht, wenn ihre Anwendung zu einem mit dem ordre public offensichtlich unvereinbaren Ergebnis führen würde (Art 18).

134 Ein danach wirksam errichteter trust ist in allen Vertragsstaaten in der Weise „anzuerkennen", daß er bestimmte Rechtswirkungen äußert. Die Anerkennung hat „mindestens" die Wirkung, daß das trust-Vermögen als Sondervermögen des trustee anzusehen ist, daß der trustee in dieser Eigenschaft klagen oder verklagt werden bzw vor einem Notar oder einer Behörde auftreten kann (Art 11 Abs 1). Sofern das trust-Statut dies vorsieht, folgt aus der Anerkennung ferner, daß das trust-Vermögen dem Zugriff der persönlichen Gläubiger des trustee – auch im Falle der Insolvenz – nicht offensteht, daß es weder zum Bestandteil des ehelichen Vermögens des trustee noch zu seinem Nachlaß gehört und daß bei pflichtwidrigem Handeln des trustee das Vermögen des trust herausverlangt werden kann (Art 11 Abs 2). Der trustee ist in Vermögensregister (wie zB ein Grundbuch) einzutragen, sofern eine solche Eintragung nicht mit dem Recht des Registerstaates unvereinbar ist (Art 12). Jeder Staat kann sich das Recht vorbehalten, nur solche trusts anzuerkennen, deren Gültigkeit dem Recht eines Vertragsstaates unterliegt (Art 21).

b)   Text
Der Originaltext des Abkommens ist abgedruckt in RabelsZ 1986, 698; weitere **135** Fundstellen bei KEGEL/SCHURIG § 17 III 2. Die nachfolgende, in IPRax 1987, 53 veröffentlichte Übersetzung ist zwischen den deutschsprachigen Staaten der Haager Konferenz weitgehend abgesprochen worden (vgl PIRRUNG IPRax 1987, 53 Fn 8).

Haager Übereinkommen über das auf trusts anzuwendende Recht und über ihre Anerkennung

Die Unterzeichnerstaaten dieses Übereinkommens-in der Erwägung, daß der *trust*, wie er von Gerichten des Billigkeitsrechts in den Ländern des *common law* entwickelt und mit einigen Änderungen in andere Länder übernommen wurde, ein einzigartiges Rechtsinstitut ist, in dem Wunsch, gemeinsame Bestimmungen über das auf *trusts* anzuwendende Recht aufzustellen und die wichtigsten Fragen bezüglich der Anerkennung von *trusts* zu regeln -haben beschlossen, zu diesem Zweck ein Übereinkommen zu schließen, und haben die folgenden Bestimmungen vereinbart:

Kapitel I – Anwendungsbereich

Artikel 1
Dieses Übereinkommen bestimmt das auf *trusts* anzuwendende Recht und regelt ihre Anerkennung.

Artikel 2
Im Sinn dieses Übereinkommens bedeutet der Ausdruck „*trust*" die von einer Person, dem Begründer, – durch Rechtsgeschäft unter Lebenden oder für den Todesfall – geschaffenen Rechtsbeziehungen, wenn Vermögen zugunsten eines Begünstigten oder für einen bestimmten Zweck der Aufsicht eines *trustee* unterstellt worden ist.
Ein *trust* hat folgende Eigenschaften:
a) Das Vermögen des *trust* stellt ein getrenntes Sondervermögen dar und ist nicht Bestandteil des persönlichen Vermögens des *trustee*;
b) die Rechte in bezug auf das Vermögen des *trust* lauten auf den Namen des *trustee* oder auf den einer anderen Person in Vertretung des *trustee*;
c) der *trustee* hat die Befugnis und die Verpflichtung, über die er Rechenschaft abzulegen hat, das Vermögen in Übereinstimmung mit den *trust*-Bedingungen und den ihm durch das Recht auferlegten besonderen Verpflichtungen zu verwalten, zu verwenden oder darüber zu verfügen.
Die Tatsache, daß sich der Begründer bestimmte Rechte und Befugnisse vorbehält oder daß der *trustee* selbst Rechte als Begünstigter hat, steht dem Bestehen eines *trust* nicht notwendigerweise entgegen.

Artikel 3
Das Übereinkommen ist nur auf *trusts* anzuwenden, die freiwillig errichtet und schriftlich bestätigt worden sind.

Artikel 4
Das Übereinkommen ist nicht auf Vorfragen in bezug auf die Gültigkeit von Testamenten oder anderen Rechtsgeschäften anzuwenden, durch die dem *trustee* Vermögen übertragen wird.

Heinrich Dörner

Artikel 5

Das Übereinkommen ist nicht anzuwenden, soweit das nach Kap. II bestimmte Recht *trusts* oder die Art von *trusts*, um die es geht, nicht vorsieht.

Kapitel II – Anzuwendendes Recht

Artikel 6

Der *trust* untersteht dem vom Begründer gewählten Recht. Die Rechtswahl muß ausdrücklich sein oder sich aus den Bestimmungen der Errichtungsurkunde oder des Schriftstücks ergeben, das den *trust* bestätigt, wobei diese, soweit erforderlich, nach den Umständen des Falles auszulegen sind. Sieht das nach Abs 1 gewählte Recht *trusts* oder die Art von *trusts*, um die es geht, nicht vor, so ist die Rechtswahl unwirksam und das in Art. 7 bestimmte Recht anzuwenden.

Artikel 7

Ist kein anzuwendendes Recht gewählt worden, so untersteht der *trust* dem Recht, mit dem er die engsten Verbindungen aufweist.

Bei der Bestimmung des Rechts, mit dem der *trust* die engsten Verbindungen aufweist, ist insbesondere folgendes zu berücksichtigen:

a) der vom Begründer bezeichnete Ort der Verwaltung des *trust*;

b) die Belegenheit des Vermögens des *trust*;

c) der Ort des gewöhnlichen Aufenthalts oder der Niederlassung des *trustee*;

d) die Zwecke des *trust* und die Orte, an denen sie erfüllt werden sollen.

Artikel 8

Das in Art. 6 oder 7 bestimmte Recht regelt die Gültigkeit des *trust*, seine Auslegung, seine Wirkungen und seine Verwaltung.

Dieses Recht regelt insbesondere

a) die Ernennung, den Rücktritt und die Abberufung von *trustees*, die Fähigkeit, als *trustee* zu handeln, und die Übertragung der Aufgaben eines *trustee*;

b) die Rechte und Pflichten von *trustees* untereinander;

c) das Recht von *trustees*, die Wahrnehmung ihrer Pflichten oder die Ausübung ihrer Befugnisse ganz oder teilweise zu übertragen;

d) die Befugnis von *trustees*, das Vermögen des *trust* zu verwalten, darüber zu verfügen, daran Sicherungsrechte zu begründen oder neues Vermögen zu erwerben;

e) die Befugnisse von *trustees*, Investitionen vorzunehmen;

f) Beschränkungen in bezug auf die Dauer des *trust* und in bezug auf die Befugnis, aus den Einkünften des *trust* Rücklagen zu bilden;

g) die Beziehungen zwischen den *trustees* und den Begünstigten, einschließlich der persönlichen Haftung der *trustees* gegenüber den Begünstigten;

h) die Änderung oder Beendigung des *trust*;

i) die Verteilung des Vermögens des *trust*;

j) die Verpflichtung von *trustees*, über ihre Verwaltung Rechenschaft abzulegen.

Artikel 9

Bei der Anwendung dieses Kapitels kann ein abtrennbarer Teilbereich des *trust*, insbesondere seine Verwaltung, einem anderen Recht unterliegen.

Artikel 10

Das auf die Gültigkeit des *trust* anzuwendende Recht bestimmt, ob dieses Recht oder das für einen abtrennbaren Teilbereich des *trust* maßgebliche Recht durch ein anderes Recht ersetzt werden kann.

Kapitel III – Anerkennung

Artikel 11

Ein *trust*, der nach dem in Kap. II bestimmten Recht errichtet worden ist, wird als *trust* anerkannt. Die Anerkennung hat mindestens die Wirkung, daß das Vermögen des *trust* ein vom persönlichen Vermögen des *trustee* getrenntes Sondervermögen darstellt, daß der *trustee* in seiner Eigenschaft als *trustee* klagen oder verklagt werden kann und daß er in dieser Eigenschaft vor einem Notar oder jeder Person auftreten kann, die in amtlicher Eigenschaft tätig wird.

Soweit das auf den *trust* anzuwendende Recht dies erfordert oder vorsieht, hat die Anerkennung insbesondere die Wirkung,

a) daß die persönlichen Gläubiger des *trustee* keinen Zugriff auf das Vermögen des *trust* nehmen können;

b) daß das Vermögen des *trust* im Fall der Zahlungsunfähigkeit oder des Konkurses des *trustee* nicht Bestandteil des Vermögens des *trustee* ist;

c) daß das Vermögen des *trust* weder Bestandteil des ehelichen Vermögens noch des Nachlasses des *trustee* ist;

d) daß das Vermögen des *trust* herausverlangt werden kann, wenn der *trustee* unter Verletzung der sich aus dem *trust* ergebenden Verpflichtungen Vermögen des *trust* mit seinem persönlichen Vermögen vermischt oder Vermögen des *trust* veräußert hat. Die Rechte und Pflichten eines Dritten, der das Vermögen des *trust* in seinem Besitz hat, unterstehen jedoch weiterhin dem durch die Kollisionsnormen des Staates des angerufenen Gerichts bestimmten Recht.

Artikel 12

Will ein *trustee* bewegliches oder unbewegliches Vermögen oder Rechte daran in ein Register eintragen lassen, so ist er hierzu, soweit dies nicht nach dem Recht des Staates, in dem die Eintragung erfolgen soll, verboten oder mit diesem Recht unvereinbar ist, in seiner Eigenschaft als *trustee* oder unter anderweitiger Offenlegung des Bestehens eines *trust* befugt.

Artikel 13

Ein Staat ist nicht verpflichtet, einen *trust* anzuerkennen, dessen wesentliche Bestandteile mit Ausnahme der Wahl des anzuwendenden Rechts, des Ortes der Verwaltung und des gewöhnlichen Aufenthalts des *trustee* engere Verbindungen mit Staaten aufweisen, die das Rechtsinstitut des *trust* oder die Art von *trust*, um die es geht, nicht kennen.

Artikel 14

Das Übereinkommen steht der Anwendung von Rechtsvorschriften nicht entgegen, die für die Anerkennung von *trusts* günstiger sind.

Kapitel IV – Allgemeine Bestimmungen

Artikel 15

Soweit von Bestimmungen des Rechts, auf das die Kollisionsnormen des Staates des angerufenen Gerichts verweisen, durch Rechtsgeschäft nicht abgewichen werden kann, steht das Übereinkommen der Anwendung dieser Bestimmungen nicht entgegen, insbesondere auf folgenden Gebieten:

a) Schutz Minderjähriger und Handlungsunfähiger;

Heinrich Dörner

b) persönliche und vermögensrechtliche Wirkungen der Ehe;

c) Erbrecht einschließlich Testamentsrecht, insbesondere Pflichtteil;

d) Übertragung von Eigentum und dingliche Sicherungsrechte;

e) Schutz von Gläubigern bei Zahlungsunfähigkeit;

f) Schutz gutgläubiger Dritter in anderen Belangen.

Steht Abs. 1 der Anerkennung eines *trust* entgegen, so wird das Gericht versuchen, die Zwecke des *trust* mit anderen rechtlichen Mitteln zu verwirklichen.

Artikel 16

Das Übereinkommen berührt nicht die Anwendung von Bestimmungen des Rechts des Staates des angerufenen Gerichts, die ohne Rücksicht auf Kollisionsnormen auch auf internationale Sachverhalte anzuwenden sind.

Besteht eine hinreichend enge Verbindung des Streitgegenstands mit einem anderen Staat, so kann ausnahmsweise auch gleichgearteten Vorschriften dieses Staates Wirkung verliehen werden.

Jeder Vertragsstaat kann durch Vorbehalt erklären, daß er Abs 2 nicht anwenden wird.

Artikel 17

In diesem Übereinkommen bedeutet der Ausdruck „Recht" die in einem Staat geltenden Rechtsnormen unter Ausschluß seiner Kollisionsnormen.

Artikel 18

Die Bestimmungen des Übereinkommens können außer Betracht bleiben, wenn ihre Anwendung mit der öffentlichen Ordnung (ordre public) offensichtlich unvereinbar wäre.

Artikel 19

Das Übereinkommen läßt die Befugnisse der Staaten in Steuersachen unberührt.

Artikel 20

Jeder Vertragsstaat kann jederzeit erklären, daß das Übereinkommen auch auf *trusts* Anwendung findet, die durch gerichtliche Entscheidung errichtet wurden.

Diese Erklärung ist dem Ministerium für Auswärtige Angelegenheiten des Königreichs der Niederlande zu notifizieren und wird mit dem Eingang der Notifikation wirksam.

Art. 31 gilt für die Rücknahme dieser Erklärung entsprechend.

Artikel 21

Jeder Vertragsstaat kann sich das Recht vorbehalten, Kap. III nur auf *trusts* anzuwenden, deren Gültigkeit dem Recht eines Vertragsstaats unterliegt.

Artikel 22

Das Übereinkommen ist ohne Rücksicht auf den Tag anzuwenden, an dem der *trust* errichtet worden ist.

Ein Vertragsstaat kann sich jedoch das Recht vorbehalten, das Übereinkommen nicht auf *trusts* anzuwenden, die errichtet wurden, bevor das Übereinkommen für ihn in Kraft getreten ist.

Artikel 23

Umfaßt ein Staat mehrere Gebietseinheiten, von denen jede für *trusts* ihre eigenen Rechtsnormen hat, so ist bei der Bestimmung des nach diesem Übereinkommen anzuwendenden Rechts eine Verweisung auf das Recht dieses Staates als Verweisung auf das Recht zu verstehen, das in der betreffenden Gebietseinheit gilt.

Artikel 24

Ein Staat, in dem verschiedene Gebietseinheiten ihre eigenen Rechtsnormen für *trusts* haben, ist nicht verpflichtet, das Übereinkommen auf Kollisionen zwischen den Rechtsordnungen dieser Gebietseinheiten anzuwenden.

Artikel 25

Dieses Übereinkommen berührt nicht andere internationale Übereinkünfte, deren Vertragspartei ein Vertragsstaat des Übereinkommens ist oder wird und die Bestimmungen über die durch dieses Übereinkommen geregelten Angelegenheiten enthalten.

Kapitel V – Schlußbestimmungen

Artikel 26

Jeder Staat kann bei der Unterzeichnung, der Ratifikation, der Annahme, der Genehmigung oder dem Beitritt oder bei der Abgabe einer Erklärung nach Art. 29 die in den Art. 16, 21 und 22 vorgesehenen Vorbehalte anbringen.
Andere Vorbehalte sind nicht zulässig.
Jeder Vertragsstaat kann einen von ihm angebrachten Vorbehalt jederzeit zurücknehmen; die Wirkung des Vorbehalts endet am ersten Tag des dritten Kalendermonats nach der Notifikation der Rücknahme.

Artikel 27

Das Übereinkommen liegt für die Staaten zur Unterzeichnung auf, die zur Zeit der Fünfzehnten Tagung der Haager Konferenz für Internationales Privatrecht Mitglied der Konferenz waren.
Es bedarf der Ratifikation, Annahme oder Genehmigung; die Ratifikations-, Annahme- oder Genehmigungsurkunden werden beim Ministerium für Auswärtige Angelegenheiten des Königreichs der Niederlande hinterlegt.

Artikel 28

Jeder andere Staat kann dem Übereinkommen beitreten, nachdem es gemäß Art. 30 Abs 1 in Kraft getreten ist.
Die Beitrittsurkunde wird beim Ministerium für Auswärtige Angelegenheiten des Königreichs der Niederlande hinterlegt.
Der Beitritt wirkt nur in den Beziehungen zwischen dem beitretenden Staat und den Vertragsstaaten, die binnen zwölf Monaten nach Eingang der in Art. 32 vorgesehenen Notifikation nicht Einspruch gegen den Beitritt erhoben haben. Nach dem Beitritt kann ein solcher Einspruch auch von einem Mitgliedstaat in dem Zeitpunkt erhoben werden, in dem er das Übereinkommen ratifiziert, annimmt oder genehmigt. Die Einsprüche werden dem Ministerium für Auswärtige Angelegenheiten des Königreichs der Niederlande notifiziert.

Artikel 29

Ein Staat, der aus zwei oder mehr Gebietseinheiten besteht, in denen unterschiedliche Rechtsordnungen gelten, kann bei der Unterzeichnung, der Ratifikation, der Annahme, der Genehmigung oder dem Beitritt erklären, daß sich das Übereinkommen auf alle seine Gebietseinheiten oder nur auf eine oder mehrere davon erstreckt; er kann diese Erklärung durch Abgabe einer neuen Erklärung jederzeit ändern.
Eine solche Erklärung wird dem Ministerium für Auswärtige Angelegenheiten des Königreichs der Niederlande unter ausdrücklicher Bezeichnung der Gebietseinheiten notifiziert, für die das Übereinkommen gilt.

Heinrich Dörner

Gibt ein Staat keine Erklärung nach diesem Artikel ab, so erstreckt sich das Übereinkommen auf alle Gebietseinheiten dieses Staates.

Artikel 30

Das Übereinkommen tritt am ersten Tag des dritten Kalendermonats nach der in Art. 27 vorgesehenen Hinterlegung der dritten Ratifikations-, Annahme- oder Genehmigungsurkunde in Kraft.
Danach tritt das Übereinkommen in Kraft
a) für jeden Staat, der es später ratifiziert, annimmt oder genehmigt, am ersten Tag des dritten Kalendermonats nach Hinterlegung seiner Ratifikations-, Annahme- oder Genehmigungsurkunde;
b) für jeden beitretenden Staat am ersten Tag des dritten Kalendermonats nach Ablauf der in Art. 28 vorgesehenen Frist.
c) für eine Gebietseinheit, auf die das Übereinkommen nach Art. 29 erstreckt worden ist, am ersten Tag des dritten Kalendermonats nach der in dem betreffenden Artikel vorgesehenen Notifikation.

Artikel 31

Jeder Vertragsstaat kann dieses Übereinkommen schriftlich durch eine förmliche Notifikation kündigen, die an das Ministerium für Auswärtige Angelegenheiten des Königreichs der Niederlande, den Verwahrer des Übereinkommens, zu richten ist.
Die Kündigung wird am ersten Tag des Monats, der auf einen Zeitabschnitt von sechs Monaten nach Eingang der Notifikation beim Verwahrer folgt, oder zu einem in der Notifikation genannten späteren Zeitpunkt wirksam.

Artikel 32

Das Ministerium für Auswärtige Angelegenheiten des Königreichs der Niederlande notifiziert den Mitgliedstaaten der Konferenz sowie den Staaten, die nach Art. 28 beigetreten sind,
a) jede Unterzeichnung, Ratifikation, Annahme und Genehmigung nach Art. 27;
b) den Tag, an dem das Übereinkommen nach Art. 30 in Kraft tritt;
c) jeden Beitritt und jeden gegen einen Beitritt erhobenen Einspruch nach Art. 28;
d) jede Erstreckung nach Art. 29;
e) jede Erklärung nach Art. 20;
f) jeden Vorbehalt und jede Rücknahme eines Vorbehalts nach Art. 26;
g) jede Kündigung nach Art. 31.
Zu Urkund dessen haben die hierzu gehörig befugten Unterzeichneten dieses Übereinkommen unterschrieben.
Geschehen in Den Haag am 1. 7. 1985 in englischer und französischer Sprache, wobei jeder Wortlaut gleichermaßen verbindlich ist, in einer Urschrift, die im Archiv der Regierung des Königreichs der Niederlande hinterlegt und von der jedem Staat, der zur Zeit der Fünfzehnten Tagung der Haager Konferenz für Internationales Privatrecht Mitglied der Konferenz war, auf diplomatischem Weg eine beglaubigte Abschrift übermittelt wird.

5.   Washingtoner Übereinkommen über ein einheitliches Recht der Form eines internationalen Testaments v 26. 10. 1973*

a)   Einführung

136 Das Abkommen ist für das ehemalige Jugoslawien (Weitergeltung ausdrücklich

---

* **Schrifttum:** BRANDON, UK Accession to the Convention on the Establishment of a Scheme of Registration of Wills and of the Convention providing a Uniform Law on the Form of an International Will, 32 (1983) IntCompLQ 742; CURTIS, The Convention on International Wills:

bestätigt von Bosnien-Herzegowina und Slowenien), Kanada (Provinzen Alberta, Manitoba, Newfoundland, Ontario, Saskatchewan), Libyen, Niger und Portugal am 9. 2. 1978 in Kraft getreten. Es gilt heute ferner für Belgien (ausführlich PINTENS/TORFS/ TORFS 3 ff), Ecuador, Frankreich (dazu REVILLARD Clunet 1995, 585), Italien, Zypern und ebenfalls in den kanadischen Provinzen Prince-Edward-Island und New Brunswick (vgl JAYME/HAUSMANN, Internationales Privat- und Verfahrensrecht [9. Aufl 1998] 103 Fn 4).

Das Abkommen strebt die **Einführung einer Testamentsform** („Internationales Testa- **137** ment") an, deren Beachtung ein Testament in allen Vertragsstaaten ohne Rücksicht auf Errichtungsort, Ort der Nachlaßbelegenheit, Staatsangehörigkeit, Domizil oder Aufenthalt des Erblassers formgültig sein läßt (Art 1 Abs 1). Dazu verpflichten sich die Vertragsstaaten, innerhalb von sechs Monaten nach Inkrafttreten den Text eines dem Abkommen beigefügten Anhangs in ihr nationales Recht zu übernehmen (Art I Abs 1) und die erforderlichen Durchführungsbestimmungen zu treffen (Art II Abs 1). Die neue Testamentsform gilt nur für letztwillige Verfügungen eines einzelnen Erblassers (Art 2), also nicht für gemeinschaftliche Testamente oder Erbverträge. Ist das Internationale Testament formunwirksam, kann es möglicherweise als Testament anderer Art nach den Formvorschriften des jeweils maßgebenden Sachrechts aufrechterhalten werden (Art 1 Abs 2).

Das Internationale Testament muß *schriftlich* (aber nicht eigenhändig) errichtet **138** werden und kann in jeder Sprache abgefaßt sein (Art 3). Der Testator muß in Anwesenheit zweier *Zeugen* und einer *Urkundsperson* erklären, daß die Urkunde sein Testament darstellt und er den Inhalt kennt (Art 4 Abs 1); er muß die Urkunde in ihrer Gegenwart unterzeichnen oder seine Unterschrift anerkennen (Art 5 Abs 1). Besteht das Testament aus mehreren Seiten, muß der Testator auf jeder Seite unterschreiben; außerdem sind die Seiten zu numerieren (Art 6 Abs 2). Ist der Testator zur Unterschriftsleistung nicht in der Lage, so kann er eine andere Person dazu ermächtigen, falls die Rechtsordnung, nach welcher die Urkundsperson bestellt wurde, dies zuläßt (Art 5 Abs 2 S 2). Zeugen und Urkundsperson – die von dem Inhalt des Testaments nicht in Kenntnis gesetzt zu werden brauchen (Art 4 Abs 2) – unterzeichnen in Gegenwart des Testators (Art 5 Abs 3). Sämtliche Unterschriften sind am Ende des Testaments zu leisten (Art 6 Abs 1). Die Urkundsperson vermerkt das Datum ihrer Unterschrift am Ende des Testaments; dieses Datum ist als der Errichtungszeitpunkt anzusehen (Art 7).

Der Testator bestimmt den Verwahrungsort für das Testament, sofern das Recht des **139** betreffenden Staates keine zwingenden Hinterlegungsvorschriften kennt (Art 8). Eine Kopie der Urkunde wird von der Urkundsperson aufbewahrt, eine andere

---

A reply to Kurt Nadelmann, 23 (1975) AmJ-CompL 119; VAN DYCK, Het internationaal testament, Rev belge dr int 1981/82, 245; HALL, Towards a Uniform Law of Wills: the Washington Convention 1973, 23 (1974) IntCompLQ 851; KEGEL § 21 V 3 b; NADELMANN, The formal validity of Wills and the Washington Convention 1973 providing the form of an international will, AmJCompL 22 (1974) 365; PINTENS/TORFS/

TORFS, Internationaal testament (1985); PLANTARD, Rapport explicatif sur la Convention portant loi uniforme sur la forme du testament international, Rev dr unif 1974, 90; REVILLARD, L'entrée en vigueur de la Convention de Washington du 28 octobre 1973 portant loi uniforme sur la forme d'un testament international, Clunet 1995, 585; VANDER ELST, Le testament international, J Trib 1984, 257.

Heinrich Dörner

dem Testator übergeben (Art 11). Die Urkundsperson stellt nach einem im Abkommen enthaltenen Muster (Art 10) ein Zertifikat über die formgültige Errichtung aus; es wird dem Testament beigefügt (Art 9) und begründet die Vermutung der Formwirksamkeit (Art 12). Das Fehlen oder ein Formfehler eines solchen Zertifikats berührt nicht die Formgültigkeit des Testamentes selbst (Art 13).

140 Der Widerruf eines Internationalen Testaments erfolgt nach den gewöhnlichen Widerrufsvorschriften der nationalen Rechte (Art 14). Bei der Auslegung und Anwendung der Bestimmungen des Abkommens muß ihrer internationalen Herkunft und der Notwendigkeit einer einheitlichen Auslegung Rechnung getragen werden (Art 15).

b)   Text

141 Das Abkommen ist in englischer Sprache abgedruckt in AmJCompL 22 (1974) 379 ff (weitere Fundstellen bei KEGEL/SCHURIG § 21 V 3 b). Eine nichtoffizielle Übersetzung gibt STAUDINGER/FIRSCHING[12] Vorbem 401 zu Art 24–26.

CONVENTION OF OCTOBER 26, 1973 PROVIDING A UNIFORM LAW ON THE FORM OF AN INTERNATIONAL WILL

The States signatory to the present Convention,
DESIRING to provide to a greater extent for the respecting of last wills by establishing an additional form of will hereinafter to be called an „international will" which, if employed, would dispense to some extent with the search for the applicable law;
HAVE RESOLVED to conclude a Convention for this purpose and have agreed upon the following provisions:

Article I
1. Each Contracting Party undertakes that not later than six months after the date of entry into force of this Convention in respect of that Party it shall introduce into its law the rules regarding an international will set out in the Annex to this Convention.
2. Each Contracting Party may introduce the provisions of the Annex into its law either by reproducing the actual text, or by translating it into its official language or languages.
3. Each Contracting Party may introduce into its law such further provisions as are necessary to give the provisions of the Annex full effect in its territory.
4. Each Contracting Party shall submit to the Depositary Government the text of the rules introduced into its national law in order to implement the provisions of this Convention.

Article II
1. Each Contracting Party shall implement the provisions of the Annex in its law, within the period provided for in the preceding article, by designating the persons who, in its territory, shall be authorized to act in connection with international wills. It may also designate as a person authorized to act with regard to its nationals its diplomatic or consular agents abroad insofar as the local law does not prohibit it.
2. The Party shall notify such designation, as well as any modifications thereof, to the depositary Government.

Article III
The capacity of the authorized person to act in connection with an international will, if conferred in

accordance with the law of a Contracting Party, shall be recognized in the territory of the other Contracting Parties.

Article IV

The effectiveness of the certificate provided for in Article 10 of the Annex shall be recognized in the territories of all Contracting Parties.

Article V

1. The conditions requisite to acting as a witness of an international will shall be governed by the law under which the authorized person was designated. The same rule shall apply as regards an interpreter who is called upon to act.
2. Nonetheless no one shall be disqualified to act as a witness of an international will solely because he is an alien.

Article VI

1. The signature of the testator, of the authorized person, and of the witnesses to an international will, whether on the will or on the certificate, shall be exempt from any legalization or like formality.
2. Nonetheless, the competent authorities of any Contracting Party may, if necessary, satisfy themselves as to the authenticity of the signature of the authorized person.

Article VII

The safekeeping of an international will shall be governed by the law under which the authorized person was designated.

Article VIII

No reservation shall be admitted to this Convention or to its Annex.

Article IX

1. The present Convention shall be open for signature at Washington from October 26, 1973, until December 31, 1974.
2. The Convention shall be subject to ratification.
3. Instruments of ratification shall be deposited with the Government of the United States of America, which shall be the Depositary Government.

Article X

1. The Convention shall be open indefinitely for accession.
2. Instruments of accession shall be deposited with the Depositary Government.

Article XI

1. The present Convention shall enter into force six months after the date of deposit of the fifth instrument of ratification or accession with the Depositary Government.
2. In the case of each State which ratifies this Convention or accedes to it after the fifth instrument of ratification or accession has been deposited, this Convention shall enter into force six months after the deposit of its own instrument of ratification or accession.

Article XII

1. Any Contracting Party may denounce this Convention by written notification to the Depositary Government.
2. Such denunciation shall take effect twelve months from the date on which the Depositary Gov-

Heinrich Dörner

ernment has received the notification, but such denunciation shall not affect the validity of any will made during the period that the Convention was in effect for the denouncing State.

Article XIII

1. Any State may, when it deposits its instrument of ratification or accession or at any time thereafter, declare, by a notice addressed to the Depositary Government, that this Convention shall apply to all or part of the territories for the international relations of which it is responsible.
2. Such declaration shall have effect six months after the date on which the Depositary Government shall have received notice thereof or, if at the end of such period the Convention has not yet come into force, from the date of its entry into force.
3. Each Contracting Party which has made a declaration in accordance with paragraph 1 of this Article may, in accordance with Article XII, denounce this Convention in relation to all or part of the territories concerned.

Article XIV

1. If a state has two or more territorial units in which different systems of law apply in relation to matters respecting the form of wills, it may at the time of signature, ratification, or accession, declare that this Convention shall extend to all its territorial units or only to one or more of them, and may modify its declaration by submitting another declaration at any time.
2. These declarations shall be notified to the Depositary Government and shall state expressly the territorial units to which the Convention applies.

Article XV

If a Contracting Party has two or more territorial units in which different systems of law apply in relation to matters respecting the form of wills, any reference to the internal law of the place where the will is made or to the law under which the authorized person has been appointed to act in connection with international wills shall be construed in accordance with the constitutional system of the Party concerned.

Article XVI

1. The original of the present Convention, in the English, French, Russian and Spanish languages, each version being equally authentic, shall be deposited with the Government of the United States of America, which shall transmit certified copies thereof to each of the signatory and acceding States and to the International Institute for the Unification of Private Law.
2. The Depository Government shall give notice to the signatory and acceding States, and to the International Institute for the Unification of Private Law, of:
(a) any signature;
(b) the deposit of any instrument of ratification or accession;
(c) any date on which this Convention enters into force in accordance with Article XI;
(d) any communication received in accordance with Article I, paragraph 4;
(e) any notice received in accordance with Article II, paragraph 2;
(f) any declaration received in accordance with Article XIII, paragraph 2, and the date on which such declaration takes effect;
(g) any denunciation received in accordance with Article XII, paragraph 1, or Article XIII, paragraph 3, and the date on which the denunciation takes effect;
(h) any declaration received in accordance with Article XIV, paragraph 2, and the date on which the declaration takes effect.
IN WITNESS WHEREOF, the undersigned Plenipotentiaries, being duly authorized to that effect, have signed the present Convention.

DONE at Washington this twenty-sixth day of October, one thousand nine hundred and seventy-three.

ANNEX
UNIFORM LAW ON THE FORM OF AN INTERNATIONAL WILL

Article 1

1. A will shall be valid as regards form, irrespective particularly of the place where it is made, of the location of the assets and of the nationality, domicile or residence of the testator, if it is made in the form of an international will complying with the provisions set out in Articles 2 to 5 hereinafter.
2. The invalidity of the will as an international will shall not affect its formal validity as a will of another kind.

Article 2

This law shall not apply to the form of testamentary dispositions made by two or more persons in one instrument.

Article 3

1. The will shall be made in writing.
2. It need not be written by the testator himself.
3. It may be written in any language, by hand or by any other means.

Article 4

1. The testator shall declare in the presence of two witnesses and of a person authorized to act in connection with international wills that the document is his will and that he knows the contents thereof.
2. The testator need not inform the witnesses, or the authorized person, of the contents of the will.

Article 5

1. In the presence of the witnesses and of the authorized person, the testator shall sign the will or, if he has previously signed it, shall acknowledge his signature.
2. When the testator is unable to sign, he shall indicate the reason therefor to the authorized person who shall make note of this on the will. Moreover, the testator may be authorized by the law under which the authorized person was designated to direct another person to sign on his behalf.
3. The witnesses and the authorized person shall there and then attest the will by signing in the presence of the testator.

Article 6

1. The signatures shall be placed at the end of the will.
2. If the will consists of several sheets, each sheet shall be signed by the testator or, if he is unable to sign, by the person signing on his behalf or, if there is no such person, by the authorized person. In addition, each sheet shall be numbered.

Article 7

1. The date of the will shall be the date of its signature by the authorized person.
2. This date shall be noted at the end of the will by the authorized person.

Article 8

In the absence of any mandatory rule pertaining to the safekeeping of the will, the authorized person

Heinrich Dörner

shall ask the testator whether he wishes to make a declaration concerning the safekeeping of his will. If so and at the express request of the testator the place where he intends to have his will kept shall be mentioned in the certificate provided for in Article 9.

Article 9

The authorized person shall attach to the will a certificate in the form prescribed in Article 10 establishing that the obligations of this law have been complied with.

Article 10

The certificate drawn up by the authorized person shall be in the following form or in a substantially similiar form:

Certificate (Convention of October 26, 1973)

1. I,. . . . .
(name, address and capacity), a person authorized to act in connection with international wills

2. Certify that on . . . . (date) at . . . . (place)
3. (testator) . . . .

(name, address, date and place of birth)

in my presence and that of the witnesses

4. (a) . . . .

(name, address, date and place of birth)

(b) . . . .

(name, address, date and place of birth)

has declared that the attached document is his will and that he knows the contents thereof.

5. I furthermore certify that:

6. (a) in my presence and in that of the witnesses

(1) the testator has signed the will or has acknowledged his signature previously affixed.

*(2) following a declaration of the testator stating that he was unable to sign his will for the following reason . . . .

– I have mentioned this declaration on the will

*– the signature has been affixed by . . . .

(name, address)

7. (b) the witnesses and I have signed the will;

8. *(c) each page of the will has been signed by . . . .

and numbered;

9. (d) I have satisfied myself as to the identity of the testator and of the witnesses as designated above;

10. (e) the witnesses met the conditions requisite to act as such according to the law under which I am acting;

11. *(f) the testator has requested me to include the following statement concerning the safekeeping of his will:

. . . .

. . . .

12. Place
13. Date
14. Signature and, if necessary, seal
* To be completed if appropriate.

Article 11
The authorized person shall keep a copy of the certificate and deliver another to the testator.

Article 12
In the absence of evidence to the contrary, the certificate of the authorized person shall be conclusive of the formal validity of the instrument as a will under this law.

Article 13
The absence or irregularity of a certificate shall not affect the formal validity of a will under this law.

Article 14
The international will shall be subject to the ordinary rules of revocation of wills.

Article 15
In interpreting and applying the provisions of this law, regard shall be had to its international origin and to the need for uniformity in its interpretation.

RESOLUTION
THE CONFERENCE,
Considering the importance of measures to permit the safeguarding of wills and to find them after the death of the testator;
Emphasizing the special interest in such measures with respect to the international will, which is often made by the testator far from his home;
RECOMMENDS to the States that participated in the present Conference
– that they establish an internal system, centralized or not, to facilitate the safekeeping, search and discovery of an international will as well as the accompanying certificate, following, for example, the

lines of the Convention on the Establishment of a Scheme of Registration of Wills, concluded at Basel on May 16, 1972;
– that they facilitate the international exchange of information in these matters and, to this effect, that they designate in each State an authority or a service to handle such exchanges.

6. Baseler Europäisches Übereinkommen über die Einrichtung einer Organisation zur Registrierung von Testamenten v 16. 5. 1972*

a) Einführung

142   Das Abkommen ist von der Bundesrepublik Deutschland gezeichnet, aber bislang noch nicht ratifiziert worden. In Kraft getreten ist es für Belgien, Frankreich, Italien, Luxemburg, die Niederlande, Portugal, Spanien, die Türkei und Zypern (JAYME/HAUS-MANN, Internationales Privat- und Verfahrensrecht [9. Aufl 1998] 103 Fn 3).

143   Die Vertragsstaaten verpflichten sich, in Übereinstimmung mit den Vorschriften des Abkommens eine **Organisation zu schaffen** oder zu benennen, die **Testamente registriert**, für eine Registrierung in anderen Vertragsstaaten Sorge trägt und nach dem Tod des Testators darüber Auskunft erteilt (Art 2, 3). Damit soll das Risiko verringert werden, daß ein – insbesondere im Ausland errichtetes – Testament nicht oder erst zu spät aufgefunden wird (Präambel und Art 1). Registriert werden öffentlich errichtete oder bei einer zuständigen Stelle förmlich hinterlegte Testamente, eigenhändige Testamente, die bei einem Notar oder einer anderen zuständigen Stelle ohne förmlichen Akt hinterlegt worden sind, sowie Rücknahme, Widerruf und Änderung von Testamenten, die in einer dieser Formen errichtet worden sind (Art 4 Abs 1 u 2); der Testator kann einer Registrierung widersprechen, sofern das Recht des Registrierungsstaates dies zuläßt (Art 4 Abs 1 b S 2). Das Abkommen bezieht sich auch auf gemeinschaftliche Testamente (arg Art 8 Abs 3).

144   Die Registrierung erfolgt auf Antrag des Notars oder der Stelle, die das Testament in Verwahrung nimmt (Art 5 Abs 1), und kann sowohl im Errichtungs- als auch in jedem anderen Vertragsstaat erfolgen (Art 6 Abs 2). Jeder Vertragsstaat kann unter bestimmten Voraussetzungen zulassen, daß der Testator die Registrierung selbst beantragt (Art 5 Abs 2). Die Registrierung hängt weder von der Staatsangehörigkeit noch vom Aufenthaltsort des Testators ab (Art 6 Abs 1). Die Voraussetzungen des Registrierungsantrags werden in Art 7 näher festgelegt. Zu Lebzeiten des Testators bleibt die Tatsache der Registrierung geheim; nach seinem Tode kann jedermann nach Vorlage einer Sterbeurkunde Auskunft über die Tatsache und den Ort der Registrierung erhalten (Art 8 Abs 1 u 2).

145   Jeder Vertragsstaat kann sich vorbehalten, eine Registrierung über Art 4 hinaus auch für jedes andere Testament oder jede andere Verfügung vorzusehen, welche die Rechtsnachfolge von Todes wegen beeinflußt (Art 11 S 1). Auch in einem solchen Fall kann eine Registrierung in anderen Vertragsstaaten beantragt werden (Art 11 S 2).

---

* **Schrifttum:** BRANDON, UK Accession to the Convention on the Establishment of a Scheme of Registration of Wills and of the Convention providing a Uniform Law on the Form of an International Will, 32 (1983) IntCompLQ 742 ff; KEGEL § 21 V 3 c.

b) Text

Das Abkommen ist in englischer und französischer Sprache veröffentlicht in Rev dr **146** unif 1974, 144 ff.

CONVENTION RELATIVE A L'ETABLISSE-MENT D'UN SYSTEME D'INSCRIPTION DES TESTAMENTS
signée à Bâle le 16 mai 1972

CONVENTION ON THE ESTABLISHMENT OF A SCHEME OF REGISTRATION OF WILLS
signed at Basle, on May 16, 1972

Les Etats membres du Conseil de l'Europe, signataires de la présente Convention,
Considérant que le but du Conseil de l'Europe est de réaliser une union plus étroite entre ses Membres;
Désirant instituer un système permettant à un testateur de faire inscrire son testament afin, d'une part, de réduire les risques que celui-ci soit ingoré ou connu tardivement et, d'autre part, de faciliter après le décès du testateur la découverte de ce testament;
Convaincus qu'un tel système faciliterait notamment la découverte de testaments dressés à l'étranger,
Sont convenus de ce qui suit:

The member States of the Council of Europe, signatory hereto,
Considering that the aim of the Council of Europe is to achieve a greater unity between its Members;
Wishing to provide for a registration scheme enabling a testator to register his will in order to reduce the risk of the will remaining unknown or being found belatedly, and to facilitate the discovery of the existence of the will after the death of the testator;
Convinced that such a system would facilitate in particular the finding of wills made abroad,
Have agreed as follows:

Article 1

Les Etats Contractants s'engagent à établir, selon les dispositions de la présente Convention, un système d'inscription des testaments, afin de faciliter, après le décès du testateur, la découverte de son testament.

Article 1

The Contracting States undertake to establish, in accordance with the provisions of this Convention, a scheme of registration of wills, with a view to facilitating, after the death of the testator, the discovery of the existence of the will.

Article 2

Pour l'application de la présente Convention, chacun des Etats Contractants créera ou désignera un organisme unique ou plusieurs organismes qui seront chargés des inscriptions prévues par la Convention et qui répondront aux demandes de renseignements présentées conformément au paragraphe 2 de l'article 8.

Article 2

In order to implement the provisions of this Convention, each Contracting State shall establish or appoint one or more bodies responsible for the registration provided for by the Convention and for answering requests for information made in accordance with Article 8, paragraph 2.

Article 3

1. En vue de faciliter les liaisons internationales, chacun des Etats Contractants devra désigner un organisme national qui, par la voie directe:

a) fera procéder, dans les autres Etats Contractants, aux inscriptions prévues à l'article 6;
b) recevra les demandes de renseignements pro-

Article 3

1. With a view to facilitating international cooperation, each Contracting State shall appoint a national body which shall, without any intermediary:

(a) arrange for registration in other Contracting States as provided for in Article 6;
(b) receive requests for information arriving

Heinrich Dörner

venant des organismes nationaux des autres Etats Contractants et y donnera suite dans les conditions prévues à l'article 8.

2. Chacun des Etats Contractants communiquera au Secrétaire Général du Conseil de l'Europe la dénomination et l'adresse de l'organisme national désigné en vertu du paragraphe précédent.

Article 4

1. Devront faire l'objet d'une inscription dans un Etat Contractant:

a) les testaments par acte authentique dressés par un notaire, une autorité publique ou toute personne, habilités à cet effet par la loi dudit Etat, ainsi que les autres testaments qui ont fait l'objet d'un acte officiel de dépôt auprès d'une de ces autorités ou personnes ayant qualité pour les recevoir en dépôt;

b) les testaments olographes qui, si la législation dudit Etat le permet, ont été remis à un notaire, à une autorité publique ou à toute personne, habilités à cet effet par la loi dudit Etat, sans qu'un acte officiel de dépôt ait été dressé. Si la législation de cet Etat ne l'interdit pas, le testateur pourra s'opposer à l'inscription.

2. Devront également faire l'objet d'une inscription, s'ils revêtent une forme qui, selon le paragraphe précédent, entraînerait l'inscription, le retrait, la révocation et les autres modifications des testaments inscrits conformément au présente article.

3. Chacun des Etats Contractants aura la faculté de ne pas appliquer les dispositions du présent article aux testaments déposés auprès des autorités militaires.

Article 5

1. L'inscription devra être faite à la requète du notaire, de l'autorité publique ou de la personne, visés au paragraphe 1 de l'article 4.

2. Toutefois, chacun des Etats Contractants pourra prévoir que la demande d'inscription, dans des cas spéciaux déterminés par sa législation et dans les conditions fixées par celle-ci, pourra être faite par le testateur.

from the national bodies of other Contracting States, and answer them under the conditions set out in Article 8.

2. Each Contracting State shall communicate to the Secretary General of the Council of Europe the name and address of the national body appointed in accordance with the preceding paragraph.

Article 4

1. The following shall be registered in a Contracting State:

(*a*) Formal wills declared to a notary, a public authority or any person authorised by the law of the State to record them, was well as other wills deposited with an authority or a person authorised by law to accept such deposit, with a formal act of deposit having been established;

(*b*) Holographic wills which have been deposited with a notary, a public authority or any person authorised by the law of that State to accept them, without a formal act of deposit having been established, subject to that law permitting such deposit. The testator may oppose registration if the said law does not prohibit such opposition.

2. Withdrawals, revocations and other modifications of the wills registered according to this article shall also be registered if they are established in a form which would make registration compulsory according to the preceding paragraph.

3. Any Contracting State may exclude from the application of the present article wills deposited with authorities of the armed forces.

Article 5

1. Registration shall be made at the request of the notary, the public authority or the person referred to in Article 4, paragraph 1.

2. Any Contracting State may, however, in special cases determined and under the conditions specified by its national law, provide for the request for registration to be made by the testator.

Article 6

1. L'inscription n'est soumise, en ce qui concerne le testateur, à aucune condition de nationalité ou de résidence.

2. A la demande du testateur, le notaire, l'autorité publique ou la personne, visés à l'article 4, feront procéder à l'inscription non seulement dans l'Etat où le testament aura été dressé ou déposé, mais également, par l'intermédiaire des organismes nationaux, dans les autres Etats Contractants.

Article 7

1. La demande d'inscription contiendra au moins les indications suivantes:

a) nom de famille et prénoms du testateur ou disposant (y compris s'il y a lieu, le nom de jeune fille);

b) date et lieu (ou si le lieu n'est pas connu, le pays) de naissance;

c) adresse ou domicile déclaré;

d) dénomination et date de l'acte dont l'inscription est requise;

e) nom et adresse du notaire, de l'autorité publique ou de la personne qui a reçu l'acte ou le détient en dépôt.

2. Ces données devront figurer dans l'inscription sous la forme determinée par chaque Etat Contractant.

3. La durée de l'inscription pourra ètre fixée par la législation de chacun des Etats Contractants.

Article 8

1. L'inscription doit rester secrète du vivant du testateur.

2. Après le décès du testateur, toute personne pourra, sur présentation d'un extrait de l'acte de décès ou de tout autre document justifiant du décès, obtenir les renseignements visés à l'article 7.

3. Si le testament a été rédigé par deux ou plusieurs personnes, les dispositions du paragraphe 2 du présent article s'appliqueront lors du décès d'un des testateurs, nonobstant les dispositions du paragraphe 1.

Article 9

Les services rendus entre les Etats Contractants en application des dispositions de la présente Convention sont fournis gratuitement.

Article 6

1. Registration shall not be subject to conditions of nationality or residence of the testator.

2. At the request of the testator, the notary, public authority or person referred to in Article 4, may request registration not only in the State where the will is made or deposited, but also, through the intermediary of the national bodies, in other Contracting States.

Article 7

1. The request for registration shall contain the following information at least:

(*a*) Family name and first name(s) of testator or author of deed (and maiden name, where applicable),

(*b*) Date and place (or, if this is not known, country) of birth;

(*c*) Address or domicile, as declared;

(*d*) Nature and date of deed of which registration is requested;

(*e*) Name and address of the notary, public authority or person who received the deed or with whom it is deposited.

2. This information must be contained in the register, in the form stipulated by each Contracting State.

3. The duration of registration may be determined by each Contracting State.

Article 8

1. Registration shall be secret during the lifetime of the testator.

2. On the death of the testator any person may obtain the information mentioned in Article 7 on presentation of an extract of the death certificate or of any other satisfactory proof of death.

3. If the will has been made jointly by two or more persons, the provisions of paragraph 2 of this article shall apply, notwithstanding the provisions of paragraph 1, on the death of any of the testators.

Article 9

Services between Contracting States pursuant to this Convention shall be rendered free of charge.

Heinrich Dörner

Article 10

La présente Convention ne porte pas atteinte aux règles qui, dans chacun des Etats Contractants, concernent la validité des testaments et autres actes visés par la présente Convention.

Article 11

Chacun des Etats Contractants aura la faculté d'étendre, dans les conditions qu'il établira, le système d'inscription prévu par la présente Convention, à tout testament non visé à l'article 4 ou à toute autre disposition pouvant avoir une incidence sur la dévolution d'une succession. Dans ce cas, notamment les dispositions du paragraphe 2 de l'article 6 seront applicables.

Article 12

1. La présente Convention est ouverte à la signature des Etats membres du Conseil de l'Europe. Elle sera ratifiée ou acceptée. Les instruments de ratification ou d'acceptation seront déposés près le Secrétaire Général du Conseil de l'Europe.

2. La Convention entrera en vigueur trois mois après la date du dépôt du troisième instrument de ratification ou d'acceptation.
3. Elle entrera en vigueur à l'égard de tout Etat signataire qui la ratifiera ou l'acceptera ultérieurement, trois mois après la date du dépôt de son instrument de ratification ou d'acceptation.

Article 13

1. Après l'entrée en vigueur de la présente Convention, le Comité des Ministres du Conseil de l'Europe pourra inviter tout Etat non membre du Conseil à adhérer à la présente Convention.
2. L'adhésion s'effectuera par le dépôt, près le Secrétaire Général du Conseil de l'Europe, d'un instrument d'adhésion qui prendra effet trois mois après la date du dépôt.

Article 14

1. Tout Etat Contractant peut, au moment de la signature, ou au moment du dépôt de son instrument de ratification, d'acceptation ou d'adhé-

Article 10

This Convention shall not affect provisions which, in each Contracting State, relate to the validity of wills and other deeds referred to in this Convention.

Article 11

Each Contracting State shall have the option to extend, under the conditions to be established by the State, the registration system provided for by this Convention to any other will not referred to in Article 4 or any other deed affecting the devolution of an estate. In this case, in particular the provisions of Article 6, paragraph 2, shall apply.

Article 12

1. This Convention shall be open to signature by the member States of the Council of Europe. It shall be subject to ratification or acceptance. Instruments of ratification or acceptance shall be deposited with the Secretary General of the Council of Europe.

2. This Convention shall enter into force three months after the date of deposit of the third instrument of ratification or acceptance.
3. In respect of a signatory State ratifying or accepting subsequently, the Convention shall come into force three months after the date of the deposit of its instrument of ratification or acceptance.

Article 13

1. After the entry into force of this Convention, the Committee of Ministers of the Council of Europe may invite any non-member State to accede thereto.

2. Such accession shall be effected by depositing with the Secretary General of the Council of Europe an instrument of accession which shall take effect three months after the date of its deposit.

Article 14

1. Any Contracting State may, at the time of signature or when depositing its instrument of ratification, acceptance or accession, specify

sion, désigner le ou les territoires auxquels s'appliquera la présente Convention.

2. Tout Etat Contractant peut, au moment du dépôt de son instrument de ratification, d'acceptation ou d'adhésion, ou à tout autre moment par la suite, étendre l'application de la présente Convention, par déclaration adressée au Secrétaire Général du Conseil de l'Europe, à tout autre territoire désigné dans la déclaration et dont il assure les relations internationales ou pour lequel il est habilité à stipuler.

3. Toute déclaration faite en vertu du paragraphe précédent pourra être retirée, en ce qui concerne tout territoire désigné dans cette déclaration, aux conditions prévues par l'article 16 de la présente Convention.

Article 15

Aucune réserve n'est admise aux dispositions de la présente Convention.

Article 16

1. La présente Convention demeurera en vigueur sans limitation de durée.

2. Tout Etats Contractant pourra, en ce qui le concerne, dénoncer la présente Convention en adressant une notification au Secrétaire Général du Conseil de l'Europe.

3. La dénonciation prendra effet six mois après la date de la réception de la notification par le Secrétaire Général.

Article 17

Le Secrétaire Général du Conseil de l'Europe notifiera aux Etats membres du Conseil et à tout Etat ayant adhéré à la présente Convention:

a) toute signature;

b) le dépôt de tout instrument de ratification, d'acceptation ou d'adhésion;

c) toute date d'entrée en vigueur de la présente Convention conformément à son article 12;

d) toute notification reçue en application des dispositions du paragraphe 2 de l'article 3 et des paragraphes 2 et 3 de l'article 14;

e) toute notification reçue en application des dispositions de l'article 16 et la date à laquelle la dénonciation prendra effet.

the territory or territories to which this Convention shall apply.

2. Any Contracting State may, when depositing its instrument of ratification, acceptance or accession or at any later date, by declaration addressed to the Secretary General of the Council of Europe, extend this Convention to any other territory or territories specified in the declaration and for whose international relations it is responsible or on whose behalf it is authorised to give undertakings.

3. Any declaration made in pursuance of the preceding paragraph may, in respect of any territory mentioned in such declaration, be withdrawn according to the procedure laid down in Article 16 of this Convention.

Article 15

No reservation shall be made to the provisions of this Convention.

Article 16

1. This Convention shall remain in force indefinitely.

2. Any Contracting State may, in so far as it is concerned, denounce this Convention by means of a notification addressed to the Secretary General of the Council of Europe.

3. Such denunciation shall take effect six months after the date of receipt by the Secretary General of such notification.

Article 17

The Secretary General of the Council of Europe shall notify the member States of the Council and any State which has acceded to this Convention of:

(*a*) any signature;

(*b*) any deposit of an instrument of ratification, acceptance or accession;

(*c*) any date of entry into force of this Convention in accordance with Article 12 thereof;

(*d*) any communication received in pursuance of the provisions of paragraph 2 of Article 3 and of paragraphs 2 and 3 of Article 14;

(*e*) any notification received in pursuance of the provisions of Article 16 and the date on which denunciation takes effect.

Heinrich Dörner

EN FOI DE QUOI, les soussignés, dûment autorisés à cet effet, ont signé la présente Convention. FAIT à Bâle, le 16 mai 1972, en français et en anglais, les deux textes faisant également foi, en un seul exemplaire qui sera déposé dans les archives du Conseil de l'Europe. Le Secrétaire Général du Conseil de l'Europe en communiquera copie certifiée conforme à chacun des Etats signataires et adhérents.

In witness whereof the undersigned, being duly authorised thereto, have signed this Convention. Done at Basle, this 16th day of May 1972, in English and French, both texts being equally authoritative, in a single copy which shall remain deposited in the archives of the Council of Europe. The Secretary General of the Council of Europe shall transmit certified copies to each of the signatory and acceding States.

III. Bilaterale Staatsverträge

1. Niederlassungsabkommen zwischen dem Deutschen Reich und dem Kaiserreich Persien v 17. 2. 1929 (RGBl 1930 II 1002)*

a) Einführung

147 Das Niederlassungsabkommen nebst Schlußprotokoll trat am 11. 1. 1931 in Kraft, vgl Bekanntmachung v 31. 12. 1930, RGBl 1931 II 9. Zwischen dem 9. 9. 1943 (Kriegseintritt des Iran) und dem 8. 5. 1945 (deutsche Kapitulation) war die Anwendbarkeit aufgehoben (vgl IPG 1967/68 Nr 59 [Köln] 626 f und Rn 33). Seine Weitergeltung nach dem 2. Weltkrieg wurde durch Protokoll v 4. 11. 1954 mit Wirkung von diesem Tage an bestätigt (vgl Bekanntmachung v 15. 8. 1955, BGBl 1955 II 829). Ob das Abkommen zwischen dem 8. 5. 1945 und dem 4. 11. 1954 gegolten hat, ist zweifelhaft und hängt von der Beantwortung der Streitfrage ab, ob international-privatrechtliche Verträge zwischen den Feindstaaten des 2. Weltkriegs für die Dauer des Krieges lediglich suspendiert waren und daher mit Kriegsende ipso iure wieder wirksam geworden sind oder ob sie durch eine besondere Wiederanwendungserklärung wieder in Geltung gesetzt werden mußten (vgl Rn 27).

148 Das Abkommen enthält in seinem Art 8 Abs 3 eine **Kollisionsnorm**, die das gesamte Personen-, Familien- und Erbrecht umfaßt und durch das Schlußprotokoll v 17. 2. 1929 (RGBl 1930 II 1012) erläutert wird. In erbrechtlicher Hinsicht geht diese Bestimmung gemäß Art 3 Abs 2 der autonomen Kollisionsnorm des Art 25 Abs 1 vor, bringt aber in der Sache keine Abweichung von der dort vorgesehenen Anknüpfung an die Staatsangehörigkeit des Erblassers.

149 Fraglich ist, ob Art 8 Abs 3 S 1 des Abkommens auch **Art 25 Abs 2** ausschließt. Der Wortlaut des Staatsvertrages legt einen solchen Ausschluß nahe, da danach jeder Iraner im Gebiet der Bundesrepublik seinen „heimischen Gesetzen" unterworfen bleiben soll. Das Abkommen erfaßt jedoch – dem Entwicklungsstand der damaligen Dogmatik entsprechend – lediglich die *objektive* erbrechtliche Anknüpfung. Die Möglichkeit einer erbrechtlichen Rechtswahl konnte seinerzeit von den vertragschließenden Parteien noch gar nicht berücksichtigt werden. Die insoweit entstandene Lücke muß daher unter Berücksichtigung von Sinn und Zweck des Vertrages (Art 31 Abs 1 WVK, vgl Rn 30) ausgefüllt werden. Art 8 Abs 1 und 2 des Abkommens

---

* **Schrifttum:** Schotten/Wittkowski, Das deutsch-iranische Niederlassungsabkommen im   Familien- und Erbrecht, FamRZ 1995, 264.

zielen darauf ab, den Angehörigen des einen Vertragsstaates in dem jeweils anderen Staat die gleiche Behandlung wie Inländern angedeihen zu lassen. Dagegen stellt Abs 3 sicher, daß Iraner bzw Deutsche sich nicht den personen-, familien- und erbrechtlichen Bestimmungen des jeweils anderen Kulturkreises unterwerfen müssen. Eine Anwendung von Art 25 Abs 2 stimmt mit beiden Zielen überein: Einerseits ermöglicht sie dem iranischen Erblasser, seinen inländischen Grundbesitz – ebenso wie ein deutscher Staatsangehöriger – nach deutschem Erbrecht zu vererben. Andererseits bleibt ihm der Schutz vor einer unvermuteten Anwendung deutschen Erbrechts erhalten, da dieses nur aufgrund einer von ihm selbst abgegebenen Gestaltungserklärung (Art 25 Rn 473) zum Zuge kommt. Daher steht auch einem iranischen Staatsangehörigen die Möglichkeit einer Rechtswahl nach Art 25 Abs 2 offen (LG Hamburg IPRspr 1991, 272 f. **aA** vBar II Rn 354; Erman/Hohloch Art 25 Rn 4; MünchKomm/Birk, Art 25 Rn 295; Schotten/Wittkowski FamRZ 1995, 269).

150 Auch die Verweisung des **Art 3 Abs 3** (vgl Art 25 Rn 520 ff) bleibt von dem Abkommen jedenfalls insoweit unberührt, als diese Bestimmung ein drittstaatliches Belegenheitsrecht zur Anwendung beruft. Die in den Abs 1 u 3 des Art 8 verwandte Formulierung „im Gebiet des anderen Staates" legt eine territoriale Begrenzung des Abkommens nahe, so daß das Abkommen die Respektierung eines fremden Einzelstatuts im Hinblick auf die in diesem Staat belegenen Nachlaßgegenstände nicht ausschließt. Hinterläßt also ein iranischer Staatsangehöriger Vermögenswerte in einem Drittstaat, für welche nach dem Recht dieses Drittstaates „besondere Vorschriften" (vgl Art 25 Rn 533 ff) gelten, so richtet sich die Erbfolge insoweit nicht nach dem iranischen Heimat-, sondern über Art 3 Abs 3 nach dem fremden Belegenheitsrecht (**aA** MünchKomm/Birk Art 25 Rn 296).

151 Die **Formgültigkeit** erbrechtlicher Rechtsgeschäfte regelt das Abkommen **nicht**. Insoweit greifen daher die allgemeinen Regeln des TestÜbk (vgl Rn 31 ff) bzw des Art 26 Abs 4 iVm Abs 1–3 (vgl Art 26 Rn 29 ff) ein.

152 Zum internationalen und materiellen Erbrecht des Iran vgl im übrigen Anh Rn 214 ff zu Art 25 u 26.

b) Text und Erläuterung **153**

Art 8

(1) Die Angehörigen jedes vertragschließenden Staates genießen im Gebiet des anderen Staates in allem, was den gerichtlichen und behördlichen Schutz ihrer Personen und Güter angeht, die gleiche Behandlung wie Inländer.

(2) Sie haben insbesondere freien und völlig ungehinderten Zutritt zu den Gerichten und können vor Gericht unter den gleichen Bedingungen wie Inländer auftreten. Jedoch werden bis zum Abschluß eines besonderen Abkommens die Voraussetzungen für das Armenrecht und die Sicherheitsleistung für Prozeßkosten durch die örtliche Gesetzgebung geregelt.

(3) In bezug auf das Personen-, Familien- und Erbrecht bleiben die Angehörigen jedes der vertragschließenden Staaten im Gebiet des anderen Staates jedoch den Vorschriften ihrer heimischen Gesetze unterworfen. Die Anwendung dieser Gesetze kann von dem anderen vertragschließenden Staat nur ausnahmsweise und nur insoweit ausgeschlossen werden, als ein solcher Ausschluß allgemein gegenüber jedem anderen Staat erfolgt.

Heinrich Dörner

Schlußprotokoll zu Art 8 Abs 3
Die vertragschließenden Staaten sind sich darüber einig, daß das Personen-, Familien- und Erbrecht, das heißt das Personalstatut, die folgenden Angelegenheiten umfaßt: Ehe, eheliches Güterrecht, Scheidung, Aufhebung der ehelichen Gemeinschaft, Mitgift, Vaterschaft, Abstammung, Annahme an Kindes Statt, Geschäftsfähigkeit, Volljährigkeit, Vormundschaft und Pflegschaft, Entmündigung, testamentarische und gesetzliche Erbfolge, Nachlaßabwicklungen und Erbauseinandersetzungen, ferner alle anderen Angelegenheiten des Familienrechts unter Einschluß aller den Personenstand betreffenden Fragen.

Der in Art 8 Abs 3 S 1 verwandte Begriff des „**Erbrechts**" wird durch das Schlußprotokoll dahingehend erläutert, daß er die testamentarische und gesetzliche Erbfolge, Nachlaßabwicklungen und Erbauseinandersetzungen erfassen soll. Im Zweifel sind damit alle Rechtsfragen gemeint, die im autonomen Kollisionsrecht unter die Anknüpfungsgegenstände der Art 25 Abs 1 und 26 Abs 5 subsumiert werden (vgl Art 25 Rn 72 ff; Art 26 Rn 65 ff). Bei der testamentarischen Erbfolge betrifft das Niederlassungsabkommen nur diejenigen Fragen, welche traditionell an die Staatsangehörigkeit angeknüpft werden, wie zB die nach Inhalt, Auslegung, materieller Wirksamkeit und Gültigkeit der Errichtung einer Verfügung von Todes wegen. Die Anknüpfung der Formgültigkeit von Verfügungen von Todes wegen richtet sich nach den allgemeinen Regeln, vgl Rn 151.

154 Art 8 Abs 3 S 1 bestimmt, daß die **Angehörigen** eines jeden Vertragsstaates in dem jeweils anderen Staat in erbrechtlicher Hinsicht ihrem Heimatrecht unterworfen bleiben. Zwar findet sich in Literatur und Rechtsprechung (vgl nur SOERGEL/KEGEL Vor Art 3 Rn 46 m umfangr Nachw in Fn 10; aus der Rspr etwa BGHZ 60, 74 f) häufiger die Formulierung, daß diese Bestimmung nur gelte, wenn sämtliche Beteiligten entweder Iraner oder Deutsche seien. Diese Aussage trifft jedoch nur für die Anknüpfung familienrechtlicher Beziehungen zu. Dagegen kommt es im Erbrecht allein auf die Staatsangehörigkeit *des Erblassers* (und nicht etwa der Erben) an (vgl IPG 1983 Nr 32 [Göttingen] 289). Iranische Staatsangehörige werden daher aus deutscher Sicht nach ihrem iranischen Heimatrecht beerbt (näher – insbesondere auch zu der erforderlichen interpersonalen Unteranknüpfung – Anh Rn 240 ff zu Art 25, 26).

155 Wie deutsch-iranische **Doppelstaater** oder Iraner mit einer weiteren ausländischen Staatsangehörigkeit behandelt werden sollen, regelt das Abkommen nicht. Insoweit greift daher autonomes Kollisionsrecht – Art 5 Abs 1 – ein. Danach findet das Abkommen auf Iraner mit einer weiteren ausländischen Staatsangehörigkeit nur dann Anwendung, wenn die iranische Staatsbürgerschaft die effektive ist (Art 5 S 1). Deutschiranische Doppelstaater sind als Deutsche anzusehen (Art 5 S 2; vBAR II Rn 210; ERMAN/HOHLOCH Art 25 Rn 4; aA MünchKomm/BIRK Art 25 Rn 294). Hat also eine deutsche Frau durch Eheschließung mit einem iranischen Staatsangehörigen zusätzlich zu ihrer deutschen die iranische Staatsbürgerschaft erworben, so wird sie als Deutsche behandelt (vgl etwa OLG Hamm FamRZ 1976, 30) und nach deutschem, nicht etwa aufgrund des Abkommens nach iranischem Recht beerbt. Hat der iranische Erblasser Flüchtlingsstatus (zB nach der Genfer Konvention, vgl Art 25 Rn 452) oder nach §§ 2, 3 AsylVFG (Art 25 Rn 455), tritt das Abkommen zurück (SCHOTTEN/WITTKOWSKI FamRZ 1995, 266).

156 Abs 3 S 1 verweist auf das **innerstaatliche Recht** der Vertragsstaaten. Die Erbfolge nach einem iranischen Erblasser untersteht mithin dem iranischen interpersonalen und materiellen Erbrecht; ein *Renvoi* ist *ausgeschlossen* (IPG 1969 Nr 33 [Köln] 255; vgl allgemein zur Frage der Rück- und Weiterverweisung bei staatsvertraglichen Kollisionsnormen MünchKomm/Sonnenberger Art 4 Rn 65 ff).

Abs 3 S 2 enthält (in Ermangelung eines eigenen Kontrollmaßstabes) keine spezielle **157** staatsvertragliche Vorbehaltsklausel wie zB Art 7 TestÜbk (Rn 103 ff) oder Art 16 MSA, sondern gibt nur den Weg frei zur **Anwendung des allgemeinen ordre-public-Vorbehalts**. Iranisches Erbrecht kann daher von der Anwendung ausgeschlossen werden, wenn die Voraussetzungen des Art 6 vorliegen (vgl OLG Oldenburg IPRax 1981, 138; OLG Hamm IPRax 1993, 53; dazu Soergel/Kegel Vor Art 3 EGBGB Rn 46; Dörner IPRax 1993, 35; IPG 1983 Nr 32 [Göttingen] 293; vgl auch Krüger FamRZ 1973, 8 f; zurückhaltend Beitzke IPRax 1981, 123). Gegen den deutschen ordre public verstoßen das im iranischen Recht anzutreffende Erbhindernis der Religionsverschiedenheit (Art 3 Abs 3 GG) sowie die Benachteiligung der Ehefrau bei der gesetzlichen Erbfolge (Art 3 Abs 2 GG; vgl S Lorenz IPRax 1993, 148; Dörner IPRax 1993, 35 ff; Schotten/Wittkowski FamRZ 1995, 269; IPG 1967/68 Nr 59 [Köln] 641; 1983 Nr 32 [Göttingen] 292; anders aber OLG Hamm IPRax 1993, 53; vgl näher Anh Rn 241 zu Art 25, 26).

2. Konsularvertrag zwischen dem Deutschen Reich und der Türkischen Republik v 28. 5. 1929 (RGBl 1930 II 747)*

a) Einführung
Der Konsularvertrag ist am 18. 11. 1931 in Kraft getreten (Bekanntmachung v 30. 8. 1931, **158** RGBl 1931 II 539) und gilt nach dem 2. Weltkrieg mit Wirkung v 1. 3. 1952 fort (Bekanntmachung v 29. 5. 1952, BGBl 1952 II 608).

Art 16 befaßt sich mit den **Beurkundungs- und Beglaubigungsbefugnissen** der Kon- **159** suln. Art 20 verweist hinsichtlich ihrer nachlaßrechtlichen Befugnisse auf das als Anlage zu dem Konsularvertrag abgeschlossene **Nachlaßabkommen**. Die §§ 12 Abs 3, 14, 16 und 18 dieses Abkommens enthalten **erbrechtliche Kollisionsnormen**. In § 15 wird die internationale Zuständigkeit für erbrechtliche Klagen geregelt; Entscheidungen der danach zuständigen Gerichte sind von dem jeweils anderen Staat anzuerkennen (§ 15 S 2). In § 17 ist festgelegt, daß die von der zuständigen Stelle des Heimatstaates eines Erblassers ausgestellten erbrechtlichen Zeugnisse insbesondere über das Recht eines Erben oder Testamentsvollstreckers im Hinblick auf den beweglichen Nachlaß auch im Gebiet des jeweils anderen Staates zum Nachweis der Rechtsstellung ausreichen.

Die in §§ 14 und 18 des Nachlaßabkommens enthaltenen Anknüpfungsregeln gehen **160** als staatsvertragliche Bestimmungen gemäß Art 3 Abs 2 S 1 den Art 25 Abs 1, Art 26 Abs 5 in der Anwendung vor. Art 25 *Abs 2* (Rechtswahl zugunsten des deutschen Belegenheitsrechts) hat für türkische Staatsangehörige nur deklaratorische Bedeutung (vgl Art 25 Rn 469), da die Erbfolge in inländisches unbewegliches Vermögen nach §§ 14 Abs 2, 18, 12 Abs 3 des Nachlaßabkommens ohnehin dem deutschen Recht unterliegt.

---

* **Schrifttum:** Dörner, Das deutsch-türkische Nachlaßabkommen, ZEV 1996, 90; Kremer, Die Bedeutung des deutsch-türkischen Konsu-larvertrages für Nachlaßverfahren in der Bundesrepublik Deutschland, IPRax 1981, 205.

161 Da der Konsularvertrag nach seinem Art 20 lediglich die *auf dem Gebiet der Vertragsstaaten belegenen Nachlässe* erfassen will, bleibt es jedem Vertragsstaat überlassen, wie er die erbrechtlichen Verhältnisse an Nachlaßgegenständen anknüpft, die in einem Drittstaat belegen sind. Die von *Art 3 Abs 3* (vgl Art 25 Rn 520 ff) vorgenommene Verweisung auf ein ausländisches Belegenheitsrecht bleibt daher vom Regelungsinhalt des Nachlaßabkommens unberührt (DÖRNER ZEV 1996, 94; aA MünchKomm/ BIRK Art 25 Rn 298).

162 Zum Verhältnis von § 16 Nachlaßabkommen (Form der Verfügungen von Todes wegen) zum Haager TestÜbk bzw zu Art 26 Abs 1 bis 3 vgl Rn 35 f sowie Rn 183.

163 Zum internationalen und materiellen Erbrecht der Türkei vgl im übrigen Anh Rn 683 ff zu Art 25, 26.

164 b)   **Text und Erläuterung**
             Konsularvertrag *(Auszug)*

Artikel 16
Die Konsuln haben, soweit sie nach den Vorschriften ihres Landes dazu befugt sind, das Recht:
…
2. Verfügungen von Todes wegen von Angehörigen des von ihnen vertretenen Landes aufzunehmen, zu bestätigen oder zu beglaubigen.
…

Artikel 20
In Ansehung der in dem Gebiete des einen vertragschließenden Staates befindlichen Nachlässe von Angehörigen des anderen Staates haben die Konsuln die aus der Anlage dieses Vertrages ersichtlichen Befugnisse.

Anlage zu Artikel 20 des Konsularvertrages (Nachlaßabkommen)

§ 1
(1) Stirbt ein Angehöriger eines Vertragsstaates im Gebiete des anderen Vertragsstaates, so hat die zuständige Ortsbehörde dem zuständigen Konsul des Staates, dem der Verstorbene angehörte, unverzüglich von dem Tode Kenntnis zu geben und ihm mitzuteilen, was ihr über die Erben und deren Aufenthalt, den Wert und die Zusammensetzung des Nachlasses sowie über das etwaige Vorhandensein einer Verfügung von Todes wegen bekannt ist. Erhält zuerst der Konsul (des Staates, dem der Verstorbene angehörte) von dem Todesfalle Kenntnis, so hat er seinerseits die Ortsbehörde (in gleicher Weise) zu benachrichtigen.
(2) Gehört der Sterbeort zu keinem Konsulatsbezirk, so ist die Mitteilung an den diplomatischen Vertreter des Staates, dem der Verstorbene angehörte, zu richten.
(3) Die der Ortsbehörde und dem Konsul alsdann obliegenden Verrichtungen bestimmen sich hinsichtlich des beweglichen Nachlasses nach §§ 2 bis 11 und hinsichtlich des unbeweglichen Nachlasses nach § 12.

§ 2
(1) Für die Sicherung des Nachlasses hat in erster Linie die zuständige Ortsbehörde zu sorgen. Sie hat sich auf Maßnahmen zu beschränken, die erforderlich sind, um die Substanz des Nachlasses unversehrt zu erhalten, wie Siegelung und Aufnahme eines Nachlaßverzeichnisses.

Auf Ersuchen des Konsuls hat sie in jedem Falle die von ihm gewünschten Sicherungsmaßregeln zu treffen.

(2) Der Konsul kann gemeinsam mit der Ortsbehörde oder, soweit sie noch nicht eingegriffen hat, allein gemäß den Vorschriften des von ihm vertretenen Staates entweder persönlich oder durch einen von ihm ernannten, mit seiner Vollmacht versehenen Vertreter den beweglichen Nachlaß siegeln und ein Nachlaßverzeichnis aufnehmen, wobei er die Hilfe der Ortsbehörden in Anspruch nehmen darf.

(3) Ortsbehörden und Konsul haben einander, sofern nicht besondere Umstände entgegenstehen, Gelegenheit zur Mitwirkung bei den Sicherungsmaßnahmen zu geben. Die Behörde, die hierbei nicht hat mitwirken können, ist befugt, im Falle einer Siegelung den angelegten Siegeln nachträglich ihr Siegel beizufügen. Hat die andere Behörde nicht mitwirken können, so ist ihr so bald als möglich beglaubigte Abschrift des Nachlaßverzeichnisses und des Verhandlungsprotokolls zu übersenden.

(4) Dieselben Bestimmungen gelten für die gemeinschaftlich vorzunehmende Aufhebung der Sicherungsmaßregeln und insbesondere die Abnahme der Siegel. Jedoch kann sowohl die Ortsbehörde wie der Konsul allein zur Abnahme schreiten, falls die andere Behörde ihre Einwilligung dazu erteilt oder auf eine mindestens 48 Stunden vorher an sie ergangene Einladung sich nicht rechtzeitig eingefunden hat.

§ 3

Die Ortsbehörde soll die in dem Lande gebräuchlichen oder durch dessen Gesetze vorgeschriebenen Bekanntmachungen über die Eröffnung des Nachlasses und den Aufruf der Erben oder Gläubiger erlassen und diese Bekanntmachungen dem Konsul mitteilen; dieser kann auch seinerseits entsprechende Bekanntmachungen erlassen.

§ 4

Der Konsul kann die Nachlaßregelung übernehmen. In diesem Falle gelten die Bestimmungen der §§ 5 bis 10 dieses Abkommens.

§ 5

(1) Der Konsul ist berechtigt, sich alle Nachlaßsachen, mit Einschluß der Papiere des Verstorbenen, die sich im Gewahrsam von Privatpersonen, Notaren, Banken, Versicherungsgesellschaften, öffentlichen Kassen und dergleichen oder der Ortsbehörden befinden, unter denselben Voraussetzungen aushändigen zu lassen, und unter denselben Voraussetzungen zum Nachlaß gehörige Forderungen einzuziehen, unter denen der Verstorbene selbst dazu befugt gewesen wäre. Wenn der Nachlaß ganz oder zum Teil beschlagnahmt ist oder sich unter Zwangsverwaltung befindet, kann der Konsul davon erst Besitz nehmen, nachdem die Beschlagnahme oder Zwangsverwaltung aufgehoben ist.

(2) Der Konsul ist ebenfalls berechtigt, die Herausgabe der von dem Verstorbenen errichteten Verfügungen von Todes wegen zu verlangen, und zwar auch dann, wenn sie von den Landesbehörden in amtliche Verwahrung genommen worden sind, die das Recht haben, die Verfügungen vor der Herausgabe zu eröffnen. Der Konsul hat eine beglaubigte Abschrift jeder in seinen Besitz gelangten und eröffneten Verfügung der Ortsbehörde mitzuteilen.

§ 6

Der Konsul hat das Recht und die Pflicht, alle Maßnahmen zu treffen, die er zur Erhaltung des Nachlasses als im Interesse der Erben liegend erachtet oder die zur Erfüllung öffentlichrechtlicher Verpflichtungen des Erblassers oder der Erben erforderlich sind. Insbesondere ist er gegenüber den zuständigen Behörden zur Erteilung von Auskunft über den Wert des Nach-

Heinrich Dörner

lasses verpflichtet. Er kann den Nachlaß entweder persönlich verwalten oder durch einen von ihm gewählten und in seinem Namen handelnden Vertreter, dessen Geschäftsführung er überwacht, verwalten lassen. Der Konsul ist berechtigt, die Hilfe der Ortsbehörden in Anspruch zu nehmen.

§ 7

(1) Der Konsul hat den Nachlaß, soweit er ihn in Besitz genommen hat, innerhalb des Landes seines Amtssitzes aufzubewahren.

(2) Der Konsul ist befugt, selbständig im Wege der Versteigerung und gemäß den Gesetzen und Gebräuchen des Landes seines Amtssitzes die Bestandteile des Nachlasses, die dem Verderben ausgesetzt sind und deren Aufbewahrung schwierig und kostspielig sein würde, zu veräußern.

(3) Er ist ferner berechtigt, die Kosten der letzten Krankheit und der Beerdigung des Verstorbenen, den Lohn von Hausbediensteten, Angestellten und Arbeitern, Mietzins und andere Kosten, deren Aufwendung zur Verwaltung des Nachlasses erforderlich ist, sowie im Notfalle den für die Familie des Verstorbenen erforderlichen Unterhalt, ferner Gerichtskosten, Konsulatsgebühren und Gebühren der Ortsbehörden sofort aus dem Bestande des Nachlasses zu entnehmen.

§ 8

Streitigkeiten infolge von Ansprüchen gegen den Nachlaß sind bei den zuständigen Behörden des Landes, in dem dieser sich befindet, anhängig zu machen und von diesen zu entscheiden.

§ 9

(1) Die Zwangsvollstreckung in die Nachlaßgegenstände ist zulässig, auch wenn diese sich in der Verwahrung des Konsuls befinden. Dieser hat sie der zuständigen Behörde auf Ersuchen herauszugeben.

(2) Falls die zuständige Behörde ein Konkursverfahren über den im Lande befindlichen Nachlaß eröffnet, hat der Konsul auf Erfordern alle Nachlaßgegenstände, soweit sie zur Konkursmasse gehören, der Ortsbehörde oder dem Konkursverwalter auszuliefern. Der Konsul ist befugt, die Interessen seiner Staatsangehörigen in dem Verfahren wahrzunehmen.

§ 10

Nach Ablauf von drei Monaten seit der letzten Bekanntmachung über die Eröffnung des Nachlasses oder, wenn eine solche Bekanntmachung nicht stattgefunden hat, nach Ablauf von vier Monaten seit dem Tode des Erblassers kann der Konsul die Nachlaßsachen an die Erben, die ihr Recht nachgewiesen haben, oder sofern der Nachweis nicht geführt werden konnte, an die zuständigen Behörden seines Landes herausgeben. Er darf aber die Herausgabe nicht vornehmen, bevor alle die geschuldeten öffentlich-rechtlichen Abgaben des Erblassers und die staatlichen Abgaben sowie die zugehörigen den Nachlaß belastenden Kosten und Rechnungen entrichtet oder sichergestellt sind, und bevor die bei ihm angemeldeten Forderungen an den Nachlaß von Angehörigen oder Bewohnern des Staates, in dessen Gebiet sich der Nachlaß befindet, befriedigt oder ordnungsmäßig sichergestellt sind. Diese Verpflichtung des Konsuls gegenüber den angemeldeten Forderungen erlischt, wenn er nicht binnen weiterer sechs Monaten davon in Kenntnis gesetzt wird, daß die Forderungen anerkannt oder bei dem zuständigen Gericht eingeklagt worden sind.

§ 11

(1) Falls der Konsul die Herausgabe nicht verlangt hat, ist die Ortsbehörde verpflichtet, die in

ihrem Gewahrsam befindlichen Nachlaßgegenstände den Erben unter denselben Bedingungen herauszugeben, unter denen der Konsul nach § 10 dazu verpflichtet ist.

(2) Führen die Interessenten nicht binnen sechs Monaten seit dem Todestage des Erblassers den Nachweis ihres Erbrechts, so hat die Ortsbehörde den Nachlaß unter Mitteilung der darauf bezüglichen Akten an den Konsul abzuliefern, vorbehaltlich der in § 10 vorgesehenen Bedingungen. Der Konsul hat damit nach Maßgabe des § 10 zu verfahren.

Der Konsul kann – regelmäßig nach einem entsprechenden Ersuchen eines der Beteiligten – gemäß § 4 des Abkommens die Nachlaßregelung übernehmen. In diesem Fall ist er nach § 5 Abs 1 S 1 befugt, die zum Nachlaß gehörenden Forderungen einzuziehen, so zB Ansprüche gegen Lebens- oder Unfallversicherungen geltend zu machen, soweit sie in den Nachlaß fallen und nicht einem bestimmten Bezugsberechtigten zugewiesen worden sind. Allerdings ist dem Konsul die Nachlaßfürsorge ausschließlich *im Interesse der Erben* überlassen (§ 6 S 1); seine Vertretungs- und Verwaltungsbefugnisse entfallen daher (arg § 13 S 2), wenn die Erbberechtigten anwesend sind und die Nachlaßverwaltung selbst übernehmen (vgl Rn 166).

Gemäß § 6 S 1 hat der Konsul weiter das Recht und die Pflicht, alle Maßnahmen zu **165** treffen, die er im Interesse der Erben für zweckmäßig erachtet oder die zur Erfüllung öffentlich-rechtlicher Verpflichtungen des Erblassers oder seiner Erben erforderlich sind. Er kann den Nachlaß verwalten oder durch einen Vertreter verwalten lassen (§ 6 S 2). Nach § 7 Abs 1 ist er zur Aufbewahrung des Nachlasses verpflichtet; verderbliche oder schwierig aufzubewahrende Nachlaßgegenstände darf er versteigern lassen (§ 7 Abs 2). Nach § 10 hat der Konsul den Nachlaß nach Ablauf bestimmter Fristen an die Erben, soweit sie ihr Recht nachgewiesen haben, ansonsten an die zuständigen Behörden seines Landes herauszugeben.

Gemäß § 13 S 2 entfällt die Vertretungsbefugnis des Konsuls, wenn alle Erbberech- **166** tigten anwesend oder vertreten sind. Diese Bestimmung findet auf die in §§ 5–10 aufgeführten Verwaltungsrechte entsprechende Anwendung (so in der Sache zutreffend, in der Ausdrucksweise freilich indiskutabel FERID Rn 9–9 gegen LG Augsburg IPRax 1981, 215; OLG München IPRax 1981, 216; KREMER IPRax 1981, 205).

§ 12   **167**

(1) In Ansehung des unbeweglichen Nachlasses sind ausschließlich die zuständigen Behörden des Staates, in dessen Gebiet sich dieser Nachlaß befindet, berechtigt und verpflichtet, alle Verrichtungen nach Maßgabe der Landesgesetze und in derselben Weise vorzunehmen wie bei Nachlässen von Angehörigen ihres eigenen Staates. Beglaubigte Abschrift des über den unbeweglichen Nachlaß aufgenommenen Verzeichnisses ist so bald als möglich dem zuständigen Konsul zu übersenden.

(2) Hat der Konsul eine Verfügung von Todes wegen in Besitz genommen, worin Bestimmungen über unbeweglichen Nachlaß enthalten sind, so hat er der Ortsbehörde auf ihr Ersuchen die Urschrift dieser Verfügung auszuhändigen.

(3) Das Recht des Staates, in dem sich der Nachlaß befindet, entscheidet darüber, was zum beweglichen und zum unbeweglichen Nachlaß gehört.

§ 12 Abs 3 spricht eine *Qualifikationsverweisung* aus (dazu Art 25 Rn 622, 632). Über die Abgrenzung von beweglichem und unbeweglichem Nachlaß entscheidet danach das Recht des jeweiligen Belegenheitsstaates (vgl Rn 169).

Heinrich Dörner

168   § 13

In allen Angelegenheiten, zu denen die Eröffnung, Verwaltung und Regelung der beweglichen und unbeweglichen Nachlässe von Angehörigen des einen Staates im Gebiet des anderen Staates Anlaß geben, soll der Konsul ermächtigt sein, die Erben, die seinem Staate angehören und keinen Bevollmächtigten in dem anderen Staate bestellt haben, zu vertreten, ohne daß er gehalten ist, seine Vertretungsbefugnis durch eine besondere Urkunde nachzuweisen. Die Vertretungsbefugnis des Konsuls fällt weg, wenn alle Berechtigten anwesend oder vertreten sind.

Durch § 13 S 1 wird dem Konsul über die in §§ 5 ff eingeräumten Befugnisse hinaus gestattet, die Erben in allen durch die Eröffnung, Verwaltung und Regelung des Nachlasses veranlaßten Angelegenheiten zu vertreten, ohne daß er seine Vertretungsbefugnis urkundlich nachweisen muß. Die Vertretungsbefugnis entfällt, wenn alle Berechtigten anwesend oder vertreten sind (S 2). Zur entsprechenden Anwendung des S 2 auf die Verwaltungsbefugnisse des Konsuln s Rn 166.

169   § 14

(1) Die erbrechtlichen Verhältnisse bestimmen sich in Ansehung des beweglichen Nachlasses nach den Gesetzen des Landes, dem der Erblasser zur Zeit seines Todes angehörte.

(2) Die erbrechtlichen Verhältnisse in Ansehung des unbeweglichen Nachlasses bestimmen sich nach den Gesetzen des Landes, in dem dieser Nachlaß liegt, und zwar in der gleichen Weise, wie wenn der Erblasser zur Zeit seines Todes Angehöriger dieses Landes gewesen wäre.

Diese Kollisionsnormen greifen ein, wenn sich innerhalb des einen Vertragsstaates Vermögenswerte befinden, die zum Nachlaß eines **Angehörigen des anderen Vertragsstaats** gehören (vgl Art 20 des Konsularvertrages iVm §§ 14 Abs 2, 18; anders Münch-Komm/Birk Art 25 Rn 298), dh wenn ein deutscher Staatsangehöriger beweglichen oder unbeweglichen Nachlaß in der Türkei oder ein türkischer Staatsangehöriger beweglichen oder unbeweglichen Nachlaß in Deutschland hinterläßt. Dagegen wird die Erbfolge in das in der Bundesrepublik belegene Vermögen eines Deutschen nach den allgemeinen Kollisionsnormen (Art 25, 26 Abs 5) angeknüpft. Zum Zusammentreffen von deutschem Erb- und türkischem Ehegüterrecht (und umgekehrt) ausführlich Dörner ZEV 1996, 95.

170 Unter den „**erbrechtlichen Verhältnissen**" sind im Zweifel alle Rechtsfragen zu verstehen, die im autonomen Kollisionsrecht unter die Anknüpfungsgegenstände der Art 25 Abs 1 und 26 Abs 5 subsumiert werden (vgl Art 25 Rn 71 ff, Art 26 Rn 65 ff). Zur Anknüpfung der *Form* einer Verfügung von Todes wegen vgl § 16 u Rn 35 f. Was unter beweglichem bzw unbeweglichem Nachlaß zu verstehen ist, bestimmt kraft der in § 12 Abs 3 enthaltenen Qualifikationsverweisung das Recht des jeweiligen Belegenheitsstaates. Im deutschen Recht wird man den „unbeweglichen Nachlaß" iS von § 13 Abs 2 mit „unbeweglichem Vermögen" iS von Art 25 Abs 2 gleichsetzen können. Daher kann für die Bestimmung des „unbeweglichen Nachlasses" auf die Erläuterungen zu Art 25 Rn 482 ff verwiesen werden.

171 **Beweglicher Nachlaß** vererbt sich nach dem **Heimatrecht des Erblassers** zum Zeitpunkt seines Todes (Abs 1). Ein türkischer Staatsangehöriger wird daher nach türkischem Recht beerbt. Die Erbfolge beim Tod von *Mehrstaatern* regelt das Abkommen nicht (zur deutsch-türkischen Doppelstaatsangehörigkeit in der Praxis s Kilic StAZ 1994, 73). Zur Ausfüllung dieser Lücke ist autonomes Kollisionsrecht – Art 5 Abs 1 – heranzuziehen. Danach findet das Abkommen auf Türken mit einer weiteren ausländischen Staatsangehörigkeit nur dann Anwendung, wenn die türkische Staatsbürgerschaft die effektive ist (Art 5 S 1; vgl auch AG Bad Homburg IPRspr 1977 Nr 103 S 294; Erman/Hohloch Art 25 Rn 57). Deutsch-türkische Doppelstaater sind als Deutsche anzusehen (Art 5 S 2; dazu ausführlich Dörner ZEV 1996; aA MünchKomm/Birk Art 25 Rn 299). Im Hinblick auf ihren beweglichen Nachlaß werden sie demzufolge nach deutschem (§ 14 Abs 1), im Hinblick auf den etwa in der Türkei belegenen unbeweglichen Nachlaß dagegen gemäß Abs 2 nach türkischem Recht beerbt (für Unanwendbarkeit des § 14 dagegen Soergel/Schurig Art 25 Rn 106; Erman/Hohloch Art 25 Rn 4).

Die Rechtsnachfolge in **unbeweglichen Nachlaß** richtet sich nach dem Recht des **172** **Belegenheitsortes** (Abs 2), und zwar „in der gleichen Weise, wie wenn der Erblasser zur Zeit seines Todes Angehöriger dieses Landes gewesen wäre". Deutsches Erbrecht gilt demnach für Grundstücke, die ein türkischer Staatsangehöriger in der Bundesrepublik hinterläßt. Der in der Türkei belegene Grundbesitz eines deutschen Staatsangehörigen wird nach türkischem Recht vererbt.

Da das Nachlaßabkommen eine dem Art 26 Abs 5 (Art 26 Rn 60 ff) entsprechende **173** Sonderanknüpfung nicht kennt, entscheidet das Heimatrecht des Erblassers **zum** **Zeitpunkt seines Todes** auch nachträglich über die Gültigkeit einer Errichtung und über die Bindungswirkungen einer Verfügung von Todes wegen. Ein Staatsangehörigkeitswechsel kann demnach zur Folge haben, daß das Erbstatut die Frage der Gültigkeit und Bindung anders beurteilt, als das Errichtungsstatut dies getan hätte. Damit gelangt ein Recht zur Anwendung, an dessen Vorschriften die Beteiligten ihr Verhalten zum Zeitpunkt der Vornahme der Verfügung von Todes wegen noch gar nicht ausrichten konnten. Im Lichte des Rechtsstaatsprinzips ist eine solche „echte Rückwirkung" (vgl BVerfGE 13, 271; 30, 385 ff, st Rspr) äußerst bedenklich. Ob und wie dies Ergebnis vermieden werden könnte, ist derzeit noch ungeklärt (näher zu dieser Problematik Dörner ZEV 1996, 93).

Die in § 14 enthaltenen Anknüpfungsregeln gelten auch dann, wenn der Erblasser **174** nicht im Inland, ein türkischer Staatsangehöriger also in der Türkei oder in einem Drittstaat verstorben ist (§ 18).

In § 14 wird auf das **innerstaatliche Recht** der Vertragsstaaten verwiesen (zur Rück- und **175** Weiterverweisung bei staatsvertraglichen Kollisionsnormen vgl MünchKomm/Sonnenberger Art 4 Rn 65 ff). Ein *Renvoi* durch das türkische Heimat- bzw Belegenheitsrecht *findet* also *nicht statt.*

Aufgrund der unterschiedlichen Anknüpfung von beweglichem und unbeweglichem **176** Nachlaß in Abs 1 u 2 kann es zur *Nachlaßspaltung* kommen (vgl Kremer IPRax 1981, 205). Zu den sich daraus ergebenden Problemen s Art 25 Rn 723 ff.

Vorfragen, die in staatsvertraglich berufenen Sachnormen auftauchen, werden im **177** Interesse des internationalen Entscheidungseinklangs unselbständig angeknüpft (Art 25 Rn 556, allerdings str). Als Vorfragenstatut ist damit das Recht berufen, das von den Kollisionsnormen der für die Hauptfrage maßgebenden Rechtsordnung bezeichnet wird. Beispiel: Hinterläßt ein deutscher Erblasser unbeweglichen Nachlaß in der Türkei und macht das nach § 14 Abs 2 für die Erbfolge maßgebende türkische Recht die erbrechtliche Stellung einer Person davon abhängig, daß sie mit dem Erblasser verheiratet war oder von ihm abstammt, so ist das für diese präjudiziellen Fragen maßgebenden Eheschließungs- bzw Abstammungsstatut nicht mit Hilfe der Kollisionsnormen des deutschen (Art 13 Abs 1 und 19 Abs 1), sondern durch Einschaltung der entsprechenden Kollisionsnormen des türkischen Rechts (Art 12 Abs 1 und 15 IPR-Gesetz) zu ermitteln.

178 Das Abkommen enthält keine **ordre public-Klausel.** Es ist daher anzunehmen, daß die Vertragsparteien alle kollisionsrechtlichen Fragen im Staatsvertrag abschließend regeln und einander nicht die Möglichkeit lassen wollten, unter Berufung auf den eigenen ordre public dem Recht des Vertragspartners auszuweichen. Sollte sich zeigen, daß das türkische materielle Erbrecht in einzelnen Punkten den Grundwerten der deutschen Rechtsordnung (Art 6) widerspricht, bliebe nur der Weg einer Kündigung des Abkommens. Allerdings stünde sowohl der Bundesrepublik als auch der Türkei in jedem Fall die Berufung auf einen völkerrechtlich fundierten ordre public frei, sofern einzelne Normen des anderen Vertragsstaats gegen die (von beiden ratifizierte) Europäische Menschenrechtskonvention verstoßen sollten.

179   § 15

Klagen, welche die Feststellung des Erbrechts, Erbschaftsansprüche, Ansprüche aus Vermächtnissen sowie Pflichtteilsansprüche zum Gegenstand haben, sind, soweit es sich um beweglichen Nachlaß handelt, bei den Gerichten des Staates anhängig zu machen, dem der Erblasser zur Zeit seines Todes angehörte, soweit es sich um unbeweglichen Nachlaß handelt, bei den Gerichten des Staates, in dessen Gebiet sich der unbewegliche Nachlaß befindet. Ihre Entscheidungen sind von dem anderen Staate anzuerkennen.

S 1 regelt die internationale Zuständigkeit für Streitigkeiten *unter* (potentiell) *erbrechtlich Berechtigten*, also zB Miterben, Erbprätendenten, Vermächtnisnehmern und Pflichtteilsberechtigten. Die Geltendmachung zum Nachlaß gehörender *Ansprüche gegen Dritte* erfaßt die Vorschrift dagegen nicht (anders KREMER IPRax 1981, 205 gegen OLG München IPRax 1981, 215 u 216). Ebensowenig betrifft sie Klagen, die sich aus einem *gegen den Nachlaß gerichteten Anspruch Dritter* ergeben, insoweit besteht nach § 8 eine internationale Zuständigkeit der Gerichte des Landes, in dem sich der – bewegliche oder unbewegliche – Nachlaß befindet.

180 Soweit eine Klage den beweglichen Nachlaß betrifft, sind die Gerichte des Heimatstaates des Erblassers, soweit sie den unbeweglichen Nachlaß betrifft, sind die Gerichte des Belegenheitsstaates zuständig (zur Abgrenzung beider Nachlaßmassen vgl Rn 170). Die im Hinblick auf den beweglichen Nachlaß getroffene Zuständigkeitsregelung dürfte sich allein auf Erbstreitigkeiten beziehen, deren Beteiligte dieselbe Staatsangehörigkeit besitzen wie der Erblasser (Heimatstaatszuständigkeit zum Schutze der Angehörigen des jeweils anderen Vertragsstaates, vgl ERMAN/HOHLOCH Art 25 Rn 57); daher kann § 15 S 1 dann keine ausschließliche Geltung besitzen, wenn an der Auseinandersetzung auch ein Erbe, Vermächtnisnehmer usw mit einer anderen Staatsangehörigkeit beteiligt ist. Wird also zB ein türkischer Erblasser von einem deutschen Staatsangehörigen (vgl auch Art 5 Abs 1 S 2) beerbt, so besteht auch eine internationale Zuständigkeit der deutschen Gerichte analog § 27 ZPO für

Klagen, die von diesem Erben erhoben oder gegen ihn gerichtet werden (ERMAN/ HOHLOCH Art 25 Rn 57).

Die von den Gerichten eines Vertragsstaats getroffene Entscheidung ist in dem **181** jeweils anderen Vertragsstaat (ohne sachliche Nachprüfung) anzuerkennen (S 2).

> **§ 16** **182**
> **(1) Verfügungen von Todes wegen sind, was ihre Form anlangt, gültig, wenn die Gesetze des Landes beachtet sind, wo die Verfügungen errichtet sind, oder die Gesetze des Staates, dem der Erblasser zur Zeit der Errichtung angehörte.**
> **(2) Das gleiche gilt für den Widerruf solcher Verfügungen von Todes wegen.**

Die Vorschrift bestimmt, welches Recht über die **Formgültigkeit** einer Verfügung von Todes wegen (Abs 1) und des Widerrufs einer solchen Verfügung (Abs 2) entscheidet. Sie schließt als staatsvertragliche Sonderregelung gemäß Art 3 Abs 2 S 1 die autonomen Bestimmungen der Art 26 Abs 1 bis 4 von der Anwendung aus.

Da am 22. 10. 1983 das **Haager TestÜbk** (Rn 31 ff) auch in der Türkei in Kraft getreten **183** ist (BGBl 1983 II 720), weicht § 16 von diesem Zeitpunkt an seinerseits hinter die Bestimmungen des TestÜbk zurück (näher Rn 35 f; dazu vBAR II Rn 393 Fn 278; ERMAN/ HOHLOCH Art 26 Rn 5). Die Formgültigkeit eines Testaments, das ein nach dem 21. 10. 1983 verstorbener (vgl Art 8 TestÜbk) türkischer Erblasser errichtet hat, wird daher gemäß Art 1 TestÜbk und nicht nach § 16 des deutsch-türkischen Nachlaßabkommens angeknüpft. Freilich gilt dieser Vorrang nur im Anwendungsbereich des TestÜbk. Soweit § 16 in der Sache weitergehende Anwendung findet, so zB bei der Formgültigkeit von Erbverträgen (vgl Rn 76) oder bei der Formgültigkeit eines nicht sprachlich vermittelten rechtsgeschäftlichen Testamentswiderrufs (vgl Rn 67 u 184), bleiben allein die Anknüpfungspunkte des § 16 maßgeblich.

Zur **Form** einer Verfügung von Todes wegen gehörig wird man auch in diesem **184** Zusammenhang (vgl Rn 85) alle Regeln rechnen können, die sich mit der äußeren Gestaltung einer Verfügung von Todes wegen befassen und das Ziel verfolgen, Gewißheit über den Erblasserwillen zu vermitteln und/oder eine sachkundige Beratung des Erblassers sicherzustellen. *Verfügungen von Todes* wegen sind Testamente und (auch im türkischen Recht zulässige) Erbverträge. Die Formgültigkeit anderer erbrechtlicher Rechtsgeschäfte (Ausschlagung, Erbverzicht, Erbschaftskauf usw) wird nach den Regeln des autonomen Kollisionsrechts (Art 11, vgl Art 26 Rn 57 ff) angeknüpft. Der Begriff des *„Widerrufs"* in Abs 2 erfaßt sämtliche Widerrufsformen, dh sowohl einen Widerruf durch Rechtsgeschäft als auch durch rechtsgeschäftsähnliches Handeln (näher Rn 66 f).

Errichtung und Widerruf einer Verfügung von Todes wegen sind formgültig, wenn sie **185** entweder dem *Recht des Errichtungsortes* oder dem *Heimatrecht des Erblassers* zum Zeitpunkt der Errichtung entsprechen. Das Recht des Belegenheitsortes wird für unbewegliches Vermögen also nicht berufen. Trifft daher zB ein deutscher Staatsangehöriger in der Bundesrepublik durch Erbvertrag eine letztwillige Verfügung über türkischen Grundbesitz, so sind allein die Formvorschriften des deutschen Rechts maßgebend.

186 Maßgebend ist das Heimatrecht des Erblassers zum *Zeitpunkt der Errichtung*. Hat danach zB ein türkischer Staatsangehöriger nach türkischem Recht formwirksam testiert, so bleibt die Verfügung auch dann gültig, wenn er später eine andere – etwa die deutsche – Staatsangehörigkeit erwirbt und die Verfügung die Formvoraussetzungen des neuen Heimatrechts nicht erfüllt hätte.

187 **§ 17**

Ein Zeugnis über ein erbrechtliches Verhältnis, insbesondere über das Recht des Erben oder eines Testamentsvollstreckers, das von der zuständigen Behörde des Staates, dem der Erblasser angehörte, nach dessen Gesetzen ausgestellt ist, genügt, soweit es sich um beweglichen Nachlaß handelt, zum Nachweis dieser Rechtsverhältnisse auch für das Gebiet des anderen Staates. Zum Beweise der Echtheit genügt die Beglaubigung durch einen Konsul oder einen diplomatischen Vertreter des Staates, dem der Erblasser angehörte.

Beim Tode eines türkischen Staatsangehörigen kann ein Erbe oder Testamentsvollstrecker seine Rechtsstellung durch ein von den türkischen Behörden ausgestelltes Zeugnis nachweisen. Dieses Zeugnis wird, soweit es sich um beweglichen Nachlaß handelt, im Inland anerkannt. Das Zeugnis muß durch einen Konsul oder diplomatischen Vertreter beglaubigt worden sein (S 2; vgl LG Augsburg IPRax 1981, 215).

188 Die Vorschrift schließt eine internationale Zuständigkeit und damit ein Tätigwerden deutscher Nachlaßgerichte nicht aus (Erman/Hohloch Art 25 Rn 57). Diese können daher auf Antrag der Erben auch beim Tode eines türkischen Erblassers zB einen Fremdrechtserbschein nach § 2369 BGB ausstellen. Da ein Konsul in der Regel nur auf ein entsprechendes Ersuchen der Beteiligten hin tätig wird, sind die deutschen Nachlaßgerichte *nicht* gehalten, den zuständigen türkischen Konsul von Amts wegen in Kenntnis zu setzen und danach abzuwarten, ob er von der Möglichkeit des § 4 Gebrauch macht (anders Kremer IPRax 1981, 206). Übernimmt der Konsul allerdings die Nachlaßregelung, so sind die damit verbundenen Verfügungsbeschränkungen (vgl § 5) zu Lasten des Erben im deutschen Erbschein analog § 2364 BGB zum Ausdruck zu bringen.

189 **§ 18**

Die Bestimmungen der §§ 1 bis 17 finden entsprechende Anwendung auf bewegliches oder unbewegliches Vermögen, das sich im Gebiet des einen Teils befindet und zu dem Nachlaß eines außerhalb dieses Gebietes verstorbenen Angehörigen des anderen Teils gehört.

Die Vorschrift zielt in erster Linie auf die verfahrensrechtlichen Bestimmungen des Nachlaßabkommens (etwa § 2 f) sowie auf die Bestimmungen über die Befugnisse der Konsuln (§§ 5 ff) ab. Sie stellt ferner klar, daß die Anknüpfungsregeln der §§ 14, 16 auch dann Platz greifen, wenn der Erblasser nicht in dem Vertragsstaat verstorben ist, in welchem er Nachlaßgegenstände hinterlassen hat.

190 **§ 19**

(1) Wenn eine Person, die zur Besatzung eines Schiffes eines der beiden Staaten gehört, im Gebiet des anderen Staates stirbt und nicht diesem angehört, so sollen ihre Heuerguthaben und ihre Habseligkeiten dem Konsul des zuständigen Staates übergeben werden.

(2) Wenn ein Angehöriger des einen der beiden Staaten auf der Reise im Gebiet des anderen stirbt, ohne dort seinen Wohnsitz oder gewöhnlichen Aufenthalt gehabt zu haben, so sollen die

von ihm mitgeführten Gegenstände dem Konsul seines Landes übergeben werden.

(3) Der Konsul, dem die in Absatz 1 und 2 erwähnten Nachlaßsachen übergeben worden sind, wird damit nach den Vorschriften seines Landes verfahren, nachdem er die von dem Verstorbenen während des Aufenthalts in dem Lande gemachten Schulden geregelt hat.

3. **Konsularvertrag zwischen der Bundesrepublik Deutschland und der Union der Sozialistischen Sowjetrepubliken v 25. 4. 1958 (BGBl 1959 II 233)**

a) **Einführung**

Der Konsularvertrag zwischen der Bundesrepublik und der UdSSR ist *seit dem* **191** *24. 5. 1959* in Kraft (BGBl 1959 II 469). Bis zum 22. 6. 1941 (Einmarsch der deutschen Truppen in die Sowjetunion) fand das als Anlage 22 zum deutsch-russischen Konsularvertrag v 12. 10. 1925 geschlossene deutsch-russische Nachlaßabkommen v 6. 1. 1926 Anwendung (RGBl 1926 II 1 mit AusführungsVO v 12. 3. 1926, RGBl 1926 II 179; kommentiert bei STAUDINGER/RAAPE⁹ [1931] Art 25 Anm H III; Text auch in: FERID/FIRSCHING Bd I: Deutschland, Texte A II 2 Nr 6: Vererbung des beweglichen Nachlasses nach Heimatrecht, des unbeweglichen nach Belegenheitsrecht). Ob dieses Nachlaßabkommen auf Erbfälle zwischen dem 8. 5. 1945 (deutsche Kapitulation) und dem 25. 4. 1958 Anwendung findet, ist streitig (vgl oben Rn 27; dahingestellt von BGH WM 1958, 561).

Nach dem Auseinanderbrechen der früheren UdSSR in den Jahren 1991 und 1992 **192** stellt sich die Frage, für welche ihrer Nachfolgestaaten der Konsularvertrag vom 25. 4. 1958 weiterhin Geltung besitzt. Die Russische Föderation hat die völkerrechtlichen Verträge der frühen UdSSR durch Note v 24. 12. 1991 übernommen (vgl Bekanntmachung BGBl 1992 II 1016). Mit anderen Nachfolgestaaten wie zB Armenien (vgl BGBl 1993 II 169), Aserbeidschan (BGBl 1996 II 2472), Belarus (BGBl 1994 II 2533), Georgien (BGBl 1992 II 1128), Kasachstan (BGBl 1992 II 1120), Kirgistan (BGBl 1992 II 1015), Moldau (BGBl 1996 II 768), Tadschikistan (BGBl 1995 II 255), der Ukraine (BGBl 1993 II 1189) und Usbekistan (BGBl 1993 II 2038) ist durch Gemeinsame Erklärung oder Notenwechsel vereinbart worden, daß die zwischen der Bundesrepublik und der früheren UdSSR geschlossenen völkerrechtlichen Verträge im Verhältnis zwischen der Bundesrepublik und dem betreffenden Nachfolgestaat so lange weiterhin angewandt werden sollen, bis beide Seiten etwas Abweichendes vereinbaren.

Ungeklärt ist die Rechtslage derzeit (1. 1. 2000) im Verhältnis zu Estland, Lettland, **193** Litauen und Turkmenistan. Nach Art 34 der Wiener Konvention über Staatennachfolge in Verträge v 23. 8. 1978 (dazu IPSEN, Völkerrecht [4. Aufl 1999] § 12 Rn 7 ff) bleiben die vom Vorgängerstaat abgeschlossenen Staatsverträge in einem durch Abspaltung entstandenen Staat grundsätzlich wirksam; diese Konvention ist derzeit freilich noch nicht in Kraft getreten. Die Staatenpraxis ist in der Vergangenheit unterschiedlich verfahren. Im heutigen Völkergewohnheitsrecht läßt sich aber eine leichte Neigung zur Aufrechterhaltung von Abkommen zivilrechtlichen Charakters feststellen (DAHM/ DELBRÜCK/WOLFRUM, Völkerrecht Bd I/1 [2. Aufl 1989] 164 ff; zurückhaltender jedoch SEIDL-HOHENVELDERN, Völkerrecht [9. Aufl 1997] Rn 1398 ff).

Der Konsularvertrag enthält Vorschriften über Nachlaßsicherung (Art 25 ff) sowie **194** über die Möglichkeit, Verfügungen von Todes wegen durch einen Konsul des Heimatstaates beurkunden zu lassen (Art 19). Eine **Kollisionsnorm** findet sich in Art 28 Abs 3, wonach „hinsichtlich der **unbeweglichen Nachlaßgegenstände**" die Rechtsvorschriften des **Belegenheitsstaates** Anwendung finden. Diese Bestimmung gilt allgemein in deutsch-russischen Erbfällen, also nicht allein für die in Art 28 Abs 1 u 2 geregelte Nachlaßabwicklung durch Konsuln. Voraussetzung ist allerdings, daß der Erblasser nach dem Inkrafttreten des Abkommens (25. 4. 1959) verstorben ist (weitergehend MÜLLER/WAEHLER RabelsZ 1966, 65; dahingestellt bei OLG Hamm OLGZ 1973, 392).

195 Art 28 Abs 3 des Abkommens geht als staatsvertragliche Bestimmung gemäß Art 3 Abs 2 S 1 den Art 25 Abs 1, Art 26 Abs 5 in der Anwendung vor. Art 25 *Abs 2* (Rechtswahl zugunsten des deutschen Belegenheitsrechts) hat für russische Staatsangehörige nur deklaratorische Bedeutung (vgl Art 25 Rn 469), da die Erbfolge in inländisches unbewegliches Vermögen ohnehin dem deutschen Recht unterliegt. Das Belegenheitsrecht gelangt auf alle erbrechtlichen Fragen (vgl Art 25 Rn 71 ff) zur Anwendung, die sich auf *„unbewegliche Nachlaßgegenstände"* beziehen. Man wird aus Praktikabilitätsgründen davon auszugehen haben, daß die Unterscheidung zwischen beweglichen und unbeweglichen Nachlaßgegenständen vom jeweiligen Belegenheitsrecht selbst getroffen wird. Aus der Sicht des deutschen Rechts sind „unbewegliche Nachlaßgegenstände" dem „unbeweglichen Vermögen" des Art 25 Abs 2 gleichzusetzen; zur Begriffsbestimmung vgl daher Art 25 Rn 482 ff.

196 Die Erbfolge in *bewegliche Nachlaßgegenstände* richtet sich gemäß Art 25 Abs 1 nach dem Heimatrecht des Erblassers. In deutsch-russischen Erbfällen kommt es daher zur *Nachlaßspaltung*; zu den Folgeproblemen vgl Art 25 Rn 723 ff.

197 Für die Frage der *Formgültigkeit* der Verfügungen von Todes wegen gelten die Bestimmungen des TestÜbk, vgl Rn 31 ff, bzw Art 26 Abs 4 iVm Abs 1–3, vgl Art 26 Rn 29 ff.

198 Zur Frage der Fortgeltung der zwischen der ehemaligen DDR und der UdSSR geschlossenen Rechtshilfeverträge v 28. 11. 1957 (GBl DDR 1957 I 241) und v 21. 12. 1979 (GBl DDR 1980 II 12) siehe Art 25 Rn 594 u 614. Zum internationalen und materiellen Erbrecht Rußlands vgl im übrigen Anh Rn 557 ff zu Art 25, 26.

b) Text *(Auszug)*
199 *(BGBl 1959 II 233; der Konsularvertrag ist am 24. 5. 1959 in Kraft getreten, vgl BGBl 1959 II 469).*

Artikel 19
Der Konsul ist befugt, in seinen Amtsräumen, in seinen persönlichen Wohnräumen, in den Wohnungen von Staatsangehörigen des Entsendestaates mit deren Zustimmung und an Bord von Schiffen unter der Flagge des Entsendestaates folgende Handlungen vorzunehmen:
…
2. letztwillige Verfügungen und sonstige einseitige Rechtsgeschäfte und Willenserklärungen von Staatsangehörigen des Entsendestaates zu beurkunden;

Artikel 25
(1) Stirbt ein Staatsangehöriger des Entsendestaates im Konsularbezirk, so wacht der Konsul darüber, daß alle Maßnahmen ergriffen werden, die zum Schutze der berechtigten Interessen der Erben erforderlich sind.
(2) Die Behörden im Konsularbezirk setzen den Konsul von Todesfällen von Staatsangehö-

rigen des Entsendestaates sowie von den ergriffenen oder zu ergreifenden Maßnahmen zur Regelung der Nachlaßangelegenheiten in Kenntnis.

Artikel 26
Die Feststellung, Verwahrung und Siegelung des Nachlasses gehört zur Zuständigkeit der örtlichen Behörden. Auf Antrag des Konsuls ergreifen sie die zum Schutz des Nachlasses notwendigen Maßnahmen.

Artikel 27
Der Konsul hat hinsichtlich des Nachlasses von Staatsangehörigen des Entsendestaates, die sich im Konsularbezirk aufgehalten haben, folgende Rechte, die er selbst oder durch seine Bevollmächtigten wahrnehmen kann:
1. an der Aufnahme eines Nachlaßverzeichnisses und der Unterzeichnung des entsprechenden Protokolls teilzunehmen;
2. sich mit den zuständigen Behörden des Empfangsstaates ins Benehmen zu setzen, um Beschädigung oder Verderb der Nachlaßgegenstände zu verhindern und im Bedarfsfalle ihre Veräußerung sicherzustellen.

Artikel 28
(1) Der Konsul ist befugt, von den örtlichen Behörden die Übergabe der Nachlaßgegenstände einschließlich der Schriftstücke des Verstorbenen zu verlangen, wenn die Erben Staatsangehörige des Entsendestaates sind und sich nicht im Gebiet des Empfangsstaates befinden.
(2) Bevor der Konsul die Nachlaßgegenstände an die Erben übergibt oder in das Ausland verbringt, müssen in den Grenzen des Nachlaßwertes die festgesetzten Abgaben bezahlt und die sonstigen von anderen im Empfangsstaat wohnhaften Personen erhobenen und nachgewiesenen Ansprüche befriedigt sein. Diese Verpflichtungen des Konsuls erlöschen, wenn ihm nicht innerhalb von sechs Monaten nach dem Tode des Erblassers nachgewiesen wird, daß die Ansprüche dieser Personen als berechtigt anerkannt sind oder derzeit von den zuständigen Behörden geprüft werden.
(3) Hinsichtlich der unbeweglichen Nachlaßgegenstände finden die Rechtsvorschriften des Staates Anwendung, in dessen Gebiet diese Gegenstände belegen sind.

4. Weitere Freundschafts-, Handels-, Schiffahrts- und Konsularverträge der Bundesrepublik Deutschland

Einige weitere Staatsverträge enthalten zwar *keine Kollisionsnormen*, wohl aber **200** erbrechtlich bedeutsame Gleichbehandlungs- und Meistbegünstigungsklauseln, gewährleisten allgemein den beiderseitigen Staatsangehörigen Testierfähigkeit und Erbfähigkeit oder gestatten den Konsuln, letztwillige Verfügungen aufzunehmen oder bei der Abwicklung des Nachlaßverfahrens tätig zu werden. In diesem Zusammenhang sind vor allem folgende Verträge zu nennen:

a) Konsularkonvention zwischen dem Norddeutschen Bunde und Spanien v 22. 2. 1870

Die Konsularkonvention zwischen dem Norddeutschen Bunde und Spanien v **201** 22. 2. 1870 (vgl Bundesgesetzblatt des Norddeutschen Bundes 1870, 99) wurde in die Konsularkonvention zwischen Deutschland und Spanien v 12. 1. 1872 übernommen (RGBl 1872, 211; vgl im übrigen BMJ, Fundstellennachweis B v 22. 1. 1999, 143). Text der Art 10–13 abgedruckt bei FERID/FIRSCHING Bd II: Deutschland Texte A II 2 Nr 1.

Heinrich Dörner

202   Art 10: Allgemeine Befugnisse von Konsuln (Aufnahmen von Verträgen u Urkunden über letztwillige Verfügungen).

Art 11: Befugnisse von Konsuln beim Tod eines Angehörigen eines Vertragsstaates im jeweils anderen Staat.

Art 12: Befugnisse der „Lokalbehörde" bei Nichterreichbarkeit einer Konsularbehörde.

Art 13: Befugnisse von Konsuln beim Tod von Schiffsleuten und -passagieren.

b)   **Handels- und Schiffahrtsvertrag zwischen dem Deutschen Reich und Japan v 20. 7. 1927**

203   (RGBl 1927 II 1088; in Kraft seit dem 17. 4. 1928, vgl RGBl 1928 II 238; dazu BMJ, Fundstellennachweis B v 22. 1. 1999, 63. Text von Art I XXIII u des Schlußprotokolls bei FERID/FIRSCHING Bd II: Deutschland Texte A II 2 Nr 10).

204   Art I: Den Angehörigen des jeweils anderen Vertragsstaates wird Freizügigkeit, Möglichkeit des Vermögenserwerbs und Schutz des Vermögens garantiert.

Art XXIII: Beschränkung der Bestimmungen über die Meistbegünstigung.

c)   **Handels- und Schiffahrtsvertrag zwischen dem Deutschen Reich und dem Irischen Freistaat v 12. 5. 1930**

205   (Vgl RGBl 1931 II 115 u Bekanntmachung v 22. 12. 1931, RGBl 1931 II 692; in Kraft seit dem 21. 12. 1931; vgl BMJ, Fundstellennachweis B v 22. 1. 1999 S 57. Text der Art 2, 3, 22 u 23 abgedruckt bei FERID/FIRSCHING Bd II: Deutschland Texte A II 2 Nr 14).

206   Art 2: Gleichbehandlung von Angehörigen des jeweils anderen Vertragsstaats hinsichtlich ihrer Person, Güter, Rechte und Interessen.

Art 3: Den Angehörigen des jeweils anderen Vertragsstaates wird Erwerb und Besitz von Eigentum, Verfügungsfreiheit sowie die Ausfuhr des Verkaufserlöses gestattet.

Art 22: Beim Tode eines Angehörigen eines Vertragsstaates im jeweils anderen Vertragsstaat ist, sofern in diesem Staat keine Erben vorhanden sind, der amtliche Vertreter dieses Staates zur Verwaltung des Nachlasses befugt.

Art 23: Beschränkung der Bestimmungen über die Meistbegünstigung.

d)   **Staatsverträge zwischen der Bundesrepublik Deutschland und den Vereinigten Staaten von Amerika**

(1)   **Freundschafts-, Handels- und Schiffahrtsvertrag zwischen der Bundesrepublik Deutschland und den Vereinigten Staaten von Amerika v 29. 10. 1954**

207   (BGBl 1956 II 487; der Vertrag nebst Protokoll und Notenwechsel trat am 14. 7. 1956 in Kraft, vgl Bekanntmachung v 28. 6. 1956, BGBl 1956 II 763).

Auszug:

Artikel IX

...

3. Den Staatsangehörigen und Gesellschaften eines Vertragsteils wird in dem Gebiet des anderen Vertragsteils Inländerbehandlung hinsichtlich des Erwerbs von Vermögen jeder Art durch testamentarische oder gesetzliche Erbfolge oder in einem Rechtsverfahren zur Befriedigung von Forderungen gewährt. Können sie wegen ihrer Ausländereigenschaft nicht Eigentümer dieses Vermögens bleiben, so steht ihnen eine Frist von mindestens fünf Jahren zu, um sich dessen zu entäußern.

(2) **Freundschafts-, Handels- und Konsularvertrag zwischen dem Deutschen Reiche und den Vereinigten Staaten von Amerika v 8. 12. 1923**

(RGBl 1925 II 795; 1935 II 743; BGBl 1954 II 722; vgl dazu G v 3. 8. 1954, BGBl 1954 II 721 **208** sowie Bekanntmachung v 20. 11. 1954, BGBl 1954 II 1051)

Auszug:

Artikel XXIV

Falls ein Staatsangehöriger eines Vertragsteiles im Gebiete des anderen sterben sollte, ohne in dem Lande seines Ablebens bekannte Erben oder von ihm ernannte Testamentsvollstrecker zu hinterlassen, sollen die zuständigen örtlichen Behörden sofort den nächsten Konsularbeamten des Staates, dessen Staatsangehöriger der Verstorbene war, von der Tatsache seines Ablebens in Kenntnis setzen, damit die erforderliche Benachrichtigung den beteiligten Parteien übermittelt werde.

Falls ein Staatsangehöriger eines Vertragsteils ohne letzten Willen oder Testament im Gebiete des anderen Vertragsteils stirbt, soll der Konsularbeamte des Staates, dessen Angehöriger der Verstorbene war, und des Konsularbezirks, in dem der Verstorbene zur Zeit seines Ablebens seinen Wohnsitz hatte, soweit es das am Orte geltende Recht erlaubt, bis zur Ernennung eines Nachlaßverwalters oder bis zur Einleitung des Nachlaßverfahrens als berufen gelten, das von dem Verstorbenen hinterlassene Vermögen zu dessen Erhaltung und Schutz in Verwahrung zu nehmen. Ein solcher Konsularbeamter kann nach dem Ermessen eines Gerichts oder einer anderen für die Verwaltung von Nachlässen zuständigen Behörde seine Ernennung zum Nachlaßverwalter beanspruchen, vorausgesetzt, daß die Gesetze des Ortes, wo der Nachlaß verwaltet wird, es gestatten.

Wenn ein Konsularbeamter das Amt als Verwalter des Nachlasses eines verstorbenen Landsmannes übernimmt, so unterwirft er sich insoweit für alle in Betracht kommenden Zwecke der Gerichtsbarkeit des Gerichts oder der Behörde, die die Ernennung vornimmt, in demselben Umfange, wie ein Angehöriger des Landes, in welchem er zum Nachlaßverwalter ernannt ist.

e) **Konsularvertrag zwischen der Bundesrepublik Deutschland und dem Vereinigten Königreich von Großbritannien und Nordirland v 30. 7. 1956**

(BGBl 1957 II 285; dazu G v 27. 5. 1957, BGBl 1957 II 284, sowie Bekanntmachung über das **209** Inkrafttreten v 21. 12. 1957, BGBl 1958 II 17. In Kraft getreten am 28. 12. 1957)

Auszug:

Teil VI
Nachlässe

Artikel 21

(1) Hinterläßt eine Person Vermögen in einem Gebiet und hat ein Staatsangehöriger des Entsendestaats, der weder in diesem Gebiet ansässig ist noch dort einen Vertreter hat, einen Rechtsanspruch auf diese Vermögenswerte (z. B. als letztwillig Begünstigter oder Testamentsvollstrecker oder Nachlaßgläubiger oder gesetzlicher Erbe) oder macht er einen solchen Anspruch geltend, so ist der Konsul, wenn der Nachlaß in seinem Amtsbezirk oder in dem Amtsbezirk des ihm übergeordneten Konsuls oder des Missionschefs verwaltet wird oder, falls keine Verwaltung eingesetzt worden ist, wenn die Vermögenswerte sich dort befinden, berechtigt, den betreffenden Staatsangehörigen hinsichtlich seiner Rechte an dem Nachlaß oder den Vermögenswerten zu vertreten, als ob der Betreffende dem Konsul eine gültige Vollmacht ausgestellt hätte. Wird der betreffende Staatsangehörige später in dem Gebiet vertreten, so ist die Stellung des Konsuls so anzusehen, als habe er zuvor eine Vollmacht des Staatsange-

Heinrich Dörner

hörigen gehabt, die von dem Zeitpunkt, in dem der Konsul von der anderweitigen Vertretung des Staatsangehörigen Kenntnis erhält, unwirksam geworden ist.

(2) Hat ein Konsul ein Vertretungsrecht im Sinne des Absatzes 1 dieses Artikels, so ist er berechtigt, Maßnahmen zum Schutz und zur Wahrung der Interessen der Person, zu deren Vertretung er befugt ist, zu treffen. Er ist ferner berechtigt, den Nachlaß oder die Vermögenswerte insoweit in Besitz zu nehmen und uneingeschränkt zu verwalten, wie er es als ordnungsmäßig bestellter Vertreter der Person tun könnte, deren Interessen er vertritt, es sei denn, daß ein anderer mit gleichen oder vorgehenden Rechten die notwendigen Schritte zur Inbesitznahme oder zur Verwaltung unternommen hat.

(3) Die Bestimmungen dieses Artikels gelten ohne Rücksicht auf die Staatsangehörigkeit und den Sterbeort des Erblassers.

Artikel 22

(1) Ist nach den Gesetzen des Gebiets eine Vertretungsgenehmigung (grant of representation) oder gerichtliche Verfügung erforderlich, um den Konsul zum Schutz oder zur Inbesitznahme der Vermögenswerte zu ermächtigen, so wird jede Genehmigung oder Verfügung, die auf Antrag des ordnungsmäßig bestellten Bevollmächtigten der Person ergehen würde, deren Interessen der Konsul vertritt, dem Konsul auf seinen Antrag erteilt. Wird glaubhaft gemacht, daß sofortige Maßnahmen zum Schutz und zur Erhaltung des Nachlasses erforderlich und daß Personen mit einem rechtlichen Interesse vorhanden sind, das wahrzunehmen der Konsul befugt ist, so erteilt das Gericht, falls es die Dringlichkeit als hinreichend dargetan erachtet, dem Konsul eine vorläufige Genehmigung oder Verfügung, die beschränkt ist auf den Schutz und die Erhaltung des Nachlasses bis zu dem Zeitpunkt, in dem eine weitere Genehmigung erteilt wird.

(2) (a) Ist nach den Gesetzen des Gebiets eine Vertretungsgenehmigung von einem Gericht für die uneingeschränkte Verwaltung des Nachlasses erforderlich (oder bedarf es, wenn eine Genehmigung nach Absatz 1 bereits erteilt worden ist, hierzu einer weiteren Genehmigung), so ist der Konsul vorbehaltlich der Bestimmungen der Buchstaben b und c dieses Artikels berechtigt, eine solche Genehmigung zu beantragen und zu erwirken, wie wenn er der ordnungsgemäß bestellte Vertreter der Person wäre, deren Rechte er wahrnimmt.

(b) Das Gericht kann, wenn es dies für zweckdienlich erachtet, die Erteilung der von dem Konsul nachgesuchten Genehmigung solange aussetzen, wie es dies für erforderlich hält, um die von dem Konsul vertretene Person zu benachrichtigen und ihr die Entscheidung zu ermöglichen, ob sie durch einen anderen als den Konsul vertreten zu werden wünscht.

(c) Das Gericht kann, wenn es dies für zweckdienlich erachtet, den Konsul anweisen, angemessenen Nachweis dafür zu erbringen, daß die Vermögenswerte den Berechtigten übergeben worden sind; es kann auch, falls der Konsul nicht in der Lage ist, diesen Nachweis zu erbringen, anordnen, daß die Vermögenswerte an die zuständige Behörde oder Person zurückzuzahlen und zurückzugeben sind; es kann schließlich auch anordnen, daß, nachdem der Konsul den Nachlaß im übrigen uneingeschränkt verwaltet hat, die tatsächliche Übergabe der Vermögenswerte an die genannte Person so erfolgen soll, wie das Gericht es bestimmt.

(3) Ist dem Konsul gemäß Absatz 1 oder 2 dieses Artikels eine Genehmigung erteilt worden, so wird sie mit dem Tag unwirksam, an welchem dem Staatsangehörigen, dessen Interessen der Konsul wahrnimmt, auf seinen Antrag oder auf Antrag eines von ihm bestellten Vertreters eine Genehmigung ausgestellt wird.

Artikel 23

Bei Nachlässen, die in einem der in Artikel 43 Absatz 2 bezeichneten Gebiete liegen, ist der Konsul auch berechtigt, einen geringfügigen Nachlaß eines verstorbenen Staatsangehörigen des Entsendestaats entgegenzunehmen und zu verteilen, ohne zuvor eine Vertretungsgenehmigung zu erwirken, soweit dies nach dem Recht des Gebiets zulässig ist.

Artikel 24

(1) Stirbt ein Staatsangehöriger des Entsendestaats auf der Reise oder Durchreise in dem Gebiet, ohne dort seinen Wohnsitz oder gewöhnlichen Aufenthalt zu haben, so ist es dem Konsul gestattet, die im persönlichen Besitz des Verstorbenen befindlichen Geldbeträge und Gegenstände sofort zur Sicherstellung in Verwahrung zu nehmen; unberührt bleibt die Befugnis der Verwaltungs- oder Gerichtsbehörden des Gebiets, diese Geldbeträge und Gegenstände selbst in Besitz zu nehmen, wenn die Belange der Rechtspflege oder ein strafrechtliches Ermittlungsverfahren dies erforderlich machen. Das Recht, diese Geldbeträge oder Gegenstände im Besitz zu behalten oder darüber zu verfügen, unterliegt den Rechtsvorschriften des Gebiets und den Bestimmungen der Artikel 21, 22 und 23.

(2) Ergibt sich zwischen diesem Artikel und Artikel 36 ein Widerspruch, so geht Artikel 36 vor.

Artikel 25

Übt ein Konsul die in den Artikeln 21 bis 24 genannten Rechte in bezug auf einen Nachlaß aus, so untersteht er insoweit für alle Verfahren, die im Zusammenhang damit anhängig gemacht werden, der Gerichtsbarkeit der Gerichte des Gebiets; Artikel 10 Absatz 5 und Artikel 11 Absatz 1 finden insoweit keine Anwendung.

Artikel 26

Wird den Verwaltungs- oder Gerichtsbehörden des Gebiets zur Kenntnis gebracht,

(a) daß ein Nachlaß in dem Gebiet vorhanden ist, bezüglich dessen der Konsul berechtigt sein könnte, Interessen nach Maßgabe der Artikel 21 bis 24 zu vertreten, oder

(b) daß ein Staatsangehöriger des Entsendestaats im Gebiet verstorben ist und daß anzunehmen ist, daß in dem Gebiet außer einem öffentlichen Verwalter oder ähnlichen Beamten keine Person anwesend oder vertreten ist, die das Recht besitzt, die Verwaltung der vom Verstorbenen dort etwa hinterlassenen Vermögenswerte zu beanspruchen,

so setzen sie den Konsul hiervon in Kenntnis.

Artikel 27

Unbeschadet der Bestimmungen der Artikel 21 bis 24 kann ein Konsul Geld oder sonstige Vermögenswerte, auf die ein nicht in dem Gebiet ansässiger Staatsangehöriger des Entsendestaats infolge des Todes einer Person Anspruch hat, von einem Gericht, einer Dienststelle oder Person zur Übermittlung an diesen Staatsangehörigen entgegennehmen. Geldbeträge oder sonstige Vermögenswerte in diesem Sinne umfassen auch Anteile an einem Nachlaß, Zahlungen auf Grund der Sozialversicherungs- oder ähnlicher Gesetze sowie Leistungen aus Lebensversicherungen. Das Gericht, die Dienststelle oder die Person, welche die Verteilung vornimmt, ist nicht verpflichtet, diese Geldbeträge oder sonstigen Vermögenswerte über den Konsul zu leiten; der Konsul ist nicht verpflichtet, sie zur Übermittlung anzunehmen. Nimmt er sie an, so hat er alle Bedingungen zu erfüllen, die durch das Gericht, die Dienststelle oder die Person festgesetzt werden bezüglich der Beibringung eines angemessenen Nachweises über die Aushändigung der Geldbeträge oder sonstigen Vermögenswerte an den Staatsangehörigen, dem sie zu übermitteln sind, und, falls er zu diesem Nachweis außerstande ist, bezüglich der Rückgabe dieser Beträge oder Werte.

Artikel 28

Geldbeträge oder sonstige Vermögenswerte können auf Grund der Bestimmungen der Artikel 21 bis 24 und 27 einem Konsul nur in dem Umfang und nur unter den Bedingungen ausgezahlt, übergeben oder übertragen werden, wie dies gegenüber der Person, die der Konsul vertritt oder für die er diese Beträge oder Werte entgegennimmt, nach den Rechtsvorschriften des Empfangsstaats zulässig wäre. Der Konsul erwirbt hinsichtlich dieser Beträge oder Werte keine größeren Rechte als die Person, die er vertritt oder für die er die Beträge oder Werte entgegennimmt, erworben hätte, wenn sie ihr unmittelbar ausgezahlt, übergeben oder übertragen worden wären.

C. Deutsches Konsularrecht*

I. Rechtsgrundlagen

210 Rechtsgrundlage konsularischer Tätigkeit ist das Konsulargesetz v 11. 9. 1974, BGBl 1974 I 2317 (dazu die AusführungsVO v 11. 12. 1974, GMBl 1975, 70 idF v 22. 6. 1976, GMBl 1976, 355), das mit Wirkung v 14. 12. 1974 das Konsulargesetz v 8. 11. 1867 (BGBl des Norddt Bundes 137) abgelöst hat. Es verweist in seinem § 4 auf das Wiener Übereinkommen über konsularische Beziehungen v 24. 4. 1963 (BGBl 1969 II 1585) sowie auf etwaige Staatsverträge, die zwischen der Bundesrepublik Deutschland und dem jeweiligen Empfangsstaat bestehen. – Vertretungen der Bundesrepublik Deutschland im Ausland: BAnzBeilage Nr 42 a v 3. 3. 1999.

211 Nach dem *Wiener Übereinkommen über konsularische Beziehungen* v 24. 4. 1963 (BGBl 1969 II 1585; dazu GEIMER DNotZ 1978, 3; WENDLER, Die Ausübung hoheitlicher Befugnisse durch Konsuln auf fremdem Boden nach der Wiener Konsularkonvention [Diss Frankfurt aM 1977]) bestehen die konsularischen Aufgaben insbesondere auch darin, notarielle und ähnliche Befugnisse auszuüben (Art 5 lit f des Übereinkommens) sowie „bei Nachlaßsachen im Hoheitsgebiet des Empfangsstaates die Interessen von Angehörigen des Entsendestaates. . . nach Maßgabe der Gesetze und sonstigen Rechtsvorschriften des Empfangsstaates zu wahren" (Art 5 lit g des Übereinkommens).

212 Die von der Bundesrepublik geschlossenen *Konsularverträge* weisen den deutschen Konsuln beim Tode eines deutschen Staatsangehörigen bzw zum Schutze deutscher Erben zT Vertretungs- sowie Sicherungs- und Verwaltungsrechte hinsichtlich des Nachlasses zu, vgl zB Art XXIV des Freundschafts-, Handels- und Konsularvertrages zwischen dem Deutschen Reich und den Vereinigten Staaten von Amerika v 8. 12. 1923 (RGBl 1925 II 795; 1935 II 743; BGBl 1954 II 722, dazu Rn 208), §§ 1–13 der Anlage zu Art 20 des Konsularvertrages zwischen dem Deutschen Reich und der Türkischen Republik v 28. 5. 1929 (Gesetz v 3. 5. 1930, RGBl 1930 II 747, näher Rn 164 f), Art 21–28 des Konsularvertrages zwischen der Bundesrepublik Deutschland und dem Vereinigten Königreich von Großbritannien und Nordirland v 30. 7. 1956 (BGBl 1957 II 285; dazu Gesetz v 27. 5. 1957, BGBl 1957 II 284, näher Rn 209) oder Art 19–29 des Konsularver-

---

* **Schrifttum:** BINDSEIL, Konsularisches Beurkundungswesen, DNotZ 1993,5; HOFFMANN/ GLIETSCH, Konsularrecht (Loseblattausgabe 1975 ff); GEIMER, Konsularnotariat, DNotZ 1978, 3.

trages zwischen der Bundesrepublik Deutschland und der Union der Sozialistischen Sowjetrepubliken v 25. 4. 1958 (BGBl 1959 II 233, vgl Rn 199).

Das *Konsulargesetz* enthält erbrechtlich relevante Bestimmungen insbes in seinen **213** §§ 8 bis 12. Bei ihrer Amtstätigkeit haben die Konsularbeamten die Schranken zu beachten, welche sich aus dem in ihrem Konsularbezirk geltenden Recht ergeben (§ 4 KonsularG).

Wortlaut des Gesetzes *(Auszug)*

§ 8

...

(3) Die Konsularbeamten sind befugt, über die Anzeige der Geburt oder den Tod eines Deutschen eine von ihnen und dem Anzeigenden zu unterschreibende Niederschrift aufzunehmen. Diese Niederschrift ist mit den vorgelegten Unterlagen dem Standesbeamten des Standesamts I in Berlin (West) zu übersenden.

§ 9

Überführung Verstorbener und Nachlaßfürsorge

(1) Sofern andere Möglichkeiten nicht gegeben sind, sollen die Konsularbeamten umgehend die Angehörigen der im Konsularbezirk verstorbenen Deutschen benachrichtigen und bei einer verlangten Überführung der Verstorbenen mitwirken.

(2) Die Konsularbeamten sind berufen, sich der in ihrem Konsularbezirk befindlichen Nachlässe von Deutschen anzunehmen, wenn die Erben unbekannt oder abwesend sind oder aus anderen Gründen ein Bedürfnis für ein amtliches Einschreiten besteht. Sie können dabei insbesondere Siegel anlegen, ein Nachlaßverzeichnis aufnehmen und bewegliche Nachlaßgegenstände, soweit die Umstände es erfordern, in Verwahrung nehmen oder veräußern. Sie können ferner Zahlungen von Nachlaßschuldnern entgegennehmen und Mittel aus dem Nachlaß zur Regelung feststehender Nachlaßverbindlichkeiten sowie von Verpflichtungen verwenden, die bei der Fürsorge für den Nachlaß entstanden sind.

(3) Können Erben oder sonstige Berechtigte nicht ermittelt werden, so können Nachlaßgegenstände oder Erlös aus deren Veräußerung an das Gericht des letzten Wohnsitzes des Erblassers im Inland oder – wenn sich ein solcher Wohnsitz nicht feststellen läßt – an das Amtsgericht Schöneberg in Berlin als Nachlaßgericht übergeben werden.

§ 11

Besonderheiten für Verfügungen von Todes wegen

(1) Testamente und Erbverträge sollen die Konsularbeamten nur beurkunden, wenn die Erblasser Deutsche sind. Die §§ 2232, 2233 und 2276 des Bürgerlichen Gesetzbuchs sind entsprechend anzuwenden.

(2) Für die besondere amtliche Verwahrung (§ 34 des Beurkundungsgesetzes, § 2258 a des Bürgerlichen Gesetzbuchs) ist das Amtsgericht Schöneberg in Berlin zuständig. Der Erblasser kann jederzeit die Verwahrung bei einem anderen Amtsgericht veranlagen.

(3) Stirbt der Erblasser, bevor das Testament oder der Erbvertrag an das Amtsgericht abgesandt ist, oder wird eine solche Verfügung nach dem Tode des Erblassers beim Konsularbeamten abgeliefert, so kann dieser die Eröffnung vornehmen. Die §§ 2260, 2261 Satz 2, §§ 2273 und 2300 des Bürgerlichen Gesetzbuchs sind entsprechend anzuwenden.

Heinrich Dörner

§ 12

Entgegennahme von Erklärungen
Die Konsularbeamten sind befugt,

...

2. eidesstattliche Versicherungen abzunehmen, die zur Erlangung eines Erbscheins, eines Testamentsvollstreckerzeugnisses oder eines Zeugnisses über die Fortsetzung der Gütergemeinschaft abgegeben werden,

...

II. Konsularische Befugnisse und Aufgaben nach dem KonsularG

214 Nach § 8 Abs 3 KonsularG sind die Konsularbeamten befugt, über den **Tod eines Deutschen** eine von ihnen und dem Anzeigenden zu unterschreibende *Niederschrift* aufzunehmen, die zusammen mit den vorgelegten Unterlagen dem Standesamt I in Berlin übersandt wird.

215 Gemäß § 10 Abs 1 Nr 1 KonsularG sind Konsularbeamte ferner zur **Beurkundung** von **Willenserklärungen** befugt. Testamente und Erbverträge sollen gemäß § 11 Abs 1 S 1 KonsularG aber nur dann beurkundet werden, wenn die Erblasser Deutsche sind. Ungeachtet des Grundsatzes, daß sich die Beurkundungsbefugnis der Konsuln grundsätzlich auf solche Urkunden beschränkt, die ihre Wirkungen in der Rechtssphäre des Entsendestaates entfalten, ist eine Beurkundung von Testamenten oder Erbverträgen auch dann möglich, wenn das Vermögen des Erblassers im Empfangsstaat oder in einem Drittstaat belegen ist (GEIMER DNotZ 1978, 12 f). Die Bestimmung des § 11 Abs 1 KonsularG stellt eine Formvorschrift iS von Art 1, 5 des Haager TestÜbk (Rn 84 ff) bzw Art 26 Abs 4 iVm 1 bis 3 (Art 26 Rn 34 ff) dar, vgl vBAR II Rn 401 Fn 296. Testamente und Erbverträge werden vom Amtsgericht Berlin-Schöneberg in Verwahrung genommen, soweit der Erblasser nicht eine Verwahrung bei einem anderen Amtsgericht verlangt (§ 11 Abs 2 KonsularG). Der Konsularbeamte nimmt selbst die Eröffnung der Verfügung von Todes wegen vor, wenn der Erblasser vor der Absendung der Verfügung verstirbt oder eine Verfügung nach dem Tode des Erblassers abgeliefert wird (§ 11 Abs 3 KonsularG).

216 Konsularbeamte können gemäß § 12 Nr 2 KonsularG **eidesstattliche Versicherungen** entgegennehmen, die zur Erlangung eines Erbscheins, eines Testamentsvollstreckerzeugnisses oder eines Zeugnisses über die Fortsetzung einer Gütergemeinschaft abgegeben werden.

217 Sind beim Tode eines *deutschen Staatsangehörigen* die Erben unbekannt oder abwesend, übernehmen Konsularbeamte die **Nachlaßfürsorge** (§ 9 Abs 2 u 3 KonsularG). Sie legen insbes ein Nachlaßverzeichnis an und sind berechtigt, bewegliche Gegenstände in Besitz zu nehmen, ggf zu veräußern, Forderungen einzuziehen und Nachlaßverbindlichkeiten zu begleichen. Nachlaßgegenstände oder der Erlös aus deren Veräußerung können an das Gericht des letzten inländischen Wohnsitzes des Erblassers bzw an das AG Berlin-Schöneberg übergeben werden, wenn sich Erben oder sonstige Nachlaßbeteiligte nicht ermitteln lassen.

218 Bei der Ausführung ihrer Aufgaben wenden die Konsularbeamten *deutsches (autonomes) Kollisionsrecht* an. Kollisionsrechtliche Sonderregeln enthalten lediglich das deutsch-iranische Niederlassungsabkommen v 17. 2. 1929 (Rn 147 ff), das deutsch-türkische Nachlaßabkommen v 28. 5. 1929 (Rn 158 ff) sowie der Konsularvertrag zwischen der Bundesrepublik Deutschland und der Union der Sozialistischen Sowjetrepubliken (Rn 191 ff).

Während Berufskonsularbeamte, welche die Befähigung zum Richteramt besitzen, **219** ohne weiteres sämtliche konsularischen Aufgaben wahrnehmen können (§ 19 Abs 1 KonsularG), sollen andere Berufskonsularbeamte sowie Honorarkonsularbeamte nur dann Willenserklärungen und eidesstattliche Versicherungen beurkunden sowie eidesstattliche Versicherungen abnehmen, wenn sie hierzu vom Auswärtigen Amt besonders ermächtigt sind (§§ 19 Abs 2, 24 Abs 1 KonsularG).

Art 25 EGBGB. Rechtsnachfolge von Todes wegen

(1) Die Rechtsnachfolge von Todes wegen unterliegt dem Recht des Staates, dem der Erblasser im Zeitpunkt seines Todes angehörte.

(2) Der Erblasser kann für im Inland belegenes unbewegliches Vermögen in der Form einer Verfügung von Todes wegen deutsches Recht wählen.

Schrifttum

BEITZKE, Zum deutschen Erbrecht einer amerikanischen Adoptivnichte, IPRax 1989, 36
BENTLER, Die Erbengemeinschaft im Internationalen Privatrecht (1993)
BIRK, Ausländisches Vermächtnis im deutschen Sachenrecht, ZEV 1995, 283
BUNGERT, Ausländische Fiskuserbrecht vor deutschen Gerichten, MDR 1991, 713
CLAUSNITZER, Nochmals: „Zur Konkurrenz zwischen Erbstatut und Güterstatut", IPRax 1987, 102
ders, Zur Anwendbarkeit des § 1371 Abs 1 BGB bei ausländischem Erb- und deutschem Güterrechtsstatut, MittRhNotK 1987, 15
CZERMAK, Die Joint Tenancy im Internationalen Privatrecht, ZVglRW 1988, 58
DERSTADT, Die Notwendigkeit der Anpassung bei Nachlaßspaltung im internationalen Erbrecht (1998)
DÖRNER, Probleme des neuen Internationalen Erbrechts, DNotZ 1988, 67
ders, Zur Beerbung eines in der Bundesrepublik verstorbenen Iraners, IPRax 1994, 33
ders, Nachlaßspaltung – und die Folgen, IPRax 1994, 362

ders, Keine dingliche Wirkung ausländischer Vindikationslegate im Inland, IPRax 1996, 26
ders, Zur Anknüpfung von § 14 HeimG, IPRax 1999, 455
DREHER, Die Rechtswahl im internationalen Erbrecht (1999)
FLICK/PILTZ, Der internationale Erbfall (1999)
HENRICH, Die Anknüpfung von Spar- und Depotverträgen zugunsten Dritter auf den Todesfall, in: FS Lorenz (1991) 379
ders, Zur Qualifikation von Unterhaltsansprüchen gegen den Nachlaß, in: FS Gernhuber (1993) 667
ders, Anordnungen für den Todesfall in Eheverträgen und das Internationale Privatrecht, in: FS Schippel (1996) 905
HEPP, Der amerikanische Testiervertrag – contract to make a will – aus der Sicht des deutschen Rechts (1991)
HOYER, Deutsch-österreichische Erbfälle, IPRax 1986, 345
HUTH/ZWICKER, Das gesonderte kanadische Vermächtnis-Testament von Deutschen mit Vermögen in Kanada, ZVglRW 1987, 338

KARTZKE, Auslegung letztwilliger Verfügungen bei Nachlaßspaltung, IPRax 1999, 98

KEMP, Grenzen der Rechtswahl im internationalen Ehegüter- und Erbrecht (1998)

KLINGELHÖFFER, Kollisionsrechtliche Probleme des Pflichtteils, ZEV 1996, 258

KOPP, Probleme der Nachlaßabwicklung bei kollisionsrechtlicher Nachlaßspaltung (1997)

KROISS, Internationales Erbrecht (1999)

KRZYWON, Der Begriff des unbeweglichen Vermögens in Artikel 25 Abs 2 EGBGB, BWNotZ 1986, 154

ders, Die Rechtswahl im Erbrecht, BWNotZ 1987, 4

KÜHNE, Die außerschuldvertragliche Parteiautonomie im neuen Internationalen Privatrecht, IPRax 1987, 69

KUNZ, Wandel oder Ruhe im deutschen internationalen Erbrecht?, ZPR 1990, 212

LICHTENBERGER, Zum Gesetz zur Neuregelung des Internationalen Privatrechts, DNotZ 1986, 644

ders, Zu einigen Problemen des internationalen Familien- und Erbrechts, in: FS Ferid (1988) 644

LINDE-RUDOLF, Probleme einer Parteiautonomie im deutschen internationalen Erbrecht (1988)

S LORENZ, Rückverweisung des italienischen internationalen Erbrechts auf die lex rei sitae bezüglich der Ausgestaltung der Erbengemeinschaft, IPRax 1990, 82

ders, Disharmonie im deutsch-schweizerischen internationalen Erbrecht, DNotZ 1993, 148

ders, Islamisches Ehegattenerbrecht und deutscher ordre public: Vergleichsmaßstab für die Ergebniskontrolle, IPRax 1993, 148

ders, Schenkung von Todes wegen, Sachstatut und internationales Bereicherungsrecht – Der „Bonifatius-Fall" im Internationalen Privatrecht, ZEV 1996, 406

LUCHT, Internationales Privatrecht in Nachlaßsachen, Rpfleger 1997, 133

MANKOWSKI/OSTHAUS, Gestaltungsmöglichkeiten durch Rechtswahl beim Erbrecht des überlebenden Ehegatten in internationalen Fällen, DNotZ 1997, 10

MARTINY, Internationale Schenkungs- und Erbfälle – Zivilrechtliche Aspekte, Steuerberaterkongreß 1997, 434 = IstR 1998, 56

NEY, Das Spannungsverhältnis zwischen dem Güter- und dem Erbstatut (1993)

NISHITANI, Ausländische Vindikationslegate und das deutsche Erbrecht – unter besonderer Berücksichtigung des japanischen Erbrechts, IPRax 1998, 74

vOERTZEN, Personengesellschaftsanteile im Internationalen Erbrecht, IPRax 1994, 73

ders, Pflichtteilsrecht bei Vererbung von deutschen Personengesellschaftsanteilen und ausländischem Erbstatut, RIW 1994, 818

ders, Praktische Handhabung eines Erbrechtsfalls mit Auslandsberührung, ZEV 1995, 167

ders, Internationales Privatrecht und internationales Steuerrecht in der Praxis der Erbfolgeregelung, IstR 1995, 558

OTTE, Der kurze Arm des Vermächtnisnehmers – internationale Zuständigkeit deutscher Nachlaß- und Prozeßgerichte bei Ansprüchen auf Übertragung U.S.-amerikanischer Grundstücke, IPRax 1993, 142

PÜNDER, Internationales Erbrecht – Vergleich des neuen IPR-Gesetzes mit den bisherigen Regelungen im EGBGB, MittRhNotK 1989, 1

REINHART, Zur Neuregelung des deutschen internationalen Erbrechts, BWNotZ 1987, 97

RIERING, Der Erbverzicht im Internationalen Privatrecht, ZEV 1998, 248

SCHOTTEN, Das IPR in der notariellen Praxis (1995)

ders, Zur Anwendbarkeit des § 1371 Abs 1 BGB bei ausländischem Erb- und deutschem Güterrechtsstatut, MittRhNotK 1987, 18

SCHURIG, Erbstatut, Güterrechtsstatut, gespaltenes Vermögen und ein Pyrrhussieg, IPRax 1990, 389

SIEHR, Das internationale Erbrecht nach dem Gesetz zur Neuregelung des IPR, IPRax 1987, 4

SOLOMON, Der Anwendungsbereich von Art 3 Abs 3 EGBGB – dargestellt am Beispiel des internationalen Erbrechts, IPRax 1997, 81

V STOLL, Die Rechtswahl im Namens-, Ehe- und Erbrecht (1991)

STURM, Personnes, famille et successions dans la loi du 25 juillet 1986 portant réforme du droit international privé allemand, Rev crit dr i pr 1987, 33

TAUPITZ, Deutscher Fremdrechtserbschein und

Erbrecht

schweizerisches Pflichtteilsrecht, IPRax 1988, 207

TIEDEMANN, Die Rechtswahl im deutschen Internationalen Erbrecht, RabelsZ 1991, 17

dies, Internationales Erbrecht in Deutschland und Lateinamerika (1993)

VAN VENROOY, Die Testierfähigkeit im Internationalen Privatrecht, JR 1988, 485

WAGNER, Die Testierfähigkeit im Internationalen Privatrecht (1996)

WANDEL, Auslandsadoption, Anerkennung und erbrechtliche Auswirkungen im Inlandserbfall, BWNotZ 1992, 17

WINKLER VMOHRENFELS, Forderungserlaß im Wege der Schenkung von Todes wegen, IPRax 1991, 237

WITTHOFF, Die Vererbung von Anteilen deutscher Personengesellschaften im Internationalen Privatrecht (1992)

WOHLGEMUTH, Die Tote Hand in Ost und West: Erbrechtliche Erwerbsbeschränkungen juristischer Personen im Zivil- und Kollisionsrecht, ROW 1989, 418

ZILLMANN, Die Haftung der Erben im internationalen Erbrecht (1998).

Systematische Übersicht

Heinrich Dörner

Heinrich Dörner

Heinrich Dörner

Alphabetische Übersicht

Heinrich Dörner

Heinrich Dörner

A. Einführung

I. Überblick

Art 25 und 26 regeln das deutsche **Internationale Erbrecht**. Diese Bestimmungen haben **1** ihre heutige Fassung durch das **Gesetz zur Neuregelung des Internationalen Privatrechts** v 25. 7. 1986 (BGBl I 1142) erhalten (zu Art 24, 25 EGBGB aF vgl Vorbem 1 ff zu Art 25 f; zur Reformgeschichte Vorbem 6 ff zu Art 25 f). **Art 25 Abs 1** formuliert die **Grundregel:** Die Rechtsnachfolge von Todes wegen (Rn 71 ff) unterliegt prinzipiell dem *Heimatrecht des Erblassers* zum Zeitpunkt seines Todes (Rn 422 ff). Abweichend davon läßt **Art 25 Abs 2** für inländisches unbewegliches Vermögen die **Wahl des deutschen Belegenheitsrechts** zu (Rn 461 ff). **Art 26** enthält Sonderbestimmungen für die **Form** (Abs 1 bis 4, vgl Art 26 Rn 11 ff) und die **Gültigkeit der Errichtung** der Verfügungen von Todes wegen (Abs 5, vgl Art 26 Rn 60 ff). Unter den Voraussetzungen des **Art 3 Abs 3** („Einzelstatut bricht Gesamtstatut", vgl Rn 520 ff) wird auf das **Recht der Belegenheit** eines Vermögensgegenstandes verwiesen. **Vorfragen** werden nach Maßgabe der jeweils einschlägigen Vorschriften des deutschen Kollisionsrechts angeknüpft (vgl Rn 551 ff).

Weisen erbrechtliche Sachverhalte mit Auslandsberührung gleichzeitig einen Bezug **2** zum **Gebiet der früheren DDR** auf, ist Art 236 zu beachten; abgeschlossene Vorgänge aus der Zeit vor der deutschen Wiedervereinigung am 3. 10. 1990 bleiben danach den bis zu diesem Stichtag im Beitrittsgebiet geltenden Kollisionnormen des Rechtsanwendungsgesetzes der DDR unterworfen (Rn 576 ff). In **deutsch-deutschen Erbfällen** fanden bis zum 3. 10. 1990 im Verhältnis zwischen der Bundesrepublik und der DDR aus westdeutscher Sicht die Bestimmungen des EGBGB *analoge Anwendung*; dies gilt auch nach der Wiedervereinigung – soweit noch erforderlich – im Verhältnis der alten und neuen Bundesländer (Rn 887, 889 ff).

Erbrechtliche Regelungen in **Staatsverträgen** gehen gemäß Art 3 Abs 2 S 1 dem autonomen Erbkollisionsrecht der Art 25 und 26 in der Anwendung vor. Abgesehen von **3** dem **Haager Abkommen über das auf die Form letztwilliger Verfügungen anzuwendende Recht** v 5. 10. 1961 (Vorbem 31 ff zu Art 25, dazu auch Art 26 Rn 12 ff) sind dies Art 8 Abs 3 des **Niederlassungsabkommens zwischen dem Deutschen Reich und dem Kaiserreich Persien** (Vorbem 147 ff zu Art 25), Art 14 und 16 des **Nachlaßabkommens zwischen dem Deutschen Reich und der Türkischen Republik** v 28. 5. 1929 (Vorbem 158 ff zu Art 25) sowie Art 28 Abs 3 des **Konsularvertrags zwischen der Bundesrepublik Deutschland und der Union der Sozialistischen Sowjetrepubliken** v 25. 4. 1958 (Vorbem 191 ff zu Art 25).

Soweit die autonomen deutschen Kollisionsnormen auf das Recht eines ausländi- **4** schen Staates verweisen, ist im Regelfall gemäß Art 4 Abs 1 vor Anwendung des fremden innerstaatlichen Rechts zu prüfen, ob das Internationale Privatrecht des betreffenden Staates eine **Rück- oder Weiterverweisung** ausspricht (Rn 615 ff). Wird auf das Recht eines Mehrrechtsstaates verwiesen, muß die maßgebende Teilrechtsordnung durch eine *Unteranknüpfung* (Art 4 Abs 3) ermittelt werden (Rn 651 ff).

5 Zu **Störungen** bei der Anwendung ausländischer Sachnormen kommt es, wenn das fremde Recht eine bestimmte Frage nicht regelt, die Rechtslage in einem bestimmten Punkt nicht ermittelt werden kann, wenn die Anwendung fremden Rechts den deutschen Wertvorstellungen in einer nicht mehr hinnehmbaren Weise widerspricht oder wenn die Anwendung mehrerer Rechtsordnungen auf ein und denselben Sachverhalt zu widersprüchlichen, unpraktikablen oder unbilligen Ergebnissen führt. In diesen Fällen müssen Ersatz- und Anpassungsregeln gefunden werden (Rn 658 ff). Anpassungsbedarf kann insbesondere dann auftreten, wenn im Falle einer **Nachlaßspaltung** mehrere Erbstatute parallel zur Anwendung berufen sind (Rn 723 ff). Besondere Probleme können sich im übrigen aus der **Anwendung von Sachnormen auf Auslandssachverhalte** ergeben (Rn 760 ff).

6 Das **Internationale (Nachlaß-) Verfahrensrecht** wird in den Rn 773 ff, das Interlokale Nachlaßverfahrensrecht in den Rn 936 ff behandelt.

II.   Übergangsvorschriften (Art 220 Abs 1 und 236 § 1)

1.   Inkrafttreten des IPR-NeuregelungsG am 1. 9. 1986*

7 Das Gesetz zur Neuregelung des Internationalen Privatrechts (Rn 1) ist am *1. 9. 1986* in Kraft getreten. Ob erbrechtliche Sachverhalte den bis dahin maßgebenden Art 24, 25 aF (Vorbem 1 ff zu Art 25 f) oder aber den neuen Kollisionsnormen unterliegen, ergibt sich aus Art 220 Abs 1. Danach bleibt auf „vor dem 1. September 1986 abgeschlossene Vorgänge" das bis dahin geltende Internationale Privatrecht anwendbar. Zwar ist sehr umstritten, nach welchen Kriterien die „Abgeschlossenheit" eines Vorgangs iS von Art 220 Abs 1 bestimmt werden soll (ausführlich dazu STAUDINGER/DÖRNER [1996] Art 220 Rn 10 ff). Ungeachtet dieses Meinungsstreits herrscht aber in der intertemporalen Behandlung gerade erbrechtlicher Fragen sachliche Übereinstimmung (vgl zum Folgenden näher STAUDINGER/DÖRNER [1996] Art 220 Rn 53 ff).

a)   Erbfall vor dem 1. 9. 1986
8 Ist der Erbfall vor dem 1. 9. 1986 eingetreten, gilt für die Anknüpfung sämtlicher erbrechtlicher Fragen *altes Kollisionsrecht* (Art 24 bis 26 aF, dazu Vorbem 1 ff zu Art 25), das sich in seiner zentralen Aussage – für erbrechtliche Fragen wird das Heimatrecht des

---

* **Schrifttum:** DÖRNER, Probleme des neuen Internationalen Erbrechts, DNotZ 1988, 67; KRZYWON, Die Rechtswahl im Erbrecht, BWNotZ 1987, 4; LICHTENBERGER, Zum Gesetz zur Neuregelung des Internationalen Privatrechts, DNotZ 1986, 644; ders, Zu einigen Problemen des internationalen Familien- und Erbrechts, in: FS Ferid (1988) 644; PÜNDER, Internationales Erbrecht – Vergleich des neuen IPR-

Gesetzes mit den bisherigen Regelungen im EGBGB, MittRhNotK 1989, 1; REINHART, Zur Neuregelung des deutschen internationalen Erbrechts BWNotZ 1987, 97; SCHEUERMANN, Statutenwechsel im internationalen Erbrecht (1969); SIEHR, Das internationale Erbrecht nach dem Gesetz zur Neuregelung des IPR, IPRax 1987, 4.

Erblassers zum Zeitpunkt seines Todes berufen – nicht von der Neuregelung der Art 25, 26 unterscheidet. Die bis zum 31. 8. 1986 maßgebenden Kollisionsnormen bestimmen nicht nur, welches Recht auf die unmittelbaren Wirkungen des Erbfalls und auf die Zulässigkeit und materielle Wirksamkeit etwaiger Verfügungen von Todes wegen Anwendung findet (vgl BGH FamRZ 1989, 379; BayObLGZ 1986, 470; BayObLG Rpfleger 1988, 367; KG FamRZ 1988, 434; OLG Zweibrücken FamRZ 1992, 609; Dörner DNotZ 1988, 80 ff; Reinhart BWNotZ 1987, 104), sondern erfassen auch über den 1. 9. 1986 etwa hinausreichende Sachverhalte wie zB die Abwicklung des Nachlasses, Fragen der Erbenhaftung, Nacherbschaft, des Erbschaftskaufs und der Testamentsvollstreckung (BayObLG FamRZ 1987, 526 ff; Dörner DNotZ 1988, 80; Siehr IPRax 1987, 4; vBar II Rn 359; MünchKomm/Sonnenberger Art 220 Rn 13, 14). Beim Tod des Erblassers vor dem Stichtag gilt *Art 24 Abs 2 aF*, wonach die Erben beim Tode eines deutschen Erblassers im Ausland im Hinblick auf ihre Haftung für Nachlaßverbindlichkeiten zwischen den Vorschriften des deutschen Heimat- und denen des ausländischen Wohnsitzrechts wählen konnten. Auch *Art 25 S 2 aF* (privilegium germanicum) gelangt in diesem Fall zur Anwendung, wenn man davon ausgeht (vgl nur Staudinger/Firsching[12] Art 25 Rn 138), daß die Vorschrift bereits *mit dem Tode* eines ausländischen Erblassers – also ohne Ausübung einer Rechtswahl durch den Erben – im Hinblick auf die Nachlaßberechtigung eines Deutschen unter näher festgelegten Voraussetzungen (Vorbem 4 zu Art 25 f) alternativ neben dem ausländischen das deutsche Erbrecht berief (vgl Dörner DNotZ 1988, 68; vBar II Rn 359).

War der vor dem 1. 9. 1986 verstorbene Erblasser **Doppel-** oder **Mehrstaater**, ist für **9** die Rechtsnachfolge von Todes wegen die **effektive Staatsangehörigkeit** maßgebend (vgl BGHZ 75, 38 ff; BGH NJW 1980, 2016); dies gilt – entgegen Art 5 Abs 1 S 2 *nF* – auch für deutsch-ausländische Doppelstaater. Die Beerbung dieser Personen unterliegt daher ausländischem Recht, falls ihre effektive Staatsangehörigkeit nicht die deutsche war (Dörner DNotZ 1988, 67 f; vBar II Rn 359; Erman/Hohloch Art 25 Rn 12).

Eine von dem Erblasser etwa vorgenommene **Rechtswahl** war nach dem früheren **10** Recht unzulässig (BGH NJW 1972, 1001) und ist daher unwirksam (BayOblGZ 1994, 48 f; vgl auch Erman/Hohloch Art 25 Rn 12).

Eine Anknüpfung an den *Belegenheitsort* enthielt Art 28 aF, der sachlich dem Art 3 **11** Abs 3 nF entspricht.

b)   Erbfall nach dem 31. 8. 1986
Ist der Erblasser **nach dem 31. 8. 1986** verstorben, kommen grundsätzlich Art 25, 26 **12** nF bzw Art 3 Abs 3 zur Anwendung (vgl BayObLG FamRZ 1988, 1100; vBar II Rn 359). Allerdings ist die Frage, ob ein Verhalten aus der Zeit vor dem Stichtag *Erbunwürdigkeit* nach sich zieht, weiterhin nach dem von Art 24, 25 aF berufenen Statut zu beantworten (näher Dörner DNotZ 1988, 85).

Verfügungen von Todes wegen sowie andere erbrechtliche Rechtsgeschäfte unterliegen **13** in jeder Hinsicht den Art 25, 26 nF, soweit sie *nach dem 31. 8. 1986* vorgenommen wurden. Dagegen gilt für die *vor diesem Zeitpunkt* errichteten Verfügungen von Todes wegen insoweit das alte Kollisions- und das von ihm berufene Sachrecht, als es um die Frage der *Zulässigkeit* und wirksamen *Errichtung* geht (vgl auch MünchKomm/Sonnenberger Art 220 Rn 13; MünchKomm/Birk Art 25 Rn 5). Zur intertemporalen Behandlung der *Formgültigkeit* der Verfügungen von Todes wegen vgl näher Vorbem 106 ff zu Art 25.

Heinrich Dörner

Über die *Auswirkungen* einer vor dem 1. 9. 1986 wirksam errichteten Verfügung von Todes wegen auf die gesetzliche Erbfolge entscheidet das neu berufene Erbstatut.

14 Ein nach dem ursprünglich anwendbaren Erbstatut unwirksames Rechtsgeschäft ist mit dem 1. 9. 1986 nicht ipso iure wirksam geworden, selbst wenn es den Vorschriften des von Art 25 *nF* berufenen Sachrechts entsprochen hat (zum umstrittenen Problem der Validation ungültiger Verfügungen von Todes wegen durch Statutenwechsel vgl SCHEUERMANN, Statutenwechsel im internationalen Erbrecht [1969] 48 f, 75 f, 93). Etwas anderes gilt nur dann, wenn das neue Erbstatut einen Heilungstatbestand kennt, dessen Voraussetzungen *nach* dem Stichtag erfüllt worden sind. Dementsprechend bleibt eine vor dem 1. 9. 1986 vorgenommene *Rechtswahl* ungeachtet des Art 25 Abs 2 auch späterhin *unwirksam*. Eine Heilung ist nicht eingetreten (§ 141 BGB); die Wahl hätte also nach dem 31. 8. 1986 wiederholt werden müssen (DÖRNER DNotZ 1988, 84; MünchKomm/BIRK Art 25 Rn 5 u 54; SOERGEL/SCHURIG Art 25 Rn 21; V STOLL 224; im Ergebnis auch KRZYWON BWNotZ 1987, 6; **aA** LG Hamburg IPRspr 1991 Nr 142 S 274; FERID Rn 9–12, 17; PALANDT/HELDRICH Art 26 Rn 8; ERMAN/HOCHLOCH Art 25 Rn 12; vBAR II Rn 359; REINHART BWNotZ 1987, 104; PÜNDER MittRhNotk 1989, 6; LINDE-RUDOLF 47; TIEDEMANN RabelsZ 1991, 37 f; EBENROTH Rn 1228; KEMP 141).

2. Inkrafttreten des EGBGB in den neuen Bundesländern am 3. 10. 1990*

15 Seit der **Wiedervereinigung am 3. 10. 1990** gilt das EGBGB auch im Gebiet der neuen Bundesländer und Ost-Berlins. Die sich daraus ergebenden intertemporalen Fragen sind – nach dem Vorbild von Art 220 – in Art 236 geregelt. Gemäß Art 236 § 1 bleibt im Hinblick auf „vor dem Wirksamwerden des Beitritts abgeschlossene Vorgänge" das „bisherige Internationale Privatrecht" anwendbar, dh es sind insoweit die bisherigen Erbkollisionsnormen der DDR zu beachten. Räumlicher Anwendungsbereich und Aussagegehalt des Art 236 § 1 sind zwar heftig umstritten (näher Rn 573 ff und STAUDINGER/DÖRNER [1996] Art 236 Rn 5 ff). Ungeachtet dieser Kontroverse ist der Begriff „abgeschlossener Vorgang" jedoch ebenso zu interpretieren wie in Art 220 Abs 1 (vgl im einzelnen Rn 8 ff). Danach ist entscheidend, ob der Erblasser **vor** oder **nach** dem **3. 10. 1990** verstorben ist (näher Rn 576 f): Beim Eintritt des Todes **vor dem Stichtag** ist ein „abgeschlossener Vorgang" iS des Art 236 § 1 gegeben. In diesem Fall unterliegen alle erbrechtlichen Fragen einschließlich derjenigen nach der Zulässigkeit und materiellen Wirksamkeit einer Verfügung von Todes wegen dem „bisherigen Internationalen Privatrecht" und damit den kollisionsrechtlichen Bestimmungen der früheren DDR (Rn 579 ff). Ist der Erbfall **nach dem 2. 10. 1990** eingetreten, gelangen die erbrechtlichen Kollisionsnormen der Bundesrepublik zur Anwendung (vgl Rn 611 ff).

B. Anknüpfungsgegenstand des Abs 1: Rechtsnachfolge von Todes wegen

I. Allgemeines zur Qualifikation

16 Anknüpfungsgegenstand der erbkollisionsrechtlichen Grundregel in Art 25 Abs 1 ist die **„Rechtsnachfolge von Todes wegen"**. Dieser Begriff umfaßt sämtliche Rechtsfragen, die sich daraus ergeben, daß mit dem Tod des Menschen sein Vermögen auf

---

* Schrifttumsnachweise bei Rn 883.

andere übergeht (vgl KG DR 1941, 1611). Im deutschen Recht ist diese Materie im wesentlichen im 5. Buch des BGB geregelt.

Die **Auslegung** des Systembegriffs „Rechtsnachfolge von Todes wegen" in Art 25 **17** Abs 1 bzw die **Subsumtion** unter dieses Tatbestandsmerkmal (dh die „Qualifikation", vgl DÖRNER StAZ 1988, 345 ff) ist nach den Regeln des *deutschen Rechts* vorzunehmen (hM, vgl im vorliegenden Zusammenhang etwa MünchKomm/BIRK Art 25 Rn 153). Dabei finden die üblichen Auslegungskriterien Berücksichtigung, nämlich Wortsinn, Systemzusammenhang, Entstehungsgeschichte und Normzweck. Auszugehen ist vom **Wortlaut** der Norm. Als „Faustregel" gilt zwar dabei, daß der in einer Kollisionsnorm verwandte Systembegriff im Zweifel alle diejenigen Rechtsfragen erfaßt, welche im materiellen deutschen Recht zu der betreffenden Systemkategorie gehören (vgl KEGEL/SCHURIG § 7 III 3 b, cc; zurückhaltender vBAR I Rn 599). Jedoch verlangen die in einer Kollisionsnorm enthaltenen Begriffe prinzipiell nach einer eigenständigen Interpretation, deren Ergebnis sich mit dem Resultat der Auslegung der entsprechenden materiellrechtlichen Begriffe nicht unbedingt decken muß (vgl nur vBAR I Rn 599 ff). Der **Systemzusammenhang** der Normen tritt im IPR als Auslegungshilfe zurück, weil die Materie im Grunde eine sehr simple Systematik aufweist und sich daher aus dem Kontext der Normen häufig keine Aussage über den Norminhalt gewinnen läßt. Für die **Entstehungsgeschichte** gerade der Art 25 u 26 sind insbesondere die Ausführungen im Gesetzentwurf der Bundesregierung (BT-Drucks 10/504 v 20.10.1983) sowie die Beschlußempfehlung und der Bericht des Rechtsausschusses (BT-Drucks 10/5632 v 9.6.1986) von Bedeutung (vgl auch Vorbem 9 ff zu Art 25 f). Die **teleologische Interpretation** hat sich daran zu orientieren, daß der Gesetzgeber die Vermögensdistribution im Todesfall grundsätzlich *im Interesse des Erblassers* dessen Heimatrecht und damit der Rechtsordnung unterstellen will, mit welcher sich der Erblasser am engsten verbunden fühlte („Parteiinteresse", vgl KEGEL/SCHURIG § 2 II 1) und deren Regelungen er – vermutungsweise – am ehesten kannte („interessenorientierte Qualifikation", vgl SOERGEL/KEGEL Vor Art 3 Rn 120).

Unter den Systembegriff „Rechtsnachfolge von Todes wegen" sind sämtliche Rechts- **18** fragen zu subsumieren, die sich auf erbrechtliche Rechtsinstitute, dh solche beziehen, die nach ihrer Funktion (iS des deutschen Rechts) **erbrechtliche Ordnungsziele** verfolgen („funktionale Qualifikation", vgl zB KROPHOLLER § 17 I; MünchKomm/SONNENBERGER Einl Rn 465 ff; PALANDT/HELDRICH Einl v Art 3 Rn 27; vgl auch BGHZ 47, 336). Diese funktionale Betrachtung gewinnt insbesondere dann Bedeutung, wenn die zu subsumierende Rechtsfrage ein systematisch zweifelhaftes oder dem deutschen Recht unbekanntes Institut betrifft. Im letztgenannten Fall ist festzustellen, ob dieses Rechtsinstitut im Gesamtzusammenhang seiner Rechtsordnung eine Aufgabe erfüllt, die im deutschen Recht von einem erbrechtlichen Institut wahrgenommen wird.

Art 25 Abs 1 knüpft *alle* erbrechtlichen Fragen an. Es gilt insoweit also der Grundsatz **19** **kollisionsrechtlicher Nachlaßeinheit** (vgl BT-Drucks 10/504 S 75), dh es wird nicht zwischen der Rechtsnachfolge in bewegliches und unbewegliches Vermögen unterschieden (kollisionsrechtliche Nachlaßspaltung). Allerdings kann im autonomen deutschen Kollisionsrecht die Ausübung der Rechtswahlmöglichkeit nach Art 25 Abs 2 (Rn 461 ff) sowie die Anwendung von Art 3 Abs 3 (Rn 520 ff) zu einer Nachlaßspaltung führen (ausführlich Rn 723 ff). Das deutsche IPR unterscheidet auch nicht zwischen „Erbfolge" und „Erbgang" in der Weise, daß die Abwicklung der Erbschaft (Art und Weise des Erwerbs, Erbengemeinschaft, Schuldenhaftung, Testamentsvollstrek-kung) wegen der starken Verflechtung von materiellem und Verfahrensrecht der lex fori unterstellt würde. Ein dahin gehender Vorschlag von FERID (Rec des Cours 1974 II 71 [176 ff]; ders, in: FS Cohn [1975] 31 ff; zustimmend JAYME, in: FS Ferid [1978] 223 Fn 17; in neuerer Zeit wieder aufgegriffen von ZILLMANN 174 ff; kritisch KEGEL/SCHURIG § 21 II aE und zuletzt BERENBROK, Internationale Nachlaßabwicklung [1989] 152 ff) hat sich bislang nicht durchgesetzt.

II. Verhältnis des Art 25 zu nichterbrechtlichen Kollisionsnormen

1. Art 25 und die Anknüpfung des persönlichen Status an die Staatsangehörigkeit

a) Grundsatz

20 Im deutschen Internationalen Privatrecht gilt die ungeschriebene Regel, daß alle Rechtsfragen, welche sich auf den Status der natürlichen Personen sowie auf die Existenz und Ausprägung persönlicher Rechtsgüter und Merkmale (Name, allgemeines Persönlichkeitsrecht, Recht am eigenen Bild, Recht auf Ehre usw) beziehen, dem **Heimatrecht** der betreffenden Person unterliegen (Personalstatut, besser: **Persönlichkeitsstatut**); im Gesetz selbst hat das Internationale Personenrecht nur eine rudimentäre Behandlung insbes in den Art 7–10 erfahren. Während das Erbstatut alle Rechtsfragen erfaßt, welche die *vermögensrechtlichen* Folgen des Ablebens eines Menschen betreffen, werden alle *persönlichkeitsrechtlichen* Auswirkungen des Todes vom Persönlichkeitsstatut beherrscht. Zwar ist die Anknüpfung der persönlichkeits-bezogenen Fragen auf den ersten Blick mit der Regelanknüpfung des Art 25 Abs 1 identisch. Erb- und Persönlichkeitsstatut fallen jedoch auseinander, wenn das Erbstatut auf andere Weise als durch Anknüpfung an die Staatsangehörigkeit des Erblassers bestimmt wird (vgl Art 25 Abs 2, Art 3 Abs 3) oder das im Rahmen einer Renvoiprüfung (Art 4 Abs 1) zur Anwendung kommende Heimatrecht des Erblassers abweichende Verweisungen ausspricht.

b) Einzelfragen

21 Das Persönlichkeitsstatut entscheidet kraft ausdrücklicher gesetzlicher Bestimmung über Beginn und Ende der **Rechtsfähigkeit** einer Person (Art 7 Abs 1), demnach auch über die Fähigkeit, Träger erbrechtlich erworbener Rechte und Pflichten zu sein. Dem Erbstatut unterliegt dagegen die *Erbfähigkeit*, soweit darunter die Möglichkeit verstanden wird, auf erbrechtlichem Wege Vermögensrechte oder -pflichten zu erwerben (Rn 77 f).

22 Gemäß Art 9 werden **Todeserklärung, Feststellung des Todes** und des **Todeszeitpunkts** sowie **Lebens- und Todesvermutungen** sowohl im Hinblick auf den Erblasser als auch hinsichtlich der Erben dem Heimatrecht der betreffenden Person unterstellt (Rn 73 ff). Vom Begriff der „Todesfeststellung" wird ebenfalls die Frage der Todesdefinition umfaßt (str, vgl näher Rn 73 u DÖRNER IPRax 1994, 364). Zu den Todesvermutungen gehören auch Kommorientenvermutungen, die Unsicherheiten über die Reihenfolge mehrerer Todesfälle beseitigen sollen (str, vgl Rn 87 ff).

23 Dem für den Erblasser maßgebenden Persönlichkeitsstatut unterliegen ferner alle Fragen der **Totenfürsorge**. Es bestimmt also, wem die Sorge für den Leichnam bzw die Asche des Verstorbenen obliegt, wer über Art und Ort der Bestattung entscheidet, wessen Einverständnis zu Durchführung einer Obduktion oder Organentnahme eingeholt werden muß und wem ggf ein Aneignungsrecht an künstlichen Körperteilen oder zB Zahnplomben, Herzschrittmachern usw zusteht. Es regelt ferner, ob die vom Verstorbenen in diesem Zusammenhang getroffenen Anordnungen und Verbote wirksam sind und welche Rechtswirkungen sie auslösen.

Das Persönlichkeitsstatut entscheidet, wer (aus zivilrechtlicher Perspektive) Einsicht **24** in die *Krankenpapiere* des Verstorbenen nehmen darf; es legt schließlich auch fest, ob, unter welchen Voraussetzungen und mit welcher Dauer ein *postmortales Persönlichkeitsrecht* besteht und wer zu seiner Wahrnehmung befugt ist.

2. Art 25 und die Anknüpfung der Form von Rechtsgeschäften

a) Grundsatz

Die Frage nach der **Abgrenzung von Erb- und Formstatut** stellt sich bei Vornahme **25** eines jeden erbrechtlichen Rechtsgeschäfts mit Auslandsberührung. Dabei unterliegt die Formgültigkeit letztwilliger Verfügungen sowie ihres Widerrufs den Art 1 u 2 des Haager TestÜbk (Vorbem 31 ff zu Art 25 f, vgl auch Art 26 Rn 12 ff). Für andere Verfügungen von Todes wegen gelten gemäß Art 26 Abs 4 iVm Abs 1–3 in der Sache identische Anknüpfungsregeln (vgl Art 26 Rn 29 ff). Die Formgültigkeit sonstiger erbrechtlicher Rechtsgeschäfte (Annahme, Ausschlagung, Testamentsanfechtung, Erbverzicht, Auseinandersetzungsvertrag, Erbschaftskauf, Abtretung von Miterbenanteilen usw) wird gemäß Art 11 angeknüpft (vgl Art 26 Rn 57 ff).

Da das Haager TestÜbk den zentralen Begriff der „Form" letztwilliger Verfügungen **26** bewußt selbst nicht definiert (vgl Vorbem 84 ff zu Art 25 f) und somit für die Anwendung der autonomen Kollisionsnormen keine über Art 3 Abs 2 verbindliche Festlegung trifft, entscheidet – wie regelmäßig in Qualifikationsfragen (vgl Rn 17) – über die Abgrenzung von Sach- und Formstatut die *lex fori*, allerdings unter Berücksichtigung der in Art 5 TestÜbk (Vorbem 87 ff zu Art 25 f) enthaltenen Qualifikationsregeln. Dabei kommt den formbezogenen Kollisionnormen Vorrang zu: Zur materiellen Gültigkeit eines Rechtsgeschäfts und damit in den Anwendungsbereich der Art 25 bzw 26 Abs 5 gehören nur solche Rechtsfragen, die von den Anknüpfungsregeln über die Form erbrechtlicher Rechtsgeschäfte nicht erfaßt werden (vgl dazu KROPHOLLER § 41 III 2a). Zur „Form" letztwilliger Verfügungen sind aus der Sicht des deutschen Rechts alle Regeln zu rechnen, die zwecks Sicherung der Beweisbarkeit, Authentizität und unverfälschter Niederlegung des Erblasserwillens eine bestimmte äußere Gestaltung des Rechtsgeschäfts vorschreiben (näher Vorbem 85 zu Art 25 f; vgl auch vBAR II Rn 400).

b) Einzelfragen

Vom Anwendungsbereich der Formanknüpfung werden solche Vorschriften erfaßt, **27** welche die Zulässigkeit bestimmter Verfügungen von Todes wegen von persönlichen **Eigenschaften des Erblassers** oder ihre Wirksamkeit von bestimmten Eigenschaften der **mitwirkenden Zeugen** abhängig machen (vgl. Art 5 TestÜbk, 26 Abs 3 u 4 EGBGB, näher Vorbem 87 ff, 91 ff zu Art 25 f). Die *Testierfähigkeit* unterliegt jedoch dem Errichtungsstatut (Rn 224 f). Gleiches gilt grundsätzlich für die Zulässigkeit der *Stellvertretung* (Vorbem 92 zu Art 25 f u Rn 236 ff). Das Errichtungsstatut entscheidet auch darüber, ob Verfügungen unwirksam sind, die *zugunsten eines Testamentszeugen* getroffen werden (str, vgl Vorbem 93 zu Art 25 f).

Heinrich Dörner

28 An welche staatliche Stelle *Annahme- und Ausschlagungserklärungen* des Erben *adressiert* werden müssen, richtet sich nicht nach dem Form-, sondern nach dem Erbstatut.

29 Ob ein in ausländischen Rechten anzutreffendes **Verbot von gemeinschaftlichen Testamenten** und/oder **Erbverträgen** als Formvorschrift oder aber als materiell begründete Beschränkung der möglichen Verfügungstypen anzusehen ist, bestimmt – entgegen der hM – nicht das jeweils berufene ausländische Recht, sondern in Übereinstimmung mit den üblicherweise geltenden Regeln (Rn 17) die deutsche lex fori, allerdings unter Berücksichtigung des konkreten Ordnungsziels, welches dem betreffenden Verbot in seinem heimatlichen Recht beigemessen wird (näher Rn 310). Das Verbot eines gemeinschaftlichen Testaments oder Erbvertrages beruht danach auf formellen Gründen, wenn es jeden einzelnen Testator zur Wahrung der ansonsten vorgeschriebenen Äußerlichkeiten zwingen, es hat materiellen Charakter, wenn es im Interesse der Testierfreiheit eine Bindung des Erblassers zu Lebzeiten oder eine Beeinflussung durch den anderen Testator verhindern will (näher Rn 309).

3. Art 25 und die Anknüpfung der güterrechtlichen Ehewirkungen (Art 15)*

a) Grundsatz

30 Eine Abgrenzung des Anwendungsbereichs von Art 25 u Art 15 scheint auf den ersten Blick keine Schwierigkeiten zu bereiten: Während „Rechtsnachfolge von Todes wegen" alle Rechtsfragen umfaßt, die durch die Verteilung eines Vermögens beim Ableben des Vermögensträgers aufgeworfen werden, beziehen sich die **„güterrechtlichen Wirkungen der Ehe"** in Art 15 auf alle Fragen zu vermögensrechtlichen Sonderregeln, die deswegen gelten, weil der Vermögensinhaber verheiratet ist (vgl LG München I FamRZ 1978, 366 m Anm JAYME; KEGEL/SCHURIG § 20 VI 2; STAUDINGER/vBAR/MANKOWSKI [1996] Art 15 Rn 1, 231 ff; ähnlich MünchKomm/BIRK Art 25 Rn 153). Jedoch tauchen Qualifikationsprobleme insoweit auf, als mit dem Tod eines Ehegatten auch der Güterstand endet und das jeweilige Regime in der Regel abgewickelt werden muß. Dann stellt sich die Frage, ob die Bestimmungen über die Teilhabe des überlebenden am Vermögen des vorverstorbenen Gatten güter- oder erbrechtlichen Charakter tragen.

31 Eine Zuweisung von Vermögensanteilen an den überlebenden Gatten wird *erbrechtlich* zu *qualifizieren* sein, wenn sie den Ehegatten in eine Reihe mit den erbberechtigten Verwandten stellt und ihm eine Teilhabe ausschließlich aufgrund seiner Nähebeziehung zum Erblasser im Hinblick darauf gewährt, daß eine solche Distribution des Erblasservermögens an ehelich oder verwandtschaftlich verbundene Personen dem vermuteten Willen des Verstorbenen entspricht. Dagegen hat eine Beteiligung

---

* **Schrifttum:** CLAUSNITZER, Nochmals: „Zur Konkurrenz zwischen Erbstatut und Güterstatut", IPRax 1987, 102; ders, Zur Anwendbarkeit des § 1371 Abs 1 BGB bei ausländischem Erb- und deutschem Güterrechtsstatut, MittRhNotK 1987, 15; NEY, Das Spannungsverhältnis zwischen dem Güter- und dem Erbstatut (1993); SCHOTTEN, Zur Anwendbarkeit des § 1371 Abs 1 BGB bei ausländischem Erb- und deutschem Güterrechtsstatut, MittRhNotK 1987, 18; SCHURIG, Erbstatut, Güterrechtsstatut, gespaltenes Vermögen und ein Pyrrhussieg, IPRax 1990, 389; VÉKAS, Zur Konkurrenz zwischen Erbstatut und Güterrechtsstatut, IPRax 1985, 24.

typischerweise *güterrechtlichen Charakter*, wenn sie einen Ausgleich für die während der Ehe erbrachten Leistungen des überlebenden Ehegatten oder zumindest eine Konsequenz des Umstands darstellt, daß die Gatten bereits während der Ehe ihre beiderseitigen Vermögen ganz oder teilweise verschmolzen und somit „aus einem Topf" gewirtschaftet haben (vgl auch LG München I FamRZ 1978, 366). Soweit bestimmte Vermögenswerte dem überlebenden Ehegatten bereits aufgrund güterrechtlicher Teilhaberegeln zugewiesen werden, fallen sie nicht mehr in den Nachlaß. Die güterrechtliche Auseinandersetzung geht der erbrechtlichen Verteilung vor (vgl nur Münch-Komm/Birk Art 25 Rn 153 u näher Rn 135).

b)   Einzelfragen
Nach diesen Grundsätzen richtet sich die Beantwortung der Frage, ob der in **§ 1371** **32** **Abs 1 BGB** vorgesehene **pauschalierte Zugewinnausgleich** durch Erhöhung der Erbportion des überlebenden Gatten als güter- oder erbrechtlich qualifiziert werden muß. Im ersten Fall würde die Vorschrift nur zur Anwendung gelangen, wenn über Art 15 deutsches Ehegüter-, im zweiten nur dann, wenn gemäß Art 25 deutsches Erbstatut gilt. Die völlig hM legt der Bestimmung einen **ehegüterrechtlichen Charakter** bei (BGHZ 40, 34 f [inzidenter]; BayObLGZ 1975, 155; OLG Karlsruhe NJW 1990, 1421 [dazu Schurig IPRax 1990, 391]; LG Memmingen IPRax 1985, 42 [dazu Vékas IPRax 1985, 24; Clausnitzer IPRax 1987, 102]; LG Bonn IPRspr 1984 Nr 115 [zustimmend Clausnitzer MittRhNotK 1987, 16 f; ablehnend Schotten MittRhNotK 1987, 18 ff]; Soergel/Kegel Art 15 Rn 9; Palandt/Heldrich Art 15 Rn 26; Staudinger/vBar/Mankowski [1996] Art 15 Rn 341 ff m umfangr Nachw; Erman/Hohloch Art 15 Rn 37; Ney 141; für erbrechtliche Qualifizierung früher Raape, Internationales Privatrecht⁵ [1961] 336; vgl auch Rittner DNotZ 1958, 189). Dafür sprechen in der Tat sowohl die systematische Einordnung der Problematik im Ehegüterrecht des BGB als auch die Funktion des Rechtsinstituts: Der § 1371 Abs 1 BGB legt keinen Verteilungsmodus für den Nachlaß fest, sondern zielt auf eine Beteiligung des Gatten an den während der Ehe erzielten Vermögenszuwächsen ab. Das wird schon daran deutlich, daß die Vorschrift nur für einen bestimmten Güterstand gilt (vgl Staudinger/vBar/Mankowski [1996] Art 15 Rn 346 f). Art und Weise der rechtstechnischen Verwirklichung – nämlich durch eine pauschale Erhöhung des gesetzlichen Erbteils – rechtfertigt es nicht, eine derartige Regelung als erbrechtlich zu qualifizieren. Daher findet § 1371 Abs 1 BGB stets dann Anwendung, wenn deutsches Güterrecht gilt.

Von einer verbreiteten Meinung wird allerdings der Standpunkt vertreten, daß die in **33** § 1371 Abs 1 BGB vorgesehene Erhöhung des Ehegattenerbteils wegen ansonsten zu befürchtender praktischer Schwierigkeiten nur Platz greifen sollte, wenn deutsches Recht *auch als Erbstatut* zur Anwendung berufen ist. Bei ausländischem Erbstatut müsse der Ausgleich des Zugewinns dagegen nach § 1371 Abs 2 BGB erfolgen (OLG Düsseldorf IPRspr 1987 Nr 105; Braga FamRZ 1957, 341; Ferid Rn 8–130; MünchKomm/Birk Art 25 Rn 156; Vékas IPRax 1985, 24; Schotten 288; ders MittRhNotK 1987, 19; IPG 1982 Nr 31 [Göttingen] 311; vgl aber auch IPG 1983 Nr 32 [Göttingen] 296). Dagegen wird geltend gemacht, daß – wenn ein ausländisches Erbrecht die Rechtsstellung des überlebenden Gatten in vergleichbarer Weise ausgestalte wie das deutsche – keine Veranlassung bestehe, von vornherein auf die äußerst praktische Pauschalierung des § 1371 Abs 1 BGB zu verzichten (vgl LG Bonn IPRspr 1984 Nr 115; LG Mosbach ZEV 98, 490; Thiele FamRZ 1958, 397; Soergel/Schurig Art 15 Rn 40; Kegel/Schurig § 21 II; Palandt/Heldrich Art 15 Rn 26; Erman/Hohloch Art 15 Rn 37; Ebenroth Rn 1279).

Heinrich Dörner

34 Stellungnahme: Bei der Frage, ob der „gesetzliche Erbteil" iS des (güterrechtlich zu qualifizierenden) § 1371 Abs 1 BGB auch eine ausländischem Recht unterliegende Erbberechtigung sein kann, handelt es sich um ein **Substitutionsproblem** (zutreffend MünchKomm/SIEHR Art 15 Rn 115; CLAUSNITZER MittRhNotK 1987, 17; NEY 147; vgl auch DÖRNER IPRax 1994, 34). Nach den allgemeinen Substitutionsregeln können fremde Rechtserscheinungen unter inländische Sachnormen subsumiert werden, wenn sie den von der Sachnorm beschriebenen inländischen Vorgängen und Rechtsverhältnissen funktionell gleichwertig sind (vgl nur KROPHOLLER § 33 II u Rn 764). Das ist bei der Erbberechtigung eines Ehegatten nach ausländischem Recht im Hinblick auf § 1371 BGB Abs 1 jedenfalls dann der Fall, wenn es sich um eine quotenmäßig bestimmte dingliche Beteiligung am Nachlaß handelt, die dem überlebenden Gatten allein kraft seiner ehelichen Verbundenheit zum Erblasser zusteht. Unter dieser Voraussetzung kann § 1371 Abs 1 daher neben einem fremden Erbstatut durchaus Anwendung finden (ebenso ERMAN/HOHLOCH Art 15 Rn 37; enger MünchKomm/SIEHR Art 15 Rn 115; Münch-Komm/BIRK Art 25 Rn 158 f). Zu den sich daraus möglicherweise ergebenden Anpassungsproblemen s näher Rn 715 ff.

35 Weist das ausländische Erbstatut dem überlebenden Gatten nur ein **Nießbrauchsrecht** am Nachlaß (vgl Rn 144) zu, so fällt es allerdings schwer, einen derartigen Nießbrauch noch als „Erbteil" iS des § 1371 Abs 1 BGB zu begreifen; die vom Gesetz angestrebte Verbindung von Erbteil und güterrechtlichem Viertel zu einem einheitlichen Erbteil läßt sich hier nicht mehr herstellen. Daher scheidet eine unmittelbare Anwendung des § 1371 Abs 1 BGB aus (THIELE FamRZ 1958, 398; NEY 149). In einem solchen Fall kommt aber eine *analoge Anwendung* des § 1371 Abs 1 BGB in Betracht; der pauschalierte Zugewinnausgleich tritt dann neben den erbrechtlichen Nießbrauch des fremden Rechts. Es liegt nämlich eine Gesetzeslücke vor, da der Gesetzgeber nicht bestimmt hat, wie § 1371 Abs 1 u 2 BGB auf ein gesetzliches Nießbrauchsvermächtnis nach ausländischem Erbrecht reagieren soll. Auch ist die Interessenlage in den von der Norm unmittelbar erfaßten Fällen mit der Interessenkonstellation im vorliegenden Zusammenhang durchaus vergleichbar. Dem § 1371 Abs 1 BGB liegt der Gedanke zugrunde, daß ein Zugewinnausgleich aus Gründen der Praktikabilität durch eine Pauschale verwirklicht werden soll, wenn weder der Erblasser durch Verfügung von Todes wegen noch der Erbe durch Ausschlagung in die gesetzliche Nachlaßverteilung eingegriffen hat. Das ist auch dann der Fall, wenn dem überlebenden Gatten nach ausländischem Erbrecht kraft Gesetzes ein Nießbrauch zusteht. Damit können die hinter § 1371 Abs 1 BGB stehenden Zweckmäßigkeitsgesichtspunkte zum Zuge kommen. Von der Interessenlage her erscheint es daher gerechtfertigt, diese Bestimmung neben einem ausländischen Nießbrauchsvermächtnis entsprechend anzuwenden und dem überlebenden Gatten bei Maßgeblichkeit deutschen Güterrechts analog § 1371 Abs 1 BGB einen zusätzlichen Erbteil in Höhe eines Viertels des Nachlasses zuzusprechen.

36 Die **konkrete Berechnung des Zugewinnausgleichs** gemäß **§ 1371 Abs 2 BGB** greift Platz, wenn *deutsches Ehegüterrecht* zur Anwendung berufen ist (vgl BayObLGZ 1980, 284; MünchKomm/BIRK Art 25 Rn 160; STAUDINGER/vBAR/MANKOWSKI [1996] Art 15 Rn 365; ERMAN/HOHLOCH Art 15 Rn 38; NEY 161). Die Vorschrift setzt voraus, daß dem überlebenden Ehegatten weder ein Erbteil noch ein Vermächtnis zukommt. Das ist allerdings eine selbständig anzuknüpfende Vorfrage, die das nach Maßgabe von Art 25 ermittelte Erbstatut beantwortet. Auch die Höhe des neben dem Zugewinn bestehenden Pflichtteilsrechts (vgl § 1371 Abs 2) wird vom Erbstatut festgelegt (vgl auch MünchKomm/BIRK Art 25 Rn 161; STAUDINGER/VBAR/MANKOWSKI [1996] Art 15 Rn 365; ERMAN/HOHLOCH Art 15 Rn 38). Das Erbstatut entscheidet schließlich, ob eine Ausschlagung mit dem Ziel, den konkret berechneten Zugewinnausgleich zu erhalten, zum Verlust des Pflichtteilsrechts führt oder nicht (vgl § 1371 Abs 3 BGB; ebenso MünchKomm/BIRK Art 25 Rn 162; anders MünchKomm/SIEHR Art 15 Rn 116).

Güterrechtlichen Charakter trägt schließlich **§ 1371 Abs 4**, der das pauschalierte Vier- **37** tel des Abs 1 mit einer Ausbildungsverpflichtung zugunsten erbberechtigter Abkömmlinge aus einer früheren Ehe oder erbersatzberechtigter Abkömmlinge belastet (STAUDINGER/VBAR/MANKOWSKI Art 15 Rn 367 f; ERMAN/HOHLOCH Art 15 Rn 38, NEY 163; für erbrechtliche Einordnung BOEHMER FamRZ 1961, 43; RITTNER DNotZ 1957, 489; KNUR DNotZ 1957, 477; wieder anders [nur anwendbar, wenn deutsches Erb- und Ehegüterrecht zur Anwendung kommt] BRAGA FamRZ 1957, 340 f; MünchKomm/BIRK Art 25 Rn 163; MünchKomm/SIEHR Art 15 Rn 116). Ob ein Abkömmling des Erblassers erbberechtigt ist, wird – als selbständig anzuknüpfende Vorfrage (vgl Rn 555, 564) – vom Erbstatut entschieden.

Die Regeln über die Auflösung einer **Gütergemeinschaft** sind güterrechtlich zu qua- **38** lifizieren (vgl STAUDINGER/VBAR/MANKOWSKI Art 15 Rn 330; IPG 1977 Nr 18 [Göttingen]; 1978 Nr 34 [Köln]).

Das Ehegüterstatut ist auch maßgebend für die Beantwortung der Frage, ob ein **39** Dritter durch besondere *Anordnung* (vgl im deutschen Recht § 1418 Abs 2 Nr 2 BGB) verhindern kann, daß eine durch letztwillige Verfügung gemachte Zuwendung in das Gesamtgut einer Gütergemeinschaft fällt. Ist dies nicht möglich, so entscheidet das Erbstatut, ob die fehlgeschlagene Anordnung nunmehr unberücksichtig bleibt oder ggf umzudeuten ist (STAUDINGER/VBAR/MANKOWSKI Art 15 Rn 340).

Einen güterrechtlichen Charakter hat trotz ihrer quasi-erbrechtlichen Wirkungen **40** nach allgemeiner Auffassung die **fortgesetzte Gütergemeinschaft** (STAUDINGER/VBAR/MANKOWSKI Art 15 Rn 333; MünchKomm/BIRK Art 25 Rn 154), wie sie das deutsche (§§ 1483 ff BGB, vgl bereits RGZ 36, 334 f), der Sache nach aber auch zB das dänische oder norwegische Recht kennt (dazu PAPPENHEIM RabelsZ 1932, 120 ff; vgl auch DÖRNER DNotZ 1980, 664 f). Entscheidend für diese Qualifizierung dürfte der Umstand sein, daß bei dieser Art der postmortalen Vermögensnachfolge der Gesamtgutsanteil des Verstorbenen typischerweise nicht, wie es für den Erbgang charakteristisch ist, als festumrissene Gütermasse auf den überlebenden Ehegatten und von diesem bei einer späteren Auseinandersetzung anteilig auf die gemeinsamen Abkömmlinge übergeht, sondern mit der Gesamtgutshälfte des längerlebenden Partners zu einer Einheit verschmilzt, die durch dessen Verfügungen in der Folgezeit verringert, durch einen etwaigen Zuerwerb insgesamt aber auch vergrößert werden kann.

Zu Fragen der *Anpassung* von Ehegüter- und Erbstatut vgl Rn 715 ff. **41**

4. Art 25 und die Anknüpfung dinglicher Rechtsverhältnisse

a) Grundsatz
Während „Rechtsnachfolge von Todes wegen" alle Rechtsfragen betrifft, die sich auf **42** die Verteilung des Vermögens eines verstorbenen Rechtsträgers beziehen (vgl Rn 30),

werden **dingliche Rechtsverhältnisse** durch Art 43 grundsätzlich dem Belegenheitsrecht der betreffenden Sache unterstellt. Die sachenrechtliche Kollisionsnorm legt
also fest, welches Sachstatut über die Zulässigkeit einzelner Rechtstypen, über die
Erweiterbarkeit des vorhandenen Katalogs subjektiver Sachenrechte, über den
Inhalt und Schutz dinglicher Rechte sowie über deren Entstehungs-, Erlöschens-
und Übertragungsvoraussetzungen befindet (vgl etwa STAUDINGER/STOLL [1996] IntSachR
Rn 140 ff; MünchKomm/KREUZER Nach Art 38 Anh I Rn 23 ff).

43 Weist ein *ausländisches Erbstatut* einem Erbberechtigten Rechtspositionen an *inländischen Sachen* zu, so entscheidet daher stets die deutsche lex rei sitae darüber,
welche Typen dinglicher Rechte zugelassen sind und unter welchen Voraussetzungen
sich eine Zuordnungsänderung an der einzelnen Sache vollziehen kann (BGH NJW
1995, 59 f). Kennt das deutsche Belegenheitsrecht das vom Erbstatut zugewiesene
Recht seiner Art nach nicht oder ermöglicht es einen Rechtsübergang nicht in der
vom Erbstatut vorgesehenen Weise, so lassen sich die Regelungsziele des fremden
Erbstatuts nicht verwirklichen. Gegenüber dem fremden Erb- kann das deutsche
Sachstatut Vorrang beanspruchen (vgl MünchKomm/BIRK Art 25 Rn 167), weil die rechtliche Zusammenfassung verschiedener Gegenstände zu einer Vermögenseinheit der
Anerkennung durch das für den einzelnen Gegenstand maßgebende Recht bedarf
und ein Vermögensstatut (wie zB das Erbstatut) seine Herrschaft über den Einzel-
gegenstand nur aufgrund einer Anerkennung durch das Einzelstatut (wie zB das
Sachstatut) gewinnen kann (vgl bereits ZITELMANN, Internationales Privatrecht Bd II [1912]
28 ff; ders, in: FS Gierke [1911] 251; FRANKENSTEIN, Internationales Privatrecht Bd I [1926] 508 ff).
Die sich daraus ergebenden Rechtsanwendungsprobleme müssen im Wege der
Anpassung beseitigt werden (näher Rn 708 ff, 720).

b) Einzelfragen

44 Heftig umstritten ist die Frage, ob kraft ausländischen Erbstatuts an inländischen
Nachlaßgegenständen ein **gesetzliches Nießbrauchsrecht** des überlebenden Ehegatten
mit **dinglicher Wirkung** entstehen kann (näher Rn 144). Mit der herrschenden und
insbesondere von der Gerichtspraxis vertretenen Ansicht (Rn 144) ist dies zu **verneinen**: Abgesehen von der Frage, ob das deutsche Recht überhaupt ein Nießbrauchsrecht an einer Vermögensgesamtheit als eigenständigen Rechtstyp kennt, kann sich
eine Rechtsübertragung an inländischen Sachen nur im Rahmen eines abschließend
festgelegten Katalogs von Übertragungstatbeständen vollziehen. Die gesetzliche
Begründung eines Vermögensnießbrauchs im Wege eines *singularsukzessorischen
Übergangs* auf einen Rechtsnachfolger ist dem deutschen Recht aber unbekannt
(näher Rn 144). Zur Anpassung vgl Rn 720.

45 Entsprechendes gilt, wenn das ausländische Erbstatut ein **Vindikationslegat** an inländischen Nachlaßsachen gewährt (näher Rn 271 f). Abgesehen von einigen anerkannten
Sonderfällen geht das Sacheigentum von Todes wegen nur im Wege der Gesamterbfolge über; eine mit dem Tode einer Person eintretende Singularsukzession an
beliebigen, vom Erblasser bestimmten Sachen kennt das deutsche Sachenrecht nicht.
Das Vindikationslegat ist daher in einen Anspruch auf Übertragung des Vermächt-
nisgegenstandes umzudeuten (BGH NJW 1995, 59; vgl Rn 720).

46 Die testamentarische Bestellung eines **trust** (vgl Rn 407 ff; umfangr Nachw bei STAUDINGER/
STOLL [1996] IntSachR Rn 171 ff) an inländischem Nachlaß ist nicht möglich, weil das

deutsche Recht die für diese Rechtsfigur typische Aufspaltung der Eigentümerstellung zwischen trustee und beneficiary nicht kennt (vgl BGH IPRax 1985, 223 f; Rn 412). Die Einsetzung eines trustee an inländischem Nachlaß ist daher als solche unwirksam und ggf in die Einsetzung eines Treuhänders (BGH aaO 224; GRAUE, in: FS Ferid [1978] 179) oder Testamentsvollstreckers umzudeuten (vgl Rn 720).

Auch eine *joint tenancy**, dh eine Art gesamthänderischer Berechtigung an Vermö- **47** gensgegenständen, die beim Tode eines „joint tenant" dem anderen ein Anwachsungsrecht gewährt, kann durch testamentarische Verfügung an Vermögensgegenständen im Inland nicht begründet werden. Die Entstehung einer gesamthänderischen, noch dazu mit einem ius accrescendi verbundenen Berechtigung an einzelnen Gegenständen im Wege der Rechtsnachfolge von Todes wegen kennt das deutsche Recht nicht (im Ergebnis ebenso FERID DNotZ 1964, 521; HENRICH, in: FS Riesenfeld 108 f). Bestimmt ein Erblasser, daß mehrere Personen eine im Inland belegene Sache in Gestalt einer joint tenancy innehaben sollen, so kann diese Verfügung uU in eine wechselseitige (befreite) Vor- und Nacherbschaft umgedeutet werden (HENRICH, in: FS Riesenfeld 114 f, CZERMAK ZVglRW 1988, 73 f).

Der **Besitz** an Sachen, die sich im Inland befinden, geht kraft deutschen Belegen- **48** heitsrechts (§ 857 BGB) unmittelbar auf den oder die Erben über, und zwar auch dann, wenn das fremde Erbstatut einen solchen unmittelbaren Besitzübergang ohne Erlangung der realen Sachherrschaft nicht kennt (vgl Rn 210).

5.   Art 25 und die Anknüpfung der Schuldverträge (Art 27 ff)

a)   Grundsatz

Berührungspunkte zwischen Art 25 und den **schuldvertraglichen Kollisionsnormen** **49** (Art 27 bis 37) ergeben sich insbesondere bei der Qualifizierung der mit dem Tod einer Person in Zusammenhang stehenden Rechtsgeschäfte. Die Art 27 ff betreffen alle Rechtsfragen, die sich auf das Zustandekommen von *Schuldverträgen*, ihre Auslegung, ihren Inhalt, etwaige Leistungsstörungen und das Erlöschen der vertraglichen Verpflichtungen beziehen (vgl insbes Art 31, 32). Für die Anknüpfung charakteristisch ist die durch Art 27 in weitem Umfang gewährte *Parteiautonomie*, die den Grundsatz der Vertragsfreiheit auf der Ebene des Kollisionsrechts widerspiegelt.

Eine solche Rechtswahlfreiheit besteht demgegenüber für *erbrechtliche Rechtsge-* **50** *schäfte nicht*. Zwar hat ein Erblasser die Möglichkeit, innerhalb der – ohnehin eng gezogenen – Grenzen des Art 25 Abs 2 das *Erbstatut insgesamt* zu bestimmen, ihm ist es jedoch verwehrt, ein erbrechtliches Rechtsgeschäft kraft Parteiautonomie aus dem Gesamtzusammenhang des im übrigen maßgebenden Erbstatuts herauszulösen und abweichend davon einer frei gewählten Rechtsordnung zu unterstellen. Auch diese gesetzgeberische Entscheidung reflektiert materiellrechtliche Regelungsprinzipien.

---

* **Schrifttum:** CZERMAK, Die Joint Tenancy im Internationalen Privatrecht, ZVglRW 1988, 58; FERID, Die Bedeutung der „joint tenancy" für deutsches Nachlaßvermögen beweglicher und unbeweglicher Art bei Erbfällen nach Amerikanern, DNotZ 1964, 517; FIRSCHING, Joint tenancy im internationalen Erbrecht – Erbscheinsverfahren nach einem ausländischen (hier US-) Erblasser, IPRax 1982, 98; HENRICH, Die Behandlung von joint tenancies bei der Abwicklung von Nachlässen in Deutschland, in: FS Riesenfeld (1983) 103.

Heinrich Dörner

Denn die dem Erblasser grundsätzlich gewährte *Testierfreiheit* wird durch den erbrechtlichen Typenzwang (STAUDINGER/OTTE [1994] Vorbem 14 zu §§ 1937–1941) sowie durch zwingende Vorschriften zB zugunsten naher Angehöriger (Pflichtteilsrecht) oder Nachlaßgläubiger in wesentlich stärkerem Maße eingeschränkt als die Freiheit zum Abschluß schuldrechtlicher Verträge. Dem vom Erbstatut vorgegebenen Ordnungsrahmen soll sich ein Erblasser grundsätzlich nicht durch Rechtwahl entziehen können. Daraus folgt andererseits, daß eine erbrechtliche Qualifizierung für alle solchen Rechtsgeschäfte angezeigt ist, die auf die Nachlaßverteilung Einfluß nehmen.

b)   Einzelfragen

51 *Erbrechtlich* zu qualifizieren sind danach unstreitig zunächst **Verfügungen von Todes wegen**, dh Rechtsgeschäfte, in denen der Erblasser unmittelbar Anordnungen für die postmortale Vermögensverteilung trifft oder frühere Anordnungen widerruft. Dazu gehören einfache sowie gemeinschaftliche *Testamente* (Rn 232 ff, 296 ff) und *Erbverträge* (Rn 326 ff). Das gleiche Ziel verfolgen bei funktioneller Betrachtung auch **Schenkungen von Todes wegen**, die deswegen nach herrschender und zutreffender Auffassung jedenfalls im Prinzip – über die Einzelheiten herrscht freilich Streit – dem Erbstatut unterliegen (Rn 354 ff). **Testierverträge**, dh also Vereinbarungen, in denen der Erblasser eine Verfügung von Todes wegen zu errichten oder nicht zu errichten, aufzuheben oder nicht aufzuheben verspricht, enthalten zwar keine unmittelbaren Anordnungen für die Vermögensverteilung im Todesfall; sie beeinflussen die Nachlaßverteilung jedoch mittelbar und sind daher – in Übereinstimmung mit der hM – ebenfalls dem Erbstatut zu unterstellen (Rn 386 ff). Entsprechendes gilt für **Vereinbarungen über einen vorzeitigen Erbausgleich** (Rn 154 f). Die erbrechtliche Qualifizierung von **Erbverzichtsverträgen** ist dadurch gerechtfertigt, daß ein solcher Vertrag – obschon er keine Verfügung von Todes wegen enthält – immerhin verändernd auf die zu erwartende gesetzliche oder gewillkürte Erbfolge einwirkt (Rn 371 ff).

52 *Erbrechtlich* zu qualifizieren sind ferner eine Reihe insbesondere im Zuge der Nachlaßabwicklung anfallender Hilfsgeschäfte wie zB Erklärungen über die **Annahme** oder **Ausschlagung** der Erbschaft (Rn 108 ff), **Testamentsanfechtung** (Rn 239 ff), **Auslegungsverträge** (Rn 251) usw.

53 Verträge, in denen sich jemand verpflichtet, den **Nachlaß eines noch lebenden Dritten** nach dessen Ableben zu übertragen oder Pflichtteils- oder Vermächtnisansprüche abzutreten, haben keine erbrechtliche Relevanz, soweit sie weder auf die Erbfolge selbst Einfluß nehmen noch die für die Nachlaßabwicklung maßgebenden Regeln verändern. Es handelt sich hier um Spekulationsgeschäfte unter Lebenden, die den *Art 27 ff* unterliegen (Rn 400 ff).

54 *Schuldrechtlich* zu qualifizieren sind auch **Verträge zugunsten Dritter auf den Todesfall** (Rn 404 ff). Zwar ermöglichen sie dem Erblasser die Vornahme von Zuwendungen, die erst nach seinem Tode wirksam werden. Nachdem das deutsche Sachrecht jedoch neben den Verfügungen von Todes wegen diese Art postmortaler Zuwendungen in Gestalt von Rechtsgeschäften unter Lebenden zur Verfügung stellt, ist dieser gesetzgeberischen Entscheidung durch eine entsprechende Qualifizierung auch auf der Ebene des Kollisionsrechts Rechnung zu tragen (Rn 404).

Die Anknüpfung des **Erbschaftskaufs** ist *umstritten* (Rn 414 ff); die hM will darin ein **55** erbrechtliches Rechtsgeschäft erblicken. Nachdem der dogmatische Schwerpunkt dieses Vertrages jedoch in den Beziehungen zwischen Verkäufer und Käufer liegt, erscheint eine differenzierende Anknüpfung unter vorrangiger Berücksichtigung des Schuldvertragsstatuts geboten (Rn 416 f).

Ob ein **Forderungsrecht** zum Zeitpunkt des Todes in der Person des Erblassers **noch** **56** **bestand**, mit dem Tode etwa erloschen oder auf einen Dritten übergegangen ist und somit nicht in den Nachlaß fällt, entscheidet nicht das Erb-, sondern das **Forderungsstatut**.

Eine **Sondernachfolge in bestimmte Schuldverhältnisse**, wie sie zB das deutsche Recht **57** in den §§ 569a u 569b für den Eintritt von Angehörigen in **Mietverhältnisse** über Wohnraum kennt, ist schuldrechtlich zu qualifizieren. Das schuldrechtliche Einzelstatut geht insoweit dem erbrechtlichen Gesamtstatut vor (vgl auch Rn 43, 59; zur Bedeutung des Art 3 Abs 3 näher Rn 524). Die genannten Bestimmungen des BGB finden daher Anwendung, wenn das Mietverhältnis nach Art 28 Abs 1 u 3 dem deutschen Recht unterliegt; durch eine Rechtswahl nach Art 27 Abs 1 können die zwingenden Vorschriften über die Mietnachfolge im Hinblick auf Art 27 Abs 3 im Regelfall nicht abbedungen werden. Auf die Staatsangehörigkeit des verstorbenen Mieters kommt es somit nicht an.

6. Art 25 und die Anknüpfung gesellschaftsrechtlicher Rechtsverhältnisse*

a) Grundsatz
Gesellschaftsrechtliche Rechtsverhältnisse unterliegen nach noch hM dem Recht des **58** Staates, in welchem die Gesellschaft ihren tatsächlichen Verwaltungssitz hat (statt aller STAUDINGER/GROSSFELD [1998] IntGesR Rn 20 ff, 33 f, 26 ff, 119 ff); ob und inwieweit diese Anknüpfung nach dem „Centros"-Urteil des EuGH (EuGH, Slg 1999, I–1459) im Verhältnis der EU-Staaten untereinander noch Bestand haben wird, läßt sich derzeit noch nicht absehen. Das so ermittelte Gesellschaftsstatut beherrscht ua alle Rechtsfragen, die sich auf die Entstehung und Auflösung einer (Kapital- oder Personen-) Gesellschaft, auf ihre Organisation und das Verhältnis der Gesellschafter untereinander sowie grundsätzlich auch auf die Übertragung von Gesellschaftsanteilen beziehen. Abgrenzungsprobleme im Verhältnis zu Art 25 ergeben sich daher naheliegenderweise im Bereich der **erbrechtlichen Übertragung von Gesellschaftsanteilen**. Insbesondere die Verzahnung erb- und gesellschaftsrechtlicher Regelungsprinzipien bei der Vererbung von *Personengesellschaftsanteilen* führt auf der Ebene des Kollisionsrechts zu schwierigen und noch nicht vollständig gelösten Qualifizierungsfragen (rechtsvergleichende Hinweise bei WITTHOFF 26 ff; vgl auch vOERTZEN IPRax 1994, 73 ff).

Allgemein gilt: Soweit das Gesellschaftsstatut spezifische Regeln über eine gesell- **59**

---

* **Schrifttum:** FERID, Zur Behandlung von Anteilen an Personengesellschaften beim zwischenstaatlichen Erbgang, in: FS A Hueck (1959) 343; vOERTZEN, Personengesellschaftsanteile im internationalen Erbrecht, IPRax 1994, 73; ders, Pflichtteilsrecht bei Vererbung von deutschen Personengesellschaftsanteilen und ausländischem Erbstatut, RIW 1994, 818; WITTHOFF, Die Vererbung von Anteilen deutscher Personengesellschaften im Internationalen Privatrecht (1992).

schaftsrechtliche Nachfolge von Todes wegen in Gesellschaftsanteile kennt, finden diese Anwendung. Das gesellschaftsrechtliche Einzelstatut geht dem erbrechtlichen Gesamtstatut insoweit vor (SOERGEL/SCHURIG Art 25 Rn 76; SCHOTTEN 335; vgl auch Rn 43, 57; zum Verhältnis zu Art 3 Abs 3 näher Rn 524). Einer Verteilung nach den Regeln des Erbstatuts unterliegen dann nur noch solche Vermögenspositionen, die in den Nachlaß fallen, weil das Gesellschaftsstatut sie für eine erbrechtliche Verteilung freigibt (vgl FERID, in: FS Hueck [1959] 358).

b) Einzelfragen

60 Das *Gesellschaftsstatut* entscheidet zunächst, ob eine Personengesellschaft den Tod eines ihrer Gesellschafter – mit oder ohne eine entsprechende Vereinbarung im Gesellschaftsvertrag – überdauern kann oder etwa aufgelöst bzw in eine Liquidationsgesellschaft umgewandelt wird; es bestimmt also, ob die **Gesellschafterstellung** überhaupt **vererblich** ist (MünchKomm/BIRK Art 25 Rn 183, 185; SCHOTTEN 335; VOERTZEN IPRax 1994, 74) und ob der Anteil des verstorbenen Gesellschafters in den Nachlaß fällt (EBENROTH Rn 1281). Das Gesellschaftsstatut befindet auch über eine etwaige Anwachsung, wenn die Gesellschaft aufgrund einer *Fortsetzungsklausel* unter den übrigen Gesellschaftern fortgesetzt werden soll, ferner darüber, ob und in welchem Umfang den Erben in einem solchen Fall Abfindungsansprüche zustehen (VOERTZEN IPRax 1994, 74). Gesellschaftsrechtlich zu qualifizieren sind ferner Wirksamkeit, Auslegung und Wirkungen von *Eintrittsklauseln* (ebenso EBENROTH Rn 1281; MünchKomm/BIRK Art 25 Rn 186; VOERTZEN IPRax 1994, 74), die beim Tode eines Gesellschafters einem Erben oder einer dritten Person die Möglichkeit gewähren, durch Abschluß eines neuen Gesellschaftsvertrages in die Gesellschaft einzutreten, sowie von *Nachfolgeklauseln*, die einen Erben, Miterben oder ggf auch Dritten ohne weiteres als Rechtsnachfolger des verstorbenen Gesellschafters in dessen Stellung einrücken lassen (FERID, in: FS Hueck 367; vgl auch EBENROTH Rn 1281).

61 Kennt das Gesellschaftsstatut *besondere*, von den allgemeinen erbrechtlichen Verteilungsprinzipien abweichende *Regeln* über die Rechtsnachfolge in Gesellschaftsanteile, so setzen sich diese durch. Dies gilt im deutschen Recht etwa für den Grundsatz, daß Miterben bei Vorliegen einer (einfachen) Nachfolgeklausel nicht in gesamthänderischer Verbundenheit, sondern nur jeweils einzeln in Höhe eines ihrer Erbquote entsprechenden Kapitalanteils die Gesellschaftsmitgliedschaft erwerben (vgl BGHZ 22, 192), oder für die Vorstellung, daß die Gruppe der – im Falle einer qualifizierten Nachfolgeklausel – zur Nachfolge berufenen Miterben den Anteil des Verstorbenen in vollem Umfang und nicht nur in Höhe ihrer Erbquoten erhält (BGHZ 68, 238). Diese Grundsätze werden als Regeln des deutschen Gesellschafts-, nicht dagegen als Regeln des deutschen Erbstatuts berufen (vgl auch MünchKomm/BIRK Art 25 Rn 186). Sie finden demnach Anwendung, wenn sich der Sitz einer Personengesellschaft in Deutschland befindet; auf die Staatsangehörigkeit des Erblassers kommt es hingegen nicht an.

62 Die *Verteilung* der vom Gesellschaftsstatut *freigegebenen Vermögenspositionen* unter den einzelnen Erbberechtigten vollzieht sich demgegenüber nach dem *Erbstatut*: Nach seinen Regeln bestimmt sich beispielsweise, wer als Erbe des verstorbenen Gesellschafters in eine Liquidationsgesellschaft eintritt und wem vor dem Hintergrund gesellschaftsrechtlich wirksamer Fortsetzungs- und Eintrittsklauseln Abfindungsansprüche zustehen. Das Erbstatut bestimmt auch, unter welchen Voraussetzungen ein gesellschaftsrechtlich begünstigter Miterbe sich den Wert der ihm zugewandten Mitgliedschaft bei der Erbauseinandersetzung anrechnen lassen (ebenso WITTHOFF 120 f) und ob er – falls der Wert des Gesellschaftsanteils den Wert seines Erbanteils übersteigt – eine Ausgleichszahlung leisten muß.

Fällt der Gesellschaftsanteil nach Maßgabe des Gesellschaftsstatuts in den Nachlaß, **63** befinden grundsätzlich die Regeln des Erbstatuts über die Zulässigkeit einer Testamentsvollstreckung (näher vOERTZEN IPRax 1994, 76), einer Vor- und Nacherbfolge, über das Bestehen von Pflichtteilsansprüchen (vOERTZEN RIW 1994, 819) sowie über die Frage, inwieweit der Anteil dem Zugriff von Nachlaßgläubigern freisteht (dazu näher WITTHOFF 135 ff).

Läßt das Erbstatut den Anfall der Erbschaft (vgl Rn 102 ff) nicht im Wege des Von- **64** selbsterwerbs eintreten, sondern sieht es eine abweichende Gestaltung (hereditas iacens, Erwerb durch Zwischenberechtigte) vor, sind die gesellschaftsrechtlichen Konsequenzen eines solchen Rechtsübergangs wiederum dem Gesellschaftsstatut zu entnehmen (näher WITTHOFF 110 ff; vgl auch vOERTZEN IPRax 1994, 78).

Die Vererbung von *Kapitalgesellschaftsanteilen* wirft keine besonderen Rechtsfragen **65** auf. Der Rechtsnachfolger tritt nach Maßgabe des Erbstatuts in die gesellschaftsrechtliche Stellung des Erblassers ein (vgl MünchKomm/BIRK Art 25 Rn 180; EBENROTH Rn 1282).

Ob eine juristische Person oder eine nichtrechtsfähige Organisation *erbfähig* ist, **66** richtet sich nach dem Erbstatut. Dagegen entscheidet das Gesellschaftsstatut, ob die betreffende juristische Person oder Gesellschaft in der Lage ist, in eigener Person selbständiger Träger von Rechten und Pflichten zu sein (vgl Rn 82).

7. Art 25 und die Anknüpfung sozialrechtlicher Ansprüche gegen deutsche Leistungsträger

Die ungeschriebenen Kollisionsnormen des deutschen **Internationalen Sozialrechts** **67** (vgl etwa STEINMEYER, Einführung in das Internationale Sozialrecht, in: vMAYDELL/RULAND, Sozialrechtshandbuch [2. Aufl 1996] 1501 ff; HEPTING IPRax 1990, 223) berufen einseitig deutsches Recht hinsichtlich aller Ansprüche auf Sozialleistungen gegen deutsche Leistungsträger. Der Verweisungsumfang ergibt sich ua aus den Bestimmungen des Zweiten und Dritten Abschnitts des SGB I, die in den §§ 56–59 SGB I auch eine besondere Regelung der Sukzession von Todes wegen in sozialrechtliche Ansprüche enthalten. Diese Sonderbestimmungen gelten für die Rechtsnachfolge in sozialrechtliche Ansprüche gegen deutsche Leistungsträger, weil sie durch die Normen des Internationalen Sozialrechts berufen werden (vgl auch MünchKomm/BIRK Art 25 Rn 200), und nicht etwa deswegen, weil es sich hier um – erbrechtlich zu qualifizierende – „besondere Vorschriften" des deutschen Belegenheitsrechts iS von Art 3 Abs 3 handelt (vgl Rn 524).

Danach **erlöschen sozialrechtliche Ansprüche** auf Geldleistungen gem § 59 S 2 SGB I **68** nur dann, wenn sie zum Zeitpunkt des Todes des Berechtigten weder festgestellt sind noch ein Verwaltungsverfahren über sie anhängig ist. Eine Sonderregel zur **Ausschlagung** enthält § 57 Abs 1 SGB I: Der Rechtsnachfolger kann auf die sozialrechtliche

Sonderrechtsnachfolge innerhalb von sechs Wochen nach Kenntnis durch schriftliche Erklärung gegenüber dem Leistungsträger verzichten. Soweit Ansprüche auf den Sonderrechtsnachfolger übergegangen sind, haftet er anstelle des Erben für die sozialrechtlichen Verbindlichkeiten des Verstorbenen gegenüber dem Leistungsträger (§ 57 Abs 2 S 1, 2 SGB I).

69 Die **Ordnung der Nachfolgeberechtigten** ergibt sich aus § 56 SGB I. Soweit die Rechtsnachfolge danach vom Vorliegen bestimmter familienrechtlicher Beziehungen abhängt, sind diese präjudiziellen Rechtsverhältnisse als Vorfragen (vgl Rn 551 ff) selbständig, dh unter Einschaltung der einschlägigen Kollisionsnormen des deutschen Rechts (wie zB Art 13 Abs 1, Art 19 Abs 1) anzuknüpfen. Findet auf sie ausländisches Recht Anwendung, ist § 34 Abs 1 SGB I zu beachten. Diese Vorschrift regelt ausdrücklich die Voraussetzungen einer sozialrechtlichen *Substitution* (vgl Rn 762 ff, 768). Sie bestimmt, daß ein ausländisches Rechtsverhältnis als Voraussetzung sozialrechtlicher Ansprüche oder Verpflichtungen nur dann ausreicht, „wenn es dem Rechtsverhältnis im Geltungsbereich dieses Gesetzbuches entspricht".

70 Stehen fällige Ansprüche auf Geldleistungen keinem nach § 56 SGB I bestimmten Rechtsnachfolger zu, werden sie gemäß § 58 SGB I „nach den Vorschriften des Bürgerlichen Gesetzbuchs vererbt". Es sollen also bei gesetzlicher Erbfolge die §§ 1922 ff BGB und bei gewillkürter Erbfolge die §§ 2064 ff BGB Anwendung finden. Zweifelhaft ist, ob dies auch in Bezug auf *ausländische Erblasser* gilt oder ob insoweit das maßgebende Erbstatut über Art 25 Abs 1 zu ermitteln ist. Gegen eine Anwendung der allgemeinen Erbkollisionsnorm könnte sprechen, daß eine Ermittlung der ausländischen Erbrechtsnormen gerade in den von § 56 SGB I nicht erfaßten Randfällen für den deutschen Leistungsträger möglicherweise mit unverhältnismäßigen Schwierigkeiten verbunden ist und Praktikabilitätserwägungen es daher nahelegen, auch beim Tode *ausländischer* Anspruchsberechtigter die Erbfolge in sozialrechtliche Ansprüche dem deutschen Erbrecht zu unterwerfen. Andererseits dürfte der Sozialgesetzgeber bei seiner Verweisung auf die erbrechtlichen „Vorschriften des Bürgerlichen Gesetzbuches" die beim Tode ausländischer Anspruchsberechtigter auftauchende kollisionsrechtliche Problematik übersehen haben. Wenn aber § 58 SGB I schon den Weg zu den privatrechtlichen Rechtsnachfolgeregeln freigibt, erscheint es konsequent, in einem solchen Fall auch die dazugehörigen Erbkollisionsnormen heranzuziehen. Die Vererbung sozialrechtlicher Ansprüche richtet sich daher im Anwendungsbereich von § 58 SGB I nach dem Heimatrecht des Anspruchsberechtigten (ebenso MünchKomm/Birk Art 25 Rn 200).

III. Auslegung des Begriffs „Rechtsnachfolge von Todes wegen"

71 Mit dem Begriff der „Rechtsnachfolge von Todes wegen" hat der Gesetzgeber den Anwendungsbereich der erbrechtlichen Grundkollisionsnorm im Vergleich zum früheren Rechtszustand präzisiert. Ungeachtet des unterschiedlichen Wortlauts ist der Anknüpfungsgegenstand des Art 25 Abs 1 nF aber mit dem der Art 24 Abs 1, 25 S 1 aF (vgl Vorbem 1 zu Art 25 f) deckungsgleich. Daher können die einschlägigen Stellungnahmen von Rechtsprechung und Schrifttum aus der Zeit vor dem 1.9.1986 ohne weiteres zur Interpretation der neuen Vorschrift herangezogen werden.

1. Erbfall

Zur „Rechtsnachfolge von Todes wegen" gehört zunächst die Frage, *wann* ein **Erbfall** **72** eintritt (SOERGEL/SCHURIG Vor Art 25 Rn 23). Regelmäßig wird eine Rechtsnachfolge von Todes wegen durch den Tod eines Menschen oder mit Rechtskraft der Todeserklärung (vgl KG FamRZ 1966, 210 mit Anm D MÜLLER; BayObLG IPRax 1981, 183) ausgelöst. Der sog „bürgerliche Tod" (zB infolge Strafverurteilung oder Klostereintritt) dürfte heute keine praktische Bedeutung mehr besitzen.

Die **Definition des Todes** – Zusammenbruch der Herz- und Kreislauffunktionen **73** (Herztod) oder irreversibler Funktionsverlust des Gehirns (Hirntod)? – ist dem für den Erblasser maßgebenden **Persönlichkeitsstatut** (vgl Rn 20) zu entnehmen (zustimmend SOERGEL/SCHURIG Art 25 Rn 23); in der Regel entscheidet also sein Heimatrecht zum Zeitpunkt des Todes (vgl DÖRNER IPRax 1994, 364; anders vBAR II Rn 22: stets deutsches Recht; wieder anders offenbar OLG Köln DNotZ 1993, 173: Erbstatut). Das ergibt sich aus Art 9 S 1, der „die Feststellung des Todes und des Todeszeitpunkts" dem letzten Heimatrecht einer Person unterstellt. Damit ist nicht nur eine „juristische" Feststellung des Todeszeitpunkts gemeint, wie das deutsche Recht sie etwa in den §§ 39 ff VerschG vorsieht, sondern auch die Frage nach den für die Todesfeststellung maßgebenden medizinischen Kriterien (näher DÖRNER IPRax 1994, 364 f).

Dem Persönlichkeitsstatut unterliegen nach Art 9 S 1 auch die Voraussetzungen und **74** Wirkungen einer **Todeserklärung**, der **Feststellung des Todes** oder des **Todeszeitpunkts** sowie **Lebens- und Todesvermutungen**. Ein ausländischer Staatsangehöriger kann allerdings auch nach deutschem Recht für tot erklärt werden, wenn hierfür ein „berechtigtes Interesse" besteht (Art 9 S 2). Läßt daher ein ausländisches Erbstatut die Rechtsnachfolge von Todes wegen mit einer Todeserklärung eintreten (rechtsvergleichend zu den verschiedenen Systemen STAUDINGER/WEICK [2000] Art 9 Rn 11 ff), so ist diese Voraussetzung aus der Sicht des deutschen Rechts erfüllt, wenn ein inländisches Gericht einen deutschen Erblasser gemäß Art 9 S 1 nach deutschem, einen ausländischen Erblasser nach seinem Heimatrecht (Art 9 S 1) oder aber – in Ausnahmefällen – nach deutschem Recht (Art 9 S 2) für tot erklärt hat. Ist eine im Ausland erfolgte Todeserklärung (bezüglich eines Deutschen oder Ausländers) im Inland anzuerkennen, so substituiert sie einen entsprechenden, im inländischen Verfahren ergangenen Rechtsakt und löst damit – zB im Rahmen des deutschen Erbstatuts – die Erbfolge aus. Die Anerkennung einer fremden Todeserklärung erfolgt unter den Voraussetzungen des § 16a FGG, und zwar auch dann, wenn die Erklärung nach ausländischem Recht durch Urteil oder Verwaltungsakt vorgenommen wurde (KROPHOLLER § 42 III 3; STAUDINGER/WEICK [2000] Art 9 Rn 78; aA KEGEL/SCHURIG § 17 I 1f, bb; MünchKomm/BIRK Art 25 Rn 195). Im Gegensatz zur hM (BayObLG IPRax 1981, 183; KROPHOLLER § 42 III 1; STAUDINGER/WEICK [2000] Art 9 Rn 48; PALANDT/HELDRICH Art 9 Rn 2) will BIRK (MünchKomm/BIRK Art 25 Rn 194; anders aber MünchKomm/BIRK Art 9 Rn 48 f) die *Todesvermutung* in erster Linie dem Erbstatut entnehmen; auf das Personalstatut sei nur dann zurückzugreifen, wenn jenes keine eigene Regelung enthalte. Diese Auffassung ist *abzulehnen*. Sie läßt sich nicht mit dem Wortlaut von Art 9 S 1 („Lebens- und Todesvermutungen", vgl auch KEGEL/SCHURIG § 17 I 1 e) vereinbaren und verhindert die – wünschenswerte – einheitliche Beurteilung des Status. Zu *Kommorientenvermutungen* vgl Rn 88 ff.

Hat ein Verschollener in Wirklichkeit die Todeserklärung überlebt, so entscheidet **75**

Heinrich Dörner

das *Erbstatut* über die *erbrechtlichen Folgen* einer *Rückkehr.* Es bestimmt also, ob dem irrtümlich für tot Erklärten Herausgabeansprüche gegen den oder die Scheinerben zustehen (vgl im deutschen Recht § 2031 BGB) und ob Dritte geschützt werden, die an den Scheinerben Leistungen erbracht oder von ihm etwas aus dem Nachlaß erworben haben (vgl im deutschen Recht § 2370 BGB).

2. Erbfähigkeit

a) Begriffsklärung

76 Durch Rechtsnachfolge von Todes wegen erwirbt nur, wer Träger von Rechten und Pflichten sein kann. Erbfähigkeit ist daher im deutschen materiellen Recht grundsätzlich eine Erscheinungsform der Rechtsfähigkeit (vgl § 1923 BGB). Wie die Erbfähigkeit im Kollisionsrecht anzuknüpfen ist, wird nicht einheitlich beurteilt. Eine Ansicht hält das Erbstatut für maßgebend (BayObLGZ 1929, 208; MünchKomm/BIRK Art 25 Rn 202 f; KROPHOLLER § 51 III 3). Nach anderer Auffassung soll zwar die Erbfähigkeit dem Erbstatut unterstellt, die „Vorfrage der Rechtsfähigkeit" jedoch nach dem Personalstatut (besser: Persönlichkeitsstatut) entschieden werden (KEGEL/SCHURIG § 21 II; EBENROTH Rn 1267; SOERGEL/SCHURIG Art 25 Rn 25; PALANDT/HELDRICH Art 25 Rn 16; ERMAN/HOHLOCH Art 25 Rn 23).

77 Die Diskussion krankt daran, daß offenbar über den Bedeutungsgehalt von „Erbfähigkeit" unterschiedliche Vorstellungen bestehen. Unter „Erbfähigkeit" wird hier die *Möglichkeit* verstanden, auf erbrechtlichem Wege (als Erbe, Vermächtnisnehmer, Pflichtteilsberechtigter usw) Vermögensrechte oder -pflichten zu erwerben; erbfähig ist also, wer *zur Sukzession* in Rechte oder Pflichten des Erblassers kraft Gesetzes oder durch Verfügung von Todes wegen *berufen sein kann.* Darüber befindet – nach einheiliger Auffassung – das Erbstatut. Davon zu unterscheiden ist die andere Frage, ob der zur Erbfolge Berufene auch die ihm zugewiesenen Rechte und Pflichten *als selbständiger Rechtsträger innezuhaben* vermag. Dies hängt ab von seiner *Rechtsfähigkeit,* die nach seinem *Persönlichkeits- oder Personalstatut,* genauer: nach der Rechtsordnung zu beurteilen ist, die – Rechtsfähigkeit vorausgesetzt – Persönlichkeitsstatut wäre. Würde man dagegen die Fähigkeit, Träger gerade *erbrechtlich* erworbener Rechte und Pflichten zu sein, aus der allgemeinen Rechtsfähigkeit herauslösen und ebenfalls dem Erbstatut unterstellen, so könnte dies zur Folge haben, daß das Erbstatut einem nach seinem Persönlichkeitsstatut nicht existenten Rechtsträger Vermögensrechte und -pflichten zuweist (vgl Rn 79). Ein solches Resultat ist – im Interesse des internationalen Entscheidungseinklangs bei der Beurteilung von Statusfragen – abzulehnen.

78 Soweit das Erbstatut – wie im Regelfall – Rechtsfähige zu Erben ruft, stellt die Rechtsfähigkeit eine Vorfrage (vgl Rn 551, 571) dar. Soweit das Erbstatut bei der Distribution des Nachlasses auch Nichtrechtsfähige (etwa nondum concepti, nascituri, nicht rechtsfähige Personengesellschaften) einbezieht, können diese nur unter den Voraussetzungen selbständige Träger von Rechten und Pflichten werden, die das für sie maßgebende Persönlichkeitsstatut vorgibt (so im Ergebnis auch vBAR II Rn 5; LEWALD, Das deutsche Internationale Privatrecht [1931] 297). Läßt das Persönlichkeitsstatut eine Rechtsträgerschaft (endgültig) nicht zu, befindet das *Erbstatut* wiederum über die *Konsequenzen,* die sich aus diesem Umstand für die *Nachlaßverteilung* ergeben.

b) Beginn der Erbfähigkeit

In vielen Rechtsordnungen ist der **Beginn der Erbfähigkeit** mit dem Erwerb der **79**
allgemeinen Rechtsfähigkeit verknüpft: Erbfähig ist, wer rechtsfähig ist. Unter welchen Voraussetzungen, insbesondere von welchem *Zeitpunkt* die Rechtsfähigkeit
beginnt, entscheidet dann idR das Heimatrecht einer Person als ihr Persönlichkeits-(Personal-) Statut. Setzt die Rechtsfähigkeit wie zB im deutschen Recht (vgl
§ 1 BGB) etwa mit der „Geburt" eines Menschen ein, ist dieser Begriff nach den
Vorstellungen des Persönlichkeitsstatuts zu definieren (vgl auch vBar II Rn 4). Nicht
überall reicht das Faktum der Geburt allerdings zum Erwerb der Rechtsfähigkeit aus.
So setzt etwa nach spanischem Recht Rechtsfähigkeit voraus, daß ein Kind die
Geburt um 24 Stunden überlebt hat (Art 30 Cc); gemäß Art 725 des französischen
Cc ist ein nicht lebensfähig geborenes Kind nicht in der Lage, eine Rechtsnachfolge
von Todes wegen anzutreten. Legt man die in Rn 77 vorgenommene Differenzierung
zugrunde, so gehört nach deutschem Erbstatut zwar ein kurz vor dem Erbfall geborenes, innerhalb von 24 Stunden aber wieder verstorbenes spanisches Kind zum
Kreise der Erbbegünstigten. Dennoch erwirbt es nicht, weil ihm nach seinem Persönlichkeitsstatut niemals die Fähigkeit zur selbständigen Innehabung von Rechten und
Pflichten zukam (vgl auch vBar II Rn 5). Bei der – deutschem Recht unterliegenden –
Nachlaßverteilung ist dieses Kind daher außer Betracht zu lassen. Wollte man hier
das erbrechtliche Wirkungsstatut über die Frage der Rechtsfähigkeit entscheiden
lassen (so MünchKomm/Birk Art 25 Rn 203), würde die Beerbung des Kindes gemäß
Art 25 Abs 1 deutschem Recht unterliegen, obwohl es nach seinem Heimatrecht
überhaupt kein Träger von Vermögensrechten sein kann. Im *umgekehrten Fall* (spanisches Erb- und deutsches Rechtsfähigkeitsstatut) wäre aus der Sicht des deutschen
Rechts die Erbfolge dagegen eingetreten.

Ob bereits ein **nasciturus** bei der Nachlaßverteilung in irgendeiner Weise zu berück- **80**
sichtigen ist (vgl im deutschen Recht § 1923 Abs 2 BGB), entscheidet dementsprechend das Erbstatut (vgl IPG 1971 Nr 34 [Heidelberg] 343). Es befindet gleichfalls darüber,
ob und von welchem Zeitpunkt an ein etwa durch extrakorporale Befruchtung
gezeugtes einem im Mutterleib befindlichen Kind in erbrechtlicher Hinsicht gleichzustellen ist. Das Erbstatut regelt auch, wer die vorläufig entstandenen Erbrechte des
nasciturus bis zu seiner Geburt wahrnehmen soll und ob zB die Bestellung eines
Pflegers oder Nachlaßverwalters erforderlich ist (IPG 1971 Nr 34 [Heidelberg] 344). Dagegen beantwortet das *Persönlichkeitsstatut* die Frage, ob und von welchem Zeitpunkt
an die bedachte Leibesfrucht ihre *Rechtsfähigkeit erhält* und damit als eigener Träger
der auf erbrechtlichem Wege erlangten Vermögensrechte anzusehen ist (wie hier vBar
II Rn 4, 6; anders MünchKomm/Birk Art 25 Rn 204). Verstirbt daher ein deutsches Kind vor,
ein spanisches Kind innerhalb von 24 Stunden nach der Geburt oder wird ein französisches Kind nicht lebensfähig geboren, so steht fest, daß ein Rechtsträger nicht
existieren wird (vgl auch Rn 78). Damit muß jetzt das Erbstatut darüber entscheiden,
wem die zuvor auflösend bedingte Erbberechtigung nunmehr zufällt. Nimmt das
Erbstatut dagegen von vornherein eine Distribution des Nachlasses vor, ohne einen
nasciturus zu berücksichtigen, erhält dieser auch dann kein Erbrecht, wenn sein
Persönlichkeitsstatut eine solche Beteiligung zuläßt.

Gleiches gilt für den **nondum conceptus**. Ob er (wie zB im deutschen Recht gemäß **81**
§ 2101 BGB) als Nacherbe eingesetzt werden kann, richtet sich nach dem Erbstatut,
das gleichfalls darüber entscheidet, welche Rechtsfolgen bei Ausbleiben von Nach-

Heinrich Dörner

kommenschaft eintreten (vgl vBar II Rn 7). Die Frage, ob und von welchem Zeitpunkt an der später Gezeugte als rechtsfähig anzusehen ist, beantwortet dagegen sein Persönlichkeitsstatut.

82 Entsprechende Überlegungen sind auch im Hinblick auf die **Erbfähigkeit juristischer Personen** anzustellen. Das Erbstatut bestimmt, ob sie überhaupt und möglicherweise bereits vor einer behördlichen Genehmigung (OLG Celle ROW 1989, 442; vgl im deutschen Recht § 84 BGB) oder Registereintragung zum Erben oder Nacherben (vgl § 2101 Abs 2 BGB) berufen sein können (vBar II Rn 378 Fn 134; MünchKomm/Birk Art 25 Rn 205). Die Fiktion des § 84 BGB gilt gleichfalls, wenn eine ausländische Stiftung bedacht worden ist (BayObLGZ 1965, 85 f); es handelt sich um ein Beispiel für zulässige *Substitution* (vgl Rn 762 ff). Ferner regelt das Erbstatut, ob es möglich ist, auch *nicht rechtsfähigen Organisationen* (nicht rechtsfähigen Vereinen, Handelsgesellschaften, unselbständigen Stiftungen) auf erbrechtlichem Wege Vermögensrechte zuzuwenden. Dagegen ist die Fähigkeit einer juristischen Person, als selbständiger Rechtsträger Rechte und Pflichten innezuhaben, nach dem Gesellschaftsstatut, dh derzeit noch nach dem Recht des Verwaltungssitzes (Rn 58) zu entscheiden (Erman/Hohloch Art 25 Rn 23; aA MünchKomm/Birk Art 25 Rn 202, 206; Ebke RabelsZ 1984, 320 Fn 5), das nach hM das Persönlichkeitsstatut juristischer Personen bestimmt (statt aller Staudinger/Grossfeld [1998] IntGesR Rn 265 ff). Das Sitzrecht beherrscht auch die Frage, *von welchem Zeitpunkt an* eine juristische Person als rechtsfähig anzusehen ist. Daher findet ein Erwerb von Todes wegen nicht statt, wenn das Sitzrecht zB eine eigene Rechtsträgerschaft bestimmter nicht rechtsfähiger Organisationen nicht zuläßt. In diesem Fall ist nach Maßgabe des Erbstatuts zu prüfen, ob durch Auslegung der Verfügung von Todes wegen der Wille des Erblassers auf andere Weise erreicht werden kann.

83 Kommt einer Körperschaft oder Stiftung nach dem Gesellschaftsstatut grundsätzlich Rechtspersönlichkeit zu, ist diese aber insofern beschränkt, als der jeweiligen Person etwa die Fähigkeit zu unentgeltlichem Erwerb, insbesondere zu einem Erwerb von Todes wegen vorenthalten oder von einer behördlichen Genehmigung abhängig gemacht wird, so geht es um die Frage der Erbfähigkeit, über die nicht das Gesellschafts-, sondern das Erbstatut entscheidet (so wohl OLG Naumburg FGPrax 1996, 149; aA Staudinger/Grossfeld [1998] Rn 410; wohl auch vBar II Rn 378 Fn 134). Läßt dieses einen erbrechtlichen Erwerb zu, tritt die juristische Person auch dann die Rechtsnachfolge von Todes wegen an, wenn ihr Sitzrecht eine solche Art des Erwerbes nicht gestattet. Selbstverständlich steht es ihr frei, den Verboten des Gesellschaftsstatuts durch Nichtantritt oder Ausschlagung Rechnung zu tragen. Zu fremdenrechtlichen Erwerbsbeschränkungen für juristische Personen vgl Rn 128.

84 Die Wirksamkeit testamentarischer Anordnungen, in denen *keine Person* als Begünstigter eingesetzt wird (Schulbeispiel: Zuwendung an ein Haustier), richtet sich nach dem Erbstatut; seine Auslegungsvorschriften entscheiden gleichzeitig darüber, auf welchem Wege (etwa durch Umdeutung in eine Auflage) dem Erblasserwillen Rechnung zu tragen ist.

85 Von der Erbunfähigkeit zu unterscheiden sind *Einsetzungs-* und *Erwerbsbeschränkungen*, dazu Rn 122 ff, 128.

c) Ende der Erbfähigkeit

Natürliche Personen sind nur erbfähig, wenn sie den **Erblasser überleben** und damit **86** zum Zeitpunkt seines Todes als möglicher Träger von Rechten und Pflichten noch existent sind. Ob das der Fall ist, entscheidet das *Personalstatut des Berufenen* (Art 7 Abs 1). Es definiert gemäß Art 9 S 1 den Todeseintritt (vgl zur Parallelproblematik beim Erblasser Rn 73) und ist im Hinblick auf den Erbanwärter maßgeblich für die Voraussetzungen und Wirkungen einer *Todeserklärung*, die *Feststellung seines Todes* bzw des *Todeszeitpunkts* sowie für *Lebens- und Todesvermutungen* (vgl auch Rn 74; anders auch hier MünchKomm/Birk Art 25 Rn 203 [primär Erbstatut]).

Ob eine natürliche Person den Erbfall noch erlebt hat und damit zur Erbfolge **87** berufen ist, kann im Falle eines mehr oder weniger gleichzeitigen Versterbens mehrerer Personen von den Rechtswirkungen einer **Kommorientenvermutung*** abhängen, die eingreift, wenn eine bestimmte Reihenfolge der Todesfälle nicht sicher nachgewiesen werden kann. Kommorientenvermutungen unterliegen gemäß Art 9 S 1 ebenfalls dem Personalstatut des Berufenen (vBar I Rn 628 u II Rn 20; Soergel/Schurig Art 25 Rn 27; Palandt/Heldrich Art 25 Rn 10; Dörner IPRax 1994, 365; Staudinger/Weick [2000] Art 9 Rn 60). Der früher darüber geführte Streit, ob eine solche Vermutung dem Personalstatut des Berufenen, dem Erbstatut oder aber der lex fori zu entnehmen sei, sollte sich mit dem Inkrafttreten des IPR-Reformgesetzes erledigt haben (zum Streitstand vor Inkrafttreten des IPR-Reformgesetzes etwa Jayme/Haack ZVglRW 1985, 90 ff; für eine erbrechtliche Qualifizierung grds auch heute noch MünchKomm/Birk Art 25 Rn 196; Ebenroth Rn 1264; wohl auch OLG Köln DNotZ 1993, 173; differenzierend wohl Kropholler § 42 III 1). Auch der Vorschlag, die für Eheleute unterschiedlicher Nationalität maßgebenden Kommorientenvermutungen dem Familienstatut zu entnehmen (Jayme/Haack aaO 96), entbehrt nach dem 1. 9. 1986 jeder gesetzlichen Grundlage, was die hM übersieht (vgl vBar I Rn 629 Fn 511; Palandt/Heldrich Art 9 Rn 2; Erman/Hohloch Art 9 Rn 14). Die Rspr ist überholt und im übrigen nicht sehr ergiebig (vgl KG NJW 1958, 24 m Anm Danckelmann; HansOLG IPRspr 1966/67 Nr 172; LG Berlin IPRspr 1966 Nr 169).

Die von Art 9 EGBGB vorgenommene Verweisung auf das Persönlichkeitsstatut hat **88** bei Kommorienten unterschiedlicher Nationalität zur Folge, daß unterschiedliche Vermutungsregeln und damit möglicherweise abweichende Vermutungen gelten. Beispielsweise wird im deutschen (§ 11 VerschG), italienischen (Art 4 Cc), niederländischen (Art 878 BW) oder schweizerischen Recht (Art 32 Abs 2 ZGB) ein gleichzeitiges Versterben, im französischen (Art 720–722 CC, dazu HansOLG IPRspr 1966/67 Nr 172; LG Berlin IPRspr 1966 Nr 169) und englischen Recht (vgl näher Ferid/Firsching/Henrich Bd III: Großbritannien Grdz Rn 108) dagegen ein ungleichzeitiger Tod vermutet. Zu besonderen Anpassungsproblemen im Hinblick auf die erbrechtlichen Konsequenzen des Mitversterbens insbesondere von Ehegatten oder Verwandten führen widersprechende Kommorientenvermutungen aber – entgegen einer weit verbreiteten Befürchtung (vgl etwa vBar I Rn 628 f) – in der Regel *nicht:* Kommen mehrere in einer Gefahr um, so richtet sich die Beerbung eines jeden von ihnen nach seinem *Erbstatut* (Art 25 Abs 1), welches bestimmt, ob der andere *als erbfähig zur*

---

* **Schrifttum:** De Nova, La commorienza in diritto internazionale privato, in: FS Lewald (1953) 339; Fragistas, Kommorientenvermutung im IPR, in: FS Laun (1953) 693; Jayme/Haack, Die Kommorientenvermutung im internationalen Erbrecht bei verschiedener Staatsangehörigkeit der Verstorbenen, ZVglRW 1985, 80.

Erbschaft berufen ist. Ob der andere *dieser Berufung folgen* oder aber – weil er als gleichzeitig oder vorher verstorben gilt – die *Erbfolge nicht mehr antreten* kann, entscheidet dagegen das *Persönlichkeitsstatut des Berufenen* (vgl FRANKENSTEIN, Internationales Privatrecht IV [1935] 383; FRAGISTAS, in: FS Laun 704). Von diesem Ansatz aus lassen sich die in der Literatur diskutierten Fälle unterschiedlicher Kommorientenvermutungen weitgehend ohne Schwierigkeiten bewältigen:

89 **Erste Fallgruppe:** Beruft das Erbstatut eines jeden Kommorienten den jeweils anderen zur Erbfolge und geht das Persönlichkeitsstatut beider potentiellen Erben vom gleichzeitigen Ableben der Beteiligten oder vom Vorversterben des ihm unterliegenden Erbanwärters aus, so wird der Nachlaß eines jeden Erblassers ohne Berücksichtigung des anderen Kommorienten verteilt.

90 **Beispiele:**

(1) Ein Deutscher kommt mit seiner schweizerischen Ehefrau bei einem Verkehrsunfall ums Leben. Für die Beerbung des Mannes gilt: Seine Ehefrau ist nach deutschem Erbrecht gesetzliche Erbin. Nach dem schweizerischen Persönlichkeitsstatut der Frau wird ein gleichzeitiges Versterben vermutet (Rn 88). Danach hat sie ihren Mann nicht überlebt und kommt als Erbin nicht in Frage. Für die Beerbung der Ehefrau gilt Gleiches bei Anwendung schweizerischen Erbrechts und der Vermutung des § 11 VerschG hinsichtlich des Ehemannes.

91 (2) Eine 61jährige Deutsche verunglückt zusammen mit ihrem 65jährigen französischen Ehemann (Beispiel von vBAR I Rn 628). Für die Beerbung der Ehefrau gilt: Ihr Ehemann ist gesetzlicher Erbe nach deutschem Erbrecht. Nach seinem französischem Persönlichkeitsstatut (Art 721 Abs 2 Cc) wird das Vorversterben des (älteren) Ehemannes vermutet. Der Ehemann erbt daher nicht. Für die Beerbung des Ehemannes gilt: Nach französischem Erbrecht erbt die Ehefrau als gesetzliche Erbin. Ihr deutsches Personalstatut vermutet aber einen gleichzeitigen Tod (§ 11 VerschG). Die Ehefrau erbt daher ebenfalls nicht. Ein Angleichungsproblem stellt sich – entgegen vBAR I Rn 629 – nicht.

92 **Zweite Fallgruppe:** Wenn – bei gleicher Ausgangssituation nach den Erbstatuten – das eine Personalstatut „seinen" Kommorienten als Überlebenden ansieht und ihm damit zur Erbfolge nach einem Ehepartner oder Verwandten verhilft, während das andere einen gleichzeitigen Tod oder ein Vorversterben vermutet, geht das Vermögen des (nach seinem Personalstatut) „Vorverstorbenen" zunächst auf den (nach *seinem* Personalstatut) „Nachverstorbenen" über und fließt damit in dessen Verwandtschaft ab. Auch in dieser Situation besteht kein Anpassungsbedarf (anders zB JAYME/HAACK ZvglRW 1985, 94, 96). Denn ein korrigierender Eingriff in das Ergebnis der parallelen Anwendung zweier Sachstatute setzt im Falle eines teleologischen („Sollens-") Widerspruchs (vgl Rn 708) stets voraus, daß das Resultat den Sinn beider Rechte in einer nicht mehr hinnehmbaren Weise verfehlen würde. Das Ergebnis der Rechtsanwendung in der vorliegenden Konstellation – der vermutungsweise überlebende beerbt den vermutungsweise vorverstorbenen Ehegatten – ist aber keineswegs befremdlich. Ein zu Lebzeiten bestehendes „Vertrauen" des einen Kommorienten darauf, daß für den Fall des Mitversterbens das Persönlichkeitsstatut des Partners eine dem eigenen Persönlichkeitsstatut entsprechende Vermutungsregel enthält, wird im übrigen ebensowenig geschützt wie etwa die Erwartung, daß das Erbstatut des Partners eine dem eigenen Erbstatut entsprechende Nachlaßbeteiligung vorsieht.

Beispiele: 93

(1) Eine 65jährige Deutsche verunglückt zusammen mit ihrem 61jährigen französischen Ehemann. Für die Beerbung des Ehemannes bleibt es bei dem in Rn 91 gefundenen Ergebnis: Im Hinblick auf § 11 VerschG erbt die Ehefrau nicht. Für die Beerbung der Ehefrau gilt: Ihr Mann ist gesetzlicher Erbe nach deutschem Erbstatut. Sein französisches Persönlichkeitsstatut vermutet ein Überleben des (jüngeren) Ehemannes. Er *ist daher Erbe geworden*, weil sein Personalstatut – im Gegensatz zu dem der deutschen Ehefrau – ihn vor seinem eigenen Tod noch als erbfähig ansah.

(2) Ein französischer Vater und seine englische Tochter stürzen mit einem Flugzeug tödlich ab. Beide 94 haben sich wechselseitig zu Erben eingesetzt (Beispiel von KEGEL/SCHURIG § 8 III 4). Für die Beerbung des Vaters gilt: Seine Tochter ist nach französischem Recht testamentarisch zur Erbin berufen. Nach ihrem englischem Personalstatut wird bei testamentarischer Erbfolge ein Überleben des Jüngeren vermutet (vgl KEGEL/SCHURIG § 17 I 1 e). Die Tochter erbt. Für die Beerbung der Tochter gilt: Nach englischem Recht ist der Vater zum testamentarischen Erben berufen. Sein französisches Personalstatut vermutet ebenfalls ein Überleben des Jüngeren. Der Vater erbt nicht. Im umgekehrten Fall – Vater Engländer, Tochter Französin – ist das Ergebnis nicht anders. Eine Angleichung wird nicht erforderlich.

Dritte Fallgruppe: Schwierigkeiten ergeben sich, wenn jedes Erbstatut den anderen 95 Kommorienten zum Erben beruft und jedes Persönlichkeitstatut das Überleben „seines" Angehörigen vermutet. In diesem Fall kommt es zu einer wechselseitigen Beerbung: Der Nachlaß des Ehemannes zB fiele seiner Frau zu, deren Vermögen aber auf ihren Mann überginge, der wiederum von seiner Frau beerbt würde, und so fort (vgl auch bereits FRAGISTAS, in: FS Laun 703). Dieser logische (oder „Seins"-) Widerspruch (vgl Rn 708) verhindert eine Verteilung der Nachlässe und kann daher nicht fortbestehen. Er wird am einfachsten durch eine ergänzende Regel des materiellen Rechts aufgelöst, die für den Fall derart widersprüchlicher Vermutungen – dem § 11 VerschG entsprechend – ein gleichzeitiges Versterben der Beteiligten annimmt (vgl MünchKomm/BIRK Art 25 Rn 196).

Unter welchen Voraussetzungen und zu welchem Zeitpunkt eine **juristische Person** 96 ihre **Rechtsfähigkeit verliert** und damit aus diesem Grund nicht mehr als Erbe in Frage kommt, richtet sich nach ihrem Persönlichkeits- (Personal-) statut, dh – derzeit noch – nach dem Recht ihres Verwaltungssitzes (vgl Rn 58, 82).

3. Berufungsgrund und Art und Weise der Nachlaßteilhabe

Das Erbstatut entscheidet über den Berufungsgrund, legt also fest, ob eine Person 97 kraft **gewillkürter** (Rn 232 ff) oder kraft **gesetzlicher Erbfolge** (Rn 141 ff) Vermögensrechte erwerben kann und in welchem Verhältnis beide Berufungsgründe zueinander stehen.

Es bestimmt ferner, ob das gesamte Vermögen als Einheit vererbt wird (**Universal-** 98 **sukzession**) oder ob auf den Rechtsnachfolger einzelne Vermögensmassen oder Vermögensgegenstände übergehen (**Sondererbfolge**). Wirtschafts- oder sozialpolitisch motivierte Sondererbfolgen werden allerdings häufig ohne Rücksicht auf das allgemeine Erbstatut dem Belegenheitsrecht unterstellt sein. Die einschlägigen Bestimmungen stellen dann „besondere Vorschriften" iSd Art 3 Abs 3 dar, so daß aufgrund dieser Sonderregel nicht gemäß Art 25 Abs 1 das Heimatrecht des Erblassers, sondern das Belegenheitsrecht zur Anwendung gelangt (näher Rn 533 ff). Zum deutschen Höfe- und Heimstättenrecht vgl Rn 547 ff. Zur nichterbrechtlichen Sondernachfolge von Todes wegen insbes nach den Regeln des jeweiligen Einzelstatuts vgl Rn 43, 57, 61.

99 Dem Erbstatut unterliegen auch die möglichen **Typen** einer Nachlaßbeteiligung sowie deren Ausgestaltung im einzelnen. Es bestimmt also,
– welche Rechtsstellung dem **Gesamtnachfolger** (Erbe, Universallegatar, beneficiary) im Hinblick auf den Nachlaß zukommt; insbes zur Rechtsstellung von Universallegatar und Vorbehaltserben nach französischem bzw belgischem Recht vgl MEZGER JZ 1956, 308; IPG 1965/66 Nr 52 (Köln) 548; 1977 Nr 34 (Göttingen) 317 ff;
– ob er etwa mit einer bestimmten Quote, mit einem bestimmten Betrag oder durch ein Recht an einzelnen oder auf einzelne Gegenstände am Nachlaß beteiligt ist,
– welche Formen der Gesamtnachfolge (Miterben, Vor- und Nacherben) existieren,
– ob sich unter bestimmten Voraussetzungen die Ausgestaltung der Teilhabe am Nachlaß verändert (so früher im deutschen Recht bei einem Erbersatzanspruch nach §§ 1934 a aF ff, dazu Rn 153 ff),
– wie sich die Stellung des Gesamtnachfolgers von der eines *Vermächtnisnehmers* (Rn 270) unterscheidet und wie das Recht auf Zuwendung eines einzelnen Vermögenswerts ausgestaltet ist (Damnationslegat, Vindikationslegat).

100 Das Erbstatut befindet auch darüber, ob und in welchem Umfang einem Erben das gesetzliche Erbrecht entzogen werden kann bzw ob und in welcher Gestalt ihm ungeachtet einer gegenteiligen Verfügung von Todes wegen eine Mindestbeteiligung am Nachlaß verbleibt (vgl Rn 184 ff).

4. Erwerb und Verlust der Erbrechte

101 Das Erbstatut bestimmt, unter welchen Voraussetzungen, auf welche Art und Weise und zu welchem Zeitpunkt *erbrechtliche Rechtspositionen* (Erbenstellung, Vermächtnis, Pflichtteil usw) *erworben werden* und wieder *verlorengehen*.

a) Anfall der Erbschaft
102 Das Erbstatut entscheidet also zunächst darüber, ob ein Erbe oder Vermächtnisnehmer ipso iure, dh auch ohne sein Wissen und möglicherweise gegen seinen Willen Vermögensrechte erhält (**„Vonselbsterwerb"**, SOERGEL/SCHURIG Art 15 Rn 32; vgl näher LANGE/KUCHINKE § 8 I 1 3), ob dazu ein eigenes Handeln des Berufenen (**„Antrittserwerb"**) bzw eine **behördliche Einweisung** erforderlich ist oder ob die Erbschaft zunächst auf einen *Treuhänder* übergeht und der Berechtigte sie erst nach Bereinigung der Nachlaßverbindlichkeiten ausgehändigt erhält (vgl EBENROTH Rn 1274). Ist danach der Nachlaß – etwa zwischen Tod und Annahme der Erbschaft – während eines bestimmten Zeitraums herrenlos (**hereditas iacens**), so bestimmt ebenfalls das Erbstatut, wer die Erbenrechte in der Zwischenzeit wahrnehmen soll (**aA** Münch-Komm/BIRK Art 25 Rn 233: Statut der einzelnen Vermögensrechte, zB lex rei sitae) und wer zur Annahme der Erbschaft berechtigt ist.

103 Ein Vonselbsterwerb ist vorgesehen zB im *deutschen* (§§ 1922, 857 BGB), *schweizerischen* (Art 560 ZGB) und grundsätzlich im *französischen* Recht (Art 718, 711 Cc, vgl OLG Frankfurt aM IPRspr 1964/65 Nr 202).

Einen Antrittserwerb kennt dagegen das *italienische* Recht. Mit dem Erbfall erhält **104** der Erbe zunächst nur die Befugnis, die Erbschaft anzunehmen. Der endgültige Erwerb erfolgt mit Abgabe einer Annahmeerklärung, die auf den Zeitpunkt des Todes zurückwirkt (Art 456, 457, 459 Cc, vgl BayObLGZ 1961, 16; BayObLG NJW 1967, 447 f; dazu Rauscher DNotZ 1985, 204 ff). In der Zwischenzeit liegt eine hereditas iacens vor (dazu Fahrenkamp RIW 1977, 675).

Zum Antrittserwerb im *sowjetrussischen* Recht vgl OLG Hamm NJW 1973, 2157 **105** (fristgerechte Annahme nicht erforderlich zur Geltendmachung von Lastenausgleichsansprüchen).

Im *österreichischen* Recht (§§ 797, 799, 819 AGBG) ist eine Annahmeerklärung **106** („Erbserklärung") sowie grundsätzlich eine „Einantwortung" durch das Verlassenschaftsgericht erforderlich (vgl BayObLGZ 1961, 182; 1971, 43 f; LG Köln MittRhNotk 1990, 285; dazu Firsching IPRax 1981, 88; Jayme ZfRvgl 1983, 164; Wirner FS Schippel [1996] 981; zum Verfahrensablauf Hoyer IPRax 1986, 346; näher Anh 426 ff zu Art 25 u 26; zur Behandlung im deutschen Erbscheinsverfahren s Rn 808, 814).

Ein **Zwischenerwerb durch Treuhänder** findet sich im anglo-amerikanischen Rechts- **107** kreis. Nach *englischem* Recht geht bei testamentarischer Erbfolge der Nachlaß auf den vom Erblasser benannten „executor", bei gesetzlicher Erbfolge zunächst auf das Gericht und dann auf den von diesem eingesetzten „administrator" über. Nach Sammlung des Nachlasses und Tilgung der Schulden händigen diese „personal representatives" den Nachlaß den Endbegünstigten („beneficiaries") aus (Einzelheiten bei Ferid/Firsching/Henrich Bd III: Großbritannien Grdz Rn 234 ff). Die Rechtslage in den Bundesstaaten der *USA* ist uneinheitlich. Auch hier hat der Erblasser die Möglichkeit, testamentarisch einen „executor" als Zwischenberechtigten zu benennen. Geschieht dies nicht oder tritt gesetzliche Erbfolge ein, so geht der unbewegliche Nachlaß unmittelbar auf die Erben über. Der bewegliche Nachlaß fällt entweder den Erben oder aber einem gerichtlich ernannten „administrator" zu, der nach Schuldenbegleichung den Überrest den Endberechtigten auszuhändigen hat (BayObLGZ 1980, 42; Wengler JR 1955, 41 ff; Gottheiner RabelsZ 1956, 36 ff; Firsching DNotZ 1959, 354 ff; ders IPRax 1982, 99; Ferid/Firsching Bd VI: USA Grdz Rn 256; zum kanadischen Recht: Huth/Zwikker ZVglRW 1987, 338 ff). Zur Rückverweisung auf die lex fori für den Komplex der „administration" vgl Rn 647; zur Behandlung im deutschen Erbscheinsverfahren Rn 853, 859.

b)   Annahme und Ausschlagung
Nach dem Erbstatut richten sich die materiellen Voraussetzungen sowie die Wirkun- **108** gen einer **Annahme-** oder **Ausschlagungserklärung** (KG Recht 1914 Beil Nr 2619; BayObLGZ 1991, 105; ZEV 1994, 177; 1998, 473; OLG Hamm NJW 1954, 1733; LG Mannheim IPRspr 1928 Nr 57; LG Hamburg ROW 1985, 172; LG Saarbrücken ZfJ 1991, 604; MünchKomm/Birk Art 25 Rn 238 ff; Erman/Hohloch Art 25 Rn 25; Palandt/Heldrich Art 25 Rn 10; Soergel/Schurig Art 25 Rn 32; Rauscher DNotZ 1985, 204; rechtsvergleichend Ebenroth Rn 379 ff). Es bestimmt also beispielsweise,

– ob eine solche Willenserklärung für den betreffenden Erben, Vermächtnisnehmer usw überhaupt zulässig ist (zur Ausschlagung vgl IPG 1965/1966 Nr 51 [München] 524),

Heinrich Dörner

– ob sie ausdrücklich erklärt werden muß oder auch konkludent (zB durch pro herede gestio) erfolgen kann,
– ob bedingte oder befristete Erklärungen gestattet sind,
– welchen Inhalt die Erklärung aufweisen muß,
– wem gegenüber sie abzugeben ist (vgl auch Rn 113),
– ob eine bestimmte Frist einzuhalten ist bzw das Verstreichenlassen einer Frist Erklärungswert hat (vgl auch Rn 111),
– ob eine Vertretung gestattet ist,
– unter welchen Voraussetzungen die Erklärung nichtig ist,
– ob und unter welchen Voraussetzungen sie widerrufen oder angefochten werden kann,
– ob die jeweilige Erklärung mit rückwirkender Kraft ausgestattet ist,
– ob eine Teilannahme oder Teilausschlagung erklärt werden kann und schließlich,
– welche Rechtswirkungen mit einer Annahme oder Ausschlagung verbunden sind.

109 Das Erbstatut bestimmt, welche Rechte einem vorläufig Berechtigten (zB einem Erben vor der Ausschlagung) im Hinblick auf den Nachlaß zustehen; es regelt das Rechtsverhältnis zwischen dem vorläufigen und endgültigen Erben (Aufwendungsersatz, Schadensersatz). Es entscheidet ferner darüber, ob das Recht zur Abgabe einer Annahme- oder Ausschlagungserklärung vererblich ist. *Auf wen* es beim Tode des Erklärungsberechtigten übergeht, richtet sich dagegen nach dem Recht, das *dessen* Erbfolge beherrscht.

110 Hängt die Rechtsnachfolge von Todes wegen von einer Annahmeerklärung ab und sieht das Erbstatut eine *zu kurze Annahmefrist* vor mit der Folge, daß die Erbschaft bei nicht fristgerechter Annahme als ausgeschlagen gilt, kann darin ein Verstoß gegen den deutschen *ordre public* (Art 6, vgl Rn 673 ff) zu sehen sein. Dies liegt nahe, wenn die Verkürzung der Annahmefrist aus politischen Gründen erfolgt, zB ausländischen Erben inländischer Erblasser zugunsten des Fiskus das Erbrecht beschneiden will (vgl zum rumänischen Recht: PFAFF/WAEHLER, Familien- und Erbrecht der Flüchtlinge und Umsiedler [1972] 266 ff; IPG 1970 Nr 27 [Hamburg] 297).

111 Mißt das Erbstatut dem **Schweigen** eines Erbberechtigten bzw einem bloßen Fristablauf Bedeutung bei, so findet *Art 31 Abs 2 analoge Anwendung* (so wohl KEGEL/SCHURIG § 21 II; vgl auch bereits RAAPE, Internationales Privatrecht⁵ [1961] 443; SOERGEL/SCHURIG Art 25 Rn 33; ablehnend jedoch MünchKomm/BIRK Art 25 Rn 235). Hat danach ein Erbe seinen gewöhnlichen Aufenthalt in einer anderen Rechtsordnung als derjenigen, welche die Rechtsnachfolge von Todes wegen beherrscht, und erscheint es nach den Umständen des Einzelfalles unbillig, sein Schweigen in bestimmter Weise – als Annahme oder Ausschlagung – zu werten, so kann sich der Betreffende hinsichtlich der Bedeutung seines Schweigens auf die abweichenden Vorschriften seines Aufenthaltsrechts berufen.

112 Für die **Form** einer Annahme- oder Ausschlagungserklärung bzw einer Anfechtung beider gilt Art 11 Abs 1 (vgl auch MünchKomm/BIRK Art 25 Rn 236). Das Formstatut entscheidet also zB, ob diese Erklärungen mündlich oder schriftlich erfolgen können, zur Niederschrift erklärt werden müssen oder einer notariellen Beglaubigung bedürfen. Sie sind formwirksam abgegeben, wenn die Formvoraussetzungen entweder des Erbstatuts oder aber des Rechts des Vornahmeortes beachtet wurden. Der Erbe eines deutschen Erblassers kann daher eine Ausschlagungserklärung im Ausland in der Form abgeben, die das ausländische Recht vorschreibt; eine Einhaltung der in § 1945 Abs 1 BGB vorgesehenen Formen ist nicht unbedingt erforderlich. Ist dem Ortsrecht das Rechtsinstitut der Erbausschlagung unbekannt, müssen die Formvoraussetzungen des Erbstatuts eingehalten werden (vgl PALANDT/HELDRICH Art 11 Rn 11 mwN; **aA** MünchKomm/BIRK Art 25 Rn 244 [Formfreiheit]).

Nicht als Formfrage zu qualifizieren ist dagegen, an **welchen Erklärungsempfänger 113** diese Erklärungen gerichtet werden müssen (MünchKomm/SPELLENBERG Art 11 Rn 80). Insoweit ist das *Erbstatut* maßgebend. Schreibt es vor, daß eine Annahme- oder Ausschlagungserklärung gegenüber einer Behörde oder einem Gericht abgegeben werden muß, so werden damit im Zweifel nur eigene Behörden bzw eigene Gerichte der betreffenden Rechtsordnung gemeint sein. Richtet ein Erbe dann seine Erklärungen an die mit vergleichbarer Zuständigkeit ausgestatteten Stellen eines *anderen Staates*, gibt also zB der in der Bundesrepublik lebende Erbe eines österreichischen Erblassers die nach § 799 ABGB erforderliche Erbserklärung gegenüber einem *deutschen* Nachlaßgericht ab, so ist zu prüfen, ob das auf die Erbfolge anzuwendende (im obigen Beispiel: österreichische) Recht eine solche Erklärung als funktionell gleichwertig und daher ausreichend anerkennt (wohl anders S LORENZ ZEV 1994, 147). Es handelt sich um ein **Substitutionsproblem** (vgl Rn 762 ff). – Zur Frage der *internationalen Zuständigkeit* inländischer Nachlaßgerichte zur Entgegennahme von Ausschlagungserklärungen vgl Rn 802.

Ob der Erklärende die zur Abgabe einer Annahme- oder Ausschlagungserklärung **114** erforderliche **Geschäftsfähigkeit** besitzt, richtet sich nach dem für ihn geltenden Persönlichkeitsstatut (Art 7), nicht etwa nach dem für die Beerbung maßgebenden Recht (differenzierend SOERGEL/SCHURIG Art 25 Rn 33; MünchKomm/BIRK Art 25 Rn 235). Die Frage, ob ein gesetzlicher Vertreter eines Minderjährigen zur Ausschlagung einer diesem angefallenen Erbschaft der Zustimmung des Vormundschaftsgerichts bedarf, bestimmt sich nach dem Statut des Eltern-Kind-Verhältnisses (Art 21).

Auf der Ebene des **deutschen materiellen Rechts** trägt § 1944 Abs 3 BGB (Ausschla- **115** gungsfrist sechs Monate anstelle von sechs Wochen) den Kommunikationsschwierigkeiten Rechnung, die sich angesichts des Auslandswohnsitzes des Erblassers bzw aus einem Auslandsaufenthalt des Erben bei der Ausschlagung ergeben können.

5. Erbunwürdigkeit, Einsetzungs- und Erwerbsbeschränkungen

a) Erbunwürdigkeit

Im Gegensatz zur Erbunfähigkeit (Rn 76 ff) bezeichnet die **Erbunwürdigkeit** keine **116** *allgemeine* Eigenschaft eines potentiell zur Erbfolge berufenen Rechtssubjekts, sondern die Unfähigkeit zum erbrechtlichen Erwerb *von einem bestimmten Erblasser*. Die Rechtsnachfolge wird hier wegen eines verwerflichen Verhaltens des potentiell Erbberechtigten gegenüber dem Erblasser ausgeschlossen oder beschränkt (vgl – auch rechtsvergleichend – LANGE/KUCHINKE § 6 I 1, 2; EBENROTH Rn 387 ff). Die Erbunwürdigkeit unterliegt nicht dem Personalstatut des Erben, sondern dem Erbstatut (allg Auffassung, vgl OLG Düsseldorf NJW 1963, 2230; LG Berlin RPfleger 1971, 149 m Anm BONNET; MünchKomm/ BIRK Art 25 Rn 212; ERMAN/HOHLOCH Art 25 Rn 25; PALANDT/HELDRICH Art 25 Rn 10; SOERGEL/ SCHURIG Art 25 Rn 45; EBENROTH Rn 1269). Es befindet daher darüber, welche Gründe zur

Heinrich Dörner

Erbunwürdigkeit führen, ob eine Verzeihung möglich ist und ob die Erbunwürdigkeit ipso iure von der Erbfolge ausschließt (Österreich, Frankreich, Schweiz) oder ob ein Ausschluß (wie im deutschen Recht, vgl §§ 2340 ff BGB) in einem bestimmten Verfahren geltend gemacht werden muß. In diesem letzten Fall legt das Erbstatut die Anfechtungsberechtigten sowie die bei einer Anfechtung zu beachtenden Fristen fest und bestimmt schließlich auch, wem die Erbunwürdigkeit eines möglichen Erben zugute kommt.

117 Entsprechendes gilt für die **Vermächtnisunwürdigkeit** (vgl im deutschen Recht § 2345 Abs 1 BGB) bzw für die **Pflichtteilsunwürdigkeit** (vgl § 2345 Abs 2 BGB).

118 Nach allgemeinen Qualifikationsregeln (vgl nur vBar I Rn 588 f; Dörner StAZ 1988, 351 f) sind in einer fremden Rechtsordnung alle Normen zur Anwendung berufen, die bei funktioneller Betrachtung den inländischen Erbunwürdigkeitsregeln entsprechen. Ob das fremde Recht dabei ein eigenes, der „Erbunwürdigkeit" vergleichbares Rechtsinstitut kennt oder Vergehen gegen den Erblasser systematisch abweichend, etwa als Verlust der Erbfähigkeit (England, vgl Ferid/Firsching/Henrich Bd III: Großbritannien Grdz Rn 111 ff) oder als Problem der Testamentsnichtigkeit einordnet, ist ohne Belang.

119 Birk (MünchKomm/Birk Art 25 Rn 213) wirft die Frage auf, ob die in § 2339 Nr 1 und 2 BGB angeführten Erbunwürdigkeitsgründe stets, dh auch bei Maßgeblichkeit eines ausländischen Erbstatuts Beachtung finden sollten. Für eine solche Sonderanknüpfung besteht jedoch kein Bedürfnis. Kennt ein fremdes Erbstatut vergleichbare Tatbestände nicht, erscheint eine Anwendung von Art 6 (ordre public) systemgerechter und völlig ausreichend (vgl Rn 696).

120 Ob die Voraussetzungen der Erbunwürdigkeit (Straftat, Täuschung usw, aber auch zB Verzeihung) im Inland oder Ausland erfüllt worden sind, ist gleichgültig (vgl Ferid GRUR Int 1973, 475 f; dazu Rn 772). Die Rechtswirkungen der §§ 2342 Abs 2, 2344 BGB können auch durch ein ausländisches, im Inland anzuerkennendes Urteil ausgelöst werden (näher Ferid, in: FS Beitzke [1979] 483). Zur Anerkennung eines ausländischen Erbunwürdigkeitsurteils und zur Möglichkeit einer erneuten Erbunwürdigkeitsklage in der Bundesrepublik Ferid, in: FS Beitzke (1979) 486 ff.

121 Zur *intertemporalen Behandlung* erbunwürdigkeitsbegründenden Verhaltens s Rn 12.

b)   Beschränkungen der Einsetzbarkeit nahestehender Personen
122 Von der Erbunfähigkeit (Rn 76 ff) und Erbunwürdigkeit (Rn 116 ff) sind weiterhin **Beschränkungen der** testamentarischen **Einsetzbarkeit** bestimmter Personen zu unterscheiden. So dürfen beispielsweise gemäß §§ 7, 27 BeurkG der beurkundende *Notar,* sein jetziger oder früherer Ehegatte oder (mit gewissen Einschränkungen) eine mit ihm verwandte und verschwägerte Person in der beurkundeten Verfügung von Todes wegen nicht mit Zuwendungen bedacht oder zum Testamentsvollstrecker bestellt werden. Ein Verstoß gegen diese Bestimmungen führt zur Unwirksamkeit der Zuwendung bzw Testamentsvollstreckereinsetzung. Ein entsprechendes Verbot der Einsetzung des beurkundenden Notars kennt zB auch das italienische (Art 597 Cc), spanische (Art 754 Cc) oder niederländische Recht (Art 954 BW). Andere Rechts-

ordnungen verbieten die Einsetzung des *Geistlichen,* der dem Testator in seiner letzten Krankheit beigestanden hat (Art 953 niederl BW, Art 752 span Cc, Art 2194 port Cc), des *Arztes,* der ihn zuletzt behandelte (Art 909 frz Cc, Art 953 niederl BW, Art 2194 port Cc), des *Vormunds* (Art 907 frz Cc, Art 596 it Cc, Art 951 niederl BW, Art 753 span Cc) oder des *Erziehers* (Art 952 niederl BW). In gleicher Weise werden auch häufig testamentarische Zuwendungen an *Testamentszeugen* ausgeschlossen (vgl im deutschen Recht etwa die §§ 2249 Abs 1 S 3 bzw 2250 Abs 3 S 2 BGB iVm §§ 7, 27 BeurkG).

Eine testamentarische Zuwendung an diese Personen scheitert weder an der fehlen- **123** den Erbfähigkeit noch an ihrer mangelnden Erbwürdigkeit. Daß die Einsetzung im konkreten Fall unwirksam ist, beruht vielmehr auf dem Gedanken, daß sich aus der spezifischen Beziehung zum Erblasser die Möglichkeit oder Gefahr einer unangemessenen Beeinflussung des Erblasserwillens ergeben könnte. Bestimmungen dieser Art wollen also sicherstellen, daß sich die *Willensbildung* des Testators *einwandfrei* vollzieht (vgl auch SOERGEL/SCHURIG Art 26 Rn 20); sie zielen nicht etwa darauf ab, den (einwandfrei gebildeten) Willen des Erblassers vor nachträglicher Fälschung zu bewahren.

Für die Qualifikation folgt daraus, daß derartige Einsetzungsbeschränkungen *nicht* **124** als *Formvorschriften* anzusehen sind (vgl Vorbem 92 zu Art 25 f; ferner KEGEL/SCHURIG § 21 III 2 a; SOERGEL/SCHURIG Art 26 Rn 20; anders LG Zweibrücken NJW 1955, 1800). Dies gilt auch insoweit, als Zuwendungen an Testamentszeugen untersagt werden. Art 5 S 2 des Haager TestÜbk steht dem nicht entgegen (vgl Vorbem 91 zu Art 25 f; ebenso MünchKomm/ BIRK Art 26 Rn 71; **aA** aber vBAR II Rn 401; PALANDT/HELDRICH Art 26 Rn 6).

Nach *hM* sollen Einsetzungsbeschränkungen dem Erbstatut, dh also in der Regel **125** dem Heimatrecht des Erblassers zum Zeitpunkt seines Todes unterliegen (Münch-Komm/BIRK Art 25 Rn 208; ERMAN/HOHLOCH Art 25 Rn 25; EBENROTH Rn 1268). Dem ist jedoch *nicht mehr zuzustimmen,* nachdem Art 26 Abs 5 S 1 für die Gültigkeit des Errichtungsaktes das Recht beruft, welches *zum Zeitpunkt der Errichtung* einer Verfügung von Todes wegen auf die Rechtsnachfolge anzuwenden gewesen wäre (**„Errichtungsstatut",** vgl näher Art 26 Rn 60 ff). In ihrer *Zielsetzung* sind die hier behandelten Einsetzungsbeschränkungen den (unstreitig gemäß Art 26 Abs 5 angeknüpften, vgl Rn 239 ff; Art 26 Rn 72) Vorschriften über Willensmängel eng verwandt. Beide Normenbereiche wollen eine autonome Willensbildung des Testators gewährleisten; die Einsetzungsbeschränkungen verlegen den Schutz lediglich insoweit vor, als sie nicht erst auf eine im konkreten Fall als Täuschung oder Drohung manifest gewordene Beeinflussung reagieren, sondern bereits die bloße Möglichkeit oder Gefahr einer Beeinflussung ausreichen lassen, um eine Zuwendung als nichtig anzusehen. Angesichts dieses funktionellen Zusammenhangs erscheint es sachgerecht, über etwaige Beschränkungen der Einsetzbarkeit ebenfalls das *Errichtungsstatut* entscheiden zu lassen (SOERGEL/SCHURIG Art 25 Rn 25; Art 26 Rn 35; KEGEL/SCHURIG § 21 III 2 c). Diese Einordnung wird insbes bedeutsam, wenn der Erblasser zwischen der Errichtung einer Verfügung von Todes wegen und seinem Tode eine andere Staatsangehörigkeit erworben hat. Ein Vermächtnis, das ein deutscher Staatsangehöriger zB zugunsten des ihn behandelnden Arztes auswirft, ist ungeachtet des Art 909 frz Cc auch dann wirksam, wenn der letztwillig Verfügende vor seinem Tod noch die französische

Heinrich Dörner

Staatsbürgerschaft erwirbt. Im umgekehrten Fall – ein Franzose wird nach Testamentserrichtung Deutscher – bleibt das Vermächtnis dagegen nichtig.

126 Weniger einen Schutz vor Einflüsterungen als vielmehr eine Sicherung der Familie gegenüber der Bevorzugung bestimmter „familienfremder" Personen bezwecken Regelungen, die sich gegen die Einsetzung nichtehelicher, insbesondere im Ehebruch oder Inzest gezeugter Kinder richten (vgl Art 908 frz Cc oder den – allerdings für verfassungwidrig erklärten – Art 592 it Cc) oder Zuwendungen an einen neuen Ehegatten untersagen (so der frühere Art 949 niederl BW). Vorschriften dieser Art unterliegen dem *Erbstatut*. Zur Bedeutung des ordre public (Art 6) in diesem Zusammenhang vgl Rn 693.

127 Dagegen ist das in § 14 Abs 1 S 1, Abs 2 HeimG (BGBl 1974 I 1873) enthaltene Verbot (auch) letztwilliger Zuwendungen an Heimträger oder Heimpersonal (vgl dazu BayObLGZ 1991, 251; BayObLG FamRZ 1992, 975) von vornherein nicht erbrechtlich zu qualifizieren (OLG Oldenburg FamRZ 1999, 1312; DÖRNER IPRax 1999, 455; MANKOWSKI FamRZ 1999, 1313 f; aA MünchKomm/BIRK Art 25 Rn 208). Das HeimG erfaßt aufgrund einer ungeschriebenen Kollisionsnorm des deutschen IPR die Rechtsverhältnisse aller Heimbewohner, welche in inländischen Heimen leben. Diese Rechtsverhältnisse unterliegen daher – soweit die vom HeimG geregelten Materien in Rede stehen – dem deutschen Recht. Das Verbot des § 14 HeimG gilt daher auch für ausländische Bewohner deutscher Heime, während eine erbrechtliche Qualifikation diesem Personenkreis den Schutz des Gesetzes entziehen würde.

c) Erwerbsbeschränkungen juristischer Personen

128 Körperschaften oder Stiftungen können – obschon nach ihrem Sitzrecht durchaus rechtsfähig – besonderen Erwerbsbeschränkungen unterliegen. Wird ihnen generell die **Fähigkeit** gerade zu **erbrechtlichem Erwerb** abgesprochen oder gerade der erbrechtliche Erwerb durch Genehmigungspflichten beschränkt, ist ihre Erbfähigkeit betroffen. Insoweit ist nicht das am Sitz der juristischen Personen geltende Recht, sondern das jeweilige Erbstatut ausschlaggebend (OLG Celle ROW 1989, 442; KG FamRZ 1996, 974; vgl Rn 82 f). Haben die Erwerbsbeschränkungen dagegen **fremdenrechtlichen Charakter**, zielen sie also gerade auf den Erwerb juristischer Personen mit **Sitz im Ausland** ab, so entscheidet das Recht des Ortes, an dem sich der betreffende Vermögensgegenstand befindet (SOERGEL/SCHURIG Art 25 Rn 26; MünchKomm/BIRK Art 25 Rn 210; ERMAN/HOHLOCH Art 25 Rn 25; ausführlich WOHLGEMUTH ROW 1989, 418 ff; zur Erbfähigkeit von Ausländern im allgemeinen s auch bereits OLG Darmstadt IPRspr 1929 Nr 179). Dies gilt etwa für Bestimmungen wie Art 86 oder für Vorschriften, die den erbrechtlichen Erwerb von Grundstücken durch ausländische juristische Personen kontrollieren wollen. Im Einzelfall können beide Arten von Beschränkungen zusammentreffen (vgl ausführlich WOHLGEMUTH ROW 1989, 429).

6. Umfang des Nachlasses

129 In Rspr und Schrifttum findet sich häufiger die Aussage, daß das Erbstatut über den Umfang des Nachlasses entscheide; es bestimme, welche Aktiva und Passiva zum Nachlaß gehörten (BGH NJW 1959, 1318 = RabelsZ 1960, 316 m Anm KNAUER; KEGEL/SCHURIG § 21 II; KROPHOLLER § 51 III 2; EBENROTH Rn 1266; SOERGEL/SCHURIG Art 25 Rn 24; ERMAN/HOHLOCH Art 25 Rn 25; PALANDT/HELDRICH Art 25 Rn 10; SCHOTTEN Rn 311). In ihrer Allgemeinheit ist diese Aussage *unzutreffend* (ebenso vBar II Rn 382 Fn 162; vgl auch Bentler, Die Erbengemeinschaft im Internationalen Privatrecht [1993] 49 ff). Eine nähere Betrachtung zeigt nämlich, daß bei der Beantwortung der Frage, welche Vermögenswerte nach den Regeln des Erbstatuts zur Verteilung anstehen bzw für welche Verbindlichkeiten ein Rechtsnachfolger von Todes wegen nach den Bestimmungen des Erbstatuts einzustehen hat, auf kollisionsrechtlicher Ebene mehrere Aspekte auseinandergehalten werden müssen.

a) Ansprüche Dritter anläßlich des Todesfalls

Nicht dem *Erbstatut* unterliegen – selbstverständlich – *Ansprüche*, die lediglich *anläß*- **130** *lich* des Todesfalls in der **Person eines Dritten** entstehen. So regelt etwa das Deliktstatut, ob ein Unterhaltsberechtigter beim Tode des zum Unterhalt Verpflichteten einen Schadensersatzanspruch gegen den Täter hat (vgl im deutschen Recht §§ 844 Abs 2, 845 BGB) oder ob der zur Tragung der Beerdigungskosten Verpflichtete (vgl Rn 139) dafür von dem Schädiger Ersatz erhält (vgl im deutschen Recht § 844 Abs 1 BGB). Ist eine Lebensversicherung auf den Tod eines anderen genommen worden (vgl im deutschen Recht § 159 VVG), so richten sich die Einzelheiten nach dem Versicherungsvertragsstatut (Art 7 ff EGVVG bzw 27, 28 EGBGB). Löst der Todesfall in der Person Dritter öffentlichrechtliche Ansprüche aus (Witwenrente, Waisenrente, Sterbegeld usw), so gilt insoweit im Zweifel das Recht, nach welchem der Leistungsträger organisiert ist (vgl dazu auch Rn 67 ff).

b) Existenz und Zuordnung einzelner Vermögensrechte

Zum Nachlaß können nur solche Rechte und Pflichten gehören, die zum Zeitpunkt **131** des Todes in der Person des Erblassers bestanden haben und mit seinem Tode weder erloschen noch auf einen Dritten übergegangen sind. Über die Existenz eines Rechts bzw einer Verpflichtung, ihre Übertragbarkeit sowie über die Person von Gläubiger und Schuldner zum Zeitpunkt des Todes entscheidet das für diese Rechtsverhältnisse maßgebende **„Einzelstatut"**, dh also die *Rechtsordnung*, welche das betreffende *Recht* bzw die *Verpflichtung* auch im übrigen *beherrscht*. Auf schuldrechtliche Forderungen findet demnach das Schuldstatut, auf dingliche Rechte die lex rei sitae Anwendung, usw (allg Auffassung, vgl KG OLGZ 1977, 459; OLG Köln OLGZ 1975, 4; Kegel/Schurig § 21 II; vBar II Rn 382; Ebenroth Rn 1266; Soergel/Schurig Art 25 Rn 24; MünchKomm/Birk Art 25 Rn 197; Erman/Hohloch Art 25 Rn 25). Bei Anwendung der dem Erbstatut unterliegenden Verteilungsregeln stellt die Frage nach der Existenz der zum Nachlaß gehörenden Rechte eine selbständig anzuknüpfende *Vorfrage* dar (BGH WM 1968, 1172; KG OLGZ 1877, 459; OLG Köln OLGZ 1975, 4; Kegel/Schurig § 21 II; Palandt/Heldrich Art 25 Rn 17; dazu Rn 569 ff).

So bestimmt beispielsweise das Unterhaltsstatut (Art 18 bzw Haager Unterhaltsüber- **132** einkommen), ob ein familienrechtlicher **Unterhaltsanspruch** bzw eine entsprechende Verpflichtung mit dem Tode des Berechtigten oder Verpflichteten erlischt oder aber vererbt wird (LG Arnsberg IPRspr 1977 Nr 85; vBar II Rn 382; Erman/Hohloch Art 25 Rn 9); das Recht der Belegenheit regelt, ob ein **dingliches Recht** mit dem Tode des Berechtigten *fortbestehen* kann (Soergel/Schurig Art 25 Rn 24; vgl im deutschen Recht etwa § 1061 BGB zum Nießbrauch an Sachen). Die Frage nach der Vererblichkeit eines **Schmerzensgeldanspruchs** beantwortet das Deliktsstatut (arg Art 38: Tatortregel mit Auflockerungen, vgl vBar II Rn 382; Erman/Hohloch Art 25 Rn 10), über die Vererblichkeit einer **Vereinsmitgliedschaft** das für das Personalstatut von juristischen Personen und Personenzusammenschlüssen maßgebende Sitzrecht. Das Gesellschaftsstatut legt auch fest, ob der Anteil an einer Personengesellschaft beim Tode eines Gesellschafters in dessen Nachlaß fällt (vgl Rn 60 f). Ist vereinbart worden, daß eine schuldrechtliche Forderung mit dem Tod von Gläubiger oder Schuldner erlöschen soll, so richtet sich die Wirksamkeit einer solchen Absprache nach dem jeweiligen Forderungsstatut. Dieses ist auch maßgebend für die Frage, ob schuldrechtliche Verpflichtungen zB aus Auftrag, Dienst- oder Arbeitsvertrag auf einen Erben übergehen können (vBAR II Rn 382; MünchKomm/BIRK Art 25 Rn 197). Über die Vererblichkeit **öffentlichrechtlicher Ansprüche** (etwa von Renten- und anderen sozialversicherungsrechtlichen Ansprüchen oder von Zahlungsansprüchen aus dem Beamten- oder Steuerrecht) entscheidet im Zweifel wiederum das Recht, nach dem der öffentlichrechtliche Leistungsträger bzw Schuldner organisiert ist (dazu Rn 67 f; vgl im einzelnen zu Lastenausgleichs- und Entschädigungsansprüchen SOERGEL/SCHURIG Art 25 Rn 24 mwN, zu Ansprüchen nach dem RepG LG Hamburg IPRspr 1977 Nr 104; zu Ansprüchen nach dem Häftlingshilfegesetz LG Oldenburg IPRspr 1979 Nr 239). – Zur Wahrnehmung postmortaler Persönlichkeitsrechte vgl Rn 24.

133 Das Einzelstatut befindet auch darüber, ob ein Vermögensrecht im Zeitpunkt des Todes dem Erblasser *oder einem Dritten* zustand (SOERGEL/SCHURIG Art 25 Rn 24), der Erblasser etwa ein **Sparkonto zugunsten eines Dritten** eingerichtet (Art 27, 28, vgl BGH NJW 1959, 1318 = RabelsZ 1960, 316 m Anm KNAUER 318; BGH WM 1968, 1172) oder im Rahmen eines **Lebens- oder Unfallversicherungsvertrages** bzw einer Sterbegeldversicherung einen anderen als Bezugsberechtigten eingesetzt hatte (Art 7 ff EGVVG bzw 27, 28 EGBGB, vgl OLG Köln OLGZ 1975, 1; VersR 1980, 155; LG Köln VersR 1979, 466; KEGEL/SCHURIG § 21 II), ob dem Erblasser nach Maßgabe der ungeschriebenen Regeln des deutschen Internationalen Deliktsrechts Ansprüche aus unerlaubter Handlung oder als Treugeber Rechte hinsichtlich des von einem Dritten gehaltenen **Treuhandeigentums** zukamen (vgl KG OLGZ 1977, 459; lex rei sitae), schließlich auch, ob ein Lastenausgleichs- oder Rückerstattungsanspruch für den Erben oder aber den Erblasser entstanden ist (KEGEL/SCHURIG § 21 II). Über Bestehen und Ausmaß einer erbrechtlichen Beteiligung am Nachlaß eines anderen Erblassers (sog „Nachlaß im Nachlaß") entscheidet das Recht, welches als Erbstatut diesen anderen Nachlaß beherrscht (SOERGEL/SCHURIG Art 25 Rn 24).

134 Ist vereinbart worden, daß beim Tode einer Person das Eigentum an einer Sache oder ein anderes Vermögensrecht auf einen anderen übergehen soll, so ist die Wirksamkeit der Kausalabrede nach dem jeweiligen Vertragsstatut, die Wirksamkeit des Rechtsübergangs nach der Rechtsordnung zu beurteilen, die auch sonst die Übertragung beherrscht, dh also bei Sachen nach dem Belegenheitsrecht, bei Forderungen gemäß Art 33 Abs 2 nach dem Recht der abgetretenen Forderung. Entsprechendes gilt für eine Vereinbarung, nach der im Todesfall die gegenüber einem Dritten bestehende Verpflichtung des einen Vertragspartners von dem anderen übernommen wird. Umstritten ist die Behandlung der *Schenkung von Todes wegen*, vgl dazu Rn 354 ff.

c) Güterrechtliche Auseinandersetzung

135 War der Erblasser verheiratet, so erfaßt das Erbstatut nur solche Vermögenswerte, die nicht zuvor bereits aufgrund einer **güterrechtlichen Auseinandersetzung** dem anderen Ehepartner zugewiesen worden sind (vgl RG JW 1938, 1718; KROPHOLLER § 51

III 2; STAUDINGER/VBAR/MANKOWSKI [1996] Art 15 Rn 329; MünchKomm/BIRK Art 25 Rn 201; MünchKomm/SIEHR Art 15 Rn 109; FERID Rn 8–128; IPG 1977 Nr 33 [Heidelberg] 299). Der güterrechtliche Ausgleich genießt Priorität, weil die Auseinandersetzung des Güterstandes nach dem Tode eines Gatten kollisionsrechtlich nicht anders behandelt werden soll als zu beider Lebzeiten (STAUDINGER/VBAR/MANKOWSKI [1996] Art 15 Rn 329). Über Art, Ausmaß und Durchführung der güterrechtlichen Teilhabe befindet das *Ehegüterstatut* (Art 15); es entscheidet also, ob dem überlebenden Ehegatten zB ein Anteil am Gesamtgut oder ein Anspruch auf Zugewinnausgleich zusteht. Der Umfang des Nachlasses hängt damit bei verheirateten Erblassern entscheidend von der vorangehenden güterrechtlichen Abschichtung ab.

d) Sondernachfolge kraft Einzelstatuts

Von einer Verteilung nach den Regeln des Erbstatuts (Art 25 Abs 1) bleiben schließ- **136** lich solche Vermögenswerte ausgeschlossen, die bereits aufgrund besonderer **Nachfolgeregeln** des jeweiligen *Einzelstatuts* beim Tode des Rechtsinhabers einem anderen Rechtsträger zugewiesen werden. Das Einzelstatut geht dann dem erbrechtlichen Gesamtstatut vor. So existieren zB im deutschen Recht Sonderregeln über die Rechtsnachfolge in die *Anteile an einer Personenhandelsgesellschaft* (vgl Rn 60 f), in *Mietverhältnisse* (Rn 57) oder in *sozialrechtliche Ansprüche* gegen deutsche Leistungsträger (Rn 67 ff). Zur Sondererbfolge nach Anerben- und Höferecht vgl Rn 547 f. Eine Sondernachfolge außerhalb des Erbstatuts kann auch im Rahmen einer nach Common Law bestehenden *joint tenancy* stattfinden (vgl HENRICH, in: FS Riesenfeld [1983] 107; CZERMAK ZVglRW 1988, 64, dazu Rn 47).

e) Maßgeblichkeit des Erbstatuts

Nach allem ist der Satz, der Umfang des Nachlasses werde vom Erbstatut festgelegt, **137** beträchtlich zu relativieren. Eine Entscheidung darüber, welche der *zum Zeitpunkt des Todes* vorhandenen Rechte und Pflichten des Erblassers den Nachlaß konstituieren, trifft das Erbstatut gerade nicht. Bedeutung gewinnt es allenfalls für die Frage, welche Veränderungen in der Zusammensetzung des Nachlasses *mit* und *nach dem Tode* des Erblassers eintreten können bzw welche Belastungen *erbfallbedingt* auf den Erben zukommen.

So entscheidet das Erbstatut auf der Aktivenseite darüber, welche nach dem Tod **138** erworbenen Vermögenswerte aufgrund einer **Surrogation** (vgl im deutschen Recht §§ 2019, 2041, 2111 BGB) zum Nachlaß gehören (KEGEL/SCHURIG § 21 II; VBAR II Rn 382 Fn 162; EBENROTH Rn 1266) und unter welchen Voraussetzungen ein Surrogationserwerb stattfindet.

Auf der Passivenseite ist dem Erbstatut zu entnehmen, ob und welche Verbindlich- **139** keiten „den Erben als solchen" treffen („**Erbfallschulden**", vgl § 1967 Abs 2 BGB). Dazu gehören neben Pflichtteilsansprüchen, Vermächtnissen und Auflagen zB die Verpflichtung des Erben zur Übernahme der Beerdigungskosten (vgl etwa § 1968 BGB) oder zur vorübergehenden Absicherung von Familienangehörigen des Erblassers (vgl im deutschen Recht etwa § 1969 – „Dreißigster" – oder § 1963 – Unterhalt der werdenden Mutter eines Erben), ferner allgemein mit dem Erbfall zur Entstehung gelangende und uU erbteilersetzende Unterhaltsansprüche (näher HENRICH, in: FS Gernhuber [1993] 675; **aA** und für unterhaltsrechtliche Qualifizierung dagegen PALANDT/HELDRICH Art 25 Rn 10) sowie Verbindlichkeiten, die nach dem Tode durch die Nachlaßabwick-

lung oder durch nachlaßbezogene Rechtsgeschäfte eines Erben oder Testamentsvollstreckers entstehen (KEGEL/SCHURIG § 21 II; vBAR II Rn 382 Fn 162; zur Haftung für Nachlaßverbindlichkeiten vgl näher Rn 212 ff).

140 Im übrigen regelt das Erbstatut, welche – nicht vom Erblasser herrührenden – subjektiven Rechte dem Erben kraft seiner Erbenstellung zukommen (dazu Rn 206 ff).

7. Gesetzliche Erbfolge

141 Das Erbstatut legt fest, wer zum **Kreis der gesetzlichen Erben** gehört, nach welchen
Ordnungsprinzipien sich die gesetzliche Erbfolge vollzieht (Rangfolge zwischen den
Berechtigten, Erbklassen, Repräsentation, Eintrittsrechte, Kopfteilung usw), *wie* die
erbrechtliche Teilhabe im einzelnen *ausgestaltet* ist (vgl Rn 214 ff) und in welchem
Umfang das Gesetz jeweils eine Teilhabe am Nachlaß gewährt (rechtsvergleichend
EBENROTH Rn 168 ff). Das Erbstatut beruft beispielsweise den **Ehegatten** (Rn 143 ff),
den **nichtehelichen Lebensgefährten** (BayObLGZ 1976, 163; BayObLG DAVorm 1983, 757;
AG München IPRspr 1974 Nr 130; vgl auch Rn 700 [ordre public]), **eheliche** sowie **nichteheliche
Kinder** (Rn 152 ff), **Adoptivverwandte** (Rn 161 ff), **Geschwister** (OLG Hamm NJW 1954,
1733), **Eltern** und **Großeltern** sowie sonstige Verwandte. Es bestimmt, ob sich unter
bestimmten Voraussetzungen die Art der Teilhabe am Nachlaß verändert (Erbersatzanspruch, vgl Rn 154) und ob bzw in welchem Umfang der Erblasser den gesetzlichen
Erben die Beteiligung entziehen darf (Rn 184 ff). Auch für das Erbrecht des **Fiskus**
(Rn 190 ff) ist das Erbstatut maßgebend.

142 Soweit das gesetzliche Erbrecht von der Beantwortung **familienrechtlicher Vorfragen**
(Rn 551 ff, 559 ff) abhängt, sind diese **selbständig anzuknüpfen** (vgl Rn 146 f, 156 ff, 175; wie
hier vBAR II Rn 383; KROPHOLLER § 51 III 4; SOERGEL/SCHURIG Art 25 Rn 28, 77; ERMAN/HOHLOCH
Art 25 Rn 10; PALANDT/HELDRICH Art 25 Rn 17; **aA** FERID Rn 9–35 [keine Einheitslösung]; Münch-
Komm/BIRK Art 25 Rn 215 [unselbständige Anknüpfung, „wenn andernfalls eine sinnvolle Abwick-
lung des Erbfalls beeinträchtigt würde"], vgl dazu aber Rn 555).

a) Erbrecht des Ehegatten
143 Das Erbstatut bestimmt die Erbquote des überlebenden Ehegatten bzw die Art
seiner Beteiligung am Nachlaß (vgl BayObLG IPRax 1981, 102; KG IPRspr 1973 Nr 105,
OLG Karlsruhe NJW 1990, 1421). Es befindet darüber, ob er zusätzlich Rechte an
bestimmten Gegenständen erhält (Hausrat, Geschenke, vgl im deutschen Recht
den „Voraus" des § 1932 BGB) und ob ihm – falls mit dem Erblasser verwandt –
ggf gleichzeitig ein Verwandtenerbrecht zusteht.

144 Der in einigen – insbesondere den romanischen – Erbrechten anzutreffende **dinglich
wirkende Nießbrauch des Ehegatten** am Gesamtnachlaß oder Bruchteilen (rechtsver-
gleichend GREIF MDR 1965, 447 f) ist, soweit er sich auf inländisches Vermögen bezieht,
im Wege der Anpassung (Rn 708 ff) in eine den Erben treffende *Verpflichtung zur
Nießbrauchsbestellung* umzudeuten (**sehr str**, vgl dazu BayObLGZ 1961, 19 ff; 1995, 376; LG
Frankfurt aM MDR 1976, 668; ferner OLG Hamm NJW 1954, 1733; aus der Literatur vBAR II Rn 377;
JOHNEN MittRhNotK 1986, 67; **anders** LG Berlin IPRspr 1931 Nr 97; KEGEL/SCHURIG § 21 IV 4;
TIEDEMANN 109 ff; MünchKomm/BIRK Art 25 Rn 342; aus der Gutachtenpraxis IPG 1965/1966 Nr 47
[Hamburg: Rumänien] 504, Nr 48 [Hamburg: Polen] 510, Nr 52 [Köln: Belgien] 549 f u Nr 53 [Köln:
Belgien] 573; 1969 Nr 34 [Köln: Polen]; 1972 Nr 31 [Hamburg: Spanien, mit ausführlicher Darstel-

lung] 305; IPG 1977 Nr 34 [Göttingen: Frankreich] 321 ff; differenzierend STAUDINGER/STOLL [1996] IntSachR Rn 193). Geht man nämlich davon aus, daß das Sachstatut darüber befindet, welche Typen dinglicher Rechte an inländischen Sachen zugelassen sind und unter welchen Voraussetzungen sich eine Zuordnungsänderung an der einzelnen Sache vollzieht (Rn 42 f), so richten sich Art und Entstehen eines dinglichen Rechts an einer im Inland belegenen Sache auch dann ausschließlich nach deutschem Recht als der lex rei sitae, wenn die Entstehung des Rechts auf einem nach ausländischem Recht zu beurteilenden erbrechtlichen Vorgang beruht. Ob der Ehegattennießbrauch eines ausländischen Erbstatuts die im Inland belegenen Nachlaßgegenstände mit dinglicher Wirkung ergreift, entscheidet daher allein das deutsche Recht. Danach erscheint aber bereits zweifelhaft, ob das deutsche Sachenrecht wirklich ein Nießbrauchsrecht an einer Vermögensgesamtheit kennt; nach den §§ 1085, 1089 BGB kann ein Nießbrauch gerade nicht an einem Vermögen bzw Nachlaß, sondern nur an den einzelnen Vermögensrechten bestellt werden. Auf jeden Fall ist dem deutschen Sachenrecht die gesetzliche Begründung eines Vermögensnießbrauchs im Wege eines singularsukzessorischen Übergangs auf einen Rechtsnachfolger unbekannt; daher kann allein kraft Erbfolge an hier belegenen Gegenständen kein Nießbrauch entstehen. Zur Fassung des Erbscheins vgl Rn 849; zur Parallelproblematik des Vindikationslegats vgl Rn 272.

Entsprechendes gilt für das **Recht der Witwe auf Wertausgleich** hinsichtlich der auf **145** den inländischen Nachlaßgrundstücken befindlichen „Gebäude und Bäume" nach islamischem Recht. Diese Nachlaßbeteiligung ist – zB nach iranischem Recht – zwar dinglich gesichert. Aus der Sicht der deutschen lex rei sitae kann ihm jedoch ausschließlich ein schuldrechtlicher Charakter beigelegt werden (OLG Hamm FamRZ 1994, 55; DÖRNER IPRax 1994, 37; vgl auch IPG 1983 Nr 32 [Göttingen] 291; anders IPG 1967/68 Nr 59 [Köln] 636; 1975 Nr 33 [Hamburg] 646). Zur Fassung des Erbscheins vgl Rn 850.

Ein Erbrecht des überlebenden Ehegatten setzt regelmäßig voraus, daß die **Ehe** zum **146** Zeitpunkt des Todes **noch bestand** (vgl im deutschen Recht § 1933 BGB). Ob sie wirksam geschlossen wurde, richtet sich nach dem über Art 13 Abs 1 u 2 ermittelten Eheschließungsstatut (selbständige Vorfragenanknüpfung, vgl BGHZ 43, 218; BGH NJW 1981, 1901 = IPRax 1982, 199; LG Aurich FamRZ 1973, 54 m Anm NEUHAUS; vBAR II Rn 383; ERMAN/HOHLOCH Art 25 Rn 10; PALANDT/HELDRICH Art 25 Rn 17; aA OLG Oldenburg IPRspr 1987 Nr 107; LG Stuttgart FamRZ 1969, 542, offengelassen von KG IPRspr 1973 Nr 105 S 273; zur Anknüpfung der Formgültigkeit einer Ehe s Art 13 Abs 3 S 1 u Art 11).

Die Ehe ist aufgelöst, wenn sie von einem deutschen Gericht rechtskräftig geschie- **147** den (BGH IPRax 1982, 199; KG IPRspr 1973 Nr 105 S 273; vgl auch OLG Hamm MittRhNotK 1992, 281) oder wenn ein ausländisches Scheidungsurteil im Inland nach Art 7 § 1 FamRÄndG anerkannt wurde bzw wenn – bei einer reinen Privatscheidung nach Maßgabe des von Art 17 berufenen Rechts – die Eheauflösung inzidenter anzuerkennen ist (vgl etwa KG OLGE 18, 474; PALANDT/HELDRICH Art 17 Rn 35 f mwN). Schließt das Erbstatut ein Erbrecht des überlebenden Ehegatten bereits dann aus, wenn zum Zeitpunkt des Todes eine Scheidung möglich und/oder vom Erblasser beantragt war (vgl etwa im deutschen Recht § 1933 BGB, im österreichischen Recht § 759 Abs 1 ABGB), so befindet über das Vorliegen der Scheidungsvoraussetzungen das von Art 17 berufene Recht (BayObLGZ 1980, 284). Ist die Scheidung nicht in dem Staat beantragt worden, dessen Recht die Erbfolge beherrscht, so entscheidet eine Aus-

Heinrich Dörner

legung der jeweiligen erbausschließenden Sachnorm (bei deutschem Erbstatut also des § 1933 BGB) darüber, ob auch eine Antragstellung im Ausland bzw eine Verwirklichung der im ausländischen Recht vorgesehenen Scheidungsgründe einen Ausschluß des Ehegattenerbrechts zur Folge hat. Es handelt sich dabei um ein Substitutionsproblem (vgl COESTER IPRax 1981, 206); aus der Sicht des deutschen Rechts muß die Einleitung eines Scheidungsverfahrens *im Ausland* dem inländischen Scheidungsantrag „funktionell äquivalent" sein (vgl Rn 764 ff).

148 Neben das Erbrecht des überlebenden Ehegatten tritt möglicherweise eine **güterrechtliche Beteiligung**, die dem von Art 15 bestimmten Ehegüterstatut unterliegt. Zur Verteilung nach den Regeln des Erbstatuts stehen nur solche Vermögenswerte an, die dem überlebenden Ehegatten nicht bereits im Rahmen des güterrechtlichen Ausgleichs zugefallen sind (vgl Rn 135). Zum Verhältnis von Art 15 und 25 Abs 1 (Ehegüter- und Erbstatut) vgl näher Rn 30 ff.

149 Ist *deutsches Recht Erbstatut*, ergibt sich die Rechtsstellung des überlebenden Ehegatten in erster Linie aus § 1931 Abs 1 u 2 BGB. Bestand beim Erbfall Gütertrennung – eine Vorfrage, über die aufgrund selbständiger Anknüpfung (vgl Rn 551 ff, 562) das nach Art 15 ermittelte Ehegüterstatut entscheidet –, so gilt auch § 1931 Abs 4. Diese Bestimmung hat erbrechtlichen Charakter, da sie lediglich die in Abs 1 u 2 enthaltenen Regeln zur Nachlaßverteilung im Hinblick auf die besondere güterrechtliche Situation der Ehegatten modifiziert (JAYME, in: FS Ferid [1978] 227 ff; FERID Rn 8–134; STAUDINGER/VBAR/MANKOWSKI [1996] Art 15 Rn 370; PALANDT/HELDRICH Art 15 Rn 28; ERMAN/ HOHLOCH Art 15 Rn 38; NEY, Das Spannungsverhältnis zwischen dem Güter- und dem Erbstatut [1993] 167; aA SOERGEL/SCHURIG Art 15 Rn 38 ff). Ob diese Modifizierung allerdings auch durch eine Gütertrennung *ausländischen* Rechts bewirkt wird, hängt davon ab, ob der ausländische Güterstand mit einer Gütertrennung iS des deutschen Rechts funktionell vergleichbar ist (Frage der Substituierbarkeit, vgl Rn 764; in der Sache bereits ebenso JAYME, in: FS Ferid [1978] 230). Das ist zB nicht der Fall, wenn das ausländische Ehegüterrecht einen Ausgleich für die Mitarbeit des überlebenden Gatten auf andere Weise vorsieht (JAYME aaO 230).

150 Gilt neben dem deutschen Erb- ein *ausländisches Ehegüterstatut*, so tritt neben die Erbquote des überlebenden Gatten aus § 1931 BGB ggf eine zusätzliche güterrechtliche Beteiligung, die – sofern im fremden Ehegüterrecht vorgesehen – auch aus einer Erhöhung des gesetzlichen Erbteils wie in § 1371 Abs 1 BGB bestehen kann.

151 Der § 1371 Abs 1 BGB ist güterrechtlich einzuordnen und findet somit nur Anwendung, wenn deutsches Recht auch Ehegüterstatut ist (sehr str, näher Rn 32 ff). Gleiches gilt für die in § 1371 Abs 4 enthaltene Belastung des ehegüterrechtlichen Viertels durch einen Ausbildungsanspruch (str, näher Rn 37). Güterrechtlichen Charakter hat auch § 1371 Abs 2, 1. HS, der dem überlebenden Ehegatten die konkrete Berechnung eines Zugewinns nach güterrechtlichen Grundsätzen gestattet, soweit ihm weder Erbe noch Vermächtnis zustehen (näher Rn 36). Die Frage, ob und in welcher Höhe neben einem so berechneten Zugewinnausgleichsanspruch ein Pflichtteils- oder Noterbrecht besteht (vgl § 1371 Abs 2, 2. HS) und ob dem überlebenden Ehegatten insbesondere nach Ausschlagung seines Erbteils zwecks Geltendmachung des Zugewinnausgleichs ein Pflichtteilsrecht gewährt wird (vgl § 1371 Abs 3 BGB), entscheidet wiederum das Erbstatut.

b) Erbrecht des Kindes

Das Erbstatut regelt, in welchem Verhältnis die **Kinder** (und andere Abkömmlinge) **152** des Erblassers zur Erbfolge berufen sind und in welchem Umfang sie andere potentiell Berechtigte von der Erbfolge ausschließen (vgl BGH FamRZ 1989, 379).

Es bestimmt auch, ob einem **außerhalb einer Ehe geborenen Kind** des Erblassers (bzw **153** dem Vater und den väterlichen Verwandten beim Tod eines solchen Kindes) überhaupt eine Nachlaßbeteiligung zusteht und in welchem Umfang es beteiligt wird (BGHZ 96, 267; BayObLG DtZ 1994, 155; LG Düsseldorf IPRspr 1976 Nr 206/207 S 577; IPG 1972 Nr 28 [Kiel] 277 f), ferner, ob die Erbberechtigung innerhalb und außerhalb einer Ehe geborener Kinder gleich ausgestaltet ist oder ob (und unter welchen Voraussetzungen) nichteheliche Kinder qualitative oder quantitative Beschränkungen hinnehmen müssen (zB Reduzierung des Anteils, Abdrängung auf einen Geldanspruch, Ablösungsrecht der ehelichen Kinder usw, vgl dazu den rechtsvergleichenden Überblick bei LANGE/KUCHINKE § 14 V 2). Zu Beschränkungen bei der Einsetzbarkeit nichtehelicher Kinder vgl Rn 126. Zur Anwendung von Art 6 (ordre public), falls das fremde Recht jede Beteiligung am Nachlaß versagt, vgl Rn 693. Im *deutschen Recht* sind durch das Erbrechtsgleichstellungsgesetz mit Wirkung vom 1. 4. 1998 die bis dahin geltenden Sonderregeln in den §§ 1934a ff BGB abgeschafft worden. Dem außerhalb einer Ehe geborenen Kind steht jetzt beim Tode seines Vaters nicht mehr lediglich ein Erbersatzanspruch, sondern ein volles Erbrecht zu.

Sieht ein Recht vor, daß der Erblasser ein außerhalb der Ehe geborenes Kind bereits **154** zu Lebzeiten durch **Zahlung einer Abfindung** von der Nachlaßbeteiligung ausschließen oder das Kind eine **Vorableistung** verlangen kann (vgl etwa Art 762 ff frz Cc oder den bis zum 31. 3. 1998 geltenden § 1934d BGB), so sind derartige Ausgleichs- und Abfindungsregelungen im Hinblick auf Voraussetzungen, Durchführung, Wirkungen und die materielle Wirksamkeit einschlägiger Vereinbarungen wegen ihres Charakters als „Annex" der erbrechtlichen Beteiligung nichtehelicher Kinder ebenfalls erbrechtlich zu qualifizieren (vgl nur BGHZ 96, 262; BGH NJW 1996, 2096; KEGEL IPRax 1986, 231; KROPHOLLER § 51 III; ERMAN/HOHLOCH Art 25 Rn 23). Regelungen dieser Art fallen mithin nicht unter das Unterhaltsstatut (so aber JAYME ZfRvgl 1983, 178; vgl auch KG FamRZ 1972, 149), weil sie auf Vermögensverteilung abzielen und nicht von der Bedürftigkeit des Kindes abhängen. Sie unterliegen auch nicht dem Statut des allgemeinen Verhältnisses zwischen Vater und nichtehelichem Kind (Art 21 nF, vgl aber SIEHR FamRZ 1970, 463; JOCHEM, Das Erbrecht des nichtehelichen Kindes nach deutschem Recht bei Sachverhalten mit Auslandsberührung [1972] 74), weil sie eng mit erbrechtlichen Bestimmungen verzahnt sind und eine funktionelle Verwandtschaft zum Erbverzicht aufweisen (KEGEL IPRax 1986, 231). Eine unterhalts- oder familienrechtliche Qualifikation würde im übrigen unweigerlich zu Anpassungsproblemen führen (vgl BGHZ 96, 268).

Maßgebend ist in einem solchen Fall allerdings nicht das Heimatrecht des Erblassers **155** zum Zeitpunkt seines Todes, sondern zum **Zeitpunkt des vorzeitigen Ausgleichs** (BGHZ 96, 270; BGH NJW 1996, 2096; KEGEL IPRax 1986, 231; MünchKomm/BIRK Art 26 Rn 149, Art 25 Rn 224; ERMAN/HOHLOCH Art 26 Rn 29); im Falle einer gerichtlicher Geltendmachung durch das Kind sollte man dabei zwecks Verhinderung von Verzögerungsstrategien nicht auf den Zeitpunkt der letzten mündlichen Verhandlung vor dem Tatrichter (so aber vBAR II Rn 376 Fn 110; BGH NJW 1996, 2096 m zust Anm MANKOWSKI ZEV 1996, 225, krit dagegen DÖRNER LM Nr 2 zu Art 25 EGBGB; MICHAELS IPRax 1998, 192),

Heinrich Dörner

sondern auf den Zeitpunkt der *Rechtshängigkeit der Klage* abstellen (OLG Hamburg NJW-RR 1996, 203). Die – heute auf eine analoge Anwendung des Art 26 Abs 5 zu stützende – Vorverlegung des Anknüpfungszeitpunkts ist durch die Überlegung gerechtfertigt, daß sich der Erblasser nach Durchführung des Ausgleichs auf die Möglichkeit einer zukünftigen Vermögensverteilung *ohne* weitere Berücksichtigung des nichtehelichen Kindes muß verlassen können (KEGEL IPRax 1986, 231; zur vergleichbaren Interessenlage beim Erbverzicht vgl Rn 374). Zur kollisionsrechtlichen Behandlung des vorzeitigen Erbausgleichs nach den aufgehobenen §§ 1934a ff BGB ausführlich STAUDINGER/DÖRNER (1995) Art 25 Rn 155 ff.

156 Die Erbberechtigung eines Kindes setzt voraus, daß seine **Abstammung** von dem Erblasser **feststeht**. Diese **Vorfrage** ist selbständig (vgl Rn 142 u 555) anzuknüpfen (PALANDT/HELDRICH Art 25 Rn 17). Seit dem 1. 4. 1998 gilt für inner- wie außerhalb der Ehe geborene Kinder gleichermaßen Art 19 Abs 1 EGBGB. Die von einem deutschen Gericht nach §§ 640 Abs 2 Nr 1. 640 h ZPO getroffene Entscheidung stellt die Abstammung auch im Hinblick auf ihre erbrechtlichen Wirkungen für und gegen alle fest (vgl BEITZKE ZBlJugR 1986, 537 f); das gleiche gilt für ein inter omnes geltendes ausländisches Urteil, das im Inland nach § 328 ZPO anzuerkennen ist (STAUDINGER/ KROPHOLLER [1996] Art 20 Rn 44).

157 Eine **selbständige Anknüpfung** der Abstammungsfrage ist auch dann vorzunehmen, wenn das Erbstatut – wie bis zum 1. 4. 1998 ebenfalls das deutsche Recht – in Bezug auf die Erbfolge weiterhin zwischen inner- und außerhalb der Ehe geborenen Kindern differenziert. Zwar wird verschiedentlich die Auffassung vertreten, daß in einem solchen Fall die Vorfrage nach einer ehelichen oder nichtehelichen Abstammung unselbständig, dh also unter Einschaltung der einschlägigen Kollisionsnormen des Erbstatuts (vgl Rn 554) anzuknüpfen sei, weil das deutsche IPR für diese Fragen nach dem Inkrafttreten des KindschaftsrechtsreformG am 1. 7. 1998 keine Kollisionsnormen mehr bereithalte (PALANDT/HELDRICH Art 19 Rn 8; Vor Art 3 Rn 30; vgl auch Münch-Komm/KLINKHARDT Art 19 nF Rn 1). Diese Begründung überzeugt aber nicht. Sind dem deutschen materiellen Recht bestimmte Rechtsinstitute bzw Rechtsfragen unbekannt, müssen zwecks Bestimmung des darauf anwendbaren Rechts auf kollisionsrechtlicher Ebene die vorhandenen Kollisionsnormen erweiternd („autonom") ausgelegt oder eigene Anknüpfungsregeln im Wege der Analogie oder notfalls durch Rechtsfortbildung entwickelt werden. Dieses methodische Prinzip ist nicht davon abhängig, ob sich eine Rechtsfrage als Haupt- oder Vorfrage präsentiert. Abgesehen davon ist es auch nicht richtig, daß eine einschlägige Kollisionsnorm im deutschen IPR fehlt. Art 19 Abs 1 nF erfaßt nämlich mit der Formulierung „Abstammung eines Kindes" *jede* Art der Abstammung von einem Elternteil ohne Rücksicht darauf, ob die Geburt inner- oder außerhalb der Ehe erfolgt. Der Anknüpfungsgegenstand des Art 19 Abs 1 nF deckt damit die früher von Art 19 Abs 1 und 20 Abs 1 S 1 aF erfaßten Rechtsfragen ab. Im einzelnen hat dies folgende Konsequenzen:

158 **Unterscheidet** das **Erbstatut** zwischen ehelichen und nichtehelichen Kindern, so ist zunächst festzustellen, was genau es unter Ehelichkeit versteht. Ist damit (wie regelmäßig) gemeint, daß ein Kind von Eltern abstammt, die zum Zeitpunkt der Geburt miteinander verheiratet waren, so ist diese Definition zugrunde zu legen und das Abstammungsstatut nach Maßgabe des Art 19 Abs 1, das für die Wirksamkeit der

Eheschließung maßgebende Recht mit Hilfe des Art 13 Abs 1 zu bestimmen (für selbständige Anknüpfung der Vorfrage der Ehewirksamkeit auch PALANDT/HELDRICH Art 19 Rn 8).

Entsprechend ist zu verfahren, wenn das **Erbstatut** ein außerhalb der Ehe geborenes **159** Kind aufgrund eines nach der Geburt erfolgenden Vorgangs mit einem ehelichen **gleichstellt,** dh also erbrechtliche Wirkungen von einer **Legitimation** abhängig macht. Auch in diesem Fall ist in einem ersten Schritt das Erbstatut danach zu befragen, was es unter einer Legitimation versteht (etwa: Eheschließung der Eltern eines zuvor geborenen und von beiden abstammenden Kindes). In einem zweiten Schritt werden die bei dieser Definition auftretenden Fragen – Eheschließung, Abstammung – wieder nach Maßgabe der deutschen Kollisionsnormen (Art 13 Abs 1. 19 Abs 1) angeknüpft (aA HENRICH FamRZ 1998, 1405 u ders, Mélanges Sturm Bd II (1999) 1515: unselbständige Anknüpfung). Legt das Erbstatut auch anderen Vorgängen als einer Eheschließung der Eltern legitimierende Wirkungen bei (etwa: Anerkennung mit Statusfolge), so entscheidet über deren Vorliegen die Rechtsordnung, welche nach Art 19 Abs 1 (bei entsprechend weiter Auslegung des Begriffs „Abstammung") oder zumindest analog Art 19 Abs 1 berufen wurde.

Weist das **Erbstatut** den Kindern des Erblassers eine Beteiligung am Nachlaß zu, **ohne** **160** zwischen inner- und außerhalb der Ehe geborenen Kindern **zu differenzieren,** während das nach Art 19 Abs 1 ermittelte Abstammungsstatut seinerseits noch zwischen ehelicher und nichtehelicher Abstammung unterscheidet, reicht es für eine erbrechtliche Beteiligung des Kindes aus, daß es die Voraussetzungen entweder der ehelichen oder aber der nichtehelichen Abstammung erfüllt.

c) Erbrechte nach Durchführung einer Adoption*

Nach welchem Recht sich die erbrechtlichen Verhältnisse des von einer **Adoption** **161** berührten Personenkreises beurteilen, ist sehr **umstritten** (vgl – mit rechtsvergleichenden Hinweisen – den Überblick bei K MÜLLER NJW 1985, 2056 ff; WANDEL BWNotZ 1992, 24 ff). Der Grund für diese Anknüpfungsunsicherheit ist darin zu sehen, daß eine Norm, die erbrechtliche Beziehungen zwischen einem Adoptivkind und seinen Adoptivverwandten herstellt (oder versagt) bzw erbrechtliche Beziehungen zwischen einem Adoptivkind und seinen natürlichen Verwandten auflöst (oder bestehen läßt), sowohl als *Adoptionswirkung* wie auch als *Aussage zum Kreis der Erbberechtigten* begriffen werden kann. Im ersten Fall würde Art 22, im zweiten entsprechend dem oben zu Rn 141 Gesagten Art 25 zur Anwendung gelangen. Das sich daraus ergebende Qualifikationsproblem gewinnt praktische Bedeutung, wenn Erb- und Adoptionsstatut nicht identisch sind. Ungeachtet der sowohl in Art 22 S 1 wie auch in Art 25 Abs 1 anzutreffenden Staatsangehörigkeitsanknüpfung können beide Statute nämlich zB auseinanderfallen, wenn sich das Erbstatut durch Rechtswahl nach Art 25 Abs 2 oder durch Anknüpfung an die Belegenheit einer Sache nach Art 3 Abs 3

---

* **Schrifttum:** BEITZKE, Beiträge zum Kollisionsrecht der Adoptionsfolgen, in: FS Firsching (1985) 9; ders, Zum deutschen Erbrecht einer amerikanischen Adoptivnichte, IPRax 1989, 36; HEPTING, Anerkennung und Substitution schwacher Auslandsadoptionen, StAZ 1986, 305; K MÜLLER, Erbrechtliche Konsequenzen der Adoption im Internationalen Privatrecht, NJW 1985, 2056; WANDEL, Auslandsadoption, Anerkennung und erbrechtliche Auswirkungen im Inlandserbfall, BWNotZ 1992, 17; PACHTENFELS, Gesetzliches Erbrecht des Adoptivkindes (Diss Hamburg 1990).

bestimmt, wenn das Adoptionsstatut bei der Ehegattenadoption gemäß Art 22 S 2, 14 Abs 1 Nr 2 durch eine Anknüpfung an den gemeinsamen gewöhnlichen Aufenthalt der Eheleute ermittelt wird oder wenn der Adoptierende nach der Adoption eine andere Staatsangehörigkeit erworben hat.

162 Ein Teil der Literatur vertritt die Ansicht, daß die „erbrechtlichen Statusfolgen" einer Adoption (Erhaltung/Beseitigung bzw Begründung/Versagung der erbrechtlichen Stellung im Verhältnis zu leiblichen und Adoptivverwandten) dem Adoptionsstatut zuzuweisen seien, während die „Ausfüllung" dieses Status dem Erbstatut überlassen bleibe. Sofern danach beispielsweise das Adoptionsstatut ein Adoptivkind den ehelichen Kindern des Annehmenden in erbrechtlicher Hinsicht gleichstellt, soll dem Erbstatut entnommen werden, welche Quote einem ehelichen Kind (etwa neben dem Ehegatten des Erblassers) zukommt (so SOERGEL/SCHURIG Art 25 Rn 28; K MÜLLER NJW 1985, 2060; PALANDT/HELDRICH Art 22 Rn 6 [vgl aber auch ebda Art 25 Rn 17]; ERMAN/HOCHLOCH Art 22 Rn 19 [vgl aber auch 25 Rn 9]; IPG 1975 Nr 30 [Hamburg] 249 f; 1977 Nr 26 [Freiburg] 240; 1982 Nr 32 [München] 316).

163 Nach anderer Auffassung soll dagegen für die erbrechtlichen Konsequenzen einer Adoption das jeweilige Erbstatut maßgeblich sein; die Wirksamkeit der Adoption richte sich dagegen nach dem Adoptionsstatut (BGH FamRZ 1989, 379; KG FamRZ 1983, 99; IPRax 1985, 354; vgl aber auch FamRZ 1967, 53; 1988, 434 [dazu GOTTWALD FamRZ 1988, 436; LÜDERITZ FamRZ 1988, 881]; LG Berlin IPRspr 1988 Nr 131 S 273; vBAR II Rn 383; KROPHOLLER § 51 III 4c; FERID Rn 8–372, 1; MünchKomm/BIRK Art 25 Rn 217; BEITZKE, in: FS Firsching [1985] 19; ders IPRax 1990, 37; STAUDINGER/HENRICH [1996] Art 22 Rn 68 f u ders, Internationales Familienrecht [1989] 298 f; im Ansatz auch LÜDERITZ Rn 394; IPG 1969 Nr 31 [Köln] 244).

164 Eine dritte Ansicht will Erb- und Adoptionsstatut kumulieren: Ein Erbrecht im Verhältnis der Adoptionsparteien zueinander setze eine entsprechende Regelung in *beiden* Rechten voraus; nur der Umfang des Erbrechts und seine Ausgestaltung im einzelnen richte sich nach dem von Art 25 bestimmten Recht (MünchKomm/KLINKHARDT Art 22 Rn 45 f).

165 **Stellungnahme:** Von vornherein *abzulehnen* ist die *Kumulationslösung* (Rn 164). Sie entbehrt einer gesetzlichen Grundlage, erschwert – wie jede Kumulation – die praktische Arbeit und schränkt das Erbrecht der Adoptionsbeteiligten unnötig ein (vgl auch LÜDERITZ Rn 394).

166 *Für* die Heranziehung des *Adoptionsstatuts* (Rn 162) läßt sich anführen, daß diese Lösung zu einer *einheitlichen Anknüpfung* und damit auf materiellrechtlicher Ebene zu einer *harmonischen Behandlung* aller möglichen Erbfälle führt. Wenn nämlich sowohl beim Tode des Adoptivkindes als auch beim Tode eines natürlichen als schließlich auch beim Tode eines Adoptivverwandten die Frage nach der möglichen Erbberechtigung stets vom Adoptionsstatut beantwortet wird, ist gewährleistet, daß das in sich abgestimmte materiellrechtliche Ordnungskonzept dieser einen Rechtsordnung uneingeschränkt zum Tragen kommt.

167 *Gegen* diese Lösung spricht jedoch zum einen, daß sie mit den *systematischen Vorgaben* des deutschen Internationalen Privatrechts nicht in Einklang zu bringen ist. Die Frage, ob sich aus familienrechtlichen Beziehungen eine erbrechtliche Beteiligung ergibt, wird im deutschen IPR eben nicht von den jeweiligen familienrechtlichen Kollisionsnormen, sondern von Art 25 erfaßt; niemand käme auf die Idee, das Erbrecht des ehelichen Kindes nach Maßgabe des von Art 19 Abs 2 oder das Erbrecht des Ehegatten nach Maßgabe des von Art 14 berufenen Rechts zu ermitteln. Im übrigen ist anerkannt, daß ein einheitliches Statut aller Adoptionswirkungen nicht existiert; so werden die namensrechtlichen Wirkungen der Adoption beispielsweise gemäß Art 10 oder ihre unterhaltsrechtlichen Konsequenzen nach den Vorschriften des Haager Unterhaltsübereinkommens angeknüpft (vgl nur STAUDINGER/HENRICH [1996] Art 22 Rn 43). Daher besteht auch keine Veranlassung, gerade die erbrechtlichen Wirkungen einer Adoption zum Anwendungsbereich des Art 22 zu schlagen (vgl auch BEITZKE IPRax 1990, 37).

Zum andern *widerspricht* die Heranziehung des Adoptionsstatuts auch den *Interessen* **168** der Beteiligten. Denn dadurch wird die Begründung der Erbenstellung insbesondere des Adoptivkindes von den Zufälligkeiten des Adoptionsstatuts (vgl Art 22 S 2, 14 Abs 1 Nr 2: Aufenthaltsrecht!) abhängig gemacht. Auf der anderen Seite werden sich zB die Adoptiveltern bei der Regelung ihrer Erbfolge an den Vorgaben des jeweiligen Erbstatuts orientieren. Sie rechnen kaum damit, daß der – möglicherweise Jahrzehnte zurückliegende – Vorgang der Adoption auf einmal kollisionsrechtlich aktiviert wird und für ihre Beerbung Bedeutung gewinnt.

Zuzustimmen ist daher der Ansicht, welche die Begründung der Erbenstellung nach **169** Durchführung einer Adoption **erbrechtlich qualifiziert** (Rn 163). Damit erfolgt die Abgrenzung zwischen Art 25 und den familienrechtlichen Kollisionsnormen nach übereinstimmenden Kriterien; der Anwendungsbereich des Erbstatuts wird nicht – wie nach der Gegenmeinung – gerade im Hinblick auf Art 22 systemwidrig zurückgenommen.

Nachteil dieser Qualifikation ist freilich, daß die Lösungen der einzelnen Erbstatute **170** nicht aufeinander abgestimmt sind. Dies kann bei der erbrechtlichen Behandlung bestimmter Sachverhalte zu Disharmonien führen. Nicht bedenklich erscheint allerdings, daß zB ein Adoptivkind beim Tode seiner leiblichen Eltern nach deren Heimatrecht möglicherweise erbberechtigt bleibt, während diese beim Tode des Kindes nach dessen (neuen) Heimatrecht leer ausgehen (vgl aber K MÜLLER NJW 1985, 2058). Dieses Ergebnis ist nicht spezifisch adoptionsbedingt; es beruht allein auf der unterschiedlichen Staatsangehörigkeit der Beteiligten und kann auch im Verhältnis von Eltern und ehelichen Kindern auftreten (vgl auch BEITZKE IPRax 1990, 37).

Nicht denkbar erscheint ferner, daß beim Tode des Adoptivkindes entweder gleich- **171** zeitig natürliche wie auch Adoptivverwandte oder aber weder die einen noch die anderen zu Erben berufen sind, was einen erbenlosen Nachlaß zur Folge hätte. Beim Tode des Adoptivkindes kommt nämlich gemäß Art 25 Abs 1 allein das Heimatrecht des Adoptivkindes zur Anwendung, das eine Erbberechtigung entweder der einen oder aber der anderen Personengruppe zuweisen wird (unrichtig daher K MÜLLER NJW 1985, 2058).

Allerdings ist nicht auszuschließen, daß als Folge der erbrechtlichen Qualifikation **172** ein Adoptivkind doppelt erbt, weil es sowohl vom Heimatrecht eines natürlichen wie auch vom Heimatrecht eines Adoptivverwandten als erbberechtigt angesehen wird, oder daß es – jedenfalls **theoretisch** – vollständig leer ausgeht, weil beim Tode der natürlichen wie auch der Adoptivverwandten beide möglichen Erbstatute dem angenommenen bzw zur Adoption weggegebenen Kind eine Erbberechtigung versagen. Auch diese Resultate erscheinen jedoch tolerabel. Im ersten Fall kann sich jeder Erblasser (bzw dessen übrige Erben) anhand des jeweils für ihn maßgebenden Erbstatuts auf die Mitberechtigung des adoptierten bzw zur Adoption weggegebenen Kindes einstellen; der Nachlaß wird also jeweils so verteilt, wie das maßgebliche Erbstatut dies vorschreibt. Im übrigen sah das deutsche Adoptionsrecht bis zur Reform des Jahres 1976 in §§ 1757, 1764 aF BGB ebendiese Lösung vor (vgl ferner § 1770 Abs 2 BGB nF, dazu Beitzke IPRax 1990, 37). Im zweiten Fall muß man den gleichzeitigen Verlust beider Erbpositionen als „Transaktionskosten" einer gelungenen Adoption begreifen, denen bereits im Adoptionsverfahren – etwa bei der Prüfung der Frage, ob die Adoption dem Wohl des Kindes entspricht – Rechnung getragen werden sollte. Im übrigen ist dieses Ergebnis ohne weiteres durch Verfügungen von Todes wegen korrigierbar. *Praktisch* wird es sich – da wohl immer auf den Unterschied zwischen „schwachen" und „starken" Adoptionen (vgl Rn 176) zurückzuführen – ohnehin regelmäßig durch Anwendung der Substitutionsregeln vermeiden lassen (näher Rn 176 ff).

173 Im einzelnen führt die erbrechtliche Qualifikation zu folgenden Ergebnissen: Ob einem Adoptivkind ein Erbrecht nach seinen *Adoptivverwandten* (insbesondere also den Adoptiveltern) zusteht, entscheidet gemäß Art 25 Abs 1 das Heimatrecht eines jeden Adoptivverwandten zum Zeitpunkt seines Todes. Verweist das Kollisionsrecht des Heimatstaates für die Frage der Erbberechtigung von Adoptivkindern seinerseits etwa auf das Heimatrecht des Angenommenen oder auf das für die Adoption maßgebende Recht zurück oder weiter, so ist ein solcher Renvoi zu beachten (Staudinger/Henrich [1996] Art 22 Rn 67). Bei der Anwendung der einschlägigen erbrechtlichen Sachnormen kommt es nicht darauf an, ob sie ausdrücklich „Adoptivkinder" mit einbeziehen oder aber nur von „Kindern" oder „Abkömmlingen" (vgl im deutschen Recht § 1924 Abs 1 BGB) sprechen (anders Lüderitz Rn 394). Vielmehr sind die einschlägigen Vorschriften – wie stets – so auszulegen und anzuwenden, wie ein Gericht des betreffenden Staates sie handhaben würde.

174 Die Frage, ob auch weiterhin erbrechtliche Beziehungen zu den *leiblichen Verwandten* bestehen, ist dagegen nach dem Erbstatut zu beantworten, das für den jeweiligen natürlichen Verwandten maßgibt. Ob das *Adoptivkind* selbst von seinen Adoptiv- oder seinen natürlichen Eltern beerbt wird, sagt das Recht des Staates, dem das Adoptivkind zum Zeitpunkt seines Todes angehört.

175 Eine erbrechtliche Beteiligung des Adoptivkindes am Nachlaß seiner Adoptivverwandten (und umgekehrt) setzt stets voraus, daß die Adoption wirksam vorgenommen wurde. Ebenso werden die erbrechtlichen Beziehungen zwischen dem Kind und seinen natürlichen Verwandten allenfalls durch eine *wirksame* Adoption gelöst. Diese **Vorfrage** ist – wie auch sonst – **selbständig anzuknüpfen** (Rn 551 ff, vgl BGH FamRZ 1989, 379; KG FamRZ 1988, 434 [dazu Gottwald FamRZ 1988, 436; vgl auch KG IPRax 1985, 354]; LG Berlin IPRspr 1988 Nr 131; vBar II Rn 383; Ferid Rn 8–372, 1; Erman/Hohloch Art 25 Rn 9; für unselbständige Anknüpfung dagegen BayObLGZ 1961, 17; Beitzke, in: FS Firsching [1985] 22; Staudinger/Henrich [1996] Art 22 Rn 68 f u ders, Internationales Familienrecht [1989] 298 f). Eine im Inland vorgenommene und deutschem Recht unterliegende Adoption ist wirksam, wenn die Voraussetzungen der §§ 1741 ff BGB gegeben sind. Bei einer Auslandsadoption ist zu unterscheiden: Die Wirksamkeit von Vertragsadoptionen richtet sich nach der von Art 22 berufenen Rechtsordnung. Ausländische Dekretadoptionen sind unter den Voraussetzungen des § 16 a FGG anzuerkennen (BGH FamRZ 1989, 380; vgl ferner STAUDINGER/HENRICH [1996] Art 22 Rn 85 ff; WANDEL BWNotZ 1992, 18 ff).

Neben der *Vorfrage* nach der Wirksamkeit einer erbrechtlich möglicherweise rele- **176** vanten Adoption stellt sich in diesem Zusammenhang regelmäßig ein **Substitutionsproblem** (vgl Rn 766; ausführlich HEPTING StAZ 1986, 309 ff; wie hier OLG Düsseldorf FamRZ 1998, 1628 f m krit Anm KLINKHARDT IPRax 1999, 356): Ist eine Adoption nämlich aus der Sicht des deutschen Rechts wirksam vorgenommen worden oder als wirksam anzuerkennen (Vorfrage), so bedeutet dies noch nicht zwingend, daß sie damit geeignet wäre, das in den Sachnormen des Erbstatuts als Voraussetzung für eine Erbberechtigung formulierte Tatbestandsmerkmal „Adoption" auszufüllen. Das Rechtsinstitut der Adoption ist im internationalen Vergleich sehr unterschiedlich ausgestaltet. Neben „starke" (oder „Voll-") Adoptionen, die ein Kind aus der Herkunftsfamilie vollständig herauslösen und vorbehaltlos in die Adoptivfamilie integrieren (vgl § 1754 BGB), treten Adoptionen minderer Wirkung (sog „schwache" Adoptionen), welche die Beziehungen zur Herkunftsfamilie nicht vollständig beenden, sondern zwischen Kind und Annehmendem nur partiell die Rechtswirkungen eines Eltern-Kind-Verhältnisses entstehen lassen. Erbrechtlich bedeutsam kann nur eine Adoption werden, deren Wirkungen denen des vom Erbstatut stillschweigend vorausgesetzten Adoptionstyps mindestens entsprechen, dh als „funktionell äquivalent" zu werten sind (zur Substitution s Rn 764, vgl im übrigen STAUDINGER/HENRICH [1996] Art 22 Rn 66 u ders, Internationales Familienrecht [1989] 299; vBAR II Rn 376 Fn 109 u 383; BEITZKE IPRax 1990, 38, 40; in der Sache auch BGH FamRZ 1989, 379; zustimmend KROPHOLLER § 51 III 4 c). Ist eine Adoption im Ausland vorgenommen worden und gemäß § 16a FGG anzuerkennen, so ist auf die Adoptionswirkungen des Rechts abzustellen, welches auf die Adoption tatsächlich angewandt wurde, nicht dagegen auf die Wirkungen des Rechts, das aus deutscher Sicht hätte angewandt werden müssen (vgl STAUDINGER/HENRICH [1996] Art 22 Rn 68 u ders, Internationales Familienrecht [1989] 299).

Vorfrage und Substitution sind mithin *nacheinander* zu erörtern (vgl auch Rn 766): **177** Während die Vorfrageanknüpfung letztlich zur Beantwortung der Frage führt, *ob* eine *wirksame Adoption* vorliegt oder nicht, entscheiden bei unterschiedlichem Erb- und Adoptionsstatut die Substitutionsregeln, ob eine nach dem Adoptionsstatut wirksame Adoption die *im Erbstatut vorausgesetzten Kriterien* einer Adoption zu *erfüllen* vermag (HEPTING StAZ 1986, 310). „Ein verläßliches Anzeichen dafür", so der BGH FamRZ 1989, 379, daß die durch die Adoption begründete Verwandtschaft so stark sei, wie sie das für die Erbfolge maßgebende Recht für eine Beteiligung an der gesetzlichen Erbfolge voraussetze, „ergibt sich dann, wenn man danach fragt, ob das für die Adoptionsfolgen maßgebende Recht das Adoptivkind am Nachlaß des Erblassers beteiligen würde, wenn dieser nach dem Adoptionsstatut beerbt würde. Ist das nicht der Fall, etwa wenn das Adoptionsstatut das Adoptivkind zwar als Verwandten des Erblassers bezeichnet (und vielleicht auch teilweise so behandelt), es aber erbrechtlich hinter entsprechende Blutsverwandte zurücksetzt . . ., dann spricht einiges dafür, die familienrechtliche Beziehung in dem für die Erbfolge maßgebenden Recht nicht als (hinreichend starke) Verwandtschaft anzusehen."

178 Geht das Erbstatut danach von einer Volladoption aus, wird eine „schwache" Adoption im Zweifel nicht geeignet sein, die im Erbstatut vorgesehenen erbrechtlichen Wirkungen auszulösen.

Beispiele:

(1) Ist beim Tode eines Adoptivelternteils deutsches Recht Erbstatut, so ergibt eine Auslegung des § 1924 Abs 1 BGB, daß zu den „Abkömmlingen" iS dieser Vorschrift auch die Adoptivkinder gehören. Allerdings setzt diese Bestimmung dabei stillschweigend voraus, daß es sich um eine Volladoption handelt, das Kind also die Rechtsstellung eines ehelichen Kindes des Annehmenden erlangt hat und die Rechtsbeziehungen zur Herkunftsfamilie erloschen sind (vgl §§ 1754 u 1755 BGB). Ist die im Ausland vorgenommene Adoption als wirksam anzusehen bzw hier anzuerkennen, so liegt zwar eine aus der Sicht des deutschen Rechts wirksame Adoption vor (Vorfrage). Sofern diese Adoption aber nur mit minderen Rechtswirkungen ausgestattet ist, vermag sie die in § 1924 Abs 1 BGB vorausgesetzte Volladoption im Zweifel nicht zu substituieren. In diesem Fall steht dem Adoptivkind kein Erbrecht im Verhältnis zum Annehmenden zu (vgl HENRICH, Internationales Familienrecht [1989] 299 f).

179 (2) Ist beim Tode eines natürlichen Elternteils deutsches Recht Erbstatut, so ergibt eine Auslegung des § 1924 Abs 1 BGB, daß zu den „Abkömmlingen" iS dieser Bestimmung ein Kind des Erblassers dann nicht mehr gehört, wenn es von einem Dritten adoptiert worden ist; nach § 1755 Abs 1 BGB erlöschen nämlich mit der Annahme das Verwandtschaftsverhältnis des Kindes zu den bisherigen Verwandten sowie die sich daraus ergebenden Rechte und Pflichten. Dabei wird allerdings wiederum stillschweigend vorausgesetzt, daß es sich um eine Volladoption handelt, das Adoptivkind also in die Familie des Annehmenden vollständig integriert (vgl § 1754 Abs 1 BGB) und damit am Nachlaß seiner Adoptivverwandten beteiligt wird. Eine im Ausland vorgenommene und hier anzuerkennende „schwache" Adoption mag zwar aus deutscher Sicht als wirksame Kindesannahme anzusehen sein (Vorfrage). Soweit sie nach dem für sie maßgebenden Statut dem Kind jedoch keine Erbberechtigung im Verhältnis zu seinen Adoptivverwandten verschafft, entspricht sie in ihren Wirkungen nicht der in § 1924 Abs 1 BGB vorausgesetzten Volladoption und vermag daher die Beziehung zu den leiblichen Eltern in erbrechtlicher Hinsicht nicht aufzuheben. Damit bleibt das adoptierte Kind „Abkömmling" iS dieser Bestimmung; ihm steht beim Tode eines natürlichen Elternteils weiterhin ein Erbrecht zu (vgl HENRICH, Internationales Familienrecht [1989] 300).

180 Im umgekehrten Fall – die Regelung des Erbstatuts orientiert sich an einer „schwachen" Adoption, nach dem Adoptionsstatut ist eine Volladoption vorgenommen worden – stellt sich die Rechtslage dagegen anders dar: Versagt das für einen Adoptivelternteil maßgebende Erbstatut dem Adoptivkind eine erbrechtliche Beteiligung, weil es von einer Adoption mit minderen Wirkungen ausgeht und insbesondere die Erbberechtigung zu den leiblichen Eltern bestehen läßt, so vermag auch eine „starke" Adoption die vom Erbstatut vorgesehene Nachlaßverteilung nicht zu verändern (so zutreffend BEITZKE IPRax 1990, 41). Behält andererseits das für einen leiblichen Elternteil maßgebende Erbstatut vor dem Hintergrund nur schwach ausgeprägter Adoptionswirkungen ein Erbrecht des von Dritten adoptierten Kindes bei (wie dies zB nach dem bis zur Adoptionsreform im Jahre 1976 geltenden § 1764 aF BGB der Fall war), so geht dieses Erbrecht auch nach Durchführung einer starken Adoption nicht verloren (zur Interessenlage vgl oben Rn 172; **aA** aber KG IPRax 1985, 354; STAUDINGER/ HENRICH [1996] Art 22 Rn 66).

Im **Ergebnis** ist daher beim **Tode eines Adoptivverwandten** folgende Prüfung vorzu- **181**
nehmen:
(1) Spricht das über Art 25 Abs 1 zu ermittelnde Erbstatut auch Adoptivkindern
eine Beteiligung am Nachlaß zu?
(2) Falls nein: Das Adoptivkind bleibt bei der Nachlaßverteilung unberücksichtigt.
(3) Falls ja: Liegt eine wirksame Adoption vor? Die Antwort ergibt sich aus dem
Adoptionsstatut (Art 22) bzw aufgrund einer Anerkennungsprüfung nach § 16 a
FGG.
(4) Es liegt keine wirksame Adoption vor: Das Adoptivkind bleibt bei der Nachlaßverteilung unberücksichtigt.
(5) Es liegt eine wirksame Adoption vor: Ist diese Adoption in ihren Wirkungen
einer Adoption funktionell gleichwertig, wie das Erbstatut sie voraussetzt?
(6) Falls nein: Das Adoptivkind bleibt bei der Nachlaßverteilung unberücksichtigt.
(7) Falls ja: Das Adoptivkind erbt in dem Umfang, wie das Erbstatut dieses vorsieht.

Beim **Tode** eines **leiblichen Verwandten** gilt: **182**
(1) Spricht das über Art 25 Abs 1 zu ermittelnde Erbstatut auch Kindern, die von
Dritten adoptiert worden sind, weiterhin eine Beteiligung am Nachlaß zu?
(2) Falls ja: Das adoptierte Kind wird in dem Umfang am Nachlaß beteiligt, wie das
Erbstatut dies vorsieht.
(3) Falls nein: Liegt eine wirksame Adoption vor? Die Antwort ergibt sich aus dem
Adoptionsstatut (Art 22) bzw aufgrund einer Anerkennungsprüfung nach § 16 a
FGG.
(4) Es liegt keine wirksame Adoption vor: Die verwandtschaftliche Beziehung zwischen dem Kind und seinen leiblichen Verwandten wurde nicht aufgelöst. Das adoptierte Kind wird in dem Umfang am Nachlaß beteiligt, wie das Erbstatut dies vorsieht.
(6) Es liegt eine wirksame Adoption vor: Ist diese Adoption in ihren Wirkungen
einer Adoption funktionell gleichwertig, wie das Erbstatut sie voraussetzt?
(6) Falls nein: Das adoptierte Kind wird in dem Umfang am Nachlaß beteiligt, wie
das Erbstatut dies vorsieht.
(7) Falls ja: Das Adoptivkind bleibt bei der Nachlaßverteilung unberücksichtigt.

Beim **Tode des Adoptivkindes** selbst gilt: **183**
(1) Das gemäß Art 25 Abs 1 zu ermittelnde Erbstatut entscheidet darüber, ob beim
Tode eines adoptierten Kindes nach wie vor die leiblichen Verwandten oder aber die
Adoptivverwandten zur Erbfolge berufen sind.
(2) Geht die Erbberechtigung der leiblichen Verwandten durch eine Adoption verloren bzw wird durch eine Adoption eine Erbberechtigung der Adoptivverwandten
begründet, so kommt es darauf an, ob die Adoption wirksam ist. Die Antwort ergibt
sich aus dem Adoptionsstatut (Art 22) bzw aufgrund einer Anerkennungsprüfung
nach § 16 a FGG.
(3) Ist die Adoption danach *nicht* wirksam, so erben die leiblichen Verwandten in
dem Umfang, wie das Erbstatut dies vorsieht. Die Adoptivverwandten bleiben bei
der Nachlaßverteilung unberücksichtigt.
(4) Ist die Adoption danach wirksam, so muß geprüft werden, ob sie in ihren Wirkungen einer vom Erbstatut vorausgesetzten Adoption funktionell gleichwertig ist.
(5) Gleichwertigkeit ist nicht anzunehmen: Die leiblichen Verwandten erben in dem

Heinrich Dörner

Umfang, wie das Erbstatut dies vorsieht. Die Adoptivverwandten bleiben bei der Nachlaßverteilung unberücksichtigt.

(6) Gleichwertigkeit ist anzunehmen: Die Adoptivverwandten erben in dem Umfang, wie das Erbstatut dies vorsieht. Die leiblichen Verwandten bleiben bei der Nachlaßverteilung unberücksichtigt.

d) Schutz der gesetzlichen Erben (Pflichtteilsrechte)*

184 Dem Erbstatut unterliegt auch das **Pflichtteilsrecht** (BGHZ 9, 154; 24, 352 = LM Art 27 Nr 1 m Anm Ascher = MDR 1957, 733 m Anm Thieme; KG IPRspr 1962/63 Nr 144 S 421; BayObLG OLGE 35, 380; BayObLGZ 1961, 16; 1980, 48; OLG Köln FamRZ 1976, 172; LG Berlin RabelsZ 1952, 131 m Anm Neumayer; DNotZ 1969, 761 m Anm Weber; LG Düsseldorf IPRspr 1960/61 Nr 134 S 439; IPRspr 1964/65 Nr 172 S 497 f; LG Kleve IPRspr 1960/61 Nr 139 S 448; Münch-Komm/Birk Art 25 Rn 225 ff; Soergel/Schurig Art 25 Rn 44; IPG 1965/66 Nr 54 [Hamburg] 583; 1965/66 Nr 55 [München] 593 f; 1965/66 Nr 56 [Köln] 618 f; 1965/66 Nr 57 [Kiel] 641; 1965/66 Nr 67 [Köln] 783; 1970 Nr 30 [Heidelberg] 321; 1975 Nr 39 [München] 328; 1977 Nr 35 [Köln] 339; 1978 Nr 36 [Kiel] 385; 1978 Nr 42 [Hamburg] 460; 1984 Nr 41 [Passau] 411; rechtsvergleichend Ebenroth Rn 1008 ff). Es entscheidet also, ob und in welchem Ausmaß dem Erblasser gestattet ist, die gesetzlich vorgesehene Nachlaßteilhabe seiner Verwandten zu schmälern; es regelt, wie sich ein Entzug des gesetzlichen Erbrechts auswirkt, dh ob der Übergangene – wie zB in England und einzelnen Bundesstaaten der USA – *überhaupt nicht geschützt* wird, ob ihm ein schuldrechtlich wirkender *Pflichtteilsanspruch* (Bundesrepublik, Österreich) oder sogar – wie zB in den romanischen Rechtsordnungen – eine dinglich ausgestaltete Beteiligung am Nachlaß in Gestalt eines *Noterbrechts* zusteht (rechtsvergleichend Lange/Kuchinke § 37 I 1; insbes zum schweizerischen Recht Taupitz IPRax 1988, 207 f). Zur Anwendung des Art 6 (ordre public) für den Fall, daß ein fremdes Recht jede Art von Teilhabe ausschließt, vgl Rn 695.

185 Das Erbstatut bestimmt ferner den **Kreis der Pflichtteilsberechtigten** oder Noterben. Es befindet über die *Höhe* der verbleibenden Teilhabe am Nachlaß, die *Berechnungsgrundlage* sowie etwaige *Anrechnungs- und Ausgleichungspflichten*, es legt fest, wer mit dem Pflichtteilsanspruch *belastet* wird und wann er *verjährt*, es schreibt vor, unter welchen Voraussetzungen der Erblasser dem Pflichtteilsberechtigten den *Pflichtteil entziehen* oder in guter Absicht beschränken kann, und regelt schließlich das Verhältnis zwischen Pflichtteilsberechtigtem und Erbe, also zB, ob dem Erben gegenüber dem Pflichtteilsberechtigten Einreden oder Stundungsansprüche zustehen (vgl im deutschen Recht etwa §§ 2319, 2328, 2331 a BGB).

186 Nach dem Erbstatut beurteilt sich auch, ob dem Pflichtteilsberechtigten wegen voraufgehender Schenkungen des Erblassers ein **Pflichtteilsergänzungsanspruch** gegen den Erben oder unmittelbar gegen den Beschenkten zusteht (Soergel/Schurig Art 25 Rn 44; MünchKomm/Birk Art 25 Rn 228; Erman/Hohloch Art 25 Rn 24; vgl im deutschen Recht §§ 2325, 2329 BGB). Der Ergänzungsanspruch gegen den Dritten ist also nicht etwa schuldrechtlich zu qualifizieren und dadurch dem Recht zu unterstellen, welches die vom Erblasser getroffene Schenkungsvereinbarung beherrscht. Dem Beschenkten ist zuzumuten, daß seine Pflicht zu gänzlicher oder teilweiser Herausgabe der Schen-

---

* **Schrifttum:** Klingelhöffer, Kollisionsrechtliche Probleme des Pflichtteils, ZEV 1996, 258; Taupitz, Deutscher Fremdrechtserbschein und schweizerisches Pflichtteilsrecht, IPRax 1988, 207.

kung wegen Beeinträchtigung des Pflichtteilsrecht anderer Personen nach dem Heimatrecht dessen beurteilt wird, dem er die Schenkung verdankt.

Das Erbstatut regelt die Art und Weise der **Geltendmachung** des Pflichtteils bzw **187** Noterbrechts (Auskunftsanspruch, Zahlungsanspruch, Nichtigkeits- oder Herabsetzungsklage). Die in den romanischen Rechten vorgesehene *Herabsetzungsklage* kann in Form einer Gestaltungsklage auch vor einem deutschen Gericht erhoben werden (MünchKomm/BIRK Art 25 Rn 226).

Erwirbt der Erblasser eine **andere Staatsangehörigkeit**, so verändert sich mit dem **188** Wechsel aller erbrechtlichen Bestimmungen möglicherweise auch die Rechtsstellung der potentiell Pflichtteilsberechtigten. Wird zB ein Engländer deutscher Staatsangehöriger, so können Abkömmlinge, Ehegatte und Eltern im Todesfall Pflichtteilsansprüche geltend machen, während ihnen ein solches Recht bis zum Staatsangehörigkeitswechsel nicht zustand. Erwirbt umgekehrt ein Deutscher die britische Staatsbürgerschaft, so gehen die nach deutschem Recht ehedem Pflichtteilsberechtigten im Todesfall leer aus. Ein Vertrauensschutz kommt ihnen nicht zu. Ebensowenig verdient Vertrauensschutz ein vom Erblasser beschenkter Dritter, der erst *nach* dem Staatsangehörigkeitswechsel des Erblassers mit einem Pflichtteilsergänzungsanspruch rechnen muß (MünchKomm/BIRK Art 25 Rn 228; ERMAN/HOHLOCH Art 25 Rn 24; aA SCHEUERMANN, Statutenwechsel im internationalen Erbrecht [1969] 116 f).

Wegen des zwingenden Charakters von Art 25 Abs 1 (vgl Rn 466) kann sich ein deut- **189** scher Staatsangehöriger durch Wahl eines fremden Erbrechts den Pflichtteilsansprüchen der §§ 2303 ff BGB nicht entziehen. Dagegen ist es einem ausländischen Staatsangehörigen aus deutscher Sicht möglich, durch eine Rechtswahl gemäß Art 25 Abs 2 (vgl Rn 461 ff) zugunsten des deutschen Belegenheitsrechts die Pflichtteils- oder Noterbrechte seines Heimatrechts auszuschalten, freilich mit der Folge, daß dann die §§ 2303 ff BGB zur Anwendung gelangen.

e)   Erbrecht des Fiskus*
Der Zugriff des **Staates** auf **erbenlose Nachlässe** (bona vacantia) ist im deutschen **190** Internationalen Privatrecht nach völlig herrschender Meinung **erbrechtlich** zu qualifizieren (KEGEL/SCHURIG § 7 III 3 b; KROPHOLLER § 51 III 4 e; SOERGEL/SCHURIG Art 25 Rn 29; MünchKomm/BIRK Art 25 Rn 173; ERMAN/HOHLOCH Art 25 Rn 23; PALANDT/HELDRICH Art 25 Rn 10; BUNGERT MDR 1991, 714 f; unklar FIRSCHING IPRax 1986, 26; vgl den Literaturüberblick bei BUNGERT aaO). Diese Einordnung überträgt die Entscheidung des BGB-Gesetzgebers, der in § 1936 BGB die Beteiligung des Fiskus als subsidiäres privates Erbrecht ausgestaltet hat, auf die Ebene des Kollisionsrechts. Dementsprechend entscheidet

---

* **Schrifttum:** BUNGERT, Ausländisches Fiskuserbrecht vor deutschen Gerichten, MDR 1991, 713; ders, Der Rechtscharakter des niederländischen Fiskuserbrechts, ZfRvgl 1991, 241; FIRSCHING, Das Anfallsrecht des Fiskus bei erblosem Nachlaß, IPRax 1986, 25; ders, Das Erbrecht des Fiskus im deutschen und österreichischen internationalen Privatrecht, in: FS Kralik [1986] 371; GRAUPNER/DREYLING, Erblose Nachlässe, ZVglRW 1983, 200; S LORENZ, Staatserbrecht bei deutsch-österreichischen Erbfällen, Rpfleger 1993, 433; MARIDAKIS, Les bona vacantia d'après le droit international privé, RabelsZ 1958, 802; SCHWIMANN, Das staatliche Heimfallrecht im deutschen und österreichischen internationalen Privatrecht, ZfRvgl 1966, 57.

nach Art 25 Abs 1 das Heimatrecht des Erblassers zum Zeitpunkt seines Todes darüber, ob es sich um einen erbenlosen Nachlaß handelt und unter welchen Voraussetzungen der Nachlaß auf den Staat oder andere öffentliche Körperschaften übergeht. Staatsvertragliche Regelungen über das Anfallsrecht der öffentlichen Hand
enthielten das deutsch-estländische Konsularabkommen v 13. 3. 1925 (RGBl 1926 II
327, vgl Vorbem 25 zu Art 25 f), das deutsch-österreichische Nachlaßabkommen v
5. 2. 1927 (RGBl 1927 II 506, vgl Vorbem 26 zu Art 25 f) sowie das deutsch-russische Nachlaßabkommen v 12. 10. 1926 (RGBl 1926 II 60, vgl Vorbem 27 zu Art 25 f); sämtliche Abkommen
sind nicht mehr in Kraft.

191 Ist deutsches Recht Erbstatut, gelten § 1935 BGB sowie die damit zusammenhängenden §§ 1942 Abs 2, 2011, 2104 S 2, 2149 S 2 BGB. Dagegen haben die §§ 1964–
1966 BGB verfahrensrechtlichen Charakter, vgl Rn 194. Aufgrund des Art 138
EGBGB können nach Landesrecht an die Stelle des Fiskus andere juristische Personen des öffentlichen Rechts treten (näher STAUDINGER/MAYER [1998] Art 138 Rn 2). Zu
den Sondervorschriften des REG für Opfer der nationalsozialistischen Verfolgung
vgl HOYER IPRax 1986, 348 f.

192 Praktische Schwierigkeiten bei der Behandlung erbenloser Nachlässe resultieren aus
dem Umstand, daß das staatliche Zugriffsrecht im internationalen Vergleich sehr
unterschiedlich ausgestaltet ist (rechtsvergleichend LANGE/KUCHINKE § 13 II 2). Ebenso wie
das deutsche sehen zB auch das *schweizerische* (Art 466 ZGB) oder das *italienische*
Recht (Art 586, 565 Cc) ein privates Erbrecht des Fiskus vor. Im *österreichischen*
Recht wird das „Heimfallsrecht" des Staates (§ 760 ABGB) nicht als privates Erb-,
sondern als besonderes öffentlichrechtliches Aneignungsrecht verstanden (vgl OGH
öJZ 1985, 729; OLG Stuttgart IPRax 1987, 125; SCHWIMANN ZfRvgl 1966, 59). Nach *niederländischem* (dazu BUNGERT ZfRvgl 1991, 241) sowie *englischem* Recht (vgl FERID/FIR-
SCHING/HENRICH Bd III: Großbritannien Grdz Rn 159; GRAUPNER/DREYLING ZVglRW 1983,
194 ff, IPG 1973 Nr 37 [Hamburg] 394) und weitgehend auch nach den Rechten der *US-
Bundesstaaten* (vgl FIRSCHING, Deutsch-amerikanische Erbfälle [1965] 68 ff) hat der Staat ein
hoheitliches Okkupationsrecht, das die innerhalb des Hoheitsgebiets liegenden
Nachlässe erfaßt. Nach *französischem* Recht (Art 723, 768 Cc) steht dem Staat ein
droit de déhérence zu, dessen Rechtsnatur nicht einheitlich beurteilt wird. Die hM
geht davon aus, daß es sich dabei nicht um ein Erb-, sondern ebenfalls um ein
Aneignungsrecht (vgl 713 Cc) handelt (näher FERID/FIRSCHING Bd II: Frankreich Grdz
Rn 105 ff). Zum *schwedischen* Recht vgl KG OLGZ 1985, 280; IPG 1983 Nr 38 (Berlin) 346; zum *russischen* Recht KG DNotZ 1941, 427. Aus diesen Unterschieden im
dogmatischen Verständnis – hier Erbrecht mit universaler Wirkung, dort territorial
begrenztes Aneignungsrecht – ergeben sich zwangsläufig dann Spannungen, wenn
das Heimatrecht des Erblassers und das Recht des Staates, in dem sich Nachlaßvermögen befindet, in ihren Konzeptionen voneinander abweichen.

193 Hinterläßt der **Angehörige eines „Erbrecht-Staates"** (zB ein Deutscher) **Nachlaßvermögen in einem „Aneignungsrecht-Staat"**, so entscheidet das Kollisions- und materielle Recht des „Aneignungsrecht-Staates" darüber, ob dieser das auf seinem Territorium belegene Vermögen beansprucht. Bejahendenfalls weicht aus deutscher
Sicht das Heimatrecht des Erblassers vor dieser Entscheidung zurück: Vorschriften
über territorial gebundene Aneignungsrechte sind als „besondere Vorschriften" iS
des Art 3 Abs 3 anzusehen, so daß nach dieser Bestimmung (vgl näher Rn 520) hin-

sichtlich der im „Aneignungs-Staat" befindlichen Vermögenswerte das Recht dieses Staates zur Anwendung berufen wird (vgl FIRSCHING IPRax 1986, 27; MünchKomm/BIRK Art 25 Rn 177; LÜDERITZ Rn 417; **aA** – von einem restriktiven Verständnis des Art 3 Abs 3 [= Art 28 aF] ausgehend – SOERGEL/SCHURIG Art 25 Rn 30; vgl dazu Rn 540). Dagegen sollten sich keine Schwierigkeiten ergeben, wenn der Angehörige eines „Erbrecht-Staates" erbenlosen Nachlaß in einem anderen „Erbrecht-Staat" hinterläßt. In diesem Fall wird regelmäßig der Heimatstaat des Erblassers auch im Hinblick auf den ausländischen Nachlaß die Erbfolge antreten.

Erbt danach ein ausländischer Fiskus in der Bundesrepublik belegenes Vermögen, so **194** ist vor Aushändigung des Nachlasses ein Prüfungs- und Feststellungsverfahren nach den §§ 1964 u 1965 BGB durchzuführen; diese Bestimmungen haben – ebenso wie § 1966 BGB – verfahrensrechtlichen Charakter und gelangen damit als Bestandteil der lex fori auch neben einem ausländischen Erbstatut zur Anwendung.

Art 86 EGBGB ist auch gegenüber einem ausländischen Fiskus anwendbar (vgl **195** Rn 128).

Beispiele: **196**

(1) Ein italienischer Staatsangehöriger verstirbt erbenlos und hinterläßt Vermögen in der Bundesrepublik. Die Erbfolge richtet sich nach italienischem Recht (Art 25 Abs 1), das die Verweisung annimmt (Art 46 Abs 1 IPRG). Gemäß Art 586 Cc erbt der italienische Staat, und zwar auch den in der Bundesrepublik befindlichen Nachlaß (vgl LÜDERITZ Rn 417).

(2) Im umgekehrten Fall – Deutscher hinterläßt Nachlaß in Italien – richtet sich die Erbfolge nach **197** deutschem Recht (Art 25 Abs 1). Zur Anwendung gelangt mithin § 1936 BGB. Der deutsche Fiskus wird Eigentümer auch des in Italien belegenen Vermögens. Art 49 it IPRG (Anh Rn 265 zu Art 25, 26) greift nicht ein; diese Vorschrift weist die in Italien belegenen Erbschaftsgegenstände nur dann dem italienischen Fiskus zu, wenn das Erbstatut kein Fiskuserbrecht anordnet.

(3) Ein Deutscher verstirbt erbenlos und hinterläßt Nachlaß in Österreich. Im Ansatz entspricht die **198** Lösung der des vorangehenden Falles: Anwendbarkeit von § 1936 BGB. Das österreichische Recht kennt jedoch eine besondere Kollisionsnorm für die Behandlung erbenloser Nachlässe. Im Anschluß an § 28 IPR-Gesetz (vgl Anh Rn 487 zu Art 25, 26), der die Erbfolge dem Heimatrecht des Erblassers unterstellt, bestimmt nämlich § 29 IPR-Gesetz: „Ist der Nachlaß nach dem im § 28 Abs 1 bezeichneten Recht erblos oder würde er einer Gebietskörperschaft als gesetzlichem Erben zukommen, so tritt an die Stelle dieses Rechts das Recht jeweils des Staates, in dem sich Vermögen des Erblassers im Zeitpunkt seines Todes befindet." Aus österreichischer Sicht wird demnach im vorliegenden Fall an Stelle des Heimatrechts (§ 28 IPR-Gesetz) das Belegenheitsrecht berufen, was für den österreichischen Nachlaß zur Anwendung von § 760 ABGB und damit zu einem Heimfallsrecht zugunsten des österreichischen Fiskus führt (vgl OGH IPRax 1986, 43). Da § 29 IPR-Gesetz als „besondere Vorschrift" iS des Art 3 Abs 3 anzusehen ist (vgl Rn 520 ff, 540), erkennt das deutsche IPR den Vorrang des Belegenheitsrechts an und unterstellt die Erbfolge in den in Österreich belegenen Nachlaß (stillschweigend, vgl Rn 542) dem österreichischen Recht. Damit fällt auch aus deutscher Sicht der österreichische Teil des Nachlasses nicht dem deutschen, sondern dem österreichischen Fiskus zu.

(4) Ein in der Bundesrepublik lebender deutscher Staatsangehöriger verstirbt erbenlos und hinter- **199** läßt in England bewegliches wie unbewegliches Vermögen. Hier ist zu unterscheiden: Soweit es um

den unbeweglichen Nachlaß geht, ist aus deutscher Sicht (Art 25 Abs 1) zwar deutsches Recht als Erbstatut anzusehen; dieses tritt jedoch – da das englische Recht die Erbfolge in den unbeweglichen Nachlaß der lex rei sitae unterwirft – gemäß Art 3 Abs 3 hinter das für den unbeweglichen Nachlaß maßgebende englische Recht als Einzelstatut zurück. Das Grundvermögen vererbt sich also nach englischem Recht. Danach unterliegt der erbenlose Nachlaß dem Aneignungsrecht der englischen Krone (sec 46 [1] vi Administration of Estates Act 1925). Für das bewegliche Vermögen dagegen ist sowohl aus deutscher (Art 25 Abs 1) wie angesichts des deutschen domicil auch aus englischer Sicht deutsches Recht und damit § 1936 BGB zur Anwendung berufen. Fraglich ist jedoch, ob das englische Recht ebenfalls hinsichtlich des auf englischem Hoheitsgebiet befindlichen beweglichen Nachlasses ein Okkupationsrecht zugunsten der englischen Krone reklamiert (so in der Tat High Court of Justice, Chancery Division v 18. 3. 1902 in re Barnetts Trusts [1902] 1 Ch 847). Das deutsche Recht würde dies hinnehmen, da die einschlägigen kollisions- und materiellrechtlichen Bestimmungen über ein solches Aneignungsrecht als „besondere Vorschriften" iS des Art 3 Abs 3 anzusehen wären (oben Rn 193). In der Sache Maldonado (State of Spain v Treasury Solicitor [1953] 2 All E R 1579) hat der englische Court of Appeal jedoch eine andere Lösung gefunden: In diesem Fall hatte eine zuletzt in Santander domizilierte Spanierin Wertpapiere in London hinterlassen, die von der englischen Krone aufgrund ihres Okkupationsrechts beansprucht wurden. Das Gericht prüfte, ob das in London befindliche Vermögen erbenlos sei und verneinte die Frage. Nach dem nach englischem IPR maßgebenden spanischen Erbrecht sei der spanische Fiskus als Erbe anzusehen (zu Maldonado ausführlich Kegel § 7 II 1, III 2 a, 3 b; IPG 1973 Nr 37 [Hamburg] 395). Folgt man diesem Gedanken, so steht auch im vorliegenden Fall der in England befindliche bewegliche Nachlaß dem deutschen Fiskus zu.

200 (5) Ein in Arkansas/USA domizilierter Deutscher stirbt erbenlos und hinterläßt beweglichen und unbeweglichen Nachlaß in Arkansas und der Bundesrepublik. Das in der Bundesrepublik befindliche Vermögen fällt dem deutschen Fiskus zu. Der in Arkansas belegene bewegliche und unbewegliche Nachlaß wird aus der Sicht dieses Staates nach dortigem Recht vererbt (lex rei sitae und Domizilrecht) und aufgrund des fiskalischen Okkupationsrecht nach dem Arkansas Inheritance Code vom Staate Arkansas beansprucht. Das deutsche Recht weicht nach Art 3 Abs 3 vor dieser Entscheidung des Belegenheitsrechts zurück, da sowohl die (kollisionsrechtliche) Verweisung auf die lex rei sitae als nach hM auch die (materiellrechtlichen) Vorschriften über das Aneignungsrecht als „besondere Vorschriften" iS dieser Bestimmung anzusehen sind (Rn 533 ff).

201 Hinterläßt ein **Angehöriger eines „Aneignungsrecht-Staates" Nachlaßvermögen in einem „Erbrecht-Staat"** (zB in der Bundesrepublik), so erfaßt die Verweisung des Art 25 Abs 1 nach allgemeinen Qualifikationsregeln (vgl nur vBar I Rn 588 f; Dörner StAZ 1988, 351) zwar die einschlägigen Kollisions- bzw Sachnormen des „Aneignungsrecht-Staates" ohne Rücksicht darauf, ob dieser die Nachlaßzuweisung an den Fiskus ebenfalls als erbrechtliches oder aber zB als sachen- oder gar als öffentlichrechtliches Institut einordnet (MünchKomm/Birk Art 25 Rn 173; anders aber KG OLGZ 1985, 283; OLG Stuttgart IPRax 1987, 125 m zust Anm Firsching). Im Kollisionsrecht des „Aneignungsrecht-Staates" wird aber häufig nur eine einseitige Kollisionsregel auszumachen sein, die für den auf dem *eigenen* Territorium belegenen erbenlosen Nachlaß das eigene Recht beruft und keine Aussage dazu macht, welches Recht die Erbfolge in den Auslandsnachlaß beherrschen soll. In einem solchen Fall ist die einseitige Kollisionsnorm des „Aneignungsrecht-Staates" unter Berücksichtigung der in ihr zum Ausdruck kommenden Wertungen in der Weise zu einer allseitigen Anknüpfungsregel auszubauen, daß über die Erbfolge in den erbenlosen Nachlaß das *jeweilige* Belegenheitsrecht entscheiden soll (Soergel/Schurig Art 25 Rn 31; anders Graupner/Dreyling ZVglRW 1983, 202; Bungert MDR 1991, 716 f [Rechtsanalogie zu inländischen Aneignungsnormen]). Damit verweist das Kollisionsrecht des „Aneignungsrecht-Staates" hinsichtlich der im „Erbrecht-Staat" belegenen Nachlaßteile seinerseits auf das Recht dieses Staates zurück oder weiter (vgl SOERGEL/SCHURIG Art 25 Rn 31, Art 27 Rn 13; im Ergebnis ebenso, jedoch mit jeweils anderer Begründung LÜDERITZ Rn 417; MünchKomm/BIRK Art 25 Rn 175 f).

Spricht das Kollisionsrecht des „Aneignungsrecht-Staates" einen solchen Renvoi auf **202** das *deutsche Recht* aus, steht dem deutschen Fiskus nicht etwa ein Aneignungsrecht nach § 958 BGB zu (so aber FIRSCHING/VHOFFMANN, Internationales Privatrecht[6] [1999] § 9 Rn 57). Vielmehr kommt ohne weiteres § 1936 BGB zum Zuge, weil das deutsche Recht das Problem erbenloser Nachlässe eben nicht mit Hilfe eines sachenrechtlichen Aneignungsrechts, sondern durch die Zuweisung eines subsidiären Erbrechts löst. Bei Anwendung des § 958 BGB bliebe auch offen, wie eine Haftung des Fiskus für Nachlaßverbindlichkeiten begründet werden kann (vgl MünchKomm/BIRK Art 25 Rn 176).

Beispiele: **203**

(1) Ein erbenlos verstorbener österreichischer Staatsangehöriger hinterläßt Vermögen in der Bundesrepublik. Art 25 Abs 1 verweist auf österreichisches Recht, das laut § 28 IPR-Gesetz (vgl Anh Rn 487 zu Art 25, 26) seinerseits die Verweisung annimmt. Da der Nachlaß aber auch nach dem maßgebenden Erbstatut „erblos" sein würde, greift § 29 IPR-Gesetz ein (vgl Rn 198), der das Heimatrecht des Erblassers zugunsten des Belegenheitsrechts zurücktreten läßt. Hinsichtlich des in der Bundesrepublik befindlichen Nachlaßteils wird damit auf deutsches Recht zurückverwiesen. Damit kommt § 1936 BGB zum Zuge; der deutsche Fiskus tritt die Erbfolge in die im Inland befindlichen Vermögensrechte an.

(2) Ein erbenlos verstorbener Engländer mit letztem domicil in England hinterläßt sowohl in Eng- **204** land als auch in der Bundesrepublik bewegliches und unbewegliches Vermögen. Nach Art 25 Abs 1 iVm 4 Abs 3 S 2 unterliegt die Erbfolge dem englischen Recht. Dann ist zu unterscheiden: Hinsichtlich des hier belegenen unbeweglichen Nachlasses verweist das englische Kollisionsrecht auf die deutsche lex rei sitae – und damit auf § 1936 BGB – zurück (vgl auch Lüderitz Rn 417). Der englische Grundbesitz wird dagegen nach englischem Recht beerbt und unterliegt damit dem Okkupationsrecht der Krone. Über die Vererbung beweglichen Vermögens entscheidet das Recht des letzten domicil (vgl Anh Rn 200 zu Art 25, 26). Lag es in England, so wird bei erbenlosen Nachlässen das englische Recht angesichts der territorialen Begrenzung des staatlichen Aneignungsrechts jedoch nur hinsichtlich der auch in England belegenen Nachlaßgegenstände berufen. Welches Recht auf bewegliches Auslandsvermögen anzuwenden sein soll, sagt das englische Kollisionsrecht nicht. Diese Lücke ist durch die Entwicklung einer allseitigen Kollisionsnorm auszufüllen, nach der über die Erbfolge in erbenlosen Nachlaß das jeweilige Belegenheitsrecht entscheiden soll (Rn 201). Damit wird auch hinsichtlich des beweglichen Vermögens in der Bundesrepublik auf deutsches Recht – und damit auf § 1936 BGB – zurückverwiesen.

8.   Rechtsstellung des Erben

Das Erbstatut definiert die Rechtsstellung des Erben, dh es entscheidet darüber, **205** welche subjektiven Rechte ihm – unabhängig von seiner Eigenschaft als Rechtsnachfolger des Erblassers – originär allein kraft seiner Erbenstellung zustehen. Das Erbstatut bestimmt ferner, in welchem Umfang ein Erbe für die vom Erblasser herrührenden und in Zusammenhang mit dem Erbfall entstehenden Verbindlichkeiten einzustehen hat (Rn 212 ff).

a)   Subjektive Erbrechte

206 Das Erbstatut legt fest, unter welchen Voraussetzungen ein Erbe die Rechtsnachfolge antritt bzw welche Möglichkeiten bestehen, eine ipso iure vollzogene Nachfolge in die Vermögensrechte und -pflichten des Erblassers nachträglich abzuwehren; zur **Annahme und Ausschlagung** der Erbschaft vgl Rn 108 ff. Das Erbstatut entscheidet über die Abtretbarkeit des Erbrechts (SOERGEL/SCHURIG Art 25 Rn 32).

207 Das Erbstatut regelt, ob der Erbe spezielle, insbes auf den Nachlaß insgesamt und nicht nur auf einzelne Gegenstände gerichtete Herausgabeansprüche geltend machen kann und wie sich die Haftung des Erbschaftsbesitzers im einzelnen gestaltet (LG Hamburg ROW 1985, 172; LG Ansbach IPRspr 1989 Nr 163; EBENROTH Rn 1275; SOERGEL/ SCHURIG Art 25 Rn 36; MünchKomm/BIRK Art 25 Rn 252; PALANDT/HELDRICH Art 25 Rn 10; ERMAN/HOHLOCH Art 25 Rn 26; zum **Erbschaftsanspruch** des deutschen Rechts vgl §§ 2018 ff BGB; rechtsvergleichend EBENROTH Rn 1039 ff). Auch die Abtretung des Erbschaftsanspruchs richtet sich in der Sache nach dem Erbstatut (KG RzW 1972, 466); die Formgültigkeit der Abtretung unterliegt Art 11 (vgl KG IPRspr 1972 Nr 6). Parallel bestehende Einzelansprüche unterliegen dagegen dem für sie jeweils maßgebenden Einzelstatut (Belegenheitsrecht, Deliktsstatut usw, vgl SOERGEL/SCHURIG Art 25 Rn 36). Zu Verfahrensfragen vgl Rn 774, 778.

208 Das Erbstatut beantwortet, ob und gegen wen einem Erben **Ansprüche auf Auskunft** zB über den Bestand der Erbschaft und den Verbleib der Erbschaftsgegenstände zustehen; vgl zB im deutschen Recht die Ansprüche gegen den Erbschaftsbesitzer (§ 2027 BGB), gegen den Hausgenossen des Erblassers (§ 2028 Abs 1 BGB), einen etwaigen Vertragspartner des Erbschaftsbesitzers (§ 2030 BGB) sowie gegen denjenigen, dem vom Nachlaßgericht ein unrichtiger Erbschein erteilt worden ist (§ 2362 Abs 2 BGB).

209 Das Erbstatut bestimmt schließlich auch, ob die dem Erblasser seinerseits zustehenden Erbenrechte **weitervererbt** werden können (vgl Rn 133). Dies gilt nicht nur für Vermögensrechte, die der Erblasser als Rechtsnachfolger eines anderen Erblassers erlangt hat, sondern auch für die mit der Erbenstellung selbst verbundenen Befugnisse wie zB das Ausschlagungsrecht (vgl im deutschen Recht § 1952 Abs 1 BGB), das Recht zur Annahme der Erbschaft und zur Anfechtung von Ausschlagung und Annahme, für den Erbschaftsanspruch oder etwaige Auskunftsansprüche (zum deutschen Recht näher DÖRNER, in: FS Ferid 80 [1988] 69 ff).

210 Der **Besitz** an inländischen Nachlaßsachen geht kraft *deutscher lex rei sitae* (§ 857 BGB) beim Tode des Erblassers auch dann kraft Gesetzes unmittelbar auf die Erben über, wenn das ausländische Erbstatut eine entsprechende Regelung nicht kennt und die Sachen bis zum Erwerb tatsächlicher Sachherrschaft für besitzlos hält. Die Vorschrift über den Besitzerwerb des Erben hat sachen- und nicht erbrechtlichen Charakter, weil sie der Sicherung bestehender Besitzverhältnisse und damit dem Rechtsfrieden dient (STAUDINGER/STOLL [1996] IntSachR Rn 192 mwN).

211 Die Frage, ob und wie ein Erbe seine Rechtsstellung als Nachfolger des Erblassers für den inländischen Rechtsverkehr insbes durch einen Erbschein dokumentieren lassen und wie er sich gegen die Ausstellung eines unrichtigen Zeugnisses an einen Nichtberechtigten schützen kann, wird nicht vom Erbstatut, sondern nach den Regeln der lex fori entschieden (vgl Rn 838). Die deutsche lex fori bestimmt auch, mit welchen Gutglaubenswirkungen ein von inländischen Nachlaßgerichten erteilter Erbschein ausgestattet ist (vgl Rn 838).

b) Haftung für Verbindlichkeiten*
Die **Haftung** des Erben **für Verbindlichkeiten**, die vom Erblasser herrühren oder sich **212** in Zusammenhang mit dem Erbfall ergeben haben, richtet sich nach dem Erbstatut (BGHZ 9, 154; BayObLGZ 1965, 428; KG OLGZ 1977, 309; EBENROTH Rn 1275; MünchKomm/BIRK Art 25 Rn 251; PALANDT/HELDRICH Art 25 Rn 10; SOERGEL/SCHURIG Art 25 Rn 32; IPG 1971 Nr 36 [Köln] 350; 1973 Nr 38 [Hamburg] 402; 1974 Nr 35 [Hamburg] 375; 1979 Nr 14 [Köln] 139; rechtsvergleichend EBENROTH Rn 1182 ff).

Es bestimmt also (rechtsvergleichend LANGE/KUCHINKE § 46 II 2),   **213**
– ob der Erbe oder – wie im anglo-amerikanischen Recht – ein Zwischenberechtigter die **Schuldenabwicklung** durchführt (vgl dazu Rn 107),
– ob der Erbe für die Nachlaßverbindlichkeiten auf den Nachlaß **beschränkt** oder auch mit seinem eigenen Vermögen und damit **unbeschränkt** haftet,
– ob es sich im Falle einer beschränkten Haftung um eine *gegenständlich* oder *wertmäßig* (rechnerisch) *beschränkte Haftung* handelt,
– welche Arten von Verbindlichkeiten zu den **Nachlaßverbindlichkeiten** gehören, so zB nur die vom Erblasser herrührenden Erblasserschulden oder auch die mit dem Erbfall entstehenden Erbfallschulden (zu den Beerdigungskosten vgl LG München I IPRax 1982, 78 [LS]; IPG 1979 Nr 14 [Köln] 140) bzw die durch die Nachlaßabwicklung oder die Verwaltung des Nachlasses entstehenden Nachlaßkosten- und Nachlaßverwaltungsschulden,
– zu welchem **Zeitpunkt** die Haftung des Erben einsetzt (vgl § 1958 BGB),
– ob neben dem Erben *auch andere Berechtigte* (zB Vermächtnisnehmer) für die Verbindlichkeiten einzustehen haben (vgl MünchKomm/BIRK Art 25 Rn 253),
– ob mehrere Erben als *Gesamtschuldner* oder nur *anteilig* haften (MünchKomm/BIRK Art 25 Rn 255),
– auf welche *Art und Weise* der Erbe eine **Haftung** für Nachlaßverbindlichkeiten auf den Nachlaß **beschränken** kann (SOERGEL/SCHURIG Art 25 Rn 32), zB durch Annahme unter Vorbehalt, Inventarerrichtung (vgl BayObLGZ 1965, 437), durch Antrag auf Anordnung einer Nachlaßverwaltung oder Eröffnung einer Nachlaßinsolvenz (vgl im deutschen Recht § 1981 BGB, 13, 317 InsO, dazu Rn 864 ff), durch Geltendmachung von Einreden (vgl im deutschen Recht §§ 1973 Abs 1 S 1, 1974 Abs 1 S 1, vgl auch §§ 1989, 1990, 1992 BGB) oder Abandon (OLG Koblenz RzW 1974, 31),
– unter welchen Voraussetzungen der Erbe die Möglichkeit einer *Haftungsbeschränkung verliert* (vgl zB §§ 1994 Abs 1 S 2, 2005 Abs 1: Nichterrichtung des Inventars, Inventaruntreue),
– welche Wirkungen eine Inventarerrichtung (vgl § 1993 BGB) oder eine Absonderung hat, schließlich,

---

* **Schrifttum:** ZILLMANN, Die Haftung der Erben im internationalen Erbrecht (1998).

Heinrich Dörner

– ob der Erbe die Berichtigung von Nachlaßverbindlichkeiten durch Einredererhebung *hinausschieben* kann (vgl im deutschen Recht §§ 2014, 2015 BGB).

9. Erbengemeinschaft*

214 Das Erbstatut regelt die **Organisation der Miterbengemeinschaft**. Es bestimmt also, ob die Miterben in Form einer Gesamthands- oder einer Bruchteilsgemeinschaft am Nachlaß beteiligt sind (BGH WM 1968, 1171; KG RzW 1972, 135; OLG Frankfurt aM RzW 1964, 383; OLG Nürnberg AWD 1965, 93; OLG Koblenz IPRspr 1976 Nr 121; LG Berlin IPRspr 1931 Nr 97; 1932 Nr 101; LG Frankenthal IPRspr 1960/61 Nr 150 S 497; LG Aachen IPRspr 1970 Nr 93 a; SOERGEL/SCHURIG Art 25 Rn 34; MünchKomm/BIRK Art 25 Rn 246; ERMAN/HOHLOCH Art 25 Rn 27; BENTLER 43 ff; IPG 1965/66 Nr 35 [München] 590; Nr 65 [München] 757; 1972 Nr 30 [Heidelberg] 298; zT wohl anders MünchKomm/BIRK Art 25 Rn 247; rechtsvergleichend EBENROTH Rn 835 ff). Davon zu unterscheiden ist die Frage, ob das übergegangene Vermögensrecht selbst dem Erblasser bereits gesamthänderisch gebunden zustand; darüber befindet das für das jeweilige Vermögensrecht maßgebende Einzelstatut.

215 Das Erbstatut regelt, ob und wie der einzelne Miterbe über seinen **Anteil** oder einzelne Nachlaßgegenstände **verfügen** kann (BGH FamRZ 1997, 548; MünchKomm/BIRK Art 25 Rn 247; SOERGEL/SCHURIG Art 25 Rn 34) und ob den übrigen Miterben ein Vorkaufsrecht zusteht, wenn einer von ihnen seinen Anteil an einen Dritten verkauft (SOERGEL/ SCHURIG Art 25 Rn 34; MünchKomm/BIRK Art 25 Rn 250). Es regelt die Verfügungsbefugnis hinsichtlich des Miterbenanteils und die materiellen Voraussetzungen seiner Übertragung (SOERGEL/SCHURIG Art 25 Rn 34; IPG 1975 Nr 15, vgl auch Rn 421). Die Formgültigkeit des Übertragungsgeschäfts richtet sich nach Art 11 Abs 1–3; dagegen findet Art 11 Abs 5 keine Anwendung (im Ergebnis wie hier – aber mißverständlich – BENTLER 77). Einzelne Nachlaßgegenstände dagegen werden nach den Regeln des jeweiligen Einzelstatuts übertragen (lex rei sitae, Forderungsstatut, vgl Art 33 Abs 2; ungenau BENTLER 68 ff). Läßt das ausländische Erbstatut im Gegensatz zu § 2033 Abs 2 BGB eine Verfügung über den Anteil an einzelnen Nachlaßgegenständen zu, muß der Anteil an jedem im Inland belegenen Gegenstand durch ein selbständiges Rechtsgeschäft übergehen; eine en-bloc-Veräußerung des Anteils an mehreren Gegenständen ist nach deutschem Belegenheitsrecht nicht möglich (BENTLER 70). Bei der Verfügung über den Miterbenanteil an einer Einzelsache ist hinsichtlich der Formgültigkeit Art 11 Abs 5 zu beachten (vgl BENTLER 80).

216 Das Erbstatut legt fest, wie sich die **Verwaltung** im Innenverhältnis gestaltet, welche Maßnahmen zB von allen Miterben gemeinsam und welche von einer Mehrheit getroffen werden müssen bzw welche von jedem Miterben allein vorgenommen werden dürfen; ferner, wem im Außenverhältnis Vertretungs- und Verfügungsmacht zusteht (BGHZ 7, 343; BGH NJW 1959, 1317 – RabelsZ 1960, 313 m Anm KNAUER; IPRspr 1964/65 Nr 168; OLG Koblenz IPRspr 1976 Nr 121; OLG Oldenburg IPRspr 1979 Nr 135; SOERGEL/SCHURIG Art 25 Rn 34; ERMAN/HOHLOCH Art 25 Rn 27; BENTLER 53 ff). MünchKomm/BIRK Art 25 Rn 248 schlägt vor, die Bestimmungen des Erbstatuts insoweit einzuschränken, als das Recht des Ortes, an dem die Erbengemeinschaft im Rechtsverkehr auftritt, den kontrahierenden Dritten stärker schützt als das Erbstatut. Die Tragfähigkeit dieser

---

* **Schrifttum:** BENTLER, Die Erbengemeinschaft im Internationalen Privatrecht (1993).

Regel erscheint aber zweifelhaft. Soweit ein Erbe aufgrund rechtsgeschäftlicher Vertretung für die Gesamtheit der Miterben tätig wird, gelten bereits die allgemeinen Regeln über die Vollmachtsanknüpfung; die hM unterwirft Bestehen und Umfang der Vollmacht dem Recht des Wirkungslandes (vgl nur MünchKomm/SPELLENBERG Vor Art 11 Rn 169 ff, 209 ff), welches auch über eine mögliche Vollmacht kraft Rechtsscheins entscheidet (MünchKomm/SPELLENBERG Vor Art 11 Rn 221). Soweit ein Miterbe kraft gesetzlicher Vertretungsmacht tätig wird (vgl im deutschen Recht § 2038 Abs 1 S 2, 2. HS BGB), sollte man es im Interesse der übrigen Miterben bei der Maßgeblichkeit des Erbstatuts belassen. Nach ihm richten sich weiter Mitwirkungs- und Rechenschaftspflichten (RG HRR 1932 Nr 1928; FERID Rn 9–79) sowie Ansprüche auf Auskunft oder Kostenersatz.

Das Erbstatut regelt auch die **Dauer der Erbengemeinschaft** und die **Teilung des** **217** **Nachlasses** (RG WarnR 1938 Nr 70; BGHZ 87, 21; KG DNotZ 1938, 381; BENTLER 53, 57 ff), beantwortet also insbesondere die Frage nach den Voraussetzungen eines Auseinandersetzungsanspruchs, nach der Art und Weise der Durchführung sowie nach der Möglichkeit, eine bereits durchgeführte Teilung anzufechten (RG HRR 1932 Nr 1928; SOERGEL/SCHURIG Art 25 Rn 34). Gleiches gilt für die Zulässigkeit und materielle Wirksamkeit eines **Auseinandersetzungsvertrages** (MünchKomm/BIRK Art 25 Rn 251; BENTLER 58; vgl auch BGH WM 1968, 1171 f); eine Rechtswahl ist nicht zulässig (MünchKomm/BIRK Art 25 Rn 251). Dagegen wird die Formgültigkeit eines solchen Vertrages nach Art 11 Abs 1–3 angeknüpft. Ist Formstatut deutsches Recht und bezieht sich der Auseinandersetzungsvertrag auch auf inländische Grundstücke, greift § 313 BGB ein. Ein formloser Abschluß ist daher nur dann möglich, wenn ein als Geschäfts- oder Ortsrecht alternativ berufenes ausländisches Formstatut einen solchen zuläßt (vgl auch MünchKomm/BIRK Art 25 Rn 251); das deutsche Recht verlangt für Verpflichtungsgeschäfte über inländische Grundstücke nicht die unbedingte Einhaltung der Ortsform gemäß Art 11 Abs 4 (vgl nur PALANDT/HELDRICH Art 11 Rn 20, 12). Die in Vollzug eines Auseinandersetzungsvertrages vorgenommenen Erfüllungsgeschäfte richten sich nach dem für das jeweilige Vermögensrecht maßgebenden Einzelstatut (BENTLER 59). Die Formgültigkeit einer dabei vorgenommenen Grundstücksübertragung unterliegt Art 11 Abs 5.

Das Erbstatut bestimmt, welche bereits zu Lebzeiten erhaltenen Zuwendungen der **218** einzelne Miterbe ausgleichen muß und wie sich diese **Ausgleichung** vollzieht. Die Ausgleichung untersteht also weder dem Recht, welches eine etwa voraufgegangene Schenkung, noch dem Recht, welches die vollziehende Verfügung beherrscht (anders BGH NJW 1959, 1318; BGH WM 1968, 1172; zu Recht ablehnend SOERGEL/SCHURIG Art 25 Rn 34 Fn 66; MünchKomm/BIRK Art 25 Rn 250; BENTLER 110). Zu Ausgleichsansprüchen nach der HöfeO vgl OLG Oldenburg IPRspr 1979 Nr 135.

Nach dem Erbstatut beantwortet sich schließlich auch, ob und für welchen Zeitraum **219** der Erblasser eine *Teilung ausschließen* kann (MünchKomm/BIRK Art 25 Rn 249). Ein Auseinandersetzungsverbot dürfte auch dann nicht gegen den deutschen ordre public verstoßen, wenn es die im deutschen Recht (vgl § 2044 Abs 2 S 1 BGB) vorgesehene Frist von 30 Jahren deutlich überschreitet (Bedenken aber bei MünchKomm/BIRK Art 25 Rn 249; vgl dazu Rn 707).

Zur *Anwachsung* beim Wegfall von Miterben vor dem Tod des Erblassers vgl Rn 267. **220**

10. Testierfähigkeit*

221 Testierfähigkeit ist die Fähigkeit, ein Testament zu errichten, abzuändern oder aufzuheben (STAUDINGER/BAUMANN [1996] § 2229 Rn 9 Fn 66). Es handelt sich dabei um eine besondere Erscheinungsform der Geschäftsfähigkeit, die in einer Reihe von Rechtsordnungen (vgl die Übersicht bei LANGE/KUCHINKE § 18 II 2 Fn 12) unter bestimmten Voraussetzungen auch solchen Personen zugesprochen wird, die nach allgemeinen Regeln noch keine volle Geschäftsfähigkeit besitzen (vgl etwa im deutschen Recht § 2229 Abs 1 BGB). Manche Rechte kennen auch eine Testierfähigkeit mit nur *beschränkter Reichweite*. So kann nach französischem Recht ein Minderjähriger von über 16 Jahren nur über die Hälfte des Vermögens von Todes wegen verfügen, über welches er als Volljähriger verfügen könnte (Art 904 Abs 1 Cc); nach österreichischem Recht kann ein Verschwender ebenfalls nur über die Hälfte seines Vermögens testieren, während die andere Hälfte seinen gesetzlichen Erben zufällt (§ 568 ABGB).

222 Ob die Frage nach der Fähigkeit zur Errichtung eines Testaments überhaupt von **erbrechtlichen Kollisionsnormen** erfaßt wird, ist **umstritten**. Der BGH hat – allerdings ohne nähere Begründung und in einer vor dem Inkrafttreten des IPR-Reformgesetzes ergangenen Entscheidung – die für die Anknüpfung der Geschäftsfähigkeit im allgemeinen geltende Kollisionsnorm (Art 7 Abs 1 aF = Art 7 Abs 1 S 1 nF) herangezogen und damit generell das Heimatrecht des Testators für maßgebend angesehen (BGH NJW 1967, 1177 m Anm CZAPSKI 1710; ebenso OLG Saarbrücken NJW 1967, 733 m Anm MEZGER; VAN VENROOY JR 1988, 485 ff). Nach anderer Auffassung betrifft die Testierfähigkeit dagegen die „Gültigkeit der Errichtung" einer Verfügung von Todes wegen iS des Art 26 Abs 5 S 1 und soll daher dem Errichtungsstatut (vgl Art 26 Rn 69, 84) unterliegen (NEUHAUS RabelsZ 1953, 654 ff; ferner KROPHOLLER § 51 IV 2; vBAR II Rn 380; EBENROTH Rn 1284; MünchKomm/BIRK Art 26 Rn 13; dazu auch BGHZ 50, 70; OLG Düsseldorf NJW 1963, 2229). Damit wird zwar regelmäßig ebenfalls das Heimatrecht des Testators berufen; eine abweichende Anknüpfung ergibt sich aber, wenn das Erbstatut aufgrund Art 25 Abs 2 (vgl Rn 461 ff) oder Art 3 Abs 3 (vgl Rn 520 ff) bestimmt wird. Eine vermittelnde Auffassung will schließlich das Errichtungsstatut insoweit heranziehen, als es Sonderregeln zur Testierfähigkeit ausgebildet hat; greife das Erbstatut dagegen auf die allgemeinen Vorschriften über die Geschäftsfähigkeit zurück, gelte Art 7 (KEGEL/SCHURIG § 21 III 2 b; LÜDERITZ Rn 416; SOERGEL/SCHURIG Art 26 Rn 27; PALANDT/HELDRICH Art 25 Rn 16; ERMAN/HOHLOCH Art 25 Rn 28; SCHOTTEN Rn 314; JOHNEN MittRhNotK 1986, 61).

223 **Stellungnahme:** *Abzulehnen* ist zunächst die *vermittelnde Ansicht*, die eine erneute Anknüpfung gemäß Art 7 für den Fall vorschlägt, daß das Errichtungsstatut keine Sonderregeln über die Testierfähigkeit kennt. Dieser Ansatz läßt sich mit den ansonsten allgemein anerkannten Verweisungsregeln des deutschen Kollisionsrechts nicht in Einklang bringen (vgl auch vBAR II Rn 380 Fn 146). Danach sind nämlich alle diejenigen Rechtsregeln einer fremden Rechtsordnung berufen, welche bei funktioneller Betrachtung von den Systemkategorien der inländischen Kollisionsnormen erfaßt werden; auf den *systematischen Standort* dieser Regeln im ausländischen Rechtssy-

---

* **Schrifttum:** NEUHAUS, Die Behandlung der Testierfähigkeit im deutschen Internationalen Privatrecht, RabelsZ 1953, 651; VAN VENROOY, Die Testierfähigkeit im Internationalen Privatrecht, JR 1988, 485; WAGNER, Die Testierfähigkeit im Internationalen Privatrecht (1995).

stem kommt es dagegen *gerade nicht* an (vgl nur vBAR I Rn 588 f; DÖRNER StAZ 1988, 351). Verweisen also die erbrechtlichen Kollisionsnormen des deutschen IPR für die Frage der Testierfähigkeit auf ein fremdes Recht, dessen Kollisionsrecht die Unterscheidung zwischen allgemeiner Geschäfts- und besonderer Testierfähigkeit nicht kennt, so ist die ausländische Anknüpfungsregel zur allgemeinen Geschäftsfähigkeit anzuwenden, da sie *auch* die Testierfähigkeit betrifft. Möglicherweise kommt es dann zu einer Rückverweisung kraft abweichender Qualifikation (dazu KROPHOLLER § 24 II 1; vBAR I Rn 589). Ist dem ausländischen materiellen Recht die Vorstellung einer besonderen Testierfähigkeit unbekannt, sind dementsprechend die Bestimmungen über die Geschäftsfähigkeit im allgemeinen einschlägig (vgl auch MünchKomm/BIRK Art 26 Rn 13).

Beizupflichten ist der Auffassung, welche die Testierfähigkeit nicht als Frage des **224** Persönlichkeits- (Personal-)statuts, sondern als **erbrechtliche Frage** ansieht. Für eine erbrechtliche Qualifikation sprechen sowohl die Motive (BT-Drucks 10/504 S 76) als auch die systematische Stellung des expressis verbis die Testierfähigkeit betreffenden Art 26 Abs 5 S 2; angesichts des Art 7 Abs 2 wäre diese Bestimmung im übrigen bei einer personenrechtlichen Qualifikation überflüssig (vgl vBAR II Rn 380). Ferner werden besondere Geschäftsfähigkeiten auch in anderen Zusammenhängen nicht dem allgemeinen Persönlichkeits-, sondern dem jeweiligen Wirkungsstatut unterstellt (STAUDINGER/BEITZKE[12] Art 7 Rn 39; MünchKomm/BIRK Art 7 Rn 18). Schließlich legt auch der Sachzusammenhang nahe, sämtliche Gültigkeitserfordernisse einer Verfügung von Todes wegen nach ein und demselben Statut zu beurteilen.

Da die Frage der Testierfähigkeit nicht nur dem Systembegriff der „Rechtsnachfolge **225** von Todes wegen" (Art 25 Abs 1) unterfällt, sondern auch die „Gültigkeit der Errichtung" einer Verfügung von Todes wegen iS des Art 26 Abs 5 berührt, greift nicht die allgemeine erbrechtliche Anknüpfungsregel, vielmehr die letztgenannte Sondervorschrift ein (vgl KEGEL/SCHURIG § 21 III 2 b; vBAR II Rn 380; MünchKomm/BIRK Art 26 Rn 14; ERMAN/HOHLOCH Art 26 Rn 27; WAGNER 139), welche für die Gültigkeit des Errichtungsakts nicht das Heimatrecht des Erblassers zum Zeitpunkt des Todes, sondern zum **Zeitpunkt der Testamentserrichtung** beruft. Demnach entscheidet auch über die Testierfähigkeit grundsätzlich das Heimatrecht des Testators zum Zeitpunkt der Errichtung; ein zu diesem Zeitpunkt gültig errichtetes Testament wird folglich durch den späteren Erwerb einer anderen Staatsangehörigkeit nicht beeinträchtigt. Das zB von einem 15 Jahre alten und damit testierfähigen Türken (Art 449 ZGB) errichtete Testament bleibt also auch dann wirksam, wenn er noch vor Vollendung des 16. Lebensjahres die deutsche Staatsangehörigkeit erwirbt (vgl auch Art 26 Rn 84 ff).

Nicht einschlägig im Hinblick auf die Anknüpfung der Testierfähigkeit sind dagegen **226** *Art 5 des Haager TestÜbk* (Vorbem 90 zu Art 25 f) und *Art 26 Abs 3 S 1, Abs 4* (Art 26 Rn 21, 37). Diese Qualifikationsregeln rechnen solche Bestimmungen der *Form* eines Testaments bzw einer Verfügung von Todes wegen zu, welche die für letztwillige Verfügungen zugelassenen Formen mit Beziehung auf das Alter des Testators beschränken. Gemeint sind damit lediglich Vorschriften wie zB die §§ 2247 Abs 4, 2233 Abs 1 BGB des deutschen Rechts, die bestimmten – möglicherweise durchaus testierfähigen – Personen einzelne Testamentsformen wegen ihres Alters vorenthalten (vSCHACK DNotZ 1966, 135; SOERGEL/SCHURIG Art 26 Rn 19, 27; MünchKomm/BIRK Art 26 Rn 12 u 71; PALANDT/HELDRICH Art 26 Rn 6; ERMAN/HOHLOCH Art 26 Rn 22; anders LANGE/ KUCHINKE § 18 II).

227 Eine Sonderregel zur Testierfähigkeit enthält **Art 26 Abs 5 S 2**. Diese Bestimmung sieht vor, daß eine zu einem früheren Zeitpunkt erlangte Testierfähigkeit selbst dann erhalten bleibt, wenn der Betreffende zunächst von ihr keinen Gebrauch macht und erst *nach* dem Erwerb der deutschen Staatsangehörigkeit – wiewohl nach deutschem Recht testierunfähig – ein Testament errichtet (vBar II Rn 380; Siehr IPRax 1987, 6; MünchKomm/Birk Art 26 Rn 15; Palandt/Heldrich Art 26 Rn 9; Soergel/Schurig Art 26 Rn 29). *Beispiel:* Nach spanischem Recht (Art 663 Nr 1 Cc) ist testierfähig, wer das 14. Lebensjahr vollendet hat. Erwirbt ein 15jähriger Spanier die deutsche Staatsangehörigkeit, so geht diese Testierfähigkeit nicht verloren, auch wenn der Betreffende erst *nach* dem Staatsangehörigkeitswechsel ein Testament errichtet (zur allseitigen Anwendbarkeit von Art 26 Abs 5 S 2 vgl Art 26 Rn 85).

228 Das Errichtungsstatut entscheidet also, ob und von welchem Alter an einem Minderjährigen die Errichtung eines Testaments gestattet ist und ob er eine Zustimmung seines gesetzlichen Vertreters benötigt, ferner auch darüber, unter welchen Voraussetzungen (etwa: Erkrankung, Entmündigung) ein Volljähriger seine Testierfähigkeit verliert. Hat nach dem maßgebenden Statut eine Entmündigung den Verlust der Testierfähigkeit zur Folge, so ist eine im Ausland vorgenommene Entmündigung unter den Voraussetzungen von § 16 a FGG anzuerkennen (näher Palandt/Heldrich Art 7 Rn 9). – Zur Testierfähigkeit bei der Errichtung *gemeinschaftlicher* Testamente s Rn 299 f.

229 Ob der (testamentarische) **Widerruf** einer von einem Testierfähigen errichteten letztwilligen Verfügung ebenfalls Testierfähigkeit voraussetzt oder unter erleichterten Voraussetzungen vorgenommen werden kann, entscheidet das Heimatrecht des Testators *zum Zeitpunkt des Widerrufs*; allerdings reicht gemäß Art 26 Abs 5 S 2 aus, daß der Testator nach seinem früheren Heimatrecht bereits die Fähigkeit zum Widerruf einer letztwilligen Verfügung besaß.

230 Nach dem Errichtungsstatut richtet sich auch die Fähigkeit, als Erblasser einen **Erbvertrag** (vgl Rn 329 ff), **eine Schenkung von Todes wegen** (Art 26 Abs 5, vgl Rn 363) oder einen **Testiervertrag** (Art 26 Abs 5 *analog*, vgl Rn 389) abzuschließen. Die Geschäftsfähigkeit eines Vertragspartners, der selbst keine Verfügung von Todes wegen trifft, ist dagegen gemäß Art 7 anzuknüpfen (vgl Rn 329, 363, 389). Soweit das Erbstatut keine spezifischen Bestimmungen über die Fähigkeit zum Abschluß derartiger Verträge kennt (vgl im deutschen Recht etwa § 2275 Abs 1 BGB), kommen die allgemeinen Sachnormen über die Geschäftsfähigkeit zur Anwendung. Der Verkehrsschutz bezweckende Art 12 S 1 gilt nach S 2 dieser Bestimmung für erbrechtliche Verträge nicht.

231 Fehlt dem Verfügenden die Testierfähigkeit, so entscheidet das Errichtungsstatut zunächst über die sich daraus ergebenden Folgen; es bestimmt zB, ob ein von einem Testierunfähigen errichtetes Testament endgültig oder nur schwebend unwirksam ist oder ob bzw unter welchen Voraussetzungen es geheilt werden kann (vgl Soergel/Schurig Art 26 Rn 38). Liegt zum Zeitpunkt des Erbfalls eine mangels Testierfähigkeit unwirksame Verfügung von Todes wegen vor, so befindet das *Erbstatut* darüber, wie sich die Nachlaßverteilung nunmehr vollzieht.

11. Zulässigkeit der Errichtung einer Verfügung von Todes wegen

Der Systembegriff der „Rechtsnachfolge von Todes wegen" iS des Art 25 Abs 1 **232**
erfaßt zwar grundsätzlich auch die Frage, ob ein Testament oder eine andere Verfügung von Todes wegen (zu den Begriffen Art 26 Rn 11, 29; rechtsvergleichend EBENROTH
Rn 276) **zulässigerweise errichtet** werden kann. Gleichzeitig ist damit aber auch das
Problem der **Gültigkeit der Errichtung** angesprochen, so daß die Sondervorschrift des
Art 26 Abs 5 S 1 (vgl Art 26 Rn 62 ff, 65 ff) Anwendung findet. Maßgebend ist damit in
dieser Frage nicht das Heimatrecht des Erblassers zum Zeitpunkt seines Todes,
sondern die Rechtsordnung, welche zum Zeitpunkt der Errichtung Erbstatut wäre.
Zur Anwendung kommt also das Heimatrecht des Testators zum Zeitpunkt der
Testamentserrichtung (Errichtungsstatut, näher Art 26 Rn 62 ff).

Das Errichtungsstatut entscheidet mithin zunächst darüber, ob eine Verfügung von **233**
Todes wegen *überhaupt statthaft* ist (MünchKomm/BIRK Art 26 Rn 17). Gewährt ein ausländisches Recht keinerlei Testierfreiheit, ist ein Verstoß gegen den deutschen ordre
public (Art 6) indiziert (vgl Rn 690). Nach dem Heimatrecht des Testators zum Zeitpunkt der Errichtung beurteilt sich weiter, ob ein bestimmter *Typ* einer Verfügung
von Todes wegen gewählt werden kann (Typenzwang, vgl SCHEUERMANN, Statutenwechsel
im internationalen Erbrecht [1969] 84; KEGEL/SCHURIG § 21 III 2 c; SOERGEL/SCHURIG Art 26 Rn 35;
MünchKomm/BIRK Art 26 Rn 17; PALANDT/HELDRICH Art 26 Rn 8; ERMAN/HOHLOCH Art 26
Rn 27). Große praktische Bedeutung kommt in diesem Zusammenhang vor allem
der Frage zu, ob die Errichtung eines gemeinschaftlichen Testaments (näher
Rn 301 ff) oder der Abschluß eines Erbvertrages (Rn 335) gestattet ist. – Zur Zulässigkeit einer *Rechtswahl* s Rn 473 ff.

12. Gültigkeit des Errichtungsgeschäfts

Auch die Frage nach der materiellen **Wirksamkeit des Errichtungsakts** betrifft die **234**
„Gültigkeit der Errichtung einer Verfügung von Todes wegen", so daß die allgemeine
Anknüpfungsregel des Art 25 Abs 1 insoweit von der Sondervorschrift des Art 26
Abs 5 S 1 verdrängt wird. Zur Anwendung gelangt daher das Heimatrecht des Verfügenden *zum Zeitpunkt der Vornahme*. Der spätere Erwerb einer anderen Staatsangehörigkeit vermag demnach die Gültigkeit einer einmal materiell wirksam errichteten Verfügung von Todes wegen nicht mehr zu beeinträchtigen (näher Art 26 Rn 81 ff).

Die Frage, ob eine Verfügung von Todes wegen *formgültig* errichtet wurde, wird **235**
dagegen gesondert angeknüpft, vgl Vorbem 40 ff zu Art 25 u Art 26 Rn 29 ff.

a) Stellvertretung

Das Errichtungsstatut entscheidet folglich darüber, ob eine Verfügung von Todes **236**
wegen persönlich vorgenommen werden muß oder ob **Stellvertretung** zulässig ist (vgl
SOERGEL/SCHURIG Art 26 Rn 34; KEGEL/SCHURIG § 21 III 2 c; vBAR II Rn 381; ERMAN/HOHLOCH
Art 26 Rn 27). Ebenso wie das deutsche (vgl § 2064 BGB) sehen auch die meisten
ausländischen Rechte das Testament als höchstpersönliches Rechtsgeschäft an und
lassen demzufolge eine Stellvertretung nicht zu (anders zT die früheren deutschen
Partikularrechte, vgl näher STAUDINGER/FIRSCHING[12] Vorbem 85 zu Art 24–26). Wird eine
Stellvertretung bei der Testamentserrichtung unter bestimmten Voraussetzungen
für möglich erachtet (Bolivien, New Mexico), so verstößt eine solche Regelung nicht

Heinrich Dörner

gegen den deutschen *ordre public* (vgl aber FERID, Der Statutenwechsel im internationalen Erbrecht, in: LAUTERBACH, Vorschläge und Gutachten zur Reform des internationalen Erbrechts [1969] 133; dazu Rn 703).

237 Von der Verweisung des Errichtungsstatuts erfaßt werden in diesem Zusammenhang aber nur Bestimmungen, welche die Stellvertretung *bei der Willensbildung* regeln, insbesondere mit der Anordnung einer persönlichen Testamentserrichtung gewährleisten wollen, daß die Verfügung dem Erblasserwillen entspricht und nicht etwa durch eine unlautere Einflußnahme eines Vertreters verfälscht wird. Vorschriften, die bei der Abfassung der Testamentsurkunde eine persönliche Unterschrift verlangen und dabei unter bestimmten Voraussetzungen die Unterschrift einer anderen Person als der des Testators zulassen, zielen dagegen darauf ab, die *Authentizität* des – einwandfrei gebildeten – Erblasserwillens zu beweisen. Sie sind als Formvorschriften anzusehen und werden daher nach Maßgabe von Art 1 Haager TestÜbk bzw Art 26 Abs 1, 3 berufen (näher Vorbem 85 zu Art 25 f).

238 **Beispiel:** Ein deutscher Staatsangehöriger errichtet im US-Bundesstaat New York ein Testament in der Weise, daß er seinen letzten Willen vor zwei Zeugen ausspricht. Die darüber aufgenommene Urkunde wird von den Zeugen sowie im Auftrag und Beisein des Testators von einer anderen Person für ihn unterschrieben (vgl § 3–2.1 New York EPTL). Diese Regelung sichert die Authentizität des Erblasserwillens auf andere Weise als durch eine persönliche Unterschrift. Es handelt sich dabei um eine Formfrage. Da die Ortsform (vgl Art 1 a des Haager TestÜbk) gewahrt wurde, ist das Testament auch aus deutscher Sicht als formwirksam anzuerkennen.

b) Willensmängel

239 Das Errichtungsstatut bestimmt, ob die Wirksamkeit einer Verfügung von Todes wegen durch *Willensmängel* beeinträchtigt wird, insbesondere, unter welchen Voraussetzungen, in welcher Weise und von wem die **Willenserklärung** des Erblassers wegen Irrtums, Täuschung oder Drohung **angefochten** werden kann (BGHZ 50, 70; BGH FamRZ 1977, 787; BayObLGZ 1980, 48; MünchKomm/BIRK Art 26 Rn 25 ff; ERMAN/HOHLOCH Art 26 Rn 27; aA FERID, in: LAUTERBACH, Vorschläge und Gutachten zur Reform des internationalen Erbrechts [1969] 132 f; SCHEUERMANN, Statutenwechsel im internationalen Erbrecht [1969] 81 f; PALANDT/ HELDRICH Art 26 Rn 8 [Erbstatut]). Es legt ferner fest, welche Rechtsfolgen eine Anfechtung hat und ob eine Bestätigung, Heilung oder Konversion möglich ist (vgl BayObLG IPRspr 1975 Nr 103). Gemeint sind in diesem Zusammenhang aber lediglich Irrtümer, welche die volle Wirksamkeit der Willenserklärung bereits **zum Zeitpunk der Errichtung** berühren (vgl im deutschen Recht § 2078 BGB), nicht dagegen mehr oder weniger unbewußte Fehlvorstellungen des Erblassers über zukünftige Entwicklungen, die – wie zB § 2079 S 1, 2. Fall BGB – erst bei einer späteren tatsächlichen Änderung der Verhältnisse ein Anfechtungsrecht gewähren (vgl auch KÜHNE, IPR-Gesetzentwurf [1980] 166; vBAR II Rn 381 Fn 151; ERMAN/HOHLOCH Art 26 Rn 27 f; ferner Rn 264). Ob Irrtümer dieser Art Bedeutung erlangen können, entscheidet das Erbstatut.

240 Das Errichtungsstatut regelt auch, an welchen **Adressaten** nach dem Tod des Erblassers eine Anfechtungserklärung zu richten ist, es bestimmt die Anfechtungsfrist und legt fest, ob und unter welchen Voraussetzungen (etwa: Fristablauf, Kenntniserlangung durch den Testator, Bestätigung) ein einmal entstandenes Recht zur Anfechtung wieder erlischt. Es beherrscht die Auslegung einer Anfechtungserklä-

rung und entscheidet, ob sich eine anfechtungsbedingte Unwirksamkeit nur auf eine bestimmte Klausel beschränkt oder auf die gesamte Verfügung bezieht. Ist Errichtungsstatut deutsches Recht, richtet sich die Testamentsanfechtung nach den §§ 2078–2083 BGB (rechtsvergleichend LANGE/KUCHINKE § 36 I 2). Enthält das Errichtungsstatut keine besonderen Regeln über die Anfechtung der Verfügungen von Todes wegen, sind die für Willensmängel im allgemeinen geltenden Bestimmungen heranzuziehen. Die *Formgültigkeit* einer Anfechtungserklärung wird nach Maßgabe von Art 11 angeknüpft.

Über die zum Zeitpunkt des Erbfalls eintretenden **Rechtsfolgen der Ungültigkeit** **241** einer Verfügung von Todes befindet das *Erbstatut*; es bestimmt insbesondere, ob jetzt etwa eine frühere (nach dem insoweit anwendbaren Errichtungs- bzw Formstatut ihrerseits gültig errichtete) Verfügung von Todes wegen maßgibt oder statt dessen gesetzliche Erbfolge eintritt (vgl auch MünchKomm/BIRK Art 26 Rn 30).

Beispiel: Eine Schweizerin testiert unter dem Einfluß von Irrtum oder arglistiger **242** Täuschung. Später erwirbt sie die deutsche Staatsangehörigkeit und stirbt, nachdem sie längst von ihrem Irrtum bzw der Täuschung Kenntnis erlangt hatte. Errichtungsstatut ist das schweizerische Recht, das die Verweisung annimmt. Somit greift Art 469 Abs 2 ZGB ein; danach erlangt die Verfügung dadurch Gültigkeit, daß die Frau sie nicht binnen Jahresfrist seit Kenntniserlangung aufhob. Enthielt die Verfügung einen offenbaren Irrtum in bezug auf eine Person oder Sache, so gilt ferner Art 469 Abs 3 ZGB, wonach die Verfügung, wenn der wirkliche Wille sich mit Sicherheit feststellen läßt, in diesem Sinn richtigzustellen ist. Ob auch das deutsche Erbstatut eine derartige Richtigstellung erlaubt, ist demgegenüber ohne Belang.

c) Inhaltliche Wirksamkeit

Ob eine Verfügung von Todes wegen (ganz oder teilweise) unwirksam ist, weil ihr **243** **Inhalt** (vollständig oder in einzelnen Punkten) gegen gesetzliche Vorschriften oder gegen die guten Sitten verstößt, richtet sich dagegen nicht nach dem Errichtungs-, sondern nach dem Erbstatut (vgl OLG Düsseldorf NJW 1963, 2230; vgl Rn 287 f).

Eine Ausnahme gilt für *Verbote von Zuwendungen* an bestimmte Personen wie **244** Notare, Ärzte, Vormünder usw. Bestimmungen dieser Art sind aufgrund ihrer Zwecksetzung und ihrer funktionellen Verwandtschaft mit den Anfechtungsregeln (vgl Rn 125) dem Errichtungsstatut zu unterstellen.

13. Bindungswirkung und Widerruf

Die Frage, ob ein Testator an die einmal errichtete Verfügung von Todes wegen **gebun-** **245** **den bleibt** oder sich durch ein erneutes Rechtsgeschäft bzw auf andere Weise (vgl OLG Karlsruhe FamRZ 1990, 1399) von ihr **wieder lösen** kann, wird von Art 26 Abs 5 ausdrücklich dem **Errichtungsstatut** zugewiesen (vgl LG Heidelberg IPRax 1992, 171; vBAR II Rn 399; MünchKomm/BIRK Art 26 Rn 95; ERMAN/HOHLOCH Art 26 Rn 28; dazu auch IPG 1965/66 Nr 55 [München] 592; 1967/68 Nr 71 [Bonn] 765; 1972 Nr 34 [Freiburg] 336; 1976 Nr 41 [Freiburg] 476; 1978 Nr 36 [Kiel] 383 f; Nr 39 [München] 429; vgl auch Art 26 Rn 77 ff). Dahinter steht die Überlegung, daß infolge einer Veränderung der Anknüpfungstatsachen (vgl Art 26 Rn 81), insbesondere dadurch, daß der Erblasser eine andere Staatsangehörigkeit erwirbt, eine frei widerrufliche Verfügung nicht soll bindend, eine bindende Verfügung umgekehrt –

und in den Folgen gravierender – nicht soll frei widerruflich werden können (vgl Kropholler § 51 IV 2). Diese Qualifikation der Bindungswirkung gewinnt insbes Bedeutung
bei der kollisionsrechtlichen Behandlung von gemeinschaftlichen Testamenten
(Rn 321 ff) und Erbverträgen (Rn 344 ff). Die Vorverlegung des Anknüpfungszeitpunkts
auf den Moment der Vornahme einer Verfügung von Todes wegen gewährt dem Partner des Erblassers allerdings nur begrenzten Schutz, vgl Art 26 Rn 79.

246 Die **materielle Wirksamkeit** des **Widerrufs selbst** unterliegt dagegen (gemäß oder
analog) Art 26 Abs 5 wiederum dem Recht, das im Zeitpunkt *des Widerrufs* auf
die Rechtsnachfolge von Todes wegen anzuwenden wäre (Lüderitz Rn 416; anders
wohl Erman/Hohloch Art 26 Rn 28). Dies gilt für die Art des Widerrufs – zB durch
Rechtsgeschäft, bewußte Einwirkung auf die Testamentsurkunde (vgl Ferid, Der Statutenwechsel im internationalen Erbrecht, in: Lauterbach, Vorschläge und Gutachten zur Reform
des internationalen Erbrechts [1969] 136; Scheuermann, Statutenwechsel im internationalen Erbrecht [1969] 85; Soergel/Schurig Art 26 Rn 26) oder Veräußerung des Vermächtnisgegen-
standes (vgl Art 1038 frz Cc), für die Widerrufsfähigkeit, für Willensmängel und die
Anfechtung des Widerrufs sowie die Zulässigkeit einer Stellvertretung. Die *Auslegung* der Widerrufserklärung unterliegt allerdings dem Erbstatut (vgl Rn 249 ff). Entsprechendes gilt auch für einen etwaigen Widerruf des Widerrufs. Liegt ein wirksamer Widerruf vor, entscheidet das *Erbstatut*, ob jetzt eine frühere (nach dem insoweit maßgebenden Errichtungs- bzw Formstatut ihrerseits gültig errichtete)
Verfügung von Todes wegen maßgibt oder statt dessen gesetzliche Erbfolge eintritt.

247 Zur **Formwirksamkeit** des testamentarischen Widerrufs vgl Vorbem 65 ff zu Art 25
und Art 26 Rn 20, 24; für die Form eines Widerrufs auf andere Weise (vgl Vorbem 67 zu
Art 25 f) gilt Art 11.

14.   Inhalt der Verfügungen von Todes wegen

248 Rechtsfragen, die sich auf die **Auslegung**, den **Inhalt** und damit auch auf die **Rechtswirkungen** der Verfügungen von Todes wegen beziehen, werden – soweit sie nicht
durch Art 26 Abs 5 unter den Gesichtspunkten der „Gültigkeit der Errichtung“ und
der „Bindung“ aus Vertrauensschutzerwägungen dem Errichtungsstatut zugewiesen
sind – grundsätzlich nach der allgemeinen Regel des Art 25 Abs 1 angeknüpft
(Erman/Hohloch Art 26 Rn 25). Das **Erbstatut** – regelmäßig also das Heimatrecht des
Erblassers zum Zeitpunkt seines Todes – entscheidet mithin darüber, ob und in
welcher rechtlichen Ausgestaltung dem Willen des Erblassers Rechnung getragen
werden soll und auf welche Weise dieser auf die Rechtsverhältnisse der ihn Überlebenden gestaltend einwirken kann (vgl näher zum Verhältnis von Errichtungs- und Erbstatut
in diesem Zusammenhang Art 26 Rn 73).

a)   Auslegung
249 Das Erbstatut beherrscht die **Auslegung** der Verfügungen von Todes wegen (BGH WM
1976, 812; BayObLGZ 1957, 385; 1965, 80; 1986, 473; IPRspr 1975 Nr 114; RPfleger 1988, 367; OLG
Frankfurt aM IPRspr 1966/67 Nr 168 a S 534; OLG Saarbrücken, NJW 1967, 733; OLG Köln NJW
1986, 2200; LG Frankenthal IPRspr 1962/63 Nr 143 S 412; vBar II Rn 378; Soergel/Schurig Art 26
Rn 40; Palandt/Heldrich Art 25 Rn 12; IPG 1965/66 Nr 55 [München] 591; Nr 58 [Köln] 655; Nr 62
[München] 713; 1973 Nr 39 [Köln] 413; 1973 Nr 34 [Hamburg] 363; 1975 Nr 35 [Bonn] 297; rechtsvergleichend Ebenroth Rn 445 ff). Gestattet die von den deutschen Kollisionsnormen

berufene Rechtsordnung dem Erblasser, das für die Auslegung maßgebende Recht selbst zu bestimmen, und macht dieser von einer solchen Möglichkeit Gebrauch, so richtet sich die Auslegung aufgrund dieser Rück- oder Weiterverweisung kraft Rechtswahl nach dem vom Erblasser bezeichneten Recht (vgl OLG Köln NJW 1986, 2200 zum belgischen Recht; ferner KEGEL/SCHURIG § 21 III 3).

Das Erbstatut entscheidet daher über die Auslegungsfähigkeit von Begriffen, über **250** Methode und Grenzen der Auslegung (etwa über die Zulässigkeit ergänzender Auslegung) sowie über uU unterschiedliche Interpretationsansätze bei einseitigen und zweiseitigen Verfügungen (vgl BayObLGZ 1957, 385). Soweit das Erbstatut allgemeine Auslegungsregeln (etwa: Grundsatz der wohlwollenden Auslegung wie zB in § 2084 BGB, falsa-demonstratio-Regel) oder Auslegungsvermutungen kennt oder Anweisungen für das Verständnis bestimmter Klauseln gibt (vgl zum deutschen Recht die umfangreiche Liste bei LANGE/KUCHINKE § 34 VI 1), sind diese zu beachten. So ist beispielsweise dem Erbstatut zu entnehmen, welche Bedeutung es hat, wenn der Erblasser seine „gesetzlichen Erben" (vgl § 2066 BGB), „Verwandten" (vgl § 2067 BGB) oder „Kinder" (vgl § 2068 BGB) bedenkt. Zur *Anwachsung* vgl Rn 267; zur *Erbeinsetzung* und zur *Abgrenzung* von Erbeinsetzung und Vermächtnis Rn 266. Das Erbstatut entscheidet auch, ob und inwieweit der durch Auslegung ermittelte Wille des Erblassers noch durch die Form des Testaments gedeckt ist.

Von den Erbbeteiligten geschlossene **Auslegungsverträge** (dazu LANGE/KUCHINKE **251** § 34 IV) sollen die Nachlaßabwicklung erleichtern; daher richten sich Zulässigkeit und Rechtswirkungen solcher Verträge ebenfalls nach dem Erbstatut. Die Frage der Formgültigkeit unterliegt Art 11.

Weist der Erblasser in seinem Testament auf materiellrechtliche Institute oder Vor- **252** schriften eines Rechts hin, das nicht als Erbstatut berufen ist, so muß durch Auslegung nach den Regeln des Erbstatuts ermittelt werden, was er damit bezweckt hat (BayObLGZ 1995, 373). Gilt deutsches Erbstatut, so ergibt sich dies aus § 133 BGB, der in erster Linie eine Erforschung des wirklichen Willens des Erblassers anordnet (OLG Frankfurt aM IPRspr 1966/67 Nr 168 a S 534). Eine solche Bezugnahme kann sowohl im Wissen um die Maßgeblichkeit eines anderen Erbstatuts als auch irrtümlich deswegen erfolgen, weil der Testator die in Bezug genommene Rechtsordnung für das Erbstatut ansah (vgl dazu Rn 261).

Die **Bezugnahme auf Institute** oder **Vorschriften einer anderen Rechtsordnung** kann **253** bereits **kollisionsrechtliche Bedeutung** haben, wenn der Erblasser damit zum Ausdruck bringen wollte, daß seine Verfügung in toto dem in Bezug genommenen Recht unterstehen soll. Dann liegt eine konkludente Rechtswahl vor. Im Anwendungsbereich des Art 25 Abs 2 erscheint in diesem Punkt allerdings eine gewisse Zurückhaltung geboten (näher Rn 501).

Im übrigen ist eine Bezugnahme auf fremdes Recht bei der Auslegung des Erblas- **254** serwillens im Zusammenhang mit der **Anwendung der Sachnormen zu berücksichtigen.** Mit Hilfe einer solchen Verweisung kann der Testator zunächst die *dispositiven Bestimmungen* des grundsätzlich maßgebenden Erbstatuts durch entsprechende ausländische Regelungen ersetzen. Indem er auf die in einem fremden Recht vorhandenen materiellrechtlichen Regelungsmuster kürzelartig verweist, macht er von sei-

ner Privatautonomie Gebrauch (vgl OLG Frankfurt aM IPRspr 1966/67 Nr 168 a S 534; SOER-
GEL/SCHURIG Art 26 Rn 41; MünchKomm/BIRK Art 25 Rn 31; Art 26 Rn 91).

255 Zum andern kann eine solche Bezugnahme bei der **Anwendung der erbstatuteigenen
Sachnormen** Bedeutung gewinnen, weil sich das vom Testator Gewollte möglicherweise erst durch Rückgriff auf die Funktion der fremden Rechtsinstitute oder auf die
Auslegungsregeln des fremden Rechts erschließt. Das gilt ohne weiteres zunächst
dann, wenn der Erblasser ausdrücklich anordnet, daß seine Verfügung nach Maßgabe
einer anderen Rechtsordnung ausgelegt werden soll (**Auslegungsklausel**, vgl BGH NJW
1972, 1002). Aber auch ohne eine solche expressis verbis getroffene Bestimmung ist
angesichts einer Bezugnahme auf ein fremdes Recht bei der Ermittlung des Erblasserwillens dem Sinngehalt des ausländischen Rechts Rechnung zu tragen (vgl
BayObLGZ 1980, 42; 1995, 374; OLG Frankfurt aM IPRspr 1966/67 Nr 168 a S 534 ff; OLG Saarbrücken NJW 1967, 733 f m Anm MEZGER 732; LG München I IPRax 1998, 118; FERID Rn 9–58;
vBAR II Rn 378; PALANDT/HELDRICH Art 25 Rn 12). Ist danach der Wille des Testators
ermittelt, so entscheidet das Erbstatut darüber, ob das Gewollte zulässig ist und in
welchen Rechtsformen des eigenen Rechts es dargestellt werden kann. Keine
Schwierigkeiten ergeben sich, wenn die vom Testator ins Auge gefaßten Dispositionen mit den Rechtsinstituten des Erbstatuts adäquat wiedergegeben werden können.
Dagegen stellen sich dann Auslegungsprobleme, wenn sich der Testator auf Rechtsinstitute bezieht, die das Erbstatut *nicht* kennt. Gilt deutsches Recht, so ist in einem
solchen Fall dem Willen des Testators durch eine ergänzende Auslegung Rechnung
zu tragen; es ist also zu überlegen, welches Regelungsziel der Testator verfolgte und
welche Dispositionen er bei zutreffenden Vorstellungen über das anwendbare Statut
getroffen hätte (zur Parallelproblematik im niederländischen Recht s IPG 1977 Nr 35 [Köln] 335).

256 Hat ein aus dem anglo-amerikanischen Rechtskreis stammender Erblasser beispielsweise einen *„testamentary trust"* (näher Rn 408 ff) errichtet, wird bei Maßgeblichkeit
deutschen Rechts regelmäßig der „beneficiary" als Erbe, der „trustee" dagegen als
(Dauer-)Testamentsvollstrecker anzusehen sein (OLG Frankfurt aM IPRspr 1962/63
Nr 146; IPRspr 1966/67 Nr 168 a; DNotZ 1972, 543; weitere Nachw Rn 412). Werden dem
Abkömmling eines beneficiary sog „future interests" zugewiesen, ist darin nach
deutschem Recht eine aufschiebend bedingte oder befristete Erbeinsetzung zu sehen,
s BFH IPRspr 1986 Nr 112.

257 Wurde in dem Testament eines US-amerikanischen Erblassers eine Person als *„executor"* (vgl näher Rn 107) eingesetzt, die über die bloße Schuldentilgung und Nachlaßverteilung hinaus besondere Funktionen hinsichtlich des Nachlasses ausüben soll
(FERID Rn 9–83) oder sich aufgrund ihrer beruflichen Stellung in besonderem Maße
zur Verwaltung des Nachlasses eignet (vgl BFH WM 1988, 1679 = IPRspr 1988 Nr 134 S 279;
OLG Frankfurt aM IPRspr 1966/67 Nr 168 a S 536; PINCKERNELLE/SPREEN DNotZ 1967, 204), so ist
darin ebenfalls die Einsetzung eines Testamentsvollstreckers zu erblicken. Hat der
Testator aber einen executor ohne besondere Aufgaben und nur deswegen benannt,
um die Einsetzung eines gerichtlichen „administrator" (vgl Rn 107) zu vermeiden
(Indiz: Benutzung formelhafter Wendungen, Benennung eines Erben), so wollte er
damit vermutlich nur den Anforderungen seines Wohnsitz- oder Heimatrechts Genü-
ge tun. Bei zutreffender Vorstellung über das dereinst maßgebende Erb- bzw
Abwicklungsstatut würde er die Nachlaßabwicklung vermutlich nicht einem fremden
Testamentsvollstrecker übertragen, sondern den von ihm eingesetzten Erben selbst

überlassen haben. In einem solchen Fall erscheint es nach dem mutmaßlichen Willen des Erblassers gerechtfertigt, die betreffende Testamentsklausel im Geltungsbereich des deutschen Rechts schlicht unberücksichtigt zu lassen (vgl BayObLGZ 1980, 48; LG Hamburg IPRspr 1980 Nr 190; OLG München WM 1967, 815; FIRSCHING, Deutsch-amerikanische Erbfälle 128 ff, 135; ders DNotZ 1960, 643; FERID Rn 9–82; IPG 1985 Nr 32 [Heidelberg] 294).

Die Benennung eines *„administrator"* (vgl Rn 107) kann als Erbeinsetzung aufgefaßt **258** werden, wenn „administrator" und Letztbegünstigter identisch sind (BayObLG DNotZ 1984, 47) oder dem „administrator" die vollständige Verteilung des Nachlasses zu karitativen Zwecken obliegt (vgl das Beispiel von FERID Rn 9–83).

Weist ein Erblasser mehreren Personen eine Sache mit der Maßgabe zu, daß sie diese **259** im Rahmen einer *„joint tenancy"* (vgl Rn 47) halten sollen, so kann darunter bei Maßgabe des deutschen Rechts die Anordnung einer wechselseitigen (befreiten) Vor- und Nacherbschaft gesehen werden (vgl auch HENRICH, in: FS Riesenfeld [1983] 113; CZERMAK ZVglRW 1988, 73 f).

Wird eine (möglicherweise ergänzende) Auslegung dem Parteiwillen nicht gerecht, **260** kommt eine **Irrtumsanfechtung** (Rn 239 ff) in Betracht. Um Angleichungsfragen geht es im vorliegenden Zusammenhang dagegen nicht (so aber MünchKomm/BIRK Art 26 Rn 91), da die Bewältigung der auftauchenden Probleme im Rahmen einer einzigen Rechtsordnung erfolgt.

Hat sich der Testator in einem **Irrtum über das** – aus der Sicht des deutschen IPR – **261** nach seinem Tod **maßgebende Erbstatut** befunden, spricht man von einem **„Handeln unter falschem Recht"** (KEGEL/SCHURIG § 1 VIII 2 d; 21 III 3; SOERGEL/SCHURIG Art 26 Rn 41; MünchKomm/SONNENBERGER Einl Rn 559; ERMAN/HOHLOCH Art 25 Rn 16; TIEDEMANN RabelsZ 1991, 29; IPG 1977 Nr 35 [Köln] 335). Ein solcher Irrtum beruht häufig darauf, daß der Testator den nach seinem Tode zu erwartenden Eintritt einer Nachlaßspaltung (Rn 723 ff) übersieht und sich bei Abfassung seiner Verfügung nur an einem der maßgebenden Erbstatute orientiert oder daß er nach Abfassung der letztwilligen Verfügung eine andere Staatsangehörigkeit erwirbt und seine an den Vorstellungen des vorher maßgebenden Rechts ausgerichteten Dispositionen nicht ändert. Auch bei irrtümlicher Bezugnahme auf erbstatutfremde Institute oder Rechtsvorschriften entscheidet über die Auslegung der letztwilligen Verfügungen das objektiv maßgebende Erbstatut (LG München I IPRax 1998, 118; vBAR I Rn 222; MünchKomm/SONNENBERGER Einl Rn 559). Bei der Ermittlung des Erblasserwillens können allerdings auch die Regeln des in Bezug genommenen Rechts Bedeutung gewinnen. Beispielsweise ist, wenn der Erblasser nach Errichtung einer Verfügung von Todes wegen eine andere Staatsangehörigkeit erwirbt, bei der im Rahmen des Erbstatuts vorzunehmenden Auslegung auf den Willen des Erblassers zum Zeitpunkt der Errichtung und damit auf die Inhalte desjenigen Rechts Rücksicht zu nehmen, das dem Erblasser bei der Errichtung vorschwebte (dazu SCHEUERMANN, Statutenwechsel im internationalen Erbrecht [1969] 86; FERID, Der Statutenwechsel im internationalen Erbrecht, in: LAUTERBACH, Vorschläge und Gutachten zur Reform des internationalen Erbrechts [1969] 134).

Hat der Testator eine bestimmte Verfügung von Todes wegen **unterlassen**, weil er **262** irrtümlich davon ausging, daß die gesetzliche Regelung eines in Wirklichkeit nicht anwendbaren Erbstatuts seinen Vorstellungen bereits ausreichend Rechnung trage, so ist zu prüfen, ob das Erbstatut eine Korrekturmöglichkeit zur Verfügung stellt. Das deutsche Recht tut dies nicht; der gute Glaube an die Geltung eines bestimmten Sachrechts wird hier nicht geschützt (vgl aber auch LÜDERITZ Rn 150; kritisch dazu Münch-Komm/SONNENBERGER Einl Rn 559).

263 Zur Auslegung einer gemäß Art 25 Abs 2 vorgenommenen *Rechtswahl* s Rn 500 ff.

264 Im Falle einer *Nachlaßspaltung* (vgl Rn 723 ff) entscheidet jedes Erbstatut grundsätzlich selbständig über die Auslegung einer Verfügung von Todes wegen (BayObLGZ 1959, 401; KEGEL/SCHURIG § 21 III 3); zu weiteren Auslegungsproblemen in diesem Zusammenhang vgl Rn 739 ff.

b)   Inhalt und Wirkung einzelner Anordnungen

265 Welchen **Inhalt** die einzelnen in einer Verfügung von Todes wegen getroffenen Anordnungen haben und welche **Rechtswirkungen** diese Anordnungen herbeiführen, entscheidet das Erbstatut (BGH DNotZ 1978, 300; MünchKomm/BIRK Art 26 Rn 92; SOERGEL/SCHURIG Art 26 Rn 39; ERMAN/HOHLOCH Art 26 Rn 33).

266 Das Erbstatut regelt die Voraussetzungen der **Einsetzung** eines oder mehrerer **Erben** sowie anderer Erbberechtigter (zB *Vermächtnisnehmer*) und bestimmt, wie die einzelnen Typen der Teilhaberechte am Nachlaß – etwa: Erbeinsetzung als Gesamtzuwendung, Vermächtnis als Einzelzuwendung (vgl im deutschen Recht § 2087, auch § 2304 BGB) – voneinander abzugrenzen sind. Das Erbstatut bestimmt, ob ein Erbe bedingt oder befristet eingesetzt werden kann. Es legt ferner die Voraussetzungen einer *Enterbung* fest (zum Pflichtteilsrecht vgl Rn 184 ff).

267 Aus den Bestimmungen des Erbstatuts ergibt sich, welche Rechtsfolgen es hat, wenn der Erblasser – bewußt oder irrtümlich – nur über einen **Teil seines Vermögens** *testiert* (vgl im deutschen Recht §§ 2088 ff BGB), und ob er bei Wegfall eines Erben einen *Ersatzerben* bestimmen kann (vgl etwa §§ 2096 ff BGB). Stirbt einer der eingesetzten Miterben *vor* dem Erblasser oder schlägt er seinen Anteil aus, so regelt das Erbstatut, wie sich der Wegfall dieser Person auswirkt, ob also *Anwachsung* oder sukzessive Delation stattfindet (vgl im deutschen Recht §§ 2069, 2094 f BGB).

268 Dem Erbstatut unterliegen etwaige **Teilungsanordnungen** des Erblassers. Es bestimmt also, ob dieser eine Verteilung des Nachlasses mit dinglicher (zB Frankreich, Italien, Niederlande, vgl OLG Düsseldorf IPRspr 1985 Nr 114; LUIJTEN MittRhNotK 1986, 112 ff) oder nur mit schuldrechtlicher Wirkung vornehmen kann und in welchem Umfang die Erben an entsprechende Regelungen gebunden sind (MünchKomm/BIRK Art 26 Rn 127 ff). Die dinglichen Wirkungen einer Vorausteilung können allerdings nur dann eintreten, wenn die lex rei sitae einen Eigentumsübergang ohne besonderes Übertragungsgeschäft zuläßt (JOHNEN MittRhNotK 1986, 67; MünchKomm/BIRK Art 26 Rn 129; zum Verhältnis von Erb- und Sachstatut s Rn 42 ff). Nach deutschem Recht ist eine Singularsukzession von Todes wegen grundsätzlich nicht möglich; soweit sich daher eine nach dem Erbstatut dinglich wirkende Vorausteilung auf in der Bundesrepublik belegene einzelne Gegenstände bezieht, ist sie im Wege der Anpassung (vgl Rn 708 ff) in eine schuldrechtliche Übertragungsverpflichtung umzudeuten. Dagegen entspricht eine Vorausverteilung des Nachlasses in der Weise, daß die gesamten Aktiva und Passiva im Zeitpunkt des Todes mit dinglicher Wirkung auf einen der Miterben übergehen und die übrigen Miterben auf Geldansprüche gegen den faktischen Alleinrechtsnachfolger beschränkt bleiben sollen (insbes zur „elterlichen Nachlaßverteilung" des niederländischen Rechts vgl Luijten MittRhNotK 1986, 110 ff), in ihren Wirkungen einer mit Vermächtnis- oder Pflichtteilsansprüchen verbundenen Alleinerbeneinsetzung des deutschen Rechts. Zur Behandlung im Erbschein vgl Rn 844.

Das Erbstatut regelt, ob dem Erblasser die Anordnung einer **Vor- und Nacherbschaft** **269** gestattet ist (OLG Celle FamRZ 1957, 273 m Anm Ferid; LG Berlin RzW 1969, 234; AG München IPRspr 1928 Nr 58 S 96; MünchKomm/Birk Art 26 Rn 110; IPG 1977 Nr 35 [Köln] 335; rechtsvergleichend Ebenroth 613 ff) und welche Personen er ggf zu Vor- oder Nacherben einsetzen darf, ferner, für welchen Zeitraum der Erblasserwillen Beachtung findet, wie der Nacherbfall bestimmt werden kann, welche Rechte dem Vorerben zustehen, wie der Nacherbe (zB durch Unwirksamkeit bestimmter Verfügungen des Vorerben) gesichert wird und wie sich die Rechtsbeziehungen zwischen Vor- und Nacherben gestalten (vgl im deutschen Recht §§ 2100 ff BGB). Das Erbstatut regelt auch, in welchem Ausmaß ein im Vertrauen auf die Verfügungsbefugnis des Vorerben handelnder Erwerber geschützt wird. Ist die Vor- und Nacherbeneinsetzung unwirksam – insbesondere die romanischen Rechtsordnungen lassen eine solche zeitliche Aufspaltung der Erbstellung nicht oder nur sehr eingeschränkt zu (vgl IPG 1965/66 Nr 58 [Köln] 665; 1967/68 Nr 75 [Köln] 835; 1977 Nr 35 [Köln] 326; 1978 Nr 39 [München] 430 ff) –, so sind die sich daraus ergebenden Folgen (Auslegung, Ausmaß der Nichtigkeit, Umdeutung) ebenfalls dem Erbstatut zu entnehmen. Die von einem Testator ausgesprochene Einsetzung eines Nacherben ist jedoch auch dann wirksam, wenn das Heimatrecht der *als Vorerbe eingesetzten Person* diese Gestaltungsmöglichkeit verwirft. Zur Anordnung mehrerer auf den ganzen Nachlaß bezogener Legate nach jüdischem Recht in der Weise, daß der Zweitbedachte den Nachlaß erst mit Eintritt eines bestimmten Ereignisses erhalten soll, s LG Frankenthal IPRspr 1962/63 Nr 143 S 413.

Die Art und Ausgestaltung von **Vermächtnissen** einschließlich der Regelung von **270** Anfall, Annahme und Ausschlagung wie auch das Rechtsverhältnis zwischen Erbe und Vermächtnisnehmer unterliegen dem Erbstatut (OLG Frankfurt aM NJW 1972, 400 m Anm Kohler = ROW 1972, 53 m Anm Hirschberg 55; OLG Köln NJW 1983, 525; Soergel/Schurig Art 25 Rn 40; zur Abgrenzung von Erbeinsetzung und Vermächtnis oben Rn 266; rechtsvergleichend Lange/Kuchinke § 29 I 2; Ebenroth Rn 511 ff). Es bestimmt auch, was gelten soll, wenn der Beschwerte dem Begünstigten den vermachten Gegenstand nicht zu verschaffen vermag.

Nach deutschem Recht kann ein Vermächtnis nur einen schuldrechtlichen Anspruch **271** des Vermächtnisnehmers gegen den Erben begründen (vgl § 2174 BGB); ein dinglich wirkendes Vermächtnis (**Vindikationslegat**) ist dem BGB unbekannt, eine entsprechende Anordnung des Erblassers bei Maßgeblichkeit *deutschen* Erbstatuts ist durch Auslegung zu korrigieren bzw äußerstenfalls unwirksam. Unterliegt die Erbfolge dagegen einem *ausländischen* Erbstatut, welches die Möglichkeit dinglich wirkender Vermächtnisse kennt, so kann ein unmittelbarer Rechtsübergang aufgrund der letztwilligen Verfügung nur hinsichtlich solcher Nachlaßgegenstände eintreten, deren Belegenheitsrecht einen solchen Rechtsübergang ohne besonderes Übertragungsgeschäft vorsieht.

Heinrich Dörner

272 Das *deutsche Recht* läßt einen derart unmittelbar wirkenden Rechtsübergang *nicht* zu (BGH NJW 1995, 59; Dörner IPRax 1996, 27; nur im Ergebnis zustimmend Gröschler JZ 1996, 1032, vgl auch Nishitani IPRax 1998, 74). Zwar befindet das Erbstatut über die Verteilung des Nachlasses und definiert dabei auch die Rechtsstellung der jeweils begünstigten Personen. Jedoch entscheidet das Sachstatut darüber, welche Typen dinglicher Rechte an inländischen Sachen zugelassen sind und unter welchen Voraussetzungen sich eine Zuordnungsänderung an der einzelnen Sache vollzieht (näher Rn 144; anders im vorliegenden Zusammenhang Tiedemann 100, die bei der Qualifikation des unmittelbaren Eigentumserwerbs eines Vermächtnisnehmers kaum nachvollziehbar zwischen „erbrechtlichen Wirkungen" und „sachenrechtlichem Ergebnis" unterscheiden will). Für die im Inland belegenen beweglichen Sachen und Grundstücke läßt das deutsche Sachenrecht eine Rechtsübertragung nur aufgrund eines abschließend festgelegten Katalogs von Übertragungstatbeständen zu. Eine Eigentumsübertragung an Sachen kann sich danach im Wege einer rechtsgeschäftlichen (§§ 929 ff, 873 BGB) oder gesetzlich angeordneten bzw kraft Gewohnheitsrechts bestehenden *Singularsukzession* (etwa: Vererbung von Gesellschaftsanteilen, vgl Rn 61, s auch §§ 3, 4 HöfeO) oder aber im Wege einer rechtsgeschäftlichen (etwa: §§ 1415, 1416 Abs 2 BGB) oder kraft Gesetzes eintretenden *Universalsukzession* (§ 1922 Abs 1 BGB, Gesamterbfolge) vollziehen. Abgesehen von den anerkannten Sonderfällen geht das Eigentum an einer Sache von Todes wegen somit nur im Wege der Gesamterbfolge über; eine mit dem Tode einer Person eintretende Singularsukzession an beliebigen, vom Erblasser bestimmten Sachen kennt das deutsche Sachenrecht nicht. Eine Erweiterung des Katalogs möglicher Singularsukzessionen ist auch nicht anzustreben angesichts der Tatsache, daß der Rechtsverkehr sich bei Vorhandensein mehrerer Rechtsnachfolger von Todes wegen grundsätzlich auf eine Gesamterbfolge und damit auf ein gesamthänderisch gebundenes Sacheigentum einstellt (ähnlich v Bar II Rn 377). Dabei ist ein Vindikationslegat an inländischen Sachen im Wege der Anpassung (vgl Rn 708 ff) in ein Damnationslegat iS des § 2174 BGB umzudeuten (BGH NJW 1995, 59; Dörner IPRax 1996, 27; BayObLGZ 61, 19 f; 74, 467; v Bar II Rn 377; Palandt/Heldrich Art 25 Rn 11; Ferid Rn 7–33; MünchKomm/Birk Art 25 Rn 170; ders ZEV 1995, 285; vgl auch Staudinger/Stoll [1996] IntSachR Rn 191; aA OLG Köln NJW 1983, 525; LG Münster IPRspr 1989 Nr 162 a; Soergel/Schurig Art 25 Rn 24; van Venrooy ZVglRW 1986, 212 ff); zum Inhalt des Erbscheins in diesem Fall vgl Rn 847. Zum Verhältnis von Erb- u Sachstatut im allgemeinen s Rn 42 ff.

273 Das Erbstatut entscheidet darüber, ob der Erblasser einen Erben oder Vermächtnisnehmer mit einer *Auflage* beschweren, welche Leistung Gegenstand einer Auflage sein und wie diese Leistungspflicht durchgesetzt werden kann (vgl im deutschen Recht die §§ 1937–1940 BGB).

274 Die Zulässigkeit und Erscheinungsformen einer **Testamentsvollstreckung***, die Rechtsstellung des Testamentsvollstreckers, seine Aufgaben, Rechte und Pflichten, Umfang und Dauer seiner Verwaltungs- und Verfügungsbefugnis sowie die Voraussetzungen seiner Entlassung bestimmen sich nach dem Erbstatut (RG JW 1929, 434; RG

---

* **Schrifttum:** Firsching, Testamentsvollstrecker – executor – trustee, DNotZ 1959, 354; Lang, Der Testamentsvollstrecker in den ausländischen Rechten und seine rechtliche Stellung im deutschen Rechtsgebiet (Diss Frankfurt aM/Main 1958); Scheck, Der Testamentsvollstrecker im internationalen Privatrecht (Diss Mainz 1967).

IPRspr 1932 Nr 1; BGH NJW 1963, 46; BGH WM 1969, 72; BayObLGZ 1965, 382; 90, 53; KG JW 1925, 2143; IPRspr 1962/63 Nr 144 S 421; OLG Dresden JW 1920, 661 m Anm MENDELSSOHN-BARTHOLDY; OLG Frankfurt aM DNotZ 1972, 543; OLGZ 1977, 184; OLG München IPRspr 1970 Nr 93; OLG Hamm OLGZ 1973, 289; LG Frankfurt aM JW 1936, 1154; LG Hamburg IPRspr 1978 Nr 10; AG Bad Homburg IPRspr 1977 Nr 103; SOERGEL/SCHURIG Art 25 Rn 42; MünchKomm/BIRK Art 26 Rn 112 ff; PALANDT/HELDRICH Art 25 Rn 11; EBENROTH Rn 1274; H ROTH IPRax 1992, 323; rechtsvergleichend LANGE/KUCHINKE § 31 I 2; WACKE Jura 1989, 577; EBENROTH Rn 711). Welche Staatsangehörigkeit der Testamentsvollstrecker besitzt, ist dagegen ohne Belang. Zur Testamentsvollstreckung bei *Nachlaßspaltung* vgl Rn 734.

275 Ist *deutsches Erbstatut* maßgebend und hat der Erblasser die Einsetzung eines Fremd-verwalters mit den Begriffen eines ausländischen Rechts verfügt, ist durch Auslegung zu ermitteln, ob darin die Einsetzung eines Testamentsvollstreckers iS der §§ 2197 ff BGB zu erblicken ist (vgl Rn 257 ff). Bei der Bestimmung eines „trustee" durch einen aus dem anglo-amerikanischen Rechtskreis stammenden Erblasser ist dies regelmä-ßig der Fall (näher Rn 256); das gleiche gilt bei der Einsetzung eines „executor", sofern dem Erblasser wirklich eine fremdnützige Nachlaßverwaltung vor Augen stand und er nicht lediglich den Erfordernissen eines von ihm irrtümlich für maßgebend ange-sehenen ausländischen Erbstatuts Genüge tun wollte (näher Rn 257). Eine Testaments-vollstreckung iS des deutschen Rechts liegt auch dann nicht vor, wenn die vom Erblasser in Bezug genommene Rechtsordnung dem „Testamentsvollstrecker" zB lediglich Obhutspflichten und keinerlei Verfügungsbefugnisse zuweist (vgl PINCKER-NELLE/SPREEN DNotZ 1967, 208 Fn 57).

276 Das Erbstatut regelt, ob die *Ernennung* eines Testamentsvollstreckers bereits durch die Verfügung von Todes wegen selbst erfolgt (vgl IPG 1983 Nr 37 [Hamburg] 334) oder ob ein Gericht bzw eine Behörde tätig werden muß, ob der Erblasser die Benennung eines Testamentsvollstreckers einem Dritten überlassen kann (MünchKomm/BIRK Art 26 Rn 115), ferner, unter welchen Voraussetzungen und von wem ein Testamentsvoll-strecker zu entlassen ist. Zur *internationalen Zuständigkeit* inländischer Gerichte für die Ernennung und Entlassung von Testamentsvollstreckern bei Maßgeblichkeit aus-ländischen Erbstatuts vgl Rn 800 u 808; zur *Anerkennung* eines von einer ausländi-schen Stelle eingesetzten Testamentsvollstreckers vgl Rn 870 ff.

277 Das Erbstatut regelt die **Rechtsstellung** des **Testamentsvollstreckers** im Innenverhält-nis zum Erben und legt im Außenverhältnis gegenüber Dritten seine Verpflichtungs- und Verfügungsbefugnis fest (SOERGEL/SCHURIG Art 25 Rn 42; MünchKomm/BIRK Art 26 Rn 119). Wird bei einem deutschen Nachlaßgericht ein Antrag auf Erteilung eines *Testamentsvollstreckerzeugnisses* gestellt, so richten sich Verfahren, Voraussetzungen und Rechtswirkungen der Erteilung nach deutschem Recht (näher Rn 857 ff, 861). Eine *Anerkennung* ausländischer Zeugnisse ist nicht möglich (näher Rn 878).

278 Das Erbstatut bestimmt, ob ein (erkennbar) in Ausübung seines Amtes handelnder Testamentsvollstrecker als gesetzlicher Vertreter *den Erben verpflichtet*. BIRK (MünchKomm/BIRK Art 26 Rn 121) erwägt in diesem Zusammenhang eine entsprechende Anwendung des Art 12 in dem Sinne, daß unter den dort genannten Voraussetzungen eine Verpflichtung des Erben nach Maßgabe des Aufenthaltsrechts eintritt. Gegen diesen Vorschlag bestehen aber Bedenken. Zwar spräche gegen eine solche Analogie *nicht* die Vorschrift des Art 12 S 2, da es sich bei den vom Testamentsvollstrecker geschlossenen Verträgen regelmäßig nicht um „erbrechtliche Rechtsgeschäfte" iS dieser Bestimmung handelt. Es ist auch richtig, daß die hM eine entsprechende Anwendung des Art 12 auf *familienrechtliche* Handlungsbeschränkungen (Umfang der gesetzlichen Vertretungsmacht von Eltern oder Vormund) befürwortet (so zB MünchKomm/SPELLENBERG Art 12 Rn 27; PALANDT/HELDRICH Art 12 Rn 5, beide unter Berufung auf BT-Drucks 10/504 S 50; ebenso – wenn auch zurückhaltend – KROPHOLLER § 42 I 3 d). Nach ihrem eindeutigen Wortlaut verwirklicht die Vorschrift jedoch nur Verkehrsschutz gegenüber Personen, die ein Vertrauen der anderen Vertragspartei auf das Vorliegen der erforderlichen persönlichen Fähigkeiten *selbst veranlaßt* haben. Die Bestimmung zielt dagegen nicht darauf ab, einen allgemeinen Schutz des Vertrauens auf die Gültigkeit internationaler Geschäfte zu gewährleisten (so MünchKomm/SPELLENBERG Art 12 Rn 33 selbst). Daher würde eine entsprechende Anwendung des Art 12 auf Vertretungsverhältnisse die Interessen des (insbesondere gesetzlich) Vertretenen in nicht gerechtfertigter Weise zurückdrängen. Es erscheint daher ausreichend, bei fehlender Vertretungsmacht einen gesetzlichen Vertreter wie zB den Testamentsvollstrecker (im übrigen aber auch zB Eltern oder Vormund) nach Maßgabe des Aufenthaltsrechts in die persönliche Haftung zu nehmen.

279 Ob das *Verfügungsgeschäft* eines Testamentsvollstreckers wirksam ist, beurteilt sich zB nach der lex rei sitae; lediglich die Frage der Verfügungsbefugnis ist dem Erbstatut zu entnehmen.

280 Das Erbstatut bestimmt, ob der Testamentsvollstrecker befugt ist, die seiner Verwaltung unterliegenden Nachlaßrechte *gerichtlich geltend zu machen* (vgl im deutschen Recht § 2212 BGB). Allerdings kann er nur dann im eigenen Namen Klage erheben, wenn die am Gerichtsort geltende lex fori dies zuläßt, also einem (insbesondere ausländischen) Testamentsvollstrecker Prozeßführungsbefugnis zusteht (MünchKomm/BIRK Art 25 Rn 311; Art 26 Rn 122). Aus der Sicht des deutschen Prozeßrechts ist dies grundsätzlich der Fall (vgl näher SCHACK, Internationales Zivilprozeßrecht² [1996] Rn 551).

281 Trifft der Erblasser in einer Verfügung von Todes wegen **andere als erbrechtliche Anordnungen**, so beurteilen sich inhaltliche Wirksamkeit und Rechtsfolgen nicht nach dem Erb-, sondern jeweils nach demjenigen Statut, das für Anordnungen dieser Art auch sonst maßgibt. Anordnungen über die Bestattungsart unterliegen dem *Persönlichkeitsstatut* des Verstorbenen (vgl auch Rn 23). Das *Ehegüterstatut* (Art 15, 14) entscheidet, ob und unter welchen Voraussetzungen Zuwendungen von Todes wegen Dritter zu güterrechtlichen Konsequenzen führen (vgl im deutschen Recht §§ 1418 Abs 2 Nr 2, 1486 Abs 1 BGB) oder ob durch eine von einem Ehegatten selbst getroffene letztwillige Verfügung ein bestimmter Güterstand ausgeschlossen werden kann (vgl im deutschen Recht §§ 1509, 1511–1515 BGB). Ob eine Anordnung über die Verwaltung des Kindesvermögens wie nach § 1638 Abs 1 BGB die elterliche Vermögenssorge beschränken kann, richtet sich nach dem von Art 19 Abs 2 berufenen *Eltern-Kind-Statut* (während für den Erwerb von Todes wegen durch das Kind natürlich weiterhin das Erbstatut maßgeblich bleibt). Dieses Statut gilt auch für Anordnungen über die religiöse Kindererziehung. Die in einer Verfügung von Todes wegen vorgenommene Benennung bzw der Ausschluß eines Vormunds (vgl im deutschen Recht §§ 1777, 1782 BGB) unterliegt dem *Vormundschaftsstatut* des Art 24 Abs 3 (vgl STAUDINGER/KROPHOLLER [1996] Art 24 nF Rn 38). Ein in einem notariellen Testament oder Erbvertrag abgegebenes *Vaterschaftsanerkenntnis* wird nach Maßgabe von Art 19 Abs 1 angeknüpft. Der Widerruf einer Schenkung unterliegt dem *Schenkungsstatut* (Art 27 ff), der einer Vollmacht dem *Vollmachtsstatut*. Das für einen Lebensversicherungsvertrag maßgebende *Versicherungsvertragsstatut* entscheidet darüber, ob eine Bezugsberechtigung auch durch Verfügung von Todes wegen geändert oder widerrufen werden kann. Ob und unter welchen Voraussetzungen aufgrund eines in einer Verfügung von Todes wegen enthaltenen Stiftungsgeschäfts (vgl im deutschen Recht § 83 BGB) eine Stiftung rechtsgültig errichtet werden kann, ergibt sich aus dem *Stiftungsstatut*. Für die Formgültigkeit aller dieser Anordnungen gilt Art 11.

c) Grenzen der Testierfreiheit

Die Frage der inhaltlichen Zulässigkeit einzelner Anordnungen des Erblassers läßt **282** sich nicht trennen von der Frage nach den Grenzen seiner Gestaltungsfreiheit; es geht in beiden Zusammenhängen um ein und denselben Aspekt, der nur jeweils aus anderer Perspektive betrachtet wird. Innerhalb welcher Grenzen eine Rechtsordnung dem Erblasser die Möglichkeit einräumt, die rechtlichen Verhältnisse für die Zeit nach seinem Tode zu gestalten, richtet sich nach dem Erbstatut (rechtsvergleichend EBENROTH Rn 320 ff).

aa) Institutionelle Grenzen

Der in einer Verfügung von Todes wegen niedergelegte Wille des Erblassers kann **283** zuächst nur im Rahmen der vom Erbstatut zur Verfügung gestellten **Rechtstypen** verwirklicht werden. Beispielsweise kann der Erblasser nach deutschem Recht einem Erben keine einzelnen Gegenstände mit dinglicher Wirkung zuweisen. Ebenso verstößt eine Beschränkung der Erben durch Treuhänderschaft gegen den Typenzwang erbrechtlicher Verfügungen und ist daher unzulässig (OLG Frankfurt aM IPRspr 1962/63 Nr 146 S 428; MünchKomm/BIRK Art 26 Rn 111). Gilt deutsches Erbstatut, kann der Erblasser keinen trust errichten (MünchKomm/BIRK Art 26 Rn 111; zur Auslegung vgl oben Rn 256). Zu den Grenzen, die erbrechtlichen Anordnungen durch die Bestimmung des *Sachstatuts* gezogen werden, vgl Rn 43.

bb) Beschränkungen der Verfügungsfreiheit

Das Ausmaß der dem Testator zugebilligten Verfügungsfreiheit wird ebenfalls durch **284** das Erbstatut umschrieben. Dieses legt also fest, in welchem Umfang der Erblasser über sein Vermögen von Todes wegen *frei disponieren* darf und welchen **Beschränkungen** er bei der postmortalen Verteilung seines Vermögens unterworfen ist. Diese können sich zunächst aus Pflichtteils-, Not- oder Zwangserbrechten ergeben (OLG Saarbrücken NJW 1967, 732 m Anm MEZGER; KEGEL/SCHURIG § 21 III 3; SOERGEL/SCHURIG Art 25 Rn 44; MünchKomm/BIRK Art 26 Rn 22; IPG 1965/66 Nr 53 [Köln] 565; 1969 Nr 35 [Hamburg] 277; 1974 Nr 34 [Hamburg] 363). Eine Beschränkung der Verfügungsfreiheit auf lediglich ein Drittel des gesamten zur Verfügung stehenden Nachlasses verstößt *nicht* gegen den deutschen ordre public (LG Hamburg IPRspr 1991 Nr 142 S 268).

Ferner sind Regelungen denkbar, die dem Erblasser vollständige Freiheit nur bei der **285** Einsetzung eines bestimmten Personenkreises (gesetzliche Erben, Fiskus, öffentliche Organisationen) gewähren und seine erblasserische Gestaltungsfreiheit im übrigen einschränken oder dem Erblasser untersagen, bestimmten Personen (wie zB nicht-ehelichen oder in Blutschande oder Ehebruch gezeugten Kindern) mehr als einen bestimmten Anteil zukommen zu lassen (zum Eingreifen des ordre public in diesem Zusammenhang vgl Rn 693). Vorschriften, welche dem Testator verbieten, den bei der Testamentserrichtung mitwirkenden Notaren oder Vormündern, Ärzten, Apothekern und Geistlichen Zuwendungen zu machen, unterliegen dagegen wegen ihrer funktionellen Verwandtschaft mit den Anfechtungsregeln dem Errichtungsstatut (dazu näher Rn 125).

286 Das Erbstatut bestimmt, wie sich Verstöße gegen die gesetzlich gezogenen Grenzen auswirken und auf welchem Wege ein übergangener Erbberechtigter sein Recht geltend machen kann, ob also beispielsweise ipso iure Nichtigkeit eintritt oder dem übergangenen Erben die Möglichkeit einer Nichtigkeits- oder Herabsetzungsklage offensteht (MünchKomm/BIRK Art 26 Rn 22; IPG 1970 Nr 30 [Heidelberg] 324; 1975 Nr 38 [Köln] 317; 1975 Nr 39 [München] 330; vgl Rn 187).

cc) **Verstoß gegen Gesetze oder gegen die guten Sitten**

287 Unklar und umstritten ist, ob über die **Unwirksamkeit** wegen **Gesetzes- oder Sittenwidrigkeit** das Errichtungs- oder das Erbstatut befindet. In der Literatur tritt KEGEL (KEGEL/SCHURIG § 21 III 2 c; wohl auch ERMAN/HOHLOCH Art 25 Rn 27; PALANDT/HELDRICH Art 26 Rn 8) dafür ein, Verbote gesetzes- oder sittenwidriger Verfügungen als Gültigkeitsvorschriften iS des Art 26 Abs 5 anzusehen und daher das Errichtungsstatut heranzuziehen. Andere wollen demgegenüber „die inhaltliche Gültigkeit" dem Erbstatut im Todeszeitpunkt unterstellen (KROPHOLLER § 51 IV 1; dezidiert für Anwendbarkeit des Erbstatuts auch zB FERID Rn 9–59; ders, Der Statutenwechsel im internationalen Erbrecht, in: LAUTERBACH, Vorschläge und Gutachten zur Reform des internationalen Erbrechts [1969] 132; SCHEUERMANN, Statutenwechsel im internationalen Erbrecht [1969] 82; vgl auch BGHZ 50, 70; BayObLGZ 1965, 101; 1995, 373). Diese Unsicherheit der Anknüpfung spiegelt die auf der Ebene des deutschen materiellen Rechts bestehenden Meinungsverschiedenheiten wider: Bei der Prüfung der Sittenwidrigkeit einer Verfügung sollen nach hM die *tatsächlichen Verhältnisse zum Zeitpunkt der Errichtung* (vgl BGHZ 20, 71; BGH FamRZ 1969, 323) nach den zum *Zeitpunkt des Erbfalls herrschenden Anschauungen* beurteilt werden (näher LANGE/KUCHINKE § 35 IV 6; zum maßgeblichen Zeitpunkt bei einem Gesetzesverstoß aaO § 35 II 3). Soweit die Rechtsprechung – in Fällen *ohne* Staatsangehörigkeitswechsel – allgemein das Erbstatut für maßgebend erklärt, ist sie für die Entscheidung der Streitfrage nicht aussagekräftig (vgl BayObLGZ 1957, 381; 1965, 387; KG DNotZ 1941, 427; OLG Düsseldorf NJW 1963, 2229).

288 **Stellungnahme:** Über die Rechtswirkungen einer Verfügung von Todes wegen sowie über die Grenzen, innerhalb derer sich der Wille des Erblassers verwirklichen kann, entscheidet nach allgemeiner Auffassung das *Erbstatut* (vgl Rn 248 ff). Zu den Schranken der Testierfreiheit gehören auch Vorschriften, die Verfügungen von Todes wegen aus *inhaltlichen* Gründen – eben wegen eines darin liegenden Gesetzes- oder Sittenverstoßes – ganz oder teilweise für unwirksam erklären. Auch insoweit ist also das Erbstatut maßgebend. Eine andere Einordnung könnte zu Störungen bei der Abwicklung des Nachlasses nach den Regeln des im übrigen maßgebenden Erbstatuts führen. Der von Art 26 Abs 5 gewährte Vertrauensschutz ist demgegenüber nur *begrenzt*; er beschränkt sich darauf zu gewährleisten, daß das Rechtsgeschäft einer Verfügung von Todes wegen nach Maßgabe des Errichtungsstatuts wirksam *vorgenommen werden kann* (näher Art 26 Rn 74, 79).

289 Ein Gesetzesverstoß liegt vor, wenn sich der Verfügende über spezifisch erbrecht-

liche Verbote oder über allgemeine Verbotsgesetze hinwegsetzt. Zur ersten Fallgruppe gehören zB Vorschriften, die es dem Erblasser untersagen, die Bestimmung der begünstigten Person oder die Entscheidung darüber, ob eine letztwillige Verfügung wirksam sein soll oder nicht, *einem Dritten zu überlassen* (vgl MünchKomm/BIRK Art 26 Rn 23; zum deutschen Recht § 2065 BGB). Gestattet ein fremdes Recht die Erbeinsetzung durch Dritte, so ist darin kein Verstoß gegen den deutschen ordre public zu sehen (vgl Rn 703; MünchKomm/BIRK Art 26 Rn 23). Weitere *spezifisch erbrechtliche Beschränkungen* der erblasserischen Gestaltungsfreiheit enthalten im deutschen Recht zB § 2263 BGB (Nichtigkeit eines Eröffnungsverbots) oder § 2171 BGB (Unwirksamkeit eines Vermächtnisses, das auf eine unmögliche oder verbotene Leistung gerichtet ist).

Daneben können Anordnungen des Erblassers gegen allgemeine Verbotsnormen **290** verstoßen, so zB, wenn sie Devisen- oder Strafgesetze mißachten (vgl im deutschen Recht zB §§ 140 StGB [Belohnung von begangenen Verbrechen], 333, 334 StGB [Bestechung], dazu OTTE JA 1985, 192).

Ein Verstoß gegen die guten Sitten kann insbesondere bei sexuell motivierten **291** Zuwendungen, bei Benachteiligungen naher Angehöriger aus verwerflichen Beweggründen, aber auch bei Verstößen gegen verfassungsrechtlich garantierte Gleichbehandlungsgrundsätze in Betracht kommen.

Ist eine bestimmte Anordnung des Erblassers nach einem ausländischen Erbstatut **292** wirksam, erscheint sie jedoch aus deutscher Sicht sittenwidrig, so kann darin unter den Voraussetzungen des Art 6 ein Verstoß gegen den deutschen *ordre public* liegen. Die betreffende Anordnung des Erblassers bleibt dann außer Betracht (vgl RG JW 1912, 22).

Dem Erbstatut ist schließlich auch zu entnehmen, welche Konsequenzen die Unwirk- **293** samkeit einer einzelnen Testamentsklausel für das restliche Testament hat; im deutschen Recht gilt § 2085 BGB.

dd) Berücksichtigung späterer Veränderungen
Dem Erbstatut unterliegt die Frage, ob eine Verfügung von Todes wegen beim **Ein- 294 tritt bestimmter Umstände** *von Gesetzes wegen unwirksam oder anfechtbar* wird, so etwa infolge nachträglicher Geburt eines Kindes (vgl im deutschen Recht § 2079 BGB), nachträglicher Eheschließung, aufgrund einer Scheidung oder Aufhebung der Ehe (vgl im deutschen Recht § 2077 BGB; dazu BayObLG FamRZ 1995, 1088) oder in Anbetracht einer strafrechtlichen Verurteilung des Erblassers (vgl FERID, Der Statutenwechsel im internationalen Erbrecht, in: LAUTERBACH, Vorschläge und Gutachten zum internationalen Erbrecht [1969] 136; SCHEUERMANN, Statutenwechsel im internationalen Erbrecht [1969] 85). Zum Bestehen einer „joint tenancy" nach Common Law als Indiz bei der Anwendung von § 2079 S 2 BGB vgl BayObLG IPRax 1982, 111 mit Anm FIRSCHING 99. Zur Anfechtbarkeit wegen Mängeln des Errichtungsgeschäfts vgl dagegen Rn 239 ff.

Beispiel: **295**

Ein englischer Staatsangehöriger errichtet (nicht „in contemplation of a marriage") ein gültiges Testament und heiratet nach Erwerb der deutschen Staatsangehörigkeit. In diesem Fall entscheidet beim Tode des Testators deutsches Erbrecht darüber, ob die Eheschließung als solche das Testament aufgehoben hat. Im Gegensatz zum englischen Recht (vgl Sect 18 (1) Wills Act 1837 idF des Administration of Justice Act 1982) bleibt das Testament wirksam. Allerdings sieht § 2079 BGB für diesen Fall eine erleichterte Anfechtbarkeit des Testaments zugunsten der pflichtteilsberechtigten Frau vor. Im umgekehrten Fall – Deutscher erwirbt nach Errichtung eines Testaments die britische Staatsangehörigkeit – ist das Testament dagegen unwirksam.

15. Gemeinschaftliches Testament*

296 Unter einem gemeinschaftlichen Testament versteht man die aufgrund eines gemeinsamen Entschlusses getroffenen letztwilligen Verfügungen mehrerer – praktisch stets zweier – Personen (näher LANGE/KUCHINKE § 24; BROX, Erbrecht[18] [2000] Rn 174 ff). Nach dem Begriffsverständnis des deutschen materiellen Erbrechts handelt es sich dabei um eine durch den Willen zur gemeinsamen Testamentserrichtung verbundene Zusammenfassung zweier Einzelverfügungen; eine vertragliche Bindung der Beteiligten tritt – anders als beim Abschluß eines Erbvertrages – nicht ein. Voraussetzung eines gemeinschaftlichen Testaments ist nach dem im deutschen Recht heute maßgebenden Begriffsverständnis der gemeinsame Testierwille (BGHZ 9, 113), *nicht* dagegen, daß die Einzelverfügungen in einer einzigen Urkunde enthalten sind (*Willenstheorie*, umfassende Darstellung der Rechtsentwicklung bei STAUDINGER/KANZLEITER [1998] Vorbem 14 ff zu §§ 2265 ff; kritisch LANGE/KUCHINKE § 24 III 2; nicht berücksichtigt bei MünchKomm/BIRK Art 26 Rn 97, 102; ERMAN/HOHLOCH Art 25 Rn 31). Der Begriff des gemeinschaftlichen Testaments im deutschen Erbrecht ist somit *nicht deckungsgleich* mit der in Art 4 TestÜbk (Vorbem 77 zu Art 25) und Art 26 Abs 1 verwandten Definition, die bereits nach dem Wortlaut dieser Bestimmungen eine Errichtung „in derselben Urkunde" voraussetzt; dieser Umstand gewinnt jedoch nur Bedeutung für die Formanknüpfung (vgl Rn 320). Nach dem *Grad der Abhängigkeit* der Verfügungen voneinander unter-

---

* **Schrifttum:** DOPFFEL, Deutsch-englische gemeinschaftliche Testamente, DNotZ 1976, 335; GRIMM, Qualifikation, Anpassung und Umdeutung bei in Deutschland errichteten Testamenten und Erbverträgen von Niederländern (Diss Münster 1967); GRUNDMANN, Zur Errichtung eines gemeinschaftlichen Testaments durch italienische Ehegatten in Deutschland, IPRax 1986, 94; HÖYNCK, Verfügungen von Todes wegen mit Berührung englischen Rechts, DNotZ 1964, 19; JAYME, Zur Errichtung eines gemeinschaftlichen Testaments durch portugiesische Eheleute im Ausland, IPRax 1982, 210; ders, Nochmals: Zur Errichtung eines gemeinschaftlichen Testaments durch portugiesische Eheleute im Ausland, IPRax 1983, 308; KEGEL, Zur Bindung an das gemeinschaftliche Testament, in: FS Jahrreiss (1964) 143; KROPHOLLER, Gemeinschaftliche Testamente von Schweizern in Deutschland, DNotZ 1967, 734; MERZ, Die Wirksamkeit ge-

meinschaftlicher, im Inland errichteter Ehegattentestamente von Ausländern, insbesondere Schweizern, NJW 1956, 1505; NEUHAUS/GÜNDISCH, Gemeinschaftliche Testamente amerikanischer Erblasser, RabelsZ 1956, 550; RIERING, Das gemeinschaftliche Testament deutsch-französische Ehegatten, ZEV 1994, 225; RIERING/BACHLER, Erbvertrag und gemeinschaftliches Testament im deutsch-österreichischem Rechtsverkehr, DNotZ 1995, 580; RIERING/MARCK, Das gemeinschaftliche Testament deutsch-niederländischer Ehegatten – unter besonderer Berücksichtigung des Haager Erbrechtsübereinkommens vom 1. 8. 89, ZEV 1995, 90; RUBBRA, Das gemeinschaftliche Testament nach dem Recht der Vereinigten Staaten (Diss Köln 1966); UMSTÄTTER, Gemeinschaftliche Testamente mit Auslandsberührung, DNotZ 1984, 532; weitere Hinweise zur älteren Literatur bei STAUDINGER/FIRSCHING[12] Vorbem 116 Fn zu Art 24–26.

scheidet man (vgl Brox Rn 184; BayObLGZ 1957, 380) zwischen *gleichzeitigen Verfügungen* (testamenta mere simultanea), bei denen die Beteiligten zwar äußerlich gemeinsam, insbesondere in einer einheitlichen Urkunde testieren, die einzelnen Verfügungen aber innerlich unverbunden nebeneinander stehen, *gegenseitigen Verfügungen* (testamenta reciproca), bei denen sich eine innere Beziehung der getroffenen Verfügungen daraus ergibt, daß sich die Beteiligten gegenseitig zu Erben einsetzen bzw ein Dritter mit Rücksicht auf den anderen Verfügenden bedacht wird, und *wechselbezüglichen Verfügungen* (testamenta correspectiva), in welchen nach dem Willen der Beteiligten die Verfügungen des einen in ihrer Wirksamkeit von denen des anderen abhängen, so daß sie gemeinsam „stehen und fallen".

Das deutsche Recht beschränkt die für gemeinschaftliche Testamente geltenden **297** spezifischen Bestimmungen auf die Testamente von *Ehegatten* (vgl §§ 2265 ff BGB). Es erleichtert hier die eigenhändige Errichtung gemeinschaftlicher Testamente (*Formprivileg*, vgl § 2267 BGB) und *vermutet* in bestimmten Situationen die *Wechselbezüglichkeit* von Verfügungen (vgl § 2270 Abs 2 BGB). Der *Widerruf* wechselbezüglicher Verfügungen zu Lebzeiten der Gatten wird *erschwert* (vgl §§ 2271 Abs 1 S 1, 2296 BGB). Nach dem Tode des ersten Ehegatten bleibt der Überlebende an die in dem gemeinschaftlichen Testament getroffenen Verfügungen *gebunden*, sofern er nicht das ihm Zugewandte ausschlägt (§ 2271 Abs 2 BGB).

Die kollisionsrechtliche Behandlung des gemeinschaftlichen Testaments gehört zu **298** den „Zankäpfeln" (Raape) des IPR. Die hier zutage tretenden Unsicherheiten dürften ihre Ursache darin haben, daß einerseits über die methodische Vorgehensweise keine hinreichende Klarheit besteht (vgl insbes Rn 307 ff) und andererseits die jeweils gesondert anzuknüpfenden einzelnen Sachfragen nicht scharf genug auseinandergehalten werden.

a)   Testierfähigkeit
Da das gemeinschaftliche Testament aus zwei Rechtsgeschäften besteht, muß bei **299** jedem der beiden Testatoren Testierfähigkeit vorliegen und gesondert geprüft werden. Es gelten die unter Rn 221 ff dargelegten Grundsätze; maßgebend ist also für jeden das zum Zeitpunkt der Errichtung maßgebende (dh hypothetische) Erbstatut (vgl auch Rn 329). Zur Anknüpfung der Testierfähigkeit nach dem Erwerb einer anderen Staatsbürgerschaft vgl Rn 225 u Art 26 Rn 69 ff, 84 ff.

Fehlt einem der beiden Testatoren die Testierfähigkeit, wird seine letztwillige Ver- **300** fügung nach Maßgabe des für ihn geltenden Errichtungsstatuts im Zweifel unwirksam sein. Ob angesichts dessen eine gemeinsam – und für sich betrachtet wirksam – errichtete Verfügung des testierfähigen anderen Partners ganz oder wenigstens teilweise ihre Wirksamkeit behält, ergibt sich nach Art 26 Abs 5 S 1 aus dem für diesen maßgebenden Errichtungsstatut (ebenso MünchKomm/Birk Art 26 Rn 99; vgl auch Rn 333).

b)   Zulässigkeit
aa)   Grundsätze
Ob und unter welchen Voraussetzungen ein gemeinschaftliches Testament **statthaft 301** ist, ergibt sich nicht aus dem allgemeinen Erb- (Art 25 Abs 1), sondern als materielle Bedingung der Gültigkeit einer Verfügung von Todes wegen **für jeden Testator gesondert** aus dessen **Errichtungsstatut** (Art 26 Abs 5 S 1; OLG Zweibrücken FamRZ 1992, 608;

Heinrich Dörner

SOERGEL/SCHURIG Art 26 Rn 35; PALANDT/HELDRICH Art 25 Rn 13; UMSTÄTTER DNotZ 1984, 536; aA ERMAN/HOHLOCH Art 25 Rn 31; EBENROTH Rn 1292: gemeinsames Errichtungsstatut, bei Unterschiedlichkeit der Statute hilfsweise kumulative Anwendung beider Rechte). Es ist mithin zu fragen, ob das *zum Errichtungszeitpunkt* maßgebende Erbstatut eines jeden Testators das gemeinschaftliche Testament als Rechtsgeschäft kennt, ob es eine gemeinschaftliche Errichtung nur für zwei oder auch für mehr Personen zuläßt und für welchen Personenkreis es diesen besonderen Typus einer Verfügung von Todes wegen zur Verfügung stellt.

302 Nach deutschem Recht können nur Ehegatten ein gemeinschaftliches Testament errichten (§ 2265 BGB). Andere Rechtsordnungen verfahren großzügiger und lassen gemeinschaftliche Testamente auch für Verlobte (Österreich) oder Geschwister (Dänemark, Schweden) zu; vgl ferner zu den „joint wills" nach Common Law LANGE/KUCHINKE § 24 I 2 Fn 4.

303 Der spätere Erwerb einer anderen Staatsangehörigkeit kann die Wirksamkeit eines einmal wirksam errichteten gemeinschaftlichen Testamentes nicht beeinträchtigen; das zum Zeitpunkt der Errichtung unzulässige oder unwirksame Testament erlangt umgekehrt ipso iure keine nachträgliche Wirksamkeit, wenn das nach einem Staatsangehörigkeitswechsel maßgebende Erbstatut gemeinschaftliche Testamente zuläßt bzw die Errichtung im konkreten Fall als wirksam angesehen hätte (vgl Art 26 Rn 81 ff).

304 Läßt das Errichtungsstatut gemeinschaftliche Testamente generell nicht zu oder haben Testatoren von dieser Verfügungsform Gebrauch gemacht, die nicht zu dem bevorrechtigten Personenkreis gehören, so entscheidet das (gemeinsame bzw jeweilige) Errichtungsstatut darüber, welche Rechtswirkungen den Verfügungen zukommen, dh ob sie unabänderlich nichtig sind, (zB durch Eheschließung) geheilt werden können, sich in Einzeltestamente umdeuten (vgl BayObLG IPRspr 1975 Nr 114; AG Hildesheim IPRspr 1985 Nr 117) oder als erbvertragliche Regelung verstehen und damit – für einen oder beide Partner – aufrechterhalten lassen. *Beispiel:* Zwei verlobte US-Angehörige mit Domizil in New York errichten in der Bundesrepublik ein gemeinschaftliches Testament. Der Mann verunglückt kurz darauf tödlich, zum Nachlaß gehört ein Grundstück in der Bundesrepublik. Die Erbfolge in das Grundstück unterliegt kraft einer Rückverweisung durch das Recht von New York dem deutschen Erbrecht. Angesichts des § 2265 BGB ist das Testament als gemeinschaftliches Testament unwirksam. Ob es als Einzeltestament aufrechterhalten werden kann, richtet sich nach § 140 BGB (dazu PALANDT/EDENHOFER § 2265 Rn 3 mwN).

305 Wenn nur das für *einen* Beteiligten maßgebende Errichtungsstatut ein gemeinschaftliches Testament verbietet, gilt das zu Rn 300 Gesagte entsprechend: Über die Auswirkungen auf die Verfügung des *anderen Partners* befindet wiederum das für *diesen* maßgebende hypothetische Erbstatut zum Zeitpunkt der Verfügung. Wer demgegenüber eine kumulative Anknüpfung befürwortet (vgl die Nachw in Rn 301), läßt in diesem Fall von vornherein kein gemeinsames Testament zu; im praktischen Ergebnis dürfte zu der hier vertretenen Ansicht regelmäßig kein Unterschied bestehen.

bb) Insbesondere: Qualifizierung des Verbots gemeinschaftlicher Testamente

306 Zahlreiche – insbesondere die romanischen bzw südamerikanischen – Rechtsordnungen lassen gemeinschaftliche Testamente prinzipiell nicht zu (rechtsvergleichend

LANGE/KUCHINKE § 24 I 2, näher dazu unten Rn 312). Dieser Umstand hat zu einer Diskussion darüber geführt, ob und unter welchen Voraussetzungen die in ausländischen Rechten enthaltenen Bestimmungen über die Unzulässigkeit gemeinschaftlicher Testamente als **Formvorschriften** anzusehen sind (und damit zB durch eine Verlegung des Errichtungsortes ausgeschaltet werden könnten) oder ob es sich dabei um **inhaltlich motivierte Verbote** handelt (die nach dem zu Rn 301 Gesagten folglich immer dann zu beachten sind, wenn das betreffende Recht als Errichtungsstatut Anwendung findet).

Nach heute hM soll die kollisionsrechtliche Einordnung davon abhängen, ob das **307** **betreffende Recht selbst** die Unzulässigkeit aus Formgründen oder aus inhaltlichen Erwägungen anordnet (OLG Frankfurt aM IPRax 1986, 111 f; KEGEL/SCHURIG § 21 III 2 a; SOERGEL/SCHURIG Art 26 Rn 33; PALANDT/HELDRICH Art 25 Rn 14; ERMAN/HOHLOCH Art 25 Rn 31 u Art 26 Rn 21; FERID Rn 9–63; JAYME IPRax 1982, 210; GRUNDMANN IPRax 1986, 94; vgl auch Vorbem 81 zu Art 25). Im ersten Fall sei die Bestimmung auch im deutschen Recht als eine Form-, im zweiten als eine die materielle Gültigkeit regelnde Vorschrift anzusehen. GRUNDMANN (IPRax 1986, 95) will darin eine Qualifikationsverweisung auf die aus deutscher Sicht in der Sache anzuwendende Rechtsordnung erblicken. Dagegen wendet vBAR II Rn 381 mit Fn 156 ein, daß der Wunsch, der in fremden Rechten anzutreffenden Einordnung Rechnung zu tragen, „nicht schon von vornherein zu einer Qualifikation lege causae führen" dürfe. Vom Standpunkt des deutschen Rechts aus seien vielmehr alle Verbote gemeinschaftlicher Testamente „als Ausdruck des Schutzes der Willensbildungs- und (-änderungs)freiheit materiellrechtlich" zu qualifizieren. Dies sei auch der Standpunkt des EGBGB, das zwischen der materiellen Bindungswirkung (Art 26 Abs 5 S 1) und den förmlichen Voraussetzungen eines Widerrufs (Art 26 Abs 2 u 4) unterscheide. Eine vom Heimatrecht vorgenommene abweichende Qualifikation des Verbots als Formfrage sei bei der Prüfung einer Rück- oder Weiterverweisung natürlich zu beachten.

Stellungnahme: Bei der Qualifikation von Rechtsfragen, die sich auf dem deutschen **308** Recht unbekannte Rechtsinstitute beziehen, ist nach allgemeinen Regeln grundsätzlich vom **Begriffsverständnis der lex fori** auszugehen (vgl nur vBAR I Rn 601 ff, dazu auch Rn 17 f), sofern nicht staatsvertragliche Qualifikationsregeln vorrangige Anwendbarkeit (Art 3 Abs 2) verlangen. Da das Haager TestÜbk bei gemeinschaftlichen Testamenten bewußt keine Definition dessen enthält, was zur „Form" letztwilliger Verfügungen zu rechnen ist (vgl Vorbem 81 zu Art 25 f), muß dementsprechend die Abgrenzung zwischen Form- und Erbkollisionsnorm im vorliegenden Zusammenhang aus der Sicht des deutschen Rechts vorgenommen werden (vgl auch BayObLGZ 1957, 381 f; NEUHAUS/GÜNDISCH RabelsZ 1956, 563 f; dazu Rn 17). Für die Existenz einer (ungeschriebenen) Qualifikationsverweisung auf das in der Sache anzuwendende Recht und damit für eine Abweichung von den üblicherweise geltenden Qualifikationsgrundsätzen gibt es keinerlei Anhaltspunkte.

Bei der Qualifizierung des Rechtscharakters der ausländischen Verbote ist zunächst **309** durch **Auslegung** der Anwendungsbereich der in Frage kommenden inländischen Kollisionsnormen zu ermitteln (zur Methode eingehend DÖRNER StAZ 1988, 351 f; ferner Rn 17 f). Art 25 Abs 1, 26 Abs 5 S 1 weisen dem Heimatrecht des Erblassers vornehmlich im Parteiinteresse alle Rechtsfragen zu, die sich auf die Verteilung des Nachlasses sowie auf die Möglichkeiten des Erblassers beziehen, auf diese Verteilung zu Lebzeiten

Heinrich Dörner

Einfluß zu nehmen. Die im TestÜbk bzw in Art 26 Abs 1–4 niedergelegten Vorschriften zur Formanknüpfung stellen demgegenüber im Partei- und Verkehrsinteresse eine Reihe von Anknüpfungspunkten alternativ für alle Rechtsfragen zur Verfügung, welche sich mit den „äußeren Gestaltungserfordernissen" (vBAR II Rn 400) einer Verfügung von Todes wegen befassen. Das Verbot eines gemeinschaftlichen Testaments gehört daher zum Systembereich der „Rechtsnachfolge von Todes wegen", wenn es im Interesse der Testierfreiheit eine Bindung des Erblassers zu Lebzeiten verhindern oder der Gefahr einer unziemlichen Beeinflussung durch den anderen Testator im Vorfeld der Errichtung begegnen will. Zum Systembereich „Form" gehört ein Verbot dagegen, wenn es primär im Interesse der Beweisbarkeit, Authentizität und unverfälschten Niederlegung des Erblasserwillens gewährleisten will, daß jeder Testator die für die Testamentserrichtung ansonsten vorgeschriebenen Äußerlichkeiten wahrt. Daß der deutsche Gesetzgeber ein Verbot gemeinschaftlicher Testamente *stets* als ein materiellrechtliches qualifiziert sehen wollte, ist – entgegen vBAR aaO – dem Art 26 Abs 5 S 1 nicht zu entnehmen, da sich die dort verwandten Begriffe „Gültigkeit" und „Bindung" eben von vornherein nur auf die *materiellen* Voraussetzungen und Wirkungen einer Verfügung von Todes wegen beziehen. Die Abgrenzung von Form- und Sachstatut ist allerdings – wie auch sonst – nicht immer einfach, weil den Formvorschriften ebenfalls häufig materielle Motive wie Übereilungsschutz oder Schutz vor unlauterer Einflußnahme zugrunde liegen (KROPHOLLER § 41 III 2 e).

310 Die Beurteilung des in einer konkreten ausländischen Rechtsordnung anzutreffenden Verbots gemeinschaftlicher Testamente als „materiell" oder „formell" orientiert sich an der **Funktion**, die ihm im heimatlichen Recht beigemessen wird. Im Rahmen dieser „funktionalen Qualifikation" (vgl Rn 18) ist daher in der Tat von Bedeutung, welches Ordnungsziel dem betreffenden Verbot „zu Hause" unterlegt wird. Allerdings hat dieses Vorgehen mit einer Qualifikation lege causae unmittelbar nichts zu tun. Vielmehr sind die „Vorschriften des ausländischen Rechts... nach ihrem Sinn und Zweck zu erfassen, in ihrer Bedeutung vom Standpunkt des ausländischen Rechts zu würdigen und mit den Einrichtungen der deutschen Rechtsordnung zu vergleichen. Auf der so ermittelten Grundlage sind sie den aus den Begriffen und Abgrenzungen der deutschen Rechtsordnung aufgebauten Merkmalen der deutschen Kollisionsnormen, dh... dem Begriff der Formvorschrift oder dem der materiellrechtlichen Norm zuzuordnen" (BGH NJW 1967, 1177, vgl auch bereits BGHZ 29, 139). Entscheidend bleiben also die Abgrenzungsmerkmale der lex fori; möglicherweise wollen die – freilich mißverständlich formulierten – Aussagen der hM dieses methodische Prinzip überhaupt nicht in Frage stellen.

311 Untersagt die fremde Rechtsordnung ihren eigenen Angehörigen eine gemeinsame Verfügung generell und ohne Rücksicht darauf, ob die Verfügungen im In- oder Ausland vorgenommen werden, so deutet dies auf ein Verbot aus materiellen Gründen hin; erachtet das fremde Recht dagegen ein gemeinschaftliches Testament als wirksam, das durch eigene Staatsangehörige im Ausland nach Maßgabe der Ortsform errichtet wurde, oder läßt es wechselbezügliche Verfügungen mit bindender Wirkung zu, sofern sie nur in zwei verschiedenen Testamenten getroffen werden, so dürften dem Verbot Formüberlegungen zugrunde liegen.

312 Rechtsprechung und Schrifttum gehen davon aus, daß das Verbot gemeinschaftlicher Testamente zB in *Italien* (BayObLGZ 1957, 381; OLG Frankfurt aM IPRax 1986, 112;

IPG 1980/1981 Nr 43 [Hamburg] 365) und *Jugoslawien* (OLG Zweibrücken FamRZ 1992, 609) auf *materiellen Gründen* beruht. Dagegen sollen *Formüberlegungen* maßgebend sein im *französischen* (Trib gr inst Paris Rev crit dr i pr 1982, 684; dazu aber auch FERID/ SONNENBERGER, Das französische Zivilrecht, Bd 3, 5 C 2 Fn 4; RIERING ZEV 1994, 228), *niederländischen* (OLG Düsseldorf NJW 1963, 2228; RIERING/MARCK ZEV 1995, 92; offengelassen von OLG Hamm NJW 1964, 553; GRIMM 65 ff; KEGEL, in: FS Jahrreiss [1964] 157) und *schweizerischen* Recht (vgl KROPHOLLER DNotZ 1967, 739 ff). Zum *portugiesischen* Recht s JAYME IPRax 1982, 210 u 1983, 308. Zum *englischen* Recht DOPFFEL DNotZ 1976, 335; HÖYNCK DNotZ 1964, 19; zum Recht von *Paraguay* s AG Hildesheim IPRspr 1985 Nr 117.

Gehören beide Testierende einem Staat an, dessen Recht gemeinschaftliche Testa- **313** mente aus *Form*gründen untersagt, so ist ihr gemeinsames Testament nach Art 1 Abs 1 lit a) zwar formgültig, wenn es in einem anderen Staat formgerecht errichtet wurde, dessen Recht gemeinschaftliche Testamente zuläßt. Zweifel bestehen aber, ob ein solches Testament auch *Bindungswirkung* haben kann (vgl AG Homburg IPRspr 1977 Nr 103 S 296). Darüber befindet nach Art 26 Abs 5 S 1 das Errichtungsstatut, dh also in erster Linie das gemeinsame Heimatrecht zum Zeitpunkt der Testamentserrichtung. Eine Rechtsordnung, die gemeinschaftliche Testamente in ihrem eigenen Anwendungsbereich untersagt, wird freilich kaum ausdrückliche Regelungen über eine eventuelle Bindungswirkung von Verfügungen treffen, die im Ausland formgerecht vorgenommen worden sind. Wenn auch einschlägige Judikatur fehlt, muß die Lösung aus dem Gesamtzusammenhang der erbrechtlichen Normen dieser Rechtsordnung erschlossen werden (vgl Rn 663). Im Zweifel wird danach *keine* Bindungswirkung eintreten, weil die vorhandenen Vorschriften über Testamente diese vermutlich allgemein als frei widerrufliche Rechtsgeschäfte ausgestalten (vgl OLG Hamm NJW 1964, 554).

Etwas anderes dürfte zB nach schweizerischem Recht gelten, das zwar die Errichtung **314** gemeinschaftlicher Testamente nicht kennt, aber den Abschluß bindender Erbverträge zuläßt. Daraus läßt sich folgern, daß das schweizerische Recht auch einem nach Ortsrecht formgültig errichteten gemeinschaftlichen Testament bindende Wirkung zugesteht (BG BGE 1944 II 255; KROPHOLLER DNotZ 1967, 741). Danach sind also gemeinschaftliche Testamente, die Schweizer in Deutschland errichtet haben, mit Bindungswirkung gültig.

Läßt das Errichtungsstatut allerdings keine Bindungswirkung zu, müssen die Betei- **315** ligten sich mit diesem Ergebnis auch dann abfinden, wenn sie ihren Verfügungen irrtümlich Bindungswirkung beigemessen haben. Der Vorschlag, in einem solchen Fall über die eingetretene Bindung aus Gründen des Vertrauensschutzes ausnahmsweise das Ortsrecht entscheiden zu lassen (KEGEL, in: FS Jahrreiss [1964] 158 ff; ders § 21 III 2 c), vermag nicht zu überzeugen. Vertrauensschutz genießen die Beteiligten gerade nicht, weil sie sich über das maßgebende Recht und seine einschlägigen Vorschriften hätten informieren können. Der gute Glaube an die Geltung eines bestimmten Rechts bzw an einen bestimmten Inhalt der anwendbaren Sachnormen wird hier – wie stets – nicht geschützt.

Heinrich Dörner

316 Beispiele:

(1) Ein italienisches Ehepaar mit Wohnsitz in der Bundesrepublik errichtet hier ein gemeinschaftliches Testament mit wechselbezüglichen Verfügungen. Beim Tode eines Gatten ist mit dem von Art 26 Abs 5 S 1 als Errichtungsstatut berufenen italienischen Heimatrecht (kein Renvoi) auch das in Art 589 Cc enthaltene Verbot gemeinschaftlicher Testamente zu beachten angesichts des Umstandes, daß dieses Verbot materielle Zwecke verfolgt. Nach Auffassung der italienischen Rechtsprechung und Lehre soll es nämlich eine unbeeinflußte Willensentschließung des Testators sichern und eine Bindung der Testierenden verhindern (ausführlich GRUNDMANN IPRax 1986, 96). Das Testament ist daher nichtig, auch wenn es formal dem deutschen Ortsrecht entspricht.

317 (2) Ein französisches Ehepaar mit Wohnsitz in Frankreich errichtet in der Bundesrepublik ein gemeinschaftliches Testament mit wechselbezüglichen Verfügungen. Zum Nachlaß des Ehemannes gehört bewegliches Vermögen in der Bundesrepublik. Art 26 Abs 5 S 1 verweist auf das französische Heimatrecht als Errichtungsstatut (kein Renvoi). Von dieser Verweisung wird das in Art 968 Cc enthaltene Verbot gemeinschaftlicher Testamente nicht erfaßt, da dieses Verbot auf Formgründen beruht. Das Testament ist daher gemäß Art 1 Abs 1 lit a) u Art 4 formgültig nach deutschem Ortsrecht errichtet worden. Ihm kommt nach dem französischen Errichtungsstatut aber keine Bindungswirkung zu (vgl auch RIERING ZEV 1994, 228).

c) Gültigkeit der Errichtung

318 Ob die Errichtung eines gemeinsamen Testaments **materiell gültig** ist, beurteilt sich für jeden Beteiligten nach seinem hypothetischen Erbstatut zum Zeitpunkt der Vornahme (Art 26 Abs 5 S 1, vgl MünchKomm/BIRK Art 26 Rn 98); das Errichtungsstatut befindet also über die Zulässigkeit einer Stellvertretung (vgl Rn 236 ff), über das Vorliegen von Willensmängeln (vgl Rn 239 ff) und die Art und Weise, wie diese geltend gemacht werden können (anders PALANDT/HELDRICH Art 26 Rn 8: Erbstatut). – Die *Form einer Anfechtungserklärung* wird gemäß Art 11 angeknüpft. – Der Erwerb einer anderen Staatsangehörigkeit verändert die vorher bestehende Rechtslage nicht (näher Art 26 Rn 81 ff).

319 Zu den Rechtsfolgen, wenn nur eines der beiden Errichtungsstatute die Verfügung für inhaltlich wirksam ansieht, s Rn 300 u 305.

320 Die Frage der **Formgültigkeit** gemeinschaftlicher Testamente wird gesondert nach Art 4, 1 des Haager TestÜbk angeknüpft (näher Vorbem 77 ff zu Art 25 f, vgl auch Art 26 Rn 18 ff). Gemeinschaftliche Testamente, die *nicht* in ein und derselben Urkunde enthalten sind (vgl Rn 296), werden von Art 4 Haager TestÜbk sowie Art 26 Abs 1 nicht erfaßt; ihre Formgültigkeit richtet sich daher nach Art 26 Abs 4. Zur Abgrenzung von Formgültigkeit und Zulässigkeit näher Rn 306 ff.

d) Bindungswirkung und Widerruf

321 Inwieweit die Testierenden an ihre Verfügungen **gebunden** sind, unter welchen Voraussetzungen sie sich (zB durch einen **Widerruf**) wieder davon lösen können und inwieweit eine bestehende Bindung die **Testierfreiheit** der Beteiligten **beschränkt**, entscheidet aufgrund der ausdrücklichen Regelung in Art 26 Abs 5 S 1 im Hinblick auf jeden Beteiligten das für ihn maßgebende **Errichtungsstatut** (PALANDT/HELDRICH Art 26 Rn 8; SOERGEL/SCHURIG Art 26 Rn 37; vgl bereits zu Art 25 aF BayObLGZ 1960, 486; 1961, 13). Nur eine solche Vorverlegung des Anknüpfungszeitpunkts gewährleistet hinreichenden Vertrauensschutz; auf diese Weise können die Testierenden bereits bei Testamentserrichtung das Ausmaß der übernommenen Bindung beurteilen und sicher sein, daß der Partner sich ihr nicht durch den Erwerb einer anderen Staatsangehörigkeit wieder zu entziehen vermag (vgl auch Rn 245). Allerdings bietet diese Fixierung eines frühen Anknüpfungszeitpunkts keinen vollständigen Schutz gegen unvorhergesehene Veränderungen bei der Nachlaßverteilung. Zwar kann sich der Erblasser von der eingegangenen Bindung nur unter den Voraussetzungen lösen, die das Errichtungsstatut festlegt; nicht ausgeschlossen ist aber, daß das nach einem Staatsangehörigkeitswechsel zur Anwendung berufene Erbstatut andere Rahmenbedingungen für die Errichtung von Testamenten im allgemeinen vorsieht, zB die Testierfreiheit durch höhere Pflichtteils- oder Noterbrechte stärker begrenzt, als der – an den Regelungen des Errichtungsstatuts orientierte – Partner angenommen hatte (näher Art 26 Rn 79).

Dem Errichtungsstatut ist zu entnehmen, ob die einzelnen Klauseln eines Testaments **322** als wechselbezügliche, zumindest gegenseitige oder nur als schlicht einseitige Verfügungen aufgefaßt werden müssen und welche Folgen sich aus einer solchen Einordnung ergeben. Nach deutschem Recht sind die ein- und gegenseitigen Verfügungen frei widerruflich, für die wechselbezüglichen gelten die §§ 2270 Abs 1, 2 u 2271 BGB.

Die materielle Wirksamkeit eines *Widerrufs* richtet sich nach dem zum **Zeitpunkt des** **323** **Widerrufs** maßgebenden **hypothetischen Erbstatut** (vgl Rn 246). Es entscheidet, ob für einen Widerruf bei wechselbezüglichen Verfügungen besondere Voraussetzungen erfüllt sein müssen, der Widerruf zB (wie im deutschen Recht nach § 2271 Abs 1 S 1 BGB) dem anderen Testator zugehen muß und ob das Widerrufsrecht mit dem Tode des Erstversterbenden erlischt (vgl im deutschen Recht § 2271 Abs 2 BGB). – Zur *Formgültigkeit* eines Widerrufs s Vorbem 65 ff zu Art 25 u Art 26 Rn 20, 24.

Schwierigkeiten können sich wiederum ergeben, wenn die beteiligten Testatoren **324** nicht dieselbe Staatsangehörigkeit besitzen bzw das für sie maßgebende Erbstatut aus anderen Gründen (vgl Art 25 Abs 2 oder Art 3 Abs 3) nicht identisch ist und das für einen Beteiligten maßgebende Recht eine *Bindung vorsieht*, während das Erbstatut des Partners eine *Bindung* völlig *ablehnt* oder nur eine mit schwächeren Wirkungen ausgestattete Bindung zuläßt. In diesem Fall bleiben die Vorschriften des bindungsfeindlichen Statuts für den ihm unterliegenden Testator unverändert anwendbar. Das bindungsfreundliche Statut entscheidet darüber, welche Auswirkungen diese Rechtslage für die Verfügung des ihm unterliegenden anderen Testators hat (SOERGEL/SCHURIG Art 26 Rn 24). Dabei dürfte regelmäßig eine Anpassung der Sachnormen (vgl Rn 711) erforderlich werden. Gilt für den einen Ehegatten deutsches Recht, entfällt eine Bindung an wechselbezügliche Verfügungen analog § 2270 Abs 1 BGB, wenn das für den anderen geltende Erbstatut keine Bindung zuläßt (vgl auch UMSTÄTTER DNotZ 1984, 536). Gestattet das für den ausländischen Gatten maßgebende Recht einen Widerruf wechselbezüglicher Verfügungen unter erleichterten Voraussetzungen oder läßt es ungeachtet einer Bindung anderweitige Verfügungen von Todes wegen in einem größeren Ausmaß als das deutsche Recht (vgl § 2271 Abs 2, 3 BGB) zu, kann § 2271 Abs 1 BGB keine uneingeschränkte Anwendung finden, weil dies gegen den Gedanken der von den Ehegatten gewollten Korrespektivität verstieße. Hier ist in Anlehnung an die §§ 2270 Abs 1, 2271 Abs 1 eine

Heinrich Dörner

ergänzende Sachnorm zu entwickeln (zur Anpassung allgemein Rn 708 ff), welche die Bindung des deutschen Ehegatten auf das von dem fremden Recht vorgesehene Ausmaß beschränkt (im Ergebnis wohl ebenso MünchKomm/Birk Art 26 Rn 103; vgl auch Umstätter DNotZ 1984, 338; anders OLG Zweibrücken FamRZ 1992, 609).

e) Inhalt

325 Der **Inhalt** und damit auch die im Todesfall eintretenden **Rechtswirkungen** eines gemeinschaftlichen Testaments (mit Ausnahme der fortbestehenden Bindung, vgl Rn 321 ff) richten sich nach dem **jeweiligen Erbstatut** (Art 25 Abs 1) der Testierenden. Es entscheidet also über die Auslegung sowie über die Bedeutung und Rechtswirkungen einzelner Anordnungen (vgl KG FamRZ 1983, 98) und legt die Grenzen der Testierfreiheit fest (s Rn 282 ff). Beim Tode des Erstversterbenden wird daher zunächst *sein* Heimatrecht berufen. Ist danach das Testament insgesamt oder sind einzelne Verfügungen unwirksam oder läßt sich der Erblasserwille nicht in der geplanten Weise verwirklichen, kann dies – insbesondere soweit wechselbezügliche Verfügungen berührt sind – auch für die Auslegung und Wirksamkeit der Verfügungen des überlebenden Testators Bedeutung gewinnen. Ob die Nichtigkeit auch dessen Testament ergreift, ob ggf Teilnichtigkeit eintritt oder ob die Verfügungen des Letztversterbenden möglicherweise durch Auslegung zu modifizieren sind, entscheidet dann dessen Erbstatut (anders MünchKomm/Birk Art 26 Rn 102. 105: maßgebend sei das gemeinsame Erbstatut, bei Unterschiedlichkeit Kumulation beider Statute mit Vorrang des strengeren [?] Rechts). Ist Erbstatut deutsches Recht, gilt § 2270 Abs 1, 2 BGB.

16. Erbvertrag*

326 Unter einem Erbvertrag versteht man ein zwei- oder mehrseitiges Rechtsgeschäft, in dem wenigstens eine Partei als Erblasser letztwillige Verfügungen in einer *vertragsmäßig bindenden Weise* trifft (näher Lange/Kuchinke §§ 16 III 4, V, 25; Brox, Erbrecht[18] [2000] Rn 143 ff). Durch diese Bindung unterscheidet sich der Erbvertrag von einem gemeinschaftlichen Testament. In einem *einseitigen Erbvertrag* ist nur der eine Vertragspartner Erblasser; der Vertragsgegner verspricht eine Gegenleistung unter Lebenden oder nimmt die Erklärung des Vertragserblassers unentgeltlich entgegen. Der *zweiseitige Erbvertrag* enthält vertragsmäßige Verfügungen von Todes wegen durch beide Parteien. Der Erbvertrag hat eine *Doppelnatur*: Er ist einerseits *Verfügung von Todes wegen*, die ihre Wirkungen mithin erst beim Tode eines Vertragserblassers entfaltet und ihm die Möglichkeit läßt, jedenfalls in gewissen Grenzen weiterhin Rechtsgeschäfte unter Lebenden zu schließen. Die übernommene *vertragliche Bindung* schränkt andererseits die Freiheit des Erblassers zur Errichtung weiterer Verfügungen von Todes wegen ein.

---

* **Schrifttum:** Denzler, Die Konversion eines ungültigen Erbvertrages in Einzeltestamente nach österreichischem und italienischem Recht, IPRax 1982, 181; Grimm, Qualifikation, Anpassung und Umdeutung bei in Deutschland errichteten Testamenten und Erbverträgen von Niederländern (Diss Münster 1967); Haas, Nachlaßgestaltung durch Ehe- und Erbvertrag im Schweizer Recht, ZEV 1994, 83; Neubecker, Der Ehe- und Erbvertrag im internationalen Verkehr (1914); Riering/Bachler, Erbvertrag und gemeinschaftliches Testament im deutsch-österreichischen Rechtsverkehr, DNotZ 1995, 580; Schwartz, Internationale Kollisionen bei der Errichtung von Erbverträgen, ZIR 1929 (Bd 41) 382; Firsching, Der Ehe- und Erbvertrag im deutschen, österreichischen und schweizerischen Recht, DNotZ 1954, 229.

Das *deutsche Recht* läßt den Abschluß eines Erbvertrags zwischen jedermann zu, **327** beschränkt also die Zulässigkeit nicht auf einen bestimmten Personenkreis (zB Eheleute). Der Vertrag hebt frühere letztwillige Verfügungen auf, soweit sie das Recht des Vertragsgegners beeinträchtigen (§ 2289 Abs 1 S 1 BGB); spätere Verfügungen von Todes wegen sind insoweit unwirksam (S 2). Das Recht des Erblassers, über sein Vermögen durch Rechtsgeschäft unter Lebenden zu verfügen, wird nicht beschränkt (§ 2286 BGB). Hat der Vertragserblasser allerdings Schenkungen an Dritte in der Absicht gemacht, den Vertragserben zu beeinträchtigen, so kann dieser nach dem Anfall der Erbschaft von dem Beschenkten Herausgabe nach den Vorschriften über die ungerechtfertigte Bereicherung verlangen (§ 2287 BGB). Die Beeinträchtigungsabsicht muß nicht das vorherrschende Motiv der Schenkung gewesen sein; nach der neueren Rechtsprechung des BGH (BGHZ 59, 350; 82, 282; 116, 176) reicht es bereits aus, daß „ein beachtenswertes lebzeitiges Eigeninteresse" des Erblassers fehlt, so daß sich die lebzeitige Verfügung im Hinblick auf die vertragliche Gebundenheit des Erblassers als Rechtsmißbrauch darstellt. Haben die Parteien eines zweiseitigen Erbvertrags wechselbezügliche Verfügungen getroffen, hat die Nichtigkeit einer solchen Verfügung im Zweifel die Nichtigkeit des gesamten Vertrages zur Folge (§ 2298 Abs 1, 3 BGB).

a) Grundsatz: erbrechtliche Qualifikation

Nach allgemeiner Auffassung wird der Erbvertrag nicht schuld-, sondern **erbrechtlich 328 qualifiziert**. Das bedarf keiner näheren Begründung für den zweiseitigen Erbvertrag (zu den Begriffen Rn 326), in dem *jeder* Vertragspartner eine Verfügung von Todes wegen trifft (vgl etwa IPG 1965/66 Nr 52 [Köln] 534; 1967/68 Nr 70 [München] 751; 1977 Nr 37 [München] 360). Aber auch der einseitige Erbvertrag erhält sein charakteristisches Gepräge durch die vom Vertragserblasser vorgenommene Verfügung von Todes wegen; die von dem Vertragsgegner möglicherweise dafür versprochenen Dienstoder Unterhaltsleistungen treten demgegenüber in ihrer Bedeutung zurück.

b) Testier- und Geschäftsfähigkeit

Ob ein Vertragserblasser **testierfähig** ist (zum kollisionsrechtlichen Begriff der Testierfähig- **329** keit s Art 26 Rn 70), entscheidet das hypothetische **Erbstatut zum Zeitpunkt des Vertragsabschlusses** (Art 26 Abs 5 S 1, vgl auch Rn 225). Wird ein *zweiseitiger Erbvertrag* geschlossen, muß die Testierfähigkeit daher für jeden Vertragspartner nach dem für ihn maßgebenden Errichtungsstatut gesondert geprüft werden (SOERGEL/SCHURIG Art 26 Rn 33; vgl auch Rn 299; anders MünchKomm/BIRK Art 26 Rn 136: kumulative Anwendung). Kennt das Erbstatut keine besonderen Bestimmungen über die Fähigkeit zum Abschluß von Erbverträgen, kommen die allgemeinen Sachnormen über die Geschäftsfähigkeit zur Anwendung (vgl Rn 223).

Ist Errichtungsstatut *deutsches Recht*, gilt § 2275 Abs 1 BGB, der für den Abschluß **330** von Erbverträgen grundsätzlich unbeschränkte Geschäftsfähigkeit verlangt. Schließt ein verheirateter oder verlobter Vertragserblasser einen Erbvertrag mit seinem Partner, reicht gemäß § 2275 Abs 2 u 3 BGB eine beschränkte Geschäftsfähigkeit aus, sofern der gesetzliche Vertreter zustimmt; wird der beschränkt geschäftsfähige Vertragserblasser durch einen Vormund vertreten, ist zusätzlich die Zustimmung des Vormundschaftsgerichts erforderlich. Ob der Vertragserblasser verheiratet oder verlobt ist bzw wem die gesetzliche Vertretung zusteht, ist jeweils als *Vorfrage* selbständig anzuknüpfen (vgl Rn 555); maßgebend ist also die Rechtsordnung, auf welche die

Heinrich Dörner

Kollisionsnormen des deutschen IPR verweisen (vgl Art 13 Abs 1, der auf ein Verlöbnis analog anwendbar ist, Art 19. 21. 24 Abs 3).

331 Zu den Auswirkungen eines *Staatsangehörigkeitswechsels* auf die einmal erlangte Fähigkeit zur Vornahme einer Verfügung von Todes wegen vgl näher Art 26 Rn 84 f.

332 Bei *einseitigen Erbverträgen* wird das Geschäftsfähigkeitsstatut im Hinblick auf diejenige Vertragspartei, welche *keine* letztwillige Verfügung trifft, mit Hilfe der allgemeinen Anknüpfungsregel des Art 7 bestimmt (SOERGEL/SCHURIG Art 26 Rn 33). Auch ein Statutenwechsel dieses Vertragspartners beeinträchtigt dessen einmal erworbene Geschäftsfähigkeit nicht (Art 7 Abs 2, näher MünchKomm/BIRK Art 7 Rn 69 ff).

333 Fehlt beim einseitigen Erbvertrag nur *einer Vertragspartei* die Testier- bzw Geschäftsfähigkeit, entscheidet über die Rechtsfolgen das einheitliche Errichtungsstatut; beim zweiseitigen Erbvertrag befindet das für die testierfähige Partei maßgebende Errichtungsstatut darüber, ob und wie sich die fehlende Testierfähigkeit des Vertragsgegners auswirkt (vgl auch Rn 300).

334 Die Verkehrsschutz bezweckende Vorschrift des *Art 12 S 1* gilt nach S 2 für erbrechtliche Verträge *nicht*.

c) Zulässigkeit

335 Ob und unter welchen Voraussetzungen ein Erbvertrag **statthaft** ist, entscheidet nicht das allgemeine Erb- (Art 25 Abs 1), sondern als Bedingung der Gültigkeit einer Verfügung von Todes wegen das **Errichtungsstatut** (Art 26 Abs 5 S 1; SOERGEL/SCHURIG Art 26 Rn 35). Beim *einseitigen Erbvertrag* kommt es daher auf das hypothetische Erbstatut des Vertragserblassers zum Zeitpunkt des Vertragsschlusses an (MünchKomm/BIRK Art 26 Rn 133). Beim Abschluß eines *zweiseitigen Erbvertrages* muß die Zulässigkeit *für jeden Vertragserblasser gesondert* nach dem für ihn maßgebenden Errichtungsstatut geprüft werden (vBAR II Rn 381; MünchKomm/BIRK Art 26 Rn 134; ERMAN/HOHLOCH Art 25 Rn 32; Art 26 Rn 27; aA PALANDT/HELDRICH Art 25 Rn 13 [Kumulation]). Welche Staatsangehörigkeit ein in dem Erbvertrag möglicherweise bedachter Dritter hat, ist ohne Belang.

336 Das jeweilige Errichtungsstatut bestimmt, ob Erbverträge überhaupt zulässig sind, ob sie nur von zwei oder auch von mehr Personen und ob sie generell oder nur von einem bestimmten Personenkreis (zB von Eheleuten) geschlossen werden können. Ist ein Erbvertrag wirksam zustande gekommen, kann die Wirksamkeit durch den späteren Erwerb einer anderen Staatsangehörigkeit nicht beeinträchtigt werden; umgekehrt tritt dadurch auch keine Validation eines zuvor unwirksamen weil unzulässigen Erbvertrages ein (zu diesen Fragen näher Art 26 Rn 81 ff).

337 Während das deutsche Recht jedermann den Abschluß von Erbverträgen gestattet, kann demgegenüber ein Erbvertrag zB nach österreichischem (vgl DENZLER IPRax 1982, 183) oder französischem Recht nur zwischen Ehegatten bzw Verlobten geschlossen werden (vgl LANGE/KUCHINKE § 16 III 4 a mit Fn 43). Läßt das Errichtungsstatut den Abschluß eines Erbvertrages generell nicht zu oder gehören die Vertragspartner nicht dem vom jeweiligen Errichtungsstatut geforderten Personenkreis an, so entscheidet ebendieses Recht, ob und welche Rechtswirkungen einem gleichwohl abge-

schlossenen Erbvertrag zukommen, ob er zB nichtig ist, geheilt oder in ein Testament umgedeutet werden kann (vgl BayObLG IPRspr 1975 Nr 114; KG IPRspr 1962/63 Nr 144 S 420; OLG Düsseldorf NJW 1963, 2229; vBar II Rn 381; Erman/Hohloch Art 25 Rn 32; IPG 1980/81 Nr 45 [Bonn] 387; zur Umdeutung im österreichischen und italienischen Recht Denzler IPRax 1982, 183 ff).

Gelangen auf einen zweiseitigen Erbvertrag unterschiedliche Errichtungsstatute zur **338** Anwendung und ist der Erbvertrag nur nach einem der beteiligten Rechte unwirksam, befindet das andere Recht über die Konsequenzen, die sich daraus für den Gesamtvertrag und damit auch für die letztwillige Verfügung der anderen Vertragspartei ergebend (vgl vBar II Rn 381). Regelmäßig wird der Vertrag dann insgesamt hinfällig sein. Zu prüfen ist aber stets, ob nach dem Errichtungsstatut eine Umdeutung in ein Einzeltestament (zum deutschen Recht vgl § 140 BGB) in Betracht kommt.

Für das in *ausländischen Rechtsordnungen* häufig anzutreffende **Verbot von Erbver-** **339** **trägen** gelten die zum Verbot gemeinschaftlicher Testamente angestellten Erwägungen entsprechend (Rn 306 ff). Ob ein solches Verbot auf materiellen Erwägungen beruht (Maßgeblichkeit des Errichtungsstatuts gemäß Art 25 Abs 5 S 1) oder Formcharakter hat (Maßgeblichkeit des Art 26 Abs 1 u 4), ist demzufolge nach den Kriterien der deutschen lex fori, aber unter Berücksichtigung der Funktionen zu beurteilen, die dem betreffenden Verbot im jeweiligen ausländischen Recht zugewiesen werden.

Auf *inhaltlichen* Erwägungen beruht danach das Verbot des Erbvertrags im *italieni-* **340** *schen* sowie für Nichtehegatten im *österreichischen* (Denzler IPRax 1982, 183 ff), im *argentinischen* (KG IPRspr 1962/63 Nr 144 S 420) und wohl auch das entsprechende Verbot im *polnischen* Recht (IPG 1980/81 Nr 45 [Bonn] 388). Formgründe sind dagegen maßgebend im *französischen* und *niederländischen* Recht (OLG Düsseldorf DNotZ 1964, 347 u 351). In der *Schweiz* sind zwar keine gemeinschaftlichen Testamente, wohl aber Erbverträge zugelassen (Haas ZEV 1994, 84).

d) Gültigkeit des Vertragsschlusses

Die Frage nach der materiellen **Gültigkeit des Vertragsschlusses** (Erfordernisse des **341** Konsenses, Zulässigkeit einer Stellvertretung, Willensmängel und die Art und Weise ihrer Geltendmachung) unterliegt dem **Errichtungsstatut** (Art 26 Abs 5 S 1; aA Palandt/Heldrich Art 26 Rn 8: Erbstatut). Bei *einseitigen Erbverträgen* bestimmt also das hypothetische Erbstatut des Vertragserblassers zum Zeitpunkt des Vertragsschlusses, ob er oder sein Vertragspartner den Vertrag höchstpersönlich schließen muß (zum deutschen Recht vgl § 2274 BGB) oder sich vertreten lassen, ferner, unter welchen Voraussetzungen (Frist, Verwirkung, Geltendmachung durch Dritte) der Vertrag von jeder Seite wegen eines Willensmangels angefochten werden kann. Die *Form einer Anfechtungserklärung* wird nach Art 11 angeknüpft. Bei *zweiseitigen Erbverträgen* ist hinsichtlich eines jeden Vertragserblassers das für ihn maßgebende Errichtungsstatut zu befragen.

Ein Staatsangehörigkeitswechsel verändert die sich danach ergebende Rechtslage **342** nicht (näher Art 26 Rn 81 ff). Zu den Rechtsfolgen, wenn nur eines der beiden Erbstatute den Vertragsschluß für materiell gültig ansieht, s Rn 338.

Heinrich Dörner

343 Die **Formgültigkeit** eines Erbvertrags richtet sich nach Art 26 Abs 4 iVm Abs 1–3, vgl näher Art 26 Rn 29 ff. Das Haager TestÜbk ist demgegenüber nicht einschlägig, da sich sein Anwendungsbereich auf (einfache und gemeinschaftliche) Testamente beschränkt, vgl Vorbem 75 zu Art 25.

e)   Bindungswirkung und Beseitigung der Bindung

344 Welche **Bindungen** ein Erbvertrag entfaltet, richtet sich nach dem **hypothetischen Erbstatut zum Zeitpunkt des Vertragsschlusses** (Art 26 Abs 5 S 1; zur Ratio s Art 26 Rn 77 ff). Bei zweiseitigen Erbverträgen kommt es im Hinblick auf jeden Vertragserblasser auf das jeweils für ihn maßgebende Errichtungsstatut an (SOERGEL/SCHURIG Art 26 Rn 37). Ein Staatsangehörigkeitswechsel hat keinerlei Auswirkungen auf die nach dem Errichtungsstatut eingetretene *Bindungswirkung*, näher Art 26 Rn 81 ff. Da die übrigen Rechtswirkungen eines Erbvertrages dem *Erbstatut* zu entnehmen sind (Rn 347 f), bietet die Vorverlegung des Anknüpfungszeitpunkts auf den Moment des Vertragsschlusses dem Vertragserben jedoch nur begrenzten Schutz gegen nachteilige Veränderungen seiner Anwartschaft (näher Rn 321 u Art 26 Rn 79).

345 Das Errichtungsstatut legt zB fest, welche Anordnungen mit Bindungswirkung auf den Todesfall getroffen werden können (vgl im deutschen Recht § 2278 BGB), welche Auswirkungen ein Erbvertrag auf früher oder später errichtete anderweitige Verfügungen von Todes wegen hat (vgl § 2289 BGB), ob und in welchem Ausmaß Rechtsgeschäfte unter Lebenden zulässig bleiben (vgl § 2287 BGB), ob sich der Vertragserblasser das Recht vorbehalten kann, eine vertragsgemäß getroffene Verfügung durch eine erneute Verfügung von Todes wegen abzuändern, ob eine solche Verfügung zulässig ist, wenn sie mit Zustimmung des Vertragsgegners erfolgt, unter welchen Voraussetzungen ein Erbvertrag durch ein anderes Rechtsgeschäft (Vertrag oder gemeinschaftliches Testament) wieder aufgehoben werden kann (vgl §§ 2290 f BGB) und unter welchen Voraussetzungen und in welcher Gestalt uU eine einseitige Aufhebung des Erbvertrags (zB durch *Rücktritt* wie in §§ 2293–2295 BGB) statthaft ist (BGH NJW 1954, 112; vgl auch MünchKomm/BIRK Art 26 Rn 140; ERMAN/HOHLOCH Art 26 Rn 28). Wird – insbesondere in einseitigen Erbverträgen – dem Vertragserblasser ein Rücktrittsrecht für den Fall eingeräumt, daß der Vertragsgegner *seiner* Verpflichtung zB zur Erbringung von Dienstleistungen oder Unterhaltszahlungen nicht nachkommt (vgl im deutschen Recht § 2295 BGB), so entscheidet das Errichtungsstatut auch darüber, wie der Vertragsgegner seine Pflichten zu erfüllen hat und welche Pflichtverletzung zur Vertragsaufhebung berechtigt. – Die *Formgültigkeit eines Rücktritts* bzw einer anderen einseitigen Aufhebungserklärung ist nach Art 11 anzuknüpfen.

346 Sind bei zweiseitigen Erbverträgen die Errichtungsstatute nicht identisch und lassen beide Rechte eine Bindung in unterschiedlichem Ausmaße zu, so tritt für die eine Vertragspartei eine Bindung regelmäßig nur in dem von ihrem Errichtungsstatut vorgesehenen schwächeren Ausmaß ein. Das Statut mit der stärkeren Bindung entscheidet sodann darüber, welche Auswirkungen diese Rechtslage für die Verfügung des anderen Vertragserben hat. Jedenfalls soweit es um wechselbezügliche Verfügungen geht, wird sich eine Harmonisierung der Vertragsbindung in der Regel bereits durch eine *ergänzende Vertragsauslegung* herstellen lassen, da beide Vertragsparteien in aller Regel nur eine gleich starke beiderseitige Bindung gewollt haben werden. Kommt als bindungsfreundliches Errichtungsstatut das deutsche Recht zum Zuge, läßt sich die Zulässigkeit einer derart vertraglich eingeschränkten, im Vergleich zum gesetzlichen Modell nur schwächeren Bindung mit dem Prinzip der Vertragsfreiheit begründen. Wenn das Mittel der Vertragsauslegung versagt, ist hilfsweise – ebenso wie nach der Errichtung eines gemeinschaftlichen Testaments (Rn 324) – an eine Anpassung der einschlägigen Sachnormen zu denken (dazu auch Rn 708 ff).

f) Inhalt und Wirkungen

Der **Inhalt** und damit auch die im Todesfall eintretenden **Rechtswirkungen** eines **347** Erbvertrages mit Ausnahme der Frage nach der bestehenden Bindungswirkung (vgl Rn 344) richten sich nach dem **Erbstatut** des Vertragserblassers (Art 25 Abs 1); bei zweiseitigen Erbverträgen kommt es auf das *jeweilige Erbstatut* an. Das Erbstatut entscheidet also über die Auslegung und den Inhalt der einzelnen letztwilligen Verfügungen (vgl Rn 249 ff, 265 ff), hält zB Auslegungsregeln bereit (vgl im deutschen Recht § 2280 BGB) und bestimmt die Grenzen der Testierfreiheit (vgl Rn 282 ff). Hat sich der **Vertragspartner** eines Vertragserblassers verpflichtet, an diesen **Leistungen unter Lebenden** zu erbringen, so muß über die Existenz und Reichweite einer solchen Verpflichtung bereits zum Zeitpunkt des Vertragsschlusses Klarheit herrschen. Bestehen, Umfang und Erfüllung einer solchen Gegenleistungsverpflichtung beurteilen sich daher ebenso wie die Frage etwaiger Leistungsstörungen analog Art 26 Abs 5 S 1 nach dem **Errichtungsstatut**.

Sieht in einem zweiseitigen Erbvertrag das für den einen Vertragserblasser maßge- **348** bende Statut eine Verfügung als unwirksam an, entscheidet das andere Erbstatut, welche Auswirkungen dies auf den Gesamtvertrag und damit auch für die Verfügungen des anderen Partners hat. Ist Erbstatut deutsches Recht, gilt zB § 2298 BGB.

g) Kombinierte Verträge*

In der Praxis werden *Erb-* häufig mit **Eheverträgen** *kombiniert* (zum Schweizer Recht: **349** HAAS ZEV 1994, 83; zum französischen, belgischen, luxemburger Recht: HENRICH, in: FS Schippel 950 ff); auch ein gleichzeitiger Abschluß unterhalts- (vgl LG Berlin RabelsZ 1952, 131) oder gesellschaftsrechtlicher Vereinbarungen ist denkbar. In einem solchen Fall gelten die vorstehend dargestellten Regeln (Rn 326–348) nur für den *erbvertraglichen Teil* der Vereinbarung. Soweit die Gesamtvereinbarung nichterbrechtliche Ordnungsziele verfolgt, sind die jeweils einschlägigen Kollisionsnormen heranzuziehen; ein kombiniert geschlossener *Ehevertrag* wird also nach Maßgabe des Art 15 angeknüpft (vgl BayObLGZ 1981, 180 f; MünchKomm/BIRK Art 26 Rn 142; PALANDT/HELDRICH Art 15 Rn 29; ERMAN/HOHLOCH Art 25 Rn 32 u 15 Rn 39; SCHOTTEN Rn 322; STAUDINGER/vBAR/MANKOWSKI [1996] Art 15 Rn 337). Voraussetzung für eine derart gespaltene Anknüpfung der Gesamtvereinbarung ist aber stets, daß der nichterbrechtliche Teil der Gesamtvereinbarung eigenständige Bedeutung besitzt. Das ist nicht der Fall, soweit – insbesondere bei einseitigen Erbverträgen – der Vertragsgegner des Vertragserblassers lediglich zB eine dienst- oder unterhaltsrechtliche Verpflichtung als *Gegenleistung* für die vertraglich bindende Verfügung von Todes wegen übernimmt (vgl Rn 347). Eine Vereinbarung verliert ihren erbrechtlichen Charakter nicht dadurch, daß die Eheleute erklären, keinen Erb-, sondern einen Ehevertrag schließen zu wollen (vgl LG München I FamRZ 1978, 364 m Anm JAYME).

---

* **Schrifttum:** HAAS, Nachlaßgestaltung durch Ehe- und Erbvertrag im Schweizer Recht, ZEV 1994, 83; HENRICH, Anordnungen für den To-   desfall in Eheverträgen und das Internationale Privatrecht, in: FS Schippel (1996) 905.

350 Die unterschiedliche Anknüpfung der Gesamtvereinbarung kann bei entsprechender Verzahnung zB der güter- und erbrechtlichen Vertragsbestandteile leicht zu Anpassungsproblemen führen. Eine Koordination der Statute durch *Rechtswahl* ist nur in den Grenzen der Art 15 Abs 1 iVm Art 14 Abs 2 u 3, Art 15 Abs 2 einerseits und Art 25 Abs 2 (vgl Rn 465) andererseits möglich (vgl auch MünchKomm/Birk Art 26 Rn 143).

351 Die Frage der **Formgültigkeit** eines derart geschlossenen Erbvertrags unterliegt den Art 26 Abs 4 iVm Abs 1 (vgl Art 26 Rn 26 ff). Hält das Formstatut Erleichterungen für kombinierte Erbverträge bereit (vgl im deutschen Recht § 2276 Abs 2 BGB im Hinblick auf den in einer Urkunde vereinbarten Erb- und Ehevertrag), so sind diese zu beachten. Die Form des nichterbrechtlichen Teils des Gesamtvertrages ist gemäß Art 11 anzuknüpfen. Ist zB ein Ehevertrag nach den maßgebenden Statuten formunwirksam, entscheidet das (uU jeweilige) Errichtungsstatut (Art 26 Abs 5 S 1), ob diese Formnichtigkeit auch den erbrechtlichen Teil der Gesamtvereinbarung ergreift. Ist als Errichtungsstatut deutsches Recht berufen, gilt § 139 BGB.

352 Verweisen die Art 25 Abs 1 bzw 26 Abs 5 S 1 auf eine ausländische Rechtsordnung, die erbvertragliche Absprachen nur als Bestandteil eines Ehevertrages zuläßt und dementsprechend einheitlich und *ehegüterrechtlich qualifiziert* (zB Niederlande, vgl OLG Düsseldorf DNotZ 1964, 352; zu Österreich BayObLGZ 1981, 180 = DNotZ 1982, 50 m Anm Dörner), so wird die einschlägige ehegüterrechtliche Kollisionsnorm des betreffenden fremden Rechts ungeachtet der „abweichenden Qualifikation" von der erbrechtlichen Verweisung des deutschen IPR erfaßt (Dörner aaO; näher Rn 628). Es kommt dann möglicherweise zu einer partiellen Verweisungsannahme bzw zu einem partiellen Renvoi (Rn 644).

17. Rechtsgeschäfte unter Lebenden auf den Todesfall

353 Im Gegensatz zu den Verfügungen von Todes wegen (Testament, Erbvertrag), in denen ein Erblasser unmittelbar Anordnungen für die postmortale Vermögensverteilung trifft oder frühere Anordnungen widerruft, werden als **„Rechtsgeschäfte unter Lebenden auf den Todesfall"** hier Geschäfte verstanden, deren wesentliche *Rechtswirkungen* zwar ebenfalls *erst im Zeitpunkt des Todes* eines Beteiligten oder eines Dritten *eintreten*, die jedoch entweder bereits eine lebzeitige Zuwendung oder aber keine unmittelbare Disposition über die Vermögensnachfolge im Todesfall enthalten und daher im materiellrechtlichen Sinne keine Verfügung von Todes wegen darstellen (vgl auch zB Lange/Kuchinke § 1 VII 3). Angesprochen sind damit **Schenkungen von Todes wegen** (Rn 354 ff), **Erbverzichte** (Rn 371 ff) und **Testierverträge** (Rn 386 ff), welche erbrechtlich, sowie **Verträge über den Nachlaß noch lebender Dritter** (Rn 400 ff) und **Verträge zugunsten Dritter auf den Todesfall** (Rn 404 ff), welche schuldrechtlich zu qualifizieren sind. Eine Sonderstellung nimmt das im deutschen Sachrecht unbekannte Rechtsinstitut des **trust** ein (Rn 407 ff), hinter dem sich sowohl eine Verfügung von Todes wegen wie auch ein – gesellschafts- oder schuldrechtlich einzuordnendes – Rechtsgeschäft unter Lebenden verbergen kann.

a)   Schenkung von Todes wegen*
aa)   Grundsätze

Schenkungsversprechen, die im Hinblick auf den bevorstehenden Tod des Schenkers **354** abgegeben werden oder deren wirtschaftlicher Erfolg erst mit dem **Tode des Schenkers** eintreten soll, zielen ihrem wirtschaftlichen Zweck nach auf eine postmortale Vermögensverteilung ab. Rechtsgeschäfte dieser Art erfüllen demnach die Funktion von Verfügungen von Todes wegen. Daraus leitet sich ein doppeltes Regelungsproblem ab: Zum einen sind die an Schenkungen von Todes wegen zu stellenden Formanforderungen mit den Formerfordernissen der Verfügungen von Todes wegen zu koordinieren, insbes um Authentizität und Beweisbarkeit des Erblasserwillens sicherzustellen. Zum anderen ist dafür Sorge zu tragen, daß der Erblasser nicht im Wege schenkweiser Zuwendungen die Beschränkungen der Testierfreiheit zu Lasten von (potentiellen) Erben, Pflichtteilsberechtigten und anderen Nachlaßgläubigern umgeht (näher LANGE/KUCHINKE § 33 I 6; STAUDINGER/KANZLEITER [1998] § 2301 Rn 2). Diese Regelungsaufgaben werden von den einzelnen Rechtsordnungen in unterschiedlicher Weise bewältigt (rechtsvergleichende Hinweise bei WINKLER 2 ff; HENRICH, in: FS Firsching 111 ff; EBENROTH Rn 537 ff).

Nach deutschem Sachrecht sind Schenkungsversprechen, die unter der Bedingung **355** gegeben werden, daß der Beschenkte den Schenker überlebt, wie Schenkungen unter Lebenden zu behandeln, wenn der Schenker die Schenkung bereits zu seinen Lebzeiten durch Leistung des zugewendeten Gegenstands vollzieht (§ 2301 Abs 1, 2 BGB). Auf nicht vollzogene Schenkungsversprechen dieser Art finden dagegen die Vorschriften über Verfügungen von Todes wegen Anwendung; in diesem Fall sind die für Erbverträge geltenden Form- und Bindungsvorschriften zu beachten (vgl STAUDINGER/KANZLEITER [1998] § 2301 Rn 3 f). Wird ein Schenkungsversprechen unbedingt abgegeben und lediglich seine Erfüllung auf den Zeitpunkt des Todes hinausgeschoben, so findet § 2301 BGB keine Anwendung; es gelten die Bestimmungen über Schenkungen unter Lebenden (STAUDINGER/KANZLEITER [1998] § 2301 Rn 14).

Diese auf sachrechtlicher Ebene bestehenden Einordnungsschwierigkeiten setzen **356** sich im IPR als **Qualifikationsprobleme** fort. Die *kollisionsrechtliche Behandlung* der Schenkungen von Todes wegen ist daher unklar und **umstritten**. Nach **hM** soll die in **§ 2301 Abs 2 BGB** enthaltene Abgrenzung auch in das Kollisionsrecht übernommen werden (BGH NJW 1959, 1317 = RabelsZ 1960, 314 f; BFH IPRspr 1950/51 Nr 111; OLG Düsseldorf FamRZ 1997, 62; ferner KROPHOLLER § 51 IV 5 b; ERMAN/HOHLOCH Art 25 Rn 34; PALANDT/HELDRICH Art 25 Rn 15; WINKLER vMOHRENFELS IPRax 1991, 239; MünchKomm/BIRK Art 26 Rn 154 f; SCHOTTEN Rn 323; S LORENZ ZEV 1996, 410); danach würden durch den Tod des Schenkers bedingte und nicht vollzogene Schenkungsversprechen erbrechtlich qualifiziert, Schenkungen auf den Todesfall im übrigen dagegen nach den Art 27, 28 angeknüpft und in Ermangelung einer Rechtswahl gemäß Art 28 Abs 1 S 1, Abs 2

---

* **Schrifttum:** HENRICH, Die Schenkung von Todes wegen in Fällen mit Auslandsberührung, in: FS Firsching (1985) 111 ff; KEGEL, Die Schenkung von Todes wegen im deutschen internationalen Privatrecht, in: FS Zepos Bd II (1973) 313; S LORENZ, Schenkung von Todes wegen, Sachstatut und internationales Bereicherungsrecht – Der „Bonifatius-Fall" im Internationalen Privatrecht, ZEV 1996, 406; WINKLER, Die Schenkung auf den Todesfall im Internationalen Privatrecht (Diss München 1967); WINKLER vMOHRENFELS, Forderungserlaß im Wege der Schenkung von Todes wegen, IPRax 1991, 237.

Heinrich Dörner

vermutungsweise dem am gewöhnlichen Aufenthaltsort des Schenkers geltenden Recht unterstellt (zur Anknüpfung der Schenkungsverträge im allgemeinen näher Münch-Komm/MARTINY Art 28 Rn 128).

357 Eine **abweichende Auffassung** qualifiziert prinzipiell **erbrechtlich** und will die Abgrenzung zwischen Schenkungen unter Lebenden und – erbrechtlich einzuordnenden – Schenkungen auf den Todesfall dem Erbstatut überlassen (BGHZ 87, 22; SCHEUERMANN, Statutenwechsel im internationalen Erbrecht [1969] 114; IPG 1973 Nr 36 [München] 383; Nr 39 [Köln] 409; wohl auch KEGEL/SCHURIG § 21 II; ders, in: FS Zepos Bd II 336 f; für eine „Doppelqualifikation" dagegen WINKLER 182 ff).

358 Kurz vor Inkrafttreten der IPR-Reform hat HENRICH (in: FS Firsching [1985] 118 ff, vgl aber zuletzt auch ders, in: FS Lorenz [1991] 386) vorgeschlagen, danach zu differenzieren, ob Rechtsfragen vor oder nach dem Erbfall auftauchen: Vor dem Tod des Erblassers entscheide das Schenkungsstatut über das Vorliegen eines Versprechens unter Lebenden oder von Todes wegen sowie über die dadurch eingetretenen Bindungen; nach dem Erbfall soll dem Erbstatut der Vorrang gebühren.

359 **Stellungnahme:** Die Abgrenzung zwischen Schenkungs- und Erbstatut ist – allgemeinen Qualifikationsregeln entsprechend (Rn 17 f) – nach den Kriterien der **lex fori** vorzunehmen. Da sich Schenkungen von Todes wegen bei *funktioneller Qualifikation* (vgl Rn 18) als Rechtsgeschäfte darstellen, in denen der Erblasser Anordnungen über sein Vermögen für die Zeit nach seinem Tode trifft (Art 26 Rn 29), sind sie aus der Sicht des deutschen Kollisionsrechts **erbrechtlich einzuordnen** (vgl auch KEGEL, in: FS Zepos Bd II 336) und – ungeachtet ihrer sachrechtlichen Behandlung – *im kollisionsrechtlichen Sinne* als *Verfügungen von Todes wegen* (Art 26 Abs 4 u 5) anzusprechen (vgl auch PALANDT/HELDRICH Art 26 Rn 5; ERMAN/HOHLOCH Art 26 Rn 19). Nur eine solche erbrechtliche Qualifikation gewährleistet im übrigen, daß die erforderliche Abstimmung mit den Grundsätzen des konkret berufenen Erbstatuts betr die Grenzen der Testierfreiheit, den Schutz von gesetzlichen Erben, Vertragserben, Vermächtnisnehmern u Pflichtteilsberechtigten, den Ausgleich von Vorempfängen, die Haftung für Nachlaßverbindlichkeiten usw reibungslos und ohne Anpassungsschwierigkeiten erfolgen kann. Diesen Vorteil gäbe man freilich sogleich wieder auf, würde man den Begriff der „Schenkung von Todes wegen" eng fassen und nunmehr die in § 2301 Abs 1 u 2 BGB vorgenommene Differenzierung auch in das Kollisionsrecht übernehmen. Da die Abgrenzung zwischen Schenkungen unter Lebenden und erbrechtlich zu qualifizierenden Rechtsgeschäften in den einzelnen Rechtsordnungen durchaus uneinheitlich erfolgt, würden dadurch Anpassungsprobleme vorprogrammiert. Der Begriff der „Schenkung von Todes wegen" iS des deutschen *Kollisions*rechts sollte daher **extensiv ausgelegt** werden und sämtliche Rechtsgeschäfte umfassen, die im Hinblick auf den Tod des Erblassers (mortis causa, „in Lebensgefahr", „in Gedanken an den Tod", „im Angesicht des Todes") vorgenommen oder in denen die Wirksamkeit der Schenkungsverpflichtung bzw deren Erfüllung auf den Zeitpunkt des Todes des Schenkers hinausgeschoben werden (bei Maßgeblichkeit ausländischen Erbstatuts auch SOERGEL/SCHURIG Art 26 Rn 44). Als Schenkungen (und damit Verfügungen) von Todes wegen iS des deutschen *Kollisions*rechts sind damit – über die Begriffsbestimmung des materiellen Rechts hinaus – auch zu Lebzeiten bereits vollzogene Schenkungen auf den Todesfall (vgl § 2301 Abs 2 BGB) oder solche Schenkungsversprechen anzusehen, die unbedingt abgegeben werden, sofern nur ihre Erfüllung erst beim Ableben des Schenkers erfolgen soll. Alle diese Rechtsgeschäfte unterliegen also Art 25 Abs 1, 26 Abs 4 u 5 und nicht den Art 27 u 28. – Zur Behandlung des Verhältnisses zwischen den „cotenants" eines „joint bank account" als Schenkung von Todes wegen s CZERMAK ZVglRW 1988, 79.

Zieht das IPR der vom deutschen Kollisionsrecht berufenen Rechtsordnung die **360** Grenzen der erbrechtlichen Anknüpfung enger, indem es schenkweise Zuwendungen auf den Todesfall (allgemein oder unter näher definierten Voraussetzungen) schuldrechtlich qualifiziert, kann es – zB aufgrund einer dann im Zweifel zulässigen Rechtswahl – zu einer **Rück- oder Weiterverweisung kraft abweichender Qualifikation** (vgl Rn 628) kommen (SOERGEL/SCHURIG Art 26 Rn 44; vgl dazu auch HENRICH, in: FS Firsching [1985] 123).

Die Entscheidung darüber, auf welche Schenkungen von Todes wegen (in dem in **361** Rn 359 skizzierten kollisionsrechtlichen Sinne) die (schuldrechtlichen) Bestimmungen über Schenkungen unter Lebenden und auf welche die (erbrechtlichen) Vorschriften über Verfügungen von Todes wegen Anwendung finden sollen, trifft ansonsten das jeweilige Erbstatut. Soweit es (wie zB das deutsche Recht nach Maßgabe des § 2301 Abs 2 BGB) die Regeln über Schenkungen unter Lebenden für einschlägig ansieht, sind diese ungeachtet ihres systematischen Standorts *als Bestandteil des Erbstatuts* heranzuziehen.

Auf die in § 2301 Abs 2 BGB getroffene Unterscheidung zwischen vollzogenen und **362** nicht vollzogenen Schenkungsversprechen von Todes wegen kommt es bei der hier vorgeschlagenen weiten Auslegung des *kollisionsrechtlichen* Begriffs der „Schenkung von Todes wegen" *nicht* mehr *an*. Ob der Schenker eine versprochene Leistung bewirkt, zB bereits Sacheigentum oder ein Forderungsrecht übertragen hat, hängt im übrigen von der Rechtsnatur der versprochenen Zuwendung ab. Über die Voraussetzungen einer Rechtsübertragung und damit gleichzeitig über den Schenkungsvollzug befindet etwa im Hinblick auf bewegliche Sachen und Grundstücke die lex rei sitae, im Hinblick auf Forderungen das Zessionsstatut des Art 33 Abs 2 (vgl HENRICH, in: FS Firsching [1985] 119; ERMAN/HOHLOCH Art 25 Rn 34; PALANDT/HELDRICH Art 25 Rn 15). Zu Verträgen zugunsten Dritter auf den Todesfall vgl Rn 404 ff.

bb) Geschäftsfähigkeit
Da Schenkungsversprechen von Todes wegen im kollisionsrechtlichen Sinne „Ver- **363** fügungen von Todes wegen" darstellen (Rn 359), ist auch die **Fähigkeit** zur Abgabe eines solchen Versprechens bzw zur Vornahme des Vollzugsakts dem **hypothetischen Erbstatut des Schenkers** zum Zeitpunkt der Abgabe der betreffenden Willenserklärung zu entnehmen (Art 26 Abs 5 S 1, vgl Rn 225). Für einen in der Vergangenheit durch Wechsel der Staatsangehörigkeit eingetretenen Erwerb oder Verlust der Testierfähigkeit gilt Art 26 Abs 5 S 2 (näher Art 26 Rn 84 ff). Die Geschäftsfähigkeit des Versprechensempfängers wird nach Art 7 angeknüpft.

cc) Zulässigkeit und materielle Gültigkeit des Vertragsschlusses
Die Frage der **Zulässigkeit** einer Schenkung von Todes wegen ist eine solche der **364** „Gültigkeit" iS des Art 26 Abs 5 S 1 (vgl Rn 234) und wird daher von dem Recht des Staates beantwortet, das im **Zeitpunkt des Vertragsschlusses** auf die Rechtsnachfolge von Todes wegen nach dem Schenker anzuwenden wäre. Auf die Staatsangehörigkeit

des Versprechensempfängers kommt es nicht an. Das Errichtungsstatut bestimmt also, ob ein solches Schenkungsversprechen möglich oder unzulässig ist (wie zB in Frankreich oder Italien), ob ggf vollständige Nichtigkeit eintritt, Heilung oder Umdeutung möglich ist und in welcher Weise bzw unter welchen Voraussetzungen der Eintritt von Rechtswirkungen zulässigerweise von dem Vorversterben des Schenkers abhängig gemacht werden können.

365 Das Errichtungsstatut (Art 26 Abs 5 S 1) befindet ferner über die *materielle Gültigkeit* des Vertragsabschlusses, insbes über die Zulässigkeit von Stellvertretung und die Voraussetzungen und Behandlung eventueller Willensmängel.

366 Erwirbt der Erblasser nach Abgabe seines Schenkungsversprechens eine andere Staatsangehörigkeit, so bleiben Zulässigkeit und Wirksamkeit der Schenkung davon unberührt (vgl Abs 5 S 1, näher Art 26 Rn 81 ff; vgl MünchKomm/Birk Art 26 Rn 156; zum früheren Rechtszustand auch Henrich, in: FS Firsching [1985] 121).

dd) Formgültigkeit

367 Für die Frage der **Formgültigkeit** der Schenkungsversprechen von Todes wegen gilt Art 26 Abs 4. Eine Schenkung ist daher formgültig, wenn sie die Formerfordernisse einer der Rechtsordnungen einhält, auf die Art 26 Abs 1 verweist (näher Art 26 Rn 40).

368 Legt eines der Formstatute den Schenkungen von Todes wegen (allgemein oder unter näher definierten Voraussetzungen) schuldvertraglichen Charakter bei, so finden insoweit die Formvorschriften Beachtung, welche für Schenkungen unter Lebenden maßgeblich sind.

ee) Bindungswirkung

369 Gemäß Art 26 Abs 5 S 1 entscheidet das Errichtungsstatut, ob ein Schenkungsversprechen **bindend** ist und unter welchen Voraussetzungen es vom Schenker widerrufen werden kann. Ist Errichtungsstatut deutsches Recht, sind in diesem Zusammenhang im Hinblick auf vollzogene Schenkungen (vgl § 2301 Abs 2 BGB) die §§ 530 ff BGB einschlägig, hinsichtlich der nicht vollzogenen Schenkungen gelten dagegen die erbvertraglichen Vorschriften über Aufhebung, Anfechtung, Rücktritt und Widerruf.

ff) Inhalt und Rechtswirkungen

370 Inhalt und Rechtswirkungen eines Schenkungsversprechens von Todes wegen richten sich (abgesehen von der Frage der Bindung) nach dem **Erbstatut** des Schenkenden (Art 25 Abs 1). Das Erbstatut entscheidet also über die Auslegung und den Inhalt einzelner Zuwendungen, bestimmt die Grenzen der Testierfreiheit und legt fest, welche Auswirkungen ein Vollzug der Schenkung auf die gesetzliche Erbfolge hat. Es befindet insbes darüber, ob und in welchen Zusammenhängen das Geschenk zum Nachlaß gerechnet wird.

b) Erb- und Pflichtteilsverzicht*
aa) Grundsätze

Im Erbverzichtsvertrag verzichten gesetzliche Erben durch Vertrag mit dem Erblas- **371** ser bereits vor Eintritt des Erbfalls auf ihr Erbrecht; auch der Verzicht eines testamentarisch Bedachten auf das ihm zugewandte Erbrecht oder Vermächtnis ist denkbar (näher LANGE/KUCHINKE § 7 mit rechtsvergleichenden Hinweisen unter I 2; BROX, Erbrecht[18] [2000] Rn 284 ff; rechtsvergleichend auch EBENROTH Rn 387 ff). Der Verzicht wird beispielsweise vom schweizerischen, österreichischen, dänischen und schwedischen Recht sowie grundsätzlich im Recht der US-Bundesstaaten (BÖHMER ZEV 1998, 252 ff) zugelassen, hingegen vom französischen Code civil und den ihm folgenden Rechten wie zB dem italienischen verworfen (vgl RIERING ZEV 1998, 249). Das *griechische Recht* gestattet nur den Abschluß eines Erbverzichtsvertrages zwischen einem im Ausland lebenden Griechen und einem Ausländer, dazu GEORGIADES DNotZ 1975, 354. Im islamischen Recht läßt die schiitische Rechtsschule (Iran) einen Erbverzicht zu; nach dem Recht der sunnitischen Schulen ist er unzulässig (RIERING ZEV 1998, 456 f).

Nach *deutschem Recht* (§§ 2346 ff BGB) stellt der Erbverzicht ein *abstraktes Verfü-* **372** *gungsgeschäft* dar; der Verzichtende verliert dadurch unmittelbar seine Rechtsstellung als Erbberechtigter. Rechtsgrundlage des Verzichts ist ein einseitig oder gegenseitig *verpflichtender Vertrag*, je nachdem, ob der Verzicht unentgeltlich erfolgt (keine Schenkung, vgl § 517 BGB!) oder gegen eine Abfindung geleistet werden soll (näher LANGE/KUCHINKE § 7 I 4; STAUDINGER/SCHOTTEN [1997] Einl Rn 15, 59 ff zu §§ 2346 ff; jeweils mwN).

Der Erbverzicht ist zwar keine Verfügung von Todes wegen (der Erblasser verfügt **373** nicht!), wirkt jedoch verändernd auf die zu erwartende gesetzliche oder gewillkürte Erbfolge ein. In Anbetracht dieser Rechtswirkungen wird der Verzicht **erbrechtlich qualifiziert** (Art 25 Abs 1, vgl auch FERID Rn 9–66; KROPHOLLER § 51 IV 5 a; PALANDT/HELDRICH Art 25 Rn 13; ERMAN/HOHLOCH Art 25 Rn 33; RIERING ZEV 1998, 248; IPG 1965/66 Nr 68 [München] 800 f; 1978 Nr 35 [München] 358) und daher grundsätzlich dem Heimatrecht des Erblassers unterstellt (vgl bereits RGZ 8, 147), ohne Rücksicht darauf, ob er unentgeltlich oder gegen eine vom Erblasser zu leistende Abfindung erfolgt. Auf das Personalstatut des Verzichtenden kommt es dabei nicht an.

Bei der Wahl des *Anknüpfungszeitpunkts* ist zu bedenken, daß Erblasser wie Ver- **374** tragsgegner weitere Vermögensdispositionen nur dann auf eine feste Grundlage stellen können, wenn es ihnen möglich ist, bereits zum Zeitpunkt des Vertragsschlusses die Wirksamkeit ihrer Vereinbarung abschließend zu beurteilen. Das wäre nicht gewährleistet, wenn der Erblasser durch einen nach Vertragsschluß vorgenommenen Staatsangehörigkeitswechsel ein Recht zur Anwendung bringen könnte, das einen Erbverzicht für unwirksam ansieht oder den getroffenen Vereinbarungen auf andere Weise den Boden entzieht. Deshalb muß **Art 26 Abs 5 S 1 analoge Anwendung** finden (vgl KEGEL/SCHURIG § 21 III 2 c aE; SOERGEL/SCHURIG Art 26 Rn 35; KROPHOLLER § 51 IV 5 a; vBAR II Rn 381 Fn 154; LICHTENBERGER DNotZ 1986, 666; PALANDT/HELDRICH Art 26 Rn 7; ERMAN/ HOHLOCH Art 26 Rn 29; Schotten Rn 326; **aA** nur MünchKomm/BIRK Art 26 Rn 148: Erbstatut).

---

* **Schrifttum:** BÖHMER, Der Erb- und Pflicht-teilsverzicht im anglo-amerikanischen Rechtskreis, ZEV 1998, 251; RIERING, Der Erbverzicht im Internationalen Privatrecht, ZEV 1998, 248; ders, Der Erb- und Pflichtteilsverzicht im islamischen Rechtskreis, ZEV 1998, 455.

Heinrich Dörner

375 Die vor- und nachstehend dargelegten Regeln gelten für einen isolierten **Pflichtteils-verzicht** entsprechend (BGHZ 134, 63). Ein nach Eintritt des Erbfalls vereinbarter Erlaßvertrag über einen Pflichtteilsanspruch unterliegt dem Erbstatut (offengelassen von BGH aaO).

bb) Geschäftsfähigkeit

376 Die Fähigkeit zum Abschluß eines Erbverzichtsvertrages ist sowohl hinsichtlich des Verzichtenden (MünchKomm/Birk Art 26 Rn 147) als auch hinsichtlich des Erblassers nach dem von **Art 7** berufenen Recht zu beurteilen. Da der Verzicht für den Erblasser keine Verfügung von Todes wegen darstellt (Rn 373), ist eine besondere Anknüpfung der Geschäftsfähigkeit nicht erforderlich (zur Rechtslage im deutschen Sachrecht s § 2347 Abs 2 BGB). Ist der Verzichtende oder der Erblasser minderjährig, so entscheidet das jeweilige Personalstatut darüber, ob der Verzicht bzw die Entgegennahme der Zustimmung des Vormundschaftsgerichts bedarf (vgl BGH DNotZ 1978, 300). Im Falle eines Statutenwechsels gilt für beide Vertragspartner Art 7 Abs 2. Danach bleibt eine einmal erlangte Geschäftsfähigkeit vom Erwerb oder Verlust der deutschen Staatsangehörigkeit unberührt; erwirbt ein Ausländer die Staatsangehörigkeit eines Drittstaates, findet die Bestimmung entsprechende Anwendung (vgl zB München-Komm/Birk Art 7 Rn 77).

cc) Zulässigkeit und materielle Gültigkeit des Vertragsschlusses

377 Die **Zulässigkeit** eines Erbverzichts unterliegt analog Art 26 Abs 5 S 1 (vgl Rn 374) dem Recht des Staates, das im **Zeitpunkt des Vertragsschlusses** auf die Rechtsnachfolge von Todes wegen nach dem Erblasser anzuwenden wäre. Auf die Staatsangehörigkeit des Verzichtenden kommt es nicht an. Das Errichtungsstatut bestimmt also, ob ein Erbverzicht überhaupt, ob er bedingt oder befristet (vgl im deutschen Recht § 2350 BGB), ob er im Hinblick auf eine gesetzliche oder auch gewillkürte Erbenstellung und ggf innerhalb welchen Personenkreises er – uU unter erleichterten Bedingungen (vgl etwa § 2347 Abs 1 S 2, 2. HS BGB) – vereinbart werden kann. Es befindet ferner darüber, ob ein nur auf einen Bruchteil des gesetzlichen Erbteils gerichteter Verzicht möglich ist und ob der Verzicht auch das Pflichtteils- oder Noterbrecht von Verwandten umfaßt. Das Errichtungsstatut legt schließlich auch fest, welche Rechtsnatur einer Verzichtsvereinbarung zukommt, dh ob ein Verzicht als kausaler oder abstrakter Vertrag ausgestaltet ist.

378 Das **hypothetische Erbstatut** (Abs 5 S 1 analog) entscheidet über die **materielle Gültigkeit** des Vertragsabschlusses, insbes über die Zulässigkeit von Stellvertretung (vgl im deutschen Recht § 2347 Abs 2 BGB) und das Vorliegen eventueller Willensmängel. Ist der Erbverzicht – wie im deutschen Recht – als abstraktes Geschäft ausgestaltet, unterliegt dem Errichtungsstatut auch die Frage, ob das Kausalgeschäft wirksam abgeschlossen worden ist.

379 Bei einem *wechselseitigen Verzicht* sind Zulässigkeit und materielle Gültigkeit für jeden Erblasser nach dem für ihn maßgebenden Errichtungsstatut gesondert zu prüfen. Hält das eine Errichtungsstatut den Verzicht für unzulässig oder ungültig oder löst es die vertragliche Bindung auf, so entscheidet das andere darüber, ob die Unwirksamkeit oder Auflösung den Vertrag insgesamt erfaßt.

380 Erwirbt der Erblasser nach Abschluß des Verzichts eine andere Staatsangehörigkeit, so bleibt die Wirksamkeit des Vertrages dadurch unberührt (Art 26 Abs 5 S 1 analog). Ein wirksam geschlossener Vertrag behält also seine Gültigkeit, auch wenn das nach dem Wechsel maßgebende Erbstatut eine solche Vereinbarung nicht kennt. Umgekehrt erlangt ein unzulässiger bzw unwirksam geschlossener Verzicht nicht durch den Staatsangehörigkeitswechsel ipso iure Gültigkeit. Ein Staatsangehörigkeitswechsel des Verzichtenden ist ohnehin ohne Bedeutung.

dd) Formgültigkeit

Die Frage der **Formgültigkeit** unterliegt Art 11 (FERID Rn 9–66; KROPHOLLER § 51 IV 5 a; **381** ERMAN/HOHLOCH Art 26 Rn 33; PALANDT/HELDRICH Art 26 Rn 5; MünchKomm/BIRK Art 26 Rn 146; RIERING ZEV 1998, 250; IPG 1978 Nr 35 [München] 358). Da es sich beim Erbverzicht um keine Verfügung von Todes wegen (zum Begriff Art 26 Rn 29) handelt, greift Art 26 Abs 1–4 nicht ein; auch das Haager TestÜbk findet keine Anwendung (Vorbem 76 zu Art 25). Eine **analoge Anwendung von Art 26 Abs 4** ist – im Gegensatz zum Abs 5, vgl Rn 374 – **nicht angezeigt.** Zwar führt der Erbverzicht – ebenso wie der Erbvertrag – bereits zu Lebzeiten des Erblassers zu einer bindenden Regelung der erbrechtlichen Verhältnisse; auch kann durch eine sich nach dem Erbfall herausstellende Formunwirksamkeit des Verzichts – ebenso wie durch eine formnichtige Verfügung von Todes wegen – die Nachlaßplanung des Erblassers gestört werden. Da die Beteiligten aber ihre Leistungen bereits zu Lebzeiten austauschen, ist es ihnen eher zuzumuten, die Einhaltung der Formvorschriften des Orts- oder Geschäftsrechts iS von Art 11 sicherzustellen.

Ist der Verzicht als abstraktes Geschäft ausgestaltet, wird konsequenterweise auch **382** die Frage nach der Formgültigkeit des Kausalgeschäfts über Art 11 angeknüpft.

Im *deutschen Recht* bedarf der Verzicht nach § 2348 BGB der notariellen Beurkun- **383** dung. Schließt ein deutscher Erblasser einen Verzichtsvertrag in einem Staat, dessen Recht das Rechtsinstitut des Erbverzichts nicht kennt, so ist diese vom deutschen Geschäftsrecht vorgeschriebene Form einzuhalten. Das ist allerdings auch durch eine Beachtung derjenigen Beurkundungsformen des fremden Rechts möglich, welche der notariellen Beurkundung des deutschen Rechts *funktionell entsprechen* (Substitution, vgl im vorliegenden Zusammenhang FERID Rn 5–106 f u Rn 769).

ee) Bindungswirkung

Analog Art 26 Abs 5 S 1 ist auch die **Bindungswirkung** eines Verzicht dem **Errich- 384** **tungsstatut** zu entnehmen. Es entscheidet also, unter welchen Voraussetzungen – durch einseitige Erklärung oder Aufhebungsvertrag – sich Verzichtender und Erblasser von dem Verzichtsvertrag bzw dem ihm zugrundeliegenden Kausalgeschäft wieder lösen können bzw ob und unter welchen Voraussetzungen *Leistungsstörungen* bei der Erbringung der dem Verzichtenden versprochenen Gegenleistung zu einer Auflösung des Vertrages führen. Bei einem *wechselseitigen Verzicht* gilt im Hinblick auf die Bindung das zu Rn 379, für den Erwerb einer anderen Staatsangehörigkeit durch den Erblasser das zu Rn 380 Gesagte entsprechend.

ff) Wirkungen des Erbverzichts

Über die *Wirkungen eines Verzichts auf die gesetzliche oder gewillkürte Erbfolge* **385** entscheidet das *Erbstatut*, dh das für die Rechtsnachfolge von Todes wegen zum Zeitpunkt des Erbfalls maßgebende Recht (SOERGEL/SCHURIG Art 26 Rn 42; OLG Hamm

NJW-RR 1996, 906). Ihm obliegt es, die Reichweite des Verzichts und damit zB zu bestimmen, wie er zu verstehen ist und ob er sich ggf auch auf Abkömmlinge erstreckt (vgl § 2349 BGB). Dem Erbstatut ist ferner zu entnehmen, ob das Erbteil des Verzichtenden nunmehr im Wege der gesetzlichen Erbfolge verteilt wird oder ob der Verzicht eines gesetzlichen Erben zur Berufung eines Ersatzerben oder zur Anwachsung führt.

c) Testiervertrag*
aa) Grundsätze

386 Testierverträge sind Vereinbarungen, in denen sich jemand verpflichtet, eine Verfügung von Todes wegen zu errichten oder nicht zu errichten, aufzuheben oder nicht aufzuheben. Während das deutsche Recht Verträge dieser Art zum Schutze der Testierfreiheit für nichtig erachtet (§ 2302 BGB), lassen andere (insbes die angloamerikanischen) Rechtsordnungen entsprechende Abmachungen ohne weiteres zu (vgl zu den „contracts to make a will" der US-amerikanischen Rechte ausführlich HEPP 4 ff).

387 Testierverträge sind nicht schuld-, sondern **erbrechtlich** zu qualifizieren (MünchKomm/ BIRK Art 26 Rn 152; PALANDT/HELDRICH Art 26 Rn 7; ERMAN/HOHLOCH Art 26 Rn 29; FIRSCHING, Deutsch-amerikanische Erbfälle [1964] 65; SCHEUERMANN, Statutenwechsel im internationalen Erbrecht [1969] 111; HEPP 32 ff; **aA** VAN VENROOY JZ 1985, 612 f). Eine freie Rechtswahl ist daher nicht möglich (MünchKomm/BIRK Art 26 Rn 152). Testierverträge stellen zwar keine Verfügungen von Todes wegen dar, weil der zukünftige Erblasser in ihnen noch keinerlei Anordnungen für den Fall seines Todes trifft. Auch sie verfolgen jedoch den Zweck, auf die Nachlaßverteilung Einfluß zu nehmen. Verstößt der Erblasser gegen die übernommene Testierverpflichtung, stehen dem Versprechensempfänger möglicherweise nicht nur Schadensersatz-, sondern uU sogar Erfüllungsansprüche gegen den Nachlaß zu (vgl HEPP 21 ff). Funktionell übernimmt der Testiervertrag daher bei der Nachlaßplanung die Aufgaben des – von ausländischen Rechten wegen seiner Bindungswirkung häufig nicht akzeptierten – Erbvertrages. Testierverträge können ihren Zweck allerdings nur erreichen, wenn die Parteien in der Lage sind, Wirksamkeit und Bindungsumfang bereits **zum Zeitpunkt des Vertragsschlusses** zu beurteilen. Dies ist insbesondere bedeutsam für den Vertragspartner des Erblassers, der für das Testierversprechen uU Gegenleistungen erbringt. Daher findet **Art 26 Abs 5 S 1 entsprechende Anwendung** (ERMAN/HOHLOCH Art 26 Rn 29; PALANDT/HELDRICH Art 26 Rn 7; vgl auch MünchKomm/BIRK Art 26 Rn 152). Maßgebend ist also insoweit das Errichtungsstatut.

388 Verweist das deutsche Kollisionsrecht auf eine Rechtsordnung, die Testierverträge in anderer Weise – zB schuldrechtlich – qualifiziert (vgl zu den US-Rechten HEPP 45), so werden die einschlägigen Kollisionsnormen des ausländischen Rechts ungeachtet ihres abweichenden systematischen Standorts zur Anwendung berufen (vgl Rn 628).

bb) Geschäftsfähigkeit

389 Die **Fähigkeit** zum Abschluß eines Testiervertrages im Hinblick auf den zukünftigen Erblasser ist angesichts der funktionellen Verwandtschaft zum Erbvertrag **erbrechtlich** zu qualifizieren. Insoweit kommt also das Errichtungsstatut (Art 26 Abs 5 S 1

---

* **Schrifttum:** HEPP, Der amerikanische Testiervertrag – contract to make a will – aus der Sicht des deutschen Rechts (1991); VAN VENROOY,

Internationalprivatrechtliche Bemerkungen zu § 2302 BGB, JZ 1985, 609.

analog) und nicht Art 7 zum Zuge. Auch Art 26 Abs 5 S 2 findet entsprechende Anwendung (ERMAN/HOHLOCH Art 26 Rn 29). Dagegen richtet sich die Geschäftsfähigkeit des Versprechensempfängers nach dem von Art 7 berufenen Recht. Art 12 ist aufgrund seines S 2 nicht zu beachten.

cc) Zulässigkeit und materielle Gültigkeit des Vertragsschlusses

390 Die **Zulässigkeit** eines Testiervertrages unterliegt analog Art 26 Abs 5 S 1 (vgl Rn 387) dem Recht des Staates, das im **Zeitpunkt des Vertragsschlusses** auf die Rechtsnachfolge von Todes wegen nach dem Erblasser anzuwenden wäre. Auf die Staatsangehörigkeit des Versprechensempfängers kommt es nicht an. Das Errichtungsstatut bestimmt demnach, ob ein Testiervertrag überhaupt und zwischen welchen Personen er geschlossen werden kann. Ist ein Vertrag danach unzulässig, entscheidet das Errichtungsstatut über die Möglichkeit, die Vereinbarung in einen Erbvertrag, ein gemeinschaftliches Testament oder auch einen Vertrag zugunsten Dritter auf den Todesfall umzudeuten.

391 Dem Errichtungsstatut unterliegt auch die **materielle Gültigkeit** des Vertragsabschlusses, insbes die Frage nach der Zulässigkeit von Stellvertretung und dem Vorliegen etwaiger Willensmängel.

392 Erwirbt der Erblasser nach Abschluß des Testiervertrages eine andere Staatsangehörigkeit, so bleibt ein wirksam geschlossener Vertrag gültig, auch wenn das nach dem Wechsel maßgebende Erbstatut eine solche Vereinbarung nicht kennt (Art 26 Abs 5 S 1 analog). Ein nichtiger Testiervertrag wird umgekehrt durch einen Staatsangehörigkeitswechsel nicht ipso iure wirksam. Ein Staatsangehörigkeitswechsel des Verzichtenden ist ohne Bedeutung.

393 Ist *deutsches Recht* Errichtungsstatut, kommt einem Testiervertrag nach § 2302 BGB keinerlei Rechtswirkung zu. Denkbar ist allerdings eine Umdeutung zB in einen Erbvertrag (dazu näher STAUDINGER/KANZLEITER [1998] § 2302 Rn 12 ff; zur Umdeutung eines nach US-amerikanischem Recht errichteten und mit einem „contract not to revoke" verbundenen Testaments bzw eines „contract to make a will" vgl HEPP 108 ff, 138 ff).

394 Fraglich könnte sein, ob angesichts des § 2302 BGB ein ausländischem Recht unterliegender Vertrag gegen den deutschen **ordre public** (Art 6, vgl Rn 673 ff) verstößt (so LANGE/KUCHINKE § 3 II 4 b). Das ist jedoch zu *verneinen*. Die Testierfreiheit, welche § 2302 BGB zu schützen unternimmt (STAUDINGER/KANZLEITER [1998] § 2302 Rn 3), erfährt im deutschen Recht durch Erbvertrag und gemeinschaftliches Testament Einschränkungen in mindestens gleichem Ausmaß. Eine unterschiedliche dogmatische Einkleidung allein rechtfertigt aber keine Heranziehung des Art 6 (zurückhaltend auch HEPP 64 ff; vgl aber MünchKomm/BIRK Art 26 Rn 153: Einzelfallbetrachtung).

dd) Formgültigkeit

395 Da Testier- ebenso wie Erbverträge Instrumente der Nachlaßplanung darstellen, erscheint im Hinblick auf die Formanknüpfung eine privilegierte Behandlung angebracht. Die Formgültigkeit der Testierverträge sollte daher nicht gemäß Art 11, sondern **analog Art 26 Abs 4** angeknüpft werden. Ein Vertrag ist daher dann als formgültig anzusehen, wenn er in Übereinstimmung mit den Formvorschriften der von Art 26 Abs 1 berufenen Rechtsordnungen geschlossen wurde.

Heinrich Dörner

396 Dies setzt allerdings voraus, daß die jeweilige Rechtsordnung das Rechtsinstitut des Testiervertrages kennt und entsprechende Formvorschriften bereithält. Ist das nicht der Fall, steht diese Rechtsordnung als Formstatut nicht zur Verfügung. Schließt also ein in Deutschland lebender US-Bürger hier einen Testiervertrag, sind die Formvorschriften seines analog Art 26 Abs 4 iVm Abs 1 Nr 1 zur Anwendung berufenen Heimatstaates einzuhalten. Das Recht des betreffenden US-Bundesstaates entscheidet auch darüber, ob die vorgeschriebenen Formerfordernisse durch Rechtshandlungen im Ausland erfüllt werden können (Frage der Substituierbarkeit, vgl Rn 765).

ee) Bindungswirkung

397 Das analog Art 26 Abs 5 S 1 berufene **Errichtungsstatut** bestimmt, in welchem Umfang der zukünftige Erblasser an einen einmal geschlossenen Testiervertrag **gebunden** ist, ob er weiterhin Verfügungen unter Lebenden vornehmen kann und unter welchen Voraussetzungen er sich wieder von dem Vertrag zu lösen vermag.

398 Durch den Erwerb einer anderen Staatsangehörigkeit wird die einmal eingetretene Bindung nicht wieder beseitigt.

ff) Inhalt und Wirkungen

399 **Inhalt** und **Wirkungen** des Testiervertrages richten sich (abgesehen von der Frage der Bindung) nach dem **Erbstatut**. Dieses entscheidet also über die Vertragsauslegung sowie über die Auswirkungen, welche der Vertrag auf die Nachlaßverteilung hat. Das Erbstatut beantwortet insbesondere die Frage, welche Rechtsfolgen gegenüber dem Nachlaß (Schadensersatz, Erfüllungsanspruch) ein vertragsbrüchiges Verhalten des Erblassers nach sich zieht.

d) Vertrag über den Nachlaß eines noch lebenden Dritten

400 Verträge, in denen sich jemand verpflichtet, den **Nachlaß eines noch lebenden Dritten** bzw An- oder Bruchteile daran nach dessen Ableben zu **übertragen** oder Pflichtteils- oder Vermächtnisansprüche abzutreten, haben keine erbrechtliche Relevanz, soweit sie weder auf die Erbfolge selbst Einfluß nehmen noch die für die Nachlaßabwicklung maßgebenden Regeln verändern. Es handelt sich dann um **Spekulationsgeschäfte unter Lebenden**, die nach den **Art 27 ff** anzuknüpfen sind (MünchKomm/Birk Art 26 Rn 163; vgl. auch BGH FamRZ 1996, 163). Dies gilt auch, soweit ein solcher Vertrag zwischen zukünftigen gesetzlichen Erben geschlossen wird. Die schuldrechtliche Einordnung derartiger Verträge hat zur Folge, daß die Parteien unter den Voraussetzungen des Art 27 durch eine entsprechende Rechtswahl eine – etwa vom Heimatrecht des Erblassers angeordnete – Nichtigkeit derartiger Verträge vermeiden können (anders Ferid Rn 9–69). Die Formgültigkeit solcher Verträge unterliegt Art 11.

401 Im deutschen Recht sind Verträge dieser Art insbesondere wegen der damit verbundenen wirtschaftlichen Risiken (vgl Staudinger/Wufka [1995] § 312 Rn 2) grundsätzlich nichtig (§ 312 Abs 1 BGB) und ausnahmsweise nur dann zugelassen, wenn sie unter künftigen gesetzlichen Erben über den Erb- oder Pflichtteil eines von ihnen geschlossen werden (§ 312 Abs 2 BGB). Wer als „künftiger gesetzlicher Erbe" iS dieser Bestimmung anzusehen ist, wird als Vorfrage selbständig angeknüpft (vgl Rn 555) und vom *hypothetischen Erbstatut zum Zeitpunkt des Vertragsschlusses* entschieden (Art 26 Abs 5 S 1 analog).

Läßt ein ausländisches Recht Verträge über den Nachlaß eines noch lebenden Drit- **402** ten in erweitertem Umfang zu, so ist darin *kein Verstoß* gegen den deutschen **ordre public** (Art 6, vgl Rn 673 ff) zu sehen. Zwar sind derartige Verträge wirtschaftlich riskant und – da noch zu Lebzeiten des Erblassers geschlossen – in gewissem Maße auch sittlich anrüchig; Grundprinzipien des deutschen Rechts oder gar Grundrechte werden davon jedoch nicht berührt (ebenso MünchKomm/Birk Art 26 Rn 163).

Zum *Erbschaftskauf* s Rn 414 ff; zur Übertragung des *Miterbenanteils* sowie zur **403** Abtretung von Pflichtteilsansprüchen sowie Ansprüchen aus einem Vermächtnis s Rn 421.

e)   Vertrag zugunsten Dritter auf den Todesfall*
Verträge zugunsten Dritter auf den Todesfall (wie zB Lebens- oder Unfallversiche- **404** rungsverträge, Spar-, Konto- und Depotverträge zugunsten Dritter) bewirken zwar eine im Zeitpunkt des Todes des Gläubigers stattfindende Wertübertragung und ermöglichen dadurch Vermögensgestaltungen, für die prinzipiell auch die Instrumente des Erbrechts zur Verfügung stehen. In Übereinstimmung mit der vom Gesetz in den §§ 328 ff BGB auf materiellrechtlicher Ebene vorgenommenen Einordnung sind solche Verträge jedoch auch im Kollisionsrecht als **Rechtsgeschäfte unter Lebenden** zu qualifizieren. Der Vertrag zugunsten Dritter – bestehend aus dem *Deckungsverhältnis* zwischen Gläubiger und Schuldner und der *Leistungsbeziehung* zwischen Schuldner und Drittem – wird daher nach Maßgabe der **Art 27 ff** bzw nach den Bestimmungen der **Art 7 ff EGVVG** angeknüpft (vgl auch Henrich, in: FS Lorenz [1991] 384).

Das so berufene Recht entscheidet über die *Zulässigkeit* von Verträgen zugunsten **405** Dritter auf den Todesfall (anders MünchKomm/Birk Art 26 Rn 161: kumulative Anwendung von Vertrags- u Erbstatut), ferner darüber, ob ein Vermögensrecht zum Zeitpunkt des Todes noch dem Erblasser oder bereits einem Dritten zustand (vgl BGH NJW 1959, 1318 = RabelsZ 1960, 316 m Anm Knauer 318; BGH WM 1968, 1172) bzw im Zeitpunkt des Todes in der Person eines Dritten entsteht oder in den Nachlaß fällt (vgl OLG Köln OLGZ 1975, 6 f; VersR 1980, 155; LG Köln VersR 1979, 466; Kegel/Schurig § 21 II; dazu Rn 131). Soweit dem begünstigten Dritten durch das Vertragsstatut im Zeitpunkt des Todes ein Anspruch zugewiesen wird, fallen weder dieser Anspruch noch eine darauf vom Schuldner erbrachte Leistung in den Nachlaß (vgl auch MünchKomm/Birk Art 26 Rn 159); eine Verteilung nach den Regeln des Erbstatuts findet daher insoweit nicht statt.

Das **Valutaverhältnis** zwischen Gläubiger und Drittem wird gesondert angeknüpft. **406** Handelt es sich um einen entgeltlichen Vertrag, sind wiederum die Art 27 ff einschlägig (vgl auch MünchKomm/Birk Art 26 Rn 158). Stellt sich das Valutaverhältnis als Schenkung von Todes wegen dar, gelten die Ausführungen zu Rn 354 ff (so auch Henrich, in: FS Lorenz [1991] 386).

---

* **Schrifttum:** Henrich, Die Anknüpfung von Spar- und Depotverträgen zugunsten Dritter auf   den Todesfall, in: FS Lorenz (1991) 379.

Heinrich Dörner

f) Errichtung eines Trust*

407 Der trust ist ein Rechtsinstitut vornehmlich des anglo-amerikanischen Rechtskreises. Es handelt sich dabei um ein Rechtsverhältnis, in welchem der Errichter eines trust („settlor" oder „grantor") typischerweise Vermögensgegenstände auf einen anderen (den „trustee") zu Eigentum überträgt mit der Maßgabe, daß der „trustee" diese Vermögenswerte zugunsten eines Dritten (des „beneficiary") innehaben soll. Charakteristikum des trust ist eine Aufspaltung der Rechte bei der Zuordnung des trust-Vermögens: Das Eigentum („legal title") an einer Sache beispielsweise geht mit der trust-Errichtung auf den trustee über; allein er ist legitimiert, den trust aktiv und passiv zu vertreten, er verwaltet das trust-Vermögen nach Maßgabe der in der trust-Urkunde niedergelegten Bestimmungen und übt die Eigentümerrechte nach außen aus. Nichtsdestoweniger steht auch dem „beneficiary" ein quasi-dingliches Recht am trust-Vermögen zu („equitable title"). Es äußert sich etwa in einem Verfolgungsrecht des Begünstigten bei pflichtwidriger Veräußerung des trust-Vermögens durch den trustee: Das „equitable interest" des Begünstigten geht in einem solchen Fall nur unter, wenn das Veräußerungsgeschäft entgeltlich und der Erwerber nicht bösgläubig war. Die Befugnis zur Verfügung über ein veräußerliches Recht kann also in einem gewissen Umfang durch Rechtsgeschäft – die trust-Abrede – beschränkt werden. Diese doppelten Befugnisse am trust-Vermögen werden – bei dinglichen Rechten – im deutschen Schrifttum gern als „gespaltenes Eigentum" charakterisiert.

408 Nach anglo-amerikanischem Recht kann ein trust grundsätzlich durch Verfügung von Todes wegen („testamentary trust") oder durch Rechtsgeschäft unter Lebenden („inter vivos trust") errichtet werden. Der trust unter Lebenden kann widerruflich („revocable trust") oder unwiderruflich („irrevocable trust") sein. Der unwiderrufliche trust kann nach seiner Begründung nicht mehr widerrufen oder geändert werden. Bei einem widerruflichen trust behält sich der trust-Errichter etwa das Recht vor, den trust zu widerrufen, die trust-Bestimmungen zu ändern, den trustee abzuberufen oder Teile des trust-Vermögens wieder aus dem trust herauszunehmen.

409 Eine besondere Kollisionsnorm zur international-privatrechtlichen Behandlung der

---

* **Schrifttum** zum trust-Recht in deutscher Sprache etwa: BAECK, Die Lehre vom Trust in den Rechten der USA, ZfRvgl 1963, 68; BREITSCHMIED, Trust und Nachlaßplanung, in: FS Heini (1995) 49; COING, Die Treuhand kraft privaten Rechtsgeschäfts (1973); ders, Die rechtsgeschäftliche Treuhand im deutschen internationalen Privatrecht, ZfRvgl 1974, 81; ders, Übernahme des Trusts in unser internationales Privatrecht, in: FS Heinsius (1991) 79; CZERMAK, Der express trust im Internationalen Privatrecht (1986); FISCHER-DIESKAU, Die kollisionsrechtliche Behandlung von living und testamentary trusts (Diss Bonn 1967); FLICK/PILTZ Rn 1028 ff; GRAUE, Der Trust im internationalen Privat- und Steuerrecht, in: FS Ferid (1978) 151; GUTZWILLER, Der Trust in der schweizerischen Rechts-

praxis, SchwJBIntR 1985/86 (Bd 41) 53; HEBING, Neue Aspekte deutsch-US-amerikanischer Nachlaßplanung, RIW 1981, 237; KÖTZ, Trust und Treuhand (1963); vOERTZEN, Trust – Option oder Risiko für die internationale Nachlaßplanung?, IStR 1995, 149; SCHNITZER, Die Treuhand (der trust) und das internationale Privatrecht, in: Gedächtnisschrift Marxer (1963) 53; SERICK, Zur Behandlung des anglo-amerikanischen trust im kontinentaleuropäischen Recht, in: FS Nipperdey Bd II (1965) 653; SIEKER, Der US-Trust (1991); SIEMERS/MÜLLER, Offshore-Trusts als Mittel zur Vermögensnachfolgeplanung, ZEV 1998, 206; WITTUHN, Das Internationale Privatrecht des trust (1987). Vgl auch die Literaturnachweise zum Haager Trust-Übereinkommen Vorbem 129 zu Art 25 f.

im Zusammenhang mit einer trust-Errichtung entstehenden Probleme enthält das deutsche IPR nicht. Mit der Ratifizierung des Haager trust-Übereinkommens (vgl Vorbem 129 ff zu Art 25 f) ist mittelfristig nicht zu rechnen. Das Rechtsinstitut des trust muß daher nach allgemeinen Regeln qualifiziert, dh in die Systembegriffe des deutschen Kollisionsrechts eingeordnet werden (vgl Rn 18). Zu der Frage, welche Rechtsordnung die materiellen Voraussetzungen und die Wirkungen einer trust-Errichtung beherrscht, hat sich im deutschen kollisionsrechtlichen Schrifttum bislang keine einheitliche Meinung gebildet. In der Sache wird man bei der Anknüpfung nach Funktion und Typ des im konkreten Fall errichteten trust differenzieren müssen (so richtig CZERMAK 118).

Durch einen **„testamentary trust"** wird typischerweise ein trust am Nachlaß bzw an **410** einzelnen Nachlaßgegenständen errichtet oder der Nachlaß einem bereits bestehenden trust zugewiesen. Der Errichter bezweckt damit eine postmortale Vermögensverteilung bzw erzielt Rechtswirkungen, die sich im deutschen Recht etwa durch Einsetzung eines Testamentsvollstreckers oder durch die Anordnung einer Vor- oder Nacherbschaft erreichen lassen. Ein solcher trust stellt sich *funktionell* als *Verfügung von Todes* wegen dar; er ist daher **erbrechtlich zu qualifizieren** mit der Folge, daß die in Art 25 Abs 1 u Art 26 Abs 5 niedergelegten Anknüpfungsregeln Anwendung finden (ebenso CZERMAK 133). Materielle Voraussetzungen und Wirkungen einer solchen trust-Errichtung unterliegen mithin dem Errichtungs- bzw Erbstatut. Im Bereich des anglo-amerikanischen Rechts ist sorgfältig zu prüfen, ob die einem trustee zugewiesenen Befugnisse nicht zum Bereich der Nachlaßabwicklung („administration") gehören, hinsichtlich derer auf die lex fori zurückverwiesen wird (vgl Rn 631, 647). Welche Rechtsstellung dem trustee nach dem Erblasserwillen zukommen soll, ist im übrigen durch Auslegung zu ermitteln.

Die Frage der **Formgültigkeit** richtet sich nach den Bestimmungen des Haager Test- **411** Übk (Vorbem 31 ff zu Art 25) bzw Art 26 Abs 1–3.

Soweit das Erbstatut eine trust-Errichtung ermöglicht und einzelne Nachlaßgegen- **412** stände sich außerhalb seines Geltungsbereichs befinden, entscheidet das jeweilige Belegenheitsrecht, ob und in welcher Gestalt dem trustee Rechte an diesen Gegenständen zustehen (ebenso CZERMAK 137). Das deutsche Recht gestattet die Begründung eines trust an *inländischem Nachlaß* nicht, weil hier der durch § 137 BGB abgesicherte Grundsatz vom numerus clausus der Sachenrechte gilt, der die für den trust charakteristische „gespaltene Rechtsinhaberschaft" zwischen trustee und beneficiary nicht zuläßt bzw verhindert, daß die dingliche Rechtsstellung des trustee in der jeweiligen trust-Urkunde nach dem Willen des trust-Errichters festgelegt wird (vgl BGH IPRax 1985, 223 f; ferner NUSSBAUM AcP 1950/51, 204 f; SERICK, in: FS Nipperdey 658; COING Treuhand 213; GRAUE, in: FS Ferid [1978] 178). Die Einsetzung eines trustee ist als solche unwirksam und kann ggf in die Einsetzung eines Treuhänders (BGH aaO 224; GRAUE, in: FS Ferid [1978] 179) oder (Dauer-)Testamentsvollstreckers umgedeutet werden (OLG Frankfurt aM IPRspr 1966/67 Nr 168 a; OLG Frankfurt aM IPRspr 1962/63 Nr 146; LG Nürnberg-Fürth IPRspr 1962/63 Nr 148 S 446; vgl CZERMAK 294 ff u auch Rn 46, 256). Als Erbe iS des deutschen Rechts ist der trustee dagegen regelmäßig nicht anzusehen (OLG Frankfurt aM IPRspr 1966/67 Nr 168 a). Zur Rechtsstellung eines „remainder" nach deutschem Recht s BFH IPRspr 1986 Nr 112 (aufschiebend bedingte oder befristete Erbeinsetzung).

Heinrich Dörner

413 Während die Gründung eines unwiderruflichen „inter vivos trust" ohne weiteres als Rechtsgeschäft unter Lebenden anzusehen sein dürfte und dann – je nach Funktion – als schuld- (vgl etwa MünchKomm/Martiny Art 28 Rn 105) oder gesellschaftsrechtlicher Vertrag (vgl Staudinger/Grossfeld [1998] IntGesR Rn 779 mwNachw) zu qualifizieren ist, erscheint die Rechtslage unsicher, wenn sich der trust-Errichter einerseits ein Widerrufsrecht und damit letztlich eine Verfügungsmöglichkeit bis zu seinem Tode vorbehält, andererseits aber – wie zB bei der trust-Begründung an Bankguthaben oder Wertpapierdepots – mit dem trust **postmortale Rechtswirkungen** erzielen will. In Anbetracht der Tatsache, daß hier ein Vermögenswert nicht schenkweise, sondern aufgrund einer auftrags- oder geschäftsbesorgungsvertragsähnlichen Abrede – mit Widerrufsvorbehalt – auf einen anderen übertragen wird, ist auch ein so ausgestalteter trust als Rechtsgeschäft unter Lebenden anzusehen (gegen eine erbrechtliche Qualifikation in diesem Zusammenhang auch Graue, in: FS Ferid [1978] 173; ebenso wohl die – freilich nicht sehr aussagekräftigen – Entscheidungen des BGH NJW 1959, 1317 = RabelsZ 1960, 313 u DNotZ 1969, 300 f; **aA** aber Knauer RabelsZ 1960, 318 ff). Stellt sich allerdings in Fällen dieser Art *das Verhältnis zwischen trust-Errichter und beneficiary* als Schenkung von Todes wegen dar (vgl dazu Czermak 157 ff), ist insoweit das Erbstatut maßgeblich (vgl Rn 354 ff).

18. Erbschaftskauf

414 Der Erbschaftskauf des deutschen Rechts (vgl §§ 2371 ff BGB; rechtsvergleichende Hinweise bei Lange/Kuchinke § 45 I 1; Ebenroth Rn 1215 ff) ist ein Verpflichtungsgeschäft unter Lebenden, in dem sich ein Erbe zur Übertragung der ihm angefallenen Erbschaft bzw ein Miterbe zur Übertragung seines Erbteils verpflichtet und das im Wege einer Einzelübertragung der verkauften Sachen und Forderungsrechte erfüllt wird.

415 Ob ein solcher Kaufvertrag über eine angefallene Erbschaft als **schuld- oder erbrechtliches Rechtsgeschäft** aufzufassen ist, war in der älteren Literatur **umstritten**. Die moderne Lehre erklärt schlechthin das *Erbstatut* für anwendbar, weil eine Unterscheidung zwischen etwaigen schuld- und erbrechtlichen Wirkungen eines solchen Vertrages zu Schwierigkeiten führen könne (KG IPRspr 1972 Nr 6 S 16; Soergel/Schurig Art 26 Rn 45; MünchKomm/Birk Art 26 Rn 162; Palandt/Heldrich Art 25 Rn 10; Erman/Hohloch Art 25 Rn 27; Kropholler § 51 IV 5 c; Ferid Rn 9–67).

416 Die **hM überzeugt** jedoch **nicht**. Eine differenzierende Anknüpfung der schuld- und erbrechtlichen Elemente des Erbschaftskaufs erscheint durchaus sachgerecht und wirft keinesfalls unüberwindliche Anpassungsprobleme auf (dazu auch Schotten Rn 333). Bei unbefangener Betrachtung liegt der Schwerpunkt des Rechtsgeschäfts in der schuldrechtlichen Beziehung zwischen Käufer und Verkäufer; sachlich bestehen keine gravierenden dogmatischen Unterschiede zu Kaufverträgen über andere Sachgesamtheiten. Die Einordnung im Erbrecht des BGB ist nicht sehr aussagekräftig, nachdem die erste Kommission die Materie noch im Kaufrecht angesiedelt hatte (vgl nur Lange/Kuchinke § 45 I 2 a Fn 11). Im übrigen enthalten die §§ 2371 ff BGB nur Sonderregeln, neben denen ergänzend die allgemeinen kaufrechtlichen Bestimmungen der §§ 433 ff BGB zu beachten sind (Palandt/Edenhofer Überblick vor § 2371 Rn 3). Gerade eine erbrechtliche Qualifikation des Erbschaftskaufs läuft daher Gefahr, den Gesamtkomplex der anwendbaren – allgemeinen und besonderen – kaufrechtlichen Regeln auseinanderzureißen. Für eine schuldrechtliche Qualifikation spricht schließlich auch der Gesichtspunkt, daß im (deutschen) Recht des Erbschaftskaufs weitgehend Privatautonomie herrscht und die einschlägigen Vorschriften weitgehend zur Disposition der Parteien stehen; das legt auch auf kollisionsrechtlicher Ebene eine schuldrechtliche Qualifizierung nahe.

Aufgrund dieser Überlegungen ist der Erbschaftskauf im Grundsatz **schuldrechtlich** **417** **anzuknüpfen**. Das maßgebende Recht wird also nach Art 27 ff BGB (und nicht etwa gemäß Art 1 des UN-Kaufrechtsübereinkommens) bestimmt. Haben die Parteien keine Rechtswahl getroffen, kommt der Grundsatz der engsten Verbindung zum Zuge (Art 28 Abs 1), der vermutungsweise zu dem am gewöhnlichen Aufenthalt des Verkäufers maßgebenden Recht führt (Art 28 Abs 2 S 1). Immerhin wird man im Einzelfall sorgfältig prüfen, ob die erbrechtlichen Bezüge des Geschäfts nicht über Art 28 Abs 5 zur Anwendbarkeit derjenigen Rechtsordnung führen, die im konkreten Fall als Erbstatut berufen ist. Auch andere Verträge, in denen sich ein Erbe zur Übertragung seines Erbteils verpflichtet (Tausch, Schenkung, Vergleich), sind schuldrechtlich zu qualifizieren.

Das Kaufvertragsstatut beherrscht die Rechte und Pflichten der Kaufvertragsparteien untereinander und regelt insbesondere Gewährleistung und Gefahrübergang. Es **418** gibt Auslegungsregeln über den Vertragsumfang (vgl im deutschen Recht § 2372), statuiert eventuelle Anzeigepflichten gegenüber Dritten (vgl § 2384 BGB) und bestimmt, wer im Innenverhältnis für Nachlaßverbindlichkeiten einstehen muß (vgl § 2378 BGB).

Demgegenüber bleibt das **Erbstatut** insoweit anwendbar, als mit dem Erbschaftskauf **419** spezifisch **erbrechtliche Wirkungen** verbunden sind. Es befindet daher über etwaige Konsequenzen für die *Erbenstellung des Verkäufers* (im deutschen Recht keinerlei Auswirkungen), regelt das Verhältnis zu den *Miterben* (vgl im deutschen Recht das Vorkaufsrecht nach § 2034 BGB) und legt fest, ob, in welchem Ausmaß und von welchem Zeitpunkt an der Käufer im Verhältnis zu den Nachlaßgläubigern für *Nachlaßverbindlichkeiten* haftet (vgl im deutschen Recht §§ 2382 f BGB).

Die **Form des Erbschaftskaufvertrages** wird gemäß Art 11 angeknüpft (Kropholler § 51 **420** IV 5 c; Soergel/Schurig Art 26 Rn 45).

Erfüllungsgeschäfte unterliegen dem Recht, das für das jeweilige Vermögensrecht **421** maßgibt. So werden Sachen und Grundstücke nach den Regeln der lex rei sitae, Forderungen und Rechte nach dem Zessionsstatut (Art 33 Abs 2 in unmittelbarer oder analoger Anwendung) übertragen. Die **Übertragung von Miterbenanteilen** richtet sich dementsprechend nach dem Erbstatut. Gleiches gilt für die Abtretung von Pflichtteilsansprüchen sowie Ansprüchen aus einem Vermächtnis. Die **Formgültigkeit** dieser Rechtsgeschäfte richtet sich nach Art 11 Abs 1–3; dagegen findet Art 11 Abs 5 keine Anwendung (LG Aachen IPRspr 1970 Nr 93 a; Bentler, Die Erbengemeinschaft im Internationalen Privatrecht [1993] 77).

C. Anknüpfungspunkt des Abs 1: Staatsangehörigkeit des Erblassers im Zeitpunkt seines Todes

I. Anknüpfung an die Staatsangehörigkeit*

1. Allgemeines

422 Die Rechtsnachfolge von Todes wegen (Rn 71 ff) unterliegt gemäß Art 25 Abs 1 dem Heimatrecht des Erblassers zum Zeitpunkt seines Todes. Anknüpfungspunkt ist also die **Staatsangehörigkeit des Erblassers** (zur Vereinbarkeit mit dem EGV s Rn 960 ff). Der Reformgesetzgeber hat damit am überkommenen Staatsangehörigkeitsprinzip (ausführlich dazu STAUDINGER/BLUMENWITZ [1996] Art 5 Rn 5 ff) festgehalten und – aus Gründen der Klarheit und wegen der Übereinstimmung mit den personenrechtlichen Anknüpfungen (näher Vorbem 10 zu Art 25 f) – einen Übergang zum Wohnsitzprinzip abgelehnt. Auf den Wohnsitz oder gewöhnlichen Aufenthalt des Erblassers kommt es demzufolge grundsätzlich (vgl aber Rn 438, 448 ff, 451 ff) nicht an. Auch die Belegenheit der Nachlaßgegenstände ist prinzipiell (vgl aber Rn 520 ff) ohne Belang.

423 Ob jemand einem bestimmten Staat angehört, richtet sich nach dem Staatsangehörigkeitsrecht des betreffenden Staates. Jeder Staat bestimmt also selbständig darüber, ob und unter welchen Voraussetzungen eine Person seine Staatsbürgerschaft erwirbt und verliert. Den Erwerb und Verlust der *deutschen Staatsangehörigkeit* regelt somit das deutsche Recht, vgl Rn 425 ff. Besitzt der Erblasser eine *ausländische* Staatsangehörigkeit und weist der Heimatstaat mehrere Teilrechtsordnungen auf, so ist das maßgebende Erbstatut im Wege einer Unteranknüpfung zu ermitteln (Rn 651 ff). Wenn eine Person gleichzeitig *mehreren Staaten* angehört oder *staatenlos* ist, versagt die Staatsangehörigkeitsanknüpfung; in diesen Fällen greifen ergänzende Anknüpfungsregeln ein (Rn 433 ff, 448 ff). Für Flüchtlinge und Asylberechtigte wird die Anknüpfung an die Staatsangehörigkeit durch eine *Aufenthaltsanknüpfung* verdrängt (Rn 451 ff). Bei diesem Personenkreis ist daher vor einer Ermittlung des Heimatrechts stets zu prüfen, ob nicht Sondervorschriften zur Bestimmung des Personalstatuts anwendbar sind, die dann regelmäßig zur Maßgeblichkeit des deutschen Aufenthaltsrechts führen.

424 Hängt der Erwerb oder Verlust der **deutschen Staatsangehörigkeit** von **familienrechtlichen Vorgängen** (Abstammung, Adoption) ab (vgl Rn 426 ff, 429, 432), ist das für die Beurteilung der Wirksamkeit dieser Vorgänge maßgebende Statut durch Einschaltung der einschlägigen Kollisionsnormen des deutschen Rechts (Art 19 Abs 1, 22) zu ermitteln (statt aller KROPPHOLLER § 32 IV 2 b). Stellen sich entsprechende Vorfragen im Hinblick auf den Erwerb der **Staatsangehörigkeit eines fremden Staates**, so beurteilen sich die Wirksamkeitsvoraussetzungen des jeweiligen familienrechtlichen Vorgangs (etwa: Eheschließung, [eheliche oder nichteheliche] Abstammung, Legitimation, Adoption) nach der Rechtsordnung, die von den Kollisionsnormen des betreffenden Staates berufen werden (EBENROTH 1234); nur eine solche (ausnahmsweise) unselbständige Vorfragenanknüpfung (vgl Rn 551 ff) stellt sicher, daß die aus der Sicht des deutschen Rechts vorgenommene Beurteilung mit dem Staatsangehörigkeitsrecht des betreffenden Staates übereinstimmt.

---

* **Schrifttum:** MANSEL, Personalstatut, Staatsangehörigkeit und Effektivität (1988).

2. Deutsche Staatsangehörigkeit*

a) Staatsangehörigkeitsgesetz (StAG)

Erwerb und Verlust der deutschen Staatsangehörigkeit richten sich in erster Linie **425** nach den Bestimmungen des **Staatsangehörigkeitsgesetzes** (früher: Reichs- und Staatsangehörigkeitsgesetz) v 22. 7. 1913 (RGBl 583; BGBl III 102–1, zuletzt geändert durch das Gesetz zur Reform des Staatsangehörigkeitsrechts v 15. 7. 1999, BGBl 1999 I 1618)**. Zu den Änderungen und Nebengesetzen aus der Zeit der nationalsozialistischen Herrschaft vgl STAUDINGER/BLUMENWITZ (1996) Art 5 Rn 69 ff; zur staatsangehörigkeitsrechtlichen Bewältigung der Kriegs- und Nachkriegsprobleme durch Gesetzgebung und Rechtsprechung ebda Rn 99 ff.

Der **Erwerb** der deutschen Staatsangehörigkeit vollzieht sich durch **Geburt 426** (§ 3 StAG), falls **ein Elternteil die deutsche Staatsbürgerschaft** besitzt (§ 4 Abs 1 S 1 StAG; zur Ermittlung des Abstammungsstatuts vgl Rn 424). Ist bei der Geburt nur der Vater Deutscher und ist zur Begründung der Abstammung nach deutschem Recht die Anerkennung oder Feststellung der Vaterschaft erforderlich, setzt die Geltendmachung des Erwerbs eine wirksame Feststellung oder Anerkennung der Vaterschaft voraus; die Abstammungserklärung muß abgegeben oder das Feststellungsverfahren eingeleitet sein, bevor das Kind das 23. Lebensjahr vollendet hat (§ 4 Abs 1 S 2 StAG). Bei einer Geburt im Ausland wird die deutsche Staatsangehörigkeit nicht erworben, wenn der deutsche Elternteil seinerseits (oder ggf beide Elternteile) nach dem 31. 12. 1999 bereits im Ausland geboren wurde und dort seinen gewöhnlichen

---

* **Schrifttum:** BAUER, Die deutsche Staatsangehörigkeit in der BRD und der DDR nach dem Grundvertrag (Diss München 1973); BERGMANN/KORTH/ZIEMSKE, Deutsches Staatsangehörigkeits- und Paßrecht[3] (1995); BLUMENWITZ, Die deutsche Staatsangehörigkeit und der deutsche Staat, JuS 1988, 607; GEISLER, Anwartschaft auf die deutsche Staatsangehörigkeit?, NJW 1990, 3059; GRUBER, Kollisionsrechtliche Implikationen des neuen Staatsangehörigkeitsrechts, IPRax 1999, 426; GUSSEK, Neues zu Deutschland und zur deutschen Staatsangehörigkeit?, NJW 1988, 1302; HAILBRONNER/RENNER, Staatsangehörigkeitsgesetz[2] (1998); HECKER, Materialien zur Staatsangehörigkeit in Deutschland 1970–1985 (1985); ders, Staatsangehörigkeitsfragen in zweiseitigen Verträgen der BRD (1988); ders, Die Behandlung von Staatsangehörigkeitsfragen im Deutschen Bundestag seit 1949 (1990); ders, Die Staatsangehörigkeit der DDR und der Einigungsvertrag, ArchVR 1991, 27; KEMPER, Die neuere Rechtsprechung zum Ausländer- und Staatsangehörigkeitsrecht, NVwZ 1993, 746; LANG, Grundkonzeption und Entwicklung des deutschen Staatsangehörigkeitsrechts (1990); MARX, Reform des Staatsangehörigkeitsrechts – Mythische oder rechtlich begründete Hindernisse?, ZAR 1997, 67; RENNER, Grundgesetz und deutsche Staatsangehörigkeit, NJ 1999, 230; RILINGER, Die Europäisierung des Einbürgerungsrechts, ZRP 1995, 372; SCHWARZE, Die Staatsangehörigkeit der Deutschen (Diss Marburg 1975); SMALUHN, Verfassungsrechtliche Aspekte einer Reform des Staatsangehörigkeitsrechts, StAZ 1998, 98; SPRANGER, Der Verzicht von Mehr- und Doppelstaatern auf die deutsche Staatsangehörigkeit, ZAR 1999, 71; THEDIEK, Deutsche Staatsangehörigkeit im Bund und in den Ländern (1989); WEIDELENER/HEMBERGER, Deutsches Staatsangehörigkeitsrecht[4] (1993); WEIDELENER, Neue staatsangehörigkeitsrechtliche Regelungen, StAZ 1991, 131; WIESNER, Die Funktion der Staatsangehörigkeit (Diss Tübingen 1988).
** **Schrifttum:** FUCHS, Neues Staatsangehörigkeitsgesetz und Internationales Privatrecht, NJW 2000, 489; GRUBER, Kollisionsrechtliche Implikationen des neuen Staatsangehörigkeitsrechts, IPRax 1999, 426.

Heinrich Dörner

Aufenthalt hat (§ 4 Abs 4 StAG). Auch in diesem Fall bleibt es jedoch beim Staatsangehörigkeitserwerb nach § 4 Abs 1 StAG, wenn das Kind andernfalls staatenlos würde oder die Geburt von dem deutschen Elternteil innerhalb eines Jahres der zuständigen Auslandsvertretung angezeigt wurde (§ 4 Abs 4 S 1, 2 StAG).

427 Ein **Kind ausländischer Eltern** erwirbt die deutsche Staatsangehörigkeit durch **Geburt im Inland**, wenn ein Elternteil seit acht Jahren rechtmäßig seinen gewöhnlichen Aufenthalt im Inland hat und eine Aufenthaltsberechtigung oder seit drei Jahren eine unbefristete Aufenthaltserlaubnis besitzt (§ 4 Abs 3 S 1 StAG; zur Ermittlung des Abstammungsstatuts vgl Rn 424). Ein ausländischer Staatsangehöriger kann sich durch einen bis zum 31. 12. 2000 zu stellenden Antrag einbürgern lassen, wenn bei seiner Geburt diese Voraussetzungen vorgelegen haben und er am 1. 1. 2000 seinen gewöhnlichen Aufenthalt im Inland und das 10. Lebensjahr noch nicht vollendet hat (§ 40 b StAG). Dieser Personenkreis muß nach Erreichen der Volljährigkeit und nach Erhalt eines entsprechenden Hinweises durch die zuständige Behörde zwischen der deutschen und einer etwa daneben bestehenden ausländischen Staatsangehörigkeit wählen (§ 29 Abs 1 StAG). Optiert die wahlberechtigte Person zugunsten der ausländischen Staatsangehörigkeit oder wird bis zur Vollendung des 23. Lebensjahres keine Erklärung abgegeben, so geht die deutsche Staatsangehörigkeit verloren (§ 29 Abs 2 StAG). Entsprechendes gilt grundsätzlich dann, wenn die wahlberechtigte Person im Falle einer Option zugunsten der deutschen Staatsbürgerschaft bis zur Vollendung des 23. Lebensjahres nicht die Aufgabe oder den Verlust der ausländischen Staatsangehörigkeit nachweist (§ 29 Abs 3 S 1, 2 StAG).

428 Ein vor dem 1. 7. 1993 geborenes Kind eines deutschen Vaters und einer ausländischen Mutter erwirbt die deutsche Staatsangehörigkeit **durch Erklärung** (§ 3 Nr 2 StAG), wenn die Vaterschaft nach deutschem Recht wirksam anerkannt oder festgestellt wurde, das Kind seit drei Jahren rechtmäßig seinen gewöhnlichen Aufenthalt im Bundesgebiet hat und die Erklärung vor Vollendung des 23. Lebensjahres abgegeben wird (§ 5 StAG).

429 Die nach deutschem Recht wirksame **Adoption** durch einen deutschen Staatsangehörigen führt zum Erwerb der deutschen Staatsbürgerschaft, wenn das angenommene Kind zum Zeitpunkt des Annahmeantrags das 18. Lebensjahr noch nicht vollendet hat (§§ 3 Nr 3, 6 StAG; zur Bestimmung des Adoptionsstatuts vgl Rn 424).

430 Ein Deutscher iS von **Art 116 Abs 1 GG***, der nicht die deutsche Staatsangehörigkeit besitzt, erwirbt diese mit der **Ausstellung einer Bescheinigung** gem § 15 Abs 1 oder 2 BVFG (idF v 2. 6. 93, BGBl 1993 I 829), wonach Spätaussiedler und deren Angehörige auf Antrag einen Nachweis ihrer Spätaussiedlereigenschaft erhalten (§§ 3 Nr 4, 7 StAG). Art 116 Abs 1 GG stellt im übrigen Flüchtlinge oder Vertriebene deutscher Volkszugehörigkeit bzw deren Ehegatten und Abkömmlinge („Statusdeutsche"), die im Gebiete des Deutschen Reiches nach dem Stand vom 31. 12. 1937 Aufnahme gefunden haben, den deutschen Staatsangehörigen gleich. Wer bereits am **1. 8. 1999** zu diesem Personenkreis gehörte, hat an diesem Tag die deutsche Staatsangehörig-

---

* **Schrifttum:** ALEXY, Rechtsfragen des Aussiedlerzuzugs, NJW 1989, 2850; HÄUSSER, Aktuelle Probleme bei der Statusfeststellung nach dem Bundesvertriebenengesetz, DÖV 1990, 918; SILAGI, Von der heutigen Bedeutung des Art 116 GG, ROW 1986, 160.

keit durch **Überleitung** erworben (§§ 3 Nr 4a, 40a S 1 StAG); für Spätaussiedler, ihre nichtdeutschen Ehegatten sowie Abkömmlinge is von § 4 BVFG gilt dies allerdings nur dann, wenn ihnen vor diesem Zeitpunkt eine Bescheinigung gem § 15 Abs 1 oder 2 BVFG erteilt worden war (§ 40a S 2 StAG). Die **kollisionsrechtliche Stellung** der **nicht eingebürgerten Volksdeutschen** (näher STAUDINGER/BLUMENWITZ [1996] Art 5 Rn 126 ff; PALANDT/HELDRICH Anh II 1 zu Art 5 Rn 11 f) wird durch Art 9 Abschnitt II Ziff 5 FamRÄndG v 11. 8. 1961 (BGBl 1961 I 1221) mit Rückwirkung auf den Zeitpunkt des Inkrafttretens des GG klargestellt (vgl OLG Celle FamRZ 1995, 1229). Danach werden diese Personen, soweit im deutschen Bürgerlichen oder Verfahrensrecht die Staatsangehörigkeit maßgebend ist, wie deutsche Staatsangehörige behandelt, so daß sich bei ihrem Tode die Erbfolge nach deutschem Recht richtet (vgl BayObLGZ 1996, 167).

Schließlich kommt auch ein Erwerb durch **Einbürgerung** in Betracht (§§ 3 Nr 5, 8 ff **431** StAG). Eine Sonderregelung enthält **Art 116 Abs 2 S 1 GG** für Verfolgte des NS-Regimes, denen zwischen dem 30. 1. 1933 und dem 8. 5. 1945 die deutsche Staatsbürgerschaft entzogen worden ist. Diese Personen sind ebenso wie ihre Abkömmlinge auf Antrag wieder einzubürgern; sie gelten gemäß S 2 nicht als ausgebürgert, wenn sie nach dem 8. 5. 1945 ihren Wohnsitz in Deutschland genommen und keinen entgegengesetzten Willen zum Ausdruck gebracht haben (näher STAUDINGER/BLUMEN-WITZ [1996] Art 5 Rn 105 ff; PALANDT/HELDRICH Anh II 1 zu Art 5 Rn 13).

Der **Verlust** der deutschen Staatsangehörigkeit tritt nach § 17 StAG ein durch Ent- **432** lassung (§§ 18 - 24 StAG), durch einen auf Antrag erfolgenden Erwerb einer ausländischen Staatsangehörigkeit (§ 25 StAG), durch Verzicht bei mehrfacher Staatsangehörigkeit (§ 26 StAG), bei Adoption durch einen Ausländer (§ 27 StAG) sowie durch Eintritt in die Streitkräfte oder einen bewaffneten Verband eines ausländischen Staats (§ 28 StAG).

b) DDR-Staatsbürgerschaft
Die DDR hat für ihre Angehörigen eine eigene Staatsbürgerschaft in Anspruch **433** genommen; zum **DDR-Staatsangehörigkeitsrecht** vgl das StaatsbürgerG v 20. 2. 1967, GBl DDR 1967 I 3 u die DVO v 3. 8. 1967, GBl DDR 1967 II 681; ferner das Gesetz zur Regelung von Fragen der Staatsbürgerschaft v 16. 10. 1972, GBl DDR 1972 I 265 und die VO zu Fragen der Staatsbürgerschaft v 21. 6. 1982, GBl DDR 1982 I 418. Zu den *kollisionsrechtlichen Konsequenzen* s Rn 585, 881. Mit dem Beitritt zum 3. 10. 1990 ist die Staatsbürgerschaft der DDR erloschen; von diesem Tag an findet das RuStAG auch auf die früheren Bürger der DDR uneingeschränkte Anwendung (dazu HECKER ArchVR 1991, 27).

3. Mehrstaater

a) Hilfsregeln zur Staatsangehörigkeitsanknüpfung
Gehörte der Erblasser zum Zeitpunkt seines Todes zwei oder noch mehr Staaten an, **434** muß die in Art 25 Abs 1 vorgesehene Staatsangehörigkeitsanknüpfung durch Hilfsregeln ergänzt werden (ausführlich dazu MANSEL, Personalstatut, Staatsangehörigkeit und Effektivität [1988]). Eine allgemeine Vorschrift zur Mehrstaaterproblematik enthält das autonome Kollisionsrecht in **Art 5 Abs 1**, der zwischen deutsch-ausländischen Mehrstaatern (S 2, vgl Rn 435) und solchen Personen unterscheidet, die gleichzeitig

Heinrich Dörner

die Staatsangehörigkeit zweier oder mehrerer ausländischer Staaten besitzen (S 1, vgl Rn 436 ff). Eine *erbrechtliche Sonderbestimmung* findet sich in *Art 26 Abs 1 Nr 1:* Danach reicht es bei der Anknüpfung der Formgültigkeit letztwilliger Verfügungen eines Mehrstaaters aus, wenn ein Testament die Form *eines seiner Heimatrechte* einhält („ungeachtet des Artikels 5 Abs 1", dazu Art 26 Rn 19). Angesichts der materiellrechtlichen Zielsetzung der Vorschrift (favor testamenti) gilt das Effektivitätsprinzip des Art 5 Abs 1 S 1 (Rn 436) hier nicht (MANSEL Rn 415). Zur entsprechenden Behandlung von Mehrstaatern im Anwendungsbereich des Haager TestformÜbk vgl Vorbem 49 zu Art 25.

b) Deutsch-ausländische Mehrstaater*

435 Besitzt ein Erblasser neben einer ausländischen auch die **deutsche Staatsangehörigkeit**, setzt sich gemäß Art 5 Abs 1 S 2 die letztgenannte durch. Gleiches gilt, wenn der Erblasser zwar nicht deutscher Staatsangehöriger, wohl aber als Deutscher iS des Art 116 Abs 1 GG (Rn 429) anzusehen ist (PALANDT/HELDRICH Art 5 Rn 3). Deutsches Erbstatut ist auch dann maßgeblich, wenn der Erblasser enger mit seinem ausländischen Heimatstaat verbunden war; der Gesetzgeber hat also die bis zum Inkrafttreten des IPR-Reformgesetzes am 1.9.1986 bei der Behandlung deutsch-ausländischer Mehrstaater praktizierte Anknüpfung an die effektive Staatsangehörigkeit (vgl BGHZ 75, 41; BGH NJW 1980, 2016 m Anm SAMTLEBEN 2645; dazu HEINEN MittRhNotK 1985, 34) aus Gründen der Rechtsklarheit und größeren Praktikabilität beseitigt (zu Recht kritisch SONNENBERGER 20). Dieser Vorrang der deutschen Staatsangehörigkeit kann gerade bei der Bearbeitung erbrechtlicher Sachverhalte für die Beteiligten zu überraschenden Ergebnissen führen, weil die Kinder eines deutschen Elternteils nach § 4 RuStAG stets die deutsche Staatsangehörigkeit erwerben und daher die Abkömmlinge deutschstämmiger Familien auch nach einem jahre- und jahrzehntelangen Auslandsaufenthalt und trotz des Erwerbs einer ausländischen Staatsangehörigkeit aus deutscher Sicht weiterhin deutschem Erbrecht unterliegen (vgl FERID Rn 1–35, 1).

c) Mehrstaater mit zwei oder mehr ausländischen Staatsangehörigkeiten

436 Besaß der Erblasser mehrere ausländische Staatsangehörigkeiten, so ist gemäß Art 5 Abs 1 S 1 das Recht des Staates anzuwenden, mit dem der Erblasser „am engsten verbunden" war (Feststellung der **effektiven Staatsangehörigkeit**). Die Konkretisierung dieser Generalklausel erfolgt in zwei Schritten (vgl DÖRNER StAZ 1990, 1 ff).

aa) Feststellung der Anknüpfungselemente

437 Als erstes ist **festzustellen, welche Umstände** des Sachverhalts geeignet sind, den Begriff der „engsten Verbindung" zu konkretisieren, und **auf welche Rechtsordnung** diese **„Anknüpfungselemente" im konkreten Fall verweisen.** In Art 5 Abs 1 S 1 hebt das Gesetz den „gewöhnlichen Aufenthalt" einer Person und den „Verlauf ihres Lebens" ausdrücklich hervor.

---

* **Schrifttum:** DETHLOFF, Doppelstaatsangehörigkeit und internationales Privatrecht, JZ 1995, 64; MANSEL, Verfassungsrechtlicher Gleichheitssatz, deutsche Doppelstaater und die Lehre von der effektiven Staatsangehörigkeit im Internationalen Privatrecht, NJW 1986, 625; SONNENBERGER, Anerkennung der Staatsangehörigkeit und effektive Staatsangehörigkeit natürlicher Personen im Völkerrecht und Internationalen Privatrecht, Ber der Dt Ges f Völkerrecht Heft 29 (1988) 9.

Mit dem „gewöhnlichen Aufenthalt" ist der Ort gemeint, an welchem sich eine Person **438** – regelmäßig für eine gewisse Dauer – aufhält und an dem sich der Mittelpunkt ihrer Lebensverhältnisse befindet (vgl nur BGH NJW 1975, 1068; Baetge, Der gewöhnliche Aufenthalt im Internationalen Privatrecht [1994] 107 ff; Spickhoff IPRax 1995, 185; dazu zB MünchKomm/ Sonnenberger Einl Rn 663 ff; ferner Vorbem 56 zu Art 25 f). Maßgebend ist dabei der Zeitpunkt, auf den die jeweilige Kollisionsnorm abstellt, dh also bei der Anwendung von Art 5 Abs 1 S 1 im Zusammenhang mit Art 25 Abs 1 der Zeitpunkt des Todes des Erblassers (vgl Rn 458 ff).

Der „Verlauf des Lebens" umfaßt nach hM (vgl BT-Drucks 10/504 v 20. 10. 1983 S 41; Stau- **439** dinger/Blumenwitz [1996] Art 5 Rn 420; Palandt/Heldrich Art 5 Rn 2; Mansel, Personalstatut, Staatsangehörigkeit und Effektivität [1988] Rn 396) sowohl die bisherige Entwicklung einer Person als auch ihre Lebensplanung für die Zukunft und soll nicht nur von der räumlichen Präsenz in einer Rechtsordnung, sondern auch von anderen, zB familiären oder beruflichen Faktoren bestimmt werden. Damit wird der Begriff aber bis zur Unkenntlichkeit ausgeweitet und dadurch praktisch nutzlos. Deswegen sollte man „Verlauf des Lebens" besser – dem Wortsinn („Lebenslauf") treu bleibend – ausschließlich **vergangenheitsbezogen** verstehen und den Begriff allein auf die **geographischen Stationen** der Lebensführung beziehen, zumal bei erbrechtlichen Sachverhalten der – nunmehr nicht mehr realisierbaren – Zukunftsplanung des Erblassers auch aus der Sicht der hM kaum eine größere Bedeutung zukommen dürfte. Um den Verlauf eines Lebens rekonstruieren zu können, ist also zu fragen, wo eine Person geboren und aufgewachsen ist und wo sie bis zur Begründung ihres letzten gewöhnlichen Aufenthalts gelebt hat.

Neben diesen beiden sind aber noch eine Reihe weiterer Anknüpfungselemente zu **440** berücksichtigen, die das Gesetz nicht eigens benennt (vgl Staudinger/Blumenwitz [1996] Art 5 Rn 421 mwN; Palandt/Heldrich Art 5 Rn 2; ausführlich Mansel Rn 304 ff). Dazu rechnen etwa familiäre Bindungen, berufliche Beziehungen, kulturelle Verwurzelung, die insbesondere im Gebrauch einer bestimmten Sprache zum Ausdruck kommt, Inanspruchnahme staatsbürgerlicher Rechte (Wahlrecht) und Befolgung staatsbürgerlicher Pflichten (Wehrdienst, kritisch Mansel Rn 345), schließlich auch die Lebensplanung für die Zukunft, soweit sie sich bereits in objektiv faßbaren Vorgängen manifestiert hat (vgl dazu Mansel Rn 218; ders IPRax 1985, 212).

Nicht immer lassen sich in einem konkreten Sachverhalt alle Anknüpfungselemente **441** nachweisen. Im übrigen sind sie von Fall zu Fall in wechselnden Kombinationen miteinander verbunden. Regelmäßig werden sie teilweise auf den einen und teilweise auf den anderen Heimatstaat hindeuten.

bb) Abwägung der Anknüpfungselemente
Daher ist es erforderlich, in einem zweiten Arbeitsschritt alle konkret vorhandenen **442** Anknüpfungselemente zu gewichten und durch **Abwägung** zu ermitteln, welche von ihnen die engste Verbindung zu einem Heimatstaat repräsentieren. Dabei sollten folgende Regeln zugrunde gelegt werden, die den vom Gesetz *benannten* Anknüpfungselementen – gewöhnlicher Aufenthalt (zum Zeitpunkt des Todes) und Verlauf des Lebens – besondere Bedeutung beimessen:

(1) Wenn sowohl der letzte gewöhnliche Aufenthalt als auch der Lebenslauf auf ein **443**

und denselben Staat verweisen, wird man im Zweifel davon ausgehen können, daß zu diesem Staat auch eine engste Verbindung iS des Art 5 Abs 1 S 1 besteht. Ein ausländischer Doppelstaater, der von Geburt an ausschließlich oder zumindest vorwiegend in seinem Heimatstaate A gelebt und dort auch zum Zeitpunkt seines Todes seinen gewöhnlichen Aufenthalt hatte, ist danach im Zweifel aus der Sicht des deutschen Kollisionsrechts als Staatsangehöriger von A anzusehen. Etwas anderes mag allenfalls dann gelten, wenn sämtliche anderen Anknüpfungselemente – familiäre und berufliche Bindungen, kulturelle Verwurzelung, Lebensplanung für die Zukunft usw – in deutlicher Massierung gemeinsam auf den anderen Heimatstaat B hindeuten. Das könnte zB der Fall sein (vgl MANSEL, Personalstatut, Staatsangehörigkeit und Effektivität [1988] Rn 209), wenn ein Kind nach dem ius soli die Staatsangehörigkeit des Staates A erlangt und sich auch ständig dort aufgehalten hat, seine Familie aber aus dem Staat B stammt, in A nur vorübergehend aus beruflichen Gründen lebt, die Sprache von B spricht und irgendwann einmal nach B zurückkehren wird.

444 (2) Befindet sich der gewöhnliche Aufenthalt eines ausländischen Doppelstaaters zum Zeitpunkt seines Todes in dem einen Heimatstaat, während er sein Leben vorwiegend in einem Drittstaat verbracht hat, so ist er im Zweifel am engsten mit dem Heimatstaat verbunden, in welchem sich sein gewöhnlicher Aufenthalt befindet. Eine Ausnahme gilt allenfalls dann, wenn praktisch alle unbenannten Elemente auf den jeweils anderen Staat hindeuten.

445 (3) Umgekehrt: Hat ein ausländischer Doppelstaater seinen gewöhnlichen Aufenthalt außerhalb seiner Heimatstaaten, verbindet ihn aber der „Verlauf seines Lebens" mit einem von beiden, so wird im Zweifel eine engste Verbindung zu dem Staat bestehen, in dem er sein Leben ausschließlich oder zumindest überwiegend verbracht hat. Eine Ausnahme gilt allenfalls dann, wenn praktisch alle unbenannten Elemente auf den jeweils anderen Staat hindeuten.

446 (4) Hatte ein ausländischer Doppelstaater seinen letzten gewöhnlichen Aufenthalt nicht in einem Heimatstaat und war er auch durch den Verlauf seines Lebens nicht mit einem Heimatstaat verbunden *oder* befand sich sein letzter gewöhnlicher Aufenthalt nicht in einem Heimatstaat, war er durch den Verlauf seines Lebens aber gleichermaßen mit beiden Heimatstaaten verbunden, *oder* hatte er seinen letzten gewöhnlichen Aufenthalt im Heimatstaate A, sein bisheriges Leben jedoch praktisch ausschließlich im Heimatstaate B verbracht, so entscheidet eine Abwägung der *unbenannten* Anknüpfungselemente (Rn 440).

447 (5) Kann danach – in seltenen Fällen – nicht festgestellt werden, zu welchem der Heimatstaaten eine engste Verbindung besteht, erscheint Art 5 Abs 1 S 1 nicht mehr anwendbar. Statt dessen sollte man im Interesse einer einfachen und praktikablen Rechtsanwendung in analoger Anwendung des Art 5 Abs 2 zur Aufenthaltsanknüpfung übergehen.

4. Staatenlose

a) Art 5 Abs 2
448 Die Anknüpfung an die Staatsangehörigkeit versagt ebenfalls, wenn der Erblasser **staatenlos** ist oder seine **Staatsangehörigkeit nicht festgestellt** werden kann. Für diesen

Fall schreibt Art 5 Abs 2 eine Anknüpfung an den (letzten) gewöhnlichen Aufenthalt (zum Begriff Rn 438), hilfsweise an den (letzten) schlichten Aufenthalt vor. Allerdings gehen dieser Bestimmung des autonomen Kollisionsrechts weitgehend die Vorschriften des UN-Übereinkommens über die Rechtsstellung der Staatenlosen vor (Art 3 Abs 2 S 1, s sogleich Rn 449 f).

b) UN-Übereinkommen über die Rechtsstellung der Staatenlosen

Das New Yorker **UN-Übereinkommen über die Rechtsstellung der Staatenlosen** v **449** 28. 9. 1954 ist in der Bundesrepublik am 24. 1. 1977 (BGBl 1976 II 473; 1977 II 235) in Kraft getreten (ausführlich dazu STAUDINGER/BLUMENWITZ [1996] Rn 482 ff). Es geht gemäß Art 3 Abs 2 S 1 dem autonomen Art 5 Abs 2, soweit dieser im Hinblick auf Staatenlose die Staatsangehörigkeitsanknüpfung ersetzt, in der Anwendung vor. Art 12 Abs 1 des Abkommens enthält eine ergänzende Anknüpfungsregel für das Personalstatut von Staatenlosen, dh für alle solchen Rechtsverhältnisse Staatenloser, die nach deutschem IPR dem Heimatrecht einer Person unterstellt sind (vgl PALANDT/ HELDRICH Anh I zu Art 5 Rn 2). Der Begriff des „Staatenlosen" wird in Art 1 definiert. Diese Bestimmungen lauten:

UN-Staatenlosen-Übereinkommen *(Auszug)*

Art 1. Definition des Begriffs „Staatenloser"

(1) Im Sinne dieses Übereinkommens ist ein „Staatenloser" eine Person, die kein Staat auf Grund seines Rechtes als Staatsangehörigen ansieht.

(2) Dieses Übereinkommen findet keine Anwendung

i) auf Personen, denen gegenwärtig ein Organ oder eine Organisation der Vereinten Nationen, mit Ausnahme des Hohen Flüchtlingskommissars der Vereinten Nationen, Schutz oder Beistand gewährt, solange sie diesen Schutz oder Beistand genießen;

ii) auf Personen, denen die zuständigen Behörden des Landes, in dem sie ihren Aufenthalt genommen haben, die Rechte und Pflichten zuerkennen, die mit dem Besitz der Staatsangehörigkeit dieses Landes verknüpft sind;

iii) auf Personen, bei denen aus schwerwiegenden Gründen die Annahme gerechtfertigt ist,

a) daß sie ein Verbrechen gegen den Frieden, ein Kriegsverbrechen oder ein Verbrechen gegen die Menschlichkeit im Sinne der internationalen Übereinkünfte begangen haben, die abgefaßt wurden, um Bestimmungen hinsichtlich derartiger Verbrechen zu treffen;

b) daß sie ein schweres nichtpolitisches Verbrechen außerhalb ihres Aufenthaltslands begangen haben, bevor sie dort Aufnahme fanden;

c) daß sie sich Handlungen zuschulden kommen ließen, die den Zielen und Grundsätzen der Vereinten Nationen zuwiderlaufen.

Art 12. Personalstatut

(1) Das Personalstatut eines Staatenlosen bestimmt sich nach den Gesetzen des Landes seines Wohnsitzes oder, wenn er keinen Wohnsitz hat, nach den Gesetzen seines Aufenthaltslandes.

(2) Die von einem Staatenlosen früher erworbenen, sich aus seinem Personalstatut ergebenden Rechte, insbesondere die aus der Eheschließung, werden von jedem Vertragsstaat vorbehaltlich der nach seinen Gesetzen gegebenenfalls zu erfüllenden Förmlichkeiten geachtet; hierbei wird vorausgesetzt, daß es sich um ein Recht handelt, das nach den Gesetzen dieses Staates anerkannt worden wäre, wenn der Berechtigte nicht staatenlos geworden wäre.

Die im deutschen IPR an die Staatsangehörigkeit des Erblassers angeknüpfte **450**

„Rechtsnachfolge von Todes wegen" wird danach gemäß Art 12 Abs 1 bei einem
staatenlosen Erblasser vom Recht seines Wohnsitzes, hilfsweise vom Recht seines
Aufenthaltes beherrscht. Unter dem „Wohnsitz" iS des Abkommens ist dabei ein
„gewöhnlicher Aufenthalt" iS des deutschen Rechts (vgl Rn 438), unter dem „Aufenthalt" iS des Abkommens der schlichte Aufenthalt iS des deutschen Rechts zu verstehen, so daß die Anknüpfung des Abkommens und die in Art 5 Abs 2 enthaltene
Anknüpfung sachlich übereinstimmen (vgl PALANDT/HELDRICH Anh I zu Art 5 Rn 2; STAU-
DINGER/BLUMENWITZ [1996] Art 5 Rn 491 ff).

5. Flüchtlinge und Asylberechtigte

451 Die Staatsangehörigkeitsanknüpfung erscheint verfehlt bei Erblassern, die aus ihrem
Heimatland vertrieben wurden oder dieses aus Furcht vor Verfolgung verlassen
haben. Für diesen Personenkreis sieht das Genfer Flüchtlingsübereinkommen daher
eine Anknüpfung an den letzten gewöhnlichen Aufenthalt vor (Rn 452 ff). Der deutsche Gesetzgeber hat diese Anknüpfung in einigen staatlichen Gesetzen durch eine
Verweisung auf die Flüchtlingskonvention übernommen (Rn 455 ff).

a) UN-Abkommen über die Rechtsstellung der Flüchtlinge*

452 Das UN-Abkommen über die Rechtsstellung der Flüchtlinge (**Genfer Flüchtlingskonvention**) v 28. 7. 1951 ist in der Bundesrepublik am 24. 12. 1953 in Kraft getreten
(BGBl 1953 II 559). Es enthält in seinem Art 12 Abs 1 eine ergänzende Anknüpfungsregel für das Personalstatut von Flüchtlingen, dh für alle solchen Rechtsverhältnisse,
die nach deutschem IPR dem Heimatrecht einer Person unterstellt sind (vgl PALANDT/
HELDRICH Anh II 4 zu Art 5 Rn 27). Der Begriff des **„Flüchtlings"** wird in Art 1 definiert
(dazu ausführlich PALANDT/HELDRICH Anh II 4 zu Art 5 Rn 21 f). Art I des Protokolls über die
Rechtsstellung der Flüchtlinge v 31. 1. 1967 (BGBl 1969 II 1294) erstreckt den persönlichen Anwendungsbereich des Abkommens auf solche Flüchtlinge, die *nach dem
1. 1. 1951* ihre Heimat verlassen haben. Auf volksdeutsche Flüchtlinge und Vertriebene findet das Abkommen keine Anwendung, da es nach seinem Art 1 E für solche
Personen nicht gilt, die im Aufenthaltsland den Staatsangehörigen dieses Landes
gleichgestellt werden (vgl Rn 430). Die genannten Bestimmungen lauten:

UN-Flüchtlings-Übereinkommen *(Auszug)*

Art 1. Definition des Begriffs „Flüchtling"

A.

Im Sinne dieses Abkommens findet der Ausdruck „Flüchtling" auf jede Person Anwendung:

1. Die in Anwendung der Vereinbarungen vom 12. Mai 1926 und 30. Juni 1928 oder in Anwendung der
Abkommen vom 28. Oktober 1933 und 10. Februar 1938 und des Protokolls vom 14. September 1939 oder
in Anwendung der Verfassung der Internationalen Flüchtlingsorganisation als Flüchtling gilt.

Die von der Internationalen Flüchtlingsorganisation während der Dauer ihrer Tätigkeit getroffenen
Entscheidungen darüber, daß jemand nicht als Flüchtling im Sinne ihres Statuts anzusehen ist, stehen

---

* **Neueres Schrifttum:** BEITZ/WOLLENSCHLÄ-   Völkerrecht und dem Recht der Bundesrepublik
GER, Handbuch des Asylrechts (1981); MARX,   Deutschland, ZRP 1980, 192.
Der Begriff des politischen Flüchtlings nach

dem Umstand nicht entgegen, daß die Flüchtlingseigenschaft Personen zuerkannt wird, die die Voraussetzungen der Ziffer 2 dieses Artikels erfüllen;

2. Die infolge von Ereignissen, die vor dem 1. Januar 1951 eingetreten sind, und aus der begründeten Furcht vor Verfolgung wegen ihrer Rasse, Religion, Nationalität, Zugehörigkeit zu einer bestimmten sozialen Gruppe oder wegen ihrer politischen Überzeugung sich außerhalb des Landes befindet, dessen Staatsangehörigkeit sie besitzt, und die den Schutz dieses Landes nicht in Anspruch nehmen kann oder wegen dieser Befürchtungen nicht in Anspruch nehmen will; oder die sich als staatenlos infolge solcher Ereignisse außerhalb des Landes befindet, in welchem sie ihren gewöhnlichen Aufenthalt hatte, und nicht dorthin zurückkehren kann oder wegen der erwähnten Befürchtungen nicht dorthin zurückkehren will.

Für den Fall, daß eine Person mehr als eine Staatsangehörigkeit hat, bezieht sich der Ausdruck „das Land, dessen Staatsangehörigkeit sie besitzt" auf jedes der Länder, dessen Staatsangehörigkeit diese Person hat. Als des Schutzes des Landes, dessen Staatsangehörigkeit sie hat, beraubt, gilt nicht eine Person, die ohne einen stichhaltigen, auf eine begründete Befürchtung gestützten Grund den Schutz eines der Länder nicht in Anspruch genommen hat, deren Staatsangehörigkeit sie besitzt.

B.

1. Im Sinne dieses Abkommens können die im Artikel 1 Abschnitt A enthaltenen Worte „Ereignisse, die vor dem 1. Januar 1951 eingetreten sind" in dem Sinne verstanden werden, daß es sich entweder um

a) „Ereignisse, die vor dem 1. Januar 1951 in Europa eingetreten sind" oder

b) „Ereignisse, die vor dem 1. Januar 1951 in Europa oder anderswo eingetreten sind"

handelt. Jeder vertragschließende Staat wird zugleich mit der Unterzeichnung, der Ratifikation oder dem Beitritt eine Erklärung abgeben, welche Bedeutung er diesem Ausdruck vom Standpunkt der von ihm auf Grund dieses Abkommens übernommenen Verpflichtung zu geben beabsichtigt.

2. Jeder vertragschließende Staat, der die Formulierung zu a) angenommen hat, kann jederzeit durch eine an den Generalsekretär der Vereinten Nationen gerichtete Notifikation seine Verpflichtungen durch Annahme der Formulierung b) erweitern.

C.

Eine Person, auf die die Bestimmungen des Absatzes A zutreffen, fällt nicht mehr unter dieses Abkommen,

1. wenn sie sich freiwillig erneut dem Schutz des Landes, dessen Staatsangehörigkeit sie besitzt, unterstellt; oder

2. wenn sie nach dem Verlust ihrer Staatsangehörigkeit diese freiwillig wiedererlangt hat; oder

3. wenn sie eine neue Staatsangehörigkeit erworben hat und den Schutz des Landes, dessen Staatsangehörigkeit sie erworben hat, genießt; oder

4. wenn sie freiwillig in das Land, das sie aus Furcht vor Verfolgung verlassen hat oder außerhalb dessen sie sich befindet, zurückgekehrt ist und sich dort niedergelassen hat; oder

5. wenn sie nach Wegfall der Umstände, auf Grund deren sie als Flüchtling anerkannt worden ist, es nicht mehr ablehnen kann, den Schutz des Landes in Anspruch zu nehmen, dessen Staatsangehörigkeit sie besitzt.

Hierbei wird jedoch unterstellt, daß die Bestimmung dieser Ziffer auf keinen Flüchtling im Sinne der Ziffer 1 des Abschnitts A dieses Artikels Anwendung findet, der sich auf zwingende, auf früheren Verfolgungen beruhende Gründe berufen kann, um die Inanspruchnahme des Schutzes des Landes abzulehnen, dessen Staatsangehörigkeit er besitzt;

6. wenn es sich um eine Person handelt, die keine Staatsangehörigkeit besitzt, falls sie nach Wegfall der Umstände, auf Grund deren sie als Flüchtling anerkannt worden ist, in der Lage ist, in das Land zurückzukehren, in dem sie ihren gewöhnlichen Wohnsitz hat. Dabei wird jedoch unterstellt, daß die Bestimmung dieser Ziffer auf keinen Flüchtling im Sinne der Ziffer 1 des Abschnitts A dieses Artikels Anwen-

dung findet, der sich auf zwingende, auf früheren Verfolgungen beruhende Gründe berufen kann, um die Rückkehr in das Land abzulehnen, in dem er seinen gewöhnlichen Aufenthalt hatte.

D.

Dieses Abkommen findet keine Anwendung auf Personen, die zur Zeit den Schutz oder Beistand einer Organisation oder einer Institution der Vereinten Nationen, mit Ausnahme des Hohen Kommissars der Vereinten Nationen für Flüchtlinge, genießen.

Ist dieser Schutz oder diese Unterstützung aus irgendeinem Grunde weggefallen, ohne daß das Schicksal dieser Personen endgültig gemäß den hierauf bezüglichen Entschließungen der Generalversammlung der Vereinten Nationen geregelt worden ist, so fallen diese Personen ipso facto unter die Bestimmungen dieses Abkommens.

E.

Dieses Abkommen findet keine Anwendung auf eine Person, die von den zuständigen Behörden des Landes, in dem sie ihren Aufenthalt genommen hat, als eine Person anerkannt wird, welche die Rechte und Pflichten hat, die mit dem Besitz der Staatsangehörigkeit dieses Landes verknüpft sind.

F.

Die Bestimmungen dieses Abkommens finden keine Anwendung auf Personen, in bezug auf die aus schwerwiegenden Gründen die Annahme gerechtfertigt ist,

a) daß sie ein Verbrechen gegen den Frieden, ein Kriegsverbrechen oder ein Verbrechen gegen die Menschlichkeit im Sinne der internationalen Vertragswerke begangen haben, die ausgearbeitet worden sind, um Bestimmungen bezüglich dieser Verbrechen zu treffen;

b) daß sie ein schweres nichtpolitisches Verbrechen außerhalb des Aufnahmelandes begangen haben, bevor sie dort als Flüchtling aufgenommen wurden;

c) daß sie sich Handlungen zuschulden kommen ließen, die den Zielen und Grundsätzen der Vereinten Nationen zuwiderlaufen.

Art 12. Personalstatut.

(1) Das Personalstatut jedes Flüchtlings bestimmt sich nach dem Recht des Landes seines Wohnsitzes oder, in Ermangelung eines Wohnsitzes, nach dem Recht seines Aufenthaltslandes.

(2) Die von einem Flüchtling vorher erworbenen und sich aus seinem Personalstatut ergebenden Rechte, insbesondere die aus der Eheschließung, werden von jedem vertragschließenden Staat geachtet, gegebenenfalls vorbehaltlich der Formalitäten, die nach dem in diesem Staat geltenden Recht vorgesehen sind. Hierbei wird jedoch unterstellt, daß das betreffende Recht zu demjenigen gehört, das nach den Gesetzen dieses Staates anerkannt worden wäre, wenn die in Betracht kommende Person kein Flüchtling geworden wäre.

Art 1 des Protokolls über die Rechtsstellung der Flüchtlinge v 31.1.1967

Art I. Allgemeine Bestimmung

(1) Die Vertragsstaaten dieses Protokolls verpflichten sich, die Artikel 2 bis 34 des Abkommens auf Flüchtlinge im Sinne der nachstehenden Begriffsbestimmung anzuwenden.

(2) Außer für die Anwendung des Absatzes 3 dieses Artikels bezeichnet der Ausdruck „Flüchtling" im Sinne dieses Protokolls jede unter die Begriffsbestimmung des Artikels 1 des Abkommens fallende Person, als seien die Worte „infolge von Ereignissen, die vor dem 1. Januar 1951 eingetreten sind, und..." sowie die Worte „... infolge solcher Ereignisse" in Artikel 1, Abschnitt A, Absatz 2 nicht enthalten.

(3) Dieses Protokoll wird von seinen Vertragsstaaten ohne jede geographische Begrenzung angewendet;

jedoch finden die bereits nach Artikel 1, Abschnitt B, Absatz 1, Buchstabe a) des Abkommens abgegebenen Erklärungen von Staaten, die schon Vertragsstaaten des Abkommens sind, auch auf Grund
dieses Protokolls Anwendung, sofern nicht die Verpflichtungen des betreffenden Staates nach Artikel
1, Abschnitt B, Absatz 2 des Abkommens erweitert worden sind.

Beim Tode eines Flüchtlings iS des Abkommens unterliegt die Rechtsnachfolge von **453**
Todes wegen mithin dem Recht des Staates, in welchem der Flüchtling zum Zeitpunkt des Todes seinen Wohnsitz bzw seinen Aufenthalt hatte. Eine Definition des
Wohnsitzbegriffs überläßt das Abkommen den Vertragsstaaten. Im Interesse einer
international einheitlichen Anwendung sollte der Begriff nicht als Wohnsitz iS der
§§ 7 ff BGB, sondern als „gewöhnlicher Aufenthalt" in dem kollisionsrechtlich
gebräuchlichen Sinne (vgl Rn 438) verstanden werden (so die hM, vgl BT-Drucks 7/
4170 S 35; KROPHOLLER § 38 II 2; vBAR I Rn 186; PALANDT/HELDRICH Anh II 4 zu Art 5 Rn 27;
str, **aA** zB RAAPE/STURM, Internationales Privatrecht I[6] [1977] 152).

Art 12 der Genfer Konvention ist im Grundsatz als *Sachnormverweisung* zu verste- **454**
hen; eine Rück- oder Weiterverweisung durch das Kollisionsrecht des Wohnsitz- bzw
Aufenthaltsstaates etwa auf das Recht des Heimatstaates des Erblassers ist mithin
unbeachtlich (PALANDT/HELDRICH Anh II 4 zu Art 5 Rn 28; OLG Hamm StAZ 1991, 317; 93, 79;
aA MünchKomm/SONNENBERGER Art 5 Anh II Rn 82 f). Wenn allerdings das IPR des Wohn-
sitz- bzw Aufenthaltsstaates die Vererbung bestimmter Vermögenswerte nicht als
Frage des Personalstatuts begreift, sondern für die Vererbung einzelner Vermögensgegenstände etwa die lex rei sitae beruft und damit Nachlaßspaltung (Rn 723 ff) eintreten läßt, so ist dem zu folgen. Das Abkommen will den Flüchtling wie einen
Angehörigen des Wohnsitzlandes behandelt wissen, ihm aber keine erbkollisionsrechtliche Sonderstellung einräumen (so RAAPE/STURM, Internationales Privatrecht I[6] [1977]
154).

b) Verweisungen auf das Genfer Flüchtlingsabkommen im deutschen Recht
Der deutsche Gesetzgeber hat verschiedentlich auf Art 12 der Genfer Flüchtlings- **455**
konvention verwiesen und dadurch für einen bestimmten Personenkreis Sondervorschriften zur Bestimmung des Personalstatuts auch in erbrechtlichen Zusammenhängen geschaffen. Gemäß §§ **2 u 3 AsylVfG** idF der Bekanntmachung v 27. 7. 1993 (BGBl
1993 I 1361), zuletzt geändert durch Gesetz v 29. 10. 1997 (BGBl 1997 I 2587), genießen
Asylberechtigte (§ 2 Abs 1 AsylVfG), ferner Ausländer, denen vor der Wiedervereinigung in der DDR Asyl gewährt worden war (§ 2 Abs 3 AsylVfG), sowie – unter
den Voraussetzungen der §§ 3 AsylVfG iVm 51 Abs 1 AuslG – auch sonstige politisch
Verfolgte im Bundesgebiet die Rechtsstellung von Flüchtlingen nach dem Genfer
Abkommen (näher PALANDT/HELDRICH Anh II 5 zu Art 5 Rn 30 ff). Für Asylberechtigte gilt
dies nur, soweit sie als solche anerkannt worden sind (BGH FamRZ 1993, 48; OLG Hamm
StAZ 1991, 317; 93, 78). Zum persönlichen Anwendungsbereich vgl näher § 1 AsylVfG.
Die einschlägigen Bestimmungen lauten:

Asylverfahrensgesetz *(Auszug)*

§ 1. Geltungsbereich.
**(1) Dieses Gesetz gilt für Ausländer, die Schutz als politisch Verfolgte nach Artikel 16a Abs. 1 des
Grundgesetzes oder Schutz vor Abschiebung oder einer sonstigen Rückführung in einen Staat beantragen, in dem ihnen die in § 51 Abs. 1 des Ausländergesetzes bezeichneten Gefahren drohen.**

(2) Dieses Gesetz gilt nicht

1. für heimatlose Ausländer im Sinne des Gesetzes über die Rechtsstellung heimatloser Ausländer im Bundesgebiet in der im Bundesgesetzblatt Teil III, Gliederungsnummer 243–1, veröffentlichten bereinigten Fassung, zuletzt geändert durch Artikel 4 des Gesetzes vom 9. Juli 1990 (BGBl. I, S. 1354),

2. für Ausländer im Sinne des Gesetzes über Maßnahmen für im Rahmen humanitärer Hilfsaktionen aufgenommene Flüchtlinge vom 22. Juli 1980 (BGBl. I, S. 1057), zuletzt geändert durch Artikel 5 des Gesetzes vom 9. Juli 1990 (BGBl. I, S. 1354).

§ 2. Rechtsstellung Asylberechtigter.

(1) Asylberechtigte genießen im Bundesgebiet die Rechtsstellung nach dem Abkommen über die Rechtsstellung der Flüchtlinge vom 28. Juli 1951 (BGBl. 1953 II, S. 559).

(2) Unberührt bleiben die Vorschriften, die den Asylberechtigten eine günstigere Rechtsstellung einräumen.

(3) Ausländer, denen bis zum Wirksamwerden des Beitritts in dem in Artikel 3 des Einigungsvertrages genannten Gebiet Asyl gewährt worden ist, gelten als Asylberechtigte.

§ 3. Rechtsstellung sonstiger politisch Verfolgter.

Ein Ausländer ist Flüchtling im Sinne des Abkommens über die Rechtsstellung der Flüchtlinge, wenn das Bundesamt oder ein Gericht unanfechtbar festgestellt hat, daß ihm in dem Staat, dessen Staatsangehörigkeit er besitzt oder in dem er als Staatenloser seinen gewöhnlichen Aufenthalt hatte, die in § 51 Abs. 1 des Ausländergesetzes bezeichneten Gefahren drohen.

456 Nach § 1 des **Gesetzes über Maßnahmen für im Rahmen humanitärer Hilfsaktionen aufgenommene Flüchtlinge** v 22. 7. 1980 (BGBl 1980 I 1057; dazu JAYME IPRax 1981, 73) erhalten sog „Kontingentflüchtlinge" auch ohne Anerkennung als Asylberechtigte die Rechtsstellung von Flüchtlingen iS der Genfer Konvention. Es handelt sich um Personen (zB aus Vietnam, Chile oder dem Irak), die von der Bundesrepublik im Rahmen humanitärer Hilfsmaßnahmen aufgrund eines Sichtvermerks oder einer Übernahmeerklärung des Bundesinnenministers aufgenommen worden sind (näher PALANDT/HELDRICH Anh II 6 zu Art 5 Rn 33).

(Auszug)

§ 1. Rechtsstellung.

(1) Wer als Ausländer im Rahmen humanitärer Hilfsaktionen der Bundesrepublik Deutschland auf Grund der Erteilung einer Aufenthaltserlaubnis vor der Einreise in der Form des Sichtvermerks oder auf Grund einer Übernahmeerklärung nach § 33 Abs. 1 des Ausländergesetzes im Geltungsbereich dieses Gesetzes aufgenommen worden ist, genießt im Geltungsbereich dieses Gesetzes die Rechtsstellung nach den Artikeln 2 bis 34 des Abkommens über die Rechtsstellung der Flüchtlinge vom 28. Juli 1951 (BGBl. 1953 II, S. 559).

(2) Auch ohne Aufenthaltserlaubnis oder Übernahmeerklärung genießt die Rechtsstellung nach Absatz 1, wer als Ausländer vor Vollendung des 16. Lebensjahres und vor dem Inkrafttreten des Gesetzes zur Neuregelung des Ausländerrechts im Rahmen humanitärer Hilfsaktionen der Bundesrepublik Deutschland im Geltungsbereich dieses Gesetzes aufgenommen worden ist.

(3) Dem Ausländer wird eine unbefristete Aufenthaltserlaubnis erteilt.

§ 2 a. Erlöschen der Rechtsstellung.

(1) Die Rechtsstellung nach § 1 erlischt, wenn der Ausländer

1. sich freiwillig oder durch Annahme oder Erneuerung eines Nationalpasses erneut dem Schutz des Staates, dessen Staatsangehörigkeit er besitzt, unterstellt oder

2. nach Verlust seiner Staatsangehörigkeit diese freiwillig wiedererlangt hat oder

3. auf Antrag eine neue Staatsangehörigkeit erworben hat und den Schutz des Staates, dessen Staatsangehörigkeit er erworben hat, genießt.

(2). . .

Keine erbrechtliche Bedeutung hat dagegen Art 1 des **AHKGesetzes** 23 über die **457** Rechtsverhältnisse verschleppter Personen und Flüchtlinge v 17. 3. 1950 (AHKABl 140; dazu PALANDT/HELDRICH Anh II 2 zu Art 5 Rn 14 ff), der für verschleppte Personen und Flüchtlinge die Staatsangehörigkeitsanknüpfung durch eine Anknüpfung an den gewöhnlichen, hilfsweise schlichten Aufenthalt ersetzt. Nach Art 2 des Gesetzes findet diese Regel nämlich im Erbkollisionsrecht keine Anwendung.

II. Zeitpunkt der Anknüpfung

Der für die Anknüpfung maßgebende Zeitpunkt ist nach Art 25 Abs 1 der Zeitpunkt **458** des **Todes des Erblassers**. Erst jetzt wird das Erbstatut endgültig fixiert. Ein **Statutenwechsel ieS**, dh ein Wechsel der in der Sache maßgebenden Rechtsordnung durch eine Änderung der Anknüpfungstatsachen (vgl KROPHOLLER § 27 I), ist danach naturgemäß *nicht* mehr *möglich*.

Bis zum Tod des Erblassers steht das Erbstatut dagegen nur mit mehr oder minder **459** großer Wahrscheinlichkeit fest (RAAPE, Internationales Privatrecht⁵ [1961] 427, 39: „schwebendes Statut"). Es kann niemals ausgeschlossen werden, daß der Erblasser insbesondere durch einen Wechsel der Staatsangehörigkeit die Bestimmungen eines anderen Erbstatuts zur Anwendung bringt. In einem solchen Fall ändert sich häufig die von den gesetzlichen Erben oder Pflichtteilsberechtigten erwartete Nachlaßbeteiligung. Beispiel (von RAAPE aaO 428): Erwirbt ein Deutscher die britische Staatsangehörigkeit, steht seinen Kindern im Falle des Todes kein Pflichtteilsrecht zu; wird umgekehrt der Engländer deutscher Staatsbürger, erhalten die Kinder im Todesfall Pflichtteilsansprüche, auf die sie vor dem Staatsangehörigkeitswechsel nicht rechnen durften.

Schutz gegen mögliche, etwa durch einen Staatsangehörigkeitswechsel herbeige- **460** führte **Verschlechterungen** der erhofften Rechtsposition gewährt das deutsche Recht *im Bereich der gesetzlichen Erbfolge nicht*, da die Erwartungen des präsumtiven Erben bzw Pflichtteilsberechtigten vor dem Tod des Erblassers grundsätzlich keinen Schutz genießen. Etwas anderes gilt für die *gewillkürte Erbfolge*: Hier könnte die späte Festlegung des Anknüpfungszeitpunkts dazu führen, daß sich eine am „schwebenden Erbstatut" ausgerichtete und danach wirksam vorgenommene Verfügung von Todes wegen nach einem Staatsangehörigkeitswechsel beim Tode des Erblassers im Lichte des dann tatsächlich maßgebenden Erbstatuts unvermutet als unwirksam erweist; der Erwerb einer anderen Staatsangehörigkeit könnte dem Testierenden auch die Gelegenheit bieten, sich einer unter der Herrschaft des „Schwebestatuts" eingegangenen Bindung wieder zu entziehen (näher Art 26 Rn 60 ff). Aus diesem Grund bestimmt Art 26 Abs 5 S 1, daß die Gültigkeit der Errichtung einer Verfügung von Todes wegen sowie die Bindung an sie dem Recht unterliegt, das zum *Zeitpunkt der Verfügung* auf die Rechtsnachfolge von Todes wegen anzuwenden wäre (hypothetisches Erbstatut oder Errichtungsstatut, vgl Art 26 Rn 60 ff). Noch einen Schritt weiter

Heinrich Dörner

geht Art 26 Abs 5 S 2, der über den S 1 der Vorschrift hinaus dem Erblasser eine einmal vorhandene Testierfähigkeit auch dann erhält, wenn er bereits *vor der Errichtung* einer Verfügung von Todes wegen seine Staatsangehörigkeit gewechselt hatte (näher Art 26 Rn 84 ff).

D.   Wahl des deutschen Erbstatuts (Abs 2)*

I.   Rechtszustand vor dem Inkrafttreten des IPR-Reformgesetzes

461 **Bis** zum **Inkrafttreten des IPR-Reformgesetzes** am 1.9.1986 war eine erbrechtliche **Rechtswahl,** dh eine eigenverantwortliche Bestimmung des maßgebenden Erbstatuts durch den Erblasser, im deutschen Recht **nicht zugelassen.** Insbesondere der BGH hatte in einer Grundsatzentscheidung v 29.3.1972 dem Gedanken erbrechtlicher Parteiautonomie eine klare Absage erteilt; angesichts der nahezu einhellig ablehnenden Auffassung des Schrifttums und vor dem Hintergrund einer nur geringen internationalen Verbreitung sehe sich der Senat „nicht in der Lage, die Zulässigkeit der erbrechtlichen Rechtswahl als geltendes Recht anzuerkennen. Sie würde bei sonst anwendbarem deutschen Recht zur Ausschaltung der zwingenden Vorschriften der Pflichtteilsrechte führen, ohne daß auf der anderen Seite hinreichende Sachgründe ersichtlich wären, die es als ein dringendes Bedürfnis erscheinen ließen, die Rechtswahl im deutschen Erbrecht vor internationaler Anerkennung dieses Instituts zuzulassen . . .“ (BGH NJW 1972, 1001 f, 1002; aus der Rspr vgl ferner LG Berlin RabelsZ 1952, 131; für ausnahmsweise Zulässigkeit einer Rechtswahl im *interlokalen* Erbrecht aber IPG 1982 [Hamburg] Nr 34 S 336).

---

* **Schrifttum:** DÖLLE, Die Rechtswahl im Internationalen Erbrecht, RabelsZ 1966, 205; DÖRNER, Probleme des neuen Internationalen Erbrechts, DNotZ 1988, 67; DREHER, Die Rechtswahl im internationalen Erbrecht (1999); HAOPEI LI, Conflict of Laws of Succession, Rec des Cours 1993 V 13; KEMP, Grenzen der Rechtswahl im internationalen Ehegüter- und Erbrecht (1998); KÖTTERS, Parteiautonomie und Anknüpfungsmaximen (Diss Münster 1989); KRZYWON, Der Begriff des unbeweglichen Vermögens in Artikel 25 Abs 2 EGBGB, BWNotZ 1986, 154; ders, Die Rechtswahl im Erbrecht, BWNotZ 1987, 4; KÜHNE, Die Parteiautonomie im internationalen Erbrecht (1973); ders, Testierfreiheit und Rechtswahl im internationalen Erbrecht – Die Parteiautonomie: eine „basic rule“ des Kollisionsrechts, JZ 1973, 403; ders, Die außerschuldvertragliche Parteiautonomie im neuen Internationalen Privatrecht, IPRax 1987, 69; LICHTENBERGER, Zu einigen Problemen des Internationalen Familien- und Erbrechts, in: FS Ferid 80 (1988) 269; LINDE-RU-DOLF, Probleme einer Parteiautonomie im deutschen internationalen Erbrecht (1988); MANKOWSKI/OSTHAUS, Gestaltungsmöglichkeiten durch Rechtswahl beim Erbrecht des überlebenden Ehegatten in internationalen Fällen, DNotZ 1997, 10; PÜNDER, Internationales Erbrecht – Vergleich des neuen IPR-Gesetzes mit den bisherigen Regelungen im EGBGB, MittRhNotK 1989, 1; REINHART, Zur Parteiautonomie im künftigen deutschen IPR auf den Gebieten des Familien- und Erbrechts (§§ 14, 15, 29 IPR-Gesetzentwurf), ZVglRW 1981, 150; RIERING, Die Rechtswahl im internationalen Erbrecht, ZEV 1995, 404; STURM, Die Parteiautonomie als bestimmender Faktor im internationalen Familien- und Erbrecht, in: FS Ernst Wolf (1985) 637; TIEDEMANN, Die Rechtswahl im deutschen Internationalen Erbrecht, RabelsZ 1991, 17; dies, Internationales Erbrecht in Deutschland und Lateinamerika (1993); V STOLL, Die Rechtswahl im Namens-, Ehe- und Erbrecht (1991).

Demgegenüber hatte der Gedanke erbrechtlicher Parteiautonomie in der wissen- **462** schaftlichen Diskussion seit der Mitte der 60er Jahre an Boden gewonnen (zur dogmengeschichtlichen Entwicklung LINDE-RUDOLF 55 ff; KEMP 23 ff, 90 ff). Vor allem DÖLLE und KÜHNE sprachen sich für die Zulassung einer erbrechtlichen Rechtswahl bereits de lege lata aus. Für DÖLLE (RabelsZ 1966, 221 ff) ergab sich diese Möglichkeit – in Parallele zum Internationalen Schuldvertragsrecht – aus dem Gedanken der materiellrechtlichen Testierfreiheit. Eine Rechtswahl diene außerdem der Rechtssicherheit und Rechtsklarheit, da sie Zweifel hinsichtlich des anwendbaren Rechts vermeiden und die Gefahr eines Verstoßes gegen Formvorschriften verringern helfe. Einer Umgehung zwingender Vorschriften des bei objektiver Anknüpfung maßgebenden Erbstatuts könne mit Hilfe des ordre public vorgebeugt werden. Dagegen sah KÜHNE (Parteiautonomie 64 ff; ders JZ 1973, 404 f) in der erbrechtlichen Rechtswahl vor allem eine Möglichkeit zur Überwindung der Anknüpfungsverlegenheit, die sich aus dem Gleichgewicht der traditionellen erbrechtlichen Anknüpfungspunkte Staatsangehörigkeit, Wohnsitz und Belegenheit ergebe (für die grundsätzliche Zulässigkeit einer Rechtswahl ferner etwa NEUHAUS RabelsZ 1975, 599; STURM, in: FS Ernst Wolf 651 ff; HENRICH, Lausanner Kolloquium über den deutschen und den schweizerischen Gesetzentwurf zur Neuregelung des Internationalen Privatrechts [1984] 111; in jüngerer Zeit de lege ferenda nachdrücklich DREHER 130).

Die in der letzten Phase der IPR-Reformdiskussion zu Beginn der 80er Jahre vor- **463** gelegten Gesetzesentwürfe sahen sämtlich mehr oder weniger weitgehende Rechtswahltatbestände vor (näher Vorbem 6 ff zu Art 25 f; vgl ferner LINDE-RUDOLF 64 ff; TIEDEMANN RabelsZ 1991, 20 ff; V STOLL 52 ff). Zwar hielt der Regierungsentwurf selbst zunächst noch an einer rein objektiven Anknüpfung fest, weil mit der Einräumung einer Wahlmöglichkeit ein Anreiz geschaffen werden könne, zB nichteheliche Kinder des Erblassers, sonstige Pflichtteilsberechtigte oder Nachlaßgläubiger zu benachteiligen (vgl Vorbem 14 zu Art 25 f). Im Rechtsausschuß des Bundestages wurde dann aber (möglicherweise angesichts entsprechender Forderungen aus der notariellen Praxis, vgl FERID Rn 9–12, 10; TIEDEMANN RabelsZ 1991, 21 f) der heute geltende Art 25 Abs 2 eingefügt (vgl Vorbem 15 zu Art 25 f). In seiner Begründung hebt der Rechtsausschuß den dadurch erzielten Vereinfachungseffekt (vgl Vorbem 16 zu Art 25 f) hervor; der damit verbundene Nachteil einer möglichen Nachlaßspaltung (dazu Rn 723 ff) sei in Kauf zu nehmen. Da die Rechtswahl nur zugunsten des deutschen Rechts zugelassen werde, sei auch den Interessen etwaiger Pflichtteilsberechtigter hinreichend Rechnung getragen (vgl BT-Drucks 10/5632 S 44, näher Vorbem 16 zu Art 25 f). Im Ergebnis wird damit allerdings nur ein Schutz der gesetzlichen Erben nach den Maßstäben des deutschen Rechts gesichert; sich aus dem Heimatrecht des Erblassers ergebende weitergehende Pflichtteils- und Noterbrechte können dagegen über Art 25 Abs 2 ausgeschaltet werden (vgl KÖTTERS 32).

II. Inhalt und Bedeutung des Abs 2

Art 25 Abs 2 gewährt dem Erblasser nunmehr die Möglichkeit, die Erbfolge in das im **464** Inland belegene **unbewegliche Vermögen** dem **deutschen Erbrecht zu unterstellen** (zur intertemporalen Reichweite der Bestimmung und zur Behandlung einer vor dem 1.9.1986 vorgenommenen Rechtswahl vgl Rn 10 u 14; rechtsvergleichend zuletzt HAOPEI LI Rec des Cours 1993 V 13 ff; KEMP 93 ff). Hat der Erblasser von dieser Wahlmöglichkeit Gebrauch gemacht, tritt Art 25 Abs 1 als *subsidiär* zurück. Gleichzeitig bedarf es in diesem Fall keines

Heinrich Dörner

Rückgriffs auf Art 3 Abs 3 mehr, um die „besonderen Vorschriften" des deutschen Belegenheitsrechts durchzusetzen (vgl Rn 523). Art 26 Abs 5 dagegen ist lex specialis auch gegenüber Art 25 Abs 2: Die Gültigkeit einer Verfügung von Todes wegen und der von ihr ausgehenden Bindungswirkung ist hinsichtlich des inländischen unbeweglichen Vermögens nach deutschem Recht zu beurteilen, wenn der Erblasser *zum Zeitpunkt der Errichtung* (dh anläßlich der Vornahme oder früher) für das deutsche Recht optiert hatte.

465 Durch die in Abs 2 gewährte Wahlmöglichkeit wird die **Rechtsanwendung vereinfacht** (vgl Bericht des Rechtsausschusses, BT-Drucksache 10/5632 S 44): Der in der Bundesrepublik lebende ausländische Erblasser kann sich bei der Abfassung seines privatschriftlichen Testaments an den Bestimmungen des deutschen Aufenthaltsrechts orientieren (vgl schon DÖRNER DNotZ 1988, 93). Gleiches gilt im Falle der Errichtung eines notariellen Testaments für den beratenden Notar (zur Belehrungspflicht des Notars s PÜNDER Mitt-RhNotK 1989, 7). Angesichts der auch im Internationalen Ehegüterrecht zulässigen Rechtswahl (vgl Art 15 Abs 1 iVm Art 14 Abs 2 u 3 sowie Art 15 Abs 2) bietet sich eine Möglichkeit, die erb- und güterrechtliche Abwicklung eines Todesfalls zu koordinieren und dadurch Normwidersprüche bzw Angleichungsprobleme zu vermeiden (GEIMER DNotZ 1985 [Sonderheft] 112; TIEDEMANN RabelsZ 1991, 18 f; MünchKomm/BIRK Art 25 Rn 25). Erblasser und/oder Erben werden häufig die Kosten eines Rechtsgutachtens über das anwendbare Erbrecht sparen oder sie zumindest geringhalten können (vgl DÖRNER DNotZ 1988, 86; BASEDOW NJW 1986, 2977). Auch das Verfahren der Erbscheinserteilung bzw der Grundbuchumschreibung dürfte sich bei Anwendbarkeit deutschen Rechts verkürzen (vgl DÖLLE RabelsZ 1966, 232; ferner V STOLL 55). Schließlich unterliegen Nachlaßabwicklung und Erbfolge ein und demselben Recht (KÖTTERS 33; V STOLL 55 f).

466 Art 25 Abs 2 gestattet nur die Wahl **deutschen Erbrechts** für das **im Inland belegene unbewegliche Vermögen.** Es handelt sich um eine Ausnahmevorschrift, die den Anwendungsbereich des deutschen Rechts regelwidrig ausdehnt (KEGEL/SCHURIG § 21 I 2 [„einseitige Exklusivnorm"]; MünchKomm/BIRK Art 25 Rn 21; vgl auch KROPHOLLER § 51 II 1; SIEHR IPRax 1987, 6 f). Die Bestimmung ist weder verallgemeinerungs- noch erweiterungsfähig (vgl KROPHOLLER aaO; TIEDEMANN 23) und erlaubt daher weder die Wahl eines ausländischen Erbstatuts noch die Wahl deutschen Erbrechts für ausländische Grundstücke oder für das im Inland befindliche bewegliche Vermögen. Die Möglichkeit einer allgemeinen und unbeschränkten erbrechtlichen Rechtswahl besteht im deutschen Recht daher nach wie vor nicht (TIEDEMANN RabelsZ 1991, 22).

467 Damit gewinnt Art 25 Abs 2 in erster Linie praktische Bedeutung für einen *ausländischen Erblasser,* dessen Erbfolge bei objektiver Anknüpfung gemäß Art 25 Abs 1 einem *ausländischen Erbstatut* (dh grundsätzlich seinem Heimatrecht) unterliegt. Macht er von der Wahlmöglichkeit des Abs 2 in wirksamer Weise (näher Rn 473 ff, 492 ff) Gebrauch, so beurteilt sich die Erbfolge in das inländische unbewegliche Vermögen (näher Rn 477 ff) nach deutschem Erbrecht ohne Rücksicht darauf, ob das bei objektiver Anknüpfung gemäß Abs 1 berufene Recht eine solche Rechtswahl für wirksam erachtet (vgl auch MünchKomm/BIRK Art 25 Rn 22; zur daraus resultierenden Gefahr „hinkender Erbrechtsverhältnisse" insbes V STOLL 56). In *entsprechender Anwendung* des Art 25 Abs 2 konnte auch ein Bürger der DDR vom 1. 9. 1986 (Inkrafttreten des IPR-Reformgesetzes) und bis zur Wiedervereinigung am 3. 10. 1990 die Erbfolge in

die in der (Alt-)Bundesrepublik belegenen unbeweglichen Vermögenswerte dem bundesdeutschen Recht unterstellen (MünchKomm/Birk Art 25 Rn 75; vgl auch Rn 890).

Da sich die Erbfolge beim Tode eines *deutschen Erblassers* (Rn 425 ff) gemäß Art 25 **468** Abs 1 generell nach deutschem Recht richtet, hat eine von einem deutschen Staatsangehörigen nach Abs 2 vorgenommene Rechtswahl lediglich **deklaratorischen Charakter** und bleibt damit im Ergebnis wirkungslos. Sie ist allerdings nicht nichtig und kann daher Bedeutung gewinnen, wenn der Erblasser zu einem späteren Zeitpunkt eine andere Staatsangehörigkeit erwirbt (vBar II Rn 367 Fn 66).

Deklaratorischen Charakter hat auch die Rechtswahl eines *ausländischen Erblassers*, **469** dessen inländisches Grundvermögen sich bereits aufgrund staatsvertraglicher Regelungen nach deutschem Belegenheitsrecht vererbt (vgl Vorbem 160 zu Art 25 f: Türkei; Vorbem 195 zu Art 25: UdSSR) oder dessen Heimatrecht in concreto ganz oder teilweise gemäß Art 4 Abs 1 auf deutsches Wohnsitz- und Belegenheitsrecht **zurückverweist** (zT anders u unklar MünchKomm/Birk Art 25 Rn 23 f; wie hier Tiedemann RabelsZ 1991, 19). In diesem Fall ist deutsches Erbrecht allgemein oder jedenfalls hinsichtlich des im Inland belegenen unbeweglichen Vermögens bereits aufgrund objektiver Anknüpfung maßgebend. Die Vornahme einer Rechtswahl kann aber dennoch sinnvoll sein, weil dadurch möglicherweise etwaige Rechtsanwendungszweifel beseitigt werden (vgl Dörner DNotZ 1988, 86; MünchKomm/Birk Art 25 Rn 24; kritisch Ferid Rn 9–12, 13, vgl auch ebda 9–12, 15) und sich der Erblasser auf diese Weise vor Änderungen des Erbstatuts schützt bzw den ausländischen ordre public (dazu Rn 689) ausschaltet (Tiedemann RabelsZ 1991, 19 f). Bestehen hinsichtlich der Wirksamkeit einer Rechtswahl keinerlei Bedenken, wird die Praxis in einem solchen Fall deutsches Recht anwenden, ohne sich mit den Voraussetzungen einer (Teil-)Rückverweisung näher auseinanderzusetzen (vgl auch MünchKomm/Birk Art 25 Rn 24).

Eine über die Schranken des Art 25 Abs 2 hinausgehende, sich zB auf bewegliches **470** oder ausländisches unbewegliches Vermögen beziehende oder ein ausländisches Erbstatut berufende Rechtswahl (vgl Rn 466) ist aus der Sicht des deutschen Rechts im Rahmen einer Rückverweisung dann beachtlich, wenn das gemäß Art 25 Abs 1 berufene *Heimatrecht des Erblassers* eine entsprechende Gestaltung ermöglicht oder zumindest im Falle einer Weiterverweisung akzeptiert und der Erblasser von dieser Möglichkeit nach Maßgabe seines Heimatrechts wirksam Gebrauch gemacht hat (vBar II Rn 366; MünchKomm/Birk Art 25 Rn 27 ff; Erman/Hohloch Art 25 Rn 16; Soergel/Schurig Art 25 Rn 83; Mankowski/Osthaus DNotZ 1997, 13 f; Dörner DNotZ 1986, 86; IPG 1978 Nr 35 [München] 426).

Eine erbrechtliche Rechtswahl liegt grundsätzlich *nicht* vor, wenn sich der Erblasser **471** bei der näheren inhaltlichen Ausgestaltung seiner Verfügung von Todes wegen der Rechtsinstitute einer erbstatutfremden Rechtsordnung bedient (MünchKomm/Birk Art 25 Rn 31) oder bestimmt, daß seine letztwilligen Verfügungen – unbeschadet eines grundsätzlich maßgebenden Erbstatuts – im Lichte einer anderen Rechtsordnung ausgelegt werden sollen (*Auslegungsklauseln,* vgl BGH NJW 1972, 1002). In beiden Fällen ist eine Bezugnahme auf fremde Normen oder Rechtsinstitute rein materiellrechtlicher Natur (näher Rn 252 ff) und insoweit zulässig, als sie sich in den Grenzen der vom Erbstatut gewährten Testierfreiheit hält (vgl Palandt/Heldrich Art 25 Rn 7). Zur Möglichkeit einer konkludenten Rechtswahl durch Bezugnahme auf Rechts-

Heinrich Dörner

institute oder Vorschriften einer anderen Rechtsordnung vgl aber auch Rn 255 u 501.

472 Falls Erben, Vermächtnisnehmer, Testamentsvollstrecker usw auf den Nachlaß bezogene *schuldrechtliche Rechtsgeschäfte* tätigen, bleibt es ihnen im Rahmen des Art 27 natürlich unbenommen, das maßgebende Vertragsstatut kraft Parteiautonomie festzulegen (zur Wahl des Kondiktionsstatuts vgl LG Heidelberg IPRax 1992, 171). Eine solche Rechtswahl hat jedoch keinen erbrechtlichen Charakter.

III. Zulässigkeit der Rechtswahl

1. Rechtsnatur

473 Aus sachrechtlicher Perspektive handelt es sich bei der Rechtswahl um ein **erbrechtliches Gestaltungsrecht** (DÖRNER DNotZ 1988, 88; zustimmend MünchKomm/BIRK Art 25 Rn 37), weil sie den Erblasser in die Lage versetzt, auf die Ausprägung der erbrechtlichen Verhältnisse vor und nach seinem Tod durch einseitige Erklärung inhaltlich Einfluß zu nehmen.

474 Am Charakter der Rechtswahl als *einseitiges Rechtsgeschäft* ändert sich auch dann nichts, wenn sie in einem *gemeinschaftlichen Testament* oder *beidseitigen Erbvertrag* getroffen wird (vgl im übrigen näher Rn 513 ff). Daß insbesondere eine Rechtswahl in einem gemeinschaftlichen Testament zweiseitigen, dh vertraglichen Charakter haben soll (so wohl MünchKomm/BIRK Art 25 Rn 38), ist schon nicht einsichtig angesichts der Tatsache, daß es sich bei einem gemeinschaftlichen Testament selbst keineswegs um einen Vertrag, sondern vielmehr nur um *zwei* (wenn auch inhaltlich verknüpfte) *Verfügungen von Todes wegen* handelt.

2. Zulässigkeitsschranken

475 Im Gegensatz etwa zu Art 27 Abs 1 läßt Art 25 Abs 2 S 1 die Rechtswahl nicht schrankenlos zu. Eine Rechtswahl ist vielmehr nur zulässig, wenn der Testator im Hinblick auf sein **inländisches** (Rn 487) **unbewegliches Vermögen** (Rn 477 ff) für die Maßgeblichkeit des **deutschen Rechts** (Rn 476) optiert. Daß der Aktivnachlaß im wesentlichen aus inländischem unbeweglichen Vermögen, der bewegliche Nachlaß dagegen vorwiegend aus Schulden besteht, macht eine Rechtswahl nicht unzulässig (LG Hamburg IPRspr 1991 Nr 142 S 274).

a) Wahl des deutschen Rechts

476 Zulässig ist nur die Wahl des *deutschen*, nicht dagegen eines ausländischen *Sach*rechts (vgl Art 4 Abs 2). Auch für das Recht der DDR konnte zwischen dem 1. 9. 1986 (Inkrafttreten des Art 25 Abs 2) und der Wiedervereinigung am 3. 10. 1990 nicht optiert werden (vBAR II Rn 368). Gewählt wird das deutsche Erbrecht in toto; der Erblasser kann seine Wahl daher nicht etwa auf einzelne Normenkomplexe (etwa: Zulässigkeit eines Erbvertrages, Pflichtteilsrecht, Nachlaßhaftung) beschränken (vgl KÜHNE 127 ff; FERID Rn 9–12, 12; KRZYWON BWNotZ 1987, 6; DÖRNER DNotZ 1988, 86 f; LINDE-RUDOLF 50; PÜNDER MittRhNotK 1989, 5; MünchKomm/BIRK Art 25 Rn 49; SOERGEL/SCHURIG Art 25 Rn 12; TIEDEMANN RabelsZ 1991, 25; Hinweise für die notarielle Praxis gibt SCHOTTEN Rn 350).

b) Unbewegliches Vermögen

Nach einhelliger Auffassung ist die Frage, was unter „unbeweglichem Vermögen" zu **477** verstehen ist, nach Maßgabe der deutschen **lex fori** zu beantworten (KRZYWON BWNotZ 1986, 159; PALANDT/HELDRICH Art 25 Rn 7; MünchKomm/BIRK Art 25 Rn 63; LINDAU-RUDOLF 23; PÜNDER MittRhNotK 1989, 3; TIEDEMANN RabelsZ 1991, 34). Da sich Art 25 Abs 2 – im Gegensatz etwa zu Art 15 Abs 2 Nr 3 – nur auf inländische Vermögenswerte bezieht, führt der Vorschlag, stets nach dem Recht des Belegenheitsortes zu qualifizieren (vgl KÜHNE IPRax 1987, 73; ablehnend zB KROPHOLLER § 45 III 3 c; ausführlich dazu KÖTTERS 56 ff), im vorliegenden Zusammenhang praktisch zu keinem anderen Ergebnis (KÖTTERS 60; vgl auch TIEDEMANN RabelsZ 1991, 35).

Bereits vor dem Inkrafttreten des IPR-Reformgesetzes war der Begriff des „unbe- **478** weglichen Vermögens" dem deutschen Kollisionsrecht zwar nicht unbekannt. Er fand sich bereits in Art 1 I lit e) des Haager Testamentsformübereinkommens (Vorbem 58 ff zu Art 25); ähnlich unterschieden früher schon die §§ 12, 14, 18 des Nachlaßabkommens zwischen dem Deutschen Reich und der Türkischen Republik v 28. 5. 1929 (vgl Vorbem 167, 169 ff, 185 zu Art 25 f) sowie Art 28 des deutsch-sowjetischen Konsularvertrages v 25. 4. 1958 (vgl Vorbem 195 zu Art 25 f) zwischen „beweglichem" und „unbeweglichem Nachlaß". Darüber hinaus wurde die deutsche Praxis durch Qualifikationsverweisungen (näher JAYME ZfRvgl 1976, 93 ff und Rn 622, 632) von Staaten des angloamerikanischen Rechtskreises mit dem Begriffspaar „bewegliches/unbewegliches Vermögen" konfrontiert, wenn in erb- oder güterrechtlichen Zusammenhängen bei der Prüfung des Renvoi eine Klassifizierung inländischer Vermögenswerte nach „movables" bzw „immovables" erfolgen mußte. Eine durchgängige Begriffsklärung ist in diesen Zusammenhängen aber niemals erfolgt. Die Verwendung des Terminus in den Staatsverträgen hat offenbar keinen Erläuterungsbedarf entstehen lassen; die Stellungnahmen der Praxis zum Problem der Qualifikationsverweisung waren verstreut (vgl die Zusammenstellung bei KRZYWON BWNotZ 1986, 154 ff), untereinander nicht konsistent und wurden überdies von einem Streit über die prinzipielle Beachtlichkeit eines solchen Begriffsrenvoi überschattet (näher NEUHAUS RabelsZ 1954, 560 ff; JAYME ZfRvgl 1976, 96 ff; MünchKomm/SONNENBERGER Art 4 Rn 58 ff).

Auch das materielle Recht bietet keine Hilfe bei der Begriffsbestimmung. Den **479** §§ 90 ff BGB liegt nicht die Unterscheidung zwischen beweglichem und unbeweglichem Vermögen, sondern die zwischen *Grundstücken und beweglichen Sachen* zugrunde. Die Beschreibung der Reichweite von „unbeweglichem Vermögen" in den §§ 864, 865 ZPO ist ganz offensichtlich von rein zwangsvollstreckungsrechtlichen Überlegungen bestimmt, die sich von vornherein nicht ohne weiteres auf die Auslegung des Art 25 Abs 2 übertragen lassen.

Eine Auslegung des Begriffs wird sich daher in erster Linie am Sinn und Zweck der **480** Bestimmung orientieren müssen (zum folgenden näher DÖRNER DNotZ 1988, 93 ff). Die zu diesem Punkt in erster Linie zu konsultierenden Gesetzesmaterialien sind allerdings angesichts der überraschenden Redaktion der Bestimmung im Rechtsausschuß (vgl Vorbem 16 zu Art 25 f) nicht sonderlich ergiebig. Der im Bericht des Rechtsausschusses zu findende Hinweis auf den „erhebliche(n) Vorteil der Vereinfachung" (BT-Drucksachen 10/5632 S 44), der für den Erblasser mit einer Rechtswahl verbunden sei, legt auf den ersten Blick die Vermutung nahe, daß der Gesetzgeber die Rechtswahl im **Parteiinteresse** geschaffen hat. Ein Interesse des Erblassers an der Anwendbarkeit deut-

Heinrich Dörner

schen Erbrechts wird aber oft hinsichtlich des *gesamten Nachlasses* bestehen; es macht jedenfalls an der Grenze zwischen beweglichen und unbeweglichen Vermögenswerten nicht halt. Den Interessen der Erben läuft die durch Art 25 Abs 2 herbeigeführte Nachlaßspaltung angesichts der dadurch heraufbeschworenen Abwicklungsprobleme (näher Rn 733 ff, 737 ff) sogar zuwider.

481 Als maßgeblich für eine sachgerechte Interpretation des Art 25 Abs 2 müssen daher vielmehr **Ordnungsinteressen** angesehen werden (die sich allerdings nur insoweit durchzusetzen vermögen, als sie im konkreten Fall mit den sich in der Rechtswahlerklärung manifestierenden Parteiinteressen übereinstimmen). Unterwirft man die Rechtsnachfolge im Hinblick auf inländische Vermögenswerte dem deutschen Recht, so führt dies nämlich – bei Sachen – zu einer Koordination des Erbstatuts mit der lex rei sitae und damit derjenigen Rechtsordnung, welche Art und Umfang der Zuordnung selbst beherrscht. Dadurch wird vermieden, daß ein ausländisches Erbrecht mit dem Erbfall die Entstehung von subjektiven Rechten anordnet, die dem deutschen Vermögensrecht nach Typ und Inhalt unbekannt sind (vgl bereits KÜHNE 91 f; dazu Rn 43). Die Anwendbarkeit deutschen Rechts macht die Rechtsnachfolge überschaubar und erleichtert dadurch das Verfahren überall dort, wo eine Sukzession registermäßig dokumentiert wird. In diesem Punkt decken sich Ordnungs- und **Verkehrsinteressen** (vgl auch KÜHNE 62, 89 f), da auch dem privaten Rechtsverkehr daran gelegen sein muß, nach einem Erbfall den neuen Rechtsinhaber sowie das Ausmaß seiner Berechtigung schnell und sicher ermitteln zu können. Entsprechende Interessen bestehen zwar hinsichtlich sämtlicher inländischer Vermögenswerte, also zB auch im Hinblick auf hier belegene bewegliche Sachen oder auf Forderungen, die gegen inländische Schuldner gerichtet sind. Mit der Differenzierung zwischen beweglichem und unbeweglichem Vermögen hat der Gesetzgeber aber die Möglichkeit einer Rechtswahl auf solche Werte beschränken wollen, deren Übergang von Todes wegen inländische Ordnungs- und Verkehrsinteressen in *besonderem* Maße berührt (vgl bereits KÜHNE 105). Es geht ihm dabei – wie aus der beispielhaften Bezugnahme auf Grundvermögen im Bericht des Rechtsausschusses (BT-Drucksache 10/5632 S 44) zu schließen ist – offenbar um solche Vermögensrechte, die ihrem Inhaber *notwendig* im Inland auszuübende Handlungsbefugnisse zuweisen und damit nach einem Erbfall früher oder später *zwangsläufig* im Inland die Frage nach der Rechtsnachfolge aufwerfen. Im Interesse einer möglichst vollständigen Erfassung dieser Vermögensrechte sollte man den Begriff des „unbeweglichen Vermögens" daher *extensiv* auslegen und auf diese Weise die Vorteile der nur partiell zugestandenen Rechtswahl so weit wie möglich ausschöpfen (**aA** aber unter Hinweis auf den Ausnahmecharakter der Bestimmung MünchKomm/ BIRK Art 25 Rn 65).

482 Zum „unbeweglichen Vermögen" iS des Art 25 Abs 2 gehört daher (unstreitig) das **Allein- oder Miteigentum an Grundstücken** sowie das **Wohnungseigentum** (vgl nur DÖRNER DNotZ 1988, 94; PALANDT/HELDRICH Art 25 Rn 7; MünchKomm/BIRK Art 25 Rn 66; SOERGEL/ SCHURIG Art 25 Rn 4; KROPHOLLER § 45 III 3 c; TIEDEMANN RabelsZ 1991, 35; V STOLL 115). Mit erfaßt werden nicht nur die **wesentlichen Bestandteile von Grundstücken und Gebäuden** (vgl §§ 93, 94 BGB, auch gemäß § 96 die mit dem Eigentum an einem Grundstück verbundenen Rechte wie zB eine Grunddienstbarkeit oder ein subjektiv dingliches Vorkaufsrecht), sondern ebenfalls **unwesentliche Bestandteile** und **Zubehör** iS der §§ 97, 98 BGB (vgl schon NEUHAUS RabelsZ 1954, 563; LICHTENBERGER, in: FS Ferid 80 [1988] 285; LINDE-RUDOLF 27; PÜNDER MittRhNotK 1989; 3; ERMAN/HOHLOCH Art 25 Rn 18; V STOLL

115; aA aber vBar II Rn 369). Eine solche Auslegung verlängert die vom Gesetzgeber ua in den §§ 314, 926 Abs 1, 2164 Abs 1 BGB getroffene Wertentscheidung bis ins Kollisionsrecht hinein und stellt sicher, daß wirtschaftliche Einheiten im Todesfall auch nach einem einheitlichen Statut vererbt werden. Dies dürfte dem Willen des Erblassers entsprechen, der – wenn er die Nachfolge in Grundvermögen dem deutschen Recht unterstellt – im Zweifel die bisherige wirtschaftliche Nutzung nicht wird beeinträchtigen wollen, und stimmt auch mit den Interessen des inländischen Rechtsverkehrs überein, der bei Grundstücksgeschäften mit dem Erben nach den zitierten Bestimmungen im Zweifel von einer Mitübertragung der Bestandteile und des Zubehörs ausgehen wird. Allerdings können bewegliche Sachen nur in ihrer Eigenschaft als Zubehör nach deutschem Recht vererbt werden. Hebt der Erblasser die Zubehöreigenschaft auf, indem er etwa über Grundvermögen und einzelne Gegenstände des Zubehörs von Todes wegen getrennt verfügt, so verbleibt es im Hinblick auf die Vererbung dieser einzelnen Gegenstände bei der Maßgeblichkeit seines Heimatrechts.

Zum „unbeweglichen Vermögen" gehören ferner die **beschränkten dinglichen Nut-** 483 **zungsrechte an Grundstücken** wie etwa das Erbbaurecht (Soergel/Schurig Art 25 Rn 4), das dingliche Vorkaufsrecht oder die subjektiv-persönliche Reallast (vgl MünchKomm/ Birk Art 25 Rn 66; Kropholler § 45 III 3 c; Palandt/Heldrich Art 25 Rn 7; Jayme IPRax 1986, 270; Siehr IPRax 1987, 7; Pünder MittRhNotK 1989, 4; früher bereits Neuhaus RabelsZ 1954, 563 f; aA Soergel/Schurig Art 25 Rn 4), Erbpacht (V Stoll 118), Bergwerkseigentum (Erman/Hohloch Art 25 Rn 18) sowie die durch Auflassungsvormerkung gesicherte Forderung (Kötters 61; V Stoll 125; aA vBar II Rn 369; MünchKomm/Birk Art 25 Rn 66; Erman/Hohloch Art 25 Rn 18). Nießbrauch und persönliche Dienstbarkeit werden zwar grundsätzlich ebenfalls vom Begriff des „unbeweglichen Vermögens" gedeckt, sind nach deutschem Recht jedoch nicht übertragbar (§§ 1059, 1093 BGB) und damit unvererblich.

Grundpfandrechte sind in der Vergangenheit anläßlich der Prüfung von Qualifika- 484 tionsrückverweisungen (vgl Rn 478) – vornehmlich aus historischen Gründen und um ein Auseinanderfallen von Hypothek und Forderung zu verhindern – verschiedentlich dem „beweglichen Vermögen" zugerechnet worden (vgl Raape, Internationales Privatrecht[5] [1961] 417; Neuhaus RabelsZ 1954, 564; IPG 1967/1968 Nr 72 [Heidelberg] 773 mwN). Diese Einordnung ist jedoch abzulehnen. Ungeachtet ihres Sicherungscharakters stellen Hypothek, Grund- und Rentenschuld mit dem Verwertungsrecht Befugnisse zur Verfügung, die *notwendig* im Inland ausgeübt werden müssen und den inländischen Rechtsverkehr daher in besonderer Weise tangieren. Aus diesem Grund sind sie ebenfalls als unbewegliches Vermögen anzusehen (Palandt/Heldrich Art 25 Rn 7; Siehr IPRax 1987, 7; Linde-Rudolf 31; Pünder MittRhNotK 1989, 4; V Stoll 119 ff; Reithmann DNotZ 1996, 228; vgl auch ausführlich bereits Jayme ZfRvgl 1976, 105; aA Soergel/Schurig Art 25 Rn 4).

In Anbetracht der gebotenen *extensiven* Auslegung des Art 25 Abs 2 (Rn 481) sind 485 darüber hinaus auch **Miterbenanteile** (Krzywon BWNotZ 1986, 159 f; Dörner DNotZ 1988, 95 f; Pünder MittRhNotK 1989, 4; Erman/Hohloch Art 25 Rn 18; Reithmann DNotZ 1996, 228; vgl auch bereits Neuhaus RabelsZ 1954, 566; IPG 1977 Nr 34 [Göttingen] 313 ff; aA IPG 1972 Nr 30 [Heidelberg] 298 ff), **Anteile an einer Gütergemeinschaft** (Schurig IPRax 1990, 391; Soergel/ Schurig Art 25 Rn 4) sowie **Anteile an bürgerlichen oder Handelsgesellschaften** (vgl bereits Neuhaus RabelsZ 1954, 566; Dörner DNotZ 1988, 95 f; Pünder MittRhNotK 1989, 4; Reithmann DNotZ 1996, 228; für reine Grundstückspersonengesellschaften offengelassen von BGHZ 24, 352 [368]) als „unbewegliches Vermögen" anzusehen, wenn der Nachlaß, die Gütergemeinschaft bzw das Gesellschaftsvermögen ganz oder nahezu ausschließlich aus inländischem Grundstückseigentum oder beschränkten dinglichen Rechten an inländischen Grundstücken besteht (Dörner DNotZ 1988, 96; Erman/Hohloch Art 25 Rn 18; **ablehnend** die **hM**, vgl Reinhart BWNotZ 1987, 101; Linde-Rudolf 38; Palandt/Heldrich Art 25 Rn 7; Soergel/Schurig Art 25 Rn 4; MünchKomm/Birk Art 25 Rn 67; Kropholler § 45 III 3 c; vBar II Rn 369; Ebenroth Rn 1256; Schotten Rn 292, 161; ders RPfleger 1991, 186; Kemp 134; Tiedemann RabelsZ 1991, 36; vOertzen IPRax 1994, 79; V Stoll 125 ff; offengelassen von Lichtenberger, in: FS Ferid 80 [1988] 285). In diesen Fällen wird das zu vererbende Vermögensrecht selbst zwar nicht unbedingt von den Vorschriften des deutschen Rechts beherrscht, so daß die Wahl deutschen Erbrechts nicht immer eine Harmonisierung von Vermögensrechts- und Erbstatut herbeiführt. Entscheidend ist jedoch, daß die in diesen Vermögensrechten zusammengefaßten grundstücksbezogenen Handlungsmöglichkeiten des Rechtsinhabers auf jeden Fall im Inland ausgeübt werden und den inländischen Rechtsverkehr daher mit der Frage nach der Rechtsnachfolge konfrontieren. Die sich aus der Notwendigkeit einer *gemeinschaftlichen Zuordnung* ergebende abweichende dogmatische Einkleidung der Rechte sollte aus kollisionsrechtlicher Perspektive nicht zu einer anderen Qualifikation veranlassen.

486 Schließlich stellen auch **Ansprüche auf Übertragung** von Grundstückseigentum und beschränkt dinglichen Rechten an Grundstücken (vgl schon Neuhaus RabelsZ 1954, 565; Pünder MittRhNotK 1989, 4; Reithmann DNotZ 1996, 228; für Ansprüche auf Rückgewähr von Grundschulden auch Lichtenberger DNotZ 1986, 659; ders, in: FS Ferid 80 [1988] 285; s auch die Rspr zum Rückerstattungsrecht: BGHZ 24, 361 f; OLG Frankfurt aM NJW 1954; 111; OLG Köln NJW 1955, 755; KG IPRspr 1971 Nr 113 a) sowie die **Überlassungs- und Nutzungsansprüche des Mieters oder Pächters** von inländischen Immobilien „unbewegliches Vermögen" iS des Art 25 Abs 2 dar (Wegmann NJW 1987, 1743; Dörner DNotZ 1988, 96; zustimmend Kötters 62; **aA** wiederum die **hM**, etwa vBar II Rn 369; Palandt/Heldrich Art 25 Rn 7; Münch-Komm/Birk Art 25 Rn 67; Erman/Hohloch Art 25 Rn 18; Tiedemann RabelsZ 1991, 336; Schotten Rpfleger 1991, 186; V Stoll 123 ff). Auch bei diesen Vermögensrechten führt die Wahl deutschen Erbrechts zwar nicht zwingend zu einer Harmonisierung von Forderungs- und Erbstatut, weil die Forderungen nicht unbedingt, sondern (gemäß Art 28 Abs 1 S 1, Abs 3) nur dann dem deutschen Schuldrecht unterstehen, wenn die Parteien nicht eine anderweitige Rechtswahl getroffen haben. Der Inhaber auch dieser Rechte wird die ihm jeweils zugewiesenen Handlungsbefugnisse – Gebrauch bzw Nutzung bei Miet- und Pachtverträgen, Mitwirkung bei der Erfüllung und notfalls zwangsweise Durchsetzung des Leistungsverlangens bei Übertragungsansprüchen – jedoch zwangsläufig im Inland realisieren. Miete und Pacht unterscheiden sich in diesem Punkt von *dinglichen* Nutzungsrechten ja nur durch den Umstand, daß die Befugnis des Berechtigten zum Umgang mit der Sache dogmatisch nicht als „unmittelbare" Sachherrschaft in einem dinglichen Zuordnungsverhältnis zum Eigentümer, sondern im Rahmen einer Obligation vermittels Anspruchs und Leistungsverpflichtung dargestellt wird. Bei dem Anspruch auf *Übertragung von Grundstücksrechten* sollte andererseits für die erbkollisionsrechtliche Einordnung nicht entscheidend sein, welche Voraussetzungen des – nach deutschem Recht eigentümlicherweise in schuldrechtliche Verpflichtung und dinglichen Vollzug zerlegten – Eigentumserwerbs beim Tode des Erblassers zufällig bereits verwirklicht waren (Neuhaus RabelsZ 1954, 565).

c) Im Inland belegen

Die Feststellung, ob unbewegliches Vermögen „im Inland" belegen ist, bereitet kei- **487**
nerlei Schwierigkeiten. Es kommt stets darauf an, ob sich das Grundstück, an dem
Allein-, Mit- oder Gesamthandseigentum, ein beschränkt dingliches Recht oder ein
obligatorisches Nutzungsrecht besteht, auf dem Staatsgebiet der Bundesrepublik
Deutschland befindet. Ansprüche auf Auflassung oder Übertragung eines beschränkt
dinglichen Rechts müssen sich auf den Erwerb von dinglichen Rechten richten, die an
einem solchen Grundstück begründet wurden.

d) Rechtsfolgen einer unzulässigen Rechtswahl

Bei einer über die Schranken des Art 25 Abs 2 hinausgehenden Rechtswahl ist hin- **488**
sichtlich der Rechtsfolgen zu unterscheiden. Unterstellt ein *deutscher Erblasser* die
Nachfolge in sein gesamtes Vermögen oder Teile davon einem *ausländischen Recht*,
so ist eine solche Rechtswahl unzulässig und damit unwirksam (TIEDEMANN RabelsZ
1991, 22 f). Optiert ein *ausländischer Staatsangehöriger* für ein *ausländisches Erbrecht*,
so gilt das gleiche, sofern das aufgrund einer objektiven Anknüpfung gefundene
Recht nicht eine solche Rechtswahl gestattet (vgl Rn 470).

Aus der Sicht des deutschen Rechts unzulässig und damit unwirksam ist auch eine **489**
Erklärung, durch die ein ausländischer Erblasser für sein *ausländisches* (bewegliches
oder unbewegliches) *Vermögen* das *deutsche Recht* wählt. Eine solche Rechtswahl
kann wiederum allenfalls dann wirksam sein, wenn das aufgrund objektiver Anknüpfung berufene Recht sie gestattet.

Hat ein *ausländischer Erblasser* die Erbfolge in sein *gesamtes* (in- *und* ausländisches) **490**
oder in sein gesamtes *inländisches* (unbewegliches *und* bewegliches) *Vermögen* dem
deutschen Recht unterstellt, so ist die Rechtswahl teilweise unwirksam. In diesem
Fall ist nach Maßgabe von § 139 BGB zu prüfen, ob sie für das unbewegliche Vermögen im Inland wirksam bleiben kann (vgl SOERGEL/SCHURIG Art 25 Rn 8). Dies ist
möglich, wenn anzunehmen ist, daß der Erblasser diesen Teil seines Nachlasses in
jedem Fall nach deutschem Recht hätte vererbt wissen wollen (vgl etwa LG Hamburg
ZEV 1999, 492). Etwas anderes gilt, wenn Anhaltspunkte dafür bestehen, daß dem
Erblasser an einer einheitlichen rechtlichen Beurteilung der Erbfolge gelegen war
oder sich die vom Erblasser getroffenen Anordnungen beim Eintritt von Nachlaßspaltung nicht verwirklichen lassen (vgl dazu PALANDT/HELDRICH Art 25 Rn 7; ERMAN/HOH-
LOCH Art 25 Rn 19; TIEDEMANN RabelsZ 1991, 23; anders – im Zweifel für Unwirksamkeit der
Rechtswahl – MünchKomm/BIRK Art 25 Rn 74).

Bei Unzulässigkeit der Rechtswahl bestimmt das aufgrund objektiver Anknüpfung **491**
ermittelte Erbstatut, ob die Nichtigkeit auf eine etwa im Zusammenhang mit der
Rechtswahl getroffene Verfügung von Todes wegen durchschlägt (DÖRNER DNotZ 1988,
90; zustimmend MünchKomm/BIRK Art 25 Rn 73, SOERGEL/SCHURIG Art 25 Rn 15). Ist umgekehrt die Verfügung von Todes wegen (zB nach § 138 BGB) als unwirksam anzusehen, kann dies entweder die Nichtigkeit auch der Rechtswahl (und damit die
Anwendbarkeit des gesetzlich bestimmten Erbstatuts) zur Folge haben oder aber
– sofern anzunehmen ist, daß der Erblasser auch für diesen Fall die Maßgeblichkeit
deutschen Rechts bevorzugt hätte – zur Anwendbarkeit der deutschen Vorschriften
über die gesetzliche Erbfolge führen. Was gilt, beantwortet sich nach Maßgabe der zu
§ 139 BGB entwickelten Regeln. Eine entsprechende Anwendung des § 2085 BGB

scheidet dagegen aus, weil nicht ohne weiteres davon ausgegangen werden kann, daß der Erblasser auch bei Unwirksamkeit seiner Verfügung von Todes wegen die Anwendung deutschen Erbrechts vorgezogen hätte.

IV. Gültigkeit des Rechtsgeschäfts der Rechtswahl

1. Anwendbares Recht

492 Auch eine Rechtswahl, die sich in den Zulässigkeitsschranken des Art 26 Abs 2 (Rn 475 ff) hält, äußert nur dann Rechtswirkungen, wenn das **Rechtsgeschäft der Rechtswahl** (vgl Rn 475) wirksam vorgenommen worden ist. Wenn die Rechtswahl ihr Ziel – Vereinfachung der Rechtsanwendung im Inland – erreichen soll, müssen die *materiellen Wirksamkeitsvoraussetzungen* des Rechtswahlgeschäfts analog Art 27 Abs 4, 31 Abs 1 nach deutschem Recht als dem vom Erblasser berufenen Erbstatut beurteilt werden (Dörner DNotZ 1988, 87; zustimmend MünchKomm/Birk Art 25 Rn 32; Tiedemann RabelsZ 1991, 26 f; ebenso vBar II Rn 368). Deutsches Recht entscheidet daher zB über die Berücksichtigung von Willensmängeln, über Nichtigkeitsgründe, Auslegung und Widerruf einer Rechtswahl.

2. Fähigkeit zur Rechtswahl

493 Ob der Erblasser die Fähigkeit zur Vornahme einer Rechtswahl besitzt, richtet sich nach deutschem Recht (ebenso vBar II Rn 368; Erman/Hohloch Art 25 Rn 17; Soergel/Schurig Art 25 Rn 6). Nicht etwa findet über Art 7 Abs 1 S 1 das Heimatrecht des Erblassers Anwendung (vgl entsprechend zur Testierfähigkeit im allgemeinen Rn 224).

494 Die **Fähigkeit zur Vornahme einer Rechtswahl** sollte mit der Testierfähigkeit koordiniert werden: Wer vom Gesetz für reif genug angesehen wird, eine letztwillige Verfügung zu errichten, muß auch die Möglichkeit haben, die kraft Gesetzes anwendbaren materiellrechtlichen Regeln durch eine Rechtswahl zu modifizieren. Die allgemeinen Vorschriften über die Geschäftsfähigkeit (§§ 104 ff BGB) finden daher keine Anwendung; ein Minderjähriger kann vielmehr analog § 2229 Abs 1 BGB eine Rechtswahl bereits nach Vollendung des 16. Lebensjahres treffen. Der Zustimmung seines gesetzlichen Vertreters bedarf es dazu nicht (§ 2229 Abs 2 BGB analog). Soweit sich die Form der Rechtswahl nach deutschem Recht beurteilt (näher Rn 498 u Art 26 Rn 53 f), bleibt einem Minderjährigen allerdings analog § 2247 Abs 4 BGB die Möglichkeit einer Rechtswahl durch eigenhändig geschriebene und unterschriebene Erklärung versperrt.

3. Höchstpersönlichkeit

495 Das Rechtswahlgeschäft muß (analog §§ 2064, 2274 BGB) **persönlich** vorgenommen werden; Stellvertretung ist unzulässig (Dörner DNotZ 1988, 89; Tiedemann RabelsZ 1991, 31; Soergel/Schurig Art 25 Rn 8; im Ergebnis ebenso MünchKomm/Birk Art 25 Rn 34). Weil eine Rechtswahl die Stellung der Nachlaßberechtigten mittelbar zu beeinflussen vermag, kann ein Erblasser ebensowenig (entsprechend § 2065 Abs 1 BGB) einem Dritten die Entscheidung darüber überlassen, ob die Rechtswahl gelten soll oder nicht (Soergel/Schurig Art 25 Rn 8; zur Entscheidung eines durch Verfügung von Todes wegen *Bedachten* vgl Rn 508).

4. Willensmängel

Über die Berücksichtigung von **Willensmängeln** entscheidet ebenfalls das deutsche **496** Recht (SOERGEL/SCHURIG Art 25 Rn 8). Da der letztwillig Verfügende seine in einem einfachen Testament getroffene Rechtswahl jederzeit frei widerrufen kann (Rn 510 ff), bedarf es für ihn einer Anfechtungsmöglichkeit nicht. Entsprechendes gilt für eine in einem gemeinschaftlichen Testament oder Erbvertrag vorgenommene Rechtswahl, wenn man mit der hier vertretenen Auffassung (Rn 514, 516) auch die in solchen Verfügungen enthaltenen Rechtswahlerklärungen für frei widerruflich ansieht. Legt man dagegen mit der hM der in einem Erbvertrag und – soweit auf wechselbezügliche Verfügungen bezogen – auch der in einem gemeinschaftlichen Testament enthaltenen Rechtswahl Bindungswirkung bei (Rn 514, 516), so kommt für den Verfügenden eine Anfechtung nach Abschluß eines Erbvertrages (vgl §§ 2281 BGB) und beim gemeinschaftlichen Testament nach dem Tode des anderen Ehegatten in Betracht.

Nach dem Tode des Verfügenden ist eine Anfechtung durch Dritte analog § 2078 **497** Abs 1 u 2 BGB denkbar (MünchKomm/BIRK Art 25 Rn 61; SOERGEL/SCHURIG Art 25 Rn 8; vgl auch DÖRNER DNotZ 1988, 91). Als Anfechtungsgrund käme etwa in Betracht, daß sich der Erblasser in einem Irrtum über einzelne Bestimmungen des deutschen Erbrechts befand und eine Rechtswahlerklärung bei Kenntnis der Sachlage nicht abgegeben hätte (analog § 2078 Abs 1 BGB; zweifelnd MünchKomm/BIRK Art 25 Rn 61). Anfechtungsberechtigt ist jeder, der sich nach den Vorschriften des gesetzlich bestimmten Erbstatuts erbrechtlich besser stünde (analog § 2080 Abs 1 BGB). Ist die Rechtswahl erfolgreich angefochten, entscheidet über die Rechtsfolgen im Hinblick auf die Gültigkeit der Verfügung von Todes wegen das aufgrund objektiver Anknüpfung berufene Erbstatut (vgl oben Rn 491).

5. Formgültigkeit

Die **Formgültigkeit** einer Rechtswahl ist zunächst analog Art 26 Abs 1 anzuknüpfen. **498** Sie ist formell einwandfrei vorgenommen, wenn sie den Formvoraussetzungen entspricht, die eines der dort berufenen Rechte für das Rechtsgeschäft der *Rechtswahl* aufstellt. Außerdem ist die in Art 25 Abs 1 enthaltene und analog Art 26 Abs 1 Nr 4 stets anwendbare deutsche *Sachnorm* in der Weise extensiv auszulegen, daß es zur Formgültigkeit einer Rechtswahl ausreicht, wenn die Formvorschriften eingehalten werden, die das deutsche oder ein anderes der analog Art 26 Abs 1, 4 berufenen Rechte *für Verfügungen von Todes wegen* aufstellt, vgl dazu näher Art 26 Rn 49 ff.

6. Verbundene und isolierte Rechtswahl

Die Rechtswahl kann mit einer Verfügung von Todes wegen **verbunden** werden oder **499** **isoliert** erfolgen (vgl schon KÜHNE 109; PALANDT/HELDRICH Art 25 Rn 7). Eine isolierte Rechtswahl kann sich auf eine (früher oder später) anderweitig errichtete letztwillige Verfügung von Todes wegen oder aber auf die gesetzliche Erbfolge beziehen (KRZYWON BWNotZ 1987, 7; KÜHNE IPRax 1987, 74; DÖRNER DNotZ 1988, 86; MünchKomm/BIRK Art 25 Rn 45; SOERGEL/SCHURIG Art 25 Rn 20). Soweit die Rechtswahl für einen zu einem früheren Zeitpunkt abgeschlossenen und einem ausländischen Recht unterstehenden

Heinrich Dörner

Erbvertrag gelten soll, kann sie nicht durch einseitige Erklärung, sondern nur mit Einverständnis des Vertragspartners vorgenommen werden. Auch die wechselbezüglichen Verfügungen eines gemeinschaftlichen Testaments können nicht nachträglich durch einseitige Rechtswahl dem deutschen Recht unterstellt werden.

IV. Auslegung und Inhalt

1. Ausdrückliche und konkludente Rechtswahl

500 Im Regelfall wird die Rechtswahl **ausdrücklich** vorgenommen werden; bei einer isolierten Rechtswahl ist eine konkludente Erklärung auch nur schwer vorstellbar. Eine ausdrückliche Rechtswahlklausel könnte etwa lauten: „Mein gesamtes in der Bundesrepublik belegenes unbewegliches Vermögen soll nach deutschem Recht vererbt werden." Oder (vgl Rn 503): „Die Erbfolge in mein Grundstück. . . (folgt nähere Lagebezeichnung) soll deutschem Erbrecht unterliegen"; weitere Beispiele bei LICHTENBERGER DNotZ 1986, 685; MünchKomm/BIRK Art 25 Rn 41.

501 Daneben ist jedoch auch eine **konkludente Rechtswahl** grundsätzlich möglich (allg Auffassung, vgl LG Hamburg IPRspr 1991 Nr 142 S 273; FERID Rn 9–12, 16; ERMAN/HOHLOCH Art 25 Rn 17; MünchKomm/BIRK Art 25 Rn 42 f; SOERGEL/SCHURIG Art 25 Rn 10; KROPHOLLER § 51 II 2 a; KRZYWON BWNotZ 1987, 6; LINDE-RUDOLF 42; TIEDEMANN RabelsZ 1991, 27; SCHOTTEN RPfleger 1991, 187 f; früher bereits DÖLLE RabelsZ 1969, 211 f; KÜHNE 115). Ob der Erblasser zugunsten des deutschen Rechts optieren wollte, ist durch Auslegung (§ 133 BGB) zu ermitteln (DÖRNER DNotZ 1988, 89; vBAR II Rn 368; für entsprechende Anwendung des Art 31 Abs 2; SOERGEL/SCHURIG Art 25 Rn 8). Vorschnell wäre es allerdings, aus der Bezugnahme des Erblassers auf Normen oder Rechtsinstitute des deutschen Erbrechts ohne weiteres zu schließen, daß er damit die Erbfolge insgesamt dem deutschen Erbrecht habe unterstellen wollen. Möglicherweise hielt er irrig deutsches Recht kraft Gesetzes für anwendbar (vgl LG Frankfurt aM IPRspr 1997, 233; FERID Rn 9–12, 16; dazu aber auch TIEDEMANN RabelsZ 1991, 29), möglicherweise wollte er im Rahmen der ihm von seinem Heimatrecht eröffneten Testierfreiheit durch materiellrechtliche Verweisung auf deutsche Regelungsmuster zurückgreifen oder gar nur Interpretationshilfen für die nach wie vor nach seinem Heimatrecht auszulegende Verfügung von Todes wegen bereitstellen (vgl DÖLLE RabelsZ 1969, 211 f; REINHART BWNotZ 1987, 103; KROPHOLLER § 51 II 2 a; vgl auch Rn 254 f). Angesichts dieser Auslegungsalternativen sollte man mit der Annahme einer konkludenten Rechtswahl zurückhaltend verfahren (so auch MünchKomm/BIRK Art 25 Rn 43; aufgeschlossener aber zB LG Hamburg IPRspr 1991 Nr 142 S 273; TIEDEMANN RabelsZ 1991, 29 f). Eine Verweisung auf Rechtsbegriffe oder -institute des deutschen Rechts bietet jedenfalls dann keine hinreichenden Anhaltspunkte für eine konkludente Rechtswahl, wenn sie auch anderen, dem Erblasser ebenfalls nahestehenden Rechtsordnungen bekannt sind (vgl auch TIEDEMANN RabelsZ 1991, 28). In keinem Fall reicht aus, daß sich der Verfügende der deutschen Sprache bedient (LG Frankfurt aM IPRspr 1997, 233; vgl auch TIEDEMANN RabelsZ 1991, 28; vSTOLL 208). Zur konkludenten Rechtswahl im deutschen Anerbenrecht vgl Rn 547 ff.

502 Für den Fall, daß eine Verfügung nach dem objektiv bestimmten Erbstatut unwirksam wäre, bei Anwendung deutschen Rechts dagegen Bestand hat, kann sich eine Auslegungshilfe aus dem in § 2084 BGB niedergelegten Grundsatz der wohlwollenden Auslegung ergeben (KRZYWON BWNotZ 1987, 6; zustimmend TIEDEMANN RabelsZ 1991,

30; SCHOTTEN RPfleger 1991, 188). Diese Beweisregel ist nicht nur bei unklarem Inhalt einer Verfügung von Todes wegen heranzuziehen, sondern greift in analoger Anwendung bereits bei der Bestimmung der Rechtsnatur einer Erklärung, hier also bei der Beantwortung der Frage ein, ob eine Rechtswahl vorliegt oder nicht (TIEDEMANN RabelsZ 1991, 30). Eine (entsprechende) Anwendung des § 2084 BGB setzt im vorliegenden Zusammenhang auch nicht voraus, daß die Anwendbarkeit deutschen Rechts schon festgestellt ist (anders noch DÖRNER DNotZ 1988, 89); analog Art 27 Abs 4 u 31 (vgl Rn 492) unterliegt vielmehr bereits die Frage nach der Existenz einer Rechtswahl dem deutschen Recht als derjenigen Rechtsordnung, die im Falle einer wirksamen Rechtswahl auf sie anzuwenden wäre (Tiedemann RabelsZ 1991, 30; nur im Ergebnis zustimmend MünchKomm/BIRK Art 25 Rn 44).

2. Reichweite

Der Erblasser kann die Anwendbarkeit deutschen Rechts für sein **gesamtes inlän-** 503 **disches unbewegliches Vermögen** anordnen oder auf **einzelne Grundstücke** beschränken (vBAR II Rn 369; PALANDT/HELDRICH Art 25 Rn 8; ERMAN/HOHLOCH Art 25 Rn 19; SOERGEL/ SCHURIG Art 25 Rn 14; KROPHOLLER § 45 III 3 d; FERID Rn 9–12, 12; LICHTENBERGER DNotZ 1986, 665; ders, in: FS Ferid 80 [1988] 285; SIEHR IPRax 1987, 7; LINDE-RUDOLF 50; TIEDEMANN RabelsZ 1991, 25; V STOLL 137, **ablehnend** KÜHNE IPRax 1987, 73; BÖHRINGER BWNotZ 1987, 109 c; SCHOT- TEN Rn 292; KEMP 128; zurückhaltend KRZYWON BWNotZ 1987, 6; PÜNDER MittRhNotK 1989, 5; kritisch REINHART BWNotZ 1987, 102; MünchKomm/BIRK Art 25 Rn 45). Dafür sprechen die Parteiinteressen (vgl insbes TIEDEMANN RabelsZ 1991, 25) sowie der Wortlaut des Art 25 Abs 2, der die Wahlmöglichkeit nicht für *das* inländische unbewegliche Vermögen, sondern großzügiger „für im Inland belegenes unbewegliches Vermögen" eröffnet (SIEHR IPRax 1987, 7). Die Erbfolge in das von der Rechtswahl nicht erfaßte inländische unbewegliche Vermögen richtet sich dann nach dem allgemeinen Erbstatut. Einer solchen partiellen Rechtswahl ist im (Eigenrechts-)Erbschein durch Aufführung einzelner Grundstücke Rechnung zu tragen (SIEHR IPRax 1987, 7; DÖRNER DNotZ 1988, 86; MünchKomm/BIRK Art 25 Rn 347; vgl Rn 833).

Hat der Erblasser zugunsten *einzeln aufgeführter* inländischer Grundstücke für das 504 deutsche Recht optiert, so wird die Rechtswahl später hinzuerworbenes unbewegliches Vermögen im Zweifel nicht umfassen (vgl SIEHR IPRax 1987, 7; MünchKomm/BIRK Art 25 Rn 48). Etwas anderes kann dann gelten, wenn der Erblasser etwa sein *„gesamtes unbewegliches Vermögen"* dem deutschen Recht unterstellt, sofern mit dieser Formulierung das gesamte gegenwärtige *und* zukünftige Vermögen gemeint ist (vgl auch V STOLL 212 f). Diese Differenzierung dürfte auch zugrunde zu legen sein, wenn der Erblasser ein zum Zeitpunkt der Verfügung vorhandenes Grundstück veräußert und später ein anderes erwirbt (vgl auch V STOLL 213: Umstände des Einzelfalles).

Eine Beschränkung des Umfangs der Rechtswahl in der Weise, daß nur *einzelne* 505 *Normenkomplexe* des deutschen Rechts zur Anwendung berufen werden, ist *nicht möglich* (vgl Rn 476).

3. Bedingte und befristete Rechtswahl

Eine Rechtswahl kann nach den allgemeinen Regeln über Rechtsgeschäfte **befristet** 506 vorgenommen werden (vgl FERID Rn 9–12, 12; KRZYWON BWNotZ 1987, 6; DÖRNER DNotZ

1988, 89; PÜNDER MittRhNotK 1989, 6; MünchKomm/BIRK Art 25 Rn 55). Nach Fristablauf wird die Rechtsnachfolge von Todes wegen wieder objektiv angeknüpft.

507 Die Zulässigkeit einer **bedingten Rechtswahl** wird im Schrifttum zT ohne Einschränkungen bejaht (vgl FERID Rn 9–12, 12; KRZYWON BWNotZ 1987, 6; LINDE-RUDOLF 41; PÜNDER MittRhNotK 1989, 6; vBAR II Rn 368). Jedoch ist in diesem Punkt Zurückhaltung geboten, da Gestaltungsrechte (vgl Rn 473) im Prinzip bedingungsfeindlich sind, weil dem Erklärungsempfänger in der Regel kein Schwebezustand zugemutet werden kann. Bedingungen werden daher nur insoweit zugelassen, als eine bedingte Gestaltung keine unbehebbaren Unklarheiten schafft (zustimmend SOERGEL/SCHURIG Art 25 Rn 14; vgl auch BGH NJW 1986, 2245 f mwN). Daher kann auch eine Rechtswahl nur unter solche Bedingungen gestellt werden, die es Nachlaßgerichten und Erben beim Tod des Erblassers erlauben, gleichwohl das maßgebliche Statut festzulegen. Die Wirksamkeit einer Rechtswahl kann also allenfalls von objektiven Umständen abhängig gemacht werden, die bis zum Tode des Erblassers eingetreten sind (etwa: Vorhandensein von Abkömmlingen, vgl KRZYWON BWNotZ 1987, 6; Eintritt oder Nichteintritt bestimmter Rechtsänderungen im Heimatrecht, vgl TIEDEMANN RabelsZ 1991, 19) und deren Eintreten vom Nachlaßgericht bzw den Nachlaßberechtigten ohne Mühe festgestellt werden kann (DÖRNER DNotZ 1988, 89 f; zustimmend TIEDEMANN RabelsZ 1991, 26; V STOLL 94 Fn 120; KEMP 118; vgl auch MANKOWSKI/OSTHAUS DNotZ 1997, 16 ff). Der Erblasser darf die Geltung seiner Rechtswahl ferner daran knüpfen, daß die nach deutschem Recht getroffenen Verfügungen materiellrechtlich wirksam sind (DÖRNER DNotZ 1988, 90; zustimmend MünchKomm/BIRK Art 25 Rn 56).

508 Fraglich erscheint, ob der Erblasser eine Entscheidung über die Wirksamkeit der Rechtswahl auch in die Hände des (nach deutschem Erbrecht) Bedachten legen kann. Grundsätzlich steht es dem durch eine Verfügung von Todes wegen Begünstigten frei, ob er das ihm zugewandte Recht erwerben will oder nicht (vgl §§ 1942, 2180, ferner auch 2075 BGB). Erst recht sollte jedenfalls der Alleinerbe darüber befinden können, nach welchem Erbstatut er die Erbfolge antreten will, sofern der Erblasser ihm eine entsprechende Wahlmöglichkeit eröffnet und in einer Weise definiert hat, daß der Erbe eine Entscheidung nicht unangemessen lange hinauszögern kann (anders MünchKomm/BIRK Art 25 Rn 34). Nicht möglich ist dagegen, die Wirksamkeit der Rechtswahl von den Entscheidungen *mehrerer* Bedachter abhängig zu machen, sofern dies zur Folge hätte, daß sich ein- und dasselbe inländische Grundstück – je nach Begünstigtem – teils nach deutschem und teils nach ausländischem Recht vererbt. Dieses Ergebnis verstieße gegen das Prinzip, daß auf die Vererbung eines Vermögenswertes deutsches Erbrecht nur insgesamt und nicht beschränkt auf einzelne Normenkomplexe Anwendung finden kann (vgl Rn 476).

4. Nichtigkeit

509 Über die Nichtigkeit der Rechtswahl (denkbar etwa wegen Verstoßes gegen § 138 BGB) entscheidet das deutsche Recht (DÖRNER DNotZ 1988, 90 f; TIEDEMANN RabelsZ 1991, 36). Zu den Auswirkungen einer unwirksamen Rechtswahl auf die Wirksamkeit einer Verfügung von Todes wegen bzw umgekehrt einer unwirksamen Verfügung von Todes wegen auf das Rechtswahlgeschäft vgl Rn 491.

VI. Bindung an die Rechtswahl

1. Widerruf

Eine zuvor – im Zusammenhang mit einer letztwilligen Verfügung oder isoliert – **510** getroffene Rechtswahl kann der Erblasser später grundsätzlich jederzeit **frei widerrufen** (DÖRNER DNotZ 1988, 91; MünchKomm/BIRK Art 25 Rn 59; SOERGEL/SCHURIG Art 25 Rn 16). Ob eine Verfügung von Todes wegen, auf welche die Rechtswahl sich bezieht, dabei gleichzeitig widerrufen wird oder nicht, ist ohne Belang (MünchKomm/BIRK Art 25 Rn 59). Der Widerruf kann ebenfalls isoliert oder aber in einer neuen Verfügung von Todes wegen vorgenommen werden. Zur Bindung an eine in einem gemeinschaftlichen Testament oder Erbvertrag enthaltene Rechtswahl näher Rn 514 u 516.

Der Widerruf einer Rechtswahl kann eine Verfügung von Todes wegen insgesamt **511** betreffen oder sich nur auf einzelne in ihr enthaltene letztwillige Verfügungen beziehen. Es ist dem Erblasser also zB möglich, seine Rechtswahl nur hinsichtlich einzelner im Inland belegener Grundstücke zu widerrufen (vgl Rn 503; MünchKomm/BIRK Art 25 Rn 59).

Der Widerruf erfolgt in Form eines Widerrufstestaments (vgl § 2254 BGB) oder durch **512** anderweitige Verfügung von Todes wegen über das nämliche unbewegliche Vermögen, bei welcher der Erblasser zum Ausdruck bringt, daß die Beerbung sich *nicht* nach deutschem Recht richten soll (§ 2258 BGB). Daneben sollte man wegen der vergleichbaren Interessenlage auch einen Widerruf entsprechend §§ 2255 und 2256 BGB zB durch Vernichten oder Streichen der Rechtswahlerklärung akzeptieren.

2. Rechtswahl im gemeinschaftlichen Testament und Erbvertrag

a) Gemeinschaftliches Testament

Soweit ein **gemeinschaftliches Testament** eine **Rechtswahlklausel** enthält (vgl bereits **513** Rn 474), ist zu prüfen, ob diese Rechtswahl sich auf die Verfügung nur eines oder beider Erblasser bezieht. Es ist also keineswegs erforderlich, daß eine gemeinsame Rechtswahl zugunsten des deutschen Rechts vorgenommen wird (SOERGEL/SCHURIG Art 25 Rn 13; **aA** MünchKomm/BIRK Art 25 Rn 38). Der Hinweis, daß auf das gemeinschaftliche Testament sinnvollerweise nur eine einzige Rechtsordnung Anwendung finden könne (so BIRK aaO), ist offensichtlich unzutreffend (vgl näher Rn 301, 325; auch MünchKomm/BIRK Art 26 Rn 102 selbst). Denkbar ist daher zB, daß in einer deutsch-ausländischen Mischehe nur der ausländische Partner eine Rechtswahl vornimmt, während die Erbfolge nach dem deutschen Gatten bereits gemäß Art 25 Abs 1 dem deutschen Recht unterliegt. Denkbar ist ferner, daß in einer gemischt-nationalen Ausländerehe nur einer der Gatten zugunsten des deutschen Rechts optiert, während es der andere bei der objektiven Anknüpfung beläßt. In diesem Fall gelten die Regeln über die Behandlung gemeinschaftlicher Testamente bei unterschiedlichem Erbstatut der Verfügenden (Rn 325).

Umstritten ist, ob der Erblasser auch eine in einem gemeinschaftlichen Testament **514** enthaltene Rechtswahl **frei widerrufen** kann (vgl Rn 510) oder ob einer solchen Rechtswahl *Bindungswirkung* zukommt. Die wohl hM geht davon aus, daß der Erblasser an eine Rechtswahl gebunden sein soll, soweit sie sich auf wechselbezügliche Verfügun-

Heinrich Dörner

gen bezieht (vgl Lichtenberger DNotZ 1986, 665; Krzywon BWNotZ 1987, 6 f; Pünder Mitt-RhNotK 1989, 5; MünchKomm/Birk Art 25 Rn 58; vBar II Rn 368; Tiedemann RabelsZ 1991, 34). Dem ist jedoch **nicht zuzustimmen** (Palandt/Heldrich Art 25 Rn 8; Kühne IPRax 1987, 74; Dörner DNotZ 1988, 91; V Stoll 94 f; Soergel/Schurig Art 25 Rn 16). Zum einen können nach dem Wortlaut des § 2270 Abs 1, 3 BGB nur „Erbeinsetzungen, Vermächtnisse oder Auflagen" als wechselbezügliche Verfügungen getroffen werden. Zum andern erhält der Partner des widerrufenden Erblassers einen gewissen Schutz durch Anwendung von Art 26 Abs 5 (vgl Rn 519 u Art 26 Rn 60 ff); der spätere Widerruf einer Rechtswahl würde danach die nach deutschem Recht bereits eingetretene *Bindung* an wechselbezügliche Verfügungen nicht wieder beseitigen können (Palandt/Heldrich Art 25 Rn 8; Dörner DNotZ 1988, 91; V Stoll 94). Dagegen wird vorgebracht, daß die in Art 26 Abs 5 vorgesehene Berufung des hypothetischen Erbstatuts nicht davor zu schützen vermag, daß das Testament auf der Grundlage des nach dem Widerruf maßgebenden ausländischen Erbrechts nunmehr andere *Wirkungen* entfaltet, daß es zB anders und zum Nachteil des Bedachten ausgelegt werden, daß es aus dem deutschen Recht unbekannten Gründen nichtig sein kann oder daß andere – höhere – Pflichtteils- oder Noterbrechte berücksichtigt werden müssen (vgl Tiedemann RabelsZ 1991, 34). Das ist zwar zutreffend; gegen Veränderungen dieser Art genießt der Partner eines Erbvertrages oder gemeinschaftlichen Testaments aber *niemals* Schutz, weil Inhalt und übrige Rechtswirkungen einer Verfügung von Todes wegen *stets* dem Erbstatut unterworfen sind (zustimmend Kemp 139; näher Art 26 Rn 79).

b) Erbvertrag

515 In einem einseitigen **Erbvertrag** kann der Vertragserblasser, in einem beidseitigen Erbvertrag können beide Vertragspartner eine Rechtswahl vornehmen (vgl bereits Rn 474). Ebensowenig wie bei einem gemeinschaftlichen Testament (Rn 513) ist es im letzten Fall erforderlich, daß gemeinsam zugunsten des deutschen Rechts optiert wird (**aA** MünchKomm/Birk Art 25 Rn 38). Dies hat möglicherweise zur Folge, daß hinsichtlich eines jeden Vertragspartners ein anderes Erbstatut berufen wird und infolgedessen die Regeln über Erbverträge bei unterschiedlichem Erbstatut (Rn 347 f) zur Anwendung gelangen.

516 Aus den zum gemeinschaftlichen Testament angeführten Gründen (vgl Rn 514) entfaltet auch die in einem Erbvertrag enthaltene Rechtswahl **keine bindende Kraft** (**str**, vgl die Nachw zum gemeinschaftlichen Testament in Rn 514, ferner Siehr IPRax 1987, 7; vBar II Rn 369; Kropholler § 51 II 2 c; Lichtenberger, in: FS Ferid 80 [1988] 286; anders auch hier Palandt/Heldrich Art 25 Rn 8; Kühne IPRax 1987, 74; Dörner DNotZ 1988, 91).

VII. Wirkungen der Rechtswahl

517 Eine nach Art 25 Abs 2 vorgenommene Rechtswahl führt zur Maßgeblichkeit der *deutschen erbrechtlichen Sachnormen* (Art 4 Abs 2); die in Abs 1 vorgesehene objektive Anknüpfung tritt damit als subsidiär zurück.

518 Hinterläßt der Erblasser neben dem von der Rechtswahl erfaßten noch weiteres Vermögen, so ist das für dieses maßgebende Erbstatut im Wege der objektiven Anknüpfung (Art 25 Abs 1 oder 3 Abs 3) zu ermitteln. Es tritt also eine *Nachlaß-spaltung* ein; der Nachlaß zerfällt in zwei Teilmassen, deren jede einem anderen Erbstatut unterliegt (BGHZ 134, 63; BayObLG ZEV 1999, 486; näher Rn 723 ff).

Sowohl eine *nach* Errichtung einer Verfügung von Todes wegen vorgenommene **519** Rechtswahl als auch ein nach der Errichtung einer Verfügung von Todes wegen erfolgender *Widerruf* der Rechtswahl könnten zur Folge haben, daß die Gültigkeit der Verfügung sowie die Bindung an sie einem anderen Recht unterliegt, als zum Zeitpunkt der Errichtung anzunehmen war. Daher findet Art 26 Abs 5 entsprechende Anwendung (vgl PALANDT/HELDRICH Art 25 Rn 8; KÜHNE IPRax 1987, 74; DÖRNER DNotZ 1988, 88; TIEDEMANN RabelsZ 1991, 33). Die Gültigkeit und Bindungswirkungen einer vor der Rechtswahl bzw ihrem Widerruf errichteten Verfügung von Todes wegen sind daher nach dem Recht zu beurteilen, das zum Zeitpunkt der Vornahme der Verfügung auf die Rechtsnachfolge von Todes wegen anzuwenden gewesen wäre. Auf diese Weise braucht der Erblasser nicht zu befürchten, daß eine unbedachtsam vorgenommene Rechtswahl etwa die Gültigkeit früherer Verfügungen beeinträchtigt. Andererseits kann sich der Partner eines Erbvertrages oder gemeinschaftlichen Testaments zB darauf verlassen, daß sich der Erblasser den Bindungen, die aus einem nach einer Rechtswahl errichteten und damit dem deutschen Recht unterstehenden Erbvertrag oder gemeinschaftlichen Testament erwachsen, nicht durch einfachen Widerruf der Rechtswahl und die damit etwa verbundene Rückkehr zu einem anderen Erbstatut wieder zu entziehen vermag (einschränkend SOERGEL/SCHURIG Art 26 Rn 26 für den Fall, daß die Verfügenden sich bereits nach dem neuem Recht gerichtet haben). Zu den Grenzen dieses Schutzes näher Art 26 Rn 79.

E. Verweisung auf das Belegenheitsrecht (Art 3 Abs 3)*

I. Inhalt und Bedeutung des Art 3 Abs 3

Soweit die familien- und erbrechtlichen Kollisionsnormen des 3. und 4. Abschnitts **520** des EGBGB vermögensrechtliche Beziehungen dem Recht eines bestimmten Staates unterstellen, beziehen sie sich nach Art 3 Abs 3 nicht auf solche Gegenstände, die sich nicht im Geltungsbereich der berufenen Rechtsordnung befinden und nach dem Recht des Belegenheitsstaates **„besonderen Vorschriften"** unterliegen. Die Vorschrift stimmt in der Sache mit dem bis zum 1. 9. 1986 geltenden Art 28 aF überein.

Beruft also Art 25 Abs 1 beim Tode eines deutschen Staatsangehörigen deutsches **521** Erbrecht und hinterläßt der Erblasser Vermögensgegenstände im Ausland, für deren Vererbung nach dem Recht des Belegenheitsstaates „besondere Vorschriften" (vgl Rn 533 ff) gelten, so werden diese Gegenstände von der Verweisung des Art 25 Abs 1 nicht erfaßt. Gleiches gilt, wenn beim Tode eines ausländischen Staatsangehörigen das vom deutschen Kollisionsrecht gemäß Art 25 Abs 1 berufene Heimatrecht die Verweisung annimmt oder etwa auf das deutsche Wohnsitzrecht zurückverweist, der Erblasser jedoch Vermögenswerte in einem Drittstaat hinterläßt, der für bestimmte Vermögenswerte wiederum besondere Vorschriften kennt (ungenau daher EBENROTH/ EYLES IPRax 1989, 4). In diesen Fällen weicht das deutsche Kollisionsrecht vor den Rechtsanschauungen des Belegenheitsstaates zurück: Die Vererbung der betreffenden Vermögensgegenstände unterliegt dann nicht den Vorschriften des gemäß Art 25

---

* **Schrifttum:** SOLOMON, Der Anwendungsbereich von Art 3 Abs 3 EGBGB – dargestellt am Beispiel des internationalen Erbrechts, IPRax 1997, 81; THOMS, Einzelstatut bricht Gesamtstatut (1996).

Heinrich Dörner

Abs 1 ermittelten Rechts (sog „**Gesamtstatut**"); vielmehr wird insoweit – **stillschwei-gend** – das **Belegenheitsrecht als** „**Einzelstatut**" für anwendbar erklärt (vgl BGHZ 45, 352; vBAR I Rn 534).

522 Art 3 Abs 3 verfolgt weder den Zweck, (wirtschafts)politisch motivierten und für be-stimmte Sondervermögen geltenden Vorschriften des Belegenheitsrechts zur Anwen-dung zu verhelfen (so KEGEL/SCHURIG § 12 II 2 b; SCHURIG RabelsZ 1990, 238 Fn 99), noch in erster Linie das Ziel, Regelungswidersprüche zwischen Gesamtstatut und Belegen-heitsrecht und damit im Interesse des internationalen Entscheidungseinklangs die Gefahr widersprüchlicher und ggf nicht durchsetzbarer Entscheidungen zB im Inland und im Belegenheitsstaat zu vermeiden (vgl aber MünchKomm/SONNENBERGER Art 3 Rn 18; ERMAN/HOHLOCH Art 3 Rn 13; kritisch WOCHNER, in: FS Wahl [1973] 177). Der erste Ansatz ist nicht damit in Einklang zu bringen, daß nach hM *jede* von der allgemeinen Erbkolli-sionsnorm abweichende Anknüpfung der Erbfolge in unbewegliches Vermögen, und zwar ohne Rücksicht auf die möglicherweise dahinterstehende materielle Zielset-zung, im Inland Beachtung verdienen soll; der zweite muß sich entgegenhalten lassen, daß Art 3 Abs 3 nach einhelliger Auffassung dann keine Anwendung findet, wenn das Belegenheitsrecht die Rechtsnachfolge von Todes wegen nicht beschränkt auf ein-zelne Vermögensgegenstände, sondern *generell* anders anknüpft, zB das *Erbstatut insgesamt* nach dem letzten Wohnsitz des Erblassers bestimmt – obwohl in diesem Fall die Durchsetzbarkeit inländischer Entscheidungen erst recht auf der Strecke bleibt (vgl Rn 541). Vielmehr bezieht sich Art 3 Abs 3 speziell auf das **Verhältnis von Einzel- und Vermögensstatut:** Die rechtliche Zusammenfassung verschiedener Gegen-stände zu einer Vermögenseinheit bedarf der Anerkennung durch das für den jewei-ligen Einzelgegenstand maßgebende Recht; daher gewinnt das Vermögensstatut seine Herrschaft über den Einzelgegenstand nur aufgrund einer Anerkennung durch das Einzelstatut. Erkennt zB das Sachstatut die Zugehörigkeit eines Gegenstandes zu einem Gesamtvermögen nicht an, bleibt es bei der alleinigen Herrschaft des Einzel-statuts. Dieses Regelungsprinzip bringt Art 3 Abs 3 zum Ausdruck (vgl dazu ZITELMANN, Internationales Privatrecht, Bd II [1912] 695; ders, in: FS Gierke [1911] 261; FRANKENSTEIN, Inter-nationales Privatrecht Bd I [1926] 508 f; in neuerer Zeit TIEDEMANN 41, 52; STAUDINGER/HAUSMANN [1996] Art 3 Rn 41; kritisch SOLOMON IPRax 1997, 86 f). Damit ist erklärt, warum das Vermö-gensstatut zwar vor dem als Einzelstatut berufenen Belegenheitsrecht, nicht jedoch vor einem fremden Gesamtstatut zurückweicht (TIEDEMANN 52).

523 Liegen die Voraussetzungen des Art 3 Abs 3 vor, tritt *Art 25 Abs 1* in der Anwendung als *subsidiär* zurück. Im Verhältnis von Art 3 Abs 3 zu *Art 25 Abs 2* setzt sich dagegen die letztgenannte Bestimmung durch: Hat der ausländische Erblasser hinsichtlich seines inländischen unbeweglichen Vermögens für das deutsche Belegenheitsrecht optiert, bedarf es keines Rückgriffs auf Art 3 Abs 3 mehr, um die „besonderen Vorschriften" des deutschen Belegenheitsrechts durchzusetzen. Diese Aussage ist allerdings nur dann zutreffend, wenn man mit der hM davon ausgeht, daß Art 3 Abs 3 auch *deutsches* Belegenheitsrecht zur Anwendung beruft (vgl aber Rn 545 f, 535). *Art 26 Abs 5* schließlich modifiziert auch die Anwendung von Art 3 Abs 3: Gehören zum Zeitpunkt der Errichtung einer Verfügung von Todes wegen zum Vermögen des Erblassers Gegenstände, auf welche die Voraussetzungen des Art 3 Abs 3 zutreffen, so ist im Hinblick auf Gültigkeit und Bindungswirkung nicht das Belegenheitsrecht zum Zeitpunkt des Todes, sondern das zum Zeitpunkt der Errich-tung anzuwenden (vgl Art 26 Rn 62 ff; verkannt von KG FamRZ 1998, 125).

II. Tatbestand der Verweisung

1. Anknüpfung von Rechtsfragen zur „Rechtsnachfolge von Todes wegen"

Art 3 Abs 3 bezieht sich auf die Anknüpfung vermögensbezogener Rechtsverhält- **524** nisse im „Dritten und Vierten Abschnitt". Die Vorschrift verdrängt damit Art 25 Abs 1 (vgl Rn 523) **im Rahmen seines gesamten Anwendungsbereichs**, dh im Hinblick auf sämtliche Rechtsfragen, die vom Begriff der „Rechtsnachfolge von Todes wegen" umfaßt werden. Den Geltungsbereich **anderer Kollisionsnormen – außerhalb des 3. und 4. Abschnitts** – berührt Art 3 Abs 3 dagegen **nicht**. Wird eine Rechtsfrage daher nicht erb-, sondern etwa sachen-, schuld- oder gesellschaftsrechtlich eingeordnet, greift die Bestimmung nicht ein. Das gilt zB für die *Sondernachfolge in Personengesellschaften:* Soweit diese gesellschaftsrechtlich qualifiziert wird (vgl Rn 59), handelt es sich von vornherein um keine Frage, welche die „Rechtsnachfolge von Todes wegen" betrifft. Maßgebend sind hier die von der gesellschaftsrechtlichen Kollisionsnorm erfaßten Regeln des Gesellschaftsstatuts, nicht dagegen das von Art 3 Abs 3 als erbrechtliche Sonderkollisionsnorm berufene Belegenheitsrecht (MünchKomm/Sonnenberger Art 3 Rn 36; zustimmend Lüderitz Rn 168 Fn 38; Ebenroth Rn 1246; Staudinger/Hausmann [1996] Art 3 Rn 73; vgl auch Witthoff, Die Vererbung von Anteilen deutscher Personengesellschaften im Internationalen Privatrecht [1992] 72; vOertzen IPRax 1994, 75 Fn 29; unrichtig daher vBar II Rn 371; MünchKomm/Birk Art 25 Rn 102 u 198; Palandt/Heldrich Art 3 Rn 13; Erman/Hohloch Art 3 Rn 16; vgl auch Raape/Sturm, Internationales Privatrecht[6] [1977] § 12 IV 2 e). Entsprechendes gilt für die Sondernachfolge in *Mietverhältnisse* (vgl Rn 57 u 550). Auch die Vorschriften des deutschen Sozialrechts über die *Sondererbfolge in sozialrechtliche Ansprüche* (vgl Rn 67 ff) gelten nicht deswegen, weil es sich dabei um „besondere Vorschriften" iS des Art 3 Abs 3 handelt, sondern weil eine ungeschriebene sozialrechtliche Kollisionsnorm die Nachfolge in Ansprüche dieser Art dem Anwendungsbereich des Art 25 Abs 1 von vornherein entzieht und einseitig deutsches Recht für maßgebend erklärt.

Art 3 Abs 3 nimmt allein auf den Systembegriff der „Rechtsnachfolge von Todes **525** wegen" Bezug. Die selbständige Anknüpfung von **Vorfragen** (vgl Rn 555) wird daher von dieser Bestimmung ebenfalls nicht berührt (vgl MünchKomm/Sonnenberger Art 3 Rn 27; Staudinger/Hausmann [1996] Art 3 Rn 64).

2. Außerhalb des Geltungsbereichs des Erbstatuts belegene Gegenstände

Die Verweisung des Art 3 Abs 3 betrifft Gegenstände, die sich außerhalb des Staates **526** befinden, dessen Recht aufgrund der allgemeinen erbrechtlichen Kollisionsnormen die Rechtsnachfolge von Todes wegen beherrscht. Unter **„Gegenständen"** iS der Vorschrift werden in erster Linie bewegliche und unbewegliche Sachen verstanden. Daneben kommen auch Rechte wie zB Forderungen, Immaterialgüterrechte oder Mitgliedschaftsrechte in Betracht (BayObLG ZEV 1998, 477; Kropholler § 26 II; MünchKomm/Sonnenberger Art 3 Rn 35; Tiedemann 42 f).

Welches Recht prinzipiell als **Erbstatut** maßgibt, ist mit Hilfe der Art 25 Abs 1 und **527** Art 4 Abs 1 S 1 zu ermitteln. Spricht das vom deutschen IPR berufene ausländische Kollisionsrecht eine Rück- oder Weiterverweisung aus, so ist dies bei der von Art 3 Abs 3 vorausgesetzten Bestimmung des Erbstatuts zu beachten (Kegel/Schurig § 12 II

2 a; KROPHOLLER § 26 II 1; MünchKomm/SONNENBERGER Art 3 Rn 28); das gilt auch dann, wenn das zunächst berufene IPR in seinem Herrschaftsbereich belegene Vermögenswerte durch einseitige Kollisionsnorm dem eigenen Sachrecht unterwirft, wie dies etwa nach früherem DDR-Recht (§ 25 Abs 2 RAG) der Fall war (anders vBAR II Rn 365). Die Verweisung des Art 3 Abs 3 bezieht sich nur auf Gegenstände, die sich *außerhalb* des Geltungsbereichs des grundsätzlich maßgebenden Erbstatuts und damit auf dem Gebiet einer *anderen* Rechtsordnung befinden.

528 Beispiele:

(1) Stirbt ein Deutscher oder Italiener, so ist Erbstatut nach Art 25 Abs 1 das deutsche bzw das italienische Recht (keine Rückverweisung). Hinterläßt der Erblasser ein in New York belegenes Grundstück, so befindet sich dieser Gegenstand außerhalb des Herrschaftsbereichs des Erbstatuts. Insoweit kann Art 3 Abs 3 zur Anwendung gelangen (näher Rn 536 ff).

529 (2) Stirbt ein Däne mit Wohnsitz in Deutschland, so ist deutsches Recht ebenfalls Erbstatut, weil das dänische IPR auf das deutsche Wohnsitzrecht zurückverweist (Art 4 Abs 1). Auch in diesem Fall ist zu prüfen, ob sich die Erbfolge in ein in New York belegenes Grundstück gemäß Art 3 Abs 3 nach dem Recht von New York richtet (vgl Rn 536 ff).

530 (3) Gehört das New Yorker Grundstück einem in diesem Staat domizilierten US-Bürger, so verweist Art 25 Abs 1 iVm Art 4 Abs 3 auf das New Yorker Heimatrecht, das wiederum für das unbewegliche Vermögen die lex rei sitae beruft. Erbstatut hinsichtlich des Grundstücks ist das Recht von New York. Art 3 Abs 3 gelangt insoweit nicht zum Zuge.

531 (4) Ein belgischer Staatsangehöriger verstirbt mit letztem Wohnsitz in der Bundesrepublik; er hinterläßt ein französisches Grundstück. Das gemäß Art 25 Abs 1 berufene belgische Heimatrecht unterstellt die Rechtsnachfolge in Immobilien dem Recht des Belegenheitsstaates und verweist daher insoweit auf französisches Recht weiter, das diese Verweisung annimmt. Das Grundstück vererbt sich kraft Weiterverweisung nach französischem Recht. Art 3 Abs 3 findet keine Anwendung (ungenau daher OLG Köln DNotZ 1993, 172).

532 *Wo* sich ein Gegenstand *befindet*, sollte nicht nach Maßgabe der lex fori oder des Erbstatuts, sondern nach den Kriterien der „anderen Rechtsordnung" – dh des **Belegenheitsrechts** – entschieden werden. Denn das grundsätzlich berufene Erbstatut weicht vor dem Belegenheitsrecht insoweit zurück, als dieses auf bestimmte Gegenstände, die es als in seinem Geltungsbereich belegen ansieht, „besondere Vorschriften" angewandt wissen will (**aA** die **hM**, vgl KG JW 1936, 2465; LG Hamburg IPRspr 1972 Nr 127; KROPHOLLER § 26 II 3; TIEDEMANN 45: Ort der Belegenheit wird von der lex fori bestimmt). Es ist also danach zu fragen, ob eine Rechtsordnung, auf deren Gebiet bei natürlicher Betrachtung bestimmte Vermögensgegenstände belegen sein könnten, diese Gegenstände in der Tat als in ihrem Geltungsbereich belegen ansieht und besonderen Vorschriften unterwirft.

3.   Besondere Vorschriften des Belegenheitsstaates

533 Das von Art 25 Abs 1 grundsätzlich berufene Erbstatut findet keine Anwendung, wenn das Belegenheitsrecht für bestimmte Gegenstände **„besondere Vorschriften"** kennt. *Welche* Gegenstände von derart besonderen Vorschriften betroffen werden, entscheidet nicht die lex fori, sondern das **Belegenheitsrecht** (vgl RAAPE, Internationales Privatrecht[5] [1961] 420; KROPHOLLER § 26 II 3; DÖRNER DNotZ 1988, 99 f). Zwar ist Art 3 Abs 3 als inländische Kollisionsnorm grundsätzlich nach deutschem Recht auszulegen (Rn 17 f). Da aber das Belegenheitsrecht nur dann und in dem Ausmaß Anwendung finden soll, wie es für bestimmte Vermögensgegenstände besondere Vorschriften enthält, erfolgt die Auslegung der deutschen Norm akzessorisch und ist an den Begriffsinhalten des Belegenheitsrechts auszurichten: Hält das Belegenheitsrecht Sonderregeln für die erbrechtliche Behandlung bestimmter Vermögensbestandteile bereit, dann läßt das deutsche Recht eine Abweichung von der in Art 25 Abs 1 enthaltenen Regelanknüpfung nur hinsichtlich jener Vermögenswerte zu, die das Belegenheitsrecht besonderen Vorschriften unterwirft. Sieht das Belegenheitsrecht zB Sonderregeln für unbewegliches Vermögen vor, so befindet es auch darüber, welche Vermögenswerte als unbeweglich anzusehen sind.

a) Sachnormen

Unter „besonderen Vorschriften" iS des Art 3 Abs 3 versteht die hM zunächst **Sach-** **534** **normen**, die entweder mit **politischer oder wirtschaftspolitischer Zielsetzung** bestimmte Sondervermögen (Fideikommisse, Lehns-, Stamm- und Anerbengüter, Erbhöfe usw) bilden und sie einer vom allgemeinen Erbrecht abweichenden Erbfolge unterstellen (BGHZ 50, 64; KROPHOLLER § 26 II 2 a; vBAR I Rn 534 u II Rn 371; SOERGEL/SCHURIG Art 25 Rn 89; ERMAN/HOHLOCH Art 3 Rn 16; STAUDINGER/HAUSMANN [1996] Art 3 Rn 56; STÖCKER WM 1980, 1134 ff), oder aber solche, die zwingend für bestimmte Vermögensgegenstände eine besondere Erbrechtsordnung vorschreiben, an Grundstücken zB nur die Abkömmlinge, nicht aber den Ehegatten beteiligen (vgl RAAPE/STURM, Internationales Privatrecht[6] [1977] 187; ausdrücklich zustimmend MünchKomm/SONNENBERGER Art 3 Rn 23).

Dieser (historisch begründete, vgl WOCHNER, in: FS Wahl [1973] 166; zuletzt S LORENZ RPfle- **535** ger 1990, 167) Interpretationsansatz vermag jedoch nicht mehr zu überzeugen (ausdrücklich zustimmend MünchKomm/SONNENBERGER Art 3 Rn 23). *Entweder* übernimmt das Belegenheitsrecht die im materiellen Recht vorgesehene Sonderbehandlung bestimmter Nachlaßgegenstände auch in sein IPR, beruft also kraft einer einseitigen Kollisionsnorm für die Vererbung des jeweiligen Sondervermögens die eigene lex rei sitae unabhängig von dem grundsätzlich aus seiner Sicht maßgebenden Erbstatut. Das wird in aller Regel der Fall sein. *Beispiel* (nach RAAPE/STURM 187): Das liechtensteinische ZGB erklärt im Hinblick auf liechtensteinische Fideikommisse ausschließlich das liechtensteinische Recht für anwendbar. In diesem Fall weicht das von Art 25 Abs 1 berufene Gesamtstatut aber in Wahrheit nicht vor einer fremden Sach-, sondern bereits vor der fremden einseitigen *Kollisionsnorm* zurück. *Oder* aber der Belegenheitsstaat ordnet zwar auf materiellrechtlicher Ebene eine Sondernachfolge an, stellt sie jedoch kollisionsrechtlich zur Disposition, dh setzt sie nicht gegenüber einem aus seiner Sicht fremden Erbstatut durch. In einem solchen Fall ist ein kollisionsrechtlich wirksames Regelungsinteresse des Belegenheitsstaates nicht festzustellen. Dann aber besteht im deutschen Recht keine Veranlassung, „päpstlicher zu sein als der Papst" und das eigene Erbstatut zugunsten des Belegenheitsrechts aufzugeben. In diesem Fall bleibt es daher auch hinsichtlich des nur materiellrechtlich definierten Sondervermögens bei der gewöhnlichen Anknüpfung der Rechtsnachfolge von Todes wegen gemäß Art 25 Abs 1 (KEGEL/SCHURIG § 12 II 2 b aa).

b) Kollisionsnormen

536 Als „besondere Vorschriften" sind in jedem Fall solche **Kollisionsregeln** anzusehen, die für **einzelne Nachlaßwerte** eine **andere Anknüpfung vorsehen** als für die Erbfolge im allgemeinen, insbesondere das *unbewegliche Vermögen* abweichend von der allgemeinen Erbrechtsanknüpfung der lex rei sitae unterwerfen (**hM**, vgl BGHZ 45, 352; 50, 64 ff [zu Art 28 aF]; BGH NJW 1993, 1921; BayObLGZ 1959, 396; 1967, 424; 1982, 244; 1982, 288 f; OLG Schleswig IPRspr 1976 Nr 116 S 339; LG Hamburg IPRspr 1972 Nr 127 S 347; aus der Literatur etwa KROPHOLLER § 26 II 2 b; vBAR I Rn 535; MünchKomm/SONNENBERGER Art 3 Rn 25; ERMAN/HOHLOCH Art 3 Rn 17 f; PALANDT/HELDRICH Art 3 Rn 14; STAUDINGER/HAUSMANN [1996] Art 3 Rn 60; **aA** KEGEL/SCHURIG § 12 II 2 b cc; SOERGEL/SCHURIG Art 25 Rn 89; SOLOMON IPRax 1997, 87; THOMS 105 ff). Diese Auslegung entspricht auch den gesetzgeberischen Vorstellungen (vgl BT-Drucks 10/504, S 36 f).

537 Eine derart besondere Anknüpfung der erbrechtlichen Verhältnisse an unbeweglichem Vermögen ist weit verbreitet. Sie findet sich zB im anglo-amerikanischen Rechtskreis (vgl zuletzt BGH NJW 1993, 1921 [USA]), aber auch im Einflußbereich des französischen Code civil (zu Frankreich etwa: BayObLGZ 1982, 288; BayObLG FamRZ 1990, 1123; OLG Zweibrücken OLGZ 1985, 416; OLG Köln FamRZ 1992, 861; LG München RPfleger 90, 167 m Anm S LORENZ), im Recht der Nachfolgestaaten der früheren Sowjetunion und zT in den südamerikanischen Staaten. Zum Recht der früheren DDR (§ 25 Abs 2 RAG) vgl Rn 586 ff.

538 Darüber hinaus bezieht sich Art 3 Abs 3 auch auf solche Kollisionsnormen, welche für alle oder bestimmte Arten von **Mobilien** Sonderanknüpfungen vorsehen. Das ist zB der Fall im argentinischen Recht, das die Vererbung von Mobilien mit festem Lageort der lex rei sitae unterstellt (vgl TIEDEMANN 51). Werden *alle Nachlaßgegenstände* der jeweiligen lex rei sitae unterworfen, verzichtet das betreffende Recht auf die Zusammenfassung der Nachlaßgegenstände zu einem Gesamtstatut und gibt nur den Einzelstatuten Raum; dieser Standpunkt verdient über Art 3 Abs 3 Beachtung (TIEDEMANN 54 f). Hinter Sonderregeln zum Schutze inländischer Nachlaßberechtigter verbergen sich dann „besondere Vorschriften" iS des Art 3 Abs 3, wenn sie die Anwendung des eigenen Rechts in bezug auf inländische Nachlaßgegenstände zwingend vorschreiben (so Art 10 § 1 LICC des brasilianischen Rechts, vgl TIEDEMANN 55 und unten Anh 79 zu Art 25 u 26).

539 Das Belegenheitsrecht wird über Art 3 Abs 3 auch dann berufen, wenn seine Kollisionsnormen nicht *sämtliche* Rechtsfragen zur Nachfolge in einen bestimmten Vermögensgegenstand, sondern lediglich einzelne **Teilfragen** gesondert anknüpfen (MünchKomm/SONNENBERGER Art 3 Rn 25), so zB die Frage nach der Art und Weise des **Erbschaftserwerbs** oder der **Haftung** (vgl zum *österreichischen* Recht BayObLGZ 1982, 238; FIRSCHING IPRax 1983, 168; JAYME ZfRvgl 1983, 165, 167; S LORENZ IPRax 1990, 206; zum *italienischen* Recht S LORENZ IPRax 1990, 80). Andererseits reicht die Verweisung des Art 3 Abs 3 nur so weit, als das Belegenheitsrecht angewandt werden will (SOERGEL/SCHURIG Art 25 Rn 91). Wird danach zB die Erbfolge in unbewegliches Vermögen zwar grundsätzlich der lex rei sitae unterworfen, Einzelfragen wie Testierfähigkeit, Zulässigkeit bestimmter Verfügungen von Todes wegen, Anfechtung der Testamentserrichtung usw aber gesondert angeknüpft und zB dem Wohnsitz- oder Aufenthaltsrecht unterstellt, so ist im Hinblick auf diese Rechtsfrage nicht Art 3 Abs 3, sondern wiederum die allgemeine Kollisionsnorm des Art 25 Abs 1 maßgebend (vgl dazu auch Rn 898).

„Besondere Vorschriften" sind ferner solche (geschriebenen oder ungeschriebenen) **540** Kollisionsnormen, welche bei erbenlosen Nachlässen den **Fiskus** des jeweiligen Belegenheitsstaates zum Erben berufen (vgl zB § 29 des österreichischen IPR-Gesetzes, dazu Anh 22 zu Art 25, 26) oder nach einseitiger Berufung des eigenen Rechts dem eigenen Fiskus ein territorial begrenztes Aneignungs- oder Okkupationsrecht zusprechen (vgl Rn 192 f).

Ausländische Kollisionsnormen, welche die Rechtsnachfolge von Todes wegen nicht **541** beschränkt auf einzelne Vermögensgegenstände, sondern **generell** anders anknüpfen als Art 25 Abs 1, zB das *Erbstatut* nach dem letzten Wohnsitz des Erblassers bestimmen, stellen *keine* „besondere Vorschriften" iS des Art 3 Abs 3 dar (vgl Rn 522). Gegenüber einem abweichend fixierten „Gesamtstatut" tritt das deutsche IPR mithin nicht zurück (KROPHOLLER § 26 II 2 b; MünchKomm/SONNENBERGER Art 3 Rn 25; ERMAN/ HOHLOCH Art 3 Rn 19; PALANDT/HELDRICH Art 3 Rn 15). *Beispiel:* Verstirbt ein deutscher Staatsangehöriger mit letztem Wohnsitz in Dänemark, so ist gemäß Art 25 Abs 1 deutsches Recht Erbstatut, obwohl das dänische IPR an den letzten Wohnsitz anknüpft und den in Dänemark belegenen Nachlaß daher der dänischen Erbfolge unterwirft. Ordnet ein fremdes Recht Nachlaßspaltung an, indem es zB die Erbfolge in unbewegliches Vermögen der lex rei sitae, die in das übrige Vermögen dem Wohnsitzrecht unterwirft, bezieht sich Art 3 Abs 3 dementsprechend nicht auf die Wohnsitzanknüpfung (Gesamtstatut), sondern nur auf die davon abweichende besondere Anknüpfung des Immobiliarvermögens (zutreffend S LORENZ RPfleger 1990, 168; TIEDEMANN 51).

III. Rechtsfolge der Verweisung

Aus dem Wortlaut des Art 3 Abs 3 ergibt sich nur, daß im Anwendungsbereich der **542** Vorschrift das „Gesamtstatut" für die Vererbung nicht maßgebend sein soll. Welches Recht statt dessen gilt, sagt die Bestimmung nicht. Jedoch ist ihr eine **ungeschriebene Kollisionsnorm** zu entnehmen, die für die Rechtsnachfolge von Todes wegen in Gegenstände, die zum Zeitpunkt des Todes des Erblassers (SOERGEL/SCHURIG Art 25 Rn 94) „besonderen Vorschriften" unterliegen, auf das **Recht des Lageortes** verweist (KROPHOLLER § 26 II 4; MünchKomm/SONNENBERGER Art 3 Rn 29, STAUDINGER/HAUSMANN [1996] Art 3 Rn 75). Nach dem Lageortrecht werden dann alle Rechtsfragen beurteilt, für die es Geltung beansprucht (vgl Rn 539), also zB die nach der gesetzlichen Erbfolge oder nach der materiellen Wirksamkeit und Auslegung der Verfügungen von Todes wegen (vgl SOERGEL/SCHURIG Art 25 Rn 91).

Die Prüfung eines *Renvoi* erübrigt sich, da die Anwendung des Art 3 Abs 3 nach der **543** hier vertretenen Auffassung (Rn 535) voraussetzt, daß der Belegenheitsstaat insoweit sein eigenes Recht für anwendbar hält. Bei Verweisung auf einen *Mehrrechtsstaat* gelangt unmittelbar das Recht derjenigen Teilrechtsordnung zur Anwendung, in welcher sich der betreffende Vermögensgegenstand befindet.

Hinterläßt der Erblasser neben den „besonderen Vorschriften" unterliegenden **544** Gegenständen noch weiteres Vermögen im Belegenheitsstaat oder innerhalb der Rechtsordnung, die als Erbstatut berufen ist, kommt es zu einer **Nachlaßspaltung**: Neben das von Art 3 Abs 3 berufene Belegenheitsrecht tritt dann das von Art 25 Abs 1 berufene allgemeine Erbstatut. Dies hat zur Folge, daß die Rechtsnachfolge von Todes wegen in jede Nachlaßmasse nach dem jeweils maßgebenden Statut gesondert beurteilt werden muß (BGHZ 50, 69 f; näher Rn 730 ff).

IV. Verweisung auf inländische Sachnormen

545 Ob Art 3 Abs 3 auch **inländischen erbrechtlichen Sachnormen** zur Anwendung verhilft, ist **umstritten.** Nach Ansicht des Gesetzgebers soll der Zweck der Vorschrift gerade auch darin liegen, das deutsche Höferecht (Rn 547) bei fremder Staatsangehörigkeit des Hofinhabers durchzusetzen (BT-Drucks 10/504 S 37). Dementsprechend geht die hM davon aus, daß auch inländische Sachnormen, die eine von den §§ 1922 ff BGB abweichende Sondererbfolge vorsehen, als „besondere Vorschriften" iS des Art 3 Abs 3 in Betracht kommen (KROPHOLLER § 26 II 2 a; vBAR I Rn 534; STÖCKER WM 1980, 1134 ff; MünchKomm/SONNENBERGER Art 3 Rn 31; ERMAN/HOHLOCH Art 3 Rn 16; zu Art 28 aF vgl bereits BGH IPRspr 1964/65 Nr 171). Demgegenüber gehen KEGEL/SCHURIG (§ 12 II 2 b aa; ebenso SOERGEL/SCHURIG Art 25 Rn 89) in der Sache davon aus, daß die Vorschriften etwa des deutschen Höferechts durch eine einseitige Sonderregel zu Art 25 zur Anwendung berufen werden.

546 Der Streit hat keine große praktische Bedeutung. Während Art 3 Abs 3 nach KEGEL/SCHURIG aaO im Hinblick auf inländische Sachnormen funktionslos bleibt, weil die Berufung deutschen Sondererbrechts bereits durch ungeschriebene einseitige Kollisionsnormen gesichert wird, **ist** Art 3 Abs 3 aus der Sicht der hM gerade diejenige Kollisionsnorm, welche die inländischen Sondererbregeln für anwendbar erklärt. Geht man mit der hier vertretenen Auffassung davon aus, daß mit den „besonderen Vorschriften" iS des Art 3 Abs 3 nur (ausländische) *Kollisions*normen gemeint sind (Rn 535), so erscheint die Ansicht KEGEL/SCHURIGS im Hinblick auf eine systematisch widerspruchsfreie Interpretation der Vorschrift vorzugswürdig.

1. Höferecht

547 In der Sache besteht Einigkeit darüber, daß die *zwingenden Erbbestimmungen* des in der HöfeO (idF v 29.3.1976, BGBl 1976 I 881) niedergelegten **Bundeshöferechts** – aufgrund des Art 3 Abs 3 oder einer ungeschriebenen einseitigen Kollisionsnorm (vgl soeben Rn 545) – auch dann zur Anwendung gelangen, wenn der Hofinhaber eine ausländische Staatsangehörigkeit besitzt (vgl nur MünchKomm/SONNENBERGER Art 3 Rn 32 u die Nachw in Rn 545). In einem solchen Fall unterliegt die Vererbung eines Hofes kraft deutschen Rechts einer gesetzlichen Sondererbfolge (§§ 4 ff HöfeO, ausführlich dazu LANGE/KUCHINKE § 53 mwN). Hängt die Anwendbarkeit der höferechtlichen Sonderregeln freilich von einer Willenserklärung des Hofinhabers (Eintragung eines Hofvermerks im Grundbuch) ab, ist mit MünchKomm/SONNENBERGER Art 3 Rn 33 davon auszugehen, daß derart fakultatives Höferecht gegenüber einem ausländischen Erbstatut prinzipiell keinen Vorrang beansprucht. Hat der ausländische Erblasser allerdings eine Eintragung in die Höferolle veranlaßt, so kann darin eine konkludente Rechtswahl zugunsten des deutschen Rechts gesehen werden mit der Folge, daß die Sonderregeln über die Hoferbfolge nunmehr aufgrund des Art 25 Abs 2 zur Anwendung gelangen (ähnlich MünchKomm/SONNENBERGER Art 3 Rn 33).

548 Auch die *landesrechtlichen* **Anerbengesetze** (näher LANGE/KUCHINKE § 53 I 3 a) setzen sich grundsätzlich kraft einer vorgängigen, ungeschriebenen einseitigen Anknüpfungsregel des jeweiligen Landesrechts gegenüber einem nicht-deutschen Erbstatut durch (vgl MünchKomm/Sonnenberger Art 3 Rn 32; Raape/Sturm, Internationales Privatrecht⁶ [1977] 188 f). Zur Behandlung fakultativen landesrechtlichen Höferechts gelten die Ausführungen zu Rn 547 entsprechend (vgl auch MünchKomm/Sonnenberger Art 3 Rn 32).

2. Heimstättenrecht

Eine Sondererbfolge war auch in den §§ 19 - 24 des ReichsheimstättenG v **549** 25. 11. 1937 (RGBl 1937 I 1291; bereinigte Fassung: BGBl III Nr 2332–1) u §§ 25 - 40 AVO v 19. 7. 1940 (RGBl 1940 I 1027; bereinigte Fassung: BGBl III Nr 2332–1–1) vorgesehen. Nachdem diese Bestimmungen durch das Gesetz zur Aufhebung des Reichsheimstätten-gesetzes v 17. 6. 1993 (BGBl 1993 I 912) aufgehoben worden sind, haben die genannten Bestimmungen gemäß Art 6 § 4 des Aufhebungsgesetzes Bedeutung nur noch für Erbfälle aus der Zeit vor dem 1. 10. 1993. Zu den kollisionsrechtlichen Konsequenzen der heimstättenrechtlichen Sondererbfolge ausführlich Staudinger/Dörner [1995] Art 25 Rn 549.

3. Mietrecht

Das deutsche Mietrecht kennt eine Sondererbfolge in ein bestehendes **Mietverhältnis** **550** unter den (nicht abdingbaren) Voraussetzungen der §§ 569 a u 569 b BGB. Diese Bestimmungen werden jedoch nicht über Art 3 Abs 3 als besondere Vorschriften des deutschen Belegenheitsrechts zur Anwendung berufen (aA MünchKomm/Birk Art 25 Rn 198), da eine solche mietrechtliche Sondererbfolge als *schuldrechtlich* zu qualifizieren ist und daher von vornherein gar nicht zum Verweisungsumfang des Art 3 Abs 3 gehört (vgl näher Rn 57 u 524).

F. Anknüpfung von Vorfragen*

I. Begriff und Problem der Vorfrage

Wenn eine deutsche Kollisionsnorm für einen Komplex von Rechtsfragen ein **551** bestimmtes Recht beruft und bei der Anwendung der einschlägigen Kollisions- oder Sachnormen dieses Rechts präjudizielle Rechtsfragen beantwortet werden müssen, die zum Anknüpfungsgegenstand einer *anderen* deutschen Kollisionsnorm gehören, dann muß zunächst geklärt werden, nach welchem Recht diese in den Geltungs-bereich der jeweils anderen Kollisionsnorm fallenden „Vorfragen" zu beantworten sind (vgl Kegel/Schurig § 9 I 3; besonders klare Darstellung bei Raape/Sturm, Internationales Privatrecht [1977] 287 ff).

Beispiel: **552**

Gefragt ist nach der gesetzlichen Erbfolge, wenn der verheiratete Erblasser zum Zeitpunkt seines Todes die Staatsangehörigkeit von X besaß. Die materiellrechtliche Hauptfrage („Wer wird Erbe?") beantwortet das Erbrecht von X, sofern das von Art 25 Abs 1 berufene Erbkollisionsrecht dieses

---

* **Schrifttum:** Schurig, Die Struktur des kolli-   sionsrechtlichen Vorfragenproblems, in: FS Kegel (1987) 549.

Staates die Verweisung annimmt (vgl Rn 636). Das Erbstatut beherrscht alle Fragen, die aus der Sicht des deutschen IPR erbrechtlicher Natur sind, regelt also zB die erbrechtliche Stellung der überlebenden Ehefrau und die ihr am Nachlaß zustehende Quote. Allerdings setzt eine nach dem Recht von X gegebene Rechtsnachfolge der Ehefrau im Hinblick etwa auf das Eigentum an einem Grundstück voraus, daß (a) die Beteiligten rechtsgültig verheiratet waren und (b) das Grundstück zum Nachlaß gehört, also vom Erblasser wirksam erworben wurde. Die Frage nach der Gültigkeit einer Eheschließung gehört jedoch aus der Sicht des deutschen IPR nicht zum Anknüpfungsgegenstand des Art 25 Abs 1, sondern zu dem des Art 13 Abs 1 EGBGB. Die Frage nach dem Erwerb einer unbeweglichen Sache wird ebenfalls nicht von Art 25 Abs 1, sondern von der Anknüpfungsregel für unbewegliches Vermögen (lex rei sitae) erfaßt. Auf den ersten Blick erscheint daher zweifelhaft, ob das für die Beantwortung dieser „Vorfragen" maßgebliche Sachrecht auch in diesem Zusammenhang mit Hilfe der inländischen Kollisionsnormen oder aber durch Einschaltung der Kollisionsnormen des für die Hauptfrage maßgeblichen Rechts von X (der „lex causae") ermittelt werden soll.

553 Die Behandlung des Vorfragenproblems ist *umstritten.* Die *hM* spricht sich im Interesse des **inneren Entscheidungseinklangs** für eine „**selbständige**", dh nach Maßgabe der einschlägigen **inländischen Kollisionsnormen** vorzunehmende Anknüpfung aus (vgl BGHZ 43, 218 ff; 69, 389; 73, 370; 78, 289; 78, 477; BGH NJW 1981, 1901; OLG Hamm MittRhNotK 1992, 291 f; aus der Literatur etwa Kegel/Schurig § 9 II 1; Kropholler § 32 IV 2; Raape/Sturm 290; Lüderitz Rn 140; vBar I Rn 618, II Rn 383; Palandt/Heldrich Einl Art 3 Rn 29; Schurig, in: FS Kegel 573 ff, 589). Ein und dieselbe Rechtsfrage müsse im Inland auch stets von ein und derselben Kollisionsnorm erfaßt werden. Wenn man – je nach Hauptfragenstatut – unterschiedliche Kollisionsnormen anwende, hänge das letztlich maßgebende Statut davon ab, in welchem Zusammenhang eine Rechtsfrage gestellt werde. Nach dieser Auffassung bleibt es in dem erwähnten Beispiel (Rn 552) bei der Anwendung von Art 13 Abs 1 und der ungeschriebenen Kollisionsnorm des deutschen Internationalen Sachenrechts.

554 Eine Mindermeinung will im Interesse der **internationalen Entscheidungsharmonie** Vorfragen „**unselbständig**", dh unter Einschaltung der **Kollisionsnormen des für die Hauptfrage berufenen Rechts** (Wengler RabelsZ 1934, 148, 188 ff; MünchKomm/Sonnenberger Einl Rn 494 ff; Winkler vMohrenfels RabelsZ 1987, 30) oder nach dem Ausmaß der Inlandsbeziehung wechselnd von Fall zu Fall anknüpfen (vgl Ferid Rn 9–35; vgl auch MünchKomm/Birk Art 25 Rn 215). Es sei eine Entscheidung anzustreben, wie sie auch ein Gericht der für die Hauptfrage berufenen Rechtsordnung – nämlich unter Einschaltung der Kollisionsnormen der lex causae – treffen würde. Im Beispielsfall würden also die ehe- bzw sachenrechtlichen Kollisionsnormen von X das Ehegültigkeits- und Erwerbsstatut bestimmen.

555 **Stellungnahme:** Die Lehre von der „unselbständigen" Anknüpfung geht von der Prämisse aus, daß Rechtsfragen von einem Statut beantwortet werden, das eine *ausländische Kollisionsnorm* berufen hat. Ausländische Normen können im Inland aber nur angewandt werden, wenn eine *inländische Norm* dies befiehlt. In dem gegebenen Beispielsfall spricht Art 25 Abs 1 einen solchen Befehl *nicht* aus; diese Vorschrift enthält zwar eine Gesamtverweisung (Rn 616), bezieht sich aber nur auf solche Kollisionsnormen im Heimatrecht des Erblassers, die ihrerseits *erbrechtliche* Rechtsfragen anknüpfen. Vorschriften des fremden IPR, welche die Ehegültigkeit oder den Eigentumserwerb betreffen, werden von der Verweisung des Art 25 Abs 1 nicht erfaßt. *Wenn* also die einschlägigen Kollisionsnormen der lex causae zur

Anwendung gelangen sollen, so muß eine *ungeschriebene* Regel des deutschen IPR eine entsprechende Anordnung treffen. Es müßten im vorliegenden Zusammenhang also inländische Kollisionsnormen des Inhalts nachgewiesen werden, daß Rechtsfragen betreffend die „Gültigkeit einer Eheschließung als Voraussetzung eines Erbrechts" bzw den „Erwerb eines Sachenrechts als Voraussetzung für die Zugehörigkeit zum Nachlaß" nicht von den allgemeinen inländischen Kollisionsnormen erfaßt, sondern im Wege einer Verweisung auf die einschlägigen Kollisionsnormen der jeweiligen lex causae angeknüpft werden sollen (vgl auch Schurig, in: FS Kegel 563 ff). Damit würden die gesetzlichen bzw gewohnheitsrechtlich anerkannten Kollisionsnormen des deutschen IPR zum Zwecke einer „unselbständigen" Vorfragenanknüpfung um eine große Anzahl ungeschriebener Anknüpfungsregeln mit speziell umschriebenen Anknüpfungsgegenständen vermehrt. Für eine solche Rechtsfortbildung praeter legem in großem Stil müßten schon zwingende Sachargumente sprechen. Daran fehlt es jedoch: Eine Verweisung auf die Kollisionsnormen der jeweiligen lex causae würde eine widersprüchliche Behandlung identischer Rechtsfragen in unterschiedlichen Problemzusammenhängen provozieren, damit intern die Voraussehbarkeit der Anknüpfungsentscheidungen erschweren (Rechtssicherheit!) und eine Gleichbehandlung vergleichbarer Konfliktlagen verhindern (Gerechtigkeit!). Diese Defizite könnten durch einen Zuwachs an internationaler Entscheidungsharmonie (der nach der Konzeption des deutschen IPR jedenfalls kein überragender Stellenwert zukommt) keinesfalls aufgewogen werden. **Richtig** ist es daher, Vorfragen grundsätzlich **selbständig** anzuknüpfen.

Lediglich in einzelnen Fallgruppen bleibt die Vorfragenbehandlung **ausnahmsweise** 556 der lex causae überlassen, wenn den Regelungsprinzipien oder Interessenbewertungen des deutschen IPR Hinweise für eine „unselbständige" Anknüpfung entnommen werden können. Unselbständig angeknüpft werden danach staatsangehörigkeitsrechtliche Vorfragen (dazu Rn 424) oder Vorfragen in staatsvertraglich berufenen Sachnormen. Dies ist bei der Anwendung des deutsch-türkischen Nachlaßabkommen von Bedeutung (Vorbem 177 zu Art 25 f). Davon abgesehen treten im deutschen Internationalen Erbrecht solche Ausnahmefälle nicht auf. Etwaige Vorfragen werden hier daher stets selbständig angeknüpft.

II. Vorfragen im Internationalen Erbrecht

Die bei der Beurteilung erbrechtlicher Sachverhalte typischerweise auftauchenden 557 Vorfragen lassen sich in drei Fallgruppen einteilen: Es geht hier um die **familienrechtliche Beziehung zum Erblasser** (Rn 559 ff), um die **Zugehörigkeit eines Vermögenswertes zum Nachlaß** (Rn 569) und um die **Rechtsfähigkeit des Bedachten** (Rn 571). Erbrechtliche Verhältnisse sind umgekehrt regelmäßig Gegenstand einer Vorfrage, wenn ein Erbe oder Vermächtnisnehmer zum Nachlaß gehörende Rechte geltend macht bzw von einem Nachlaßgläubiger in Anspruch genommen wird; zum Bestehen eines Pflichtteilsanspruchs als Vorfrage für unterhaltsrechtliche Beziehungen vgl BGH NJW 1993, 1921 u dazu Dörner IPRax 1994, 362.

Bei der Ermittlung des für das präjudizielle Rechtsverhältnis maßgebenden Statuts 558 ist jeweils Art 4 Abs 1 zu beachten. Es muß also stets geprüft werden, ob das von den deutschen Kollisionsnormen im Wege einer Gesamtverweisung berufene Recht eine *Rück- oder Weiterverweisung* ausspricht.

Heinrich Dörner

1.   Familienrechtliche Beziehungen zum Erblasser

559 Macht das Erbstatut die erbrechtliche Stellung eines potentiell Berechtigten von der Existenz einer familienrechtlichen Beziehung, insbes von seinem Verhältnis zum Erblasser abhängig, so ist das für diese Beziehung maßgebende Recht durch Einschaltung der familienrechtlichen Kollisionsnormen des EGBGB zu bestimmen. So richtet sich

560 – die **Gültigkeit eine Ehe** nach dem von *Art 13 Abs 1, 3 S 1 und 11* berufenen Recht (vgl Rn 146; im übrigen BGHZ 43, 218; BGH NJW 1981, 1901; BGH IPRax 1982, 198; BayObLGZ 1980, 284; KG OLGZ 18, 374; OLG Hamm FamRZ 1993, 607 m Anm HAAS; LG Aurich FamRZ 1973, 54 m Anm NEUHAUS; vBAR II Rn 383; IPG 1974 Nr 30 [München] 321; für *unselbständige Anknüpfung* aber OLG Oldenburg IPRspr 1987 Nr 107; LG Stuttgart FamRZ 1973, 54; IPG 1965/66 Nr 14 [Hamburg] 144);

561 – die **Existenz** einer **nichtehelichen Lebensgemeinschaft** (für den Fall, daß das Erbstatut auch Partner einer solchen Gemeinschaft zur gesetzlichen Erbfolge beruft) kumulativ nach dem gemeinsamen Heimatrecht der Partner (*Art 13 Abs 1 analog*);

562 – die **Ausgestaltung des Güterstandes** nach dem von *Art 15* berufenen Recht (MünchKomm/BIRK Art 25 Rn 78);

563 – ein etwaiges **Scheidungsverschulden**, soweit davon das Erbrecht abhängt, nach dem von *Art 17 Abs 1* berufenen Recht (vgl BayObLGZ 1980, 284); die Scheidung selbst ist rechtswirksam, wenn sie von einem *deutschen Gericht* ausgesprochen wurde (BGH IPRax 1982, 199; KG IPRspr 1973 Nr 105 S 273; als Vorfragenproblem behandelt von OLG Hamm MittRhNotK 1992, 281) oder ein ausländisches Scheidungsurteil anzuerkennen ist (vgl näher Rn 147);

564 – die **Abstammung eines Kindes** nach dem von Art 19 Abs 1 berufenen Recht (vgl Rn 156). Mit Inkrafttreten des Kindschaftsrechtsreformgesetzes am 1. 7. 1998 wird im deutschen Recht ebenso wie auf materiell- so auch auf kollisionrechtlicher Ebene nicht mehr zwischen ehelicher und nichtehelicher Abstammung differenziert (PALANDT/HELDRICH Art 25 Rn 17).

565 Nimmt ein ausländisches Erbstatut diese Unterscheidung weiterhin vor, ist zunächst festzustellen, wie es „Ehelichkeit" definiert. Die sich im Rahmen dieser Definition ergebenden Rechtsfragen (Abstammung, Eheschließung der Mutter) sind von den Rechtsordnungen zu beantworten, welche die einschlägigen deutschen Kollisionsnormen (Art 19 Abs 1, Art 13 Abs 1) berufen. Auch in diesem Fall findet also eine selbständige Vorfragenanknüpfung statt (str, vgl näher Rn 158);

566 – das Bestehen **gesetzlicher Vertretungsmacht** für die Ausschlagung einer Erbschaft nach dem von *Art 21* berufenen Recht (vgl LG Saarbrücken ZfJ 1991, 604);

567 – die **Wirksamkeit einer Adoption** nach dem von *Art 22* berufenen Recht (BGH FamRZ 1989, 379; KG FamRZ 1988, 434 [dazu GOTTWALD FamRZ 1988, 436]; vgl auch KG IPRax 1985, 354; LG Berlin IPRspr 1988 Nr 131; vBAR II Rn 383; FERID Rn 8–372, 1; MünchKomm/BIRK Art 25 Rn 215; ERMAN/HOHLOCH Art 25 Rn 9; MÜLLER NJW 1985, 2059; für unselbständige

Anknüpfung dagegen BayObLGZ 1961, 17; BEITZKE, in: FS Firsching [1985] 22; STAUDINGER/HEN-RICH [1996] Art 22 Rn 68 f u ders, Internationales Familienrecht [1989] 298 f – Zum Verhältnis von Vorfrage und Substitution im Internationalen Erb- und Adoptionsrecht Rn 176 f).

Die Vorfrage nach der **Wirksamkeit einer Legitimation** stellt sich nicht mehr bei 568 deutschem Erbstatut, weil nach Inkrafttreten des Kindschaftsrechtsreformgesetzes am 1. 7. 1998 mit der Unterscheidung zwischen ehelichen und nichtehelichen Kindern auch das Rechtsinstitut der Legitimation abgeschafft wurde. Soweit ein ausländisches Erbstatut die Erbberechtigung eines Kindes weiterhin von einer Legitimation abhän-gig macht, ist zunächst zu ermitteln, welche Vorgänge nach dem Erbstatut legitimie-rende Wirkungen haben sollen. Tritt danach eine Legitimation ein, wenn die Eltern eines gemeinsamen Kindes die Ehe schließen, ist das für die einschlägigen Rechts-fragen (Abstammung, Eheschließung) maßgebende Recht nach Maßgabe des Art 19 Abs 1 zu ermitteln. Kommt nach dem Erbstatut auch anderen Vorgängen eine legi-timierende Wirkung zu (etwa: Anerkennung mit Statusfolge), so entscheidet über deren Vorliegen die Rechtsordnung, welche gemäß – oder analog – Art 19 Abs 1 berufen wurde (selbständige Vorfragenanknüpfung, str, vgl näher Rn 159).

2. Zugehörigkeit eines Vermögenswerts zum Nachlaß

Ob ein bestimmter Vermögenswert zum Nachlaß gehört, insbesondere also vom 569 Erblasser wirksam erworben wurde und/oder vererblich ist, richtet sich nach dem sog „**Einzelstatut**", das von der einschlägigen vermögensrechtlichen Kollisionsnorm des deutschen IPR bestimmt wird (näher dazu Rn 131 ff). So gelten etwa für vertragliche Ansprüche die Art 27 ff bzw die versicherungsrechtlichen Sonderregeln des EGVVG (zu Ansprüchen aus Unfallversicherung OLG Köln OLGZ 1975, 6 f; zu Bankguthaben BGH WM 1968, 1171 f), für Ansprüche aus unerlaubter Handlung die ungeschriebenen Regeln des deutschen Internationalen Deliktsrechts, für Sachenrechte die ungeschriebene lex-rei-sitae-Regel (vgl zu Treuhandeigentum KG DNotZ 1977, 459), für gesellschaftsrecht-liche Positionen das Gesellschaftsstatut, für unterhaltsrechtliche Ansprüche das von Art 18 bzw dem Haager Unterhaltsabkommen bestimmte Recht (LG Arnsberg IPRspr 1977 Nr 85; vBAR II Rn 382; ERMAN/HOHLOCH Art 25 Rn 9).

Stand dem Erblasser möglicherweise eine Berechtigung am Nachlaß eines vorver- 570 storbenen Dritten zu („Nachlaß im Nachlaß"), so entscheidet über Bestehen, Cha-rakter und Ausmaß dieser erbrechtlichen Beteiligung das Erbstatut, welches gemäß Art 25 Abs 1 für die Rechtsnachfolge von Todes wegen *nach dem Dritten* zur Anwen-dung berufen ist.

3. Rechtsfähigkeit des Bedachten

Hängt der Erwerb eines Erbrechts davon ab, ob eine bedachte natürliche oder 571 juristische Person die allgemeine **Rechtsfähigkeit** besitzt, entscheidet darüber deren **Persönlichkeitsstatut** (näher Rn 78, 82).

G. Internationales Erbrecht mit Bezug zum Beitrittsgebiet*

I. Überblick

572 Besondere Rechtsanwendungsprobleme stellen sich dann, wenn ein erbrechtlicher Sachverhalt mit Auslandsberührung gleichzeitig **Bezugspunkte zur früheren DDR** bzw zu den **neuen Bundesländern** aufweist, ein ausländischer Erblasser beispielsweise vor oder nach der Wiedervereinigung mit letztem gewöhnlichen Aufenthalt im Gebiet der (früheren) DDR verstorben ist. In diesem Fall fragt es sich nämlich, ob die Abwicklung eines solchen Erbfalls sowohl auf kollisions- wie auch auf materiellrechtlicher Ebene nach den bis zum Beitritt geltenden Rechtsvorschriften der früheren DDR oder aber nach dem heute geltenden bundesdeutschen Recht vorzunehmen ist. Die Antwort ergibt sich aus den Vorschriften der Art 230 bis 236, die durch den **Einigungsvertrag** (EV) v 31. 8. 1990 (BGBl 1990 II 889 u GBl DDR 1990 I 1627) in das EGBGB eingefügt worden sind. Gemäß Art 230 ist das EGBGB im Beitrittsgebiet am Tage des Wirksamwerdens des Beitritts „nach Maßgabe der folgenden Übergangsvorschriften" in Kraft getreten. Daher gelten von diesem Zeitpunkt an in den neuen Bundesländern Brandenburg, Mecklenburg-Vorpommern, Sachsen, Sachsen-Anhalt und Thüringen sowie in Ost-Berlin (vgl Art 3 EV) mit Wirkung vom 3. 10. 1990 (Art 1 Abs 1 S 1 EV) die Art 25 u 26 EGBGB mit der Einschränkung, daß auf die „vor dem Wirksamwerden des Beitritts abgeschlossenen Vorgänge" nach Art 236 § 1 „das bisherige Internationale Privatrecht anwendbar bleibt". Zwar sind Anwendungsbereich und Aussagegehalt dieser Bestimmung heftig umstritten (Rn 573 ff). Fest steht aber in jedem Fall, daß abgeschlossene erbrechtliche Vorgänge iS des Art 236 § 1 (zum Begriff Rn 576) den bis zum 3. 10. 1990 maßgebenden erbrechtlichen Kollisionsnormen der früheren DDR unterworfen bleiben (Rn 579 ff), während umgekehrt auf die zum Stichtag noch nicht abgeschlossenen Vorgänge das Erbkollisionsrecht der Bundesrepublik Anwendung findet (Rn 611 ff). – Zum *innerdeutschen Erbkollisionsrecht* vgl Rn 879 ff; zu Fragen des *innerdeutschen Nachlaßverfahrensrechts* Rn 936 ff.

II. Anwendungsbereich des Art 236 § 1

573 Über den Anwendungsbereich des Art 236 herrscht Streit (zum Folgenden ausführlich STAUDINGER/DÖRNER [1996] Art 236 Rn 5 ff). Eine im Schrifttum verbreitete Auffassung sieht die Geltungsanordnung des Art 236 von vornherein *auf das Beitrittsgebiet beschränkt*. Während in den alten Bundesländern das bis zur Wiedervereinigung maßgebende Kollisionsrecht auch nach dem 3. 10. 1990 unverändert fortgelte, sei (nur) auf dem Gebiet der früheren DDR nach Maßgabe des Art 236 § 1 zwischen kollisionsrechtlichen Alt- und Neufällen zu unterscheiden (etwa: DÖRNER/MEYER/SPARENBERG DtZ 1991, 1 ff; DÖRNER IPRax 1991, 393; ders, in: FS Lorenz [1991] 327 ff; HENRICH IPRax 1991, 15; ders FamRZ 1991, 874; vHOFFMANN IPRax 1991, 2; SIEHR IPRax 1991, 23; ders RabelsZ 1991, 256 ff; PIRRUNG RabelsZ 1991, 223; DE LEVE 63 ff, 83; umfassende Nachw bei STAUDINGER/DÖRNER [1996] Art 236 Rn 12). Diese **Lehre von einem** in den alten und neuen Bundesländern **gespaltenen Kollisionsrecht** ist **vorzugswürdig**. Sie allein verwirklicht den von Art 236 § 1 bezweckten **Vertrauensschutz** ohne Abstriche, indem sie gewährleistet, daß vor dem Beitritt abgeschlossene Vorgänge *von den Gerichten des Beitrittsgebietes*

---

* Vgl die Schrifttumsnachweise bei Rn 883.

entsprechend den bis zum Beitritt geltenden Regeln und damit auch nach dem 3. 10. 1990 nicht anders als vorher beurteilt werden (ausführlich STAUDINGER/DÖRNER [1996] Art 236 Rn 14, 18 f). Aus dieser Sicht erscheinen die Erbkollisionsnormen der früheren DDR als Sonderrecht des Beitrittsgebiets, das – soweit von Art 236 § 1 intertemporal berufen – die bundesdeutschen Anknüpfungsregeln (Art 25, 26) in der Anwendung verdrängt. Für die *Gerichte in den alten Bundesländern* bleiben demgegenüber nach dieser Auffassung in Erbfällen mit internationalem Bezug die erbrechtlichen Kollisionsnormen des EGBGB maßgeblich ohne Rücksicht darauf, ob es sich um einen vor oder nach dem Beitritt abgeschlossenen Vorgang handelt.

Demgegenüber gilt nach der **Lehre von einem** in den alten und neuen Bundesländern **574** **einheitlichen Kollisionsrecht** Art 236 seit dem 3. 10. 1990 in der *gesamten Bundesrepublik* und ist daher von allen deutschen Gerichten zu beachten. Allerdings wird unter dem „bisherigen Internationalen Privatrecht" iS des § 1 nur das Kollisionsrecht der früheren DDR verstanden, so daß vor einer Anwendung der Vorschrift zunächst zu ermitteln ist, ob der zu beurteilende Sachverhalt seinen Schwerpunkt in der Alt-Bundesrepublik oder im Beitrittsgebiet hat. Im ersten Fall gelten ohne weiteres die Kollisionsnormen des EGBGB, (nur) im zweiten findet Art 236 § 1 Beachtung. Die Vorschrift enthält mithin nach dieser Auffassung eine im gesamten Bundesgebiet verbindliche Sonderregel für Sachverhalte mit vorrangigem Bezug zum DDR-Recht. Keine Einigkeit besteht unter den Vertretern dieser Auffassung in der Frage, mit Hilfe welcher **Kriterien** festgestellt werden soll, ob ein internationaler Sachverhalt seinen Schwerpunkt in den alten Bundesländern oder im Beitrittsgebiet hat. Vereinzelt wird vorgeschlagen, in diesem Zusammenhang die bis zum Beitritt in der Bundesrepublik praktizierten und heute bundeseinheitlich fortgeltenden (vgl Rn 887 ff) *innerdeutschen Kollisionsnormen* auch in Fällen mit Auslandsbezug als vorgeschaltetes Zuweisungskriterium zu benutzen (PALANDT/HELDRICH Art 236 Rn 7; MünchKomm/ BIRK Art 25 Rn 373); eine andere Auffassung will statt dessen analog Art 4 Abs 3 S 2 auf das Prinzip der *„engsten Verbindung"* zurückgreifen (vgl etwa MANSEL JR 1990, 448; umfassender Nachweis zu beiden Standpunkten bei STAUDINGER/DÖRNER [1996] Art 236 Rn 5 u 7). Bei der Abwicklung internationaler Erbfälle dürften beide Auffassungen insbesondere dann zu Art 236 § 1 und damit – bei „abgeschlossenen Vorgängen" – auch zur Anwendung der „bisherigen" DDR-Kollisionsnormen gelangen, wenn zB ein Staatsbürger der früheren DDR mit letztem gewöhnlichen Aufenthalt im Ausland verstorben ist oder der letzte gewöhnliche Aufenthalt eines ausländischen Erblassers in der DDR bzw im Beitrittsgebiet lag oder sich Nachlaßgegenstände nur in der (früheren) DDR, nicht aber in der (Alt-)Bundesrepublik befanden.

Der **BGH** hat in einer Entscheidung v *1. 12. 1993* zum *innerdeutschen* Kollisionsrecht **575** (vgl näher Rn 887 f) der Vorstellung, daß in der Altbundesrepublik und im Beitrittsgebiet unterschiedliche Kollisionsnormen in Kraft sein könnten, eine Absage erteilt, weil ein solches Konzept „die mit dem Einigungsvertrag angestrebte Rechtseinheit prinzipiell verfehlen müsse" (BGHZ 124, 270). Daraus kann man ableiten, daß die Rechtsprechung auch bei der Behandlung *internationaler* Erbfälle von der Geltung **bundeseinheitlicher Kollisionsnormen** ausgehen wird. Auf welche Weise die Praxis allerdings ermitteln wird, ob ein Sachverhalt seinen Schwerpunkt in den alten Bundesländern oder im Beitrittsgebiet hat (vgl Rn 574), ist noch nicht klar. Die folgenden Erläuterungen (Rn 576–614) gehen von der Prämisse aus, daß das gewählte Zuweisungskriterium einen Sachverhaltsschwerpunkt im Beitrittsgebiet aufzeigt und daher vor einer Anwendung der räumlichen Kollisionsnormen (vgl Rn 579 ff) eine intertemporale Prüfung nach Maßgabe des Art 236 stattzufinden hat.

III. Intertemporales Erbrecht

576 Art 236 § 1 stellt für die intertemporale Abgrenzung der räumlichen Kollisionsnormen darauf ab, ob ein „**abgeschlossener Vorgang**" vorliegt oder nicht. Dieser Begriff ist ebenso zu verstehen wie die gleichlautende Formulierung in Art 220 Abs 1 (vgl näher STAUDINGER/DÖRNER [1996] Art 220 Rn 21 ff u oben Rn 7). Damit setzen sich zwar die bei der Handhabung des Art 220 Abs 1 aufgebrochenen Auslegungskontroversen (vgl STAUDINGER/DÖRNER [1996] Art 220 Rn 11 ff) grundsätzlich auch im Anwendungsbereich von Art 236 § 1 fort. Bei der intertemporalen Behandlung gerade erbrechtlicher Sachverhalte besteht jedoch Einigkeit.

577 Maßgeblich ist danach, ob der Erblasser **vor** oder **nach dem Beitritt verstorben** ist. Beim Eintritt des Todes **vor dem 3. 10. 1990** ist ein „abgeschlossener Vorgang" iS des Art 236 § 1 gegeben. In diesem Fall unterliegen alle erbrechtlichen Fragen einschließlich der nach der Zulässigkeit und materiellen Wirksamkeit einer Verfügung von Todes wegen dem „bisherigen Internationalen Privatrecht", sind also nach den kollisionsrechtlichen Bestimmungen der früheren DDR zu beurteilen (Rn 579 ff). Diese finden auch insoweit Anwendung, als sich erbrechtliche Sachverhalte (wie zB Ausschlagung, Nachlaßabwicklung, Erbenhaftung usw) erst nach dem 3. 10. 1990 verwirklichen bzw verwirklicht haben (vgl STAUDINGER/DÖRNER [1996] Art 236 Rn 62 u oben Rn 8).

578 Ist der Erbfall **nach dem 2. 10. 1990** eingetreten, gelangen die erbrechtlichen Kollisionsnormen der Bundesrepublik – insbes also Art 25 – zur Anwendung, die gemäß Art 230 Abs 2 seit dem Beitritt auch in den neuen Bundesländern sowie in Ost-Berlin gelten (näher Rn 611 ff). Auf die nach dem Stichtag errichteten Verfügungen von Todes wegen ist Art 26 Abs 5 anzuwenden. Hatte der Erblasser jedoch *vor dem 3. 10. 1990 letztwillig verfügt*, richten sich Zulässigkeit und materielle Wirksamkeit weiterhin nach dem Recht, welches die Kollisionsnormen der früheren DDR bezeichnen, da insoweit wiederum ein „abgeschlossener Vorgang" iS des Art 236 § 1 anzunehmen ist (vgl STAUDINGER/DÖRNER [1996] Art 236 Rn 63, ferner oben Rn 13). Zur Frage der Formgültigkeit der Verfügungen von Todes wegen s näher Rn 593 u 614. Zur Frage der Heilung unwirksamer Verfügungen von Todes wegen, die vor dem Stichtag errichtet wurden und nach dem seinerzeit berufenen Erbstatut unwirksam sind, vgl die Ausführungen zur Parallelproblematik in Rn 14.

IV. Anwendung des Internationalen Erbrechts der früheren DDR

1. Allgemeine Regeln

579 Ist der Erbfall vor dem 3. 10. 1990 eingetreten bzw hat ein nach dem Beitritt verstorbener Erblasser vor diesem Stichtag eine Verfügung von Todes wegen errichtet (Rn 577 f), so findet das „bisherige" Internationale Erbrecht, dh also das Kollisionsrecht der früheren DDR Anwendung. Dabei sind neben den **autonomen DDR-Kollisionsnormen** insbesondere im Verhältnis zu den früheren Staaten der sozialistischen Staatengemeinschaft auch eine Reihe **staatsvertraglicher Bestimmungen** (vgl Rn 594 ff) zu beachten. Das (seinerzeit demnach vor allem im Verhältnis zu den nichtsozialistischen Staaten maßgebende) autonome Erbkollisionsrecht der DDR ist enthalten in §§ 25 u 26 des Gesetzes über die Anwendung des Rechts auf internationale zivil-, familien- und arbeitsrechtliche Beziehungen sowie auf internationale Wirtschaftsverträge – **Rechtsanwendungsgesetz*** (RAG) v 5. 12. 1975 (GBl DDR 1975 I 748, vgl Rn 582; der Wortlaut des RAG ist vollständig abgedruckt bei STAUDINGER/DÖRNER [1996] Art 236 Rn 35). Das RAG gilt seit dem 1. 1. 1976; zu diesem Zeitpunkt sind gemäß § 15 Abs 2 Nr I 2 EGZGB v 19. 6. 1975 (GBl DDR 1975 I 517) die bis dahin geltenden Kollisionsnormen des EGBGB außer Kraft getreten. *Bis zum 31. 12. 1975* galten auch in der DDR die Art 24 und 25 *EGBGB* idF v 18. 8. 1896 fort (Abdruck des Textes: Vorbem 1 zu Art 25).

Verweisen die unter Rn 581 ff, 593 ff dargestellten Kollisionsnormen auf deutsches **580** Recht, so gilt das Erbrecht des Beitrittsgebietes. Verweisen die Kollisionsnormen der früheren DDR auf ein ausländisches Recht und führt ein (nach § 3 RAG beachtlicher) Renvoi auf deutsches Recht zurück, so bezieht er sich wiederum auf das Sachrecht des Beitrittsgebietes (vgl auch OLG Brandenburg FamRZ 1998, 986: Renvoi bei Erbfall vor Inkrafttreten des RAG). Nach Maßgabe des Art 235 § 1 Abs 1 u § 2, der Übergangsvorschriften für erbrechtliche Sachnormen enthält, gelangen damit auf die hier angesprochenen Vorgänge aus der Zeit vor dem 3. 10. 1990 die Erbvorschriften des ZGB zur Anwendung (vgl §§ 362–427 ZGB; dazu STAUDINGER/RAUSCHER [1996] Art 235 § 1 Rn 50 ff; weitere Literaturnachweise in der Fn zu Rn 916).

2. Erbfall vor dem 1. 1. 1976

Ist der Erblasser vor dem Inkrafttreten des RAG am 1. 1. 1976 (§ 29 RAG) verstor- **581** ben, sind die zum Zeitpunkt seines Todes maßgeblichen Kollisionsnormen heranzuziehen. In der Sache kommen dann – vorbehaltlich vorrangiger staatsvertraglicher Regelungen (vgl Rn 592 ff) – die **Art 24 u 25 EGBGB** idF v 18. 8. 1896 zur Anwendung (Text: Vorbem 1 zu Art 25; vgl LÜBCHEN § 29 RAG Anm 2). Die Formgültigkeit letztwilliger Verfügungen richtet sich nach den Bestimmungen des Haager TestÜbk, soweit der Erblasser nach dessen Inkrafttreten in der DDR am 21. 9. 1974 verstorben ist (vgl Rn 593). Bei einem Ableben vor diesem Zeitpunkt gilt Art 11 EGBGB aF. Da das Haager TestÜbk Erbverträge nicht erfaßt, ist deren Formgültigkeit ohne Rücksicht auf den Zeitpunkt des Todes in jedem Fall gemäß Art 11 aF anzuknüpfen.

3. Erbfall nach dem 31. 12. 1975 und vor dem 3. 10. 1990

Ist der Erbfall **nach dem Inkrafttreten des RAG** am 1. 1. 1976 und vor dem 3. 10. 1990 **582** eingetreten, wird das in der Sache anzuwendende Recht – vorbehaltlich vorrangig

---

* **Schrifttum:** ESPIG, Das sozialistische Kollisionsrecht der DDR, NJ 1976, 360; ESPIG/LÜBCHEN, Zur gesetzlichen Neuregelung des Kollisionsrechts der DDR, StuR 1973, 69; KITTKE, Das neue Internationale Privatrecht der DDR, DAVorm 1977, 545; MAMPEL, Das Rechtsanwendungsgesetz der DDR, NJW 1976, 1521; LÜBCHEN (Hrsg), Internationales Privatrecht.

Kommentar zum Rechtsanwendungsgesetz (1989); LÜBCHEN/POSCH, Zivilrechtsverhältnisse mit Auslandsberührung (1978); MAJOROS, Die Rechtshilfeabkommen der DDR (1982); WIEMANN, Vorschläge zur künftigen Gestaltung des internationalen Erbrechts der DDR, StuR 1969, 381.

anzuwendender Staatsverträge (Rn 592 ff) – durch die §§ 25 und 26 RAG bestimmt. Diese Vorschriften lauten:

§ 25

Recht der Erbfolge

(1) Die erbrechtlichen Verhältnisse bestimmen sich nach dem Recht des Staates, dessen Bürger der Erblasser im Zeitpunkt seines Todes war.

(2) Die erbrechtlichen Verhältnisse in bezug auf das Eigentum und andere Rechte an Grundstücken und Gebäuden, die sich in der Deutschen Demokratischen Republik befinden, bestimmen sich nach dem Recht der Deutschen Demokratischen Republik.

§ 26

Wirksamkeit des Testaments

Die Fähigkeit zur Errichtung oder Aufhebung sowie die zulässigen Arten testamentarischer Verfügungen, deren Anfechtung und die Rechtsfolgen von Erklärungsmängeln bei ihrer Errichtung bestimmen sich nach dem Recht des Staates, in dem der Erblasser im Zeitpunkt der Errichtung des Testaments seinen Wohnsitz hatte.

583 Diese Bestimmungen sind heute grundsätzlich ebenso auszulegen und anzuwenden, wie dies seinerzeit in der DDR der Fall war. Dies bedeutet im einzelnen: Die *Qualifikation* ist lege fori (LÜBCHEN/POSCH Einl RAG Anm 11; offengelassen von ESPIG/LÜBCHEN StuR 1973, 81; MASKOW/RUDOLPH RIW 1980, 21), dh nach dem in der früheren DDR maßgebenden Rechtsverständnis vorzunehmen. Eine – vollständige oder partielle – *Rückverweisung* auf das Recht der DDR ist nach § 3 RAG zu beachten (vgl LÜBCHEN/KOSEWÄHR § 25 RAG Anm 1.3). Dagegen wird eine *Weiterverweisung* nicht befolgt; statt dessen ist das Sachrecht des von den RAG-Normen bezeichneten Staates heranzuziehen (so die hM in der DDR-Literatur, vgl WIEMANN StuR 1969, 386; ESPIG/LÜBCHEN StuR 1973, 81; ESPIG NJ 1976, 361; STROHBACH RIW/AWD 1976, 3; MASKOW/RUDOLPH RIW 1980, 21; **aA** und eine Weiterverweisung prinzipiell bejahend dagegen LÜBCHEN/POSCH § 3 RAG Anm 4; LÜBCHEN/KOSEWÄHR § 25 RAG Anm 1.3). Beruft also das von §§ 25, 26 RAG bezeichnete ausländische Recht seinerseits das Recht der Bundesrepublik, so bleibt diese Verweisung – da die Bundesrepublik als Ausland angesehen wurde – als Weiterverweisung außer Betracht. Eine *Rechtswahl* war vor dem 3. 10. 1990 nicht zulässig (LÜBCHEN/KOSEWÄHR § 25 RAG Anm 0). *Vorfragen* – zB nach dem Bestehen familienrechtlicher Rechtsverhältnisse – sind selbständig anzuknüpfen (vgl LÜBCHEN/KOSEWÄHR § 25 RAG Anm 1.8; HERRMANN, Erbrecht und Nachlaßverfahren in der DDR [1989] 57 f). Dem *ordre public* (§ 4 RAG) ist im Erbrecht keine große Bedeutung beizumessen; insbesondere bestehen keine Bedenken dagegen, daß ein ausländisches Erbstatut nahen Verwandten eine gesetzliche Beteiligung am Nachlaß zB in Gestalt eines Pflichtteilsanspruchs versagt (LÜBCHEN/KOSEWÄHR § 25 RAG Anm 1.13).

584 Nach der Grundregel des *§ 25 Abs 1 RAG* unterliegen die *erbrechtlichen Verhältnisse* dem **Heimatrecht des Erblassers** zum Zeitpunkt seines Todes. Der Begriff der *„erbrechtlichen Verhältnisse"* ist weit zu interpretieren; darunter fallen Fragen zur gesetzlichen Erbfolge, Erbfähigkeit und Erbwürdigkeit, Annahme und Ausschlagung, zur Anrechnung von Zuwendungen, zum Pflichtteilsrecht sowie zur Nachlaßhaftung (LÜBCHEN/KOSEWÄHR § 25 RAG Anm 1.1, 1.7 ff). Über die *Vererblichkeit* von Rechten und Pflichten entscheidet das Erbstatut dagegen *nicht*; insoweit gilt das für das

betreffende Recht oder Rechtsverhältnis maßgebende Einzelstatut (Lübchen/Kose-
währ § 25 RAG Anm 1.11).

Welche *Staatsangehörigkeit* ein zwischen dem 1. 1. 1976 und dem 3. 10. 1990 verstor- **585**
bener Erblasser besaß, ist nach dem Staatsangehörigkeitsrecht des jeweiligen präsumtiven Heimatstaates zu bestimmen. Erwerb und Verlust der **DDR-Staatsangehörigkeit** richten sich nach den Vorschriften des Staatsbürgerschaftsgesetzes der DDR v
20. 2. 1967 (GBl DDR 1967 I 3) nebst DVO v 3. 8. 1967 (GBl DDR 1967 II 681), nach dem
Gesetz zur Regelung von Fragen der Staatsbürgerschaft v 16. 10. 1972 (GBl DDR 1972 I
265) sowie nach der VO zu Fragen der Staatsbürgerschaft der DDR v 21. 6. 1982 (GBl
DDR 1982 I 418). Die Erbfolge nach *Staatenlosen* richtet sich nach dem Recht des
Staates, in dem sie ihren letzten Wohnsitz oder gewöhnlichen Aufenthalt gehabt
haben (§ 5 lit a RAG). Bei *Doppel- und Mehrstaatern* setzt sich das Recht des Staates
durch, zu welchem die engere Beziehung bestand (§ 5 lit c RAG); jedoch ist das
Recht der DDR anzuwenden, wenn der Betreffende neben einer ausländischen
die DDR-Staatsangehörigkeit besaß (§ 5 lit b RAG).

Abweichend von Abs 1 unterwirft **§ 25 Abs 2 RAG** die Erbfolge in Eigentum und **586**
andere Rechte an Grundstücken und Gebäuden, die auf dem Territorium der früheren DDR belegen sind, dem Recht der DDR. Es handelt sich um eine **einseitige
Kollisionsnorm**, die unter Hinweis auf das Territorialitätsprinzip und den Umstand
begründet wurde, „daß Eigentums- und Nutzungsverhältnisse an im Inland belegenen Grundstücken und Gebäuden in einem untrennbaren Zusammenhang mit der
ökonomischen und sozialen Entwicklung in der DDR stehen" (Lübchen/Kosewähr
Vor § 25 RAG Anm 2).

Grundvermögen außerhalb der früheren DDR vererbt sich dagegen nach der Grund- **587**
regel des § 25 Abs 1 RAG. Gehört zum Nachlaß eines ausländischen Erblassers daher
neben dem Grundbesitz in der DDR auch bewegliches oder außerhalb der früheren
DDR belegenes unbewegliches Vermögen, so tritt Nachlaßspaltung ein mit der Folge, daß jeder Teil des Nachlasses selbständig nach dem für ihn maßgebenden Erbstatut abgewickelt wird (Lübchen/Kosewähr § 25 RAG Anm 2.4; anders – aber nicht begründ-
bar – MünchKomm/Birk Art 25 Rn 400).

Der Begriff der *„anderen Rechte an Grundstücken und Gebäuden"* ist extensiv zu **588**
interpretieren. Er umfaßt neben dem Grundstücks- und Gebäudeeigentum (§ 288
Abs 4, 292 Abs 3 ZGB) auch dingliche Nutzungsrechte an Grundstücken (§§ 287 ff,
291 ff ZGB, vgl Staudinger/Rauscher [1996] Art 235 § 1 Rn 18). Nach Lübchen/Kose-
währ § 25 RAG Anm 2.2 sollen dazu auch „mit dem Grundstück verbundene Forderungen (Steuern, Abgaben, Versicherungen uä) sowie Guthaben" gehören, „die
aus Haus- bzw Grundstückserträgnissen entstanden sind und objektgebunden den
devisenrechtlichen Bestimmungen der DDR unterliegen" (vgl auch Herrmann, Erbrecht
und Nachlaßverfahren in der DDR [1989] 56; zu Grundstückskonten ebenso OLG Zweibrücken
FamRZ 1992, 1475). Zur Behandlung von *Rückübertragungsansprüchen* nach § 3 Abs 1
VermG vgl näher Rn 900 f.

Eine weitere Durchbrechung der erbkollisionsrechtlichen Grundregel enthält *§ 26* **589**
RAG: Danach sollen Fragen, welche die Testierfähigkeit, die Zulässigkeit der testamentarischen Verfügungen sowie die Wirksamkeit der Errichtung betreffen, dem

Recht des Staates unterstehen, in dem der Erblasser *zum Zeitpunkt der Errichtung* seinen *Wohnsitz* hatte.

590 Für die Bestimmung des Wohnsitzes ist § 466 ZGB heranzuziehen. Unter dem Wohnsitz eines Bürgers ist der Ort zu verstehen, „an dem er sich gewöhnlich aufhält" (§ 466 Abs 1 S 1 ZGB). Mehrfacher Wohnsitz ist möglich (§ 466 Abs 1 S 2 ZGB). Als Wohnsitz eines Bürgers der früheren DDR, der sich *vorübergehend* im Ausland befand, galt sein letzter Wohnsitz innerhalb der DDR (§ 466 Abs 4). Kinder und Jugendliche teilen den Wohnsitz ihrer Eltern oder Erziehungsberechtigten, soweit diese nicht einen anderen Wohnsitz für sie bestimmen (§ 466 Abs 2 S 1 ZGB).

591 Die *Form letztwilliger Verfügungen* richtet sich nach den Bestimmungen des Haager TestÜbk (vgl Rn 593). *Annahme- und Ausschlagungserklärungen* sind formgerecht vorgenommen, wenn sie entweder den Formvorschriften des Ortsrechts oder denen des Erbstatuts entsprechen (vgl § 16 RAG, dazu LÜBCHEN/KOSEWÄHR § 25 RAG Anm 1.10).

4. Staatsverträge

592 Nach § 2 Abs 2 RAG sind die „Bestimmungen dieses Gesetzes nicht anzuwenden, soweit in für die Deutsche Demokratische Republik verbindlichen völkerrechtlichen Verträgen etwas anderes festgelegt ist". Staatsvertragliche Kollisionsnormen gehen daher auch nach dem Recht der früheren DDR den autonomen Bestimmungen vor (LÜBCHEN/POSCH § 2 RAG Anm 2.2 u 2.3; weitere Nachw bei STAUDINGER/DÖRNER [1996] Art 236 Rn 33). Die Auslegung der Staatsverträge erfolgt autonom und in Orientierung am Zweck des jeweiligen Vertrages; etwaige Lücken sind durch Rückgriff auf innerstaatliche Kollisionsnormen der DDR zu schließen (LÜBCHEN/POSCH Einl RAG Anm 11). Die Staatsverträge enthalten *Sachnormverweisungen*; Rück- oder Weiterverweisung finden keine Beachtung (LÜBCHEN/KOSEWÄHR § 25 RAG Anm 1.3).

a) Haager Testamentsformübereinkommen
593 Dem Haager Übereinkommen über das auf die Form letztwilliger Verfügungen anzuwendende Recht (vgl Vorbem 31 ff zu Art 25) war die DDR mit Wirkung v 21. 9. 1974 beigetreten (GBl DDR 1975 II 40). Das Übereinkommen findet nach seinem Art 8 Anwendung auf alle Erbfälle, die nach dem Inkrafttreten des Übereinkommens eingetreten sind (vgl Vorbem 100 ff zu Art 25). Angesichts der allseitigen Anwendbarkeit des Abkommens (vgl Art 6 TestÜbk) wurde seinerzeit auf eine Regelung der Testamentsformanknüpfung im RAG verzichtet (LÜBCHEN/POSCH § 2 RAG Anm 2.4). Die autonome Vorschrift zur Formanknüpfung in § 16 RAG tritt gemäß § 2 Abs 2 RAG hinter die Vorschriften des Haager TestÜbk zurück.

b) Bilaterale Staatsverträge*
594 Erbrechtliche Kollisionsnormen finden sich darüber hinaus in einer Reihe von bilateralen **Rechtshilfeverträgen** zwischen der DDR und den Staaten des ehemaligen Ostblocks. Sie sind auch heute noch weiterhin von Bedeutung für die Erbfolge

---

* **Schrifttum:** DORNBUSCH, Das Schicksal der völkerrechtlichen Verträge der DDR nach der Herstellung der Einheit Deutschlands [1997]; PIRRUNG, Gegenwärtiger Stand der Rechtshilfeverträge der ehemaligen DDR, IPRax 1992, 408; STURM, Gelten die Rechtshilfeverträge der DDR fort?, in: FS Serick (1992) 351.

nach Angehörigen der betreffenden Staaten, sofern der Erbfall zwischen dem Inkrafttreten des jeweiligen Staatsvertrages und der Wiedervereinigung am 3. 10. 1990 eingetreten ist (vgl STURM, in: FS Serick [1932] 354). Soweit mit einem Staat zwei Verträge geschlossen wurden (Bulgarien, CSSR, UdSSR), ist davon auszugehen, daß der spätere Rechtshilfevertrag mit seinem Inkrafttreten den früheren ersetzt hat, ein vor dem Inkrafttreten des neuen Vertrages eingetretener Erbfall aber noch nach den Regeln des alten Vertrages abgewickelt wird. Zur Frage des Fortgeltens dieser Staatsverträge nach dem 2. 10. 1990 s Rn 614.

In den Rechtshilfeverträgen wird das Erbstatut überwiegend und in Übereinstim- **595** mung mit § 25 RAG durch Anknüpfung an die Staatsangehörigkeit des Erblassers bestimmt. Einzelne Verträge stellen jedoch auf den letzten Wohnsitz des Erblasser ab, vgl Art 42 Abs 1 des Vertrages v 19. 9. 1979 mit der UdSSR, Rn 608, sowie Art 55 Abs 1 des Vertrages v 18. 4. 1989 mit der CSSR, Rn 599. Hinsichtlich des unbeweglichen Vermögens wird vereinzelt auch die lex rei sitae berufen, so in den Rechtshilfeverträgen mit Albanien (Art 35 Abs 2, Rn 596), der Mongolei (Art 44 Abs 2, Rn 604), Nordkorea (Art 42 Abs 2, Rn 602) und der UdSSR (Art 42 Abs 2 v 21. 12. 1979, Rn 608). Im einzelnen handelt es sich um folgende Verträge (vollständiger Wortlaut der erbrechtlichen Kollisionsnormen bei STAUDINGER/DÖRNER [1995] Art 25 Rn 596 ff):

aa) *Vertrag zwischen der Deutschen Demokratischen Republik und der Sozialisti-* **596** *schen Volksrepublik Albanien über die Rechtshilfe in Zivil-, Familien-, und Strafsachen v 11. 1. 1959 (GBl DDR 1959 I 295)* – In Kraft getreten am 8. 4. 1959: Heimatrecht des Erblassers gilt für bewegliches (Art 35 Abs 1), Recht des Lageorts für unbewegliches Vermögen (Art 35 Abs 2).

bb) *Verträge mit der Volksrepublik Bulgarien*
(1) *Vertrag zwischen der Deutschen Demokratischen Republik und der Volksrepu-* **597** *blik Bulgarien über den Rechtsverkehr in Zivil-, Familien- und Strafsachen v 12. 10. 1978 (GBl DDR 1979 II 62)* – In Kraft getreten am 28. 6. 1979: Die erbrechtlichen Verhältnisse unterliegen dem Heimatrecht des Erblassers zum Zeitpunkt seines Todes (Art 47 Abs 1).

(2) *Vertrag zwischen der Deutschen Demokratischen Republik und der Volksrepu-* **598** *blik Bulgarien über den Rechtsverkehr in Zivil-, Familien- und Strafsachen v 27. 1. 1958 (GBl DDR 1958 I 713)* – In Kraft getreten am 25. 9. 1958: Die erbrechtlichen Verhältnisse unterliegen dem Heimatrecht des Erblassers zum Zeitpunkt seines Todes (Art 41 Abs 1).

cc) *Verträge mit der CSSR*
(1) *Vertrag zwischen der Deutschen Demokratischen Republik und der Tschecho-* **599** *slowakischen Sozialistischen Republik über Rechtshilfe in Zivil-, Familien- und Strafsachen v 18. 4. 1989 (GBl DDR 1989 II 102)* – In Kraft getreten am 8. 6. 1989: Der bewegliche Nachlaß vererbt sich nach dem Recht des Erblasserwohnsitzes zum Zeitpunkt seines Todes (Art 55 Abs 1), für den unbeweglichen Nachlaß gilt das Recht des Lageortes (Art 55 Abs 2).

(2) *Vertrag zwischen der Deutschen Demokratischen Republik und der Tschecho-* **600** *slowakischen Sozialistischen Republik über den Rechtsverkehr in Zivil-, Familien- und*

Heinrich Dörner

Strafsachen v 11. 9. 1956 (GBl DDR 1956 I 1188) – In Kraft getreten am 12. 11. 1956: Die erbrechtlichen Verhältnisse richten sich nach dem Heimatrecht des Erblassers zum Zeitpunkt seines Todes (Art 40 Abs 1).

601 dd) *Vertrag zwischen der Deutschen Demokratischen Republik und der Sozialistischen Föderativen Republik Jugoslawien über den Rechtsverkehr in Zivil-, Familien- und Strafsachen v 20. 5. 1966 (GBl DDR 1967 I 8)* – In Kraft getreten am 19. 1. 1967: Die erbrechtlichen Verhältnisse unterliegen dem Heimatrecht des Erblassers zum Zeitpunkt seines Todes (Art 47).

602 ee) *Vertrag zwischen der Deutschen Demokratischen Republik und der Koreanischen Volksdemokratischen Republik über den Rechtsverkehr in Zivil-, Familien- und Strafsachen v. 28. 9. 1971 (GBl DDR 1972 I 18)* – In Kraft getreten am 1. 1. 1972: Heimatrecht des Erblassers gilt für bewegliches (Art 42 Abs 1), Recht des Lageorts für unbewegliches Vermögen (Art 42 Abs 2).

603 ff) *Vertrag zwischen der Deutschen Demokratischen Republik und der Republik Kuba über den Rechtsverkehr in Zivil-, Familien-, Arbeitsrechts- und Strafsachen v 8. 6. 1979 (GBl DDR 1980 II 2)* – In Kraft getreten am 21. 12. 1979: Heimatrecht des Erblassers gilt für bewegliches (Art 32 Abs 1), Recht des Lageorts für unbewegliches Vermögen (Art 32 Abs 2).

604 gg) *Vertrag zwischen der Deutschen Demokratischen Republik und der Mongolischen Volksrepublik über den Rechtsverkehr in Zivil-, Familien- und Strafsachen v 30. 4. 1969 (GBl DDR 1969 I 120)* – In Kraft getreten am 1. 10. 1969: Heimatrecht des Erblassers gilt für bewegliches (Art 44 Abs 1), Recht des Lageorts für unbewegliches Vermögen (Art 44 Abs 2).

605 hh) *Vertrag zwischen der Deutschen Demokratischen Republik und der Volksrepublik Polen über den Rechtsverkehr in Zivil-, Familien- und Strafsachen v 1. 2. 1957 (GBl DDR 1957 I 414)* – In Kraft getreten am 20. 8. 1957: Die Erbfolge unterliegt dem Heimatrecht des Erblassers zum Zeitpunkt seines Todes (Art 41 Abs 1).

606 ii) *Vertrag zwischen der Deutschen Demokratischen Republik und der Sozialistischen Republik Rumänien über die Rechtshilfe in Zivil- und Strafsachen v 19. 3. 1982 (GBl DDR 1982 II 106)* – In Kraft getreten am 3. 12. 1982: Heimatrecht des Erblassers gilt für bewegliches (Art 35 Abs 1), Recht des Lageorts für unbewegliches Vermögen (Art 35 Abs 2).

607 kk) *Vertrag zwischen der Deutschen Demokratischen Republik und der Ungarischen Volkrepublik über den Rechtsverkehr in Zivil-, Familien- und Strafsachen v 30. 10. 1957 (GBl DDR 1958 I 278)* – In Kraft getreten am 15. 2. 1958: Die erbrechtlichen Verhältnisse unterliegen dem Heimatrecht des Erblassers zum Zeitpunkt seines Todes (Art 44 Abs 1).

ll) *Verträge mit der Union der Sozialistischen Sowjetrepubliken*
608 (1) *Vertrag zwischen der Deutschen Demokratischen Republik und der Union der Sozialistischen Sowjetrepubliken über Rechtshilfe in Zivil-, Familien- und Strafsachen v 21. 12. 1979 (GBl DDR 1980 II 12)* – In Kraft getreten am 21. 12. 1979: Für die

Erbfolge in den beweglichen Nachlaß gilt das Recht des letzten Wohnsitzes des Erblassers (Art 42 Abs 1), der unbewegliche Nachlaß vererbt sich nach dem Recht des Lageorts (Art 42 Abs 2).

(2) *Vertrag zwischen der Deutschen Demokratischen Republik und der Union der* **609** *Sozialistischen Sowjetrepubliken über Rechtshilfe in Zivil-, Familien- und Strafsachen v 28. 11. 1957 (GBl DDR 1957 I 241)* – In Kraft getreten am 28. 11. 1957: Heimatrecht des Erblassers gilt für bewegliches (Art 34 Abs 1), Recht des Lageorts für unbewegliches Vermögen (Art 34 Abs 2).

(mm) *Vertrag zwischen der Deutschen Demokratischen Republik und der Sozialisti-* **610** *schen Republik Vietnam über den Rechtsverkehr in Zivil-, Familien- und Strafsachen v 15. 12. 1980 (GBl DDR 1981 II 66)* – In Kraft getreten am 2. 4. 1981: Heimatrecht des Erblassers gilt für bewegliches (Art 45 Abs 1), Recht des Lageorts für unbewegliches Vermögen (Art 45 Abs 2).

V. Anwendung des Internationalen Erbrechts der Bundesrepublik

1. Allgemeine Regeln

Auf **nicht abgeschlossene** erbrechtliche **Vorgänge** mit Auslandsberührung ist das **611** „neue", dh das gemäß Art 230 mit der Wiedervereinigung auch in den neuen Bundesländern und Ost-Berlin in Kraft getretene bundesdeutsche Internationale Privatrecht anzuwenden (Art 236 § 1 e contrario). Ist der Erbfall daher nach dem 2. 10. 1990 eingetreten bzw hat ein Erblasser nach diesem Stichtag eine Verfügung von Todes wegen errichtet, so gelten die *Art 25 und 26* bzw die für die *Bundesrepublik* verbindlichen *erbrechtlichen Staatsverträge* (vgl Art 11 EV).

Führen diese Verweisungen zum deutschen Recht und weist der Sachverhalt *auch* **612** einen Bezug zu den alten Bundesländern auf, so muß strenggenommen durch eine *Unteranknüpfung* analog Art 25, 26 (näher Rn 889 ff) ermittelt werden, ob die Sachnormen der alten Bundesländer oder die des Beitrittsgebiets Anwendung finden sollen (vgl Rn 882). Die praktische Bedeutung dieser Aussage ist freilich gerade auf dem Gebiet des Erbrechts gering, da sich die materiellrechtlichen Normen in diesem Bereich – von der in Art 235 § 1 Abs 2 getroffenen Regelung abgesehen (vgl Rn 913 ff, 929 ff) – in der ost- und westdeutschen Teilrechtsordnung nicht mehr unterscheiden. Ist ausländisches Recht berufen und verweist dieses auf deutsches Recht zurück, so entscheiden in erster Linie die Rückverweisungsregeln des betreffenden ausländischen Staates darüber, ob ost- oder westdeutsches Teilrecht zur Anwendung gelangt. Lassen sich Regeln dieser Art im fremden IPR nicht feststellen, gelten wiederum die innerdeutschen Kollisionsregeln (Art 25, 26 analog, vgl Rn 889 ff).

2. Keine Fortgeltung der von der DDR geschlossenen Staatsverträge

Ob und in welchem Ausmaß die von der DDR geschlossenen **Staatsverträge** auch **613** nach dem 2. 10. 1990 im Beitrittsgebiet **fortgalten**, war im Schrifttum umstritten (zur Darstellung des Diskussionsstandes vgl STAUDINGER/DÖRNER [1996] Art 236 Rn 38 ff; ausführlich STURM, in: FS Serick [1992] 351 ff). Mit der hM ist davon auszugehen, daß sowohl bi- wie auch multilaterale Verträge entsprechend Art 12 Abs 1 EV bis zu einer endgültigen

Stellungnahme der Bundesrregierung jedenfalls in ihrer innerstaatlichen Anwendbarkeit einstweilen **suspendiert** waren (ausführlich STAUDINGER/DÖRNER [1996] Art 236 Rn 43).

614 Die praktische Bedeutung dieses Streits war im übrigen gerade für die von der DDR geschlossenen Staatsverträge mit erbrechtlichem Gehalt nur gering. Das auch von der DDR ratifizierte *Haager TestÜbk* (Rn 593) ist zwar nach dem oben Gesagten seit dem Beitritt als *Bestandteil des DDR-Rechts* in seiner Anwendbarkeit suspendiert, wird aber gleichzeitig gemäß Art 11 EV als *Bestandteil des Bundesrechts* (Vorbem 31 ff zu Art 25) nach dem 2. 10. 1990 auf das Beitrittsgebiet erstreckt. Im Hinblick auf sämtliche der unter Rn 596 ff aufgeführten bilateralen *Rechtshilfeverträge* hat die Regierung der Bundesrepublik im übrigen mittlerweile nach Durchführung der in Art 12 Abs 2 EV vorgesehenen Konsultationen *ausdrücklich festgestellt*, daß diese Verträge mit der Herstellung der deutschen Einheit am 3. 10. 1990 *erloschen* sind (vgl dazu PIRRUNG IPRax 1992, 408). Dies gilt für die Verträge mit

- Albanien (BGBl 1994 II 15, Nr 5)
- Bulgarien (BGBl 1991 II 1019, Nr 25)
- der früheren CSSR (BGBl 1991 II 1077, Nr 81)
- Jugoslawien (BGBl 1991 II 576, Nr 9)
- Korea (BGBl 1995 II 406, Nr 8)
- Kuba (BGBl 1992 II 396, Nr 7)
- der Mongolei (BGBl 1992 II 376, Nr 3)
- Polen (BGBl 1993 II 1180, Nr 9)
- Rumänien (BGBl 1990 II 885, Nr 21)
- der früheren UdSSR (BGBl 1992 II 585, Nr 19)
- Ungarn (BGBl 1991 II 957, Nr 5)
- Vietnam (BGBl 1993 II 910, Nr 11).

H.   Renvoi und Unteranknüpfung (Art 4 Abs 1 u 3)

I.   Gesamtverweisung und „Sachnormverweisung"

615 Beruft eine deutsche Kollisionsnorm das Recht eines ausländischen Staates, so bezieht diese Verweisung gemäß Art 4 Abs 1 grundsätzlich das Internationale Privatrecht des betreffenden Staates mit ein. Im deutschen IPR herrscht also das Prinzip der **„Gesamtverweisung"**: Vor Anwendung des fremden materiellen Rechts ist zu ermitteln, ob nicht die Kollisionsnormen der berufenen Rechtsordnung einen **Renvoi**, dh eine *Rückverweisung* auf das deutsche oder eine *Weiterverweisung* auf ein Drittrecht aussprechen.

616 Der Grundsatz der Gesamtverweisung gilt im deutschen *Internationalen Erbrecht* insoweit, als das Erbstatut nach *Art 25 Abs 1* durch objektive Anknüpfung an die Staatsangehörigkeit des Erblassers bestimmt wird. Bevor daher das Heimatrecht des Erblassers in der Sache Anwendung finden kann, muß geprüft werden, wie das IPR des Heimatstaates die Rechtsnachfolge von Todes wegen anknüpft (auch vor dem Inkrafttreten des IPR-Reformgesetzes bereits unstr, vgl nur BGHZ 45, 352; BGH NJW 1959, 1318; NJW 1972, 1001; BayObLGZ 1972, 385; 1974, 224; ferner die Nachw Rn 639). Verstirbt ein Ausländer in der Bundesrepublik, ist somit regelmäßig eine Renvoiprüfung veranlaßt; dem Grundsatz der Gesamtverweisung kommt daher gerade im Erbrecht eine große praktische Bedeutung zu. Bei der Anwendung des Art 3 Abs 3 ist eine Renvoi-Prüfung dagegen nicht erforderlich, da die Verweisung auf das Belegenheitsrecht nur Platz greift, wenn der Belegenheitsstaat sein eigenes Recht für maßgeblich erachtet (vgl Rn 543). Zur Rechtswahl nach Art 25 Abs 2 vgl im vorliegenden Zusammenhang Rn 619; zur Rückverweisung bei der Vorfragenanknüpfung vgl Rn 558.

Ausnahmsweise wird im deutschen IPR unter Ausschaltung ausländischer Kollisions- **617** normen unmittelbar fremdes Sachrecht berufen (*„Sachnormverweisung"*; dieser Begriff ist allerdings ungenau, da bei einer Verweisung auf das Recht eines Mehrrechtsstaates [vgl Rn 649 f] ggf auch dessen interlokales oder interpersonales Kollisionsrecht erfaßt wird, vgl KROPHOLLER § 24 I vor 1). Eine „Sachnormverweisung" ist anzunehmen:

(1) im Zweifel bei der Anwendung **staatsvertraglicher Kollisionsnormen**, sofern sie **618** nicht ausnahmsweise und ausdrücklich selbst einem Renvoi Raum geben (vgl nur KROPHOLLER § 24 III). Das *Haager TestÜbk* verweist in seinem Art 1 ausdrücklich auf das „innerstaatliche Recht" des betreffenden Staates. Damit bleiben im Anwendungsbereich des Abkommens (vgl aber auch Art 26 Rn 27) *Rück- oder Weiterverweisung außer Betracht* (BayObLGZ 1967, 418 ff; vBAR II Rn 393; IPG 1979 Nr 32 [Berlin] 322);

(2) wenn deutsche Kollisionsnormen **unmittelbar „Sachnormverweisungen"** ausspre- **619** chen (Art 3 Abs 1 S 2). Dies ist in **Art 25 Abs 2** der Fall, so daß sich die Rechtswahl zugunsten des deutschen Rechts – natürlich – auf das materielle Erbrecht bezieht (vgl im übrigen auch Art 4 Abs 2). Eine (konkludente) Verweisung auf Sachnormen liegt darüber hinaus auch dann vor, wenn sich eine Kollisionsnorm auf den Inhalt von Sachvorschriften bezieht. Soweit nach *Art 26 Abs 1, 4* den „Formerfordernissen" einer bestimmten Rechtsordnung entsprochen werden soll, können – da Kollisionsnormen keine Formerfordernisse aufstellen – damit nur die von *Sachnormen* definierten Voraussetzungen für die Formgültigkeit von Verfügungen von Todes wegen gemeint sein (KROPHOLLER § 24 II 2; vgl Art 26 Rn 32, zu Art 26 Abs 1 Nr 5 aber auch Art 26 Rn 27);

(3) wenn ein Renvoi dem **Sinn der Verweisung** widerspräche (Art 4 Abs 1). Das wird **620** insbesondere bei alternativen Anknüpfungen angenommen (vgl KROPHOLLER § 24 II 3 c; vBAR I Rn 622), so daß Art 26 Abs 1, 4 *auch* (vgl bereits Rn 619) unter diesem Gesichtspunkt als „Sachnormverweisung" aufgefaßt werden muß.

II.   Rück- und Weiterverweisung

1.   Anwendung ausländischer Kollisionsnormen

a)   Grundsätze
Verweist Art 25 Abs 1 auf das Heimatrecht eines ausländischen Erblassers, ist **621** zunächst zu untersuchen,

(1) welche (geschriebene oder ungeschriebene) Kollisionsnorm in der vom deutschen IPR bezeichneten Rechtsordnung mit ihrem *Anknüpfungsgegenstand* die aufgeworfene Rechtsfrage („Rechtsnachfolge von Todes wegen") abdeckt und

Heinrich Dörner

(2) auf welche Rechtsordnung der *Anknüpfungspunkt* der einschlägigen fremden Kollisionsnorm im konkreten Fall verweist.

622 Ausländische Kollisionsnormen sind im Rahmen einer Renvoi-Prüfung grundsätzlich so anzuwenden, wie ein Richter des betreffenden Staates dies tun würde. **Methode, Grundsätze** und **Ergebnisse der Auslegung** sind also der **Herkunftsrechtsordnung** zu entnehmen. Das bedeutet zunächst, daß im Tatbestand der fremden Kollisionsnorm sowohl *Anknüpfungsgegenstand* als auch *Anknüpfungspunkt* nach dem Begriffsverständnis des Herkunftsrechts definiert werden müssen. Dies gilt allerdings nicht, wenn das maßgebende ausländische Recht aufgrund einer **Qualifikationsverweisung** einer anderen Rechtsordnung das Wort erteilt, insbesondere die Definition der Begriffe „unbewegliches" bzw „bewegliches Vermögen" dem Belegenheitsrecht überläßt (vgl BGHZ 24, 355; BayObLGZ 67, 4; OLG Frankfurt aM NJW 1954, 112; allgemein Neuhaus RabelsZ 1954, 560 ff; Jayme ZfRvgl 1976, 93; MünchKomm/Sonnenberger Art 4 Rn 58 ff; ferner die Zusammenstellung einschlägiger Urteile bei Krzywon BWNotZ 1986, 154 und unten Rn 632). Eine solche Qualifikationsverweisung ist zu beachten (Münch-Komm/Birk Art 25 Rn 92).

623 Kennt das Heimatrecht des Erblassers **staatsvertragliche Kollisionsnormen** auf dem Gebiet des Erbrechts, die in der Bundesrepublik (noch) nicht gelten, und gehen (wie zu vermuten) diese staatsvertraglichen Normen nach den Konkurrenzregeln des fremden Staates dessen autonomen Bestimmungen vor, so finden sie *als Kollisionsnormen der berufenen Rechtsordnung* auch aus deutscher Sicht Anwendung.

624 Wird auf einen Staat mit mehreren **Teilrechtsordnungen** verwiesen, der kein gesamtstaatliches Erbkollisionsrecht kennt, dessen Teilrechtsordnungen statt dessen über eigene (international wie interlokal einsetzbare) Kollisionsnormen verfügen, so kann die Frage nach einem Renvoi erst beantwortet werden, nachdem die maßgebende Teilrechtsordnung durch **Unteranknüpfung** ermittelt worden ist (vgl etwa OLG Karlsruhe NJW 1990, 1420, näher Rn 651 ff).

625 Zur Anwendung berufen werden grundsätzlich die erbrechtlichen Kollisionsnormen des Heimatrechts, welche zum **Zeitpunkt des Todesfalls** in Kraft sind. Ist das ausländische Kollisionsrecht zu einem späteren Zeitpunkt geändert worden, so entscheiden die intertemporalen Bestimmungen der fremden Rechtsordnung, ob altes oder aber neues Kollisionsrecht Beachtung findet (Makarov RabelsZ 1957, 201; Staudinger/Dörner [1996] Art 220 Rn 138; Soergel/Schurig Art 25 Rn 19). Ordnet das fremde intertemporale Recht eine „echte", nach deutschem Recht als verfassungswidrig anzusehende Rückwirkung an, so kann darin ein Verstoß gegen den deutschen ordre public (Art 6) liegen (vgl Staudinger/Dörner [1996] Art 220 Rn 139 und hier Rn 694; im konkreten Fall anders BayObLGZ 1981, 145).

b) **Festlegung des Anknüpfungsgegenstandes**

626 Jede ausländische Rechtsordnung bestimmt selbst, wie die von ihren Kollisionsnormen verwandten Systembegriffe („Erbfolge", „Nachlaß", „Nachfolge von Todes wegen" usw) verstanden werden müssen (RGZ 145, 86; Rn 622). Der **Anknüpfungsgegenstand** der ausländischen erbrechtlichen Kollisionsnormen muß dabei **keineswegs** mit dem Begriff der „Rechtsnachfolge von Todes wegen" iS des Art 25 Abs 1 **dek-**

kungsgleich sein (Problem der „abweichenden Qualifikation", dazu ausführlich Münch-Komm/Sonnenberger Art 4 Rn 36 ff).

aa) Weiterer Systembegriff der ausländischen Erbkollisionsnorm

Ist der Systembegriff der fremden erbrechtlichen Kollisionsnorm *weiter* zu fassen als 627 der Begriff der „Rechtsnachfolge von Todes wegen" iS des deutschen Kollisions-rechts, so wird die fremde Norm nur insoweit von Art 25 Abs 1 angesprochen, als sie mit dem Anwendungsbereich dieser Bestimmung übereinstimmt. Rechtsfragen, die nach deutschem Kollisionsrecht nicht zum Anknüpfungsgegenstand des Art 25 Abs 1 gehören, sind von der erbrechtlichen Verweisung des deutschen Rechts ausgenom-men. Qualifiziert zB eine fremde Rechtsordnung Vereinbarungen zwischen Ehegat-ten, die aus der Sicht des deutschen Rechts güterrechtlichen Charakter (Art 15) tragen, als Erbverträge und knüpft infolgedessen erbrechtlich an, so wird in einem solchen Fall die fremde Erbkollisionsnorm im Hinblick auf Rechtsfragen, die sich auf derartige Vereinbarungen zwischen Eheleuten beziehen, von Art 25 Abs 1 nicht berufen; die einschlägigen Bestimmungen des betreffenden Rechts würden jedenfalls nicht deswegen Anwendung finden, weil sie zum Heimatrecht des Erblassers gehö-ren. Sie könnten allerdings dann zum Zuge kommen, wenn Art 15 Abs 1, zu dessen Anknüpfungsgegenstand aus der Perspektive des deutschen Rechts diese Frage gehört, ebenfalls auf diese fremde Rechtsordnung verwiese.

bb) Engerer Systembegriff der ausländischen Erbkollisionsnorm

Ist der Systembegriff der fremden erbrechtlichen Kollisionsnorm *enger* als der 628 Begriff der „Rechtsnachfolge von Todes wegen" iS des deutschen Kollisionsrechts, so beruft Art 25 Abs 1 neben der fremden Erbkollisionsnorm auch diejenige Anknüpfungsregel des ausländischen Rechts, dem die betreffende Rechtsfrage zugeschlagen wird. Die Verweisung des deutschen Rechts bezieht sich nämlich auf sämtliche Rechtsfragen, die – ungeachtet ihres systematischen Standorts in einer fremden Rechtsordnung – zum Systembegriff der „Rechtsnachfolge von Todes wegen" im Sinne des *deutschen* IPR gehören (vBar I Rn 589). **Beispiele:** Die von Art 25 Abs 1 bezeichnete Rechtsordnung legt Erbverträgen zwischen Eheleuten güterrechtlichen oder Testierverträgen schuldvertraglichen Charakter bei oder knüpft die Frage der Testierfähigkeit nach der allgemeinen Regel über die Geschäftsfähigkeit an. In diesen Fällen sind im Rahmen der Renvoi-Prüfung *zwei* ausländische Anknüpfungsregeln heranzuziehen: die erbrechtliche, soweit sie sich mit dem korrespondierenden deutschen Art 25 Abs 1 deckt, und die güterrechtliche, schuldrechtliche bzw personenrechtliche, soweit sie sich auf die Frage der Zulässig-keit eines Erb- oder Testiervertrages bzw auf die Fähigkeit zur Errichtung von Testamenten bezieht. Da zwei ausländische Kollisionsnormen zur Anwendung gelangen, besteht die Möglichkeit einer *partiellen Verweisungsannahme* bzw eines *partiellen Renvoi* (vgl Rn 644 ff). Beruft etwa das von Art 25 Abs 1 bezeichnete aus-ländische Recht für die Erbfolge das Heimatrecht des Erblassers und für die güter-rechtlichen Beziehungen das Recht des ersten Ehewohnsitzes, so ist die (aus der Perspektive des ausländischen Rechts zum Ehegüterrecht gehörende) Zulässigkeit eines Erbvertrages zwischen Eheleuten nach deutschem Recht zu beurteilen, wenn der Ehewohnsitz in der Bundesrepublik lag („Rückverweisung kraft abweichender Qualifikation").

Heinrich Dörner

cc) Mehrere ausländische Erbkollisionsnormen

629 In der Praxis kommt es außerordentlich häufig vor, daß der Anknüpfungsgegenstand des Art 25 Abs 1 im ausländischen IPR von **mehreren selbständigen Anknüpfungsregeln** abgedeckt wird.

630 Das ist zunächst dann der Fall, wenn das fremde Kollisionsrecht die Rechtsnachfolge von Todes wegen nicht einheitlich anknüpft, sondern nach **Art und Beschaffenheit der Nachlaßgegenstände** differenziert, insbesondere zwischen der Erbfolge in bewegliches und unbewegliches Vermögen unterscheidet (Common Law, frz Code civil, zT die südamerikanischen Rechtsordnungen). Der zur „Rechtsnachfolge von Todes wegen" iS des Art 25 Abs 1 gehörende Komplex von Rechtsfragen wird hier also **gegenstandsbezogen** auf zwei Kollisionsnormen *aufgeteilt*.

631 Zu einer **funktionellen Aufteilung** des Erbstatuts (dazu zuletzt DERSTADT 28 ff; KOPP 31 ff; ZILLMANN 29 ff) kommt es dagegen, wenn die vom deutschen IPR berufene Rechtsordnung einzelne **Sachbereiche** abweichend anknüpft, beispielsweise Sonderregeln für die *Art und Weise des Erbschaftserwerbs* aufstellt (so das österreichische, vgl FIRSCHING IPRax 1983, 168; JAYME ZfRvgl 1983, 165, 167; S LORENZ IPRax 1990, 206; oder das türkische Recht, vgl DERSTADT 28 ff)). Weitergehend unterscheidet das Kollisionsrecht der anglo-amerikanischen Rechtsordnungen zwischen *Nachlaßverteilung* („succession") und *Nachlaßbwicklung* („administration"), wobei die „administration" insbesondere den Aufgabenbereich der „personal representatives" (vgl Rn 107) einschließlich der Regelung der Nachlaßschulden umfaßt und aus der Sicht dieser Rechtsordnungen stets der lex fori, dh dem Recht desjenigen Staates unterliegt, welcher die Einsetzung dieser „Zwischenberechtigten" einleitet (näher BERENBROK, Internationale Nachlaßabwicklung [1989] 187 ff sowie Rn 798, 818). Im IPR Englands und der US-Bundesstaaten tritt diese funktionell differenzierende Anknüpfung demnach *neben* die gegenstandsbezogen-unterschiedliche Behandlung von beweglichem und unbeweglichem Nachlaß.

632 In beiden Fällen – sowohl bei einer gegenstandsbezogenen als auch bei einer funktionellen Aufteilung der Rechtsfragen – spricht Art 25 Abs 1 jeweils eine Verweisung auf das *gesamte* fremde Erbkollisionsrecht aus. Die **Abgrenzung** zwischen den berufenen Normen ist **nach Maßgabe des ausländischen Rechts** vorzunehmen. So entscheidet also grundsätzlich das betreffende ausländische IPR darüber, welche Vermögenswerte zum „beweglichen" und welche zum „unbeweglichen Vermögen" iS seiner erbrechtlichen Kollisionsnormen gehören (vgl RGZ 145, 86; BGHZ 24, 355; KG IPRspr 1971 Nr 113 a; OLG München HRR 1937 Nr 1501; OLG Frankfurt aM NJW 1954, 112; aus der Literatur etwa MünchKomm/BIRK Art 25 Rn 91). Dies gilt allerdings nicht, wenn das maßgebende ausländische Recht aufgrund einer geschriebenen oder ungeschriebenen **Qualifikationsverweisung** insoweit das Belegenheitsrecht beruft (BGHZ 24, 355; BayObLGZ 67, 4; näher Rn 622). Befindet sich der Nachlaß in einem solchen Fall ganz oder teilweise in der Bundesrepublik, wird die vom fremden Recht getroffene Unterscheidung dann nach den Kriterien des deutschen Belegenheitsrechts vorgenommen (vgl Rn 477 ff). Der Vorschlag von KEGEL (vgl KEGEL/SCHURIG § 10 VI), im Falle einer Qualifikationsverweisung von einer Teilrückverweisung auf das Belegenheitsrecht abzusehen und dadurch die Konsequenzen einer Nachlaßspaltung zu vermeiden, hat sich nicht durchsetzen können (vgl auch SCHURIG IPRax 1990, 389 f).

Bezeichnen die Anknüpfungspunkte der so berufenen Kollisionsnormen im konkre- **633** ten Fall unterschiedliche Rechtsordnungen, wird die Verweisung des deutschen Rechts uU nur *partiell angenommen* bzw es wird durch das ausländische IPR eine *partielle Rück- oder Weiterverweisung* ausgesprochen („gespaltene Verweisung", vgl Rn 644).

c) Bestimmung des Anknüpfungspunktes

Das von Art 25 Abs 1 berufene **fremde Recht** bestimmt ebenfalls, wie die von seinen **634** Kollisionsnormen verwandten **Anknüpfungspunkte zu definieren** sind (vgl Münch-Komm/Birk Art 25 Rn 91; Soergel/Schurig Art 25 Rn 80). Dies gilt etwa für die Bestimmung des *Wohnsitzes* (BayObLGZ 1976, 157; OLG Schleswig IPRspr 1976 Nr 116), des „domi-cil" (BGH NJW 1959, 1318; BayObLGZ 1958, 39; 1967, 4; 1976, 423; 1972, 386; 1975, 89) oder des gewöhnlichen Aufenthalts, sofern das ausländische Recht nicht auch die Bestimmung des jeweiligen Anknüpfungspunktes im Wege einer Qualifikationsverweisung einem anderen Recht überläßt (Soergel/Schurig Art 25 Rn 80). Vorsicht ist in diesem Zusammenhang insbesondere im Umgang mit dem scheinbar einheitlichen „domicil"-Begriff des anglo-amerikanischen Rechts geboten, der zB nach englischem Recht (dazu BayObLGZ 1967, 4) anders verstanden wird als etwa nach dem Recht der einzelnen US-Bundesstaaten (dazu BayObLGZ 1967, 423 f; 1975, 89).

2. Ergebnisse der Renvoi-Prüfung

Die Anwendung der von Art 25 Abs 1 berufenen erbrechtlichen Kollisionsnorm(en) **635** des Heimatrechts des Erblassers kann zu verschiedenen Ergebnissen führen:

a) Annahme der Verweisung

Stellt das Heimatrecht des ausländischen Erblassers bei der Anknüpfung der Rechts- **636** nachfolge von Todes wegen ebenfalls auf die Staatsangehörigkeit des Erblassers ab, so **nimmt** es damit in aller Regel (vgl aber Rn 643) **die Verweisung des Art 25 Abs 1 an**. Infolgedessen kommen die erbrechtlichen Sachnormen des Heimatrechts zum Zuge.

Zur Anwendung gelangt das zum *Zeitpunkt des Todesfalls* maßgebende Sachrecht. **637** Sind zwischenzeitlich Rechtsänderungen erfolgt, so entscheidet das intertemporale Recht des fremden Staats, ob das neue Recht auch für bereits früher eingetretene Erbfälle gelten soll (Staudinger/Dörner [1996] Art 220 Rn 138). Ist das der Fall und handelt es sich dabei um eine „echte" Rückwirkung iS des deutschen Verfassungsrechts, so ist zu prüfen, ob darin ein Verstoß gegen den deutschen ordre public (Art 6) liegt (vgl Staudinger/Dörner [1996] Art 220 Rn 139 und hier Rn 694; MünchKomm/Birk Art 25 Rn 126).

b) Rückverweisung

Verweisen die Kollisionsnormen des Heimatrechts eines ausländischen Erblassers **638** auf das deutsche Recht zurück, so findet nach **Art 4 Abs 1 S 2 deutsches Sachrecht** Anwendung. Ob sich die Vorschriften des fremden IPR als Sachnorm- oder Gesamtverweisungen verstehen, ist dabei ohne Bedeutung.

Zu einer Rückverweisung kommt es zB, wenn das Heimatrecht des Erblassers gene- **639** rell an den letzten Wohnsitz (*Dänemark, Norwegen, Israel*) oder gewöhnlichen Aufenthalt anknüpft und sich dieser in Deutschland befand oder wenn es für bewegliche

Heinrich Dörner

Sachen das Wohnsitz-, für unbewegliche das Belegenheitsrecht beruft und der Erblasser zuletzt in der Bundesrepublik lebte bzw Grundvermögen im Inland hinterließ (Beispiele: *England*, dazu BayObLGZ 1967, 4; 1982, 336; DNotZ 1984, 47; OLG Frankfurt aM NJW 1954, 111; vgl auch OLG Köln FamRZ 1976, 170; *US-Bundesstaaten*, dazu RG JW 1912, 22; BGHZ 24, 355; BGH NJW 1959, 1318; BayObLGZ 1966, 115; 1967, 424; 1974, 225; 1975, 88 f; 1980, 46; BayObLG IPRax 1982, 111; RPfleger 1984, 66; OLG Karlsruhe NJW 1990, 1421; *Kanada*, dazu BGH NJW 1972, 1021; *Südafrika*, dazu BayObLGZ 1972, 385 f; KG IPRspr 1971 Nr 113 a S 345; *Frankreich*, dazu RGZ 78, 50; OLG Köln NJW 1955, 755; OLG Saarbrücken NJW 1967, 732 m Anm MEZGER; OLG Zweibrücken, IPRax 1987, 109; *Belgien*, dazu BGHZ 45, 351 f; OLG Köln IPRspr 1964/65 Nr 72 S 225; NJW 1986, 2200; FamRZ 1992, 861).

640   Eine Rückverweisung kann sich auch daraus ergeben, daß der ausländische Erblasser nach Maßgabe seines Heimatrechts – und über den Anwendungsbereich des Art 25 Abs 2 hinaus – eine Rechtswahl zugunsten des deutschen Rechts vornimmt (vgl Rn 470).

c)   Weiterverweisung

641   **Verweisen** die Kollisionsnormen des Heimatrechts eines ausländischen Erblassers **auf das Recht eines dritten Staates weiter**, so ist auch eine solche Weiterverweisung aus deutscher Sicht zu befolgen (Art 4 Abs 1 S 1; ausführlich MICHAELS RabelsZ 1997, 685 ff). Aus Gründen der Praktikabilität sollte man danach allerdings die Verweisung nicht nur dann abbrechen, wenn die Kollisionsnormen des Heimatrechts eine Sachnorm-, sondern (analog Art 4 Abs 1 S 2) auch, wenn sie eine Gesamtverweisung enthalten. Damit gelangen in jedem Fall die erbrechtlichen Sachnormen des Drittstaates zum Zuge (FERID Rn 3–104; KROPHOLLER § 24 II 5; anders LG Frankfurt aM IPRspr 1997, 234).

642   Zu einer Weiterverweisung kommt es zB, wenn das Heimatrecht des Erblassers an den letzten Wohnsitz oder gewöhnlichen Aufenthalt anknüpft und dieser in einem Drittstaat lag oder wenn sich – bei unterschiedlicher Anknüpfung von beweglichem und unbeweglichem Vermögen – letzter Wohnsitz und Lageort des Grundvermögens innerhalb ein und desselben Drittstaates befinden.

643   Im Falle einer Staatsangehörigkeitsanknüpfung erscheint eine Weiterverweisung denkbar, wenn das deutsche Recht beim Tode eines Erblasser mit mehreren ausländischen Staatsangehörigkeiten nach Art 5 Abs 1 S 1 auf die effektive Staatsangehörigkeit abstellt, das so bestimmte Heimatrecht jedoch die Mehrstaaterproblematik anders löst und zB die letzterworbene Staatsbürgerschaft für ausschlaggebend hält. Einer solchen Weiterverweisung ist Folge zu leisten, obwohl sie zu einer anderen Rechtsordnung als derjenigen führt, mit welcher der Erblasser aus der Sicht des deutschen Rechts am engsten verbunden war. Dem Sinn der Verweisung iS des Art 4 Abs 1 S 1 widerspricht die Befolgung eines Renvoi in diesem Fall nicht (aA aber SIEHR IPRax 1987, 5; MünchKomm/BIRK Art 25 Rn 96; wie hier MünchKomm/SONNENBERGER Art 4 Rn 24 ff).

d)   Gespaltene Verweisung

644   Eine gespaltene Verweisung liegt vor, wenn das Heimatrecht des Erblassers den Systembereich der Rechtsnachfolge von Todes wegen unter zwei oder noch mehr Kollisionsnormen aufteilt (Rn 629 ff) und **jede dieser Normen im konkreten Fall eine**

andere Rechtsordnung für maßgebend erklärt. Denkbar ist, daß das Heimatrecht die von Art 25 Abs 1 ausgesprochene Verweisung partiell annimmt und partiell auf deutsches Recht zurückverweist, ferner, daß es die Verweisung teilweise annimmt und teilweise auf das Recht eines dritten Staates weiterverweist, schließlich auch, daß es zum Teil eine Rückverweisung auf deutsches, zum anderen Teil eine Weiterverweisung auf ein Drittrecht ausspricht.

Eine derart gespaltene Verweisung ergibt sich etwa, wenn das Heimatrecht für die **645** Nachfolge in das bewegliche Vermögen das Heimat- oder Wohnsitzrecht, für die Nachfolge in das unbewegliche Vermögen die lex rei sitae beruft und die für bewegliches und unbewegliches Vermögen maßgebenden Anknüpfungspunkte jeweils zu unterschiedlichen Rechtsordnungen führen. **Beispiel:** Ein englischer Erblasser hatte sein letztes domicil in London. Zum Nachlaß gehört ein deutsches und ein italienisches Grundstück. Während das englische Kollisionsrecht die Verweisung des Art 25 Abs 1 für das bewegliche Vermögen annimmt, verweist es hinsichtlich des deutschen Grundstücks auf deutsches Belegenheitsrecht zurück, hinsichtlich des italienischen Grundstücks auf italienisches Belegenheitsrecht weiter.

Soweit danach für einzelne Nachlaßgegenstände – insbes das bewegliche und unbe- **646** wegliche Vermögen – verschiedene Erbstatute berufen werden, spricht man von „**Nachlaßspaltung**" (vgl BGHZ 24, 355; BGH WM 1957, 956; DNotZ 1968, 662; BayObLGZ 1959, 399; 1971, 37; 1980, 46; KG IPRspr 1971 Nr 113 S 346; OLG Karlsruhe NJW 1990, 1420; OLG Frankfurt aM OLGZ 1977, 181; OLG Köln NJW 1986, 2199; FamRZ 1992, 861; LG München I FamRZ 1998, 1067; MünchKomm/Birk Art 25 Rn 127; Schurig IPrax 1990, 389 f). Sie hat zur Folge, daß jeder Nachlaßteil als eigenständiger Nachlaß angesehen und die Rechtsnachfolge grundsätzlich allein dem für diesen Teil jeweils maßgebenden Statut unterworfen wird (näher Rn 733 ff).

Auch die **funktionelle Aufteilung** der zum Erbstatut gehörenden Fragen (Rn 631) hat **647** häufig eine gespaltene Verweisung zur Folge. Soweit zB das englische oder US-amerikanische Kollisionsrecht bezüglich aller zur „administration" gehörenden Rechtsfragen (vgl Rn 631) auf die lex fori, dh das Recht des mit der Nachlaßabwicklung befaßten Staates verweist, stellt sich dies aus der Sicht des deutschen Rechts bei hier belegenem Nachlaß als eine unmittelbare (Berenbrok, Internationale Nachlaßabwicklung [1989] 189) oder zumindest „versteckte" (zum Begriff Kegel/Schurig § 10 VI) **partielle Rückverweisung** dar (vgl KG IPRspr 1972 Nr 123; Firsching, Deutsch-amerikanische Erbfälle [1965] 99 ff, 114; Ferid Rn 9–21; Berenbrok 155, 177; Wohlgemuth MittRhNotK 1992, 105; Kopp 61; Zillmann 77 f; IPG 1971 Nr 36 [Köln] 355; 1978 Nr 39 [München] 434 f; **anders** Kegel/Schurig § 21 IV 4; Soergel/Schurig Art 25 Rn 86; Bünning 191; IPG 1997 Nr 43 (Köln)). Sie führt im Hinblick auf die Nachlaßabwicklung zur Maßgeblichkeit deutschen Rechts, auch wenn die Verteilung („succession") des hier belegenen beweglichen Vermögens angesichts eines ausländischen domicil des Erblassers (vgl Rn 645) weiterhin einem fremden Recht untersteht.

III. Rechtsspaltung und Unteranknüpfung

Verweist Art 25 Abs 1 auf eine Rechtsordnung, die kein einheitliches Erbrecht kennt, **648** sondern in **Teilrechtsordnungen** aufgespalten ist, so muß zunächst durch eine **Unteranknüpfung** das maßgebende Teilrecht ermittelt werden.

1. Typen der Rechtsspaltung

649 Eine Rechtsordnung kann **räumlich** oder **personal** gespalten sein (vgl zum Folgenden
KEGEL/SCHURIG § 1 VII 1, 2). Von **räumlicher Rechtsspaltung** spricht man, wenn in einzelnen Territorien des Mehrrechtsstaates unterschiedliche Privatrechte existieren. Eine
derart territoriale Spaltung ist insbesondere anzutreffen in den großen Staaten des
anglo-amerikanischen Rechtskreises, dh also im Vereinigten Königreich (Teilrechts-
gebiete insbes in England/Wales, Schottland, Nordirland), in den USA (50 Bundesstaaten und ein Bundesdistrikt), in Kanada (12 Provinzen) und Australien (6 Bundesstaaten). Praktisch bedeutsam für den deutschen Rechtsanwender sind ferner vor
allem die Verhältnisse in Rest-Jugoslawien mit seinen zwei Teilrepubliken, sowie in
Spanien, wo in einzelnen Provinzen Sonderrechte (die sog „Foralrechte") fortbestehen.

650 **Personale Rechtsspaltung** bedeutet, daß in einem Mehrrechtsstaat die Zugehörigkeit
zu einer bestimmten Bevölkerungsgruppe über die anzuwendenden Rechtsregeln
entscheidet. Davon betroffen ist in den in Frage kommenden Rechtsordnungen
praktisch allein das Personen-, Familien- und Erbrecht. In einzelnen afrikanischen
Staaten (zB Nigeria, Ghana), in denen sich neben den in der Kolonialzeit zwangs-
rezipierten Gesetzesrechten westlicher Prägung Stammesgewohnheitsrechte erhalten haben, bildet die *Stammeszugehörigkeit* das Differenzierungskriterium. In zahlreichen vom Islam beeinflußten Staaten Nordafrikas und des Nahen Ostens, aber
auch zB in Indien oder Israel kommt es dagegen auf die *Religionszugehörigkeit* an.
Um das für die erbrechtlichen Verhältnisse maßgebende Recht ermitteln zu können,
muß daher jeweils die Konfession des Erblassers ermittelt werden. Soweit das staatliche Recht bestimmte Rechtsmaterien überhaupt nicht regelt oder seine Geltung auf
die im jeweiligen Staat dominierende religiöse Gruppe beschränkt, ist dann das
Recht der betreffenden Religionsgemeinschaft anzuwenden.

2. Technik der Unteranknüpfung

651 Wie die maßgebende Teilrechtsordnung zu bestimmen ist, ergibt sich aus **Art 4 Abs 3**,
soweit nicht staatsvertragliche bzw spezielle Sonderregeln eingreifen (vgl H STOLL, in:
FS Keller [1989] 511; OTTO IPRax 1994, 1 ff). Eine solche staatsvertragliche Sonderregelung
enthält Art 1 Abs 2 des *Haager TestÜbk* für den Fall, daß die Form einer letztwilligen
Verfügung dem Heimatrecht des Erblassers (Art 1 Abs 1 lit b des Abkommens)
unterstellt wird. Eine Unteranknüpfung wird dann primär nach den interlokalen
Vorschriften des Gesamtstaates vorgenommen; kennt der Gesamtstaat entsprechen-
de Bestimmungen nicht, kommt es darauf an, zu welcher Teilrechtsordnung der
Erblasser zu dem maßgeblichen Zeitpunkt die engste Bindung gehabt hat (näher
Vorbem 48 zu Art 25).

652 Art 4 Abs 2 S 1 sieht vor, daß über das Vorgehen bei einer Unteranknüpfung grundsätzlich das Interlokale oder Interpersonale Recht des betreffenden Gesamtstaates
selbst entscheidet. Dies gilt allerdings nicht, soweit die deutsche Kollisionsnorm
selbst die maßgebende Teilrechtsordnung bezeichnet. Kennt der Gesamtstaat keine
– geschriebenen oder ungeschriebenen – Regeln zur Lösung interner Rechtskollisio-
nen, so ist nach Art 4 Abs 3 S 2 dasjenige Teilrecht anzuwenden, mit dem der Sach-

verhalt am engsten verbunden ist. Daraus ergibt sich eine dreistufige Prüfung (Rn 653 ff). Zum Verhältnis von Unteranknüpfung und Renvoi vgl Rn 624.

a) Bezeichnung des maßgebenden Teilrechts durch deutsche Kollisionsnormen
In erster Linie ist zu ermitteln, ob die einschlägige **deutsche Kollisionsnorm** die 653 maßgebende Teilrechtsordnung **selbst bestimmt**. Das ist immer dann der Fall, wenn die engste Verbindung zu einer Rechtsordnung durch einen bestimmten *Ort* hergestellt wird. Eine solche Ortsanknüpfung findet sich im Internationalen Erbrecht in Art 26 Abs 1 Nr 2, 3 und 4, ggf iVm Abs 4. In diesen Bestimmungen führt die Anknüpfung an den Verfügungsort, Wohnsitz, gewöhnlichen Aufenthalt oder Ort der Belegenheit unmittelbar zu demjenigen Teilrecht, in dessen Geltungsbereich der betreffende Ort liegt. Entsprechend wird auch im Anwendungsbereich des Art 1 Abs 1 lit a), c), d) und e) des Haager TestFormÜbk verfahren (vgl Vorbem 55, 57, 60 zu Art 25 f). Die vom deutschen Kollisionsrecht vorgesehene Anknüpfung setzt sich unmittelbar auch bei der Anwendung von *Art 3 Abs 3* durch, zur Anwendung gelangt auch hier das Recht derjenigen Teilrechtsordnung, in welcher sich der betreffende Vermögensgegenstand befindet.

Die unmittelbare Anknüpfung an einen innerhalb des Gesamtstaates belegenen Ort 654 versagt naturgemäß bei der personalen Rechtsspaltung, die keine *territoriale* Abgrenzung der verschiedenen Teilrechtsordnungen kennt.

b) Interlokales oder Interpersonales Privatrecht des Gesamtstaates
Stellt die deutsche Kollisionsnorm – wie gerade in Art 25 Abs 1 – nicht auf einen Ort, 655 sondern auf die Staatsangehörigkeit einer Person ab, so läßt sich diese Verweisung nicht unmittelbar bis in die Teilrechte des fremden Gesamtstaates hinein verlängern. In diesem Fall ist festzustellen, ob der **Mehrrechtsstaat eigene gesamtstaatliche Regeln** zur Bewältigung interner interlokaler oder interpersonaler Konflikte ausgebildet hat. Interlokale Vorschriften enthält zB der spanische Código civil in seinen Art 13 bis 16 (vgl Anh Rn 629 ff zu Art 25, 26). Ist das Recht Rest-Jugoslawiens berufen, so sind die Unteranknüpfungen des jugoslawischen „Gesetzes betreffend die Entscheidung über Gesetzes- und Zuständigkeitskollisionen in Status-, Familien- und Erbbeziehungen" v 27. 2. 1979 zu befolgen (vgl Anh Rn 297 f zu Art 25, 26).

Daß sich in Staaten mit personal gespaltenem Recht die Unteranknüpfung an der 656 Konfession orientiert, ist dagegen häufig nicht gesetzlich fixiert, sondern muß aus der Existenz religiöser Teilrechte oder aus den Regeln über die Gerichtsorganisation erschlossen werden.

c) Engste Verbindung
Kennt der berufene Mehrrechtsstaat keine eigenen interlokalen oder interpersona- 657 len Anknüpfungsregeln, so befindet über die Art und Weise der Unteranknüpfung wiederum das deutsche IPR: Nach Art 4 Abs 3 S 2 ist das Recht der Teilrechtsordnung maßgebend, mit welcher der Sachverhalt am engsten verbunden ist. Diese **„engste Verbindung"** (zur Konkretisierung im Erbrecht vgl Rn 436 ff) wird vor allem bedeutsam, wenn inländisches Kollisionsrecht das Recht der anglo-amerikanischen Mehrrechtsstaaten (Rn 649) als Heimatrecht eines ihrer Angehörigen beruft. Keiner dieser Staaten hat nämlich gesamtstaatliche Regeln zur Lösung interlokaler Rechtskonflikte entwickelt. In diesen Fällen ergibt sich die engste Verbindung zu einer Teil-

Heinrich Dörner

rechtsordnung in der Regel durch den letzten gewöhnlichen Aufenthalt des Erblassers innerhalb des Gesamtstaates (vgl OLG Karlsruhe NJW 1990, 1420; zur Rechtslage vor dem 1.9.1986 s BayObLGZ 1980, 46).

I.   Störungen bei der Anwendung ausländischen Rechts

658   Nicht immer lassen sich ausländische Rechtsnormen problemlos ermitteln und/oder befolgen. Der inländische Rechtsanwender kann aus praktischen oder rechtlichen Gründen daran gehindert sein, einer Verweisung uneingeschränkt Folge zu leisten. In solchen Fällen muß auf Ersatz- und Anpassungsregeln zurückgegriffen werden. Störungen bei der Anwendung ausländischen Rechts können sich aus vier Situationen ergeben:

659   1. In der fremden Rechtsordnung **existieren keine Bestimmungen**, denen sich eine Antwort auf die zu beantwortende Rechtsfrage ohne weiteres entnehmen ließe (Rn 663 f).

660   2. In der ausländischen Rechtsordnung existieren zwar (vermutlich) einschlägige Vorschriften. Der inländische Rechtsanwender vermag jedoch trotz Ausschöpfung aller ihm zur Verfügung stehenden Hilfsmittel den **Norminhalt nicht** zu **ermitteln** (Rn 665 ff).

661   3. In der berufenen Rechtsordnung existieren zwar einschlägige Normen, und es kann ihr Inhalt auch festgestellt werden. Die Anwendung dieser Normen würde jedoch zu Ergebnissen führen, die den **Wertvorstellungen des deutschen Rechts** in einer nicht mehr hinnehmbaren Weise **widersprechen** (Rn 673 ff).

662   4. Ausländische Normen existieren, lassen sich ermitteln und führen auch zu Ergebnissen, die nicht gegen heimische Wertmaßstäbe verstoßen. Der Lebenssachverhalt wirft jedoch mehrere Rechtsfragen auf, die abweichenden Anknüpfungen unterliegen und demzufolge im konkreten Fall nicht von ein und demselben Sachrecht beantwortet werden. Durch das **Zusammenspiel von Sachnormen unterschiedlicher Herkunft** kommt es zu **widersprüchlichen, unpraktikablen** oder **unbilligen Ergebnissen** (Rn 708 ff).

I.   Fehlen ausländischer Normen

663   Die Anwendung ausländischen Rechts kann nicht an dem Umstand scheitern, daß in der berufenen Rechtsordnung keine einschlägigen Vorschriften existieren. Der inländische Rechtsanwender hat die ihm vorgelegte Rechtsfrage vielmehr so zu beantworten, wie ein Gericht der berufenen Rechtsordnung dies tun würde (vgl KEGEL/ SCHURIG § 15 III). Dies bedeutet aber, daß neben den gesetzlich niedergelegten selbstverständlich auch die (in jedem Rechtssystem wesentlich zahlreicheren) ungeschriebenen Rechtsnormen beachtet werden müssen. Kennt die ausländische Rechtsordnung keine ausdrückliche Regelung einer bestimmten Frage, ist die Antwort **aus dem Gesamtsystem zu erschließen**. Soweit in einem bestimmten Bereich beispielsweise der Grundsatz der Privatautonomie herrscht, werden vertragliche Absprachen im Zweifel zulässig und bindend sein; schweigt das Gesetz dagegen in zwingend normierten

Bereichen, sind den Normadressaten im Zweifel bestimmte Befugnisse und Gestaltungsmöglichkeiten versagt. Im übrigen dürfen Lücken des fremden Rechts durch eine behutsame Rechtsfortbildung geschlossen werden (vgl KEGEL/SCHURIG § 15 III).

Beispiel: Errichten ausländische Eheleute in der Bundesrepublik ein gemeinschaft- **664** liches Testament und gehören sie einem Staat an, dessen Recht ein solches Rechtsgeschäft aus *Form*gründen untersagt, so ist ihr gemeinsames Testament formgültig errichtet worden. Ob ein solches Testament auch *Bindungswirkung* hat, ist jedoch zweifelhaft, weil das nach Art 26 Abs 5 S 1 berufene Heimatrecht darüber keine Aussage treffen wird. Fehlt auch einschlägige Judikatur, ist die Lösung aus dem Gesamtzusammenhang der erbrechtlichen Normen dieser Rechtsordnung zu erschließen. Danach tritt im Zweifel keine Bindungswirkung ein, weil die vorhandenen Vorschriften über Testamente diese vermutlich allgemein als frei widerrufliche Rechtsgeschäfte ausgestalten (näher Rn 313 f).

II. Nichtfeststellbarkeit ausländischer Normen

Bei der Ermittlung ausländischen Rechts ist insbes ein inländisches Gericht nicht **665** allein auf eigene Recherchen angewiesen. Es kann zB von den Auskunftsmöglichkeiten des *Europäischen Übereinkommens betreffend Auskünfte über ausländisches Recht* v 7.6.1968 (BGBl 1974 II 938; dazu OTTO, in: FS Firsching [1985] 209 ff) Gebrauch machen oder Gutachten rechtswissenschaftlicher Institute einholen (näher KEGEL/ SCHURIG § 15 III; KROPHOLLER § 59 III; SCHACK, Internationales Zivilverfahrensrecht² [1996] Rn 629 ff). Wie verfahren werden soll, wenn trotz Ausschöpfung aller Erkenntnisquellen der Inhalt ausländischer Kollisions- oder Sachnormen nicht – oder nicht mit angemessenem Aufwand bzw in angemessener Frist – geklärt werden kann, ist umstritten (ausführlich SCHACK Rn 637 ff mwN; PALANDT/HELDRICH Einl Art 3 Rn 36 mwN).

Im wesentlichen vier Standpunkte stehen zur Diskussion: **666**

(1) Es sollen durch Rechtsvergleichung gewonnene *allgemeine Rechtsgrundsätze* zur Anwendung kommen (vgl BayObLGZ 1970, 83; KÖTZ RabelsZ 1970, 671 ff).

(2) Es gelte der **Grundsatz der größten Wahrscheinlichkeit**: Sei das aktuelle Recht **667** nicht zu ermitteln, müsse man eine Entscheidung zB auf einen verfügbaren älteren Rechtszustand stützen. Anstelle eines rezipierten Rechts könne man auf die Mutterrechtsordnung zurückgreifen, also zB statt des belgischen das französische, statt des isländischen das dänische und norwegische, statt des türkischen in einigen Bereichen das schweizerische Privatrecht heranziehen. Auch Schwesterrechtsordnungen seien austauschbar; so könne etwa das unbekannte Recht des einen US-Bundesstaates durch das Recht eines anderen ersetzt werden (vgl etwa OLG Köln NJW 1980, 2648; KEGEL/SCHURIG § 15 V 2; SCHACK Rn 644; PALANDT/HELDRICH Einl Art 3 Rn 36).

(3) Als Ersatzrecht seien die Vorschriften der **deutschen lex fori** anzuwenden (BGHZ **668** 69, 393 ff; BGH NJW 1982, 1216). Dieser Gedanke hat in Art 23 S 2 seinen gesetzlichen Niederschlag gefunden: Dem Kindeswohl entspricht eine Anwendung deutschen Rechts nämlich insbesondere dann, wenn sich die Sachnormen des Heimatrechts nicht ermitteln lassen.

669 (4) Es sollen die im deutschen Kollisionsrecht vorgesehenen *Ersatzanknüpfungen* zum Zuge kommen: Könne also zB das Heimatrecht einer Person nicht ermittelt werden, sei entsprechend Art 5 Abs 2 auf das Recht ihres gewöhnlichen Aufenthalts abzustellen (K MÜLLER NJW 1981, 484 ff; KREUZER NJW 1983, 1946).

670 Lösung (1) erscheint bedenklich, weil sie sich von realen Regelungen entfernt und dem Rechtsanwender letztlich rechtsschöpferische Arbeit aufbürdet. Lösung (4) versucht, Defizite bei der Anwendung fremden Rechts durch eine Korrektur der eigenen Anknüpfungskriterien auszugleichen; sie hat in der Praxis bislang keine Resonanz gefunden. Der BGH (BGHZ 69, 394) hat sich mit den Auffassungen zu (2) und (3) näher auseinandergesetzt und dazu folgendes ausgeführt:

671 „Die Ansicht, die eine Anwendung des dem an sich berufenen Recht verwandten oder wahrscheinlich geltenden Rechts vertritt, kann in einzelnen Fällen, wo die Anwendung des eigenen Rechts äußerst unbefriedigend wäre, gerechtfertigt sein . . . Es wäre jedoch nicht angebracht, diese Ansicht als allgemeinen Grundsatz gelten zu lassen. Sie bedeutet die Verweisung auf ein ungewisses Recht und führt zu einer erheblichen Komplizierung des Entscheidungsprozesses . . . Grundsätzlich wird daher, wenn die Bemühungen um die Feststellung des ausländischen Rechts zu keinem Ergebnis geführt haben oder sich aus wissenschaftlichen Veröffentlichungen die Ungeklärtheit der in Rede stehenden Rechtsfrage ergibt, die Anwendung der Sachnormen des eigenen Rechts als die praktikabelste Lösung vorzuziehen sein. Der Senat hält es jedenfalls im vorliegenden Fall angesichts der gegebenen Inlandsbeziehungen für angebracht, die deutschen Sachnormen anzuwenden.“

672 Im Prinzip hat sich der BGH damit für die Lösung (3) entschieden. Unter welchen Voraussetzungen **nicht** auf die **lex fori** zurückgegriffen, sondern statt dessen nach dem **Grundsatz der größeren Wahrscheinlichkeit** verfahren werden sollte, bleibt allerdings offen. Man wird davon ausgehen können, daß der Rückgriff auf verwandte Rechte jedenfalls dann in Frage kommt, wenn der Sachverhalt keine starken Beziehungen zum Inland aufweist und ferner feststeht, daß die im deutschen Recht enthaltene Regelung den Rechtsprinzipien des fremden Rechts offensichtlich widersprechen würde.

III. Verstoß gegen den deutschen ordre public (Art 6)*

1. Allgemeine Grundsätze

a) Voraussetzungen des ordre-public-Verstoßes
673 Daß die Verweisung auf ausländisches Recht im Ergebnis nicht gegen grundlegende Gerechtigkeitsvorstellungen des deutschen Rechts (**ordre public**) verstoßen darf, ist ungeschriebenes Tatbestandsmerkmal einer jeden inländischen Kollisionsnorm.

---

* **Schrifttum:** COESTER-WALTJEN, Die Wirkungskraft der Grundrechte bei Fällen mit Auslandsberührung – familien- und erbrechtlicher Bereich, in: COESTER-WALTJEN/KRONKE/KOKOTT, Die Wirkungskraft der Grundrechte bei Fällen mit Auslandsbezug (1998) 9 ff; DÖR-NER, Zur Beerbung eines in der Bundesrepublik verstorbenen Iraners, IPRax 1994, 33; JAYME, Methoden der Konkretisierung des ordre public im Internationalen Privatrecht (1989); S LO-RENZ, Islamisches Ehegattenerbrecht und deutscher ordre public: Vergleichsmaßstab für die

Nach Art 6 S 1 ist eine ausländische Rechtsnorm dementsprechend nicht zu berücksichtigen, wenn „ihre Anwendung zu einem Ergebnis führt, das mit den wesentlichen Grundsätzen des deutschen Rechts" – insbes mit den Grundrechten (S 2) – „offensichtlich unvereinbar ist". Für den Bereich der Formanknüpfung enthält Art 7 des Haager TestÜbk eine staatsvertragliche Sonderregelung, die – wenn auch sachlich übereinstimmend – dem Art 6 im Hinblick auf Art 3 Abs 2 in der Anwendung vorgeht (näher Vorbem 103 ff zu Art 25 f). – Zum Verhältnis von Europäischer Menschenrechtskonvention und Erbkollisionsrecht s ENGEL RabelsZ 1989, 15.

Der **Wortlaut** des **Art 6** ist **mißverständlich** (vgl zum Folgenden bereits DÖRNER IPRax 1994, **674** 35). *Ergebnis* einer Normanwendung ist nämlich stets, daß ein Rechtsverhältnis (mit einem bestimmten Inhalt) besteht oder daß es nicht besteht. Die Existenz oder Nichtexistenz von Rechtsverhältnissen ist aber – sofern sich nicht gerade gegen die inhaltliche Ausgestaltung einer Rechtsbeziehung Bedenken ergeben – im Lichte des ordre public in aller Regel unverdächtig. Daß zB einer Ehefrau beim Tode ihres Mannes keinerlei Erbberechtigung zusteht, ist ein Ergebnis, das unter bestimmten Voraussetzungen (etwa: Ausschlagung, Erbverzicht, Erbunwürdigkeit) auch nach deutschem Recht eintreten könnte. Dieses Ergebnis kann aber möglicherweise dann nicht hingenommen werden, wenn es auf dem Umstand beruht, daß das ausländische Heimatrecht des Mannes der Witwe eine Erbberechtigung wegen ihrer Zugehörigkeit zu einer bestimmten Religionsgemeinschaft versagt. Nicht das Resultat der Rechtsanwendung selbst wird demnach mißbilligt, sondern ein Ergebnis, wenn und soweit es von einer *Rechtsnorm* angeordnet oder zumindest ermöglicht wird, die auf nicht akzeptablen Motiven beruht, nicht akzeptable Ziele verfolgt oder ihre Rechtsfolgen an nicht akzeptable Voraussetzungen knüpft. *Nicht das Ergebnis* der Rechtsanwendung, sondern die ihm *zugrundeliegende Norm* und die in dieser Norm zum Ausdruck kommenden Wertvorstellungen des ausländischen Gesetzgebers sind also an den Maßstäben inländischer Gerechtigkeitsideen zu messen (im Ansatz anders die hM, vgl BGHZ 50, 376; 75, 43; 104, 243; MünchKomm/SONNENBERGER Art 6 Rn 47; SPICKHOFF 79). Allerdings werden trotz eines festgestellten ordre-public-Verstoßes die Rechtsfolgen des Art 6 nur dann ausgelöst, wenn die Anwendung der inkriminierten Norm *im konkreten Fall* unerträglich erscheint. Von diesem Ausgangspunkt her erscheint eine *zweistufige Prüfung* des Art 6 angezeigt:

(I) Zunächst ist festzustellen, ob die betreffende ausländische **Norm** mit den **Grund-** **675** **rechten** (S 2) oder den **„wesentlichen Grundsätzen des deutschen Rechts"** (S 1) **vereinbar** ist. Es ist zu prüfen, ob sie – als deutsche Vorschrift gedacht – einer Grundrechtskontrolle standhalten bzw im Wertesystem des deutschen Rechts nicht als anstößiger Fremdkörper erscheinen würde (vgl auch MünchKomm/SONNENBERGER Art 6 Rn 80). Dabei ist im Anwendungsbereich von S 1 der Prüfungsmaßstab zurückhaltend zu bestimmen bzw es sind nur krasse Verstöße („offensichtlich") zu registrieren. Es komme darauf an, so der BGH (BGHZ 50, 375; 75, 43; 118, 330), „ob das Ergebnis der Anwendung ausländischen Rechts zu den Grundgedanken der deutschen Regelung

Ergebniskontrolle, IPRax 1993, 148; PAULI, Islamisches Familien- und Erbrecht und ordre public (Diss München 1994); PENTZ, Pflichtteil bei Grundeigentum im Ausland – Ein Fall des ordre public, ZEV 1998, 449; SPICKHOFF, Der ordre public im Internationalen Privatrecht (1989).

und der in ihnen liegenden Gerechtigkeitsvorstellungen in so starkem Widerspruch steht, daß es von uns für untragbar gehalten wird."

676 Inhalt, Motiv und Zielsetzung der fremden Norm sind ihrer eigenen Rechtsordnung zu entnehmen. Bei der Überprüfung ist der Gesamtkontext des fremden Rechts zu berücksichtigen; möglicherweise wird eine aus deutscher Sicht bei isolierter Betrachtung fragwürdige Vorschrift durch Regelungen an anderer Stelle kompensiert oder gemildert (MünchKomm/SONNENBERGER Art 6 Rn 47). Angesichts sich wandelnder Wertmaßstäbe kommt es darauf an, ob die fremde Norm zum *Zeitpunkt der Rechtsanwendung* als untragbar erscheint.

677 Lassen sich die Rechtsfolgen einer ausländischen Gesetzesnorm im deutschen Recht durch Rechtsgeschäft herbeiführen, wird das Regelungsziel der fremden Norm vermutlich nicht anstößig sein. **Beispiel:** Da ein Erblasser nach deutschem Recht seine Lebensgefährtin grundsätzlich als Erbin einsetzen kann, verstößt ein im fremden Recht vorgesehenes gesetzliches Erbrecht der Lebensgefährtin nicht gegen grundlegende inländische Gerechtigkeitsvorstellungen (vgl BayObLGZ 1976, 163; näher JAYME 37 ff; dazu Rn 700).

678 Ist die ausländische Norm mit inländischen Gerechtigkeitsvorstellungen zu vereinbaren, so ist sie anzuwenden. Andernfalls muß in einem zweiten Schritt geprüft werden, wie sich die Anwendung der Norm auf den konkret zur Beurteilung anstehenden Sachverhalt auswirkt.

679 (II) Wer eine ordre-public-widrige Vorschrift anwendet, bewirkt damit, daß nicht hinnehmbare Wertvorstellungen eines ausländischen Gesetzgebers in soziale Realität umgesetzt werden. Genau das will Art 6 verhindern. Es besteht daher eine **Vermutung** dafür, daß eine solche Vorschrift im Inland **unberücksichtigt** bleibt. In einigen Fallgruppen kann eine Anwendung gleichwohl *ausnahmsweise* toleriert werden:

680 (1) Wenn die inländischen *Gerechtigkeitsvorstellungen nur peripher berührt* werden, weil der Sachverhalt nur eine geringe Inlandsbeziehung aufweist oder zeitlich weit zurückliegt. Eine mangelnde Inlandsbeziehung kann allerdings nicht allein mit dem Hinweis auf die ausländische Staatsangehörigkeit des Erblassers begründet werden (so OLG Hamm IPRax 1994, 53; kritisch: DÖRNER IPRax 1994, 36; vgl auch SPICKHOFF 279). Andernfalls müßte die Anwendbarkeit von Art 6 im Internationalen Erbrecht nahezu *immer* an der fehlenden Inlandsbeziehung scheitern, weil die Berufung eines fremden Erbstatuts in aller Regel auf der ausländischen Staatsangehörigkeit des Erblassers beruht.

681 (2) Wenn die Rechtsfolgen der ausländischen Norm dem *Willen der Beteiligten* entsprechen. **Beispiel:** Der ausländische Erblasser hat bewußt die ihm mögliche Wahl des deutschen Erbrechts nach Art 25 Abs 2 unterlassen, weil eine Nachlaßverteilung entsprechend den (aus deutscher Sicht: diskriminierenden) Vorschriften seines Heimatrechts über die gesetzliche Erbfolge in seinem Sinne lag, er also auch in einem Testament keine andere Erbeinsetzung getroffen hätte. Voraussetzung dafür ist aber, daß ein entsprechender Wille des Erblassers *positiv festgestellt* werden kann. Die abstrakt vorhandene Möglichkeit einer Rechtswahl reicht nicht aus, um einen ordre-public-Verstoß auszuschließen (anders wohl OLG Hamm IPRax 1994, 54). Diese

Möglichkeit war dem Erblasser vielleicht gar nicht bewußt. Eine gesetzliche Regelung muß aber generell und somit auch für diejenigen Fälle eine grundrechtskonforme Lösung bereithalten, in denen die Beteiligten rechtsgeschäftliche Modifizierungen der Gesetzeslage nicht in Erwägung ziehen können oder wollen.

(3) Wenn sich der ordre-public-Verstoß *praktisch nicht auswirkt*, weil auch das deut- **682** sche Recht – wenn auch aus anderen Erwägungen – im konkreten Fall zu *demselben Ergebnis* gelangen würde. **Beispiel:** Nach ausländischem Recht steht der Ehefrau aufgrund des Erbhindernisses der Religionsverschiedenheit keine Erbberechtigung zu, im deutschen Recht würde § 1933 BGB eingreifen.

(4) Wenn eine im Vergleich zum deutschen Recht bestehende unerträgliche Benach- **683** teiligung einer Partei *durch Vorteile* an anderer Stelle – möglicherweise im Rahmen eines für eine andere Rechtsfrage parallel berufenen *anderen* Statuts – *ausgeglichen* wird. **Beispiel:** Eine – aus deutscher Sicht unerträgliche – erbrechtliche Diskriminierung des überlebenden Ehegatten wird durch eine güterrechtliche Besserstellung oder durch eine Befreiung von Unterhaltspflichten kompensiert (näher DÖRNER IPRax 1994, 36; vgl zu diesem Gedanken auch MünchKomm/BIRK Art 25 Rn 112).

b) Rechtsfolgen des ordre-public-Verstoßes
Eine gegen den deutschen ordre public verstoßende Bestimmung des ausländischen **684** Rechts findet gemäß **Art 6 S 1 keine Anwendung.** Welche Ersatzregeln statt dessen gelten sollen, sagt das Gesetz nicht. Zur gebotenen Zurückhaltung im Umgang mit Art 6 gehört aber, daß zur Ausfüllung der durch die Vorbehaltsklausel gerissenen Lücke nicht ohne weiteres auf deutsches Sachrecht zurückgegriffen werden kann. Vielmehr sind die Vorschriften des vom deutschen IPR berufenen Rechts – abgesehen von der inkriminierten Bestimmung – nach Möglichkeit unangetastet zu lassen. Die Heranziehung des deutschen Sachrechts muß demnach ultima ratio bleiben.

Im einzelnen ist zu differenzieren (vgl BGH FamRZ 1993, 318; PALANDT/HELDRICH Art 6 **685** Rn 13):

(1) Stellt das fremde Recht auch ohne ohne die unanwendbare Norm weiterhin eine **sinnvolle Regelung** dar, so findet es im übrigen Anwendung. **Beispiel:** Das Erbhindernis der Religionsverschiedenheit (vgl Rn 692) bleibt unberücksichtigt; im übrigen gelten die Bestimmungen des Erbstatuts.

(2) Setzt eine sinnvolle Rechtsanwendung voraus, daß die Lücke durch eine andere **686** Regelung geschlossen wird, so ist eine **Ersatzregel** nach Möglichkeit dem fremden Recht selbst zu entnehmen. **Beispiel:** Stellt das Erbstatut die überlebende Ehefrau schlechter, als es den überlebenden Ehemann beim Vorversterben der Ehefrau stellen würde, so bietet es sich an, die für den Tod der Ehefrau geltenden Bestimmungen über das Erbrecht des Ehemannes auch beim Vorversterben des Mannes heranzuziehen (zu diesem Beispiel S LORENZ IPRax 1993, 150; IPG 1983 Nr 32 [Göttingen] 294).

(3) Kann die Lücke mit Hilfe des fremden Rechts nicht sachgerecht geschlossen **687** werden, so gelten ersatzweise die einschlägigen Bestimmungen der deutschen **lex fori**.

688 Liegt ein Verstoß gegen den deutschen ordre public vor, so erscheint es zweckmäßig, die rechtlichen Grundlagen der Erbfolge im *Erbschein vollständig* anzugeben und daher zu vermerken, daß der Erblasser in Anwendung fremden Rechts und „unter Berücksichtigung von Art 6 EGBGB" beerbt worden ist (S LORENZ IPRax 1993, 150 f, zustimmend DÖRNER IPRax 1994, 37).

c) Ausländischer ordre public

689 Die Maßstäbe eines ausländischen ordre public sind von einem deutschen Rechtsanwender grundsätzlich nicht zu beachten. Spricht allerdings das von deutschen Kollisionsnormen berufene fremde IPR einen Renvoi aus, so wird sich diese Verweisung nicht auf solche deutschen oder drittstaatlichen Normen beziehen, die aus der Sicht des rück- oder weiterverweisenden Staates gegen seinen *eigenen ordre public* verstoßen (näher MünchKomm/SONNENBERGER Art 6 Rn 72 ff; PALANDT/HELDRICH Art 6 Rn 8; vgl auch MünchKomm/BIRK Art 26 Rn 118); von den erbrechtlichen Vorschriften des BGB dürften insbesondere die Bestimmungen über den Erbvertrag und das gemeinschaftliche Testament, über Erbverzicht (dazu RIERING ZEV 1998, 249), Vor- und Nacherbfolge sowie über das Pflichtteilsrecht nicht von allen ausländischen Rechten akzeptiert werden (vgl TIEDEMANN 38). Insoweit verbleibt es dann bei der Maßgeblichkeit des vom deutschen Kollisionsrecht berufenen Erbstatuts (MünchKomm/BIRK Art 25 Rn 118).

2. Einzelfragen

a) Verstoß gegen den deutschen ordre public

690 Die **Anwendung von Art 6** ist iS der Ausführungen oben zu Rn 675 ff indiziert,

– im Hinblick auf **Art 14 Abs 1 S 1 GG**, wenn das fremde Recht das subjektive **Erbrecht abschafft** bzw **jegliche Testierfreiheit** nimmt (vgl zur Abschaffung des Erbrechts in der Sowjetunion durch Dekret v 27. 4. 1918 KG JW 1925, 2142; JW 1938, 2477 m krit Anm SÜSS 2480; OLG Dresden IPRspr 1933 Nr 57) oder das Erbrecht des Fiskus zu *Lasten der Testierfreiheit oder des Familienerbrechts* zu stark ausweitet, etwa dadurch, daß die Frist zur Annahme einer Erbschaft zu Lasten ausländischer Erben eines inländischen Erblassers gezielt verkürzt wird (vgl Rn 116) oder Verfügungen von Todes wegen nur zugunsten von Staats- oder Parteiorganisationen zugelassen werden (vgl ERMAN/HOHLOCH Art 6 Rn 47).

691 – im Hinblick auf das Gleichheitsgebot des **Art 3 Abs 2 GG**, wenn – wie zB in den islamischen Rechten – die **gesetzliche Erbberechtigung der Ehefrau** beim Tode ihres Mannes geringer ist als das Erbteil des Ehemannes beim Vorversterben seiner Frau sein würde (S LORENZ IPRax 1993, 150; DÖRNER IPRax 1994, 35 ff; SOERGEL/SCHURIG Art 25 Rn 104; COESTER-WALTJEN 25; IPG 1983 Nr 32 [Göttingen] 294; vgl auch MünchKomm/SONNENBERGER Art 6 Rn 53; vBAR II Rn 384; **aA** OLG Hamm IPRax 1994, 49; ERMAN/HOHLOCH Art 6 Rn 50; PALANDT/HELDRICH Art 6 Rn 30). Entsprechendes gilt für eine Benachteiligung der Töchter gegenüber den Söhnen (SOERGEL/SCHURIG Art 25 Rn 104; aA LG Hamburg IPRspr 1991 Nr 142 S 268). Zur Behandlung diskriminierender *Verfügungen von Todes wegen* vgl aber auch Rn 702;

692 – im Hinblick auf **Art 3 Abs 3 GG**, wenn das ausländische Recht ein gesetzliches Erbrecht wegen der **Religionszugehörigkeit** des potentiell Berechtigten versagt (**Erb-**

hindernis der Religionsverschiedenheit, vgl LG Hamburg IPRspr 1991 Nr 142 S 269; S LORENZ IPRax 1993, 148 mwN; DÖRNER IPRax 1994, 36; SOERGEL/SCHURIG Art 25 Rn 104; RIERING ZEV 1998, 456; IPG 1967/68 Nr 59 [Köln] 641 f; 1983 Nr 32 [Göttingen] 292). – Zur Behandlung diskriminierender *Verfügungen von Todes wegen* vgl aber auch Rn 702;

– im Hinblick auf **Art 3 Abs 3 GG** sowie **Art 6 Abs 5 GG**, wenn ein fremdes Recht **693** **nichtehelichen Kindern** eine erbrechtliche Beteiligung beim Tode des Vaters völlig versagt bzw sie gegenüber ehelichen Kindern massiv diskriminiert (SOERGEL/SCHURIG Art 25 Rn 104; anders aber LG Stuttgart FamRZ 1998, 1627) oder wenn die Testierfreiheit des Erblassers im Hinblick auf nichteheliche oder in Blutschande oder Ehebruch gezeugte Kinder gesetzlich beschränkt wird (vgl Rn 126, 154, 285);

– im Hinblick auf das **Rechtsstaatsprinzip (Art 20 Abs 3 GG)**, wenn eine ausländische **694** intertemporale Kollisions- oder Sachnorm eine „echte", nach deutschem Recht **ver-fassungswidrige Rückwirkung** anordnet, zB ein zum Zeitpunkt des Todesfalles noch nicht geltendes Erbrecht für anwendbar hält (vgl näher STAUDINGER/DÖRNER [1996] Art 220 Rn 139; anders wohl SOERGEL/SCHURIG Art 25 Rn 104 u im konkreten Fall BayObLGZ 1981, 145; AG München IPRspr 1960/61 Nr 149 S 493).

– im Hinblick auf die Erbrechtsgarantie des **Art 14 Abs 1 S 1 GG** bzw den in **Art 6** **695** **GG** gewährleisteten Schutz der Familie, wenn eine ausländische Rechtsordnung nahen Verwandten **kein Pflichtteils- oder Noterbrecht** am Nachlaß zugesteht (PENTZ ZEV 1998, 451 f; vgl bereits RGRK-BGB/WENGLER Bd VI/1[12] 699; DÖRNER IPRax 1994, 363 f). Zwar nimmt die hM an, daß die Versagung eines Pflichtteils im ausländischen Recht *keinen* Verstoß gegen den deutschen ordre public enthält (vgl RG JW 1912, 22; BGH NJW 1993, 1921; OLG Köln FamRZ 1976, 172; KEGEL/SCHURIG § 21 II; SOERGEL/SCHURIG Art 25 Rn 104; EBENROTH Rn 1248; **aA** aber SPICKHOFF, Der ordre public im Internationalen Privatrecht [1989] 278; vgl auch MünchKomm/BIRK 25 Rn 113; ERMAN/HOHLOCH Art 6 Rn 48; EBENROTH Rn 1252: Verstoß gegen Art 6, wenn der Pflichtteilsberechtigte der deutschen Sozialhilfe zu Last fallen würde, iE ebenso LÜDERITZ Rn 208). An der Richtigkeit dieses Ergebnisses bestehen aber Zweifel, nachdem das verfassungs- und erbrechtliche Schrifttum nahezu einhellig die Auffassung vertritt, das Pflichtteilsrecht der Abkömmlinge und des Ehegatten genieße über Art 14 Abs 1 S 1 GG bzw Art 6 Abs 1 GG verfassungsrechtlichen Schutz, so daß eine vollständige Abschaffung als verfassungswidrig anzusehen wäre (vgl etwa MAUNZ/ DÜRIG/HERZOG, Grundgesetz [Loseblatt 1994] Art 14 Rn 295; LANGE/KUCHINKE § 2 IV 3 c; Münch-Komm/LEIPOLD[3] [1997] Einl zu § 1922 ff BGB Rn 18 ff; STAUDINGER/OTTE [1994] Einl 71 zu §§ 1922 ff mwN; OTTE ZEV 1994, 194; vgl auch BGHZ 98, 276; 109, 306; offengelassen von BVerfGE 67, 341; **aA** SOERGEL/STEIN, BGB[12] [1992] Einl zu §§ 1922 ff BGB Rn 7 f). Wenn das zutrifft, muß auch die Anwendung einer entsprechenden ausländischen Regelung mit den Grundrechten unvereinbar sein (vgl Rn 675). Allerdings sichern die genannten Verfassungsartikel nur eine *prinzipielle* Beteiligung naher Verwandter am Nachlaß; angesichts des Art 14 Abs 1 S 2 GG wäre der deutsche Gesetzgeber nicht gehindert, im Spannungsfeld von Testierfreiheit und Familienerbrecht dem Erblasserwillen noch einen weiteren Spielraum zu gewähren, als dies im geltenden Recht der Fall ist. Verfassungsrechtlich akzeptabel erschiene beispielsweise ein vollständiger Pflichtteilsentzug, der sich auf volljährige und wirtschaftlich unabhängige Abkömmlinge beschränkt; nicht mehr hinnehmbar dagegen die Pflichtteilsentziehung zu Lasten des minderjährigen oder bedürftigen Kindes. Sieht ein ausländisches Recht danach eine Regelung vor, die sich in den Grenzen dessen bewegt, was die Verfassung dem inländischen Gesetzgeber gestattet, so hält sie auch vor dem Hintergrund des Art 6 einer Grundrechtskontrolle stand. Außerdem ist stets zu prüfen, ob die Anwendung der betreffenden ausländischen Vorschrift ausnahmsweise akzeptiert werden kann, zB weil der Pflichtteilsentzug auf andere Weise – etwa durch Unterhaltsansprüche wie im englischen Recht – kompensiert wird.

696 – im Hinblick auf die „wesentlichen Grundsätze des deutschen Rechts" (**§ 138 Abs 1 BGB**), wenn ein fremdes Recht eine Rechtsnachfolge von Todes wegen zuließe, obwohl die Voraussetzungen der in § 2339 Nr 1 und 2 BGB normierten **Erbunwürdigkeitsgründe** vorliegen (vgl Rn 119). Dagegen ist kein Verstoß gegen den deutschen ordre public anzunehmen, wenn eine ausländische Rechtsordnung die Voraussetzungen der *Erbunwürdigkeit* auf die genannten Fälle beschränkt (LANGE/KUCHINKE § 3 II 4 b).

b) Kein Verstoß gegen den deutschen ordre public
697 Dagegen liegt **kein Verstoß** gegen den deutschen ordre public vor, wenn das ausländische Recht

– die **Dispositionsfreiheit** des Erblassers auf ein Drittel seines Nachlasses **beschränkt** (LG Hamburg IPRspr 1991 Nr 142 S 268);

698 – das **gesetzliche Erbrecht** von Verwandten oder Ehegatten im Vergleich zum deutschen Recht **einschränkt oder ausweitet**, zB dem überlebenden Gatten lediglich ein Nießbrauchsrecht gewährt (LANGE/KUCHINKE § 3 II 4 b, SOERGEL/SCHURIG Art Rn 104); zur Benachteiligung durch Anwendung ausländischen Erbrechts in Rückerstattungsfällen vgl OLG Hamm NJW 1954, 1733;

699 – **mehrere Ehefrauen** eines verstorbenen Moslem **am Nachlaß beteiligt** oder den aus einer polygamen Ehe hervorgegangenen Kindern ein Erbrecht gewährt (MünchKomm/ BIRK Art 25 Rn 115; ERMAN/HOHLOCH Art 6 Rn 49; SOERGEL/SCHURIG Art 25 Rn 104; LANGE/ KUCHINKE § 3 II 4 b);

700 – dem **nichtehelichen Lebensgefährten** ein gesetzliches Erbrecht zuspricht (BayObLGZ 1976, 163; AG München IPRspr 1974 Nr 130; näher JAYME 37 ff);

701 – im Gegensatz zu § 2302 BGB eine **vertragliche Beschränkung der Testierfreiheit** (MünchKomm/BIRK Art 25 Rn 116; ERMAN/HOHLOCH Art 6 Rn 50; VAN VENROOY JZ 1985, 611 f; SOERGEL/SCHURIG Art 25 Rn 104; vgl Rn 394; aA LANGE/KUCHINKE § 3 II 4 b) oder über § 312 BGB hinaus **Verträge über den Nachlaß eines noch lebenden Dritten** gestattet (vgl Rn 402; MünchKomm/BIRK Art 26 Rn 163);

702 – dem Erblasser **Verfügungen von Todes** wegen erlaubt, die im Hinblick auf Rasse, Geschlecht usw **diskriminierend** wirken (MünchKomm/BIRK Art 25 Rn 114; SOERGEL/SCHURIG Art 25 Rn 104; zur Rechtslage im deutschen Sachrecht vgl LANGE/KUCHINKE § 34 III);

703 – eine **Stellvertretung bei der Testamentserrichtung** (str, vgl Rn 236) oder die Erbeinsetzung durch Dritte (MünchKomm/BIRK Art 26 Rn 23) zuläßt;

704 – für den Vermächtniserwerb durch eine **Körperschaft** eine **Genehmigungspflicht** vorsieht (OLG Celle ROW 1989, 442 m Anm WOHLGEMUTH 418);

– Verpflichtungsgeschäfte über Nachlaßgegenstände an die **Zustimmung eines Testa-** 705
mentsvollstreckers bindet (BGH NJW 1963, 44; SOERGEL/SCHURIG Art 25 Rn 104);

– zu einer längeren **Ungewißheit über die Person des Erbberechtigten** führt (BFH NJW 706
1958, 768; SOERGEL/SCHURIG Art 25 Rn 104);

– es dem Erblasser gestattet, für einen übermäßig langen Zeitraum eine **Erbausein-** 707
andersetzung auszuschließen (Bedenken bei MünchKomm/BIRK Art 25 Rn 249).

IV. Normwidersprüche*

1. Allgemeine Grundsätze

Wird ein und derselbe Lebenssachverhalt von mehreren Kollisionsnormen erfaßt und 708
dadurch gleichzeitig mehreren Statuten unterworfen, können sich – da die einzelnen
Sachrechte naturgemäß nicht aufeinander abgestimmt sind – im Zusammenspiel
materieller Vorschriften unterschiedlicher Herkunft leicht **Normwidersprüche** ergeben. Darunter ist zu verstehen, daß sich die Resultate der Normanwendungen als
miteinander unvereinbar oder zumindest schlecht koordiniert erweisen. Die unver-
änderte Anwendung „widersprüchlicher" Normen ist zT bereits **logisch** ausgeschlossen (Seinswiderspruch, offener Widerspruch), wenn etwa bestimmte Typen subjektiver Rechte in einer Rechtsordnung gar nicht zur Verfügung stehen (vgl Rn 720). In
anderen Fällen sind die Widersprüche **teleologischer** Natur (Sollenswidersprüche,
versteckte Widersprüche); das Ergebnis der Rechtsanwendung ist nicht denkgesetzlich ausgeschlossen, würde aber – weil in keiner der beteiligten Rechtsordnungen
vorgesehen – den *Sinn* beider beteiligten Sachrechte verfehlen (vgl Rn 716). Der mit
einem Normwiderspruch konfrontierte inländische Rechtsanwender muß das rechtliche Gesamtergebnis dadurch in einen sinnvollen Zusammenhang bringen, daß er
die einschlägigen Normen den Umständen des Einzelfalles „anpaßt" (oder
„angleicht", zum Vorstehenden näher etwa KROPHOLLER § 34; KEGEL/SCHURIG § 8).

Normwidersprüche treten in unterschiedlichen Erscheinungsformen auf (KROPHOLLER 709
§ 34 III); gerade das Internationale Erbrecht ist reich an Anpassungsproblemen: **Nor-**
menmangel liegt vor, wenn keine der beteiligten Rechtsordnungen ein bestimmtes
Sachproblem in dem zur Anwendung berufenen Teil ihres Systems anspricht (vgl
Rn 715, 718). Umgekehrt kann es zu einer **Normenhäufung** kommen, wenn ein und
dasselbe Sachproblem von *jeder* der beteiligten Rechtsordnungen in dem jeweils
anzuwendenden Teil ihres Systems behandelt wird (vgl Rn 716, 718). Eine **qualitative**
Normendiskrepanz tritt auf, wenn aus verschiedenen Rechtsordnungen stammende
Normen sich inhaltlich nicht miteinander vereinbaren lassen (vgl Rn 720).

---

* **Schrifttum:** CLAUSNITZER, Die güter- und
erbrechtliche Stellung des überlebenden Ehegatten nach den Kollisionsrechten der Bundesrepublik Deutschland und der USA (1986); ders,
Nochmals: „Zur Konkurrenz zwischen Erbstatut
und Güterstatut", IPRax 1987, 102; KROPHOL-
LER, Die Anpassung im Kollisionsrecht, in: FS
Ferid (1978) 279; LOOSCHELDERS, Die Anpas-

sung im Internationalen Privatrecht (1995);
OFFERHAUS, Anpassung und Gesetzesauslegung
im internationalen Privatrecht, ZfRvgl 1964, 65;
SCHRÖDER, Die Anpassung von Kollisions- und
Sachnormen (1961); SCHURIG, Erbstatut, Gü-
terrechtsstatut, gespaltenes Vermögen und ein
Pyrrhussieg, IPRax 1990, 389.

Heinrich Dörner

710 Die **Beseitigung eines Normwiderspruchs**, dh die Korrektur geltenden Rechts im Hinblick auf die Gegebenheiten des Einzelfalles, erfordert eine rechtsschöpferische Tätigkeit, deren Resultat – weil in hohem Maße von den persönlichen Gerechtig- keits- und Zweckmäßigkeitsvorstellungen des Rechtsanwenders beeinflußt – nur begrenzt vorhersehbar sein kann. Angesichts *logischer* Widersprüche ist eine solche Korrektur zwingend. Dagegen sollte von dem Instrument der Anpassung zur Beseiti- gung *teleologischer* Widersprüche im Interesse der Rechtssicherheit nur behutsam Gebrauch gemacht werden; keinesfalls ist eine Anpassung bereits stets dann geboten, wenn Rechtsnormen unterschiedlicher Herkunft zu einem Gesamtergebnis führen, das sich – würde man die von einem Sachverhalt aufgeworfenen Rechtsfragen ein- heitlich nach einem Recht beantworten – so in keiner der beteiligten Rechtsordnun- gen nachweisen läßt (vgl auch STAUDINGER/VBAR/MANKOWSKI [1996] Art 15 Rn 377). Teleo- logische Widersprüche werden daher nur dann behoben, wenn ihr Ergebnis aus der Sicht zumindest eines der beteiligten Rechte als nicht mehr hinnehmbar erscheint.

711 Die Anpassung kann durch eine nachträgliche **Modifizierung** der einschlägigen **Kolli- sionsnormen** erfolgen, indem eine Verweisung nicht beachtet und gleichzeitig durch eine ad hoc vorgenommene Neuqualifikation der Anknüpfungsgegenstand einer Kollisionnorm für den konkreten Fall abweichend bestimmt oder eine völlig neue Verweisungsregel gebildet wird (vgl Rn 717). Denkbar ist aber auch eine **Anpassung der Sachnormen** eines der beteiligten oder sogar beider Rechte, indem man etwa den Geltungsbereich einer Vorschrift durch Auslegung einschränkt oder erweitert, eine Bestimmung entgegen ihrem Wortlaut nicht heranzieht (teleologische Reduktion) oder auf einen vergleichbaren Sachverhalt erstreckt (Analogie), notfalls im Wege einer Rechtsschöpfung praeter legem eine völlig neue Sachnorm entwickelt.

712 Feste Regeln darüber, wie eine erforderliche Anpassung im konkreten Fall vorzu- nehmen sei, existieren nicht (vgl aber KROPHOLLER, in: FS Ferid [1978] 282 ff). Unter dem Gesichtspunkt der **Rechtssicherheit** erscheint eine kollisionsrechtliche Anpassung vorzugswürdig, weil sich in dem auf relativ wenige Normen beschränkten Kollisions- recht Korrekturregeln für typische Normwidersprüche leichter und klarer ausbilden lassen als in den im Detail kaum überschaubaren Sachrechten. Umgekehrt dürfte der Gesichtspunkt der **Einzelfallgerechtigkeit** eher eine materiellrechtliche Anpassung nahelegen, weil eine modifizierte Anwendung der Sachnormen im Zweifel eine flexiblere, nuanciertere und unmittelbar auf die (materiellrechtlichen) Interessen- konflikte des Einzelfalles zugeschnittene Lösung ermöglicht.

713 **Praktikabilitätserwägungen** sprechen nicht von vornherein für oder gegen eine bestimmte Anpassungsmethode. Einerseits ist die Rechtspraxis mit der Anwendung von Sachrecht vertrauter; eine materiellrechtliche Anpassung wird ihr daher in der Regel leichter fallen. Andererseits kann es einfacher sein, das eigene Kollisionsrecht modifiziert anstatt komplizierte ausländische Sachrechte unverändert anzuwenden.

714 Zugunsten der kollisionsrechtlichen Anpassung wird vorgebracht, sie führe zur Anwendung eines tatsächlich existierenden materiellen Rechts und entspreche daher dem **Interesse an einer „realen" Entscheidung** (vgl KEGEL/SCHURIG § 8 III 1). Dieses Interesse werde andererseits verletzt, wenn man, um einen Normwiderspruch aus- zuräumen, materielle Normen zu stark umbilde. Ein durch kollisionsrechtliche Anpassung gefundenes Ergebnis ist aber nur auf der Ebene des Sachrechts wirklich

„real". Die kollisionsrechtliche Manipulation greift in den Vorgang regulärer Normanwendung ebenso stark ein wie eine modifizierte Anwendung von Sachnormen. Will man ein Ergebnis „möglichst real" halten, sollte man diejenige Lösung vorziehen, welche letztlich am wenigsten zu einer Verbiegung der maßgeblichen Kollisionsoder Sachnormen zwingt: Einerseits sind geringfügige Korrekturen des Sachrechts vorzuziehen, wenn dadurch ein massiver Eingriff in das IPR, andererseits empfiehlt sich eine kollisionsrechtliche Lösung, wenn dadurch eine freie Rechtsschöpfung größeren Umfangs auf der Ebene des Sachrechts vermieden werden kann. Zur Rechtfertigung einer kollisionsrechtlichen Normkorrektur wird schließlich auf den *„Ursprung"* des Anpassungproblems verwiesen (vgl KEGEL, in: FS Lewald [1953] 285): Im Zweifel sei eine kollisionsrechtliche Lösung deswegen vorzuziehen, weil der Normwiderspruch durch das IPR verursacht worden sei. Allerdings könnte man dem entgegenhalten, daß Korrekturen zweckmäßigerweise dort erfolgen sollten, wo das ungereimte Ergebnis *zutage tritt,* dh also auf der Ebene des Sachrechts. Beide Argumente überzeugen jedoch nicht, weil Normwidersprüche letztlich erst durch das *Zusammenspiel* von IPR und den jeweils berufenen Sachrechten entstehen. Entscheidend ist außerdem nicht, woher die Widersprüche rühren oder wo sie auftreten, sondern vielmehr, an welcher Stelle des Rechtssystems sie am besten beseitigt werden können.

2. Einzelfragen

a) Erb- und Ehegüterstatut

Einige Rechtsordnungen verwirklichen die Versorgung des überlebenden Ehegatten **715** ausschließlich durch eine güterrechtliche (etwa: Schweden, Kalifornien, Louisiana), andere dagegen ausschließlich durch eine erbrechtliche Beteiligung am Nachlaß (etwa: England). Da das deutsche Kollisionsrecht in Art 15 Abs 1 und 25 Abs 1 Erb- und Ehegüterstatut durch abweichende Anknüpfungen bestimmt und eine Harmonisierung im Wege einer Rechtswahl (Art 15 Abs 1 iVm 14 Abs 2, 3 bzw 15 Abs 2 und 25 Abs 2) nur begrenzt möglich ist, können demnach im konkreten Fall ein Erb- und ein Ehegüterstatut zusammen berufen werden, deren keines den **überlebenden Ehegatten** bei der **Vermögensverteilung adäquat berücksichtigt.** Er geht also uU leer aus, obwohl jede der beiden Rechtsordnungen ihm – im jeweils nicht zur Anwendung gelangenden Systembereich – einen Anteil am Vermögen des vorverstorbenen Partners zugesteht (*Normenmangel,* Rn 709, vgl IPG 1973 Nr 74 [Hamburg] 335: brasilianisches Erb- und deutsches Ehegüterrecht).

Umgekehrt ist denkbar, daß der **Überlebende** durch ein solches Zusammentreffen **716** unterschiedlicher Statute sowohl eine güter- als auch eine erbrechtliche Beteiligung und damit **mehr erhält,** als jedes der beiden Rechte für sich ihm zubilligen würde (*Normenhäufung,* vgl Rn 709). Eine Beseitigung dieser Diskrepanzen ist hier zwar nicht denkgesetzlich geboten; ihr Fortbestehen würde sich aber zu den Wertvorstellungen beider Rechte in Widerspruch setzen (teleologischer Widerspruch, Rn 710). Dagegen liegt eine Anpassungssituation nicht vor, wenn Erb- *und* Ehegüterstatut demselben ausländischen Recht unterstehen und dieses den überlebenden Ehegatten schlechter stellt, als dies bei Anwendung deutschen Rechts der Fall wäre (IPG 1971 Nr 31 [Köln] 317).

Wie in den Fällen nicht koordinierter Erb- und Ehegüterstatute Normenmangel bzw **717**

Heinrich Dörner

Normenhäufung zu beseitigen sind, ist **umstritten** (Übersicht bei CLAUSNITZER 29 ff, 65 ff; LOOSCHELDERS 296 ff). So wird vorgeschlagen, im konkreten Fall das Güterrecht auch über die erbrechtliche oder aber umgekehrt das Erbrecht auch über die güterrechtliche Beteiligung des überlebenden Ehegatten entscheiden zu lassen (kollisionsrechtliche Anpassung, Rn 711, vgl KEGEL/SCHURIG § 8 III 2; KROPHOLLER § 34 IV 2 a; FERID Rn 4–76; IPG 1973 Nr 34 [Hamburg] 317; vgl auch LOOSCHELDERS 308). Einen schonenderen Eingriff in die beteiligten Rechte verspricht jedoch eine **materiellrechtliche Anpassung** (Rn 711) in der Weise, daß die dem überlebenden Ehegatten bei unkorrigierter Rechtsanwendung zufallende Nachlaßbeteiligung mit derjenigen verglichen wird, die ihm jeweils zustünde, wenn entweder die eine oder aber die andere Rechtsordnung in erb- *und* ehegüterrechtlicher Hinsicht zur Anwendung gelangte. Hat danach eine Normenhäufung zur Folge, daß der überlebende Gatte mehr erhält, als ihm jede der beiden Rechtsordnungen, für sich betrachtet, zubilligen würde, ist seine Beteiligung auf das Ausmaß der für ihn günstigeren von beiden Rechtsordnungen herabzusetzen (LG Mosbach ZEV 1998, 490). Führt umgekehrt ein Normenmangel dazu, daß seine Beteiligung hinter der von jeder Rechtsordnung isoliert ausgewiesenen Rechtsstellung zurückbleibt, ist sie umgekehrt auf das Niveau der für ihn ungünstigeren von beiden Rechtsordnungen anzuheben. Dagegen kommt eine Anpassung nicht in Betracht, wenn durch die Kombination von Güterrecht A und Erbrecht B der überlebende Ehegatte eine Nachlaßbeteiligung erhält, die zwar geringer ist als jene, welche ihm bei alleiniger Anwendbarkeit des Rechts A, aber immer noch größer die, welche ihm bei alleiniger Anwendbarkeit des Rechts B zugefallen wäre (STAUDINGER/vBAR/MANKOWSKI [1996] Art 15 Rn 378; PALANDT/HELDRICH Art 15 Rn 26; vgl auch SCHURIG IPRax 1990, 392).

b)   Erb- und Unterhaltsstatut

718 Anpassungsprobleme im Verhältnis zwischen Erb- und Unterhaltsstatut (vgl Art 1 des Haager UnterhaltsÜbk v 2. 10. 1973) können sich daraus ergeben, daß einzelne Rechtsordnungen die **Sicherung eines Unterhaltsberechtigten** beim Tode eines unterhaltpflichtigen Erblassers durch Zuweisung eines Erbteils, andere dagegen durch Zubilligung eines erbteilersetzenden Unterhaltsanspruchs verwirklichen (LG Arnsberg IPRspr 1977 Nr 85; näher HENRICH, in: FS Gernhuber [1993] 671; LOOSCHELDERS 351). **Beispiel** (nach HENRICH aaO): Das deutsche Recht gewährt dem außerhalb der Ehe geborenen Kind beim Tode seines Vaters einen Erbteil, während der zuvor bestehende Unterhaltsanspruch erlischt; nach türkischem Recht steht einem nicht anerkannten Kind nach gerichtlicher Feststellung der Abstammung anstelle eines Erbrechts ein Unterhaltsanspruch zu, der allerdings in der Höhe auf den Betrag beschränkt ist, den das Kind im Falle einer Anerkennung durch den Vater als Erbe erhalten hätte. Treffen deutsches Erb- und türkisches Unterhaltsrecht zusammen, wird das nichteheliche Kind doppelt bedacht *(Normenhäufung).* Im umgekehrten Fall (türkisches Erb- und deutsches Unterhaltsstatut) würde es dagegen leer ausgehen *(Normenmangel).*

719 Entsteht in Fällen dieser Art der Unterhaltsanspruch **erst mit dem Erbfall**, so ist er von vornherein erbrechtlich zu qualifizieren (vgl Rn 139). Andernfalls kann eine Auflösung des Normwiderspruchs im Wege einer materiellrechtlichen Anpassung erfolgen. Ergibt sich eine Berechtigung sowohl aus dem Erb- als auch aus dem Unterhaltsstatut, ist der Unterhaltsanspruch um die Höhe des Erbteils – ggf also auf null – zu reduzieren. Wenn weder Erb- noch Unterhaltsstatut den Unterhaltsbedürftigen sichern, erhält er in Gestalt einer erbrechtlichen Beteiligung jedenfalls den Betrag, den das als Erbstatut berufene Recht ihm als Unterhalt bis zum Wegfall der Unter-

haltsvoraussetzungen zubilligen würde (vgl auch HENRICH aaO 672; ähnlich LG Arnsberg IPRspr 1977 Nr 85).

c) Erb- und Sachstatut

Anpassungsprobleme im Verhältnis von Erb- und Sachstatut ergeben sich, wenn ein **720** fremdes Erbrecht an den in der Bundesrepublik belegenen Nachlaßgegenständen **subjektive Rechte** ausweist, die das **deutsche Belegenheitsrecht nicht kennt**. Es handelt sich dabei um einen Fall der *qualitativen Normendiskrepanz* (Rn 709). So ist es beispielsweise nicht möglich, an inländischen Sachen einen trust (Rn 46, 412), ein Vindikationslegat (Rn 45, 271 f) oder einen dinglich wirkenden Ehegattennießbrauch (Rn 44, 144) zu begründen, weil derartige Rechte im deutschen materiellen Recht nicht existieren und in Anbetracht des sog numerus clausus der Sachenrechte auch nicht willkürlich begründet werden können (logischer Widerspruch, Rn 708). Die Beseitigung des Widerspruchs erfolgt durch eine Anpassung auf der Ebene des materiellen Rechts. Es ist jeweils zu prüfen, ob der trust in Treuhandeigentum (vgl Rn 412), das Vindikationslegat in ein obligatorisch wirkendes Vermächtnis (vgl Rn 272) und der dinglich wirkende Nießbrauch in einen Anspruch auf Bestellung eines Vermögensnießbrauchs (Rn 144) umgedeutet werden können.

d) Mehrere Erbstatute

Die parallele Anwendung mehrerer Erbstatute im Falle einer **Nachlaßspaltung** (vgl **721** Rn 723 ff) wirft spezifische Anpassungsprobleme auf, wenn eine separate rechtliche Behandlung der einzelnen Nachlaßmassen nicht möglich ist, weil sich die letztwillige Verfügung des Erblassers auf den Gesamtnachlaß bezieht oder die Anwendung einzelner Sachnormen eine erbstatutübergreifende Betrachtung erzwingt (vgl Rn 738 ff). So kann ein Normwiderspruch etwa dadurch auftreten, daß die beiden parallel berufenen Erbstatute eine Rechtsfrage unterschiedlich beantworten, zB nur eines einen Pflichtteilsanspruch gewährt (vgl näher das Beispiel in Rn 741), oder der Ausgleich von Vorempfängen (Rn 746 ff) bzw die Haftung für Nachlaßverbindlichkeiten (Rn 751 ff) abweichend geregelt sind. Die Auflösung der Normwidersprüche erfolgt auf der Ebene des materiellen Rechts, indem *spezielle materielle Erbrechtsnormen zur Nachlaßspaltung* entwickelt werden (vgl etwa Rn 742, 750, 759).

Eine Anpassung kann auch erforderlich werden, wenn die an der Errichtung eines **722** *gemeinschaftlichen Testaments* beteiligten Erblasser oder die Parteien eines zweiseitigen *Erbvertrages* unterschiedlichen Erbstatuten unterliegen und diese die von einem solchen Rechtsgeschäft ausgehenden *Bindungswirkungen* abweichend regeln. Während in einem solchen Fall die Vorschriften des bindungsfeindlichen Statuts für den ihm unterliegenden Erblasser unverändert anwendbar bleiben, muß das bindungsfreundliche Statut idR mit Hilfe einer Anpassung seiner Sachnormen darüber entscheiden, welche Auswirkungen diese Rechtslage für die Verfügung des anderen Testators hat (vgl Rn 324, 346).

Heinrich Dörner

K. Parallele Berufung mehrerer Erbstatute (Nachlaßspaltung)*

I. Ursachen und Grundprinzipien

723 Nachlaßspaltung tritt ein, wenn aus der Sicht des deutschen Kollisionsrechts auf ein und denselben Erbfall **mehrere Erbstatute** in der Weise **nebeneinander Anwendung** finden, daß die Vererbung der zum Nachlaß gehörenden einzelnen Vermögenswerte **unterschiedlichen Rechtsordnungen** unterliegt (zur sog „funktionellen" Spaltung des Erbstatuts dagegen Rn 631). Im deutschen Kollisionsrecht kann eine solche Nachlaßspaltung auf mehreren Ursachen beruhen (vgl PALANDT/HELDRICH Art 25 Rn 9; ERMAN/HOHLOCH Art 25 Rn 36; DÖRNER DNotZ 1988, 97 f; DERSTADT 46 ff; KOPP 11 ff):

724 (1) Durch **staatsvertragliche Sonderregelung** wird abweichend vom autonomen deutschen Kollisionsrecht die Erbfolge in den unbeweglichen Nachlaß der lex rei sitae, in den beweglichen Nachlaß dem Heimatrecht des Erblassers unterstellt. Das ist der Fall bei Anwendung vom § 14 des deutsch-türkischen Konsularvertrages vom 28. 5. 1929 (Vorbem 176 f zu Art 25) sowie von Art 28 Abs 3 des deutsch-sowjetischen Konsularvertrages vom 25. 4. 1958 (vgl auch KG JW 1927, 2316; dazu Vorbem 194 f zu Art 25 f).

725 (2) **Art 25 Abs 2** gestattet dem ausländischen Erblasser, die Nachfolge in inländisches unbewegliches Vermögen durch **Rechtswahl** dem deutschen Recht zu unterstellen. Macht er von dieser Möglichkeit Gebrauch, gilt das deutsche Belegenheitsrecht neben dem von Art 25 Abs 1 berufenen Erbstatut (BGHZ 134, 63; BayObLG ZEV 1999, 486; Rn 461 ff).

726 (3) Hinterläßt ein deutscher Staatsangehöriger Vermögensgegenstände im Ausland und gelten nach dem Recht des Belegenheitsstaates im Hinblick auf die Vererbung von Vermögensgegenständen dieser Art **„besondere Vorschriften"**, so wird von **Art 3 Abs 3** neben dem grundsätzlich gemäß Art 25 Abs 1 maßgebenden deutschen Heimatrecht das Belegenheitsrecht berufen. Gleiches gilt, wenn beim Tode eines ausländischen Staatsangehörigen das vom deutschen Kollisionsrecht berufene Heimatrecht die Verweisung annimmt oder etwa auf das deutsche Wohnsitzrecht zurückverweist, der Erblasser jedoch Vermögenswerte in einem Drittstaat hinterläßt, der für bestimmte Vermögensgegenstände besondere Vorschriften kennt (Rn 520 ff).

---

* **Schrifttum:** BEITZKE, Nachlaßspaltung und Testamentsform im Internationalprivatrecht, in: FS Lewald (1953) 235; DERSTADT, Die Notwendigkeit der Anpassung bei Nachlaßspaltung im internationalen Erbrecht (1998); DÖRNER, Probleme des neuen internationalen Erbrechts, DNotZ 1988, 67; ders, Nachlaßspaltung – und die Folgen, IPRax 1994, 362; HENLE, Kollisionsrechtliche Nachlaßspaltung im deutsch-französischen Rechtsverkehr (Diss München 1975); HOHLOCH, Gleichlaufzuständigkeit und Testamentsauslegung bei Nachlaßspaltung, ZEV 1997, 469; KARTZKE, Auslegung letztwilliger Verfügungen bei Nachlaßspaltung, IPRax 1999, 98; KOPP, Probleme der Nachlaßabwicklung bei kollisionsrechtlicher Nachlaßspaltung (1997); LOOSCHELDERS, Die Anpassung im Internationalen Privatrecht (1995); vMORGEN/GÖTTING, „Gespaltene" Testamentsvollstreckung bei gesamtdeutschen Nachlässen, DtZ 1994, 199; NIGGEMANN, Nachlaßeinheit und Nachlaßteilung. Eine rechtspolitische Untersuchung am Beispiel des deutschen und französischen Rechts (Diss Köln 1973); ZILLMANN, Die Haftung der Erben im internationalen Erbrecht (1998).

(4) Schließlich finden mehrere Erbrechtsordnungen dann parallele Anwendung, **727** wenn das von Art 25 Abs 1 berufene **Heimatrecht des Erblassers** seinerseits für einzelne Nachlaßgegenstände – insbes für bewegliches und unbewegliches Vermögen – unterschiedliche Kollisionsregeln bereithält, also zB den beweglichen Nachlaß nach Heimat- oder Wohnsitzrecht, den unbeweglichen dagegen nach dem Recht des Lageorts vererbt (Rn 630, 646) und diese Anknüpfungen im konkreten Fall zur Anwendbarkeit unterschiedlicher Statute führen. Gleiches gilt, wenn das Heimatrecht des Erblassers etwa eine über Art 25 Abs 2 hinausgehende partielle Rechtswahl zuläßt (Rn 470) und der Erblasser von dieser Möglichkeit Gebrauch gemacht hat. Eine solche Nachlaßspaltung kraft ausländischen Kollisionsrechts ist im Wege der **Rück- und Weiterverweisung** (Art 4 Abs 1) für den deutschen Rechtsanwender beachtlich (Rn 615 ff).

Durch Kombination dieser Möglichkeiten kann es auch zu einer **mehrfachen Nachlaß- 728 spaltung** kommen (vgl RAAPE, Internationales Privatrecht[5] [1961] 419 f), wenn zB ein ausländischer Erblasser sein inländisches Grundvermögen durch Rechtswahl dem deutschen Recht unterstellt hat, darüber hinaus aber auch ausländische Grundstücke hinterläßt, die aufgrund einer partiellen Weiterverweisung seines Heimatrechts (Art 4 Abs 1) oder besonderer Kollisionsnormen des jeweiligen Belegenheitsrechts (Art 3 Abs 3) nach anderen Regeln als wiederum der bewegliche Nachlaß vererbt werden.

Ausgangspunkt für eine Behandlung der Nachlaßspaltung ist der Gedanke, daß die **729 Abgrenzung der Nachlaßmassen**, dh praktisch die Zuordnung der einzelnen zum Nachlaß gehörenden Vermögenswerte zum beweglichen oder unbeweglichen Vermögen, entsprechend den allgemeinen Qualifikationsregeln (vgl Rn 17, 622) grundsätzlich von **derjenigen Rechtsordnung** vorgenommen wird, der die zu einer Nachlaßspaltung führenden **Kollisionsnormen angehören**. Die Unterscheidung zwischen beweglichem und unbeweglichem Vermögen wird demnach in Fallgruppe (2) nach den Begriffsvorstellungen des deutschen Rechts (Rn 477), in Fallgruppe (4) vom Heimatrecht des Erblassers vorgenommen, sofern dieses nicht – wie oft – im Wege einer Qualifikationsverweisung (dazu JAYME ZfRvgl 1976, 96 ff; MünchKomm/SONNENBERGER Art 4 Rn 58 ff, vgl auch Rn 622) die Entscheidung wieder an das (deutsche) Belegenheitsrecht zurückgibt. In Fallgruppe (3) geht eine durch Art 3 Abs 3 herbeigeführte Nachlaßspaltung zwar auf die konkludente Berufung des Belegenheitsrechts durch eine deutsche Kollisionsnorm zurück. Die Auslegung dieser Bestimmung ist aber akzessorisch an den Begriffsinhalten des Belegenheitsrechts auszurichten; das deutsche Recht verzichtet auf die Berufung des Gesamtstatuts nur hinsichtlich solcher Nachlaßgegenstände, für welche das Belegenheitsrecht „besondere Vorschriften" bereithält (vgl näher Rn 533). Für staatsvertragliche Kollisionsnormen (1. Fallgruppe) ist die Abgrenzung zwar grundsätzlich autonom, dh unter Berücksichtigung von Entstehungsgeschichte und Zweck des Staatsvertrages sowie der Praxis der Vertragsstaaten vorzunehmen (allgemein KROPHOLLER, Internationales Einheitsrecht [1975] 264 ff; 330 f; Münch-Komm/SONNENBERGER Einl Rn 280 ff; dazu Vorbem 30 zu Art 25 f). Jedoch spricht § 12 Abs 3 des deutsch-türkischen Nachlaßabkommens eine Qualifikationsverweisung auf das Recht des jeweiligen Belegenheitsstaates aus (Vorbem 167 zu Art 25), so daß nach deutschem Recht die Abgrenzung zwischen „beweglichem" bzw „unbeweglichem Nachlaß" iS von § 14 des Abkommens mit der zwischen „unbeweglichem" und „beweglichem Vermögen" iS des Art 25 Abs 2 (vgl Rn 477 ff) gleichzusetzen ist. Aus Gründen der Praktikabilität ist anzunehmen, daß Entsprechendes auch für die

Heinrich Dörner

Anwendung von Art 28 Abs 3 des Konsularvertrages zwischen der Bundesrepublik und der früheren UdSSR gilt (Vorbem 195 zu Art 25 f), so daß auch in diesem Zusammenhang hinsichtlich des im Inland befindlichen Nachlasses auf die zu Art 25 Abs 2 (Rn 477 ff) entwickelten Grundsätze zurückgegriffen werden kann.

730 Nach allgemeiner Auffassung hat die Nachlaßspaltung unabhängig von ihrem Entstehungsgrund zur Folge, daß sich die **Rechtsnachfolge von Todes wegen in jede Nachlaßmasse** nach dem jeweiligen Erbstatut **gesondert beurteilt** (BGHZ 24, 355; 50, 69 f; BGH NJW 1993, 1921; BayObLGZ 1959, 399; 1971, 47; BayObLG ZEV 1999, 486; PALANDT/HELDRICH Art 25 Rn 9; SOERGEL/SCHURIG Art 25 Rn 97 ff; ERMAN/HOHLOCH Art 25 Rn 37; DÖRNER DNotZ 1988, 100; DERSTADT 59 ff; ausführlich HENLE 32 ff, 52 ff mwN). Jede Nachlaßmasse wird also als rechtlich eigenständiger Nachlaß angesehen, der – jedenfalls grundsätzlich – nur nach Maßgabe des für ihn geltenden materiellen Erbrechts zu behandeln ist.

731 Dieser Ansatz erscheint auf den ersten Blick relativ leicht handhabbar (vgl Rn 733 ff). Er kann aber zu beträchtlichen Schwierigkeiten bei der Nachlaßabwicklung führen. Erstens handelt es sich ungeachtet der gleichzeitigen Anwendung zweier oder mehrerer Erbstatute nur um einen *einzigen Erbfall* (terminologisch anders MünchKomm/BIRK Art 25 Rn 127). Es steht nur der Nachlaß eines *einzigen Erblassers* zur Verteilung an (zutreffend HENLE 34 f), der sich bei einer Verfügung von Todes wegen nicht vom Nebeneinander mehrerer Normenkomplexe unterschiedlicher Herkunft, sondern von dem Gedanken einer sinnvollen Disposition über seinen als wirtschaftliche Einheit gedachten Nachlaß leiten lassen wird. Diesem Umstand ist über den Rahmen des jeweiligen Erbstatuts hinaus überall dort Rechnung zu tragen, wo sich der Wille des Erblassers erst aus der *Gesamtheit* seiner Anordnungen erschließt oder gesetzliche Regelungen *eines* Erbstatuts auf die gerechte Verteilung des erblasserischen *Gesamt*vermögens abzielen (Rn 738 ff). Zweitens ist die (in der Praxis allein bedeutsame) kollisionsrechtliche Differenzierung zwischen beweglichem und unbeweglichem Vermögen allein am Übergang des *Aktivvermögens* orientiert, so daß geklärt werden muß, wie die Haftung des oder der Erben für die *Schulden* des Erblassers in dieses Konzept einzuordnen ist (Rn 751 ff).

732 Soweit sich eine rechtlich selbständige Beurteilung der einzelnen Nachlaßmassen nicht durchhalten läßt, weil materiellrechtliche Wertungen erbstatutübergreifende Lösungen erfordern, müssen **spezielle materielle Erbrechtsnormen zur Nachlaßspaltung** entwickelt werden (MünchKomm/BIRK Art 25 Rn 132; zurückhaltend ERMAN/HOHLOCH Art 25 Rn 38). Es handelt sich in diesen Fällen systematisch um *Anpassungsprobleme*, da die Spannungen bei der Rechtsanwendung durch die parallele Berufung mehrerer Statute auf ein und denselben Sachverhalt hervorgerufen werden (MünchKomm/BIRK Art 25 Rn 131; DERSTADT 109 ff, 131).

II.   Grundsatz: Rechtlich selbständige Behandlung der Nachlaßmassen

733 Für jeden Nachlaßteil ist grundsätzlich nach dem jeweils maßgebenden Erbstatut separat zu ermitteln, wer kraft gesetzlicher Erbfolge oder aufgrund einer Verfügung von Todes wegen **Erbe** geworden ist (BGHZ 24, 355; BayObLGZ 1971, 47; DÖRNER DNotZ 1988, 100; ERMAN/HOHLOCH Art 25 Rn 37) bzw wem ein Vermächtnis (OLG Zweibrücken FamRZ 1998, 264) oder Pflichtteilsrecht zusteht. Die Frage nach der Zulässigkeit, materiellen Gültigkeit und Auslegung einer **Verfügung von Todes wegen** ist also für jede Nachlaßmasse selbständig zu beantworten (BGHZ 50, 70; BayObLGZ 1959, 401; 1980, 47; OLG Köln OLGZ 1994, 336 f; Notariat Stuttgart-Botnang FamRZ 1994, 659 f; PALANDT/HELD-RICH Art 25 Rn 9; ERMAN/HOHLOCH Art 25 Rn 37; vgl aber Rn 738 ff). Eine Verfügung von Todes wegen kann daher nach Maßgabe des einen Erbstatuts wirksam, nach den Bestimmungen des anderen Erbstatuts aber unwirksam sein (PALANDT/HELDRICH Art 25 Rn 9; ERMAN/HOHLOCH Art 25 Rn 37). Dagegen ist die Nachlaßspaltung bei der Prüfung der **Formgültigkeit** einer Verfügung nur von begrenzter Bedeutung, da die erblasser-bezogenen Anknüpfungen des Art 1 Abs 1 TestÜbk bzw Art 26 Abs 1 (Errichtungs-ort, Staatsangehörigkeit, Wohnsitz, Aufenthalt) für die *gesamte* Verfügung von Todes wegen stets zu demselben Resultat führen (vgl Vorbem 44 zu Art 25 f u Art 26 Rn 33). Denkbar ist auch, daß der Erblasser für jeden Nachlaßteil eine selbständige Erbein-setzung vornimmt. Der Bedachte ist dann Alleinerbe hinsichtlich der betreffenden Nachlaßmasse (FIRSCHING IPRax 1982, 99); eine solche Verfügung stellt also nicht etwa eine Bruchteilserbeinsetzung hinsichtlich des Gesamtnachlasses dar (vgl auch BayObLGZ 1959, 401; OLG Karlsruhe IPRspr 1930 Nr 89; PALANDT/HELDRICH Art 25 Rn 9; Münch-Komm/BIRK Art 25 Rn 135; ERMAN/HOHLOCH Art 25 Rn 37). Der Erblasser kann auch teils gesetzliche, teils gewillkürte Erbfolge eintreten lassen (vgl MünchKomm/BIRK 25 Rn 130). Hat er hinsichtlich der einen Nachlaßmasse eine Verfügung von Todes wegen getrof-fen, so folgt daraus nicht ohne weiteres, daß auch die andere den eingesetzten Erben zufällt (BayObLG FamRZ 1994, 724 mit krit Anm GOTTWALD).

Jedes Erbstatut entscheidet eigenständig über den **Erwerb der Erbenstellung** (Annah- **734** me, Ausschlagung, vgl SOERGEL/SCHURIG Art 25 Rn 97), über die Rechte eines oder meh-rerer Erben am Nachlaß (Erbenhaftung, Miterbengemeinschaft, vgl BayObLGZ 1971, 47), über das Bestehen von Pflichtteilsansprüchen (BGHZ 24, 355; BGH NJW 1993, 1921; OLG Hamburg DtZ 1993, 29; PALANDT/HELDRICH Art 25 Rn 9; ERMAN/HOHLOCH Art 25 Rn 37) sowie darüber, wie die Rechtsstellung der übrigen Beteiligten ausgestaltet ist (Dam-nations- oder Vindikationslegat; Pflichtteilsanspruch oder Noterbrecht, vgl auch MünchKomm/BIRK Art 25 Rn 137). Hat der Erblasser einen Testamentsvollstrecker einge-setzt, stehen diesem hinsichtlich jeder Nachlaßmasse die Befugnisse zu, welche das jeweils zuständige Erbstatut gewährt (BayObLG ZEV 1999, 487; zum innerdeutschen Erbrecht näher vMORGEN/GÖTTING DtZ 1994, 201).

Für jede Nachlaßmasse ist ein besonderer (Eigen- oder Fremdrechts-)**Erbschein** aus- **735** zustellen (vgl JAYME IPRax 1986, 270; HENLE 196 ff), die aber miteinander verbunden werden können (vgl näher Rn 832). Zur Durchführung mehrerer *Teilnachlaßinsolvenz-verfahren* im Falle einer Nachlaßspaltung s HANISCH ZIP 1990, 1246 ff.

Sehen die beteiligten Erbstatute unterschiedliche Vermögenszuweisungen vor, beru- **736** fen sie zB als gesetzliche Erben jeweils andere Personen oder aber dieselben Perso-nen, jedoch mit unterschiedlicher Quote, so findet **kein Ausgleich** zwischen den ein-zelnen Nachlaßmassen statt (SOERGEL/SCHURIG Art 25 Rn 97; HENLE 58 ff; DÖRNER DNotZ 1988, 100).

III. Nachlaßspaltung und Distribution des Gesamtvermögens

Trifft der Erblasser besondere Verfügungen über alle Teile seines Vermögens oder **737** finden erbrechtliche Vorschriften Anwendung, welche die Rechtsstellung eines erb-rechtlich Begünstigten unter Bezugnahme auf den rechnerischen Wert des Gesamtnachlasses definieren, so läßt sich eine isolierte, allein auf die Regeln des jeweils anwendbaren Erbstatuts beschränkte Verteilung der einzelnen Nachlaßmassen nicht immer durchführen. Vielmehr wird es erforderlich, bei der Anwendung erbrechtlicher Normen auch Dispositionen des Erblassers über solche Vermögenswerte mit zu berücksichtigen, die der Herrschaft eines anderen Erbstatuts unterliegen. Das zeigt sich in mehreren Zusammenhängen (dazu bereits Dörner DNotZ 1988, 101 ff).

1. Gesamtschau bei der Ermittlung und Bewertung des Erblasserwillens

738 Wenn ein Erblasser eine Erbeinsetzung ohne nähere Bestimmung über den Umfang vornimmt, ist zunächst auch bei Vorliegen einer Nachlaßspaltung regelmäßig davon auszugehen, daß er mit der Verfügung sein gesamtes Vermögen erfassen will (BayObLGZ 1995, 89). Unbeschadet des Grundsatzes, daß die erbrechtliche Stellung der am Nachlaß Beteiligten für jedes Erbstatut gesondert bestimmt werden muß (Rn 733), kann im übrigen eine sämtliche Nachlaßmassen einbeziehende Gesamtschau erforderlich werden, wenn der Erblasser **eine Nachlaßmasse** unter **mehrere Begünstigte aufgeteilt hat**. Die Erforschung des Erblasserwillens daraufhin, ob ein Bedachter mit der Zuwendung eines einzelnen Grundstücks zB nach deutschem Erbrecht eine dingliche Mitberechtigung am Nachlaß erhalten (Erbe) oder auf einen bloßen schuldrechtlichen Anspruch abgedrängt werden sollte (Vermächtnisnehmer), muß in Betracht ziehen, ob und wie der Betreffende an den einem anderen Erbstatut unterliegenden Nachlaßwerten beteiligt worden ist (zustimmend Kartzke IPRax 1999, 99; anders OLG Zweibrücken FamRZ 1998, 264).

739 Auch bei Zweifeln über den **Umfang einer Zuweisung** von Vermögenswerten muß die Auslegung einer Verfügung von Todes wegen häufig den Inhalt solcher Anordnungen des Erblassers berücksichtigen, die unter der Herrschaft eines anderen Erbrechts Wirkungen entfalten (vgl BayObLGZ 1959, 402; 1982, 246).

740 Schließlich wird auch die zutreffende **Bewertung letztwilliger Verfügungen** häufig nicht ohne einen Blick auf die einem anderen Statut unterliegenden Anordnungen auskommen. Hat der Erblasser etwa seinen Nachlaßteil gänzlich einer familienfremden Person (zB seiner Geliebten) zugewandt, kann die Sittenwidrigkeit einer solchen Zuwendung davon abhängen, ob dem berechtigten Interesse der Angehörigen wenigstens bei der Verteilung weiterer, einem anderen Erbstatut unterliegender Vermögenswerte Rechnung getragen worden ist.

2. Mindestbeteiligung am Nachlaß

741 Über die Entstehung von Pflichtteils- oder Noterbrechten entscheidet zwar zunächst jedes Erbstatut gesondert (Rn 734; wohl verkannt von BGHZ 134, 63 unter Berufung auf MünchKomm/Birk [vgl Art 25 Rn 138]). Besteht ein Pflichtteilsrecht nur nach einem Statut, während es dem anderen unbekannt ist, erfolgt eine Berechnung nur unter Zugrundelegung derjenigen Vermögenswerte, die nach der Rechtsordnung *mit* Pflichtteilsrecht vererbt werden. Eine Gesamtberechnung unter Einbeziehung des dem anderen Statut unterliegenden Nachlasses findet grundsätzlich nicht statt (ausführlich Kopp 143 ff; Zillmann 165 ff; dagegen erwägt Klingelhöffer ZEV 1996, 259 f – aus der Sicht des deutschen Rechts – eine analoge Anwendung des § 2325 BGB). Die strikte Realisierung einer gesetzlich vorgesehenen **Mindestbeteiligung** am Nachlaß oder Nachlaßwert im Rahmen eines jeden Erbstatuts würde aber dann zu einer Verfälschung des Erblasserwillens führen, wenn der Erblasser durch Verfügung von Todes wegen die fehlende Berechtigung an der einen durch einen erhöhten Anteil an der anderen Nachlaßmasse *kompensiert* hat. Beispiel (nach HENLE 146): Der Nachlaß eines ausländischen Erblassers besteht aus einem inländischen Grundstück (deutsches Erbstatut) und Bankguthaben (Vererbung nach Heimatrecht) in gleichem Wert. Ist dem Sohn das Grundstück, der Tochter das Bankguthaben zugewiesen, so hat der Erblasser eine hälftige Teilung seines Vermögens gewollt. Würde nun der Tochter ein Pflichtteilsanspruch nach § 2301 Abs 1 S 1 BGB zustehen, so könnte sie durch die Geltendmachung dieses Anspruchs das Wertverhältnis zwischen beiden Anteilen zu ihren Gunsten verschieben. Falls etwa das Heimatrecht des Erblassers keinerlei gesetzliche Mindestbeteiligung am Nachlaß kennt, bliebe es dem Sohn auch versagt, diese Wertverschiebung durch ein entsprechendes Vorgehen im Rahmen des Heimatrechts wieder rückgängig zu machen.

Um dieses ungerechtfertigte Ergebnis zu vermeiden und die vom Erblasser **742** gewünschten Verhältnisse bei der Verteilung seines Nachlasses zu gewährleisten, muß man etwaige bei isolierter Betrachtung gemäß §§ 2303 Abs 1, 2305, 2307 Abs 1 S 2 BGB bestehende Pflichtteils- oder Pflichtteilsrestansprüche im Wege der Anpassung in dem Maße – ggf bis auf null – kürzen, wie der Erblasser den betreffenden Pflichtteilsberechtigten an einer anderen Nachlaßmasse über das dort festgelegte Pflichtteils- oder Noterbrecht hinaus bedacht hat (ausführlich HENLE 146 ff; vgl auch SOERGEL/SCHURIG Art 25 Rn 98; LOOSCHELDERS 367; DERSTADT 151; ZILLMANN 168 f; ähnlich PENTZ ZEV 1998, 451 f; **aA** aber MünchKomm/BIRK Art 25 Rn 138 f). In diesem Umfang ist der Pflichtteilsberechtigte dann nicht im Sinne des § 2303 Abs 1 S 1 BGB durch Verfügung von Todes wegen „von der Erbfolge ausgeschlossen". Auch auf einen Pflichtteilsergänzungsanspruch (vgl im deutschen Recht § 2325 BGB; dazu MünchKomm/BIRK Art 25 Rn 140) muß sich der Pflichtteilsberechtigte etwaige einem anderen Statut unterliegenden Zuwendungen anrechnen lassen.

3. Auswirkungen der Ungültigkeit einer Verfügung von Todes wegen

Da die Gültigkeit einer Verfügung von Todes wegen für jede Nachlaßmasse geson- **743** dert nach Maßgabe des auf sie anwendbaren Rechts geprüft werden muß, kann die **Gültigkeit** mehrerer in einer einheitlichen Urkunde enthaltener Anordnungen des Erblassers *abweichend* zu beurteilen sein. Es ist sogar denkbar, daß sich eine einzige, gleichermaßen auf bewegliches wie unbewegliches Vermögen beziehende Verfügung je nach Erbstatut als wirksam und unwirksam herausstellt. Das kann zB der Fall sein, wenn die Kriterien der Sittenwidrigkeit in den einzelnen Rechtsordnungen unterschiedlich streng festgelegt sind (vgl FERID Rn 9–18) oder die Verfügung nur die für unbewegliches Vermögen geltenden Formvorschriften (vgl etwa Art 1 Abs 1 lit e des Haager TestÜbk bzw Art 26 Abs 1 Nr 4) einhält (vgl Vorbem 63 f zu Art 25 f).

Ob die **Unwirksamkeit einer Einzelverfügung** im Rahmen des einen Statuts in den **744** **Geltungsbereich des anderen auszustrahlen** vermag, wird unterschiedlich beurteilt (bejahend SOERGEL/SCHURIG Art 25 Rn 101; ablehnend MünchKomm/BIRK Art 25 Rn 134). Richtig ist es, diese Frage zu **bejahen**. Der Erblasser trifft Vorkehrungen für den Fall seines Todes nach wie vor in einem einheitlichen Rechtsgeschäft; die Vorstellung, daß ein Rechtsgeschäft in allen seinen Teilen nicht unbedingt ein und demselben Recht unterstehen muß, ist aus dem internationalen Vertragsrecht durchaus geläufig (vgl Art 27 Abs 1 S 3). Hier wie dort kann die parallele Anwendung mehrerer Rechte jedoch keine Handhabe dafür bieten, jeglichen Sinnbezug zwischen den einzelnen Teilen des Geschäfts zu kappen. Hatte der Erblasser nämlich seine Disposition über bewegliches und unbewegliches Vermögen etwa im Interesse einer gerechten Aufteilung seines Nachlasses inhaltlich aufeinander abgestimmt, würde sein Wille möglicherweise verfälscht, wenn man die Verfügung über den einen Nachlaßteil in jedem Fall ohne Rücksicht auf die Unwirksamkeit der Verfügung über den anderen aufrecht erhalten würde. Ist daher nach der einen Rechtsordnung die Verfügung über eine Nachlaßmasse unwirksam, so befindet das andere Erbstatut darüber, ob, unter welchen Voraussetzungen und in welchem Umfang die von ihm beherrschten – prinzipiell zunächst wirksamen – Anordnungen über die andere Masse von der Unwirksamkeit erfaßt werden (SOERGEL/SCHURIG Art 25 Rn 101; HENLE 63; DERSTADT 186 f). Wird diese Entscheidung vom deutschen Erbstatut getroffen, so findet § 2085 BGB analoge Anwendung (vgl bereits OLG Dresden IPRspr 1931 Nr 95 S 184; HENLE 63; LOOSCHELDERS 366 f).

745   Durch Auslegung der Verfügung von Todes wegen ist auch zu ermitteln, ob ein *Testamentsvollstrecker* sein Amt nur hinsichtlich des gesamten oder auch beschränkt auf einen Teilnachlaß soll ablehnen dürfen (vgl dazu vMORGEN/GÖTTING DtZ 1994, 201).

4.   Ausgleich von Vorempfängen

746   Hatte der Erblasser bereits zu Lebzeiten späteren Erben Zuwendungen gemacht, stellt sich die Frage, welches Recht im Falle einer Nachlaßspaltung über einen etwaigen **Ausgleich dieser Vorempfänge** entscheidet und zu Lasten welcher Nachlaßmasse ein derartiger Ausgleich vorzunehmen ist (zum deutschen Recht vgl §§ 2050 ff BGB). Die Behandlung dieser Problematik ist umstritten. FIRSCHING (STAUDINGER/FIRSCHING[12] Vorbem 368 ff zu Art 24–26; zustimmend DERSTADT 168 ff, 172; ebenso im Ansatz HENLE 116 ff, vgl aber auch 125 ff) hatte vorgeschlagen, über die Kollation das Recht derjenigen Masse entscheiden zu lassen, welcher die zugewandten Vermögenswerte angehört hätten, wenn die Zuwendung unterblieben wäre: Über den Ausgleich einer zugewandten Geldsumme entscheide also das Statut, welches die Erbfolge in bewegliches Vermögen beherrsche; habe sich der Erblasser den Betrag aber durch die hypothekarische Belastung eines Grundstücks beschafft, sei diejenige Rechtsordnung berufen, nach der sich das nunmehr belastete Grundstück vererbe. Demgegenüber will KEGEL (SOERGEL/KEGEL Bd 8 [11. Aufl 1983] Vor Art 24 Rn 108; ähnlich SOERGEL/SCHURIG Art 25 Rn 100; zustimmend PINCKERNELLE/SPREEN DNotZ 1967, 213; vgl auch MünchKomm/BIRK Art 25 Rn 142) ohne Rücksicht auf Natur und Herkunft des zugewandten Vorempfanges eine Ausgleichung für jede Masse getrennt nach ihrem Recht durchführen. Danach soll der Ausgleich aber bei jeder Masse *in der Höhe* auf eine Quote der Gesamtzuwendung beschränkt sein, die dem Verhältnis des Werts dieser Einzelmasse zum Wert des Gesamtnachlasses entspricht.

747   Beide Lösungsansätze können jedoch im Ergebnis nicht befriedigen (vgl schon DÖRNER DNotZ 1988, 104 ff). Zunächst ist zu berücksichtigen, daß es sich bei der Festlegung des für die Kollation maßgeblichen Statuts in der Sache regelmäßig um eine Entscheidung darüber handelt, ob die Frage nach der Ausgleichungspflicht im konkreten Fall unter die Systembegriffe „Rechtsnachfolge in bewegliches" oder „unbewegliches Vermögen" zu qualifizieren sind. Diese Entscheidung ist aber von derjenigen Rechts ordnung zu treffen, welche unter Verwendung dieser Systembegriffe eine Nachlaß-spaltung anordnet (vgl Rn 729). Das deutsche Kollisionsrecht ist dazu nur im Anwen-dungsbereich von Art 25 Abs 2 (vgl Rn 477) sowie ggf bei der Anwendung staatsver-traglicher Kollisionsnormen aufgrund einer Qualifikationsverweisung berufen. Beruht die Nachlaßspaltung auf einem Renvoi, unterliegen Anordnungen über eine Ausgleichspflicht dagegen dem Heimatrecht des Erblassers bzw derjenigen Rechtsordnung, auf welche dieses Heimatrecht verweist. Bei der Anwendung von Art 3 Abs 3 entscheidet zwar im Grundsatz ebenfalls das deutsche Kollisionsrecht; die Erben von unbeweglichem Vermögen, das nach dem Recht seines Belegenheits-staates „besonderen Vorschriften" unterliegt, können allerdings nur dann und inso-weit zu einem Ausgleich herangezogen werden, als das Belegenheitsrecht dies zuläßt.

Soweit danach eine *deutsche* Kollisionsnorm das die Ausgleichung beherrschende **748** Statut beruft, sollte man nicht – wie FIRSCHING Rn 368 ff dies vorschlug – darauf abstellen, welche Nachlaßmasse durch den Vorempfang geschmälert wurde. Eine solche Anknüpfung führt zu Zufallsergebnissen. Für die Bestimmung des Kollations-statuts kann nicht entscheidend sein, ob der Erblasser seinem Kind zur Ausstattung einen Geldbetrag oder ein mit diesem Geld erworbenes Grundstück überlassen hat. Die Lösung hätte im übrigen zur Folge, daß zwei Erben mit wertmäßig gleichen Vorempfängen nach unterschiedlichen Erbstatuten und damit unter Umständen in unterschiedlichem Umfang ausgleichspflichtig sind, nur weil der Erblasser seine Zuwendungen auf unterschiedliche Weise finanziert hatte.

Sinnvoller erscheint es daher, die Ausgleichung ohne Rücksicht auf Rechtsnatur und **749** Herkunft der Zuwendung gleichzeitig nach dem für bewegliches wie auch nach dem für unbewegliches Vermögen geltenden Erbstatut vorzunehmen. **Jede Rechtsordnung** entscheidet **selbständig** über Voraussetzungen und Ausmaß einer Kollation (zustim-mend ZILLMANN 140).

KEGELS (aaO in Rn 746; vgl auch SOERGEL/SCHURIG Art 25 Rn 100) Anregung einer quoten- **750** mäßigen Begrenzung des Ausgleichs innerhalb eines jeden Erbstatuts sollte dabei allerdings *nicht* gefolgt werden (DÖRNER DNotZ 1988, 105 f; zustimmend MünchKomm/BIRK Art 25 Rn 144; vgl auch ZILLMANN 140). Daß in diesem Fall jeweils der Wert der einzelnen Nachlaßmassen exakt ermittelt werden müßte, bereitet zwar keine unüberwindlichen Schwierigkeiten. KEGELS Lösung begünstigt jedoch einen vom Erblasser vorab bedachten Miterben dann, wenn eines der Erbstatute keinen Ausgleich anordnet. Für diesen Fall leuchtet nämlich nicht ein, warum dieser Miterbe im Hinblick auf eine andere Nachlaßmasse, für die das maßgebende Statut einen *vollen* Ausgleich vorschreibt, von vornherein nur quotenmäßig *beschränkt* ausgleichspflichtig sein soll. Vielmehr sollte im Rahmen dieses Statuts die **gesamte Zuwendung** in den Aus-gleich **einbezogen** werden. Übersteigt der Wert der Zuwendung dann den Anteil, der dem ausgleichspflichtigen Miterben an der betreffenden Nachlaßmasse zukommt, entscheidet das maßgebende Erbstatut darüber, ob der Empfänger in irgendeiner Weise nachschußpflichtig oder – wie nach § 2056 BGB – zur Rückzahlung des Vor-empfangs nicht verpflichtet sein soll. Im letzten Fall kann eine Verrechnung der Diffe-renz mit einem Anteil des Miterben an *der* Nachlaßmasse, die dem ausgleichungsfeind-lichen Statut unterliegt, nicht erfolgen. Ist der Erbe nach *beiden* Statuten voll aus-gleichspflichtig, darf der Vorempfang natürlich nur einmal in Ansatz gebracht werden. Im Zuge einer Erbauseinandersetzung kann ein ausgleichspflichtiger Miterbe dann ggf

Heinrich Dörner

darauf verweisen, daß die Zuwendung des Erblassers bereits bei der Auseinandersetzung der einem anderen Statut unterliegenden Masse seinen Erbanteil geschmälert hat. Auf welche Weise der anderweitig bereits durchgeführte Ausgleich in die Erbauseinandersetzung einzuführen ist, muß den materiellrechtlichen Vorschriften des jeweiligen Erbstatuts überlassen bleiben. Im Rahmen des deutschen Erbrechts kann ein solcher Einwand bei der Aufstellung des Teilungsplanes Berücksichtigung finden.

IV. Nachlaßspaltung und Erbenhaftung

751 Die **Haftung** der Erben für **Nachlaßverbindlichkeiten** stellt die Lehre von der Nachlaßspaltung vor zwei Probleme (vgl bereits DÖRNER DNotZ 1988, 106 ff): Erstens ist zu klären, welches Erbstatut über die Haftung im Außenverhältnis bestimmt und welche Nachlaßmassen danach dem Zugriff der Nachlaßgläubiger offenstehen (Rn 752 ff), zweitens fragt es sich, ob und wie nach der Begleichung von Nachlaßschulden im Verhältnis der Massen untereinander ein Ausgleich stattfinden kann (Rn 758 ff).

1. Haftung im Außenverhältnis

752 Die Bestimmung des Haftungsstatuts stellt sich zunächst als Qualifikationsproblem dar, das von derjenigen Rechtsordnung gelöst werden muß, deren Kollisionsnormen die Nachlaßspaltung herbeigeführt haben (Rn 729). Deutsches Kollisionsrecht entscheidet also dann, wenn die Nachlaßspaltung auf eine Rechtswahl nach Art 25 Abs 2, auf staatsvertragliche Anordnung (Qualifikationsverweisung, vgl Rn 729) oder auf die Anwendung des Art 3 Abs 3 zurückgeht, wobei im letzten Fall eine Erbenhaftung nur in dem Umfang eintritt, wie das Belegenheitsrecht unbewegliches Vermögen für Nachlaßschulden einstehen läßt (vgl Rn 739). Beruht die Nachlaßspaltung dagegen auf einem Renvoi, wird das Haftungsstatut von den partiell rück- bzw weiterverweisenden Kollisionsnormen des Heimatrechts des Erblassers bestimmt.

753 Bei der Bestimmung des Haftungsstatuts nach *deutschem Recht* ist zwischen **fixierten** und **nicht fixierten Nachlaßverbindlichkeiten** zu unterscheiden (STAUDINGER/FIRSCHING[12] Vorbem 376 zu Art 24–25 sprach von „Sonderschulden"; HENLE 177 unterscheidet zwischen „Gesamtnachlaß-" und „Teilnachlaßverbindlichkeiten"). *Fixierte Nachlaßverbindlichkeiten* sind solche, die – gewissermaßen als „bewegliche" bzw „unbewegliche Schulden" – eindeutig einer der beiden Nachlaßmassen zugewiesen werden können. Über die Voraussetzungen und den Umfang der Erbenhaftung entscheidet dann allein das diese Nachlaßmasse beherrschende Erbstatut. Für die Begleichung solcher Schulden haftet allein die betreffende Nachlaßmasse (SOERGEL/SCHURIG Art 25 Rn 99; in der Sache zustimmend auch MünchKomm/BIRK Art 25 Rn 147; anders – zu undifferenziert – PALANDT/HELDRICH Art 25 Rn 9; kritisch KOPP 129 ff).

754 Zu den **fixierten Nachlaßverbindlichkeiten** sind zu rechnen:

(1) vom Erblasser herrührende dingliche Schulden (wie zB Grund- oder Rentenschulden nach §§ 1191, 1199 BGB, vgl HENLE 180; nicht dagegen Hypotheken- und Sicherungsgrundschulden, vgl auch KOPP 134; ZILLMANN 158) oder aber Speziesschulden, die nur durch Leistung eines individuell bestimmten, infolge der Nachlaßspaltung einer der beiden Nachlaßmassen zugeschlagenen Gegenstands erfüllt werden können (etwa:

Verpflichtung zur Übereignung einer beweglichen Sache oder zur Verpachtung eines Grundstücks);

(2) mit dem Erbfall in der Person des oder der Erben entstehende erbrechtliche **755** Verpflichtungen, sofern entweder nur eine der beteiligten Rechtsordnungen sie kennt (vgl HENLE 179; so etwa der Dreißigste iS des § 1969 BGB) oder sie nach Art oder Gegenstand nur aus einer Masse beglichen werden können (etwa: Voraus iS des § 1932 BGB; Stückvermächtnis, dazu HENLE 86; ablehnend ZILLMANN 158) oder der Erblasser mit der Erfüllung einer Verpflichtung ausdrücklich nur eine bestimmte Nachlaßmasse belastet hatte (HENLE 179);

(3) nach dem Tode durch die Abwicklung der jeweiligen Nachlaßmasse entstehende **756** Verpflichtungen, insbesondere also Kosten, die durch die auf den betreffenden Nachlaßteil beschränkte Tätigkeit staatlicher Stellen anfallen (HENLE 180; ZILLMANN 158).

Alle übrigen Verpflichtungen – insbesondere die vom Erblasser herrührenden Gat- **757** tungs- oder Geldschulden – unterfallen als **nicht fixierte Nachlaßverbindlichkeiten** der Erbfolge in alle Nachlaßmassen, praktisch also sowohl der in das bewegliche wie auch der in das unbewegliche Vermögen. Sie belasten demnach sämtliche Nachlaßmassen entsprechend den im jeweiligen Erbstatut festgelegten Regeln über Voraussetzungen und Umfang der Erbenhaftung. Da eine Nachlaßspaltung die faktische Zugriffsmöglichkeit der Nachlaßgläubiger nicht schmälern darf, haftet jede Masse allen Gläubigern jeweils bis zu ihrer Erschöpfung voll und nicht etwa nur pro rata im Verhältnis der Einzelmasse zum Gesamtnachlaß (vgl LG Kassel IPRspr 1958/59, Nr 146; DÖLLE RabelsZ 1966, 227 f; HENLE 166 f, 173 ff; DÖRNER DNotZ 1988, 108; MünchKomm/BIRK Art 25 Rn 147; SOERGEL/SCHURIG Art 25 Rn 99; KOPP 129).

2.   Ausgleich im Verhältnis der Nachlaßmassen

Die Tilgung einer Nachlaßverbindlichkeit aus der einen befreit auch die an der **758** anderen Nachlaßmasse beteiligten Miterben. Ob dieser Vorgang **Rückgriffsansprüche** der an der beanspruchten Masse berechtigten Miterben auslöst, hängt letztlich davon ab, wie die eine Nachlaßspaltung anordnende Rechtsordnung die Lasten im Verhältnis von beweglichem und unbeweglichem Vermögen verteilt wissen will. Das über etwaige Rückgriffsansprüche entscheidende Statut wird also ebenfalls von der Rechtsordnung bestimmt, auf deren Kollisionsnormen die Nachlaßspaltung zurückgeht (Rn 729; aA DERSTADT 199 ff; LOOSCHELDERS 370 f [lex fori]; differenzierend KOPP 163).

Soweit eine deutsche Kollisionsnorm diese Entscheidung trifft (Rn 729), sollte als **759** Rückgriffsstatut das Recht angesehen werden, welches die auf Ausgleich *in Anspruch genommene* Nachlaßmasse beherrscht (aA SOERGEL/SCHURIG Art 25 Rn 99: Vergleich der in Frage kommenden materiellen Rechte und Anwendung danach etwa übereinstimmender Rückgriffsregeln; anders auch ZILLMANN 146: Heimatrecht des Erblassers). Diese Anknüpfung orientiert sich an den Interessen der potentiell ausgleichspflichtigen Erben: Sie müssen auf diese Weise mit einer Heranziehung von vornherein nur in dem – kalkulierbaren – Ausmaß rechnen, wie es das Recht vorschreibt, nach dem sie ihre Erbschaft angetreten haben. Soweit danach deutsche Sachrecht berufen ist, findet ein Ausgleich nur bei Tilgung nicht fixierter Nachlaßverbindlichkeiten statt. Eine ausdrückliche Anspruchsgrundlage für einen teilnachlaßübergreifenden Rückgriff läßt sich freilich nicht ermitteln. Wegen vergleichbarer Interessenlage bietet sich jedoch eine entsprechende Anwendung des § 426 I 1 BGB (HENLE 187) an: Der dem deutschen Erbrecht unterliegende Nachlaßteil sollte danach für die aus einer anderen Masse gedeckten Verbindlichkeit in dem Umfang ausgleichspflichtig sein, wie es seinem Verhältnis zum Gesamtnachlaß entspricht (im Ergebnis ebenso MünchKomm/BIRK Art 25 Rn 148; PALANDT/HELDRICH Art 25 Rn 9; ausführlich KOPP 149 ff). Soweit der Erblasser allerdings eine anderweitige Belastung der Nachlaßteile angeordnet hat, geht diese Anordnung vor (HENLE 191 f). Im übrigen kann ein derartiger auf die analoge Anwendung des § 426 I 1 BGB gestützter Anspruch nur unter denselben Voraussetzungen (vgl §§ 2058 ff BGB) geltend gemacht werden, denen auch die Forderung des Nachlaßgläubigers unterlegen hätte. Daneben ist stets zu prüfen, ob sich nicht Ausgleichsansprüche aus Geschäftsführung ohne Auftrag oder Rückgriffskondiktion nach Maßgabe der auf diese Ansprüche anwendbaren Rechtsordnungen ergeben (vgl schon SCHRÖDER, Die Anpassung von Kollisions- und Sachnormen [1961] 131).

L.   Die Anwendung von Sachnormen auf Auslandssachverhalte

760 Die Auslandsbezogenheit eines Sachverhalts nötigt nicht nur zu einer vorgeschalteten Prüfung auf kollisionsrechtlicher Ebene, sondern kann auch im Bereich des Sachrechts besondere Probleme aufwerfen. Vereinzelt tragen erbrechtliche **Sachnormen selbst** bereits einem Auslandsbezug Rechnung (Rn 761). Im übrigen ist bei der Anwendung von **Sachnormen mit rechtsordnungsspezifischen Tatbestandsmerkmalen** zu prüfen, ob ausländische Vorgänge die Voraussetzungen einer inländischen Norm erfüllen (Problem der Substitution, Rn 762 ff). Zur *Auslegung* von *Verfügungen von Todes wegen*, die auf erbstatutfremde Rechtsvorschriften oder -institute Bezug nehmen vgl Rn 254 ff.

I.   Modifizierung von Sachnormen

761 Ausnahmsweise berücksichtigen Sachnormen „ausländische Sachverhaltselemente" schon ausdrücklich dadurch, daß sie die im Inland grundsätzlich geltenden Regeln modifizieren. So beträgt beispielsweise im deutschen Recht die Ausschlagungsfrist des Erben nach § **1944 Abs 3 BGB** nicht – wie üblich – sechs Wochen, sondern sechs Monate, wenn der Erblasser seinen letzten Wohnsitz nur im Ausland gehabt hat oder der Erbe sich zu Beginn der Ausschlagungsfrist im Ausland aufhält.

II.   Sachnormen mit rechtsordnungsspezifischen Tatbestandsmerkmalen (Substitution)*

1.   Allgemeine Grundsätze

762 Soweit sich materielle Rechtsfolgen auf Rechtshandlungen Privater beziehen, ist es

---

* **Schrifttum:** FERID, Im Ausland erfüllte Tatbestandsmerkmale inländischer Sachnormen, GRUR Int 1973, 472; HUG, Die Substitution im IPR (1983); LEWALD Règles générales des conflits de lois, Rec des Cours 69 (1939-III) 130 ff; MANSEL, Substitution im deutschen Zwangsvollstreckungsrecht, in: FS Lorenz (1991) 689; SCHULZ, Die Subsumtion ausländischer Rechtstatsachen (1997); VAN VENROOY, Internationalprivatrechtliche Substitution (1999).

in der Regel gleichgültig, ob die Tatbestandsvoraussetzungen einer Norm im In- oder Ausland erfüllt worden sind: Für die materielle Wirksamkeit eines Testaments ist es zB ohne Belang, ob es im Geltungsbereich des Erbstatuts oder aber außerhalb dieses Geltungsbereichs errichtet wurde; kennt das Erbstatut Verzeihungstatbestände wie etwa das deutsche Recht in den §§ 2337, 2343 BGB, so können die verzeihungsbegründenden Vorgänge auch im Ausland stattfinden (FERID GRUR Int 1973, 475).

Zweifelhaft ist die Rechtslage jedoch, wenn in einer Norm Rechtsbegriffe auftauchen, deren Verständnis von den Eigentümlichkeiten und Funktionszusammenhängen ihrer Herkunftsrechtsordnung beeinflußt wird. Setzt der Tatbestand einer Norm beispielsweise die Vornahme einer Prozeßhandlung, die Mitwirkung eines Gerichts, einer Behörde oder eines Notars oder das wirksame Zustandekommen eines Rechtsverhältnisses voraus, so sind von fremdem Recht geprägte, insbesondere im Ausland vorgenommene Rechtshandlungen nur dann subsumierbar, wenn feststeht, daß auch ein ausländischer Vorgang nach seinen Merkmalen und Wirkungen die Begriffsmerkmale der betreffenden inländischen Norm ausfüllen kann. Es geht hier um das Problem der **Substitution** von Tatbestandsmerkmalen durch ausländische Rechtsvorgänge (vgl FERID Rn 2–26 ff; KROPHOLLER § 33; MünchKomm/SONNENBERGER Einl Rn 550 ff, HUG, Die Substitution im Internationalen Privatrecht [1983]; MANSEL, in: FS Lorenz 697 ff), dh es ist zu prüfen, ob die ausländische Rechtshandlung oder ein nach fremdem Recht zustande gekommenes Rechtsverhältnis geeignet ist, den von der Norm beschriebenen – und stillschweigend auf das Inland bezogenen – Tatbestand auszufüllen. **763**

Ob die von *deutschen Normen* angesprochenen Rechtshandlungen und Rechtsverhältnisse durch ausländische Vorgänge substituiert werden können, hängt zunächst von einer **Auslegung** der betreffenden Sachnorm ab. Es ist festzustellen, welches Regelungsanliegen die betreffende Norm nach ihrem Sinn und Zweck verfolgt. Man wird sich zB fragen, **welche Zwecke** der Gesetzgeber mit der Formbedürftigkeit bestimmter Rechtsgeschäfte erreichen will. Anschließend ist eine **Beurteilung** des zu subsumierenden Sachverhalts erforderlich. Der Rechtsanwender muß bewertend feststellen, ob von den Begriffen der deutschen Normen auch noch ein im Ausland vollzogener Rechtsvorgang erfaßt wird. Als Kriterium für eine Substituierbarkeit wird die „funktionelle Gleichwertigkeit" von Rechtsvorgängen angegeben (vgl KROPHOLLER § 33 II 2; HUG 126 f, 131 ff; MANSEL, in: FS Lorenz 698 ff; die von SCHULZ 79 ff vorgenommene Differenzierung zwischen „Funktionsäquivalenz" und „Subsumtionsäquivalenz" dürfte von der hM mitgedacht sein). Demnach ist zu prüfen, ob die Funktion, welche die betreffende ausländische Rechtshandlung im Wirkungszusammenhang ihrer eigenen Rechtsordnung erfüllt, mit derjenigen übereinstimmt, welche dem inländischen Parallelvorgang nach dem Sinn und Zweck der anzuwendenden inländischen Norm zukommt. Verlangt beispielsweise das inländische Recht die Einhaltung einer bestimmten Form zu Beweis- und Warnzwecken, so kommt es darauf an, ob auch eine Erfüllung der vorgeschriebenen Formalien *im Ausland* diese Aufgaben zu übernehmen vermag. Im Falle einer notariellen Beurkundung setzt dies beispielsweise voraus, daß eine ausländische Urkundsperson „nach Vorbildung und Stellung im Rechtsleben eine der Tätigkeit des deutschen Notars entsprechende Funktion ausübt" und das Verfahren der Urkundserrichtung „den tragenden Grundsätzen des deutschen Beurkundungsrechts" entspricht (BGHZ 80, 78; vgl auch OLG Hamm NJW 1974, 1057; BRAMBRING NJW 1975, 1255). **764**

765 Ergeben sich Substitutionsprobleme bei der Anwendung *ausländischen Erbrechts*, so entscheiden die Substitutionskriterien *des jeweiligen Erbstatuts* darüber, ob die Voraussetzungen der betreffenden erbrechtlichen Sachnorm auch durch auslandsbezogene Vorgänge erfüllt werden können.

766 Streng zu **unterscheiden** sind **Substitution** und **Vorfragenanknüpfung** (dazu HEPTING StaZ 1986, 305, 309 ff; MANSEL, in: FS Lorenz 701). Während sich hinter dem Begriff der „Substitution" eine Fragestellung auf der Ebene des Sachrechts verbirgt (Rn 760), bezieht sich die „Vorfrage" auf die Formulierung inländischer Anknüpfungsregeln und damit auf eine *kollisionsrechtliche* Problematik (vgl Rn 551 ff). Wird etwa die „Vorfrage" nach dem Bestehen eines präjudiziellen Rechtsverhältnisses von inländischen Kollisionsnormen einem ausländischen Recht zur Beantwortung überwiesen, so kann sich als positives Resultat dieser Anknüpfung nur ergeben, daß das betreffende Rechtsverhältnis *nach ausländischem Recht* existiert. Ob diese Rechtsbeziehung geeignet ist, ein namensgleiches Rechtsverhältnis im Tatbestand einer deutschen Sachnorm zu ersetzen, ist dagegen eine Frage der Substituierbarkeit. **Beispiel:** Wird das inländische Grundstück eines ausländischen Erblassers gemäß Art 25 Abs 2 nach deutschem Recht vererbt, so stehen im Rahmen des § 1934 Abs 1 BGB an Kindes Statt angenommene Kinder den ehelichen Kindern gleich. Die Vorfrage, ob ein Kind wirksam adoptiert wurde, richtet sich nach dem Heimatrecht des Erblassers (Art 22 S 1). Ob eine Auslandsadoption in ihren Wirkungen aber der vom deutschen Erbrecht vorausgesetzten „starken", dh das Kind vollständig in die Adoptivfamilie überführenden Adoption des deutschen Rechts gleichsteht, bedarf jedoch als Frage der Substitution einer selbständigen Überprüfung (vgl näher Rn 176).

2. Einzelfragen

767 Die Frage nach der Substituierbarkeit einer Rechtshandlung oder eines Rechtsverhältnisses stellt sich im Internationalen Erbrecht relativ häufig. So hängt zB die Subsumtion einer nach ausländischem Recht bestehende **Erbberechtigung eines Ehegatten** unter den Begriff des „gesetzlichen Erbteils" iS des § 1371 Abs 1 BGB davon ab, ob die betreffende Berechtigung mit einem Ehegattenerbteil des deutschen Rechts funktionell vergleichbar ist (näher Rn 34). Entsprechendes gilt bei der Anwendung von § 1931 Abs 4 BGB, wenn die Ehegatten im Güterstand der *Gütertrennung* nach ausländischem Recht gelebt haben (Rn 149).

768 Hängt bei Maßgeblichkeit des deutschen Erbstatuts die gesetzliche Erbberechtigung von der **Existenz eines familienrechtlichen Verhältnisses** (Ehe, Kindschaft, Geschwisterstellung) zum Erblasser ab, das (aufgrund einer selbständigen Vorfragenanknüpfung, vgl Rn 555, 559 ff) einem ausländischen Recht unterliegt, so ist grundsätzlich stets zu prüfen, ob das betreffende Rechtsverhältnis funktionelle Äquivalenz zu derjenigen Rechtsstellung aufweist, welche das deutsche Recht als Erbvoraussetzung nennt (zum Verhältnis von Vorfragenanknüpfung und Substitution s Rn 176, 766). Bei Maßgeblichkeit eines ausländischen Erbstatuts gelten entsprechende Erwägungen. Zwar kann man stillschweigend von einer Substituierbarkeit ausgehen, wenn sich die Systembegriffe der inländischen Kollisionsnorm auf solche Rechtsinstitute beziehen, die – wie zB die Ehe – im internationalen Vergleich nach aller Erfahrung weitgehend funktionsäquivalent ausgestaltet sind (ebenso MANSEL, in: FS Lorenz 701 mwN). Deswegen wird bei der Subsumtion von Auslandsehen unter die Begriffe inländischer Sachnormen im allgemeinen die Substitutionsproblematik auch gar nicht thematisiert. Je weiter allerdings die – eigenständig auszulegenden (vgl Rn 17) – kollisionsrechtlichen Systembegriffe über die Gestaltungen des deutschen Sachrechts hinausgehen, desto größer ist die Wahrscheinlichkeit, daß sie dabei auch solche ausländischen Erscheinungen umgreifen, die mit den namensgleichen Instituten des deutschen Rechts funktionell nicht mehr identisch sind. So ist insbesondere dann, wenn bei Maßgeblichkeit deutschen Erbrechts die Erbberechtigung eines nach ausländischem Recht *adoptierten Kindes* in Frage steht, stets festzustellen, ob der betreffende Adoptionstyp des fremden Rechts der vom deutschen Erbrecht vorausgesetzten „starken" Adoption entspricht (näher Rn 176 ff). – Eine Sonderregelung zur Substituierbarkeit familiärer Beziehungen für den Bereich des *Sozialrechts* enthält § 34 Abs 1 SGB I (Rn 69).

Soweit das deutsche Recht die *Formgültigkeit der Verfügungen von Todes wegen* von **769** einer **notariellen Beurkundung** abhängig macht, stellt sich die Frage, ob die Errichtung vor einer ausländischen Urkundsperson die inländischen Formvorschriften erfüllt, regelmäßig nicht. Denn angesichts der in Art 1 TestÜbk (Vorbem 40 ff zu Art 25 f) bzw Art 26 Abs 4 u 1 (Art 26 Rn 29 ff) vorgesehenen Anknüpfungsvielfalt ist eine im Ausland vorgenommene Verfügung in diesen Fällen bereits formgültig, wenn und weil sie die Formerfordernisse des Ortsrechts einhält. Dagegen ist auf funktionelle Gleichwertigkeit der Formalien zu achten, wenn ein *Erbverzicht* (Rn 383) im Ausland geschlossen wurde. Zur Substitution beim Abschluß von Testierverträgen im Inland s Rn 396.

Die Gleichwertigkeit in- und ausländischer gerichtlicher oder behördlichere Rechts- **770** akte ist ferner festzustellen bei einer im Ausland erfolgten **Todeserklärung** (Rn 73), im Hinblick auf die **Tatbestandswirkungen eines Erbscheins** oder *Testamentsvollstreckerzeugnisses*, soweit sie von einem ausländischen Gericht ausgestellt wurden (Rn 874 ff), darüber hinaus auch bei der Prüfung der Frage, ob ein im Ausland rechtshängig gewordener **Scheidungsantrag** im Anwendungsbereich des Erbstatuts zu erbrechtlichen Konsequenzen führt (Rn 147).

Erklärungen eines Erben zB über die Annahme oder Ausschlagung der Erbschaft, **771** die an ein Gericht außerhalb des Geltungsbereichs des Erbstatuts adressiert werden, sind dann materiell wirksam, wenn das Erbstatut die an eine ausländische Stelle gerichtete Erklärung bzw den Adressaten als funktionell gleichwertig anerkennt (Rn 113).

Die **Voraussetzungen von Erbunwürdigkeitsgründen** können regelmäßig auch außer- **772** halb des Geltungsbereichs des Erbstatuts erfüllt werden. Die in §§ 2342 Abs 2, 2344 Abs 1 BGB vorgesehenen Rechtswirkungen eines Anfechtungsurteils werden auch durch ein im Inland anzuerkennendes ausländisches Erbunwürdigkeitsurteil ausgelöst (vgl FERID, in: FS Beitzke [1979] 484 f).

M. Internationales Verfahrensrecht

Für Verfahren vor den Prozeß- und vor den Nachlaßgerichten gelten unterschied- **773** liche Verfahrensregeln. Deutsches Verfahrensrecht bestimmt, ob über einen Sachverhalt im Wege der streitigen (Rn 774) oder der freiwilligen Gerichtsbarkeit (Rn 792 ff) zu entscheiden ist (ERMAN/HOHLOCH Art 25 Rn 39).

I. Internationales Zivilprozeßrecht

1. Internationale Zuständigkeit

a)   Europäisches Gerichtsstands- und Vollstreckungsübereinkommen*

774 Das **EuGVÜ** v 27. 9. 1968 (BGBl 1972 II 774, 1993 II 60) in der Fassung des 3. Beitrittsübereinkommens v 26. 5. 1989 (ABl EG 1989 Nr L 285) findet nach seinem **Art 1 Abs 2 Nr 1** *keine Anwendung* auf „das Gebiet des Erbrechts einschließlich des Testamentsrechts". Diese Begriffe sind *vertragsautonom* zu qualifizieren (vgl EuGHSlg 1979, 733 [734] = RIW 1979, 273 Nr 3). Der Ausschluß umfaßt alle Ansprüche des Erben auf und an den Nachlaß (KROPHOLLER, Europäisches Zivilprozeßrecht Art 1 Rn 28), Klagen auf Feststellung der Erbeneigenschaft (GRUNSKY JZ 1973, 643) sowie die Herausgabeklage des Erben gegen einen Erbprätendenten (GRUNSKY JZ 1973, 643; BASEDOW, Hdb IZVR I Kap II Rn 107; wohl auch KROPHOLLER aaO Art 1 Rn 19). Schenkungen von Todes wegen, die erbrechtlichen Bestimmungen unterliegen, bleiben ebenfalls außerhalb des Anwendungsbereichs (KROPHOLLER aaO Art 1 Rn 30; BASEDOW, Hdb IZVR I Kap II Rn 110). Die Ernennung eines Nachlaßverwalters kann nicht auf die Bestimmungen des Abkommens gestützt werden (KROPHOLLER aaO Art 1 Rn 28; str). Auf vermögensrechtliche Streitigkeiten im Verhältnis zwischen Erben bzw Erbprätendenten und Dritten ist das Übereinkommen aber grundsätzlich anzuwenden, auch wenn erbrechtliche Fragen als Vorfragen von Bedeutung sind (BASEDOW, Hdb IZVR I Kap II Rn 108; KROPHOLLER aaO Art 1 Rn 28; GEIMER RIW 1976, 145; wohl anders GRUNSKY JZ 1973, 643 f). Nach dem Aktionsplan des Rates und der Kommission vom 3. 12. 1998 (ABl EG 1999, C 19, 1, 10 = IPRax 1999, 288, 290) soll das Europäische Zivilprozeßrecht – gestützt auf Art 65 lit a) EGV – möglicherweise auf das Gebiet des Erbrechts erstreckt werden (hierzu BARDENHEWER, in: LENZ, EGV-Kommentar[2] [1999], Art 65 EGV Rn 3; PIRRUNG ZEuP 1999, 838; DEKKERT/LILIENTHAL EWS 1999, 133).

b)   Lugano-Übereinkommen

775 Das für die Bundesrepublik am 1. 3. 1995 in Kraft getretene **Lugano-Übereinkommen über die gerichtliche Zuständigkeit und die Vollstreckung gerichtlicher Entscheidungen in Zivil- und Handelssachen** v 16. 9. 1988 (BGBl 1994 II 2658) schafft die Voraussetzungen für eine Anwendung der Zuständigkeits- und Anerkennungsbestimmungen des EuGVÜ auch im Verhältnis zu Nicht-EU-Staaten (insbes zu den EFTA-Staaten).

---

* **Schrifttum:** BASEDOW, Europäisches Zivilprozeßrecht – Generalia, in: Handbuch des Internationalen Zivilverfahrensrechts, Bd I (1982); BÜLOW, Vereinheitlichtes internationales Zivilprozeßrecht in der EWG, RabelsZ 1965, 473; BÜLOW/BÖCKSTIEGEL/GEIMER/SCHÜTZE, Der internationale Rechtsverkehr in Zivil- und Handelssachen (Loseblatt, 3. Aufl 1997 ff); GEIMER/SCHÜTZE, Europäisches Zivilverfahrensrecht (1997); GRUNSKY, Probleme des EWG-Übereinkommens über die gerichtliche Zuständigkeit und die Vollstreckung gerichtlicher Entscheidungen in Zivil- und Handelssachen, JZ 1973, 641; KROPHOLLER, Internationale Zuständigkeit, in: Handbuch des Internationalen Zivilverfahrensrechts, Bd I (1982); ders, Europäisches Zivilprozeßrecht[6] (1998); MünchKommZPO/GOTTWALD, IZPR (1992); SCHLOSSER, Europäisches Gerichtsstands- und Vollstreckungsübereinkommen (1996); TRUNK, Die Erweiterung des EuGVÜ-Systems am Vorabend des Europäischen Binnenmarktes (1991).

Art 1 des Übereinkommens stimmt mit der Parallelvorschrift des EuGVÜ überein, so daß die Ausführungen zu Rn 774 auch im Hinblick auf das Lugano-Übereinkommen gelten.

c) Bilaterale Staatsverträge

In den bilateralen Anerkennungs- und Vollstreckungsabkommen der Bundesrepublik **776** (vgl Rn 783) finden sich keine Vorschriften über die Entscheidungszuständigkeit (zum Begriff SCHACK, Internationales Zivilverfahrensrecht[2] [1996] Rn 187) in erbrechtlichen Angelegenheiten. Eine staatsvertragliche Sondervorschrift zur internationalen Zuständigkeit in Erbstreitigkeiten enthalten jedoch §§ 8 und 15 des **deutsch-türkischen Nachlaßabkommens** v 28. 5. 1929 (RGBl 1931 II 538; vgl Vorbem 175 ff zu Art 25 f). Nach § 8 des Abkommens sind Ansprüche gegen den Nachlaß vor den Gerichten des Belegenheitsstaates zu erheben. In § 15 ist vorgesehen, daß Klagen, welche die Feststellung des Erbrechts, Erbschaftsansprüche, Ansprüche aus Vermächtnissen sowie Pflichtteilsansprüche zum Gegenstand haben, soweit es sich um beweglichen Nachlaß handelt, bei den Gerichten des Staates anhängig zu machen sind, dem der Erblasser zur Zeit seines Todes angehörte, soweit es sich um unbeweglichen Nachlaß handelt, bei den Gerichten des Staates, in dessen Gebiet sich der unbewegliche Nachlaß befindet.

d) Autonomes Zivilprozeßrecht*

Nach allgemeiner Auffassung kann die **internationale Zuständigkeit** der deutschen **777** Gerichte regelmäßig aus den Vorschriften über die örtliche Zuständigkeit (§§ 12 ff ZPO) erschlossen werden („Doppelfunktionalität der örtlichen Zuständigkeitsnormen", vgl BGHZ 44, 47; 63, 220; 94, 157 f; SCHACK Rn 236). In erbrechtlichen Streitigkeiten ergibt sich eine örtliche und damit internationale Zuständigkeit insbesondere aufgrund der allgemeinen Zuständigkeitsnorm des § 12 ZPO (Wohnsitz des Beklagten) sowie aus den Sondervorschriften der §§ 27, 28 ZPO.

Gemäß **§ 27 Abs 1 ZPO** können Klagen, welche die Feststellung des Erbrechts (LG **778** München FamRZ 1978, 364), Ansprüche des Erben gegen einen Erbschaftsbesitzer (vgl OLG Nürnberg OLGZ 1981, 115), Ansprüche aus Vermächtnissen oder sonstigen Verfügungen von Todes wegen, Pflichtteilsansprüche oder die Teilung der Erbschaft zum Gegenstand haben, auch vor dem Gericht erhoben werden, in dessen Bezirk der – deutsche oder ausländische – Erblasser zum Zeitpunk seines Todes seinen Wohnsitz (§ 13 ZPO iVm §§ 7 ff BGB) hatte (auf den letzten gewöhnlichen Aufenthalt will SOERGEL/ SCHURIG Art 25 Rn 47 abstellen).

Aus einer entsprechenden Anwendung des § 27 Abs 1 ZPO ergibt sich darüber **779** hinaus eine internationale Zuständigkeit für **Gestaltungsklagen** wie zB für die in romanischen Rechten verbreiteten Herabsetzungsklagen von Noterben oder für Teilungsklagen von Miterben (OLG Düsseldorf DNotZ 1964, 351; MünchKomm/BIRK Art 25 Rn 307; ERMAN/HOHLOCH Art 25 Rn 41; EBENROTH Rn 1310). Klagen dieser Art sind auch nicht unter dem Gesichtspunkt vermeintlich „wesensfremder Tätigkeit" unzulässig, da der deutsche Gesetzgeber durch die Verweisung auf ausländisches materielles

---

* **Schrifttum:** GEIMER, Internationales Zivilprozeßrecht[3] (1997); LINKE, Internationales Zivilprozeßrecht[2] (1995); NAGEL, Internationales Zivilprozeßrecht[3] (1991); SCHACK, Internatio-

nales Zivilverfahrensrecht[2] (1996); SCHÜTZE, Deutsches Internationales Zivilprozeßrecht (1985); ZÖLLER, Zivilprozeßordnung[21] (1999).

Recht den inländischen Gerichten auch diejenigen Tätigkeiten zugewiesen hat, welche die Anwendung fremder Sachnormen mit sich bringt (vgl HELDRICH, Internationale Zuständigkeit und anwendbares Recht [1969] 260 ff; FERID Rn 9–87; MünchKomm/BIRK Art 25 Rn 295).

780 Gemäß § 27 Abs 2 ZPO ist für die in Abs 1 aufgezählten Klagen auch ein Gericht zuständig, in dessen Bezirk ein deutscher Staatsangehöriger ohne allgemeinen Gerichtsstand im Inland seinen *letzten* inländischen Wohnsitz hatte (dazu LG München FamRZ 1978, 364 m Anm JAYME); hilfsweise wird ein allgemeiner Gerichtsstand am Sitz der Bundesregierung fingiert (Art 27 Abs 2 2. HS, 15 Abs 1 S 2 ZPO). Der Gerichtsstand des § 27 Abs 2 ZPO besteht auch dann, wenn sich Nachlaßgegenstände im Ausland befinden und gemäß Art 3 Abs 3 nach ausländischem Recht vererbt werden.

781 Am Gerichtsstand der Erbschaft können auch Klagen wegen anderer Nachlaßverbindlichkeiten erhoben werden, solange sich der Nachlaß noch ganz oder teilweise im Gerichtsbezirk befindet oder die vorhandenen mehreren Erben noch als Gesamtschuldner haften (§ 28 ZPO). Schließlich kann sich eine internationale Zuständigkeit in Erbsachen auch aus dem allgemeinen Vermögensgerichtsstand (§ 23 ZPO) ergeben (BGH ZEV 1996, 225).

2.   Anerkennung ausländischer Entscheidungen

a)   Europäisches Gerichtsstands- und Vollstreckungsübereinkommen
782 Entscheidungen in erbrechtlichen Streitigkeiten können nicht auf der Grundlage der Art 25–45 EuGVÜ bzw Lugano-ÜbK anerkannt werden, da diese Abkommen nach ihrem Art 1 Abs 2 Nr 1 auf erbrechtlichem Gebiete keine Anwendung findet (Rn 774 f).

b)   Bilaterale Staatsverträge
783 Soweit die von der Bundesrepublik eingegangenen oder übernommenen **bilateralen Anerkennungs- und Vollstreckungsabkommen** die Anerkennung bzw Vollstreckung von Entscheidungen „über vermögensrechtliche Ansprüche" oder „in Zivilsachen" regeln, sind damit – vom deutsch-israelischen Anerkennungs- und Vollstreckungsabkommen abgesehen – auch Entscheidungen in erbrechtlichen Streitigkeiten erfaßt. Dies ist der Fall bei dem
– *deutsch-schweizerischen* Abkommen über die gegenseitige Anerkennung und Vollstreckung von gerichtlichen Entscheidungen und Schiedssprüchen v 2. 11. 1929 (RGBl 1930 II 1066),
– *deutsch-italienischen* Abkommen über die Anerkennung und Vollstreckung gerichtlicher Entscheidungen in Zivil- und Handelssachen v 9. 3. 1936 (RGBl 1937 II 145),
– *deutsch-österreichischen* Vertrag über die gegenseitige Anerkennung und Vollstreckung von gerichtlichen Entscheidungen, Vergleichen und öffentlichen Urkunden in Zivil- und Handelssachen v 6. 6. 1959 (BGBl 1960 II 1246),
– *deutsch-belgischen* Abkommen über die gegenseitige Anerkennung und Vollstreckung von gerichtlichen Entscheidungen, Schiedssprüchen und öffentlichen Urkunden in Zivil- und Handelssachen v 30. 6. 1958 (BGBl 1959 II 766),
– *deutsch-britischen* Abkommen über die gegenseitige Anerkennung und Vollstreckung von gerichtlichen Entscheidungen in Zivil- und Handelssachen v 14. 7. 1960 (BGBl 1961 II 301),

– *deutsch-griechischen* Vertrag über die gegenseitige Anerkennung und Vollstrekkung von gerichtlichen Entscheidungen, Vergleichen und öffentlichen Urkunden in Zivil- und Handelssachen v 4.11.1961 (BGBl 1963 II 109),
– *deutsch-niederländischen* Vertrag über die gegenseitige Anerkennung und Vollstreckung gerichtlicher Entscheidungen und anderer Schuldtitel v 30.8.1962 (BGBl 1965 II 27),
– *deutsch-tunesischen* Vertrag über Rechtsschutz und Rechtshilfe, die Anerkennung und Vollstreckung gerichtlicher Entscheidungen in Zivil- und Handelssachen sowie über die Handelsschiedsgerichtsbarkeit v 19.7.1966 (BGBl 1969 II 889),
– *deutsch-norwegischen* Vertrag über die gegenseitige Anerkennung und Vollstrekkung gerichtlicher Entscheidungen und anderer Schuldtitel in Zivil- und Handelssachen v 17.6.1977 (BGBl 1981 II 342) sowie bei dem
– *deutsch-spanischen* Vertrag über die Anerkennung und Vollstreckung von gerichtlichen Entscheidungen und Vergleichen sowie vollstreckbaren öffentlichen Urkunden in Zivil- und Handelssachen v 14.11.1983 (BGBl 1987 II 35).

Der *deutsch-israelische* Vertrag über die gegenseitige Anerkennung und Vollstrek- **784** kung gerichtlicher Entscheidungen in Zivil- und Handelssachen v 20.7.1977 (BGBl 1980 II 926) findet nach seinem Art 4 Abs 1 Nr 2 auf Entscheidungen auf dem Gebiet des Erbrechts ausdrücklich keine Anwendung. Die Texte der Abkommen sind abgedruckt bei NAGEL, Internationales Zivilprozeßrecht[3] (1991) sowie auszugsweise bei JAYME/HAUSMANN, Internationales Privat- und Verfahrensrecht[9] (1998) Nr 92–99 und BAUMBACH/LAUTERBACH/ALBERS/HARTMANN, Zivilprozeßordnung[58] (2000) Schlußanhang V B.

Ausdrückliche Bestimmungen über die Anerkennungszuständigkeit (zum Begriff **785** SCHACK Rn 187) in Erbstreitigkeiten enthalten Art 2 Nr 6 des *deutsch-italienischen,* Art 3 Abs 1 Nr 8 des *deutsch-belgischen,* Art IV Abs 1 c) des *deutsch-britischen,* Art 4 Abs 1 c) des *deutsch-niederländischen,* Art 31 Abs 1 Nr 7 des *deutsch-tunesischen,* Art 8 Abs 1 Nr 11 des *deutsch-norwegischen* sowie Art 7 Abs 1 Nr 13 des *deutsch-spanischen* Abkommens.

In einigen dieser Verträge wird die Anerkennung von Entscheidungen versagt, wenn **786** bei der Beurteilung eines für die Entscheidung maßgebenden erbrechtlichen Verhältnisses oder der dafür maßgebenden Abwesenheits- oder Todeserklärung andere als diejenigen Gesetze zugrunde gelegt wurden, welche in dem Anerkennungsstaat anzuwenden sind, sofern die Entscheidung nicht auch bei Anwendung des Rechts des Anerkennungsstaates gerechtfertigt wäre, vgl im einzelnen Art 4 Abs 2 des *deutschschweizerischen,* Art 4 Abs 2 des *deutsch-italienischen,* Art 2 Abs 2 S 2 des *deutschbelgischen,* Art 3 Abs 2 des *deutsch-österreichischen,* Art 4 Abs 2 des *deutsch-griechischen,* Art 3 Abs 2 des *deutsch-niederländischen,* Art 30 Abs 2 des *deutsch-tunesischen,* Art 7 Abs 2 des *deutsch-norwegischen* sowie Art 6 Abs 2 S 1 des *deutsch-spanischen* Abkommens.

Nach § 15 S 2 des *deutsch-türkischen Nachlaßabkommens* sind gerichtliche Entschei- **787** dungen anzuerkennen, die auf der Grundlage des § 15 S 1 in erbrechtlichen Streitigkeiten getroffen worden sind (vgl Vorbem 177 zu Art 25 f).

c) Autonomes Zivilprozeßrecht

788 Soweit die in Rn 783 ff aufgeführten Staatsverträge nicht eingreifen bzw im Verhältnis zu Staaten, zu denen keine staatsvertraglichen Beziehungen bestehen, richtet sich die Anerkennung von gerichtlichen Entscheidungen in erbrechtlichen Streitigkeiten nach der allgemeinen Regel des § 328 ZPO (vgl etwa LG München I IPRax 1998, 117 f: Feststellung der Gültigkeit eines Testaments).

789 Für die **Vollstreckung ausländischer Urteile** gelten in diesen Fällen die §§ 722, 723 ZPO; danach ist zur Durchführung der Zwangsvollstreckung ein deutsches Vollstreckungsurteil erforderlich.

3. Sonstige Verfahrensfragen

790 Für die **Durchführung eines Verfahrens** gilt nach hM das lex-fori-Prinzip (BGH WM 1977, 794; NJW 1985, 553; im Ansatzpunkt kritisch aber zB SCHACK Rn 40 ff); deutsche Gerichte wenden also grundsätzlich deutsches Verfahrensrecht an.

791 Die **Kenntnis ausländischen Rechts** muß sich das Gericht nach § 293 ZPO verschaffen; es hat fremdes Recht von Amts wegen zu ermitteln (BGHZ 77, 38; BGH WM 1987, 274 f). Zum Vorgehen bei Nichtfeststellbarkeit ausländischen Rechts vgl Rn 665 ff.

II. Internationales Nachlaßverfahrensrecht*

792 In der Bundesrepublik Deutschland sind **Nachlaß-** und **Teilungssachen** durch die §§ 72 ff FGG dem Nachlaßgericht zugewiesen, das eine Abteilung des AG darstellt

---

* **Schrifttum:** BERENBROK, Internationale Nachlaßabwicklung (1989); vCRAUSHAAR, Die internationalrechtliche Anwendbarkeit deutscher Prozeßnormen. Österreichisches Erbrecht im deutschen Verfahren (1961); FIRSCHING, Testamentsvollstrecker – executor – trustee, DNotZ 1959, 354; ders, Grundzüge des internationalprivatrechtlichen Familien- und Erbrechts, einschließlich des internationalen Verfahrensrechts, RPfleger 1971, 377, 417; 1972, 1; FIRSCHING/ GRAF, Nachlaßrecht⁸ (2000) 53 ff; GOTTWALD/ STANGL, Ausländische Wertpapiere im deutschen Nachlaß, ZEV 1997, 217; HELDRICH, Fragen der internationalen Zuständigkeit der deutschen Nachlaßgerichte, NJW 1967, 417; ders, Internationale Zuständigkeit und anwendbares Recht (1969); ders, Die Frage der internationalen Zuständigkeit im Bereich der freiwilligen Gerichtsbarkeit, BerGesVR 1971, 97; HOHLOCH, Gleichlaufzuständigkeit und Testamentsauslegung bei Nachlaßspaltung, ZEV 1997, 469; KOPP, Probleme der Nachlaßabwicklung bei kollisionsrechtlicher Nachlaßspaltung (1997); S LORENZ, Internationale und interlokale Zuständigkeit deutscher Nachlaßgerichte zur Entgegennahme von Erbausschlagungserklärungen, ZEV 1994, 146; PECHER, Die internationale Erbschaftsverwaltung bei deutsch-englischen Erbfällen (1995); PINCKERNELLE/ SPREEN, Das Internationale Nachlaßverfahrensrecht, DNotZ 1967, 195; SCHACK, Die verfahrensmäßige Behandlung von Nachlässen im anglo-amerikanischen und internationalen Zivilverfahrensrecht, in: SCHLOSSER (Hrsg), Die Informationsbeschaffung für den Zivilprozeß – Die verfahrensmäßige Behandlung von Nachlässen, Ausländisches Recht und Internationales Zivilprozeßrecht (1996) 241; SCHLECHTRIEM, Ausländisches Erbrecht im deutschen Verfahren (1966); SCHWIMANN, Internationale Zuständigkeit in Abhängigkeit von der lex causae? Bemerkungen zur Gleichlauftheorie, RabelsZ 1970, 201; SIPP-MERCIER, Die Abwicklung deutsch-französischer Erbfälle in der Bundesrepublik Deutschland und Frankreich (1985); WIETHÖLTER, Internationales Nachlaßverfah-

(Ausnahme: Staatliche Notariate in Baden-Württemberg, vgl §§ 38 ff des Landesgesetzes über die freiwillige Gerichtsbarkeit v 12.2.1975, GBl BadWürtt 1975, 116 [123 ff]).

Zu den **Nachlaßsachen** gehören   **793**

– teils von Amts wegen zu erledigende Sachen wie die Veranlassung der Ablieferung eines Testaments, Eröffnung einer Verfügung von Todes wegen, Nachlaßsicherung, Feststellung des Erbrechts des Fiskus, Einziehung von Erbscheinen,
– teils nur auf Antrag vorzunehmende Geschäfte wie die Erteilung eines Erbscheins und ähnlicher Zeugnisse, Bestellung eines Nachlaßpflegers oder Testamentsvollstreckers, Stundung von Pflichtteils- und Erbersatzansprüchen,
– teils Angelegenheiten, in denen Erklärungen von Beteiligten entgegenzunehmen sind, wie die Erbausschlagung oder Anfechtung einer Verfügung von Todes wegen.

Teilungssachen betreffen die Beteiligung bei Nachlaßauseinandersetzungen sowie die **794** Auseinandersetzung des Gesamtguts nach Beendigung einer ehelichen oder fortgesetzten Gütergemeinschaft.

1. Internationale Zuständigkeit

a) Staatsverträge
Eine internationale Zuständigkeit der deutschen Nachlaßgerichte insbesondere zur **795** Durchführung von Verwaltungs- und Sicherungsmaßnahmen kann sich im Verhältnis zu einzelnen ausländischen Staaten aus **bilateralen Staatsverträgen** ergeben. So sieht etwa § 2 des Konsularvertrages zwischen dem Deutschen Reich und der Türkischen Republik v 28.5.1929 (RGBl 1930 II 747, dazu Vorbem 158 ff zu Art 25 f) vor, daß die zuständigen Ortsbehörden beim Tode eines Angehörigen des jeweils anderen Staates den Nachlaß versiegeln und ein Nachlaßverzeichnis aufnehmen dürfen; gemäß § 3 des Konsularvertrages soll diese Behörde auch die gebräuchlichen oder gesetzlich vorgeschriebenen Bekanntmachungen über die Nachlaßeröffnung und den Aufruf von Erben oder Gläubigern erlassen. Ebenso bestimmt Art 26 des Konsularvertrages zwischen der Bundesrepublik Deutschland und der UdSSR v 25.4.1958 (BGBl 1959 II 233; vgl Vorbem 191 ff zu Art 25 f), daß die „Feststellung, Verwahrung und Siegelung des Nachlasses" zur Zuständigkeit der örtlichen Behörde gehört (zu weiteren einschlägigen Staatsverträgen vgl Ferid/Firsching Bd II: Deutschland Grdz Rn 246 b ff; Pinckernelle/Spreen DNotZ 1967, 219; s auch Vorbem 200 ff zu Art 25 f).

b) Autonomes Nachlaßverfahrensrecht
Im autonomen deutschen Verfahrensrecht findet sich keine gesetzliche Regelung der **796** internationalen Zuständigkeit der deutschen Nachlaßgerichte (Ausnahme: Erbscheinserteilung nach § 2369 BGB, dazu Rn 829 ff). Der Gesetzgeber hat bei der IPR-Reform im Jahre 1986 angesichts der in diesem Bereich noch offenen Diskussion

---

rensrecht, in: Lauterbach (Hrsg), Vorschläge und Gutachten zur Reform des deutschen internationalen Erbrechts (1969) 141; Will, Zweimalige Testamentseröffnung? Zur Frage, ob das in Österreich „kundgemachte" Testament

eines Deutschen in Deutschland abermals zu eröffnen sei, DNotZ 1974, 273; Zillmann, Die Haftung der Erben im internationalen Erbrecht (1998).

über Grundsatzfragen auf eine Festlegung verzichtet (vgl BT-Drucks 10/504 v 20. 10. 1983 S 92; kritisch GOTTWALD IPRax 1984, 59).

aa) Standpunkt der Rechtsprechung

797 Unter welchen Voraussetzungen eine internationale Zuständigkeit der deutschen Nachlaßgerichte besteht, ist heftig **umstritten**. Die gerichtliche Praxis geht in **ständiger Rechtsprechung** von dem als Gewohnheitsrecht angesehenen Grundsatz aus, daß ein deutsches Gericht (soweit keine staatsvertraglichen Verpflichtungen bestehen) grundsätzlich nur tätig werden darf, wenn auf die Rechtsnachfolge von Todes wegen **deutsches Erbrecht** Anwendung findet (**„Gleichlaufgrundsatz"**, vgl BayObLGZ 1956, 121; 1958, 37; 1961, 177; 1965, 383; 1965, 426; 1967, 5; 1967, 422; 1972, 384; 1974, 224; 1975, 88; 1976, 155; 1986, 469; NJW-RR 1991, 1099; ZEV 1999, 487; KG NJW 1970, 391; OLGZ 1977, 309; OLG Hamm OLGZ 1973, 289; OLG Frankfurt aM OLGZ 1977, 181; OLG Zweibrücken OLGZ 1985, 414; FamRZ 1998, 264; OLG Brandenburg FamRZ 1998, 986; *anders –* aber ohne Begründung – SchlHOLG SchLHA 1978, 38; umfassender Nachw bei BERENBROK 17). Die internationale Zuständigkeit der Nachlaßgerichte wird damit allein auf eine „Statutszuständigkeit" reduziert. Bei Maßgeblichkeit eines ausländischen Erbstatuts wird von den Erbberechtigten erwartet, daß sie etwa erforderlich werdende nachlaßgerichtliche Funktionen von den zuständigen Stellen des lex-causae-Staates vornehmen lassen; nachlaßverfahrensrechtliche Akte des ausländischen Staates können dann im Inland anerkannt werden (vgl Rn 867 ff). Begründet wird der „Gleichlauf" von Sachrecht und Verfahren unter Hinweis auf den engen Zusammenhang von materiellem Erbrecht und Verfahrensvorschriften, der bei der Abwicklung eines ausländischem Recht unterliegenden Nachlasses leicht zu unerwünschten Konflikten führen könne (vgl vBAR II Rn 389 f) sowie mit dem Gedanken, daß im Verhältnis zu Gerichten des lex-causae-Staates Entscheidungswidersprüche vermieden werden müßten („internationaler Entscheidungseinklang", vgl OLG Frankfurt aM OLGZ 1977, 183; OLG Zweibrücken OLGZ 1985, 415; dazu WIETHÖLTER 182).

798 Aus der Sicht dieser Rechtsprechung sind inländische Nachlaßgerichte demnach nur zuständig beim Tode eines *deutschen Erblassers* (Art 25 Abs 1), sofern sich die Erbfolge gemäß Art 3 Abs 3 nicht nach ausländischem Belegenheitsrecht richtet (BayObLGZ 1996, 168; BayObLG NJW-RR 1990, 1033; OLG Zweibrücken FamRZ 1998, 264). Beim Tode *ausländischer Erblasser* besteht eine Zuständigkeit nur insoweit, als der Verstorbene gemäß Art 25 Abs 2 von der Wahlmöglichkeit zugunsten des deutschen Rechts Gebrauch gemacht hat, Art 3 Abs 3 zugunsten des deutschen Belegenheitsrechts eingreift (vgl aber auch Rn 545 f) oder aber ausländisches Kollisionsrecht auf deutsches Recht zurückverweist (Art 4 Abs 1). Ein partieller Renvoi reicht aus (vgl Rn 644 ff); insbesondere liegt eine zuständigkeitsbegründende Rückverweisung auf deutsches Recht vor, wenn das fremde Kollisionsrecht – wie das IPR der anglo-amerikanischen Staaten – für die Nachlaßabwicklung die jeweilige lex fori beruft (vgl BERENBROK 177 Fn 4; dazu Rn 631, 647; zu den verfahrensrechtlichen Konsequenzen vgl Rn 818).

799 Deutsche Nachlaßgerichte sind ferner zuständig beim Tode von *Staatenlosen* (Rn 488 ff), von *Flüchtlingen* iS der Genfer Konvention (Rn 451 ff) und ihnen *gleichgestellter Personen* (Rn 455 ff) mit letztem gewöhnlichen Aufenthalt im Inland, da insoweit deutsches Aufenthaltsrecht zur Anwendung gelangt.

Unterliegt die Erbfolge dagegen **ausländischem Recht**, so soll es an einer **internatio- 800
nalen Zuständigkeit** der deutschen Nachlaßgerichte **fehlen**. Unter Hinweis darauf ist
zB die Vornahme einer „Einantwortung" nach österreichischem Recht (BayObLGZ
1967, 201; 1967, 342; 1971, 44), die Anordnung einer Nachlaßverwaltung (KG OLGZ 1977,
309), die Bestellung eines administrators nach israelischem Recht (BayObLGZ 1976,
156 f); die endgültige Aufbewahrung eines eröffneten Testamentes (KG OLGZ 1970,
226) oder die Entgegennahme einer Anfechtungserklärung (KG OLGZ 1976, 170) abgelehnt worden. Inländische Nachlaßgerichte sollen bei Maßgeblichkeit ausländischen
Erbstatuts auch nicht ohne weiteres einen Testamentsvollstrecker ernennen oder
entlassen (BayObLGZ 1965, 384; Palandt/Edenhofer § 2368 Rn 6; kritisch Pinckernelle/
Spreen DNotZ 1967, 208) oder bei der Nachlaßauseinandersetzung mitwirken können
(vgl Pinckernelle/Spreen DNotZ 1967, 212).

In drei Ausnahmefällen läßt die Rechtsprechung allerdings eine Durchbrechung des **801**
Gleichlaufprinzips zu:

(1) Nach **§ 2369 Abs 1 BGB** könne ein **gegenständlich beschränkter Erbschein** bzw ein
gegenständlich beschränktes Testamentsvollstreckerzeugnis (§§ 2368 Abs 3 iVm
2369 BGB) im Hinblick auf inländische Nachlaßgegenstände auch dann erteilt werden, wenn eine Zuständigkeit der Nachlaßgerichte zur Erteilung eines allgemeinen
Erbscheins bzw allgemeinen Testamentsvollstreckerzeugnisses fehlt. Das ist aus der
Sicht der Gleichlauftheorie gerade dann der Fall, wenn die Erbfolge ausländischem
Recht untersteht (vgl v Bar II Rn 386). Zum Schutze des inländischen Verkehrs begrün-
de § 2369 BGB daher eine internationale Zuständigkeit der deutschen Nachlaßgerichte zur Erteilung eines besonderen „Fremdrechtserbscheins" (ausführlich Rn 829 ff).

Über den Wortlaut des § 2369 BGB hinaus wird eine Zuständigkeit auch für solche **802**
Verrichtungen bejaht, die Voraussetzung sind für die Erteilung eines Erbscheins oder
damit in **engem Sachzusammenhang** stehen. Dies gilt für die *Eröffnung einer Verfügung von Todes* wegen nach §§ 2260 ff BGB, auch wenn deutsches Recht nur auf *eine
von mehreren Nachlaßmassen* anzuwenden ist (BayObLGZ 1958, 40; LG Bonn IPRspr 1954/
55 Nr 209; LG Lübeck IPRspr 1968 Nr 202; IPG 1965/1966 Nr 66 [München] 488), für die *Entgegennahme einer Annahme-* (BayObLGZ 1965, 429; dazu Heldrich NJW 1967, 417), oder
*Ausschlagungs*erklärung (LG Hagen FamRZ 1997, 645; S Lorenz ZEV 1994, 147; IPG 1965/
1966 Nr 66 [München] 488; für analoge Anwendung des § 7 FGG BayObLG ZEV 1994, 177) sowie
für die *Einziehung eines unrichtigen Erbscheins* (BayObLGZ 1971, 37). Diese Maßnahmen des Nachlaßgerichts beurteilen sich ebenso wie die Erbscheinserteilung nach
deutschem Recht; dagegen sind die Voraussetzungen einer Annahme- und Ausschlagungserklärung dem Erbstatut zu entnehmen (Berenbrok 22, vgl auch Rn 108 ff).

(2) Trotz ausländischen Erbstatuts wird unter Hinweis auf völkerrechtlich fundiertes **803**
Gewohnheitsrecht (Raape, Internationales Privatrecht⁵ [1961] 447; vgl auch Ferid Rn 9–90)
eine internationale Zuständigkeit der Nachlaßgerichte für solche Maßnahmen angenommen, die der **Sicherung des Nachlasses** dienen.

Das inländische Nachlaßgericht kann daher Maßnahmen gemäß § 1960 BGB treffen, **804**
dh also einen *Nachlaßpfleger* jedenfalls zur Sicherung des inländischen Nachlasses
bestellen (BGHZ 49, 2; BayObLGZ 1963, 54; 1982, 288; 1982, 334; Pinckernelle/Spreen DNotZ
1967, 215 f; MünchKomm/Birk Art 25 Rn 319), die Anlegung von Siegeln oder die Hinter-

legung von Geld, Wertpapieren und Kostbarkeiten (vgl KG JW 1937, 1729) sowie die Aufnahme eines Nachlaßverzeichnisses anordnen. Zulässig ist auch die Bestellung eines *Pflegers auf Antrag eines Nachlaßgläubigers* gemäß § 1961 BGB (BGHZ 49, 2; BayObLGZ 1963, 54; KG IPRspr 1934 Nr 72; LG Wiesbaden IPRspr 1933 Nr 59; PINCKERNELLE/ SPREEN DNotZ 1967, 215). Das in § 1960 Abs 1 BGB vorausgesetzte Sicherungsbedürfnis fehlt jedoch bzw entfällt regelmäßig, wenn der Erblasser eine Fürsorgeperson (Testamentsvollstrecker, Nachlaßpfleger usw) benannt hatte oder eine solche Person von der zuständigen ausländischen Stelle nach Maßgabe des Erbstatuts bestellt worden und dieser Rechtsakt im Inland anzuerkennen ist (vgl PINCKERNELLE/SPREEN DNotZ 1967, 200; dazu Rn 870 f).

805 Deutsche Nachlaßgerichte sind ferner (*auch* unter dem Gesichtspunkt der Nachlaßsicherung, vgl schon Rn 802) international zuständig, eine *Testamentseröffnung* vorzunehmen (BayObLG OLGE 40, 161; LG Bonn IPRspr 1954/55 Nr 209; PINCKERNELLE/SPREEN DNotZ 1967, 201 f). Da sich das Vorhandensein fürsorgebedürftiger Nachlaßwerte im Inland nie völlig ausschließen läßt, steht es praktisch im Ermessen der Nachlaßgerichte, ob sie ein Ausländertestament eröffnen wollen (PINCKERNELLE/SPREEN DNotZ 1967, 201 f). Ist eine Verfügung von Todes wegen bereits im Ausland von einer zuständigen Stelle eröffnet worden, bedarf es keiner nochmaligen Eröffnung durch ein inländisches Gericht (näher STAUDINGER/BAUMANN [1996] § 2260 Rn 22; PINCKERNELLE/ SPREEN DNotZ 1967, 202; WILL DNotZ 1974, 273 [Österreich]).

806 Deutsche Nachlaßgerichte sind schließlich international zuständig, die in § 2259 BGB vorgeschriebene *Ablieferung eines Testaments* und dessen *Verwahrung* zu erzwingen (KG OLGE 18, 356; BERENBROK 22 mwN). Ein vor einem deutschen Notar von einem Ausländer errichtetes Testament ist in amtliche Verwahrung zu nehmen (§ 34 BeurkG).

807 Welche Sicherungsmaßnahmen erforderlich und unter welchen Voraussetzungen sie zu treffen sind, entscheidet das *deutsche Recht* (vgl BayObLGZ 1963, 52; OLG Hamburg NJW 1960, 1207; PINCKERNELLE/SPREEN DNotZ 1967, 200; MünchKomm/BIRK Art 25 Rn 317; BERENBROK 23); es bestimmt insbesondere die Rechtsstellung und Aufgaben eines Nachlaßpflegers (PINCKERNELLE/SPREEN DNotZ 1967 200). Zulässig ist auch die Anordnung von Maßnahmen, welche das Erbstatut nicht kennt (BGHZ 45, 2).

808 (3) Ausnahmsweise akzeptiert die Rechtsprechung über diese beiden Fallgruppen hinaus eine Erweiterung der internationalen Zuständigkeit dann, wenn die Erben andernfalls *rechtsschutzlos* blieben (**Notzuständigkeit**, vgl DÖLLE RabelsZ 1962/1963, 220 ff). Das ist der Fall, wenn sich die Behörden des Erbstatut-Staates für unzuständig erklären oder ein Tätigwerden aus anderen Gründen ablehnen, so daß in dem Staat, dessen Recht aus der Sicht des deutschen IPR in der Sache maßgibt, keine Nachlaßabwicklung erfolgen könnte (vgl BayObLGZ 1965, 430 ff [ausnahmsweise Zuständigkeit zur Anordnung einer Inventarerrichtung nach italienischem Recht, dazu HELDRICH NJW 1967, 418 ff; PINCKERNELLE/SPREEN DNotZ 1967, 219; ZILLMANN 53 ff]; OLG Frankfurt aM OLGZ 1977, 184; OLG Hamm OLGZ 1973, 292 [Entlassung eines Testamentsvollstreckers]; OLG Zweibrücken IPRax 1987, 108 [Erteilung eines Fremdrechtserbscheins für im Ausland belegenen Grundbesitz grundsätzlich für möglich erachtet, dazu WITZ/BOPP IPRax 1987, 84; vgl auch BayObLGZ 1961, 178 f]; KG DNotZ 1970, 673; BayObLGZ 1976, 157 [Anordnung einer Nachlaßverwaltung wegen mangelnder Rechtsschutzlosigkeit abgelehnt]; LG Berlin RPfleger 1971, 400 [endgültige Inverwahrnahme eines

Testaments im konkreten Fall abgelehnt]). Eine Notzuständigkeit zur Entlassung eines Testamentsvollstreckers wird jedenfalls dann abgelehnt, wenn der Erblasser seinen Wohnsitz im Ausland gehabt und dort Vermögen hinterlassen hat (BayObLG ZEV 1999, 487). – Zur Erteilung eines Erbscheins *anstelle* einer Einantwortung nach österreichischem Recht bei Untätigkeit bzw Selbstbeschränkung der österreichischen Gerichte vgl BayObLGZ 1967, 202; 1971, 44; LG Köln MittRhNotK 1990, 285 u dazu Anh zu Art 25, 26 Rn 497.

Die auf eine Notzuständigkeit gestützten Maßnahmen werden von der Praxis zT nach **809** deutschem Recht getroffen (vgl BayObLGZ 1965, 437; OLG Hamm OLGZ 1973, 293; IPG 1965/66 Nr 46 [München] 494; für Heranziehung des Erbstatuts ERMAN/HOHLOCH Art 25 Rn 45; BERENBROK 24).

bb) Kritik des Schrifttums

Die Ausgangsposition der Rechtsprechung – Gleichlauf von internationaler Zustän- **810** digkeit und anwendbarem Recht – hat im **Schrifttum** zunehmend **Kritik** erfahren (vgl nur KEGEL/SCHURIG § 21 IV 2; SOERGEL/SCHURIG Art 25 Rn 49 f; WIETHÖLTER 182 ff; HELDRICH 199 ff, 211 ff; ders NJW 1967, 419 ff; PALANDT/HELDRICH Art 25 Rn 18; KROPHOLLER § 51 V 1; MünchKomm/SONNENBERGER Einl Rn 419 ff; MünchKomm/BIRK Art 25 Rn 316 ff; BERENBROK 48 ff [umfassender Nachw 32 Fn 103]; zurückhaltend aber ERMAN/HOHLOCH Art 25 Rn 45; ZILL-MANN 46). Ihr wird vor allem entgegengehalten, daß die strenge Durchführung des Gleichlaufprinzips bei Fremdrechtsnachlässen zu einer Rechtsverweigerung führen könne (HELDRICH 237; SCHLECHTRIEM 10; vgl aber auch WIETHÖLTER 178).

In der Tat ist die **Gleichlauftheorie abzulehnen**. Aus **methodischer Perspektive** ist nicht **811** einsichtig, warum ein Gleichlauf von Sachrecht und Verfahren gerade im Recht der Freiwilligen Gerichtsbarkeit – und dort im wesentlichen beschränkt auf die Nachlaß-gerichtsbarkeit – praktiziert werden soll; während im übrigen Internationalen Ver-fahrensrecht die internationale Zuständigkeit aus der örtlichen abgeleitet werden kann (MünchKomm/SONNENBERGER Einl Rn 422; BERENBROK 250 f). Die vorgeblich enge Verbindung von Sach- und Verfahrensrecht stellt sich als Qualifikationsproblem dar, das mit den üblichen Methoden zu bewältigen ist (HELDRICH NJW 1967, 420; BEREN-BROK 248 ff). Zwar führt die prinzipielle Verweisung der Erben an die Nachlaßgerichte des lex-causae-Staates angesichts der praktizierten Notzuständigkeit (Rn 808) nicht zu einer völligen Rechtsschutzverweigerung, bürdet den Erben jedoch uU beträchtliche **Kostennachteile** und **Verfahrensverzögerungen** auf (BERENBROK 70 f). Der Gedanke des internationalen Entscheidungseinklangs schließlich läßt sich bei der Durchführung der Nachlaßabwicklung angesichts häufig eintretender Nachlaßspaltungen (Rn 723 ff) einerseits und der auch von der Rechtsprechung praktizierten Ausnahmen vom Gleichlaufprinzip andererseits ohnehin nicht vollständig durchhalten (BERENBROK 74).

Daher sollte auch im Internationalen Nachlaßverfahrensrecht die internationale aus **812** der örtlichen Zuständigkeit (§§ 73, 74 FGG) abgeleitet werden. Danach besteht eine internationale Zuständigkeit der deutschen Gerichte für nachlaßbezogene Maßnah-men (KEGEL/SCHURIG § 21 IV 2; SOERGEL/SCHURIG Art 25 Rn 50 ff; zustimmend MünchKomm/ BIRK Art 25 Rn 320; BERENBROK 46 ff mwN, 84 ff), wenn
(1) der Erblasser im Inland zuletzt seinen gewöhnlichen oder schlichten Aufenthalt hatte (§ 73 Abs 1 FGG analog: **Aufenthaltszuständigkeit**);

Heinrich Dörner

(2) der Erblasser zum Zeitpunkt seines Todes die deutsche Staatsangehörigkeit besaß (§ 73 Abs 2 FGG analog: **Staatsangehörigkeitszuständigkeit**);

(3) Nachlaßgegenstände sich im Inland befinden (§ 73 Abs 3 FGG analog: **Belegenheitszuständigkeit**);

(4) darüber hinaus im Inland ein Bedürfnis der Fürsorge für Erbberechtigte oder Nachlaßgläubiger hervortritt (§ 74 FGG analog: **Fürsorgebedürfniszuständigkeit**).

813 Eine besondere „Statutszuständigkeit" (Rn 797) oder „Notzuständigkeit" (Rn 808) ist daneben nicht erforderlich (KEGEL/SCHURIG § 21 IV 2; anders SOERGEL/SCHURIG Art 25 Rn 50 Fn 17 („schadet nicht")). Der Wortlaut des § 2369 Abs 1 BGB spricht nicht gegen diesen Standpunkt; die Bestimmung ist nicht als *Ausnahme zum Gleichlaufprinzip*, sondern als *Bestätigung der Belegenheitszuständigkeit* des § 73 Abs 3 FGG aufzufassen (KEGEL/SCHURIG § 21 IV 4).

814 Ungeachtet der vorgenannten Zuständigkeitsregeln kann ein Nachlaßgericht seine Tätigkeit jedoch verweigern, wenn ihm eine **„wesensfremde"**, dh das Funktionsvermögen inländischer Gerichte überschreitende **Tätigkeit** abverlangt werden sollte (vgl KROPHOLLER § 57 II; BERENBROK 140 ff; aus der Rspr grundsätzlich BGHZ 47, 338 f). So wird ein deutsches Nachlaßgericht zB keine Verteilung des Nachlasses nach eigenem billigen Ermessen vornehmen können (BERENBROK 144; vgl auch schon HELDRICH 263). Prinzipiell sollte diese Verfahrensvoraussetzung eigener Art (KROPHOLLER § 57 II 1) jedoch nicht zum Nachteil der Parteien „eng und ängstlich verstanden werden" (KEGEL/SCHURIG § 21 IV 2). Eine Einantwortung nach österreichischem Recht zB sollte *nicht* als „wesensfremd" angesehen werden (KEGEL/SCHURIG § 21 IV 2; SOERGEL/SCHURIG Art 25 Rn 58; HELDRICH 261; SCHLECHTRIEM 36 f; KOPP 105; **aA** BayObLGZ 1967, 201; 1971, 44; vCRAUSHAAR 96).

815 Ist danach im konkreten Fall eine internationale Zuständigkeit der deutschen Nachlaßgerichte zu bejahen, so folgt daraus freilich nicht, daß der Staat, dessen Recht in der Sache Anwendung findet, die Maßnahmen des deutschen Gerichts auch *anerkennt* bzw – soweit daran materiellrechtliche Wirkungen geknüpft sind – die Tätigkeit der eigenen Gerichte und Behörden durch die Verrichtung des deutschen Nachlaßgerichts zu *substituieren* bereit ist (zur Substitution im allgemeinen vgl Rn 762 ff). Darüber entscheidet jeweils das Internationale Privat- bzw Verfahrensrecht des betreffenden Staates selbst. Verlangt zB ein ausländisches Erbstatut, daß eine Ausschlagungserklärung gegenüber einem Nachlaßgericht erklärt werden muß, so befindet es aufgrund seiner eigenen Substitutionsregeln auch darüber, ob eine gegenüber einem fremden – etwa: deutschen – Nachlaßgericht abgegebene Erklärung ausreicht (vgl Rn 771).

816 Diese Erwägungen greifen zB Platz bei der Beantwortung der Frage, ob ein deutsches Gericht einen Nachlaß nach Maßgabe des österreichischen Erbrechts durch Beschluß *einantworten* kann (wodurch erst der Tatbestand der Sukzession erfüllt wird, vgl HOYER IPRax 1986, 346 u Anh zu Art 25, 26 Rn 497). Ein Teil des Schrifttums verneint diese Frage, weil an die Einantwortung nach österreichischem Recht rechtsgestaltende Wirkungen geknüpft seien, die das österreichische Recht nur bei Tätigwerden eines österreichischen Gerichts anerkennen werde (LÜDERITZ Rn 422; **aA** KEGEL/SCHURIG § 21 IV 2; HELDRICH 261). Hier ist zu unterscheiden: Hatte der österreichische Erblasser seinen letzten gewöhnlichen Aufenthalt in der Bundesrepublik, so besteht eine inter-

nationale Zuständigkeit der deutschen Gerichte analog § 73 Abs 1 FGG; dem deutschen Verfahrensrecht „wesensfremd" ist ein Einantwortungsbeschluß nicht (vgl Rn 814). Ob das österreichische Recht einen entsprechenden Beschluß anerkennen bzw ihm die im ABGB vorgesehenen rechtsgestaltenden Wirkungen beimessen würde, steht in der Tat auf einem anderen Blatt und ist nach österreichischem Recht zu entscheiden. Nachdem österreichische Nachlaßgerichte offenbar dazu neigen, jedenfalls bei ausschließlich im Ausland belegenem Nachlaß trotz gegebener internationaler Zuständigkeit keine eigene Verlassenschaftsabhandlung durchzuführen (so FERID/FIRSCHING Bd IV: Österreich Grdz Rn 18; FIRSCHING DNotZ 1963, 338 u IPRax 1983, 167), erscheinen Anerkennung und Substitution immerhin nicht von vornherein ausgeschlossen.

Steht bei Einleitung eines Verfahrens vor einem deutschen Nachlaßgericht mit **817** Sicherheit fest, daß nach den Bestimmungen des Erbstatuts eine Anerkennung der vom deutschen Nachlaßgericht vorgenommenen Maßnahme bzw eine Substitution nicht in Frage kommt, kann das **Rechtsschutzbedürfnis** für die Durchführung des betreffenden Verfahrens fehlen (vgl MünchKomm/SONNENBERGER Einl Rn 426).

Folgt man in der Frage der internationalen Zuständigkeit der im Schrifttum vorherr- **818** schenden Auffassung, so haben die deutschen Nachlaßgerichte die inhaltlichen Voraussetzungen ihres Tätigwerdens grundsätzlich nach den Bestimmungen des (deutschen oder ausländischen) *Erbstatuts*, die anstehenden Verfahrensfragen nach der deutschen *lex fori* zu beurteilen. Verweist das ausländische Erbkollisionsrecht allerdings für die materiellen Bedingungen der Nachlaßabwicklung auf das deutsche Recht zurück, kommen die Abwicklungstechniken der lex fori zum Zuge. So bedarf es beispielsweise keiner Bestellung eines „administrator" iS des englischen oder US-amerikanischen Rechts für das im Inland befindliche Nachlaßvermögen, nachdem diese Rechtsordnungen im Hinblick auf die „administration" auf die lex fori verweisen (vgl Rn 631) und das deutsche Recht die Nachlaßverteilung nicht durch einen „Zwischenberechtigten", sondern von den Erben selber vornehmen läßt (vgl FIRSCHING, Deutsch-amerikanische Erbfälle [1965] 116 ff, 120 ff; FERID Rn 9–82; BERENBROK 218 ff, 231 ff; aA SOERGEL/SCHURIG Art 25 Rn 58; vgl auch Rn 855).

Detailuntersuchungen zur Abgrenzung der auf dem Gebiet der Nachlaßabwicklung **819** eng verzahnten Komplexe des materiellen und Verfahrensrechts sind noch spärlich (vgl aber KOPP 97 ff, 115 ff; ZILLMANN insbes 51 ff). Die sich aus der Verklammerung von Sach- und Verfahrensfragen ergebenden Anpassungsprobleme sind entweder durch eine Modifizierung inländischer Verfahrensregeln oder aber dadurch zu bewältigen, daß die von einem fremden Erbstatut vorgeschriebenen Nachlaßabwicklungsmaßnahmen durch funktionsgleiche Rechtsinstitute des deutschen Rechts ersetzt werden (eingehend BERENBROK 115 ff). Stets nach der lex fori richten sich in jedem Fall kraft ausdrücklicher gesetzlicher Anordnung die Erteilung eines Fremdrechtserbscheins (vgl Rn 829 ff) sowie wegen ihres vorläufigen Charakters die in Rn 803 ff erwähnten Sicherungsmaßnahmen (analog Art 24 Abs 3, vgl dazu auch STAUDINGER/KROPHOLLER [1996] Art 24 nF Rn 17). Sieht das ausländische Erbstatut bestimmte Maßnahmen nicht vor, kann ein deutsches Nachlaßgericht nicht tätig werden. So kann es zB keine Ausschlagungserklärung entgegennehmen, wenn das fremde Erbstatut den Vorgang der Erbausschlagung nicht kennt (KEGEL/SCHURIG § 21 IV 2).

cc) Internationale und örtliche Zuständigkeit

820 Für die **örtliche Zuständigkeit** der Nachlaßgerichte ist ohne Belang, ob auf den Erbfall deutsches oder ausländisches Recht Anwendung findet (KG OLGZ 1969, 285); sie ergibt sich aus den §§ 73, 74 FGG. Primär zuständig ist danach das Gericht am letzten Wohnsitz bzw Aufenthalt des Erblassers (§ 73 Abs 1 FGG). Hilfsweise besteht für deutsche Erblasser eine Zuständigkeit des AG Berlin-Schöneberg (§ 72 Abs 2 FGG), für ausländische Erblasser am Ort der Belegenheit inländischer Nachlaßgegenstände (§ 72 Abs 3 FGG, vgl BayObLG IPRspr 1978 Nr 195). Für Sicherungsmaßnahmen ist jedes Gericht zuständig, in dessen Bezirk ein Fürsorgebedürfnis hervortritt (§ 74 FGG). Hatte der Erblasser seinen Wohnsitz bzw Aufenthalt in einem Gebiet, in dem deutsche Gerichtsbarkeit nicht mehr ausgeübt wird, gilt § 7 des Zuständigkeitsergänzungsgesetzes v 7. 8. 1952 (BGBl 1952 I 407: Belegenheitszuständigkeit, hilfsweise Zuständigkeit des AG Berlin-Schöneberg).

821 In der Frage, ob zunächst die örtliche oder zunächst die internationale Zuständigkeit festgestellt werden muß, verfährt die Praxis nicht einheitlich; für vorrangige Prüfung der internationalen Zuständigkeit BayObLGZ 1957, 213; für Vorrang der örtlichen Zuständigkeit dagegen KG FamRZ 1958, 426; NJW 1961, 884; OLG Hamm NJW 1969, 385 m Anm COHN 992. **Richtig** ist es, **zunächst die internationale Zuständigkeit festzustellen.** Fehlt sie nämlich, ist es einem deutschen Gericht bereits verwehrt, sich mit der Frage der örtlichen Zuständigkeit zu befassen. Im übrigen besteht aus Gründen der Prozeßökonomie auch ein nachhaltiges Interesse der Parteien daran, möglichst rasch zu erfahren, ob sich ein inländisches Gericht ihrer Sache überhaupt annehmen wird (ausführlich COHN NJW 1969, 992 f).

2. Insbesondere: Erteilung und Einziehung amtlicher Zeugnisse*

a) Erbschein
aa) Allgemeines

822 Ein Erbschein iS der §§ 2353 ff BGB ist ein zur Erleichterung des Rechtsverkehrs aus der Sicht des deutschen Rechts formuliertes amtliches Zeugnis über die Erbfolge.

---

* **Schrifttum:** BAB, Erbschein nach Erblassern, die ihren letzten Wohnsitz außerhalb Deutschlands hatten, JR 1951, 236; BECK, Gegenständlich beschränkter Erbschein, DNotZ 1951, 504; FIRSCHING, Behandlung der Nachlässe von Ausländern in der Praxis des Notars, DNotZ 1952, 330; ders, Aktuelle Fragen des Erbscheinrechts, DNotZ 1960, 565, 640; GREIF, Der Nießbrauch des überlebenden Ehegatten nach schweizerischem, italienischem und französischem Recht im Erbschein nach § 2369 BGB, MDR 1965, 447; GOTTHEINER, Zur Anwendung englischen Erbrechts auf Nachlässe in Deutschland, RabelsZ 1956, 36; GRIEM, Probleme des Fremdrechtserbscheins gemäß § 2369 BGB (1990); GUGGUMOS, Einfluß der Spaltung eines Ausländernachlasses auf den deutschen Erbschein, DFG 1938, 28; JOHNEN, Die Behandlung von Erbscheinsanträgen mit Auslandsberührung in der notariellen Praxis, MittRhNotK 1986, 57; KARLE, Behandlung von Ausländernachlässen und Erteilung von Erbscheinen mit Auslandsberührung durch das Nachlaßgericht, Die Justiz 1966, 107; ders, Erbfälle mit Auslandsberührung, BWNotZ 1970, 78; KÜHLEWEIN, Die Erbscheinserteilung nach Ausschlagung amerikanischer Erben, NJW 1963, 142; MARX, Die Grundregeln des amerikanischen Erbrechts und die Ausstellung eines Teilerbscheins nach § 2369 BGB, NJW 1953; 529; PINCKERNELLE/SPREEN, Das internationale Nachlaßverfahrensrecht, DNotZ 1967, 195; H ROTH, Gegenständlich beschränkter Erbschein und Fremdrechts-Testamentsvollstreckerzeugnis im Grundbuchverfah-

Unter welchen Voraussetzungen und mit welchem Inhalt ein Erbschein in Fällen mit Auslandsberührung *auszustellen* ist, hängt zunächst davon ab, ob der Erblasser zum Zeitpunkt des Todes die deutsche (Rn 825 ff) oder eine ausländische Staatsangehörigkeit (Rn 829 ff) besaß.

Die internationale Zuständigkeit zur **Einziehung** eines von einem deutschen Nach- **823** laßgericht unrichtig erteilten Erbscheins ergibt sich aus den §§ 73 f FGG (analog) iVm § 2361 BGB. *Ob* ein Erbschein als *„unrichtig"* iS des § 2361 BGB anzusehen ist, beurteilt sich nach dem maßgebenden Erbstatut. Unrichtigkeit liegt aber auch vor, wenn der Erbschein ein falsches Erbstatut (vgl Rn 840) ausweist (MünchKomm/Birk Art 25 Rn 353). Fehlte bereits die *internationale Zuständigkeit* zur Erteilung, folgt allein aus diesem Umstand eine Zuständigkeit zur Einziehung und damit zur Beseitigung des rechtswidrigen Zustands (BayObLGZ 1964, 292; 1971, 37; 1981, 147; 1982, 335; BayObLG RPfleger 1975, 304; Soergel/Kegel Vor Art 24 Rn 80; MünchKomm/Birk Art 25 Rn 352).

Zur Anerkennung ausländischer Erbscheine vgl Rn 874 ff. Zur Erbscheinserteilung **824** in deutsch-deutschen Rechtsbeziehungen Rn 945 ff.

bb) Deutscher Erblasser
War der Erblasser Deutscher, ergibt sich die **internationale Zuständigkeit** der inlän- **825** dischen Nachlaßgerichte zur Erteilung eines Erbscheins nach der hier vertretenen Auffassung aus einer analogen Anwendung des § 73 Abs 1 (Wohnsitz im Inland) bzw jedenfalls Abs 2 FGG (Rn 812), aus der Sicht der Gleichlauftheorie dagegen aus der ungeschriebenen Regel, daß bei Anwendbarkeit deutschen Erbrechts (vgl Art 25 Abs 1) auch eine internationale Zuständigkeit der deutschen Nachlaßgerichte besteht (Rn 797).

Erteilt wird in diesem Fall ein **allgemeiner Erbschein** iS des **§ 2353 BGB**, der nach **826** Maßgabe des deutschen Rechts das Erbrecht, die Erbquote sowie etwa durch Nacherbschaft (§ 2353 Abs 1 BGB) oder Testamentsvollstreckung (§ 2364 Abs 1 BGB) bestehende Beschränkungen bezeugt. Dieser allgemeine Erbschein bezieht sich grundsätzlich auf den gesamten Nachlaß, ohne Rücksicht auf die Belegenheit der einzelnen Nachlaßgegenstände (BayObLG NJW-RR 1990, 1033; vgl aber Rn 827). Die hM spricht hier von einem „Eigenrechtserbschein" (vgl Raape, Internationales Privatrecht[5] [1961] 448).

---

ren, IPRax 1991, 322; Schack, Die verfahrensmäßige Behandlung von Nachlässen im anglo-amerikanischen und internationalen Zivilverfahrensrecht, in: Schlosser (Hrsg), Die Informationsbeschaffung für den Zivilprozeß – Die verfahrensmäßige Behandlung von Nachlässen, Ausländisches Recht und Internationales Zivilprozeßrecht (1996) 241; Schotten, Probleme des Internationalen Privatrechts im Erbscheinsverfahren, RPfleger 1991, 181; Schwenn, Die Anwendung der §§ 2369 und 2368 BGB auf Erbfälle mit englischem und amerikanischem Erbstatut, NJW 1952, 1113; ders, Die Erteilung eines Erbscheins nach § 2369 BGB in deutsch-amerikanischen Nachlaßfällen 1953, 1580; Taupitz, Deutscher Fremdrechtserbschein und schweizerisches Pflichtteilsrecht, IPRax 1988, 207; Weithase, Geltungsvermerke im allgemeinen Erbschein. Vererbung von Auslandsnachlaß deutscher Erblasser nach fremdem Recht, RPfleger 1985, 267; Wengler, Fragen des deutschen Erbscheinsrechts für Nachlässe, auf die englisches Intestaterbrecht anwendbar ist, JR 1955, 41; Witz/Bopp Zur internationalen Zuständigkeit deutscher Nachlaßgerichte im Erbscheinsverfahren, IPRax 1987, 83.

827 Richtet sich die Erbfolge aus der Sicht des deutschen IPR nicht nach deutschem, sondern aufgrund eines Staatsvertrages (näher Vorbem 177 u 195 zu Art 25 f) oder aufgrund der Verweisung des Art 3 Abs 3 (Rn 521) partiell nach **ausländischem Belegenheitsrecht**, so wird dies von der Praxis einschränkend im Erbschein vermerkt (BayObLGZ 1959, 399 f; 1982, 238; 1996, 168; KG OLGZ 1984, 431; zustimmend etwa Münch-Komm/Birk Art 25 Rn 351; Firsching IPRax 1983, 167), so etwa mit dem Hinweis: „Dieser Erbschein gilt nicht für den im Staate X belegenen Nachlaß" (vgl BayObLGZ 1982, 238). Ein solcher Geltungsvermerk hat allerdings nur *deklaratorischen Charakter*, weil ein (Eigenrechts-)Erbschein lediglich die (nach *deutschem* Recht eingetretene) *Erben*-stellung einer Person bezeugt und die Zugehörigkeit bestimmter Gegenstände zum Nachlaß nicht ausweist. Daß in bestimmte Nachlaßgegenstände eine Sondererbfolge nach *fremdem Recht* eingetreten ist, verlautbart er dagegen von vornherein nicht. Auch ohne den von der Praxis vorgenommenen einschränkenden Geltungsvermerk würde ein von einem deutschen Nachlaßgericht ausgestellter Eigenrechtserbschein mithin keinerlei Rechtswirkungen hinsichtlich der im Ausland belegenen und ausländischem Recht unterstehenden Vermögenswerte äußern; eine Einziehung nach § 2361 BGB ist nicht erforderlich (Weithase RPfleger 1985, 358; zustimmend Palandt/Edenhofer § 2353 Rn 4; vgl auch Johnen MittRhNotK 1986, 73; Köster Rpfleger 1991, 100; Schotten Rpfleger 1991, 184; Bestelmeyer RPfleger 1992, 229; zur Parallelproblematik im deutschen interlokalen Recht vgl näher Rn 937).

828 Hinterläßt der Erblasser Vermögenswerte im Ausland, die gemäß Art 25 Abs 1 nach deutschem materiellen Recht vererbt werden, so ist der mit dem Erschein verbundene *Verkehrsschutz de facto eingeschränkt*, weil ein Vertragspartner nicht ohne weiteres sicher sein kann, daß der Belegenheitsstaat die Erbfolge in derselben Weise beurteilt.

cc) Ausländischer Erblasser

829 Geht man davon aus, daß sich die internationale Zuständigkeit der Nachlaßgerichte aus den Vorschriften der §§ 73 f FGG über die örtliche Zuständigkeit ableiten läßt und § 2369 BGB als ergänzende Bestimmung zu der sich aus § 73 Abs 3 FGG ergebenden Belegenheitszuständigkeit hinzutritt (Rn 812 f), so muß folgerichtig bei inländischem Wohnsitz oder Aufenthalt eines Erblassers mit ausländischer Staatsangehörigkeit – gestützt auf § 73 Abs 1 FGG analog – ein (*ausländisches* Erbrecht ausweisender) allgemeiner Erbschein nach § 2353 BGB, in Ermangelung eines inländischen Wohnsitzes oder Aufenthalts dagegen – gestützt auf §§ 73 Abs 3 analog iVm 2369 Abs 1 BGB – ein auf das inländische Vermögen beschränkter Erbschein nach § 2369 BGB erteilt werden (so konsequent Soergel/Schurig Art 25 Rn 64; vgl auch Berenbrok 61). Allerdings fehlt für einen Antrag auf Ausstellung eines Zeugnisses, das die nach fremdem Recht bestehenden erbrechtlichen Verhältnisse an Vermögenswerten im Ausland ausweist, möglicherweise das *Rechtsschutzbedürfnis*, wenn ein deutscher Erbschein zB im Belegenheitsstaat nicht erforderlich ist oder nicht anerkannt werden würde (vgl Witz/Bopp IPRax 1987, 85; Dörner IPRax 1994, 364).

830 Die **Praxis verfährt anders**; auf sie bezieht sich die nachfolgende Darstellung in den Rn 830–863. Die deutschen Nachlaßgerichte erteilen nämlich – auf dem Boden des Gleichlaufgrundsatzes (Rn 797) – einen allgemeinen Erbschein nach § **2353 BGB** als „**Eigenrechtserbschein**" (Rn 826) nur insoweit, als sich die Erbfolge beim Tode eines ausländischen Erblassers aufgrund staatsvertraglicher Regelung (Vorbem 171, 195 zu

Art 25), infolge einer Rechtswahl gemäß Art 25 Abs 2 (Rn 461 ff), in Anbetracht der Belegenheitsanknüpfung gemäß Art 3 Abs 3 (vgl aber Rn 545 ff) oder als Ergebnis eines Renvois (Rn 638 ff) nach **deutschem Recht** richtet.

Unterliegt die Erbfolge dagegen **ausländischem Recht**, so wird lediglich – ohne Rück- **831** sicht darauf, ob der Erblasser seinen letzten Wohnsitz oder gewöhnlichen Aufenthalt im Inland oder Ausland hatte – ein auf das inländische Vermögen beschränkter Erbschein nach § 2369 BGB ausgegeben (Raape, Internationales Privatrecht⁵ [1961] 448: „**Fremdrechtserbschein**"; MünchKomm/Birk Art 25 Rn 328 ff). Auf welche im Inland belegenen Gegenstände sich der Erbschein im einzelnen bezieht, wird nicht angeführt.

Tritt **Nachlaßspaltung** (Rn 723 ff) in der Weise ein, daß sich das inländische unbeweg- **832** liche Vermögen aufgrund der in Rn 830 erwähnten Anknüpfungsregeln nach deutschem, das im Inland belegene bewegliche Vermögen dagegen nach dem ausländischen Heimat- oder Wohnsitzrecht des Erblassers vererbt, ist folgerichtig gemäß §§ 2353, 2369 BGB ein **kombinierter Eigen- und Fremdrechtserbschein** zu erteilten, der in ein und derselben Urkunde zusammengefaßt werden kann (BayObLGZ 1971, 39; BayObLG DNotZ 1984, 48; MünchKomm/Birk Art 25 Rn 348; Firsching/Graf⁸ [2000] Rn 2.102).

Soweit die Erbfolge danach nur partiell dem deutschen Recht untersteht, vermerkt **833** die Praxis auch in einem gemäß § 2353 BGB zu erteilenden „allgemeinen Erbschein", daß er sich lediglich auf bestimmte Nachlaßgegenstände bezieht (etwa: das im Inland belegene unbewegliche Vermögen) bzw auf bestimmte Nachlaßgegenstände (etwa: das im Ausland belegene unbewegliche Vermögen) *nicht* bezieht (BayObLGZ 1967, 8; 1967, 430; 1971, 39; 1980, 47; BayObLG NJW 1960, 776 f; KG RPfleger 1977, 308; OLG Köln NJW 1955, 755; DNotZ 1993, 172; OLG Zweibrücken RPfleger 1994, 466; OLG Brandenburg FamRZ 1998, 986; MünchKomm/Birk Art 25 Rn 347). Hat der Erblasser von der Wahlmöglichkeit des *Art 25 Abs 2* nur hinsichtlich *einzelner Grundstücke* Gebrauch gemacht (vgl Rn 503), ist dem durch Aufführung der betreffenden Grundstücke im Eigenrechtserbschein Rechnung zu tragen (Siehr IPRax 1987, 7; Dörner DNotZ 1988, 86; MünchKomm/Birk Art 25 Rn 347).

Beispiele: **834**

(1) Tod eines dänischen Staatsangehörigen mit letztem Wohnsitz in der Bundesrepublik. Deutsches Erbstatut, weil das von Art 25 Abs 1 berufene dänische Kollisionsrecht auf das Recht des letzten Wohnsitzes zurückverweist. Erteilt wird (vgl aus der Sicht der hM Staudinger/Schilken [1997] § 2369 Rn 4) ein allgemeiner Erbschein nach § 2353 BGB (etwa: „. . . ist kraft Rückverweisung nach deutschem Recht beerbt worden von . . .")

(2) Tod eines italienischen Staatsangehörigen mit Nachlaß in der Bundesrepublik. Italienisches Erb- **835** statut, weil das von Art 25 Abs 1 berufene italienische Kollisionsrecht diese Verweisung annimmt. Die Praxis (vgl Staudinger/Schilken [1997] § 2369 Rn 3) erteilt – ohne Rücksicht auf den letzten Wohnsitz oder Aufenthalt des Erblassers (vgl Rn 831) – einen gegenständlich beschränkten Erbschein nach § 2369 BGB hinsichtlich des im Inland belegenen Vermögens (etwa: „. . . ist unter Beschränkung auf den inländischen Nachlaß und in Anwendung italienischen Rechts beerbt worden von . . .", vgl Firsching/Graf⁸ [2000] Rn 2.101).

(3) Tod eines englischen Erblassers mit letztem domicil in Deutschland. Der inländische Nachlaß **836**

Heinrich Dörner

besteht aus beweglichem und unbeweglichem Vermögen. Das von Art 25 Abs 1 berufene englische Kollisionsrecht verweist hinsichtlich des beweglichen Vermögens auf deutsches Recht als Recht des letzten Erblasserdomizils, hinsichtlich des unbeweglichen Vermögens auf die deutsche lex rei sitae zurück. Die Praxis (vgl STAUDINGER/SCHILKEN [1997] § 2369 Rn 5) erteilt einen sog Eigenrechtserbschein nach § 2353 BGB, in dem vermerkt wird, daß er sich, was das unbewegliche Vermögen angeht, auf die im Inland belegenen Gegenstände beschränkt (etwa: „... ist kraft Rückverweisung nach deutschem Recht beerbt worden von ... Hinsichtlich des unbeweglichen Nachlasses gilt dieser Erbschein nur insoweit, als es sich im Inland befindet.")

837 (4) Tod eines englischen Erblassers mit letztem domicil in England. Der inländische Nachlaß besteht aus beweglichem und unbeweglichem Vermögen. Das von Art 25 Abs 1 berufene englische Kollisionsrecht führt zu einer Nachlaßspaltung: Die Rechtsnachfolge in das bewegliche Vermögen richtet sich nach englischem Recht als dem Recht des letzten Erblasserdomizils, hinsichtlich des unbeweglichen Vermögens gilt kraft Rückverweisung die deutsche lex rei sitae. Nach hM (STAUDINGER/SCHILKEN [1997] § 2369 Rn 5) weist hier ein allgemeiner Erbschein (§ 2353 BGB) die Erbfolge in das inländische unbewegliche, ein beschränkter Erbschein (§ 2369 BGB) die Erbfolge in das inländische bewegliche Vermögen aus; beide Erbscheine können in einer Urkunde zusammengefaßt werden. (Formulierung etwa: „ist beerbt worden 1. kraft Rückverweisung unter Anwendung deutschen Rechts von ... Dieser Erbschein gilt nur im Hinblick auf den im Inland befindlichen unbeweglichen Nachlaß; 2. unter Beschränkung auf den im Inland befindlichen beweglichen Nachlaß in Anwendung englischen Rechts von ...", vgl FIRSCHING/GRAF[8] [2000] Rn 2.102).

838 Das Erbscheinsverfahren sowie die Gestaltung und Wirkungen eines Erbscheins richten sich nach deutschem Recht (KEGEL/SCHURIG § 21 IV 4; STAUDINGER/SCHILKEN [1997] § 2369 Rn 25; MünchKomm/BIRK Art 25 Rn 319; ERMAN/HOHLOCH Art 25 Rn 50). **Antragsberechtigt** sind neben dem Erben (vgl § 2353 BGB) auch solche Vertretungspersonen, die nach Maßgabe des Erbstatuts vergleichbare Funktionen wahrnehmen wie die nach deutschem Recht (vgl LANGE/KUCHINKE § 39 II 3) antragsberechtigten Testamentsvollstrecker, Abwesenheitspfleger, Betreuer, Nachlaß- und Nachlaßinsolvenzverwalter (PINKKERNELLE/SPREEN DNotZ 1967, 203 Fn 46). Ein Erbschein wird auch dann erteilt, wenn das maßgebende fremde Erbstatut keine Zeugnisse dieser Art kennt oder der betreffende Staat in diesem Punkt seine eigenen Gerichte oder Behörden für ausschließlich zuständig ansieht (vgl KEGEL/SCHURIG § 21 IV 4).

839 Die Erteilung eines sog **gegenständlich beschränkten Erbscheins** nach § 2369 BGB setzt voraus, daß sich zum **Zeitpunkt der Beantragung** des Erbscheins **Nachlaßgegenstände im Inland** befinden; es kommt also nicht darauf an, ob sie auch bereits zum Zeitpunkt des Erbfalls hier belegen waren (STAUDINGER/SCHILKEN [1997] § 2369 Rn 18; vgl auch KG OLGZ 1975, 293; nicht hinreichend deutlich bei BayObLG ZEV 1994, 176). Als im Inland belegen gelten nach § 2369 Abs 2 S 1 BGB Gegenstände, für die von einer deutschen Behörde ein zur Eintragung eines Berechtigten bestimmtes Buch oder Register geführt wird (Grundbuch, Schiffsregister, Handelsregister, Staatsschuldbuch, Patentrolle, Musterregister, vgl STAUDINGER/SCHILKEN [1997] § 2369 Rn 19); Ansprüche gelten als im Inland befindlich, wenn für eine Klage ein deutsches Gericht zuständig ist (§ 2369 Abs 2 S 1), dh regelmäßig also bei inländischem Wohnsitz des Schuldners.

840 In einem Erbschein nach § 2369 BGB ist der **Berufungsgrund** zu vermerken (Beerbung aufgrund Gesetzes oder Testaments, vgl FIRSCHING/GRAF[8] [2000] Rn 2.100 u 2.106);

ferner, **welchem Recht** die Erbfolge unterliegt (BayObLGZ 1961, 21 f; KG RPfleger 1977, 307; großzügiger OLG Düsseldorf NJW 1963, 2230 [Hinweis auf ausländische Staatsangehörigkeit des Erblassers ausreichend]). Fehlt der Hinweis auf das die Erbfolge beherrschende ausländische Recht, ist der Erbschein unvollständig und damit als unrichtig einzuziehen (BayObLGZ u KG aaO; **aA** LG Frankfurt aM IPRspr 1976 Nr 204). Eine nach ausländischem Recht angeordnete Testamentsvollstreckung ist zu vermerken, sofern sie die Verfügungsbefugnisse des Erben beschränkt (BayObLGZ 1990, 53; PINCKERNELLE/ SPREEN DNotZ 1967, 208 Fn 57).

Ist die Erbfolge eines fremden Erbstatuts im Hinblick auf Art 6 (**ordre public**) zu **841** modifizieren, sollten zwecks Klarstellung die rechtlichen Grundlagen der Erbfolge *vollständig* angegeben und daher im Erbschein vermerkt werden, daß der Erblasser „in Anwendung des Rechts von X und unter Berücksichtigung von Art 6 EGBGB" beerbt worden ist (S LORENZ IPRax 1993, 150 f; zustimmend PALANDT/HELDRICH Art 25 Rn 20; DÖRNER IPRax 1994, 37).

Große Schwierigkeiten bereitet die Aufnahme von **Rechtsinstituten**, die dem **deut-** **842** **schen Recht unbekannt** sind. Wie hier verfahren werden soll, ist nicht nur im Hinblick auf Details, sondern bereits im methodischen Ausgangspunkt unklar und umstritten. Im Schrifttum wird einerseits die Ansicht vertreten, daß der Erbschein im Interesse des Rechtsverkehrs die an den einzelnen Nachlaßgegenständen bestehende Verfügungsbefugnis möglichst exakt – und unter Verwendung der Rechtsbegriffe des maßgebenden Erbstatuts – wiederzugeben habe (GOTTHEINER RabelsZ 1956, 71; KEGEL/SCHURIG § 21 IV 4; PALANDT/EDENHOFER § 2369 Rn 11; vgl auch ERMAN/HOHLOCH Art 25 Rn 53). Nach anderer Auffassung sollen nur Begriffe des deutschen Rechts in den Erbschein aufgenommen werden können, da der Wert des Erbscheins gerade aus den Wirkungen der §§ 2365–2367 BGB erwachse; ausländische Begriffe seien den deutschen anzugleichen (vgl OLG Köln NJW 1983, 525 f; LG Düsseldorf IPRspr 1960/1961 Nr 141 S 456 ff = JZ 1961, 745 Anm HENRICH; STAUDINGER/SCHILKEN [1997] § 2369 Rn 31; MünchKomm/PROMBERGER[3] [1997] § 2369 Rn 17 ff; JOHNEN MittRhNotK 1986, 65).

Stellungnahme: Im Zielkonflikt zwischen dem Bestreben nach einer möglichst exak- **843** ten Abbildung der ausländischen Regelung einerseits und dem Interesse an einer einfachen Handhabung des Fremdrechtserbscheins durch Verwendung vertrauter Begriffskategorien andererseits ist pragmatisch zu verfahren. Da Erbscheine ihre Vermutungs- und Gutglaubenswirkungen (§§ 2365–2367 BGB) aus der Perspektive des deutschen Rechts entfalten, erscheint es zwar grundsätzlich angebracht, ausländische Rechtsvorstellungen auf der Grundlage einer funktionellen Betrachtung soweit als möglich in das Ordnungssystem des deutschen Rechts zu übertragen. Der in jedem Fall aufzunehmende Hinweis auf die Maßgeblichkeit eines ausländischen Erbstatuts (Rn 840) warnt den Rechtsverkehr jedoch ohnehin, daß eine vollständige Übereinstimmung mit den Regelungsinhalten des deutschen Rechts nicht unbedingt gewährleistet ist. Daher spricht nichts dagegen, der Praxis durch eine verdeutlichende, ggf auch unter Verwendung ausländischer Rechtsbegriffe vorzunehmende Beschreibung einzelner Rechtspositionen dem Umgang mit den Rechtsinstituten des Erbstatuts zu erleichtern. Dabei ist allerdings zu beachten, daß eine vom Erbstatut vorgesehene, im Zuge der Erbfolge eintretende *dingliche Rechtsänderung* möglicherweise vom deutschen Belegenheitsrecht nicht zugelassen wird und daher im Wege der Anpassung (vgl Rn 720 ff) in einen erbrechtlichen Anspruch umgedeutet werden muß. Die Aufnahme eines solchen Anspruchs in den Erbschein kommt nicht in Betracht.

844 Kennt das ausländische Erbstatut (etwa: Frankreich, Italien, Niederlande) **dinglich wirkende Teilungsanordnungen**, so sind die dadurch Begünstigen – da die deutsche lex rei sitae grundsätzlich keine Singularsukzession kraft Erblasserwillens an hier belegenen Gegenständen zuläßt (vgl Rn 268; MünchKomm/Birk Art 26 Rn 129) – im Fremdrechtserbschein ggf als Miterben in Höhe des auf sie entfallenden Wertanteils auszuweisen; allerdings besteht in diesem Fall eine Verpflichtung sämtlicher Miterben, an einer Übertragung des betreffenden Gegenstands auf den vom Erblasser Bedachten mitzuwirken. Gestattet das Erbstatut dem Erblasser dagegen, die *gesamten* Aktiva und Passiva mit dinglicher, zum Zeitpunkt des Todes eintretender Wirkung einem einzigen Miterben zuzuweisen und die übrigen Miterben auf Geldansprüche zu beschränken, so entspricht dies bei funktioneller Betrachtung einer mit Vermächtnissen oder Pflichtteilsansprüchen verbundenen Alleinerbeneinsetzung nach deutschem Recht. In diesem Fall kann dem de facto dinglich alleinberechtigten Miterben ein Alleinerbschein ausgestellt werden. Praktisch bedeutsam wird dies vor allem, wenn ein *niederländischer Erblasser* Ehepartner und Kinder als Erben zu gleichen Teilen eingesetzt und eine „elterliche Nachlaßverteilung" gemäß Art 4: 1167 BW in der Weise getroffen hat, daß dem Ehepartner der Gesamtnachlaß (einschließlich des Gesamtgutanteils bei Bestehen einer Gütergemeinschaft nach niederländischem Recht) und den Kindern lediglich ein bis zum Tode des Überlebenden gestundeter Geldanspruch in Höhe ihres Erbteils zustehen soll. In diesem Fall ist dem überlebenden Ehegatten ein gegenständlich beschränkter Alleinerbschein auszustellen (OLG Düsseldorf IPRspr 1985 Nr 114, S 293; Luijten MittRhNotK 1986, 112 ff; **aA** Imig MittRhNotK 1985, 198; Johnen MittRhNotK 1986, 67; Koenigs MittRhNotK 1987, 253; anders auch Voraufl).

845 Ist die *zwingende Mitbeteiligung eines nahen Verwandten* am Nachlaß nicht als Pflichtteils*anspruch*, sondern – wie etwa in den romanischen Rechten – als echtes Miterbrecht (**Noterbrecht, Zwangserbrecht**) ausgestaltet, findet diese Rechtsstellung im Erbschein Aufnahme, wenn eine abweichende Verfügung des Erblassers *ipso iure* nichtig ist bzw auf den verfügbaren Teil des Nachlasses reduziert wird (vgl Kegel/Schurig § 21 IV 4; vBar II Rn 388; ausführlich – auch zum Folgenden – Tiedemann 92 ff). Gleiches gilt, wenn der Noterbe seine Berechtigung im Wege einer Herabsetzungsklage durchsetzen muß (Schweiz, Frankreich) und ein erfolgreiches Urteil erstritten hat. Verzichtet der Noterbe andererseits auf die Geltendmachung seiner Rechte oder läßt er die Frist für eine Herabsetzungsklage verstreichen, steht ihm kein Erbrecht zu (BayObLGZ 1995, 375).

846 Wie verfahren werden soll, wenn ein Erbschein *vor* Ablauf der **Frist** zur **Erhebung** einer **Herabsetzungsklage** beantragt wird, ist umstritten (zum Streitstand Johnen MittRhNotK 1986, 68; Tiedemann 94 ff). Im Schrifttum wird vorgeschlagen, den Noterben in diesem Fall einstweilen nicht in den Erbschein aufzunehmen (Raape, Internationales Privatrecht[5] [1961] 450 Fn 37), ihn umgekehrt bereits vor Klageerhebung darin auszuweisen (MünchKomm/Birk Art 25 Rn 345), die Erteilung eines Fremdrechtserbscheins vorübergehend gänzlich abzulehnen (Staudinger/Firsching[12] § 2369 Rn 43), dem Testamentserben lediglich einen Teilerbschein über den Freiteil auszuhändigen (vgl Johnen MittRhNotK 1986, 69), vor Erteilung eines Erbscheins den Noterben zu einer Erklärung darüber aufzufordern, ob er sein Noterbrecht geltend machen wolle (GRIEM 226 ff), oder den Noterben als Vorerben zu behandeln (JOHNEN MittRhNotK 1986, 69 f). *Richtig* erscheint es, die *Noterben* vor einem erfolgreichen Abschluß des Herabsetzungsverfahrens zwar noch *nicht in den Erbschein aufzunehmen*, die *Möglichkeit einer Klage* jedoch im Erbschein zu vermerken („unter Vorbehalt der Herabsetzungsklage") und dabei ergänzend anzugeben, welchen Verfügungsbeschränkungen der Testamentserbe nach dem jeweiligen Erbstatut möglicherweise unterliegt (TIEDEMANN 97; TAUPITZ IPRax 1988, 210; JOHNEN MittRhNotK 1986, 70). Diese Lösung erlaubt die sofortige Ausstellung eines Erbscheins und trägt damit den Interessen der Beteiligten Rechnung. Gleichzeitig wird die gegenwärtige Rechtslage im Erbschein zutreffend wiedergeben.

Nach dem Erbstatut **dinglich wirkende Vermächtnisse** (Vindikationslegate) an inlän- **847** dischen Sachen werden im Wege der Anpassung (Rn 710 ff) in ein Damnationslegat iS des § 2174 BGB umgedeutet (vgl Rn 272, 720). Als solches wird es im Erbschein nicht ausgewiesen, und zwar unabhängig davon, ob der Vermächtnisnehmer nach dem Erbstatut mit dem Erbfall unmittelbar Besitz und Eigentum an der vermachten Sache oder lediglich einen Herausgabeanspruch gegen den Erben erwirbt (vgl BayObLGZ 1961, 19 f; 1974, 466; OLG Köln NJW 1983, 525 f; vBAR II Rn 388; MünchKomm/ BIRK Art 25 Rn 339; ERMAN/HOHLOCH Art 25 Rn 53; DÖRNER IPRax 1996, 28; aA KEGEL/SCHURIG § 21 IV 4; SOERGEL/SCHURIG Art 25 Rn 70; TIEDEMANN 99 ff; vgl auch VAN VENROOY ZVglRW 1986, 235 f). Das umgedeutete Vindikationslegat stellt gleichzeitig auch keine im Erbschein zu vermerkende Verfügungsbeschränkung des Erben dar (anders – von ihrem Standpunkt aus folgerichtig – TIEDEMANN 106; ebenso – aber widersprüchlich – MünchKomm/BIRK Art 25 Rn 339, 342).

Ein Erbschein für den Vindikationslegatar ist auch dann nicht auszustellen, wenn der **848** inländische Nachlaß ausschließlich aus dem Vermächtnisgegenstand besteht (anders MünchKomm/BIRK Art 25 Rn 339; TIEDEMANN 104); dieser Umstand ändert nichts daran, daß der Vermächtnisnehmer nicht die Gesamtrechtsnachfolge angetreten hat. Dagegen sind die Universalvermächtnisnehmer (legs universel) und Erbteilvermächtnisnehmer (legs à titre universel) des französischen (vgl OLG Saarbrücken NJW 1967, 732 m Anm MEZGER; FERID/FIRSCHING Bd II: Frankreich Grdz Rn 179; MünchKomm/BIRK Art 25 Rn 339; JOHNEN MittRhNotK 1986, 66; GRIEM 209 ff) oder luxemburgischen Rechts (LG München I FamRZ 1998, 1068) als Erben anzusehen, ebenso der „allgemeine Testamentsnehmer" des schwedischen Rechts vgl JOHANSSON SchlHA 1960, 332 f.

Der insbesondere in den romanischen Erbrechten anzutreffende und zT **dinglich** **849** **wirkende Nießbrauch des Ehegatten** am Gesamtnachlaß oder an Bruchteilen ist im Wege der *Anpassung* (Rn 708 ff) in eine den Erben treffende *Verpflichtung zur Nießbrauchsbestellung* umzudeuten (näher Rn 144, 720) und damit gleichfalls **nicht im Erbschein** zu vermerken (vgl BayObLGZ 1961, 19 ff; 1995, 376 f; OLG Hamm NJW 1954, 1733; LG Frankfurt aM IPRspr 1976 Nr 204; aA KEGEL/SCHURIG § 21 IV 4; SOERGEL/SCHURIG Art 25 Rn 69; TIEDEMANN 109 ff; differenzierend MünchKomm/BIRK Art 25 Rn 342; JOHNEN MittRhNotK 1986, 67; vgl im übrigen die Nachw in Rn 144). Angesichts ihrer schuldrechtlichen Natur wird die Rechtsstellung des Nießbrauchers im Erbschein auch nicht als eine Verfügungsbeschränkung des Erben aufgeführt.

Entsprechendes gilt für das **Recht der Witwe auf Wertausgleich** hinsichtlich der auf **850** den inländischen Nachlaßgrundstücken befindlichen „Gebäude und Bäume" nach

Heinrich Dörner

islamischem Recht (dazu Rn 145). Es hat aus der Sicht der deutschen lex rei sitae ausschließlich schuldrechtlichen Charakter und stellt daher weder ein „Erbrecht" iS des § 2353 BGB noch eine Verfügungsbeschränkung iS der §§ 2363 ff BGB dar (OLG Hamm FamRZ 1994, 55; DÖRNER IPRax 1994, 37; str, vgl näher Rn 145).

851 Dagegen hat der „**life interest**" des englischen Rechts zwar Ähnlichkeit mit einem gesetzlichen Nießbrauchsvermächtnis des überlebenden Ehegatten, unterscheidet sich von diesem aber dadurch, daß während seiner Dauer das Vollrecht beim überlebenden Ehegatten selbst liegt. Seine Stellung gleicht insoweit der eines Vorerben und kann als solche im Erbschein ausgewiesen werden (vgl den Formulierungsvorschlag bei FERID/FIRSCHING/HENRICH Bd III: Großbritannien Grdz Rn 93; ferner IPG 1979 Nr 32 [Berlin] 327).

852 In einigen Rechtsordnungen (Beispiel: England) wird dem überlebenden Ehegatten vorab ein **fester Geldbetrag** zugewiesen. Dem ist im Erbschein Rechnung zu tragen (etwa „. . . wird bis zu einem Nachlaßwert von. . . von seiner Ehefrau allein beerbt . . .", vgl die Formulierungsvorschläge von KEGEL/SCHURIG § 21 IV 4 u FERID/FIR-SCHING/HENRICH Bd III: Großbritannien Grdz Rn 93). Übersteigt der Nachlaß nach den übereinstimmenden Angaben aller Beteiligten nicht den Betrag, der dem überlebenden Ehegatten zukommt, so ist dieser praktisch Alleinerbe. Für diesen Fall wird es für zulässig erachtet, den Ehegatten im Erbschein als Alleinerben auszuweisen (so LG Düsseldorf RzW 1963, 564; FERID/FIRSCHING/HENRICH aaO Rn 94).

853 Im anglo-amerikanischen Rechtskreis geht der Nachlaß zunächst auf treuhänderisch **Zwischenberechtigte** (personal representatives: executor, administrator) über, die nach Begleichung der Schulden die Aktiva an die Letztbegünstigten (beneficiaries) auskehren (vgl Rn 107, auch Anh zu Art 25, 26 Rn 205). Da die betreffenden Rechtsordnungen jedoch hinsichtlich der Nachlaßabwicklung („administration") und damit auch im Hinblick auf alle den Aufgabenbereich dieser „Zwischenberechtigten" betreffenden Fragen auf die deutsche lex fori zurückverweisen (Rn 631), bereitet die erbscheinsrechtliche Erfassung dieser Rechtslage keine besonderen Schwierigkeiten: Im deutschen Erbschein werden nicht die nur vorübergehend verfügungsbefugten Treuhänder, sondern die letztlich berufenen gesetzlich Begünstigten (distributees) bzw (mit Einschränkungen) die testamentarisch Bedachten (residuary legatees) als Erben ausgewiesen (über das Ergebnis herrscht im wesentlichen Einigkeit: vgl KG IPRspr 1972 Nr 123; SCHWENN NJW 1952, 1113; GOTTHEINER RabelsZ 1956, 69 f; KEGEL/SCHURIG § 21 IV 4; vBAR II 376 Fn 105; STAUDINGER/SCHILKEN [1997] § 2369 Rn 32; MünchKomm/BIRK Art 25 Rn 238, 335 ff; IPG 1965/1966 Nr 66 [Kiel] 774; 1967/1968 Nr 74 [Köln] 830; vgl aber auch SCHACK 260 f). Hat der Erblasser einen „executor" eingesetzt und mit Aufgaben betraut, die denen eines Testamentsvollstreckers iS der §§ 2197 ff entsprechen und sich auch auf den im Inland belegenen Nachlaß beziehen, so ist diese „execution" als Testamentsvollstreckung zu verstehen (vgl Rn 257) und als Beschränkung der Verfügungsbefugnis des Erben in den Erbschein aufzunehmen (vgl BFH WM 1988, 1679; OLG Frankfurt aM IPRspr 1966/1967 Nr 168 a; KEGEL/SCHURIG § 21 IV 4; MünchKomm/BIRK Art 25 Rn 337).

854 Entsprechendes gilt für die Einsetzung eines „**trustee**". Hat daher ein aus dem anglo-amerikanischen Rechtskreis stammender Erblasser einen „testamentary trust" (näher Rn 410) errichtet, wird im Erbschein der „beneficiary" als Erbe, der trustee dagegen

als (Dauer-)Testamentsvollstrecker ausgewiesen (OLG Frankfurt aM IPRspr 1962/63 Nr 146; IPRspr 1966/1967 Nr 168 a; DNotZ 1972, 543; LG Nürnberg-Fürth IPRspr 1962/63 Nr 148; CZERMAK, Der express trust im internationalen Privatrecht [1986] 294 f; SCHACK 262; IPG 1965/1966 Nr 66 [Kiel] 774; 1967/68 Nr 74 [Köln] 831; 1967/68 Nr 67 [Hamburg] 720; 1979 Nr 32 [Berlin] 326; 1979 Nr 33 [Köln] 342; vgl auch MünchKomm/BIRK Art 25 Rn 343; anders PINCKERNELLE/SPREEN DNotZ 1967, 204).

Dagegen erübrigt sich bei englischen oder US-amerikanischen Erblassern ein Hin- **855** weis auf eine etwa gerichtlich eingeleitete **„administration"**, weil nach dem kraft Rückverweisung maßgebenden deutschen Recht (Rn 631) die Aufgaben eines „administrator" – Begleichung der Schulden und Auskehr des Nachlasses – von den Erben selbst wahrgenommen werden (KG IPRspr 1972 Nr 123; aA KEGEL/SCHURIG § 21 IV 4; SCHACK 261).

Schwierigkeiten bereitet auch die erbscheinsrechtliche Erfassung noch **nicht vollstän-** **856** **dig verwirklichter Rechtslagen.** Haben nach dem Tode eines österreichischen Erblassers Erbserklärung und Einantwortung noch nicht stattgefunden, ist der Tatbestand einer Rechtsnachfolge von Todes wegen nicht erfüllt; ein Erbschein kann daher noch nicht erteilt werden (vBAR II Rn 388; ERMAN/HOHLOCH Art 25 Rn 53; vgl ferner BayObLG IPRax 1981, 101, aber auch Rn 808). Entsprechendes gilt hinsichtlich der Erbberechtigung des überlebenden Ehegatten, sofern ihm (wie zB nach dem früheren Art 462 des schweizerischen ZGB) ein Wahlrecht zwischen Nießbrauch und Miterbenstellung zusteht und er dieses Wahlrecht noch nicht ausgeübt hat (vgl dazu IPG 1978 Nr 35 [München] 364; aA MünchKomm/BIRK Art 25 Rn 342). Zur entsprechenden Rechtsstellung des Testamentserben ohne „saisine" nach französischem Recht vgl SIPP-MERCIER, Die Abwicklung deutsch-französischer Erbfälle in der Bundesrepublik und in Frankreich (1985) 70. Zur erbscheinsrechtlichen Behandlung eines Noterben vor Ablauf der Frist zur Erhebung der gebotenen Herabsetzungsklage s Rn 846. Zur Rechtslage, wenn ein Erblasser seine Verpflichtungen aus einem zB nach US-amerikanischem Recht geschlossenen *Testiervertrag* (contract to make a will, vgl Rn 386) nicht eingehalten hat und über eine Ersatz- bzw Erfüllungsklage noch nicht entschieden ist, vgl HEPP, Der amerikanische Testiervertrag – contract to make a will – aus der Sicht des deutschen Rechts (1991) 144 ff.

b)   Testamentsvollstreckerzeugnis
Für das Testamentsvollstreckerzeugnis des § 2368 BGB gelten die Ausführungen zum **857** Erbschein entsprechend. Während sich nach der hier vertretenen Auffassung (Rn 812) die **internationale Zuständigkeit** zur Ausstellung eines solchen Zeugnisses analog §§ 73 f FGG aus der örtlichen Zuständigkeit ergibt, geht die *Rechtsprechung* auch insoweit vom Gleichlaufgrundsatz (Rn 797) aus.

Danach sind deutsche Nachlaßgerichte zur Erteilung eines Testamentsvollstrecker- **858** zeugnisses international zuständig, soweit *deutsches Recht* die Erbfolge beherrscht; dies gilt beim Tode eines deutschen Staatsangehörigen (Rn 825 ff) ebenso wie beim Tode eines Ausländers, der (ganz oder partiell, vgl Rn 830) nach deutschem Recht beerbt wird (vgl IPG 1972 Nr 33 [München] 328). Im letzten Fall ist eine eventuelle Beschränkung (etwa auf das inländische unbewegliche Vermögen) kenntlich zu machen (vgl Rn 833).

859 Die vom Erblasser vorgenommene Einsetzung eines „**executor**" nach englischem oder US-amerikanischem Recht ist – da das Kollisionsrecht dieser Rechtsordnungen im Hinblick auf die Nachlaßabwicklung und den Aufgabenkreis eines „personal representative" auf die deutsche lex fori zurückverweist (Rn 631) – als (Dauer-)Testamentsvollstreckung nach Maßgabe der §§ 2197 ff, 2209 ff BGB zu verstehen, sofern der Erblasser der betreffenden Person Aufgaben zuweisen wollte, die über die bloße Begleichung der Schulden und Auskehrung des Nachlasses hinausgehen (vgl Rn 257, 275). Entsprechendes gilt bei Einsetzung eines „trustee". Dem Betreffenden ist daher zum Nachweis seiner dem *deutschen* Recht unterstehenden Befugnisse ein Testamentsvollstreckerzeugnis nach § 2368 BGB zu erteilen (vgl BayObLGZ 1980, 48; KG IPRspr 1972 Nr 123; WENGLER JR 1955, 41; FIRSCHING, Deutsch-amerikanische Erbfälle [1965] 135; ders DNotZ 1959, 368 ff; FERID Rn 9–22, 9–104; nach aA soll das Zeugnis in einem solchen Fall zwar eine „Testamentsvollstreckung", aber nach Maßgabe der lex causae ausweisen, vgl BGH WM 1969, 72; LG Hamburg IPRspr 1977 Nr 104; GOTTHEINER RabelsZ 1956, 68 f; KEGEL/SCHURIG § 21 IV 4; BERENBROK 185 ff). Hat der Erblasser – lediglich um den formalen Voraussetzungen des von ihm für anwendbar gehaltenen fremden Wohnsitz- oder Heimatrechts Genüge zu tun – einen seiner *Erben* zum „executor" bestimmt (vgl Rn 257), ist nur ein Erbschein, aber kein Testamentsvollstreckerzeugnis auszustellen (BayObLGZ 1980, 48; OLG München WM 1967, 815; anders SOERGEL/SCHURIG Art 25 Rn 72: Ausstellung von Erbschein *und* Testamentsvollstreckerzeugnis). Die Ausstellung eines Zeugnisses für einen „administrator" kommt nicht in Betracht (vgl Rn 855, aA GOTTHEINER RabelsZ 1956, 69; KEGEL/SCHURIG § 21 IV 4: Nachlaßverwalterzeugnis analog § 2368 BGB; SCHACK 262).

860 Ist **ausländisches Erbrecht** maßgeblich, kann nach §§ 2368 Abs 3, 2369 BGB ein auf den inländischen Nachlaß beschränktes **Fremdrechtszeugnis** ausgestellt werden (BGH IPRspr 1976 Nr 56 = ZfRvgl 1977, 153 m Anm BEITZKE; BayObLGZ 1965, 382; 1986, 468 ff; OLG Hamburg OLGE 11, 272; OLG München IPRspr 1970 Nr 93 S 294; STAUDINGER/SCHILKEN [1997] § 2368 Rn 37; PINCKERNELLE/SPREEN DNotZ 1967, 208). Da nach hM in diesem Fall eine internationale Zuständigkeit zur gerichtlichen Bestellung eines Testamentsvollstreckers fehlt (Rn 800), kommt eine Zeugniserteilung nur in Betracht, wenn dieser vom Erblasser selbst in einer Verfügung von Todes wegen ernannt wurde. In einem Zeugnis nach §§ 2368 Abs 3, 2369 BGB ist zu vermerken, *welchem Recht* die Erbfolge unterliegt (BGH IPRspr 1976 Nr 15). Seine inhaltliche Ausgestaltung begegnet den gleichen Schwierigkeiten, wie sie auch bei der Abfassung eines Erbscheins auftreten (Rn 842). Es wird sich daher häufig empfehlen, über den Hinweis auf die Maßgeblichkeit eines ausländischen Erbstatuts hinaus die Befugnisse des Testamentsvollstreckers im Zeugnis näher zu umschreiben (MünchKomm/BIRK Art 25 Rn 357; ERMAN/HOHLOCH Art 25 Rn 54). – Zur *Anerkennung ausländischer Testamentsvollstreckerzeugnisse* s Rn 874 ff.

861 Wird bei einem deutschen Nachlaßgericht ein Testamentsvollstreckerzeugnis beantragt, beherrscht das deutsche Recht das **Verfahren der Erteilung** (H ROTH IPRax 1991, 324) und darüber hinaus auch die **Voraussetzungen, Rechtswirkungen** (Vermutungswirkung, öffentlicher Glaube) *sowie die* **Wirkungsdauer** des Zeugnisses.

862 Erteilt wird das Zeugnis einem „Testamentsvollstrecker", dh einer Person, der unter der Herrschaft fremden Rechts nach dem Willen des Erblassers Funktionen zukommen sollen, die mit denen eines Testamentsvollstreckers iS des deutschen Rechts funktionell vergleichbar sind (ERMAN/HOHLOCH Art 25 Rn 54).

c) Zeugnis über die Fortsetzung der Gütergemeinschaft*

Gemäß § 1507 BGB erteilt das Nachlaßgericht bei fortgesetzter Gütergemeinschaft **863** (§§ 1483 ff BGB) dem überlebenden Ehegatten ein Zeugnis, auf welches die Vorschriften über den Erbschein entsprechende Anwendung finden. Aus §§ 1507 S 2 iVm 2369 BGB ergibt sich eine internationale Zuständigkeit der deutschen Gerichte auch dann, wenn im Inland Gegenstände vorhanden sind, die in das Gesamtgut einer gemäß Art 15 *ausländischem Ehegüterstatut* unterliegenden fortgesetzten Gütergemeinschaft fallen (vgl näher DÖRNER DNotZ 1980, 666 zum „Sitzenbleiben im ungeteilten Gut" nach dänischem und norwegischem Recht).

3. Insbesondere: Nachlaßverwaltung und Nachlaßinsolvenz**

Ausgehend vom Gleichlaufgrundsatz (Rn 797) steht die Praxis auf dem Standpunkt, **864** daß bei ausländischem Erbstatut eine internationale Zuständigkeit zur Durchführung einer **Nachlaßverwaltung** grundsätzlich nicht (BayObLGZ 1976, 155 ff) bzw jedenfalls dann nicht besteht, wenn das ausländische Recht weder eine Nachlaßverwaltung noch ein vergleichbares Rechtsinstitut kennt oder wenn zwischen der Nachlaßverwaltung des deutschen und einem ähnlichen Institut des ausländischen Rechts gravierende funktionale und strukturelle Verschiedenheiten bestehen (KG OLGZ 1977, 309; vgl schon OLG Dresden OLGE 30, 177; dazu ASCH JW 1925, 1601; JOSEF NiemZ 28 329). Danach könnte eine Nachlaßverwaltung nur ausnahmsweise für den Fall einer ansonsten eintretenden Rechtsverweigerung angeordnet werden (vgl Rn 808). Entsprechend den Ausführungen zu Rn 812 sollte demgegenüber eine internationale Zuständigkeit analog § 73 Abs 2, 3 FGG prinzipiell bejaht werden; die inländischen Nachlaßgerichte führen daher eine Nachlaßverwaltung auch unter der Herrschaft eines ausländischen Erbstatuts durch, wenn sich dessen Sachnormen mit den verfahrensrechtlichen Vorschriften der §§ 1975 ff vertragen (SOERGEL/SCHURIG Art 25 Rn 49; MünchKomm/BIRK Art 25 Rn 368; PINCKERNELLE/SPREEN DNotZ 1967, 219; vgl auch BÜNNING 65 ff, 93 ff), insbesondere ebenfalls haftungsbeschränkende Wirkungen an eine gerichtliche oder behördliche Administration des Nachlasses knüpfen. Die Nachlaßverwaltung ist **nicht** auf die im Inland befindlichen Nachlaßgegenstände **beschränkt** (aA MünchKomm/BIRK Art 25 Rn 369); eine andere Frage ist freilich, ob die Befugnisse eines deutschen Nachlaßverwalters im Ausland anerkannt werden.

Ebenso sollte eine internationale Zuständigkeit zur Durchführung eines **Nachlaßin- 865 solvenzverfahrens** bei Maßgeblichkeit ausländischen Erbstatuts nicht unter Hinweis auf den Gleichheitsgrundsatz abgelehnt (vgl auch PINCKERNELLE/SPREEN DNotZ 1967, 218),

---

* **Schrifttum:** DÖRNER, Fremdrechtszeugnis gemäß § 1507 BGB und Erbschein, DNotZ 1980, 662.
** **Schrifttum:** BÜNNING, Nachlaßverwaltung und Nachlaßkonkurs im internationalen Privat- und Verfahrensrecht (1996); FLESSNER, Internationales Insolvenzrecht in Deutschland nach der Reform, IPRax 1997, 1; HÄSEMEYER, Insolvenzrecht[2], (1998); HANISCH, Grenzüberschreitende Nachlaßinsolvenzverfahren, ZIP 1990, 1241; JAHR, Deutsches internationales Kon-

kursrecht (1973); KINDLER, Entwicklungen des Internationalen Konkursrechts vor und nach der Insolvenzrechtsreform – Ein Überblick, in: BOMHARD/DÖRNER (Hrsg), Rechtliche Aspekte des Außenhandels zwischen Deutschland, Mexiko und Argentinien (1998) 175; SMID, Das Deutsche Internationale Insolvenzrecht und das Europäische Insolvenz-Übereinkommen, DZWir 1998, 432; TRUNK, Internationales Insolvenzrecht (1998).

Heinrich Dörner

sondern jedenfalls dann bejaht werden, wenn der Erblasser seinen allgemeinen Gerichtsstand oder den Mittelpunkt seiner selbständigen wirtschaftlichen Erwerbstätigkeit im Inland gehabt hat (§§ 315 InsO, 12 f ZPO). Das Verfahren ergreift grundsätzlich sowohl den in- als auch den ausländischen Nachlaß („Universalitätsprinzip," arg §§ 1 Abs 1, 35 InsO). Der Insolvenzverwalter ist daher verpflichtet, auch den ausländischen Nachlaß in Besitz zu nehmen (vgl allgemein FLESSNER IPRax 1997, 2; aus der Rspr BGHZ 68, 17; 88, 150). Er wird sich damit allerdings nur dann durchsetzen können, wenn das Belegenheitsrecht die Inlandsinsolvenz anerkennt. Im Falle einer Nachlaßspaltung sind mehrere Teilverfahren durchzuführen (HANISCH ZIP 1990, 1246; BÜNNING 205 ff).

866 Die Einleitung eines **Nachlaßinsolvenzverfahrens im Ausland** erfaßt umgekehrt grundsätzlich auch den Inlandsnachlaß (vgl Art 102 Abs 1); der ausländische Insolvenzverwalter ist also befugt, den inländischen Nachlaß zur Masse zu ziehen (vgl bereits zur Rechtslage vor der Insolvenzrechtsreform BGHZ 95, 256). Die Rechtswirkungen des ausländischen Verfahrens treten ohne besonderes Anerkennungsverfahren ein (vgl FLESSNER IPRax 1997, 3). Voraussetzung ist aber, daß die Gerichte des Staates der Verfahrenseröffnung bei spiegelbildlicher Betrachtung nach deutschem Recht zuständig sind und die Anerkennung des ausländischen Verfahrens nicht zu einem Ergebnis führt, das mit dem deutschen ordre public nicht vereinbar ist (Art 102 Abs 1 EGInsO). Erstreckt sich danach ein ausländisches Nachlaßinsolvenzverfahren auf das Inland, ergeben sich seine Rechtswirkungen grundsätzlich aus dem ausländischen Recht. Soll im Inland eine Vollstreckung aus dem ausländischen Eröffnungsbeschluß oder aus anderen Rechtsakten des Insolvenzgerichts erfolgen, ist eine deutsche Exequaturentscheidung entsprechend §§ 722, 723 erforderlich (KINDLER 178). Eine Durchbrechung des Universalitätsprinzips enthält Art 102 Abs 2 EGInsO im Hinblick auf die Insolvenzanfechtung. Darüber hinaus erlaubt Art 102 Abs 3 EGInsO die Eröffnung eines Sekundärinsolvenzverfahrens, das sich auf das im Inland befindliche Vermögen beschränkt und insoweit die Wirkungen des ausländischen Verfahrens verdrängt. Dabei kommt es nicht darauf an, welches Verfahren früher eröffnet worden ist (FLESSNER IPRax 1997, 4).

4. Anerkennung ausländischer Akte der Nachlaßgerichtsbarkeit*

a) Staatsverträge

867 Die Vorschriften des **EuGVÜ** über die Anerkennung und Vollstreckung ausländischer Entscheidungen umfassen nach Art 25 des Abkommen zwar grundsätzlich auch Entscheidungen der freiwilligen Gerichtsbarkeit (KROPHOLLER, Europäisches Zivilprozeßrecht[6] [1998] Art 25 Rn 9), jedoch sind gerade Akte der Nachlaßgerichtsbarkeit aufgrund

---

* **Schrifttum:** BERENBROK, Internationale Nachlaßabwicklung (1989); BUNGERT, Rechtskrafterstreckung eines österreichischen Einantwortungsbeschlusses, IPRax 1992, 225; GEIMER, Anerkennung ausländischer Entscheidungen auf dem Gebiet der freiwilligen Gerichtsbarkeit, in: FS Ferid (1988) 89; GOTTHARDT, Anerkennung und Rechtsscheinswirkungen von Erbfolgezeugnissen französischen Rechts in Deutschland, ZfRvgl 1991, 2; KAUFHOLD, Zur Anerkennung ausländischer öffentlicher Testamente und Erbnachweise im Grundbuchverfahren, ZEV 1997, 399; KRZYWON, Ausländische Erbrechtszeugnisse im Grundbuchverfahren, BWNotZ 1989, 133; WOHLGEMUTH, Der Status New Yorker Erbschaftsverwalter (administrators) im deutschen Nachlaßverfahren, MittRhNotK 1992, 101.

der sachlichen Beschränkung des Abkommens in Art 1 Abs 2 Nr 1 (vgl Rn 774) von seinem Anwendungsbereich ausgenommen.

Von den **bilateralen Anerkennungs- und Vollstreckungsabkommen** (Rn 783 ff) beziehen **868** zwar der *deutsch-österreichische* Vertrag (Art 1 Abs 1 S 1), das *deutsch-belgische* Abkommen (Art 1 Abs 3), der *deutsch-griechische* Vertrag (Art 1 Abs 1 S 1), der *deutsch-niederländische* Vertrag (Art 1 Abs 1 S 1), der *deutsch-tunesische* Vertrag (Art 27 Abs 2), der *deutsch-israelische* Vertrag (Art 2 Abs 1 S 1), wohl auch der *deutsch-norwegische* Vertrag (Art 1 Abs 3 S 1) sowie der *deutsch-spanische* Vertrag (Art 1) Entscheidungen der freiwilligen Gerichtsbarkeit in ihren Anwendungsbereich ein. Gemeint sind aber stets echte Parteistreitigkeiten, in denen über geltend gemachte Ansprüche entschieden wird. Die im Nachlaßverfahren ergangenen einseitigen Akte mit Fürsorgecharakter bleiben damit außer Betracht (vgl GEIMER, in: FS Ferid [1988] 89 mwN; WAEHLER, Handbuch des Internationalen Zivilverfahrensrechts, Bd III/2 [1984] Kap III Rn 90; KRZYWON BWNotZ 1989, 134; anders aber für den *deutsch-österreichischen* Vertrag über die gegenseitige Anerkennung und Vollstreckung von gerichtlichen Entscheidungen, Vergleichen und öffentlichen Urkunden in Zivil- und Handelssachen v 6. 6. 1959 [BGBl 1960 II 1246] LG Hamburg IPRax 1992, 253, insoweit zustimmend BUNGERT IPRax 1992, 225; MünchKomm/BIRK Art 25 Rn 366). Zur Anerkennung eines Erbrechtszeugnisses nach türkischem Recht gem § 17 des deutsch-türkischen Nachlaßabkommens vgl Rn 876 u Vorbem 187 zu Art 25 EGBGB.

b) Autonomes Verfahrensrecht
In Ermangelung staatsvertraglicher Regelungen ist auf **§ 16 a FGG** als allgemeine **869** Anerkennungsregelung des autonomen deutschen Nachlaßverfahrensrechts zurückzugreifen (EBENROTH Rn 1319). Danach ist die Anerkennung einer ausländischen Entscheidung der freiwilligen Gerichtsbarkeit ausgeschlossen, wenn die Gerichte (oder Behörden) des Entscheidungsstaates bei spiegelbildlicher Betrachtung nach deutschem Recht nicht zuständig sind (Nr 1), wenn durch Verletzung des rechtlichen Gehörs (Nr 2) oder durch Nichtbeachtung eines früher anhängigen Verfahrens bzw durch den Widerspruch zu einer im Inland erlassenen oder anzuerkennenden Entscheidung (Nr 3) der verfahrensrechtliche ordre public verletzt wurde oder wenn die Anerkennung „zu einem Ergebnis führt, das mit den wesentlichen Grundsätzen des deutschen Rechts" – insbesondere mit den Grundrechten – „offensichtlich unvereinbar ist" (Nr 4). Eine Anerkennung nach § 16 a FGG bewirkt, daß die nach dem Recht des Erststaates eingetretenen *verfahrensrechtlichen Entscheidungswirkungen* – insbes die Gestaltungswirkung – auf das Inland erstreckt werden (GEIMER, in: FS Ferid [1988] 90 f).

Unter den Voraussetzungen des § 16 a FGG kann daher die von einer ausländischen **870** Stelle vorgenommene *Bestellung eines Pflegers, Erbschaftsverwalters* oder *Testamentsvollstreckers* anerkannt werden (vgl PINCKERNELLE/SPREEN DNotZ 1967, 214). In diesem Fall stehen dem betreffenden Fremdverwalter die sich aus dem Erbstatut ergebenden Rechte auch im Inland zu, sofern ihm das Erbstatut diese Befugnisse auch über den eigenen Geltungsbereich hinaus zuweisen will. Insbesondere ist ein ausländischem Recht unterliegender Testamentsvollstrecker danach berechtigt, die im Inland befindlichen Nachlaßgegenstände an sich zu ziehen (BGH WM 1969, 72 f; vgl auch MünchKomm/BIRK Art 26 Rn 124). Zum Nachweis seiner Rechtsstellung ist dem Fremdverwalter analog § 2368 Abs 3 BGB auf Antrag ein gegenständlich beschränktes Testamentsvollstreckerzeugnis zu erteilen (PINCKERNELLE/SPREEN DNotZ 1967, 214).

Heinrich Dörner

871 Nicht anzuerkennen ist allerdings die Bestellung eines „**administrator**" (vgl Rn 107) nach englischem oder US-amerikanischem Recht (WENGLER JR 1955, 41; FIRSCHING, Deutsch-amerikanische Erbfälle [1965] 120 ff; FERID Rn 9–82; WOHLGEMUTH MittRhNotK 1992, 107 f; ferner MünchKomm/BIRK Art 25 Rn 356; **anders** aber KEGEL/SCHURIG § 21 IV 4; VOERTZEN IPRax 1994, 76 ff; mit Einschränkungen auch BERENBROK 194 ff). Die Kollisionsrechte der anglo-amerikanischen Rechtsordnungen enthalten hinsichtlich der „administration" (Nachlaßabwicklung einschließlich des Aufgabenbereichs von „administrator" und „executor") einen Renvoi auf das Recht des Staates, welcher Nachlaßabwicklungsmaßnahmen einleitet, insbesondere derartige „legal representatives" einsetzt (BERENBROK 196, vgl Rn 631, 647). Eine solche Entscheidung über die Einsetzung von „Zwischenberechtigten" trifft das deutsche Recht aber in der Weise, daß es nicht erst durch richterliche Entscheidung, sondern bereits kraft Gesetzes die dem „administrator" zufallenden Aufgaben der Schuldentilgung und Nachlaßverteilung den Erben selbst zuweist.

872 Hat der Erblasser einen „**executor**" benannt, so ist diese Anordnung im Hinblick auf den inländischen Nachlaß – wiederum unter der Herrschaft des insoweit kraft Rückverweisung maßgeblichen deutschen Rechts (Rn 631) – grundsätzlich als eine Testamentsvollstreckung iS der §§ 2197 ff BGB aufzufassen angesichts der Tatsache, daß das deutsche Recht die Entscheidung über die Einsetzung wiederum nicht den Gerichten zuweist, sondern von vornherein kraft Gesetzes im Regelfall die Verfügung des Erblassers verbunden mit der Amtsannahme des Testamentsvollstreckers (§ 2202 Abs 1 BGB) genügen läßt. Voraussetzung ist allerdings, daß eine Auslegung der letztwilligen Verfügung ergibt, daß der Erblasser dem „executor" über die bloße Schuldentilgung und Nachlaßverteilung hinaus Aufgaben eines Testamentsvollstreckers iS der §§ 2197 ff BGB zuweisen wollte (BayObLGZ 1980, 48; FERID Rn 9–83; IPG 1983 Nr 36 [Heidelberg] 326; vgl Rn 257, 275). Die Rechtsstellung des „executor" richtet sich dann nach deutschem Recht (FIRSCHING, Deutsch-amerikanische Erbfälle [1965] 135; FERID aaO; IPG 1978 Nr 39 [München] 39 f; **aA** KEGEL/SCHURIG § 21 IV 4; BERENBROK 197; IPG 1965/1966 Nr 67 [Köln] 791, 794; 1969 Nr 32 [Hamburg] 251 f; 1975 Nr 35 [Bonn] 299).

873 Nach § 16 a FGG richtet sich ferner, ob ein *Einantwortungsbeschluß* nach österreichischem Recht (vgl LG Hamburg IPRax 1992, 252 ff; BUNGERT IPRax 1992, 225) oder ein Beschluß über die Anordnung einer Nachlaßverwaltung (dazu auch JAHR, Deutsches internationales Konkursrecht [1973] §§ 237, 238 KO Rn 205 ff) anerkannt werden kann. Die Anerkennung einer in einem ausländischen Aufgebotsverfahren ergangenen Entscheidung über den Ausschluß von Gläubigern richtet sich ebenfalls nach § 16 a FGG, da es sich hier ungeachtet der im deutschen Verfahrensrecht in §§ 946 ff ZPO getroffenen Regelung in der Sache um ein Verfahren der freiwilligen Gerichtsbarkeit handelt (vgl dazu MünchKommZPO/EICKMANN Bd 3 [1992] § 946 Rn 2; für Anwendung des § 328 ZPO dagegen PINCKERNELLE/SPREEN DNotZ 1967, 217).

874 Eine **Anerkennung** von ausländischen **Erbscheinen** und **Testamentsvollstreckerzeugnissen** ist dagegen **nicht möglich** (KG FamRZ 1998, 308; STAUDINGER/SCHILKEN [1996] § 2369 Rn 12; FERID Rn 9–102; PINCKERNELLE/SPREEN DNotZ 1967, 215; SIEHR IPRax 1987, 7 f; LÜDERITZ Rn 427; *anders* DÖLLE RabelsZ 1962/1963, 236 Fn 105; KEGEL/SCHURIG § 21 IV 4; MünchKomm/ BIRK Art 25 Rn 360 ff; ERMAN/HOHLOCH Art 25 Rn 55; SOERGEL/SCHURIG Art 25 Rn 74; PALANDT/ HELDRICH Art 25 Rn 22; GRIEM 28 ff mit rechtsvergleichendem Überblick 24 ff; rechtsvergleichend auch EBENROTH Rn 1078 ff; zur Bedeutung deutscher Erbscheine im Ausland vgl GOTTWALD/STANGL

ZEV 1997, 217). Unter den Voraussetzungen des § 16 a FGG werden nur die *verfahrensrechtlichen Wirkungen* einer Entscheidung auf das Inland erstreckt (Rn 869). Die genannten Zeugnisse entfalten aber weder Feststellungs- noch Gestaltungswirkung, sondern äußern lediglich Wirkungen auf materiellrechtlicher Ebene, indem sie zB eine Vermutung für die Rechtsinhaberschaft des Ausgewiesenen begründen oder einen gutgläubigen Vertragspartner schützen. Derartige „Tatbestandswirkungen" werden von einer Anerkennung nach § 16 a FGG nicht erfaßt (GEIMER, in: FS Ferid [1988] 90 f, 117 Fn 23; vgl auch MünchKomm/BIRK Art 25 Rn 359). Ob ausländische Hoheitsakte *materiellrechtliche Wirkungen* hervorrufen, entscheidet vielmehr die in der Sache maßgebende Rechtsordnung (GEIMER, in: FS Ferid [1988] 91 u 117 Fn 21; ZÖLLER/GEIMER, ZPO²¹ [1999] § 328 Rn 24, 56; MARTINY, Hdb IZVR Bd III/1 [1984] Rn 373, 427 ff; SCHACK, Internationales Zivilverfahrensrecht² [1996] Rn 780 ff mwN), im Hinblick auf die Tatbestandswirkungen eines *inländischen Erbscheins* oder Testamentsvollstreckerzeugnisses also das deutsche Recht. Infolgedessen muß *durch Auslegung der einschlägigen deutschen Vorschriften* ermittelt werden, ob nur das Zeugnis eines *inländischen* Nachlaßgerichts oder auch das Zeugnis einer ausländischen Stelle als „Erbschein" bzw „Testamentsvollstreckerzeugnis" iS dieser Vorschriften angesehen werden kann. Es handelt sich hier um ein **Substitutionsproblem** (vgl Rn 762 ff; insoweit zustimmend SOERGEL/SCHURIG Art 25 Rn 74; KAUFHOLD ZEV 1997, 402).

Legt man die allgemeinen Substitutionsregeln zugrunde (Rn 764), so kann ein inlän- **875** disches Zeugnis dann durch ein ausländisches ersetzt werden, wenn das fremde Zeugnis einem inländischen funktionell äquivalent ist. Dies setzt zunächst voraus, daß eine ausländische Stelle tätig geworden ist, die im Hinblick auf Qualifikation und Verfahrensweise inländischen Nachlaßgerichten entspricht. Weiter müssen dem fremden Zeugnis im Ausstellungsstaat ebenfalls Legitimationswirkungen bzw öffentlicher Glauben zukommen. Da deutsche Erbscheine und Testamentsvollstreckerzeugnisse darauf abzielen, den Rechtsverkehr *aus der Sicht des deutschen Rechts* zu erleichtern (vgl Rn 822), kann ein fremdes Zeugnis schließlich nur dann als funktionell äquivalent angesehen werden, wenn es die Erbfolge in sachlicher Übereinstimmung mit dem deutschen Kollisions- und Sachrecht ausweist bzw die Befugnisse des Testamentsvollstreckers nach fremdem Recht denen eines inländischen Testamentsvollstreckers entsprechen. Ein ausländisches Zeugnis vermag daher nur dann die Rechtswirkungen der §§ 2365–2367 BGB auszulösen oder im Grundbuchverfahren den von § 35 Abs 1 S 1 GBO geforderten inländischen Erbschein ersetzen, wenn die tätig werdende ausländische Stelle die Rechtslage aus deutscher Perspektive wiedergegeben hat bzw die Sichtweise des ausländischen Rechts mit der des deutschen übereinstimmt (anders KAUFHOLD ZEV 1997, 402; weitergehend auch SCHULZ, Die Substitution ausländischer Rechtstatsachen [1997] 203). Nach allem dürfte eine Substitution durch ausländische Zeugnisse nur ausnahmsweise in Frage kommen (zur „Anerkennung" von Erbscheinen der früheren Staatlichen Notariate der DDR vgl Rn 939).

Eine *Substitution kraft staatsvertraglicher Vereinbarung* sieht § 17 des *deutsch-türki-* **876** *schen Nachlaßabkommens* v 17. 2. 1929 vor. Danach genügt ein vom Heimatstaat (zB der Türkei) ausgestelltes Zeugnis, um im Hinblick auf den beweglichen Nachlaß das Bestehen eines erbrechtlichen Verhältnisses auch im anderen Vertragsstaat (Bundesrepublik) nachzuweisen (zur Wirkung vgl aber Vorbem 187 zu Art 25 f).

Soweit es sich bei den ausländischen Erbzeugnissen um öffentliche Urkunden iS des **877**

§ 415 ZPO handelt, kommt ihnen – unabhängig von etwaigen Tatbestandswirkungen – die im deutschen Verfahrensrecht vorgesehene **Beweiskraft** zu. Steht ihre Echtheit fest (vgl § 418 ZPO), erbringen sie daher nach Maßgabe von § 417 ZPO vollen Beweis des Erbrechts aus der Sicht der jeweiligen ausländischen Rechtsordnung (vgl auch MünchKomm/BIRK Art 25 Rn 363; GRIEM 76 ff; zur Beweiskraft eines „probate" s OLG München WM 1967, 815).

878 Ist ein ausländisches Zeugnis ausgestellt worden, wird mangels Anerkennung (Rn 874) die Erteilung eines inländischen Erbscheins oder Testamentsvollstreckerzeugnisses – ggf mit abweichendem Inhalt – nicht gehindert (BayObLGZ 1965, 383; BayObLG NJW-RR 1991, 1099; KG IPRspr 1973 Nr 105 S 274; OLG Karlsruhe OLGZ 1981, 401 ff; PINCKERNELLE/SPREEN DNotZ 1967, 215; MünchKomm/BIRK Art 25 Rn 364; PALANDT/HELDRICH Art 25 Rn 22).

N. Innerdeutsches Erb- und Nachlaßverfahrensrecht

I. Rechtslage bis zum 3.10.1990* und Inhalt des EV

879 Das ursprünglich auch in der DDR geltende Erbrecht des Bürgerlichen Gesetzbuches war dort Schritt für Schritt durch eigenständige Vorschriften ersetzt worden. Den Schlußpunkt dieser Entwicklung bildete das Inkrafttreten des ZGB am 1.1.1976, das in seinem sechsten Teil (§§ 362–427 ZGB, dazu die Nachw in Rn 916) eine Neukodifikation der Materie mit sich brachte. Angesichts dieser materiellrechtlichen Unterschiede mußte seinerzeit bei der Abwicklung von Erbfällen mit Bezug zu beiden deutschen Rechtsordnungen das in der Sache maßgebende Recht sowohl in der Bundesrepublik als auch in der DDR zunächst durch Kollisionsnormen bestimmt werden. Dabei gingen beide deutsche Staaten politisch bedingt von unterschiedlichen Konzepten aus.

880 Aus der **Sicht der Bundesrepublik** fanden die erbrechtlichen Kollisionsnormen des EGBGB keine unmittelbare Anwendung, weil diese einen Auslandssachverhalt voraussetzen (vgl Art 3 Abs 1 S 1) und die DDR nach westdeutscher Rechtsauffassung kein Ausland darstellte. Statt dessen griff man auf spezifische **innerdeutsche Kollisionsregeln** zurück, die freilich grundsätzlich durch Analogie zu den entsprechenden IPR-Normen gebildet wurden (vgl statt aller vBAR I Rn 286). Soweit die Vorschriften des EGBGB an die Staatsangehörigkeit anknüpfen, sollte nach hM in deutsch-deutschen Rechtsbeziehungen der gewöhnliche Aufenthalt einer Person maßgebend sein (vgl nur BGHZ 40, 34 f; 85, 22; 91, 192; BGH FamRZ 1977, 787; KG OLGZ 1985, 180; OLG Schleswig IPRspr 1982 Nr 112 S 259; LG Hamburg IPRspr 1984 Nr 124; vBAR I Rn 290; MANSEL DtZ 1990, 226 f). Als Erbstatut war danach das Recht berufen, welches am gewöhnlichen Auf-

---

* **Schrifttum:** DÖRNER, Zur Behandlung von deutschen Erbfällen mit interlokalem Bezug, DNotZ 1977, 324; HERRMANN, Erbrecht und Nachlaßverfahren in der DDR (1989); JACOBSEN, Die Rechtswahl im interlokalen Erbrecht Deutschlands, ROW 1983, 97; KRINGE, Das Erb- und Devisenrecht bei innerdeutschen Rechts-

beziehungen, NJW 1983, 2292; WÄHLER, Erbrechtliche Probleme im innerdeutschen Rechtsverkehr, in: FS Mampel (1983) 191; vWEDEL, Das Erb- und Devisenrecht bei innerdeutschen Rechtsberührungen, NJW 1984, 713; WOHLGEMUTH, Westkonten bei Ost-Erbfällen, ROW 1985, 162.

enthaltsort einer Person zum Zeitpunkt ihres Todes galt (näher Rn 889 ff). Der Vorschlag, DDR-Bürger kollisionsrechtlich wie Doppelstaater zu behandeln und ihr Personalstatut durch Anknüpfung an die effektive (DDR- oder gesamtdeutsche) Staatsangehörigkeit zu bestimmen (grundlegend HELDRICH NJW 1978, 2171; ders ZfRvgl 1978, 297), hat sich in der Praxis nicht durchsetzen können. Eine Verweisung auf das Recht der DDR war als *Gesamtverweisung* aufzufassen, eine von den Kollisionsnormen der DDR ausgesprochene Rück- oder Weiterverweisung daher analog Art 4 Abs 1 zu beachten (vgl nur DÖRNER DNotZ 1977, 329).

Aus der **Sicht der ehemaligen DDR** war die Bundesrepublik dagegen Ausland. Daher **881** kam die Entwicklung besonderer interlokaler Kollisionsnormen nicht in Frage. Das in deutsch-deutschen Erbfällen maßgebende Sachrecht wurde statt dessen folgerichtig durch die (allgemein für internationale Sachverhalte geltenden) **§§ 25 u 26 des Rechtsanwendungsgesetzes** v 5. 12. 1975 (RAG) bestimmt (HERRMANN 58; allgemein MASKOW/RUDOLPH RIW 1980, 20; KITTKE DAVorm 1977, 550; ders JOR 1976 II 14). Zur Rück- und Weiterverweisung Rn 583.

Der **Einigungsvertrag** (EV) v 31. 8. 1990 (BGBl 1990 II 889 u GBl DDR 1990 I 1627) hat mit **882** Wirkung vom 3. 10. 1990 die *Rechtseinheit* auf dem Gebiet des Erbrechts in den alten Bundesländern und im Beitrittsgebiet zwar weitgehend, aber doch *nicht vollständig wiederhergestellt*. Nach Art 8 EV ist im Beitrittsgebiet das Recht der Bundesrepublik nur insoweit übernommen worden, als „durch diesen Vertrag... nichts anderes bestimmt ist." Eine abweichende Bestimmung mit erbrechtlicher Bedeutung findet sich aber in Art 235 § 1 Abs 2, wonach einem vor dem Beitritt geborenen nichtehelichen Kind ebenso wie einem ehelichen ein volles Erbrecht und nicht – wie bis zum 31. 3. 1998 in den alten Bundesländern – lediglich ein Erbersatzanspruch zusteht (vgl Rn 913, 929 ff). Außerdem muß nach dem Recht des Beitrittsgebietes gemäß Art 235 § 1 Abs 1 u § 2 zwischen Alt- und Neufällen unterschieden werden mit der Folge, daß die Beerbung eines vor dem 3. 10. 1990 verstorbenen Erblassers weiterhin dem „bisherigem Recht", dh den erbrechtlichen Bestimmungen des ZGB unterliegt (vgl Rn 917 ff). Daher ist bei der Beurteilung erbrechtlicher Sachverhalte mit Bezug zu beiden deutschen Teilrechtsordnungen auf mittlere Sicht weiterhin zunächst zu prüfen, ob ost- oder westdeutsches Erbrecht Anwendung findet. Dazu sind interlokale Rechtsanwendungsregeln erforderlich, die der Einigungsvertrag selbst jedoch nicht enthält. Auch für einen späteren Zeitpunkt ist kein Gesetz zur Regelung des deutschen interlokalen Kollisionsrechts geplant (vgl BT-Drucks 11/7817, 36 f).

II. Grundlagen des innerdeutschen Erbkollisionsrechts nach dem 2. 10. 1990*

Durch das Schweigen des EV war eine heftige **Kontroverse** über die **Grundlagen** des **883** heute geltenden **innerdeutschen Kollisionsrechts** ausgelöst worden. Der BGH hat in einer richtungweisenden Entscheidung v 1. 12. 1993 (BGHZ 124, 274) für die Praxis

---

* **Schrifttum:** ADLERSTEIN/DESCH, Das Erbrecht in den neuen Bundesländern, DtZ 1991, 193; ANDRAE, Zur Rechtsprechung in deutsch-deutschen Erbrechtsfällen, NJ 1998, 113, 175; ARETZ, Erbrechtliche Probleme im früheren deutsch-deutschen Verhältnis nach der Wiedervereinigung, RPfl-Stud 1992, 102, 129; BADER, Anwendbares Erbrecht bei Restitutionsansprüchen auf Grundbesitz in der früheren DDR, DtZ 1994, 22; BENICKE, Zum Pflichtteilsanspruch des Adoptivkindes nach seinem leiblichen Vater im deutsch-deutschen Rechtsverkehr nach dem

Klarheit geschaffen, sich mit der Problematik allerdings nur sehr unzulänglich auseinandergesetzt (vgl näher Rn 897, 907, 952). In der Sache spiegelten sich in dieser Auseinandersetzung die gleichen Positionen wider, die auch im Meinungsstreit um die intertemporale Abgrenzung internationalprivatrechtlicher Normen nach Maßgabe

---

Einigungsvertrag, IPRax 1996, 188; BESTELMEYER, Erbfälle mit Nachlaßgegenständen in der ehemaligen DDR, Rpfleger 1992, 229; ders, Weitere erbrechtliche Fragestellungen nach dem Einigungsvertrag, Rpfleger 1992, 321; ders, Aktuelle erbrechtliche Fragestellungen nach dem Einigungsvertrag, Rpfleger 1993, 381; ders, Erbrecht nach Erbausschlagung und Restitutionsanspruch – ein Kollisionsproblem?, FamRZ 1994, 604; ders, Testamentsanfechtung nach vollzogener Wiedervereinigung bei deutsch-deutschen Erbfällen – Anfechtungserklärung oder Anfechtungsklage?, FamRZ 1994, 1444; BOSCH, Familien- und Erbrecht als Themen der Rechtsangleichung nach dem Beitritt der DDR zur Bundesrepublik Deutschland, FamRZ 1992, 869, 993; BULTMANN, Rückabwicklung innerdeutscher Erbteilübertragungsverträge, NJ 1994, 5; BULTMANN, Rückabwicklung innerdeutscher Erbteilübertragungsverträge, NJ 1994, 4; CASIMIR, Welches Erbrecht gilt für Ansprüche nach dem Vermögensgesetz?, DtZ 1993, 362; DIECKMANN, Teilhabe des Pflichtteilsberechtigten an Vorteilen des Erben nach dem Vermögensgesetz, ZEV 1994, 198; DÖRNER, Interlokales Erb- und Erbscheinsrecht nach dem Einigungsvertrag, IPRax 1991, 392; ders, Interlokales Erbrecht nach der Wiedervereinigung – ein schwacher Schlußstrich, IPRax 1995, 89; ders, Rechtsfragen des deutsch-deutschen Erbrechts – BGHZ 124, 270, JuS 1995, 771; DRESSLER, Grundbesitz in der ehemaligen DDR als Grundlage für nachträgliche Pflichtteilsansprüche aus BGB-Erbfällen, DtZ 1993, 229; DROBNIG (Hrsg), Grundstücksrecht und Erbrecht in beiden deutschen Staaten heute und künftig (1993); EBERHARDT/LÜBCHEN, Zum Erbrecht des nichtehelichen Kindes nach Art 235 § 1 II EGBGB, DtZ 1992, 206; EBERHARDT, Noch einmal: Zum Erbrecht in der ehemaligen DDR, DtZ 1991, 293; FAHRENHORST, Die Bestandskraft von Testamenten und Erbausschlagungen im Hinblick auf die deutsche Vereinigung, JR 1992, 265; FASSBENDER, Das Pflichtteilsrecht nach der Vereinigung, DNotZ 1994, 359; FRIESER, Innerdeutsches Erbrecht nach dem Einigungsvertrag, AnwBl 1992, 293; GRUNEWALD, Die Auswirkungen eines Irrtums über politische Entwicklungen in der DDR auf Testamente und Erbschaftsausschlagungen, NJW 1991, 1208; HARTMANN, Innerdeutsches Kollisionsrecht für Altfälle und Vertrauensschutz, RabelsZ 1997, 454; HENRICH, Probleme des interlokalen und des internationalen Ehegüter- und Erbrechts nach dem Einigungsvertrag, IPRax 1991, 14; JAEGER, Noch einmal: Zum Erbrecht in der ehemaligen DDR, DtZ 1991, 293; KOERNER, Offene Vermögensfragen in den neuen Bundesländern (1991); KÖSTER, Erbrechtliche Fragestellungen nach dem Einigungsvertrag, Rpfleger 1991, 97; dies, Nichtehelichen-Erbrecht nach dem Einigungsvertrag, Rpfleger 1992, 369; KUCHINKE, Erbrechtliche Folgeprobleme der Deutschen Einigung, DtZ 1996, 194; KUMMER, Pflichtteilsergänzung in DDR-Erbfällen: Kollisionsrecht und Grundstücksbewertung, ZEV 1995, 319; DE LEVE, Deutsch-deutsches Erbrecht nach dem Einigungsvertrag (1995); ders, Deutsch-deutscher Erbfall: Nachträgliche Pflichtteilsausgleichung bei Rückgabe enteigneten Vermögens nach dem Vermögensgesetz, DtZ 1994, 270; ders, Nochmals: Erbrechtliche Fragen nach dem Einigungsvertrag, RPfleger 1994, 233; ders, Das Erbrecht des nichtehelichen Kindes nach Art 235 § 1 Abs 2 EGBGB, FuR 1995, 282; ders, Sonderregeln für Verfügungen von Todes wegen in Art 235 § 2 EGBGB, Rpfleger 1996, 141; ders, Erbschaftsausschlagung im deutsch-deutschen Verhältnis und ihre Anfechtung, DtZ 1996, 199; ders, Deutsch-deutsches Erbrecht: Der Anspruch nach dem Vermögensgesetz in West-Erbfällen mit Nachlaßspaltung, FamRZ 1996, 201; LIMMER, Die Zugehörigkeit von Restitutionsansprüchen zum Nachlaß, ZEV 1994, 31; ders, Die Bindungswirkung von in der DDR errichteten gemeindes Art 236 vertreten werden (vgl ausführlich – auch zum Folgenden – STAUDINGER/DÖRNER [1996] Art 236 Rn 75 ff sowie bereits oben Rn 573 ff).

Ein Teil des Schrifttums geht davon aus, daß ebenso wie im Internationalen (vgl **884** Rn 573) auch im Interlokalen Privatrecht des Beitrittsgebietes und der Alt-Bundes-republik unterschiedliche Anknüpfungsregeln gelten (**Lehre vom gespaltenen inner-deutschen Kollisionsrecht**, vgl BT-Drucks 11/7817 v 10. 9. 1990 S 37; dazu etwa: DÖRNER, in: FS Lorenz 327 ff; ders IPRax 1991, 393; HENRICH FamRZ 1991, 874; vHOFFMANN IPRax 1991, 3; SIEHR IPRax 1991, 22; PIRRUNG RabelsZ 1991, 236). Dem liegt die Vorstellung zugrunde, daß der Schutz des Vertrauens der Bürger insbesondere im Beitrittsgebiet auf die Kontinuität vor dem Beitritt entstandener Rechtslagen höher zu bewerten sei als das Interesse an einer bundeseinheitlichen Rechtsanwendung. Um zu vermeiden, daß nach dem 3. 10. 1990 im Beitrittsgebiet aufgrund einer abweichenden interlokalen Anknüpfung ein anderes Sachrecht für anwendbar erklärt wird als vorher, soll der – in seiner Geltungsanordnung auf das Beitrittsgebiet beschränkte (vgl Rn 573) – Art 236 analoge Anwendung finden, dh also zwischen Alt- und Neufällen unterschieden werden. In den westdeutschen Bundesländern haben die Gerichte nach dieser Auffassung dage-gen bei der Beurteilung deutsch-deutscher Sachverhalte weiterhin die bisher schon geltenden Regeln des innerdeutschen Kollisionsrechts (vgl Rn 889 ff) zugrunde zu legen. Diese Auffassung ist **vorzugswürdig**, weil sie insbesondere im Beitrittsgebiet einen umfassenden Schutz des Vertrauens auf den Fortbestand vor dem Beitritt entstandener Rechtslagen verwirklicht.

---

schaftlichen Testamenten, ZEV 1994, 290; S LORENZ, Rechtsnachfolge in enteignete Ver-mögen. Zum Begriff des „Rechtsnachfolgers" in § 2 Abs 1 VermG, DStR 1993, 1224; ders, Erb-ausschlagung im deutsch-deutschen Verhältnis, DStR 1994, 584; ders, „Rechtsnachfolge" iSv § 2 Abs 1 VermG und kollisionsrechtliche Nach-laßspaltung, ZEV 1995, 436; MÄRKER, Restitu-ierte Erbfälle bei Rückübertragung von enteig-netem Vermögen?, VIZ 1992, 174; MEYER, Te-stamentsanfechtung und Anfechtung der Erbausschlagung wegen Irrtums über die politi-schen Veränderungen in der ehemaligen DDR, ZEV 1994, 12; vMORGEN/GÖTTING, „Gespal-tene" Testamentsvollstreckung bei gesamtdeut-schen Nachlässen, DtZ 1994, 199; REHM, Zu-fallsgeschenke für übergangene gesetzliche Er-ben?, ZEV 1996, 207; RENNER, Noch einmal: Zum Erbrecht in der ehemaligen DDR, DtZ 1991, 293; RODEMER, Die Rechtsbeziehungen im Erbrecht zwischen beiden deutschen Staaten, RPfl-Stud 1990, 67; SANDWEG, Deutsch-deut-sches Erbrecht, BWNotZ 1992, 45; SCHOTTEN/ JOHNEN, Erbrecht im deutsch-deutschen Ver-hältnis – die Rechtslage vor der Vereinigung und die Regelungen im Einigungsvertrag, DtZ 1991, 225; SOLOMON, Nachlaßspaltung, Qualifikation, Pflichtteil und der Rückübertragungsanspruch nach dem Vermögensgesetz, IPRax 1995, 24; ders, Das Vermögensgesetz und § 25 Abs 2 Rechtsanwendungsgesetz der DDR – abge-schlossene Vorgänge und offene Fragen, IPRax 1997, 24; TRILSCH-ECKARDT, Sonderfall zur Bindungswirkung von in der DDR errichteten gemeinschaftlichen Testamenten, ZEV 1995, 217; TRITTEL, Deutsch-deutsches Erbrecht nach dem Einigungsvertrag, DNotZ 1991, 237; VOGT/ KOBOLD, Erbrecht nach Erbausschlagung und Restitutionsanspruch – ein Kollisionsproblem, DtZ 1993, 226; WÄHLER, Intertemporale, inter-lokale und materiellrechtliche Probleme des Erbrechts nach der Wiedervereinigung, ROW 1992, 103; ders, Kollisionsrechtliche Probleme des innerdeutschen Erbrechts und Nachlaßver-fahrens, in: DROBNIG (Hrsg), Grundstücksrecht und Erbrecht in beiden deutschen Staaten heute und künftig (1993) 91; WASMUTH, Zur Korrektur abgeschlossener erbrechtlicher Sachverhalte im Bereich der ehemaligen DDR, DNotZ 1992, 3.

885 Eine Gegenmeinung will im Interesse einer einheitlichen Rechtsanwendung interlokale Rechtskonflikte seit dem 2. 10. 1990 im gesamten Bundesgebiet nach denselben innerdeutschen Kollisionsregeln entschieden wissen (**Lehre vom einheitlichen innerdeutschen Kollisionsrecht**, vgl Rn 574). Dabei will ein Teil der Literatur bei der Beurteilung deutsch-deutscher Sachverhalte die **Regeln** des bis zur Wiedervereinigung in der Bundesrepublik praktizierten **innerdeutschen Kollisionsrechts** (vgl Rn 889, im Erbrecht also Art 25, 26 analog) nunmehr ohne weiteres auch auf das Beitrittsgebiet – und zwar für Neu- *und* Altfälle – übertragen (etwa: PALANDT/HELDRICH Art 236 Rn 4; vBAR II Rn 127, 363).

886 Nach einer anderen Variante soll ebenso wie bei der Behandlung von Auslandssachverhalten (Rn 574) zunächst mit Hilfe eines **Zuweisungskriteriums** ermittelt werden, ob der Schwerpunkt des Rechtsverhältnisses in der ost- oder westdeutschen Teilrechtsordnung liegt. Eine derart vorgeschaltete Zuweisung sei entweder mit Hilfe eines Rückgriffs auf die Regeln des innerdeutschen Kollisionsrechts (letzter gewöhnlicher Aufenthaltsort des Erblassers) oder durch eine Konkretisierung des Prinzips der engsten Verbindung (vgl Art 4 Abs 3 S 2) vorzunehmen (etwa MANSEL DtZ 1991, 129 f; SCHOTTEN/JOHNEN DtZ 1991, 232; MÖRSDORF-SCHULTE/OTTE ZIP 1993, 23 ff; JAYME/STANKEWITSCH IPRax 1993, 164 f).

887 Der **BGH** hat in seiner **Entscheidung v 1. 12. 1993** die Auffassung vertreten, daß die bislang in der Altbundesrepublik maßgeblichen **innerdeutschen Kollisionsregeln** (vgl Rn 889 ff) gemäß Art 8 EV seit dem 3. 10. 1990 **auch im Beitrittsgebiet** – für Neu- *und* *Altfälle* – **zu beachten** seien. Die Vorstellung eines in den alten und neuen Bundesländern unterschiedlichen interlokalen Kollisionsrechts sei abzulehnen, weil dies „die mit dem Einigungsvertrag angestrebte Rechtseinheit prinzipiell verfehlen" müsse. Eingriffe in bereits entstandenen Rechte sollten allerdings „nach Möglichkeit vermieden werden" (BGHZ 124, 274 = NJW 1994, 582 = JZ 1994, 468 = WM 1994, 157 = FamRZ 1994, 304 = ZEV 1994, 101 = IPRax 1995, 114).

888 Die **Praxis** hat sich diesen Standpunkt zu eigen gemacht (vgl etwa BGHZ 127, 370; 128, 43; 131, 26; KG FamRZ 1996, 974; OLG Jena FamRZ 1994, 787; OLG Hamm FamRZ 1995, 759, 1039; OLG Brandenburg FamRZ 1997, 1024, 1030; BezGer Erfurt FamRZ 1994, 465; nach wie vor kritisch DÖRNER IPRax 1995, 114 und JuS 1995, 771; DE LEVE 88 ff; ANDRAE NJ 1998, 114; vgl auch SOERGEL/ SCHURIG Art 25 Rn 117 Fn 30b; den Streitstand zuammenfassend und im Ergebnis dem BGH zustimmend HARTMANN RabelsZ 1997, 454). Er vereinfacht die Rechtsanwendung insofern, als in Zukunft sowohl in den neuen wie auch in den alten Bundesländern jedenfalls im Ansatz nur noch danach zu fragen sein wird, in welcher der beiden Teilrechtsordnungen der Erblasser seinen letzten gewöhnlichen Aufenthalt gehabt hat (vgl Rn 894 ff). Eine analoge Anwendung des Art 236 § 1 erübrigt sich danach in Zukunft ebenso wie die Prüfung eines Renvoi, da die im ostdeutschen Teilrechtsgebiet geltenden und rückwirkend auch Erbfälle vor dem Beitritt erfassenden interlokalen Kollisionsnormen mit den westdeutschen Anknüpfungsregeln identisch sind. Der Senat hat sich damit, was die völlige Außerachtlassung des Art 236 § 1 angeht, ohne ein Wort der Begründung über eine umfangreiche Rechtsprechung hinweggesetzt (vgl nur BGHZ 123, 76 [81]; BayObLGZ 1991, 107; 1992, 67; OLG Frankfurt aM OLGZ 1992, 38; OLG Zweibrücken FamRZ 1992, 1474). Auch in der Sache bestehen gegen die Lösung des BGH nach wie vor gravierende Bedenken. Sie vermag nicht zu erklären, warum § 25 Abs 2 RAG über Art 3 Abs 3 auf Altfälle weiterhin Anwendung finden sollte (Rn 897), führt in bestimmten Fällen zu einer rückwirkenden Neubeurteilung der Rechtslage (Rn 907) und nimmt in Kauf, daß in einer nicht überschaubaren Anzahl von Erbfällen ein von den Staatlichen Notariaten der früheren DDR ausgestellter Erbschein als unrichtig eingezogen werden muß (Rn 952).

III. Anknüfung an den letzten gewöhnlichen Aufenthalt des Erblassers

1. Allgemeines

Folgt man der Ansicht des BGH (Rn 887), so sind bei der Beurteilung erbrechtlicher **889** Sachverhalte mit Bezug zu beiden deutschen Teilrechtsordnungen aus der Zeit vor wie nach dem Beitritt nunmehr sowohl in den neuen wie auch in den alten Bundesländern diejenigen **Anknüpfungsregeln** anzuwenden, welche **in der Bundesrepublik** bereits vor der Wiedervereinigung im Verhältnis zur DDR Anwendung fanden. Diese Regeln werden in Analogie zu den international-privatrechtlichen Kollisionsnormen des EGBGB gebildet (vgl nur vBAR I Rn 286 m w Nachw), so daß sich mit dem Inkrafttreten des IPR-Neuregelungsgesetzes am 1. 9. 1986 mittelbar auch die innerdeutschen Kollisionsnormen verändert haben (vgl STAUDINGER/DÖRNER [1996] Art 220 Rn 135). Sämtliche die „Rechtsnachfolge von Todes wegen" betreffende Sachverhalte aus der Zeit nach diesem Stichtag werden im wesentlichen entsprechend Art 25 u 26 angeknüpft; erbrechtliche Vorgänge aus der Zeit davor unterliegen einer analogen Anwendung der Art 24 u 25 **aF** (vgl den Wortlaut der Bestimmungen Vorbem 1 zu Art 25; zur Anwendung dieser Bestimmungen im Verhältnis zur früheren DDR ausführlich DÖRNER DNotZ 1977, 326 ff); die Zulässigkeit einer *Rechtswahl* in interlokalen Erbfällen auch vor dem 1. 9. 1986 wird ausnahmsweise bejaht von IPG 1982 Nr 34 (Hamburg) 336; vgl im übrigen Rn 10. Die Abgrenzung zwischen altem und neuem innerdeutschen Kollisionsrecht (= analoge Anwendung des EGBGB in aF oder nF) erfolgt *analog Art 220 Abs 1 bis 3* (vgl BGH FamRZ 1991, 421; BGH FamRZ 1992, 295; OLG Celle FamRZ 1991, 715; OLG Düsseldorf FamRZ 1992, 573; AG Charlottenburg FamRZ 1991, 335), so daß es auch im innerdeutschen Erbrecht auf den Zeitpunkt des Erbfalls (vgl Rn 8, 15) bzw den Zeitpunkt der Errichtung einer Verfügung von Todes wegen (Rn 13) ankommt.

Zu tiefgreifenden **Veränderungen** im innerdeutschen Erbrecht hat das Inkrafttreten **890** des **IPR-Neuregelungsgesetzes nicht** geführt, da sich der Anknüpfungsgegenstand der Art 24, 25 aF einerseits und der Art 25, 26 nF andererseits deckt (vgl bereits Rn 71) und beide Gesetzesfassungen auf dem Gedanken der Staatsangehörigkeitsanknüpfung beruhen, die im innerdeutschen Kollisionsrecht durch eine Anknüpfung an den letzten gewöhnlichen Aufenthalt ersetzt wird (vgl Rn 880). Als innerdeutsches Erbstatut ist also das am letzten gewöhnlichen Aufenthaltsort des Erblassers maßgebende Recht heranzuziehen, ohne Rücksicht darauf, ob der Erbfall vor (vgl zB BGH FamRZ 1977, 786; BayOblG IPRspr 1966 Nr 208; KG OLGZ 1966, 592; OLG Hamm OLGZ 1973, 289) oder nach dem 1. 9. 1986 eingetreten ist. Die jetzt in Art 26 Abs 5 S 1 ausdrücklich vorgesehene Anknüpfung der Gültigkeit des Errichtungsaktes und der Bindungswirkung an die Staatsangehörigkeit des Erblassers zum Zeitpunkt der Vornahme der Verfügung wurde in der Sache weitgehend identisch aus Art 24 Abs 3 aF (vgl Vorbem 3 zu Art 25 f) abgeleitet (zur interlokalen Anwendung des Art 24 Abs 3 aF DÖRNER DNotZ 1977, 337). Auch die in Art 3 Abs 3 vorgesehene und im innerdeutschen Verhältnis entsprechend maßgebende Anknüpfung an den **Belegenheitsort** (Rn 520) war in der Sache bereits in Art 28 aF vorgesehen (zur Anwendung im Verhältnis zur früheren DDR näher DÖRNER DNotZ

1977, 335 f). Dagegen erlaubte die vom Reformgesetzgeber in Art 25 Abs 2 neuge-
schaffene Möglichkeit einer erbrechtlichen **Rechtswahl** (Rn 461 ff) mit Wirkung vom
1. 9. 1986 an eine (partielle) private Bestimmung des Erbstatuts auch auf interlokaler
Ebene insofern, als ein grundsätzlich nach DDR-Recht zu beerbender Erblasser sein
in der Bundesrepublik belegenenes unbewegliches Vermögen dem Erbrecht des
BGB unterstellen konnte.

891 Unter dem **„letzten gewöhnlichen Aufenthalt"** ist der Ort zu verstehen, an dem sich zum
Zeitpunkt des Todes der „Daseinsmittelpunkt" des Erblassers befand. Voraussetzung
dafür ist neben einem Aufenthalt von regelmäßig nicht geringer Dauer noch das Vorhandensein weiterer, speziell familiärer oder beruflicher Bindungen (BGH NJW 1975,
1068; vgl auch Rn 438). Die Tragfähigkeit dieser Anknüpfung ist allerdings im Hinblick auf
Erbfälle aus der Zeit vor dem 3. 10. 1990 begrenzt. Sie würde nämlich bei konsequenter
Durchführung zur Folge haben, daß auch solche Personen nach Aufenthaltsrecht
beerbt werden, die – wie etwa Journalisten oder Diplomaten – aus dem einem deutschen Staat in den jeweils anderen entsandt waren und sich dort uU langjährig aufgehalten hatten, ohne jedoch in das dort jeweils herrschende Rechts- und Gesellschafts-
system integriert gewesen zu sein. Um hier eine Beurteilung der Erbfolge nach derjenigen Rechtsordnung zu gewährleisten, mit welcher der Erblasser zum Zeitpunkt
seines Todes am engsten verbunden war, sollte in diesen Ausnahmefällen die Anknüpfung an den gewöhnlichen Aufenthalt durch eine Anknüpfung an die fortdauernde und
willentlich beibehaltene, durch Personalausweis, Reisepaß oder Registrierung bei
einer diplomatischen Vertretung dokumentierte **„Zugehörigkeit"** zu einem der beiden
deutschen Staaten ergänzt bzw ersetzt werden (näher bereits Dörner DNotZ 1977, 325 f unter
Bezugnahme auf Drobnig RabelsZ 1973, 495 ff; vgl auch Wähler, in: Drobnig 98).

892 In gleicher Weise ist zu verfahren beim Tode von Deutschen mit **letztem gewöhn-**
lichen Aufenthalt im Ausland, die sich in keinem der beiden deutschen Staaten jemals
gewöhnlich aufgehalten haben bzw trotz eines früheren Aufenthalts in einem der
beiden Staaten ihre Zugehörigkeit zu dem jeweils anderen in der erwähnten Weise
deutlich gemacht haben. Dies gilt unabhängig davon, ob der Erbfall vor oder nach
der Wiedervereinigung am 3. 10. 1990 eingetreten ist.

893 Die **Formgültigkeit** von einfachen und gemeinschaftlichen Testamenten richtet sich
auch im interlokalen Recht nach den Bestimmungen des Haager TestÜbk, soweit der
Erblasser nach dem 1. 1. 1966 verstorben ist (Art 8 TestÜbk; vgl Vorbem 100 zu Art 25 f).
Auf die Rechtslage in der früheren DDR, die dem TestÜbk erst mit Wirkung v
21. 9. 1974 beigetreten war (vgl Rn 593), kommt es nicht an. Für Erbfälle vor dem
1. 1. 1966 gilt Art 11 aF. Die Formwirksamkeit von Erbverträgen ist analog Art 11 aF
bzw nF zu beurteilen, je nachdem, ob der Erbvertrag vor oder nach dem 1. 9. 1986
geschlossen wurde (Art 220 Abs 1).

2. Rechtslage bei letztem gewöhnlichen Aufenthalt des Erblassers in den alten Bundesländern

a)   Erbfall vor dem 3. 10. 1990
aa)   Grundsatz: Beerbung nach den Vorschriften des BGB
894 Ist danach der Erbfall **vor dem 3. 10. 1990** eingetreten und befand sich der letzte
gewöhnliche Aufenthalt des Erblassers in der **Altbundesrepublik,** so richtet sich die

Erbfolge im Prinzip nach den einschlägigen Bestimmungen des BGB. Das ist – folgt man dem BGH (Rn 887) – seit dem Beitritt auch die Rechtslage in den neuen Bundesländern (vgl aber Rn 907 ff). Die erbrechtlichen Bestimmungen des BGB beherrschen also zB die *Auslegung* eines Testaments (vgl etwa KG FamRZ 1996, 125 [Verfügung über „Westvermögen"]; OLG Hamm FamRZ 1995, 1093 [ergänzende Testamentsauslegung im Hinblick auf Anspruch aufgrund des VermG]; LG Hamburg FamRZ 1995, 833 [zur Anwendung des § 2088 BGB]; LG Cottbus [Enterbung eines in der BRep lebenden Abkömmlings zwecks Vermeidung einer Beschlagnahme]). Sie beantworten auch die Frage, ob ein Testament oder eine Ausschlagungserklärung wegen Irrtums etwa über die politischen Veränderungen in der früheren DDR oder über die Zugehörigkeit eines DDR-Grundstücks zum Nachlaß (BayObLG FamRZ 1994, 848) angefochten werden kann (näher MEYER ZEV 1994, 12; DE LEVE DtZ 1996, 200) und entscheiden über die Wirksamkeit und Reichweite eines Erbverzichts (OLG Düsseldorf NJW 1998, 2608).

Spezifische interlokale Rechtsprobleme ergeben sich in dieser Fallgruppe, wenn zum **895** Nachlaß Vermögenswerte in der früheren DDR gehören (Rn 896 ff), wenn der Erblasser in der DDR eine Verfügung von Todes wegen errichtet hatte (Rn 904 f) oder der Erblasser bis zum 3. 10. 1990 aus der Sicht des früheren DDR-Rechts zum Zeitpunkt seines Todes noch die Staatsbürgerschaft der DDR besaß (Rn 906 ff). – Zu Fragen des **Nachlaßverfahrens** vgl Rn 936 ff.

bb) Vorrang des Einzelstatuts (Art 3 Abs 3 analog)
Nach **Art 3 Abs 3 (analog)** finden die Bestimmungen des grundsätzlich berufenen **896** Erbstatuts keine Anwendung auf Vermögensgegenstände, die außerhalb von dessen Geltungsbereich belegen sind und nach dem Recht des Belegenheitsortes „besonderen Vorschriften" unterliegen (zur identischen Rechtslage vor dem Inkrafttreten des IPR-Neuregelungsgesetzes am 1. 9. 1986 vgl Rn 520). Zu diesen Vorschriften gehören auch Kollisionsnormen, welche die Erbfolge in bestimmte Gegenstände einem anderen Recht unterstellen als die Erbfolge im allgemeinen. Hinsichtlich solcher Gegenstände erklärt Art 3 Abs 3 (stillschweigend) das Belegenheitsrecht für maßgeblich (näher Rn 520 ff). Als „besondere Vorschrift" iS des Art 3 Abs 3 ist nach dem Inkrafttreten des RAG am 1. 1. 1976 bis zur Wiedervereinigung am 3. 10. 1990 auch § 25 Abs 2 RAG angesehen worden, der bestimmt, daß Eigentum und andere Nutzungsrechte an den in der DDR belegenen Grundstücken und Gebäuden – abweichend vom Staatsangehörigkeitsprinzip des § 25 Abs 1 RAG – stets nach dem Recht der DDR beurteilt werden sollen (vgl etwa KG OLGZ 1985, 179; DÖRNER DNotZ 1977, 335; WÄHLER, in: FS Mampel 192; vBAR II 364; Text der Vorschrift: Rn 582).

Nach inzwischen einhelliger – und zutreffender – Ansicht hat sich an dieser **Rechts-** **897** **lage** mit dem Beitritt **nichts geändert** (vgl nur aus der jüngeren Rechtsprechung BGHZ 131, 26; BGH FamRZ 1995, 481; BayObLGZ 1991, 105; 1992, 38; 1995, 84; KG FamRZ 1996, 125, 570 u 1573; 1998, 125; OLG Hamm FamRZ 1996, 1576; 1998, 122; aus dem Schrifttum etwa PALANDT/HELDRICH Art 236 Rn 4 u Art 25 Rn 24; ERMAN/HOHLOCH Art 25 Rn 59; MünchKomm/BIRK Art 25 Rn 382; ablehnend aber SOERGEL/SCHURIG Art 25 Rn 113). Die Begründung dafür fällt freilich schwer, wenn man mit dem BGH (Rn 887) davon ausgeht, daß für die Anknüpfung auch von Altfällen nur noch ein einziges Kollisionsrechtssystem – nämlich das des westdeutschen interlokalen Rechts – zur Verfügung steht, während das andere – das des RAG – a priori eliminiert wird (vgl etwa PALANDT/HELDRICH Art 25 Rn 24; vBAR II Rn 363; dazu oben Rn 885). Dann fragt es sich nämlich, wie dem Art 3 Abs 3 im vorliegenden Zusammenhang heute noch Bedeutung zukommen soll angesichts des Umstandes, daß das Belegenheitsrecht keine „besonderen Vorschriften" mehr kennt. Der Hinweis, im Interesse des Vertrauensschutzes dürfe die rückwirkende Ersetzung der RAG-Regeln nicht zu einem Ergebnis führen, das von der bisher nach beiden Anknüpfungsystemen übereinstimmend bestehenden Rechtslage abweiche (vBAR II Rn 363; PALANDT/HELDRICH Art 236 Rn 4), erscheint jedenfalls als Begründung nicht ausreichend. Denn die bis zum Beitritt von Art 3 Abs 3 vorgenommene Verweisung auf das Belegenheitsrecht trug ja nur der besonderen Grundstücksanknüpfung durch eine DDR-Kollisionsnorm Rechnung, die aber – so die Prämisse – nach dem Beitritt mit rückwirkender Kraft außer Geltung gesetzt wurde.

898 Unterwirft man die Erbfolge in DDR-Grundstücke nach einem vor dem 3. 10. 1990 verstorbenen westdeutscher Erblasser analog Art 3 Abs 3 iVm § 25 Abs 1 RAG dem Recht des Beitrittsgebietes, so finden insoweit über Art 235 § 1 die einschlägigen **Bestimmungen des ZGB** Anwendung (vgl Rn 916 ff). Dies gilt allerdings nur, soweit § 25 Abs 2 RAG die „erbrechtlichen Verhältnisse" (Rn 584) dem Recht der früheren DDR unterstellt. Für Rechtsfragen, die unter der Herrschaft des RAG gem § 26 RAG (vgl Rn 582) dem Wohnsitzrecht unterlagen, bleibt es dagegen bei der allgemeinen Anknüpfungsregel (Rn 894) und damit bei der Anwendung der BGB-Vorschriften. Dies gilt etwa für die Frage der Zulässigkeit einer Verfügung von Todes wegen (BayObLGZ 1995, 88; BayObLG FamRZ 1996, 766; unzutreffend aber BayObLG FamRZ 1999, 1471 [betr Formwirksamkeit]) sowie für die Anfechtung testamentarischer Verfügungen (nur im Ergebnis zutreffend KG FamRZ 1995, 762; FamRZ 1996, 567 f; zur Testamentsanfechtung näher BESTELMEYER RPfleger 1993, 381; ders, FamRZ 1994, 1444; ders, DtZ 1994, 99). Die Bindungswirkung bei Errichtung eines gemeinschaftlichen Testaments richtet sich analog Art 26 Abs 5, 3 Abs 3 nach den zum Zeitpunkt der Errichtung für die Rechtsnachfolge von Todes wegen maßgebenden Bestimmungen des DDR-Rechts (unrichtig KG FamRZ 1998, 125). Hat der Erblasser neben dem DDR-Grundbesitz auch noch andere Vermögenswerte hinterlassen, tritt **Nachlaßspaltung** ein mit der Folge, daß sich die Rechtsnachfolge von Todes wegen für jede Nachlaßmasse nach dem jeweiligen Erbstatut gesondert beurteilt (vgl Rn 733).

899 In der Sache betrifft § 25 Abs 2 RAG **Grundstücks- und Gebäudeeigentum** (§ 288 Abs 4, 292 Abs 3 ZGB) sowie **dingliche Nutzungsrechte an Grundstücken** (§§ 287 ff, 291 ff ZGB, vgl STAUDINGER/RAUSCHER [1996] Art 235 § 1 Rn 18); im einschlägigen Schrifttum der DDR wurden darüber hinaus auch in weiter Interpretation „mit dem Grundstück verbundene Forderungen (Steuern, Abgaben, Versicherungen u.ä.) sowie Guthaben" dazu gerechnet, „die aus Haus- bzw Grundstückserträgnissen entstanden sind und objektgebunden den devisenrechtlichen Bestimmungen der DDR unterliegen" (LÜBCHEN/KOSEWÄHR § 25 RAG Anm 2.2; HERRMANN 56; zu Grundstückskonten ebenso OLG Zweibrücken FamRZ 1992, 1475). In Anbetracht dieser weiten Interpretation dürfte auch der Anteil an einer an einem Grundstück bestehenden Erbengemeinschaft von Art 25 Abs 2 RAG erfaßt werden (OLG Oldenburg MittRhNotK 1998, 136; ANDRAE NJ 1998, 117; **aA** BayObLGZ 1998, 248; BayObLG FamRZ 1995, 1090; OLG Dresden MitthRhNotK 1997, 267; SCHMELLENKAMP MittRhNotK 1998, 137).

900 Streitig ist, ob auch Rückübertragungsansprüche nach § 3 Abs 1 des **Gesetzes zur Regelung offener Vermögensfragen** (VermG – BGBl 1990 II 1159 idF v 4. 8. 1997, BGBl 1997 I 1974), soweit sie sich auf **enteignete Grundstücke und Gebäude** beziehen, in den

Anwendungsbereich von § 25 Abs 2 RAG fallen. Diese Ansprüche sind mit dem Inkrafttreten des VermG in der früheren DDR am 29. 9. 1990 (vgl Anlage II zum EV Kap III Sachgebiet B Abschnitt I Nr 5 iVm der Bekanntmachung über das Inkrafttreten des EV v 16. 10. 1990, BGBl 1990 II 1360) originär in der Person der von Enteignungsmaßnahmen betroffenen Berechtigten oder ihrer Rechtsnachfolger entstanden (§ 2 Abs 1 VermG) und haben die Funktion, den zu DDR-Zeiten erfolgten unrechtmäßigen Entzug von Vermögenswerten zu korrigieren. Angesichts der vom rechtswissenschaftlichen Schrifttum der DDR vorgenommenen extensiven Auslegung des § 25 Abs 2 RAG erscheint es systemgerecht, auch den Anspruch aus § 3 Abs 1 VermG in den Anwendungsbereich der Bestimmung einzubeziehen (DE LEVE FamRZ 1996, 202; vgl auch S LORENZ DStR 1993, 1226; aA SOERGEL/SCHURIG Art 25 Rn 113a; SCHOTTEN/JOHNEN DtZ 1991, 260; DRESSLER 1993, 230; vgl auch OLG Hamm FamRZ 1995, 760). Ein Anspruch aus § 3 Abs 1 VermG vererbt sich daher über Art 3 Abs 3 auch dann nach den Bestimmungen des ZGB, wenn der Anspruchsinhaber nach dem 28. 9. und vor dem 3. 10. 1990 mit letztem gewöhnlichen Aufenthalt in der Bundesrepublik verstorben ist. Ist der Tod nach dem Beitritt eingetreten, gelten die Ausführungen zu Rn 912 ff und 927 ff. Da § 25 Abs 2 RAG am 3. 10. 1990 aufgehoben wurde, kann die Vorschrift in diesem Fall keine Berücksichtigung mehr finden.

Eine ganz andere Frage ist, nach welchem Recht die in § 2 Abs 1 VermG als „Berech- **901** tigte" definierten **Rechtsnachfolger** enteigneter und **vor dem Inkrafttreten des VermG am 29. 9. 1990 verstorbener** natürlicher **Personen** zu ermitteln sind. Dabei handelt es sich um eine **Vorfrage,** die grundsätzlich selbständig, dh nach Maßgabe der Kollisionsnormen der jeweiligen lex fori angeknüpft wird (vgl Rn 551 ff, 555). Geht man mit dem BGH (Rn 887) davon aus, daß nach dem 3. 10. 1990 die bundesdeutschen Regeln des Interlokalen Rechts in der gesamten Bundesrepublik einheitlich – und auch für Altfälle – Geltung besitzen, so richtet sich die Erbfolge nach dem Erbrecht, welches am letzten gewöhnlichen Aufenthalt des seinerzeit enteigneten Rechtsvorgängers galt. Befand sich dieser in der Altbundesrepublik, sind die Bestimmungen des BGB einschlägig. Eine Anwendung des § 25 Abs 2 RAG kommt nicht in Betracht, da zum Zeitpunkt des Erbfalls kein Immobiliareigentum iS dieser Bestimmung existierte. Die Ansprüche nach dem VermG stellen auch – da nicht an das Grundeigentum gebunden – keine „anderen Rechte an Grundstücken" iS des § 25 Abs 2 RAG dar; diese Vorschrift findet auch keine entsprechende Anwendung (BGHZ 131, 28 f.; KG FamRZ 1995, 570; 1996, 1573; OLG Hamm FamRZ 1995, 758 u 1094; OLG Düsseldorf NJW 1998, 2609; FamRZ 1999, 1395; **anders** SOERGEL/SCHURIG Art 25 Rn 113a; STAUDINGER/RAUSCHER [1996] Art 235 § 1 Rn 22; DIECKMANN ZEV 1994, 199; S LORENZ ZEV 1995, 436; KUCHINKE DtZ 1996, 194; REHM ZEV 1996, 207; DE LEVE FamRZ 1996, 203; SOLOMON IPRax 1997, 24). Lag der letzte gewöhnliche Aufenthalt in der früheren DDR, gelangen über Art 235 § 1 die Bestimmungen des ZGB zum Zuge (vgl PALANDT/HELDRICH Art 25 Rn 23; Bader DtZ 1994, 22).

Die von § 25 Abs 2 RAG erfaßten Vermögenswerte unterliegen den **Bestimmungen 902 des ZGB** über die gewillkürte und gesetzliche Erbfolge (zB des nichtehelichen Kindes, vgl Rn 917), über das Bestehen von Pflichtteilsansprüchen (LG Hamburg DtZ 1993, 28), über die Rechtsstellung des Erben und die Erbenhaftung sowie über die Auslegung (BayObLG FamRZ 1995, 1091; 1996, 766; FamRZ 1999, 1471; KG FamRZ 1995, 762; 1996, 125 u 570; 1998, 125; OLG Köln OLGZ 1994, 336 f; OLG Hamm FamRZ 1996, 1577; 1998, 123; unrichtig OLG Oldenburg DtZ 1992, 290 f) und den **Widerruf von Testamenten** (KG FamRZ 1998, 126). Zur *Testamentsanfechtung* vgl Rn 898. Auch die Frage, ob eine Ausschlagung wirksam ist, muß für das DDR-Grundvermögen nach den Bestimmungen des ZGB beurteilt werden (BayObLGZ 1991, 105; 1995, 89; KG FamRZ 1992, 612 u 1478; ZEV 1996, 437; 1997, 155; OLG Dresden ZEV 1997, 26 m Anm RAUSCHER 30; SOERGEL/SCHURIG Art 25 Rn 117; DE LEVE DtZ 1996, 201; vgl Rn 920). Gleiches gilt für die Rechtsstellung des Testamensvollstreckers (KG FamRZ 1995, 1451). Durch eine Testamentsvollstreckung wird hinsichtlich dieses Nachlaßteils die Verfügungsbefugnis der Erben nicht beschränkt (§ 371 Abs 2, 3 ZGB, vgl näher vMORGEN/GÖTTING DtZ 1994, 199). Zur Anordnung einer Vor- und Nacherbfolge in einem vor dem 1.1.1996 errichteten Testaments BayOblG FamRZ 1997, 391.

903 Da § 25 Abs 2 RAG für **Erbfälle aus der Zeit vor dem** Inkrafttreten des RAG am **1.1.1976 nicht** gilt (vgl LÜBCHEN § 29 RAG Anm 2 u oben Rn 581, 896) und die bis zu diesem Zeitpunkt in der DDR angewandten Kollisionsnormen des EGBGB eine entsprechende Bestimmung nicht kannten, mangelt es insoweit auch an „besonderen Vorschriften" iS des Art 3 Abs 3 (bzw 28 aF). Hat daher ein vor dem 1.1.1976 verstorbener Erblasser mit letztem gewöhnlichen Aufenthalt in der Alt-Bundesrepublik Grundvermögen in der früheren DDR hinterlassen, so richtet sich die Erbfolge in vollem Umfang nach westdeutschem Erbrecht (BayObLGZ 1992, 64; BayObLG FamRZ 1994, 467 u 848; KG ZEV 1995, 297; FamRZ 1996, 973; OLG Frankfurt aM OLGZ 1992, 39; 1993, 382; OLG München DtZ 1993, 154).

cc) Errichtung einer Verfügung von Todes wegen in der DDR

904 Hatte ein Erblasser mit **gewöhnlichem Aufenthalt** in der **früheren DDR** eine Verfügung von Todes wegen errichtet oder aufgehoben und *anschließend* seinen gewöhnlichen Aufenthalt in die Bundesrepublik verlegt, so sind die Gültigkeit der Errichtung (vgl Art 26 Rn 67 ff) sowie die Frage der Bindungswirkung (vgl Art 26 Rn 77 ff) analog Art 26 Abs 5 nach dem Recht des gewöhnlichen Aufenthaltes zum Zeitpunkt der Errichtung zu beurteilen (zur im wesentlichen identischen Rechtslage vor dem Inkrafttreten des IPR-Neuregelungsgesetzes am 1.9.1986 vgl Vorbem 3 zu Art 25 f). Maßgebend ist danach das Recht des Beitrittsgebietes, das über Art 235 § 2 im Hinblick auf die Wirksamkeit des Errichtungsakts und die von dem Rechtsgeschäft ausgehenden Bindungswirkungen (zum sachlichen Anwendungsbereich STAUDINGER/RAUSCHER [1996] Art 235 § 2 Rn 12 ff) das „bisherige Recht" des Beitrittsgebiets zur Anwendung beruft. Damit gelten die Bestimmungen des ZGB, wenn das Testament nach dessen Inkrafttreten am 1.1.1976, dagegen die Vorschriften des BGB, wenn es vor diesem Zeitpunkt errichtet wurde (vgl § 8 Abs 2 EGZGB v 19.6.1975, GBl DDR 1975 I 517). Zur testamentarischen Erbfolge nach dem ZGB s näher Rn 919.

905 **Inhalt** und übrige **Rechtswirkungen** eines Testaments unterliegen demgegenüber dem Erbstatut (Art 26 Rn 73), dh den einschlägigen Bestimmungen des BGB. Zur Frage der **Formgültigkeit** s Rn 893.

dd) Vertrauensschutz im Hinblick auf die frühere Rechtslage im Beitrittsgebiet

906 Die in Rn 894 bis 905 dargestellte Rechtslage stimmt mit dem im Beitrittsgebiet bis zum 3.10.1990 geltenden Recht insoweit **überein**, als der Erblasser aus der Sicht des früheren DDR-Rechts Staatsangehöriger der Bundesrepublik war; in diesem Fall war nämlich bis zum 3.10.1990 gemäß § 25 Abs 1 RAG und in Ermangelung einer Rückverweisung grundsätzlich das Recht der Bundesrepublik berufen. Das in der DDR belegene Grundvermögen wurde gemäß § 25 Abs 2 RAG nach dem Recht der DDR vererbt (vgl Rn 582, 881). Die Wirksamkeit einer Testamentserrichtung beurteilte sich nach dem Recht des Staates, in welchem sich zum Zeitpunkt der Errichtung der Wohnsitz des Erblassers befand (§ 26 RAG, vgl Rn 582, 881).

Sofern der Erblasser allerdings zum Zeitpunkt seines Todes aus der Sicht der frü- **907** heren DDR noch immer die **DDR-Republikzugehörigkeit** besaß, wurde die Erbfolge *bis* zum 3. 10. 1990 **in der früheren DDR** gemäß § 25 Abs 1 u 2 RAG **vollständig** und ohne Rücksicht auf die Art und Belegenheit des Nachlasses nach dem Recht der DDR beurteilt. Während demnach in der früheren DDR bis zum Beitritt die erbrechtlichen Bestimmungen des ZGB bzw – vor dessen Inkrafttreten – des modifizierten BGB Anwendung fanden, gelten nach Auffassung des BGH (Rn 887) **heute** in der gesamten Bundesrepublik – und damit auch im Beitrittsgebiet – auch für Altfälle einheitlich die Regeln des westdeutschen Interlokalen Rechts. Ungeachtet der seinerzeit fortbestehenden DDR-Republikzugehörigkeit kommt daher heute – ebenso wie vor der Wiedervereinigung in der Altbundesrepublik, aber anders als vor dem Beitritt in der DDR – hinsichtlich des beweglichen, hinsichtlich des in den alten Bundesländern belegenen unbeweglichen und – bei Erbfällen vor dem Inkrafttreten des RAG am 1. 1. 1976 (vgl Rn 903) – auch hinsichtlich des Grundvermögens in der früheren DDR das Erbrecht des BGB zum Zuge. Durch diese rückwirkende Neubeurteilung der Rechtslage hat sich die erbrechtliche Stellung einzelner Beteiligter (Ehepartner, nichteheliches Kind) mit dem Beitritt möglicherweise verschlechtert (vgl bereits DÖRNER IPRax 1991, 396 ff).

Ob und in welchem Ausmaß das **Vertrauen** derjenigen **Schutz** verdient, die sich – **908** insbesondere im Beitrittsgebiet – bis zur Wiedervereinigung auf das Bestehen einer bestimmten, sich aus den einschlägigen Bestimmungen des DDR-Rechts ergebenden und für den in der DDR belegenen Nachlaß ohne weiteres durchsetzbaren Rechtslage verlassen haben, ist immer noch eine offene Frage. Der BGH hat in seiner Entscheidung v 1. 12. 1993 (Rn 887) zwar festgestellt, daß die DDR-Staatsbürgerschaft als interlokal-privatrechtlicher Anknüpfungspunkt ausscheide, weil sie in der Bundesrepublik nicht anerkannt worden sei, dies allerdings mit der Forderung verbunden, daß „Eingriffe in bereits entstandene Rechte nach Möglichkeit vermieden werden" sollten (BGHZ 124, 274). Das BayObLG führt in einer Entscheidung v 20. 12. 1993 aus, daß eine Berücksichtigung der DDR-Staatsbürgerschaft jedenfalls dann nicht in Betracht komme, wenn der Erblasser vor dem Jahre 1989 in die Bundesrepublik übergesiedelt sei; der Fortbestand der DDR-Staatsangehörigkeit aufgrund des Staatsbürgerschaftsgesetzes der DDR v 20. 2. 1967 sei als Repressionsmaßnahme für „Republikflüchtlinge" angelegt gewesen, deren weitere Berücksichtigung mit dem Sinn des Einigungsvertrages nicht vereinbart werden könne. Ob dies allerdings auch für Erblasser gelten soll, die erst im Jahre 1989 oder später in die Altbundesrepublik übergesiedelt sind, läßt das Gericht ausdrücklich offen (BayObLG FamRZ 1994, 468).

Beiden Entscheidungen ist entgegenzuhalten, daß eine – im Bereich des **Internatio-** **909** **nalen** Privatrechts ja ohne weiteres auch nach dem Beitritt praktizierte (vgl Rn 585 f) – Anknüpfung an die Staatsangehörigkeit der früheren DDR dieser keineswegs zu einer nachträglichen Anerkennung verhilft, sondern lediglich auf kollisionsrechtlicher Ebene eine sachgerechte, weil das Vertrauen auf die Kontinuität bereits eingetretener Rechtslagen schützenden Verweisung ermöglichen würde. Im übrigen leuchtet nicht ohne weiteres ein, warum das Vertrauen auf die einmal eingetreten Gestaltung zivilrechtlicher Verhältnisse **in den Beziehungen Privater untereinander** ohne Schutz bleiben soll, nur weil sich diese Gestaltung auf eine in der politischen Auseinandersetzung als Repressionsmaßnahme konzipierten staatsangehörigkeitsrechtlichen Regelung gründet.

910 **Praktisch** stellt sich die Frage, ob mit dem Beitritt nunmehr alle Erbscheine potentiell unrichtig geworden sind, die in der Vergangenheit nach dem Tod von DDR-Bürgern mit letztem gewöhnlichen Aufenthalt in Westdeutschland von den Staatlichen Notariaten der DDR ausgestellt wurden. Dies würde zu der kaum erträglichen Konsequenz führen, daß diese Erbscheine nach § 2361 BGB einzuziehen wären und zahlreiche Erbauseinandersetzungen, die auf der Grundlage abweichender ZGB-Bestimmungen vorgenommen wurden, jetzt wieder rückgängig gemacht werden könnten. Art 18 und 19 EV, wonach gerichtliche und Verwaltungsentscheidungen der früheren DDR nach dem Beitritt fortgelten, würden diese Schlußfolgerungen nicht verhindern, da Erbscheine keine Feststellungswirkung entfalten, sondern lediglich die jeweils für zutreffend gehaltene materielle Rechtslage abbilden und eine Erbauseinandersetzung regelmäßig vor dem Hintergrund der für maßgebend erachteten Gesetzesbestimmungen ohne Einschaltung der Gerichte vorgenommen wird. Daher ist auch der Vorschlag einer analogen Anwendung von § 79 Abs 2 BVerfGG (vgl Schotten/Johnen DtZ 1991, 232 f) zur Bewältigung der Rückwirkungsproblematik nicht geeignet.

911 Die Lehre von einem gespaltenen innerdeutschen Kollisionsrecht (vgl Rn 884) vermeidet diese Schwierigkeiten, weil sie Erbfolge nach einem DDR-Staatsbürger mit letztem gewöhnlichen Aufenthalt in der Altbundesrepublik **für das Beitrittsgebiet** nach analoger Anwendung des Art 236 § 1 den Bestimmungen des ZGB unterwirft (vgl Dörner IPRax 1991, 397).

b) Erbfall nach dem 2. 10. 1990

912 Ist der Erblasser nach dem 2. 10. 1990 mit letztem gewöhnlichen Aufenthalt in den alten Bundesländern verstorben, verweist die **interlokale Anknüpfungsregel** (Rn 889) auf das Erbrecht der alten Bundesländer. Die Erbfolge beurteilt sich daher nach den einschlägigen Bestimmungen des BGB.

913 **Außerhalb der Ehe geborene Kinder** sind seit dem Inkrafttreten des ErbrechtsgleichstellungsG (BGBl 1997 I 2968) am 1. 4. 1998 den innerhalb der Ehe Geborenen erbrechtlich gleichgestellt, sofern der Erblasser nach dem 31. 3. 1998 verstorben und vor dem Inkrafttreten des Gesetzes weder eine wirksame Vereinbarung über den Erbausgleich getroffen noch der Erbausgleich durch ein rechtskräftiges Urteil zuerkannt worden ist (Art 227 Abs 1). Soweit danach die bis zum 1. 4. 1998 geltenden Bestimmungen zur Anwendung gelangen – insbesondere beim Tode eines nichtehelichen Vaters in der Zeit nach dem 2. 10. 1990 und vor dem 1. 4. 1998 –, steht einem im Beitrittsgebiet oder in den alten Bundesländern lebenden, vor dem 3. 10. 1990 außerhalb der Ehe geborenen Kind ungeachtet des Art 235 § 1 Abs 2 kein volles Erbrecht, sondern lediglich nach den bis zum 1. 4. 1998 geltenden §§ 1934a ff BGB ein Erbersatzanspruch zu, wenn der Vater vor oder **nach dem 3. 10. 1990** seinen gewöhnlichen Aufenthalt aus den neuen in die alten Bundesländer verlegt hatte (Dörner/Meyer-Sparenberg DtZ 1991, 6; Henrich IPRax 1991, 19; **aA** die **hM,** vgl Palandt/Edenhofer Art 235

Rn 2; STAUDINGER/RAUSCHER [1996] Art 235 § 1 Rn 118 m w Nachw; ausführlicher Nachw in Rn 931). Art 235 § 1 Abs 2 enthält eine auf das Beitrittsgebiet beschränkte Sonderregelung und gewährt in seinem Geltungsbereich Bestandsschutz gegenüber einer beitrittsbedingten Übernahme des bundesdeutschen Nichtehelichenerbrechts. Einen Schutz gegen die erbkollisionsrechtlichen Auswirkungen eines Staatsangehörigkeits- oder Wohnsitzwechsels bietet die Vorschrift dagegen nicht. Das Vertrauen auf den Erhalt eines präsumtiven Erbstatuts und damit auf den Fortbestand einer im konkreten Fall möglichen Erbberechtigung erfährt – wie stets (vgl Rn 460) – keinen Schutz und überdauert somit einen Aufenthaltswechsel nicht. Soweit danach bis zum Beitritt eine Erbaussicht nach DDR-Recht (vgl § 365 Abs 1 ZGB) bestand, wird sie zwar durch Art 235 § 1 Abs 2 in den Formen des BGB konserviert; die Geltungsanordnung dieser Vorschrift beschränkt sich jedoch auf das Beitrittsgebiet. Entsprechendes gilt umgekehrt – unter der Herrschaft des bis zum 1. 4. 1998 maßgebenden Rechts (vgl Art 227 Abs 1) – für die Erbberechtigung eines (in den ost- oder westdeutschen Bundesländern lebenden) Vaters, wenn sein nichteheliches Kind mit gewöhnlichem Aufenthalt in der Bundesrepublik verstirbt (näher Rn 934).

Zu der *bis zum 1. 4. 1998 geltenden Rechtslage* (vgl Rn 913) wird im Schrifttum die **914** Ansicht vertreten, daß Art 235 § 1 Abs 2 auch dann gelte, wenn zum Nachlaß eines (nach dem 2. 10. 1990 und vor dem 1. 4. 1998) in den alten Bundesländern verstorbenen nichtehelichen Vaters bereits vor dem 3. 10. 1990 erworbener **Immobiliarbesitz im Beitrittsgebiet** gehört habe. Begründet wird dies mit dem auf den ersten Blick bestechend klingenden Argument, daß für die Erbfolge insoweit **bis** zum Beitritt analog Art 3 Abs 3 iVm § 25 Abs 2 RAG das Erbrecht des ZGB gegolten hätte und ein nichteheliches Kind daher ohne Rücksicht auf das im übrigen maßgebende Erbstatut hinsichtlich des DDR-Grundbesitzes mit einem vollen Erbrecht habe rechnen können (EBERHARDT/LÜBCHEN DtZ 1992, 209 f; KÖSTER Rpfleger 1992, 373; BESTELMEYER Rpfleger 1992, 325; STAUDINGER/RAUSCHER [1996] Art 235 § 1 Rn 120 f; noch weitergehend TRITTEL DNotZ 1991, 242). Gegen die Übernahme des Rechtsgedankens des Abs 2 spricht jedoch, daß diese Bestimmung zum einen nur Bestandsschutz gegenüber Veränderungen des *materiellen Rechts* gewährt und sich ihr Geltungsbereich zum andern auf das *Beitrittsgebiet beschränkt*, während der Gesetzgeber eine Garantie des status quo für das Gebiet der alten Bundesländer – noch dazu gegenüber Veränderungen auf *kollisionsrechtlicher Ebene* – gerade nicht abgegeben hat (im Ergebnis wie hier SCHOTTEN/JOHNEN DtZ 1991, 233).

Hat der Erblasser vor dem 3. 10. 1990 **in der früheren DDR** eine **Verfügung von Todes** **915** **wegen** errichtet, sind die Ausführungen zu Rn 904 ff zu beachten.

3. Rechtslage bei letztem gewöhnlichen Aufenthalt des Erblassers in den neuen Bundesländern

a) Erbfall vor dem 3. 10. 1990

Ist der Erblasser vor dem Beitritt am 3. 10. 1990 mit letztem gewöhnlichen Aufenthalt **916** in den neuen Bundesländern verstorben, führt die vom BGH vorgenommene Anwendung der ehemals westdeutschen interlokalen Anknüpfungsregeln (vgl Rn 887) zum Recht des Beitrittsgebietes. Danach finden auf die Erbfolge über Art § 235 § 1 und 2 die Bestimmungen des „bisherigen Rechts" Anwendung. Ein **nach dem 31. 12. 1975** eingetretener **Erbfall** ist mithin nach Maßgabe der am 1. 1. 1976 in

Kraft getretenen **ZGB-Vorschriften*** abzuwickeln (s auch STAUDINGER/RAUSCHER [1996] Art 235 § 1 Rn 50 ff). Sie gelten für den gesamten Nachlaß, dh insbesondere auch für die Rechtsnachfolge in das in den alten Bundesländern belegene bewegliche und unbewegliche Vermögen. Ist der Erblasser zwischen dem Inkrafttreten des VermG am 28. 9. 1990 und dem Beitritt am 3. 10. 1990 verstorben, so richtet sich folglich auch die Erbfolge in einen Anspruch aus § 3 Abs 1 VermG nach den Bestimmungen des ZGB (vgl Rn 901).

917 Die **gesetzliche Erbfolge** regelt das ZGB in seinen §§ 364–369. Ehegatte und Kinder erben zu gleichen Teilen, der Ehegatte jedoch mindestens ein Viertel des Nachlasses (§ 365 Abs 1 ZGB). Sind Nachkommen des Erblassers nicht vorhanden, erbt der Ehegatte allein (§ 366 ZGB). Im Unterschied zum BGB sah das ZGB in seinem § 365 Abs 1 S 1 immer schon ein volles Erbrecht des nichtehelichen Kindes vor (vgl OLG Brandenburg FamRZ 1997, 1031; BezGer Erfurt FamRZ 1994, 465 [bei Erbfällen ab 1. 4. 1966]). Sind keine Erben der 3. Ordnung vorhanden, ist der Staat gesetzlicher Erbe (§ 369 Abs 1 ZGB). Die *Haftung* des Erben ist auf den Nachlaß beschränkt (§ 409 ZGB). Zur Wirksamkeit und etwaigen Rückabwicklung von *Erbteilübertra-*

---

* **Schrifttum zum materiellen Erbrecht der DDR:** Bross, Das Erbrecht in der DDR, BWNotZ 1975, 53; BRUNN, Das (neue) gesetzliche Erbrecht der DDR, ZRP 1984, 167; BERGMANN, Zur Regelung des Pflichtteilsrechts im ZGB-Entwurf, NJ 1975, 237; DREWS/HALGASCH, Erbrecht (1978); EBERHARDT, Das Erbrecht, NJ 1974, 732; FREYTAG, Das neue Erbrecht der DDR aus der Sicht des BGB (Diss Freiburg 1982); ders, Das (neue) gesetzliche Erbrecht der DDR, ZRP 1984, 66; ders, Das Pflichtteilsrecht nach BGB und ZGB im Vergleich, ZRP 1991, 304; GOLDHAMMER, Zur Berechnung des Pflichtteilsanspruchs, NJ 1986, 194; HALGASCH, Zur Bedeutung und zum Gegenstand des Erbrechts, NJ 1977, 360; HERRMANN, Erbrecht und Nachlaßverfahren in der DDR (1989); HETMEIER, Grundlagen der Privaterbfolge in der Bundesrepublik Deutschland und in der DDR (1990); HILDEBRANDT/JANKE, Die Rechtsprechung zum Erbrecht, NJ 1985, 441, 487; KITTKE, Das neue Erbrecht der DDR, ROW 1976, 29; ders, Das neue Zivilrecht der DDR, JZ 1976, 268; ders, Das neue Zivilgesetzbuch der DDR, MDR 1976, 189; ders, Neues Zivil- und Zivilverfahrensrecht in der DDR, RuP 1976, 26; ders, Gesetzliche, testamentarische und vertragliche Erbfolge, in: DROBNIG (Hrsg), Grundstücksrecht und Erbrecht in beiden deutschen Staaten heute und künftig (1993) 63; LÜDTKE-HANDJERY Das neue Erbrecht der DDR, DB 1976, 229; MAMPEL, Das Erbrecht im neuen Zivilrecht der DDR, NJW 1976, 593; MEINCKE, Das neue Erbrecht der DDR, JR 1976, 9; MÜLLER-ENGELMANN, Die Strukturen der Erbrechtssysteme beider deutscher Staaten, RPfl-Stud 1990, 1, 43; ORTH, Zur Funktion und zum Inhalt des sozialistischen Erbrechts nach dem ZGB-Entwurf, NJ 1975, 141; ders, Zur Regelung des Pflichtteilsrechts im ZGB-Entwurf, NJ 1975, 238; PERNUTZ, Die erbrechtlichen Bestimmungen im neuen Familiengesetzbuch der DDR, NJW 1966, 530; ROGGEMANN, Das Zivilgesetzbuch der DDR von 1975, NJW 1976, 393; SCHRODT, Das Erbrecht des außerhalb der Ehe geborenen Kindes, NJ 1966, 299; SCHWEIZER, Errichtung von gemeinschaftlichen Testamenten, NJ 1987, 289; SEIFERT, Sozialökonomische Grundlagen des Erbrechts und ihre Umsetzung im ZGB-Entwurf, StuR 1975, 275; ders, Nochmals: Zur Berechnung des Pflichtteilsanspruchs, NJ 1986, 284; SEIFERT/LINGELBACH, Abwicklung des Nachlasses und Nachlaßverfahren im Vergleich von ZGB und BGB, in: DROBNIG (Hrsg), Grundstücksrecht und Erbrecht in beiden deutschen Staaten heute und künftig (1993) 69; Voss, Das Erbrecht des nichtehelichen Kindes in beiden Teilen Deutschlands (1974); WESTEN Das Zivilgesetzbuch der DDR, ROW 1976, 1; ders (Hrsg), Das neue Zivilrecht der DDR nach dem ZGB 1975 (1977).

gungsverträgen BULTMANN NJ 1994, 5. Zum *Nachlaßverfahren* der früheren DDR vgl Rn 940 ff.

Pflichtteilsberechtigt sind der Ehegatte, die Abkömmlinge und Eltern des Erblassers **918** (§ 396 Abs 1 ZGB). Der Pflichtteil beträgt zwei Drittel des Werts des gesetzlichen Erbteils (§ 396 Abs 2 ZGB) und kann von den Eltern und Abkömmnlingen nur beansprucht werden, wenn sie zum Zeitpunkt des Erbfalls gegenüber dem Erblasser unterhaltsberechtigt waren (§ 396 Abs 1 Nr 2 ZGB). Zur Verjährung des Pflichtteils-anspruchs (§ 396 Abs 3 ZGB) vgl BGH FamRZ 1996, 728.

Hatte ein in der DDR lebender Erblasser in der Bundesrepublik oder einem Dritt- **919** staat eine **Verfügung von Todes wegen** errichtet, so unterliegen deren Zulässigkeit, Auslegung (BGH ZEV 1999, 269; OLG Jena FamRZ 1995, 446), die Gültigkeit der Errich-tung sowie die Frage der davon ausgehenden Bindung analog Art 26 Abs 5 S 1 iVm Art 235 § 2 ebenfalls dem Recht der früheren DDR. Danach setzt eine wirksame Errichtung voraus, daß der Testator bei der Testamentserrichtung volljährig und handlungsfähig gewesen ist (§ 370 Abs 1 S 2 ZGB). *Erbverträge* waren nach Inkraft-treten des ZGB am 1.1.1976 unzulässig, weil sie vom DDR-Gesetzgeber als Relikt der kapitalistischen Gesellschaftsordnung angesehen wurden (vgl SEIFERT StuR 1975, 276; KITTKE ROW 1976, 32). Sie konnten daher von einem Angehörigen der DDR auch im Ausland – etwa während eines Besuchs in der Bundesrepublik – nicht materiell wirksam abgeschlossen werden und bleiben damit auch dann ungültig, wenn der Vertragserblasser später in die Bundesrepublik übergesiedelt war (vgl näher DÖRNER DNotZ 1977, 338; zur möglichen Umdeutung in ein einseitiges öffentliches Testament OLG Jena FamRZ 1994, 787). Gleiches gilt für ein *gemeinschaftliches Testament*, in dem im Wider-spruch zu § 389 Abs 1 ZGB eine andere Person als der Ehegatte zum Erben einge-setzt worden ist. Die *Bindung* an ein gemeinschaftliches Testament (dazu BGHZ 128, 304 ff m Anm LEIPOLD ZEV 1995, 222; LIMMER ZEV 1994, 290; TRILSCH-ECKARDT ZEV 1995, 217) konnte nach dem Tode des erstversterbenden Gatten nicht nur durch Widerruf ver-bunden mit einer Ausschlagung (§ 392 Abs 4 ZGB), sondern auch durch Erklärung gegenüber dem Staatlichen Notariat verbunden mit der Herausgabe des über den gesetzlichen Erbteil hinausgehenden Nachlasses (§ 393 ZGB) wieder beseitigt wer-den (Einzelheiten JANKE NJ 1998, 393). Eine Regelung des *Erbverzichts* enthält das ZGB nicht. Ebenso war das Rechtsinstitut der *Vor- und Nacherbfolge* abgeschafft (vgl BayObLG FamRZ 1997, 392; KG ZEV 1995, 372; OLG Naumburg ZEV 1999, 271 [zur Übergangs-regelung in § 8 Abs 2 S 2 EGZGB v 19.6.1975, GBl DDR I 517]; vgl auch KG FamRZ 1996, 1574 [Auslegung iS einer Vollerbeneinsetzung mit Quotenvermächtnis des „Nacherben"). Eine *Testa-mentsvollstreckung* konnte angeordnet werden, führte jedoch nicht zu einer Beschränkung der Verfügungsbefugnis des Erben (§ 371 Abs 3 ZGB; näher vMOR-GEN/GÖTTING DtZ 1994, 199; zur Rechtsstellung des Testamentsvollstreckers JANKE DtZ 1994, 364). Zur *Formgültigkeit* der Verfügungen von Todes wegen nach §§ 373 Abs 2, 383 ff ZGB vgl OLG Celle ZEV 1996, 193; ferner Rn 893.

Der **Erwerb der Erbschaft** tritt nach dem ZGB mit dem Erbfall ein (§ 399 Abs 1 ZGB). **920** Der Erbe ist gemäß § 402 Abs 1 ZGB berechtigt, die Erbschaft innerhalb einer Frist von 2 Monaten **auszuschlagen** (OLG Brandenburg FamRZ 1997, 1024); für Erben mit Wohn-sitz außerhalb der DDR beträgt die Frist 6 Monate. Die Ausschlagungsfrist beginnt mit der Kenntnis vom Erbfall bzw mit der Eröffnung eines Testaments (§ 403 Abs 1 ZGB). Wird die Erbschaft ausgeschlagen, gilt der Erwerb durch den Ausschlagenden als nicht

Heinrich Dörner

erfolgt. An seine Stelle treten im Regelfall diejenigen Erben, die berufen sein würden, wenn der Ausschlagende im Zeitpunkt des Erbfalls nicht mehr gelebt hätte (§ 404 ZGB). Eine Ausschlagung ist nicht mehr möglich, wenn der Erbe die Erbschaft (zB durch Verfügung über Nachlaßgegenstände oder durch Verstreichenlassen der Ausschlagungsfrist) angenommen hat (§ 402 Abs 1 S 3, Abs 2 ZGB); zur Form der Ausschlagungserklärung in der DDR-Praxis LG Leipzig NJ 1996, 151 (entgegen § 403 Abs 2 ZGB auch Beurkundung). Annahme und Versäumnis der Ausschlagungsfrist können innerhalb einer Frist von 2 Monaten angefochten werden (§ 405 Abs 1 ZGB). Die **Anfechtung einer Ausschlagungserklärung** ist gemäß § 405 Abs 2 S 2 ZGB nur innerhalb einer Vierjahresfrist möglich (näher dazu S LORENZ DStR 1994, 587).

921 Da das Erbstatut auch darüber entscheidet, an welchen **Erklärungsempfänger** eine **Ausschlagungserklärung** (bzw deren Anfechtung) gerichtet werden muß (vgl Rn 113), sind insoweit § 403 Abs 2 S 1, 405 Abs 1 S 1 ZGB maßgeblich. Diese Bestimmungen sehen vor, daß Ausschlagung und Anfechtung der Ausschlagung gegenüber einem Staatlichen Notariat der DDR abzugeben sind. Um nach einem Erblasser mit letztem gewöhnlichen Aufenthalt in der DDR materiell wirksam auszuschlagen, hätten daher auch westdeutsche Erben ihre Erklärung an ein Staatliches Notariat adressieren müssen (vgl BGH NJW 1998, 227; BayObLGZ 1991, 106; 1995, 85 f m Anm LIMMER ZEV 1995, 260; BayObLG FamRZ 1996, 766; KG OLGZ 1992, 281; 1993, 3; FamRZ 1996, 766; ZEV 1997, 155; RAU DtZ 1991, 20; KÖSTER Rpfleger 1991, 99; ADLERSTEIN/DESCH DtZ 1991, 198). Soweit sie vor dem 3. 10. 1990 eine Ausschlagungserklärung gegenüber einem Nachlaßgericht in der Bundesrepublik abgegeben haben, fragt sich allerdings, ob diese Erklärung aus der Sicht des früheren DDR-Rechts geeignet war, die an das Staatliche Notariat zu adressierende Erklärung zu *substituieren* (vgl Rn 771). Das ist zweifelhaft (dazu auch – allerdings begrifflich unklar – WÄHLER, in: FS Mampel 199 f). Offenbar sind die früheren DDR-Behörden bei der Substitution von Ausschlagungserklärungen unterschiedlich verfahren. Eine Substitution ist im Ergebnis jedenfalls dann vorgenommen worden, wenn der zuständige „Liegenschaftsdienst" in concreto den *nach* einer Ausschlagung als Erben Berufenen als Eigentümer eingetragen hat. In einem solchen Fall ist daher davon auszugehen, daß eine wirksame Ausschlagung auch nach DDR-Recht vorliegt (für Unwirksamkeit der Ausschlagung aber offenbar HERRMANN 59). – Zur interlokalen Zuständigkeit westdeutscher Nachlaßgerichte für die Entgegennahme von Ausschlagungserklärungen s Rn 936.

922 Die **Formgültigkeit** einer Ausschlagungserklärung bzw deren Anfechtung ist dagegen analog Art 11 anzuknüpfen. Diese Erklärungen sind daher formgerecht abgegeben worden, wenn der Erbe die Formerfordernisse beachtet hat, welche entweder das Recht der DDR als Erbstatut (vgl § 403 Abs 2 S 2: notarielle Beglaubigung der Ausschlagung) oder aber – bei Abgabe in der Bundesrepublik – das BGB als Ortsrecht vorschreibt (vgl OLG Karlsruhe DtZ 1995, 338).

923 Die **Anfechtung** einer Verfügung von Todes wegen kann nicht nur wegen Inhaltsirrtums, Täuschung oder Drohung (vgl den Wortlaut des § 374 ZGB), sondern darüber hinaus auch wegen eines Motivirrtums (vgl BGHZ 124, 276; OLG Dresden FamRZ 1994, 269) oder wegen Übergehens eines zum Zeitpunkt des Erbfalls vorhandenen, zum Zeitpunkt der Errichtung aber unbekannten Pflichtteilsberechtigten erfolgen (vgl etwa GÖHRING/POSCH Zivilrecht II [1981] 261 f; STAUDINGER/RAUSCHER [1996] Art 235 § 1 Rn 170 ff). Zu Fragen der *Anfechtungsfrist* BGHZ 124, 274; DÖRNER JuS 1995, 774 f.

Erbfälle aus der Zeit **vor dem Inkrafttreten des ZGB am 1. 1. 1976** sind nach den bis **924** dahin auch in der DDR geltenden, im Bereich der gesetzlichen Erbfolge allerdings stark modifizierten erbrechtlichen Bestimmungen des BGB zu beurteilen (vgl § 8 Abs 1 EGZGB v 19. 6. 1975, GBl DDR I 517; dazu etwa IPG 1985/86 Nr 48 [Hamburg] 453). Ebenso bestimmt sich die Wirksamkeit eines vor diesem Zeitpunkt errichteten Testaments nach dem vorher geltenden Recht (§ 8 Abs 2 S 1 EGZGB; zur Wirksamkeit eines vor dem 1. 1. 1976 abgeschlossenen Erbvertrages s IPG 1982 Nr 34 [Hamburg] 338). Für die Ausschlagung durch westdeutsche Erben galt die Sechsmonatsfrist des § 1944 Abs 3 BGB (OLG Hamm ZEV 1994, 247; OLG Düsseldorf ZEV 1995, 33; OLG Dresden ZEV 1999, 493; zustimmend KUMMER ZEV 1994, 248; **aA** OLG Frankfurt aM ZEV 1994, 247 [§ 1944 Abs 1 BGB]). Zur *Fortgeltung* einer vor dem 1. 1. 1976 angeordneten *Vor- und Nacherbfolge* gemäß § 8 Abs 2 S 2 EGZGB vgl BayObLG FamRZ 1997, 392; KG ZEV 1995, 372; OLG Naumburg ZEV 1999, 271; zur *Bindung* des überlebenden Ehegatten an ein *gemeinschaftliches Testament* OLG Brandenburg FamRZ 1997, 1030; zur *Formgültigkeit* eines vorher errichteten Testaments OLG Naumburg ZEV 1997, 72.

Aus der **Sicht** des bis zum 3. 10. 1990 **maßgebenden Rechts der DDR** richtete sich die **925** Erbfolge nach einem mit letztem gewöhnlichen Aufenthalt in der DDR verstorbenen Erblasser ebenfalls nach den erbrechtlichen Bestimmungen der DDR, soweit der Erblasser die Staatsbürgerschaft der DDR besaß (§ 25 RAG). Besondere **Vertrauensschutzprobleme** (vgl Rn 906 ff) ergeben sich daher in diesem Zusammenhang nicht.

b) Erbfall nach dem 2. 10. 1990
Der **nach dem Beitritt** mit letztem gewöhnlichen Aufenthalt in den neuen Bundes- **926** ländern oder Ost-Berlin verstorbene Erblasser wird nach dem Recht des Beitrittsgebietes beerbt; es gelten grundsätzlich (vgl aber Rn 927 ff) die am 3. 10. 1990 in Kraft gesetzten erbrechtlichen Bestimmungen des BGB (Art 235 § 1 Abs 1 e contrario).

aa) Verfügung von Todes wegen vor dem 3. 10. 1990
Hatte der Erblasser vor dem Stichtag von Todes wegen verfügt, sind jedoch die **927** Zulässigkeit der **Verfügung von Todes** wegen, **die Wirksamkeit des Errichtungsgeschäfts** sowie die Frage der **Bindungswirkung** nach den Bestimmungen des ZGB zu beurteilen (OLG Dresden NJ 1994, 578; OLG Brandenburg FamRZ 1997, 1030; vgl näher Rn 919), wenn sich der gewöhnliche Aufenthalt zum Zeitpunkt der Verfügung in der früheren DDR befand (Art 26 Abs 5 analog iVm 235 § 2). Dies gilt auch für die Voraussetzungen einer Testamentsanfechtung wegen Willensmangels des Testierenden, soweit bereits vor dem 3. 10. 1990 ein Anfechtungsgrund vorgelegen hat (DE LEVE Rpfleger 1994, 234; **aA** OLG Brandenburg FamRZ 1998, 60; BESTELMEYER Rpfleger 1993, 381 u 1994, 236; STAUDINGER/RAUSCHER [1996] Art 235 § 2 Rn 16). Zu *Pflichtteilsergänzungsansprüchen* bei Schenkungen vor dem Todesfall BGH FamRZ 1995, 420; OLG Rostock ZEV 1995, 334; KUMMER ZEV 1995, 319.

bb) Vor dem 3. 10. 1990 geborene nichteheliche Kinder
Abweichend von Art 235 § 1 Abs 1 enthält der (ohne inhaltliche Änderung durch das **928** ErbrechtsgleichstellungsG v 16. 12. 1997 neu gefaßte) Abs 2 dieser Vorschrift eine Sonderregelung für die erbrechtliche Beteiligung **nicht in einer Ehe geborener Kinder.** Beim Tode eines Erblassers nach dem Beitritt gelten danach für die *vor dem Beitritt geborenen* nichtehelichen Kinder diejenigen Rechtsvorschriften, welche auch für die

Heinrich Dörner

erbrechtlichen Verhältnisse ehelicher Kinder maßgebend sind. Diese Vorschrift hat auch nach dem Inkrafttreten des ErbrechtsgleichstellungsG am 1. 4. 1998 (BGBl 1997 I 2968)* ihre Bedeutung nicht verloren. Ihre Funktion hängt allerdings davon ab, ob der Erbfall grundsätzlich nach den bis zum 1. 4. 1998 geltenden Vorschriften abzuwickeln ist (die dem nichtehelichen Kind beim Tode seines Vaters anstelle eines Erbrechts lediglich gemäß §§ 1934a ff BGB aF einen Erbersatzanspruch bzw vorzeitigen Erbausgleich zusprachen, vgl Rn 930 ff) oder ob die mit diesem Stichtag eingeführte volle erbrechtliche Gleichstellung innerhalb und außerhalb der Ehe geborener Kinder Platz greift (Rn 935). Die intertemporale Abgrenzung zwischen altem und neuem Nichtehelichenerbrecht richtet sich nach Art 227 Abs 1. Danach sind die bis zum 1. 4. 1998 geltenden Vorschriften über das Erbrecht des nichtehelichen Kindes weiter anzuwenden, wenn vor diesem Zeitpunkt entweder der Erbfall eingetreten (Nr 1) oder eine wirksame Vereinbarung über den Erbausgleich getroffen worden bzw der Erbausgleich durch rechtskräftiges Urteil zuerkannt worden ist (Nr 2).

929 Soweit danach grundsätzlich die **früheren Vorschriften** zum Erbrecht nichtehelicher Kinder (§§ 1934a ff BGB) zur Anwendung gelangen – insbesondere deswegen, weil der Erbfall vor dem 1. 4. 1998 eingetreten ist (Art 227 Abs 1 Nr 1) –, sichert Art 235 § 1 Abs 2 einem *vor dem Beitritt geborenen nichtehelichen Kind* ein volles Erbrecht iS des § 1924 BGB zu. Die Bestimmung zielt auf **Bestandsschutz**, da nichteheliche Kinder nach dem ZGB den ehelichen auch in erbrechtlicher Hinsicht vollkommen gleichgestellt waren (Rn 917). Über die genauen Anwendungsvoraussetzungen des Art 235 § 1 Abs 2 in dieser Fallgruppe herrscht allerdings Streit.

930 Nach Wortlaut und systematischer Stellung (vgl Art 230) setzt Art 235 § 2 voraus, daß das Erbrecht des Beitrittsgebietes zur Anwendung gelangt, was wiederum der Fall ist, wenn der (nach dem 2. 10. 1990) verstorbene Vater **zum Zeitpunkt seines Todes** seinen **gewöhnlichen Aufenthalt** in den neuen Bundesländern bzw Ost-Berlin hatte. Unter dieser Voraussetzung würde einem nichtehelichen Kind ein volles Erbrecht zustehen ohne Rücksicht darauf, wo sich der gewöhnliche Aufenthalt des Erblassers zum Beitrittszeitpunkt befand (so in der Tat Henrich IPRax 1991, 19; zustimmend Drobnig RabelsZ 1991, 289).

931 Demgegenüber macht die völlig **hM** die Anwendbarkeit des Art 235 § 1 Abs 2 davon abhängig, daß die Erbfolge nach dem nichtehelichen Vater im Falle eines Ablebens **am 2. 10. 1990 dem Recht der früheren DDR** unterlegen hätte. Allein in diesem Fall sei der von der Bestimmung beabsichtigte Bestandsschutz gerechtfertigt, da das nichteheliche Kind nur unter der Herrschaft des DDR-Erbstatuts vor dem Beitritt überhaupt mit einem vollen Erbrecht habe rechnen dürfen (OLG Köln OLGZ 1993, 488; LG Berlin FamRZ 1992, 1106; aus der Literatur etwa Palandt/Edenhofer Art 235 § 1 Rn 2; Palandt/ Heldrich Art 25 Rn 23; Schotten/Johnen DtZ 1991, 233; Eberhardt/Lübchen DtZ 1992, 209). Entscheidend sei danach, ob der Erblasser zum **Zeitpunkt des Beitritts** seinen **gewöhnlichen Aufenthalt in der früheren DDR** hatte (s aber auch Staudinger/Rauscher [1996] Art 235 § 1 Rn 116 f: zusätzlich DDR-Staatsbürgerschaft; vgl ferner Sandweg BWNotZ 1992,

---

*Dazu Rauscher, Die erbrechtliche Stellung nicht in einer Ehe geborener Kinder nach Erbrechtsgleichstellungsgesetz und Kindschaftsrechtsreformgesetz, ZEV 1998, 41; Schlüter/ Fegeler, Die erbrechtliche Stellung der nichtehelichen Kinder und ihrer Väter nach Inkrafttreten des Erbrechtsgleichstellungsgesetzes, FamRZ 1998, 1337.

47 f). Dagegen ist nach dieser Ansicht unmaßgeblich, wo sich der gewöhnliche Aufenthalt des Erblassers zum Zeitpunkt seines Todes befand. Dem gewöhnlichen Aufenthalt des Kindes zum Zeitpunkt des Todes oder des Beitritts kommt von vornherein keinerlei Bedeutung zu.

Stellungnahme: Art 235 § 1 Abs 2 enthält eine erbrechtliche Sonderregelung für das **932** Beitrittsgebiet. Die Bestimmung findet daher Anwendung, wenn nach den Regeln des innerdeutschen Kollisionsrechts auf die ostdeutsche Teilrechtsordnung verwiesen wird, dh der **letzte gewöhnliche Aufenthalt des Erblasssers** sich **im Beitrittsgebiet** befindet. Allerdings erscheint der von der Norm intendierte Bestandsschutz in diesem Fall nur dann gerechtfertigt, wenn dem nichtehelichen Kind auch nach dem am 2.10.1990 interlokal maßgeblichen Erbstatut bereits ein volles Erbrecht zugestanden, die Erbfolge sich maW in Anbetracht der Zugehörigkeit des Erblassers zur DDR (vgl Rn 891) nach dem ZGB gerichtet hätte. War dies nicht der Fall, ist der Anwendungsbereich der Bestimmung teleologisch zu reduzieren. Sie findet demzufolge keine Anwendung, wenn ein zum Zeitpunkt des Beitritts noch in der Bundesrepublik lebender nichtehelicher Vater später in die neuen Bundesländer umzieht und dort verstirbt. **Insoweit** ist der **hM zuzustimmen**. Im umgekehrten Fall – der am 2.10.1990 im Beitrittsgebiet lebende Vater ist später in die alten Bundesländer umgezogen und dort vor dem 1.4.1999 verstorben – findet die Vorschrift jedoch entgegen der hM **keine Anwendung** (vgl schon Rn 913). Dem außerhalb der Ehe geborenen Kind steht vielmehr unter den Voraussetzungen des § 1934a Abs 1 BGB lediglich ein Erbersatzanspruch zu. Art 235 § 1 Abs 2 will verhindern, daß sich die Rechtsstellung eines nichtehelichen Kindes durch die **beitrittsbedingte Übernahme des bundesdeutschen Nichtehelichenerbrechts** verschlechtert hat. Einen Schutz gegen die erbkollisionsrechtlichen Auswirkungen eines Staatsangehörigkeits- oder Wohnsitzwechsels bietet sie nicht (anders SCHLÜTER/FEGELER FamRZ 1998, 1340). Das Vertrauen der potentiell Erbberechtigten darauf, eine erhoffte Nachlaßbeteiligung nicht aufgrund einer veränderten Anknüpfung des Erbstatuts ganz oder partiell zu verlieren, wird im Internationalen Erbrecht allgemein nicht geschützt (vgl bereits DÖRNER/MEYER-SPARENBERG DtZ 1991, 6 f; zustimmend ADLERSTEIN/DESCH DtZ 1991, 197; im übrigen näher Rn 460). Daher greift Art 235 § 1 Abs 2 auch dann nicht ein, wenn ein (nach dem 2.10.1990 und vor dem 1.4.1998 verstorbener) nichtehelicher Vater bereits vor dem Beitritt erworbenen Grundbesitz in den neuen Bundesländern hinterläßt (näher Rn 914).

Ist zwischen dem Kind und seinem nach dem 2.10.1990 in die alten Bundesländer **933** übergesiedelten nichtehelichen Vater vor dem 1.4.1998 ein **vorzeitiger Erbausgleich** vereinbart worden, so richtet sich die Beteiligung am Nachlaß auch dann nach §§ 1934a BGB aF, wenn der Vater nach diesem Zeitpunkt verstirbt (Art 227 Abs 1 Nr 2 EGBGB). Interlokal wird diese Vereinbarung in ihren Voraussetzungen und Wirkungen analog Art 26 Abs 5 S 1 nach § 1934d BGB (Errichtungsstatut, vgl Rn 156) beurteilt. Das Kind bleibt daher auch dann von der Erbfolge ausgeschlossen, wenn der Vater zu einem späteren Zeitpunkt in die neuen Bundesländer zurückgekehrt ist.

Ist ein **außerhalb der Ehe geborenes Kind** mit letztem gewöhnlichen Aufenthalt im **934** Beitrittsgebiet vor dem 1.4.1998 verstorben, erhält der (in den alten oder neuen Bundesländern lebende) nichteheliche Vater ein volles Erbrecht, wenn das Kind bereits im Beitrittszeitpunkt seinen gewöhnlichen Aufenthaltsort in der früheren DDR hatte und daher im Falle eines Ablebens am 2.10.1990 ebenfalls nach

DDR-Recht beerbt worden wäre (zustimmend SOERGEL/SCHURIG Art 25 Rn 118). War das Kind nach dem Stichtag in die alten Bundesländer verzogen, bleibt der Vater dagegen auf den Erbersatzanspruch des § 1934a Abs 2 BGB verwiesen. Demgegenüber will eine verbreitete Auffassung dem Vater ein volles Erbrecht dann zugestehen, wenn sich **sein eigener** gewöhnlicher Aufenthalt am 2. 10. 1990 im Beitrittsgebiet befand (MünchKomm/LEIPOLD, Art 235 § 1 Rn 52, 58; PALANDT/EDENHOFER Art 235 § 1 Rn 4; ERMAN/ HOHLOCH Art 25 Rn 58; STAUDINGER/RAUSCHER [1996] Art 235 § 1 Rn 125). Diese Ansicht ist jedoch abzulehnen; sie würde dem im Beitrittsgebiet lebenden Vater ein volles Erbrecht nach seinem uU von Geburt an in der Bundesrepublik wohnhaften Kind zugestehen, obwohl der Vater bis zum Beitritt zu keinem Zeitpunkt mit einer solchen Erbberechtigung hätte rechnen können.

935 Ist – beim Tode des nichtehelichen Vaters *nach* dem 31. 3. 1998 und in Ermangelung einer früheren Vereinbarung über einen vorzeitigen Erbausgleich (arg Art 227 Abs 1) – das am 1. 4. 1998 in Kraft getretene neue Erbrecht für außerhalb der Ehe geborene Kinder anwendbar, so kommt dem Art 235 § 2 lediglich die Aufgabe zu, unter den in Rn 932 genannten Voraussetzungen auch den **vor dem 1. 7. 1949 geborenen nichtehelichen Kindern** ein gesetzliches Erbrecht zu sichern (vgl auch SCHLÜTER/ FEGELER FamRZ 1998, 1338 ff; RAUSCHER ZEV 1998, 45; PALANDT/EDENHOFER Art 235 § 1 Rn 3). Diesen steht nämlich grundsätzlich auch heute – nach Inkrafttreten des ErbrechtsgleichstellungsG – weder ein Erbrecht noch auch nur ein Erbersatzanspruch zu, da Art 12 § 10 II NEhelG v 19. 8. 1969 dem betreffenden Personenkreis seinerzeit beides versagt und das ErbrechtsgleichstellungsG es bei dieser Entscheidung des NEhelG grundsätzlich belassen hat; Vater und Kind können seit dem 1. 7. 1998 lediglich gemäß Art 12 § 10a NEhelG im Wege einer Vereinbarung die Wirkungen des Art 12 § 10 II NEhelG ausschließen und somit gegenseitige Erb- und Pflichtteilsrechte begründen. Unter den in Rn 933 genannten Voraussetzungen steht dementsprechend auch dem Vater ein Erbrecht zu, wenn sein vor dem 1. 7. 1949 außerhalb der Ehe geborenes Kind nach dem 31. 3. 1998 verstirbt (anders SCHLÜTER/FEGELER FamRZ 1998, 1342).

IV. Innerdeutsches Nachlaßverfahrensrecht

1. Rechtslage bis zum 3. 10. 1990*

a) Rechtslage in der Bundesrepublik

936 Ebenso wie die internationale wurde auch die interlokale Zuständigkeit der westdeutschen Gerichte in *streitigen Verfahren* bis zur Wiedervereinigung grundsätzlich

---

* **Schrifttum zum interlokalen Nachlaßverfahrensrecht vor dem 3. 10. 1990:** BEITZKE, Fragen des interlokalen Verfahrensrechts, MDR 1954, 321; HERRMANN, Erbrecht und Nachlaßverfahren in der DDR (1989); KITTKE/KRINGE, Neues Notariats- und Grundbuchrecht in der DDR, NJW 1977, 183; KUCHINKE, Zur interlokalen Zuständigkeit der Nachlaßgerichte in der Bundesrepublik Deutschland, in: FS von der Heydte II (1977) 1005; PERNUTZ, Das Erbscheinsver-

fahren im interlokalen Privatrecht, MDR 1963, 713; ROTBERG, Der Erbschein in deutsch-deutschen Erbfällen [Diss Münster 1990]; SEIFERT/ LINGELBACH, Abwicklung des Nachlasses und Nachlaßverfahren im Vergleich von ZGB und BGB, in: DROBNIG (Hrsg), Grundstücksrecht und Erbrecht in beiden deutschen Staaten heute und künftig (1993) 69; WÄHLER, Erbrechtliche Probleme im innerdeutschen Rechtsverkehr, in: FS Mampel (1983) 191.

aus den Regeln über die örtliche Zuständigkeit abgeleitet. Im Mittelpunkt des praktischen Interesses standen allerdings Fragen zur interlokalen Zuständigkeit im Bereich der *freiwilligen Gerichtsbarkeit*, so etwa nach der Zuständigkeit der Nachlaßgerichte zur Eröffnung und Verwahrung eines Testaments (vgl KG OLGZ 1970, 223; OLG Celle ROW 1980, 264; BayObLG IPRspr 1982 Nr 201) oder zur *Erteilung* und Einziehung von **Erbscheinen** beim Tode eines mit letztem Wohnsitz in der DDR verstorbenen Erblassers (vgl Rn 938). Eine internationale Zuständigkeit westdeutscher Gerichte zur Entgegennahme einer *Ausschlagungserklärung* nach einem vor dem 1. 1. 1976 verstorbenen Erblasser will das BayObLG aus einer analogen Anwendung des § 7 FGG herleiten (ZEV 1994, 176 m Anm S LORENZ aaO 148). In Ermangelung einer zwischenstaatlichen Vereinbarung zwischen der Bundesrepublik und der früheren DDR über die Zuständigkeiten in Nachlaßsachen hatten die *bundesdeutschen Nachlaßgerichte* bis zum Beitritt ihre interlokale Zuständigkeit zur Erbscheinserteilung zT auf die Anwendbarkeit bundesdeutschen Erbrechts (Gleichlaufgrundsatz, vgl KG OLGZ 1976, 170 u Rn 797 ff), teils auf den Gesichtspunkt des Fürsorgebedürfnisses (BGHZ 65, 315; OLG Hamm OLGZ 1973, 292; OLG Karlsruhe OLGZ 1981, 401; LG Dortmund IPRspr 1980 Nr 128; vgl auch IPG 1982 Nr 34 [Hamburg] 345 ff), teils auch auf den letzten Wohnsitz des Erblassers abgestellt (OLG Karlsruhe FamRZ 1990, 894).

Beim Tode eines Erblassers mit letztem **Wohnsitz in der Bundesrepublik**, der auch **937** Nachlaßgegenstände in der DDR hinterließ, konnten die Erben bei dem interlokal und gemäß § 73 Abs 1 FGG auch örtlich zuständigen bundesdeutschen Nachlaßgericht einen Eigenrechtserbschein nach § 2353 BGB beantragen. Dieser Erbschein enthielt im Hinblick auf Art 3 Abs 3 iVm § 25 Abs 2 RAG (vgl Rn 896 ff) möglicherweise den Hinweis, daß er für das in der DDR belegene Grundvermögen *nicht* galt. Ein solcher Geltungsvermerk ist allerdings nur deklaratorisch (ebenso wohl HENRICH IPRax 1991, 19), weil ein Eigenrechtserbschein lediglich die nach *deutschem* Recht eingetretene *Erben*stellung einer Person bezeugt (WEITHASE RPfleger 1985, 267; zustimmend PALANDT/EDENHOFER § 2353 Rn 4; KÖSTER RPfleger 1991, 100; SCHOTTEN RPfleger 1991, 184; näher Rn 827). Daß in bestimmte *Nachlaßgegenstände* eine Erbfolge nach *fremdem* Recht eingetreten ist, verlautbart er dagegen von vornherein nicht. Auch ohne einschränkenden Geltungsvermerk äußert ein von einem westdeutschen Nachlaßgericht ausgestellter Eigenrechtserbschein mithin keine Rechtswirkungen hinsichtlich eines Grundstücks in der früheren DDR (vgl auch Rn 827).

Beim Tode eines Erblassers mit letztem **Wohnsitz in der DDR** wurde in entsprechen- **938** der Anwendung der § 73 Abs 3 FGG, § 2369 BGB eine interlokale Zuständigkeit jedenfalls zur Erteilung eines beschränkten Erbscheins im Hinblick auf das in der Bundesrepublik und West-Berlin belegene Vermögen bejaht (vgl nur BGHZ 52, 142 ff; 65, 317 ff; BGH MDR 1976, 477; BayObLGZ 1972, 88; KG OLGZ 1970, 96; 1985, 179 ff; OLG Hamm DNotZ 1972, 46; RPfleger 1973, 303; LG Berlin IPRspr 1982 Nr 200). Zur Erbscheinserteilung zu Lastenausgleichszwecken vgl BGHZ 65, 315, 318; BGH NJW 1976, 1032; BayObLG RPfleger 1979, 104; KG OLGZ 1970, 101 ff; OLGZ 1975, 288 f; OLG Karlsruhe OLGZ 1981, 400.

Erbscheine der Staatlichen Notariate der DDR wurden nach hM in der Bundesrepu- **939** blik **anerkannt** (KG JR 1967, 145 m Anm FIRSCHING; KG OLGZ 1985, 179 f; OLG Karlsruhe OLGZ 1981, 403; KUCHINKE, in: FS von der Heydte II [1977] 1019; WÄHLER, in: FS Mampel [1983] 201 ff; ausführlich ROTBERG 90 ff); seit der IPR-Reform von 1986 legte man dabei die

Heinrich Dörner

Kriterien des § 16a FGG zugrunde (vgl KEGEL/SCHURIG § 21 IV 4). Zum Rechtscharakter der „Anerkennung von Erbscheinen" vgl aber Rn 874 ff.

b) Rechtslage in der DDR

940 *In der DDR* wurde die – auch im Verhältnis zur Bundesrepublik maßgebende – **internationale Zuständigkeit** der Nachlaßbehörden gemäß §§ 42 NotG v 5. 2. 1976 (GBl DDR 1976 I 93) iVm § 184 Abs 1 DDR-ZPO v 19. 6. 1975 (GBl DDR I 533) aus der örtlichen Zuständigkeit abgeleitet. Eine örtliche Zuständigkeit der Staatlichen Notariate zur Erteilung eines Erbscheins bestand am letzten Wohnsitz des Erblassers (vgl § 10 Abs 1 Nr 1 NotG). Fehlte danach die internationale Zuständigkeit zur Erteilung eines auf den gesamten Nachlaß bezogenen Erbscheins gemäß § 413 ZGB, befanden sich aber Nachlaßgegenstände auf dem Gebiet der DDR, so konnte gemäß § 414 ZGB ein auf diese Gegenstände beschränkter Erbschein ausgefertigt werden (vgl auch IPG 1984 Nr 37 [Hamburg] 371). Hinterließ also ein Bürger der Bundesrepublik Vermögen in der DDR, wurde angesichts des § 25 Abs 1 u 2 RAG die Erbfolge in das bewegliche Vermögen nach den Bestimmungen des BGB, die Erbfolge in Grundstücke nach dem ZGB ausgewiesen (vgl HERRMANN 90; SCHOTTEN/ JOHNEN DtZ 1991, 228).

941 **Westdeutsche Erbscheine** wurden in der früheren DDR **nicht anerkannt** (vgl GÖHRING/ POSCH Zivilrecht Bd 2 [1981] 325; HERRMANN 88; RAU DtZ 1991, 19).

2. Rechtslage nach dem 2. 10. 1990*

942 Mit dem Wirksamwerden des Beitritts am 3. 10. 1990 sind gemäß Art 8 EV iVm Anlage I Kap III Sachgebiet A Abschnitt III Nr 5 und 12 ZPO und FGG auch in den neuen Bundesländern und Ost-Berlin in Kraft getreten. Damit finden in Nachlaßstreitigkeiten ebenso wie in Verfahren der freiwilligen Nachlaßgerichtsbarkeit die

---

* **Schrifttum zum interlokalen Nachlaßverfahrensrecht nach dem 3. 10. 1990:** BÖHRINGER, Erbscheinsverfahren nach dem Einigungsvertrag, RPfl 1991, 275; BRAKEBUSCH, Der Erbnachweis im Grundbuchberichtigungsverfahren hinsichtlich Grundeigentums im Beitrittsgebiet von Erblassern aus den alten Bundesländern, DtZ 1994, 61; BÜHRINGER, Erbnachweis für Vermögensrechte mit Grundstücksbezug in den neuen Bundesländern, Rpfleger 1999, 110; DÖRNER, Interlokales Erb- und Erbscheinsrecht nach dem Einigungsvertrag, IPRax 1991, 392; FRITSCHE, Probleme des Verfahrensrechts in deutsch-deutschen Erbrechtsfällen, NJ 1998, 290; GRAF, Probleme der nachlaßgerichtlichen Praxis im Vollzug der deutschen Einigung, DtZ 1991, 370; S LORENZ, Internationale und interlokale Zuständigkeit deutscher Nachlaßgerichte zur Entgegennahme von Erbausschlagungserklärungen, ZEV 1994, 146; RAU, Erbnachweise für Vermögen im Bereich der ehemaligen DDR, DtZ 1991, 19; REINHARDT, Nochmals: Erbnachweis für Vermögen im Bereich der ehemaligen DDR, DtZ 1991, 185; SCHOTTEN/JOHNEN, Probleme hinsichtlich der Anerkennung, der Erteilung und des Inhalts von Erbscheinen im deutsch-deutschen Verhältnis, DtZ 1991, 257; WÄHLER, Intertemporale, interlokale und materiellrechtliche Probleme des Erbrechts nach der Wiedervereinigung, ROW 1992, 103; ders, Kollisionsrechtliche Probleme des innerdeutschen Erbrechts und Nachlaßverfahrens, in: DROBNIG (Hrsg), Grundstücksrecht und Erbrecht in beiden deutschen Staaten heute und künftig (1993) 91; WANDEL, Die Bedeutung des Einigungsvertrages für die notarielle Praxis, BWNotZ 1991, 1.

Bestimmungen dieser Gesetze selbst dann Anwendung, wenn in der Sache gemäß Art 235 die erbrechtlichen Bestimmungen des ZGB maßgebend sind.

a) Erbfälle nach dem 2. 10. 1990

Beim Tode eines deutschen Staatsangehörigen nach dem **2. 10. 1990** gelten keinerlei **943** nachlaßverfahrensrechtliche Besonderheiten mehr. Die sachliche und örtliche Zuständigkeit zur Erteilung eines Erbscheins ergibt sich in den neuen ebenso wie in den alten Bundesländern aus §§ 72, 73 FGG. Jedes Nachlaßgericht stellt fest, ob im Einzelfall die Voraussetzungen des Art 235 § 1 Abs 2, § 2 vorliegen. Ausgestellt werden nur noch allgemeine Erbscheine iSd § 2353 BGB.

b) Behandlung von Erbfällen aus der Zeit vor dem 3. 10. 1990

Erbfälle aus der Zeit **vor dem 3. 10.** 1990 unterliegen in verfahrensrechtlicher Hinsicht **944** auch im Beitrittsgebiet den Bestimmungen der ZPO bzw des FGG. Zur Erteilung von Erbscheinen sind dort anstelle der aufgelösten Staatlichen Notariate nunmehr die Nachlaßgerichte (Kreisgerichte) zuständig. Soweit das ZGB den Staatlichen Notariaten bestimmte Aufgaben zuweist, so etwa bei der Ausschlagung (§ 403 Abs 2 ZGB), bei Maßnahmen zur Sicherung und Verwaltung des Nachlasses (§ 415 ff ZGB) bei der Erteilung von Erbscheinen (§§ 413 f) oder bei der Nachlaßteilung (§ 425 ZGB), werden diese nach dem 2. 10. 1990 von den zuständigen Nachlaßgerichten im Beitrittsgebiet wahrgenommen (ausführlich STAUDINGER/RAUSCHER [1996] Art 235 § 1 Rn 79 ff). Die Ausführungen zur Erbscheinserteilung in Rn 945–959 gelten entsprechend für die Ausstellung von *Testamentsvollstreckerzeugnissen* (näher dazu vMORGEN/GÖTTING DtZ 1994, 202 f, vgl auch KG FamRZ 1995, 1452).

aa) Erbscheinsantrag nach dem 2. 10. 1990

Ist der Erblasser **vor** dem Beitritt **verstorben**, wird aber erst **nach** dem 2. 10. 1990 ein **945** **Erbscheinsantrag** gestellt, so bestimmt sich die örtliche Zuständigkeit gemäß § 73 Abs 1 FGG nach dem letzten Erblasserwohnsitz (BayObLGZ 1991, 107; KG OLGZ 1992, 283; LG Berlin IPRax 1991, 416; LG München I FamRZ 1991, 1489; BezG Dresden DtZ 1991, 216; LG Bonn DtZ 1992, 57; RAU DtZ 1991, 19; ADLERSTEIN/DESCH DtZ 1991, 199). Befand sich dieser in den *alten Bundesländern*, so besteht nunmehr allein eine örtliche Zuständigkeit des dortigen Nachlaßgerichts. Es wird einen allgemeinen Erbschein nach § 2353 BGB ausstellen und damit – falls die Erben auf Grundvermögen im Beitrittsgebiet hinweisen, das gemäß Art 3 Abs 3 iVm § 25 Abs 2 RAG den erbrechtlichen Bestimmungen des ZGB unterliegt (vgl Rn 897 ff) – ein besonderes Zeugnis über die Sondererbfolge in dieses Grundstück verbinden (sog Doppel- oder Sammelerbschein, vgl LG München I FamRZ 1991, 1490; LG Aachen RPfleger 1991, 460; Notariat Stuttgart-Botnang FamRZ 1994, 659; SOERGEL/SCHURIG Art 25 Rn 119; RAU DtZ 1991, 20; ADLERSTEIN/DESCH DtZ 1991, 200; SCHOTTEN/JOHNEN DtZ 1991, 262; DÖRNER IPRax 1991, 396; WANDEL BWNotZ 1991, 25; BÖHRINGER RPfleger 1991, 278; BESTELMEYER RPfleger 1992, 231; WÄHLER ROW 1992, 108 f; SANDWEG BWNotZ 1992, 52). Dabei ist deutlich zum machen, daß das betreffende Immobiliarvermögen nach dem Recht der früheren DDR vererbt wird (RAU DtZ 1991, 20).

Ist nach einem zuletzt in den alten Bundesländern ansässigen Erblasser bereits ein **946** allgemeiner Erbschein erteilt worden, so wird nunmehr von dem gemäß § 73 Abs 1 FGG zuständigen westdeutschen Nachlaßgericht ein auf das **Immobiliarvermögen** im **Beitrittsgebiet beschränkter** zusätzlicher Erbschein ausgestellt (BayOblG FamRZ 1994,

724; 1995, 1092; KG OLGZ 1992, 279 = DNotZ 1992, 448 f m zust Anm Trittel; OLG Zweibrücken FamRZ 1992, 1475; OLG Köln OLGZ 1994, 335; LG München FamRZ 1991, 1489; LG Berlin FamRZ 1991, 738 u 1992, 232; BezG Dresden DtZ 1991, 217; LG Bonn DtZ 1992, 57; LG Aachen RPfleger 1991, 460; RAU DtZ 1991, 20; ADLERSTEIN/DESCH DtZ 1991, 200; KÖSTER RPfleger 1991, 100; BÖHRINGER RPfleger 1991, 278; BESTELMEYER Rpfleger 1992, 231). Dabei bestehen zwei Möglichkeiten: Das Gericht kann entweder den ursprünglichen Erbschein durch einen Zusatzvermerk ergänzen (ADLERSTEIN/DESCH DtZ 1991, 200; **aA** LG Berlin FamRZ 1992, 232; SCHOTTEN/JOHNEN DtZ 1992, 263; FRITSCHE NJ 1998, 293) oder einen eigenen Sondererbschein für das im Beitrittsgebiet belegene Grundvermögen ausfertigen (vgl RAU DtZ 1991, 20; ADLERSTEIN/DESCH DtZ 1991, 200; KÖSTER RPfleger 1991, 100; DÖRNER IPRax 1991, 396). Bei diesem Erbschein handelt es sich nicht um einen Fremdrechtserbschein iS des § 2369 BGB, sondern – da Art 235 § 1 Abs 1 intertemporal das Recht der früheren DDR als anwendbares deutsches Recht beruft – um einen beschränkten Eigenrechtserbschein iS des 2353 BGB (KG OLGZ 1992, 92; LG Berlin FamRZ 1991, 1361 f; FamRZ 1992, 232; LG Bonn DtZ 1992, 30; LG Hamburg FamRZ 1992, 1476; TRITTEL DNotZ 1991, 245; BESTELMEYER RPfleger 1992, 231; zum Inhalt PALANDT/EDENHOFER § 2353 Rn 7). Ob Immobiliarvermögen iS des § 25 Abs 2 RAG tatsächlich vorhanden ist, wird im Verfahren der Erbscheinserteilung nicht nachgeprüft (KG OLGZ 1992, 283; OLG Zweibrücken FamRZ 1992, 1474; **aA** OLG Oldenburg MDR 1992, 879). Im Grundbuchverfahren soll das *Grundbuchamt* nach BezGer Erfurt DtZ 1994, 77 nicht die Vorlage eines zusätzlichen oder Sondererbscheins verlangen können (zu Recht kritisch BRAKEBUSCH DtZ 1994, 61).

947 Die Ausstellung eines **gegenständlich beschränkten Erbscheins** durch das am Ort der Belegenheit zuständige Gericht im Beitrittsgebiet ist dagegen mangels örtlicher Zuständigkeit **nicht mehr möglich** (BayObLGZ 1992, 56; BezG Dresden DtZ 1991, 215; ADLERSTEIN/DESCH DtZ 1991, 199; SCHOTTEN/JOHNEN DtZ 1991, 262; DÖRNER IPRax 1991, 395); ein bereits gestellter Erbscheinsantrag ist an das örtlich zuständige westdeutsche Gericht weiterzuleiten (BezG Dresden DtZ 1991, 216).

948 Geht man mit dem BGH davon aus, daß die Kollisionsregeln des westdeutschen Interlokalen Rechts nach dem Beitritt ohne weiteres auch in den neuen Bundesländern – und zwar auf Neu- *und Altfälle* – Anwendung finden (BGHZ 124, 270; dazu Rn 887), so gilt das in Rn 945 Gesagte auch dann, wenn der mit **letztem Wohnsitz in den alten Bundesländern** verstorbene Erblasser zum Zeitpunkt seines Todes seine **DDR-Republikzugehörigkeit** noch nicht verloren hatte. In diesem Fall wurde zwar die Rechtslage bis zum Beitritt aus der Sicht beider deutscher Staaten unterschiedlich beurteilt, da die Erbfolge nach DDR-Recht den Bestimmungen des ZGB unterlag (§ 25 Abs 1 RAG, dazu Rn 907), während das bundesdeutsche Recht auf den letzten gewöhnlichen Aufenthalt abstellte und demzufolge (abgesehen von der Vererbung etwa in der DDR vorhandenen Grundvermögens, vgl Art 3 Abs 3 iVm § 25 Abs 2 RAG) die Vorschriften des BGB für maßgebend ansah. Angesichts der vom BGH praktizierten rückwirkenden Anwendung bundesdeutschen Interlokalen Rechts kommt der Rechtsauffassung der früheren DDR jedoch insoweit keine Bedeutung mehr zu (kritisch zu dieser Sicht DÖRNER IPRax 1991, 397 f; zu den Konsequenzen s Rn 910 u 952).

949 Die Erben eines vor dem Beitritt mit letztem **Wohnsitz im Beitrittsgebiet** verstorbenen Erblassers beantragen nach dem 2. 10. 1990 einen Erbschein bei dem gemäß § 73 Abs 1 FGG zuständigen Nachlaßgericht im Beitrittsgebiet. Der dort ausgestellte allgemeine Erbschein bezeugt die Erbfolge nach Maßgabe der ZGB-Vorschriften und gilt für die gesamte Bundesrepublik. Ebenso ist zu verfahren, wenn vor dem Beitritt nur ein Fremdrechtserbschein analog § 2369 BGB (vgl Rn 938) in der Altbundesrepublik ausgestellt worden ist. Die Ausstellung eines derart gegenständlich beschränkten Erbscheins durch ein westdeutsches Nachlaßgericht ist nach dem Beitritt mangels örtlicher Zuständigkeit nicht mehr möglich. Auch zur Erteilung von Erbscheinen zu Lastenausgleichszwecken ist nicht mehr analog § 73 Abs 2 FGG das AG Berlin-Schöneberg, sondern gemäß § 73 Abs 1 FGG das Nachlaßgericht am letzten Wohnsitz des Erblassers im Beitrittsgebiet zuständig (KG OLGZ 1992, 290).

Zur **Einziehung** eines unrichtigen Erbscheins nach einem mit letztem Wohnsitz in der **950** früheren DDR verstorbenen Erblassers ist seit dem 3. 10. 1990 allein das nach § 73 Abs 1 FGG örtlich zuständige Gericht im Beitrittsgebiet befugt, selbst wenn der einzuziehende Erbschein vor dem Stichtag von einem westdeutschen Nachlaßgericht erteilt worden sein sollte (KG OLGZ 1993, 16). *Weitere Ausfertigungen* eines vor dem Beitritt von einem westdeutschen Nachlaßgericht erteilten Erbscheins werden dagegen auch weiterhin von diesem Gericht ausgefertigt (KG OLGZ 1993, 293).

bb) Fortgeltung von Erbscheinen
Ein allgemeiner Erbschein, der vor dem Beitritt durch ein **westdeutsches Nachlaßge- 951
richt** beim Tode eines Erblassers mit letztem **Wohnsitz in den alten Bundesländern** ausgestellt worden ist, behält nach dem Beitritt seine Wirksamkeit. Er gibt nunmehr (ohne besonderen Bestätigungsvermerk) die Rechtslage für die gesamte Bundesrepublik zutreffend wieder (ADLERSTEIN/DESCH DtZ 1991, 199 f; DÖRNER IPRax 1991, 396; BÖHRINGER Rpfleger 1991, 279; BESTELMEYER Rpfleger 1992, 232), und zwar auch dann, wenn der Erblasser zum Zeitpunkt seines Todes noch die Republikzugehörigkeit der DDR besessen haben sollte (vgl Rn 907). Ist der Erbschein ohne Hinweis darauf ausgestellt worden, daß er für das in der früheren DDR belegene Grundvermögen **nicht** gilt (vgl Rn 937), so ist angesichts der nur deklaratorischen Wirkung eines solchen Geltungsvermerks eine Einziehung (§ 2361 BGB) nicht erforderlich (LG Berlin FamRZ 1992, 232; ADLERSTEIN/DESCH DtZ 1991, 200; KÖSTER Rpfleger 1991, 100; HENRICH IPRax 1991, 19; DÖRNER IPRax 1991, 396; BÖHRINGER RPfleger 1991, 278; WANDEL BWNotZ 1991, 24; TRITTEL DNotZ 1992, 451; BESTELMEYER RPfleger 1992, 232; SANDWEG BWNotZ 1992, 53; PALANDT/EDENHOFER § 2353 Rn 7, 4; vgl Rn 877; **aA** BayObLGZ 1959, 390; KG OLGZ 1984, 428; aus dem Schrifttum etwa RAU DtZ 1991, 20; SCHOTTEN/JOHNEN DtZ 1991, 262; vgl auch WÄHLER ROW 1992, 108; STAUDINGER/ RAUSCHER [1996] Art 235 § 1 Rn 90 f); allenfalls kommt ein klarstellender Zusatzvermerk in Betracht. Dieser allgemeine Erbschein nach § 2353 bezieht sich nicht auf Immobiliarvermögen im Beitrittsgebiet, das nach Art 3 Abs 3 iVm § 25 Abs 2 RAG den Bestimmungen des ZGB unterliegt. Dafür ist vielmehr ein **zusätzlicher Erbschein** erforderlich, den das Nachlaßgericht am letzten Wohnsitz des Erblassers in Westdeutschland ausstellt (vgl Rn 946).

Besaß der mit letztem Wohnsitz in der Altbundesrepublik verstorbene Erblasser zum **952** Zeitpunkt seines Todes noch die **Republikzugehörigkeit** der DDR und war deswegen vom Staatlichen Notariat Berlin-Mitte gemäß § 10 Abs 3 NotG ein allgemeiner Erbschein nach § 413 ZGB ausgestellt worden, so stimmt der Inhalt dieses Erbscheins mit der heute maßgebenden Rechtslage nicht mehr überein, sofern man mit dem BGH davon ausgeht, daß bundesdeutsches Interlokales Recht nach dem Beitritt auch auf Altfälle Anwendung findet (BGHZ 124, 270; dazu Rn 887 u 948). Ein solcher Erbschein muß daher gemäß § 2361 Abs 1 BGB **eingezogen** werden (ADLERSTEIN/

　　　　　　　　　　　　　　　　　　　　Heinrich Dörner

DESCH DtZ 1991, 199; SCHOTTEN/JOHNEN DtZ 1991, 261; WÄHLER ROW 1992, 108; STAUDINGER/ RAUSCHER [1996] Art 235 § 1 Rn 96; kritisch DÖRNER IPRax 1991, 397 f).

953 Dagegen behält ein **gegenständlich beschränkter Erbschein**, der von einem **Staatlichen Notariat** der früheren DDR gemäß § 414 ZGB nach einem mit letztem Wohnsitz in der Bundesrepublik verstorbenen Erblasser ausgestellt worden ist, auch nach dem Beitritt seine Wirksamkeit und gibt die Rechtslage – im Rahmen seines begrenzten Geltungsbereiches – richtig wieder (RAU DtZ 1991, 20; ADLERSTEIN/DESCH DtZ 1991, 200; SCHOTTEN/JOHNEN DtZ 1991, 261; KÖSTER Rpfleger 1991, 100; BÖHRINGER RPfleger 1991, 277 f; DÖRNER IPRax 1991, 396; SANDWEG BWNotZ 1992, 53).

954 Ist vor dem Beitritt **nur** ein derart gegenständlich beschränkter Erbschein von einem **Staatlichen Notariat** der ehemaligen DDR ausgefertigt worden, so ist dieser zum Nachweis der Erbfolge in den alten Bundesländern nicht geeignet. Die Erben müssen vielmehr einen allgemeinen Erbschein nach § 2353 BGB erwirken.

955 Ein vor dem Beitritt beim Tode eines Erblassers mit letztem **Wohnsitz in der DDR** von einem **Staatlichen Notariat** ausgestellter allgemeiner Erbschein behält seine Wirksamkeit und gilt seit dem 3. 10. 1990 in der gesamten Bundesrepublik. Aus Art 18 bzw 19 EV ergibt sich, daß gerichtliche bzw Verwaltungsentscheidungen der früheren DDR grundsätzlich wirksam bleiben (DÖRNER IPRax 1991, 394; BÖHRINGER RPfleger 1991, 277; WÄHLER ROW 1992, 108; anders STAUDINGER/RAUSCHER [1996] Art 235 § 1 Rn 93). Ein derart wirksamer Erbschein stellt die Rechtslage – nach Maßgabe der ZGB-Bestimmungen (vgl Rn 916 ff) – im gesamten Bundesgebiet nach wie vor richtig dar und kann deswegen weiterhin anerkannt werden (zur „Anerkennung" von Erbscheinen im allgemeinen vgl aber Rn 874 ff).

956 Ebenso bleibt der von einem **westdeutschen Nachlaßgericht** für einen Erblasser mit letztem Wohnsitz in der DDR ausgestellte gegenständlich beschränkte Erbschein – territorial auf die alten Bundesländer beschränkt – nach dem Beitritt wirksam (SCHOTTEN/JOHNEN DtZ 1991, 261; DÖRNER IPRax 1991, 394). Ist seinerzeit lediglich ein solcher gegenständlich beschränkter Erbschein ausgestellt werden, muß allerdings ggf bei dem nach § 73 Abs 1 FGG zuständigen Gericht im Beitrittsgebiet noch ein allgemeiner Erbschein nach § 2353 beantragt werden.

957 Sollten zwischen einem von einem westdeutschen Nachlaßgericht und einem von einem Staatlichen Notariat der DDR ausgestellten Erbschein **inhaltliche Widersprüche** bestehen, die auf falsche Rechtsanwendung oder abweichende Auslegung einer Verfügung von Todes wegen zurückzuführen sind, so entscheidet das analog § 5 Abs 1 FGG zu bestimmende übergeordnete Gericht darüber, welcher der beiden Erbscheine als unrichtig einzuziehen ist (vgl auch WÄHLER ROW 1992, 108).

cc) Am 3. 10. 1990 anhängige Erbscheinsverfahren

958 War vor dem Beitritt bei einem **westdeutschen Nachlaßgericht** ein **gegenständlich beschränkter Erbschein** analog § 2369 BGB nach einem Erblasser mit letztem Wohnsitz in der DDR beantragt und am 3. 10. 1990 noch nicht erteilt worden, so hat sich dieser Antrag mit dem Beitritt infolge fehlender örtlicher Zuständigkeit in der Hauptsache erledigt (BayObLGZ 1992, 56). Gleiches gilt für einen gegenständlich beschränkten Erbschein gemäß § 414 ZGB, der nach einem Erblasser mit letztem

Wohnsitz in der Bundesrepublik bei einem Staatlichen Notariat der DDR beantragt worden war. In beiden Fällen hat das nach § 73 Abs 1 FGG zuständige Nachlaßgericht nunmehr einen allgemeinen Erbschein gemäß § 2353 BGB zu erteilen. War nach einem Erblasser ohne Wohnsitz in einem der beiden deutschen Staaten ein Erbschein zu Lastenausgleichszwecken beantragt worden, so blieb dieser Antrag auch nach dem Beitritt zulässig; § 73 Abs 2 fand jetzt nicht mehr entsprechende, sondern unmittelbare Anwendung.

Erbscheinsverfahren, die zum Zeitpunkt des Beitritts vor **Staatlichen Notariaten** der **959** DDR anhängig waren, wurden nach dem Beitritt von den Amts- bzw Kreisgerichten als den nunmehr zuständigen Nachlaßgerichten nach neuem Recht fortgesetzt; Akten und Vorgänge waren der mit dem Beitritt zuständig gewordenen Stelle zuzuleiten (Art 8 iVm Anl I Kap III Sachgebiet A Abschnitt III Nr 28 lit g und k EV). Die Frage der interlokalen Zuständigkeit stellte sich nach dem Beitritt nicht mehr (BezG Dresden DtZ 1991, 216). Die vor dem 3. 10. 1990 gemäß § 10 Abs 1 Nr 1 NotG bestehende Wohnsitzzuständigkeit blieb in der Regel erhalten. Befand sich allerdings der letzte Wohnsitz des Erblassers in keinem der beiden deutschen Staaten, trat an die Stelle der Zuständigkeit des Staatlichen Notariats Berlin-Mitte gemäß § 73 Abs 2 FGG die des AG Berlin-Schöneberg.

O.   Internationales Erbrecht und Europarecht*

Da nationale Kollisionsnormen grundsätzlich anhand **des allgemeinen Diskriminie- 960 rungsverbots** in Art 12 Abs 1 EGV v 10. 11. 1997 (Amsterdamer Vertrag – ABl EG Nr C 340 – ; entspricht Art 6 Abs 1 EGV aF) zu kontrollieren sind, ist auch Art 25 Abs 1 daraufhin zu überprüfen, ob die darin enthaltene Anknüpfung an die Staatsangehörigkeit des Erblassers im Widerspruch zum europäischen Primärrecht steht, das eine Ungleichbehandlung *von Unionsbürgern* (zum persönlichen Anwendungsbereich des Diskriminierungsverbots s LENZ, EGV-Kommentar[2] [1999] Art 12 EGV Rn 1 f) aus Gründen des Staatsangehörigkeit verbietet. Nach dem Wortlaut des Art 12 Abs 1 EGV gilt das Diskriminierungsverbot nur im „Anwendungsbereich" des EGV (zur – streitigen – Auslegung dieses Tatbestandsmerkmals vgl etwa A STAUDINGER, Artikel 6 Absatz 2 der Klauselrichtlinie und § 12 AGBG [1998] 166 mwN). Da aber die fortschreitende europäische Integration mittlerweile über den Bereich des Wirtschaftslebens hinausgeht und Art 65 lit b) EGV der Gemeinschaft eine erweiterte Kompetenzgrundlage zugesteht (vgl dazu den Aktionsplan zur Umsetzung des Amsterdamer Vertrages unter Teil II B. II Nr 41 [IPRax 1999, 290] zu Rechtsakten betr das anwendbare Recht in Erbschaftssachen), kann somit auch das Internationale Erbrecht nicht von vornherein von allen europarechtlichen Einflüssen ausgenommen bleiben (vgl auch MünchKomm/BIRK Art 25 Rn 408).

Jedoch dürfte die Entscheidung des Gesetzgebers für eine Anknüpfung an die Staats- **961**

---

* **Schrifttum:** DROBNIG, Verstößt das Staatsangehörigkeitsprinzip gegen das Diskriminierungsverbot des EWG-Vertrages?, RabelsZ 1970, 636; G FISCHER, Gemeinschaftsrecht und kollisionsrechtliches Staatsangehörigkeitsprinzip, in: vBAR (Hrsg), Europäisches Gemei- schaftsrecht und Internationales Privatrecht (1991), 157; W H ROTH, Der Einfluß des Europäischen Gemeinschaftsrechts auf das Internationale Privatrecht, RabelsZ 1991, 623; SONNENBERGER, Europarecht und Internationales Privatrecht, ZVglRWiss 1996, 3.

Heinrich Dörner

angehörigkeit des Erblassers zum **kontrollfreien Kernbereich** der mitgliedstaatlichen Regelungsautonomie gehören (Fischer 160; W H Roth RabelsZ 1991, 643; vgl auch Drobnig RabelsZ 1970, 645 f). Im übrigen begründet die Staatsangehörigkeit als Differenzierungskriterium im allseitig formulierten Art 25 Abs 1 auch keine Diskriminierung EG-ausländischer Erblasser (anders wohl MünchKomm/Birk Art 25 Rn 418). Eine solche Diskriminierung setzt voraus, daß die unterschiedliche Behandlung gleicher Tatbestände zur Benachteiligung einer Person führt; die Staatsangehörigkeitsanknüpfung müßte also bei generalisierender Betrachtung typischerweise eine Benachteiligung für EG-ausländische Erblasser begründen. Doch abgesehen davon, daß die Anknüpfung durch Rechtswahl nach Art 25 Abs 2 (Rn 464 ff), Belegenheitsanknüpfung nach Art 3 Abs 3 (Rn 520 ff) sowie Renvoi (Rn 615 ff) ohnehin flexibel ausgestaltet ist, kann in der Anwendung des EG-Heimatrechts EG-ausländischer Erblasser vor einem inländischen Forum kein abstrakter Nachteil (etwa: kostpieliger und langwieriger Rechtsschutz minderer Qualität, vgl Drobnig RabelsZ 1970, 644) gesehen werden. Denn die praktischen Schwierigkeiten bei der Ermittlung eines mitgliedstaatlichen Erbkollisions- und Erbrechts sind nur gering; angesichts des typischerweise überwiegenden Kontinuitätsinteresse des Erblassers (vgl Fischer 164 ff) sind sie jedenfalls nicht geeignet, eine Benachteiligung iS des Art 12 Abs 1 EGV zu begründen. Etwaige Benachteiligungen Dritter (Erbe, Vermächtnisnehmer, Pflichtteilsberechtigter, Nachlaßgläubiger oder Testamentsvollstrecker) werden als Fälle bloßer „mittelbarer" Betroffenheit nicht von Art 12 Abs 1 EGV erfaßt (MünchKomm/Birk Art 25 Rn 414).

962 Eine Ungleichbehandlung und somit Diskriminierung iS des Art 12 Abs 1 EGV kann auch nicht darin gesehen werden, daß das von Art 25 Abs 1 berufene Heimatrecht des Erblassers möglicherweise *inhaltlich nachteilig* vom Wohnsitz- oder Aufenthaltsrecht des Erblassers abweicht. Eine solche Abweichung ergibt sich nicht aus der Anwendung der Kollisionsnorm, sondern des berufenen Sachrechts und hat folglich bei der Prüfung einer etwa diskriminierenden Wirkung des Art 25 Abs 1 außer Betracht zu bleiben (Fischer 162). Im übrigen geht der EGV gerade von der Koexistenz verschiedener Privatrechtsordnungen innerhalb des Binnenmarktes aus, so daß allein inhaltliche Unterschiede in den Sachrechten der Mitgliedstaaten keine Ungleichbehandlung iS des Art 12 Abs 2 EGV darstellen (Fischer 161 f; Lenz aaO Art 12 EGV Rn 7).

Art 26 EGBGB. Verfügungen von Todes wegen

(1) Eine letztwillige Verfügung ist, auch wenn sie von mehreren Personen in derselben Urkunde errichtet wird, hinsichtlich ihrer Form gültig, wenn diese den Formerfordernissen entspricht
1. des Rechts eines Staates, dem der Erblasser ungeachtet des Artikels 5 Abs. 1 im Zeitpunkt, in dem er letztwillig verfügt hat, oder im Zeitpunkt seines Todes angehörte,
2. des Rechts des Ortes, an dem der Erblasser letztwillig verfügt hat,
3. des Rechts eines Ortes, an dem der Erblasser im Zeitpunkt, in dem er letztwillig verfügt hat, oder im Zeitpunkt seines Todes seinen Wohnsitz oder gewöhnlichen Aufenthalt hatte,

4. des Rechts des Ortes, an dem sich unbewegliches Vermögen befindet, soweit es sich um dieses handelt, oder

5. des Rechts, das auf die Rechtsnachfolge von Todes wegen anzuwenden ist oder im Zeitpunkt der Verfügung anzuwenden wäre.

Ob ein Erblasser an einem bestimmten Ort einen Wohnsitz hatte, regelt das an diesem Ort geltende Recht.

(2) Absatz 1 ist auch auf letztwillige Verfügungen anzuwenden, durch die eine frühere letztwillige Verfügung widerrufen wird. Der Widerruf ist hinsichtlich seiner Form auch dann gültig, wenn diese einer der Rechtsordnungen entspricht, nach denen die widerrufene letztwillige Verfügung gemäß Absatz 1 gültig war.

(3) Die Vorschriften, welche die für letztwillige Verfügungen zugelassenen Formen mit Beziehung auf das Alter, die Staatsangehörigkeit oder andere persönliche Eigenschaften beschränken, werden als zur Form gehörend angesehen. Das gleiche gilt für Eigenschaften, welche die für die Gültigkeit einer letztwilligen Verfügung erforderlichen Zeugen besitzen müssen.

(4) Die Absätze 1 bis 3 gelten für andere Verfügungen von Todes wegen entsprechend.

(5) Im übrigen unterliegen die Gültigkeit der Errichtung einer Verfügung von Todes wegen und die Bindung an sie dem Recht, das im Zeitpunkt der Verfügung auf die Rechtsnachfolge von Todes wegen anzuwenden wäre. Die einmal erlangte Testierfähigkeit wird durch den Erwerb oder Verlust der Rechtsstellung als Deutscher nicht beeinträchtigt.

Schrifttum

Vgl die Nachweise bei Art 25.

Systematische Übersicht

Heinrich Dörner

Alphabetische Übersicht

A. Einführung

I. Überblick

Art 26 enthält *einige Regeln* zur Anknüpfung von Rechtsfragen, die sich mit **Verfü-** **1** **gungen von Todes wegen** befassen; die Vorschrift deckt aber – anders als die Überschrift vermuten läßt – keineswegs den gesamten Bereich der gewillkürten Erbfolge ab. Die *Abs 1 bis 4* sehen eine **Sonderanknüpfung** für die **Formgültigkeit** der Verfügungen von Todes wegen vor. Dabei beziehen sich die Abs 1 bis 3 auf letztwillige Verfügungen, also auf einfache und gemeinschaftliche Testamente. Diese Vorschriften inkorporieren die Bestimmungen des Haager TestÜbk in das EGBGB, näher Rn 12 ff. Abs 4 dehnt den Anwendungsbereich der für Testamente geltenden Anknüpfungsregeln auch auf „andere Verfügungen von Todes wegen", dh also insbes auf Erbverträge aus.

Abs 5 enthält eine **lex specialis** zu Art 25 Abs 1 (näher Rn 62 ff). Während diese Bestim- **2** mung die „Rechtsnachfolge von Todes wegen" im allgemeinen dem Heimatrecht des Erblassers zum Zeitpunkt seines Todes unterstellt, beruft Art 26 Abs 5 S 1 im Hinblick auf einzelne Rechtsfragen aus diesem Systembereich – Gültigkeit der Errichtung einer Verfügung von Todes wegen, Bindung an sie – das Recht, welches zum *Zeitpunkt der Errichtung* einer Verfügung von Todes wegen auf die Rechtsnachfolge anzuwenden wäre (hypothetisches Erbstatut, Errichtungsstatut). Eine Teilfrage aus dem Komplex der „Gültigkeit der Errichtung von Verfügungen von Todes wegen" wiederum betrifft *Art 26 Abs 5 S 2*, der insoweit den S 1 ergänzt: Danach soll ein *Wechsel der Staatsangehörigkeit* auf die einmal erlangte *Testierfähigkeit* ohne Einfluß bleiben (näher Rn 84 ff).

Heinrich Dörner

II.   Übergangsvorschriften

3 Die intertemporale Rechtslage auf dem Gebiet des Erbkollisionsrechts ist ausführlich dargestellt in Art 25 Rn 12 ff u Staudinger/Dörner (1996) Art 220 Rn 53 ff; zum Inkrafttreten des EGBGB in den neuen Bundesländern vgl Art 25 Rn 15. Art 26 findet nur Anwendung auf solche Verfügungen von Todes wegen sowie andere erbrechtlichen Rechtsgeschäfte, die **nach dem 31. 8. 1986** vorgenommen wurden (arg Art 220 Abs 1).

4 Rechtsgeschäfte (insbes Verfügungen von Todes wegen) aus der Zeit **vor dem 1. 9. 1986** unterliegen dagegen im Hinblick auf ihre Zulässigkeit und die Gültigkeit des Errichtungsakts dem bis zu diesem Zeitpunkt maßgebenden alten Kollisionsrecht, und zwar ohne Rücksicht darauf, ob der Erblasser vor oder nach dem 1. 9. 1986 verstorben ist (Art 220 Abs 1, vgl Art 25 Rn 8, 13 u MünchKomm/Sonnenberger Art 220 Rn 13; MünchKomm/Birk Art 25 Rn 5). Über die *Auswirkungen* einer vor dem 1. 9. 1986 wirksam errichteten Verfügung von Todes wegen auf die gesetzliche Erbfolge entscheidet bei Ableben des Erblassers nach dem 1. 9. 1986 das neu berufene Erbstatut, bei Ableben vor dem Stichtag dagegen das gemäß Art 24, 25 aF ermittelte Recht.

5 Für die Anknüpfung der **Formgültigkeit letztwilliger Verfügungen** hat die in *Art 26 Abs 1 bis 3* enthaltene Neuregelung kaum praktische Bedeutung (ebenso Erman/Hohloch Art 26 Rn 8; vgl aber Rn 23 ff), weil diese Frage bereits *vor dem 1. 9. 1986* vom Haager TestÜbk erfaßt wurde und die Bestimmungen des Abkommens auch *nach dem Inkrafttreten des IPR-Neuregelungsgesetzes* gemäß Art 3 Abs 2 die gleichlautenden autonomen Kollisionsnormen verdrängen (vgl Rn 16). Das in der Bundesrepublik (alte Bundesländer, vgl Vorbem 31 ff zu Art 25 f) seit dem 1. 1. 1966 geltende TestÜbk findet Anwendung, wenn der Erblasser an diesem Tag oder später verstorben ist; ob das Testament vor oder nach diesem Zeitpunkt errichtet wurde, ist dagegen ohne Belang (näher Vorbem 100 ff zu Art 25 f). Ist der Erblasser dagegen *vor dem 1. 1. 1966* verstorben, so unterliegt die Frage der Formgültigkeit eines Testaments nicht Art 26 Abs 1 bis 3, sondern gemäß Art 220 Abs 1 dem *Art 11 aF,* der alternativ das Recht des Errichtungsortes sowie das in der Sache selbst maßgebenden Recht (Errichtungsstatut) beruft.

6 Über die Anknüpfungen des TestÜbk hinaus läßt *Art 26 Abs 1 Nr 5* zusätzlich die Errichtung eines Testaments nach den Bestimmungen des Errichtungs- bzw Erbstatuts zu (Rn 23 ff). Diese weitere Anknüpfungsmöglichkeit gilt erst seit dem 1. 9. 1986; sie kann daher Bedeutung gewinnen für Testamente, die nach dem 31. 8. 1986 errichtet worden sind (anders Erman/Hohloch Art 26 Rn 8: bei Erbfällen nach dem 1. 9. 1986).

7 *Vor dem 1. 9. 1986 geschlossene Erbverträge* waren gemäß Art 11 Abs 1 aF nur dann formgültig, wenn sie den Formvorschriften entweder des hypothetischen Erbstatuts oder des Ortsrechts entsprachen. Demgegenüber erweitert *Art 26 Abs 4* die Anknüpfungsmöglichkeiten durch Verweisung auf den für letztwillige Verfügungen geltenden Abs 1.

8 Ein vor dem Stichtag geschlossener und nach beiden in Frage kommenden Statuten form*un*wirksamer Erbvertrag ist mit dem 1. 9. 1986 auch dann nicht ipso iure wirksam geworden, wenn seine Form einem der nunmehr durch Art 26 Abs 4, 1 berufenen Rechte entspricht. Der seit dem 1. 9. 1986 maßgebenden Anknüpfung kommt keinerlei Rückwirkung zu. Eine solche „echte" Rückwirkung (vgl STAUDINGER/DÖRNER [1996] Art 220 Rn 4) wäre auch verfassungsrechtlich bedenklich, weil sowohl der (oder die) Vertragserblasser als auch der Vertragsgegner später möglicherweise Dispositionen vorgenommen oder unterlassen haben, bei denen sie von der Unwirksamkeit des zu einem früheren Zeitpunkt geschlossenen Erbvertrages ausgegangen sind. Zwar läßt Art 8 TestÜbk eine solche Rückwirkung zu (vgl Vorbem 101 zu Art 25 f); diese Lösung kann aber auf den vorliegenden Zusammenhang schon deswegen nicht übertragen werden, weil sich die Interessenlage nach einer Testamentserrichtung von derjenigen nach Abschluß eines Erbvertrages grundlegend unterscheidet (aA vBAR II Rn 360). Während dort das Interesse des Testators (zwar nicht zwingend, vielleicht aber) typischerweise auf eine nachträgliche Validation seiner Verfügung gerichtet sein mag und schützenswerte Interessen Dritter regelmäßig nicht betroffen sind, kann nicht ohne weiteres davon ausgegangen werden, daß die Validation eines Erbvertrages den *übereinstimmenden Interessen* beider Vertragsparteien entspricht.

Auch die in *Abs 5* getroffene Regelung stimmt im wesentlich mit dem bis zum 1. 9. 1986 geltenden Rechtszustand überein. Durch Art 24 Abs 3 S 1 aF (vgl Vorbem 3 zu Art 25 f) wurde die Gültigkeit der Errichtung oder Aufhebung einer Verfügung von Todes wegen dem Heimatrecht des Verfügenden zum Zeitpunkt der Errichtung oder Aufhebung unterstellt, wenn ein Ausländer die deutsche Staatsangehörigkeit erwarb. Ob die Vorschrift analog auch auf den umgekehrten Fall – Deutscher erwirbt eine ausländische Staatsbürgerschaft – Anwendung finden sollte, war umstritten. **9**

Art 26 Abs 5 *S 2* enthält eine verallgemeinernde Regelung des vormaligen Art 24 Abs 3 S 1, 2. HS (dazu Vorbem 3 zu Art 25 f). **10**

B. Formgültigkeit erbrechtlicher Rechtsgeschäfte

I. Letztwillige Verfügungen (Abs 1–3)

1. Begriff der letztwilligen Verfügung

Unter letztwilligen Verfügungen versteht Art 26 Abs 1 bis 3 – in Übereinstimmung mit der im Haager TestÜbk verwandten (vgl Vorbem 76 f zu Art 25 f) und im deutschen materiellen Erbrecht geläufigen Terminologie (vgl etwa BROX, Erbrecht[18] [2000] Rn 91) *einseitige und gemeinschaftliche Testamente*, während der in Abs 4 verwandte Begriff der Verfügung von Todes wegen darüber hinaus (zumindest) auch Erbverträge umfaßt. **11**

2. Staatsvertragliche Kollisionsnormen

a) Haager TestÜbk

Die Formgültigkeit letztwilliger Verfügungen wird nach den Vorschriften des Haager Übereinkommens über das auf die Form letztwilliger Verfügungen anzuwendende Recht v 5. 10. 1961 angeknüpft (**TestÜbk** – BGBl 1965 II 1145, 1966 II 11, dazu Vorbem 31 ff **12** zu Art 25 f) angeknüpft, dessen Bestimmungen gemäß **Art 3 Abs 2 S 1** den autonomen deutschen Kollisionsnormen in der Anwendung vorgehen.

13 Um der Praxis den Umgang mit den Kollisionsnormen des Haager TestÜbk zu erleichtern, hat der Gesetzgeber die Bestimmungen dieses seit dem 1. 1. 1966 in der Bundesrepublik geltenden, dh also in innerstaatliches Recht transformierten Staatsvertrages im wesentlichen unverändert *noch einmal* im Gewand autonomer Kollisionsnormen als Art 26 Abs 1 bis 3 in das EGBGB eingestellt. Welche **Konsequenzen** dies für die Rechtsanwendung mit sich bringt, ist **streitig**.

14 Nach einer Ansicht hat sich durch das Inkrafttreten des Art 26 der bis dahin geltende Rechtszustand nicht geändert: Angesichts des in Art 3 Abs 2 S 1 niedergelegten Vorrangs staatsvertraglicher Kollisionsnormen seien im Geltungsbereich des Test-Übk nach wie vor allein dessen Bestimmungen anwendbar. Folgt man dem, so laufen die Art 26 Abs 1 bis 3 praktisch weitgehend leer (vgl zB JAYME IPRax 1986, 266; MANSEL StAZ 1986, 316 f; BASEDOW NJW 1986, 2975; SIEHR IPRax 1987, 6; KROPHOLLER § 51 IV 3; Münch-Komm/BIRK Art 26 Rn 2; MEYER-SPARENBERG, Staatsvertragliche Kollisionsnormen [1990] 72 ff mit ausführlicher Darstellung des Streitstandes).

15 Eine andere Auffassung sieht in der Anwendung der in Art 26 Abs 1 bis 3 „inkorporierten Kollisionsnormen staatsvertraglichen Ursprungs" keine Verletzung des Art 3 Abs 2, soweit die autonomen mit den staatsvertraglichen Kollisionsnormen in der Anwendung vollständig übereinstimmen. Ein Rückgriff auf das staatsvertragliche Vorbild sei zwar nicht ausgeschlossen, aber überflüssig (vgl etwa BÖHMER JA 1986, 237; PALANDT/HELDRICH Art 3 Rn 8 u Art 26 Rn 1; ERMAN/HOHLOCH Art 26 Rn 3 f; SOERGEL/SCHURIG Art 26 Rn 3; s auch vBAR I Rn 203 u II Rn 356: Art 26 Abs 1 bis 3 sei lex specialis zu Art 3 Abs 2).

16 **Richtig** erscheint es, in **Übereinstimmung mit Art 3 Abs 2 S 1** an der **Anwendung der staatsvertraglichen Kollisionsnormen selbst festzuhalten**. Es läßt sich nicht bezweifeln, daß autonome und staatsvertragliche Anknüpfungsregeln trotz weitgehender Übereinstimmung im Wortlaut keineswegs *notwendig* zu identischen Rechtsfolgen führen müssen, weil die dogmatischen Rahmenbedingungen der Kollisionsnormen sich je nach Rechtsquelle in grundlegenden Punkten unterscheiden. Staatsvertragliche Kollisionsnormen werden zB grundsätzlich *autonom ausgelegt* (vgl dazu Vorbem 30 zu Art 25 f), sprechen im Zweifel Sachnorm- statt Gesamtverweisungen aus, verlangen im allgemeinen eine unselbständige Vorfragenanknüpfung (vgl dazu auch Art 25 Rn 556) und lassen idR nur eine eingeschränkte ordre-public-Prüfung zu. Der Vorschlag, autonome Normen staatsvertraglichen Ursprungs in der gleichen Weise zu handhaben wie ihre staatsvertraglichen Vorbilder (vgl PALANDT/HELDRICH Art 3 Rn 8), ist nicht sehr hilfreich, da er eine je nach Herkunft dogmatisch unterschiedliche Behandlung autonomer Kollisionsnormen zur Folge hätte; ob *das* den vom Gesetzgeber angestrebten vereinfachten Umgang mit staatsvertraglichem IPR fördern würde, mag man mit Recht bezweifeln. Außerdem wäre zu befürchten, daß der Rechtsanwender bei der Anwendung der autonomen Bestimmungen im Falle von Auslegungszweifeln oder -divergenzen die für staatsvertragliche Normen maßgeblichen Auslegungsgrundsätze aus dem Blickfeld verliert (ausführlich MEYER-SPARENBERG, Staatsvertragliche Kollisionsnormen [1990] 75).

b) Bilaterale Staatsverträge

Von den erbrechtlich relevanten bilateralen Staatsverträgen (vgl Vorbem 147 ff, 158 ff, **17**
191 ff zu Art 25 f) enthält nur das **deutsch-türkische Nachlaßabkommen** v 28. 5. 1929 eine
besondere Vorschrift zur Anknüpfung der Form von Verfügungen von Todes wegen
in seinem § 16 (dazu Vorbem 183 ff zu Art 25 f). Da seit dem 22. 10. 1983 das Haager
Abkommen jedoch auch in der Türkei gilt (BGBl 1983 II 720), wird § 16 des Nachlaßabkommens – soweit er letztwillige Verfügungen betrifft – von diesem Zeitpunkt
an durch die Bestimmung des TestÜbk verdrängt (näher Vorbem 36, 184 zu Art 25 f, vgl
aber auch unten Rn 30).

3. Vorrang des Haager TestÜbk

Da die Bestimmungen des Haager TestÜbk nach Art 3 Abs 2 autonomem Kollisions- **18**
recht vorgehen (Rn 12 ff), kommt den Art 26 Abs 1 bis 3 insoweit keine praktische
Bedeutung zu, als diese Vorschriften in der Sache lediglich die Regeln des Übereinkommens kopieren. Insoweit erübrigt sich damit auch eine nähere Kommentierung.
Im einzelnen gilt:

Art 26 Abs 1 S 1 Nr 1 bis 4 gibt die Anknüpfungsmöglichkeiten von **Art 1 Abs 1 Test- 19
Übk** wieder (dazu Vorbem 40 ff zu Art 25 f) und arbeitet durch die Bezugnahme auf die
„von mehreren Personen in derselben Urkunde errichteten Verfügungen" auch den
gemeinschaftliche Testamente betreffenden *Art 4 des Abkommens* (vgl Vorbem 77 ff zu
Art 25 f) mit ein. Zur Formgültigkeit von gemeinschaftlichen Testamenten, die nicht in
ein und derselben Urkunde enthalten sind, vgl Art 25 Rn 320 und unten Rn 30. Die in
S 2 des Art 26 Abs 1 enthaltene Qualifikationsverweisung auf das Wohnsitzrecht entspricht **Art 1 Abs 3 TestÜbk** (Vorbem 52 zu Art 25 f). Daß die Staatsangehörigkeitsanknüpfung in *Art 26 Abs 1 S 1 Nr 1* „ungeachtet des Artikels 5 Abs 1" vorgenommen,
bei mehrfacher Staatsangehörigkeit also ein jedes Heimatrecht berufen wird, entspricht der allgemeinen Auslegung von Art 1 Abs 1 lit b) des Abkommens (Vorbem 49
zu Art 25 f).

Art 26 Abs 2 betrifft die Formgültigkeit des Widerrufs von Testamenten; die Vor- **20**
schrift entspricht **Art 2 TestÜbk**.

Art 26 Abs 3 entscheidet in Übereinstimmung mit **Art 5 TestÜbk** einige Zweifels- **21**
fragen, die bei der Auslegung des Begriffs „Form letztwilliger Verfügungen" auftauchen.

Nicht in autonomes Kollisionsrecht übertragen wurde **Art 1 Abs 2 TestÜbk**, der **22**
Unteranknüpfungsregeln enthält für den Fall, daß die Staatsangehörigkeitsanknüpfung in Art 1 Abs 1 lit b) des Abkommens zu einem Mehrrechtsstaat führt, sowie die
spezielle ordre-public-Klausel des **Art 7 TestÜbk**. Ob diese Vorschriften sachlich mit
den entsprechenden Bestimmungen des autonomen Kollisionsrechts in Art 4 Abs 3 u
6 vollkommen deckungsgleich sind, erscheint angesichts des abweichenden Wortlauts
zumindest fraglich. Auch wer die Art 26 Abs 1 bis 3 für anwendbar hält (vgl Rn 15),
wird daher in diesen Punkten im Zweifel auf die einschlägigen Bestimmungen des
TestÜbk zurückgreifen (vgl ERMAN/HOHLOCH Art 26 Rn 4).

Heinrich Dörner

4. Formgültigkeit nach Maßgabe des Errichtungs- und Erbstatuts (Art 26 Abs 1 S 1 Nr 5)

23 Art 3 TestÜbk läßt zu, daß die Vertragsstaaten in ihren autonomen Kollisionsnormen für die Ermittlung des Formstatuts zusätzliche Anknüpfungen bereitstellen. Der deutsche Gesetzgeber hat diese Möglichkeit in Art 26 Abs 1 S 1 Nr 5 genutzt. Danach ist – über die Anknüpfungsregeln des Abkommens hinaus – eine letztwillige Verfügung auch dann formgültig, wenn sie den Formvorschriften des Rechts entspricht, das auf die Rechtsnachfolge von Todes wegen anzuwenden ist (**Erbstatut**) oder im Zeitpunkt der Verfügung anzuwenden wäre (**Errichtungsstatut**). Im Wege einer akzessorischen Anknüpfung wird also das Formstatut mit dem (realen oder hypothetischen) Erbstatut koordiniert. Art 26 Abs 1 S 1 Nr 5 findet daher *neben* den Bestimmungen des TestÜbk Anwendung.

24 Dementsprechend ist gemäß Abs 2 auch ein **Widerruf** formgültig, wenn er die dafür vorgesehenen Formen entweder des Erbstatuts oder aber des Rechts einhält, das zum Zeitpunkt des Widerrufs (Art 26 Abs 2 *S 1* iV mit Abs 1 Nr 5) oder aber zum Zeitpunkt der Errichtung der widerrufenen Verfügung (Art 26 Abs 2 *S 2* iV mit Abs 1 Nr 5) Erbstatut gewesen wäre.

25 Da Erb- und Errichtungsstatut in erster Linie gemäß Art 25 Abs 1 durch eine Anknüpfung an die Staatsangehörigkeit des Erblassers zu ermitteln sind, stimmt das von Art 26 Abs 1 S 1 Nr 5 berufene Recht auf den ersten Blick regelmäßig mit dem von Art 1 Abs 1 lit b) des TestÜbk (= Art 26 Abs 1 S 1 Nr 1) berufenen Formstatut überein. War der Erblasser staatenlos oder läßt sich seine Staatsangehörigkeit nicht feststellen, gelangt das Recht seines letzten gewöhnlichen Aufenthalts zur Anwendung (vgl Art 25 Rn 448 f), das bereits von Art 1 Abs 1 lit d) TestÜbk bzw Abs 1 Nr 3 berufen wird. Soweit nach Art 3 Abs 3 das Belegenheitsrecht als Erbstatut maßgibt, entspricht diese Anknüpfung – soweit es sich um unbewegliches Vermögen handelt – der des Art 1 Abs 1 lit e) TestÜbk bzw des Abs 1 Nr 4. Der in Art 26 Abs 1 S 1 Nr 5 vorgesehenen zusätzlichen Anknüpfung kommt daher allenfalls in **zwei Fällen selbständige Bedeutung** zu (vgl MünchKomm/Birk Art 26 Rn 3).

26 Erstens kann das Formstatut durch Anknüpfung an den **schlichten Aufenthalt** bestimmt werden, wenn der staatenlose Erblasser keinen gewöhnlichen Aufenthalt innerhalb einer Rechtsordnung besitzt bzw ein solcher Aufenthaltsort nicht festzustellen ist (vgl Art 5 Abs 2).

27 Zweitens bezieht sich Art 26 Abs 1 S 1 Nr 5 auf das im konkreten Fall *tatsächlich maßgebende* Erb- bzw Errichtungsstatut. Spricht also das Kollisionsrecht des Staates, dessen Staatsangehörigkeit der Erblasser zum Zeitpunkt des Todes oder der Testamentserrichtung besitzt, im Hinblick auf die *Rechtsnachfolge von Todes wegen* (*nicht* im Hinblick auf die Form der Verfügungen von Todes wegen: so aber Erman/ Hohloch Art 26 Rn 6) eine **Rück- oder Weiterverweisung** aus, indem es etwa für die Vererbung von Mobilien auf das Belegenheitsrecht verweist (vgl Ferid RabelsZ 1962/63, 422), so ist ein solcher Renvoi auch im Rahmen des Art 26 Abs 1 S 1 Nr 5 zu beachten (vgl BT-Drucks 10/5632 S 44; vBar II Rn 395; MünchKomm/Birk Art 26 Rn 3 u 60; Palandt/Heldrich Art 26 Rn 2). Das Testament ist daher in einem solchen Fall ohne weiteres dann als formgültig anzusehen, wenn es die Formvorschriften des deut-

schen Rechts (Rückverweisung) oder des Rechts des berufenen Drittstaates (Weiterverweisung) einhält.

Die gemäß Art 26 Abs 1 Nr 5 gewonnenen beiden zusätzlichen Anknüpfungspunkte **28**
erleichtern die praktische Arbeit insofern, als Form- und Sachfragen damit stets nach
ein und demselben Recht beurteilt werden können.

II. Verfügungen von Todes wegen (Abs 4)

1. Begriff der Verfügung von Todes wegen

Art 26 Abs 4 regelt die Anknüpfung der Formgültigkeit „anderer" als der in Abs 1 **29**
bis 3 angesprochenen letztwilligen Verfügungen. Unter einer **„Verfügung von Todes
wegen"** iS dieser Bestimmung sind – in Übereinstimmung mit der (allerdings ebenfalls nicht einheitlichen) Terminologie des deutschen materiellen Rechts – alle
Rechtsgeschäfte zu verstehen, in denen jemand Anordnungen über sein Vermögen
für den Fall seines Todes trifft (vgl etwa BROX, Erbrecht[18] [2000] Rn 91). Der Begriff
umgreift also über die von Abs 1 bis 3 erfaßten einseitigen und gemeinschaftlichen
Testamente hinaus auch Erbverträge und Schenkungen von Todes wegen (ERMAN/
HOHLOCH Art 25 Rn 19; vgl Art 25 Rn 359). *Erbverzichte* sind dagegen *nicht* als Verfügungen von Todes wegen iS des Abs 4 anzusehen (widersprüchlich MünchKomm/BIRK Art 26
Rn 7 u 146). Sie führen zwar – ebenso wie Erbverträge – bereits zu Lebzeiten des
Erblassers zu einer bindenden Regelung der Erbfolge, enthalten jedoch keine Dispositionen des Erblassers über die Verteilung seines Vermögens im Todesfall.

2. Allgemeine Grundsätze der Anknüpfung

Nach Art 26 Abs 4 sollen auf die Frage der Formgültigkeit „anderer Verfügungen **30**
von Todes wegen" die **Absätze 1 bis 3 entsprechende Anwendung** finden. Da die Abs 1
bis 3 mit Ausnahme von Abs 1 S 1 Nr 5 bei der kollisionsrechtlichen Behandlung
letztwilliger Verfügungen hinter das TestÜbk zurücktreten (Rn 16), liegt die praktische Bedeutung dieser Vorschriften demnach allein darin, zusammen mit Abs 4
Anknüpfungsregeln insbesondere für Erbverträge und Schenkungen von Todes
wegen bereitzustellen; außerdem findet die Vorschrift Anwendung auf solche gemeinschaftlichen Testamente, die nicht – wie in den Art 4 TestÜbk und Art 26 Abs 1
vorausgesetzt – in ein und derselben Urkunde enthalten sind (vgl Art 25 Rn 296). Durch
die Bestimmungen des *Haager TestÜbk* wird Art 26 Abs 4 *nicht verdrängt*, da sich
dieses allein mit der Form letztwilliger Verfügungen – einfacher und (in *einer* Urkunde enthaltener) gemeinschaftlicher Testamente – befaßt und andere erbrechtliche
Rechtsgeschäfte nicht betrifft (vgl Vorbem 76 zu Art 25 f). Von den erbrechtlich relevanten bilateralen Abkommen der Bundesrepublik (Vorbem 147 ff, 158 ff, 191 ff zu
Art 25 f) kennt lediglich das *deutsch-türkische Nachlaßabkommen* v 28. 5. 1929 (Vorbem 182 ff zu Art 25 f) in seinem § 16 eine besondere Vorschrift zur Anknüpfung der
Form von Verfügungen von Todes wegen im allgemeinen. Diese Bestimmung hat
auch nach dem Inkrafttreten des TestÜbk in der Türkei am 22. 10. 1983 (BGBl 1983 II
720) in deutsch-türkischen Erbfällen ihre Bedeutung insoweit nicht verloren, als sie
die Formgültigkeit von Erbverträgen türkischer Erblasser betrifft (vgl Vorbem 183 zu
Art 25). Insoweit geht sie gemäß Art 3 Abs 2 S 1 dem Art 26 Abs 4 weiterhin in der

Anwendung vor. Von diesem Ausnahmefall abgesehen richtet sich die Anknüpfung der Formgültigkeit von Erbverträgen ausschließlich nach Art 26 Abs 4.

31 Da der Gesetzgeber einerseits in den Abs 1 bis 3 die Anknüpfungsregeln des Test-Übk sachlich unverändert in das BGB inkorporieren wollte (vgl Rn 13), Abs 4 andererseits ebendiese ersten drei Absätze für entsprechend anwendbar erklärt, gewinnt die Auslegung des TestÜbk Bedeutung auch für die Anknüpfung der Formgültigkeit insbes von Erbverträgen. Sowohl der sachliche Anwendungsbereich der Abs 4 iVm Abs 1 bis 3 („Formerfordernisse", vgl Rn 34 ff) als auch die in Abs 1 verwandten Anknüpfungspunkte (vgl Rn 40 ff) müssen daher in Anlehnung an die jeweiligen Parallelbestimmungen des TestÜbk (vgl Rn 12 ff) definiert werden.

32 Die Kollisionsnormen des Abs 4 iVm Abs 1 stellen **Sachnormverweisungen** dar (differenzierend SOERGEL/SCHURIG Art 26 Rn 14). Dies folgt nicht nur aus der gebotenen Auslegungsparallelität zum TestÜbk, sondern auch aus dem Umstand, daß sich Art 26 Abs 1 auf „Formerfordernisse" und damit iS von Art 3 Abs 1 S 2 unmittelbar auf den Inhalt von Sachnormen bezieht (näher Art 25 Rn 619). Bei der Ermittlung des in Art 1 S 1 Nr 5 berufenen Erb- bzw Errichtungsstatuts ist allerdings zu beachten, daß eine vom Heimatrecht des Erblassers für die Rechtsnachfolge von Todes wegen ausgesprochene Rück- oder Weiterverweisung Berücksichtigung findet (vgl Rn 27); Abs 1 S 1 Nr 5 bezieht sich also auf diejenige Rechtsordnung, welche im konkreten Fall *nach Prüfung eines Renvoi* als Erb- bzw Errichtungsstatut tatsächlich maßgebend ist.

33 Bei **Nachlaßspaltung** ist zwar jede Teilmasse als gesonderter Nachlaß anzusehen (Art 25 Rn 730 ff), so daß die Gültigkeit eines Erbvertrages bzw einer Schenkung von Todes wegen grundsätzlich auch hinsichtlich einer jeden Teilmasse gesondert geprüft werden muß. Für die Frage der Formgültigkeit hat eine solche Spaltung jedoch nur begrenzte Bedeutung, da die erblasserbezogenen Anknüpfungen des Art 26 Abs 1 S 1 (Errichtungsort, Staatsangehörigkeit, Wohnsitz, Aufenthalt) im Hinblick auf die Formgültigkeit des Erbvertrages insgesamt stets zu denselben Ergebnissen führen (näher Vorbem 44 zu Art 25 f). Eine auf einen Nachlaßteil beschränkte Formnichtigkeit kann sich jedoch aufgrund einer Anknüpfung an den Ort der Belegenheit des unbeweglichen Vermögens ergeben (Abs 1 S 1 Nr 4, näher Vorbem 64 zu Art 25 f) ergeben, ferner bei Anwendung des Abs 1 S 1 Nr 5, wenn der Erb- oder Schenkungsvertrag *nur* nach Maßgabe des für *eine* Nachlaßmasse berufenen Erb- oder Errichtungsstatuts formgültig abgeschlossen wurde (vgl ERMAN/HOH-LOCH Art 26 Rn 13).

3. **„Formerfordernisse" beim Abschluß und der Aufhebung von Verfügungen von Todes wegen**

34 Nach Abs 4 iVm Abs 1 sind Verfügungen von Todes wegen dann formgültig, wenn die Parteien bei der Vornahme, dh beim Abschluß eines Erbvertrages oder einer Schenkung von Todes wegen, die Erfordernisse einer der nach Maßgabe von Abs 1 S 1 bestimmten Rechtsordnungen einhalten. Der Begriff des **„Formerfordernisses"** umfaßt alle Vorschriften, auf die auch Art 1 Abs 1 TestÜbk mit dem Begriff der „Formgültigkeit" Bezug nimmt (vgl Vorbem 84 ff zu Art 25 f, wo eine Qualifikation des Formbegriffs lege fori befürwortet wird; **aA** – lex causae – zB PALANDT/HELDRICH Art 26 Rn 6).

Zu den *„Formerfordernissen"* iS von Abs 1 S 1 gehören danach alle Bestimmungen, **35**
die sich mit der äußeren Gestaltung insbes eines Erbvertrages befassen und primär
im Interesse der Beweisbarkeit, Authentizität und unverfälschten Niederlegung des
Erblasserwillens gewährleisten wollen, daß jeder Testator diese für den Abschluß
vorgeschriebenen Äußerlichkeiten wahrt (vgl Vorbem 85 zu Art 25 f). Gemeint sind also
zB Vorschriften, die für den Abschluß von Erbverträgen die Einschaltung eines
Notars vorsehen (vgl im deutschen Recht die §§ 2276 Abs 1 iVm 2231 Nr 1,
2232 f), aber auch solche, die den Abschluß für einen bestimmten Personenkreis –
etwa Eheleute – im Hinblick auf die äußere Gestaltung erleichtern (vgl im deutschen
Recht § 2276 Abs 2). *Nicht* zu den „Formerfordernissen" gehören dagegen Bestimmungen, die etwa einen *persönlichen Abschluß* des Erbvertrages vorschreiben (vgl im
deutschen Recht § 2274 BGB).

Das Formstatut bestimmt auch, welche **Rechtsfolgen** ein **Formverstoß** nach sich zieht **36**
(vgl Vorbem 86 zu Art 25 f), insbesondere, ob die formungültige Verfügung endgültig
nichtig oder aber nur anfechtbar ist, geheilt oder möglicherweise in ein einfaches
oder gemeinschaftliches Testament umgedeutet werden kann.

Die in Art 26 Abs 4 ausgesprochene Verweisung auf *Abs 3 S 1*, wonach auch solche **37**
Vorschriften als zur Form gehörend angesehen werden, welche die für eine Verfügung von Todes wegen zugelassenen Formen mit Beziehung auf bestimmte **persönliche Eigenschaften** des Erblassers (Alter, Staatsangehörigkeit, Rasse, Geschlecht, vgl
Vorbem 87 ff zu Art 25) verbieten oder beschränken, dürfte beim Abschluß von Erbverträgen kaum von praktischer Bedeutung sein. Zu den persönlichen Eigenschaften
iS dieser Bestimmung ist *nicht* die Testierfähigkeit des Erblassers zu rechnen; auch
Vorschriften, welche die Zulässigkeit von Erbverträgen auf einen bestimmten Personenkreis (Eheleute, Verwandte) beschränken, werden von Abs 4 iVm mit Abs 3 S 1
nicht erfaßt (vgl Art 25 Rn 329, 336).

Dem Formstatut unterliegen dagegen gemäß Abs 4 iVm *Abs 3 S 2* solche Bestim- **38**
mungen, die von etwa **mitwirkenden Zeugen** bestimmte Eigenschaften verlangen
(näher Vorbem 91 zu Art 25 f).

Die in Abs 4 enthaltene Verweisung auf *Abs 2*, der auch die **Formgültigkeit des Wider- 39
rufs** einer Verfügung von Todes wegen den von Abs 1 berufenen Rechtsordnungen
unterstellt, geht im vorliegenden Zusammenhang auf den ersten Blick ins Leere, weil
Erbverträge und Schenkungen von Todes wegen in Anbetracht ihres vertraglichen
Charakters nicht ohne weiteres einseitig widerrufen werden können. Dem Abs 2 ist
jedoch der Gedanke zu entnehmen, daß nach Errichtung einer Verfügung von Todes
wegen der zur Beseitigung erforderliche **actus contrarius** ebenfalls an der erleichterten
Formanknüpfung teilhaben soll. Es ist mithin davon auszugehen, daß aufgrund der
Abs 4 u 2 die von Abs 1 berufenen Rechtsordnungen alternativ auch für die Formgültigkeit von *Aufhebungsverträgen* oder ggf gemeinschaftlichen *Aufhebungstestamenten*
maßgebend sein sollen (vgl auch ERMAN/HOHLOCH Art 26 Rn 20). Derartige Rechtsgeschäfte sind analog *Abs 2 S 2* auch dann wirksam, wenn sie einer der Rechtsordnungen
entsprechen, nach denen der aufgehobene Vertrag analog Abs 1 formgültig war. Wird
ein Erbvertrag dagegen durch andere, einseitig vorgenommene Rechtsakte wie zB
Rücktritt oder Anfechtung aufgehoben, so unterliegt die Formwirksamkeit dieser
Akte nicht Art 26 Abs 4 u 2, sondern Art 11 (vgl auch PALANDT/HELDRICH Art 26 Rn 5).

4. Bestimmung der Formstatute

40 Erbverträge und Schenkungen von Todes wegen sind formgültig, wenn sie den Formerfordernissen eines der **in Abs 1 S 1 bezeichneten Rechte** entsprechen. Bei *einseitigen Erbverträgen* (Art 25 Rn 326) und Schenkungen von Todes wegen kommt es auf
die Staatsangehörigkeit, den Wohnsitz, Aufenthalt des Vertragserblassers oder
Schenkers bzw auf den Ort an, an welchem diese Personen ihre Willenserklärungen
abgegeben haben. Staatsangehörigkeit, Wohnsitz usw des Vertragsgegners bleiben
dagegen außer Betracht. Bei *zweiseitigen Erbverträgen* (Art 25 Rn 326) ist die Formgültigkeit des Vertrages für jeden Vertragserblasser nach Maßgabe der in Abs 1 S 1
bezeichneten Rechte gesondert zu prüfen (vgl auch Vorbem 78 zu Art 25 f [gemeinschaft-
liches Testament]; aA ERMAN/HOHLOCH Art 26 Rn 19). Sie muß nicht für jeden Testator mit
Hilfe desselben Anknüpfungspunktes festgelegt werden, kann sich also zB für den
einen Vertragserblasser aus seinem Heimat-, für den anderen aus seinem Wohnsitzrecht ergeben. Hat der eine Vertragserblasser danach einen formgültigen, der andere
jedoch einen formunwirksamen Erbvertrag geschlossen, entscheidet das für den Erstgenannten maßgebende Errichtungsstatut (Art 26 Abs 5 S 1) darüber, ob die Formunwirksamkeit der Gegenverfügung aufgrund der inhaltlichen Verknüpfung beider
Willenserklärungen zur Nichtigkeit des gesamten Vertrages und damit auch der
ursprünglich formgerecht errichteten Verfügung führt. Das wird in aller Regel der
Fall sein.

a) Staatsangehörigkeit (Abs 4 u 1 S 1 Nr 1)
41 Ein Erb- oder Schenkungsvertrag von Todes wegen ist zunächst formgültig, wenn er
dem **Heimatrecht** des bzw eines Vertragserblassers oder Schenkers zum Zeitpunkt
des Todes oder zum Zeitpunkt des Vertragsschlusses entspricht (Abs 1 S 1 Nr 1). Die
Staatsangehörigkeit ist „ungeachtet des Artikels 5 Abs 1" zu bestimmen, so daß
Mehrstaater die Möglichkeit haben, eine solche Verfügung von Todes wegen nach
jedem ihrer Heimatrechte zu errichten. Es werden also weder rein ausländische
Mehrstaater auf ihr „effektives" Heimatrecht (Art 5 Abs 1 S 1) noch deutsch-ausländische Mehrstaater auf das deutsche Recht (Art 5 Abs 1 S 2) beschränkt. Ob ein
Vertragserblasser oder Schenker die Staatsangehörigkeit eines bestimmten Staates
besitzt, ergibt sich aus den einschlägigen staatsangehörigkeitsrechtlichen Vorschriften dieses Staates. Gehört der Erblasser einem Staat mit mehreren **Teilrechtsordnungen** an, wird die erforderliche Unteranknüpfung nach *Art 4 Abs 3* (und nicht gemäß
Art 1 Abs 2 TestÜbk) vorgenommen (dazu Art 25 Rn 653 ff).

42 Der Erb- oder Schenkungsvertrag muß den Formvorschriften entweder des Heimatrechts des Erblassers zum Zeitpunkt der Errichtung oder zum Zeitpunkt seines Todes
entsprechen. Ein zum Zeitpunkt des Vertragsschlusses formgültiger Vertrag bleibt
daher trotz eines **Staatsangehörigkeitswechsels** wirksam, auch wenn er nach dem
später tatsächlich berufenen Erbstatut formunwirksam wäre. Umgekehrt wird der
zunächst unwirksam geschlossene Vertrag wirksam, wenn er in Übereinstimmung mit
den Vorschriften eines später erworbenen und bis zum Todeszeitpunkt beibehaltenen
Heimatrechts geschlossen worden ist.

b) Abschlußort (Abs 4 u 1 S 1 Nr 2)
43 Ein Erb- oder Schenkungsvertrag ist formwirksam, wenn er die Formvorschriften des
Abschlußortes einhält (Abs 1 S 1 Nr 2). Bei nicht gleichzeitiger Anwesenheit der

Vertragspartner (vgl zum deutschen Recht aber § 2276 Abs 1 S 1 BGB) ist dies der Ort, an welchem die den Vertragsschluß perfekt machende Annahmeerklärung abgegeben und ggf beurkundet wird (anders vBar II Rn 396; iE auch Soergel/Schurig Art 26 Rn 16: *beide* Ortsrechte zu befragen). Innerhalb eines Gesamtstaates mit mehreren Teilrechtsordnungen gelangt diejenige zur Anwendung, in welcher sich der Abschlußort befindet.

c) Wohnsitz oder gewöhnlicher Aufenthalt (Abs 4 u 1 S 1 Nr 3)
Weiterhin ist ein Erbvertrag formgültig, wenn die Formerfordernisse derjenigen **44** Rechtsordnung beachtet werden, innerhalb welcher der bzw ein Vertragserblasser oder Schenker zum Zeitpunkt des Vertragsschlusses oder aber zum Zeitpunkt seines Todes seinen **Wohnsitz** oder **gewöhnlichen Aufenthalt** hatte (Abs 1 S 1 Nr 3). Ob ein Erblasser an einem bestimmten Ort wohnhaft ist, entscheidet das an diesem Ort geltende Recht (Art 26 Abs 1 S 2); nach deutschem Recht sind also die §§ 7 bis 9 und 11 BGB einschlägig. Der „gewöhnliche Aufenthalt" einer Person liegt dort, wo sich ihr „Daseinsmittelpunkt" befindet. Dies ist der Ort, an dem sie sich – regelmäßig für einen längeren Zeitraum – faktisch aufhält und an dem der Schwerpunkt ihrer familiären, sozialen und beruflichen Beziehungen liegt. Ein rechtsgeschäftlicher Wille zur Begründung eines gewöhnlichen Aufenthalts ist nicht erforderlich (vgl nur BGH NJW 1975, 1068; dazu zB MünchKomm/Sonnenberger Einl Rn 663 ff; ferner Vorbem 56 zu Art 25 f). Innerhalb eines Gesamtstaates mit mehreren Teilrechtsordnungen gelangt diejenige zur Anwendung, in welcher sich der Wohnsitz oder gewöhnliche Aufenthaltsort des Erblassers zu dem jeweils maßgebenden Zeitpunkt befindet.

Berufen ist sowohl das Recht des Wohnsitzes bzw gewöhnlichen Aufenthalts zum **45** Zeitpunkt des Vertragsschlusses als auch zum Zeitpunkt des Todes des Erblassers. Die Formwirksamkeit eines Vertrages wird also durch einen Wohnsitz- oder Aufenthaltswechsel nicht beeinträchtigt; ein zunächst formunwirksamer Vertrag kann aufgrund eines Wohnsitz- oder Aufenthaltswechsels Formwirksamkeit erlangen.

d) Lageort des unbeweglichen Vermögens (Abs 4 u 1 S 1 Nr 4)
Bezieht sich der Erbvertrag auf **unbewegliches Vermögen**, so ist er auch dann form- **46** gültig, wenn er den Formvorschriften des **Lageorts** entspricht. Welche Nachlaßgegenstände zum „unbeweglichen Vermögen" iS der Bestimmungen gehören und wo der betreffende Vermögenswert belegen ist, entscheidet jede in Frage kommenden lex rei sitae selbständig (vgl Vorbem 59 f zu Art 25 f). Zum Begriff des unweglichen Vermögens iS des deutschen Rechts vgl näher Art 25 Rn 482 ff; zur Bestimmung des Lageorts iS des deutschen Rechts s Vorbem 60 zu Art 25 u Art 25 Rn 487.

Hat ein Vertragserblasser gleichzeitig auch über bewegliches Vermögen verfügt, so **47** ist die Formgültigkeit insoweit nicht nach dem von Abs 1 S 1 Nr 4, sondern nur nach den von Abs 1 S 1 Nr 1 bis 3 und 5 berufenen Rechtsordnungen zu prüfen. Entspricht der Vertrag allein der von der lex rei sitae vorgeschriebenen Form, so äußert er Rechtswirkungen nur hinsichtlich des unbeweglichen, im Geltungsbereich der lex rei sitae belegenen Nachlasses. Im übrigen ist er formunwirksam; nach Maßgabe des Errichtungsstatuts (vgl Vorbem 62 zu Art 25 f) kann dies zur Unwirksamkeit des Gesamtvertrages führen.

Heinrich Dörner

e) Errichtungs- und Erbstatut (Abs 4 u 1 S 1 Nr 5)

48 Ein Erb- bzw Schenkungsvertrag ist formgültig geschlossen, wenn er den einschlägigen Bestimmungen des Rechts entspricht, das auf die Beerbung eines Vertragserblassers oder des Schenkers Anwendung findet bzw zum Zeitpunkt des Vertragsschlusses Anwendung finden würde (Abs 1 S 1 Nr 5). Danach kann – über Abs 1 S 1 Nr 3 hinaus – das Recht des **schlichten Aufenthalts** berufen sein, wenn ein staatenloser Erblasser keinen gewöhnlichen Aufenthalt innerhalb einer Rechtsordnung besitzt und das **Errichtungs-** bzw **Erbstatut** daher mit Hilfe des Art 5 Abs 2, 2. HS bestimmt wird. Soweit das aus deutscher Sicht als Erb- bzw Errichtungsstatut berufene Heimatrecht für die Anknüpfung der Rechtsnachfolge von Todes wegen eine Rück- oder Weiterverweisung ausspricht, ist ein solcher Renvoi auch im Rahmen des Abs 1 S 1 Nr 5 zu beachten. Die Formgültigkeit unterliegt dann den Bestimmungen des deutschen Rechts (Rückverweisung) bzw des Rechts des berufenen Drittstaates (Weiterverweisung).

III. Erbrechtliche Rechtswahl nach Art 25 Abs 2

1. Bestimmung des Formstatuts

49 Gemäß **Art 25 Abs 2** kann die **Wahl deutschen Rechts** für inländisches unbewegliches Vermögen (vgl Art 25 Rn 461 ff) „in der Form einer Verfügung von Todes wegen" vorgenommen werden. Nach hM liegt darin eine Verweisung auf Art 26. Danach soll eine Rechtswahl dann als formgültig anzusehen sein, wenn sie eine der Formen beachtet, welche die von Art 26 Abs 1 berufenen Rechtsordnungen für Verfügungen von Todes wegen vorsehen (MünchKomm/Birk Art 25 Rn 35; Palandt/Heldrich Art 25 Rn 8; Erman/Hohloch Art 25 Rn 17; Kropholler § 51 II 2 a; vBar II Rn 368; Krzywon BWNotZ 1987, 5; Tiedemann Rabelsz 1991, 31; vgl auch den Bericht des Rechtsausschusses, BT-Drucks 10/5632 S 44).

50 Dem ist **nur im Ergebnis**, **nicht aber** in der **Begründung** zuzustimmen (vgl bereits Dörner DNotZ 1988, 87). Art 25 Abs 2 enthält zunächst nur eine *Sachnorm* des deutschen Rechts, welche besagt, daß Rechtswahlerklärungen in der Form einer Verfügung von Todes wegen abgegeben werden müssen. Eine geschriebene Kollisionsnorm über die Anknüpfung von Rechtswahlerklärungen enthält das EGBGB dagegen nicht. Auch Art 26 ist nicht unmittelbar anwendbar, da sich diese Bestimmung auf letztwillige Verfügungen (Abs 1) bzw andere Verfügungen von Todes wegen (Abs 4) bezieht und eine Rechtswahlerklärung gerade keine Verfügung von Todes wegen (zum Begriff Rn 11) darstellt. Allerdings kann Art 26 Abs 1 *analoge Anwendung* finden. Die Vorschrift ist dann so zu lesen, daß „eine Rechtswahl... hinsichtlich ihrer Form gültig" ist, wenn sie den Formvorschriften entspricht, die eines der in Art 26 Abs 1 genannten Rechte für das Rechtsgeschäft der *Rechtswahl* vorsieht. In Anbetracht der Tatsache, daß eine Vielzahl von Staaten das Institut der erbrechtlichen Rechtswahl nicht kennt, die Ausübung von Parteiautonomie im Erbrecht als unzulässig ansieht und dementsprechend auch dafür keine Formvorschriften bereithält, dürfte diese Verweisung aber häufig ins Leere gehen. Damit besteht die Gefahr, daß sich etwa in Verfügungen von Todes wegen enthaltene Rechtswahlerklärungen als unwirksam erweisen, sofern diese Verfügungen nur ausländische Formvoraussetzungen und nicht die des deutschen Belegenheitsrechts (Art 26 Abs 1 Nr 4 analog) erfüllen. Daher muß die in Art 25 Abs 2 enthaltene und analog Art 26 Abs 1 Nr 4 neben anderen stets zur Anwendung gelangende Sachnorm des deutschen Rechts weit ausgelegt werden. Mit „Form einer Verfügung von Todes wegen" iS des Art 25 Abs 2 sind danach nicht nur die Formen des deutschen Rechts gemeint. Vielmehr muß als ausreichend die Einhaltung einer jeden Form angesehen werden, die eines der im konkreten Fall analog Art 26 Abs 1, 4 zur Anwendung berufenen Rechte für *Verfügungen von Todes wegen* bereithält. Dabei müssen dann allerdings – ebenso wie bei der Anknüpfung auf kollisionsrechtlicher Ebene – auch diejenigen Bestimmungen beachtet werden, welche die für letztwillige Verfügungen zugelassenen Formen jeweils mit Beziehung auf Alter und andere persönliche Eigenschaften beschränken (vgl Art 26 Abs 3).

Erforderlich ist nur die Einhaltung der Form *irgendeines* Verfügungstyps. Die Form **51** der Rechtswahl muß nicht der Form derjenigen Verfügung von Todes wegen entsprechen, auf welche sie sich bezieht (Dörner DNotZ 1988, 88; MünchKomm/Birk Art 25 Rn 35; Tiedemann RabelsZ 1991, 32). Der Erblasser kann also zB eine Rechtswahl in einem handschriftlichen Testament vornehmen, auch wenn dadurch eine anderweitig – zuvor oder später – notariell errichtete Verfügung von Todes wegen dem deutschen Recht unterstellt wird.

Da der dem deutschen Recht unterliegende Nachlaßteil nach den Grundsätzen der **52** Nachlaßspaltung (Art 25 Rn 723 ff) als selbständiger Nachlaß anzusehen ist, kann sich der Erblasser insoweit auch solcher Formen des deutschen Belegenheitsrechts (vgl Art 26 Abs 1 S 1 Nr 4) bedienen, die das objektiv ermittelte Erbstatut und die übrigen analog Art 26 Abs 1 S 1 Nr 1 bis 3 und 5 berufenen Rechte nicht kennen oder nicht anerkennen. Der Erblasser kann eine Rechtswahl auch in Gestalt eines gemeinschaftlichen Testaments oder Erbvertrages vornehmen, auch wenn sein Heimatrecht eine solche Verfügung aus Formgründen (vgl Art 25 Rn 306 ff, 339) nicht zuläßt (Tiedemann RabelsZ 1991, 32).

2. Formgültigkeit nach deutschem Recht

Nach Maßgabe des deutschen Rechts ist eine Rechtswahl dann formgültig, wenn sie **53** in der Form eines eigenhändigen Testaments (§ 2247 BGB), Nottestaments (§§ 2249, 2250 BGB) oder eines öffentlichen Testaments oder Erbvertrages zur Niederschrift eines Notars (§ 2232, 2276 BGB) erklärt worden ist.

Bei der Beurkundung einer Rechtswahl ist der deutsche Notar gemäß § 17 Abs 3 **54** BeurkG nicht verpflichtet, zuvor das bei objektiver Anknüpfung zur Anwendung gelangende Kollisions- und Sachrecht zu ermitteln und darüber zu belehren (vgl Lichtenberger DNotZ 1986, 675 f; Krzywon BWNotZ 1987, 5; ausführlich Pünder MittRhNotK 1989, 7 f; zur Belehrungspflicht des Notars bei Sachverhalten mit Auslandsberührung umfassend Sturm, in: FS Ferid [1978] 417 ff). Er muß aber darauf hinweisen, daß durch die Rechtswahl eine Nachlaßspaltung (vgl Art 25 Rn 723 ff) eintreten kann und das bei objektiver Anknüpfung maßgebende Erbstatut die Rechtswahl möglicherweise nicht anerkennt (Krzywon BWNotZ 1987, 5; MünchKomm/Birk Art 25 Rn 72). Zur Prüfung der Frage, ob deutsches Recht bereits aufgrund einer Rückverweisung durch das Heimatrecht des Erblassers Anwendung findet, ist der Notar nicht verpflichtet (Krzywon BWNotZ 1987, 5; MünchKomm/Birk Art 25 Rn 72).

Heinrich Dörner

3. Form eines Widerrufs

55 Für die **Form des Widerrufs einer Rechtswahl** gelten die in Rn 49 ff angestellten Erwägungen entsprechend. Während die hM die Formgültigkeit eines Widerrufs unmittelbar den von Art 26 berufenen Rechten entnimmt (vgl etwa ERMAN/HOHLOCH Art 25 Rn 17), ist bei genauerer Betrachtung wiederum zu unterscheiden: Ein Widerruf ist analog Art 26 Abs 2 zunächst dann formgültig, wenn er den Formvoraussetzungen entspricht, die eine der von Art 26 Abs 1 berufenen Rechtsordnungen *für die Rechtswahl* bzw *deren Widerruf* aufstellen. Darüber hinaus ist analog Art 25 Abs 2 eine deutsche Sachnorm des Inhalts zu entwickeln, daß der Widerruf einer Rechtswahl in der Form einer Verfügung von Todes wegen erfolgen muß. Damit sind wiederum nicht nur die Formvorschriften des deutschen Rechts angesprochen; formgültig ist ein Widerruf vielmehr bereits dann, wenn er eine Form einhält, die eines der im konkreten Fall analog Art 26 Abs 1, 4 zur Anwendung berufenen Rechte für *Verfügungen von Todes wegen* vorschreibt.

56 Die Form des Widerrufs muß weder mit der Form der Rechtswahlerklärung noch mit der Form der Verfügung von Todes wegen identisch sein, auf welche sich Rechtswahlerklärung bzw Widerruf beziehen (MünchKomm/BIRK Art 25 Rn 59).

IV. Sonstige erbrechtliche Rechtsgeschäfte

57 Die Vielzahl der in Art 1 TestÜbk bzw Art 26 Abs 1 bis 4 für *Testamente* bzw *Verfügungen von Todes wegen* vorgesehenen Anknüpfungsmöglichkeiten soll gewährleisten, daß diese Rechtsgeschäfte möglichst nicht an einem Formmangel scheitern (vgl auch Vorbem 32 zu Art 25 f). Da ein solcher Mangel typischerweise erst nach dem Tode des Erblassers entdeckt wird, bestünde naturgemäß keine Möglichkeit mehr, den Willen des Erblassers durch eine Neuvornahme des Geschäfts nachträglich zu verwirklichen. Dieser Grundgedanke trifft dagegen auf andere erbrechtliche Rechtsgeschäfte nicht zu. Er gilt weder für die vom Erblasser selbst getätigten Geschäfte unter Lebenden auf den Todesfall noch für Rechtsgeschäfte, die nach dem Erbfall von den Erben vorgenommen werden. Daher ist die für Verfügungen von Todes wegen vorgesehene stark erleichterte Formanknüpfung hier nicht am Platze. Eine analoge Anwendung der Art 26 Abs 1 bis 4 kommt damit insoweit nicht in Betracht; die Formgültigkeit aller anderen erbrechtlichen Rechtsgeschäfte ist nach den allgemeinen Regeln des Art 11 Abs 1 bis 3 und ggf Abs 5 anzuknüpfen (vgl auch PALANDT/HELDRICH Art 26 Rn 5; ERMAN/HOHLOCH Art 26 Rn 19).

58 Nach Art 11 beurteilt sich daher die Formgültigkeit eines *vom Erblasser* vereinbarten **Erbverzichts** (Art 25 Rn 381), eines zusammen mit einem Erbvertrag geschlossenen **Ehegütervertrages** (Art 25 Rn 351), des **Widerrufs eines Testaments**, soweit er in anderer Weise als durch ein Widerrufstestament erfolgt (Art 25 Rn 247), einer vom Erblasser vorgenommenen **Anfechtung** *eines gemeinschaftlichen Testamentes* oder *Erbvertrages* (Art 25 Rn 318, 341), eines **Rücktritts** oder einer anderen einseitigen Aufhebung eines Erbvertrages durch den Erblasser (Art 25 Rn 345), schließlich einer bis zum 31. 3. 1998 möglichen, nach § 1934 d Abs 4 BGB zu treffenden **Vereinbarung über den vorzeitigen Erbausgleich** (Art 25 Rn 159).

59 Art 11 ist ferner maßgebend für die Formgültigkeit von Rechtsgeschäften, die *von* *den Erben* vorgenommen werden, so für die **Annahme- oder Ausschlagungserklärung** bzw die **Anfechtung** solcher Erklärungen (näher Art 25 Rn 112), für die **Anfechtung einer Verfügung von Todes** wegen nach dem Erbfall (Art 25 Rn 240), für den zwischen Miterben geschlossenen **Auseinandersetzungsvertrag** (Art 25 Rn 217) sowie für den **Erbschaftskauf** (Art 25 Rn 420).

C. Errichtungsstatut und unwandelbare Anknüpfung (Abs 5)

I. Bedeutung des Abs 5 S 1

1. Zweck der Vorschrift

Nach Art 26 Abs 5 S 1 unterliegen die **Gültigkeit der Errichtung** einer Verfügung von **60** Todes wegen (zum Begriff Rn 29) sowie die **Bindung** an sie dem Recht, das **im Zeitpunkt der Verfügung von Todes wegen** auf die Rechtsnachfolge von Todes wegen anzuwenden wäre. Mit der Festlegung des Anknüpfungszeitpunkts auf den Moment der Vornahme eines erbrechtlichen Rechtsgeschäfts hat der Gesetzgeber den berechtigten Interessen sowohl des Verfügenden als auch weiterer an der Vornahme beteiligter Personen Rechnung getragen: Da das für die Rechtsnachfolge von Todes wegen maßgebende Recht gemäß Art 25 Abs 1 grundsätzlich erst im Zeitpunkt des Todes des Erblassers endgültig fixiert wird, steht das Erbstatut vorher nur mit mehr oder minder großer Wahrscheinlichkeit fest. Dieses „schwebende Erbstatut" (vgl RAAPE, Internationales Privatrecht[5] [1961] 427, 39) ändert sich insbesondere (vgl Rn 81) durch jeden Staatsangehörigkeitswechsel des Erblassers; die Aussichten der präsumtiv Erbberechtigten auf eine bestimmte Nachlaßbeteiligung werden nicht geschützt (näher Art 25 Rn 460). Eine solche erst im Zeitpunkt des Todes erfolgende Fixierung des Erbstatuts führt aber möglicherweise zu mißlichen Konsequenzen, wenn der Erblasser eine *Verfügung von Todes wegen* errichtet hat. In diesem Fall könnte ein Staatsangehörigkeitswechsel nämlich zur Folge haben, daß sich eine – möglicherweise lange Zeit vor dem Tode und nach dem „schwebenden Erbstatut" wirksam errichtete – Verfügung von Todes wegen im Lichte des endgültig maßgebenden Erbstatuts ganz oder teilweise als unwirksam erweist. Der Verfügende hat zwar die Möglichkeit, nach dem Staatsangehörigkeitswechsel neu zu testieren, wird sich aber häufig der veränderten Rechtslage gar nicht bewußt sein. Außerdem bestünde die Gefahr, daß sich der Erblasser nach Errichtung einer ihn *bindenden* Verfügung von Todes wegen (gemeinschaftliches Testament, Erbvertrag) durch den Erwerb einer anderen Staatsangehörigkeit (bewußt oder gern in Kauf nehmend) dieser Bindung entzieht, wenn das zum Zeitpunkt des Todes maßgebende Statut entsprechende Verfügungen von Todes wegen nicht zuläßt. Der auf die Bindungswirkung vertrauende Vertragspartner bzw Partner eines gemeinschaftlichen Testaments wäre gegen diese Folgen eines Staatsangehörigkeitswechsels nicht geschützt.

Durch die in Art 26 Abs 5 S 1 vorgenommene Vorverlegung des Anknüpfungszeit- **61** punkts wird für Rechtsfragen, die sich auf die Gültigkeit der Errichtung (Rn 67 ff) sowie die Bindungswirkung (Rn 77 ff) beziehen, das zum Zeitpunkt der Errichtung maßgebende „hypothetische Erbstatut" berufen (**„Errichtungsstatut"**, „Vornahmestatut"). Der Erblasser wird dadurch in die Lage versetzt, sich bei seiner Nachlaßplanung an den Bestimmungen des zu diesem Zeitpunkt maßgebenden Erbrechts zu orientieren und damit zu diesem Zeitpunkt wirksam ein Rechtsgeschäft vorzuneh-men, auf das spätere Veränderungen der Anknüpfungstatsachen keinen Einfluß haben können (vgl BT-Drucks 10/504, 76; vBᴀʀ II Rn 379). Andererseits kann der Partner eines Erbvertrages bzw eines gemeinschaftlichen Testaments sichergehen, daß insbes ein Staatsangehörigkeitswechsel des Erblassers die nach dem hypothetischen Erb-statut einmal eingetretene Bindung nicht wieder zu beseitigen vermag (vgl auch Eʀᴍᴀɴ/Hᴏʜʟᴏᴄʜ Art 26 Rn 25).

2. Verhältnis des Art 26 Abs 5 S 1 zu den übrigen erbrechtlichen Kollisionsnormen

62 Über das Verhältnis des Art 26 Abs 5 S 1 zu den übrigen erbrechtlichen Kollisions-normen bestehen im Schrifttum nicht immer klare Vorstellungen. So wird gelehrt, daß die Gültigkeit der Errichtung und die Bindung an eine Verfügung von Todes wegen „grundsätzlich" nach dem (im Zeitpunkt des Todes fixierten) „tatsächlichen Erbstatut" zu beurteilen seien und gemäß Abs 5 S 1 nur „im Falle eines Statuten-wechsels" das hypothetische Erbstatut zur Anwendung gelange (Pᴀʟᴀɴᴅᴛ/Hᴇʟᴅʀɪᴄʜ Art 25 Rn 13 f; vgl auch MünchKomm/Bɪʀᴋ Art 26 Rn 11). Fehle es an einem „Statutenwech-sel" zwischen dem Errichtungs- und dem Todeszeitpunkt", so bedürfe es keiner Abgrenzung zwischen Art 26 Abs 5 S 1 und Art 25 Abs 1, man habe es dann in jedem Fall – unabhängig davon, ob es um eine Gültigkeits-, Bindungs- oder Wirkungsfrage gehe – mit einer „Angelegenheit des Erbstatuts (im weiteren Sinn) zu tun" (vBᴀʀ II Rn 379).

63 Dieses Verständnis von Art 26 Abs 5 S 1 entspricht nicht dem Gesetz; es beruht auf einer unscharfen Terminologie und kann in der Sache leicht zu Mißverständnissen Anlaß geben. Die Vorschrift bestimmt eindeutig und ohne Einschränkungen, daß bestimmte Rechtsfragen derjenigen Rechtsordnung unterliegen sollen, welche im Zeitpunkt der Verfügung auf die Rechtsnachfolge von Todes wegen anzuwenden gewesen wäre. Der Wortlaut der Bestimmung enthält also keinen Hinweis darauf, daß diese Anknüpfung nur dann Platz greifen soll, wenn sich zwischen der Errichtung einer Verfügung und dem Ableben des Testierenden eine Veränderung der Anknüp-fungstatsachen ergeben hat. Es wäre auch ungewöhnlich und im Hinblick auf die Struktur der Norm unnötig kompliziert, die Geltung einer Kollisionsnorm davon abhängig zu machen, daß sich *nach* dem in ihr fixierten Anknüpfungszeitpunkt solche Veränderungen ergeben haben, während es für den Fall, daß entsprechende Ände-rungen ausgeblieben sind, bei der Maßgeblichkeit einer *anderen* Kollisionsnorm – nämlich des Art 25 – verbleiben soll. Außerdem sollte man im vorliegenden Zusam-menhang nicht von einem „Statutenwechsel" sprechen, da Art 25 Abs 1 das Erb-statut erst im Zeitpunkt des Todes festlegt und dieses Statut somit zu einem früheren Zeitpunkt noch gar keinen „Wechsel" erfahren kann (vgl auch Art 25 Rn 458); durch Art 26 Abs 5 S 1 würde im übrigen ein „Statutenwechsel" gerade verhindert.

64 Bei unbefangener Betrachtung des Art 26 Abs 5 S 1 und in Übereinstimmung mit dem Wortlaut dieser Bestimmung ist daher davon auszugehen, daß Fragen der Gül-tigkeit und Bindung *stets* und ohne Rücksicht auf eine spätere Veränderung der Anknüpfungstatsachen dem hypothetischen Erbstatut zum Zeitpunkt der Errichtung unterliegen. Abs 5 S 1 läßt sich damit zwanglos als **lex specialis** zu den übrigen erbrechtlichen Kollisionsnormen (Art 25 Abs 1, Art 25 Abs 2, Art 3 Abs 3) begrei-

fen, die aus dem Systembereich der allgemeinen Normen („Rechtsnachfolge von Todes wegen") bestimmte Rechtsfragen herausgreift und – im Hinblick auf den maßgeblichen Anknüpfungszeitpunkt – gesondert anknüpft (vgl auch vBAR II Rn 373). Als Spezialvorschrift geht Art 26 Abs 5 S 1 stets – ohne Rücksicht auf Veränderungen der Anknüpfungstatsachen in der Zeit zwischen Errichtung und Todesfall – den Art 25 u 3 Abs 3 vor. Richtig ist allerdings, daß es in der praktischen Arbeit keiner näheren Abgrenzung zwischen Erb- und Errichtungsstatut bedarf, wenn die Anknüpfungspunkte der zugrundeliegenden Kollisionsnormen im konkreten Fall zu ein und derselben Rechtsordnung führen.

II. Anknüpfungsgegenstand des Abs 5 S 1: Gültigkeit der Errichtung einer Verfügung von Todes wegen und Bindungswirkung

1. Verfügungen von Todes wegen

Art 26 Abs 5 S 1 befaßt sich mit der Gültigkeit und Bindungswirkung der **Verfügun- 65 gen von Todes wegen**. Die Vorschrift bezieht sich damit in ihrem unmittelbaren Anwendungsbereich auf einfache und gemeinschaftliche Testamente sowie auf Erbverträge und Schenkungen von Todes wegen (vgl Rn 29).

Die Vorschrift findet darüber hinaus in einigen Fällen **analoge Anwendung** auf erb- 66 rechtliche Rechtsgeschäfte, bei deren Vornahme der Erblasser bzw die übrigen Beteiligten sinnvollerweise in der Lage sein sollten, die Gültigkeit der Vornahme abschließend zu beurteilen. Daher beurteilen sich nach dem hypothetischen Erbstatut zum Zeitpunkt der Vornahme des betreffenden Rechtsgeschäfts, die materielle Gültigkeit des **Widerrufs** einer Verfügung von Todes wegen (Art 25 Rn 246), eines **Erbverzichts** (auch Bindungswirkung, vgl Art 25 Rn 375, 384), eines **Testiervertrages** (Art 25 Rn 387) sowie die bis zum 31. 3. 1998 mögliche Durchführung eines vorzeitigen Erbausgleichs (Art 25 Rn 156).

2. Gültigkeit der Errichtung

Der Ratio des Abs 5 S 1 entsprechend (Rn 60) werden mit dem Begriff der „Gültig- 67 keit der Errichtung" einer Verfügung von Todes wegen alle Rechtsfragen beschrieben, die sich auf die **wirksame Vornahme des Rechtsgeschäfts** beziehen (vgl auch Münch-Komm/BIRK Art 26 Rn 28). Die Anknüpfung soll sicherstellen, daß der Erblasser bzw die etwa an einer Verfügung beteiligten weiteren Personen das vorgesehene Rechtsgeschäft wirksam vornehmen können, indem sie sich an den Wirksamkeitsvorausssetzungen des hypothetischen Erbstatuts orientieren. Da die Formgültigkeit der Testamente und sonstigen Verfügungen von Todes wegen eine besondere Anknüpfung im Haager TestÜbk (Vorbem 31 ff zu Art 25 f) und in Art 26 Abs 4 iV mit Abs 1 bis 3 (Rn 30 ff) erfährt, werden durch Abs 5 lediglich alle Fragen zu den *materiellen* Voraussetzungen einer wirksamen Vornahme erfaßt.

a) Zulässigkeit einer Verfügung von Todes wegen
Als Gültigkeitsproblem iS des Abs 5 S 1 ist zunächst die Frage nach der **Zulässigkeit** 68 der Verfügungen von Todes wegen anzusprechen (KEGEL/SCHURIG § 21 III 2 c; vBAR II Rn 381; PALANDT/HELDRICH Art 26 Rn 8; ERMAN/HOHLOCH Art 26 Rn 27; SOERGEL/SCHURIG Art 26 Rn 35). Eine nach dem Errichtungsstatut zulässige Verfügung von Todes wegen

muß auch dann bestandswirksam bleiben, wenn das später berufene Erbstatut zB Verfügungen dieser Art nicht zuläßt. Nach dem Errichtungsstatut beantwortet sich also, ob Verfügungen von Todes wegen *überhaupt statthaft* sind (MünchKomm/BIRK Art 26 Rn 17), ob ein bestimmter *Typ* einer Verfügung von Todes wegen – insbes ein gemeinschaftliches Testament oder ein Erbvertrag – gewählt werden kann (Typenzwang, vgl SCHEUERMANN, Statutenwechsel im internationalen Erbrecht [1969] 84; vBAR II Rn 381; MünchKomm/BIRK Art 26 Rn 17; PALANDT/HELDRICH Art 26 Rn 8; vgl im übrigen auch Art 25 Rn 233) und für welchen *Personenkreis* Verfügungen dieser Art zugelassen sind (zum gemeinschaftlichen Testament näher Art 25 Rn 301 ff; zum Erbvertrag Art 25 Rn 335 ff).

b) Testierfähigkeit

69 Da eine wirksame Verfügung von Todes wegen voraussetzt, daß der Testierende aufgrund seiner persönlichen Reife zur Vornahme eines solchen Rechtsgeschäfts in der Lage ist, unterliegt auch die Frage der **Testierfähigkeit** dem Errichtungsstatut (vBAR II Rn 380; MünchKomm/BIRK Art 26 Rn 14; ERMAN/HOHLOCH Art 26 Rn 27). Dies ergibt sich mittelbar auch aus *S 2* der Vorschrift, die ihrem Sinne nach auf den *S 1* Bezug nimmt (näher Rn 84).

70 Unter Testierfähigkeit im kollisionsrechtlichen Sinne ist dabei nicht nur die Fähigkeit zur Errichtung eines Testaments, sondern ebenfalls die Fähigkeit zu verstehen, als Erblasser eine andere Verfügung von Todes wegen vorzunehmen, insbes als Vertragserblasser einen Erbvertrag abzuschließen.

71 Nach dem Errichtungsstatut beantwortet sich also zB, ob und von welchem Alter an ein Minderjähriger eine Verfügung von Todes wegen errichten (bzw widerrufen) kann, ob er dazu eine Zustimmung seines gesetzlichen Vertreters benötigt und unter welchen Voraussetzungen (etwa: Erkrankung, Entmündigung) ein Volljähriger seine Testierfähigkeit verliert (vgl Art 25 Rn 228).

c) Gültigkeit des Errichtungsgeschäfts

72 Das Errichtungsstatut bestimmt, ob die **materiellen Wirksamkeitsvoraussetzungen** des **Errichtungsgeschäfts** vorliegen, beispielsweise, ob es durch den Verfügenden persönlich vorgenommen werden muß oder Stellvertretung zulässig ist (KEGEL/SCHURIG § 21 III 2 c; vBAR II Rn 381; ERMAN/HOHLOCH Art 26 Rn 27; SOERGEL/SCHURIG Art 26 Rn 34; näher Art 25 Rn 236 ff), ob Willensmängel des Verfügenden vorliegen und auf welche Weise und mit welchen Rechtsfolgen sie geltend gemacht werden (vBAR II Rn 381; KEGEL/SCHURIG § 21 III 2 c; ERMAN/HOHLOCH Art 26 Rn 27; SOERGEL/SCHURIG Art 26 Rn 34; aA PALANDT/HELDRICH Art 26 Rn 8; näher Art 25 Rn 239 ff). Es legt auch fest, welche Anforderungen beim Abschluß von Erbverträgen an einen gültigen Konsens zu stellen sind (vgl Art 25 Rn 341).

d) „Gültigkeit" und „Inhalt" der Verfügungen von Todes wegen

73 Nicht zur „Gültigkeit" iS des Art 26 Abs 5 S 1 gehören Rechtsfolgen, die sich auf den **Inhalt und die Wirkungen** (Ausnahme: Bindungswirkung, Rn 77 ff) der Verfügungen von Todes wegen beziehen. Insoweit ist das Erbstatut maßgebend, dh also die Rechtsordnung, welche zum Zeitpunkt der Errichtung die Rechtsnachfolge von Todes wegen beherrscht. Nach dem Erbstatut richtet sich also die **Auslegung** einer Verfügung von Todes wegen (Art 25 Rn 249 ff); es stellt auch die **Rechtsinstitute** bereit, im Rahmen derer der Wille des Erblassers sich zulässigerweise verwirklichen kann

(Art 25 Rn 265 ff). Das Erbstatut bestimmt schließlich, innerhalb welcher **Grenzen** (Art 25 Rn 282 ff; zT abweichend KEGEL/SCHURIG § 21 III 2 c) und mit welchen *Wirkungen* (Art 25 Rn 265 ff) es dem Erblasser gestattet sein soll, auf die Regelung der Rechtsverhältnisse nach seinem Ableben Einfluß zu nehmen.

Art 26 Abs 5 S 1 stellt damit nur sicher, *daß* der Erblasser eine Verfügung von Todes **74** wegen nach Maßgabe des Errichtungsstatuts *wirksam vornehmen* kann. Ist das geschehen, muß bei der Anwendung der erbstatutseigenen Vorschriften von der wirksamen Errichtung einer Verfügung ausgegangen werden. Daß das Erbstatut eine Verfügung dieser Art nicht gestatten oder das Rechtsgeschäft der Verfügung für unwirksam ansehen würde, bleibt folglich außer Betracht; insoweit wird dem Erbstatut nicht das Wort erteilt. Dies bedeutet jedoch nicht, daß die Verfügung von Todes wegen nach Maßgabe des Erbstatuts nunmehr *die gleichen Wirkungen* entfalten müßte, wie sie unter der fortgeltenden Herrschaft des Errichtungsstatuts eingetreten wären. Insoweit entscheidet das Erbstatut frei. Es ist daher nicht auszuschließen, daß eine Veränderung der Anknüpfungstatsachen, insbes der Erwerb einer anderen Staatsangehörigkeit durch den Erblasser, zu einer abweichenden rechtlichen Bewertung einer auch *inhaltlich* am Errichtungsstatut orientierten Verfügung von Todes wegen führt. So ist etwa denkbar, daß dem Willen des Erblassers angesichts veränderter Pflichtteils- oder Noterbrechte nicht vollständig Rechnung getragen werden kann oder daß seine Dispositionen eine andere Auslegung erfahren als von ihm angenommen (vgl auch KEGEL/ SCHURIG § 21 III 3; ERMAN/HOHLOCH Art 26 Rn 33). Möglich ist auch, daß die Verfügung oder einzelne Klauseln, die nach Maßgabe des Errichtungsstatuts wirksam gewesen wären, vom Erbstatut aus *inhaltlichen Gründen* – etwa wegen Gesetzes- oder Sittenverstoßes – als unwirksam angesehen werden. Der von Art 26 Abs 5 S 1 durch die Vorverlegung des Anknüpfungszeitpunkts gewährte **Vertrauensschutz** ist also insoweit nur **begrenzt**; insbes der Erwerb einer anderen Staatsangehörigkeit ist für den Erblasser daher nicht vollständig risikofrei. Das deutsche Kollisionsrecht nimmt dies in Kauf, um im Ergebnis eine reibungslose *Nachlaßabwicklung* unter der Herrschaft des Erbstatuts zu gewährleisten. Im übrigen steht es dem Testator zB nach einem Staatsangehörigkeitswechsel prinzipiell frei, seine letztwilligen Verfügungen der neuen Rechtslage anzupassen; die übrigen Beteiligten verdienen angesichts der prinzipiellen Abänderbarkeit letztwilliger Verfügungen keinen Schutz.

e) Rechtsfolgen der Ungültigkeit

Nach dem Errichtungsstatut bestimmt sich, ob eine nicht vollgültig errichtete Ver- **75** fügung wegen *endgültig* oder *schwebend unwirksam* ist, ferner auch, ob sie möglicherweise *geheilt* oder *umgedeutet* werden kann (vgl BayObLG IPRspr 1975 Nr 114; OLG Frankfurt aM IPRax 1986, 112; ERMAN/HOHLOCH Art 26 Rn 28; SOERGEL/SCHURIG Art 26 Rn 38).

Steht danach die Unwirksamkeit der Verfügung fest, befindet über die sich daraus für **76** die Rechtsnachfolge von Todes wegen ergebenden Konsequenzen das Erbstatut. Es entscheidet also, ob nunmehr gesetzliche Erbfolge eintritt oder eine frühere Verfügung zum Zuge kommt und wer danach Erbe geworden ist (vgl MünchKomm/BIRK Art 26 Rn 30; ERMAN/HOHLOCH Art 26 Rn 33).

3. Bindungswirkung

Die Frage, ob ein Testator an die einmal errichtete Verfügung von Todes wegen **77** gebunden bleibt oder sich durch ein erneutes Rechtsgeschäft bzw auf andere Weise von ihr wieder lösen kann, betrifft zwar nicht die Gültigkeit des Errichtungsaktes, sondern die *Wirkungen* einer Verfügung von Todes wegen. Im Gegensatz zu den anderen Rechtswirkungen, welche dem Erbstatut unterstehen (Rn 73), hat der Gesetzgeber den Aspekt der **Bindungswirkung in Art 26 Abs 5 S 1** ausdrücklich dem **Errichtungsstatut** zugewiesen (vgl LG Heidelberg IPRax 1992, 171; KEGEL/SCHURIG § 21 III 2 c; vBAR II Rn 399; MünchKomm/BIRK Art 26 Rn 103; ERMAN/HOHLOCH Art 26 Rn 28; näher Art 25 Rn 245). Die Vorverlegung des Anknüpfungszeitpunkt dient in diesem Zusammenhang nicht dem Schutz des Testators, sondern dem Schutz anderer Personen, die – wie der Partner bei der Errichtung eines gemeinschaftlichen Testaments oder der Vertragsgegner beim Abschluß eines Erbvertrages – im Vertrauen auf die Verfügung von Todes wegen ihrerseits Zuwendungen erbracht haben und sich daher auf die einmal eingetretene Bindung der Verfügung sollen verlassen dürfen. Dem Erblasser wird damit die Möglichkeit versperrt, zB durch einen Wechsel der Staatsangehörigkeit ein Erbstatut zur Anwendung zu bringen, das Verfügungen von Todes wegen mit bindender Wirkung nicht zuläßt, und sich auf diese Weise einer zuvor eingetretenen Bindung wieder zu entziehen.

78 Das Errichtungsstatut ist maßgebend für die Frage, ob und in welchem Ausmaß der Erblasser an seine Verfügung von Todes wegen gebunden bleibt, inwieweit sie seine Testierfreiheit oder seine Freiheit zur Verfügung unter Lebenden beschränkt, ob er sie durch einseitige Willenserklärung (Widerruf, Rücktritt) oder auf andere Weise wieder beseitigen kann (näher Art 25 Rn 245, auch 321 ff, 344 ff). Die materielle Wirksamkeit eines testamentarischen Widerrufs selbst unterliegt gemäß Art 26 Abs 5 S 1 dem hypothetischen Erbstatut *zum Zeitpunkt des Widerrufs*; auf einen Widerruf in anderer Weise findet diese Bestimmung analoge Anwendung (vgl Art 25 Rn 246).

79 Die in Art 26 Abs 5 vorgesehene Vorverlegung des Anknüpfungszeitpunkts bietet dem auf die Bindungswirkungen einer Verfügung vertrauenden Partner **keinen vollständigen Schutz** gegen die beeinträchtigenden Folgen eines Staatsangehörigkeitswechsels, weil die übrigen Wirkungen einer Verfügung im Interesse einer reibungslosen Nachlaßabwicklung dem Erbstatut zu entnehmen sind (vgl bereits Rn 74). So kann sich zwar der Erblasser den Bindungen eines gemeinschaftlichen Testaments oder Erbvertrages nur unter den Voraussetzungen wieder entziehen, die das Errichtungsstatut festlegt. Es ist aber nicht auszuschließen, daß das später maßgebliche Erbstatut zB die Grenzen der Testierfreiheit enger zieht und den Nachlaß zu Lasten des Vertragsgegners mit höheren Pflichtteils- oder Noterbrechten belastet. Derart unvorhergesehene Benachteiligungen des Vertragsgegners sind auf *materiellrechtlicher Ebene* – im Rahmen des Erbstatuts – abzufangen, zB durch Anpassung einer etwaigen Gegenverpflichtung oder eventuell durch entsprechende Anwendung der Vorschriften, die den Vertragspartner des Erblassers gegen beeinträchtigende Verfügungen unter Lebenden sichern. Soweit ein ausländisches Recht keine Hilfe bietet, kommt gegenüber einem fraudulösen „Abtauchen" in ein anderes Erbstatut auch eine Berufung auf den deutschen ordre public (Art 6) in Betracht; dabei ist allerdings zu berücksichtigen, daß auch das deutsche Erbrecht den Vertragserben nicht vor einer nach Vertragsschluß eintretenden Erhöhung von Pflichtteilen zB durch Eheschließung oder Adoption schützt (vgl STAUDINGER/KANZLEITER [1998] § 2289 Rn 22).

III. Anknüpfungspunkt des Abs 5 S 1 und Rechtswirkungen der unwandelbaren Anknüpfung

1. Allgemeine Grundsätze (Abs 5 S 1)

Gültigkeit und Bindungswirkung einer Verfügung von Todes wegen unterliegen nach **80** Abs 5 S 1 dem Recht, das im Zeitpunkt der Verfügung von Todes wegen auf die Rechtsnachfolge von Todes wegen anzuwenden wäre. Zur Anwendung gelangen damit die erbrechtlichen Kollisionsnormen der Art 25 Abs 1, 25 Abs 2 und 3 Abs 3 (Art 25 Rn 71 ff, 461 ff, 520 ff) mit der Maßgabe, daß nicht der Zeitpunkt des Todes, sondern derjenige der Vornahme des Rechtsgeschäfts für die Anknüpfung entscheidet. Gültigkeit und Bindungswirkung unterliegen also nach Art 25 Abs 1 dem **Heimatrecht des Erblassers zum Zeitpunkt der Vornahme** (sofern dieses Recht keinen gemäß Art 4 Abs 1 beachtlichen Renvoi ausspricht, vgl Art 25 Rn 615 ff), dem *deutschen Recht*, falls der Erblasser bei oder vor der Errichtung eine *Rechtswahl* iS des Art 25 Abs 2 getroffen hatte oder – unter den Voraussetzungen des Art 3 Abs 3 – dem zum Zeitpunkt der Vornahme berufenen *Belegenheitsrecht* (verkannt von KG FamRZ 1998, 125), und zwar auch hinsichtlich solcher Grundstücke, die der Erblasser erst nach Errichtung seiner Verfügung erworben hat.

Indem Art 26 Abs 5 S 1 den Anknüpfungszeitpunkt **unwandelbar** auf den Moment **81** der Vornahme des Rechtsgeschäfts festlegt, bleiben spätere Veränderungen der Anknüpfungstatsachen unberücksichtigt. Ein möglicher **Statutenwechsel**, dh ein Wechsel des in der Sache maßgebenden Rechts, wird dadurch **verhindert** (vgl KROPHOLLER § 27 I, 28 I). Auf die Festlegung des Errichtungsstatuts hat es daher keinen Einfluß, wenn der Erblasser nach Vornahme der Verfügung von Todes wegen eine andere Staatsangehörigkeit erwirbt. Gleiches gilt für eine Verlagerung des gewöhnlichen Aufenthalts, soweit das Erbstatut (wie zB bei Staatenlosen und Flüchtlingen, näher Art 25 Rn 448 ff, 451 ff) ausnahmsweise durch diesen Anknüpfungspunkt bestimmt wird, oder durch eine Verlegung des Wohnsitzes, soweit dieser Anknüpfungspunkt im Rahmen einer Renvoiprüfung Bedeutung gewinnt. Auch durch eine *nach* der Verfügung vorgenommene Rechtswahl bzw den späteren Widerruf einer *vor* der Verfügung getroffenen Rechtswahl ändert sich das Errichtungsstatut nicht (vgl Art 25 Rn 519). Schließlich würde im Hinblick auf die in Art 3 Abs 3 vorgesehene Anknüpfung an den Ort der Belegenheit ein Wechsel der politischen Zugehörigkeit des betreffenden Orts (vgl vBAR II 379) oder – soweit bewegliche Sachen „besonderen Vorschriften" unterliegen – auch eine Verbringung der Sache in eine andere Rechtsordnung ohne Einfluß bleiben.

Praktisch bedeutet dies: Ist eine Verfügung von Todes wegen in Übereinstimmung **82** mit den Vorschriften des hypothetischen Erbstatuts wirksam errichtet worden, so vermag ein späterer Wechsel der Anknüpfungstatsachen, dh insbesondere der Erwerb einer anderen Staatsangehörigkeit durch den Erblasser, die **Wirksamkeit der Errichtung nicht** mehr **zu beeinträchtigen** (vgl PALANDT/HELDRICH Art 26 Rn 8; ERMAN/HOHLOCH Art 26 Rn 31; SOERGEL/SCHURIG Art 26 Rn 26; insbes zur Testierfähigkeit vgl auch MünchKomm/BIRK Art 26 Rn 15). Das Rechtsgeschäft bleibt gültig, auch wenn das später zur Anwendung berufene Erbstatut Verfügungen dieser Art nicht zuläßt oder das Verfügungsgeschäft für unwirksam erachtet hätte. Dementsprechend bleibt der Erblasser in dem Ausmaß *gebunden*, wie das Errichtungsstatut dies vorsieht. Ob das später berufene Erbstatut Verfügungen von Todes wegen mit Bindungswirkung ausstattet oder nicht, ist ohne Belang.

83 Umgekehrt erlangt eine Verfügung von Todes wegen, die nach dem Errichtungsstatut *unzulässig* war oder *unwirksam* errichtet wurde, nicht ipso iure Rechtswirksamkeit, wenn der Erblasser eine andere Staatsangehörigkeit erwirbt und die Verfügung nach dem später maßgebenden Erbstatut wirksam wäre. Aufgrund einer bloßen Veränderung der Anknüpfungstatsachen tritt also **keine Validation** ein (ERMAN/HOHLOCH Art 26 Rn 32; SOERGEL/SCHURIG Art 26 Rn 26; insbes zur Testierfähigkeit MünchKomm/BIRK Art 26 Rn 16; anders wohl PALANDT/HELDRICH Art 26 Rn 8); zu prüfen ist allenfalls, ob die Verfügung unter der Herrschaft des Erbstatuts geheilt worden ist oder eventuell neu vorgenommen wurde. Beschränkte sich die Testierfähigkeit des Erblassers nach dem Errichtungsstatut auf nur einen Teil seines Vermögens (vgl Art 25 Rn 221), so tritt auch nach Erwerb einer anderen Staatsangehörigkeit hinsichtlich des anderen Teils gesetzliche Erbfolge ein. Läßt das Errichtungsstatut *keine* Verfügungen von Todes wegen mit *Bindungswirkung* zu, bleibt eine Verfügung auch dann frei widerruflich, wenn der Erblasser später eine andere Staatsangehörigkeit erwirbt und das zum Zeitpunkt des Todes maßgebende Erbstatut eine Verfügung dieser Art für bindend angesehen hätte.

2. Insbesondere: Testierfähigkeit und Wechsel der Staatsangehörigkeit (Abs 5 S 2)

84 Gemäß Art 26 Abs 5 S 2 wird die einmal erlangte **Testierfähigkeit** durch den Erwerb oder Verlust der Rechtsstellung als Deutscher nicht beeinträchtigt. Diese Bestimmung basiert auf der Grundregel des S 1, hebt also für die Anknüpfung der Testierfähigkeit ebenfalls grundsätzlich auf den Zeitpunkt der Errichtung einer Verfügung von Todes wegen ab (vgl näher Rn 67). Darüber hinaus ist ein Erblasser gemäß S 2 aber auch dann als im Zeitpunkt der Verfügung testierfähig anzusehen, wenn er bereits *vor der Errichtung* seine Staatsangehörigkeit gewechselt hatte und er zwar unter der Herrschaft des vor dem Wechsel (unmittelbar oder aufgrund eines Renvoi) maßgebenden, nicht aber nach dem anschließend berufenen Erbstatut Testierfähigkeit besaß (vBAR II Rn 380 mit Fn 147; MünchKomm/BIRK Art 26 Rn 15; PALANDT/HELDRICH Art 26 Rn 9; ERMAN/HOHLOCH Art 26 Rn 30; vgl auch Art 25 Rn 227).

85 S 2 betrifft seinem Wortlaut nach nur den Erwerb und Verlust der deutschen Staatsangehörigkeit. Die Vorschrift findet aber **entsprechende Anwendung**, wenn ein **Ausländer** eine andere ausländische Staatsangehörigkeit erwirbt (vBAR II Rn 380; MünchKomm/BIRK Art 25 Rn 19 u Art 26 Rn 15; PALANDT/HELDRICH Art 26 Rn 9; ERMAN/HOHLOCH Art 26 Rn 30; aA SIEHR IPRax 1987, 6). Die Vorschrift ist ebenfalls entsprechend anzuwenden, wenn der nach seinem Heimat-, nicht jedoch nach deutschem Recht testierfähige Erblasser von der Rechtswahlmöglichkeit des Art 25 Abs 2 Gebrauch macht (SOERGEL/SCHURIG Art 26 Rn 30).

86 S 2 betrifft nur den Verlust der Testierfähigkeit aufgrund der Tatsache, daß der Erblasser eine andere Staatsangehörigkeit erwirbt. Ein Verlust aufgrund **anderer Umstände**, zB einer geistigen Erkrankung, ist hier nicht gemeint; insoweit entscheidet das Errichtungsstatut (vgl auch ERMAN/HOHLOCH Art 26 Rn 30; PALANDT/HELDRICH Art 26 Rn 9).

Anhang zu Art 25 und 26 EGBGB: Ausländische Rechte

Alphabetische Übersicht

Heinrich Dörner

1 Ägypten

Rechtsprechung: LG Hamburg ZEV 1999, 491.

Schrifttum: CHEHATA, IntEncCompL, National Reports, Egypt; EL-MIKAYIS, Internationales und interreligiöses Personen-, Familien- und Erbrecht in der Vereinigten Arabischen Republik, RabelsZ 1969, 517; LINANT DE BELLEFONDS, La jurisprudence égyptienne et les conflits de lois en matière de statut personnel, Clunet 1960, 822; LOUTFI, JClDrComp, Egypte (Fasc 2); MENHOFER, Religiöses Recht und internationales Privatrecht: dargestellt am Beispiel Ägypten (1995).

Gutachten: IPG 1969 Nr 35 (Hamburg), 1980/81 Nr 42 (Hamburg); 1987/88 Nr 42 (Heidelberg); 1987/ 88 Nr 43 (Köln); DIV-Gutachten DAVorm 1984, 878; Deutsches Notarinstitut, Gutachten zum internationalen und ausländischen Privatrecht 1993 (1995) 146, 283.

Staatsvertragliche Regelungen zwischen der Bundesrepublik Deutschland und Ägyp- **2** ten auf dem Gebiet des Erbrechts bestehen nicht. Das ägyptische Zivilgesetzbuch v 16. 7. 1948 enthält Kollisionsnormen in seinen Art 10–28. Die erbrechtlichen Bestimmungen lauten (Text in französischer und deutscher Übersetzung bei MAKAROV I² Nr 1):

Art 17   **3**
(1) Die Erbfolge, die Testamente und andere Verfügungen von Todes wegen unterfallen dem Heimatrecht des Erblassers, des Testierenden oder des Verfügenden zur Zeit des Todes.
(2) Die Form des Testaments richtet sich jedoch immer nach dem Heimatrecht des Erblassers zur Zeit der Errichtung des Testaments oder nach dem Recht des Ortes, wo das Testament errichtet wurde. Das gleiche gilt für die Form der übrigen Verfügungen von Todes wegen.

Art 18
Besitz, Eigentum und andere dingliche Rechte unterliegen, soweit es sich um Immobilien handelt, dem Recht des Ortes der belegenen Sache und Mobilien dem Recht des Ortes, an dem sie sich zu der Zeit befunden haben, in der der Erwerb oder Verlust des Besitzes, Eigentums oder eines anderen dinglichen Rechts eingetreten ist.

Maßgebend ist danach das Heimatrecht zum Zeitpunkt des Todes des Erblassers bzw **4** Testators (Art 17 Abs 1). Beim Tode eines ausländischen Staatsangehörigen wird ausländisches Recht allerdings uneingeschränkt nur im Hinblick auf die Bestimmung der Erben und den Anfall der Erbschaft berufen; dagegen unterliegt die Erbteilung entsprechend Art 18 ägyptischem Recht, soweit sich das Nachlaßvermögen in Ägypten befindet (Kassationshof v 16. 5. 1963, zit bei LOUTFI JClDrComp Nr 192 mN).

Die Form eines Testaments oder einer anderen Verfügung von Todes wegen ist **5** entweder nach dem Heimatrecht des Testators zum Zeitpunkt der Errichtung oder aber nach dem Recht des Errichtungsortes zu beurteilen (Art 17 Abs 2).

Verweisungen auf fremdes Recht stellen Sachnormverweisungen dar (Art 27). Aus- **6** ländisches Recht findet keine Anwendung, soweit es den Grundprinzipien des islamischen Erbrechts widerspricht (Art 28).

Das *materielle Erbrecht* Ägyptens ist insbesondere im Gesetz Nr 77 v 6. 8. 1943 gere- **7** gelt. Der Grundsatz, daß ein Muslim von einem Andersgläubigen nicht gesetzlich beerbt werden kann (Erbhindernis der Religionsverschiedenheit), verstößt gegen den deutschen ordre public (vgl Art 25 Rn 692). Gleiches gilt für die auf den Koran zurückgehenden Bestimmungen, welche der überlebenden Witwe sowie weiblichen Nachkommen eine geringere gesetzliche Erbberechtigung zusprechen, als sie einem überlebenden Ehemann bzw männlichen Nachkommen zustehen würden (S LORENZ IPRax 1993, 150; näher dazu Art 25 Rn 691).

Heinrich Dörner

8 Afghanistan

Staatsvertragliche Regelungen auf dem Gebiet des Erbrechts zwischen der Bundesrepublik Deutschland und Afghanistan bestehen nicht. Das afghanische Kollisionsrecht ist in den Art 16 ff des Zivilgesetzbuches v 5. 1. 1977 enthalten. Die hier einschlägigen Bestimmungen lauten (Übersetzung von TRABZAHDA, in: KROPHOLLER/KRÜGER/
RIERING/SAMTLEBEN/SIEHR 7):

9 Art 25

(1) In bezug auf die sachlichen Bestimmungen betreffend die Erbschaft, das Testament und alle
sonstigen Verfügungen von Todes wegen finden die Bestimmungen des Gesetzes des Heimatstaates
des Erblassers, des Testierenden oder derjenigen Person Anwendung, von der man aufgrund ihres
Todes im Zeitpunkt des Todes etwas erworben hat.

(2) Hinsichtlich der formellen Voraussetzungen des Testaments finden die Bestimmungen des Gesetzes des Staates Anwendung, dem der Testierende im Zeitpunkt der Testamentserrichtung angehört, oder die Bestimmungen des Gesetzes des Ortes (= Landes), wo die Testamentserrichtung
(Verfügung) vollendet wurde. Dies gilt ebenfalls für die formellen Voraussetzungen aller anderen
Verfügungen von Todes wegen.

Art 26

In bezug auf den Erwerb des Eigentums (gemeint ist das Eigentum an Grundbesitz) und alle anderen
dinglichen Rechte findet das Gesetz des Ortes (= Landes) Anwendung, in dem die unbewegliche
Sache liegt, und hinsichtlich der beweglichen Sachen findet das Gesetz des Ortes (= Landes) Anwendung, wo sich die beweglichen Sachen zum Zeitpunkt des Zustandekommens der Vereinbarung,
wonach der Rechtserwerb oder die Rechtsaufgabe geregelt wurde, befanden.

10 Das Erbstatut wird also durch Anknüpfung an die Staatsangehörigkeit bestimmt
(Art 25 Abs 1). Verfügungen von Todes wegen sind formgültig, wenn sie entweder
dem Heimatrecht des Testierenden oder dem Recht des Errichtungsortes entsprechen (Art 25 Abs 2).

11 Albanien

Schrifttum: BLAGOJEVIC, IntEncCompL, National Reports, Albania; FERID/FIRSCHING/STOPPEL, Internationales Erbrecht, Bd I: Albanien; HAEBLER, Gesetz über den Genuß von Zivilrechten durch
Ausländer und die Anwendung ausländischen Rechts (Übersetzung), WGO 1965, 77.

12 Staatsvertragliche Regelungen auf dem Gebiet des Erbrechts zwischen der Bundesrepublik Deutschland und Albanien bestehen nicht. Der zwischen Albanien und der
ehemaligen DDR geschlossene Rechtshilfevertrag (vgl Art 25 Rn 596) ist mit der Wiedervereinigung am 3. 10. 1990 erloschen (BGBl 1994 II 15 Nr 5, vgl Art 25 Rn 614).

13 Das albanische Kollisionsrecht ist in einem Gesetz über den Genuß von Zivilrechten
durch Ausländer und die Anwendung ausländischer Gesetze vom 21. 11. 1964 enthalten. Die Vorschriften des Erbkollisionsrechts lauten (in der Übersetzung von HAEBLER
WGO 1965, 77; vgl auch MAKAROV[3] 22):

Art 14   **14**

Die Rechtsverhältnisse, die sich aus der Erbfolge in bewegliches oder unbewegliches Vermögen ergeben, bestimmen sich nach der Gesetzgebung des Staates, dessen Bürger der Erblasser im Zeitpunkt seines Todes gewesen ist.

Jedoch werden die Verhältnisse, die sich aus der Erbfolge in das in der Volksrepublik Albanien belegene unbewegliche Vermögen ergeben, nach der albanischen Gesetzgebung bestimmt.

Art 15

Die Fähigkeit zur Errichtung oder Aufhebung eines Testaments wie auch die Rechtsfolgen von Willenserklärungsmängeln regeln sich nach der Gesetzgebung des Staates, dessen Bürger der Erblasser im Zeitpunkt der Abgabe der Willenserklärung gewesen ist. Nach dieser Gesetzgebung werden auch die Arten der Testamente geregelt.

Ebenso bestimmt sich auch die Testamentsform nach der Gesetzgebung des Staates, dessen Bürger der Erblasser im Zeitpunkt der Testamentserrichtung gewesen ist. Gleichwohl genügt es, daß die von der Gesetzgebung des Staates, auf dessen Territorium das Testament errichtet worden ist, vorgegebene Form oder die von der albanischen Gesetzgebung bestimmte Form eingehalten ist. Diese Regelung gilt auch für die Form der Aufhebung eines Testaments.

Wird jedoch durch Testament über unbewegliches Vermögen verfügt, das sich in der Volksrepublik Albanien befindet, so richten sich die Fähigkeiten zur Errichtung oder Aufhebung eines Testaments wie auch die Art des Testaments nach albanischer Gesetzgebung.

Das Erbstatut wird also grundsätzlich durch eine Anknüpfung an die Staatsangehö- **15** rigkeit bestimmt (Art 14 Abs 1), allerdings mit Ausnahme hinsichtlich des in Albanien belegenen unbeweglichen Vermögens, das sich nach der albanischen lex rei sitae vererbt (Art 14 Abs 2, vgl auch Art 15 Art 3). Die Formgültigkeit eines Testaments ist alternativ nach dem Heimatrecht des Testators, nach dem Recht des Errichtungsortes oder nach albanischem Recht zu bestimmen (Art 15 Abs 2).

Das *materielle Erbrecht* ist geregelt im Zivilgesetzbuch v 29. 7. 1994 (Text bei FERID/ **16** FIRSCHING/STOPPEL Texte B II).

Algerien   **17**

Schrifttum: BEDJAOUI, IntEncCompL, National Reports, Algeria; RIECK, Neues algerisches internationales Privatrecht, StAZ 1977, 228; SALAH-BEY, JClDrComp, Algérie.

Staatsvertragliche Regelungen auf erbrechtlichem Gebiet zwischen Algerien und der **18** Bundesrepublik Deutschland bestehen nicht. Das autonome algerische Erbkollisionsrecht ist in Art 16 des algerischen Zivilgesetzbuches geregelt (Übersetzung von RIECK StAZ 1977, 228).

Art 16   **19**

(1) Die Erbfolge, die Testamente und andere Rechtsgeschäfte von Todes wegen unterliegen dem Heimatrecht des Erblassers, des Testators oder des Verfügenden im Augenblick seines Todes.
(2) Die Form des Testamentes jedoch richtet sich nach dem Heimatrecht des Testators zur Zeit der

    Heinrich Dörner

Testamentserrichtung oder nach dem Recht am Errichtungsort. Das gleiche gilt für die anderen Verfügungen von Todes wegen.

Art 17

Der Besitz, das Eigentum und die anderen dinglichen Rechte unterliegen, soweit es sich um unbewegliche Vermögensgegenstände handelt, dem Recht am Ort der Belegenheit des Gegenstandes. Soweit es sich um Fahrnis handelt, ist das Recht des Ortes maßgebend, an dem sich die Fahrnis im dem Zeitpunkt befand, als der Umstand eintrat, welcher den Erwerb oder Verlust des Besitzers, des Eigentums oder eines sonstigen dinglichen Rechtes begründet.

20 Danach richtet sich die Erbfolge sowie die materielle Wirksamkeit der Testamente und anderer Verfügungen von Todes wegen nach dem Heimatrecht des Erblassers bzw des Testierenden oder Verfügenden zum Zeitpunkt des Todes (Art 16 Abs 1). Die Form des Testaments oder einer anderen Verfügung von Todes wegen unterliegt dagegen dem Heimatrecht des Erblassers zum Zeitpunkt der Errichtung oder dem Recht des Errichtungsortes.

21 Das materielle Erbrecht findet sich sowohl im algerischen Zivilgesetzbuch als auch in dem Familiengesetzbuch v 9. 6. 1998 (dazu SALAH-BEY Nr 111 ff).

22 Andorra

Schrifttum: RAU, Internationales Privat- und Prozeßrecht in Andorra, RabelsZ 1989, 207.

23 Staatsvertragliche Regelungen auf dem Gebiet des Erbrechts zwischen der Bundesrepublik Deutschland und Andorra bestehen nicht. Nach andorranischer Gerichtspraxis wird das Erbstatut durch die Staatsangehörigkeit des Erblassers zum Zeitpunkt seines Todes bestimmt (RAU 221). Eine Rückverweisung auf das andorranische Recht findet Beachtung. Bei Verweisungen auf das Recht eines Mehrrechtsstaates wird die maßgebende Teilrechtsordnung durch das interlokale bzw interpersonale Privatrecht dieses Staates festgelegt (RAU 221 f).

24 Angola

Staatsvertragliche Regelungen auf dem Gebiet des Internationalen Erbrechts zwischen der Bundesrepublik Deutschland und Angola bestehen nicht. Das Internationale Privatrecht Angolas ist in den Art 25 ff des Zivilgesetzbuchs (Decreto-Lei Nr 47 344 v 25. 11. 1966) geregelt. Die hier einschlägigen Bestimmungen lauten (in der Übersetzung von HARTARD, in: KROPHOLLER/KRÜGER/RIERING/SAMTLEBEN/SIEHR 73 ff).

25 **Art 62 (Anwendbares Recht)**
Die Erbfolge wird durch das Personalstatut des Erblassers zum Zeitpunkt seines Todes geregelt, wobei dieses auch zur Bestimmung der Befugnisse des Erbschaftsverwalters und des Testamentsvollstreckers anwendbar ist.

Art 63 (Verfügungsfähigkeit)
(1) Die Fähigkeit, eine Verfügung von Todes wegen zu errichten, zu ändern oder zu widerrufen,

ebenso wie die Erfordernisse einer besonderen Form der Verfügungen infolge des Alters des Verfügenden werden durch das Personalstatut des Erblassers zum Zeitpunkt der Erklärung geregelt.

(2) Wer, nachdem er eine Verfügung errichtet hat, einem neuen Personalstatut unterliegt, behält die zum Widerruf der Verfügung notwendige Fähigkeit entsprechend dem vorherigen Personalstatut.

Art 64 (Auslegung der Verfügungen; Fehlen und Mängel des Willens)
Das Personalstatut des Erblassers zum Zeitpunkt seiner Erklärung regelt:
a) die Auslegung der jeweiligen Klauseln und Verfügungen, es sei denn, es liege eine ausdrückliche oder stillschweigende Bezugnahme auf ein anderes Recht vor;
b) das Fehlen und Mängel des Willens;
c) die Zulässigkeit gemeinschaftlicher Testamente oder von Erbverträgen, hinsichtlich letzterer vorbehaltlich der Regelung des Art 53.

Art 65 (Form)
(1) Die Verfügungen von Todes wegen sowie ihr Widerruf oder ihre Änderung sind hinsichtlich der Form gültig, wenn sie den Rechtsvorschriften des Ortes entsprechen, an dem die Rechtshandlung vorgenommen wurde, oder den Vorschriften des Personalstatuts des Erblassers, sei es im Zeitpunkt der Erklärung oder im Zeitpunkt des Todes, oder auch den Vorschriften des Rechts, auf das die Kollisionsnorm des Ortsrechtes verweist.
(2) Wenn indessen das Personalstatut des Erblassers im Zeitpunkt der Erklärung bei Folge der Nichtigkeit oder Unwirksamkeit die Beachtung einer bestimmten Form auch für den Fall fordert, daß die Rechtshandlung im Ausland vorgenommen wird, so wird das Erfordernis beachtet.

Nach Art 62 Abs 1 Cc unterliegt die Erbfolge dem Personalstatut des Erblassers. **26** Personalstatut ist grundsätzlich das Recht des Heimatstaates einer Person (Art 31 Abs 1 Cc), bei Staatenlosen ist das Recht des gewöhnlichen Aufenthalts, bei minderjährigen oder entmündigten Personen das Recht des gesetzlichen Wohnsitzes heranzuziehen (Art 32 Abs 1 Cc). Testierfähigkeit, altersbedingte Formerfordernisse, Auslegung, Wirksamkeit des Errichtungsgeschäfts und Zulässigkeit unterstehen dem Personalstatut zum Zeitpunkt der Errichtung (Art 63 Abs 1, 64 Cc). Der von Art 64 lit c) in Bezug genommene Art 53 Cc unterstellt Inhalt und Wirkungen vorehelicher Vereinbarungen sowie des gesetzlichen oder vertraglichen Güterstandes dem gemeinsamen Heimatrecht der Eheschließenden zum Zeitpunkt der Eheschließung, bei unterschiedlicher Staatsangehörigkeit dem Recht des gemeinsamen gewöhnlichen Aufenthalts, notfalls dem Personalstatut des Ehemannes zu diesem Zeitpunkt. Eine Verfügung von Todes wegen ist grundsätzlich formgültig, wenn sie dem Recht des Errichtungsortes, dem Personalstatut des Erblassers im Zeitpunkt der Errichtung oder des Todes oder dem Recht des Staates entspricht, auf das die Kollisionsnorm des Errichtungsortes verweist (Art 65 Abs 1).

Argentinien   27

Rechtsprechung: KG IPRspr 1962/63 Nr 144.

Schrifttum: Dörner, Nachlaßplanung in argentinisch-deutschen Erbfällen, in: Anuario 1993. Jahrbuch des Lateinamerika-Zentrums der Westfälischen Wilhelms-Universität Münster 205 ff = in: Curschmann/Postel (Hrsg), Deutsch-südamerikanische Rechtstage 1992 (1994) 121; Ferid/Firsching/Weinberg, Internationales Erbrecht, Bd I: Argentinien; Goldschmidt/Rodriguez-Novas,

Heinrich Dörner

American-Argentine Private International Law (1966); Lisbonne, JClDrComp, République Argentine; Quiroga Lavie, IntEncCompL, National Reports, Argentine; Tiedemann, Internationales Erbrecht in Deutschland und Lateinamerika (1993).

Gutachten: IPG 1965/66 Nr 56 (Köln); 1970 Nr 30 (Heidelberg); 1976 Nr 38 (Heidelberg); Wengler, Gutachten zum internationalen und ausländischen Familien- und Erbrecht II (1971) Nr 82, 87, 97, 101, 120, 121.

28 Staatsvertragliche Regelungen auf dem Gebiet des Erbrechts zwischen der Bundesrepublik Deutschland und Argentinien bestehen nicht. Im Verhältnis von Argentinien zu Bolivien, Kolumbien und Peru gelten die ursprünglichen Verträge von Montevideo über internationales Privat- und Handelsrecht v 12. 2. 1889; zwischen Argentinien, Paraguay und Uruguay finden die Verträge von Montevideo über internationales Privat- und Handelsrecht idF von 1940 Anwendung (dazu Piltz, Kodifikatorische Möglichkeiten der Gewährleistung gleichmäßiger Anwendung vereinheitlichter Kollisionsnormen [Diss München 1975] 4 ff; Samtleben, Internationales Privatrecht in Lateinamerika, Bd I [1979] 14 ff; Tiedemann 118 ff). Beide Fassungen knüpfen das Erbstatut an die Belegenheit der Nachlaßgegenstände (deutsche und französische Übersetzung bei Makarov II² B I Nr 2 und 3; dazu auch Piltz 18 f mwN). Die Kollisionsnormen der Verträge von Montevideo gelten aber nur unter den Vertragsstaaten, also nicht im Verhältnis Argentiniens zur Bundesrepublik (vgl Tiedemann 140). Der „Código Bustamante" von 1928 (vgl Rn 84) ist von Argentinien zwar gezeichnet, aber nicht ratifiziert worden. Gleiches gilt für das Haager Erbrechtsübereinkommen v 1. 8. 1989 (dazu Vorbem 111 ff zu Art 25 f).

29 Der argentinische Código civil von 1869 enthält eine Reihe erbrechtlich relevanter Kollisionsnormen, deren Verhältnis zueinander in der argentinischen Rechtsprechung und Literatur umstritten ist (vgl auch die deutsche Übersetzung bei Makarov³ 28 ff).

30 **Art 10**
Die in der Republik belegenen unbeweglichen Güter werden ausschließlich von den Landesgesetzen beherrscht im Hinblick auf ihre Eigenschaft als unbeweglich, auf die daran bestehenden Rechte der Parteien, auf die Fähigkeit des Erwerbs, auf die Art und Weise der Übertragung und im Hinblick auf die dabei zu beachtenden Förmlichkeiten. Das Recht an einem unbeweglichen Gut kann daher nur in Übereinstimmung mit den Gesetzen der Republik erworben werden, übertragen werden oder verlorengehen.

Art 11
Bewegliche Güter, die einen festen Lageort haben und deren Transport nicht beabsichtigt ist, unterliegen den Gesetzen des Ortes, an welchem sie sich befinden; bewegliche Güter, die der Eigentümer immer mit sich führt oder die – an seinem Wohnsitz oder an einem anderen Ort – zu seinem persönlichen Gebrauch dienen bzw Güter, die an einen anderen Ort verkauft oder transportiert werden sollen, unterliegen den am Wohnsitz des Eigentümers geltenden Gesetzen.

Art 3283
Das Recht der Nachfolge in das Vermögen des Verstorbenen unterliegt dem Rechte des Wohnsitzes, den der Verstorbene bei seinem Tod hatte, ohne Rücksicht darauf, ob die Erben Inländer oder Ausländer sind.

Art 3286

Die Erbfähigkeit richtet sich nach dem Recht des Wohnsitzes der betreffenden Person zum Zeitpunkt des Todes des Erblassers.

Art 3470

Im Fall der Teilung eines Nachlasses zwischen ausländischen Erben einerseits und argentinischen oder in Argentinien domizilierten ausländischen Erben andererseits erhalten die letzteren von den in der Republik belegenen Gütern einen Anteil, der dem Wert derjenigen im Ausland belegenen Güter entspricht, von dem sie aus welchem Grund auch immer aufgrund der örtlichen Gesetze oder Gebräuche ausgeschlossen sind.

Art 3611

Das Recht, welches zum Zeitpunkt der Testamentserrichtung am gegenwärtigen Wohnsitz des Erblassers gilt, entscheidet über seine Fähigkeit oder Unfähigkeit zu testieren.

Art 3612

Der Inhalt und die rechtliche Wirksamkeit oder Unwirksamkeit eines Testaments beurteilen sich nach dem Recht, das zum Zeitpunkt des Todes des Testators an seinem Wohnsitz in Kraft war.

Art 3634

Die auf dem Territorium der Republik abgefaßten Testamente müssen in einer von diesem Gesetzbuch vorgesehenen Formen errichtet werden, ohne Rücksicht darauf, ob die Testatoren Argentinier oder Ausländer sind.

Art 3635

Wenn ein Argentinier sich im Ausland aufhält, ist er befugt, in einer der vom Gesetz seines Aufenthaltsortes zugelassenen Formen zu testieren. Dieses Testament wird immer gültig bleiben, auch wenn der Testator in die Republik zurückkehrt und gleichgültig, zu welchem Zeitpunkt er stirbt.

Art 3636

Ein handschriftliches Testament, das von einem Argentinier oder von einem Ausländer mit inländischem Wohnsitz im Ausland errichtet wurde, ist wirksam, wenn es vor einem Gesandten der Regierung der Republik bzw einem Geschäftsträger oder Konsul und zwei argentinischen oder ausländischen, am Errichtungsort wohnhaften Zeugen errichtet wurde und das Siegel der Botschaft oder des Konsulats trägt.

Art 3638

Ein Testament einer sich außerhalb ihres Heimatlandes aufhaltenden Person ist in der Republik nur wirksam, wenn es errichtet wird in den vom Gesetz des Aufenthaltsortes vorgeschriebenen Formen oder in den Formen, die nach ihrem Heimatrecht zu beachten sind, oder in den Formen, welche dieses Gesetz als gesetzliche Formen bezeichnet.

Grundsätzlich richtet sich die – gesetzliche wie testamentarische – Erbfolge nach dem **31** Recht, das zum Zeitpunkt des Todes am letzten *Wohnsitz* des Verstorbenen galt (Art 3283, 3612 Cc, zum Wohnsitzbegriff des argentinischen Rechts TIEDEMANN 142 f). Zweifelhaft ist aber, ob Art 10 u 11 Cc das Wohnsitzprinzip in der Weise modifizieren, daß das in der Republik Argentinien belegene unbewegliche Vermögen und ebenso die dort belegenen beweglichen Güter mit festem Lageort (Erläuterung bei TIEDEMANN 145 f) stets nach argentinischem Recht vererbt werden. Diesen Standpunkt vertritt die

Heinrich Dörner

überwiegende Rechtsprechung und ein Teil des Schrifttums (vgl die Nachw zur Diskussion bei GOLDSCHMIDT, Derecho Internacional Privado [5. Aufl 1985] 365 ff [selbst **aA**]; BORDA, Tratado de Derecho civil, Sucesiones Bd I [5. Aufl o J] 45 ff; BOGGIANO, Derecho Internacional Privado, Bd I [2. Aufl 1983] 515 ff; TIEDEMANN 144 ff; IPG 1982 Nr 30 [Hamburg] 303 f mit übersichtlicher Darstellung des Streitstandes). Bei ausländischem Wohnsitz des Erblassers und in Argentinien belegenem Vermögen führt er zur *Nachlaßspaltung* (vgl Art 25 Rn 723 ff). Da die Art 10 u 11 Cc mit dem Souveränitätsanspruch des argentinischen Staates begründet werden, finden sie keine allseitige Anwendung; für die außerhalb Argentiniens belegenen Nachlaßgegenstände bleibt es daher bei der Wohnsitzanknüpfung (FERID/FIRSCHING/WEINBERG Grdz Rn 13, 15; TIEDEMANN 146 mwN; IPG 1965/66 Nr 56 [Köln] 614; IPG 1982 Nr 30 [Hamburg] 303; anders aber KG IPRspr 1962/63 Nr 144 S 417 ff; wohl auch IPG 1976 Nr 38 [Heidelberg] 438). Demgegenüber steht insbesondere die herrschende kollisionsrechtliche Lehre in Argentinien auf dem Standpunkt, daß sich der Anwendungsbereich der Art 10 u 11 Cc auf das Sachenrecht beschränke und die Vererbung auch der in Argentinien belegenen Immobilien und Mobilien mit festem Lageort einheitlich dem Recht des letzten Erblasserwohnsitzes unterliege (Nachlaßeinheit, vgl zB GOLDSCHMIDT 377; weitere Nachw bei IPG 1965/66 Nr 56 [Köln] 614 Fn 5; TIEDEMANN 147 f).

32 Im Interesse des internationalen Entscheidungseinklangs wird sich ein *deutscher Rechtsanwender* im Streit zwischen den Vertretern der partiellen Belegenheits- und der reinen Wohnsitzanknüpfung an der überwiegenden Gerichtspraxis orientieren und daher davon ausgehen, daß im argentinischen Kollisionsrecht gegenwärtig der Grundsatz der Nachlaßspaltung gilt (zutreffend TIEDEMANN 149 f; vgl auch KG IPRspr 1962/63 Nr 144). Hinterläßt daher ein deutscher Staatsangehöriger Grundvermögen oder bewegliches Vermögen mit festem Lageort in Argentinien, richtet sich die Erbfolge insoweit gemäß Art 3 Abs 3 (vgl Art 25 Rn 520 ff) nach argentinischem Recht ohne Rücksicht darauf, ob der Erblasser seinen letzten Wohnsitz in Argentinien, in Deutschland oder einem Drittstaat hatte (FERID/FIRSCHING/WEINBERG Grdz Rn 15; DÖRNER Anuario 208).

33 Beim Tode eines argentinischen Staatsangehörigen mit letztem Wohnsitz in der Bundesrepublik verweist das argentinische IPR – abgesehen von den in Argentinien belegenen und von Art 10 u 11 Cc erfaßten Vermögenswerten – gemäß Art 3283 Cc auf deutsches Recht zurück (KG IPRspr 1962/63 Nr 114 S 416; FERID/FIRSCHING/WEINBERG Grdz Rn 4; DÖRNER Anuario 209; IPG 1965/66 Nr 56 [Köln] 613 f; 1970 Nr 30 [Heidelberg] 319 f; 1976 Nr 38 [Heidelberg] 437 f). Zu Fragen der Testierfähigkeit und des Statutenwechsels vgl in diesem Zusammenhang DÖRNER Anuario 213.

34 Die *Testierfähigkeit* richtet sich nach dem Recht des Erblasserwohnsitzes zum Zeitpunkt der Errichtung (Art 3611 Cc). Die *Erbfähigkeit* untersteht dem Recht des Domizils, das der Erbe beim Tod des Erblassers besaß (Art 3286 Cc). In Argentinien errichtete Testamente müssen die *Testamentsformen* des argentinischen Rechts einhalten (Art 3634 Cc); dabei spielt keine Rolle, ob sie von einem In- oder Ausländer errichtet wurden. Ein im Ausland errichtetes Testament eines Argentiniers ist wirksam, wenn es den Formvorschriften des Errichtungsortes genügt. Art 3635 Cc, der ausdrücklich nur den argentinischen Testator nennt, wird insoweit auch auf den (in Argentinien domizilierten) Ausländer angewandt. Das Testament eines sich im Ausland befindenden Ausländers ist nach Art 3638 Cc formwirksam, wenn es entweder dem Aufenthaltsrecht, seinem Heimatrecht oder dem argentinischen Recht entspricht.

Eine Vorschrift über Rück- oder Weiterverweisung findet sich im argentinischen IPR **35** nicht. Eine gesicherte Rechtspraxis kann nicht festgestellt werden. Die Tendenz des Schrifttums ist einem Renvoi gegenüber eher ablehnend eingestellt (Tiedemann 150).

Das *materielle argentinische Erbrecht* ist im Código civil aus dem Jahre 1871 geregelt **36** (Text bei Ferid/Firsching/Weinberg Texte B). Gemeinschaftliche Testamente sind nach argentinischem Recht nicht zulässig (Art 3618 Cc). Dieses Verbot dürfte als Frage der materiellen Wirksamkeit einer Verfügung von Todes wegen zu qualifizieren sein (vgl Ferid/Firsching/Weinberg Grdz Rn 30; allerdings str), so daß insoweit aus argentinischer Sicht gemäß Art 3612 Cc grundsätzlich das Wohnsitzrecht zum Zeitpunkt des Todes maßgibt (näher Dörner Anuario 213 f). Sollte ein gemeinschaftliches Testament allerdings gegen den argentinischen *ordre public* verstoßen, findet deutsches Recht aus argentinischer Sicht auch dann keine Anwendung, wenn der erstversterbende Ehegatte zum Zeitpunkt des Todes seinen Wohnsitz in der Bundesrepublik hat.

Wenn ein Nachlaß zwischen ausländischen Erben einerseits und argentinischen oder **37** in Argentinien domizilierten ausländischen Erben andererseits zu teilen ist und diese von den im Ausland belegenen Nachlaßwerten „aufgrund der örtlichen Gesetze und Gebräuche" ausgeschlossen sind, steht den „argentinischen" Erben ein entsprechend größerer Anteil an den in Argentinien belegenen Gütern zu (Art 3470).

Armenien   38

Schrifttum: Ferid/Firsching/Weishaupt, Internationales Erbrecht, Bd I: Armenien.

Die Republik Armenien ist aus dem Zerfall der Union der Sozialistischen Sowjet- **39** republiken hervorgegangen. Aufgrund eines Notenwechsels v 23. 11. u 18. 12. 1992 zwischen der Bundesrepublik Deutschland und der Republik Armenien stimmen beide Staaten darin überein, daß die zwischen der Bundesrepublik und der früheren UdSSR geschlossenen völkerrechtlichen Verträge im Verhältnis zwischen der Bundesrepublik und Armenien solange weiterhin angewandt werden sollen, bis beide Seiten etwas Abweichendes vereinbaren (BGBl 1993 II 169). Damit gilt auch der zwischen der Bundesrepublik und der UdSSR geschlossene Konsularvertrag v 25. 4. 1958 (BGBl 1959 II 469, dazu Vorbem 191 ff zu Art 25 f) im Verhältnis zwischen der Bundesrepublik und der Republik Armenien fort. Dieser Vertrag enthält in seinem Art 28 Abs 3 eine erbrechtliche Kollisionsnorm, wonach „hinsichtlich der unbeweglichen Nachlaßgegenstände" die Rechtsvorschriften des Belegenheitsstaates Anwendung finden (näher Vorbem 194 zu Art 25). Diese Bestimmung geht gemäß Art 3 Abs 2 S 1 dem autonomen Kollisionsrecht vor. Die Rechtsnachfolge in den beweglichen Nach- laß wird dagegen von dem Konsularvertrag nicht geregelt; insoweit gelten die all- gemeinen Vorschriften des jeweiligen nationalen IPR. Der Rechtshilfevertrag v 19. 9. 1979, den die frühere UdSSR seinerzeit mit der DDR geschlossen hatte und der auch erbrechtliche Kollisionsnormen enthielt (näher Art 25 Rn 608), ist mit der Herstellung der deutschen Einheit am 3. 10. 1990 erloschen (vgl Art 25 Rn 614) und findet somit auch im Verhältnis zur Republik Armenien keine Anwendung mehr.

Armenien ist Mitglied der Gemeinschaft Unabhängiger Staaten (GUS) und hat am **40** 22. 6. 1993 die Konvention der Gemeinschaft Unabhängiger Staaten über Rechtshilfe und die Beziehungen auf dem Gebiete des Zivil-, Familien- und Strafrechts ratifiziert (Bogdanova Rev cr dr i pr 1997, 141; vgl auch Majoros, Osteuroparecht 1998, 19 f). Die Konvention enthält erbrechtliche Kollisionsnormen in ihren Art 44 ff, die im Verhältnis der GUS-Staaten untereinander Anwendung finden (Text in französischer Sprache bei Bogdanova aaO 155 ff). Die Erbfolge in bewegliches Vermögen richtet sich nach dem Recht des letzten Erblasserwohnsitzes (Art 45 Abs 1), die Erbfolge in unbewegliches Vermögen nach der lex rei sitae (Art 45 Abs 2).

41 Das autonome armenische Kollisionsrecht ist in den Art 1253 ff des neuen Zivilgesetzbuchs enthalten, das am 17. 6. 1998 in Kraft getreten ist. Die erbrechtliche Kollisionsnorm hat folgenden Wortlaut (englische Übersetzung in: http://www.gtz.de/lexinfosys/).

42 **Art 1292**
1. Erbrechtliche Verhältnisse werden nach dem Recht des Landes bestimmt, in dem der Erblasser seinen letzten Wohnsitz hatte, sofern er nicht testamentarisch das Recht des Landes gewählt hat, dessen Staatsbürgerschaft er besitzt.
2. Die Fähigkeit einer Person zur Errichtung und zum Widerruf eines Testaments, die Form eines Testaments sowie eines Widerrufs werden nach dem Recht des Landes bestimmt, in dem der Testierende zum Zeitpunkt der Vornahme seinen Wohnsitz hatte. Ein Testament oder sein Widerruf können jedoch nicht wegen Formmangels als unwirksam angesehen werden, wenn die Form die Voraussetzungen des Errichtungsortes oder die Voraussetzungen des Rechts der Republik Armenien erfüllt.
3. Die Erbfolge in unbewegliches Vermögen wird nach dem Recht des Landes bestimmt, in dem es belegen ist.

43 Danach wird das auf die Erbfolge in das bewegliche Vermögen anwendbare Recht durch den letzten Wohnsitz des Erblassers bestimmt, sofern dieser nicht für sein Heimatrecht optiert hat (Art 1292 Abs 1). Das unbewegliche Vermögen vererbt sich nach dem Recht des Lageortes (Art 1292 Abs 3). Testierfähigkeit und Testamentsform richten sich nach dem Recht des Landes, in dem der Testierende zum Zeitpunkt der Errichtung seinen Wohnsitz hatte; es reicht aber aus, daß die Formvorschriften entweder des Rechts des Errichtungsortes oder des armenischen Rechts eingehalten werden (Art 1292 Abs 2).

44 Das materielle Erbrecht Armeniens ist in den Art 1184 ff des Zivilgesetzbuchs vom 17. 6. 1998 enthalten.

45 **Aserbeidschan**

Schrifttum: Ferid/Firsching/Weishaupt, Internationales Erbrecht, Bd I: Aserbeidschan.

46 Die Republik Aserbeidschan ist aus dem Zerfall der Union der Sozialistischen Sowjetrepubliken hervorgegangen. Aufgrund einer Gemeinsamen Erklärung der Bundesrepublik Deutschland und der Republik Aserbeidschan v 22. 12. 1995 stimmen beide Staaten darin überein, daß die zwischen der Bundesrepublik und der früheren UdSSR geschlossenen völkerrechtlichen Verträge im Verhältnis zwischen der Bundesrepublik und Aserbeidschan solange weiterhin angewandt werden sollen, bis beide Seiten etwas Abweichendes vereinbaren (BGBl 1996 II 2472). Damit gilt auch der zwischen der Bundesrepublik und der UdSSR geschlossene Konsularvertrag v 25. 4. 1958 (BGBl 1959 II 469, dazu Vorbem 191 ff zu Art 25 f) im Verhältnis zwischen der Bundesrepublik und der Republik Aserbeidschan fort. Dieser Vertrag enthält in seinem Art 28 Abs 3 eine erbrechtliche Kollisionsnorm, wonach „hinsichtlich der unbeweglichen Nachlaßgegenstände" die Rechtsvorschriften des Belegenheitsstaates Anwendung finden (näher Vorbem 194 zu Art 25 f). Diese Bestimmung geht gemäß Art 3 Abs 2 S 1 dem autonomen Kollisionsrecht vor. Die Rechtsnachfolge in den beweglichen Nachlaß wird dagegen von dem Konsularvertrag nicht geregelt; insoweit gelten die allgemeinen Vorschriften des jeweiligen nationalen IPR.

Der Rechtshilfevertrag v 19. 9. 1979, den die frühere UdSSR seinerzeit mit der DDR **47** geschlossen hatte und der auch erbrechtliche Kollisionsnormen enthielt (näher Art 25 Rn 608), ist mit der Herstellung der deutschen Einheit am 3. 10. 1990 erloschen (vgl Art 25 Rn 614) und findet somit auch im Verhältnis zur Republik Aserbeidschan keine Anwendung mehr.

Die vom Obersten Sowjet am 31. 5. 1991 beschlossenen neuen „Grundlagen der **48** Zivilgesetzgebung der Union der SSR und der Republiken" sind in Aserbeidschan nicht mehr in Kraft getreten (vgl BOGUSLAWSKIJ IPRax 1992, 403). Daher gelten dort die Kollisionsnormen des Zivilgesetzbuchs der Aserbeidschanischen Sowjetrepublik v 1. 3. 1965 weiter (vgl BOGUSLAWSKIJ IPRax 1992, 403), die in der Sache die entsprechenden Vorschriften der „Grundlagen der Zivilgesetzgebung der UdSSR und der Unionsrepubliken" v 8. 12. 1961 übernommen haben.

Der hier einschlägige Art 572 des aserbeidschanischen Zivilgesetzbuchs lautet (in der **49** Übersetzung von FERID/FIRSCHING/WEISHAUPT Texte B):

Art 572 **50**
Erbrechtsverhältnisse bestimmen sich nach dem Recht des Landes, in dem der Erblasser seinen letzten ständigen Wohnsitz hatte.

Die Fähigkeit einer Person, ein Testament zu errichten und zu widerrufen, sowie die Form des Testaments und des Widerrufs bestimmen sich nach dem Recht des Landes, in dem der letztwillig Verfügende im Zeitpunkt der Errichtung oder des Widerrufs seinen ständigen Wohnsitz hatte. Das Testament oder sein Widerruf kann jedoch nicht wegen Formmangels als ungültig angesehen werden, wenn die Formvorschriften am Ort der Errichtung oder des Widerrufs oder die Anforderungen der sowjetischen Gesetze erfüllt sind.

Die Erbfolge in Gebäude, die sich in der UdSSR befinden, richtet sich in jedem Fall nach dem sowjetischen Recht. Hiernach bestimmt sich auch die Fähigkeit einer Person, ein Testament zu errichten oder es zu widerrufen sowie die diesbezügliche Form, wenn das zu vererbende Gebäude auf dem Territorium der UdSSR belegen ist.

Maßgebend ist danach grundsätzlich das Recht des letzten Erblasserwohnsitzes **51** (Art 572 Abs 1). Für die Formgültigkeit der Testamente gilt alternativ Wohnsitzrecht, das Recht des Errichtungsortes oder aserbeidschanisches Recht (vgl Art 572 Abs 2). Das in Aserbeidschan belegene unbewegliche Vermögen vererbt sich in jedem Fall nach Belegenheitsrecht (Art 572 Abs 3).

52 Das *materielle Erbrecht* Aserbeidschans ist ebenfalls in dem aserbeidschanischen Zivilgesetzbuch aus dem Jahre 1965 geregelt, das auch im Bereich des materiellen Erbrechts lediglich die „Grundlagen des Zivilrechts der UdSSR und der Unionsrepubliken" v 8. 12. 1961 umsetzt (Text: Ferid/Firsching/Weishaupt, Internationales Erbrecht, Bd I: Aserbeidschan, Texte B).

53 Australien

Schrifttum: Ferid/Firsching, Internationales Erbrecht, Bd I: Australien; Flick/Piltz Rn 376 ff; Nygh, Reform of Private International Law in Australia, RabelsZ 1994, 727; Sawer, IntEncCompL, National Reports, Australia.

Gutachten: IPG 1969 Nr 32 (Hamburg).

54 Australien ist dem Haager TestÜbk (Vorbem 31 ff zu Art 25 f) mit Wirkung v 21. 11. 1986 (BGBl 1987 II 174) und dem Haager Trust-Übereinkommen (vgl Vorbem 129 ff zu Art 25 f) mit Wirkung vom 1. 1. 1992 beigetreten. Bilaterale staatsvertragliche Regelungen auf dem Gebiet des Erbrechts zwischen der Bundesrepublik Deutschland und Australien bestehen nicht.

55 Die australische Föderation umfaßt sechs Staaten (Neusüdwales, Victoria, Queensland, Südaustralien, Westaustralien, Tasmania), dazu kommt der Bundesdistrikt Canberra und verschiedene Territorien (insbes Northern Territory). Ein einheitliches Interlokales Privatrecht fehlt; jeder Staat kennt vielmehr eigene Kollisionsnormen. Soweit daher das deutsche IPR australisches Erbrecht zur Anwendung beruft, ist die maßgebende Teilrechtsordnung durch Unteranknüpfung gemäß Art 4 Abs 3 S 2 nach dem Grundsatz der engsten Verbindung zu ermitteln. Dabei wird es im Zweifel darauf ankommen, in welcher der australischen Teilrechtsordnungen der Erblasser seinen letzten gewöhnlichen Aufenthalt gehabt hat (dazu Art 25 Rn 657).

56 Die Kollisionsrechte der australischen Teilrechtsordnungen folgen auf dem Gebiet des Erbrechts übereinstimmend den Anknüpfungsregeln des englischen Rechts (vgl Rn 200 ff): Die Vererbung von immovables richtet sich nach dem Recht des Lageortes, für Fahrnis ist das Recht des letzten domicil maßgebend. Ob ein Nachlaßgegenstand als beweglich oder unbeweglich anzusehen ist, entscheidet das Recht des jeweiligen Lageorts (Ferid/Firsching Grdz Rn 21). Der Begriff des domicil ist mit dem des englischen Rechts identisch.

57 Ein gesamtstaatliches Erbrecht existiert in Australien nicht; vielmehr weist jede Teilrechtsordnung ihre eigenen *erbrechtlichen statutes* auf (näher Ferid/Firsching Texte Nr 1–8).

58 Bahrain

Schrifttum: Al-Baharna, IntEncCompL, National Reports, Bahrain; Elwan, Bahrainische Kollisionsbestimmungen über das Personalstatut, IPRax 1986, 59.

Staatsvertragliche Regelungen zwischen der Bundesrepublik und dem ehemals briti- **59**
schen Protektorat Bahrain bestehen nicht. Das bahrainische Gesetz über die Zivil-
und Handelsprozeßordnung v 22. 6. 1971 enthält unter der Überschrift „Das anwendbare Recht auf Fragen des Personalstatuts von" (gemeint ist offenbar: ausländischen)
„Nichtmuslimen" (vgl ELWAN IPRax 1986, 60) eine erbrechtliche Kollisionsnorm in
Art 21 Nr 6. Art 22 desselben Gesetzes verweist auf den Vorbehalt des bahrainischen
ordre public. Eine weitere Bestimmung zum internationalen Erbrecht findet sich in
Art 16 des Dekretgesetzes Nr 11 v 25. 5. 1971 über die Beerbung und die Nachlaßli-
quidation von (ausländischen) Nichtmuslimen. Diese Bestimmungen lauten (in der
Übersetzung von ELWAN aaO):

Art 21 des Gesetzes über die Zivil- und Handelsprozeßordnung   **60**
Das Große Gericht entscheidet in Fragen des Personalstatuts von Nichtmuslimen wie folgt:

1. Der Status und die Geschäftsfähigkeit der Personen richtet sich nach dem Recht des Staates, dem
sie angehören.

. . .

6. Die Berufung zu gesetzlichen Erben, die Bestimmung ihrer Anteile am Nachlaß und der Übergang
des Nachlasses richten sich nach dem Heimatrecht des Verstorbenen.

Art 22
Bei dem gemäß dem vorhergehenden Artikel anwendbaren Recht ist vorausgesetzt, daß dessen
Bestimmungen nicht gegen den ordre (public) oder die guten Sitten in Bahrain verstoßen.

Art 16 Dekretgesetz Nr 11
Nach Erfüllung der Nachlaßschulden fällt der davon übriggebliebene Rest den Erben, jedem nach
seinem Anteil, gemäß dem Heimatrecht des Erblassers zu, nachdem auf Grund einer Untersuchung
des Großen Gerichts zum Zwecke der Feststellung der Erbberufenen und der Bestimmung des
Anteils für jeden Erben ein Erbschein ausgestellt worden ist.

Barbados   **61**

Schrifttum: PATCHETT, IntEncCompL, National Reports, Barbados.

Das Kollisionsrecht von Barbados beruht auf dem System des Common Law (vgl **62**
Rn 200 ff).

Belarus   **63**

Schrifttum: MOSGO, Das neue Internationale Privatrecht Weißrußlands, IPRax 2000, 148.

Die Republik Belarus (Weißrußland) ist aus dem Zerfall der Union der Sozialisti- **64**
schen Sowjetrepubliken hervorgegangen. In einer Gemeinsamen Erklärung v
25. 8. 1994 haben die Bundesrepublik Deutschland und die Republik Belarus festgestellt, daß die zwischen der Bundesrepublik und der früheren UdSSR geschlosse-

nen völkerrechtlichen Verträge im Verhältnis zwischen der Bundesrepublik und der Republik Belarus solange weiterhin angewandt werden sollen, bis beide Seiten etwas Abweichendes vereinbaren (BGBl 1994 II 2533). Damit gilt auch der zwischen der Bundesrepublik und der UdSSR geschlossene Konsularvertrag v 25. 4. 1959 (BGBl 1959 II 469, dazu Vorbem 191 ff zu Art 25 f) im Verhältnis zwischen der Bundesrepublik und Belarus fort. Dieser Vertrag enthält in seinem Art 28 Abs 3 eine erbrechtliche Kollisionsnorm, wonach „hinsichtlich der unbeweglichen Nachlaßgegenstände" die Rechtsvorschriften des Belegenheitsstaates Anwendung finden (näher Vorbem 194 zu Art 25 f). Diese Bestimmung geht gemäß Art 3 Abs 2 S 1 dem autonomen Kollisionsrecht vor. Die Rechtsnachfolge in den beweglichen Nachlaß wird dagegen von dem Konsularvertrag nicht geregelt; insoweit gelten die allgemeinen Vorschriften des jeweiligen nationalen IPR. Der Rechtshilfevertrag v 19. 9. 1979, den die frühere UdSSR seinerzeit mit der DDR geschlossen hatte und der auch erbrechtliche Kollisionsnormen enthielt (näher Art 25 Rn 608), ist mit der Herstellung der deutschen Einheit am 3. 10. 1990 erloschen (vgl Art 25 Rn 614) und findet somit auch im Verhältnis zur Republik Belarus keine Anwendung mehr.

65 Belarus ist Mitglied der Gemeinschaft Unabhängiger Staaten (GUS) und hat am 10. 7. 1993 die Konvention der Gemeinschaft Unabhängiger Staaten über Rechtshilfe und die Beziehungen auf dem Gebiete des Zivil-, Familien- und Strafrechts ratifiziert (Bogdanova Rev cr dr i pr 1997, 141; vgl auch Majoros Osteuroparecht 1998, 19 f). Die Konvention enthält erbrechtliche Kollisionsnormen in ihren Art 44 ff, die im Verhältnis der GUS-Staaten untereinander Anwendung finden (Text in französischer Sprache bei Bogdanova aaO 155 ff). Die Erbfolge in bewegliches Vermögen richtet sich nach dem Recht des letzten Erblasserwohnsitzes (Art 45 Abs 1), die Erbfolge in unbewegliches Vermögen nach der lex rei sitae (Art 45 Abs 2).

66 Das Internationale Privatrecht der Republik Belarus (vgl dazu Mosgo IPRax 2000, 148) ist in Teil VII des neuen Zivilgesetzbuchs v 7. 12. 1998 enthalten. Die erbrechtlichen Kollisionsnormen lauten (in der Übersetzung von Alexander Trunk; vgl auch Mosgo IPRax 2000, 149):

67 Art 1133 Erbrechtliche Beziehungen
Erbrechtliche Beziehungen bestimmen sich nach dem Recht des Landes, in dem der Erblasser einen letzten dauernden Wohnsitz hat, soweit in den Artikeln 1134 und 1135 nichts anderes vorgesehen ist, wenn der Erblasser nicht in seinem Testament das Recht des Landes gewählt hat, dessen Staatsbürger er ist.

Art 1134 Vererbung unbeweglichen und registerpflichtigen Vermögens
Die Vererbung unbeweglichen Vermögens bestimmt sich nach dem Recht des Landes, in dem dieses Vermögen belegen ist, die Vererbung von Vermögen, das in der Republik Belarus registriert ist, bestimmt sich nach dem Recht der Republik Belarus.

Art 1135 Testierfähigkeit, Form des Testaments und seiner Aufhebung
Die Fähigkeit einer Person zur Errichtung und Aufhebung eines Testaments, ferner die Form des Testaments und des Akts seiner Aufhebung bestimmen sich nach dem Recht des Landes, in dem der Erblasser zur Zeit der Errichtung des Akts seinen dauernden Wohnsitz hatte, sofern der Erblasser nicht in dem Testament das Recht des Landes gewählt hat, dessen Staatsbürger er ist. Das Testament oder seine Aufhebung können jedoch nicht für formunwirksam erklärt werden, wenn die Formvor-

schriften des Rechts am Ort der Errichtung des Aktes oder des Rechts der Republik Belarus gewahrt sind.

Danach wird das auf die Erbfolge in das bewegliche Vermögen anwendbare Recht **68** durch den letzten Wohnsitz des Erblassers bestimmt, sofern dieser nicht für sein Heimatrecht optiert hat (Art 1133 Abs 1). Das unbewegliche Vermögen vererbt sich nach dem Recht des Lageortes (Art 1134). Testierfähigkeit und Testamentsform richten sich grundsätzlich nach dem Recht des Landes, in dem der Testierende zum Zeitpunkt der Errichtung seinen Wohnsitz hatte; es reicht aber aus, daß die Formvorschriften entweder des Rechts des Errichtungsortes oder des Rechts von Belarus eingehalten werden (Art 1135).

Belgien   69

Rechtsprechung: BGHZ 45, 351; BGH IPRspr 1958/59 Nr 88; BayObLGZ 1995, 366; OLG Hamm IPRspr 1954/55 Nr 206; OLG Köln IPRspr 1958/59 Nr 88 a; IPRspr 1964/65 Nr 72; NJW 1986, 2199; DNotZ 1993, 171; OLG Düsseldorf IPRspr 1977 Nr 189 b; OLG Frankfurt aM NJW 1986, 2200; LG Bochum IPRspr 1958/59 Nr 147; LG Berlin IPRspr 1966/67 Nr 170; LG München IPRspr 1977 Nr 64; LG München I FamRZ 1998, 1068.

Schrifttum: BOUCKAERT, Nederlands en Belgisch internationaal privatrecht met betrekking tot erfrecht en huwelijksvermogensrecht, WPNR 1998, 713; EBENROTH Rn 1320; ERAUW, Das neue „privilegium Belgicum" – Eine Überraschung im belgischen internationalen Erbrecht, IPRax 1982, 260; FERID/FIRSCHING/CIESLAR, Internationales Erbrecht Bd I: Belgien; FLICK/PILTZ Rn 425 ff; GOTZEN, Das landwirtschaftliche Sondererbrecht in Belgien, AgrarR 1990, Beil II 8; HUSTEDT, Grundzüge des belgischen Ehegüter- und Erbrechts, MittRhNotK 1996, 337; LIMPENS/SCHRANS, IntEncCompL, National Reports, Belgium; PINTENS, Neueste Entwicklungen im belgischen Erbrecht, MittRhNotK 1984, 56; VAN HECKE, American-Belgian Private International Law (1968); VERWILGHEN, JClDrComp, Belgique, 4. Fasc: „Droit international privé"; WILFURTH, Die Institution Contractuelle nach belgischem Recht (Diss München 1982); WINKLER, Die landwirtschaftliche Vererbung in Belgien, AgrarR 1989, 190.

Gutachten: IPG 1965/66 Nr 52 (Köln); DIV-Gutachten ZfJ 1991, 181.

Belgien ist dem Haager TestÜbk (Vorbem 31 ff zu Art 25) mit Wirkung vom 19. 12. 1971 **70** (BGBl 1971 II 1315), ferner (mit Wirkung v 9. 5. 1977) dem Baseler Europäischen Übereinkommen über die Errichtung einer Organisation zur Registrierung von Testamenten (Vorbem 142 ff zu Art 25 f) und schließlich auch (mit Wirkung v 21. 10. 1983) der Washingtoner Konvention über ein einheitliches Recht der Form eines internationalen Testaments beigetreten (Vorbem 136 ff zu Art 25 f; dazu ausführlich PINTENS/TORFS/ TORFS, Internationaal testament [1985]).

Das belgische Erbkollisionsrecht folgt ebenso wie das französische dem Prinzip der **71** Nachlaßspaltung (vgl Rn 173): Das bewegliche Vermögen vererbt sich nach dem Recht des letzten Domizils des Erblassers, das unbewegliche Vermögen wird – unter Berufung auf Art 3 Abs 2 Cc, wonach auch Ausländern gehörendes unbewegliches Vermögen den belgischen Gesetzen unterworfen ist – nach der lex rei sitae vererbt (vgl LG München I FamRZ 1998, 1067). Unter „Wohnsitz" versteht das belgische Recht gemäß

Art 102 Cc den Ort, an welchem eine Person ihr „principal établissement" hat (vgl BayOblGZ 1995, 370 ff: Beibehaltung des belgischen Domizils bei ständigem Aufenthaltswechsel im Ausland). Hinterläßt der Erblasser Grundstücke in verschiedenen Ländern, sind mehrere Erbrechte nebeneinander zur Anwendung berufen. Eine Rückverweisung durch das Belegenheits- oder Wohnsitzrecht wird beachtet (VERWILGHEN Nr 104).

72 Das so ermittelte Erbstatut beherrscht sowohl die gesetzliche Erbfolge (Zeitpunkt, Berufungsgründe, Art und Höhe der Erbrechte, Übergang, Schuldenhaftung usw) als auch die Frage nach der materiellen Wirksamkeit eines Testaments und den Grenzen der Testierfreiheit (VERWILGHEN Nr 106, 112). Streitig ist, ob die Auslegung eines Testaments dem Erbstatut unterliegt oder sich nach dem am Wohnsitz des Testators geltenden Recht richtet (VERWILGHEN Nr 112).

73 Die Formgültigkeit eines Testaments bestimmt sich nach Maßgabe der vom Haager TestÜbk berufenen Rechtsordnungen.

74 Das *materielle Erbrecht* ist im Code civil geregelt (Text bei FERID/FIRSCHING/CIESLAR Texte B). Erbverträge und gemeinschaftliche Testamente sind unzulässig, weil sie dem Grundsatz der freien Widerruflichkeit der Verfügungen von Todes wegen widersprechen. Art 912 des belgischen Cc idF v 1.7.1981 sieht ein in internationalen Erbfällen praktisch werdendes Vorwegnahmerecht („droit de prélèvement") für einen Teil der Erben vor. Diese Bestimmung lautet (in der Übersetzung von ERAUW IPRax 1982, 260):

75 **Art 912 Cc**
Im Fall der Aufteilung einer Erbschaft, welche in einem ausländischen Staat belegenes Vermögen umfaßt, haben diejenigen Miterben, welche nicht Angehörige dieses Staates sind, ein Vorwegnahmerecht an dem Vermögen, welches in Belgien belegen ist, [in Höhe eines] Erbteils, der demjenigen an dem ausländischen Vermögen gleich ist, von dem sie – aus welchem Rechtsgrund auch immer – nach den [ausländischen] Gesetzen oder örtlichen Gewohnheitsrechten ausgeschlossen wären.

76 Inhalt und Zielrichtung dieser Vorschrift sind höchst unklar (vgl auch ERAUW aaO). Im Gegensatz zu der früheren Gesetzesfassung, die nur belgischen Staatsbürgern ein Vorwegnahmerecht an Ausländernachlässen zusprach, gewährt die Bestimmung jetzt ein solches Recht für alle Erben, die nicht Angehörige des benachteiligenden ausländischen Staates sind. Sie können geltend machen, daß sie nach ausländischem Erbrecht schlechter stehen als nach belgischem, und unter dieser Voraussetzung als Ausgleich einen Sonderanteil an dem in Belgien belegenen Nachlaß verlangen. Soweit diese Regelung die Angehörigen des benachteiligenden fremden Staates diskriminiert, dürfte sie nicht für die Bürger anderer EG-Staaten gelten (ERAUW Fn 2).

77 Aus der *Sicht des deutschen Rechts* verweist das belgische IPR bei einem Erblasser mit *belgischer Staatsangehörigkeit* und Wohnsitz in der Bundesrepublik hinsichtlich des beweglichen sowie hinsichtlich des in Deutschland belegenen Grundvermögens auf deutsches Recht zurück; gehören zum Nachlaß Grundstücke in einem Drittstaat, erfolgt eine Weiterverweisung auf das Recht dieses Staates (vgl OLG Köln DNotZ 1993, 171 ff).

78 Hinterläßt ein *deutscher Staatsangehöriger* unbewegliches Vermögen in Belgien, wird insoweit von Art 3 Abs 3 unmittelbar belgisches Recht berufen, da die aus Art 3 Abs 2 des belgischen Cc abgeleitete Situs-Regel als „besondere Vorschrift" iS des Art 3 Abs 3 anzusehen ist (vgl Art 25 Rn 536 ff).

Benin 79

Schrifttum: AHAOUANSOU, IntEncCompL, National Reports, Dahomey; GBAGUIDI, Erbrecht an Grund und Boden in Benin (1994).

Das Kollisionsrecht von Benin geht auf das französische Recht zurück. Im Interna- 80 tionalen Erbrecht gelten also die aus Art 3 Abs 2 frz Cc entwickelten Regeln (vgl Rn 173). Danach wird das bewegliche Vermögen nach dem Recht des domicil des Erblassers, das unbewegliche Vermögen nach der lex rei sitae vererbt (GBAGUIDI 127). Das interne Recht von Benin ist interpersonal gespalten. Die Erbfolge hängt davon ab, ob für den Erblasser das moderne Personalstatut maßgebend ist (Anwendung des Code civil in der zum Zeitpunkt der Unabhängigkeit geltenden Fassung von 1960 mit späteren Änderungen) oder ob er einem der traditionellen Stammesgewohnheitsrechte untersteht (GBAGUIDI 170 ff).

Birma (Myanmar) 81

Schrifttum: BECKA, IntEncCompL, National Reports, Burma.

Das Kollisionsrecht von Birma beruht auf den Grundsätzen des Common Law (vgl 82 Rn 200 ff).

Bolivien 83

Schrifttum: CESPEDES TORO, IntEncCompL, National Reports, Bolivia; LISBONNE, JClDrComp, Bolivie.

Bolivien hat sowohl den Montevideo-Vertrag über Internationales Privatrecht v 84 12. 2. 1889 als auch den „Código de Derecho Internacional Privado" (*Código Busta-mante*) von 1928 (mit einem Vorbehalt zugunsten abweichender autonomer Kollisionsnormen) ratifiziert. Dieser Staatsvertrag ist heute in 15 lateinamerikanischen Staaten in Kraft. Er unterstellt die gesetzliche und testamentarische Erbfolge den „Personalgesetzen" des Erblassers, überläßt die Anknüpfung des Personalstatuts jedoch den Vertragsstaaten selbst (Wortlaut in französischer und deutscher Übersetzung bei MAKAROV II² Nr 1; dazu SAMTLEBEN, Internationales Privatrecht in Lateinamerika, Bd I [1979] 108 f; TIEDEMANN 120 ff). Eine Vereinheitlichung des Erbkollisionsrechts bewirkt der Código Bustamante daher nicht. Die unmittelbaren Wirkungen des Vertrages beschränken sich auf das Verhältnis der Vertragsstaaten untereinander (SAMTLEBEN 138); allerdings werden seine Vorschriften auch im Verhältnis zu Drittstaaten nicht selten herangezogen, um Lücken der nationalen Kollisionsrechte auszufüllen. Staatsvertragliche Regelungen auf dem Gebiet des Erbrechts zwischen der Bundesrepublik Deutschland und Bolivien bestehen nicht.

Heinrich Dörner

85 Der bolivianische Código civil v 2.4.1976 enthält keinerlei kollisionsrechtliche Bestimmungen mehr. Die Rechtslage auf dem Gebiet des Internationalen Privatrechts ist daher derzeit unsicher. In Zweifelsfällen wird man auf die bis zur Reform geltenden Anknüpfungsregeln zurückgreifen: FERID/FIRSCHING (Internationales Erbrecht Bd I: Einf Rn 46 Nr 6) geben an, daß sich danach die gesetzliche Erbfolge in bewegliches Vermögen nach dem Recht des letzten Erblasserwohnsitzes, die in unbewegliches Vermögen nach der lex rei sitae beurteilte. Auf die testamentarische Erbfolge sollte je nach Wahl des Testators Wohnsitz- oder Heimatrecht Anwendung finden. Verfügungen über bolivianische Immobilien blieben allerdings dem bolivianischen Recht unterworfen (Text der einschlägigen Vorschriften zT bei MAKAROV II² Nr 6/1).

86 Bosnien-Herzegowina

Rechtsprechung, Schrifttum, Gutachten: s Jugoslawien.

87 Die ehemalige Teilrepublik Bosnien-Herzegowina hat sich im Jahre 1992 aus der Sozialistischen Föderativen Republik Jugoslawien gelöst. Seit dem am 14.12.1995 unterzeichneten Friedensabkommen von Dayton steht fest, daß Bosnien-Herzegowina als selbständiger Staat mit föderativer Struktur fortbesteht. In welchem Ausmaß das früher gemeinjugoslawische Recht in Bosnien-Herzegowina weiterhin Anwendung findet und ob die von der Republik Jugoslawien abgeschlossenen Staatsverträge von Bosnien-Herzegowina für verbindlich angesehen werden, ist unklar. Im Hinblick auf das Haager TestÜbk (vgl Vorbem 31 ff zu Art 25 f) hat Bosnien-Herzegowina jedoch dem niederländischen Außenministerium notifiziert, daß es sich als einer der Rechtsnachfolger des ehemaligen Jugoslawiens (ab 1.10.1993) als durch das Übereinkommen gebunden betrachtet (BGBl 1994 II 296). Bosnien-Herzegowina ist mit Wirkung v 15.8.1994 dem Washingtoner Übereinkommen über ein einheitliches Recht der Form eines internationalen Testaments (Vorbem 136 zu Art 25 f) beigetreten.

88 Der zwischen der früheren DDR und der Sozialistischen Föderativen Republik Jugoslawien geschlossene Rechtshilfevertrag v 20.5.1966 (GBl DDR 1967 I 8, vgl Art 25 Rn 601) ist jedenfalls auch mit Wirkung für Bosnien-Herzegowina mit der Herstellung der deutschen Einheit am 3.10.1990 erloschen (näher Art 25 Rn 614).

89 Im Bereich des autonomen Kollisionsrechts ist bis auf weiteres davon auszugehen, daß in Bosnien-Herzegowina die Bestimmungen des jugoslawischen IPR-Gesetzes v 1.1.1983 herangezogen werden (vgl Rn 293 ff), zumal die dort für das Internationale Erbrecht vorgesehene Staatsangehörigkeitsanknüpfung auch bereits in den vorangehenden jugoslawischen Erbgesetzen aus den Jahren 1955 und 1965 enthalten war.

90 Das *materielle Erbrecht* Bosnien-Herzegowinas ist geregelt im Erbschaftsgesetz v 19.7.1973 (vgl bei FERID/FIRSCHING/POVH, Internationales Erbrecht Bd IV: Jugoslawien, Texte Nr 4).

91 Brasilien

Rechtsprechung: KG IPRspr 1960/61 Nr 140.

Schrifttum: CORREA DE OLIVEIRA, Erbrecht und Nachlaßverfahren in Brasilien, in: SAMTLEBEN (Hrsg) 23; DÖLEMEYER, Grundsätze der deutschen Erbschaftsbesteuerung bei deutsch-brasilianischen Erbfällen, in: SAMTLEBEN (Hrsg) 57; FERID/FIRSCHING/WEISHAUPT, Internationales Erbrecht Bd I: Brasilien; GARLAND, American-Brazilian Private International Law (1959); MANNHEIMER/ SCHEUER, Das Erbrecht der Partner einer nichtehelichen Lebensgemeinschaft in Brasilien, FamRZ 1996, 466; OTHON SIDOU, IntEncCompL, National Reports, Brazil; SAMTLEBEN, Kollisionsrechtliche Probleme in deutsch-brasilianischen Erbfällen, in: SAMTLEBEN (Hrsg), Erbfolge, Güterrecht und Steuer in deutsch-brasilianischen Fällen (1986) 85 (zit: SAMTLEBEN [Hrsg]); TIEDEMANN, Internationales Erbrecht in Deutschland und Lateinamerika (1993); TOPCHA, JClDrComp, Brésil.

Gutachten: IPG 1971 Nr 31 (Köln); 1973 Nr 34 (Hamburg); 1974 Nr 35 (Hamburg); WENGLER, Gutachten zum internationalen und ausländischen Familien- und Erbrecht II (1971) Nr 94, 125; SAMTLEBEN, Anhang: Ausgewählte Gutachten zu deutsch-brasilianischen Erbfällen, in: SAMTLEBEN (Hrsg), 117 ff (zit: SAMTLEBEN, Gutachten).

Brasilien hat den Staatsvertrag von Havanna über Internationales Privatrecht aus **92** dem Jahre 1928 (Código Bustamante) mit speziellen Vorbehalten gegenüber einzelnen Bestimmungen ratifiziert (vgl SAMTLEBEN, Internationales Privatrecht in Lateinamerika Bd I [1979] 286 ff, dazu Rn 84). Zwar finden die Bestimmungen dieses Abkommens unmittelbar nur im Verhältnis zu den Vertragsstaaten Anwendung, jedoch kommt ihnen auch im Verhältnis zu Nichtvertragsstaaten insofern eine gewisse Bedeutung zu, als sie zur Ausfüllung von Lücken des autonomen Kollisionsrechts herangezogen werden (GARLAND 19 ff). Die Verträge von Montevideo (vgl Rn 28) hat Brasilien nicht ratifiziert. Staatsvertragliche Regelungen auf dem Gebiet des Erbrechts zwischen der Bundesrepublik Deutschland und Brasilien bestehen nicht.

Das brasilianische Internationale Privatrecht ist im „Einführungsgesetz zum brasi- **93** lianischen Código civil" (Lei de Introduçao ao Código Civil Brasileiro – LICC) aus dem Jahre 1942 enthalten. Die erbrechtlichen Kollisionsnormen haben folgenden Wortlaut (Übersetzungen bei MAKAROV[3] 54 f; FERID/FIRSCHING/WEISHAUPT Texte A II; im folgenden nach WEISHAUPT, in: KROPHOLLER/KRÜGER/RIERING/SAMTLEBEN/SIEHR 115 ff):

Art 10 **94**
Die Erbfolge wegen Todes oder Verschollenheit wird nach dem Gesetz des Landes bestimmt, in welchem der Verstorbene oder der Verschollene seinen Wohnsitz gehabt hat, welches auch die Natur und die Lage der Güter sei.

§ 1 Die Erbfolge in Güter eines Ausländers, welche sich in Brasilien befinden, richtet sich zu Gunsten des brasilianischen Ehegatten oder der brasilianischen Kinder und der für sie Eintretenden nach brasilianischem Recht, soweit nicht das Personalstatut des Erblassers für sie günstiger ist.

§ 2 Das Gesetz des Wohnsitzes des Erben oder des Vermächtnisnehmers bestimmt ihre Fähigkeit zu erben.

Danach richtet sich die gesetzliche und testamentarische Rechtsnachfolge sowohl in **95** bewegliches wie auch in unbewegliches Vermögen grundsätzlich nach dem Recht des letzten Erblasserwohnsitzes. Die hM in der brasilianischen Literatur definiert die Voraussetzungen des Wohnsitzes nach brasilianischem Recht und legt dabei einen eigenständigen kollisionsrechtlichen Wohnsitzbegriff zugrunde; danach besteht ein

Heinrich Dörner

Wohnsitz an dem Ort, an welchem sich eine Person mit animus manendi aufhält (Tiedemann 185 f; ausführlich Samtleben, Gutachten 139 ff).

96 Das Wohnsitzprinzip wird allerdings von der Schutzvorschrift des Art 10 § 1 LICC durchbrochen. Diese Bestimmung enthält eine besondere Anknüpfung der Nachfolge in das in Brasilien belegene (bewegliche wie unbewegliche) Vermögen für den Fall, daß ein ausländischer Erblasser einen brasilianischen Ehegatten und/oder eheliche Kinder hinterläßt. Das Erbrecht dieser Personen richtet sich nämlich nach brasilianischem Recht, sofern das Wohnsitzrecht sie nicht günstiger stellt. Die Rechtsprechung wendet diese Bestimmung auch auf brasilianische Erblasser mit letztem Wohnsitz im Ausland an (Tiedemann 186 mwN).

97 Eine dem Art 10 § 1 LICC im Wortlaut ähnliche und in der Zielsetzung vergleichbare Vorschrift enthält die brasilianische Verfassung v 5. 10. 1988 in ihrem Art 5 XXXI (vgl Ferid/Firsching/Weishaupt Texte A II Art 10 Fn 1; Tiedemann 187 Fn 31). Diese Bestimmung schreibt vor, daß sich die Nachfolge in das in Brasilien belegene Vermögen eines Ausländers „zugunsten des [brasilianischen] Ehegatten und der brasilianischen Kinder" nach brasilianischem Recht richtet, sofern das „persönliche Gesetz" des Verstorbenen diese Personen nicht günstiger stellt. Im Gegensatz zu Art 10 § 1 LICC werden vom Schutz der Verfassungsnorm *alle* Kinder des Verstorbenen (und nicht nur die aus der betreffenden Ehe stammenden) umfaßt. Zum Verhältnis beider Bestimmungen hat der brasilianische Supremo Tribunal Federal in seiner (zu der entsprechenden Vorgängernorm aus der Verfassung von 1969 ergangenen) Entscheidung aus dem Jahre 1971 festgestellt, daß entweder Art 10 § 1 LICC oder aber die Verfassungsnorm herangezogen werden soll, je nachdem, welche Bestimmung für die brasilianischen Angehörigen günstiger ist (Tiedemann 188 mwN). Praktisch bedeutet dies: Besitzt nur der überlebende Ehegatte die brasilianische Staatsangehörigkeit, die ehelichen Kinder des Verstorbenen aber nicht, so richtet sich gemäß Art 10 § 1 LICC die Erbfolge beider nach brasilianischem Recht. Sind dagegen die (ehelichen oder nicht aus der Ehe stammenden) Kinder Brasilianer, nicht jedoch der überlebende Ehegatte, so gilt aufgrund der Verfassungsbestimmung brasilianisches Recht allein für die Erbfolge der Kinder (Tiedemann 188).

98 Die Formgültigkeit eines Testaments ist nach dem Recht des Errichtungsortes zu beurteilen (Samtleben, Erbfälle 91). Daher wird ein in Deutschland errichtetes privatschriftliches Testament in Brasilien für wirksam erachtet (Samtleben, Erbfälle 93). Die Auslegung des Testaments richtet sich nach dem Recht, welches dem Willen des Testators entspricht: Dies wird im Zweifel das Recht sein, welches auch im übrigen zum Zeitpunkt der Errichtung die Erbfolge beherrschen würde (vgl Samtleben, Erbfälle 91). Die Testierfähigkeit unterfällt dem Domizilrecht des Erblassers bei Errichtung des Testaments (arg Art 1628 Cc), die Erbfähigkeit dem Recht am Wohnsitz des Bedachten (Art 10 § 2 LICC). Ein Renvoi ist ausgeschlossen (Art 16 LICC).

99 Das *materielle Erbrecht* ist im brasilianischen Código civil von 1942 geregelt (Wortlaut bei Ferid/Firsching/Weishaupt Texte B). Gemeinschaftliche Verfügungen von Todes wegen sind verboten (Art 1630 Cc). Ob im Ausland errichtete gemeinschaftliche Testamente und Erbverträge bei Maßgeblichkeit eines ausländischen Erbstatuts wirksam sind oder gegen den brasilianischen ordre public verstoßen, ist noch ungeklärt (vgl Samtleben, Erbfälle 94; ders, Gutachten 220 f).

Aus der Sicht des *deutschen Rechtsanwenders* finden beim Tode eines deutschen **100**
Staatsangehörigen, der Nachlaß in Brasilien und brasilianische Angehörige hinterläßt, neben dem deutschen Erbstatut (Art 25 Abs 1) die Art 10 § 1 LICC sowie Art 5
XXXI der brasilianischen Verfassung über Art 3 Abs 3 als „besondere Vorschriften"
Berücksichtigung (vgl Art 25 Rn 536 ff, 538). Der in Brasilien belegene Nachlaß wird also
nach brasilianischem Recht vererbt, wenn dies im konkreten Fall für den überlebenden Ehegatten bzw die Kinder günstiger ist. Entsprechendes gilt beim Tod eines
nichtbrasilianischen Ausländers. Beim Tode eines Brasilianers verweist das von
Art 25 Abs 1 berufene Heimatrecht gemäß Art 10 LICC grundsätzlich auf deutsches
Recht zurück, sofern der letzte Wohnsitz des Verstorbenen in der Bundesrepublik
lag. Angesichts der Art 10 § 1 LICC und 5 XXXI der Verfassung nimmt es jedoch im
Hinblick auf das in Brasilien belegene Nachlaßvermögen die Verweisung an, soweit
brasilianische Angehörige erben und sie nach brasilianischem Recht besser gestellt
sind. In diesem Fall erstreckt sich der Renvoi nur auf die außerhalb Brasiliens
belegenen Nachlaßteile (näher zu Vorstehendem TIEDEMANN 191 f).

Zu Problemen, die sich aus der gleichzeitigen Anwendbarkeit von deutschem Erb- **101**
und brasilianischem Ehegüterrecht (und umgekehrt) ergeben, s SAMTLEBEN, Erbfälle
104 ff sowie ders, Gutachten 172 ff; 192 ff.

Bulgarien **102**

Schrifttum: FERID/FIRSCHING/JESSEL-HOLST, Internationales Erbrecht, Bd I: Bulgarien; GEILKE/
JESSEL, Einführung in das Recht der bulgarischen Volksrepublik (1975); KORKISCH, Das Privatrecht
Ost-Mitteleuropas in rechtsvergleichender Sicht, RabelsZ 1958, 201; KOSCHUCHAROFF, IntEnc-
CompL, National Reports, Bulgaria; PLANK, Das Testamentsrecht der Volksrepublik Bulgarien,
ZfRvgl 1965, 99; POPOV, Bulgarisches Internationales Privatrecht, RabelsZ 1977, 726; SCHRAMEYER,
Das Erbgesetz in der Fassung von 1992, JOR 1995, 281.

Staatsvertragliche Regelungen auf dem Gebiet des Erbrechts zwischen Bulgarien **103**
und der Bundesrepublik Deutschland bestehen nicht. Im Verhältnis zur früheren
DDR galt zuletzt ein Rechtshilfevertrag v 12.10.1978 (GBl DDR 1979 II 62), der
auch erbrechtliche Kollisionsnormen enthielt (näher Art 25 Rn 598). Inzwischen hat
die Regierung der Bundesrepublik nach Durchführung der in Art 12 Abs 2 EV
vorgesehenen Konsultationen ausdrücklich festgestellt, daß dieser Vertrag mit der
Herstellung der deutschen Einheit am 3.10.1990 erloschen ist (BGBl 1991 II 1019, vgl
Art 25 Rn 614).

Das bulgarische Internationale Erbrecht ist nicht kodifiziert. Gewohnheitsrechtlich **104**
scheint sich – in Abkehr von der nach dem Vorbild des französischen Rechts praktizierten unterschiedlichen Behandlung von beweglichem und unbeweglichem Nachlaß – der Gedanke der Nachlaßeinheit durchgesetzt zu haben, wobei unabhängig von
der Natur und Belegenheit der Nachlaßgegenstände an die Staatsangehörigkeit des
Erblassers angeknüpft wird. Damit stimmt ein aus dem Jahre 1986 stammender
Entwurf eines Zivilgesetzbuches überein, der in seinem Art 864 Abs 1 an die Staatsangehörigkeit des Erblassers anknüpft (vgl JESSEL-HOLST, Wirtschaftsrecht der osteuropäischen Staaten [Loseblatt], Bulgarien X 1 ff, 6). Für die Testierfähigkeit gilt das Heimatrecht
des Erblassers zum Zeitpunkt der Errichtung. Die Formgültigkeit letztwilliger Ver-

Heinrich Dörner

fügungen beurteilt sich alternativ nach dem Recht des Errichtungsortes oder dem Heimatrecht des Erblassers (näher STAUDINGER/FIRSCHING[12] Art 25 Rn 57 mwN).

105 Das *materielle Erbrecht* ist in einem Erbgesetz v 3. 1. 1949 (Neufassung 1992) enthalten (dazu SCHRAMEYER JOR 1995, 281 mit deutscher Übersetzung 286 ff).

106 Burkina Faso

Schrifttum: DECOTTIGNIES/SY, IntEncCompl, National Reports, Upper Volta; MEYER, Burkina Faso – Droit international Privé, Rev cr dr i pr 1991, 220.

107 Staatsvertragliche Beziehungen zwischen Burkina Faso und der Bundesrepublik bestehen nicht. Das Kollisionsrecht dieses Staates ist in einem Einführungsgesetz zum Code des personnes et de la famille v 16. 11. 1989 enthalten. Einschlägig sind die Art 1043 bis 1047 und 1050 dieses Gesetzes.

108 Art 1043

Die Rechtsnachfolge von Todes wegen richtet sich nach dem Heimatrecht des Verstorbenen zum Zeitpunkt seines Todes.

Falls der Verstorbene jedoch zum Zeitpunkt seines Todes offensichtlich engere Beziehungen zu seinem Wohnsitzstaat aufwies, unterliegt die Rechtsnachfolge von Todes wegen dem Recht des Staates, in dem der Verstorbene zum Zeitpunkt seines Todes seinen Wohnsitz hatte.

Art 1044

Eine Person kann das Recht eines Staates bestimmen, der die gesamte Rechtsnachfolge beherrschen soll; diese Bestimmung äußert nur Rechtswirkungen, wenn diese Person im Zeitpunkt ihres Todes diesem Staat angehörte oder dort ihren Wohnsitz hatte.

Diese Wahl muß in einer Erklärung zum Ausdruck gebracht werden, welche die Form einer Verfügung von Todes wegen annimmt.

Die Existenz und Wirksamkeit der Rechtswahlerklärung richtet sich nach dem gewählten Recht. Wenn die Rechtswahl nach diesem Recht nicht wirksam ist, wird das auf die Rechtsnachfolge von Todes wegen anzuwendende Recht durch Art 1043 bestimmt.

Der Widerruf einer solchen Rechtswahl durch den Erklärenden muß hinsichtlich der Form die Voraussetzungen des Widerrufs einer Verfügung von Todes wegen erfüllen.

Die Wahl eines Rechts gilt – vorbehaltlich einer ausdrücklichen abweichenden Bestimmung des Verstorbenen – für die gesamte Rechtsnachfolge, unabhängig davon, ob der Verstorbene ab intestat verstorben ist oder über sein gesamtes Vermögen oder Teile davon durch Verfügung von Todes wegen disponiert hatte.

Art 1045

Besteht ein Nachlaß aus Gütern, die teilweise in Burkina Faso und teilweise im Ausland belegen sind, so erhalten im Falle einer Erbteilung Miterben, die aus welchem Rechtsgrund auch immer von ihrem

Anteil an den im Ausland belegenen Gütern ausgeschlossen sind, an den in Burkina Faso belegenen Gütern einen entsprechenden Anteil vorweg.

Art 1046

Die Testierfähigkeit richtet sich nach dem Recht des Staates, dessen Nationalität der Verstorbene zum Zeitpunkt der Abfassung des Testamentes besaß.

Art 1047

Eine testamentarische Verfügung, auch wenn sie von mehreren Personen in ein und derselben Urkunde abgefaßt wurde, ist formwirksam, wenn sie entspricht

1. dem Recht des Staates, dessen Nationalität der Verstorbene zum Zeitpunkt der Verfügung oder zum Zeitpunkt seines Todes besaß,

2. oder dem Recht des Ortes, an dem der Verstorbene verfügt hat,

3. oder dem Recht des Ortes, an dem der Verstorbene zum Zeitpunkt der Verfügung oder zum Zeitpunkt seines Todes seinen Wohnsitz hatte,

4. oder hinsichtlich des unbeweglichen Vermögens dem Recht des Belegenheitsortes,

5. oder dem Recht, welches die Rechtsnachfolge von Todes wegen beherrscht oder zum Zeitpunkt der Verfügung beherrscht hätte.

Diese Regelung findet auch Anwendung auf testamentarische Verfügungen, die eine vorangehende testamentarische Verfügung widerrufen. Der Widerruf ist gleichfalls formwirksam, wenn er einer der Rechtsordnungen entspricht, nach deren Vorschriften die widerrufene testamentarische Verfügung gemäß Abs. 1 wirksam war.

Die Vorschriften, welche die Formen der zugelassenen testamentarischen Verfügungen von Todes wegen beschränken und sich auf das Alter, die Nationalität oder andere persönliche Eigenschaften des Testators beziehen, werden als zum Bereich der Form gehörig angesehen. Entsprechendes gilt für die Eigenschaften von Zeugen, welche für die Formgültigkeit einer testamentarischen Verfügung erforderlich sind.

Art 1050

Der Freiteil, das Noterbrecht der Erben sowie die Art und Reihenfolge der Herabsetzung von unentgeltlichen Zuwendungen unterliegen dem Erbstatut.

Demnach gilt im Internationalen Erbrecht von Burkina Faso das Staatsangehörigkeitsprinzip (Art 1043 Abs 1), sofern der Erblasser nicht engere Besitzungen zu seinem letzten Wohnsitzstaat aufweist (Art 1043 Abs 2). Eine begrenzte Rechtswahl ist zulässig (Art 1044 Abs 1). Diese Lösungen zeigen sich vom Haager Übereinkommen über das auf die Rechtsnachfolge von Todes wegen anwendbare Recht beeinflußt (MEYER 235 f). Die Testierfähigkeit unterliegt dem Heimatrecht zum Zeitpunkt der testamentarischen Verfügung (Art 1046). Die Regeln über die Testamentsform (Art 1047) sind offensichtlich den Bestimmungen des Haager TestÜbk (vgl Vorbem 31 ff zu Art 25 f) nachgebildet. **109**

Burundi **110**

Schrifttum: PIROW/BELLON, IntEncCompL, National Reports, Burundi; VERWILGHEN, Burundi – Nouvelle Législation de droit international privé, Rev cr dr i pr 1981, 576.

111 Das Kollisionsrecht von Burundi ist im Code des personnes et de la famille v 15. 1. 1980 enthalten (in Kraft seit dem 1. 4. 1980). Einschlägige Bestimmungen enthalten die Art 3 u 4; das Verhältnis dieser beiden Bestimmungen zueinander ist unklar.

112 Art 3

Die Rechte an Sachen, sowohl an beweglichen wie an unbeweglichen, unterstehen dem Recht des Ortes, an dem sich diese Sachen befinden.

Art 4

Die letztwilligen Verfügungen unterstehen hinsichtlich ihrer Form dem Recht des Ortes, an dem sie getroffen wurden, und hinsichtlich ihres Inhaltes und [ihrer] Wirkungen dem nationalen Recht des Erblassers. Wenn jedoch ein Ausländer eine letztwillige Verfügung in Burundi trifft, hat er die Möglichkeit, sich der Form seines nationalen Rechts zu bedienen.

113 Chile

Schrifttum: ETCHEBERRY, American-Chilean Private International Law (1960); FERID/FIRSCHING/ ZIMMER-LORENZ, Internationales Erbrecht, Bd I: Chile; GESCHE, Der Código Bustamante im chilenischen Internationalen Privatrecht, RabelsZ 1967, 640; LISBONNE, JClDrComp, Chile; PESCIO, Les règles de droit international privé dans le code chilien, Rev int dr comp 1963, 181; SANHUEZA CRUZ, IntEncCompL, National Reports, Chile; TIEDEMANN, Internationales Erbrecht in Deutschland und Lateinamerika (1993).

Gutachten: IPG 1974 Nr 34 (Hamburg); 1979 Nr 30 (Köln); 1987/88 Nr 49 (Köln).

114 Chile hat die Verträge von Montevideo (vgl Rn 28) nicht ratifiziert, wohl aber den Código Bustamante von 1928 (vgl Rn 84), allerdings unter dem allgemeinen Vorbehalt, daß der gegenwärtigen und künftigen internen chilenischen Gesetzgebung der Vorrang vor den Bestimmungen dieses Staatsvertrages zukommt. Die chilenischen Gerichte haben mit dieser Einschränkung die Bestimmungen des Código Bustamante gelegentlich auch gegenüber Nicht-Vertragsstaaten herangezogen (ETCHEBERRY 10). Staatsvertragliche Regelungen auf dem Gebiet des Erbrechts zwischen der Bundesrepublik Deutschland und Chile bestehen nicht.

115 Das internationale Erbrecht Chiles ergibt sich aus den Bestimmungen des Código civil aus dem Jahre 1855 (in Kraft seit dem 1. 1. 1857; Neufassung durch DECRETO CON FUERZA DE LEY Nr 2 v 21. 9. 1959) idF v 30. 3. 1990 (deutsche Übersetzung bei MAKAROV[3] 66 ff):

116 Art 15

Chilenen bleiben trotz ihres ausländischen Aufenthaltsorts oder Wohnsitzes den heimatlichen Gesetzen über zivilrechtliche Verpflichtungen und Rechte unterworfen:
1. . . . .
2. in Bezug auf Verpflichtungen und Rechte, die aus familienrechtlichen Beziehungen entstehen; jedoch nur im Hinblick auf ihre chilenischen Ehegatten und Verwandten.

Art 955

Die Erbfolge in das Vermögen einer Person wird im Augenblick ihres Todes an ihrem letzten Wohnsitz eröffnet, ausgenommen in den ausdrücklich bestimmten Fällen.

Die Erbfolge beurteilt sich vorbehaltlich der gesetzlichen Ausnahmen nach dem Recht des Wohnsitzes, an dem sie eröffnet wird.

Art 998

Bei der gesetzlichen Erbfolge nach einem Ausländer, der innerhalb oder außerhalb des Territoriums der Republik verstirbt, haben die chilenischen Staatsangehörigen im Hinblick auf den Erbteil, den Ehegattenpflichtteil oder den Unterhalt dieselben Rechte, die ihnen nach den chilenischen Gesetzen bei der gesetzlichen Erbfolge nach einem Chilenen zustünden.

Die beteiligten Chilenen können verlangen, daß man ihnen an dem in Chile vorhandenen Vermögen des Ausländers alles das zuspricht, was ihnen an dem Nachlaß des Ausländers zukommt.

Dasselbe gilt erforderlichenfalls bei der Beerbung eines Chilenen, der Vermögen im Ausland hinterläßt.

Art 1027

Ein schriftliches Testament, das im Ausland errichtet wurde, ist in Chile als formwirksam anzusehen, wenn festgestellt wird, daß es den Gesetzen des Errichtungsorts entspricht und wenn außerdem die Echtheit der Urkunde in der üblichen Form nachgewiesen wird.

117 Das chilenische Internationale Erbrecht folgt angesichts des Art 955 Cc dem Domizilprinzip. Die chilenische Literatur interpretiert diese Bestimmung als Ausdruck des Grundsatzes der Nachlaßeinheit und sieht sie im Verhältnis zu Art 16 Cc, wonach die in Chile belegenen Sachen nach chilenischem Recht zu beurteilen sind, als lex specialis an. Damit werden auch in Chile belegene Nachlaßgegenstände grundsätzlich nach dem Recht des letzten Erblasserwohnsitzes vererbt, ohne Rücksicht darauf, in welchem Staat sich dieser Wohnsitz befunden hat (ETCHEBERRY 47 ff; TIEDEMANN 163 f). Der Wohnsitz iS des chilenischen Rechts (Art 59 ff Cc) liegt an dem Ort des gewöhnlichen Aufenthalts, sofern die Absicht besteht, dort zu bleiben; diese Absicht wird vermutet bei Ausübung eines Berufes, der üblicherweise für einen längeren Zeitraum ausgeübt wird (TIEDEMANN 163).

118 Von der in Art 955 Cc vorgesehenen Regelung gelten zwei Ausnahmen, auf welche die Vorschrift selbst bereits hindeutet: Zum einen unterliegen die familienrechtlichen Verpflichtungen chilenischer Staatsangehöriger untereinander nach der allgemeinen Regel des Art 15 Nr 2 Cc stets chilenischem Recht. Diese Bestimmung bezieht sich zwar ihrem Wortlaut nach nur auf familienrechtliche Pflichten. Nach allgemeiner Auffassung werden durch sie jedoch auch erbrechtliche Beziehungen erfaßt (TIEDEMANN 165 mwN). Aus ihr ergibt sich also, daß die Erbrechte des chilenischen Ehegatten und der chilenischen Verwandten eines (mit letztem Wohnsitz im Ausland verstorbenen) chilenischen Erblassers stets dem gemeinsamen chilenischen Heimatrecht unterliegen. Die genannten Personen können demnach die ihnen nach chilenischem Recht zustehenden Erbteile beanspruchen (TIEDEMANN 164 f). Bei der Berechnung wird auch der außerhalb Chiles belegene Nachlaß einbezogen (TIEDEMANN 165). Das gemeinsame chilenische Heimatrecht gilt *generell* für die Rechtsnachfolge eines chilenischen Ehegatten bzw Verwandten nach einem chilenischen Erblasser, also nicht nur dann, wenn das von Art 955 Cc berufene Wohnsitzrecht die chilenischen Erben schlechter stellt als das chilenische Recht (TIEDEMANN 166; **aA** IPG 1974 Nr 34 [Hamburg] 360; 1979 Nr 30 [Köln] 298; 1987/88 Nr 49 [Köln] 477).

Heinrich Dörner

119 Zum andern werden bei der Erbfolge nach einem Ausländer gemäß Art 998 Cc chilenische Staatsangehörige durch Anwendung chilenischen Rechts privilegiert. Selbst dann, wenn sich der Wohnsitz des Verstorbenen im Ausland befand, erhalten sie nämlich aus dem Nachlaß dasjenige, was ihnen nach chilenischem Erbrecht zustände. Diese Bestimmung zielt auf den Schutz der chilenischen Verwandten eines mit letztem Wohnsitz im Ausland verstorbenen Ausländers ab (vgl IPG 1987/88 Nr 49 [Köln] 477). Für ausländische Erben verbleibt es in diesem Fall bei der Maßgeblichkeit des Wohnsitzrechts (TIEDEMANN 168). Allerdings gelangt nach Art 998 Cc chilenisches Recht nur dann zur Anwendung, wenn die chilenischen Erben des Schutzes bedürfen, dh bei Anwendung des Wohnsitzrechtes schlechter gestellt wären als nach chilenischem Recht. Infolgedessen muß in jedem Einzelfall für jeden Miterben die Rechtslage nach beiden Rechtsordnungen verglichen werden (TIEDEMANN 168). In den Vergleich wird auch das im Ausland befindliche Vermögen miteinbezogen (TIEDEMANN 168 f). Nach Art 998 Abs 2 Cc, dem offensichtlich das frühere „droit de prélèvement" des französischen Code civil als Vorbild gedient hat, können sich die derart begünstigten Personen vorrangig aus dem in Chile belegenen Nachlaß befriedigen, und zwar auch hinsichtlich des Nachlaßteils, der nach dem am letzten Wohnsitz des Erblassers geltenden ausländischen Recht nicht realisiert werden konnte (TIEDEMANN 169). Im chilenischen Schrifttum ist umstritten, ob Art 998 Cc – seinem Wortlaut entsprechend – nur bei gesetzlicher Erbfolge Anwendung findet, oder ob die Bestimmung – zumindest bei Beeinträchtigung von Noterbrechten – auch bei testamentarischer Erbfolge Platz greift. Im Ergebnis dürfte dieser Streit ohne praktische Bedeutung sein, da der Schutz chilenischer Zwangserben zum chilenischen ordre public gehört und daher die Anhänger der erstgenannten Auffassung die Anwendung des chilenischen Noterbrechts zwar nicht über Art 998 Cc, wohl aber unter Hinweis auf den ordre public durchsetzen würden (TIEDEMANN 170).

120 Die Testierfähigkeit eines chilenischen Erblassers richtet sich nach seinem Heimatrecht (Art 15 Nr 1 Cc). Die Form eines Testaments unterfällt grundsätzlich dem Recht des Errichtungsortes. Handschriftliche Testamente sind nach chilenischem Recht nicht zugelassen. Ein im Ausland errichtetes handschriftliches Testament wird unter den Voraussetzungen des Art 1027 Cc in Chile als formwirksam angesehen, allerdings ist zweifelhaft, ob dies auch für die in Chile befindlichen Nachlaßgegenstände gilt. Zwar hat der chilenische Oberste Gerichtshof in einer Entscheidung aus dem Jahre 1927 ein in Frankreich errichtetes holographisches Testament auch im Hinblick auf den chilenischen Nachlaß für wirksam erachtet, jedoch ist diese Entscheidung vereinzelt geblieben (LISBONNE Nr 370). Ob das chilenische IPR einen Renvoi anerkennt, ist im Schrifttum umstritten; der chilenische Oberste Gerichtshof hat in einer Entscheidung aus dem Jahre 1944 eine Rückverweisung angenommen (TIEDEMANN 172).

121 Das chilenische *materielle Erbrecht* findet sich im Código civil v 14. 12. 1855 (Wortlaut bei FERID/FIRSCHING/ZIMMER-LORENZ Texte B). Gemeinschaftliche Testamente sind unwirksam (Art 1103 Cc).

122 Aus *deutscher Sicht* verweist das chilenische Kollisionsrecht daher grundsätzlich auf deutsches Recht zurück, wenn ein chilenischer Staatsangehöriger seinen letzten Wohnsitz in der Bundesrepublik hatte. Soweit allerdings chilenische Erben vorhanden sind, die zu dem in Art 15 Nr 2 Cc genannten Personenkreis gehören, bleibt es bei der Anwendung des gemeinsamen chilenischen Heimatrechts. Treffen chilenische Erben der in Art 15 Nr 2 Cc genannten Kategorien mit nicht-chilenischen Erben zusammen, kommt es zu einer Spaltung des Erbstatuts. Daraus können sich Anpassungsprobleme ergeben, wenn etwa im Falle einer gesetzlichen Erbfolge chilenisches Heimatrecht und deutsches Wohnsitzrecht nicht aufeinander abgestimmte Erbquoten zusprechen.

Der Vorschrift des Art 998 Cc kommt im deutsch-chilenischen Verhältnis nur eine **123** geringe Bedeutung zu (zum Folgenden ausführlich TIEDEMANN 171). Es handelt sich dabei von vornherein *nicht* um eine „besondere Vorschrift" iS des Art 3 Abs 3, da nach dieser Bestimmung die Grundsatzanknüpfung des Art 25 Abs 1 nur vor gegenstandsbezogenen Kollisions- und Sachnormen, nicht dagegen vor inländerschützenden Sonderanknüpfungen zurückweicht. Demzufolge kann Art 998 Cc nur dann zum Zuge kommen, wenn bei Anwendung der in Art 25 Abs 1 vorgesehenen Regelanknüpfung chilenisches Recht berufen wird. Hinterläßt ein deutscher Staatsangehöriger aber Nachlaß in Chile sowie chilenische Angehörige, wird von vornherein nicht auf chilenisches Recht verwiesen (Art 25 Abs 1). Beim Tode eines chilenischen Staatsangehörigen andererseits findet – im Verhältnis zu chilenischen Erben – ohnehin chilenisches Erbrecht Anwendung (Rn 95), so daß die Voraussetzungen des Art 998 nicht gegeben sind. Daher kann die Vorschrift aus deutscher Sicht allenfalls dann relevant werden, wenn das von Art 25 Abs 1 berufene Recht eines dritten Staates auf chilenisches Belegenheitsrecht (partiell) weiterverweist.

China (Republik) **124**

Schrifttum: FERID/FIRSCHING/CORINTH, Internationales Erbrecht, Bd I: Republik China; HAN-PAO MA, Legal System of the Republic of China, RabelsZ 1973, 101; CHENG, Das internationale Privatrecht der natürlichen Person in der Republik China (Diss Münster 1980);

Gutachten: IPG 1965/66 Nr 64 (Köln).

Staatsvertragliche Regelungen auf dem Gebiet des Erbrechts zwischen der Bundes- **125** republik Deutschland und der Republik China bestehen nicht. Das autonome erbrechtliche Kollisionsrecht findet sich in dem Gesetz über die Anwendung bürgerlichen Rechts bei Ausländern v 6. 6. 1953 (im folgenden in der Übersetzung von MAKAROV[3] 272 ff):

Art 22 **126**

Die Beerbung beruht auf dem Heimatrecht des Erblassers zur Zeit seines Todes. Wenn aber nach dem Recht der Republik China ein Staatsangehöriger der Republik China Erbe sein muß, kann er in der Republik China befindliches Nachlaßvermögen erben.

Art 23

Wenn ein Ausländer zur Zeit seines Todes Vermögen in der Republik China hinterläßt, das nach seinem Heimatrecht erbenloses Vermögen wird, so wird darüber nach dem Recht der Republik China verfügt.

Art 24

Die Voraussetzungen des Zustandekommens und die Wirkungen eines Testaments beruhen auf dem Heimatrecht des Testators zur Zeit der Errichtung.

Die Aufhebung eines Testaments beruht auf dem Heimatrecht des Testators zur Zeit der Aufhebung.

127 Das Erbkollisionsrecht der Republik China folgt mithin dem Staatsangehörigkeitsprinzip (Art 22, 23). Bei Mehrstaatern, die ihre Staatsangehörigkeiten sukzessiv erworben haben, wird das Heimatrecht nach der zuletzt erworbenen Staatsangehörigkeit bestimmt; bei gleichzeitigem Erwerb gilt das Recht des Landes, zu welchem die engste Verbindung besteht. Besitzt die betreffende Person neben einer ausländischen Staatsangehörigkeit diejenige der Republik China, setzt diese sich durch (Art 26). Für Staatenlose gilt das Recht des Wohnsitzes, hilfsweise das Recht ihres Aufenthaltsortes (Art 27 Abs 1). Bei Verweisungen auf einen Mehrrechtsstaat findet das Recht der Teilrechtsordnung Anwendung, in welcher sich der Wohnsitz der betreffenden Person befindet; läßt sich dieser nicht feststellen, geht man vom Recht der Teilrechtsordnung aus, in welcher die Hauptstadt liegt (Art 28). Die Formgültigkeit von Rechtsgeschäften wird grundsätzlich alternativ nach dem in der Sache anzuwendenden Recht oder nach dem Recht des Errichtungsortes beurteilt (Art 5 Abs 1). Ein Renvoi findet Beachtung (Art 29).

128 Das *materielle Erbrecht* ist im Bürgerlichen Gesetzbuch von 1929/1931 geregelt (Wortlaut: FERID/FIRSCHING/CORINTH aaO).

129 China (Volksrepublik)

Schrifttum: CHEN CHUNLONG, JClDrComp, Chine; CORINTH, Das neue Ehe- und Kindschaftsrecht sowie das Staatsangehörigkeitsgesetz der VR China, ZfRV 1981, 1; FERID/FIRSCHING/CORINTH, Internationales Erbrecht, Bd I: Volksrepublik China; FORSTER-SIMONS, The Development of Inheritance Law in the Soviet Union and the People's Republic of China, AmJCompL 1985, 33; HEUSER/ ZHAO, Die Rechtsanwendungsnormen in den „Allgemeinen Regeln des Zivilrechts der Volksrepublik China", RIW 1986, 766; MALIK, Inheritance Law in the Soviet Union and the People's Republic of China: An Unfriedly Comment, AmJCompL 1986, 137; MANTHE, Bürgerliches Recht und Bürgerliches Gesetzbuch in der Volksrepublik China, JbOstR 1987, 11; ders, Das Erbrechtsgesetz der Volksrepublik China, Osteuropa-Recht 1985, 200; MÜNZEL, IntEncCompl, People's Republic of China; ders, Das IPR und IZPR der Volksrepublik China, IPRax 1988, 46 (mit Übersetzung 58, 118); ders, Neues chinesisches Kollisionsrecht, IPRax 1989, 109; vSENGER, La première loi sur les successions en République populaire de Chine, Rev dr int dr comp 1987, 65; vSENGER/GUOJIAN, Internationales Privat- und Zivilverfahrensrecht der Volksrepublik China, Bd I (1994); SÜSS, Zu den kollisionsrechtlichen „Lücken" in den „Allgemeinen Regeln des Zivilrechts der Volksrepublik China", RIW 1987, 392; ders, Neues chinesisches IPR, RIW 1989, 788 (mit Übersetzung 994); ders, Grundzüge des chinesischen Internationalen Privatrechts (1991); TUNG-PI, Private international law of the People's Republic of China: an Overview, AmJCompL 1987, 445; WÜSTENBERG, Das Internationale Erbrecht der Volksrepublik China, JOR 1994, 279; YOUNG, A General Survey of Private International Law in China, IPRax 1993, 343.

Gutachten: IPG 1984 Nr 39 (Hamburg); WENGLER, Gutachten zum internationalen und ausländischen Familien- und Erbrecht II (1971) Nr 132.

Staatsvertragliche Regelungen auf dem Gebiet des Erbrechts zwischen der Bundes- **130**
republik Deutschland und der Volksrepublik China bestehen nicht. Das Haager
Trust-Übereinkommen (Vorbem 129 ff zu Art 25 f) gilt in der Sonderverwaltungsregion
Hongkong auch nach dem Anschluß an die Volksrepublik China. Die erbrechtlichen
Kollisionsnormen des Internationalen Privatrechts der Volksrepublik China finden
sich in § 36 des Erbgesetzes der VR China v 10. 4. 1985 (Inkrafttreten: 1. 10. 1986)
sowie § 149 der „Allgemeinen Grundsätze des Zivilrechts der VR China" v
12. 4. 1986. Diese Bestimmungen lauten (in der Übersetzung von MÜNZEL IPRax 1988,
59 u 60):

§ 36 Erbgesetz   131
Wenn chinesische Bürger Vermögen außerhalb des Gebiets der VR China oder Vermögen von
Ausländern innerhalb des Gebiets der VR China erben, wird bei beweglichem Vermögen das Recht
des Wohnsitzes des Erblassers und bei unbeweglichem Vermögen das Recht des Ortes des unbeweglichen Vermögens angewandt.

Wenn Ausländer Vermögen innerhalb des Gebiets der VR China oder Vermögen chinesischer Bürger
außerhalb des Gebiets der VR China erben, wird auf bewegliches Vermögen das Recht des Wohnsitzes des Erblassers und auf unbewegliches Vermögen das Recht des Ortes des unbeweglichen
Vermögens angewandt.

Wenn die VR China mit dem Ausland Verträge oder Abkommen geschlossen hat, wird nach den
Verträgen oder Abkommen verfahren.

§ 149 Allgemeine Grundsätze
Auf die gesetzliche Erbfolge in den Nachlaß wird bei beweglichem Vermögen das Recht des Wohnsitzes des Erblassers z. Zt. seines Todes, bei unbeweglichem Vermögen das Recht des Ortes des
unbeweglichen Vermögens angewandt.

Das moderne Kollisionsrecht der Volksrepublik China folgt also dem Prinzip der **132**
Nachlaßspaltung: Die Erbfolge in das bewegliche Vermögen richtet sich nach dem
Recht des letzten Erblasserwohnsitzes, in das unbewegliche Vermögen nach dem
Belegenheitsrecht. In § 149 der Allgemeinen Grundsätze werden die Bestimmungen
des § 36 Erbgesetz allgemeiner gefaßt; allerdings bezieht sich jene Bestimmung nur
auf die gesetzliche Erbfolge, so daß für die testamentarische Erbfolge weiterhin § 36
Erbgesetz von Bedeutung bleibt (MÜNZEL IPRax 1988, 52); im chinesischen Schrifttum
ist allerdings auch die Anwendung des § 36 auf die testamentarische Erbfolge
umstritten (vgl vSENGER/GUOJIAN 390 f).

Das *materielle Erbrecht* der Volksrepublik China ist im Erbgesetz v 10. 4. 1985 gere- **133**
gelt (dazu MANTHE Osteuropa-Recht 1985, 200; CHEN CHUNLONG Nr 103 ff). Von Ausländern
in der Volksrepublik China errichtete Testamente müssen, um wirksam zu sein, von
den zuständigen chinesischen Behörden bzw ggf von den Konsuln des Heimatstaates
bestätigt werden. Testamente, die außerhalb der Volksrepublik China errichtet wurden und in China belegene Nachlaßgegenstände betreffen, bedürfen der Homologa-
tion durch eine chinesische Botschaft oder ein Konsulat. Eine gesetzliche Erbfolge
von Ausländern ist möglich; grundsätzlich kann jedoch weder ein chinesischer Staatsangehöriger noch ein Ausländer in China belegene Vermögenswerte durch Verfügung von Todes wegen einem Ausländer zuwenden (CHEN CHUNLONG Nr 153).

134 Costa Rica

Schrifttum: ANTILLON/TRJOS, IntEncCompL, National Reports, Costa Rica; LISBONNE, JClDrComp, Costa Rica; TIEDEMANN, Internationales Erbrecht in Deutschland und Lateinamerika (1993).

135 Costa Rica hat den „Código Bustamante" (Rn 84) aus dem Jahre 1928 ratifiziert. Staatsvertragliche Regelungen auf dem Gebiet des Erbrechts zwischen der Bundesrepublik Deutschland und Costa Rica bestehen nicht.

136 Das Internationale Privatrecht von Costa Rica ist seit dem Jahre 1986 im Einleitungstitel zum Código civil enthalten. Eine allgemeine erbrechtliche Kollisionsnorm kennt das Gesetz jedoch nicht. Anhaltspunkte für die Anknüpfung erbrechtlicher Fragen geben aber die Art 24, 25 u, 27 u 28 Cc (Übersetzung im Anschluß an MAKAROV bei KROPHOLLER/KRÜGER/RIERING/SAMTLEBEN/SIEHR 105 ff):

137 **Art 24**

Die Gesetze von Costa Rica beherrschen die in der Republik belegenen unbeweglichen Güter, auch wenn sie Ausländern gehören, sei es, daß diese Güter isoliert für sich betrachtet werden, sei es in bezug auf die Rechte des Eigentümers als Teil eines Nachlasses oder eines anderen Gesamtvermögens.

Art 25

Bewegliche Güter, die Angehörigen von Costa Rica oder in der Republik wohnhaften Ausländern gehören, unterliegen demselben Recht wie die in Costa Rica belegenen unbeweglichen Güter; hingegen sind bewegliche Sachen, die in der Republik nicht wohnhaften Ausländern gehören, nur insoweit den Gesetzen von Costa Rica unterworfen, als sie isoliert für sich betrachtet werden.

Art 27

Für die Auslegung eines Vertrages und für seine mittelbaren und unmittelbaren Wirkungen sind die Gesetze des Ortes maßgebend, an welchem der Vertrag geschlossen worden ist; gehören jedoch die Vertragschließenden demselben Staate an, so ist ihr Heimatrecht maßgebend.

Bei Testamenten sind die Gesetze des Landes maßgebend, in welchem der Testator seinen Wohnsitz hatte.

Art 28

In bezug auf die Form und die äußeren Förmlichkeiten eines Vertrages oder eines Rechtsgeschäftes, die in Costa Rica Wirkung haben sollen, können die Vertragschließenden oder der Errichtende sich den Gesetzen von Costa Rica oder des Landes unterwerfen, wo das Rechtsgeschäft oder der Vertrag vorgenommen oder geschlossen wird.

Erfordern die Gesetze von Costa Rica öffentliche Urkunden, so sind privatschriftliche Urkunden auch dann nicht gültig, wenn sie in dem Lande, in dem sie errichtet sind, wirksam sind.

138 Das Verhältnis dieser Bestimmungen zueinander ist unklar (vgl dazu auch TIEDEMANN 159 f). Man wird von folgenden Regeln ausgehen dürfen: Verstirbt ein Staatsangehöriger von Costa Rica mit letztem Wohnsitz in diesem Staat, so richtet sich die gesetzliche wie testamentarische Erbfolge hinsichtlich der in Costa Rica belegenen unbeweglichen (Art 24 Cc) sowie beweglichen Güter (Art 25 Cc) von vornherein nach costaricanischem Belegenheitsrecht. Für die testamentarische Erbfolge in den außerhalb Costa Ricas belegenen (unbeweglichen wie beweglichen) Nachlaß beruft Art 27 Abs 2 Cc das costaricanische Wohnsitzrecht. Entsprechendes wird man für die gesetzliche Erbfolge annehmen müssen (TIEDEMANN 160). Befand sich der letzte Wohnsitz des costaricanischen Staatsangehörigen im Ausland, bleibt es zwar für den in Costa Rica belegenen unbeweglichen wie beweglichen Nachlaß beim Recht von Costa Rica (Art 24, 25 Cc). Für Nachlaßwerte im Ausland kommt dagegen (sowohl für die testamentarische, vgl Art 27 Abs 2 Cc, als auch für die gesetzliche Erbfolge) das Recht des letzten Wohnsitzes zum Zuge; dies gilt auch für bewegliche Güter, da sich Art 25 Cc – ebenso wie Art 24 Cc – nur auf inländisches bewegliches Vermögen beziehen dürfte (in diesem letzten Punkt anders TIEDEMANN 159 f).

Verstirbt ein ausländischer Staatsangehöriger mit Wohnsitz in Costa Rica, bleibt es **139** bei der Anwendung costaricanischen Belegenheitsrechts für die im Inland belegenen unbeweglichen (Art 24 Cc) und beweglichen (Art 25 Cc) Güter; ausländischer Nachlaß vererbt sich nach costaricanischem Wohnsitzrecht, und zwar nicht nur bei testamentarischer (Art 27 Abs 2 Cc), sondern auch bei gesetzlicher Erbfolge. Befand sich der letzte Wohnsitz des ausländischen Erblassers im Ausland, wird das unbewegliche Vermögen in Costa Rica nach dem Recht dieses Staates vererbt (Art 24 Cc). Im übrigen gilt – auch für die in Costa Rica belegenen beweglichen Güter (vgl die Einschränkung in Art 25 HS 2 Cc) – das Recht des letzten Erblasserwohnsitzes.

Das *materielle Erbrecht* von Costa Rica ist in dem Código civil aus dem Jahre 1986 **140** enthalten.

Dänemark   **141**

Schrifttum: DÖRNER, Fremdrechtszeugnis gemäß § 1507 BGB und Erbschein, DNotZ 1980, 662; EBENROTH Rn 1321; FERID/FIRSCHING/THORBEK/STEINIGER, Internationales Erbrecht, Bd I: Dänemark; FLICK/PILTZ Rn 469 ff; KOKTVEDGAARD, IntEncCompL, National Reports, Denmark; KORKISCH, Einführung in das Privatrecht der nordischen Länder, Bd I (1977); MARKUS, Das neue dänische Erbgesetz, RabelsZ 1965, 377; MENZEL, Das neue dänische Ehegüterrecht, Gruchot 1927, 644; MÜLLER-FREIENFELS, Nachehelicher Vermögensausgleich in Skandinavien und Deutschland, in: FS Ha"kan Nial (1966) 403 ff; PAPPENHEIM, Die Rechtsnatur des „Sitzenbleibens im ungeteilten Gut" im dänischen Recht, RabelsZ 1932, 120; PHILIP, American-Danish Private International Law (1957); PHILIP/EKSTRAND, JClDrComp, Danemark.

Gutachten: IPG 1971 Nr 35 (Kiel); 1985/86 Nr 47 (Hamburg).

Dänemark ist seit dem 19.9.1976 Vertragspartner des Haager TestÜbk (BGBl 1976 II **142** 1718, vgl dazu Vorbem 31 ff zu Art 25 f). Zwischen Dänemark, Norwegen, Schweden, Finnland und Island besteht ein Abkommen über Erbschafts- und Nachlaßteilung v 19.11.1934 (in Kraft seit 1.1.1936), dessen Kollisionsnormen allerdings nur im Verhältnis der Vertragspartner untereinander gelten (Wortlaut: MAKAROV II² Nr 294; STAUDINGER/FIRSCHING¹² Vorbem 408 zu Art 24–25). Staatsvertragliche Regelungen auf dem Gebiet des Erbrechts zwischen der Bundesrepublik Deutschland und Dänemark bestehen nicht.

143 Das Erbkollisionsrecht ist nicht kodifiziert. Erbstatut kraft Gewohnheitsrechts ist das Recht des Domizils des Erblassers zum Zeitpunkt seines Todes (vgl DÖRNER DNotZ 1980, 662 mwN; IPG 1971 [Kiel] 346 mwN). Die Testierfähigkeit richtet sich nach dem Recht, das am Domizil des Testators zum Zeitpunkt der Errichtung galt. Die Formgültigkeit eines Testaments richtet sich nach den Bestimmungen des Haager TestamentsformÜbk (vgl Vorbem 31 ff zu Art 25). Ein Renvoi wird grundsätzlich nicht anerkannt (PHILIP/EKSTRAND Nr 160).

144 Das *materielle Erbrecht* Dänemarks ist im Erbgesetz v 31. 5. 1963 idF v 22. 5. 1974 enthalten (dazu MARCUS RabelsZ 1965, 377; PHILIP/EKSTRAND Nr 111 ff; FERID/FIRSCHING/THORBEK/STEINIGER Texte Nr 2).

145 Aus der *Sicht des deutschen Rechts* richtet sich die Erbfolge nach einem mit letztem Wohnsitz in Dänemark versterbenden deutschen Staatsangehörigen gemäß Art 25 Abs 1 nach deutschem Recht. Art 3 Abs 3 findet keine Anwendung (vgl Art 25 Rn 541). Beim Tode eines Dänen verweist das dänische Kollisionsrecht auf das deutsche Recht zurück bzw auf das Recht eines Drittstaates weiter, wenn der Erblasser seinen letzten Wohnsitz in der Bundesrepublik bzw in einem Drittstaat hatte. Zur Anwendung dänischen Ehegüterrechts neben deutschem Erbrecht vgl DÖRNER DNotZ 1980, 662 ff. Setzt bei Maßgeblichkeit dänischen Ehegüterrechts ein überlebender Ehegatte den gesetzlichen Güterstand der Gütergemeinschaft fort („hensidden i uskiftet bo"), erfolgt die Vermögensnachfolge zur Gänze auf güterrechtlichem Wege. In diesem Fall kann – ggf neben einem Erbschein gemäß § 2353 BGB – ein Fremdrechtszeugnis über die Fortsetzung der Gütergemeinschaft gemäß § 1507 BGB erteilt werden (DÖRNER DNotZ 1980, 665 ff).

146 Ecuador

Schrifttum: BUSTAMANTE MUNOZ/LOVATO, IntEncCompL, National Reports, Ecuador; FERID/FIRSCHING/ZIMMER-LORENZ, Internationales Erbrecht, Bd II: Ecuador; KADNER, Das internationale Privatrecht in Ecuador (1999); LISBONNE, JClDrComp, Equateur; TIEDEMANN, Internationales Erbrecht in Deutschland und Lateinamerika (1993).

Gutachten: WENGLER, Gutachten zum internationalen und ausländischen Familien- und Erbrecht II (1971) Nr 118.

147 Ecuador hat den „Código Bustamante" (Rn 84) aus dem Jahre 1928 ratifiziert und ist auch dem Washingtoner UN-Übk über ein einheitliches Recht der Form eines internationalen Testaments v 26. 10. 1973 (Vorbem 136 ff zu Art 25 f) beigetreten. Staatsvertragliche Regelungen auf dem Gebiet des Erbrechts zwischen der Bundesrepublik Deutschland und Ecuador bestehen nicht.

148 Ecuador gehört zum „chilenischen Rechtskreis" und hat 1860 den chilenischen Código civil aus dem Jahre 1855 nahezu unverändert übernommen (SAMTLEBEN RabelsZ 1971, 80; TIEDEMANN 178). Insbesondere stimmen die Vorschriften des ecuadorianischen Internationalen Erbrechts mit den entsprechenden Bestimmungen des chilenischen Rechts (vgl Rn 116) überein (vgl die Übersetzung sämtlicher Bestimmungen von ZIMMER-

Lorenz, in: Kropholler/Krüger/Riering/Samtleben/Siehr 211 ff). Die zentralen Vorschriften lauten:

Art 14 149

Ecuadorianer bleiben trotz ihres ausländischen Aufenthaltsorts oder Wohnsitzes den heimatlichen Gesetzen über zivilrechtliche Verpflichtungen und Rechte unterworfen:

1. . . .

2. in Bezug auf Verpflichtungen und Rechte, die aus familienrechtlichen Beziehungen entstehen; jedoch nur im Hinblick auf ihre chilenischen Ehegatten und Verwandten.

Art 1019

Die Erbfolge in das Vermögen einer Person wird im Augenblick ihres Todes an ihrem letzten Wohnsitz eröffnet, ausgenommen in den ausdrücklich bestimmten Fällen.

Die Erbfolge beurteilt sich vorbehaltlich der gesetzlichen Ausnahmen nach dem Recht des Wohnsitzes, an dem

Danach unterliegt die Erbfolge prinzipiell dem Recht des letzten Erblasserwohn- 150 sitzes (Art 1019 Cc); der Wohnsitz einer Person befindet sich an dem Ort, an welchem sie ansässig ist oder an dem sie gewöhnlich ihren Beruf ausübt (Art 48, dazu Lisbonne Nr 201). Das Wohnsitzprinzip wird – ebenso wie im chilenischen Recht (vgl Rn 101) – von zwei Ausnahmen durchbrochen. Gemäß Art 14 Nr 2 Cc richten sich die familienrechtlichen Beziehungen zwischen ecuadorianischen Staatsangehörigen, auch wenn sie im Ausland leben, weiterhin nach dem Recht von Ecuador. Besitzen also Erblasser und Erbe die ecuadorianische Staatsangehörigkeit, findet auf die Erbfolge das gemeinsame Heimatrecht Anwendung (Tiedemann 178). Außerdem werden ecuadorianische Staatsbürger nach Art 1058 Cc am Nachlaß eines in Ecuador oder im Ausland domizilierten Ausländers (zumindest) in dem Umfang beteiligt, wie das ecuadorianische Recht dies vorsieht. Ihnen steht insoweit an dem in Ecuador befindlichen Nachlaßteil ein Vorwegnahmerecht zu (vgl näher die Erläuterungen zum chilenischen Recht in Rn 102). Ein im Ausland errichtetes schriftliches Testament ist formgültig, wenn es entsprechend den Gesetzen des Errichtungsstaates zustande gekommen ist und die Echtheit der Urkunde in der üblichen Form nachgewiesen wird (Art 1085 Cc).

Das *materielle Erbrecht* ist in dem Código civil von 1860 geregelt (dazu Ferid/Fir- 151 sching/Zimmer-Lorenz Texte B).

Elfenbeinküste 152

Schrifttum: Idot, JClDrComp, Côte d'Ivoire; Linossier, IntEncCompL, National Reports, Ivory Coast.

Eine gesetzliche Regelung des Erbkollisionsrechts fehlt. Die Rechtsprechung der 153 Elfenbeinküste wendet auf die Erbfolge in bewegliches Vermögen das Recht des letzten Erblasserwohnsitzes an. Im Hinblick auf die Erbfolge in unbewegliches Vermögen ist die Rechtslage umstritten: Aus Art 3 Abs 2 des in Elfenbeinküste fortgel-

Heinrich Dörner

tenden französischen Code civil wird zT die Maßgeblichkeit des Belegenheitsrechts gefolgert. Davon abweichend hat jedoch die Cour suprême in einer Entscheidung v 21. 4. 1972 insoweit das Heimatrecht des Verstorbenen herangezogen (IDOT Nr 178).

154 Die Formgültigkeit eines Testaments richtet sich grundsätzlich nach dem Recht des Errichtungsortes. Jedoch kann ein Staatsangehöriger der Elfenbeinküste ohne Rücksicht auf seinen Aufenthaltsort stets ein handschriftliches Testament errichten (IDOT Nr 178).

155 El Salvador

Schrifttum: TIEDEMANN, Neue Kollisionsnormen in El Salvador, RabelsZ 1987, 120; dies, Internationales Erbrecht in Deutschland und Lateinamerika (1993).

156 El Salvador hat den „Código Bustamante" (Rn 84) aus dem Jahre 1928 zwar gezeichnet, aber nicht ratifiziert. Staatsvertragliche Regelungen auf dem Gebiet des Erbrechts zwischen der Bundesrepublik Deutschland und El Salvador bestehen nicht.

157 El Salvador gehört zum „chilenischen Rechtskreis" und hat 1859 den chilenischen Código civil aus dem Jahre 1855 unverändert übernommen (SAMTLEBEN RabelsZ 1971, 80; TIEDEMANN 177). Insbesondere stimmen die Vorschriften des salvadorianischen Internationalen Erbrechts im wesentlichen weiterhin (zu Änderungen im IPR vgl TIEDEMANN RabelsZ 1987, 120) mit den entsprechenden Bestimmungen des chilenischen Rechts (Rn 116f) überein (Übersetzung bei KROPHOLLER/KRÜGER/RIERING/SAMTLEBEN/SIEHR 233 ff).

158 Art 956 des salvadorianischen Código civil entspricht der in Art 955 des chilenischen Código civil (Rn 116) enthaltenen Grundregel, wonach die Erbfolge dem Recht des letzten Erblasserwohnsitzes untersteht. Eine Durchbrechung des Wohnsitzprinzips enthält Art 995 des salvadorianischen Cc, der mit Art 998 des chilenischen Cc (vgl Rn 119) übereinstimmt. Salvadorianische Staatsbürger werden also am Nachlaß eines in El Salvador oder im Ausland domizilierten Ausländers (zumindest) in dem Umfang beteiligt, wie das salvadorianische Recht dies vorsieht. Ihnen steht insoweit an dem in El Salvador befindlichen Nachlaßteil ein Vorwegnahmerecht zu (vgl näher die Erläuterungen zum chilenischen Recht in Rn 119). Dagegen ist Art 15 Nr 2 des salvadorianischen Cc, der dem auch in der Zählung identischen Artikel des chilenischen Rechts (vgl Rn 118) entsprach, durch das Familiengesetzbuch v 13. 12. 1993 aufgehoben worden.

159 Estland

Die Republik Estland ist aus dem Zerfall der Union der Sozialistischen Sowjetrepubliken hervorgegangen. Während die Bundesrepublik im Verhältnis zu anderen Nachfolgestaaten der früheren UdSSR durch Gemeinsame Erklärung oder Notenwechsel Übereinstimmung darüber erzielt hat, daß die zwischen der Bundesrepublik und der früheren UdSSR geschlossenen völkerrechtlichen Verträge solange weiterhin angewandt werden sollen, bis beide Seiten etwas Abweichendes vereinbaren, ist ein solcher Schritt im Verhältnis zu Estland nicht erfolgt. Daher besteht derzeit (1. 1. 2000) Unsicherheit darüber, ob der zwischen der Bundesrepublik und der UdSSR geschlossene Konsularvertrag v 25. 4. 1958 (BGBl 1959 II 469, dazu Vorbem 191 ff zu Art 25 f), der in seinem Art 28 Abs 3 die Erbfolge in unbewegliches Vermögen dem Belegenheitsrecht unterwirft (Vorbem 194 zu Art 25), im Verhältnis zwischen der Bundesrepublik und der Republik Estland fortgilt; zu der völkerrechtlichen Problematik näher Vorbem 193 zu Art 25.

Der Rechtshilfevertrag v 19. 9. 1979, den die frühere UdSSR seinerzeit mit der DDR **160** geschlossen hatte und der auch erbrechtliche Kollisionsnormen enthielt (näher Art 25 Rn 608), ist dagegen mit der Herstellung der deutschen Einheit am 3. 10. 1990 erloschen (vgl Art 25 Rn 614) und findet somit auch im Verhältnis zu Estland keine Anwendung mehr.

Der Konsularvertrag zwischen dem Deutschen Reiche und der Republik Estland v **161** 13. 3. 1925 (vgl Vorbem 25 zu Art 25 f) ist mit der Annexion Estlands durch die Sowjetunion im Jahre 1940 außer Kraft getreten und mit der Neuentstehung der Republik Estland im Jahre 1991 nicht wieder aufgelebt.

Estland ist mit Wirkung vom 12. 7. 1998 dem Haager Testamentsformübereinkom- **162** men beigetreten (BGBl 1998 II 1667, vgl Vorbem 31 ff zu Art 25 f) und weist in § 158 Abs 2 seines Zivilgesetzbuches auf diesen Staatsvertrag hin.

Das autonome estnische Kollisionsrecht ist in den §§ 124 ff des am 13. 7. 1994 in Kraft **163** getretenen Zivilgesetzbuch enthalten. Die hier einschlägigen Vorschriften zum Internationalen Erbrecht lauten (vgl dazu die deutsche Übersetzung von SCHMIDT, Wirtschaftsrecht der osteuropäischen Staaten [Loseblatt], Estland X 8 ff, sowie die englische Übersetzung von ILJA, IPRax 1996, 441 f):

§ 157 Das auf die Erbfolge anwendbare Recht   **164**
(1) Die Erbfolge in das innerhalb Estlands belegene unbewegliches Vermögen unterliegt estnischem Recht.
(2) Die Erbfolge in unbewegliches Vermögen im Ausland unterliegt dem Recht des Landes, in dem die Sache belegen ist.
(3) Die Erbfolge in bewegliches Vermögen unterliegt dem Recht am letzten Wohnsitz des Erblassers.
(4) Durch Testament kann eine Person bestimmen, daß die Erbfolge in sein bewegliches Vermögen dem Recht des Landes, in dem die bewegliche Sache belegen ist, oder seinem Heimatrecht unterliegen soll.

§ 158 Das auf Testamente anwendbare Recht
(1) Die Fähigkeit einer Person, ein Testament zu errichten, zu ändern oder zu widerrufen, wird festgestellt nach dem Recht, das am Wohnsitz des Testierenden zum Zeitpunkt der Errichtung, Änderung oder des Widerrufs gilt.
(2) Die Form eines Testaments richtet sich nach dem Übereinkommen über das auf die Form eines Testaments anzuwendende Recht.
(3) Aufgehoben am 17. 6. 1998
(4) Aufgehoben am 17. 6. 1998
(5) Ein testamentarisches Vermächtnis unterliegt den Bestimmungen der Abs 1–4.

165 Das Internationale Erbrecht Estlands führt danach zu einer Nachlaßspaltung. Während die Erbfolge in das bewegliche Vermögen dem Recht des Landes untersteht, in dem der Erblasser seinen letzten Wohnsitz hatte (§ 157 Abs 3), richtet sich die Erbfolge in unbewegliches Vermögen nach dem Recht des Lageortes (§ 157 Abs 1, 2). Der Erblasser kann durch Testament die Erbfolge in das bewegliche Vermögen dem Belegenheitsrecht oder seinem Heimatrecht unterstellen (§ 157 Abs 4). Für die Frage der Testierfähigkeit ist das Wohnsitzrecht zum Zeitpunkt der Errichtung maßgeblich (§ 158 Abs 1).

166 Das *materielle Erbrecht* Estlands ist in einem Erbgesetz v 15. 5. 1996 geregelt.

167 Finnland

Schrifttum: BERGMANN, Hauptprobleme des finnischen IPR (Diss Berlin 1987); FERID/FIRSCHING/ KORKISCH, Internationales Erbrecht, Bd II: Finnland; JOKELA, IntEncCompL, National Report, Finland; LANCIN, JClDrComp, Finlande.

Gutachten: IPG 1980/81 Nr 39 (Kiel); WENGLER, Gutachten zum internationalen und ausländischen Familien- und Erbrecht II (1971) Nr 124.

168 Finnland ist seit dem 23. 8. 1976 Vertragspartner des Haager TestÜbk (BGBl 1976 II 1718, vgl Vorbem 31 ff zu Art 25 f). Zwischen Finnland, Dänemark, Norwegen, Schweden und Island gilt ein Abkommen über Erbschafts- und Nachlaßteilung v 19. 11. 1934 (in Kraft seit 1. 1. 1936), dessen Kollisionsnormen allerdings nur im Verhältnis der Vertragspartner untereinander gelten (Wortlaut: MAKAROV II[2] Nr 294; STAUDINGER/FIRSCHING[12] Vorbem 408 zu Art 24–25). Bilaterale staatsvertragliche Regelungen auf dem Gebiet des Erbrechts zwischen der Bundesrepublik Deutschland und Finnland bestehen nicht.

169 Das autonome finnische Erbkollisionsrecht ist nicht kodifiziert. Erbstatut ist kraft Gewohnheitsrechts für beweglichen wie unbeweglichen Nachlaß das Heimatrecht des Erblassers zum Zeitpunkt seines Todes (JOKELA 45; LANCIN Nr 106). Das Heimatrecht des Testators ist ebenfalls für die Frage der Testierfähigkeit maßgebend (LANCIN Nr 106). Die Formgültigkeit von Testamenten beurteilt sich nach den Vorschriften des TestÜbk.

170 Das *materielle Erbrecht* ist in dem Erbgesetz Nr 40 v 5. 2. 1965 idF des Gesetzes Nr 209 v 25. 2. 1983 enthalten (Wortlaut: FERID/FIRSCHING/KORKISCH Texte Nr 1; vgl auch LANCIN Nr 73 ff).

171 Frankreich

Rechtsprechung: BayObLGZ 1982, 284 = Rpfleger 1982, 423 (Anm MEYER-STOLTE); BayObLG IPRspr 1960/61 Nr 135; 1982 Nr 118; NJW-RR 1990, 1033, OLG Frankfurt aM IPRspr 1964/65 Nr 202; OLG Saarbrücken NJW 1967, 732 (Anm MEZGER); OLG Zweibrücken OLGZ 1985, 413; LG München IPRspr 1952/53 Nr 240; IPRspr 1989 Nr 165 = Rpfleger 1990, 167 (Anm S LORENZ); LG Wiesbaden IPRspr 1956/57 Nr 145; LG Frankenthal, IPRspr 1960/61 Nr 150, LG Berlin IPRspr 1966/ 67 Nr 169.

Schrifttum: BATIFFOL, Réflexions sur la loi applicable aux successions, RabelsZ 1958, 791; BATIFFOL/ LAGARDE, Droit international privé, Bd II⁷ (1983); BAUMANN, Gesetzliche Erbfolge und Möglichkeiten testamentarischer Erbeinsetzung im französischen Code Civil (Diss Münster 1996); BLANC-JOUVAN/BOULOUIS, IntEncCompL, National Reports, France; BOULANGER, Etude comparative du droit international privé des successions en France et en Allemagne (1964); DELAUME, American-French Private International Law (1961); DE MEO, Das französische IPR-System – ein Vergleich mit der Neuregelung des deutschen Internationalen Privatrechts, ZfRvgl 1987, 12 u 107; DOSTAL, Die Vererbung von Gesellschaftsanteilen im französischen Recht, ZEV 1997, 96; DROZ, Les nouvelles règles de conflit françaises en matière de forme des testaments, Rev crit dr i pr 1968, 1; DROZ/ REVILLARD, Juris-classeur de Droit international Bd IX Fasc 557-A, 557-B, 557-C; EBENROTH Rn 1322; EKKERNKAMP, Die Abwicklung deutsch-französischer Erbfälle in der Bundesrepublik Deutschland, BWNotZ 1988, 158; FERID/FIRSCHING, Internationales Erbrecht, Bd II: Frankreich; FERID/SONNENBERGER, Französisches Zivilrecht Bd III (2. Aufl 1987); FLICK/PILTZ Rn 512 ff; FRÖSCHLE, Die Entwicklung der gesetzlichen Rechte des überlebenden Ehegatten in Frankreich und England im Laufe des 20. Jahrhunderts (1996); GOTTHARDT, Anerkennung und Rechtsscheinswirkungen von Erbfolgezeugnissen französischen Rechts in Deutschland, ZfRvgl 1991, 2; GRESSER, Gesetzliche und gewillkürte Erbfolge im französischen Erbrecht, ZEV 1997, 492; HENLE, Kollisionsrechtliche Nachlaßspaltung im deutsch-französischen Rechtsverkehr (Diss München 1975); HÜBNER/ CONSTANTINESCO, Einführung in das französische Recht (3. Aufl 1994); KLINGELHÖFFER, Erbverträge im deutsch-französischen Verhältnis (Diss München 1971); KRAMER, Das französische Formstatut der Testamente (1999); LAGARDE, Die verfahrensmäßige Behandlung von Nachlässen. Länderbericht Frankreich, in: SCHLOSSER (Hgb), Die Informationsbeschaffung für den Zivilprozeß – Die verfahrensmäßige Behandlung von Nachlässen, ausländisches Recht und Internationales Ziviprozeßrecht (1996) 207; MEZGER, Erfahrungen in Frankreich mit dem deutschen Zugewinnausgleich nach § 1371 BGB, RabelsZ 1973, 114; ders, Die Beerbung von Franzosen in Deutschland, JZ 1956, 303; LOUSSOUARN, L'administration des succesions en droit international privé, Clunet 1970, 251; NIGGEMANN, Nachlaßeinheit oder Nachlaßspaltung (Diss Köln 1973); PRÉVAULT, Die Interpretation von Testamenten nach französischem Recht, ZVglRW 1985, 97; PÜTZ-KÜCKING, Die Grundzüge des französischen Erbrechts, MittRhNotK 1981, 273; REVILLARD, JClDrComp, France (Fasc 3 u 4); RIEG, Le règlement successoral anticipé en Allemagne et en France, in: FS Müller-Freienfels (1986) 491; RIERING, Das gemeinschaftliche Testament deutsch-französischer Ehegatten, ZEV 1994, 225; SCHLECHTRIEM, Ausländisches Erbrecht im deutschen Verfahren – dargestellt am Falle der Maßgeblichkeit französischen Erbrechts (1966); SIPP-MERCIER, Die Abwicklung deutsch-französischer Erbfälle in der Bundesrepublik Deutschland und in Frankreich (1985); TROCKELS, Die „Erbengemeinschaft" im französischen Recht (1987); VEELKEN, Französische Substitution und deutsche Vor- und Nacherbschaft – Probleme des internationalen Privatrechts, RabelsZ 1985, 1; WEHRENS/ GRESSER, Nachfolgeplanung für Immobilien in Frankreich, in: Notar und Rechtsgestaltung. Festschrift des Rheinischen Notariats (1998) 479; WERTMÜLLER, Die Auswirkungen des französischen Pflichtteilsrechts auf die Gestaltung des deutschen Ehegattentestaments bei deutsch-französischem Nachlaß, ZEV 1999, 474; WITZ/BOPP, Zur internationalen Zuständigkeit deutscher Nachlaßgerichte im Erbscheinsverfahren, IPRax 1987, 83; ZILLMANN, Die Haftung der Erben im internationalen Erbrecht – Eine rechtsvergleichende Untersuchung zum deutschen und französischen Recht (1998).

Gutachten: IPG 1965/66 Nr 54 (Hamburg); 1967/68 Nr 66 (Hamburg); 1973 Nr 39 (Köln); 1974 Nr 32 (Freiburg); 1976 Nr 39 (Freiburg); 1977 Nr 34 (Göttingen); IPG 1987/88 Nr 30 (Freiburg); DIV-Gutachten ZfJ 1990, 308; 1990, 675; WENGLER, Gutachten zum internationalen und ausländischen Familien- und Erbrecht II (1971) Nr 86, 95, 112, 116, 123; Deutsches Notarinstitut, Gutachten zum internationalen und ausländischen Privatrecht 1993 (1995) 156, 267.

Heinrich Dörner

172 Frankreich ist seit dem 19. 11. 1967 Vertragspartner des Haager TestÜbk (BGBl 1967 II 2548, vgl Vorbem 31 ff zu Art 25 f). Es hat außerdem mit Wirkung v 20. 3. 1976 das Baseler Europäische Übereinkommen über die Einrichtung einer Organisation zur Registrierung von Testamenten v 15. 5. 1972 (vgl Vorbem 142 ff zu Art 25 f) sowie das Washingtoner Übereinkommen über ein einheitliches Recht der Form eines internationalen Testaments (Vorbem 136 ff zu Art 25 f) ratifiziert und das Haager Trust-Übereinkommen v 1. 7. 1985 (vgl Vorbem 129 ff zu Art 25 f) gezeichnet. Staatsvertragliche Regelungen auf dem Gebiet des Erbrechts zwischen der Bundesrepublik Deutschland und Frankreich bestehen im übrigen nicht.

173 Das französische Erbkollisionsrecht folgt dem Prinzip der Nachlaßspaltung: Die Rechtsnachfolge in das bewegliche Vermögen beurteilt sich nach dem Recht des letzten Domizils des Erblassers, das unbewegliche Vermögen wird – unter Berufung auf Art 3 Abs 2 Cc, wonach auch Ausländern gehörendes unbewegliches Vermögen den französischen Gesetzen unterworfen ist – nach der lex rei sitae vererbt. Dem so bestimmten Erbstatut unterliegt sowohl die gesetzliche wie auch die testamentarische Erbfolge (näher BATIFFOL/LAGARDE Rn 634 ff). Für die Bestimmung des „domicile" gelten die Art 102 ff Cc; danach liegt das Domizil dort, wo sich das „principal établissement" einer Person befindet. Die Unterscheidung zwischen beweglichem und unbeweglichem Vermögen wird aus französischer Sicht nach der lex fori getroffen (BATIFFOL/LAGARDE Rn 638–1). Eine Bestimmung des Erbstatuts durch Rechtswahl ist nicht zulässig (Cour de Paris, JClP 1960 II 11763 Anm GAVALDA). Ein Renvoi wird von der französischen Rechtsprechung grundsätzlich angenommen.

174 Die Formgültigkeit des Testaments richtet sich nach den Bestimmungen des Haager TestÜbk (vgl Vorbem 31 ff zu Art 25 f).

175 Das *materielle Erbrecht* findet sich im 3. Buch des Code civil (dazu FERID/FIRSCHING Texte B; REVILLARD Fasc III Nr 1 ff). Aus Art 2 des Gesetzes v 14. 7. 1819 ergibt sich ein Vorwegnahmerecht (droit de prélèvement) für französische Erben an den in Frankreich belegenen Nachlaßgegenständen in dem Ausmaß, wie sie nach ausländischem Recht an dem im Ausland belegenen Nachlaß schlechter gestellt sind, als dies nach französischem Recht der Fall wäre. Ob diese Regelung im Verhältnis zu EG-Ausländern noch Wirksamkeit besitzt, erscheint sehr fraglich (vgl auch Rn 57).

176 Art 2 des Gesetzes v 14. 7. 1819

Wird ein Nachlaß zwischen ausländischen und französischen Miterben geteilt, so steht diesen an den in Frankreich belegenen Gütern ein Vorwegnahmerecht in dem Maße zu, wie sie am Wert der in einem ausländischen Staat belegenen Güter aus welchem Grunde auch immer aufgrund der örtlichen Gesetze und Gebräuche ausgeschlossen sind.

177 Aus der *Sicht des deutschen Rechts* wird beim Tode eines *französischen Erblassers* mit letztem Wohnsitz in der Bundesrepublik hinsichtlich des Mobiliarvermögens auf das deutsche Recht zurückverwiesen. Ohne Rücksicht auf den letzten Erblasserwohnsitz ist ein Renvoi ferner zu beachten, wenn der französische Staatsangehörige im Inland Grundbesitz hinterläßt. Für die Vererbung des französischen Grundvermögens bleibt es bei der Maßgeblichkeit des französischen Rechts. Gehören zum Nachlaß Grundstücke in einem Drittstaat, spricht das französische Kollisionsrecht eine Weiterverweisung auf das Recht dieses Staates aus.

Hinterläßt ein *deutscher Staatsangehöriger* unbewegliches Vermögen in Frankreich, **178** wird insoweit von Art 3 Abs 3 unmittelbar französisches Recht berufen; die aus Art 3 Abs 2 Cc abgeleitete Situs-Regel stellt eine „besondere Vorschrift" iS dieses Art dar (vgl Art 25 Rn 536 ff).

Gabun   179

Schrifttum: AUGE, IntEncCompL, National Reports, Gabon.

Staatsvertragliche Regelungen auf dem Gebiet des Erbrechts zwischen der Bundes- **180** republik Deutschland und Gabun bestehen nicht. Das IPR von Gabun ist in einem Zivilgesetzbuch v 29. 7. 1972 enthalten. Die erbrechtlichen Kollisionsnormen lauten (deutsche Übersetzung bei MAKAROV[3] 116 ff):

Art 53   181
Die Erbfolge unterliegt
1. im Hinblick auf unbewegliches Vermögen dem Recht der Belegenheit der unbeweglichen Gegenstände;
2. im Hinblick auf bewegliches Vermögen dem Recht des letzten Wohnsitzes des Verstorbenen.
Jedoch unterliegt die Erbfolge in Geschäftsvermögen dem Recht der Hauptniederlassung.

Art 54
Wenn eine Erbfolge sowohl in Gabun wie auch in einem ausländischen Land belegene Güter umfaßt, aber einer der gabunesischen Miterben in diesem Land allein wegen seiner Ausländereigenschaft benachteiligt wird, kann er vorweg – vor jeder Teilung – von den in Gabun belegenen beweglichen wie unbeweglichen Gütern einen Anteil verlangen, der dem entspricht, der ihm auf diese Weise entzogen worden ist.

Im Erbkollisionsrecht von Gabun herrscht demnach das Prinzip der Nachlaßspaltung **182** entsprechend dem französischen Vorbild (Art 53). Das auf ein Rechtsgeschäft in der Sache anwendbare Recht bestimmt auch, ob ein Rechtsgeschäft zum Zwecke der Gültigkeit oder des Beweises in öffentlicher oder privatschriftlicher Form vorgenommen worden sein muß (Art 57). Gabunesischen Erben steht ein Vorwegnahmerecht zu (Art 54).

Georgien   183

Schrifttum: FERID/FIRSCHING/WEISHAUPT, Internationales Erbrecht, Bd III: Georgien.

Die Republik Georgien ist aus dem Zerfall der Union der Sozialistischen Sowjet- **184** republiken hervorgegangen. Aufgrund eines Notenwechsels v 19. 5. u. 9. 9. 1992 zwischen der Bundesrepublik Deutschland und der Republik Georgien stimmen beide Staaten darin überein, daß die zwischen der Bundesrepublik und der früheren UdSSR geschlossenen völkerrechtlichen Verträge im Verhältnis zwischen der Bundesrepublik und Georgien solange weiterhin angewandt werden sollen, bis beide Seiten etwas Abweichendes vereinbaren (BGBl 1992 II 1128). Damit gilt auch der zwischen der Bundesrepublik und der UdSSR geschlossene Konsularvertrag v

25. 4. 1958 (BGBl 1959 II 469; dazu Vorbem 191 ff zu Art 25 f) im Verhältnis zwischen der Bundesrepublik und der Republik Georgien fort. Dieser Vertrag enthält in seinem Art 28 Abs 3 eine erbrechtliche Kollisionsnorm, wonach „hinsichtlich der unbeweglichen Nachlaßgegenstände" die Rechtsvorschriften des Belegenheitsstaates Anwendung finden (vgl Vorbem 194 zu Art 25 f). Diese Bestimmung geht gemäß Art 3 Abs 2 S 1 dem autonomen Kollisionsrecht vor. Die Rechtsnachfolge in den beweglichen Nachlaß wird dagegen von dem Konsularvertrag nicht geregelt; insoweit gelten die allgemeinen Vorschriften des jeweiligen nationalen IPR.

185 Der Rechtshilfevertrag v 19. 9. 1979, den die frühere UdSSR seinerzeit mit der DDR geschlossen hatte und der auch erbrechtliche Kollisionsnormen enthielt (näher Art 25 Rn 608), ist mit der Herstellung der deutschen Einheit am 3. 10. 1990 erloschen (vgl Art 25 Rn 614) und findet somit auch im Verhältnis zur Republik Georgien keine Anwendung mehr.

186 Das autonome Kollisionsrecht Georgiens ist in dem Gesetz zur Regelung des Internationalen Privatrechts Nr 121 v 20. 5. 1998 enthalten. Die hier einschlägigen Bestimmungen des Internationalen Erbrechts lauten (in der Übersetzung von MANDSHGALADZE/ GAMKRELIDZE, Wirtschaftsrecht der osteuropäischen Staaten [Loseblatt], Georgien X 14 f):

187 **Art 55 Erbrechtsverhältnisse**
Erbrechtsverhältnisse regeln sich nach dem Recht des Staates, dem der Erblasser im Zeitpunkt seines Todes angehörte. Bei Staatenlosen gilt der letzte gewöhnliche Aufenthalt. Fehlt es an einem solchen, gilt georgisches Recht.

Art 56 Form letztwilliger Verfügungen
Letztwillige Verfügungen gelten dann hinsichtlich ihrer Form als gültig, wenn diese den Erfordernissen des Rechts eines der folgenden Staaten entspricht
a) wo er letztwillig verfügt hat,
b) wo er im Zeitpunkt seines Todes seinen gewöhnlichen Aufenthalt hatte,
c) wo sich das unbewegliche Vermögen befindet, über das letztwillig verfügt wird.

188 Danach untersteht die Erbfolge dem Heimatrecht des Erblassers (Art 55 S 1). Testamente sind formgültig, wenn sie entweder dem am Errichtungsort geltenden Recht, dem Recht des letzten gewöhnlichen Aufenthalts oder – im Hinblick auf unbewegliches Vermögen – dem Recht des Belegenheitsorts entsprechen (Art 56).

189 Ghana

Schrifttum: DANIELS, IntEncCompL, National Reports, Ghana.

190 Das Kollisionsrecht von Ghana beruht auf dem System des Common Law (vgl Rn 200 ff).

191 Griechenland

Rechtsprechung: BayObLG IPRspr 1980 Nr 129; ZEV 1994, 175; FamRZ 1998, 1198; OLG Karlsruhe

FamRZ 1990, 1398; OLG Hamm NJW-RR 1996, 1290; LG Bonn IPRspr 1984 Nr 115 (dazu JAYME IPRax 1989, 256).

Schrifttum: DEMETRIOU/GOTTWALD, Zur Intestaterbfolge nach griechischen Muslimen, IPRax 1995, 193; DRAKIDIS, JClDrComp, Grèce, Fasc 1 (Droit international privé) u 2 (Successions); EHREN-ZWEIG/FRAGISTAS/YIANNOPOULOS, American-Greek Private International Law (1957); EBENROTH Rn 1323; FERID/FIRSCHING/GEORGIADES/DIMAKOU-KIAOU, Internationales Erbrecht, Bd III: Griechenland; FRAGISTAS, IntEncCompL, National Reports, Greece; GEORGIADES, Zum Erbverzicht nach griechischem Recht – Sonderregelung für Auslandsgriechen, DNotZ 1975, 354; GOGOS/AUBIN, Das IPR im griechischen ZGB von 1940, RabelsZ 1949, 240; OEHLER/VLASSOPOULOU, Das neue griechische Ehegüterrecht – Sachnormen und IPR, IPRax 1985, 171; PAPANTONIOU, Die Auswirkungen des Zugewinnausgleichs auf das Erbrecht, FamRZ 1988, 683; STEFANOPULOS, Der Testamentsinhalt nach griechischem Recht, öJZ 1963, 233; ders, Voraussetzungen der Erbfolge nach griechischem Recht, ZfRvgl 1967, 94.

Gutachten: IPG 1971 Nr 32 (München); 1974 Nr 30 (München); IPG 1985/86 Nr 32 (Heidelberg); 1987/88 Nr 44 (Berlin); DIV-Gutachten ZfJ 1989, 137; 1989, 425; 1990, 522; Deutsches Notarinstitut, Gutachten zum internationalen und ausländischen Privatrecht 1993 (1995) 277.

192 Griechenland ist seit dem 2. 8. 1983 Partner des Haager TestÜbk (BGBl 1983 II 479, vgl Vorbem 31 ff Art 25 f). Staatsvertragliche Regelungen auf dem Gebiet des Erbrechts zwischen der Bundesrepublik Deutschland und Griechenland bestehen im übrigen nicht.

193 Das griechische Erbkollisionsrecht findet sich in Art 28 des griechischen Zivilgesetzbuches von 1940 (in Kraft seit 23. 2. 1946). Diese Bestimmung lautet:

194 **Art 28**
Die erbrechtlichen Bestimmungen richten sich nach dem Recht des Heimatstaates des Erblassers zur Zeit seines Todes.

195 Das griechische Kollisionsrecht geht mithin von dem Gedanken der Nachlaßeinheit aus und stellt auf die Staatsangehörigkeit des Erblassers ab. Die Kollisionsregel des Art 28 ZGB gilt sowohl für die gesetzliche wie auch die testamentarische Erbfolge (DRAKIDIS Fasc 2 Nr 294 mwN). Für Staatenlose tritt an die Stelle des Heimatrechts das Recht des Wohnsitzes, hilfsweise das Recht des Aufenthaltsortes (Art 30 ZGB). Bei Mehrstaatern hat die griechische Staatsangehörigkeit den Vorrang, im übrigen gilt das Recht des Staates, mit dem der Erblasser enger verbunden war (vgl Art 31 ZGB). Die Testierfähigkeit richtet sich nach dem Heimatrecht des Erblassers (Art 7, 28 ZGB), die Erbfähigkeit nach dem Heimatrecht des Bedachten. Für die Formgültigkeit eines Testaments gelten die Anknüpfungsregeln des Haager TestÜbk. Einen Renvoi lehnt das ZGB in seinem Art 32 ausdrücklich ab.

196 Das *materielle griechische Erbrecht* ist im Zivilgesetzbuch von 1940 enthalten (vgl FERID/FIRSCHING/GEORGIADES Texte B). Es gilt auch für griechische Muslime (DEMETRIOU/GOTTWALD IPRax 1995, 193). Gemeinschaftliche Testamente sind nicht zugelassen (Art 1717); auf kollisionsrechtlicher Ebene handelt es sich dabei nicht um eine Formvorschrift, sondern um ein inhaltliches Verbot, das daher dem Erbstatut unterliegt (FERID/FIRSCHING/GEORGIADES Grdz Rn 17; vgl dazu auch Art 25 Rn 306 ff).

197 Großbritannien

Rechtsprechung: BGH IPRspr 1968/69 Nr 161; BFH NJW 1958, 766; BayObLGZ 1967, 1; 1982, 331; IPRspr 1983, Nr 117; NJW 1988, 2745; OLG Frankfurt aM NJW 1954, 111 = RabelsZ 1954, 554 (Anm NEUHAUS); OLG Hamburg IPRspr 1958/59 Nr 122; OLG Hamm IPRspr 1958/59 Nr 183; OLG Köln FamRZ 1976, 170; OLG Zweibrücken Rpfleger 1994, 466; LG Düsseldorf JZ 1961, 745 (Anm HENRICH); LG Berlin IPRspr 1960/61 Nr 146.

Schrifttum: BACHMANN, Die rechtliche Stellung des Ehegatten bei gesetzlicher Erbfolge im schottischen Erbrecht (Diss Regensburg 1996); BROWN/WESTON, JClDrComp, Grande-Bretagne (Fasc 2); CHRISTMAN, Englisches und schottisches Erbrecht im Vergleich (1997); CLAUDI, Die Erbfolge nach englischem materiellem und internationalem Privatrecht, MittRhNotK 1981, 79; 105; CZIRNICH, Die Stellung des „executor" im englischen Recht (Diss München 1962); DICEY/MORRIS, Conflict of Laws, Bd I u II[12] (1993); DOPFFEL, Deutsch-englische gemeinschaftliche Testamente, DNotZ 1976, 335; EBENROTH Rn 1324; FERID/FIRSCHING/HENRICH, Internationales Erbrecht, Bd III: Großbritannien; FLICK/PILTZ Rn 555 ff; FRÖSCHLE, Die Entwicklung der gesetzlichen Rechte des überlebenden Ehegatten in Frankreich und England im Laufe des 20. Jahrhunderts (1996); GOTTHEINER, Anpassungs- und Umdeutungsprobleme bei deutsch-englischen Erbrechtsfällen (Diss Tübingen 1955); ders, Zur Anwendung englischen Erbrechts auf Nachlässe in Deutschland, RabelsZ 1956, 36; GRAUPNER/DREYLING, Erblose Nachlässe im deutsch-britischen internationalen Privatrecht, ZVglRW 1983, 193; HENRICH, Einführung in das englische Privatrecht[2] (1993); ders, Der Domizilbegriff im englischen internationalen Privatrecht, RabelsZ 1960, 456; HÖYNCK, Errichtung und Widerruf von Verfügungen von Todes wegen mit Berührung englischen Rechts, DNotZ 1964, 19; LIPSTEIN, Conflict of Laws and Comparative Law – Powers of Appointment in a Civil Law Sphere, in: FS Wengler Bd II (1973) 431; LÜTZELER, Testamentseröffnung und probate of a will (Diss Köln 1965); PECHER, Die internationale Erbschaftsverwaltung bei deutsch-englischen Erbfällen (1995); RAUSCHER, An Englishman still remains at liberty at his death ... Mutual wills, implied trust and family provisions im englischen Recht, ZEuP 1998, 140; SCHACK, Die verfahrensmäßige Behandlung von Nachlässen im anglo-amerikanischen und internationalen Zivilverfahrensrecht, in: SCHLOSSER (Hrsg), Die Informationsbeschaffung für den Zivilprozeß – Die verfahrensmäßige Behandlung von Nachlässen, ausländisches Recht und Internationales Zivilprozeßrecht (1996) 241; SIMMONDS, IntEncCompL, National Reports, United Kingdom; SÜNNER, Drittbestimmung bei letztwilligen Zuwendungen nach englischem und deutschem Recht (Diss Regensburg 1970); VOGT, Verträge zu Rechten Dritter, insbesondere auf den Todesfall, mit einem englischen Versprechensempfänger (1999); WALZ, Testamentsvollstreckung in deutsch-englischen Erbfällen (Diss Freiburg 1998); WENGLER, Fragen des deutschen Erbscheinsrechts für Nachlässe, auf die englisches Intestaterbrecht anwendbar ist, JR 1955, 41; WERP, Ehegattenerbrecht in England (1998); WOLF, Zum internationalen Ehegüter- und Ehegattenerbrecht in England (1999).

Gutachten: IPG 1965/66 Nr 50 (Köln); 1965/66 Nr 54 (Hamburg); 1967/68 Nr 67 (Hamburg); 1967/68 Nr 72 (Heidelberg), 1969 Nr 29 (Kiel); 1970 Nr 26 (München); 1972 Nr 30 (Heidelberg); 1972 Nr 32 (Freiburg); 1973 Nr 37 (Hamburg); 1974 Nr 28 (Köln); 1987/88 Nr 52 (Köln); 1996 Nr 37 (Berlin); WENGLER, Gutachten zum internationalen und ausländischen Familien- und Erbrecht II (1971) Nr 90, 107, 113; DIV-Gutachten DAVorm 1985, 277; ZfJ 1988, 204; ZfJ 1990, 309; ZfJ 1990, 395; Deutsches Notarinstitut, Gutachten zum internationalen und ausländischen Privatrecht 1993 (1995) 271.

198 Das Vereinigte Königreich von Großbritannien und Nordirland ist seit dem 5. 1. 1964 Partner des Haager TestÜbk (vgl BGBl 1966 II 11, ferner 1966 II 1911, 296, 1968 II 94, 808; dazu Vorbem 31 ff zu Art 25 f) und mit Wirkung vom 1. 1. 1992 dem Haager Trust-Übereinkommen (vgl Vorbem 129 ff zu Art 25 f) beigetreten. Bilaterale staatsvertragliche Regelungen auf dem Gebiet des Erbrechts zwischen der Bundesrepublik Deutschland und Großbritannien bestehen nicht. Das deutsch-britische Abkommen über den Rechtsverkehr v 20. 3. 1928 (RGBl 1928 II 624; BGBl 1953 II 116) sowie der Konsularvertrag v 30. 7. 1956 (BGBl 1957 II 285; vgl Vorbem 209 zu Art 25 f) enthalten keine erbrechtlichen Kollisionsnormen.

Das Vereinigte Königreich ist ein Mehrrechtsstaat (England und Wales, Schottland, **199** Nordirland), in dessen Teilrechtsgebieten weder ein einheitliches Erb- noch ein einheitliches Erbkollisionsrecht existiert. Verweist das deutsche IPR (Art 25 Abs 1) daher beim Tode eines britischen Staatsangehörigen auf das Recht des Vereinigten Königreichs, so ist die maßgebende Teilrechtsordnung in Ermangelung gesamtbritischer interlokaler Anknüpfungsregeln durch eine Unteranknüpfung gemäß Art 4 Abs 3 S 2 zu ermitteln (vgl Art 25 Rn 657). In der Regel dürfte eine engste Verbindung zu der Teilrechtsordnung bestehen, in welcher der Erblasser seinen letzten gewöhnlichen Aufenthalt innerhalb des Vereinigten Königreichs hatte. Erst danach ist zu fragen, ob das Kollisionsrecht der jeweils berufenen Teilrechtsordnung eine Rück- oder Weiterverweisung ausspricht.

Das international-privatrechtliche Gewohnheitsrecht der britischen Teilrechtsord- **200** nungen stimmt auf dem Gebiet des Erbrechts in der Sache überein. Es folgt dem Grundsatz der Nachlaßspaltung, wie er sich im Common Law entwickelt hat. Danach unterliegt die Erbfolge (succession) in den beweglichen Nachlaß (movables) dem Recht des letzten domicile des Erblassers, in den unbeweglichen Nachlaß (immovables) der lex rei sitae (vgl DICEY/MORRIS Bd II 1023 ff).

Der Begriff des „domicile" ist nach dem Recht der jeweiligen Teilrechtsordnung zu **201** qualifizieren. Er entspricht nicht dem Wohnsitzbegriff des deutschen Rechts, vielmehr ist darunter die Zugehörigkeit zu einem Rechtsgebiet zu verstehen. DICEY/ MORRIS Bd I 115 ff formulieren dazu folgende Grundsätze (vgl auch IPG 1965/66 Nr 50 S 517 f): Eine Person ist in dem Land domiziliert, in welchem sich ihr „permanent home" befindet. Dabei unterscheidet das englische Recht zwischen einem „domicile of origin" und einem „domicile of choice". Das „domicile of origin" wird von jeder Person mit ihrer Geburt erworben; es befindet sich regelmäßig dort, wo Vater bzw Mutter des Kindes zum Zeitpunkt ihrer Geburt domiziliert waren. Das „domicile of choice" (Wahldomizil) wird dadurch begründet, daß sich eine Person innerhalb einer anderen Rechtsordnung niederläßt mit der Absicht, dort für immer oder jedenfalls für unbestimmte Zeit zu bleiben und nicht mehr in das Land des bisherigen Domizils auf Dauer zurückzukehren. Niemand kann ohne domicile sein. Man kann jedoch nicht mehr als *ein* „domicile" zur gleichen Zeit innehaben. Ein vorhandenes „domicile" besteht vermutungsweise so lange fort, bis ein neues begründet wird. Bei Aufgabe eines Wahldomizils lebt das Ursprungsdomizil bis zur Begründung eines neuen Wohldomizils wieder auf.

Die Qualifikation einer Sache als „movable" oder „immovable" wird dem Recht des **202** Lageortes überlassen (Qualifikationsverweisung, s FERID/FIRSCHING/HENRICH Grdz Rn 9 u dazu Art 25 Rn 622; zur Qualifikation nach deutschem Recht s Art 25 Rn 477). Allerdings entscheidet das englische Recht selbst darüber, *wo* die einzelnen Nachlaßgegenstände belegen sind (näher FERID/FIRSCHING/HENRICH Grdz Rn 10).

203 Die Testierfähigkeit unterliegt bei unbeweglichem Nachlaß der lex rei sitae im Zeitpunkt des Todes. Bei beweglichem Nachlaß ist str, ob das Wohnsitzrecht zum Zeitpunkt des Todes oder das zum Zeitpunkt der Testamentserrichtung maßgibt (FERID/ FIRSCHING/HENRICH Grdz Rn 53).

204 Die Formgültigkeit eines Testaments beurteilt sich nach Sec 1 des Wills Act 1963, durch den die Bestimmungen des Haager TestÜbk in das englische Recht übernommen worden sind.

205 Die vorangehend skizzierten Regeln, insbesondere die nach der Art der Nachlaß-gegenstände unterscheidende Erbfolge, betreffen die *Nachlaßverteilung* (succession); davon zu unterscheiden ist im englischen Kollisionsrecht der Bereich der *Nachlaß-abwicklung* (administration). Diese Nachlaßabwicklung wird nach englischem Erbrecht nicht von den Erben selbst vorgenommen. Vielmehr geht der Nachlaß zunächst auf einen „personal representative" als sog „Zwischenberechtigten" über, der die Nachlaßwerte sammelt, Schulden tilgt und die Aktiva an die Letztbegünstigten („beneficiaries") auskehrt (ausführlich PECHER 62 ff). Als Zwischenberechtigter wird entweder ein vom Erblasser benannter „executor" oder ein vom Gericht bestellter „administrator" tätig (vgl Art 25 Rn 107, 631). Die „administration" unterliegt der jeweiligen lex fori, dh dem Recht des Staates, der die Einsetzung der „personal representatives" einleitet. Bei im Inland belegenem Nachlaß stellt sich diese Regelung als eine zumindest „versteckte" Zurückverweisung auf das deutsche Recht dar (Art 25 Rn 647) mit der Folge, daß bei gesetzlicher Erbfolge die Nachlaßabwicklung dem System des deutschen Erbrechts entsprechend von dem Erben selbst vorgenommen wird und eine etwa von einem englischen Gericht angeordnete „administration" unberücksichtigt bleibt (vgl Art 25 Rn 871). Ein vom Erblasser eingesetzter „executor" ist als Testamentsvollstrecker iS des deutschen Rechts zu behandeln, wenn der Erblasser ihm entsprechende Aufgaben (vgl §§ 2197 ff BGB) zuweisen wollte (näher Art 25 Rn 872). Diese Fragen sind allerdings sehr streitig, vgl die Nachw in Rn 871 f und FERID/FIRSCHING/HENRICH Grdz Rn 79 ff; PECHER 137 ff. Zu den erbscheins-rechtlichen Konsequenzen s Art 25 Rn 853, 855.

206 Der englische Richter beachtet grundsätzlich einen Renvoi (Rück- und Weiterverweisung), entscheidet jedoch so, wie das Gericht des Staates, auf dessen IPR das englische Recht verweist, in der Sache entscheiden würde (foreign court-Theorie). Bei Rückverweisung bricht das englische IPR den Renvoi nicht selbst ab, sondern prüft, wie das fremde Recht eine erneute Verweisung behandeln würde.

207 Das englische *materielle Erbrecht* ist verstreut in verschiedenen Statutes geregelt, so zB im Administration of Estates Act 1925, Intestates' Estates Act 1952, Inheritance Act 1975 und in verschiedenen Wills Acts etwa aus den Jahren 1963 und 1968 (FERID/ FIRSCHING/HENRICH Texte Nr 1, 17, 18, 31, 32).

208 Aus der *Sicht des deutschen Rechtsanwenders* verweist beim Tode eines *britischen Staatsangehörigen* das nach einer Unteranknüpfung gemäß Art 4 Abs 3 S 2 (vgl Art 25 Rn 657) gefundene Kollisionsrecht der jeweiligen Teilrechtsordnung im Hinblick auf die Erbfolge in das bewegliche Vermögen auf das deutsche Recht zurück, wenn der Erblasser zum Zeitpunkt seines Todes sein domicile in der Bundesrepublik gehabt hat. Ohne Rücksicht auf den letzten Wohnsitz des Erblassers ist deutsches Erbrecht maßgebend für die Rechtsnachfolge in das im Inland befindliche unbewegliche Vermögen. Das (zB) englische Recht nimmt dagegen die Verweisung an, wenn sich das letzte domicile des Erblassers in England befand (movables) oder der Erblasser immovables in England hinterläßt. Zu einer Weiterverweisung durch das englische Kollisionsrecht kommt es schließlich, wenn sich der letzte Erblasserwohnsitz in einem Drittstaat befand oder zum Nachlaß Grundvermögen in einem Drittstaat gehört.

Hinterläßt ein *deutscher Staatsangehöriger* Grundvermögen in einer der britischen **209** Teilrechtsordnungen, so wird angesichts der dort maßgebenden situs-Anknüpfung über Art 3 Abs 3 das Belegenheitsrecht berufen (vgl Art 25 Rn 536 ff).

Guatemala   **210**

Schrifttum: AGUIRRE GODOY, IntEncCompL, National Reports, Guatemala; LISBONNE, JClDrComp, Guatemala; SAMTLEBEN, Zur Entwicklung des Internationalen Privatrechts in Guatemala, RabelsZ 1987, 111; TIEDEMANN, Internationales Erbrecht in Deutschland und Lateinamerika (1993).

Gutachten: IPG 1984 Nr 38 (Hamburg).

Guatemala ist dem Staatsvertrag über Internationales Privatrecht aus dem Jahre 1928 **211** (Código Bustamante, vgl Rn 84) beigetreten. Staatsvertragliche Regelungen auf dem Gebiet des Erbrechts zwischen der Bundesrepublik Deutschland und Guatemala bestehen nicht.

Eine allgemeine erbrechtliche Kollisionsnorm fehlt. Die Literatur geht unter Hinweis **212** auf die übrigen Kollisionsnormen und die guatemaltekische Rechtstradition davon aus, daß die Erbfolge grundsätzlich dem Recht des letzten Erblasserwohnsitzes untersteht (TIEDEMANN 158 mwN; IPG 1984 Nr 38 [Hamburg] 376). Davon abweichend werden aber unter Hinweis auf Art 27 des Ausländergesetzes sämtliche in Guatemala belegenen Nachlaßgegenstände nach Maßgabe des guatemaltekischen Belegenheitsrechts vererbt (SAMTLEBEN RabelsZ 1987, 116; IPG Nr 38 [Hamburg] 376). Diese Vorschrift (deutsche Übersetzung in RabelsZ 1987, 214) bestimmt nämlich, daß „alle in Guatemala belegenen Güter auch dann den guatemaltekischen Gesetzen unterworfen sein sollen, wenn die Eigentümer Ausländer sind".

Das *materielle Erbrecht* von Guatemala ist im Código civil v 1. 7. 1964 geregelt.   **213**

Guyana   **214**

Schrifttum: POLLARD, IntEncCompL, National Reports, Guyana.

In Guyana (früheres Britisch-Guyana) gelten die Kollisionsregeln des Common Law **215** (vgl Rn 200 ff).

216 Honduras

Schrifttum: LISBONNE, JClDrComp, Honduras; RAMIREZ/MEDRANO, IntEncCompL, National Reports, Honduras; TIEDEMANN, Internationales Erbrecht in Deutschland und Lateinamerika (1993).

217 Honduras ist dem Abkommen von Havanna über das Internationale Privatrecht aus dem Jahre 1928 (Código Bustamante, vgl Rn 84) beigetreten. Staatsvertragliche Regelungen auf dem Gebiet des Erbrechts im Verhältnis zwischen der Bundesrepublik und Honduras bestehen nicht.

218 Der honduranische Código civil aus dem Jahre 1906 enthält keine erbrechtliche Kollisionsnorm. Es ist aber davon auszugehen, daß angesichts der Beeinflussung des honduranischen durch das chilenische Recht das Erbstatut durch den letzten Erblasserwohnsitz bestimmt wird (so TIEDEMANN 181 unter Hinweis auf die honduranische Literatur).

219 Im übrigen kennt auch das Recht von Honduras – ebenso wie das chilenische (Rn 118 f) – Schutzvorschriften zugunsten inländischer Erben (deutsche Übersetzung bei MAKAROV I² Nr 23):

220 Art 13

Die Gesetze betreffend die familiären Rechte und Pflichten, den Personenstand und die Handlungsfähigkeit verpflichten die Honduraner selbst dann, wenn sie im Ausland wohnen.

Art 978

Bei der gesetzlichen Erbfolge nach einem Ausländer, der innerhalb oder außerhalb des Territoriums der Republik verstirbt, haben die honduranischen Staatsangehörigen im Hinblick auf den Erbteil, den Ehegattenpflichtteil oder den Unterhalt dieselben Rechte, die ihnen nach den honduranischen Gesetzen bei der gesetzlichen Erbfolge nach einem Honduraner zustünden.

Die beteiligten Honduraner können verlangen, daß man ihnen an dem in Honduras vorhandenen Vermögen des Ausländers alles das zuspricht, was ihnen an dem Nachlaß des Ausländers zukommt.

Dasselbe gilt erforderlichenfalls bei der Beerbung eines Honduraners, der Vermögen im Ausland hinterläßt.

Art 1011

Ein von einem Honduraner oder einer beliebigen anderen Person im Ausland errichtetes Testament ist in Honduras rechtsgültig, wenn es in bezug auf die Förmlichkeiten den Gesetzen des Landes entspricht, in dem es errichtet wurde, und wenn außerdem die Echtheit der betreffenden Urkunde in der üblichen Form bewiesen wird.

221 Demzufolge gelten für familienrechtliche Beziehungen von Honduranern im Ausland die Gesetze von Honduras, und zwar auch dann, wenn Angehörige fremder Staaten mitbetroffen sind (TIEDEMANN 182). Ob daraus gefolgert werden kann, daß honduranisches Erbrecht nicht nur dann zur Anwendung gelangt, wenn der Erblasser, sondern auch dann, wenn der Erbe die Staatsangehörigkeit von Honduras besitzt (so in der Tat TIEDEMANN 182), erscheint jedoch äußerst zweifelhaft. Nach Art 978 Abs 1 Cc stehen inländischen Staatsangehörigen beim Tode eines Ausländers jedenfalls die im honduranischen Recht vorgesehenen Rechte zu (vgl näher die Erläuterungen zum chilenischen Recht bei Rn 119).

Indien   222

Schrifttum: FERID/FIRSCHING/KAINTH, Internationales Erbrecht, Bd III: Indien; IRANI, IntEnc-CompL, National Reports, India; OTTO, Rechtsspaltung im indischen Erbrecht (1997); RAMA RAO, Conflicts of Laws in India, RabelsZ 1958, 259.

Gutachten: IPG 1975 Nr 31 (Hamburg); 1980/81 Nr 40 (Köln).

Staatsvertragliche Regelungen auf dem Gebiet des Erbrechts zwischen der Bundes- **223** republik Deutschland und Indien bestehen nicht. Im autonomen indischen IPR unterliegt grundsätzlich (vgl aber Rn 224) die Erbfolge in den beweglichen Nachlaß dem Recht des letzten Domizils des Erblassers, die in den unbeweglichen Nachlaß dem Recht des Lageortes (vgl Sect 5 des Succession Act 1925, ausführlich OTTO 42 ff). Der Domizilbegriff entspricht im wesentlichen dem des englischen Rechts (OTTO 47 ff, vgl dazu Rn 201). Im Hinblick auf bewegliches Vermögen beurteilen sich Testierfähigkeit und Formgültigkeit eines Testaments nach dem Domizilrecht des Testators; ausreichend ist jedoch, daß das Testament dem am Errichtungsort geltenden Recht entspricht. Bei Verfügungen über unbewegliches Vermögen sind diese Fragen nach dem Recht des Lageortes zu beurteilen (OTTO 61 ff), so daß beim Tode eines indischen Staatsangehörigen ein etwa in der Bundesrepublik belegenes Grundstück nach deutschem Recht vererbt wird.

Diese Kollisionsregeln gelten nicht in den früheren portugiesischen Kolonien Goa, **224** Daman und Diu. In diesen Gebieten ist weiterhin der frühere portugiesische Código civil in Kraft, nach dem die Erbfolge in bewegliches wie unbewegliches Vermögen dem Heimatrecht des Erblassers unterliegt (OTTO 77 ff mit Abdruck der wichtigsten Gesetzestexte 363 ff). Ob danach bei einer Verweisung des Art 25 Abs 1 auf indisches Recht die gemeinindischen Kollisionsregeln heranzuziehen sind (Rn 223) oder an die Staatsangehörigkeit anzuknüpfen ist, hängt analog Art 4 Abs 3 S 2 (dazu bereits OTTO IPRax 1994, 1) davon ab, zu welchem indischen Rechtsgebiet die engste Beziehung besteht.

Nimmt das indische Kollisionsrecht nach Rn 223 oder 224 die Verweisung an, ist die **225** interlokal maßgebende Teilrechtsordnung durch Anknüpfung an das Domizil innerhalb eines der indischen Bundesstaaten zu bestimmen (OTTO 82 ff). Das so ermittelte materielle Erbrecht ist – von dem früheren portugiesischen Kolonialgebiet abgesehen – interpersonal gespalten. Für Hindus, Moslems und die Angehörigen anderer Religionsgemeinschaften wie zB Christen oder Parsen gelten jeweils besondere erbrechtliche Bestimmungen (näher FERID/FIRSCHING/KAINTH Grdz Rn 31 ff; OTTO 89 ff). Angehörige anderer Religionen (mit Ausnahme der Juden) unterliegen dem Hindu-Recht (OTTO 93 f).

Die Testaterbfolge für alle Religionsgemeinschaften (mit Ausnahme der Muslime) ist **226** im wesentlichen im Indian Succession Act 1925 enthalten (näher FERID/FIRSCHING/ KAINTH Grdz Rn 24 und Texte B; OTTO 235 ff). Das Intestaterbrecht für Hindus ist im Hindu Succession Act von 1956 geregelt. Die gesetzliche Erbfolge nach einem Moslem ist – je nach Zugehörigkeit – dem islamischen Recht hanefitischer oder schiitischer Ausprägung unterworfen. Christen und Parsen werden nach dem Indian Succession Act von 1925 beerbt.

227 In Goa gilt auf dem Gebiet des *materiellen Erbrechts* der frühere portugiesische Código civil fort (OTTO 295 ff); Sonderregeln finden sich auch im Bundesstaat Jammu und Kashmir (OTTO 290 ff).

228 Indonesien

Schrifttum: GOUWGIOKSIONG, Interpersonal Law in Indonesia, RabelsZ 1965, 545; SUDARGO GAUTAMA, IntEncCompL, National Reports, Indonesia.

229 Staatsvertragliche Regelungen auf dem Gebiet des Erbrechts zwischen der Bundesrepublik Deutschland und Indonesien bestehen nicht. Nach indonesischem Kollisionsrecht unterliegt die Erbfolge in den beweglichen wie unbeweglichen Nachlaß dem Heimatrecht des Erblassers. Für in Indonesien belegene Grundstücke gilt allerdings die lex rei sitae. Die Form von Rechtsgeschäften unterliegt dem Recht des Errichtungsortes. Ein Renvoi ist anerkannt.

230 Das *materielle Erbrecht* findet sich im 2. Buch des Bürgerlichen Gesetzbuches v 30. 4. 1847, das niederländischem Vorbild folgt. Interlokal spielt daneben das indonesische Gewohnheitsrecht (adat-Recht) eine schwer abzuschätzende Rolle (SUDARGO GAUTAMA aaO).

231 Irak

Schrifttum: AL-HAKIM, IntEncCompL, National Reports, Iraq; ANDERSON, A Law of Personal Status for Iraq, IntCompLQ 1960, 542; ders, Changes in the Law of Personal Status in Iraq, IntcompLQ 1963, 1026; KRÜGER, Das internationale Privat- und Zivilverfahrensrecht des Irak, IPRax 1988, 180; KÜPPERS, Das irakische Zivilgesetzbuch, ZVglRW 1960, 181; WILKE, Neues Personenrecht im Irak, FamRZ 1961, 95.

Gutachten: IPG 1970 Nr 29 (Köln); 1974 Nr 31 (Hamburg); 1979 Nr 35 (Heidelberg); 1997 Nr 40 (Köln).

232 Staatsvertragliche Regelungen auf dem Gebiet des Erbrechts zwischen der Bundesrepublik Deutschland und dem Irak bestehen nicht. Das IPR des Irak ist im Einleitenden Kapitel des am 8. 9. 1953 in Kraft getretenen irakischen Zivilgesetzbuches Nr 40/1951 enthalten. Die erbrechtlichen Kollisionsnormen lauten (in der Übersetzung von KRÜGER/KÜPPERS IPRax 1988, 182):

233 **Art 22**
Das Erbrecht unterliegt dem [Heimat]recht des Erblassers im Zeitpunkt des Todes unter Beachtung des Folgenden:
a) Die Unterschiedlichkeit der Staatsangehörigkeit ist kein Hindernis für die Erbfolge bei beweglichem und unbeweglichem Vermögen; jedoch beerbt ein Ausländer einen Iraker nur dann, wenn sein [Heimat]recht einen Iraker von ihm erben läßt.

b) Das im Irak belegene Vermögen eines Ausländers, der keine Erben hat, geht auf den irakischen Staat über, selbst wenn das [Heimat]recht (des Ausländers) sich dagegen ausspricht.

Art 23

1. In Testamentsangelegenheiten wird das [Heimat]recht des Testators im Zeitpunkt seines Todes angewandt.

2. Auf die Frage der Gültigkeit eines Testaments hinsichtlich von im Irak belegenen Immobilien, die einem Ausländer gehören, und auf die Art und Weise ihrer Übertragung wird irakisches Recht angewandt.

Art 24

Auf Fragen des Eigentums, des Besitzes und anderer dinglicher Rechte sowie auf die besondere Form der Art und Weise der Übertragung dieser Rechte durch Vertrag, gesetzliche Erbfolge, Testament uä wird bei Immobilien das Recht des Ortes [der belegenen Sache] angewandt; hinsichtlich Mobilien gilt das Recht des Staates, in dem sich die bewegliche Sache zZ der Verfügung, die den Erwerb oder Verlust an ihr bewirkt, befunden hat.

Das Internationale Erbrecht des Irak knüpft also grundsätzlich an die Staatsange- **234** hörigkeit des Erblassers an (Art 22), mit einer Einschränkung hinsichtlich des in Irak belegenen Grundvermögens (Art 23 Nr 2 u 24). Ist die Staatsangehörigkeit einer Person unbekannt oder handelt es sich um einen Mehrstaater, so wird das maßgebende Recht vom Gericht bestimmt; bei irakisch-ausländischen Doppelstaatern gilt jedoch stets das irakische Heimatrecht (Art 33). Die Kollisionsnormen des ZGB sprechen Sachnormverweisungen aus (Art 31 Nr 1). Bei Verweisungen auf einen Mehrrechtsstaat wird die maßgebende Teilrechtsordnung durch das interne Recht des betreffenden Staates bestimmt (Art 31 Nr 2).

Das *materielle Erbrecht* findet sich teilweise im Zivilgesetzbuch im Zusammenhang **235** mit den Bestimmungen über den Eigentumserwerb; im übrigen gelten die erbrechtlichen Bestimmungen des Personenstandsgesetzes Nr 189/1964 v 27. 12. 1964 sowie islamisches Recht (KRÜGER/KÜPPERS IPRax 1988, 180 f).

Iran   236

Rechtsprechung: OLG Hamm IPRax 1993, 49; AG Kempen FamRZ 1976, 457.

Schrifttum: AFCHAR, IntEncCompL, National Reports, Iran; BIRMANNS, Herausgabe der Hinterlassenschaft verstorbener Iraner an Konsulat oder Botschaft durch deutsche Behörden?, IPRax 1996, 320; DÖRNER, Zur Beerbung eines in der Bundesrepublik verstorbenen Iraners, IPRax 1994, 33; LAU, Das Recht der gesetzlichen Erbfolge in der Islamischen Republik Iran, ZfRvgl 1994, 235.

Gutachten: IPG 1965/66 Nr 63 (Hamburg); 1967/68 Nr 59 (Köln); 1969 Nr 33 (Köln); 1970 Nr 15 (Köln); 1975 Nr 32 (Hamburg); 1975 Nr 33 (Hamburg); 1983 Nr 32 (Göttingen); 1983 Nr 34 (Köln); 1983 Nr 39 (Hamburg); 1996 Nr 44 (Köln); 1997 Nr 36 (Passau); Deutsches Notarinstitut, Gutachten zum internationalen und ausländischen Privatrecht 1993 (1995) 173.

Im Verhältnis zwischen der Bundesrepublik Deutschland und dem Iran gehen die **237** Vorschriften des Niederlassungsabkommens zwischen dem Deutschen Reich und

Heinrich Dörner

dem Kaiserreich Persien v 17. 2. 1929 (RGBl 1930 II 1002) gemäß Art 3 Abs 2 S 1 dem autonomen Kollisionsrecht vor. Das Abkommen enthält in seinem Art 8 Abs 3 eine erbrechtliche Kollisionsnorm, die durch das Schlußprotokoll v 17. 2. 1929, RGBl 1930 II 1012 erläutert wird. Das Erbstatut ist danach durch Anknüpfung an die Staatsangehörigkeit des Erblassers zu ermitteln; vgl dazu im einzelnen die Erläuterungen Vorbem 147 ff zu Art 25 f.

238 Die autonomen erbrechtlichen Kollisionsnormen des iranischen Rechts finden sich im übrigen in den Einleitungsbestimmungen zum Zivilgesetzbuch von 1928 (Übersetzung: STAUDINGER/FIRSCHING[12] Art 25 Rn 72):

239 Art 6

Gesetze, die den Personenstand, die Eheschließung oder die Scheidung, die Geschäftsfähigkeit der Personen sowie die Erbfolge betreffen, finden auf alle Iraner Anwendung, auch wenn sie sich im Ausland aufhalten.

Art 7

Ausländer, die ihren Wohnsitz im Iran haben, unterfallen, was ihren Personenstand, ihre Geschäftsfähigkeit sowie die Erbfolge angeht, ihrem Heimatrecht innerhalb der Grenzen der bestehenden Verträge.

Art 8

Das unbewegliche Vermögen, das die Ausländer im Iran im Rahmen der Verträge erworben haben oder erwerben, unterfällt in jeder Beziehung den iranischen Gesetzen.

Art 967

Die Erbfolge in beweglichen oder unbeweglichen Nachlaß, der sich im Iran befindet, unterfällt dem Heimatrecht des Erblassers, jedoch nur dessen materiellem Recht, wie zB hinsichtlich der Bestimmung der Erben, der Festsetzung ihrer Erbteile und der Bestimmung des Teiles, über den der Erblasser testamentarisch frei verfügen kann.

240 Auch im autonomen Kollisionsrecht wird das Erbstatut mithin durch Anknüpfung an die Staatsangehörigkeit des Erblassers festgelegt. Die Formgültigkeit der Rechtsgeschäfte unterliegt dem Recht des Errichtungsortes (Art 969 ZGB). Zur Anwendbarkeit iranischen Erbrechts neben deutschem Ehegüterrecht vgl DÖRNER IPRax 1994, 34.

241 Das *Erbrecht des Iran* ist interpersonal gespalten (vgl zB IPG 1967/68 Nr 59 [Köln] 629; 1969 Nr 33 [Köln] 255 f; 1975 Nr 32 [Hamburg] 265; 1975 Nr 33 [Hamburg] 272; 1983 Nr 32 [Göttingen] 289; 1997 Nr 36 [Köln] 475). Soweit das deutsche IPR daher in Art 25 Abs 1 auf iranisches Recht verweist, ist gem Art 4 Abs 3 S 1 (vgl Art 25 Rn 655) die maßgebende Teilrechtsordnung durch eine Unteranknüpfung zu ermitteln. Das – auch nach der Revolution des Jahres 1979 im Prinzip fortgeltende (vgl IPG 1983 Nr 32 [Göttingen] 289 Fn 10) – iranische Zivilgesetzbuch von 1928 enthält eine Regelung dieser Materien nur für schiitische Moslems als Angehörige der iranischen Staatsreligion. Zur Anwendung des iranischen ZGB auf die Erbfolge beim Tode schiitischer Iraner vgl IPG 1967/68 Nr 59 (Köln) 631 ff; 1969 Nr 33 (Köln) 260 ff; 1975 Nr 33 (Hamburg) 272 ff; 1983 Nr 32 (Göttingen) 289 ff. Der im islamisch-schiitischen Recht offenbar geltende (im ZGB allerdings selbst nicht niedergelegte) Grundsatz, daß ein Muslim von einem

Andersgläubigen nicht gesetzlich beerbt werden kann (Erbhindernis der Religionsverschiedenheit), verstößt gegen den deutschen ordre public (S Lorenz IPRax 1993, 148
mwN; Dörner IPRax 1994, 36; IPG 1967/68 Nr 59 [Köln] 641; 1983 Nr 32 [Göttingen] 292; 1997 Nr 36
[Köln] 478; vgl Art 25 Rn 692). Gleiches gilt für die auf den Koran zurückgehenden
Bestimmungen des ZGB, welche der überlebenden Witwe sowie weiblichen Nachkommen eine geringere gesetzliche Erbberechtigung zusprechen, als sie einem überlebenden Ehemann bzw männlichen Nachkommen zustehen würde (S Lorenz IPRax
1993, 150; Dörner IPRax 1994, 36; IPG 1983 Nr 32 [Göttingen] 292; 1997 Nr 36 [Köln] 479; aA OLG
Hamm IPRax 1993, 52; LG Hamburg IPRspr 1991 Nr 142; vgl näher Art 25 Rn 691).

Für die erbrechtlichen Verhältnisse der nicht-schiitischen Iraner gilt dagegen das **242**
Gesetz v 22. 7. 1933 über die Anwendung des Personalstatuts bei den nichtschiitischen Iranern. Es lautet (in der Übersetzung von Makarov I² Nr 24):

Einziger Artikel **243**
Vorbehaltlich der Bestimmungen über die öffentliche Ordnung (ordre public) müssen die Gerichte
hinsichtlich des Personalstatuts sowie der Erbrechte und Testamente der nichtschiitischen Iraner,
deren Religion offiziell anerkannt ist, die in ihrer Religion geltenden feststehenden Regeln und
Gewohnheiten gemäß den folgenden Vorschriften anwenden:
1. ...
2. in Fragen betreffend die Erbfolge und das Testament die feststehenden Gewohnheiten und Regeln,
die in der Religion des Erblassers in Kraft sind;
3. ...

Maßgebend sind danach die „Regeln und Gewohnheiten" der einzelnen Religions- **244**
gemeinschaften. Zum Erbrecht der Katholiken im Iran vgl IPG 1969 Nr 33 (Köln)
260; in IPG 1967/68 Nr 59 (Köln) 643 wird, da der Codex Iuris Canonici hinsichtlich
der nicht ausdrücklich geregelten Fragen – zu denen auch das Erbrecht gehört – auf
das jeweilige staatliche Heimatrecht verweise, in erster Linie das iranische ZGB
herangezogen. Für Gregorianer sind die Bestimmungen des „Code de droit coutumier de la communauté religieuse arméno-grégorienne en Iran, relatif au droit de la
famille et des successions" aus dem Jahre 1938 maßgebend (vgl IPG 1967/68 Nr 59 [Köln]
642). Beim Tode eines evangelischen Iraners greift IPG 1969 Nr 33 (Köln) 260 auf die
Regeln der gregorianischen bzw katholischen Glaubensgemeinschaften zurück; zum
Erbrecht nach einem iranischen Juden vgl IPG 1975 Nr 32 (Hamburg) 265. Die
Glaubensgemeinschaft der Bahai stellt keine nach iranischem Recht anerkannte
Religionsgemeinschaft dar. Ihre Anhänger werden vielmehr als irregeleitete Moslems angesehen, auf welche die erbrechtlichen Bestimmungen des ZGB Anwendung
finden (Dörner IPRax 1994, 33).

Irland **245**

Schrifttum: Ebenroth Rn 1325; Ferid/Firsching/Coester-Waltjen, Internationales Erbrecht,
Bd III: Irland; Hickey, Irish Private International Law, RabelsZ 1978, 268; O'Higgins, IntEncCompL, National Reports, Ireland; Rauscher, Neues irisches Nichtehelichenrecht – Status of
children Act 1987, IPRax 1990, 65; Waltjen, Die Stellung des überlebenden Ehegatten im irischen
Erbrecht (Diss Kiel 1971).

246 Irland ist seit dem 2. 10. 1967 Vertragspartei des Haager TestÜbk (BGBl 1967 II 2362, dazu Vorbem 31 ff zu Art 25 f). Bilaterale staatsvertragliche Regelungen auf dem Gebiet des Erbrechts zwischen der Bundesrepublik Deutschland und Irland bestehen nicht. Der fortgeltende Handels- und Schiffahrtsvertrag zwischen dem Deutschen Reich und dem Irischen Freistaat v 12. 5. 1930 (Vorbem 205 f zu Art 25 f) enthält keine erbrechtlichen Kollisionsnormen.

247 Das autonome irische IPR ist nicht kodifiziert, vielmehr gelten die durch Richterrecht geprägten kollisionsrechtlichen Grundsätze des Common Law (vgl Rn 200). Im Internationalen Erbrecht herrscht dementsprechend das Prinzip der Nachlaßspaltung: Der bewegliche Nachlaß vererbt sich nach dem Recht des letzten Domizils des Erblassers, für den unbeweglichen Nachlaß ist die lex rei sitae maßgebend. Die Erbschaftsverwaltung (administration) unterliegt dem Recht des Staates, in dem sie durchgeführt werden soll (vgl FERID/FIRSCHING/COESTER-WALTJEN Grdz Rn 5 und oben Rn 205).

248 Das *materielle Erbrecht* findet sich im Succession Act Nr 27 von 1965, daneben gelten die Grundsätze des Common Law (vgl FERID/FIRSCHING/COESTER-WALTJEN Grdz Rn 2 u Texte Nr 1). In Sec 101 ff des Succession Act sind auch die Regeln des Haager TestÜbk übernommen worden.

249 **Island**

Schrifttum: VILHJALMSSON, IntEncCompL, National Reports, Iceland.

250 Zwischen Island, Dänemark, Finnland, Norwegen und Schweden besteht ein Abkommen über Erbschafts- und Nachlaßteilung v 19. 11. 1934 (in Kraft seit 1. 1. 1936), dessen Kollisionsnormen allerdings nur im Verhältnis der Vertragspartner untereinander gelten (Wortlaut: MAKAROV II² Nr 294; STAUDINGER/FIRSCHING¹² Vorbem 408 zu Art 24–25). Staatsvertragliche Regelungen auf dem Gebiet des Erbrechts zwischen der Bundesrepublik Deutschland und Island bestehen nicht.

251 Das isländische Erbkollisionsrecht ist nicht kodifiziert. Es stimmt mit dem dänischen Recht überein (vgl Rn 143); Erbstatut ist also kraft Gewohnheitsrechts das Recht des Domizils des Erblassers zum Zeitpunkt seines Todes (vgl STAUDINGER/FIRSCHING¹² Rn 74).

252 **Israel**

Rechtsprechung: BayObLGZ 1976, 151 = NJW 1976, 2076; OLG Koblenz IPRspr 1976 Nr 121; LG Frankenthal IPRspr 1962/63 Nr 143; LG Stuttgart FamRZ 1969, 542; AG München IPRspr 1974 Nr 130.

Schrifttum: FERID/FIRSCHING/ASSAN, Internationales Erbrecht Bd III: Israel; SCHEFTELOWITZ, Das israelische Erbrecht (1988); SHIFMAN, JClDrComp, Israel; WENGLER, Das neue Erbrecht von Israel, JR 1966, 401; YADIN, IntEncCompL, National Reports, Israel; ZANKL, Die Anrechnung im deutschen, schweizerischen und israelischen Erbrecht vor dem Hintergrund österreichischer Reform-überlegungen, ZfRvgl 1999, 13.

Gutachten: IPG 1965/66 Nr 14 (Hamburg); 1973 Nr 38 (Hamburg); 1985/86 Nr 46 (Freiburg); 1997 Nr 38 (Heidelberg); WENGLER, Gutachten zum internationalen und ausländischen Familien- und Erbrecht II (1971) Nr 77, 92, 119.

Israel ist seit dem 10.1.1978 Partner des Haager TestÜbk (BGBl 1977 II 1270, vgl Vor- **253** bem 31 ff zu Art 25 f). Bilaterale staatsvertragliche Regelungen auf dem Gebiet des Erbrechts zwischen der Bundesrepublik Deutschland und Israel bestehen nicht.

Das israelische Erbkollisionsrecht ergibt sich aus den Sec 137–142 des am 10.11.1965 **254** in Kraft getretenen Erbgesetzes. Diese Bestimmungen lauten (in der Übersetzung von STAUDINGER/FIRSCHING[12] Art 25 Rn 75):

Sec 137 Rechtswahl   **255**
Die Erbfolge unterliegt dem Recht des Domizils des Erblassers zur Zeit seines Todes, soweit nicht in den Sec 138–140 etwas anderes bestimmt ist.

Sec 138 Für bestimmte Vermögensgegenstände geltendes Recht
Beansprucht das Erbrecht des Ortes, wo sich Nachlaß befindet, seine Anwendung, so kommt dieses Recht zum Zuge.

Sec 139 Testierfähigkeit
Die Testierfähigkeit beurteilt sich nach dem Recht des Wohnsitzes des Testators zur Zeit der Testamentserrichtung.

Sec 140 Form des Testaments
(a) Ein Testament ist formgerecht errichtet, wenn es gültig ist
nach israelischem Recht oder
nach dem Recht des Ortes, wo es errichtet wurde, oder
nach dem Recht des Wohnsitzes (domicile) oder
des gewöhnlichen Aufenthalts oder
nach dem Recht der Staatsangehörigkeit des Testators
zur Zeit der Errichtung des Testaments oder zur Zeit seines Todes, und, soweit das Testament Grundstücke betrifft, auch nach dem Recht des Ortes, an dem sich diese befinden.

(b) Für die Anwendung fremden Rechts nach dieser Section wird die Testierfähigkeit des Testators oder die erforderlichen Eigenschaften der Testamentszeugen als eine Angelegenheit der Form angesehen.

Sec 141 Qualifikation der Begriffe
Für die Bestimmung der Zuständigkeit und des Rechts gemäß den Sec 136–140 soll jeder Begriff die Bedeutung haben, die er im israelischen Recht hat.

Sec 142 Renvoi unter fremdem Recht
Unbeschadet der Vorschriften dieses Rechts ist, falls das Recht eines fremden Staates zum Zuge kommt und auf ein anderes Recht verweist, diese Bezugnahme nicht zu beachten; es soll das interne

Recht dieses Staates Anwendung finden; wenn aber das Recht dieses Staates auf das israelische Recht verweist, so ist diese Verweisung zu beachten und das interne israelische Recht anzuwenden.

256 Das israelische Erbkollisionsrecht stellt demnach grundsätzlich auf den letzten Wohnsitz des Erblassers ab (Sec 137). Als Domizil des Erblassers gilt nach Sec 135 der Ort, an dem sich der Mittelpunkt seines Lebens befand (IPG 1997 Nr 38 [Heidelberg] 496). Der Domizilbegriff des israelischen stimmt also mit dem des englischen Rechts nicht überein; insbesondere gibt es kein domicile of origin. Die Testierfähigkeit richtet sich nach dem Recht des Wohnsitzes des Testators zum Zeitpunkt der Testamentserrichtung (Sec 139). In Sec 140 sind die Vorschriften des Haager TestÜbk eingearbeitet. Die Kollisionsnormen des Erbgesetzes sprechen Sachnormverweisungen aus, es sei denn, das fremde Kollisionsrecht enthalte einen Renvoi auf israelisches Recht (Sec 142). Verstirbt ein israelischer Staatsangehöriger mit letztem Domizil in der Bundesrepublik, findet kraft Rückverweisung (Sect 137) deutsches Wohnsitzrecht Anwendung (vgl öOGH IPRax 1993, 188; zustimmend SCHWIND IPRax 1993, 196; ders ZfRvgl 1994, 29; wohl auch IPG 1997 Nr 38 [Heidelberg] 497; **aA** [Doppelrückverweisung und Anwendung israelischen Rechts im Hinblick auf Sect 142] BayObLGZ 1976, 157; IPG 1985/86 Nr 46 [Freiburg] 444; HOYER ZfRvgl 1993, 165).

257 Das *materielle Erbrecht* Israels findet sich ebenfalls in dem Erbgesetz von 1965 (näher FERID/FIRSCHING/PERLES Texte A).

258 Zur Rechtslage in der Westbank und im Gaza-Streifen vgl BÖRNER IPRax 1997, 47.

259 Italien

Rechtsprechung: BGH IPRspr 1981 Nr 128 = IPRax 1982, 198 = FamRZ 1981, 651 (dazu HAUSMANN 833); BayObLGZ 1957, 376; 1961, 4; 1965, 423; FamRZ 1994, 330; NJW-RR 1995, 711; OLG Celle FamRZ 1957, 273 (Anm FERID); OLG Nürnberg IPRspr 1964/65 Nr 169; OLG Frankfurt aM IPRspr 1985 Nr 116; LG Frankfurt aM MDR 1976, 668; LG München IPRspr 1981 Nr 32.

Schrifttum: BALLARINO, Personnes, famille, régimes matrimoniaux et successions dans la loi de réforme du droit international privé italien, Rev crit dr i pr 1996, 21; BONOMI, La loi applicable aux successions dans le nouveau droit international privé italien et ses implications dans les relations italo-suisses, SZIER 1996, 479; BORTLOFF/MUTTI, Der Erwerb von in Italien belegenen Immobilien durch Erbfolge, RIW 1997, 920; BOSCHIERO, Die Reform des italienischen IPR-Systems, ZfRvgl 1996, 143; BROGGINI, La nouvelle loi italienne du droit international privé, SZIER 1996, 1; CAPPELLETTI/ RESCIGNO, IntEncCompL, National Reports, Italy; DENZLER, Die Konversion eines ungültigen Erbvertrages in Einzeltestamente nach österreichischem und italienischem Recht, IPRax 1982, 181; DREHER, Die Rechtswahl im internationalen Erbrecht. Unter besonderer Berücksichtigung des italienischen IPR-Reformgesetzes N. 218 vom 31. Mai 1995 (1999); EBENROTH Rn 1326; FERID/ FIRSCHING/STADLER, Internationales Erbrecht, Bd III: Italien; FISCHER, Vonselbsterwerb und Antrittserwerb (1996); FLICK/PILTZ Rn 605 ff; FUMAGALLI, Rinvio e unità della successione nel nuovo diritto internazionale privato italiano, Riv dir int priv e proc 1997, 829; GRUNDMANN, Zur Erichtung eines gemeinschaftlichen Testaments durch italienische Ehegatten in Deutschland, IPRax 1985, 94; HOYER, Italienisches Legats- und Noterbrecht vor österreichischen Gerichten, IPRax 1988, 255; KINDLER, Internationale Zuständigkeit und anwendbares Recht im italienischen IPR-Gesetz von 1995, RabelsZ 1997, 227; LENTI, JClDrComp, Italie (Fasc 2 u 4); S LORENZ, Rückverweisung des italienischen internationalen Erbrechts auf die lex rei sitae bezüglich der Ausgestaltung einer Erbengemeinschaft, IPRax 1990, 82; LUZZATO, Das Testamensrecht Italiens, ZfRvgl 1965, 182; MAGLIO/ THORN, Neues Internationales Privatrecht in Italien, ZVglRW 1997, 347; DE MEO, Reform des italienischen Internationalen Privatrechts, ZfRvgl 1996, 46; PADOVINI, Die verfahrensmäßige Behandlung von Nachlässen in Italien auch im Vergleich zu Österreich, in: SCHLOSSER (Hrsg), Die Informationsbeschaffung für den Zivilprozeß – Die verfahrensmäßige Behandlung von Nachlässen, ausländisches Recht und Internationales Ziviprozeßrecht (1996) ; PESCE, Reform des italienischen internationalen Privat- und Verfahrensrechts, RIW 1995, 977; POCAR, Das neue italienische Internationale Privatrecht, IPRax 1997, 145; RAUSCHER, Fristen der „accettazione dell'eredita", DNotZ 1985, 204; SALARIS, Grundzüge und Besonderheiten des italienischen Erbrechts, ZEV 1995, 240; SCHÖMMER/FASSOLD/BAUER, Internationales Erbrecht Italien (1997) – Weiteres Schrifttum zu deutsch-italienischen Erbfällen bis zum Inkrafttreten des italienischen IPR-Reformgesetzes v 31. 5. 1995 bei STAUDINGER/DÖRNER (1995) Anh zu Art 25 f Rn 417.

Gutachten: IPG 1965/66 Nr 46 (München); 1965/66 Nr 55 (München); 1969 Nr 36 (München); 1975 Nr 15 (Freiburg); 1980/81 Nr 43 (Hamburg); 1980/81 Nr 44 (Heidelberg); 1985/86 Nr 45 (Köln); 1996 Nr 41 (Heidelberg); DIV-Gutachten DAVorm 1986, 324; DIV-Gutachten ZfJ 1988, 413; 1987, 398; 1989, 136; 1989, 549; 1990, 527; 1990, 528; 1991, 269; 1991, 415.

Italien ist Vertragspartner des Baseler Europäischen Übereinkommens über die **260** Errichtung einer Organisation zur Registrierung von Testamenten (seit dem 26. 12. 1981, vgl Vorbem 142 ff zu Art 25 f) sowie des Washingtoner UN-Abkommens über ein einheitliches Recht der Form eines internationalen Testaments (vgl Vorbem 136 ff zu Art 25). Es hat ferner das Haager Trust-Übereinkommen (vgl Vorbem 129 ff zu Art 25 f) mit Wirkung vom 1. 1. 1992 ratifiziert und das Haager Übereinkommen über die internationale Verwaltung von Nachlässen v 2. 10. 1973 (vgl Vorbem 121 ff zu Art 25 f) gezeichnet. Staatsvertragliche Regelungen auf dem Gebiet des Erbrechts zwischen der Bundesrepublik Deutschland und Italien bestehen nicht.

Das erbrechtliche Kollisionsrecht Italiens findet sich in den Art 46 ff des Gesetzes v **261** 31. 5. 1995 Nr 218 zur Reform des italienischen Systems des Internationalen Privatrechts (Text in deutscher Sprache: IPRax 1996, 356; RabelsZ 1997, 227; ZfRvgl 1996, 46). Diese Bestimmungen lauten (in der Übersetzung von KRONKE IPRax 1996, 364 = RabelsZ 1997, 355)

Art 46 (Rechtsnachfolge von Todes wegen)   **262**

1. Die Rechtsnachfolge von Todes wegen unterliegt dem Recht des Staates, dem der Erblasser im Zeitpunkt seines Todes angehörte.

2. Der Erblasser kann für die Rechtsnachfolge in sein gesamtes Vermögen durch in der Form eines Testaments ausgedrückte Anordnung das Recht des Staates seines gewöhnlichen Aufenthalts wählen. Die Rechtswahl ist unwirksam, wenn der Erblasser im Zeitpunkt seines Todes in jenem Staat keinen gewöhnlichen Aufenthalt mehr hatte. Im Falle der Rechtsnachfolge nach einem italienischen Staatsangehörigen bleiben die nach italienischem Recht bestehenden Rechte von Pflichtteilsberechtigten, die im Zeitpunkt des Todes des Erblassers ihren gewöhnlichen Aufenthalt in Italien haben, von der Rechtswahl unberührt.

3. Die Auseinandersetzung unterliegt dem auf die Rechtsnachfolge anwendbaren Recht, es sei denn, die Auseinandersetzungsberechtigten hätten übereinstimmend das Recht des Eröffnungsorte oder das Recht des Belegenheitsortes eines oder mehrerer Nachlaßgegenstände gewählt.

Art 47 (Testierfähigkeit)
1. Die Fähigkeit durch Testament zu verfügen, das Testament abzuändern oder es zu widerrufen, unterliegt dem Heimatrecht des Verfügenden im Zeitpunkt der Errichtung, der Abänderung oder des Widerrufs.

Art 48 (Testamentsform)
1. Ein Testament ist hinsichtlich seiner Form gültig, wenn es den Formerfordernissen des Staates, in dem der Erblasser verfügt hat, oder dem er im Zeitpunkt der Testamentserrichtung oder seines Todes angehörte oder in dem er seinen Wohnsitz oder gewöhnlichen Aufenthalt hatte, entspricht.

Art 49 (Erbrecht des Staates)
1. Wenn das auf die Erbfolge anwendbare Recht im Falle des Fehlens von Erben nicht die Rechtsnachfolge des Staates anordnet, gehen die in Italien befindlichen Erbschaftsgegenstände auf den italienischen Staat über.

Art 50 (Internationale Zuständigkeit in Nachlaßsachen)
1. In Nachlaßsachen sind die italienischen Gerichte zuständig:
a) wenn der Erblasser im Zeitpunkt des Todes italienischer Staatsbürger war;
b) wenn die Erbschaft in Italien eröffnet wurde;
c) wenn der wirtschaftlich bedeutendste Teil des Nachlasses in Italien belegen ist;
d) wenn der Beklagte in Italien Wohnsitz oder gewöhnlichen Aufenthalt hat oder sich mit der Entscheidung durch italienische Gerichte einverstanden erklärt hat, es sei denn, die Klage beträfe unbewegliche, im Ausland belegene Sachen;
e) wenn die Klage in Italien belegene Vermögensgegenstände betrifft.

263   Das italienische Recht folgt also dem Prinzip der Nachlaßeinheit und knüpft an die Staatsangehörigkeit des Erblassers an (Art 46 Abs 1 IPRG). Der Erblasser kann die Rechtsnachfolge in sein gesamtes Vermögen durch testamentarische Rechtswahl seinem Aufenthaltsrecht unterstellen, sofern er seinen gewöhnlichen Aufenthalt bis zu seinem Tode in diesem Staat beibehält (Art 46 Abs 2 S 1 u 2 IPRG). Beim Tode eines italienischen Staatsangehörigen bleibt die Rechtsstellung von Pflichtteilsberechtigten ungeschmälert, die zum Zeitpunkt des Todes ihren gewöhnlichem Aufenthalt in Italien haben (Art 46 Abs 2 S 3 IPRG). Bei dieser Bestimmung handelt es sich um eine spezielle Ausprägung des italienischen ordre public (MAGLIO/THORN ZVglRWiss 1997, 366). Das Erbstatut erfaßt die Nachlaßteilung, sofern die Teilenden nicht einvernehmlich das am Ort der Nachlaßeröffnung geltende Recht oder das Recht der Belegenheit wählen (Art 46 Abs 3 IPRG). Ihm unterliegen Kommorientenvermutungen, soweit sie erbrechtliche Bedeutung haben (Art 21 IPRG, vgl MAGLIO/THORN ZVglRWiss 1997, 367).

264   Die Testierfähigkeit richtet sich nach dem Heimatrecht des Testierenden zum Zeitpunkt der Testamentserrichtung (Art 47 IPRG). Die Formgültigkeit eines Testaments richtet sich alternativ nach dem Recht des Errichtungsortes sowie nach dem Heimatrecht des Erblassers, dem Recht des Wohnsitzes oder gewöhnlichen Aufenthalts jeweils zum Zeitpunkt des Todes oder der Testamentserrichtung (Art 48 IPRG).

265   Sofern das Erbstatut in Ermangelung von Erben kein Fiskuserbrecht vorsieht, fallen die in Italien befindlichen Erbschaftsgegenstände an den italienischen Staat (Art 49, vgl dazu Art 25 Rn 197).

Das *materielle Erbrecht* ist in den Art 456 ff des Codice civile geregelt (dazu FERID/ **266**
FIRSCHING/STADLER Texte B). Gemeinschaftliche Testamente und Erbverträge sind –
aufgrund inhaltlicher Erwägungen – nicht zugelassen (Art 458, 589 Cc, vgl Art 25
Rn 306 ff).

Japan   267

Schrifttum: EHRENZWEIG/IKEHARA/JENSEN, American-Japanese Private International Law (1964);
FERID/FIRSCHING/MORI, Internationales Erbrecht, Bd III: Japan (1980); HUCH, Japanisches Interna-
tionales und Interlokales Privatrecht (1941); KAWAKAMI, Die Entwicklung des Internationalen Privat-
und Prozeßrechts in Japan nach dem Zweiten Weltkrieg, RabelsZ 1969, 498; KIM, New Japanese
Private International Law: the 1990 Horei, AmJCompL 1992, 1; KONO, Staatsangehörigkeitsprinzip
und Reform des japanischen Internationalen Privatrechts, in: JAYME/MANSEL, Nation und Staat im
Internationalen Privatrecht (1990) 259 ff; MÜNZEL, Internationales Privatrecht, in: EUBEL, Das
Japanische Rechtssystem (1979) 591; MURAKAMI, Einführung in die Grundlagen des japanischen
Rechts (1974); NENNINGER, Grundzüge des japanischen Familien- und Erbrechts, MittRhNotK
1995, 81; NISHITANI, Ausländische Vindikationslegate und das deutsche Erbrecht – unter besonderer
Berücksichtigung des japanischen Erbrechts, IPRax 1998, 74; NODA, IntEncCompL, National Re-
ports, Japan; OTA, Über die Erbrechtsreform nach dem Zweiten Weltkrieg – besonders die Reform
von 1980, Recht in Japan 4 (1981) 79; M SCHMIDT, Die Reform des japanischen Internationalen
Privatrechts (1992); P SCHMIDT, Die Entwicklung des japanischen Erbrechts nach dem 2. Weltkrieg
(1993); dies, Grundzüge des japanischen Erbrechts, ZEV 1996, 290; TANIGUCHI, Die gesetzliche
Ausgleichungspflicht von Miterben, Recht in Japan 4 (1981) 93; WANG, JClDrComp, Japon.

Japan ist mit Wirkung vom 2. 8. 1964 (vgl BGBl 1966 II 11) dem *Haager TestÜbk* (vgl **268**
Vorbem 31 ff zu Art 25) beigetreten. Staatsvertragliche Vereinbarungen auf dem Gebiet
des Erbrechts bestehen im Verhältnis zwischen Japan und der Bundesrepublik
Deutschland nicht. Der fortgeltende Handels- und Schiffahrtsvertrag zwischen
dem Deutschen Reich und Japan v 20. 7. 1927 (vgl Vorbem 203 f zu Art 25 f) enthält keine
erbrechtlichen Kollisionsnormen.

Das japanische autonome Kollisionsrecht ist in einem „Gesetz betreffend die gene- **269**
relle Anwendung der Gesetze" (Horei) v 21. 6. 1898 enthalten, das durch ein Ände-
rungsgesetz v 28. 6. 1989 partiell reformiert wurde (dazu ausführlich M SCHMIDT 11 ff). Die
erbrechtlichen Kollisionsnormen finden sich in Art 26, 27 und 34 Abs 2 dieses Gesetzes. Sie lauten (in der Übersetzung von M SCHMIDT 102):

Art 26   **270**
Die Erbschaft richtet sich nach dem Recht des Staates, dem der Erblasser angehörte.

Art 27
(1) Was die Errichtung und die Wirkung eines Testamentes betrifft, so gilt das Recht des Staates, dem
der Erblasser zur Zeit der Errichtung des Testaments angehörte.
(2) Der Widerruf eines Testamentes richtet sich nach dem Recht des Staates, dem der Erblasser zur
jeweiligen Zeit angehörte.

Art 34
(1) . . .

(2) Dieses Gesetz soll ferner keine Anwendung finden auf die Form eines Testaments, ausgenommen die Vorschriften der Art 28 Abs 2 S 1, 29 Abs 1, 30 S 1 und 31.

271 Das japanische IPR knüpft demnach die *Rechtsnachfolge von Todes* wegen an die Staatsangehörigkeit des Erblassers bzw Testators zum Zeitpunkt des Todes bzw der Testamentserrichtung (Art 26, 27). Auf die *Form von Testamenten* findet das Horei nach seinem Art 34 Abs 2 grundsätzlich keine Anwendung. Insoweit gelten die Bestimmungen des Haager TestÜbk, das durch ein am 2. 8. 1964 in Kraft getretenes Gesetz Nr 100 „über das für die Form des Testaments maßgebliche Recht" in das japanische Recht umgesetzt wurde (M Schmidt 7). Allerdings werden durch die in Art 34 Abs 2 vorgesehenen Verweisungen auf die Art 28 ff des Horei die im TestÜbk vorgesehenen Anknüpfungspunkte näher erläutert:

272 Bei doppelter Staatsangehörigkeit eines Erblassers ist das Recht des Staates maßgebend, in dem er seinen gewöhnlichen Aufenthalt hatte, hilfsweise das Recht des Staates, zu dem er die engste Beziehung besaß (Art 28 Abs 1 S 1 u 2). Ist eine der Staatsangehörigkeiten die japanische, gilt japanisches Recht (Art 28 Abs 1 S 3). Wird auf das Heimatrecht einer Person verwiesen, so gelangt bei Staatenlosen das Recht des gewöhnlichen Aufenthalts zur Anwendung (Art 28 Abs 2 S 1). Ist bei einer Verweisung auf das Wohnsitzrecht der Wohnsitz einer Person unbekannt, gilt das Recht des Aufenthaltsorts (Art 29 Abs 1), bei zwei oder mehr Wohnsitzen das Recht des Ortes, zu dem die engste Beziehung besteht (Art 29 Abs 2). Ist auch der gewöhnliche Aufenthaltsort unbekannt, tritt bei der Anknüpfung an dessen Stelle der schlichte Aufenthalt (Art 30 S 1). Im Fall einer personellen Rechtsspaltung entscheidet über das anwendbare Recht in erster Linie das interpersonale Recht des Heimatstaates, hilfsweise kommt das Recht zum Zuge, zu welchem die betreffende Person die engste Beziehung besitzt (Art 31 Abs 1). Entsprechendes gilt, wenn die Anknüpfung an den gewöhnlichen Aufenthalt zum Recht eines Staates mit mehreren Teilrechtsordnungen führt (Art 31 Abs 2).

273 Eine Rückverweisung auf japanisches Recht wird beachtet (Art 32 S 1). Ausländische Vorschriften, die gegen die guten Sitten oder die öffentliche Ordnung Japans verstoßen, finden keine Anwendung (Art 33).

274 Das *materielle Erbrecht* Japans findet sich im wesentlichen im 5. Buch des japanischen Bürgerlichen Gesetzbuches von 1898 (dazu Ferid/Firsching/Mori Texte II; Wang, JClDrComp, Japon Nr 146 ff).

275 Jemen

Schrifttum: Krüger/Küppers, Das internationale Privat- und Zivilverfahrensrecht der Arabischen Republik Jemen, IPRax 1987, 39; Krüger, Allgemeiner Rechtszustand und internationales Privatrecht der Republik Jemen, RIW 1993, 28; Sohbi, Familien- und Erbrecht in der arabischen Republik Jemen, StAZ 1975, 124.

Gutachten: IPG 1982 Nr 29 (Hamburg); IPG 1987/88 Nr 45 (Berlin).

276 Am 22. 5. 1990 haben sich die Arabische Republik Jemen (Nordjemen) und die

Volksrepublik Jemen (Südjemen) zu einem Staat zusammengeschlossen. Staatsvertragliche Regelungen auf dem Gebiet des Erbrechts zwischen der Bundesrepublik Deutschland und Jemen bestehen nicht.

Das autonome Kollisionsrecht der neuen Republik Jemen ist in einem am 31. 3. 1992 **277** in Kraft getretenen Zivilgesetzbuch (Gesetz Nr 19/1992) enthalten. Die erbrechtliche Kollisionsnorm lautet (in der Übersetzung von KRÜGER RIW 1993, 31; vgl auch ABU-SAHLIEH Rev crit dr i pr 1987, 650, 654):

Art 28 **278**
Die [gesetzliche] Erbfolge, das Testament und andere Verfügungen von Todes wegen unterliegen jemenitischem Recht.

Art 29
Besitz, Eigentum, Nießbrauch und andere dingliche Rechte unterliegen, soweit es sich um eine unbewegliche Sache handelt, dem Recht des Ortes der belegenen Sache, und Mobilien dem Recht des Ortes, an dem sich die bewegliche Sache zu der Zeit befunden hat, in der der Erwerb oder Verlust des Besitzes, Eigentums, Nießbrauchs oder eines anderen dinglichen Rechts eingetreten ist.

In erbrechtlichen Angelegenheiten wird also stets die jemenitische lex fori angewandt. **279** Da das neue Zivilgesetzbuch keine Rückwirkungen entfaltet (KRÜGER RIW 1993, 29), bleiben für Erbfälle aus der Zeit vor dem 31. 3. 1992 die kollisionsrechtlichen Bestimmungen der beiden früheren jemenitischen Staaten von Bedeutung. In der Arabischen Republik Jemen galt danach bis zu diesem Zeitpunkt ein Zivilgesetzbuch aus dem Jahre 1979 weiter, dessen erbrechtliche Kollisionsnorm in seinem Art 27 mit dem oben angeführten Art 28 des neuen Gesetzes wörtlich übereinstimmt (KRÜGER/KÜPPERS IPRax 1987, 43). Das Recht der Volksrepublik Jemen folgte ebenfalls dem Staatsangehörigkeitsgrundsatz; in der Volksrepublik Jemen belegene Güter wurden in jedem Fall nach dem Recht dieser Republik vererbt (näher ABU-SAHLIEH Rev crit dr i pr 1987, 658).

Das neue *materielle jemenitische Erbrecht* findet sich in einem Gesetz über den **280** Personenstand Nr 20/1992 v 31. 3. 1992 (KRÜGER RIW 1993, 29).

Jordanien **281**

Schrifttum: ATALLA, IntEncCompL, National Reports, Jordan; BEHRENS, Das Kollisionsrecht Jordaniens (1970); KRÜGER, Das internationale Privatrecht Jordaniens, IPRax 1987, 126; WÄHLER, Interreligiöses Kollisionsrecht im Bereich privatrechtlicher Rechtsbeziehungen (1978).

Staatsvertragliche Regelungen auf dem Gebiet des Erbrechts bestehen zwischen **282** Jordanien und der Bundesrepublik nicht. Erbrechtliche Kollisionsnormen des autonomen jordanischen IPR finden sich in Art 18 des am 1. 1. 1977 in Kraft getretenen jordanischen Zivilgesetzbuchs. Diese – sich am ägyptischen Vorbild (vgl Rn 3) orientierende – Bestimmung lautet (in der Übersetzung von KRÜGER IPRax 1987, 130; vgl auch ABU-SAHLIEH Rev crit dr i pr 1987, 643):

Heinrich Dörner

283 **Art 18**

1. Die [gesetzliche] Erbfolge, das Testament und andere Verfügungen von Todes wegen unterliegen dem [Heimat-] Recht des Erblassers, Testierenden und Verfügenden zZ seines Todes.

2. Die Form des Testaments unterliegt jedoch dem [Heimat-] Recht des Erblassers zZ der Errichtung des Testaments oder dem Recht des Landes, in dem das Testament errichtet worden ist; dasselbe gilt für die Form der anderen Verfügungen von Todes wegen.

Art 19

Besitz, Eigentum und andere dingliche Rechte unterliegen, soweit es sich um Immobilien handelt, dem Recht des Ortes der belegenen Sache und Mobilien dem Recht des Ortes, an dem sie sich zur Zeit befunden haben, in der der Erwerb oder Verlust des Besitzes, Eigentums oder eines anderen dinglichen Rechts eingetreten ist.

284 Im Hinblick auf die gesetzliche und testamentarische Erbfolge stellt Art 18 Abs 1 danach auf die Staatsangehörigkeit des Erblassers ab. Die Form eines Testaments oder einer anderen Verfügung von Todes wegen ist entweder nach dem Heimatrecht des Testators zum Zeitpunkt der Errichtung oder aber nach dem Recht des Errichtungsortes zu beurteilen (Art 18 Abs 2).

285 Ist die Staatsangehörigkeit einer Person – etwa die eines Erblassers – unbekannt oder besitzt eine Person mehrere Staatsangehörigkeiten, so wird das maßgebende Recht durch das Gericht bestimmt. Auf Doppelstaater mit jordanischer und ausländischer Staatsangehörigkeit wird jordanisches Recht angewandt (Art 26). Bei einer Verweisung auf Mehrrechtsstaaten wird die maßgebende Teilrechtsordnung durch das interne Recht des betreffenden Staates bestimmt (Art 27). Verweisungen auf ein ausländisches Recht stellen Sachnormverweisungen dar (Art 28).

286 Das jordanische Erbrecht ist *interpersonal* (interreligiös) *gespalten*. Es existieren in diesem Bereich also Sonderregeln, deren Anwendung von der jeweiligen Religionszugehörigkeit des Erblassers abhängt (BEHRENS 14, 40 ff). Im einzelnen gilt (das Folgende nach KRÜGER IPRax 1987, 127):

287 Die *gesetzliche Erbfolge* beim Tode eines *muslimischen* Jordaniers richtet sich im Hinblick auf bewegliche Güter und die in Jordanien belegenen Grundstücke der „mulk"-Kategorie (dh Grundstücke, an denen Privatpersonen volles Eigentum innehaben können, vgl BEHRENS 79) gemäß Art 1086 Nr 2 ZGB nach dem islamischen Erbrecht der hanafitischen Rechtsschule. Entsprechendes gilt für die gewillkürte Erbfolge in Bezug auf Mobilien und Grundstücke, soweit über diese letztwillig verfügt werden darf (Art 1126 ZGB).

288 Die *gesetzliche Erbfolge* hinsichtlich der in Jordanien belegenen Grundstücke der „mîrî"-Kategorie (Grundstücke, bei denen der Eigentumstitel jedenfalls formell dem Staat zusteht, vgl BEHRENS 79) unterliegt dagegen gemäß Art 1086 Nr 3 ZGB dem in Jordanien fortgeltenden osmanischen Gesetz über die Immobiliarerbfolge v 6. 3. 1913, dessen Bestimmungen vom Erblasser nicht durch Verfügung von Todes wegen abgeändert werden können. Grundstücke der „mîrî"-Kategorie und übriges Vermögen werden also ggf nach unterschiedlichen Regeln vererbt.

Für die Erbfolge *nichtmuslimischer Jordanier* gelten gemäß Art 6 e) des (ursprünglich **289** trans-) jordanischen Gesetzes Nr 8/1941 v 12. 2. 1941 die Vorschriften des osmanischen Erbfolgegesetzes v 6. 3. 1913 (BEHRENS 83).

Jugoslawien **290**

Rechtsprechung: BVerwGE 42, 265 = IPRspr 1973, Nr 106; BayObLGZ 1981, 145; 1986, 466; OLG Oldenburg IPRspr 1987 Nr 107; LG Göttingen IPRspr 1962/63 Nr 153; LG Berlin Rpfleger 1971, 149 (Anm BONNET); LG Bonn IPRspr 1976 Nr 104 d; LG Wuppertal IPRspr 1987 Nr 54; AG München IPRspr 1960/61 Nr 149.

Schrifttum: BLAGOJEVIC, On some innovations and specifications in the law of inheritance of the Republics and of Autonom Provinces of Yugoslavia, Yugoslav Law 1975, 39; ders, IntEncCompL, National Reports, Yugoslavia; CIGOJ, Die Gleichstellung der ehelichen und unehelichen Kinder im jugoslawischen Recht, RabelsZ 1958, 139; ders, Loi du 15 juillet 1982 sur les solutions des conflits de lois, Rev crit dr i pr 1983, 375; EISNER, Internationales Privat- und Verfahrensrecht im neuen jugoslawischen Gesetz über das Erbrecht, RabelsZ 1956, 346; FERID/FIRSCHING/POVH, Internationales Erbrecht, Bd IV: Jugoslawien; FIRSCHING, Das neue jugoslawische IPR-Gesetz, IPRax 1983, 1 u 94; GEILKE, Zur Rückwirkung des jugoslawischen Erbrechtsgesetzes, RabelsZ 1958, 44; KATICIC, Le droit privé de la Yougoslavie dans le domaine des rapports familiaux et successoraux, Rec des Cours 1970 III 395; LIPOWSCHEK, Jugoslawisches Immobilien-Erbrecht in Fällen mit Auslandsberührung, RabelsZ 1974, 168; ders, Jugoslawien: Internationales Privat- und Prozeßrecht, StAZ 1983, 38; ders, Das neue jugoslawische Internationale Privat- und Prozeßrecht im Bereich des Vermögensrechts, RabelsZ 1985, 426; ORLIC, JClDrComp, Yougoslavie, Fasc 1; PLANK, Das Testamentsrecht der Föderativen Volksrepublik Jugoslawien, ZfRvgl 1965, 104; POLAJNAR-PAVCNIK/WEDAM-LUKIC, Erbrechtliche Verhältnisse mit auf fremdes Recht weisenden Elementen, ZfRvgl 1985, 264; POUCH, Das Gesetz über die Lösung von Gesetzes- und Zuständigkeitskollisionen im Bereich des Statusrechts sowie der familien- und erbrechtlichen Beziehungen v 27. 2. 1974, StAZ 1979, 173; POVH, Zur Wirksamkeit des sogenannten Berliner Testaments nach jugoslawischem Recht, FamRZ 1992, 511; SARCEVIC, The new Yugoslav Private International Law, AmJCompL 1985, 283; SAJKO, Zum neuen jugoslawischen Internationalen Privat- und Prozeßrecht, JbOstR 1983, 71; VARADY, Some Observations on the New Yugoslav Private International Law Code, Riv dir int priv proc 1983, 69; ders, Die Eigenarten der internen Gesetzeskollisionen in Jugoslawien, ZfRvgl 1987, 38; ZUPANCIC, Umriß der rechtlichen Regelung der Erbfolge in Jugoslawien, ZfRvgl 1986, 18.

Gutachten: IPG 1967/68 Nr 60 (Köln); WENGLER, Gutachten zum internationalen und ausländischen Familien- und Erbrecht II (1971) Nr 69, 96; PFAFF/WAEHLER, Familien- und Erbrecht der Flüchtlinge und Umsiedler (1972) Nr 10–14; Deutsches Notarinstitut, Gutachten zum internationalen und ausländischen Privatrecht 1993 (1995) 243.

Nachdem sich ab 1990 die früheren Teilrepubliken Slowenien, Kroatien, Mazedonien **291** und Bosnien-Herzegowina aus der Sozialistischen Föderativen Republik Jugoslawien gelöst haben, gelten die Rechtsvorschriften dieses Staates in Zukunft ohne weiteres nur noch in den Teilrepubliken Serbien und Montenegro fort.

Jugoslawien ist mit Wirkung vom 5. 1. 1964 dem Haager TestÜbk v 5. 10. 1961 (vgl **292** BGBl 1966 II 11; dazu Vorbem 31 ff zu Art 25 f) sowie mit Wirkung vom 9. 2. 1978 dem Washingtoner UN-Abkommen über ein einheitliches Recht der Form eines internationalen Testaments v 26. 10. 1973 (vgl Vorbem 136 ff zu Art 25 f) beigetreten. Es hatte mit der früheren DDR einen Rechtshilfevertrag v 20. 5. 1966 (GBl DDR 1967 I 8) geschlossen, der auch erbrechtliche Kollisionsnormen enthielt (näher Art 25 Rn 601). Inzwischen hat die Regierung der Bundesrepublik nach Durchführung der in Art 12 Abs 2 EV vorgesehenen Konsultationen ausdrücklich festgestellt, daß dieser Vertrag mit der Herstellung der deutschen Einheit am 3. 10. 1990 erloschen ist (vgl Art 25 Rn 614). Staatsvertragliche Regelungen auf dem Gebiet des Erbrechts zwischen der Bundesrepublik Deutschland und Jugoslawien bestehen im übrigen nicht.

293 Das autonome Kollisionsrecht Jugoslawiens ist in dem „Gesetz zur Lösung von Gesetzeskollisionen mit den Bestimmungen über das Verhältnis zu ausländischen Staaten" v 1. 1. 1983 enthalten (dazu FIRSCHING IPRax 1983, 1 ff). Die erbrechtlichen Bestimmungen dieses Gesetzes lauten (in der Übersetzung von PAK/ERLAC IPRax 1983, 6 ff; vgl im übrigen auch die Übersetzung von LIPOWSCHEK RabelsZ 1985, 544 ff):

294 **Art 30 Erbfolge**

(1) Für die Erbschaft ist das Recht des Staates maßgebend, dessen Staatsangehörigkeit der Erblasser zZ seines Todes besaß.

(2) Für die Testierfähigkeit des Erblassers ist das Recht des Staates maßgebend, dessen Staatsangehörigkeit der Erblasser im Augenblick der Errichtung des Testaments hatte.

Art 31 Form des Testaments

(1) Das Testament ist hinsichtlich der Form rechtsgültig, wenn es einem der folgenden Rechte entspricht:

1. dem Recht des Ortes, an dem das Testament errichtet wurde;

2. dem Recht des Staates, dessen Staatsangehörigkeit der Erblasser zZ der testamentarischen Verfügung oder zZ seines Todes besaß;

3. dem Recht des Wohnsitzes des Erblassers, sei es zZ seiner Verfügungen oder zZ seines Todes;

4. dem Recht des gewöhnlichen Aufenthalts des Erblassers zZ seiner Verfügungen oder zZ seines Todes;

5. dem Recht der Sozialistischen Föderativen Republik Jugoslawien;

6. bei unbeweglichen Sachen auch dem Recht des Lageortes der unbeweglichen Sachen.

(2) Der Widerruf des Testaments ist bezüglich der Form rechtsgültig, wenn er einem der nach Abs 1 für die Errichtung des Testaments maßgeblichen Rechte entspricht.

295 Die gesetzliche wie testamentarische Erbfolge wird damit dem Heimatrecht des Erblassers zum Zeitpunkt seines Todes unterstellt (Art 30 Abs 1). Für die Testierfähigkeit ist abweichend davon das Heimatrecht des Testators zum Zeitpunkt der Testamentserrichtung maßgebend (Art 30 Abs 2). Die Anknüpfungsregeln zur Testamentsform entsprechen im wesentlichen dem Katalog des Haager TestÜbk (vgl Vorbem 38 ff zu Art 25 f); nach Art 31 Abs 1 Nr 5 genügt zusätzlich die Einhaltung des jugoslawischen Rechts. Ein Renvoi findet im jugoslawischen IPR Beachtung; verweist ausländisches Kollisionsrecht auf jugoslawisches Recht zurück, sind die jugoslawischen Sachnormen berufen (Art 6). Bei Mehrstaatern ist diejenige Heimatrechtsordnung maßgebend, in welcher die betreffende Person ihren Wohnsitz hat, hilfsweise das Recht, zu dem die engste Verbindung besteht (Art 11 Abs 2, 3). Bei Doppelstaatern mit jugoslawischer Staatsangehörigkeit setzt sich diese durch (Art 11 Abs 1). Ist eine Person staatenlos oder kann ihre Staatsangehörigkeit nicht festgestellt werden, kommt das Recht ihres Wohnsitzes, hilfsweise das Recht ihres gewöhnlichen Aufenthalts, hilfsweise jugoslawisches Recht zum Zuge.

Bis zum Inkrafttreten des IPR-Gesetzes war Art 154 des Erbgesetzes v 12. 7. 1965 **296** maßgebend, der seinerseits Art 155 des vorangehenden Erbgesetzes aus dem Jahre 1955 entsprach. Auch diese Bestimmungen stellten auf die Staatsangehörigkeit des Erblassers ab; sie sahen vor, daß die Bestimmungen des Erbgesetzes gelten sollten „für die Beerbung aller Staatsangehörigen der Föderativen Volksrepublik Jugoslawien ohne Rücksicht darauf, wo der Tod eingetreten ist und wo sich das Vermögen befindet.“

Verweist Art 25 Abs 1 beim Tode eines jugoslawischen Staatsangehörigen (nunmehr **297** nur noch: mit serbischer oder montenegrinischer Republikzugehörigkeit) auf jugoslawisches Recht, so wird diese Verweisung gem Art 30 Abs 1 des jugoslawischen IPR-Gesetzes angenommen. In diesem Fall ist weiter zu ermitteln, ob montenegrinisches oder serbisches Recht zur Anwendung berufen ist. Darüber entscheidet gemäß Art 4 Abs 3 S 1 das interlokale jugoslawische Kollisionsrecht. Einschlägig ist hier Art 34 des „Gesetzes über die Lösung von Gesetzes- und Zuständigkeitskollisionen im Bereich des Statusrechts sowie der familien- und erbrechtlichen Beziehungen“ v 27. 2. 1979 (im folgenden in der Übersetzung von Pouch StAZ 1979, 176):

Art 34   **298**
Für die Nachlaßregelung eines jugoslawischen Staatsangehörigen ist das Recht der Republik bzw der autonomen Provinz maßgebend, in der er seinen Wohnsitz im Zeitpunkt seines Todes hatte.

Hatte ein Staatsangehöriger der SFR Jugoslawien im Zeitpunkt seines Todes keinen Wohnsitz in der SFR Jugoslawien, so ist für die Nachlaßregelung das Recht der Republik maßgebend, der er im Zeitpunkt seines Todes angehörte.

Art 35
Das Testament eines jugoslawischen Staatsangehörigen ist seiner Form nach rechtswirksam, wenn es dem Recht der Republik bzw der autonomen Provinz entspricht, in der es errichtet wurde, oder dem Recht der Republik bzw autonomen Provinz, in der der Testator seinen Wohnsitz hatte, oder dem Recht der Republik, der der Testator angehörte, oder dem Recht der Republik bzw der autonomen Provinz, deren Gericht für die Nachlaßregelung zuständig ist, oder dem Recht der Republik bzw der autonomen Provinz, deren Recht für die Nachlaßregelung maßgebend ist.

Art 36
Für die Nachlaßregelung eines ausländischen Staatsangehörigen oder Staatenlosen ist, soweit die Regeln des internationalen Rechts auf das Recht der SFR Jugoslawien verweisen, das Recht der Republik bzw der autonomen Provinz maßgebend, in der der ausländische Staatsangehörige oder der Staatenlose seinen Wohnsitz zur Zeit seines Todes hatte; hatte er keinen Wohnsitz in der SFR Jugoslawien, so gilt das Recht der Republik bzw autonomen Provinz, in der sich der Nachlaß bzw sein überwiegender Teil befindet.

Die *materiellen erbrechtlichen Bestimmungen* finden sich in dem serbischen Gesetz **299** über das Erbschaftsrecht v 31. 10. 1995 (Gesetzblatt der Republik Serbien v 4. 11. 1995) sowie im Erbgesetz von Montenegro aus dem Jahre 1976 (dazu Ferid/Firsching/Povh, Texte Nr 7; Orlic Fasc 1 Nr 246 ff).

300 Kamerun

Schrifttum: POUGOUÉ/ANOUKAHA, JClDrComp, Cameroun (Fasc 3).

301 Staatsvertragliche Regelungen auf dem Gebiet des Erbrechts zur Republik Kamerun bestehen nicht. Das Internationale Erbrecht Kameruns unterstellt die Erbfolge dem Heimatrecht des Erblassers (POUGOUÉ/ANOUKAHA Nr 79). Zu den interlokalen und interpersonalen Problemen s POUGOUÉ/ANOUKAHA Nr 50 ff.

302 Im materiellen Erbrecht, insbes im Testamentsrecht Kameruns, gilt der französische Code civil in der Fassung fort, wie er bei Eintritt in die Unabhängigkeit im Jahre 1960 in Kraft war. Im Intestaterbrecht hat sich bei fortbestehender Anwendung des Cc ein Richterrecht entwickelt, das sich an den lokalen Rechtsgebräuchen orientiert (POUGOUÉ/ANOUKAHA Nr 1, 16 ff).

303 Kanada

Schrifttum: FLICK/PILTZ Rn 648 ff; GLENN, Codification of Private International Law in Quebec – an Overview, IPRax 1994, 308; ders, Codification of Private International Law in Quebec, RabelsZ 1996, 231; GOLDSTEIN/GROFFIER, JClDrComp, Canada, Droit international privé (Québec et Provinces anglaises – Fasc 5); GROFFIER, La réforme du droit international privé québécois, Rev crit d i pr 1992, 584; ders, JClDrComp, Canada (Québec – Fasc 2; Provinces anglaises – Fasc 4); HERING, Die gesetzlichen Rechte des überlebenden Ehegatten in deutsch-kanadischen Erbfällen (1984); HUTH/ZWIKKER, Das gesonderte kanadische Vermächtnis-Testament von Deutschen mit Vermögen in Kanada, ZVglRW 1987, 338; MEYER, Das Erbrecht des Common Law am Beispiel der Provinz Ontario, ZEV 1998, 452; MÜLLER, Die erbrechtliche Stellung des überlebenden Ehegatten in Ontario bei testamentarischer Erbfolge (Diss Regensburg 1997); ZIEGEL/BRIERLEY, IntEncCompL, National Reports, Canada.

Gutachten: IPG 1985/86 Nr 42 (Köln); 1987/88 Nr 50 (Passau); 1996 Nr 43 (Hamburg); 1997 Nr 37 (Heidelberg); Deutsches Notarinstitut, Gutachten zum internationalen und ausländischen Privatrecht 1993 (1995) 183, 187.

304 Der kanadische Bundesstaat gliedert sich heute in zehn Provinzen (Alberta, British Columbia, Manitoba, New Brunswick, Newfoundland, Nova Scotia, Ontario, Prince Edward Island, Quebec, Saskatchewan) und drei Bundesterritorien (Northwest Territories, Yukon und – seit April 1999 – Nunavut). Kanada ist dem Haager Trust-Übereinkommen (Vorbem 129 ff zu Art 25 f) beigetreten und hat ferner für die Provinzen Alberta, Manitoba, Newfoundland, Ontario und Saskatchewan mit Wirkung vom 9. 2. 1978, später auch für die Provinzen Prince Edward Island (22. 3. 1995) und New Brunswick (5. 12. 1997) das Washingtoner Übereinkommen über ein einheitliches Recht der Form eines internationalen Testaments (Vorbem 136 ff zu Art 25 f) übernommen. Staatsvertragliche Regelungen auf dem Gebiet des Erbrechts zwischen der Bundesrepublik Deutschland und Kanada bestehen nicht.

305 Kanada ist ein Mehrrechtsstaat; jede Provinz bzw das Bundesterritorium kennt ein eigenes Erb- und Erbkollisionsrecht. Verweist das deutsche IPR daher in seinem Art 25 Abs 1 auf kanadisches Recht, muß die maßgebende Teilrechtsordnung durch eine Unteranknüpfung gemäß Art 4 Abs 3 ermittelt werden. Da Kanada auch über kein gesamtstaatliches Interlokales Recht verfügt, erfolgt die Bestimmung der maßgebenden Teilrechtsordnung im Erbrecht gemäß Art 4 Abs 3 S 2 durch eine Anknüpfung an die engste Verbindung (vgl Art 25 Rn 657). Damit gelangt regelmäßig das Recht der territorialen Einheit zur Anwendung, in welcher der Erblasser bzw Testator seinen (letzten) gewöhnlichen Aufenthalt hatte.

Das Erbkollisionsrecht der Provinzen und Bundesterritorien folgt (mit Ausnahme **306** von Québec, dazu Rn 308 ff) dem aus dem Common Law (vgl Rn 200) übernommenen gewohnheitsrechtlichen Grundsatz der Nachlaßspaltung: Danach unterliegt die Erbfolge in beweglichen Nachlaß (movables) dem Recht des letzten Domizils des Erblassers, die in immovables der lex rei sitae (HERING 78 ff). Die Qualifikation der Begriffe „movables" und „immovables" bleibt der jeweiligen lex rei sitae überlassen (Qualifikationsverweisung, vgl HERING 92 ff und näher Art 25 Rn 622). Im übrigen wird zwischen der Nachlaßabwicklung (lex fori) und der Rechtsnachfolge selbst unterschieden (vgl GOLDSTEIN/GROFFIER Nr 66).

Die Testierfähigkeit richtet sich in den Common Law Provinzen nach dem Recht des **307** letzten Erblasserdomizils (für movables) bzw nach der lex rei sitae (für immovables, vgl HERING 79 Fn 43). Die Auslegung von Testamenten unterliegt in erster Linie dem vom Erblasser bestimmten Recht; dabei besteht eine Vermutung zugunsten des Rechts, das am Domizil des Testators zum Zeitpunkt der Errichtung galt (HERING 80 Fn 45). Die Formgültigkeit eines Testaments beurteilt sich – mit leichten Unterschieden von Provinz zu Provinz – im Hinblick auf immovables nach dem Recht des Belegenheitsortes und im Hinblick auf movables nach Domizilrecht bzw dem Recht des Errichtungsortes (Einzelheiten bei HERING 79 Fn 44, 89 Fn 109).

Das Erbkollisionsrecht der Provinz Québec ist in den Art 3098 ff des Code civil v **308** 18.12.1991 enthalten. Diese Bestimmungen lauten (in der Übersetzung von LÜCKE, in: KROPHOLLER/KRÜGER/RIERING/SAMTLEBEN/SIEHR 345; vgl ferner den englischen Text bei GLENN RabelsZ 1996, 327):

Art 3098 **309**
Die Erbfolge unterliegt für bewegliche Sachen dem Recht des letzten Domizils des Erblassers; für unbewegliche Sachen unterliegt sie dem Recht des Ortes, an dem die Sachen belegen sind.

Jedoch kann der Erblasser das auf die Erbfolge anzuwendende Recht testamentarisch bestimmen, vorausgesetzt, daß es das Recht seiner Staatsangehörigkeit oder seines Domizils entweder zur Zeit der Bestimmung oder seines Todes ist, oder das Recht des Ortes, an dem sein unbewegliches Vermögen belegen ist, letzteres aber nur hinsichtlich dieses unbeweglichen Vermögens.

Art 3099
Die Wahl eines Rechts für die Erbfolge ist insoweit ohne Wirkung, als dieses Recht den Ehegatten oder ein Kind des Erblassers weitgehend von einer Erbfolge ausschließt, zu der der Ehegatte oder das Kind ohne eine solche Bestimmung berufen waren.

Zudem ist die Wahl insoweit ohne Wirkung, als sie die Anwendung besonderer erbrechtlicher Vorschriften beeinträchtigt, denen gewisse Vermögensarten nach dem Recht des Staates, in dem sie belegen sind, auf Grund ihrer wirtschaftlichen, familiären oder sozialen Zweckbestimmungen unterliegen.

Art 3100

Soweit das Erbrecht an außerhalb Québecs belegenem Vermögen nicht durchgesetzt werden kann, können hinsichtlich des in Quèbec belegenen Vermögens ausgleichende Maßnahmen im Wege einer berichtigten Erbteilung ergriffen werden, namentlich durch die Wiedereinräumung von Erbschaftsanteilen, eine Neuverteilung der Schulden oder eine ausgleichende Vorausentnahme.

Art 3101

Sollte das auf die Erbfolge anzuwendende Recht keinen Verwalter oder Abwickler vorsehen, der in Québec tätig werden kann, und sollten die Erben Rechte haben, die in Québec auszuüben sind, oder sollte Vermögen, das zum Nachlaß gehört, in Québec belegen sein, so kann ein Verwalter oder Abwickler nach dem Recht von Quèbec ernannt werden.

310 Danach gilt der Grundsatz der Nachlaßspaltung auch für die Provinz Québec (Art 3098 Cc, vgl dazu HERING 89 ff; GROFFIER Rev crit dr i pr 1992, 600). Das Recht von Quebec läßt eine eine erbrechtliche Rechtswahl zugunsten des Heimat-, Wohnsitzoder – für unbewegliches Vermögen – des Lageortrechts zu (Art 3098 Abs 2), schränkt deren Wirkungen aber ein, soweit die gesetzlichen Rechte von Ehegatten oder Kindern nachhaltig berührt werden (Art 3099 Abs 1).

311 Das materielle kanadische Erbrecht findet sich in den am Common Law orientierten Provinzen in einzelnen Statutes, für Québec ist der Code civil québécois (Art 613 ff) einschlägig (näher dazu GROFFIER Fasc 2 u 4; HERING 11 ff).

312 Kapverdische Republik

Schrifttum: JAYME, Zur Reform des kapverdischen Erbrechts, in: JAYME (Hrsg), Deutsch-lusitanische Rechtstage (1993) 141

313 Das kapverdische Erbkollisionsrecht stimmt mit den entsprechenden Regeln des portugiesischen IPR aus dem Zivilgesetzbuch von 1967 überein (JAYME aaO 143, vgl Rn 537 ff).

314 Kasachstan

Schrifttum: WEISHAUPT, Zur Entwicklung des Kollisions- und internationalen Zivilprozeßrechts der Republik Kasachstan, IPRax 1994, 322; FERID/FIRSCHING/WEISHAUPT, Internationales Erbrecht, Bd IV: Kasachstan; WOHLGEMUTH, Die Mutter als Alleinerbin ihres Sohnes in Kasachstan – IPR-Gutachten zum kasachischen Erbrecht, ROW 1995, 195.

315 Die Republik Kasachstan ist aus dem Zerfall der Union der Sozialistischen Sowjetrepubliken hervorgegangen. Aufgrund einer „Gemeinsamen Erklärung über die Grundlagen der Beziehungen zwischen der Bundesrepublik Deutschland und der Republik Kasachstan" v 22. 9. 1992 stimmen beide Staaten darin überein, daß die zwischen der Bundesrepublik und der früheren UdSSR geschlossenen völkerrecht-

lichen Verträge im Verhältnis zwischen der Bundesrepublik und Kasachstan solange weiterhin angewandt werden sollen, bis beide Seiten etwas Abweichendes vereinbaren (BGBl 1992 II 1120). Damit gilt auch der zwischen der Bundesrepublik und der UdSSR geschlossene Konsularvertrag v 25. 4. 1958 (BGBl 1959 II 469, dazu Vorbem 191 ff zu Art 25 f) im Verhältnis zwischen der Bundesrepublik und der Republik Kasachstan fort (ebenso WEISHAUPT IPRax 1994, 311). Der Vertrag enthält in seinem Art 28 Abs 3 eine erbrechtliche Kollisionsnorm, wonach „hinsichtlich der unbeweglichen Nachlaßgegenstände" die Rechtsvorschriften des Belegenheitsstaates Anwendung finden (näher Vorbem 194 zu Art 25 f). Diese Bestimmung geht gemäß Art 3 Abs 2 S 1 dem autonomen Kollisionsrecht vor. Die Rechtsnachfolge in den beweglichen Nachlaß wird dagegen von dem Konsularvertrag nicht geregelt; insoweit gelten die allgemeinen Vorschriften des jeweiligen nationalen IPR. Der Rechtshilfevertrag v 19. 9. 1979, den die frühere UdSSR seinerzeit mit der DDR geschlossen hatte und der auch erbrechtliche Kollisionsnormen enthielt (näher Art 25 Rn 608), ist mit der Herstellung der deutschen Einheit am 3. 10. 1990 erloschen (vgl Art 25 Rn 614) und findet somit auch im Verhältnis zur Republik Kasachstan keine Anwendung mehr.

Kasachstan ist Mitglied der Gemeinschaft Unabhängiger Staaten (GUS) und hat am **316** 31. 3. 1993 die Konvention der Gemeinschaft Unabhängiger Staaten über Rechtshilfe und die Beziehungen auf dem Gebiete des Zivil-, Familien- und Strafrechts ratifiziert (BOGDANOVA Rev cr dr i pr 1997, 141; vgl auch MAJOROS Osteuroparecht 1998, 19 f). Die Konvention enthält erbrechtliche Kollisionsnormen in ihren Art 44 ff, die im Verhältnis der GUS-Staaten untereinander Anwendung finden (Text in französischer Sprache bei BOGDANOVA aaO 155 ff). Die Erbfolge in bewegliches Vermögen richtet sich nach dem Recht des letzten Erblasserwohnsitzes (Art 45 Abs 1), die Erbfolge in unbewegliches Vermögen nach der lex rei sitae (Art 45 Abs 2).

Das autonome kasachische Erbkollisionsrecht ist in den Art 1121 ff des neuen Zivil- **317** gesetzbuchs (Besonderer Teil) vom 1. 7. 1999 enthalten (russischer Text in: http:// www.gtz.de/lexinfosys/). Die Bestimmungen lauten (in der Übersetzung von TOBIAS STÜDEMANN):

§ 1121 Erbbeziehungen **318**
Erbbeziehungen werden vorbehaltlich der §§ 1122, 1123 nach dem Recht des Landes bestimmt, in dem der Erblasser seinen letzten dauernden Wohnsitz hatte, sofern vom Erblasser nicht im Testament das Recht des Landes gewählt wurde, dessen Staatsbürger er ist.

§ 1122 Fähigkeit der Person, ein Testament zu errichten und zu widerrufen, Form und Akt des Widerrufs des Testaments
Die Fähigkeit der Person, ein Testament zu errichten und zu widerrufen und außerdem die Form des Testaments und seines Widerrufs werden vom Recht des Landes bestimmt, in dem der Erblasser im Zeitpunkt der Errichtung seinen dauernden Wohnsitz hatte, wenn der Erblasser nicht im Testament das Recht des Landes gewählt hat, dessen Staatsbürger er ist. Allerdings kann das Testament oder sein Widerruf nicht für ungültig erklärt werden, wenn dies eine Folge der Nichtbeachtung der Form ist, wenn letztere den Anforderungen des Rechts, das am Ort der Errichtung gilt, oder den Anforderungen des Rechts der Republik Kasachstan genügt.

§ 1123 **Vererbung von Immobilien und Vermögen, das der Eintragung in ein staatliches Register unterliegt**

Die Vererbung von unbeweglichem Vermögen wird durch das Recht des Landes bestimmt, in dem sich dieses Vermögen befindet, und von Vermögen, welches in ein staatliches Register der Republik Kasachstan eingetragen ist, nach dem Recht der Republik Kasachstan. Nach demselben Recht wird auch die Fähigkeit bestimmt, ein Testament errichten oder widerrufen zu können, und außerdem die Form der Errichtung und des Widerrufs, wenn über das Vermögen testamentarisch verfügt wird.

319 Maßgebend ist danach das Recht des letzten Erblasserwohnsitzes (§ 1121). Für die Formgültigkeit der Testamente gilt alternativ Wohnsitzrecht, das Recht des Errichtungsortes oder kasachisches Recht (§ 1122). Das in Kasachstan belegene unbewegliche Vermögen vererbt sich in jedem Fall nach Belegenheitsrecht (§ 1123).

320 Das *materielle Erbrecht* Kasachstans ist ebenfalls in dem neuen kasachischen Zivilgesetzbuch (6. Abschnitt, §§ 1038 ff) enthalten.

321 Kenia

Schrifttum: Cotran, IntEncCompL, National Reports, Kenya.

322 Das Kollisionsrecht von Kenia beruht auf den Grundsätzen des Common Law (vgl Rn 200 ff).

323 Kirgistan

Schrifttum: Ferid/Firsching/Weishaupt, Internationales Erbrecht Bd IV: Kirgisistan.

324 Die Republik Kirgistan ist aus dem Zerfall der Union der Sozialistischen Sowjetrepubliken hervorgegangen. Aufgrund einer gemeinsamen Erklärung v 4. 7. 1992 zwischen der Bundesrepublik Deutschland und der Republik Kirgistan stimmen beide Staaten darin überein, daß die zwischen der Bundesrepublik und der früheren UdSSR geschlossenen völkerrechtlichen Verträge im Verhältnis zwischen der Bundesrepublik und Kirgistan solange weiterhin angewandt werden sollen, bis beide Seiten etwas Abweichendes vereinbaren (BGBl 1992 II 1015). Damit gilt auch der zwischen der Bundesrepublik und der UdSSR geschlossene Konsularvertrag v 25. 4. 1958 (BGBl 1959 II 469, dazu Vorbem 191 ff zu Art 25 f) im Verhältnis zwischen der Bundesrepublik und der Republik Kirgistan fort. Der Vertrag enthält in seinem Art 28 Abs 3 eine erbrechtliche Kollisionsnorm, wonach „hinsichtlich der unbeweglichen Nachlaßgegenstände" die Rechtsvorschriften des Belegenheitsstaates Anwendung finden (näher Vorbem 194 zu Art 25). Diese Bestimmung geht gemäß Art 3 Abs 2 S 1 dem autonomen Kollisionsrecht vor. Die Rechtsnachfolge in den beweglichen Nachlaß wird dagegen von dem Konsularvertrag nicht geregelt; insoweit gelten die allgemeinen Vorschriften des jeweiligen nationalen IPR. Der Rechtshilfevertrag v 19. 9. 1979, den die frühere UdSSR seinerzeit mit der DDR geschlossen hatte und der auch erbrechtliche Kollisionsnormen enthielt (näher Art 25 Rn 608), ist mit der Herstellung der deutschen Einheit am 3. 10. 1990 erloschen (vgl Art 25 Rn 614) und findet somit auch im Verhältnis zur Republik Kirgistan keine Anwendung mehr.

Kirgistan ist Mitglied der Gemeinschaft Unabhängiger Staaten (GUS) und hat die **325** Konvention der Gemeinschaft Unabhängiger Staaten über Rechtshilfe und die Beziehungen auf dem Gebiete des Zivil-, Familien- und Strafrechts gezeichnet (BOG- DANOVA Rev cr dr i pr 1997, 141; vgl auch MAJOROS Osteuroparecht 1998, 19 f). Die Konvention enthält erbrechtliche Kollisionsnormen in ihren Art 44 ff, die im Verhältnis der GUS- Staaten untereinander Anwendung finden (Text in französischer Sprache bei BOGDANOVA aaO 155 ff). Die Erbfolge in bewegliches Vermögen richtet sich nach dem Recht des letzten Erblasserwohnsitzes (Art 45 Abs 1), die Erbfolge in unbewegliches Vermö- gen nach der lex rei sitae (Art 45 Abs 2).

Das autonome Internationale Privatrecht der Republik Kirgistan ist in einem neuen **326** Zivilgesetzbuch aus dem Jahre 1996/98 enthalten (Text bei: http://www.gtz.de/lexinfosys/). Die erbrechtlichen Kollisionsnormen lauten (in der Übersetzung von TOBIAS STÜDEMANN):

Art 1206   **327**
Erbrechtliche Verhältnisse werden vorbehaltlich der Art 107 und 1208 dieses Gesetzbuches nach dem Recht des Landes bestimmt, in dem der Erblasser seinen letzten dauernden Wohnsitz hatte, sofern der Erblasser nicht in seinem Testament das Recht des Landes gewählt hat, dessen Staatsangehöriger er ist.

Art 1207
Die Fähigkeit einer Person zur Errichtung und zum Widerruf eines Testaments, die Form eines Testaments sowie eines Widerrufs werden vom Recht des Landes bestimmt, in dem der Erblasser zum Zeitpunkt der Errichtung seinen dauernden Wohnsitz hatte, sofern der Erblasser nicht in seinem Testament das Recht des Landes gewählt hat, dessen Staatsangehöriger er ist. Jedoch können ein Testament oder ein Widerruf nicht wegen Nichtbeachtung der Form für ungültig erklärt werden, wenn sie den Erfordernissen des Errichtungsortes oder den Erfordernissen des Rechts der Kirgisi- schen Republik entsprechen.

Art 1208
Die Vererbung von unbeweglichem Eigentum wird von dem Recht des Landes geregelt, in dem sich dieses Eigentum befindet. Eigentum, das in das staatliche Register Kirgistans eingetragen ist, vererbt sich nach dem Recht der Kirgisischen Republik.

Danach richtet sich die Erbfolge grundsätzlich nach dem Recht des letzten Erblasser- **328** wohnsitzes; der Erblasser kann testamentarisch für die Anwendbarkeit seines Hei- matrechts optieren (Art 1206). Unbewegliches Vermögen vererbt sich nach dem Recht des Lageortes (Art 1208). Testierfähigkeit und Testamentsform unterliegen grundsätzlich dem Wohnsitzrecht zum Zeitpunkt der Vornahme (Art 1207 S 1). Dar- über hinaus sind die Errichtung sowie der Widerruf eines Testaments formgültig, wenn die Formvorschriften des Rechts des Errichtungsortes oder des kirgisischen Rechts eingehalten werden (Art 1207 S 2).

Kolumbien   **329**

Rechtsprechung: BGH NJW 1995, 59; OLG Köln IPRspr 1982 Nr 116 = NJW 1983, 525; OLG Ham- burg IPRspr 1988 Nr 135 = FamRZ 1988, 1322; OLG Hamm IPRspr 1989 Nr 135 = FamRZ 1988, 1322; OLG Hamm IPRspr 1989 Nr 162 b; LG Münster IPRspr 1989 Nr 162 a.

                                             Heinrich Dörner

Schrifttum: ECHANDIA/BUENO-GUZMAN, IntEncCompL, National Reports, Colombia; EDER, American-Colombian Private International Law (1956); LISBONNE, JCIDrComp, Colombie; TIEDEMANN, Internationales Erbrecht in Deutschland und Lateinamerika (1993).

Gutachten: IPG 1985/86 Nr 41 (Bonn); WENGLER, Gutachten zum internationalen und ausländischen Familien- und Erbrecht II (1971) Nr 80.

330 Kolumbien hat das Abkommen von Montevideo über das Internationale Privatrecht von 1889 (vgl Rn 28) am 25. 10. 1934 übernommen. Den „Código Bustamante" (Rn 84) aus dem Jahre 1928 hat es zwar gezeichnet, aber nicht ratifiziert. Staatsvertragliche Regelungen auf dem Gebiet des Erbrechts zwischen der Bundesrepublik Deutschland und Kolumbien bestehen nicht.

331 Kolumbien gehört zum „chilenischen Rechtskreis" und hat 1873 den chilenischen Código civil aus dem Jahre 1855 unverändert übernommen (SAMTLEBEN RabelsZ 1971, 80; TIEDEMANN 179). Insbesondere stimmen die Vorschriften des kolumbianischen Internationalen Erbrechts mit den entsprechenden Bestimmungen des chilenischen Rechts (Rn 116) überein (deutsche Übersetzung bei MAKAROV I² Nr 29).

332 Art 19
Kolumbianer bleiben trotz ihres ausländischen Aufenthaltsortes oder Wohnsitzes den heimatlichen Gesetzen über zivilrechtliche Verpflichtungen und Rechte unterworfen:

1. . . . .

2. in Bezug auf Verpflichtungen und Rechte, die aus familienrechtlichen Beziehungen entstehen; jedoch nur im Hinblick auf ihre kolumbianischen Ehegatten und Verwandten.

Art 1012 [Anfall der Erbschaft]
Die Nachfolge in das Vermögen einer Person wird im Zeitpunkt ihres Todes an ihrem letzten Wohnsitz eröffnet, vorbehaltlich ausdrücklicher Ausnahmen.

Sie unterliegt dem Recht des Wohnsitzes, an dem sie eröffnet wurde, vorbehaltlich gesetzlicher Sondervorschriften.

Art 1053 [Ausländische Erben]
Wird ein Intestatsverfahren im Inland eröffnet, so sind Ausländer auf dieselbe Weise und nach denselben Regeln wie Inländer zur gesetzlichen Erbfolge berufen.

Art 1054 [Erbfolge des Ausländers]
In der gesetzlichen Erbfolge nach einem Ausländer, der innerhalb oder außerhalb des Staatsgebiets verstirbt, stehen den Inländern aufgrund Erbrechts, Ehegattenerbteiles oder gesetzlichen Unterhalts dieselben Rechte zu, die ihnen nach den gültigen Landesgesetzen bei gesetzlicher Erbfolge nach einem Inländer zustünden.

Art 1084 [Gemäß ausländischem Recht]
Ein schriftliches Testament, das in einem der Teilstaaten Kolumbiens oder im Ausland errichtet worden ist, ist in Kolumbien gültig, wenn es nach dem Recht des Teilstaates oder Landes, in dem

es errichtet wurde, die entsprechenden Formerfordernisse erfüllt und seine Echtheit in der üblichen
Form bewiesen ist.

Art 1085 [Gemäß kolumbianischem Recht]

Das in Teilstaaten Kolumbiens oder im Ausland errichtete Testament hat in Kolumbien Gültigkeit,
wenn es die nachfolgenden Anforderungen erfüllt:

1. daß der Erblasser Kolumbianer ist oder, wenn er Ausländer ist, seinen Wohnsitz in Kolumbien hat;

2. daß das Testament von einem Diplomaten der Vereinigten Staaten von Kolumbien oder Diplomaten eines befreundeten Staates, von einem durch den Präsidenten der Republik ernannten Lega-
tionssekretär, oder von einem Konsul genehmigt wurde, der vom Präsidenten ein Bestallungsschrei-
ben erhalten hat. Das Testament hat jedoch keine Gültigkeit, wenn die Genehmigung von einem
Vizekonsul erteilt wurde. In dem Testament sind die entsprechenden Titel und Genehmigungen zu
benennen;

3. daß die Zeugen Kolumbianer oder Ausländer sind, die in der Stadt, wo das Testament errichtet
wird, ihren Wohnsitz haben;

4. daß die übrigen Formerfordernisse des öffentlichen Testaments erfüllt sind;

5. daß das Testament den Stempel der Legation oder des Konsulats trägt;

6. daß ein Testament, das nicht vor einem Legationschef errichtet wurde, von diesem genehmigt wird,
sofern es ihn gibt. Im Fall eines offenen Testaments, am Ende des Testaments; im Fall eines verschlossenen Testaments, auf dem Umschlag; und am Anfang und Ende jeder Seite von dem besagten
Legationschef paraphiert wird, im Falle eines offenen Testaments;

daß im Anschluß hieran eine Kopie des offenen Testaments oder des verschlossenen Umschlages
durch den Legationschef, sofern es ihn gibt, und ansonsten durch den Konsul direkt an den Außen-
minister der Republik versandt wird; dieser Sekretär hat die Unterschrift des Legationschefs oder des
Konsuls je nach Fall zu beglaubigen, und eine Kopie an den Präfekten der zuständigen Gebietskörperschaft weiterzuleiten.

Danach unterliegt die Erbfolge prinzipiell dem Recht des letzten Erblasserwohn- **333**
sitzes (Art 1012 Cc). Allerdings ist im kolumbianischen Schrifttum streitig, ob im
Hinblick auf die Art und Weise des Eigentumserwerbs an den in Kolumbien belegenen Sachen kolumbianisches Belegenheitsrecht Anwendung finden soll; dies wird
zT aus Art 20 Cc hergeleitet, der die in Kolumbien befindlichen Güter der lex rei sitae
unterwirft (vgl TIEDEMANN 179). Das Wohnsitzprinzip wird – ebenso wie im chilenischen
Recht (Rn 118 f) – von zwei Ausnahmen durchbrochen. Gemäß Art 19 Nr 2 Cc richten
sich die familienrechtlichen Beziehungen zwischen kolumbianischen Staatsangehörigen, auch wenn sie im Ausland leben, weiterhin nach kolumbianischem Recht.
Besitzen also Erblasser und Erbe die kolumbianische Staatsangehörigkeit, findet
auf die Erbfolge das gemeinsame Heimatrecht Anwendung (TIEDEMANN 179). Außerdem werden kolumbianische Staatsbürger nach Art 1054 Cc am Nachlaß eines in
Kolumbien oder im Ausland domizilierten Ausländers (zumindest) in dem Umfang
beteiligt, wie das kolumbianische Recht dies vorsieht. Ihnen steht insoweit an dem in

Kolumbien befindlichen Nachlaßteil ein Vorwegnahmerecht zu (vgl näher die Erläuterungen zum chilenischen Recht in Rn 118).

334 Das *materielle Erbrecht* Kolumbiens findet sich im Código civil von 1973. Ein nach kolumbianischem Erbrecht zulässiges Vindikationslegat an einem inländischen Grundstück ist im Wege der Anpassung in ein Damnationslegat umzudeuten (BGH NJW 1995, 59; DÖRNER IPRax 1996, 27; str, näher Art 25 Rn 271). Das kolumbianische Recht kennt kein handschriftliches Testament. Im Ausland errichtete handschriftliche Testamente sind zwar wirksam, wenn das Recht des Errichtungsortes sie gestattet; ob sie hinsichtlich des in Kolumbien belegenen Nachlasses (vgl Art 1084, dazu LISBONNE Rn 210) Wirkungen äußern, ist fraglich. Gemeinschaftliche Testamente sind verboten (Art 1059 Cc).

335 Kongo (Brazzaville)

Staatsvertragliche Regelungen im Verhältnis zur Republik Kongo bestehen nicht. Das Internationale Erbrecht des Kongo ist in den Art 825, 826 des Familiengesetzbuches v 17. 10. 1984 enthalten. diese Bestimmungen lauten (in der Übersetzung von WIRTH, in: KROPHOLLER/KRÜGER/RIERING/SAMTLEBEN/SIEHR 441 f):

336 Art 825

Die Fragen in Bezug auf die Rechtsnachfolge von Todes wegen, welche die Berufung der Erben, die Reihenfolge, in der diese berufen sind und die Übertragung des aktiven und passiven Vermögens auf jeden einzelnen von ihnen betreffen, unterliegen dem nationalen Recht des Erblassers.

Dem Recht des Ortes, an dem der Nachlaß eröffnet wird, unterliegen die Maßnahmen, welche die Übertragung des Nachlasses, die Besitzverschaffung an die Erben, die Erbengemeinschaft, die Teilung des Aktivvermögens und die Begleichung der Verbindlichkeiten betreffen.

In Erbfällen, die unbewegliches Vermögen und Handelsgeschäfte zum Gegenstand haben, unterliegt die Übertragung des Eigentums an diesen Gegenständen dem Recht des Ortes, an dem sie belegen sind.

Art 826

Das Testament unterliegt hinsichtlich seiner Form dem Recht des Ortes, an dem es verfaßt worden ist, aber es kann auch gemäß jedem anderen Recht errichtet werden, das vom Erblasser ausdrücklich gewählt worden ist.

Die Rechtsnachfolge von Todes wegen aufgrund Testamentes vollzieht sich gemäß dem nationalen Recht des Erblassers. Die Erbauseinandersetzung unterliegt dem Recht des Ortes, an dem der Nachlaß eröffnet wird.

Die Schenkung unterliegt hinsichtlich ihrer Form dem Recht des Ortes, an dem das Rechtsgeschäft vorgenommen worden ist, aber sie kann auch gemäß jedem anderen Recht gemacht werden, das vom Schenker ausdrücklich gewählt worden ist.

Die Rechtswirkungen der Schenkung unterliegen, sofern das Rechtsgeschäft nicht ein anderes bestimmt, dem Recht des Ortes des Vollzuges der Schenkung.

Der frei verfügbare Teil des Nachlasses und das Pflichtteilsrecht der Erben bestimmen sich nach dem nationalen Recht des Erblassers. Die Art und Weise und die Reihenfolge der Rückforderung von Schenkungen unterliegen dem Recht des Ortes, an dem der Nachlaß eröffnet wird.

Maßgebend ist danach grundsätzlich das Heimatrecht des Erblassers (Art 825 Abs 1, **337** 826 Abs 2). Testamente sind formgültig, wenn sie die Formvorschriften des am Errichtungsort geltenden Rechts oder des vom Testator gewählten Rechts einhalten (Art 826 Abs 1).

Kongo (Zaire) 338

Schrifttum: Piron/Piron, IntEncCompL, National Reports, Zaire; Vanderlinden, JClDrComp, Zaire; Verwilghen, Burundi – Nouvelle Législation de droit international privé, Rev cr dr i pr 1981, 576.

Staatsvertragliche Regelungen auf dem Gebiet des Erbrechts zwischen der Bundes- **339** republik Deutschland und Zaire bestehen nicht. Erbrechtliche Kollisionsnormen enthält der Code civil von Zaire, der in dem hier maßgeblichen Teil aus dem Jahre 1895 stammt. Einschlägig sind die Art 9 u 10 des Code; das Verhältnis dieser beiden Bestimmungen zueinander ist unklar (Übersetzung von Jayme/Pauwels/Pintens, in: Kropholler/Krüger/Riering/Samtleben/Siehr 451 f):

Art 9 **340**
Die Rechte an Sachen, sowohl an beweglichen wie an unbeweglichen, unterstehen dem Recht des Ortes, an dem sich diese Sachen befinden.

Art 10
Die letztwilligen Verfügungen unterstehen hinsichtlich ihrer Form dem Recht des Ortes, an dem sie getroffen wurden, und hinsichtlich ihres Inhaltes und [ihrer] Wirkungen dem nationalen Recht des Erblassers.

Wenn jedoch ein Ausländer eine letztwillige Verfügung in dem Unabhängigen Kongostaat trifft, hat er die Möglichkeit, sich der Form seines nationalen Rechts zu bedienen.

Korea (Republik) 341

Schrifttum: Ferid/Firsching/Kim-Ukkon, Internationales Erbrecht, Bd IV: Republik Korea; Ryu, IntEncCompL, National Reports, Republic of Korea.

Gutachten: IPG 1996 Nr 38 (Köln); 1997 Nr 34 (Köln).

Die kollisionsrechtlichen Bestimmungen der Republik (Süd-) Korea sind in dem **342** „Zivilgesetz mit Außenbezug" Nr 966 vom 15. 1. 1962 enthalten. Die hier einschlägigen Bestimmungen lauten (in der Übersetzung von Makarov/Seou Shin, in: Kropholler/Krüger/Riering/Samtleben/Siehr 464):

Heinrich Dörner

343 § 26 [Beerbung]

Die Beerbung beruht auf dem Heimatrecht des Erblassers.

§ 27 [Testament]

Die Entstehung und die Wirkungen eines Testamentes beruhen auf dem Heimatrecht des Testators zur Zeit der Entstehung.

Die Aufhebung eines Testamentes beruht auf dem Heimatrecht des Testators zur Zeit der Aufhebung.

Die Form des Testamentes kann auch auf dem Recht des Geschäftsortes beruhen.

344 Maßgebend ist also grundsätzlich das Heimatrecht des Erblassers zum Zeitpunkt seines Todes (§ 26) bzw – im Hinblick auf die materiellen Voraussetzungen und Wirkungen eines Testaments – zum Zeitpunkt der Errichtung (§ 27 Abs 1). Ein Testament ist formgültig, wenn es entweder dem Heimatrecht des Testators zum Errichtungszeitpunkt oder dem Recht des Errichtungsortes entspricht (§ 27 Abs 3).

345 Das *materielle Erbrecht* Südkoreas ist in den Art 997 ff des koreanischen BGB v 2. 2. 1958 geregelt.

346 Kroatien

Schrifttum: GLIHA, Überblick der Gesetzgebung Kroatiens im Bereich des Schuld- Sachen- und Erbrechts, ZfRvgl 1993, 116.

347 Nachdem sich die ehemalige Teilrepublik Kroatien im Jahre 1990 aus der Sozialistischen Föderativen Republik Jugoslawien gelöst und am 8. 10. 1991 staatliche Selbständigkeit erlangt hat, werden die Rechtsvorschriften des ehemaligen Jugoslawiens gleichwohl im Prinzip weiter angewandt (GLIHA ZfRvgl 1993, 117). Dagegen ist unklar, ob auch die von der Republik Jugoslawien abgeschlossenen Staatsverträge weiterhin für verbindlich angesehen werden. Im Hinblick auf das Haager TestÜbk (Vorbem 31 ff zu Art 25 f) hat Kroatien jedoch dem niederländischen Außenministerium mit Schreiben v 5. 4. 1993 notifiziert, daß es sich als einer der Rechtsnachfolger des ehemaligen Jugoslawiens als durch das Übereinkommen gebunden betrachtet. Kroatien ist daher mit Wirkung v 8. 10. 1991 Vertragspartei des TestÜbk geworden (vgl BGBl 1993 II 1962).

348 Der zwischen der früheren DDR und der Sozialistischen Föderativen Republik Jugoslawien geschlossene Rechtshilfevertrag v 20. 5. 1966 (GBl DDR 1967 I 8, vgl Art 25 Rn 601) ist jedenfalls auch mit Wirkung für Kroatien mit der Herstellung der deutschen Einheit am 3. 10. 1990 erloschen (näher Art 25 Rn 614).

349 Kroatien hat das frühere gesamtjugoslawische Gesetz über die Lösung von Gesetzeskollisionen v 1. 1. 1983 (vgl näher Rn 293 ff) übernommen und dadurch die Kontinuität im IPR gewahrt (vgl StAZ 1992, 283). Dagegen kommt dem für *interlokale* Konflikte innerhalb der früheren jugoslawischen Teilrechtsordnungen maßgebenden „Gesetz über die Regelung der Kollisionen der Gesetze und Zuständigkeiten in Status-, Familien- und Erbverhältnissen" v 27. 2. 1979 (vgl Rn 298) in Kroatien heute naturgemäß keine Bedeutung mehr zu.

Das *materielle Erbrecht* Kroatiens ist enthalten im Erbgesetz 1955 idF des Erbge- **350** setzes v 12. 7. 1965 (vgl bei FERID/FIRSCHING/POVH, Internationales Erbrecht, Bd IV: Jugoslawien, Texte Nr 5), das bereits vor der Abspaltung Kroatiens als Gesetz der Teilrepublik weitergalt (vgl JbOstR 1979 I 204).

Kuba 351

Schrifttum: DOHR, Die neue kubanische Zivilrechtskodifikation, Osteuropa-Recht 1990, 175; HUZEL, Neues internationales Privatrecht in Kuba, IPRax 1990, 416; LISBONNE, JClDrComp, Cuba; ders, IntEncCompL, National Reports, Cuba; NELLE, Das neue kubanische Zivilgesetzbuch, ROW 1990, 262; TIEDEMANN, Internationales Erbrecht in Deutschland und Lateinamerika (1993).

Gutachten: IPG 1978 Nr 42 (Hamburg).

Kuba hat den Staatsvertrag von Havanna über Internationales Privatrecht (Código **352** Bustamante, vgl Rn 84) ratifiziert. Mit der früheren DDR hatte es einen Rechtshilfe- vertrag v 8. 6. 1979 (GBl DDR 1980 II 2) geschlossen, der auch erbrechtliche Kollisions- normen enthielt (näher Art 25 Rn 603). Inzwischen hat die Regierung der Bundesrepu- blik nach Durchführung der in Art 12 Abs 2 EV vorgesehenen Konsultationen aus- drücklich festgestellt, daß dieser Vertrag mit der Herstellung der deutschen Einheit am 3. 10. 1990 erloschen ist (BGBl 1992 II 396, vgl näher Art 25 Rn 614). Staatsvertragliche Regelungen auf dem Gebiet des Erbrechts zwischen der Bundesrepublik Deutsch- land und Kuba bestehen im übrigen nicht.

Das autonome Kollisionsrecht Kubas ist im Código civil v 12. 4. 1988 enthalten. Die **353** erbrechtliche Vorschrift des Art 15 Cc stimmt in der Sache mit der Vorgängernorm (Art 10 Abs 2 aF) aus dem seit 1889 bis zur jetzigen Reform geltenden spanischen Código civil überein (deutsche Übersetzung von HUZEL IPRax 1990, 418).

Art 15 **354**
Die Rechtsnachfolge von Todes wegen unterliegt der Gesetzgebung des Staates, dem der Verstorbene zum Zeitpunkt seines Todes angehörte, ohne Rücksicht auf die Natur der Güter und den Ort, an welchem sie sich befinden.

Im Internationalen Erbrecht Kubas gilt mithin das Staatsangehörigkeitsprinzip. Die **355** Formgültigkeit von Rechtsgeschäften wird nach dem Recht des Errichtungsortes beurteilt (Art 13 Cc). Rück- und Weiterverweisung sind zu beachten (Art 19 Cc).

Das *materielle Erbrecht* Kubas ist im Código civil von 1984 geregelt (dazu LISBONNE **356** Nr 148 ff).

Kuwait 357

Schrifttum: ELWAN, Neues Familien- und Erbrecht in Kuwait, IPRax 1985, 305; KRÜGER, Internatio- nales Recht in Kuwait nach den Gesetzesreformen 1980–1981, RIW 1983, 801.

Staatsvertragliche Regelungen auf dem Gebiet des Erbrechts zwischen der Bundes- **358** republik Deutschland und Kuwait bestehen nicht. Das IPR von Kuwait ist in einem Gesetz Nr 5 zur Regelung der Rechtsbeziehungen mit Auslandselement v 14. 2. 1961 enthalten. Die Bestimmungen des Erbkollisionsrechts lauten (in der Übersetzung von DILGER bei MAKAROV[3] 158 ff):

359 **Art 47**

Auf die Erbfolge wird das Recht des Erblassers zur Zeit seines Todes angewandt.

Art 48

Auf das Testament und die übrigen Verfügungen auf den Todesfall wird das Recht desjenigen angewandt, von dem die Verfügung für die Zeit seines Todes herrührt.

Aber auf die Form des Testaments und der anderen Verfügungen auf den Todesfall wird das Heimatrecht des Verfügenden zur Zeit der Verfügung oder das Recht des Ortes angewandt, an dem die Verfügung errichtet worden ist.

360 Das Erbstatut wird demnach durch Anknüpfung an die Staatsangehörigkeit des Erblassers bestimmt (Art 47, 48 Abs 1). Die Formgültigkeit der Verfügungen auf den Todesfall unterliegt alternativ dem Heimatrecht des Testators oder dem Recht des Errichtungsortes (Art 48 Abs 2).

361 Laos

Schrifttum: NORASING, IntEncCompL, National Reports, Laos; WOHLGEMUTH, Kollisionsrecht in Laos: Kolonialgesetze im Sozialismus, IPRax 1986, 308.

362 Staatsvertragliche Regelungen auf dem Gebiet des Erbrechts zwischen der Bundesrepublik Deutschland und Laos bestehen nicht. In Laos gelten, soweit das laotische Recht selbst keine eigenen Kollisionsregeln enthält, weiterhin die Anknüpfungsregeln des französischen Kollisionsrechts fort (WOHLGEMUTH IPRax 1986, 308). Das Internationale Erbrecht ist allerdings – abweichend vom französischen Recht – in einem Königlichen Gesetzesdekret Nr 135 über die Ordnung des Grundeigentums v 23. 5. 1958 geregelt. Diese Bestimmung lautet (in der Übersetzung von WOHLGEMUTH aaO):

363 **Gesetzesdekret Nr 135**

Die Erbfolge unterliegt selbst im Hinblick auf unbewegliches Vermögen dem Personalstatut der Personen, sowohl was die Form und den Inhalt der Testamente als auch was die Berufung zu Erben und Vermächtnisnehmern und die Übertragung von vermachtem oder vererbtem unbeweglichen Vermögen als auch schließlich die Teilungsanordnung in bezug auf dieses Vermögen anbetrifft.

364 Das laotische Recht folgt damit im Internationalen Erbrecht dem Staatsangehörigkeitsprinzip.

365 Lettland

Die Republik Lettland ist aus dem Zerfall der Union der Sozialistischen Sowjetrepubliken hervorgegangen. Während die Bundesrepublik im Verhältnis zu anderen Nachfolgestaaten der früheren UdSSR durch Gemeinsame Erklärung oder Notenwechsel Übereinstimmung darüber erzielt hat, daß die zwischen der Bundesrepublik und der früheren UdSSR geschlossenen völkerrechtlichen Verträge solange weiterhin angewandt werden sollen, bis beide Seiten etwas Abweichendes vereinbaren, ist ein solcher Schritt im Verhältnis zu Lettland bislang nicht erfolgt. Daher besteht derzeit (1. 1. 2000) Unsicherheit darüber, ob der zwischen der Bundesrepublik und der UdSSR geschlossene Konsularvertrag v 25. 4. 1959 (BGBl 1959 II 469, dazu Vorbem 191 zu Art 25 f), der in seinem Art 28 Abs 3 die Erbfolge in unbewegliches Vermögen dem Belegenheitsrecht unterwirft (Vorbem 194 zu Art 25 f), im Verhältnis zwischen der Bundesrepublik und der Republik Lettland fortgilt; zur völkerrechtlichen Rechtslage vgl Vorbem 193 zu Art 25 f.

Dagegen findet der Rechtshilfevertrag v 19. 9. 1979, den die frühere UdSSR seiner-   **366**
zeit mit der DDR geschlossen hatte und der auch erbrechtliche Kollisionsnormen enthielt (näher Art 25 f Rn 608), im Verhältnis zu Lettland jedenfalls keine Anwendung mehr (näher Art 25 f Rn 614).

Nach Erlangung ihrer Unabhängigkeit hat die Republik Lettland durch Gesetz v   **367**
25. 5. 1993 das frühere lettische Zivilgesetzbuch v 28. 1. 1937 wiederhergestellt. Die kollisionsrechtlichen Bestimmungen dieses Gesetzbuches (Art 7 ff) enthalten nur eine unvollkommene Regelung des Internationalen Erbrechts. Danach unterliegen Erbrechte an Vermögen, das auf dem Staatsgebiet Lettlands belegen ist, dem lettischen Recht (Art 16). Eine im Ausland erfolgende Aushändigung des Nachlasses ist nur wirksam, wenn die erbrechtlichen Ansprüche von Personen, die ihren Wohnsitz in Lettland haben, erfüllt worden sind (Art 17).

Das materielle Erbrecht ist ebenfalls in dem Zivilgesetzbuch v 28. 1. 1937 enthalten.   **368**

Libanon   369

Schrifttum: GANNAGÉ, JClDrComp, Liban, Fasc 3–5; ders, IntEncCompL, National Reports, Lebanon.

Staatsvertragliche Regelungen auf dem Gebiet des Erbrechts zwischen der Bundes-   **370**
republik Deutschland und dem Libanon bestehen nicht. Das libanesische Kollisionsrecht ist nicht kodifiziert. Sowohl die testamentarische wie auch die gesetzliche Erbfolge werden nach dem Recht des Staates beurteilt, dem der Erblasser zum Zeitpunkt seines Todes angehörte (TYAN, Précis de droit international privé [1966] 218 ff, 224; GANNAGÉ Fasc 5 Nr 42 f). Für die Testamentsform gilt – jedenfalls bei Ausländern – wahlweise das am Errichtungsort maßgebende oder dasjenige Recht, welches die Erbfolge selbst beherrscht (TYAN 278 ff, 281).

Das libanesische Familien- und Erbrecht ist interpersonal (religiös) gespalten. Wel-   **371**
che religiöse Rechtsordnung beim Tode eines libanesischen Staatsangehörigen Anwendung findet, ist mithin gemäß Art 4 Abs 3 S 1 durch eine Unteranknüpfung zu ermitteln und hängt nach libanesischem interreligiösen Recht davon ab, welcher Konfession der Erblasser angehörte. Die Beerbung nicht-moslemischer Erblasser

Heinrich Dörner

richtet sich nach dem Erbfolgegesetz für nicht-moslemische Gemeinschaften vom
23. 6. 1959 (GANNAGÉ Fasc 3 Nr 2, zu den Einzelheiten des Gesetzes vgl Nr 7 ff). Beim Tode
eines moslemischen Erblassers gelten dagegen, je nach Religionszugehörigkeit, die
Regeln des islamisch-hanafitischen oder – soweit es sich um Schiiten handelt – des
jaafaritischen Rechts (GANNAGÉ Fasc 4 Nr 57). Das Recht der testamentarischen und
gesetzlichen Erbfolge für Drusen ist in einem Gesetz v 24. 2. 1948 geregelt (GANNAGÉ
Fasc 4 Nr 59).

372 Liberia

Schrifttum: PARNALL, IntEncCompL, National Reports, Liberia.

373 Das Kollisionsrecht Liberias beruht auf den Grundsätzen des Common Law (vgl
Rn 200 ff).

374 Libyen

Staatsvertragliche Regelungen auf dem Gebiet des Erbrechts zwischen der Bundesrepublik Deutschland und Libyen bestehen nicht. Das libysche Kollisionsrecht ist in
einem Zivilgesetzbuch aus dem Jahre 1953 enthalten und orientiert sich an den
entsprechenden Bestimmungen des ägyptischen IPR (vgl KRÜGER/KÜPPERS IPRax
1986, 389 bei Fn 9). Die einschlägigen Vorschriften lauten (in der Übersetzung von MAKAROV,
in: KROPHOLLER/KRÜGER/RIERING/SAMTLEBEN/SIEHR 498):

375 **Art 17**

(1) Die Erbfolge, die Testamente und andere Verfügungen von Todes wegen sind dem Heimatrecht
des Erblassers, des Testierenden und des Verfügenden im Zeitpunkt des Todes unterworfen.
(2) Die Form des Testamentes richtet sich jedoch nach dem Heimatrecht des Erblassers im Zeitpunkt
der Errichtung des Testamentes oder nach dem Recht des Ortes, wo das Testament errichtet ist. Das
gleiche gilt für die Form der übrigen Verfügungen von Todes wegen.

Art 18

Der Besitz, das Eigentum und die anderen Sachenrechte unterstehen, soweit es sich um Liegenschaften handelt, dem Recht des Ortes, wo die Liegenschaft belegen ist, und soweit es sich um
bewegliche Sachen handelt, dem Recht des Ortes, an welchem die bewegliche Sache sich in dem
Zeitpunkt befand, in welchem die Ursache des Erwerbes oder des Verlustes des Besitzes, des Eigentums oder der anderen Sachenrechte sich ereignet hat.

376 Danach ist grundsätzlich das Heimatrecht des Erblassers zum Zeitpunkt seines Todes
maßgebend (Art 17 Abs 1). Verfügungen von Todes wegen sind formgültig, wenn sie
entweder dem Heimatrecht des Erblassers zum Zeitpunkt der Errichtung oder dem
Recht des Errichtungsortes entsprechend (Art 17 Abs 2).

377 Libyen hat mit Wirkung v 9. 2. 1978 das Washingtoner Übereinkommen über die
Form eines internationalen Testaments (Vorbem 136 ff zu Art 25 f) ratifiziert.

Liechtenstein 378

Schrifttum: APPEL, Reform und Kodifikation des liechtensteinischen Internationalen Privatrechts, RabelsZ 1997, 510; KOHLER, Kodifikation und Reform des Internationalen Privatrechts in Liechtenstein, IPRax 1997, 309; SCHÖNLE, IntEncCompL, National Reports, Liechtenstein; STURM, Zur liechtensteinischen IPR-Reform, in: FS Walder (1994) 445; UNKRÜER, Die privatrechtliche Anstalt in Liechtenstein im Spannungsfeld zwischen Erbrecht und Gesellschaftsrecht, RIW 1998, 205.

Gutachten: IPG 1967/68 Nr 62 (Hamburg); 1975 Nr 36 (Freiburg); Deutsches Notarinstitut, Gutachten zum internationalen und ausländischen Privatrecht 1993 (1995) 296.

Staatsvertragliche Regelungen auf dem Gebiet des Erbrechts zwischen der Bundes- **379** republik Deutschland und Liechtenstein bestehen nicht. Das liechtensteinische Kollisionsrecht ist in einem Gesetz v 19. 9. 1996 über das Internationale Privatrecht kodifiziert worden (Text: IPRax 1997, 364). Die erbkollisionsrechtlichen Bestimmungen lauten:

Art 29 Rechtsnachfolge von Todes wegen **380**
1. Die Rechtsnachfolge von Todes wegen ist nach dem Personalstatut des Erblassers im Zeitpunkt seines Todes zu beurteilen.

2. Wird eine Verlassenschaftsabhandlung von einem liechtensteinischen Gericht durchgeführt, so ist die Rechtnachfolge von Todes wegen vorbehaltlich Abs 3 und 4 nach liechtensteinischem Recht zu beurteilen.

3. Der ausländische Erblasser kann durch letztwillige Verfügung oder Erbvertrag seine Rechtsnachfolge einem seiner Heimatrechte oder dem Recht des Staates seines letzten gewöhnlichen Aufenthaltes unterstellen.

4. Der inländische Erblasser mit Wohnsitz im Ausland kann durch letztwillige Verfügung oder Erbvertrag seine Rechtsnachfolge einem seiner Heimatrechte oder dem Recht des Staates seines letzten gewöhnlichen Aufenthaltes unterstellen

Art 30 Gültigkeit einer Verfügung von Todes wegen.
1. Die Testierfähigkeit und die sonstigen Erfordernisse für die Gültigkeit einer letztwilligen Verfügung, eines Erbvertrags oder eines Erbverzichtsvertrags sind gegeben, wenn die Gültigkeitserfordernisse eines der folgenden Rechte erfüllt sind:
a) eines der Heimatrechte des Erblassers im Zeitpunkt der Rechtshandlung oder im Zeitpunkt seines Todes;
b) des Rechts des Staates, in dem der Erblasser im Zeitpunkt der Rechtshandlung oder im Zeitpunkt seines Todes seinen gewöhnlichen Aufenthalt hatte;
c) des liechtensteinischen Rechts, sofern die Verlassenschaftsabhandlung vor einem liechtensteinischen Gericht durchgeführt wird.

2. Für den Widerruf bzw die Aufhebung dieser Rechtshandlungen gilt der Abs. 1 sinngemäß.

Maßgebend ist danach das Personalstatut des Erblassers (Art 29 Abs 1), das gem **381** Art 10 in erster Linie durch die Staatsangehörigkeit, bei Staatenlosen oder Personen mit ungeklärter Staatsangehörigkeit durch den gewöhnlichen Aufenthalt, bei Flüchtlingen durch den Wohnsitz und hilfsweise durch den gewöhnlichen Aufenthalt bestimmt wird. Bei Durchführung einer Verlassenschaftsabhandlung in Liechtenstein gilt liechtensteinisches Recht (Art 29 Abs 2; zur Zuständigkeit der liechtensteinischen Nachlaßgerichte und zu der geplanten Reform der Zuständigkeitsvorschriften vgl Kohler IPrax 1997, 310). Ein ausländischer Erblasser oder ein liechtensteinischer Erblasser mit Wohnsitz im Ausland kann die Erbfolge durch Verfügung von Todes wegen einem seiner Heimatrechte oder dem Recht seines letzten gewöhnlichen Aufenthalts unterstellen (Art 29 Abs 3, 4).

382 Die Testierfähigkeit sowie die formellen und materiellen Voraussetzungen der Errichtung einer Verfügung von Todes wegen sind alternativ nach einem der Heimatrechte des Erblassers zum Zeitpunkt der Verfügung oder des Todes, dem Recht seines gewöhnlichen Aufenthalts zum Zeitpunkt der Errichtung oder des Todes oder – falls die Verlassenschaftsabhnadlung in Liechtenstein durchgeführt wird – dem liechtensteinischen Recht zu beurteilen (Art 30).

383 Litauen

Schrifttum: Jayme/Ravluševicius, Zum Stand des Internationalen Privatrechts in Litauen, IPRax 1997, 351.

384 Die Republik Litauen ist aus dem Zerfall der Union der Sozialistischen Sowjetrepubliken hervorgegangen. Während die Bundesrepublik im Verhältnis zu anderen Nachfolgestaaten der früheren UdSSR durch Gemeinsame Erklärung oder Notenwechsel Übereinstimmung darüber erzielt hat, daß die zwischen der Bundesrepublik und der früheren UdSSR geschlossenen völkerrechtlichen Verträge solange weiterhin angewandt werden sollen, bis beide Seiten etwas Abweichendes vereinbaren, ist ein solcher Schritt im Verhältnis zu Litauen bislang nicht erfolgt. Daher besteht derzeit (1.1.2000) Unsicherheit darüber, ob der zwischen der Bundesrepublik und der UdSSR geschlossene Konsularvertrag v 25.4.1958 (BGBl 1959 II 469, dazu Vorbem 191 ff zu Art 25 f), der in seinem Art 28 Abs 3 die Erbfolge in unbewegliches Vermögen dem Belegenheitsrecht unterwirft (Vorbem 194 zu Art 25 f), im Verhältnis zwischen der Bundesrepublik und der Republik Litauen fortgilt; zur völkerrechtlichen Rechtslage vgl Vorbem 193 zu Art 25 f.

385 Dagegen findet der Rechtshilfevertrag v 19.9.1979, den die frühere UdSSR seinerzeit mit der DDR geschlossen hatte und der auch erbrechtliche Kollisionsnormen enthielt (näher Art 25 f Rn 608), im Verhältnis zu Litauen jedenfalls keine Anwendung mehr (näher Art 25 f Rn 614).

386 Das Internationale Privatrecht der Republik Litauen ist in den Art 603 ff des Zivilgesetzbuches v 17.5.1994 geregelt. Die erbrechtlichen Vorschriften lauten (in der Übersetzung von Ravluševicius IPRax 1997, 373; vgl auch Schulze, Wirtschaftsrecht der osteuropäischen Staaten, Litauen X 1 a, 1 ff):

387 **Art 621 Auf Erbschaft anzuwendende Gesetze**
Die Erbverhältnisse unterliegen den Gesetzen des Staates, dessen Staatsangehöriger der Erblasser im

Todezeitpunkt war. Falls der Erblasser staatenlos ist, unterliegen Erbverhältnisse den Gesetzen des Staates, in dem sich sein letzter ständiger Wohnsitz befand.

Die Fähigkeit der Person zur Errichtung, Änderung und Aufhebung des Testaments unterliegt ebenso wie die Form des Testaments und deren Änderung oder Aufhebung den Gesetzen des Staates, in dem diese Urkunden errichtet und aufgesetzt worden sind.

Ein im Ausland errichtetes Testament, ebenso wie die Änderung oder Aufhebung des Testaments können in der Republik Litauen gemäß den von der Regierung der Republik Litauen festgelegten Bestimmungen legalisiert werden; Ausnahmen sind in Art 606 1. Abschnitt dieses Gesetzbuches vorgesehen.

In der Republik Litauen befindlicher Grund und Boden, Gebäude und sonstige Immobilien unterliegen in allen Fällen der Erbfolge den Gesetzen der Republik Litauen.

Danach unterliegt die Erbfolge grundsätzlich dem Heimatrecht des Erblassers zum **388** Zeitpunkt seines Todes (Art 621 Abs 1); nach litauischem Recht vererben sich jedoch Grundstücke und Gebäude, die in Litauen belegen sind (Art 621 Abs 4). Testierfähigkeit und Testamentsform richten sich nach dem Recht des Errichtungsortes (Art 621 Abs 2).

Luxemburg   389

Rechtsprechung: LG München I FamRZ 1998, 1067.

Schrifttum: BERNECKER, Internationales Privat- und Prozeßrecht im Großherzogtum Luxemburg, RabelsZ 1962, 263; EBENROTH Rn 1327; FERID/FIRSCHING/CIESLAR, Internationales Erbrecht, Bd IV: Luxemburg; FLICK/PILTZ Rn 712 ff; PESCATORE, IntEncCompL, National Reports, Luxemburg; WEIRICH/WEIRICH, JClDrComp, Luxemburg (Fasc 2); WEITZEL/ARENDT/RAVARANI, JClDrComp, Luxemburg (Fasc 3).

Gutachten: IPG 1967/68 Nr 75 (Köln).

Luxemburg ist seit dem 5. 2. 1979 Vertragspartner des Haager TestÜbk (vgl BGBl 1979 **390** II 303, dazu Vorbem 31 ff zu Art 25 f), hat mit Wirkung v 4. 9. 1982 auch das Baseler Europäische Abkommen über die Einrichtung einer Organisation zur Registrierung von Testamenten (vgl Vorbem 142 ff zu Art 25 f) ratifiziert sowie das Haager Abkommen über die internationale Verwaltung von Nachlässen (vgl Vorbem 121 ff zu Art 25), das Haager Trust-Übereinkommen v 1. 7. 1985 (vgl Vorbem 129 ff zu Art 25 f) und das Haager Erbrechtsübereinkommen (Vorbem 111 ff zu Art 25 f) gezeichnet. Staatsvertragliche Regelungen auf dem Gebiet des Erbrechts zwischen der Bundesrepublik Deutschland und Luxemburg bestehen nicht.

Das Erbkollisionsrecht von Luxemburg ist nicht kodifiziert. Die gewohnheitsrecht- **391** lich maßgebenden Regeln beruhen – wie ihr französisches Vorbild (vgl Rn 173) – auf dem Prinzip der Nachlaßspaltung und unterwerfen die Erbfolge in das bewegliche Vermögen – jedenfalls in neuerer Zeit – dem Recht des letzten Erblasserwohnsitzes, in das unbewegliche Vermögen der lex rei sitae (arg Art 3 Abs 2 Cc, vgl WEITZEL/

ARENDT/RAVARANI Nr 47). Das Erbstatut befindet über die Person der Nachlaßberechtigten, den Umfang und die Natur ihrer Beteiligung, den Freiteil des Erblassers, das Noterbrecht und über die Teilung des Nachlasses. Eine erbrechtliche Rechtswahl ist nach hM nicht zugelassen (FERID/FIRSCHING/CIESLAR Grdz Rn 8). Ein Renvoi wird anerkannt (FERID/FIRSCHING/CIESLAR Grdz Rn 9).

392 Die Formgültigkeit eines Testaments wird nach den Vorschriften des Haager Test-Übk beurteilt. Das Verbot gemeinschaftlicher Testamente (Art 968 Cc) wird als Formvorschrift qualifiziert (vgl Art 25 f Rn 306 ff), so daß Luxemburger im Ausland ggf in dieser Weise testieren können.

393 Das *materielle Erbrecht* ist im Luxemburger Code civil geregelt. Der ursprünglich mit dem französischem Code civil übereinstimmende Text ist inzwischen durch eine Reihe von Reformgesetzen modifiziert worden (näher WEIRICH/WEIRICH Nr 70 ff; Text bei FERID/FIRSCHING/CIESLAR Texte B).

394 Madagascar

Schrifttum: CADOUX/PEDANON/RAZAFIMPANILO, IntEncCompL, National Reports, Malagasy Republic; RAHARINARIVONIRINA, JClDrComp, Madagascar.

395 Staatsvertragliche Regelungen auf dem Gebiet des Erbrechts zwischen der Bundesrepublik Deutschland und Madagascar bestehen nicht. Das madegassische Internationale Privatrecht ist im wesentlichen in einer Verordnung Nr 62–041 v 19. 9. 1962 enthalten (RAHARINARIVONIRINA Rn 123 ff; vgl auch Rev crit dr i pr 1964, 370). Die Erbkollisionsnorm lautet (in der Übersetzung von MAKAROV[3] 165):

396 **Art 31**
Die Erbfolge in Immobilien richtet sich nach dem Recht des Ortes der Belegenheit der Immobilien.

Die Erbfolge in bewegliches Vermögen folgt dem Recht des Wohnsitzes des Verstorbenen.

397 Im Erbkollisionsrecht von Madagascar herrscht also nach französischem Vorbild (Rn 173) das Prinzip der Nachlaßspaltung. Für die Formgültigkeit von Rechtsgeschäften gilt die Regel „locus regit actum" (Art 33). Ein Renvoi wird beachtet (Art 26 Abs 2).

398 Das *materielle Erbrecht* von Madagascar ist geregelt in einem Gesetz Nr 68–012 v 4. 7. 1968 (RAHARINARIVONIRINA Nr 96 ff).

399 Malawi

Schrifttum: ROBERTS, IntEncCompL, National Reports, Malawi.

400 Das Kollisionsrecht von Malawi beruht auf den Grundsätzen des Common Law (vgl Rn 200 ff).

Malaysia 401

Schrifttum: MINATTUR, IntEncCompL, National Reports, Malaysia.

Gutachten: IPG 1996 Nr 39 (Köln); 1997 Nr 33 (Köln).

Das Kollisionsrecht von Malaysia beruht auf den Grundsätzen des Common Law (vgl **402** Rn 200 ff).

Mali 403

Schrifttum: SALL, IntEncCompL, National Reports, Mali.

Das Kollisionsrecht von Mali auf dem Gebiet des Erbrechts beruht auf den Grund- **404** sätzen, die von der französischen Rechtsprechung und Lehre aus dem französischen Code civil entwickelt worden sind (vgl Rn 173).

Malta 405

Schrifttum: BUSUTTIL, IntEncCompL, National Reports, Malta.

Das Kollisionsrecht von Malta beruht auf den Grundsätzen des Common Law (vgl **406** Rn 200 ff). Malta ist dem Haager Trustübereinkommen (Vorbem 129 ff zu Art 25 f) beigetreten.

Marokko 407

Schrifttum: BENDAHOU, IntEncCompL, National Reports, Morocco; GRAUL, Rechtliche Probleme deutsch-marokkanischer Ehen. Zum Spannungsverhältnis zwischen islamischem Familien- und Erbrecht und modernen Kodifikationen, StAZ 1978, 93 ; SAREHANE/ZAGOURI, JClDrComp, Maroc (Fasc 2/2; 3/2); SAREHANE/LAHLOU-RACHDI, JClDrComp, Maroc (Fasc 4); dies, Chronique de jurisprudence du Maroc, J Dr Int 1997, 455.

Gutachten: DIV-Gutachten ZfJ 1989, 131.

Staatsvertragliche Regelungen auf dem Gebiet des Erbrechts zwischen der Bundes- **408** republik Deutschland und Marokko bestehen nicht. Das Internationale Privatrecht Marokkos ist im wesentlichen im Dahir des Sultans von Marokko v 12. 8. 1913 über die zivilrechtliche Stellung der Franzosen und der Ausländer in dem französischen Protektorat Marokko enthalten. Eine erbrechtliche Kollisionsnorm findet sich in Art 18 des Dahirs (französischer Text u deutsche Übersetzung bei MAKAROV[3] 168 ff).

Art 18 409

Der Anfall der Erbschaft an den im französischen Protektorat Marokko belegenen beweglichen und unbeweglichen Gütern unterliegt dem Heimatrecht des Verstorbenen im Hinblick auf die Bestimmung der Erbberechtigten, die Reihenfolge ihrer Berufung, ihre Anteile, die Ausgleichung, den Freiteil und den Zwangsvorbehalt.

Die gleiche Regel gilt für die materielle Wirksamkeit und die Wirkungen testamentarischer Verfügungen.

410 Das Erbstatut wird demnach grundsätzlich durch die Staatsangehörigkeit des Erblassers bestimmt (SAHANE/LAHLOU-RACHDI JClDrComp Fasc 4 Nr 129). Für Doppelstaater ist die effektive Staatsangehörigkeit maßgebend (Cours d'appell de Casablanca, in: SARE-HANE/LAHLOU-RACHDI, J Dr Int 1997, 468). Allerdings findet beim Tode eines ausländischen Moslem oder eines zum Islam konvertierten Ausländers (marokkanisch-) islamisches Recht Anwendung (Cour d'appell de Casablanca aaO). Die Formgültigkeit eines Testaments beurteilt sich dem Heimatrecht des Erblassers, daneben – jedenfalls nach Ansicht eines Teils der Literatur – nach dem Recht des Errichtungsortes (vgl SAHANE/LAHLOU-RACHDI aaO Nr 132)

411 Das *marokkanische Erbrecht* ist interpersonal gespalten. Soweit das deutsche IPR daher in Art 25 Abs 1 auf marokkanisches Recht verweist, ist gem Art 4 Abs 3 S 1 die maßgebende Teilrechtsordnung durch eine Unteranknüpfung zu ermitteln; nach marokkanischem interreligiösen Recht wird das maßgebende Erbrecht durch die Zugehörigkeit zu einer Religionsgemeinschaft bestimmt.

412 Das Gesetz über Personenstand und Erbfolge aus dem Jahre 1957 kodifiziert das Erbrecht für Muslime nach den Regeln der islamisch-malekitischen Rechtsschule (näher SAREHANE Fasc 2/2 Nr 1 ff). Für jüdische Marokkaner gilt jüdisches Gewohnheitsrecht (näher ZAGOURI Fasc 3/2 Nr 1 ff). Für (insbes christliche) Marokkaner, die keiner dieser beiden Religionsgemeinschaften angehören, wird ersatzweise muslimisches Recht herangezogen.

413 Der – auch in Marokko praktizierte – Grundsatz des islamischen Rechts, daß ein Moslem von einem Andersgläubigen nicht beerbt werden kann (Erbhindernis der Religionsverschiedenheit) verstößt gegen den deutschen ordre public (vgl Art 25 Rn 692). Gleiches gilt für die auf den Koran zurückgehenden Bestimmungen, welche der überlebenden Witwe sowie weiblichen Nachkommen eine geringere gesetzliche Erbberechtigung zusprechen, als sie einem überlebenden Ehemann bzw männlichen Nachkommen zustehen würde (S LORENZ IPRax 1993, 150; näher dazu Art 25 Rn 691).

414 Mauretanien

Schrifttum: JEOL, IntEncCompL, National Reports, Mauretania; KRÜGER, Das internationale Privat- und Zivilverfahrensrecht Mauretaniens, RIW 1990, 988; SALAH/BEDDY, JClDrComp, Mauritanie.

415 Staatsvertragliche Regelungen auf dem Gebiet des Erbrechts zwischen der Bundesrepublik Deutschland und Mauretanien bestehen nicht. Das mauretanische Erbkollisionsrecht ist nicht kodifiziert. Es beruht aber – wie die Kollisionsrechte der übrigen arabischen Staaten – auf dem Gedanken der Nachlaßeinheit und knüpft die Erbfolge in bewegliches wie unbewegliches Vermögen an die Staatsangehörigkeit des Erblassers (KRÜGER RIW 1990, 989; SALAH/BEDDY Nr 83).

Eine *interpersonale Rechtsspaltung* gibt es in Mauretanien nicht mehr. Daher richtet **416** sich die Beerbung für Nicht-Muslime ebenso wie Muslime einheitlich nach islamisch-malikitischem Recht (KRÜGER 989 Fn 8).

Mauritius 417

Schrifttum: LALOUETTE, IntEncCompL, National Reports, Mauritius.

Das Erbkollisionsrecht von Mauritius beruht auf den Grundsätzen, die von der fran- **418** zösischen Rechtsprechung und Lehre aus dem französischen Code civil entwickelt worden sind (vgl Rn 173).

Mazedonien 419

Rechtsprechung, Schrifttum, Gutachten: s Jugoslawien.

Nachdem sich die ehemalige Teilrepublik Mazedonien aus der Sozialistischen Föde- **420** rativen Republik Jugoslawien gelöst hat, ist derzeit (1.1.2000) nicht abzusehen, in welchem Ausmaß das früher gemeinjugoslawische Recht in Mazedonien weiterhin Anwendung findet. Insbesondere ist ungeklärt, ob die von der Republik Jugoslawien abgeschlossenen Staatsverträge von Mazedonien als verbindlich angesehen werden. Im Hinblick auf das Haager TestÜbk (vgl Vorbem 31 ff zu Art 25) hat Mazedonien jedoch dem niederländischen Außenministerium notifiziert, daß es sich als einer der Rechtsnachfolger des ehemaligen Jugoslawiens als durch das Übereinkommen gebunden betrachtet. Mazedonien ist daher mit Wirkung v 23.9.1993 Vertragspartei des Test-Übk geworden (vgl BGBl 1994 II 296).

Der zwischen der früheren DDR und der Sozialistischen Föderativen Republik **421** Jugoslawien geschlossene Rechtshilfevertrag v 20.5.1966 (GBl DDR 1967 I 8, vgl Art 25 Rn 601) ist jedenfalls auch mit Wirkung für Mazedonien mit der Herstellung der deutschen Einheit am 3.10.1990 erloschen (näher Art 25 Rn 614).

Im Bereich des autonomen Kollisionsrechts ist bis auf weiteres davon auszugehen, **422** daß in Mazedonien die Bestimmungen des jugoslawischen IPR-Gesetzes v 1.1.1983 herangezogen werden (vgl Rn 293 ff), zumal die dort für das Internationale Erbrecht vorgesehene Staatsangehörigkeitsanknüpfung auch bereits in den vorangehenden jugoslawischen Erbgesetzen aus den Jahren 1955 und 1965 enthalten war. Dagegen kommt dem für *interlokale* Konflikte innerhalb der früheren jugoslawischen Teilrechtsordnungen maßgebenden „Gesetz über die Regelung der Kollisionen der Gesetze und Zuständigkeiten in Status-, Familien- und Erbverhältnissen" v 27.2.1979 (vgl Rn 298) in Mazedonien naturgemäß keine Bedeutung mehr zu.

Das *materielle Erbrecht* Mazedoniens ist enthalten im Erbschaftsgesetz v 26.9.1993 **423** (vgl bei FERID/FIRSCHING/POVH, Internationales Erbrecht Bd IV: Jugoslawien, Texte Nr 6).

Heinrich Dörner

424 Mexico

Rechtsprechung: OLG Hamburg IPRspr 1981 Nr 131.

Schrifttum: FERID/FIRSCHING/FRISCH PHILIPP, Internationales Erbrecht, Bd IV: Mexico; FIX ZAMUDIO/RUIZ MASSIEU, IntEncCompL, National Reports, Mexico; LISBONNE, JClDrComp, Mexique; PRINZ VON SACHSEN-GESSAPHE, Das mexikanische internationale Erbrecht und seine Bedeutung für deutsch-mexikanische Nachlaßfälle (1987); ders, Neues IPR in Mexiko, IPRax 1989, 111.

Gutachten: IPG 1969 Nr 37 (Hamburg); 1975 Nr 37 (Heidelberg).

425 Staatsvertragliche Regelungen auf dem Gebiet des Erbrechts zwischen der Bundesrepublik Deutschland und Mexiko bestehen nicht. Erbrechtliche Beziehungen im Verhältnis zu Mexiko werden daher nach autonomem Kollisionsrecht beurteilt.

426 Die Vereinigten Staaten von Mexiko sind ein Mehrrechtsstaat. Er besteht aus dem Bundesdistrikt (Distrito Federal) und 31 Bundesstaaten (Aguascalientes, Baja California, Baja California Sur, Campeche, Coahuila, Colima, Chiapas, Chihuahua, Durango, Guanajuato, Guerrero, Hidalgo, Jalisco, México, Michocán, Morelos, Nayarit, Nuevo León, Oaxaca, Puebla, Querétaro, Quintana Roo, San Luis Potosî, Sinaloa, Sonora, Tabasco, Tamaulipas, Tlaxcala, Veracruz, Yucatán, Zacatecas). Jede dieser 32 Teilrechtsordnungen hat ihr materielles Recht selbständig in einem eigenen Código civil geregelt. Daneben ist auch das mexikanische Kollisionsrecht räumlich gespalten (PRINZ VON SACHSEN-GESSAPHE 79, 102). Die Kollisionsrechte der einzelnen Bundesstaaten sind – im Gegensatz neuerdings zu dem des Bundesdistrikts (dazu näher PRINZ VON SACHSEN-GESSAPHE IPRax 1989, 111) – nicht kodifiziert. Vorschriften zur Bestimmung des Erbstatuts sind zT in den jeweiligen Códigos civiles enthalten.

427 Soweit also das deutsche Kollisionsrecht in Art 25 Abs 1 auf mexikanisches Recht verweist, ist zunächst die maßgebende Teilrechtsordnung durch eine Unteranknüpfung gemäß Art 4 Abs 3 zu ermitteln. Maßgebend sind dabei nach S 1 dieser Bestimmung zunächst die innermexikanischen Rechtsvorschriften (vgl Art 25 Rn 655). Die mexikanische Praxis sieht als eine solche interlokale Bestimmung den Art 121 Abs 2 der Verfassung an, wonach die „beweglichen und unbeweglichen Güter ... dem an ihrem Belegenheitsort geltenden Recht" unterliegen (PRINZ VON SACHSEN-GESSAPHE 164). Diese Vorschrift wird auch auf erbrechtliche Sachverhalte (gesetzliche wie testamentarische Erfolge, Testierfähigkeit, Erbfähigkeit) in der Weise herangezogen, daß sich die Erbfolge in bewegliches wie unbewegliches Vermögen – soweit es *in Mexiko* belegen ist – jeweils nach der lex rei sitae richtet (PRINZ VON SACHSEN-GESSAPHE 177 ff). Art 121 Abs 2 der Verfassung führt also zu einer interlokalen Nachlaßspaltung. Allerdings soll jeder Bundesstaat, in dem Nachlaßwerte belegen sind, in Ausfüllung der von Art 121 Abs 2 der Verfassung vorgegebenen Rahmenbedingungen die Möglichkeit haben, bezüglich der auf seinem Territorium belegenen Güter von der Anwendbarkeit seines eigenen Rechts abzusehen und auf das Recht eines anderen Bundesstaates zu verweisen (PRINZ VON SACHSEN-GESSAPHE 196).

428 Hinsichtlich des *außerhalb Mexikos* belegenen Nachlasses will PRINZ VON SACHSEN-GESSAPHE 242 ff die Bestimmung der maßgebenden Teilrechtsordnung nach einheitlichen gesamtstaatlichen Zuständigkeitsregeln durch Anknüpfung an den letzten

Wohnsitz des Erblassers, hilfsweise durch Anknüpfung an den Sterbeort vornehmen. Soweit diese Konkretisierungen versagen, ist die anzuwendende Teilrechtsordnung gemäß Art 4 Abs 3 S 2 (Grundsatz der engsten Verbindung) nach Maßgabe des deutschen Rechts zu ermitteln (vgl Art 25 Rn 657).

Die Kollisionsrechte des Bundesdistrikts sowie der meisten Bundesstaaten stellen – **429** ebenso wie in Art 121 Abs 2 der Verfassung vorgesehen – auf die Belegenheit des Nachlaßvermögens ab. Über die Erbfolge entscheidet also die jeweilige lex rei sitae. Einzelne Bundesstaaten enthalten hiervon abweichende Regelungen (dazu näher PRINZ VON SACHSEN-GESSAPHE 197 ff, 209 ff): Das Kollisionsrecht der Bundesstaaten Campeche, Coahuila und Nuevo Léon verweist für die Rechtsfolgen ausländischer Testamente, die auf dem Territorium eines dieser Staaten zu erfüllen sind, auf den Cc des Bundesdistrikts. Das Recht von Quintana Roo beruft für alle erbrechtlichen Fragen das Recht des letzten Wohnsitzes des Erblassers. Das Recht von Puebla und San Luis Potosî enthält eine Nachlaßspaltung: Hinsichtlich des unbeweglichen Nachlasses wird die lex rei sitae, hinsichtlich des beweglichen das Recht des letzten Erblasserwohnsitzes für anwendbar erklärt. Diese Kollisionsnormen der einzelnen mexikanischen Bundesstaaten haben sowohl international- als auch interlokalrechtliche Bedeutung (PRINZ VON SACHSEN-GESSAPHE 252 ff). Sie können also sowohl zu einem Renvoi auf deutsches Recht bzw das Recht eines Drittstaates als auch – soweit sie auf den Wohnsitz des Erblassers abstellen – zu einer interlokalen Verweisung auf das Recht eines anderen Bundesstaates führen. Der sich in diesem letzten Fall möglicherweise ergebenden interlokalen (Sachnorm-)Weiterverweisung hat ein deutscher Richter zu folgen. Für die Frage der Formgültigkeit von Testamenten gilt im allgemeinen das Recht des Errichtungsortes.

Das *materielle Erbrecht* ist in den jeweiligen Códigos civiles des Bundesdistrikts **430** sowie der Bundesstaaten enthalten (Wortlaut der einschlägigen Bestimmungen des Bundesdistrikts bei FERID/FIRSCHING/FRISCH PHILIPP, Texte Nr 3; vgl auch LISBONNE Nr 268 ff). Gemeinschaftliche Testamente und Erbverträge sind unzulässig.

Moçambique 431

Staatsvertragliche Regelung auf dem Gebiet des Erbrechts im Verhältnis zu Moçambique bestehen nicht. Das Internationale Privatrecht findet sich im Zivilgesetzbuch v 25. 11. 1966. Die erbkollisionsrechtlichen Bestimmungen lauten (in der Übersetzung von HARTARD, in: KROPHOLLER/KRÜGER/RIERING/SAMTLEBEN/SIEHR 605 f):

Art 62 [Anwendbares Recht] 432
Die Erbfolge wird durch das Personalstatut des Erblassers zum Zeitpunkt seines Todes geregelt, wobei dieses auch zur Bestimmung der Befugnisse des Erbschaftsverwalters und des Testamentsvollstreckers anwendbar ist.

Art 63 [Verfügungsfähigkeit]
(1) Die Fähigkeit, eine Verfügung von Todes wegen zu errichten, zu ändern oder zu widerrufen, ebenso wie die Erfordernisse einer besonderen Form der Verfügungen infolge des Alters des Verfügenden werden durch das Personalstatut des Erblassers zum Zeitpunkt der Erklärung geregelt.

(2) Wer, nachdem er eine Verfügung errichtet hat, einem neuen Personalstatut unterliegt, behält die zum Widerruf der Verfügung notwendige Fähigkeit entsprechend dem vorherigen Personalstatut.

Art 64 [Auslegung der Verfügungen; Fehlen und Mängel des Willens]

Das Personalstatut des Erblassers zum Zeitpunkt seiner Erklärung regelt:

a) die Auslegung der jeweiligen Klauseln und Verfügungen, es sei denn, es liege eine ausdrückliche oder stillschweigende Bezugnahme auf ein anderes Recht vor;

b) das Fehlen und Mängel des Willens;

c) die Zulässigkeit gemeinschaftlicher Testamente oder von Erbverträgen, hinsichtlich letzterer vorbehaltlich der Regelung des Art 53.

Art 65 [Form]

(1) Die Verfügungen von Todes wegen sowie ihr Widerruf oder ihre Änderung sind hinsichtlich der Form gültig, wenn sie den Rechtsvorschriften des Ortes entsprechen, an dem die Rechtshandlung vorgenommen wurde, oder den Vorschriften des Personalstatuts des Erblassers, sei es im Zeitpunkt der Erklärung oder im Zeitpunkt des Todes, oder auch den Vorschriften des Rechts, auf das die Kollisionsnorm des Ortsrechtes verweist.

(2) Wenn indessen das Personalstatut des Erblassers im Zeitpunkt der Erklärung bei Folge der Nichtigkeit oder Unwirksamkeit die Beachtung einer bestimmten Form auch für den Fall fordert, daß die Rechtshandlung im Ausland vorgenommen wird, so wird das Erfordernis beachtet.

433 Danach unterliegt die Erbfolge dem Personalstatut des Erblassers, dh grundsätzlich seinem Heimatrecht (Art 31 Abs 1). Personalstatut eines Staatenlosen ist das Recht seines gewöhnlichen Aufenthalts (Art 31 Abs 2). Testierfähigkeit, besondere Formererfordernisse wegen des Alters des Testierenden, Auslegung einer Verfügung, Willensmängel und Zulässigkeit unterliegen dem Personalstatut zum Zeitpunkt der Errichtung (Art 63 Abs 1, 64 Abs 1). Verfügungen von Todes wegen sind formgültig, wenn sie entweder dem Recht des Errichtungsortes, den Vorschriften des Personalstatuts des Erblassers zum Zeitpunkt der Errichtung oder des Todes oder dem Recht entsprechen, auf welches das Ortsrecht verweist (Art 65 Abs 1).

434 Moldau

Schrifttum: FERID/FIRSCHING/WEISHAUPT, Internationales Erbrecht, Bd IV: Moldau.

435 Die Republik Moldau ist aus dem Zerfall der Union der Sozialistischen Sowjetrepubliken hervorgegangen. Aufgrund einer Gemeinsamen Erklärung v 12. 4. 1996 stimmen die Bundesrepublik Deutschland und die Republik Moldau darin überein, daß die zwischen der Bundesrepublik und der früheren UdSSR geschlossenen völkerrechtlichen Verträge im Verhältnis zwischen der Bundesrepublik und der Republik Moldau solange weiterhin angewandt werden soll, bis beide Seiten etwas Abweichendes vereinbaren (BGBl 1996 II 768). Damit gilt auch der zwischen der Bundesrepublik und der UdSSR geschlossene Konsularvertrag v 25. 4. 1958 (BGBl 1959 II 469, dazu Vorbem 191 zu Art 25 f) fort. Dieser Vertrag enthält in seinem Art 28 Abs 3 eine erbrechtliche Kollisionsnorm, wonach „hinsichtlich der unbeweglichen Nachlaßgegenstände" die Rechtsvorschriften des Belegenheitsstaates Anwendung finden (näher Vorbem 194 zu Art 25). Dieser Bestimmung geht gemäß Art 3 Abs 2 S 1 dem autonomen Kollisionsrecht vor. Die Rechtsnachfolge in den beweglichen Nachlaß wird dagegen von dem Konsularvertrag nicht geregelt; insoweit gelten die allgemeinen Vorschriften des jeweiligen nationalen IPR. Der Rechtshilfevertrag v 19. 9. 1979, den die frühere UdSSR seinerzeit mit der DDR geschlossen hatte und der auch erbrechtliche Kollisionsnormen enthielt (näher Art 25 Rn 608), ist mit der Herstellung der deutschen Einheit am 3. 10. 1990 erloschen (vgl Art 25 Rn 614) und findet somit auch im Verhältnis zur Republik Moldau keine Anwendung mehr.

Moldau ist Mitglied der Gemeinschaft Unabhängiger Staaten (GUS) und hat die **436** Konvention der Gemeinschaft Unabhängiger Staaten über Rechtshilfe und die Beziehungen auf dem Gebiete des Zivil-, Familien- und Strafrechts gezeichnet (BOG-DANOVA Rev cr dr i pr 1997, 141; vgl auch MAJOROS Osteuroparecht 1998, 19 f). Die Konvention enthält erbrechtliche Kollisionsnormen in ihren Art 44 ff, die im Verhältnis der GUS-Staaten untereinander Anwendung finden (Text in französischer Sprache bei BOGDANOVA aaO 155 ff). Die Erbfolge in bewegliches Vermögen richtet sich nach dem Recht des letzten Erblasserwohnsitzes (Art 45 Abs 1), die Erbfolge in unbewegliches Vermögen nach der lex rei sitae (Art 45 Abs 2).

Die vom Obersten Sowjet am 31. 5. 1991 beschlossenen neuen „Grundlagen der **437** Zivilgesetzgebung der Union der SSR und der Republiken" sind in der Republik Moldau nicht mehr in Kraft getreten (vgl BOGUSLAWSKIJ IPRax 1992, 403). Daher gelten dort die Kollisionsnormen des Zivilgesetzbuchs der Moldawischen Sowjetrepublik v 1. 7. 1965 weiter (vgl BOGUSLAWSKIJ IPRax 1992, 403; FERID/FIRSCHING/WEISHAUPT Grdz A Rn 6), die in der Sache die entsprechenden Vorschriften der „Grundlagen der Zivilgesetzgebung der UdSSR und der Unionsrepubliken" v 8. 12. 1961 übernommen haben. Der hier einschlägige Art 601 des moldawischen Zivilgesetzbuchs lautet (nach FERID/FIRSCHING/WEISHAUPT Texte B):

Art 601 **438**
Erbrechtsverhältnisse bestimmen sich nach dem Recht des Landes, in dem der Erblasser seinen letzten ständigen Wohnsitz hatte.

Die Fähigkeit einer Person, ein Testament zu errichten und zu widerrufen, sowie die Form des Testaments und des Widerrufs bestimmen sich nach dem Recht des Landes, in dem der letztwillig Verfügende im Zeitpunkt der Errichtung oder des Widerrufs seinen ständigen Wohnsitz hatte. Das Testament oder sein Widerruf kann jedoch nicht wegen Formmangels als ungültig angesehen werden, wenn die Formvorschriften am Ort der Errichtung oder des Widerrufs oder die Anforderungen der sowjetischen Gesetze erfüllt sind.

Die Erbfolge in Gebäude, die sich in der UdSSR befinden, richtet sich in jedem Fall nach dem sowjetischen Recht. Hiernach bestimmt sich auch die Fähigkeit einer Person, ein Testament zu errichten oder es zu widerrufen sowie die diesbezügliche Form, wenn das zu vererbende Gebäude auf dem Territorium der UdSSR belegen ist.

Maßgebend ist danach das Recht des letzten Erblasserwohnsitzes (Art 601 Abs 1). **439** Für die Formgültigkeit der Testamente gilt alternativ Wohnsitzrecht, das Recht des Errichtungsortes oder moldawisches Recht (Art 601 Abs 2). Das in Moldau belegene unbewegliche Vermögen vererbt sich in jedem Fall nach Belegenheitsrecht (vgl Art 601 Abs 3).

440 Das *materielle Erbrecht* der Republik Moldau ist ebenfalls in dem moldawischen Zivilgesetzbuch aus dem Jahre 1965 geregelt, das auch im Bereich des materiellen Erbrechts lediglich die „Grundlagen des Zivilrechts der UdSSR und der Unionsrepubliken" v 8.12.1961 umsetzt (Text: FERID/FIRSCHING/WEISHAUPT, Internationales Erbrecht, Bd IV: Moldau, Texte B).

441 Monaco

Schrifttum: VIALATTE/JULIEN/REY/GASTAUD, JClDrComp, Monaco (Fasc 2).

442 Staatsvertragliche Regelungen auf dem Gebiet des Erbrechts zwischen der Bundesrepublik Deutschland und Monaco bestehen nicht. Das Erbkollisionsrecht von Monaco ist nicht kodifiziert. Es beruht auf dem Prinzip der Nachlaßspaltung und unterwirft die Erbfolge in das bewegliche Vermögen dem Heimatrecht des Verstorbenen, in das unbewegliche Vermögen nach französischem Vorbild der lex rei sitae (arg Art 3 Abs 2 Cc, vgl VIALATTE ua Nr 235, 238, 511).

443 Im Testamentsrecht ist der Satz „locus regit actum" anerkannt; Testamente eines Ausländers werden für wirksam erachtet, wenn sie die in seinem Heimatrecht vorgesehenen Formvorschriften beachten. Die Testierfähigkeit unterliegt dem Heimatrecht des Testators (VIALATTE ua Nr 237). Ein Renvoi wird beachtet (VIALATTE ua Nr 240).

444 Das *materielle Erbrecht* ist im monegassischen Code civil geregelt (VIALATTE ua Nr 135 ff).

445 Mongolei

Schrifttum: POUCHA, IntEncCompL, National Reports, Mongolia.

446 Staatsvertragliche Regelungen im Verhältnis zur Mongolischen Volksrepublik bestehen nicht. Der Rechtshilfevertrag v 30.4.1969, den die Mongolei mit der früheren DDR geschlossen hatte und der auch erbrechtliche Kollisionsnormen enthielt (näher Art 25 Rn 604), findet keine Anwendung mehr (vgl näher Art 25 Rn 614).

447 Das Internationale Privatrecht der Mongolei ist im mongolischen Zivilgesetzbuch v 1.11.1994 enthalten. Die erbkollisionsrechtlichen Bestimmungen lauten (in der Übersetzung von HERTEL, in: KROPHOLLER/KRÜGER/RIERING/SAMTLEBEN/SIEHR 555 f):

448 Art 436 [Erbstatut]

(1) Die Rechtsnachfolge von Todes wegen bestimmt sich nach dem Recht des Staates, in dem der Erblasser seinen letzten Wohnsitz hatte.

(2) Die Testierfähigkeit des Erblassers, Form, Errichtung und Änderung von Verfügungen von Todes wegen unterliegen dem Recht des Staates, in dem der Erblasser zum Zeitpunkt der Errichtung oder Änderung der Verfügung seinen Wohnsitz hatte. Erfüllt jedoch die Errichtung einer Verfügung von Todes wegen oder deren Änderung sowohl die Formerfordernisse des Staates, an dem sie errichtet wurde, als auch die des mongolischen Rechtes, so kann sie nicht wegen Formverstoßes für unwirksam erklärt werden.

(3) Für in der Mongolei belegenes unbewegliches Vermögen bestimmt sich die Rechtsnachfolge von Todes wegen ausschließlich nach dem Recht der Mongolei. Soweit eine Verfügung von Todes wegen in der Mongolei belegenes unbewegliches Vermögen betrifft, bestimmen sich die Errichtung und Änderung der Verfügung von Todes wegen nach dem Recht der Mongolei.

Danach richtet sich die Erbfolge nach dem Recht des letzten Wohnsitzes des Erb- **449**
lassers (Art 436 Abs 1). Testierfähigkeit, Form und Testamentserichtung beurteilen sich nach dem Wohnsitzrecht zum Zeitpunkt der Errichtung (Art 436 Abs 2 S 1). Formgültig sind jedoch auch Testamente, die dem Recht des Errichtungsortes wie dem mongolischen Recht entsprechen (Art 436 Abs 2 S 2). Unbewegliches Vermögen innerhalb der Mongolei vererbt sich ausschließlich nach mongolischem Recht (Art 436 Abs 3).

Namibia **450**

Schrifttum: ELWAN/OTTO, Das Zusammenspiel von Ehegüterrecht und Erbrecht in Namibia und Südafrika – Auswirkungen auf die Abwicklung internationaler Erbfälle in Deutschland, IPRax 1995, 354

In Namibia sind auch nach der im Jahre 1990 erlangten Unabhängigkeit die süd- **451**
afrikanischen Gesetze weiter in Kraft, soweit sie nicht ausdrücklich durch Gesetz aufgehoben oder geändert wurden (ELWAN/OTTO IPRax 1995, 354). Im Erbkollisionsrecht tritt Nachlaßspaltung ein: Bewegliches Vermögen vererbt sich nach dem Recht des letzten Erblasserdomizils, unbewegliches Vermögen nach dem Recht des Belegenheitsortes. Das Erbstatut ist ua maßgebend für die Frage der gesetzlichen Erbfolge, der Testierfähigkeit, der materiellen Wirksamkeit von Testamenten sowie des Pflichtteilsrechts. Im Hinblick auf die Testamentsform gelten die Anknüpfungen des (im Jahre 1970 von Südafrika ratifizierten) Haager Testamentsformübereinkommens (Vorbem 31 ff zu Art 25 f) als Bestandteil von Sect 3 des weiterhin anwendbaren (südafrikanischen) Wills Act auch in Namibia fort (zum Vorstehenden ELWAN/OTTO IPRax 1995, 355).

Neuseeland **452**

Schrifttum: AIKMAN, IntEncCompL, National Reports, New Zealand; FERID/FIRSCHING, Internationales Erbrecht, Bd IV: Neuseeland.

Staatsvertragliche Regelungen auf dem Gebiet des Erbrechts zwischen der Bundes- **453**
republik Deutschland und Neuseeland bestehen nicht. Das autonome IPR von Neuseeland ist nicht kodifiziert; vielmehr gelten die durch Richterrecht geprägten kollisionsrechtlichen Grundsätze des Common Law fort. Im Internationalen Erbrecht herrscht dementsprechend das Prinzip der Nachlaßspaltung: Der bewegliche Nachlaß vererbt sich nach dem Recht des letzten Domizils des Erblassers, für den unbeweglichen Nachlaß ist die lex rei sitae maßgebend (vgl näher Rn 200 ff).

Das *materielle Erbrecht* Neuseelands ist hinsichtlich der gesetzlichen Erbfolge im **454**
wesentlichen im Administration Act 1969, hinsichtlich der testamentarischen Erb-

folge im (wiederholt geänderten) Wills Act 1837 geregelt (Texte bei Ferid/Firsching Texte Nr 1 u 2).

455 Nicaragua

Schrifttum: Argüello, IntEncCompL, National Reports, Nicaragua; Lisbonne, JClDrComp, Nicaragua; Tiedemann, Internationales Erbrecht in Deutschland und Lateinamerika (1993).

456 Nicaragua hat das Abkommen von Havanna über das Internationale Privatrecht aus dem Jahre 1928 (Código Bustamante, vgl Rn 84) ohne Vorbehalte ratifiziert. Staatsvertragliche Regelungen auf dem Gebiet des Erbrechts zwischen der Bundesrepublik Deutschland und Nicaragua bestehen nicht.

457 Das erbrechtliche Kollisionsrecht findet sich in den Art 939, 942, 1024, 1067, 1369 des Código civil aus dem Jahre 1904 (Wortlaut: Makarov I² Nr 38).

458 **Art 939**
Die Erbfolge in den Nachlaß eines Verstorbenen unterliegt dem Recht des Wohnsitzes, den die Person, um deren Erbfolge es sich handelt, im Zeitpunkt ihres Todes hatte, gleichgültig, ob die Erben In- oder Ausländer sind.

Art 942
Die Erbfähigkeit unterliegt dem Gesetz des Wohnsitzes der Person zur Zeit des Todes des Erblassers.

Art 1024
Bei der gesetzlichen Erbfolge nach einem Ausländer, der innerhalb oder außerhalb des Territoriums der Republik verstirbt, haben die nicaraguanischen Staatsangehörigen im Hinblick auf die Erbschaft, den Ehegattenanteil oder den Unterhalt dieselben Rechte, die ihnen nach den nicaraguanischen Gesetzen bei der gesetzlichen Erbfolge nach einem Nicaraguaner zustünden.

Die betroffenen Nicaraguaner können verlangen, daß man ihnen an dem in Nicaragua vorhandenen Vermögen des Ausländers den Anteil zuspricht, der ihnen an dem gesamten Nachlaß zukäme.

Dasselbe gilt erforderlichenfalls bei der Beerbung eines Nicaraguaners, der Vermögen im Ausland hinterläßt.

Art 1067
Ein im Ausland errichtetes schriftliches Testament ist in Nicaragua rechtsgültig, soweit es den von den Gesetzen des Errichtungsorts vorgeschriebenen Formen entspricht, und wenn außerdem die Echtheit der betreffenden Urkunde in der üblichen Form nachgewiesen ist.

Art 1369
Im Falle der Teilung eines Nachlasses zwischen ausländischen und nicaraguanischen oder in Nicaragua domizilierten ausländischen Erben haben die letzteren das Recht, von den sich in der Republik befindenden Nachlaßgütern einen Teil zu beanspruchen, der seinem Werte nach den in dem fremden Land befindlichen Gütern entspricht, welche ihnen gemäß den örtlichen Gesetzen oder Gebräuchen aus welchem Grunde auch immer nicht zukommen.

Im Recht von Nicaragua gilt danach grundsätzlich das Domizilprinzip (Art 939 Cc). **459** Die Wohnsitzanknüpfung wird – ebenso wie im chilenischen Recht (Rn 101) – von der Ausnahme des Art 1024 Cc durchbrochen, der eine Privilegierung zugunsten der nicaraguanischen Erben enthält. Eine dem Art 15 Nr 2 des chilenischen Código civil (vgl Rn 102) entsprechende Vorschrift kennt das Recht von Nicaragua dagegen nicht. Es ist daher davon auszugehen, daß Nicaraguaner mit Wohnsitz im Ausland – abgesehen von der in Art 1024 zum Ausdruck kommenden Einschränkungen – nach dem Recht ihres letzten Wohnsitzes beerbt werden (Tiedemann 181).

Die Erbfähigkeit richtet sich nach dem Recht, das zum Zeitpunkt des Todes des **460** Erblassers am Wohnsitz von Erbe oder Vermächtnisnehmer galt (Art 942, vgl Lisbonne Nr 108). Für die Formgültigkeit von Testamenten gilt grundsätzlich das Recht des Errichtungsortes; Nicaraguaner können im Ausland aber auch ein Testament nach den Vorschriften ihres Heimatrechts errichten (§ 2 VI Nr 15 Cc). Ob allerdings ein im Ausland errichtetes handschriftliches Testament – holografische Testamente sind in Nicaragua nicht zulässig – im Hinblick auf den in Nicaragua belegenen Nachlaß Wirkungen äußern kann, ist zweifelhaft (Lisbonne Nr 124).

Das *materielle Erbrecht* ist im Código civil von 1904 geregelt. Gemeinschaftliche **461** Testamente sind verboten (Art 970). Zu Art 1369 vgl die Erläuterungen zu der argentinischen Parallelvorschrift in Rn 37).

Niederlande **462**

Rechtsprechung: Umfangreiche Nachweise der Rechtsprechung in deutsch-niederländischen Erbfällen bis zum Inkrafttreten des niederländischen Erbkollisionsgesetzes am 1.10.1996 bei Staudinger/Dörner (1995) Anh zu Art 25 f Rn 404.

Schrifttum: Baade, The Netherlands Private International Law of Succession and the German Courts, NTIR 1959, 174; Bouckaert, Nederlands en Belgisch internationaal privatrecht met betrekking tot erfrecht en huwelijksvermogensrecht, WPNR 1998, 713; Bremhaar, Das Haager Testamentsabkommen und Art 992 des niederländischen Zivilgesetzbuchs, IPRax 1983, 93; Bungert, Der Rechtscharakter des niederländischen Fiskuserbrechts, ZfRvgl 1991, 241; Czapski, Niederländische Rechtsprechung zum internationalen Privat- und Prozeßrecht 1965–1968, RabelsZ 1970, 86; Ebenroth Rn 1328; Ebke, Die Anknüpfung der Rechtsnachfolge von Todes wegen nach niederländischem Kollisionsrecht, RabelsZ 1984, 319; Ferid/Firsching/Weber, Internationales Erbrecht, Bd IV: Niederlande; Flick/Piltz Rn 752 ff; Heyning, Een prakijkvoorbeeld over de rechtskeuze in het Haags Erfrechtsverdrag 1989, WPNR 1997, 592; Heyning/Marck, Nieuw IPR-erfrecht in de maak!, WPNR 1995, 195; Jansen, Niederländisches Erbrecht, MittRhNotK 1963, 319; Koenigs, Grundzüge des niederländischen Erbrechts, MittRhNotK 1987, 237; Kokkini-Iatridou, JClDrComp, Pays-Bas; Kollewijn, American-Dutch Private International Law (2. Aufl 1961); Koopmans, IntEncCompL, National Reports, The Netherlands; Kropholler, In Deutschland errichtete Testamente von Niederländern, NJW 1968, 1561; Luijten, Die „elterliche Nachlaßverteilung" in den Niederlanden, MittRhNotK 1986, 109; vOverbeck, Das Testamentsrecht der Niederlande, ZfRvgl 1964, 141; Riering/Marck, Das gemeinschaftliche Testament deutsch-niederländischer Ehegatten – unter besonderer Berücksichtigung des Haager Erbrechtsübereinkommens vom 1.8.89, ZEV 1995, 90; Sauveplanne, Kodizill und Kort Geding. Oder: Ungelöste Qualifikationsprobleme, IPRax 1983, 65; Schmellenkamp, Änderungen des internationalen Erbrechts im Verhältnis zwischen Deutschland und den

Niederlanden aufgrund des Haager Erbrechtsübereinkommens vom 1. August 1989, MittRhNotK 1997, 245; SCHMELLENKAMP/WITTKOWSKI, Neue Entwicklungen des Internationalen Erbrechts im Verhältnis Deutschland/Niederlande, in: Notar und Rechtsgestaltung. Festschrift des Rheinischen Notariats (1998) 505; SCHWEFER, Die erbrechtliche Stellung des überlebenden Ehegatten im niederländischen und deutschen Recht (Diss Münster 1987); SIELEMANN, Das geltende niederländische Ehegüterrecht, MittRhNotK 1971, 1; TENBIEG, Kodifikation des internationalen Privatrechts in den Niederlanden, FuR 1990, 146; TEN WOLDE, Rechtskeuzebevoegdheid in het internationaal erfrecht voor en na 1 oktober 1996, WPNR 1997, 284, 304; ders, Internationaal en Interregionaal Erfrecht in het Koninkrijk der Nederlanden (1996); WEBER, Die Gestaltung von letztwilligen Verfügungen und die Abwicklung eines Erbfalls niederländischer Erblasser in Deutschland, in: VAN MOURIK/SCHOLS/SCHMELLENKAMP/TOMLOW/WEBER, Deutsch-niederländischer Rechtsverkehr in der Notariatspraxis (1997) 84; ders, Internationales Erbrecht in den Niederlanden, IPRax 2000, 41; ZACHARIAS, Zur Entwicklung des internationalen Testamentsformenrechts des Königreichs der Niederlande (1999).

Gutachten: IPG 1965/66 Nr 45 (Köln); 1967/68 Nr 76 (Hamburg); 1973 Nr 36 (München); 1977 Nr 18 (Göttingen); 1977 Nr 36 (Hamburg); 1987/88 Nr 46 (Hamburg); 1987/88 Nr 48 (Hamburg); 1987/88 Nr 51 (Köln); 1997 Nr 40 (Köln); Nr 42 (Hamburg); Nr 44 (Hamburg); IPG 1997 Nr 40 (Köln); 1997 Nr 42 (Hamburg); 1997 Nr 44 (Hamburg).

463 Die Niederlande haben das Haager TestÜbk (Vorbem 31 ff zu Art 25) mit Wirkung v 1. 8. 1982 (BGBl 1982 II 684) übernommen. Im übrigen ist mit Wirkung vom 13. 3. 1978 das Baseler Übereinkommen über die Einrichtung einer Organisation zur Registrierung von Testamenten (Vorbem 142 ff zu Art 25 f), am 1. 2. 1966 das Haager Trust-Übereinkommen (Vorbem 129 ff zu Art 25 f; vgl insbes die dort angegebene niederländische Literatur) sowie schließlich am 27. 9. 1996 das Haager Übereinkommen über das auf die Rechtsnachfolge von Todes wegen anzuwendenden Recht (näher Vorbem 111 ff zu Art 25) ratifiziert worden. Die Niederlande haben ferner das Haager Übk über die internationale Verwaltung von Nachlässen v 2. 10. 1973 (Vorbem 121 ff zu Art 25 f) gezeichnet. Besondere staatsvertragliche Regelungen auf dem Gebiet des Erbrechts zwischen der Bundesrepublik Deutschland und den Niederlanden bestehen nicht.

464 Das Haager Übereinkommen über das auf die Rechtsnachfolge von Todes wegen anzuwendende Recht (Text: Vorbem 120 zu Art 25 f) ist durch ein am 1. 10. 1996 in Kraft getretenes Erbkollisionsgesetz umgesetzt worden. Die einschlägigen Bestimmungen dieses Gesetzes lauten (in der Übersetzung von WEBER MittRhNotK 1997, 28 = IPRax 2000, 59):

465 **Art 1**

Das Recht, das auf die Erbfolge anwendbar ist, wird durch die Vorschriften des am 1. August 1989 in Den Haag geschlossenen Übereinkommens über das auf die Erbfolge anwendbare Recht bestimmt, dessen französischer und englischer Wortlaut mit Übersetzung in das Niederländische im Tractadenblad 1994, 49, veröffentlicht sind.

Art 2

1. Wird ein Berechtigter an einem auseinanderzusetzenden Nachlaß gegenüber einem anderen Berechtigten durch die Anwendung eines Rechts auf einen im Ausland befindlichen Gegenstand benachteiligt, auf welches das Internationale Privatrecht des Belegenheitslandes verweist, werden die Gegenstände, die demzufolge entsprechend diesem Recht durch den anderen Berechtigten oder durch Dritte erworben worden sind, als wirksam erworben anerkannt.

2. Der benachteiligte Berechtigte kann jedoch verlangen, daß bei der Erbauseinandersetzung zwischen ihm und dem begünstigten Berechtigten eine Verrechnung bis höchstens zum erfahrenen Nachteil stattfindet. Verrechnung ist ausschließlich mit Nachlaßwerten oder durch Verminderung einer Belastung möglich.

3. In den vorangehenden Absätzen wird unter Berechtigter ein Erbe, ein Vermächtnisnehmer oder ein Auflagebegünstigter verstanden.

Art 3

Widerruft der Erblasser alle vorher von ihm errichteten Verfügungen von Todes wegen, so wird vermutet, daß dies eine vorher von ihm vorgenommene Wahl des Rechts mit umfaßt, dem die Vererbung seines Nachlasses unterliegt.

Art 4

1. Die Erbauseinandersetzung unterliegt dem niederländischen Recht, wenn der Erblasser seinen letzten gewöhnlichen Aufenthalt in den Niederlanden hatte. Insbesondere sind anwendbar die niederländischen Vorschriften bezüglich der Haftung der Erben, welche durch das gemäß in Art 1 genannten Übereinkommen anwendbare Recht berufen sind, für die Schulden des Erblassers und bezüglich der Voraussetzungen, unter denen sie ihre Haftung ausschließen oder beschränken können.

2. Die Art und Weise, in der die Verteilung des Nachlasses erfolgt, unterliegt dem niederländischen Recht, wenn der Erblasser seinen letzten gewöhnlichen Aufenthalt in den Niederlanden hatte, falls nicht die Auseinandersetzungsbeteiligten übereinstimmend das Recht eines anderen Landes wählen. Den Erfordernissen des Sachenrechts des Belegenheitsorts der Aktiva wird Rechnung getragen.

Art 5

1. Die Aufgaben und Befugnisse eines vom Erblasser bestimmten Abwicklers unterliegen dem niederländischen Recht, wenn der Erblasser seinen letzten gewöhnlichen Aufenthalt in den Niederlanden hatte.

2. Unbeschadet der Befugnisse des Einzelrichters im summarischen Verfahren kann das Gericht auf Antrag eines Beteiligten Vorkehrungen treffen, um sicherzustellen, daß bezüglich der Vererbung der in den Niederlanden befindlichen Bestandteile des Nachlasses das gemäß dem in Art 1 genannten Übereinkommen anwendbare Recht beachtet wird. Es kann anordnen, daß in Verbindung damit Sicherheiten gestellt werden.

Art 6 (Aufhebung des Gesetzes von 7. 4. 1869)

Art 7

1. Dieses Gesetz ist auf die Erbfolge nach Personen anwendbar, die nach dem Zeitpunkt seines Inkrafttretens versterben.

2. Hat der Erblasser zu einem dem Inkrafttreten dieses Gesetzes vorhergehenden Zeitpunkt das auf die Erbfolge nach ihm anwendbare Recht gewählt, wird diese Wahl als gültig angesehen, wenn sie den Bestimmungen des Art 5 des in Art 1 genannten Übereinkommens genügt.

3. Haben die Parteien einer gemeinschaftlichen Verfügung von Todes wegen zu einem dem Inkrafttreten dieses Gesetzes vorhergehenden Zeitpunkt das auf diese gemeinschaftliche Verfügung an-

wendbare Recht gewählt, wird diese Wahl als gültig angesehen, wenn sie den Bestimmungen des Art 11 des in Art 1 genannten Übereinkommens genügt.

4. Unbeschadet der Bestimmungen der vorangehenden Absätze kann eine vom Erblasser vorgenommene Wahl des auf die Vererbung seines Nachlasses anwendbaren Rechts oder die Änderung einer solchen Wahl, welche vor dem Inkrafttreten dieses Gesetzes geschehen ist, nicht aus dem Grund allein als ungültig angesehen werden, daß das Gesetz eine solche Wahl damals nicht regelte.

466 Nach dem Haager Erbrechtsübereinkommen (ErbÜbk, zum Inhalt näher Vorbem 113 ff zu Art 25 f) unterliegt die Rechtsnachfolge von Todes wegen dem Recht des letzten gewöhnlichen Aufenthalts des Erblassers, sofern er zum Zeitpunkt seines Todes die Staatsangehörigkeit des Aufenthaltslandes besaß (Art 3 Nr 1 ErbÜbk) oder zu diesem Zeitpunkt seit mindestens fünf Jahren seinen gewöhnlichen Aufenthalt dort hatte (Art 3 Nr 2 S 1). Trotz eines solchen fünfjährigen Aufenthalts findet das Aufenthaltsrecht jedoch keine Anwendung, wenn der Erblasser zu seinem Heimatstaat offensichtlich engere Beziehungen unterhielt (Art 3 Nr 2 S 2). In allen anderen Fällen gilt Heimatrecht, sofern der Erblasser zum Zeitpunkt seines Todes keine engeren Beziehungen zu einem anderen Staat unterhielt; dessen Recht ist in einem solchen Fall heranzuziehen (Art 3 Nr 3).

467 Eine beschränkte Rechtswahl erlaubt Art 5. Danach kann ein Erblasser die Erbfolge seinem Heimat- oder Aufenthaltsrecht (jeweils zum Zeitpunkt der Rechtswahl oder des Todes) unterstellen (Nr 1). Diese Rechtswahlmöglichkeit wird ergänzt durch die in Art 7 Abs 2 und 3 Erbkollisionsgesetz enthaltenen Übergangsvorschriften. Sie validieren eine Rechtswahl, die der Erblasser zugunsten seines Heimat- oder Aufenthaltsrecht vor dem Inkrafttreten des Erbkollisionsgesetzes am 1. 10. 1996 getroffen hat (Art 7 Abs 2 ErbkollisionsG) oder die von den Parteien einer gemeinschaftlichen Verfügung von Todes wegen einvernehmlich vor dem Inkrafttreten des Erbkollisionsgesetzes vorgenommen worden ist (Art 7 Abs 3 ErbkollisionsG), sofern die Voraussetzungen von Art 11 ErbÜbk (Wahl des Aufenthalts- oder Heimatrechts eines Beteiligten) eingehalten worden sind. Die Rechtswahl muß in der Form einer letztwilligen Verfügung erfolgen (Art 5 Abs 2 S 1 ErbÜbk); die materiellen Wirksamkeitsvoraussetzungen unterliegen dem gewählten Recht (Art 5 Abs 2 S 2 ErbÜbk). Eine materiellrechtliche Verweisung hinsichtlich einzelner Nachlaßgegenstände gestattet Art 6 ErbÜbk im Rahmen der zwingenden Bestimmungen des Erbstatuts (SCHMELLENKAMP MittRhNotK 1997, 252 mwN; vgl auch BRANDI 309).

468 Das Erbstatut gilt (vorbehaltlich Art 6 ErbÜbk) für den gesamten Nachlaß (Art 7 Nr 1 ErbÜbk) und regelt insbesondere die Bestimmung der Erben und Vermächtnisnehmer, Enterbung und Erbunwürdigkeit, Anrechnungsregeln, Pflichtteile und andere Beschränkungen der Verfügungsfreiheit von Todes wegen sowie die materielle Gültigkeit letztwilliger Verfügungen (Art 7 Nr 2 ErbÜbk). Den Vertragstaaten wird freigestellt, auch weitere Bereiche der Rechtsnachfolge von Todes wegen den Vorschriften des Abkommens zu unterstellen (Art 7 Nr 3 ErbÜbk). Die Niederlande haben von dieser Möglichkeit im Hinblick auf die Nachlaßabwicklung gerade keinen Gebrauch gemacht. Vielmehr unterliegen die Erbauseinandersetzung (Erbenhaftung, grundsätzlich auch Nachlaßverteilung) sowie die Rechtsstellung eines Testamentsvollstreckers jedenfalls dann dem niederländischen Recht, wenn der Erblasser seinen letzten gewöhnlichen Aufenthalt in den Niederlanden hatte (Art 4 Nr 1 u 2, 5 Nr 1 ErbkollisionsG). Sondervorschriften für Erbverträge enthalten Art 8–12 Erb-Übk. Die Anknüpfung von Formfragen, der Testierfähigkeit, von Fragen des Ehegüterrechts sowie eines nicht-erbrechtlichen (zB dinglichen oder versicherungsrechtlichen) Rechtsübergangs regelt das Übereinkommen nicht (Art 1 Nr 2 ErbÜbk).

Beruft das durch Art 3 berufene Recht das Recht eines Nichtvertragsstaates und **469** verweist dessen Erbkollisionsrecht ganz oder teilweise auf das Recht eines anderen Nichtvertragsstaates weiter, so gilt das Recht des letztgenannten Staates, sofern er sein eigenes Recht angewandt wissen will (Art 4). Mit dieser Regelung sollen – ähnlich Art 3 Abs 3 EGBGB – Konflikte mit der lex rei sitae vermieden werden (vgl IPG 1997 Nr 40 [Köln] 544). Das nach dem Abkommen maßgebende Recht weicht auch vor dem Recht eines Staates zurück, das für bestimmte auf seinem Gebiet belegene Sachen (insbes für unbewegliches Vermögen und Unternehmen) erbrechtliche Sondervorschriften enthält (Art 15 ErbÜbk).

Beim Tode eines niederländischen Staatsangehörigen mit einem mindestens fünf- **470** jährigen Aufenthalt in Deutschland unmittelbar vor seinem Tode verweist das niederländische Kollisionsrecht mithin gem Art 3 Nr 2 S 1 hinsichtlich der Erbfolge auf deutsches Recht zurück (vgl Schmellenkamp MittRhNotK 1997, 249; IPG 1997 Nr 40 (Köln) 543). Gestaltungshinweise für die notarielle Praxis in deutsch-niederländischen Erbfällen geben Schmellenkamp/Wittkowski 503 ff.

Intertemporal betrifft das Erbkollisionsgesetz alle Erbfälle, die nach dem 1. 10. 1996 **471** eingetreten sind (Art 7 Erbkollisionsgesetz). Ist der Erblasser vor diesem Stichtag verstorben, finden weiterhin die früheren gewohnheitsrechtlichen Regeln Anwendung. Danach wurde für die Erbfolge in den gesamten Nachlaß an die letzte Staatsangehörigkeit des Erblassers angeknüpft (vgl Hoge Raad v 16. 3. 1990, Nederlandse Jurisprudentie 1991 Nr 575; ferner etwa Koenigs MittRhNotK 1987, 238). Allerdings neigte die niederländische Rechtsprechung dazu, die Staatsangehörigkeitsanknüpfung durch eine Anknüpfung an die engste Verbindung zu einem Staat zu ersetzen, wenn der Erblasser zum Zeitpunkt seines Todes keinerlei Beziehungen zu seinem Heimatstaat mehr hatte (näher Ebke RabelsZ 1984, 326 ff; Beispiel: unveröff Beschluß des LG Osnabrück – 2 T 7/97 – v 19. 2. 1998: niederländischer Erblasser hatte 33 Jahre in der BRep gewohnt und keine näheren Beziehungen mehr zu den Niederlanden; Rückverweisung auf deutsches Wohnsitzrecht).

Für die Frage der Formgültigkeit von Testamenten gelten die Bestimmungen des **472** Haager TestÜbk (Vorbem 31 ff zu Art 25 f).

Das materielle Erbrecht der Niederlande findet sich im wesentlichen im 4. Buch des **473** Burgerlijk Wetboek von 1838 (mit späteren Änderungen, vgl dazu Ferid/Firsching/ Weber Texte B). Die Errichtung von gemeinschaftlichen Testamenten und Erbverträgen ist nicht zulässig (vgl Art 25 Rn 312).

Hat ein verheirateter Erblasser eine „elterliche Nachlaßverteilung" (ouderlijke boe- **474** delverdeling, Art 4: 1167 ff BW) in der Weise vorgenommen, daß der überlebende Ehegatte im Zeitpunkt des Todes die *gesamten* Aktiva und Passiva mit dinglicher Wirkung erhalten und den Kindern als Miterben lediglich ein bis zum Tode des Überlebenden gestundeter Geldanspruch in Höhe ihres Erbteils zustehen soll, so entspricht dies bei funktioneller Betrachtung einer mit Vermächtnissen bzw ggf Pflichtteilsansprüchen verbundenen Alleinerbeneinsetzung des deutschen Rechts (vgl Art 25 Rn 844). In diesem Fall ist dem überlebenden Ehegatten ein Alleinerbschein auszustellen (OLG Düsseldorf IPRspr 1985 Nr 114, S 293; LUIJTEN MittRhNotK 1986, 112 ff; aA IMIG MittRhNotK 1985, 198; JOHNEN MittRhNotK 1986, 67; KOENIGS MittRhNotK 1987, 253; anders auch Voraufl Art 25 Rn 268, 844). Soweit sich die Vorausteilung des Erblassers dagegen lediglich auf im Inland belegene einzelne Gegenstände bezieht (vgl LUIJTEN Mitt-RhNotK 1986, 110 f), kommt ihr im Inland keine unmittelbare dingliche Wirkung zu (vgl Art 25 Rn 268).

475 Art 992 BW, wonach niederländische Staatsangehörige im Ausland ein Testament grundsätzlich nur unter Mitwirkung eines Notars oder einer anderen Amtsperson errichten konnten, ist am 1. 8. 1982 aufgehoben worden (vgl BREMHAAR IPRax 1983, 93).

476 Niger

Schrifttum: PONNOU-DELAFFON, IntEncCompL, National Reports, Niger.

477 Das Kollisionsrecht von Niger auf dem Gebiet des Erbrechts beruht auf den Grundsätzen, die von der französischen Rechtsprechung und Lehre aus dem französischen Code civil entwickelt worden sind (vgl Rn 173). Niger hat mit Wirkung v 9. 2. 1978 das Washingtoner Übereinkommen über die Form eines internationalen Testaments (Vorbem 136 ff zu Art 25 f) ratifiziert.

478 Nigeria

Schrifttum: NYLANDER, IntEncCompL, National Reports, Nigeria.

479 Das Kollisionsrecht von Nigeria beruht auf den Grundsätzen des Common Law (vgl Rn 200 ff).

480 Norwegen

Rechtsprechung: LG Arnsberg DAVorm 1978, 813.

Schrifttum: FERID/FIRSCHING/KORKISCH, Internationales Erbrecht, Bd IV: Norwegen; KORKISCH, Einführung in das Privatrecht der nordischen Länder, Bd I (1977); LODRUP, IntEncCompL, National Reports, Norway; RYGH, JClDrComp, Norvège.

481 Norwegen ist seit dem 1. 1. 1973 Vertragspartner des Haager TestÜbk (BGBl 1972 II 1639, vgl Vorbem 31 ff zu Art 25 f). Zwischen Norwegen, Dänemark, Schweden, Finnland und Island besteht ein Abkommen über Erbschafts- und Nachlaßteilung v 19. 11. 1934 (in Kraft seit 1. 1. 1936), dessen Kollisionsnormen allerdings nur im Verhältnis der Vertragspartner untereinander gelten (Wortlaut: MAKAROV II² Nr 294). Staatsvertragliche Regelungen auf dem Gebiet des Erbrechts zwischen der Bundesrepublik Deutschland und Norwegen bestehen nicht.

Das norwegische Erbkollisionsrecht ist nicht kodifiziert. Erbstatut kraft Gewohn- **482** heitsrechts ist das Recht des Domizils des Erblassers zum Zeitpunkt seines Todes. Verstirbt jedoch ein Norweger mit ausländischem Wohnsitz, greift norwegisches Recht ein, wenn das Wohnsitzrecht nur auf Angehörige des Wohnsitzstaates Anwendung finden will (Rygh Nr 126).

Das *materielle Erbrecht* ist in einem Gesetz v 3. 3. 1972 enthalten. Die Erbteilung **483** regelt ein Gesetz v 21. 2. 1930 (vgl Ferid/Firsching/Korkisch Texte Nr 1 u 2; Rygh Nr 72 ff). Zur Anwendung norwegischen Ehegüterrechts neben deutschem Erbrecht vgl die Ausführungen zu Dänemark Rn 145. Setzt bei Maßgeblichkeit norwegischen Ehegüterrechts ein überlebender Ehegatte den gesetzlichen Güterstand der Gütergemeinschaft fort, erfolgt die Vermögensnachfolge zur Gänze auf güterrechtlichem Wege. In diesem Fall kann – ggf neben einem Erbschein gemäß § 2353 BGB – ein Fremdrechtszeugnis über die Fortsetzung der Gütergemeinschaft gemäß § 1507 BGB erteilt werden (Dörner DNotZ 1980, 669).

Österreich   **484**

Rechtsprechung: BGHZ 50, 63; 134, 60 (Anm Muscheler JZ 1997, 851; Albrecht DNotZ 1997, 422); BGH ZfRvgl 1977, 133; BGH NJW 1980, 2016 (Anm Samtleben 2645) = IPRax 1981, 25 (Anm Firsching 14); BGH NJW 1981, 1900 = FamRZ 1981, 651 (dazu Hausmann FamRZ 1981, 833); BayObLGZ 1959, 390; 1980, 276; 1982, 236; 1995, 47; ZEV 1999, 485; IPRspr 1981 Nr 130 = DNotZ 1982, 50 (Anm Dörner); Rpfleger 1982, 380; KG NJW 1984, 2769 = RPfleger 1984, 358 (Anm Weithase 1985, 267); NJW 1988, 1471 = FamRZ 1988, 434 (Anm Gottwald u Lüderitz 881); DNotZ 1988, 445; OLG Nürnberg OLGZ 1981, 115; OLG Stuttgart, IPRax 1987, 125; OLG Zweibrücken IPRspr 1989 Nr 249; OLG Köln FamRZ 1997, 1176; LG Traunstein IPRspr 1986 Nr 111; LG Ansbach IPRspr 1989 Nr 163; LG Köln MittRhNotK 1990, 285; LG Hamburg, IPRax 1992, 225; LG Kassel IPRspr 1996 Nr 119; LG Mosbach ZEV 1998, 489; LG München I FamRZ 1999, 1307. – Aus der Rspr des österreichischen OGH vgl etwa ZfRvgl 1979, 53 m Anm Hoyer 55; IPRax 1988, 35, 37 u 246; IPRax 1993, 188. – Umfangreiche Nachweise der Rechtsprechung in deutsch-österreichischen Erbfällen bis zum Inkrafttreten des österreichischen IPR-Gesetzes bei Staudinger/Firsching[12] Art 25 Rn 90.

Schrifttum: Beitzke, Neues österreichisches Kollisionsrecht, RabelsZ 1979, 245; Bungert, Rechtskrafterstreckung eines österreichischen Einantwortungsbeschlusses, IPRax 1992, 225; Coester, Zum Erbrechtsausschluß des schuldigen Ehegatten (759 Abs 2 ABGB) bei deutschem Scheidungsstatut, IPRax 1981, 206; vCraushaar, Die internationalrechtliche Anwendbarkeit deutscher Prozeßnormen. Österreichisches Erbrecht im deutschen Verfahren (1961); Denzler, Die Konversion eines ungültigen Erbvertrages in Einzeltestamente nach österreichischem und italienischem Recht, IPRax 1982, 181; Dörner, Zur Anwendung des § 1371 Abs 1 BGB aus österreichischer Sicht, IPRax 1999, 125; Duchek/Schwind Internationales Privatrecht (1979); Ebenroth Rn 1329; Feil, Bundesgesetz über das IPR (1978); Ferid/Firsching, Internationales Erbrecht, Bd IV: Österreich; Firsching, Die Behandlung der Nachlässe österreichischer Erblasser durch deutsche Gerichte, DNotZ 1963, 329; ders, Die Erbfolge nach einem österreichischen Erblasser, der mit letztem Wohnsitz und Aufenthalt in der Bundesrepublik Deutschland nach dem 1. 1. 1979 verstorben ist – Abhandlung des Nachlasses, IPRax 1981, 86; ders, Österreichische Nachlässe, IPRax 1983, 166; ders, Das Anfallsrecht des Fiskus bei erblosem Nachlaß, IPRax 1986, 25; ders, Das Erbrecht des Fiskus im deutschen und österreichischen internationalen Privatrecht, in: FS Kralik (1986) 371; Flick/Piltz Rn 794 ff; Hoyer,

Das österreichische Erbstatut, in: FS Beitzke (1979) 521; ders, Deutsch-österreichische Erbfälle, IPRax 1986, 345; ders, Italienisches Legats- und Noterbrecht vor österreichischen Gerichten, IPRax 1988, 255; JAYME, Grundfragen des internationalen Erbrechts – dargestellt an deutsch-österreichischen Nachlaßfällen, ZfRvgl 1983, 162; KÖHLER, Internationales Privatrecht (3. Aufl 1966); S LORENZ, Nachlaßspaltung im geltenden österreichischen IPR?, IPRax 1990, 206; ders, Staatserbrecht bei deutsch-österreichischen Erbfällen, RPfleger 1993, 433; LURGER, Doppelstaatsbürgerschaft im deutsch-österreichischen Spaltnachlaß und Beschränkung durch Nacherbschaft, IPRax 1994, 235; MASCHMEIER, Die Einantwortung der Verlassenschaft nach österreichischem Recht und das deutsche Nachlaßgericht (Diss Münster 1972); MEYER, Grundzüge und Besonderheiten des österreichischen Erbrechts, ZEV 1995, 8; vOERTZEN/MONDL, Anwendbares Erbrecht in deutsch-österreichischen Erbfällen, ZEV 1997, 240; OSTHEIM, Das neue österreichische Ehegattenerbrecht, FamRZ 1979, 424; 1980, 311; PALIEGE, Neues im österreichischen Erbrecht, ZfRvgl 1991, 169; RIERING/BACHLER, Erbvertrag und gemeinschaftliches Testament im deutsch-österreichischen Rechtsverkehr, DNotZ 1995, 580; SCHEICHENBAUER, Erbschein – Einantwortungsurkunde und Nachlaßspaltung im deutsch-österreichischen Verhältnis, ZfRvgl 1985, 106; SCHIPPEL, Österreich-Deutsche Erbfälle in der Rechtsprechung des Bayerischen Obersten Landesgerichts, in: FS Wagner (1987) 329; SCHÖMMER/FASSOLD/BAUER, Internationales Erbrecht Österreich (1997); SCHWIMANN, Grundriß des Internationalen Privatrechts (1982); ders, Internationales Privatrecht (2. Aufl 1999); SCHWIND, Handbuch des österreichischen Internationalen Privatrechts (1975); ders, Prinzipien des neuen österreichischen IPR-Gesetzes, StAZ 1979, 109; ders, Zum Inkrafttreten des IPR-Gesetzes, ZfRvgl 1979, 2; ders, Erbstatut und Pflichtteilsanspruch im österreichischen IPR, IPRax 1988, 45; ders, Testierfähigkeit und Testamentsform, IPRax 1988, 375; ders, Internationales Privatrecht (1990); ders, Das österreichische IPR-Gesetz im deutschsprachigen Rechtskreis, RabelsZ 1990, 251; ders, Zum IPR des österreichischen Pflichtteilsrechts, IPRax 1992, 333; ders, Kein double renvoi im österreichischen Internationalen Erbrecht, IPRax 1993, 196; ders, Noterbrecht und IPR, ZfRvgl 1994, 29; SCHWIND/ZEMEN, IntEnc-CompL, National Reports, Austria; TAUCHER, Internationale Erbschaften (1987); WILL, Zweimalige Testamentseröffnung? Zur Frage, ob das in Österreich „kundgemachte" Testament eines Deutschen in Deutschland abermals zu eröffnen sei, DNotZ 1974, 273; WIRNER, Erbrechtsänderungsgesetz in Österreich, MittBayNot 1991, 16; ders, „Le mort saisit le vif" oder „hereditas iacens" – Eine Grundfrage bei der Abwicklung österreichisch-deutscher Erbfälle, in: FS Schippel (1996) 981; ZEMEN, Zum Statut der gesetzlichen Erbfolge nach dem österreichischen IPR-Gesetz, ZfRvgl 1983, 67; ders, Die jüngste Rechtsprechung des Obersten Gerichtshofs auf dem Gebiet des Internationalen Erbrechts, ZfRvgl 1988, 89; ZANKL, Die Anrechnung im deutschen, schweizerischen und israelischen Erbrecht vor dem Hintergrund österreichischer Reformüberlegungen, ZfRvgl 1999, 13.

Gutachten: IPG 1969 Nr 36 (München); 1971 Nr 17 (München); 1975 Nr 36 (Freiburg); 1977 Nr 37 (München); 1980/81 Nr 2 (Köln); 1980/81 Nr 29 (München); 1984 Nr 42 (Heidelberg); 1985/86 Nr 43 (Heidelberg); DIV-Gutachten ZfJ 1988, 129; ZfJ 1988, 345; ZfJ 1991, 180; ZfJ 1991, 276; Deutsches Notarinstitut, Gutachten zum internationalen und ausländischen Privatrecht 1993 (1995) 223.

485 Mit Wirkung v 5.1.1964 ist Österreich dem Haager TestÜbk (vgl Vorbem 31 ff zu Art 25 f) beigetreten und hat dabei von dem Vorbehalt des Art 12 Gebrauch gemacht (BGBl 1966 II 11). Staatsverträge von erbkollisionsrechtlicher Bedeutung existieren im übrigen im Verhältnis zwischen der Bundesrepublik Deutschland und Österreich nicht. Das Nachlaßabkommen zwischen dem Deutschen Reich und der Republik Österreich v 5.2.1927 (RGBl II 506, 878) wurde nach dem Ende des Zweiten Weltkrieges nicht wieder angewandt (vgl näher Vorbem 26 zu Art 25 f). Der Vertrag zwischen der Republik Österreich und der Bundesrepublik Deutschland zur Regelung vermögensrechtlicher Beziehungen vom 15.6.1957 (BGBl 1958 II 129; Text auch bei FERID/FIR-

SCHING Texte II Nr 10) enthält in seinen Art 4 u 5 lediglich erbrechtliche Bestimmungen zum Übergang von Ansprüchen, die durch den Staatsvertrag begründet wurden (im einzelnen BayObLGZ 1959, 396 ff; FERID/FIRSCHING Grdz Rn 164).

Das österreichische Internationale Erbrecht ist in den §§ 28 bis 30 des österreichi- **486** schen Bundesgesetzes über das internationale Privatrecht vom 15. 6. 1978 geregelt (IPRG, vgl öBGBl 1978 Nr 304). Dieses Gesetz ist am 1. 1. 1979 in Kraft getreten und findet Anwendung auf alle Erbfälle aus der Zeit nach dem 31. 12. 1978 (vgl § 5 ABGB: allgemeiner Grundsatz der Nichtrückwirkung; dazu FIRSCHING IPRax 1981, 86; im einzelnen DÖRNER DNotZ 1982, 55 ff). Die einschlägigen Bestimmungen lauten:

§ 28   **487**

(1) Die Rechtsnachfolge von Todes wegen ist nach dem Personalstatut des Erblassers im Zeitpunkt seines Todes zu beurteilen.
(2) Wird eine Verlassenschaftsabhandlung in Österreich durchgeführt, so sind der Erbschaftserwerb und die Haftung für Nachlaßschulden nach österreichischem Recht zu beurteilen.

§ 29

Ist der Nachlaß nach dem in § 28 Abs. 1 bezeichneten Recht erblos oder würde er einer Gebietskörperschaft als gesetzlichem Erben zukommen, so tritt an die Stelle dieses Rechts das Recht jeweils des Staates, in dem sich Vermögen des Erblassers im Zeitpunkt seines Todes befindet.

§ 30

(1) Die Testierfähigkeit und die sonstigen Erfordernisse für die Gültigkeit einer letztwilligen Verfügung, eines Erbvertrags oder eines Erbverzichtsvertrags sind nach dem Personalstatut des Erblassers im Zeitpunkt der Rechtshandlung zu beurteilen. Wäre danach die Gültigkeit nicht gegeben, wohl aber nach dem Personalstatut des Erblassers im Zeitpunkt seines Todes, so gilt dieses.
(2) Für den Widerruf bzw die Aufhebung dieser Rechtshandlungen gilt der Abs. 1 sinngemäß.

§ 31

(1) Der Erwerb und der Verlust dinglicher Rechte an körperlichen Sachen einschließlich des Besitzes sind nach dem Recht des Staates zu beurteilen, in dem sich die Sachen bei Vollendung des dem Erwerb oder Verlust zugrunde liegenden Sachverhalts befinden.
(2) Die rechtliche Gattung der Sachen und der Inhalt der im Abs. 1 genannten Rechte sind nach dem Recht des Staates zu beurteilen, in dem sich die Sachen befinden.

§ 32

Für dingliche Rechte an einer unbeweglichen Sache ist der § 31 auch dann maßgebend, wenn diese Rechte in den Anwendungsbereich einer anderen inländischen Verweisungsnorm fallen.

Als Erbstatut beruft § 28 Abs 1 IPRG demnach grundsätzlich das *Personalstatut des* **488** *Erblassers* im Todeszeitpunkt. Es regelt alle Fragen des Erbfalls, soweit sie nicht Gegenstand der in den §§ 28 Abs 2, 29, 30 IPRG enthaltenen Sonderregeln sind (zur Reichweite des Erbstatuts HOYER, in: FS Beitzke [1979] 535 ff; ZEMEN ZfRvgl 1983, 67 ff; SCHWIMANN, Grundriß 257 f).

Personalstatut ist das Recht desjenigen Staates, dem eine Person angehört (§ 9 Abs 1 **489** S 1 IPRG). Bei Mehrstaatern setzt sich grundsätzlich die effektive Staatsangehörigkeit durch (§ 9 Abs 1 S 3 IPRG); ist aber eine von den Staatsangehörigkeiten die österreichische, so hat diese Vorrang (§ 9 Abs 1 S 2 IPRG). Ist eine Person staatenlos oder kann ihre Staatsangehörigkeit nicht geklärt werden, so gilt das Recht des gewöhnlichen Aufenthalts (§ 9 Abs 2 IPRG), bei Flüchtlingen dasjenige des Wohnsitzes, hilfsweise dasjenige des gewöhnlichen Aufenthalts (§ 9 Abs 3 IPRG). Die Verweisung in § 28 Abs 1 IPRG stellt eine Gesamtverweisung dar; ein Renvoi findet daher Beachtung (§ 5 Abs 1 IPRG).

490 Die *Testierfähigkeit* sowie die *Gültigkeit* einer letztwilligen Verfügung, eines Erbvertrages oder eines Erbverzichtsvertrages unterliegen dem Personalstatut zum Zeitpunkt der Errichtung; ist das Rechtsgeschäft danach ungültig, wird das Erbstatut zum Zeitpunkt des Todes berufen (§ 30 Abs 1 IPRG).

491 Die *Formgültigkeit* von Testamenten bestimmt sich nach den Grundsätzen des Haager TestÜbk (vgl Vorbem 31 ff zu Art 25 f). Bei Erbverträgen oder Erbverzichtsverträgen genügt es, wenn die vom Gültigkeitsstatut oder dem Ortsrecht vorgeschriebenen Formen eingehalten werden (§ 8 IPRG).

492 Die *Wirkungen der Verfügungen von Todes wegen* bestimmt das allgemeine Erbstatut des § 28 Abs 1 IPRG (FERID/FIRSCHING Grdz Rn 23; SCHWIMANN, Grundriß 255, 257). In § 29 IPRG wird die Behandlung eines Nachlasses geregelt, der nach dem allgemeinen Erbstatut des § 28 Abs 1 IPRG in Ermangelung persönlicher Erben dem Fiskus zufallen würde (dazu FIRSCHING IPRax 1986, 25 und Art 25 Rn 190 ff, insbes 198, 203).

493 Eine Durchbrechung des Staatsangehörigkeitsprinzips enthält § 28 Abs 2 IPRG, der den *Erbschaftserwerb* und die *Haftung* für Nachlaßschulden dem österreichischen Recht unterstellt, wenn eine Verlassenschaftsabhandlung in Österreich durchgeführt wird. Diese Anknüpfung erklärt sich aus dem Umstand, daß nach österreichischem anders als nach deutschem Erbrecht der Nachlaß einem Erben nicht ipso iure mit dem Tod des Erblassers anfällt. Der Rechtserwerb beruht vielmehr auf einem zweiaktigen Erwerbstatbestand; neben einem Erwerbsgrund (Titel) ist ein bestimmter Erwerbsakt (Modus) erforderlich. Der erbrechtliche Titel kann in einer gesetzlichen Anordnung oder einer Verfügung von Todes wegen bestehen. Der Erwerbsakt besteht in einem gerichtlichen Beschluß, der sog „Einantwortung" (vgl §§ 797, 819 ABGB u § 174 des Gesetzes über das gerichtliche Verfahren in Rechtsangelegenheiten außer Streitsachen – AußStrG – v 9.8.1854, öRGBl 1854 Nr 208 m zahlr Änderungen, Text bei FERID/FIRSCHING Texte III Nr 17; vgl dazu nur FERID/FIRSCHING Grdz Rn 124; FIRSCHING DNotZ 1953, 408 f; HOYER IPRax 1986, 346). Sie setzt voraus, daß ein Erbe die Erbschaft durch eine sog „Erbserklärung" nach §§ 799 ff ABGB angenommen hat (vgl FERID/FIRSCHING Grdz Rn 121). Angesichts dieser Verbindung von materiellem und Verfahrensrecht hielt man eine Durchführung der Verlassenschaftsabhandlung im Inland unter Berücksichtigung materiellrechtlicher Normen eines ausländischen Heimatrechts für undurchführbar (FEIL 180 f; FERID/FIRSCHING Grdz Rn 24). Daher sieht § 28 Abs 2 IPRG vor, daß Erbschaftserwerb und Nachlaßhaftung sich immer dann nach österreichischem Recht beurteilen, wenn die Verlassenschaftsabhandlung in Österreich durchgeführt wird. Diese Bestimmung wird in der Regel nur bei ausländischen Erblassern relevant, weil beim Tode eines österreichischen Staatsangehörigen schon § 28 Abs 1 IPRG für die Rechtsnachfolge von Todes wegen insgesamt österreichisches Recht beruft.

494 Gemäß § 32 IPRG bleibt die Vorschrift des § 31 Abs 1 IPRG, wonach sich der

Erwerb dinglicher Rechte an körperlichen Sachen nach dem Recht des Lageortes bestimmt, bei unbeweglichen Sachen auch dann maßgeblich, wenn diese Rechte in den Anwendungsbereich einer anderen Kollisionsnorm fallen. Unter „Erwerb" ist dabei in dieser Bestimmung nicht der Erwerbsgrund (Titel), sondern lediglich die Art und Weise des Erwerbsaktes (Modus) zu verstehen (BayObLG ZEV 1999, 486). Der Erwerbsmodus ist demzufolge bei unbeweglichen Sachen auch dann nach der lex rei sitae zu beurteilen, wenn der Erwerb selbst auf einen güterrechtlichen oder erbrechtlichen Vorgang zurückgeht (vgl SCHWIMANN, Grundriß 258; JAYME ZfRvgl 1983, 165, 167; FERID/FIRSCHING Grdz Rn 15, 39). Ob es sich um eine bewegliche oder unbewegliche Sache handelt, entscheidet gemäß § 31 Abs 2 IPRG das Recht des Lageortes. Gehört zum Nachlaß nicht in Österreich belegenes Immobiliarvermögen, unterliegt die Art und Weise des Erwerbs also dem Recht des Lageortes. Eine Kollision zwischen § 32 u § 28 Abs 2 IPRG, die zu einer Stellungnahme dazu nötigen würde, ob sich der Erbschaftserwerb nach der ausländischen lex rei sitae (§ 32 Abs 1 IPRG) oder dem österreichischen Recht (§ 28 Abs 2 IPRG) richtet, kann nicht entstehen, weil das österreichische Verlassenschaftsgericht für die Abhandlung im Ausland belegener Immobilien nicht international zuständig ist (§§ 21 ff AußStrG; vgl SCHWIND, Internationales Privatrecht Rn 364; FIRSCHING IPRax 1983, 168).

Der Vorschlag, die genannten Bestimmungen auf die Vererbung auch beweglicher **495** Sachen analog anzuwenden (SCHWIND StAZ 1979, 118; vgl auch HOYER IPRax 1988, 256; dagegen SCHWIMANN 257; JAYME ZfRvgl 1983, 168 f; HOYER, in: FS Beitzke 536 f), hat in der Rechtsprechung des österreichischen OGH keine Resonanz gefunden (vgl öst OGH IPRax 1988, 34 f und IPRax 1988, 248). Demnach untersteht der Erwerbsmodus allein bei Immobilien der lex rei sitae, während er sich bei beweglichen Sachen nach dem allgemeinen Erbstatut richtet (arg § 32 Abs 1 IPRG e contrario).

In einer Entscheidung v 27. 5. 1986 hat der öst OGH (IPRax 1988, 35) unter Hinweis auf **496** die §§ 31, 32 IPRG ausgeführt, daß sich „daraus . . . eine Verweisung der österreichischen Rechtsordnung hinsichtlich des Erbrechts und damit auch hinsichtlich des Bestehens eines Pflichtteils an im Ausland belegenen Liegenschaften auf das betreffende ausländische Recht" ergibt. Das läßt sich so verstehen, als ob durch die §§ 31, 32 IPRG eine vollständige Nachlaßspaltung eintrete: Im Gegensatz zur Vererbung beweglicher würde die Vererbung unbeweglicher Sachen in vollem Umfang, dh nicht nur hinsichtlich der Erwerbsart, sondern auch hinsichtlich des Erwerbsgrundes der lex rei sitae unterliegen (so in der Tat LG Kassel IPRspr 1996, 259 f). Diese Entscheidung ist im österreichischen Schrifttum jedoch als unrichtig kritisiert worden (vgl zB ZEMEN ZfRvgl 1987, 287 f; ders ZfRvgl 1988, 92 u 96; vgl auch S LORENZ IPRax 1990, 206; vom Grundsatz der Nachlaßeinheit gehen aus zB FEIL 180; BEITZKE RabelsZ 1979, 259; FIRSCHING IPRax 1981, 87; ders IPRax 1983, 167; JAYME ZfRvgl 1983, 164). In späteren Entscheidungen ist der OGH auch nicht mehr auf diesen Ansatz zurückgekommen und hat die Erbfolge selbst ohne weiteres gemäß § 28 Abs 1 IPRG nach dem Heimatrecht des Erblassers beurteilt (vgl OGH IPRax 1988, 36; IPRax 1988, 37 und insbes IPRax 1988, 246; dazu auch HOYER IPRax 1988, 255).

Aus der *Sicht des deutschen Rechtsanwenders* stellt sich die Rechtslage in deutsch- **497** österreichischen Erbfällen wie folgt dar: Hinterläßt ein *österreichischer Staatsbürger* bewegliches und unbewegliches Vermögen in der Bundesrepublik, so richtet sich die Beerbung grundsätzlich nach österreichischem Recht (Art 25 Abs 1 iVm § 28 Abs 1

IPRG). Hinsichtlich der *Art und Weise* des erbrechtlichen Erwerbs an den in der Bundesrepublik belegenen *unbeweglichen Sachen* verweisen die §§ 31, 32 IPRG jedoch auf das deutsche Recht zurück; insoweit tritt also Vonselbsterwerb ein (OLG Köln FamRZ 1997, 1176 f). Gegen die Erteilung eines Erbscheins gemäß § 2369 BGB bestehen daher keine Bedenken. Dagegen folgt aus diesen Bestimmungen im Umkehrschluß, daß es im Hinblick auf den Erwerbsvorgang für die im Inland belegenen *beweglichen* Sachen bei der Anwendbarkeit des österreichischen Rechts verbleibt. Insoweit „ruht" die Erbschaft gemäß § 797 ABGB, bis die Erben sie sich durch gerichtlichen Beschluß haben „einantworten" lassen (zum Verfahrensablauf bei der Einantwortung vgl HOYER IPRax 1986, 346). Eine solche „Einantwortung" setzt voraus, daß der oder die Erben die Erbschaft durch eine sog „Erbserklärung" nach §§ 799 ff ABGB angenommen haben. Die Erbfolge steht damit erst nach Abgabe einer Erbserklärung und der Einantwortung fest. Demzufolge kann auch ein Fremdrechtserbschein gemäß § 2369 BGB grundsätzlich erst dann ausgestellt werden, wenn beide Voraussetzungen vorliegen (vgl FERID/FIRSCHING Grdz Rn 39 und 18; ferner FIRSCHING DNotZ 1963, 329 ff). Man wird annehmen können, daß die gegenüber einem deutschen Nachlaßgericht schriftlich oder mündlich zu Protokoll abgegebene *Annahmeerklärung* aus der Sicht des österreichischen Rechts zwar als gleichwertig und daher ausreichend anerkannt wird (Frage der Substition aus österreichischer Sicht, vgl Art 25 Rn 765). Die hM steht jedoch auf dem Standpunkt, daß deutsche Gerichte eine *Einantwortung* dagegen nicht vornehmen können, weil dazu die entsprechenden Verfahrensvorschriften fehlen (vgl FERID/FIRSCHING Rn 18; BayObLGZ 1967, 201 f u 342). Ein Erbe müßte sich demnach an das zuständige österreichische Gericht wenden, für welches gemäß § 21 AußStrG eine „Abhandlungsjurisdiktion" auch dann besteht, wenn ein österreichischer Erblasser beweglichen Nachlaß außerhalb Österreichs hinterlassen hat (vgl OGH ZfRvgl 1977, 294 mit zust Anm HOYER; zum Ganzen ferner FIRSCHING IPRax 1981, 88; ders IPRax 1983, 168; JAYME ZfRvgl 1983, 165). Eine österreichische Einantwortungsurkunde über den beweglichen Nachlaß eines österreichischen Erblassers würde aufgrund des deutsch-österreichischen Anerkennungs- und Vollstreckungsabkommens v 6. 6. 1959 (BGBl 1960 II 1246) in der Bundesrepublik auch anerkannt werden (vgl HOYER IPRax 1986, 346). Die Praxis der deutschen Nachlaßgerichte scheint indessen in diesem Punkt großzügig zu verfahren und auch ohne Einantwortung einen Fremdrechtserbschein nach § 2369 BGB zu erteilen, wenn die Erben eine *unbedingte* Erbserklärung (mit der Folge unbeschränkter Nachlaßhaftung) abgegeben haben (näher FERID/FIRSCHING Grdz Rn 39 u 18, ferner FIRSCHING IPRax 1981, 87 u 1983, 167; vgl auch BayObLGZ 1967, 202 u 342; 1995, 52 [zustimmend vOERTZEN ZEV 1995, 418; RIERING DNotZ 1996, 109]).

498 Hinterläßt ein *deutscher Staatsbürger* mit Wohnsitz in der Bundesrepublik beweglichen und unbeweglichen Nachlaß in Österreich, so beruft Art 25 Abs 1 EGBGB zwar grundsätzlich deutsches Recht. Über Art 3 Abs 3 setzt sich jedoch das Belegenheitsrecht durch, soweit es „besondere Vorschriften" kennt (vgl Art 25 Rn 536). Besondere Vorschriften iS dieser Bestimmung enthalten aber die §§ 32, 31 IPRG, soweit sie den Erbschaftserwerb im Hinblick auf das in Österreich belegene unbewegliche Vermögen der österreichischen lex rei sitae unterwerfen (MünchKom/SONNENBERGER Art 3 Rn 25; vgl auch bereits FIRSCHING IPRax 1983, 168; JAYME ZfRvgl 1983, 167 ff; dazu Art 25 Rn 539; anders LURGER IPRax 1994, 236). Entsprechendes gilt angesichts des § 28 Abs 2 IPRG für die Frage der Nachlaßschuldenhaftung, da im Hinblick auf unbewegliche Nachlaßgegenstände gemäß § 22 AußStrG eine internationale Zuständigkeit der österreichischen Gerichte zur Durchführung einer Verlassenschaftsabhandlung besteht (vgl nur SCHWIMANN GRUNDRISS 257).

Verstirbt ein deutscher Staatsangehöriger mit letztem Wohnsitz in Österreich, **499** besteht gemäß § 23 Abs 3 S 1 AußStrG auch eine Abhandlungsjuridiktion der österreichischen Gerichte hinsichtlich des in Österreich belegenen beweglichen Nachlasses, so daß in diesem Fall § 28 Abs 2 IPRG das österreichische Recht ebenfalls für das bewegliche Vermögen beruft und vor dieser Entscheidung des Belegenheitsrechts das deutsche Kollisionsrecht nach Art 3 Abs 3 zurückweicht.

Vor dem Inkrafttreten des österreichischen IPRG am *1. 1. 1979* existierten im öster- **500** reichischen Internationalen Erbrecht keine kodifizierten Kollisionsnormen. Lehre und Rechtsprechung gingen im Ergebnis von einer Nachlaßspaltung aus: Die Erbfolge in den unbeweglichen Nachlaß wurde der lex rei sitae unterstellt, die Erbfolge in das bewegliche Vermögen nach dem Heimat- bzw Wohnsitzrecht des Erblassers beurteilt (vgl BGH ZfRvgl 1977, 134 f; IPRax 1981, 26; zu den Einzelheiten FIRSCHING DNotZ 1963, 330; ders IPRax 1981, 86; SCHWIND, Handbuch 253; FEIL 177; KÖHLER 143; MASCHMEIER 47; IPG 1977 Nr 37 [München] 358 ff; zur geschichtlichen Entwicklung ausführlich HOYER, in: FS Beitzke [1979] 521 ff).

Die Testierfähigkeit beurteilte sich nach dem Heimatrecht im Zeitpunkt der Errich- **501** tung oder des Todes (KÖHLER 139). Bevor das Haager TestÜbk am 5. 1. 1964 in Österreich in Kraft trat (vgl Vorbem 31 ff zu Art 25 f), beurteilte sich die Formwirksamkeit von Testamenten wahlweise nach dem Heimatrecht im Errichtungs- oder Todeszeitpunkt oder nach dem am Errichtungsort geltenden Recht (FERID/FIRSCHING Grdz Rn 21; KÖHLER 139; SCHWIND, Handbuch 263). Für die Form von Erbverträgen war das am Errichtungsort geltende Recht entscheidend (KÖHLER 141; SCHWIND, Handbuch 263).

Das österreichische *materielle Erbrecht* ist im wesentlichen in den §§ 531 ff ABGB **502** geregelt (vgl FERID/FIRSCHING Texte III Nr 1). Erbverträge sind nur zwischen Ehegatten und Brautleuten zulässig (§§ 602, 1294 ABGB).

Pakistan **503**

Schrifttum: SHAH, IntEncCompL, Pakistan.

Im Erbkollisionsrecht von Pakistan gelten die Grundsätze des Common Law **504** (Rn 200). Das pakistanische Erbrecht ist interpersonal gespalten (SHAH 9).

Panama **505**

Schrifttum: BOUTIN, IntEncCompl, Panama; LISBONNE, JClDrComp, République de Panama; TIEDEMANN, Internationales Erbrecht in Deutschland und Lateinamerika (1993).

Panama ist dem Vertrag über Internationales Privatrecht von Havanna aus dem Jahre **506** 1928 (Código Bustamante) beigetreten (vgl Rn 84). Staatsvertragliche Regelungen auf

Heinrich Dörner

dem Gebiet des Erbrechts zwischen der Bundesrepublik Deutschland und Panama bestehen nicht.

507 Das panamesische Recht enthält erbrechtliche Kollisionsnormen in den Art 631 u 632 des Código civil aus dem Jahre 1917 (deutsche Übersetzung bei MAKAROV I² Nr 41 und von PEUSTER, in: KROPHOLLER/KRÜGER/RIERING/SAMTLEBEN/SIEHR 623 ff).

508 Art 7

Die Form und die Förmlichkeiten von Verträgen, Testamenten und sonstigen öffentlichen Urkunden bestimmen sich nach dem Gesetz des Landes, in dem sie errichtet sind, es sei denn, daß die Beteiligten bei Rechtshandlungen und Geschäften, die Wirkung in Panama haben sollen, es vorziehen, sich dem panamaischen Gesetz zu unterwerfen. Die Authentizität solcher Urkunden, Rechtshandlungen oder Verträge ist jedoch nach den Vorschriften der Prozeßordnungen zu beweisen. Die Form betrifft die äußeren Formalitäten solcher Rechtshandlungen und Verträge, die Authentizität bezieht sich auf die Tatsache, daß sie wirklich von den Personen ausgehen und in der Weise errichtet und beglaubigt sind, wie dies in den Urkunden angegeben ist.

Art 631

Das Recht der Erbfolge am Vermögen eines Verstorbenen – Einheimischen oder Ausländers – wird hinsichtlich von Gütern jeglicher Art, die sich in Panama befinden, vom panamaischen Recht geregelt, auch wenn der Verstorbene im Augenblick seines Todes seinen Wohnsitz im Ausland hatte.

Jedoch hat eine im Ausland nach den Gesetzen dieses Landes ergangene Entscheidung über die Zuweisung von Gütern Rechtskraft in Panama, es sei denn, sie steht im Widerspruch mit Rechten, die sich auf das Recht von Panama gründen und vor einheimischen verfolgt werden.

Art 632

Die Erbfähigkeit richtet sich vorbehaltlich dessen, was im zweiten Absatz des vorhergehenden Artikels bestimmt ist, nach dem Recht von Panama.

Art 765

Die Panamaer können außerhalb des Staatsgebietes ein Testament errichten, indem sie sich den Formen unterwerfen, die von den Gesetzen des Landes aufgestellt sind, in dem sie sich befinden.

Auch können sie auf hoher See während ihrer Fahrt auf einem ausländischen Schiff ein Testament nach den Gesetzen des Staates errichten, zu dem das Schiff gehört.

Sie können ebenso nach Maßgabe des Artikels 720 ein eigenhändiges Testament auch in Ländern errichten, deren Gesetze ein solches Testament nicht zulassen.

Art 766

Ein nach Art 701 verbotenes gemeinschaftliches Testament, welches im Ausland errichtet worden ist, ist in Panama auch dann unwirksam, wenn es die Gesetze des Staates, in dem es errichtet worden ist, zulassen.

Art 767

Die Panamaer, die sich im Ausland befinden, können ein offenes oder verschlossenes Testament auch vor dem diplomatischen oder konsularischen Vertreter Panamas, der an dem Ort der Errichtung seinen Sitz hat, errichten.

In diesen Fällen nimmt der Vertreter die Stellung eines Notars wahr, und es sind alle Förmlichkeiten zu beachten, die insoweit in den Kapiteln V und VI dieses Titels festgelegt sind, wobei die Bedingung des Wohnsitzes bei den Zeugen nicht erforderlich ist.

Art 770
Wirksam in Panama ist ein Testament, das außerhalb des Staatsgebiets nach Maßgabe der Regeln errichtet worden ist, welche nach den Gesetzen des Landes, in denen es errichtet wird, festgelegt sind. Wirksam ist gleichfalls ein eigenhändiges Testament, auch wenn es in Ländern errichtet ist, deren Gesetze derlei Verfügungen nicht zulassen.

Für das in Panama befindliche bewegliche wie unbewegliche Vermögen wird dem- **509** nach von Art 631 Abs 1 Cc das panamesische Belegenheitsrecht berufen. Eine Regelung bezüglich der außerhalb Panamas belegenen Nachlaßgegenstände fehlt. Es ist davon auszugehen, daß aus panamesischer Sicht die ausländischen Gerichte über die auf ihrem Territorium belegenen Werte nach eigenem Recht entscheiden dürfen, so daß eine allseitige Geltung der lex-sitae-Regel angenommen werden kann (TIEDE-MANN 137).

Das *materielle Erbrecht* Panamas findet sich im Código civil aus dem Jahre 1917. **510**

Paraguay **511**

Rechtsprechung: AG Hildesheim IPRspr 1985 Nr 117.

Schrifttum: BAUS, Der neue Código civil von Paraguay und seine Kollisionsnormen, RabelsZ 1987, 440; BERKEMEYER, IntEncCompl, Paraguay; LISBONNE, JClDrComp, Paraguay; NELLE, Der neue Código civil von Paraguay, ZVglRW 1991, 25; TIEDEMANN, Internationales Erbrecht in Deutschland und Lateinamerika (1993).

Gutachten: IPG 1982 Nr 30 (Hamburg).

Paraguay hat den Montevideo-Vertrag über Internationales Privatrecht v 12. 2. 1889 **512** ratifiziert (vgl Rn 28), den „Código de Derecho International Privado" (Código Busta-mante, vgl Rn 84) von 1928 dagegen nur gezeichnet. Staatsvertragliche Regelungen auf dem Gebiet des Erbrechts zwischen der Bundesrepublik Deutschland und Paraguay bestehen nicht.

Der neue Código civil Paraguays v 1. 1. 1987 enthält auch eine Kodifikation des **513** Internationalen Privatrechts. In erbrechtlicher Hinsicht sind folgende Bestimmungen von Bedeutung (deutsche Übersetzung von BAUS RabelsZ 1987, 458 f; vgl auch LISBONNE Rev crit dr i pr 1987, 469):

Art 25 **514**
Die gesetzliche oder testamentarische Erbfolge, die Rangfolge der erbrechtlichen Berufung, die Rechte der Erben und die inhaltliche Gültigkeit der Bestimmungen des Testaments richten sich, gleich welcher Art die Nachlaßgegenstände sind, nach dem Recht des letzten Wohnsitzes des Erblassers. Jedoch ist die Übertragung der Gegenstände, die sich auf dem Staatsgebiet befinden oder dort existieren, den Gesetzen der Republik unterworfen.

Heinrich Dörner

Art 2447

Das Erbrecht richtet sich nach dem Recht des Wohnsitzes des Erblassers zum Zeitpunkt seines Todes, gleichviel ob seine Erben Inländer oder Ausländer sind. Die im Inland belegenen unbeweglichen Sachen richten sich ausschließlich nach den Gesetzen der Republik.

Art 2448

Ist in und außerhalb der Republik ein Erbrechtsstreit begonnen worden, so erhalten die im Lande wohnhaften Erben von den dort belegenen Gütern einen Teil, der dem Werte derjenigen Güter entspricht, von welchen sie gemäß örtlicher Gesetze im Ausland ausgeschlossen worden sind.

Art 2609

Das Recht am Wohnsitz des Testators zum Zeitpunkt der Testamentserrichtung bestimmt seine Testierfähigkeit.

Die Gültigkeit des Testamentsinhalts wird nach dem Recht am Wohnsitz des Testators zur Zeit seines Todes bestimmt.

Art 2626

Die im Gebiet der Republik errichteten Testamente müssen, mag der Erblasser Paraguayer oder Ausländer sein, in einer in diesem Gesetzbuch zugelassenen Form aufgesetzt werden.

Das im Ausland errichtete Testament hat nur dann im Inland Wirksamkeit, wenn es schriftlich oder wenn es vom Testator persönlich gemäß den Gesetzen des Ortes oder denen des Landes, dem der Testator angehört, oder nach den in diesem Gesetzbuch vorgeschriebenen Formen aufgesetzt worden ist.

515 Danach richtet sich die Erbfolge grundsätzlich nach dem Recht des letzten Erblasser-wohnsitzes (Art 25, 2447 S 1 Cc). Dieses Prinzip wird von Art 2447 S 2 Cc durch-brochen, der für das in Paraguay belegene unbewegliche Vermögen das paraguaya-nische Belegenheitsrecht beruft. Art 25 S 2 Cc bezieht sich demgegenüber offenbar auf die Art und Weise des Erbschaftserwerbs, der – sowohl hinsichtlich unbewegli-chen wie beweglichen Vermögens – dem Recht von Paraguay unterliegt (vgl dazu auch BAUS RabelsZ 1987, 451; TIEDEMANN 156, die allerdings den Art 25 S 2 deswegen als eine materiell-rechtliche Vorschrift ansehen wollen).

516 Das *materielle Erbrecht* Paraguays ist im Código civil v 1. 1. 1987 geregelt (dazu LIS-BONNE Nr 140 ff).

517 Peru

Schrifttum: LISBONNE, JClDrComp, Pérou; PARODI, IntEncCompl, Peru; SAMTLEBEN, Neues inter-nationales Privatrecht in Peru, RabelsZ 1985, 486; TIEDEMANN, Internationales Erbrecht in Deutsch-land und Lateinamerika (1993).

Gutachten: IPG 1971 Nr 33 (Köln).

518 Peru hat den Staatsvertrag von Havanna über Internationales Privatrecht (Código

Bustamante, vgl Rn 84) ratifiziert. Staatsvertragliche Regelungen auf dem Gebiet des Erbrechts zwischen der Bundesrepublik Deutschland und Peru bestehen nicht.

Das Internationale Privatrecht Perus ist im X. Buch des neuen peruanischen Código **519** civil vom 14. 11. 1984 enthalten. Die erbrechtlichen Bestimmungen lauten (deutsche Übersetzung auch bei Samtleben RabelsZ 1985, 538 f):

Art 2100 **520**
Die Erbfolge richtet sich unabhändig vom Belegenheitsort der Güter nach dem Recht des letzten Wohnsitzes des Verstorbenen.

Art 2101
Das peruanische Recht regelt die Erbfolge für die in der Republik belegenen Güter, falls diese nach dem Wohnsitzrecht des Erblassers einem ausländischen Staat oder seinen öffentlichen Einrichtungen anfallen würden.

Damit wird sowohl für die gesetzliche wie auch für die testamentarische Rechtsnach- **521** folge von Todes wegen an den letzten Erblasserwohnsitz angeknüpft (Art 2100 Cc). Eine Ausnahme zugunsten des peruanischen Rechts gilt nach Art 2101 Cc lediglich dann, wenn eine Anwendung des ausländischen Wohnsitzrechts zu einer gesetzlichen (nicht testamentarischen, vgl Tiedemann 195 mwN) Erbberechtigung des Fiskus führt. Der Wohnsitz einer Person liegt nach peruanischem Recht (Art 33 Cc) dort, wo sich ihr gewöhnlicher Aufenthalt befindet; die Absicht eines längeren Verbleibs an diesem Ort ist nicht erforderlich (vgl Tiedemann 195 f). Die Form von Rechtsgeschäften unterliegt dem Recht des Errichtungsortes (Art 2094 Cc). Das neue peruanische Kollisionsrecht verweist lediglich auf die Sachnormen des fremden Staates, läßt also keinen Renvoi zu (Art 2048 Cc).

Beim Tode eines deutschen Staatsangehörigen findet aus der *Sicht des deutschen* **522** *Rechtsanwenders* im Hinblick auf den in Peru belegenen Nachlaß über Art 3 Abs 3 lediglich dann Anwendung, wenn der Erblasser ohne natürliche gesetzliche Erben verstirbt und der Nachlaß daher gemäß § 1936 BGB an den Fiskus fallen würde. Beim Tode eines Peruaners verweist Art 2100 Cc auf deutsches Erbrecht zurück, wenn der letzte Wohnsitz des Verstorbenen in der Bundesrepublik lag. Hatte ein peruanischer Staatsangehöriger seinen letzten Wohnsitz in einem Drittstaat, verweist diese Bestimmung auf das Recht dieses Drittstaates weiter (zum Vorstehenden Tiedemann 199).

Das *materielle Erbrecht* ist im neuen Código civil aus dem Jahre 1984 geregelt (dazu **523** Lisbonne Nr 305 ff).

Philippinen **524**

Schrifttum: Lisbonne, JClDrComp, Philippines; Romero, IntEncCompl, The Philippines.

Staatsvertragliche Regelungen auf dem Gebiet des Erbrechts zwischen der Bundes- **525** republik Deutschland und den Philippinen bestehen nicht. Das Internationale Kollisionsrecht der Philippinen ist in den Einleitungsbestimmungen zum philippinischen

Código civil v 18. 6.1949 enthalten. Die hier einschlägigen Bestimmungen lauten
(Übersetzung von CIESLAR, in:KROPHOLLER/KRÜGER/RIERING /SAMTLEBEN/SIEHR 713 f):

Art 16
Das Eigentum an Grundstücken sowie an beweglichen Sachen untersteht dem Gesetz des Landes, in
dem sie sich befinden.

Jedoch bestimmt sich die gesetzliche und die testamentarische Erbfolge hinsichtlich der Nachfolge-
ordnung, der Höhe der Erbrechte und der Rechtsgültigkeit der testamentarischen Bestimmungen
nach dem Heimatrecht der Person, deren Nachlaß in Betracht kommt ohne Rücksicht auf die Art des
Vermögens und auf das Land, in dem sich dieses Vermögen befindet.

Art 17
Die Form von Verträgen, Testamenten und anderen öffentlichen Urkunden bestimmt sich nach den
Gesetzen des Landes, in dem sie errichtet werden.

Sollten solche Urkunden vor diplomatischen oder konsularischen Vertretern der philippinischen
Republik errichtet werden, so sind die in den philippinischen Gesetzen vorgeschriebenen Formen
bei der Errichtung zu beachten.

Verbotsgesetze, welche Personen, deren Rechtshandlungen oder Vermögen betreffen, welche auf der
öffentlichen Ordnung, dem Gemeinwohl und den guten Sitten beruhen, können nicht durch Gesetze
oder Urteile, die in einem fremden Land verkündet worden, noch auch durch Willenserklärungen
oder Vereinbarungen, die in einem anderen Land erfolgt sind, außer Kraft gesetzt werden.

526 Das Erbstatut wird also nach Art 16 Abs 2 durch die Staatsangehörigkeit des Erblassers bestimmt. Die Formgültigkeit von Rechtsgeschäften, insbesondere auch von
Testamenten richtet sich nach dem Recht des Errichtungsortes (Art 17, vgl LISBONNE
Nr 5). Ein Filipino, der sich im Ausland aufhält, darf daher in der Form des Landes
testieren, die das Aufenthaltsland vorsieht (Art 815 Cc).

527 Das *materielle Erbrecht* ist im Código civil geregelt. Testamente von zwei oder mehr
Personen können nicht gemeinsam oder in derselben Urkunde errichtet werden
(Art 818 Cc); nehmen Filipinos derartige Testamente im Ausland vor, so entfalten
sie auf den Philippinen keine Wirksamkeit (Art 819 Cc). Das Verbot ist daher nicht
als Formvorschrift, sondern als materiellrechtliche Bestimmung zu qualifizieren.

528 Polen

Rechtsprechung: BGHZ 30, 140 = JZ 1959, 633 (Anm MÜLLER-FREIENFELS); BGH VersR 1976, 468;
BayObLGZ 1968, 262; KG NJW 1958, 24 (Anm DANCKELMANN); HansOLG Hamburg IPRspr 1966/
67 Nr 172; OLG Hamm IPRspr 1983 Nr 116; LG Berlin IPRspr 1931 Nr 97; LG Mönchengladbach
DNotZ 1972, 50; LG Düsseldorf IPRspr 1976 Nr 206/207; AG Bad Pyrmont IPRspr 1956/57 Nr 151;
AG Berlin IPRspr 1964/65 Nr 174.

Schrifttum: DYBOWSKI/RAJSKI, JClDrComp, Pologne (Fasc 2); FERID/FIRSCHING/GEILKE, Internationales Erbrecht, Bd V: Polen; GRALLA, Das polnische Erbrecht, ZNotP 1997, 47; KORDASIEWSKI,

IntEncCompl, Poland; LICHOROWICZ, Die Vererbung in der Landwirtschaft nach polnischem Recht, Osteuroparecht 1986, 206; PLANK, Das Testamentsrecht der Volksrepublik Polen, ZfRvgl 1965, 190.

Gutachten: IPG 1965/66 Nr 48 (Hamburg); 1965/66 Nr 58 (Köln); 1965/66 Nr 59 (Hamburg); 1967/68 Nr 63 (Heidelberg); 1969 Nr 34 (Köln); 1971 Nr 2 (Kiel); 1976 Nr 51 (München); 1980/81 Nr 45 (Bonn); WENGLER, Gutachten zum internationalen und ausländischen Familien- und Erbrecht II (1971) Nr 70, 78, 83, 87, 89; PFAFF/WAEHLER, Familien- und Erbrecht der Flüchtlinge und Umsiedler (1972) Nr 27–38; DIV-Gutachten ZfJ 1990, 681; Deutsches Notarinstitut, Gutachten zum internationalen und ausländischen Privatrecht 1993 (1995) 287.

Polen ist seit dem 2. 11. 1969 Vertragspartei des Haager TestÜbk (BGBl 1969 II 2200; **529**
1971 II 6, vgl Vorbem 31 ff zu Art 25). Es hat ferner mit einer Reihe osteuropäischer Staaten bilaterale Abkommen über die Rechtshilfe in Zivil-, Familien- und Strafsachen geschlossen. Im Verhältnis zur früheren DDR bestand ein Rechtshilfevertrag v 1. 2. 1957 (GBl DDR 1957 I 414), der auch erbrechtliche Kollisionsnormen enthielt (näher Art 25 Rn 605). Inzwischen hat die Regierung der Bundesrepublik nach Durchführung der in Art 12 Abs 2 EV vorgesehenen Konsultationen ausdrücklich festgestellt, daß dieser Vertrag mit der Herstellung der deutschen Einheit am 3. 10. 1990 erloschen ist (BGBl 1993 II 1180 Nr 9, vgl Art 25 Rn 614). Staatsvertragliche Regelungen auf dem Gebiet des Erbrechts zwischen der Bundesrepublik Deutschland und Polen bestehen im übrigen nicht.

Das polnische Kollisionsrecht ist in dem am 1. 7. 1966 in Kraft getretenen Gesetz über **530**
das internationale Privatrecht v 12. 11. 1965. Die erbrechtlichen Bestimmungen lauten (in der Übersetzung von MAKAROV[3] 184 ff):

Art 34 **531**
In Erbschaftssachen ist das Heimatrecht des Erblassers zum Zeitpunkt seines Todes maßgebend.

Art 35
Die Gültigkeit eines Testaments und anderer Rechtsgeschäfte von Todes wegen ist nach dem Heimatrecht des Erblassers im Zeitpunkt der Vornahme dieser Geschäfte zu beurteilen. Es genügt jedoch die Beobachtung der Form, die nach dem Recht des Staates vorgeschrieben ist, in dem das Geschäft vorgenommen wird.

Das polnische Erbkollisionsrecht beruht also auf dem Grundsatz der Nachlaßeinheit **532**
und folgt dem Staatsangehörigkeitsprinzip (Art 34). Bis zur Novellierung des polnischen Zivilgesetzbuches im Juli 1990 wurden allerdings in Polen belegene landwirtschaftliche Betriebe auch dann nach polnischem Recht (und zwar nach den dafür bestehenden materiellen Sondervorschriften) vererbt, wenn sie einem ausländischen Erblasser gehörten (Oberster Gerichtshof v 28. 5. 1969, zit bei DYBOWSKI/RAJSKI Nr 48). Ob diese Anknüpfung auch heute noch maßgibt, nachdem durch die erwähnte Novelle die Erbfolge in landwirtschaftliche Betriebe der Erbfolge in das übrige Vermögen angeglichen worden ist (vgl GLATZ ROW 1993, 53), läßt sich derzeit (1. 7. 1994) nicht mit Sicherheit sagen.

Polen, die gleichzeitig auch noch eine ausländische Staatsangehörigkeit besitzen, **533**
werden polnischem Recht unterworfen (Art 2 § 1). Für rein ausländische Doppelstaater gelangt das Recht zur Anwendung, mit dem der Betreffende am engsten

verbunden ist (Art 2 § 2). Ist die Staatsangehörigkeit einer Person nicht festzustellen oder ist die betreffende Person staatenlos, so kommt das Recht ihres Wohnsitzes zur Anwendung (Art 3). Bei Verweisung auf das Recht eines Mehrrechtsstaates entscheidet über die Unteranknüpfung das interne Recht dieses Staates (Art 5). Sind Anwendbarkeit oder Inhalt eines ausländischen Rechts nicht zu ermitteln, gilt polnisches Recht (Art 7). Die Vorschrift des Art 35 wird durch die Bestimmungen des Haager TestÜbk überlagert. Eine Rück- oder Weiterverweisung findet Beachtung (Art 4).

534 Das *materielle polnische Erbrecht* ist (für die nach dem 1.1.1965 eingetretenen Erbfälle) im 4. Buch des Zivilgesetzbuchs v 23.4.1964 enthalten (näher FERID/FIRSCHING/ GEILKE Texte S 95 ff). Erbverträge und gemeinschaftliche Testamente sind unzulässig (FERID/FIRSCHING/GEILKE Rn 63, 99).

535 Portugal

Schrifttum: CONOTILHO ua, IntEncCompl, Portugal; JAYME, Kollisionsnormen im neuen portugiesischen Staatsangehörigkeitsgesetz vom 3.10.1981, IPRax 1982, 166; ders, Zur Errichtung eines gemeinschaftlichen Testaments durch portugiesische Eheleute im Ausland, IPRax 1982, 210; ders, Nochmals: Zur Errichtung eines gemeinschaftlichen Testaments durch portugiesische Eheleute im Ausland, IPRax 1983, 308; LISBONNE, JClDrComp, Portugal; NEUHAUS/RAU, Das Internationale Privatrecht im neuen portugiesischen Zivilgesetzbuch, RabelsZ 1968, 500; RAU, Letztwillige Verfügungen portugiesischer Staatsangehöriger in Deutschland, ZVglRW 1981, 241.

Gutachen: IPG 1970 Nr 17 (München); Deutsches Notarinstitut, Gutachten zum internationalen und ausländischen Privatrecht 1993 (1995) 228.

536 Portugal ist seit dem 21.7.1982 Vertragspartei des Baseler Europäischen Übereinkommens über die Einrichtung einer Organisation zur Registrierung von Testamenten v 16.5.1972 (vgl Vorbem 142 ff zu Art 25 f) und seit dem 9.2.1978 Partner des Washingtoner UN-Übereinkommens über ein einheitliches Recht der Form eines internationalen Testaments v 26.10.1973 (vgl Vorbem 136 ff zu Art 25 f). Es hat ferner das Haager Übk über die internationale Verwaltung von Nachlässen v 2.10.1973 ratifiziert (vgl Vorbem 121 ff zu Art 25 f). Bilaterale staatsvertragliche Regelungen auf dem Gebiet des Erbrechts zwischen der Bundesrepublik Deutschland und Portugal bestehen nicht.

537 Das portugiesische Kollisionsrecht findet sich in den Art 14–65 des am 1.6.1967 in Kraft getretenen Código civil. Die erbrechtlichen Bestimmungen lauten (in der Übersetzung von MAKAROV[3] 197 ff, vgl auch den Text bei NEUHAUS/RAU RabelsZ 1968, 513 ff):

538 **Art 62 Zuständiges Gesetz**
Die Erbfolge wird durch das Personalstatut des Erblassers zur Zeit seines Todes geregelt, wobei dieses auch zuständig ist, die Befugnisse des Erbschaftsverwalters und des Testamentsvollstreckers zu bestimmen.

Art 63 Verfügungsfähigkeit
1. Die Fähigkeit, eine Verfügung von Todes wegen zu errichten, zu ändern oder zu widerrufen, sowie

die Erfordernisse einer besonderen Form der Verfügungen infolge des Alters des Verfügenden werden durch das Personalstatut des Erblassers zur Zeit der Erklärung geregelt.

2. Wer ein neues Personalstatut erwirbt, nachdem er eine Verfügung errichtet hat, behält die zum Widerruf der Verfügung notwendige Fähigkeit gemäß dem früheren Personalstatut.

Art 64 Auslegung der Verfügungen; Fehlen und Mängel des Willens
Das Personalstatut des Erblassers zur Zeit seiner Erklärung regelt:
a) die Auslegung der einzelnen Klauseln und Verfügungen, es sei denn, es liege eine ausdrückliche oder stillschweigende Bezugnahme auf ein anderes Gesetz vor;
b) das Fehlen und die Mängel des Willens;
c) die Zulässigkeit gemeinschaftlicher Testamente oder von Erbverträgen, hinsichtlich der letzteren unbeschadet des Art 53.

Art 65 Form
1. Die Verfügungen von Todes wegen sowie ihr Widerruf oder ihre Änderung sind hinsichtlich der Form gültig, wenn sie den Vorschriften des Gesetzes desjenigen Ortes entsprechen, an welchem die Rechtshandlung vorgenommen wurde, oder den Vorschriften des Personalstatuts des Erblassers, sei es im Zeitpunkt der Erklärung oder im Zeitpunkt des Todes, oder auch den Vorschriften des Gesetzes, auf welches die Konfliktsnorm des Ortsrechts verweist.

2. Wenn indessen das Personalstatut des Erblassers im Zeitpunkt der Erklärung bei Strafe der Nichtigkeit oder Unwirksamkeit die Beachtung einer bestimmten Form auch für den Fall fordert, daß die Rechtshandlung im Ausland vorgenommen wird, so wird das Erfordernis beachtet.

Art 2223 Im Ausland von einem Portugiesen errichtetes Testament
Das von einem portugiesischen Staatsangehörigen im Ausland unter Beachtung des zuständigen ausländischen Gesetzes errichtete Testament erzeugt in Portugal nur dann Wirkungen, wenn eine feierliche Form bei seiner Errichtung oder Genehmigung beachtet worden ist.

539 Portugal folgt demnach dem Prinzip der Nachlaßeinheit und knüpft das Erbstatut an die Staatsangehörigkeit des Erblassers zum Zeitpunkt seines Todes (Art 62 Cc). Die Testierfähigkeit richtet sich nach dem Heimatrecht des Testators zum Zeitpunkt der Errichtung bzw des Widerrufs einer Verfügung von Todes wegen (Art 63 Abs 1 Cc); das gleiche gilt für die Zulässigkeit und Auslegung einer Verfügung von Todes wegen sowie für die Wirksamkeit des Errichtungsaktes (Art 64 Cc). Doppelstaater werden nach dem Recht des Landes beurteilt, in welchem sie ihren gewöhnlichen Aufenthalt, hilfsweise, zu welchem sie eine engere Bindung haben; für Doppelstaater mit portugiesischer Staatsangehörigkeit gilt portugiesisches Recht (Art 27 u 28 des Staatsangehörigkeitsgesetzes v 3. 10. 1981, dazu JAYME IPRax 1982, 166).

540 Die Formgültigkeit einer Verfügung von Todes wegen wird alternativ nach dem Recht des Errichtungsortes, dem Heimatrecht des Erblassers zum Zeitpunkt der Errichtung bzw des Todes sowie nach dem Recht des Staates beurteilt, auf welches die Kollisionsnormen des Rechts des Errichtungsortes weiterverweisen (Art 65 Abs 1 Cc). Eine Einschränkung dieses Grundsatzes ergibt sich aus Art 65 Abs 2 iVm Art 2223 Cc für die im Ausland errichteten Testamente portugiesischer Staatsangehöriger: Ein solches Testament äußert in Portugal nicht bereits Wirkungen, wenn jede beliebige Form des Ortsrechts, sondern erst dann, wenn eine „feierliche Form" (forma solene) eingehalten worden ist.

541 Die portugiesischen Kollisionsnormen sprechen zwar grundsätzlich Sachnormverweisungen aus (Art 16 Cc). Eine Rückverweisung auf portugiesisches Recht wird aber im Regelfall beachtet (Art 18 Abs 1 Cc), im Bereich des Personalstatuts – zu dem gemäß Art 25 Cc auch die Fragen der Erbfolge gehören – jedoch nur dann, wenn der Betreffende (dh also der Eblasser) seinen gewöhnlichen Aufenthalt in Portugal hat bzw hatte oder wenn das Recht seines Aufenthaltslandes ebenfalls auf portugiesisches Recht verweist (Art 18 Cc). Die Weiterverweisung hat eine ausführliche Regelung in Art 17 Cc erfahren. Bei Verweisungen auf einen Mehrrechtsstaat bestimmt über die Unteranknüpfung in erster Linie das interne Recht dieses Staates, hilfsweise das IPR dieses Staates; läßt sich auf diese Weise keine Unteranknüpfung herbeiführen, wird als Personalstatut einer Person das Recht ihres gewöhnlichen Aufenthaltes angesehen (Art 20 Cc).

542 Das *materielle portugiesische Erbrecht* findet sich im Código civil aus dem Jahre 1966 (dazu LISBONNE Nr 179 ff). Eigenhändige Testamente sind unbekannt. Gemeinschaftliche Testamente sind nicht zugelassen; diese Regelung wird internationalprivatrechtlich nicht als Formvorschrift, sondern als materielles Verbot qualifiziert (zu den Konsequenzen näher JAYME IPRax 1983, 309).

543 Ruanda

Schrifttum: RUHASHYABKIKO, IntEncCompL, National Reports, Rwanda.

Gutachten: IPG 1980/81 Nr 41 (Berlin).

544 Staatsvertragliche Regelungen auf dem Gebiet des Erbrechts zwischen der Bundesrepublik Deutschland und Ruanda bestehen nicht. Nach dem Internationalen Erbrecht von Ruanda richtet sich sowohl die gesetzliche als auch die testamentarische Erbfolge nach dem Heimatrecht des Erblassers zum Zeitpunkt seines Todes (IPG 1980/81 Nr 41 [Berlin] 356 mwN).

545 Für die Formanknüpfung bestimmt Art 13 der Einleitungsbestimmungen zum Zivilgesetzbuch v 27. 10. 1988 (in der Übersetzung von RIERING, in: KROPHOLLER/KRÜGER/RIERING/SAMTLEBEN/SIEHR 727):

546 Art 13
Letztwillige Verfügungen von Ausländern unterstehen hinsichtlich ihrer Form dem Recht am Errichtungsort und hinsichtlich ihres Inhaltes und ihren Wirkungen dem nationalen Recht des Erblassers.

Ein Ausländer, der eine letztwillige Verfügung in Ruanda errichtet, hat jedoch die Möglichkeit, sich der von seinem nationalen Recht vorgesehenen Formen zu bedienen.

547 Das *materielle Erbrecht Ruandas* ist nicht im Code civil congolais geregelt, der während der belgischen Mandatszeit (bis 1962) in Ruanda eingeführt worden war, sondern ergibt sich aus dem überlieferten Gewohnheitsrecht (droit coutumier, näher IPG 1980/81 Nr 41 [Berlin] 357).

Rumänien 548

Rechtsprechung: BayObLGZ 1974, 460; 1996, 165; OLG Hamm NJW 1977, 1591 (Anm REINARTZ); AG Braunschweig, IPRspr 1956/57 Nr 147.

Schrifttum: BĂCANU/CĂPĂTINĂ/ZILBERSTEIN, Das Internationale Privatrecht von 1992, JOR 1993, 185; CĂPĂTINĂ, JClDrComp, Roumanie; ders, Das neue rumänische Internationale Privatrecht, RabelsZ 1994, 465; ders, La réforme du droit international privé roumain, Rev cr dr i pr 1994, 167; FERID/FIRSCHING/MUNTEANU/LEONHARDT, Internationales Erbrecht, Bd V: Rumänien; IONASCO, IntEncCompL, National Reports, Rumania; LEONHARDT, Das neue Internationale Privatrecht Rumäniens, IPRax 1994, 156; MUNTEANU, Spannungen bei der Anwendung rumänischen Erbrechts durch deutsche Nachlaßgerichte (1982); TONTSCH, Die Rechtsstellung des Ausländers in Rumänien (1975).

Gutachten: IPG 1965/66 Nr 47 (Hamburg); 1975 Nr 38 (Köln); 1976 Nr 28 (Göttingen) 1997 Nr 35 (Passau); PFAFF/WAEHLER, Gutachten zum Familien- und Erbrecht der Flüchtlinge und Umsiedler (1972) Nr 44–50.

Staatsvertragliche Regelungen auf dem Gebiet des Erbrechts zwischen der Bundes- **549** republik Deutschland und Rumänien bestehen nicht. Mit der früheren DDR hatte Rumänien einen Rechtshilfevertrag v 19. 3. 1982 (GBl DDR 1982 II 106) geschlossen, der auch erbrechtliche Kollisionsnormen enthielt (näher Art 25 Rn 606). Inzwischen hat die Regierung der Bundesrepublik nach Durchführung der in Art 12 Abs 2 EV vorgesehenen Konsultationen ausdrücklich festgestellt, daß dieser Vertrag mit der Herstellung der deutschen Einheit am 3. 10. 1990 erloschen ist (BGBl 1990 II 885, vgl Art 25 Rn 614).

Das rumänische IPR ist durch Gesetz Nr 105 vom 22. 9. 1992 über die „Regelung der **550** Verhältnisse des internationalen Privatrechts" zum ersten Mal kodifiziert worden. Im Internationalen Erbrecht gilt – ebenso wie bereits in dem bis zur Kodifizierung maßgebenden Gewohnheitsrecht – der Grundsatz der Nachlaßspaltung. Die einschlägigen Bestimmungen lauten (in der Übersetzung von TONTSCH RabelsZ 1994, 534 ff; vgl auch LEONHARDT IPRax 1994, 158; BACANU/CAPATINA/ZILBERSTEIN JOR 1993, 207).

Art 66 551
Die Erbfolge unterliegt:
a) hinsichtlich der beweglichen Sachen, ungeachtet wo sie sich befinden, dem Heimatrecht des Erblassers im Zeitpunkt seines Todes;
b) hinsichtlich der unbeweglichen Sachen und des Betriebsvermögens dem Recht des Lageortes.

Art 67
Das für das Erbrecht maßgebende Recht bestimmt insbesondere:
a) den Zeitpunkt der Eröffnung des Erbgangs;
b) die Personen, die zur Erbfolge berufen sind;
c) die Voraussetzungen für die Beerbung;

d) die Ausübung des Besitzes an den vom Erblasser hinterlassenen Sachen;

e) die Voraussetzungen und Wirkungen der Annahme bzw Ausschlagung der Erbschaft;

f) den Umfang der Haftung der Erben für die Nachlaßverbindlichkeiten;

g) die Rechte des Staates an erbenlosen Nachlässen.

Art 68

Der Testator kann die Übertragung seines Vermögens im Wege der Erbfolge einem anderen als dem in Art 66 bezeichneten Recht unterwerfen, ohne jedoch dessen zwingende Bestimmungen ausschließen zu können.

Das derart gewählte Recht ist auf die in Art 67 bezeichneten Umstände anwendbar.

Errichtung, Änderung oder Widerruf eines Testaments gelten als wirksam, wenn das Rechtsgeschäft die Formerfordernisse erfüllt, die entweder im Zeitpunkt der Errichtung, Änderung oder des Widerrufs oder im Zeitpunkt des Todes des Erblassers aufgrund eines der nachfolgend bezeichneten Rechte maßgebend sind:

a) des Heimatrechts des Erblassers;

b) des Rechts seines Wohnsitzes;

c) des Rechts an dem Orte, an dem das Rechtsgeschäft errichtet, geändert oder widerrufen worden ist;

d) des Rechts der Belegenheit einer Immobilie, die Gegenstand des Testaments ist;

e) des Rechts des Gerichts oder der Behörde, die das Verfahren der Übertragung der Nachlaßsachen durchführt.

552 Die gesetzliche wie testamentarische Erbfolge in unbewegliche Sachen sowie in Geschäftsvermögen beurteilt sich mithin nach der lex rei sitae; die Mobiliarerbfolge bestimmt sich nach dem Heimatrecht des Erblassers zum Zeitpunkt seines Todes. Der Erblasser kann nach Art 68 IPR-Gesetz durch Verfügung von Todes wegen ein anderes als das durch Art 66 berufene Recht wählen (vgl LEONHARDT IPRax 1994, 158). Die Reichweite des Erbstatuts wird von Art 67 umschrieben.

553 Bei Mehrstaatern entscheidet das Recht des Wohnsitzes, hilfsweise das des Aufenthalts. Besitzt eine Person neben einer ausländischen auch die rumänische Staatsangehörigkeit, so ist diese maßgebend (Art 12 Abs 2, 3 IPR-Gesetz, vgl LEONHARDT 157).

554 Gemäß Art 4 IPR-Gesetz findet eine Rückverweisung Beachtung; eine Weiterverweisung bleibt jedoch außer Betracht (LEONHARDT 157).

555 Das *materielle Erbrecht* Rumäniens ist im wesentlichen im Codul civil v 26. 11. 1864 geregelt (näher CAPATINA Nr 237 ff), der auf erbrechtlichem Gebiet verschiedene Änderungen erfahren hat (Einzelheiten bei STAUDINGER/FIRSCHING[12] Art 25 Rn 95; Text bei FERID/FIRSCHING/MUNTEANU Texte B). Gemäß Art 857, 886 Cc sind gemeinschaftliche und wechselbezügliche Testamente nichtig.

556 Der Codul civil, der vorher nur in den altrumänischen Gebietsteilen galt, wurde mit Wirkung v 15. 9. 1943 in ganz Rumänien, in dem damals noch unter ungarischer Verwaltung stehenden Nordsiebenbürgen jedoch erst durch Gesetz v 4. 4. 1945 eingeführt (IPG 1975 Nr 38 [Köln] 313 f). Zu den vor dem 15. 9. 1943 bestehenden Teilrechtsgebieten vgl die Übersichtskarte bei GEILKE WGO 1959, 96. Interlokal wurde seinerzeit an den letzten Wohnsitz des Erblassers angeknüpft (dazu IPG 1965/66 Nr 47 [Hamburg] 503).

Russische Föderation   557

Rechtsprechung: BayObLG IPRspr 1988 Nr 133; KG FamRZ 1966, 210 (Anm D MÜLLER); OLG Hamm OLGZ 1973, 388.

Schrifttum: BILINSKY, Über ein kontroverses Problem aus dem Bereich des sowjetischen internationalen Erbrechts, ROW 1982, 17; BOGDANOVA, L'État actuel de la législation russe en matière de droit international privé, Rev cr dr i pr 1997, 139; BOGUSLAWSKIJ, Das internationale Privatrecht in der UdSSR, RIW 1988, 161; ders, Ausarbeitung neuer Kollisionsnormen in der Sowjetunion und in den Mitgliedstaaten des GUS, IPRax 1992, 401; ders, Le droit international privé en Russie et dans les autres Etat membres de la CEI au seuil du XXIe siècle, Clunet 1999, 413; BOGULAWSKIJ/HÖFER, Neue Entwicklungen im russischen internationalen Privatrecht, IPRax 1998, 41; DOMINIQUE/DOMINIQUE, JClDrComp, Union des Républiques Socialistes Soviétiques, Fasc 2; FERID/FIRSCHING/BILINSKY, Internationales Erbrecht, Bd V: UdSSR (GUS); FOSTER-SIMONS, The Development of Inheritance Law in the Soviet Union and the People's Republic of China, AmJCompL 1985, 33; Institute of State and Law, IntEncCompL, National Reports, Union of Soviet Socialist Republics; MAJOROS, GUS-Rechtshilfekonvention, Osteuroparecht 1998, 1; MALIK, Inheritance Law in the Soviet Union and the People's Republic of China: An Unfriedly Comment, AmJCompL 1986, 137; PLANK, Das Testamentsrecht der UdSSR, ZfRvgl 1964, 164; WAEHLER, Zur Novellierung des sowjetischen Internationalen Privatrechts, WGO 1977, 97; WOHLGEMUTH, Die russische Erblasserin und ihre beiden Männer – IPR-Gutachten zum Ehe- und Erbrecht der RSFSR, ROW 1995, 89.

Gutachten: WENGLER, Gutachten zum internationalen und ausländischen Familien- und Erbrecht II (1971) Nr 68, 71; PFAFF/WAEHLER, Familien- und Erbrecht der Flüchtlinge und Umsiedler (1972) Nr 57–68; DIV-Gutachten DAVorm 1997, 614.

Die Russische Föderation ist der wichtigste Nachfolgestaat auf dem Territorium der **558** zum 1. 1. 1992 aufgelösten Union der Sozialistischen Sowjetrepubliken. Sie hat durch Note v 24. 12. 1991 die völkerrechtlichen Verträge der früheren UdSSR übernommen (vgl Bekanntmachung BGBl 1992 II 1016). Daher gilt auch der zwischen der Bundesrepublik und der UdSSR geschlossene Konsularvertrag v 25. 4. 1959 (BGBl 1959 II 469, dazu Vorbem 191 ff zu Art 25 f) im Verhältnis zwischen der Bundesrepublik und der Russischen Föderation fort. Dieser Vertrag enthält in seinem Art 28 Abs 3 eine erbrechtliche Kollisionsnorm, wonach „hinsichtlich der unbeweglichen Nachlaßgegenstände" die Rechtsvorschriften des Belegenheitsstaates Anwendung finden (näher Vorbem 194 zu Art 25 f). Diese Bestimmung geht gemäß Art 3 Abs 2 S 1 dem autonomen Kollisionsrecht vor. Die Rechtsnachfolge in den beweglichen Nachlaß wird dagegen von dem Konsularvertrag nicht geregelt; insoweit gelten die allgemeinen Vorschriften des jeweiligen nationalen IPR.

Mit der früheren DDR hatte die UdSSR zuletzt einen Rechtshilfevertrag v 19. 9. 1979 **559** (GBl DDR 1980 II 12) geschlossen, der auch erbrechtliche Kollisionsnormen enthielt (näher Art 25 Rn 608). Inzwischen hat die Regierung der Bundesrepublik nach Durchführung der in Art 12 Abs 2 EV vorgesehenen Konsultationen ausdrücklich festgestellt, daß dieser Vertrag mit der Herstellung der deutschen Einheit am 3.10.1990 erloschen ist (BGBl 1992 II 585 Nr 19, vgl Art 25 Rn 614).

560 Die Russische Föderation ist Mitglied der Gemeinschaft Unabhängiger Staaten (GUS) und hat am 4.8.1994 die Konvention der Gemeinschaft Unabhängiger Staaten über Rechtshilfe und die Beziehungen auf dem Gebiete des Zivil-, Familien- und Strafrechts ratifiziert (Bogdanova Rev cr dr i pr 1997, 141; vgl auch Majoros Osteuroparecht 1998, 19 f). Die Konvention enthält erbrechtliche Kollisionsnormen in ihren Art 44 ff, die im Verhältnis der GUS-Staaten untereinander Anwendung finden (Text in französischer Sprache bei Bogdanova aaO 155). Die Erbfolge in bewegliches Vermögen richtet sich nach dem Recht des letzten Erblasserwohnsitzes (Art 45 Abs 1), die Erbfolge in unbewegliches Vermögen nach der lex rei sitae (Art 45 Abs 2).

561 Das autonome russische Kollisionsrecht ist in den noch vom Obersten Sowjet am 31.5.1991 beschlossenen „Grundlagen der Zivilgesetzgebung" enthalten, die in der Russischen Föderation am 1.1.1992 (so Bogdanova Rev cr Dr i pr 1997, 141) oder 3.8.1992 (so Boguslawskij Clunet 1999, 417) in Kraft getreten sind. Die erbrechtliche Kollisionsnorm lautet (in der Übersetzung von Trunk IPRax 1992, 404):

562 **Art 169**

1. Die erbrechtlichen Beziehungen bestimmen sich nach dem Recht des Landes, in dem der Erblasser seinen letzten ständigen Wohnsitz hatte.

2. Die Fähigkeit einer Person zur Errichtung oder zum Widerruf einer Verfügung von Todes wegen sowie die Form der Verfügung von Todes wegen und des Widerrufsaktes bestimmen sich nach dem Recht des Landes, in dem der Errichtende seinen ständigen Wohnsitz zur Zeit der Vornahme des Aktes hatte. Jedoch sind die Verfügung von Todes wegen oder ihr Widerruf nicht als formunwirksam anzusehen, wenn die Form den Anforderungen des Rechts des Errichtungsortes oder den Anforderungen des sowjetischen Rechts genügt.

3. Die Erbfolge in Gebäude und anderes unbewegliches Vermögen in der UdSSR sowie in Rechte an diesem Vermögen bestimmt sich nach sowjetischem Recht. Nach dem gleichen Recht bestimmen sich die Fähigkeit einer Person zur Errichtung oder Aufhebung einer Verfügung von Todes wegen sowie deren Form, wenn über derartiges Vermögen oder über Rechte daran verfügt wird.

563 Maßgebend ist danach das Recht des letzten Erblasserwohnsitzes (Art 169 Abs 1). Für die Formgültigkeit der Testamente gilt alternativ Wohnsitzrecht, das Recht des Errichtungsortes oder russisches Recht (Art 169 Abs 2). Das in der Russischen Föderation belegene unbewegliche Vermögen vererbt sich in jedem Fall nach Belegenheitsrecht (Art 169 Abs 3).

564 Ähnliche Regelungen sieht ein Entwurf des Zivilkodex der Russischen Föderation vor (Teil III des Kodex, vgl Art 1223 ff, Art 1262, Text in IPRax 1998, 58), der die wesentlichen Materien des zukünftigen russischen Internationalen Privatrechts zusammenfassen soll (vgl Boguslawskij/Höfer IPRax 1998, 42 f).

565 Soweit innerhalb der Russischen Föderation interlokale Konflikte entstehen (vgl Boguslawskij IPRax 1992, 401), wird man – wie bisher – auf das Recht des Ortes abstellen, an welchem die Erbschaft eröffnet wurde. Als Ort des Erbfalls ist der

Ort anzusehen, an dem sich der letzte Wohnsitz des Erblassers, oder – falls dieser unbekannt ist – der Nachlaß oder dessen überwiegenden Teil befindet (FERID/FIRSCHING/BILINSKY Grdz Rn 47).

Das *materielle Erbrecht* der Russischen Föderation ist derzeit (1. 1. 2000) noch eben- **566** falls in dem russischen Zivilgesetzbuch aus dem Jahre 1964 enthalten, das auch im Bereich des materiellen Erbrechts lediglich die „Grundlagen des Zivilrechts der UdSSR und der Unionsrepubliken" v 8. 12. 1961 umsetzt (Text des russischen ZGB: FERID/FIRSCHING/BILINSKY Texte B Nr 7; vgl auch DOMINIQUE/DOMINIQUE Nr 5 ff).

Sambia   567

Schrifttum: HIMONGA, Family and succession law in Zambia (1995); RUBIN, IntEncCompL, National Reports, Zambia.

Das Kollisionsrecht von Sambia beruht auf den Grundsätzen des Common Law (vgl **568** Rn 200 ff). Die gesetzliche Beerbung von Personen mit letztem domicile in Sambia, die grundsätzlich Stammesrecht unterliegen würden, richtet sich nach dem Intestate Succession Act 1989 (näher RabelsZ 1990, 747 mwN). Die testamentarische Erbfolge ist im Wills and Administration of Testate Estate Act 1989 geregelt. Eine kollisionsrechtliche Regelung enthält Art 7 dieses Gesetzes. Danach richtet sich die Frage der Formgültigkeit eines Testaments alternativ nach dem Recht des Errichtungsortes, dem Recht des letzten domicile, des letzten gewöhnlichen Aufenthalts sowie dem Heimatrecht des Erblassers zum Zeitpunkt seines Todes (näher RabelsZ 1990, 748).

San Marino   569

Schrifttum: REINKENHOF, Die Anwendung von ius commune in der Republik San Marino (1997)

Die sanmarinesische Rechtsprechung praktiziert den Grundsatz der Nachlaßspal- **570** tung. Unbewegliche Güter werden nach der lex rei sitae vererbt, bewegliche nach dem Heimatrecht des Erblassers (REINKENHOF 124 f).

Das materielle Erbrecht geht auf die Grundsätze des Gemeinen Rechts zurück; **571** Einzelfragen sind gesetzlich geregelt (REINKENHOF 127 ff), so zB die gesetzliche Erbfolge von Ehegatten und Kindern im Gesetz Nr 48 über die Reform des Familienrechts v 26. 4. 1986 (Art 136 ff).

Schweden   572

Rechtsprechung: KG OLGZ 1985, 280 = IPRax 1986, 41 (dazu FIRSCHING 25); vgl auch öOGH IPRax 1986, 43.

Schrifttum: BECKMANN, Das internationale Privat- und Prozeßrecht in der schwedischen Rechtsprechung und Literatur, RabelsZ 1960, 496; BOGDAN, Ein neues schwedisches IPR-Gesetz zum Ehegüterrecht, IPRax 1991, 70; FERID/FIRSCHING/CARSTEN, Internationales Erbrecht, Bd V: Schweden;

JOHANSSON, Zur Frage der Erteilung von gegenständlich beschränkten Erbscheinen für in Deutschland gelegene Nachlaßgegenstände schwedischer Erblasser, SchlHA 1960, 332; KORKISCH, Einführung in das Privatrecht der nordischen Länder, Bd I (1977); LINDEN, JClDrComp, Suède; MALMSTRÖM, IntEncCompL, National Reports, Sweden; ders, Die Form des Testaments nach schwedischem Recht, ZfRvgl 1965, 202.

Gutachten: IPG 1965/66 Nr 57 (Kiel); 1969 Nr 15 (Hamburg); 1970 Nr 31 (Kiel); 1972 Nr 15 (Kiel); 1973 Nr 32 (Hamburg); 1977 Nr 30 (Köln); IPG 1982 Nr 33 (Hamburg); 1983 Nr 37 (Hamburg); 1983 Nr 38 (Berlin); 1987/88 Nr 47 (Berlin); WENGLER, Gutachten zum internationalen und ausländischen Familien- und Erbrecht II (1971) Nr 111.

573 Schweden ist seit dem 7. 9. 1976 Vertragspartner des Haager TestÜbk (BGBl 1976 II 1718, vgl dazu Vorbem 31 ff zu Art 25 f). Zwischen Schweden, Dänemark, Finnland, Island und Norwegen besteht ein Abkommen über Erbschafts- und Nachlaßteilung v 19. 11. 1934 (in Kraft seit 1. 1. 1936), dessen Kollisionsnormen allerdings nur im Verhältnis der Vertragspartner untereinander gelten (Wortlaut: MAKAROV II² Nr 294). Bilaterale staatsvertragliche Regelungen auf dem Gebiet des Erbrechts zwischen der Bundesrepublik Deutschland und Schweden bestehen nicht.

574 Das schwedische Erbkollisionsrecht ist in einem am 1. 7. 1937 in Kraft getretenen Gesetz v 5. 3. 1937 betreffend internationale Verhältnisse in Nachlaßsachen enthalten (vollständiger Text bei FERID/FIRSCHING/CARSTEN Texte Nr 4).

575 **1. Kapitel**

§ 1

(1) Die Erbfolge nach einem schwedischen Staatsangehörigen unterliegt dem schwedischen Recht, auch wenn er keinen Wohnsitz im Inland hat. Die Erbfolge nach einem Ausländer unterliegt seinem Heimatrecht.

(2) Das Recht, das die Erbfolge regelt, befindet auch über den Anspruch eines gesetzlichen Erben darauf, aus dem Nachlaß über seinen Erbanteil hinaus Unterhalt zu erhalten.

§ 2

Bestehen für die Erbfolge in bestimmte Arten von Grundstücken und deren Zubehör nach dem Recht der belegenen Sache besondere Bestimmungen, so finden diese Anwendung.

576 Das schwedische Kollisionsrecht folgt damit dem Prinzip der Nachlaßeinheit und knüpft an die Staatsangehörigkeit des Erblassers an. Die Bestimmung des § 2 entspricht dem deutschen Art 3 Abs 3. Die §§ 3–10 des 1. Kapitels befassen sich mit der testamentarischen Erbfolge. Die Fähigkeit zur Errichtung oder zum Widerruf eines Testaments richtet sich nach dem Heimatrecht des Erblassers z Zt der Vornahme der Rechtshandlung; nach diesem Recht ist auch bei einem Statutenwechsel das Recht zum Widerruf zu beurteilen (§ 3). Das Heimatrecht zum Zeitpunkt der Errichtung oder eines Widerrufs ist auch maßgebend für die Frage, ob das Testament im Hinblick auf den Geisteszustand des Testators oder wegen etwaiger Willensmängel nichtig ist (§ 6). Die Formgültigkeit eines Testaments richtet sich nach den Bestimmungen des Haager TestÜbk. Die inhaltliche Wirksamkeit einer testamentarischen Bestimmung (§ 5) sowie die Frage der Verwirkung eines testamentarischen Erbrechts (§ 10) unterliegt dagegen dem Heimatrecht des Erblassers zum Zeitpunkt seines Todes. Für die Frage der Erbfähigkeit ist das Heimatrecht des Erben bzw Vermächtnisnehmers maßgebend (Art 9). Die Bindungswirkung eines Erbvertrages oder einer Schenkung von Todes wegen unterfällt dem Heimatrecht des Erblassers zum Zeitpunkt des Vertragsschlusses (§ 7). Die §§ 1–17 des 2. Kapitels beziehen sich auf die Nachlaßregelung und Erbteilung. Das schwedische Kollisionsrecht spricht Sachnormverweisungen aus (Bogdan IPRax 1991, 70).

Eine Kodifizierung des *materiellen schwedischen Erbrechts* findet sich im Erbgesetz **577** Nr 637 v 12. 2. 1958 (Wortlaut: Ferid/Firsching/Carsten Texte Nr 1; vgl auch Linden Nr 109 ff). Hinterläßt ein Ausländer Vermögenswerte in Schweden, die nach seinem Heimatrecht an einen ausländischen Staat, eine Gemeinde oder eine öffentliche Einrichtung fallen würden, so stehen diese Nachlaßgegenstände dem schwedischen Erbschaftsfond zu (Art 11 des G v 5. 7. 1937). Zur Behandlung erbenloser Nachlässe schwedischer Staatsangehöriger vgl KG OLGZ 1985, 280; öOGH IPRax 1986, 43; zu beiden Firsching IPRax 1986, 25; ferner Art 25 Rn 192 ff.

Schweiz   578

Rechtsprechung: BayObLG NJW-RR 1990, 906; NJW-RR 1991, 1098. Umfangreiche Nachweise der Rechtsprechung in deutsch-schweizerischen Erbfällen bis zum Inkrafttreten des schweizerischen IPR-Gesetzes bei Staudinger/Firsching[12] Art 25 Rn 97.

Schrifttum: Breitschmied, Trust und Nachlassplanung, in: FS Heini (1995) 49; Bucher, Jurisprudence suisse en matière de droit international privé de personnes, de la famille et des successions, SZIER 1996, 191; Bünten, Grundzüge des schweizerischen Ehe- und Erbrechts unter Einschluß des Internationalen Privatrechts, MittRheinNotK 1984, 1; Ebenroth Rn 1331; Ferid/Firsching/S Lorenz, Internationales Erbrecht, Bd V: Schweiz; Flick/Piltz Rn 836 ff; Guinand/Schweizer, JClDrComp, Suisse (Fasc 3 u 4); Haas, Nachlaßgestaltung durch Ehe- und Erbvertrag im Schweizer Recht, ZEV 1994, 83; Heini, Die Bedeutung des Grundsatzes der Nachlasseinheit für die internationale Zuständigkeit in Nachlaßsachen, in: FS Walter (1994) 335; ders, Der Grundsatz der Nachlaßeinheit und das neue internationale Erbrecht der Schweiz, in: FS Hegnauer (1986) 187; Heini ua (Hrsg), IPRG Kommentar (1993); Kaufhold, Zur Anerkennung ausländischer öffentlicher Testamente und Erbnachweise im Grundbuchverfahren, ZEV 1997, 399; Kopp, Das neue Bundesgesetz über das Internationale Privatrecht, SchwJBIntR 1988, 105; Kropholler, Gemeinschaftliche Testamente von Schweizern in Deutschland, DNotZ 1967, 734; Krzywon, Die erbrechtlichen Bestimmungen des schweizerischen Bundesgesetzes über das internationale Privatrecht aus deutscher Sicht, BWNotZ 1989, 153; Kuhn, Der Renvoi im internationalen Erbrecht der Schweiz (1998); S Lorenz, Disharmonie im deutsch-schweizerischen internationalen Erbrecht – Koordinierungsmittel für die notarielle Praxis, DNotZ 1993, 148; Neuhaus, Der Schweizer IPR-Entwurf – ein internationales Modell?, RabelsZ 1979, 277; vOverbeck, Der schweizerische Gesetzentwurf v 11. Juli 1979 über die Wirkungen der Ehe im allgemeinen, das Ehegüterrecht und das Erbrecht, ZfRvgl 1981, 126; ders, Der schweizerische Regierungsentwurf eines Bundesgesetzes über das internationale Privatrecht, IPRax 1983, 49; ders, Das neue schweizerische Bundesgesetz über das Internationale Privatrecht, IPRax 1988, 329; Popcar, Les régimes matrimoniaux et Successions dans le projet suisse de codification du droit international privé, SchwJBIntR 1979, 57; Samuel, The New Swiss Private International Law Act, IntCompLQ 1988, 681; Schneider, Die Nachlaßabwicklung deutsch-schweizerischer Erbfälle in Deutschland und der Schweiz (Diss Regensburg 1996); Schnitzer, Gegenentwurf für ein schweizerisches IPR-Gesetz, SchwJZ 1988, 309; Schnyder, Das neue IPR-Gesetz (2. Auflage 1990); Schweizerisches Institut für Rechtsvergleichung Zürich (Hrsg), Lausanner Kolloquium über den deutschen und den schweizerischen Gesetzentwurf zur Neuregelung des Internationalen Privatrechts v 14.–15. 10. 1983 (1984); SIEHR, Zum Entwurf eines schweizerischen Bundesgesetzes über das internationale Privatrecht, RIW/AWD 1979, 729; ders, Entwurf des Schweizerischen Bundesrats zu einem IPR-Gesetz, RabelsZ 1983, 342; SOMM, Die Erbschaftsklage des Schweizerischen Zivilgesetzbuches (1995); STURM, Zur Reform des internationalen Familien- und Erbrechts in der Schweiz und in der Bundesrepublik Deutschland, FamRZ 1984, 744; TAUPITZ, Deutscher Fremdrechtserbschein und schweizerisches Pflichtteilsrecht, IPRax 1988, 207; ZANKL, Die Anrechnung im deutschen, schweizerischen und israelischen Erbrecht vor dem Hintergrund österreichischer Reformüberlegungen, ZfRvgl 1999, 13.

Gutachten: IPG 1965/66 Nr 57 (Kiel); 1967/68 Nr 70 (München); 1969 Nr 38 (Hamburg); 1974 Nr 32 (Freiburg); 1983 Nr 35 (Köln); 1984 Nr 41 (Passau); DIV-Gutachten ZfJ 1988, 203; ZfJ 1989, 426; Deutsches Notarinstitut, Gutachten zum internationalen und ausländischen Privatrecht 1993 (1995) 233, 280.

579 Die Schweiz ist dem Haager TestÜbk (Vorbem 31 ff zu Art 25 f) mit Wirkung vom 17. 10. 1971 (BGBl 1971 II 1149) beigetreten und hat dabei von dem in Art 10 des Übereinkommens vorgesehenen Vorbehalt (vgl Vorbem 107 zu Art 25 f) Gebrauch gemacht. Weitere im Verhältnis zur Bundesrepublik wirksame Staatsverträge auf dem Gebiet des Erbrechts bestehen nicht. Der Staatsvertrag zwischen dem Großherzogtum Baden und der Schweizerischen Eidgenossenschaft bezüglich der gegenseitigen Bedingungen der Freizügigkeit und weiterer nachbarlicher Verhältnisse vom 6. 12. 1856, der in Art 6 eine erbrechtliche Kollisionsnorm enthielt, ist durch Notenwechsel zwischen der Botschaft der Bundesrepublik Deutschland und dem eidgenössischen politischen Departement vom 7. 11. 1978 gekündigt worden und mit Ablauf des 28. 2. 1979 außer Kraft getreten (GBl BW 1979, 76 f, vgl Vorbem 23 zu Art 25 f). Die Schweiz hat das Haager Erbrechtsübereinkommen (Vorbem 111 ff zu Art 25 f) gezeichnet.

580 Das autonome schweizerische Kollisionsrecht ist in dem am 1. 1. 1989 in Kraft getretenen Bundesgesetz über das Internationale Privatrecht (IPRG) vom 18. 12. 1987 geregelt. Das Gesetz enthält eine Gesamtkodifikation des schweizerischen IPR, in die auch Verfahrensvorschriften sowie Regeln über die Anerkennung ausländischer Entscheidungen Eingang gefunden haben. Es löst das außer Kraft getretene Bundesgesetz betreffend die zivilrechtlichen Verhältnisse der Niedergelassenen und Aufenthalter vom 25. 6. 1891 (NAG) ab, das sich in erster Linie mit der Regelung interkantonaler Rechtsanwendungsfragen befaßte, auf Sachverhalte mit Auslandsberührung allerdings analoge Anwendung fand. Das Erbkollisionsrecht ist im 6. Kapitel des IPRG in den Art 86–96 geregelt. Bei der Auslegung dieser Vorschriften sind der deutsche, der französische und der italienische Wortlaut gleichberechtigt nebeneinander zu berücksichtigen (vOVERBECK IPRax 1988, 329). Die Vorschriften haben in der deutschen Fassung folgenden Wortlaut:

581 **Art 86**

I. Zuständigkeit 1. Grundsatz

Für das Nachlaßverfahren und die erbrechtlichen Streitigkeiten sind die schweizerischen Gerichte oder Behörden am letzten Wohnsitz des Erblassers zuständig.

Vorbehalten ist die Zuständigkeit des Staates, der für Grundstücke auf seinem Gebiet die ausschließliche Zuständigkeit vorsieht.

Art 87

2. Heimatzuständigkeit

War der Erblasser Schweizer Bürger mit letztem Wohnsitz im Ausland, so sind die schweizerischen Gerichte oder Behörden am Heimatort zuständig, soweit sich die ausländische Behörde mit seinem Nachlaß nicht befaßt.

Sie sind stets zuständig, wenn ein Schweizer Bürger mit letztem Wohnsitz im Ausland sein in der Schweiz gelegenes Vermögen oder seinen gesamten Nachlaß durch letztwillige Verfügung oder Erbvertrag der schweizerischen Zuständigkeit oder dem schweizerischen Recht unterstellt hat. Artikel 86 Absatz 2 ist vorbehalten.

Art 88

3. Zuständigkeit am Ort der gelegenen Sache

War der Erblasser Ausländer mit letztem Wohnsitz im Ausland, so sind die schweizerischen Gerichte oder Behörden am Ort der gelegenen Sache für den in der Schweiz gelegenen Nachlaß zuständig, soweit sich die ausländischen Behörden damit nicht befassen.

Befindet sich Vermögen an mehreren Orten, so sind die zuerst angerufenen schweizerischen Gerichte oder Behörden zuständig.

Art 89

4. Sichernde Maßnahmen

Hinterläßt der Erblasser mit letztem Wohnsitz im Ausland Vermögen in der Schweiz, so ordnen die schweizerischen Behörden am Ort der gelegenen Sache die zum einstweiligen Schutz der Vermögenswerte notwendigen Maßnahmen an.

Art 90

II. Anwendbares Recht 1. Letzter Wohnsitz in der Schweiz

Der Nachlaß einer Person mit letztem Wohnsitz in der Schweiz untersteht schweizerischem Recht.

Ein Ausländer kann jedoch durch letztwillige Verfügung oder Erbvertrag den Nachlaß einem seiner Heimatrechte unterstellen. Diese Unterstellung fällt dahin, wenn er im Zeitpunkt des Todes diesem Staat nicht mehr angehört hat oder wenn er Schweizer Bürger geworden ist.

Art 91

2. Letzter Wohnsitz im Ausland

Der Nachlaß einer Person mit letztem Wohnsitz im Ausland untersteht dem Recht, auf welches das Kollisionsrecht des Wohnsitzstaates verweist.

Soweit nach Artikel 87 die schweizerischen Gerichte oder Behörden am Heimatort zuständig sind, untersteht der Nachlaß eines Schweizers mit letztem Wohnsitz im Ausland schweizerischem Recht, es sei denn, der Erblasser habe in der letztwilligen Verfügung oder im Erbvertrag ausdrücklich das Recht an seinem letzten Wohnsitz vorbehalten.

Art 92

3. Umfang des Erbstatuts und Nachlaßabwicklung

Das auf den Nachlaß anwendbare Recht bestimmt, was zum Nachlaß gehört, wer in welchem Umfang daran berechtigt ist, wer die Schulden des Nachlasses trägt, welche Rechtsbehelfe und Maßnahmen zulässig sind und unter welchen Voraussetzungen sie angerufen werden können.

Die Durchführung der einzelnen Maßnahmen richtet sich nach dem Recht am Ort der zuständigen Behörde. Diesem Recht unterstehen namentlich die sichernden Maßnahmen und die Nachlaßabwicklung mit Einschluß der Willensvollstreckung.

Art 93

4. Form

Für die Form der letztwilligen Verfügung gilt das Haager Übereinkommen vom 5. Oktober 1961 über das auf die Form letztwilliger Verfügungen anwendbare Recht.

Dieses Übereinkommen gilt sinngemäß auch für die Form anderer Verfügungen von Todes wegen.

Art 94

5. Verfügungsfähigkeit

Eine Person kann von Todes wegen verfügen, wenn sie im Zeitpunkt der Verfügung nach dem Recht am Wohnsitz oder am gewöhnlichen Aufenthalt oder nach dem Recht eines ihrer Heimatstaaten verfügungsfähig ist.

Art 95

6. Erbverträge und gegenseitige Verfügungen von Todes wegen

Der Erbvertrag untersteht dem Recht am Wohnsitz des Erblassers zur Zeit des Vertragsabschlusses.

Unterstellt ein Erblasser im Vertrag den ganzen Nachlaß seinem Heimatrecht, so tritt dieses an die Stelle des Wohnsitzrechts.

Gegenseitige Verfügungen von Todes wegen müssen dem Wohnsitzrecht jedes Verfügenden oder dem von ihnen gewählten gemeinsamen Heimatrecht entsprechen.

Vorbehalten bleiben die Bestimmungen dieses Gesetzes über die Form und die Verfügungsfähigkeit (Art. 93 und 94).

Art 96

III. Ausländische Entscheidungen, Maßnahmen, Urkunden und Rechte

Ausländische Entscheidungen, Maßnahmen und Urkunden, die den Nachlaß betreffen, sowie Rechte aus einem im Ausland eröffneten Nachlaß werden in der Schweiz anerkannt:
a) wenn sie im Staat des letzten Wohnsitzes des Erblassers oder im Staat, dessen Recht er gewählt

hat, getroffen, ausgestellt oder festgestellt worden sind oder wenn sie in einem dieser Staaten anerkannt werden, oder

b) wenn sie Grundstücke betreffen und in dem Staat, in dem sie liegen, getroffen, ausgestellt oder festgestellt worden sind oder wenn sie dort anerkannt werden.

Beansprucht ein Staat für die in seinem Gebiet liegenden Grundstücke des Erblassers die ausschließliche Zuständigkeit, so werden nur dessen Entscheidungen, Maßnahmen und Urkunden anerkannt.

Sichernde Maßnahmen des Staates, in dem Vermögen des Erblassers liegt, werden in der Schweiz anerkannt.

Das Erbkollisionsrecht ist (wie auch die anderen Kapitel des IPRG) in drei **582** Abschnitte gegliedert: Art 86–89 regeln die internationale Zuständigkeit, Art 90–95 das anwendbare Recht und Art 96 schließlich die Anerkennung ausländischer Entscheidungen. Bei der Bestimmung des anwendbaren Rechts folgt das neue schweizerische IPR dem Wohnsitzprinzip: Unterschieden wird danach, ob der Erblasser seinen Wohnsitz in der Schweiz oder im Ausland gehabt hat. Der Wohnsitzbegriff bestimmt sich, anders als noch unter der Herrschaft des NAG, nicht mehr nach dem ZGB, sondern ist (ebenso wie der Begriff des gewöhnlichen Aufenthalts) nunmehr in Art 20 IPRG besonders definiert (dazu Kantonsgericht Schwyz SchwJZ 1992, 370). Die Bestimmung hat folgenden Wortlaut:

Art 20 **583**
I. Wohnsitz, gewöhnlicher Aufenthalt und Niederlassung einer natürlichen Person

Im Sinne dieses Gesetzes hat eine natürliche Person:
a) ihren Wohnsitz in dem Staat, in dem sie sich mit der Absicht dauernden Verbleibens aufhält;
b) ihren gewöhnlichen Aufenthalt in dem Staat, in dem sie während längerer Zeit lebt, selbst wenn diese Zeit von vornherein befristet ist;
c) ihre Niederlassung in dem Staat, in dem sich der Mittelpunkt ihrer geschäftlichen Tätigkeit befindet.

Niemand kann an mehreren Orten zugleich Wohnsitz haben. Hat eine Person nirgends einen Wohnsitz, so tritt der gewöhnliche Aufenthalt an die Stelle des Wohnsitzes. Die Bestimmungen des Zivilgesetzbuches über Wohnsitz und Aufenthalt sind nicht anwendbar.

Befand sich der *letzte Wohnsitz* des Erblassers in der *Schweiz*, so ergibt sich aus der **584** einseitigen Kollisionsnorm des Art 90 Abs 1 IPRG die Anwendbarkeit schweizerischen Rechts, und zwar bezogen auf den gesamten Nachlaß unabhängig davon, ob er sich im In- oder Ausland befindet oder ob es sich um Mobilien oder Immobilien handelt. Es gilt also der Grundsatz der Nachlaßeinheit; eine Ausnahme ist lediglich bei Grundstücken zu beachten, für welche der ausländische Belegenheitsstaat die ausschließliche Zuständigkeit beansprucht und damit die ausschließliche Geltung der lex rei sitae anordnet. Dies folgt aus Art 86 Abs 2 IPRG, der entgegen seinem Wortlaut und seiner Stellung im Gesetz auch für die Bestimmung des anwendbaren Rechts Geltung beansprucht (vgl SCHNYDER 83; auch FERID/FIRSCHING/S LORENZ Grdz Rn 13).

Hatte der Erblasser seinen *letzten Wohnsitz* im *Ausland*, kommt es gem Art 91 Abs 1 **585** IPRG zu einer Gesamtverweisung auf das Recht des Wohnsitzstaates. Es handelt sich

Heinrich Dörner

hier um eine der wenigen Vorschriften des IPRG, die eine (ansonsten gem Art 14 Abs 1 IPRG grundsätzlich ausgeschlossene) Rück- oder Weiterverweisung für beachtlich erklären. Eine Sonderregelung gilt, wenn der Erblasser Schweizer Staatsbürger war: In diesem Fall beruft Art 91 Abs 2 IPRG schweizerisches Recht im Hinblick auf den Teil des Nachlasses („soweit"), für den nach Art 87 IPRG die schweizerischen Behörden am Heimatort zuständig sind. Allerdings kann sich der Erblasser durch letztwillige Verfügung oder Erbvertrag die Anwendung des an seinem letzten Wohnsitz geltenden Rechts vorbehalten (Art 91 Abs 2, 2. HS IPRG).

586 Neben der objektiven Anknüpfung bietet das IPRG die Möglichkeit einer *Rechtswahl* (professio iuris). Diese war bereits nach dem alten Recht zulässig (Art 22 Abs 2 NAG), hat jetzt aber im IPRG eine genauere Regelung erfahren. Ein *schweizerischer Staatsbürger* kann danach gemäß Art 87 Abs 2 IPRG sein in der Schweiz belegenes Vermögen oder seinen gesamten Nachlaß der schweizerischen Zuständigkeit oder dem schweizerischen Recht unterstellen. Hat er nur die schweizerische Zuständigkeit gewählt, ergibt sich die Anwendung schweizerischen Rechts aus Art 91 Abs 2 IPRG, sofern als anwendbares Recht nicht ausdrücklich das Wohnsitzstatut vorbehalten wurde. Für einen *Ausländer* sind die Voraussetzungen einer Rechtswahl enger: Er kann, sofern er seinen letzten Wohnsitz in der Schweiz hat, gemäß Art 90 Abs 2 IPRG eines seiner Heimatrechte zum Erbstatut bestimmen. Die Wahl muß sich jedoch, anders als bei Schweizer Staatsangehörigen, stets auf den gesamten Nachlaß (dh einschließlich des in der Schweiz gelegenen Vermögens) beziehen, wie ein Vergleich der Art 90 Abs 2 und 87 Abs 2 IPRG zeigt (kritisch BUCHER, Lausanner Kolloquium 140). Außerdem wird die Rechtswahl ipso iure unwirksam, wenn der Erblasser im Zeitpunkt des Todes dem Staat, dessen Recht er gewählt hat, nicht mehr angehört oder wenn er (auch) Schweizer Bürger geworden ist. In diesen Fällen gilt wieder Art 90 Abs 1 IPRG, so daß der Nachlaß schweizerischem Recht untersteht. Damit wird erreicht, daß zumindest alle diejenigen Personen, die schweizerische Staatsangehörige mit letztem Wohnsitz in der Schweiz sind, einheitlich nach schweizerischem Recht beerbt werden.

587 Art 92 IPRG befaßt sich mit der Abgrenzung zwischen Erbstatut und Nachlaßverfahrensstatut. Eine exakte Trennung zwischen beiden Statuten ist erforderlich, weil das Nachlaßverfahren – im Gegensatz zu dem „auf den Nachlaß anwendbaren Recht" – gemäß Art 92 Abs 2 IPRG stets der lex fori (also schweizerischem Recht) unterliegt. Art 92 Abs 1 IPRG zählt verschiedene Komplexe auf, die nach dem Willen des Gesetzgebers zum Erbstatut gehören sollen; auf der anderen Seite unterfallen nach der weiten Formulierung des Art 92 Abs 2 IPRG die „sichernden Maßnahmen" und die gesamte „Nachlaßabwicklung" der lex fori. Da dem Gesetzgeber offenbar daran lag, den Umfang des Erbstatuts möglichst weit zu fassen, ist Abs 1 des Art 92 IPRG extensiv, Abs 2 dagegen eher restriktiv auszulegen (SCHNYDER 85; BUCHER, Lausanner Kolloquium 146 f). Zum Erbstatut zählen danach alle materiellrechtlichen Fragen, die sich auf die subjektiven Rechte der Erbberechtigten sowie auf die Voraussetzungen und Wirkungen von Maßnahmen zur Durchsetzung erbrechtlicher Ansprüche beziehen. Die Art und Weise der Durchführung dieser Maßnahmen ist dagegen gem Art 92 Abs 2 IPRG der lex fori zu überlassen (BUCHER, Lausanner Kolloquium 146 f).

588 Hinsichtlich der Form letztwilliger Verfügungen verweist Art 93 Abs 1 IPRG auf das

Haager TestÜbk. Dieser Hinweis ist wegen des in Art 1 Abs 2 IPRG ausdrücklich angeordneten Vorrangs staatsvertraglicher Regelungen überflüssig; er wurde aber gleichwohl ins Gesetz aufgenommen, um die praktische Rechtsanwendung zu erleichtern (Schnyder 86). Außerdem sollen die Regeln des TestÜbk gemäß Art 93 Abs 2 IPRG auch für andere Arten letztwilliger Verfügungen gelten.

Die Testierfähigkeit fällt nicht unter Art 93 IPRG, sondern wird von Art 94 IPRG **589** (Verfügungsfähigkeit) gesondert erfaßt. Nach der dort vorgesehenen alternativen Anknüpfung reicht es aus, wenn der Testierende nach Wohnsitz-, Aufenthalts- oder nach einem seiner Heimatrechte testierfähig ist. Eine sich lediglich aus dem Recht des Errichtungsorts ergebende Testierfähigkeit reicht dagegen nicht aus.

Art 95 IPRG regelt die Behandlung von Erbverträgen. Zulässigkeit und Rechtswir- **590** kungen solcher Verträge unterliegen gemäß Abs 1 grundsätzlich dem am Wohnsitz des Erblassers geltenden Recht; maßgebend ist der Zeitpunkt des Vertragsabschlusses, es wird also unwandelbar angeknüpft. Eine Sonderregelung gilt für den Fall, daß der Erblasser in dem Vertrag seinen gesamten Nachlaß seinem Heimatrecht unterstellt hat: Diese Rechtswahl wird vom Gesetz als so einschneidend angesehen, daß dann auch der Erbvertrag selbst dem Heimatrecht unterstehen soll (Art 95 Abs 2 IPRG). Gegenseitige Erbverträge, in denen sich beide Parteien als Erblasser verpflichten, sind gemäß Art 95 Abs 3 IPRG nur unter engeren Voraussetzungen möglich. Sie müssen dem Wohnsitzrecht *jedes* Verfügenden entsprechen, ferner ist eine Rechtswahl nur zugunsten des *gemeinsamen* Heimatrechts beider Erblasser zulässig; dieses tritt dann (ebenso wie in Abs 2) an die Stelle des Wohnsitzrechts. Da Art 95 Abs 3 IPRG nicht von „gegenseitigen Erbverträgen", sondern nur von „gegenseitigen Verfügungen von Todes wegen" spricht, werden von dieser Bestimmung auch gemeinschaftliche Testamente mit korrespektiven Verfügungen erfaßt. Die Errichtung eines gemeinschaftlichen Ehegattentestaments durch schweizerische Staatsangehörige mit Wohnsitz in der Bundesrepublik ist daher auch aus der Sicht des schweizerischen Rechts möglich, obwohl das schweizerische Sachrecht ein solches Testament nicht kennt (vgl im übrigen Art 25 Rn 314). Die Form der gegenseitigen Verfügungen sowie die Verfügungsfähigkeit werden gemäß Art 95 Abs 4 IPRG in jedem Fall nach Maßgabe der Art 93 und 94 IPRG angeknüpft.

Grundnorm für die Regelung der *internationalen Zuständigkeit* ist Art 86 I IPRG, **591** wonach die schweizerischen Gerichte und Behörden am letzten Wohnsitz des Erblassers zur Durchführung eines Nachlaßverfahrens und zur Entscheidung über erbrechtliche Streitigkeiten zuständig sind. Eine subsidiäre Anknüpfung an den letzten gewöhnlichen Aufenthalt wird von Schnyder 80 für den Fall befürwortet, daß der Erblasser zwar keinen Wohnsitz, wohl aber seinen letzten gewöhnlichen Aufenthalt in der Schweiz hatte.

Die Art 86 Abs 2 bis 89 IPRG sehen zahlreiche Ausnahmen von der Regel des Art 86 **592** Abs 1 IPRG vor. Zunächst wird in Art 86 Abs 2 IPRG einem Staat die Zuständigkeit vorbehalten, der für die auf seinem Gebiet belegenen Grundstücke die alleinige Kompetenz beansprucht. Ferner begründet Art 87 Abs 1 IPRG zwecks Vermeidung eines negativen Zuständigkeitskonflikts eine Heimatzuständigkeit im Hinblick auf Schweizer Bürger mit Wohnsitz im Ausland für den Fall, daß sich die dortigen Behörden mit dem Nachlaß nicht befassen. Daneben besteht gemäß Art 87 Abs 2

IPRG eine Heimatzuständigkeit, wenn ein Auslandsschweizer für seinen gesamten oder den in der Schweiz belegenen Nachlaß die schweizerische Zuständigkeit oder das schweizerische Recht gewählt hat. Die Wahl kann nur durch letztwillige Verfügung oder durch Erbvertrag erfolgen und setzt die Ausnahmevorschriften des Art 86 Abs 2 IPRG nicht außer Kraft. Ebenfalls zur Vermeidung negativer Zuständigkeitskonflikte begründet Art 88 Abs 1 IPRG eine Zuständigkeit der schweizerischen Gerichte und Behörden am Ort der belegenen Sache für den in der Schweiz befindlichen Nachlaß eines Ausländers mit letztem Wohnsitz im Ausland, soweit die ausländischen Behörden untätig bleiben. Gemeint sind dabei stets nur die *zuständigen* Behörden; dies sind im Zweifel diejenigen, deren Rechtshandlungen nach Art 96 IPRG anerkannt werden können (SCHNYDER 82). Praktische Bedeutung besitzt Art 88 IPRG vor allem dann, wenn das ausländische Recht für die in der Schweiz belegenen Gegenstände (in erster Linie Grundstücke, aber auch Mobilien) das forum rei sitae für zuständig erklärt. Art 89 IPRG schließlich begründet einen Gerichtsstand am Lageort der Sache zur einstweiligen Sicherung von Vermögensgegenständen (nicht: zur Sicherung des Erbganges), die ein Erblasser mit letztem Wohnsitz im Ausland in der Schweiz hinterlassen hat.

593 Die Anerkennung ausländischer Entscheidungen, Maßnahmen und Urkunden ist in Art 96 IPRG geregelt. Erfaßt werden neben gerichtlichen Urteilen zB auch die Testamentseröffnung, die Bestellung eines Nachlaßverwalters oder die Anordnung der amtlichen Liquidation (SCHNYDER 88). Eine Anerkennung erfolgt dann, wenn die Rechtsakte im Staat des letzten Erblasserwohnsitzes, im Staat, dessen Recht er gewählt hat, oder (bei Grundstücken) im Belegenheitsstaat ergangen sind oder wenn sie in einem dieser Staaten anerkannt werden (Art 96 Abs 1 IPRG). Sofern ein Staat für die auf seinem Gebiet belegenen Grundstücke die ausschließliche Zuständigkeit beansprucht, werden gem Art 96 Abs 2 IPRG nur die Rechtsakte dieses Staates anerkannt. Art 96 Abs 3 IPRG bestimmt schließlich, daß sichernde Maßnahmen des Staates, in dem Vermögen des Erblassers liegt, in der Schweiz anerkannt werden.

594 Aus der *Sicht des deutschen Rechtsanwenders* verweist Art 25 Abs 1 beim Tod eines *Schweizers* auf dessen Heimatrecht. Diese Verweisung wird angenommen, wenn sich der letzte Wohnsitz des Erblassers in der Schweiz befand (Art 90 Abs 1 IPRG). Bei letztem Wohnsitz in der Bundesrepublik spricht das schweizerische Recht nach Art 91 Abs 1 IPRG eine Rückverweisung – und zwar ausdrücklich unter Einbeziehung des deutschen Kollisionsrechts – aus. Dessenungeachtet bricht jedoch das deutsche Recht gem Art 4 Abs 1 S 2 EGBGB die Verweisung ab, so daß letztlich deutsches materielles Erbrecht anzuwenden ist (näher S LORENZ DNotZ 1993, 152).

595 Verstirbt ein *deutscher Erblasser* mit letztem Wohnsitz in der Schweiz, so ist aus deutscher Sicht gem Art 25 Abs 1 EGBGB deutsches Recht anzuwenden.

596 Im Falle einer *Rechtswahl* gilt folgendes: Die Wahl des Heimatrechts durch einen schweizerischen Erblasser mit letztem Wohnsitz in der Bundesrepublik (Art 87 Abs 2 IPRG) ist aus deutscher Sicht im Hinblick auf Art 25 Abs 1 weder zulässig noch erforderlich. Sie hat aber zur Folge, daß bei der Renvoiprüfung im schweizerischen Recht nicht (wie bei der objektiven Anknüpfung) Art 91 Abs 1 IPRG, sondern Art 87 Abs 2 iVm Art 91 Abs 2 IPRG anzuwenden ist, so daß das schweizerische

Erbkollisionsrecht die Verweisung annimmt und keine Rückverweisung ausspricht. Ähnlich verhält es sich im Parallelfall, wenn ein deutscher Erblasser mit letztem Wohnsitz in der Schweiz sein Heimatrecht gewählt hat (Art 90 Abs 2): Aus deutscher Sicht ist dies überflüssig; aus der Sicht des schweizerischen Rechts führt dies allerdings dazu, daß die schweizerischen Gerichte nicht gemäß Art 90 Abs 1 IPRG zur Maßgeblichkeit schweizerischen, sondern nunmehr gemäß Art 90 Abs 2 IPRG zur Geltung deutschen Rechts gelangen (näher S LORENZ DNotZ 1993, 155 f).

Art 196–199 IPRG enthalten eine Übergangsregelung, nach der für vor dem **597** 1.1.1989 abgeschlossene Sachverhalte das NAG anzuwenden ist, so daß es also für Erbfälle aus der Zeit vor dem Stichtag bei der Geltung des alten Kollisionsrechts bleibt. Vor dem Inkrafttreten des IPRG war das Erbkollisionsrecht der Schweiz in den Art 22–28, 32 des Bundesgesetzes betreffend die zivilrechtlichen Verhältnisse der Niedergelassenen und Aufenthalter vom 25.6.1891 (NAG) geregelt. Nach Art 22 Abs 1 NAG war für die Erbfolge das Recht am letzten Wohnsitz des Erblassers maßgebend. Dies galt für den gesamten Nachlaß unabhängig davon, wo sich die einzelnen Nachlaßgegenstände befanden oder ob es sich um bewegliche oder unbewegliche Sachen handelte. Eine Ausnahme hiervon bildete Art 28 Nr 1 NAG, der die in der Schweiz belegenen Grundstücke von Auslandsschweizern der lex rei sitae unterstellte. Eine Rechtswahl ermöglichte Art 22 Abs 2 NAG: Der Erblasser konnte danach durch letztwillige Verfügung oder Erbvertrag seinen Nachlaß dem Heimatrecht unterstellen.

Das *materielle Erbrecht* der Schweiz ist im 3. Teil des ZGB in den Art 457–640 **598** geregelt (Text zB bei FERID/FIRSCHING/S LORENZ Texte II Nr 1).

Senegal   599

Schrifttum: BOUREL, JClDrComp, Sénégal (Fasc 3); DECOTTIGNIES/SY, IntEncCompL, National Reports, Senegal; DIOUF/NDIAYE, JClDrComp, Senegal (Fasc 2).

Staatsvertragliche Regelungen auf dem Gebiet des Erbrechts zwischen der Bundes- **600** republik Deutschland und dem Senegal bestehen nicht. Das autonome Internationale Erbrecht des Senegal ist im Code de la famille v 12.6.1972 geregelt (dazu BOUREL Nr 56 ff). Die hier einschlägigen Bestimmungen lauten (deutsche Übersetzung bei MAKA-ROV[3] 234 ff):

Art 847   601
Die auf die Erbfolge bezogenen Fragen, welche die Bestimmung der gesetzlichen Erben, die Reihenfolge ihrer Berufung sowie den Übergang des Aktivvermögens und der Verbindlichkeiten auf jeden von ihnen betreffen, sind dem Heimatrecht des Verstorbenen unterworfen.

Vom Recht des Ortes der Eröffnung der Erbfolge werden die Maßnahmen beherrscht, welche die Ausübung des Wahlrechts eines Erben, die Besitzeinweisung der Erben, die Erbengemeinschaft, die Teilung des Aktiv- und die Abwicklung des Passivvermögens betreffen.

Im Falle einer Erbfolge in unbewegliches Vermögen oder in Handelsgeschäfte wird der Übergang des Eigentums daran vom Recht des Belegenheitsortes beherrscht.

Art 848

Das Testament wird hinsichtlich seiner Form durch das Recht des Errichtungsortes beherrscht, es kann aber auch in Übereinstimmung mit jedem anderen Gesetz errichtet werden, das der Testator ausdrücklich wählt.

Die testamentarische Erbfolge erfolgt entsprechend dem Heimatrecht des Verstorbenen. Die Abwicklung wird von dem Recht des Ortes beherrscht, an dem die Erbschaft eröffnet wird.

. . .

. . .

Der Freiteil und das Vorbehaltsrecht der Erben bestimmen sich nach dem Heimatrecht des Verstorbenen. Die Art und Weise und die Reihenfolge der Herabsetzung von Zuwendungen werden vom Recht des Ortes beherrscht, an welchem die Erbschaft eröffnet wird.

602 Danach wird die Erbfolge grundsätzlich vom Heimatrecht des Verstorbenen bestimmt. Es regelt den Anfall der Erbschaft, den Übergang von Rechten und Pflichten sowohl bei gesetzlicher als auch bei testamentarischer Erbfolge sowie den Freiteil des Erblassers und den Umfang der Zwangserbrechte von Angehörigen. Demgegenüber werden die Annahme der Erbschaft, ihre Besitzergreifung, Fragen der Erbengemeinschaft, der Teilung und Schuldenabwicklung sowie die Art und Weise, wie pflichtteilsbeeinträchtigende Verfügungen des Erblassers herabgesetzt werden können, dem Recht des Ortes unterstellt, an welchem die Erbschaft eröffnet wurde. Das ist der Ort des letzten Erblasserwohnsitzes (Art 397). Der Eigentumsübergang bei der Nachfolge in unbewegliches Vermögen und Handelsgeschäfte unterliegt der lex rei sitae. Die Anwendung dieser Kollisionsnormen wirft beträchtliche Qualifikationsprobleme auf (BOUREL Nr 56). Das auf die Frage der Formgültigkeit eines Testaments anzuwendende Recht kann der Testator frei wählen. Ob dies auch für die materiellen Voraussetzungen einer letztwilligen Verfügung gilt, ist zweifelhaft (so aber wohl BOUREL Nr 58). Eine Rückverweisung auf das senegalesische Recht wird beachtet (Art 852).

603 Das *materielle Erbrecht* des Senegal ist in Buch VII u VIII des Code de la famille enthalten (DIOUF/NDIAYE, 2: Nr 93).

604 Sierra Leone

Schrifttum: SMART, IntEncCompl, National Reports, Sierra Leone.

605 Das Kollisionsrecht von Sierra Leone beruht auf den Grundsätzen des Common Law (vgl Rn 200 ff).

606 Simbabwe

Das Kollisionsrecht von Simbabwe beruht auf den Grundätzen des Common Law (Rn 200). Nach Art 22 Wills Act 1987 beurteilt sich die Testierfähigkeit im Hinblick auf bewegliches Vermögen nach dem Recht des Erblasserdomizils, im Hinblick auf unbewegliches Vermögen nach der lex rei sitae. Die Formgültigkeit eines Testaments richtet sich alternativ nach dem Recht des Errichtungsortes, dem Domizilrecht oder dem Heimatrecht des Erblassers (vgl näher – auch zum materiellen Erbrecht Simbabwes – RabelsZ 1989, 189 ff).

Singapur 607

Schrifttum: IBRAHIM, IntEncCompL, National Reports, Singapore; JENCKEL, Das Rechtssystem der Republik Singapur (1986).

Das Kollisionsrecht von Singapur beruht auf den Grundsätzen des Common Law (vgl 608 Rn 200 ff).

Slowakei 609

Schrifttum: NESROVNAL, JClDrComp, Slovaqui (Fasc 2).

Die frühere Tschechoslowakei hat sich zum 1. 1. 1993 aufgelöst; an ihre Stelle sind die 610 Tschechische und die Slowakische Republik getreten. Staatsvertragliche Regelungen auf dem Gebiet des Erbrechts zwischen der Bundesrepublik Deutschland und der Tschechoslowakei bzw heute der Slowakischen Republik bestanden und bestehen nicht. Die Tschechoslowakei hatte allerdings mit der früheren DDR zuletzt einen Rechtshilfevertrag v 18. 4. 1989 (GBl DDR 1989 II 102) geschlossen, der auch erbrechtliche Kollisionsnormen enthielt (vgl Art 25 Rn 599). Inzwischen hat die Regierung der Bundesrepublik nach Durchführung der in Art 12 Abs 2 EV vorgesehenen Konsultationen jedoch ausdrücklich festgestellt, daß dieser Vertrag mit der Herstellung der deutschen Einheit am 3. 10. 1990 erloschen ist (BGBl 1991 II 1077 Nr 81, vgl Art 25 Rn 614). Die Tschechoslowkei hatte das Haager Übereinkommen über die internationale Verwaltung von Nachlässen ratifiziert; es ist davon auszugehen, daß dieses Übereinkommen nunmehr in der Slowakei fortgilt (vgl Vorbem 121 zu Art 25).

Im Kollisionsrecht der Slowakei gilt weiterhin das tschechoslowakische Gesetz über 611 das Internationale Privat- und Prozeßrecht v 4. 12. 1963 (in Kraft seit dem 1. 4. 1964) fort (NESROVNAL No 74). Die einschlägigen erbrechtlichen Bestimmungen (§§ 17, 18) sind in dem Abschnitt über die Tschechische Republik (Rn 677) abgedruckt.

Im Internationalen Erbrecht der Slowakei gilt danach der Grundsatz der Nachlaß- 612 einheit. Angeknüpft wird an die letzte Staatsangehörigkeit des Erblassers (§ 17). Bei Mehrstaatern entscheidet die zuletzt erworbene Staatsangehörigkeit; besitzt eine Person neben einer ausländischen Staatsangehörigkeit auch die der slowakischen Republik, so ist diese maßgeblich (§ 33 Abs 1 u 2). Staatenlose oder Personen, deren Staatsangehörigkeit nicht festgestellt werden kann, unterliegen dem Recht ihres Wohnsitzes, hilfsweise dem Recht ihres Aufenthaltsortes. Kann auch der Aufenthalt nicht ermittelt werden, gelangt slowakisches Recht zur Anwendung (§ 33 Abs 3).

Die Zulässigkeit einer Verfügung von Todes wegen sowie die Wirksamkeit des 613 Errichtungsakts unterliegen dem Heimatrecht zum Zeitpunkt der Vornahme des

Rechtsgeschäfts (Art 18 Abs 1). Die Formgültigkeit von Errichtung und Aufhebung werden alternativ nach dem Heimatrecht des Testators bzw nach dem Recht des Errichtungsortes beurteilt (§ 18 Abs 2).

614 Bei Verweisungen auf einen Mehrrechtsstaat entscheidet über eine Unteranknüpfung das interne Recht dieses Staates (§ 34). Eine Rück- oder Weiterverweisung wird befolgt, wenn „dies einer vernünftigen und billigen Regelung des Verhältnisses entspricht, um das es sich handelt" (§ 35).

615 Das *materielle Erbrecht* ist geregelt im Bürgerlichen Gesetzbuch der Tschechoslowakei v 26. 2. 1964, das in der Slowakischen Republik fortgilt (vgl FERID/FIRSCHING/ BOHATA, Internationales Erbrecht, Bd V: CSSR, Texte Nr 1; STEINER, JClDrComp, Nr 175 ff).

616 Slowenien

Schrifttum: FERID/FIRSCHING/GEC-KOROŠEC, Internationales Erbrecht, Bd V: Slowenien.

617 Nachdem sich die ehemalige Teilrepublik Slowenien im Jahre 1990 aus der Sozialistischen Föderativen Republik Jugoslawien gelöst hat und seit dem 25. 6. 1991 als selbständiger Staat besteht (vgl GEC-KOROŠEC IPRax 1993, 118), ist derzeit (1. 1. 2000) noch nicht vollständig abzusehen, in welchem Ausmaß das früher gemeinjugoslawische Recht in Slowenien weiterhin Anwendung findet und ob die von der Republik Jugoslawien abgeschlossenen Staatsverträge von Slowenien für verbindlich angesehen werden. Im Hinblick auf das Haager TestÜbk (vgl Vorbem 31 ff zu Art 25) hat Slowenien jedoch dem niederländischen Außenministerium mit Schreiben v 8. 6. 1992 notifiziert, daß es sich als einer der Rechtsnachfolger des ehemaligen Jugoslawiens als durch das Übereinkommen gebunden betrachtet. Slowenien ist daher mit Wirkung v 25. 6. 1991 Vertragspartei des TestÜbk geworden (vgl BGBl 1993 II 1962). Es ist mit Wirkung vom 20. 8. 1992 auch dem Washingtoner Übereinkommen über ein einheitliches Recht der Form des internationalen Testaments (Vorbem 136 zu Art 25 f) beigetreten.

618 Der zwischen der früheren DDR und der Sozialistischen Föderativen Republik Jugoslawien geschlossene Rechtshilfevertrag v 20. 5. 1966 (GBl DDR 1967 I 8, vgl Art 25 Rn 601) ist jedenfalls auch im Hinblick auf Slowenien mit der Herstellung der deutschen Einheit am 3. 10. 1990 erloschen (näher Art 25 Rn 614).

619 Im Bereich des autonomen Kollisionsrechts werden bis auf weiteres die Bestimmungen des jugoslawischen IPR-Gesetzes v 1. 1. 1983 herangezogen (FERID/FIRSCHING/GEC-KOROŠEC Grdz C Rn 17 mit Textauszug unter Texte Nr 1), zumal die dort für das Internationale Erbrecht vorgesehene Staatsangehörigkeitsanknüpfung auch bereits in den vorangehenden jugoslawischen Erbgesetzen aus den Jahren 1955 und 1965 enthalten war. Dagegen kommt dem für *interlokale* Konflikte innerhalb der früheren jugoslawischen Teilrechtsordnungen maßgebenden „Gesetz über die Regelung der Kollisionen der Gesetze und Zuständigkeiten in Status-, Familien- und Erbverhältnissen" v 27. 2. 1979 (vgl Rn 298) in Slowenien naturgemäß keine Bedeutung mehr zu.

620 Das *materielle Erbrecht* Sloweniens ist enthalten im Erbgesetz v 4. 6. 1976 (in Kraft seit 1. 1. 1977, vgl bei FERID/FIRSCHING/GEC-KOROŠEC, Internationales Erbrecht Bd V: Slowenien, Texte Nr 2).

Somalia 621

Schrifttum: SACCO, IntEncCompL, National Reports, Somalia.

Staatsvertragliche Regelungen auf dem Gebiet des Erbrechts zwischen der Bundes- 622 republik Deutschland und Somalia bestehen nicht. Das Kollisionsrecht Somalias ist in einem Zivilgesetzbuch aus dem Jahre 1973 enthalten und orientiert sich an den entsprechenden Bestimmungen des ägyptischen IPR (vgl KRÜGER/KÜPPERS IPRax 1986, 389 bei Fn 10).

Artikel 17 623
(1) Die gesetzliche und testamentarische Erbfolge und die übrigen Verfügungen von Todes wegen werden vom nationalen Recht des „de cuius", des Erblassers oder des Verfügenden im Zeitpunkt des Todesfalles geregelt.
(2) Darüber hinaus wird die Form des Testamentes vom nationalen Recht des Erblassers zum Zeitpunkt der Testamentserrichtung oder des Ortes, an dem das Testament errichtet worden ist, geregelt. Auf gleiche Weise wird die Form der anderen Verfügungen von Todes wegen bestimmt.

Artikel 18
Der Besitz, das Eigentum und die anderen dinglichen Rechte bezüglich beweglicher und unbeweglicher Güter unterstehen dem Recht des Ortes, an dem sie vorgefunden werden.

Spanien 624

Rechtsprechung: KG OLGZ 1977, 457; OLG Karlsruhe IPRspr 1988 Nr 129 b; LG Mosbach IPRspr 1988 Nr 129 a.

Schrifttum: CREMADES/MACEDA, Das neue spanische IPR, AWD/RIW 1975, 375; ESPIN CANOVAS/ DUQUE DOMINGUEZ, IntEncCompL, National Reports, Spain; EBENROTH Rn 1332; FERID/FIR-SCHING/HIERNEIS, Internationales Erbrecht, Bd VI: Spanien; FLICK/PILTZ Rn 882 ff; GARCIA-RUBIO, JClDrComp, Espagne, Fasc 2; GANTZER, Eintragung deutscher Erben im spanischen Eigentumsregi-ster, ZEV 1999, 473; GONZALES BEILFUSS, Zur Reform des spanischen internationalen und inter-regionalen Privatrechts, IPRax 1992, 396; HIERNEIS, Das besondere Erbrecht der sogenannten Foral-rechtsgebiete Spaniens (1966); vHOFFMANN/ORTIZ-ARCE, Das neue spanische IPR, RabelsZ 1975, 647; JAYME, Spanisches interregionales und deutsches internationales Privatrecht, IPRax 1989, 287; ders, Rechtsspaltung im spanischen Privatrecht und deutsche Praxis, RabelsZ 1991, 303; KIRCH-MAYER, Das reformierte internationale und interlokale Privatrecht in Spanien, StAZ 1991, 158; ders, Spanien: Neuerungen im internationalen und interlokalen Privatrecht, StAZ 1991, 173; LÖBER, Erben und Vererben in Spanien (3. Aufl 1998); LÖBER/SIMO SANTONJA, Nachlaß von Ausländern in Spanien (1976); PEUSTER, Das spanische internationale Privatrecht, in: LÖBER/PEUSTER (Hrsg), Aktuelles spanisches Handels- und Wirtschaftsrecht (1991) 1 ff; RAU, Zur Reform des spanischen Internationalen und Interregionalen Privatrechts, IPRax 1985, 254; REICHMANN/LUITJENS, Die Be-steuerung von Erbschaften und Schenkungen in Spanien, IPRax 1989, 191; RODRÍGUEZ PINEAU, Estates in Spain: Inheritance According to Spanish Conflict Rules – A Judgement of the Tribunal

Supremo, IPRax 1998, 135; RUDOLPH, Grundzüge des spanischen Ehe- und Erbrechts unter Berücksichtigung der Vorschriften des Internationalen Privatrechts im Verhältnis zur Bundesrepublik
Deutschland, MittRhNotK 1990, 93; SANCHEZ-HENKE, Das Ehegattenerbrecht im spanischen Recht
(1999); SCHWARZ, Grundstücksveräußerung in Spanien aufgrund Testamentsvollstreckung oder
Nachlaßpflegschaft, RIW/AWD 1977, 757.

Gutachten: IPG 1970 Nr 14 (Hamburg); 1971 Nr 34 (Heidelberg); 1972 Nr 31 (Hamburg); 1974 Nr 17
(Freiburg); 1982 Nr 31 (Göttingen); 1985/86 Nr 44 (Hamburg); 1997 Nr 39b (Hamburg); Deutsches
Notarinstitut, Gutachten zum internationalen und ausländischen Privatrecht 1993 (1995) 251.

625 Spanien ist seit dem 29. 9. 1985 Vertragspartei des Baseler Übk über die Einrichtung
einer Organisation zur Registrierung von Testamenten (vgl Vorbem 142 ff zu Art 25 f). Es
ist ferner mit Wirkung v 10. 6. 1988 auch dem Haager TestÜbk beigetreten (BGBl 1988
II 971, vgl Vorbem 31 ff zu Art 25 f). Bilaterale staatsvertragliche Regelungen auf dem
Gebiet des Erbrechts zwischen der Bundesrepublik Deutschland und Spanien
bestehen nicht. Die Konsularkonvention zwischen dem Norddeutschen Bunde und
Spanien v 22. 2. 1870 (vgl Bundesgesetzblatt des Norddeutschen Bundes 1870, 99), die in die
Konsularkonvention zwischen Deutschland und Spanien v 12. 1. 1872 übernommen
wurde, enthält keine kollisionsrechtlichen Bestimmungen, sondern lediglich Vorschriften über die Nachlaßsicherung, Legalisierung von Urkunden, Aufnahme letztwilliger Verfügungen usw (RGBl 1872, 211; dazu Vorbem 201 zu Art 25 f).

626 Das spanische Kollisionsrecht findet sich im Einleitungstitel zum Código civil von
1889 (idF des Dekrets v 31. 5. 1974, in Kraft getreten am 29. 7. 1974). Art 9 Nr 8 S 3 wurde
durch Gesetz v 15. 10. 1990 eingefügt (vgl RAU RabelsZ 1991, 154). Die Vorschriften des
Erbkollisionsrechts lauten (deutsche Übersetzung in RabelsZ 1975, 725, ferner bei MAKAROV[3]
259 ff):

627 **Art 9**
1. Das Personalstatut für natürliche Personen wird durch ihre Staatsangehörigkeit bestimmt. Dieses
Recht regelt die [Handlungs-]Fähigkeit und den Personenstand, die familiären Rechte und Pflichten
und die Rechtsnachfolge von Todes wegen.

. . .

8. Die Nachfolge von Todes wegen unterliegt dem Heimatrecht des Erblassers zum Zeitpunkt seines
Todes, ungeachtet der Art der Güter und des Landes, in welchem sie sich befinden. Jedoch behalten
testamentarische Verfügungen und Erbverträge, die in Übereinstimmung mit dem Heimatrecht des
Testators oder Verfügenden zum Zeitpunkt der Errichtung zustande gekommen sind, ihre Wirksamkeit, auch wenn das die Nachfolge beherrschende Recht ein anderes ist; Zwangserbrechte richten sich
gegebenenfalls nach diesem letztgenannten.

Art 11
1. Die Formen und Förmlichkeiten von Verträgen, Testamenten und anderen Rechtsakten richten
sich nach dem Recht des Landes, in dem sie zustande kommen. Nichtsdestoweniger sind auch solche
wirksam, die den Formen und Förmlichkeiten des auf den Inhalt anwendbaren Rechts entsprechen,
ebenso wie die, welche in Übereinstimmung mit dem Personalstatut des Verfügenden oder dem
gemeinsamen [Personalstatut] der Vornehmenden errichtet wurden. Gleichfalls sind die auf unbe-

wegliche Güter bezogenen Handlungen und Verträge wirksam, welche in Übereinstimmung mit den Formen und Förmlichkeiten des Ortes errichtet wurden, in welchem diese Güter belegen sind.

...

2. Wenn das den Inhalt der Handlungen und Verträge regelnde Recht für ihre Wirksamkeit eine bestimmte Form oder Förmlichkeit verlangt, ist es immer anzuwenden, auch für den Fall, daß sie im Ausland vorgenommen werden.

3. Das spanische Recht ist auf Verträge, Testamente und sonstige Rechtshandlungen anzuwenden, die von diplomatischen oder konsularischen Amtsträgern Spaniens im Ausland beurkundet wurden.

Das spanische Internationale Erbrecht folgt also dem Prinzip der Nachlaßeinheit und **628** knüpft an die Staatsangehörigkeit des Erblassers an. Bei Mehrstaatern hat die spanische Staatsangehörigkeit den Vorrang; das Personalstatut ausländischer Doppelstaater wird durch das Recht ihres gewöhnlichen Aufenthaltsortes bestimmt (Art 9 Nr 9 u 10). Dieses Recht ist auch dann maßgebend, wenn eine Person staatenlos ist oder ihre Staatsangehörigkeit nicht geklärt werden kann (Art 9 Nr 10). Die Vorschriften über die Anknüpfung der formellen Voraussetzungen eines Rechtsgeschäfts (Art 11) werden im Hinblick auf Testamente durch die Bestimmungen des Haager TestÜbk (vgl Vorbem 31 ff zu Art 25 f) verdrängt. Die spanischen Kollisionsnormen sprechen Sachnormverweisungen aus; ein Renvoi auf das spanische Recht findet jedoch Beachtung (Art 12 Nr 2, vgl aber auch Rodríguez Pineau IPRax 1998, 136 f).

Das spanische *Bürgerliche Recht* ist *nicht vereinheitlicht*. Das gemeinspanische Recht **629** des Código civil gilt in Andalusien, Asturien, Estremadura, Kastilien, León, Murcia, Valencia sowie in einem Teil der baskischen Provinzen und auf den kanarischen Inseln. Dagegen gelangen in den Provinzen Aragonien, Katalonien (mit Barcelona), Navarra, Biskaya und den balearischen Inseln sowie der Provinz Galicia und Teilen des Baskenlandes die sog Foralrechte zur Anwendung. Soweit daher das deutsche IPR beim Tode eines spanischen Staatsangehörigen nach Art 25 Abs 1 auf spanisches Recht verweist, muß im Anschluß daran – da das spanische Recht diese Verweisung annimmt – die maßgebende Teilrechtsordnung durch eine Unteranknüpfung nach Art 4 Abs 3 ermittelt werden. Gemäß S 1 dieser Bestimmung entscheidet darüber, soweit vorhanden, das interne Recht des betreffenden Staates (vgl Art 25 Rn 655). Das spanische Recht enthält interlokale Anknüpfungsregeln in den Art 13 u 14 des Einleitungstitels zum Código civil:

Art 13 **630**

1. Die Vorschriften dieses Einleitungstitels, soweit sie die Wirkungen der Gesetze und die allgemeinen Regeln ihrer Anwendung bestimmen... finden allgemeine und unmittelbare Anwendung in ganz Spanien.

2. Darüber hinaus gilt – bei voller Beachtung der besonderen und Foralrechte der Provinzen und Territorien, in denen diese in Kraft sind – der Código civil als ergänzendes Recht, soweit das in den besonderen Vorschriften der einzelnen Provinzen geltende Recht keine Regelung enthält.

Heinrich Dörner

Art 14

1. Die Unterwerfung unter das allgemeine Zivilrecht oder unter das besondere oder forale Recht bestimmt sich nach der Rechtsgebietszugehörigkeit (vecindad civil).

2. Rechtsgebietszugehörigkeit im Gebiet des allgemeinen Zivilrechts oder in einem der Gebiete des besonderen oder foralen Rechts besitzt, wer von Eltern abstammt, welche diese Zugehörigkeit besitzen. Wenn aber die so erworbene Rechtsgebietszugehörigkeit nicht die des Geburtsortes war, kann der Betreffende für diese letzte innerhalb eines Jahres nach Erreichung der Volljährigkeit oder nach der Volljährigkeitserklärung vor einem Vertreter des Zivilstandsregisters optieren.

3. Die Rechtsgebietszugehörigkeit wird erworben

(1) durch einen zweijährigen fortdauernden Aufenthalt, wofern der Betreffende zum Ausdruck bringt, daß dies sein Wille sei.

(2) durch einen zehnjährigen fortdauernden Aufenthalt, wenn innerhalb dieses Zeitraums keine entgegenstehende Erklärung erfolgt. Beide Erklärungen werden in das Zivilstandsregister eingetragen und müssen nicht wiederholt werden.

4. Die Ehefrau folgt der Rechtsstellung des Ehemannes, und die unmündigen Kinder derjenigen des Vaters, in Ermangelung dessen der Mutter.

5. In Zweifelsfällen geht die Rechtsgebietszugehörigkeit vor, welche dem Geburtsort entspricht.

631 Damit wird beim Tode eines spanischen Staatsangehörigen im Ergebnis erst durch die „Rechtsgebietszugehörigkeit" das maßgebliche Erbrecht festgelegt. Das Gleichheitsgebot des Art 3 Abs 2 GG schließt eine Anwendung des Art 14 Nr 4 im Hinblick auf den abgeleiteten Erwerb der Gebietszugehörigkeit durch eine Ehefrau nicht aus (näher JAYME IPRax 1989, 288).

632 Das materielle Erbrecht ist, soweit es um das gemeinspanische Zivilrecht geht, im Código civil geregelt (vgl FERID/FIRSCHING/RAU Texte A I Nr 5; ferner GARCIA-RUBIO zum Recht von Aragon [Nr 79 ff], Katalanien [Nr 92 ff, 135], der Biskaya [Nr 90 ff], der Balearen [Nr 114 ff, 133 ff] und Navarra [Nr 85 ff, 134]; zu den Foralrechten ausführlich HIERNEIS 82).

633 Für den Bereich des gemeinspanischen Rechts verbietet Art 669 Cc das gemeinschaftliche Testament, Art 1271 Abs 2 Cc den Erbvertrag. Dagegen lassen zB die Foralrechte von Aragon und Navarra sowie der Biskaya gemeinschaftliche Testamente (GARCIA-RUBIO Nr 80, 87, 90), die Rechte von Aragon und Navarra unter bestimmten Voraussetzungen auch Erbverträge zu (GARCIA-RUBIO Nr 81, 86).

634 Sri Lanka

Schrifttum: TAMBIAH, IntEncCompL, National Reports, Sri Lanka.

635 Das Kollisionsrecht von Sri Lanka beruht auf den Grundsätzen des Common Law (vgl Rn 200 ff). Das Erbrecht von Sri Lanka ist interpersonal gespalten. Insbesondere für die Tamilen im Norden Sri Lankas und auf der Halbinsel Jaffna ist das dort geltende Einheimischenrecht (Tesawalamai) maßgebend. Für diesen Personenkreis richtet sich die Erbfolge nach der Matrimonial Rights and Inheritance (Jaffna) Ordinance Nr 1 von 1911 in der Fassung der Ordinance Nr 58 von 1947.

Sudan 636

Schrifttum: DILGER, Das sudanesische Zivilgesetzbuch von 1971 und sein Verhältnis zu den anderen arabischen Zivilgesetzbüchern ZVglRW 1974, 39; ELWAN, Die kollisionsrechtlichen Bestimmungen im Gesetz über den zivilrechtlichen Geschäftsverkehr der Demokratischen Republik Sudan, IPRax 1986, 56; MUSTAFA, IntEncCompL, National Reports, Sudan.

Erbrechtliche Staatsverträge zwischen der Bundesrepublik und dem Sudan bestehen **637** nicht. Das – sich am ägyptischen Vorbild (Rn 3) orientierende – autonome Erbkollisionsrecht des Sudan ist in Art 11 Abs 10 u 11 eines Gesetzes v 14. 2. 1984 geregelt. Diese Bestimmungen lauten (in der Übersetzung von ELWAN IPRax 1986, 57):

Art 11 **638**

. . .

(10) Die Erbfolge, das Testament und andere Verfügungen von Todes wegen richten sich nach dem im Zeitpunkt des Todes maßgeblichen Heimatrecht des Erblassers, Testators oder Verfügenden.

(11) Die Form des Testaments richtet sich jedoch nach dem im Zeitpunkt der Testamentserrichtung maßgeblichen Heimatrecht des Testators oder nach dem Recht des Ortes, an dem das Testament errichtet wird. Dasselbe gilt für die Form anderer Verfügungen von Todes wegen.

Im Hinblick auf die gesetzliche und testamentarische Erbfolge stellt Art 11 Abs 1 **639** danach auf die Staatsangehörigkeit des Erblassers ab. Die Form eines Testaments oder einer anderen Verfügung von Todes wegen ist entweder nach dem Heimatrecht des Testators zum Zeitpunkt der Errichtung oder aber nach dem Recht des Errichtungsortes zu beurteilen (Art 11 Abs 2).

Ist die Staatsangehörigkeit einer Person – etwa die eines Erblassers – unbekannt oder **640** besitzt eine Person mehrere Staatsangehörigkeiten, so wird das maßgebende Recht durch das Gericht bestimmt. Auf Doppelstaater mit sudanischer und ausländischer Staatsangehörigkeit wird sudanisches Recht angewandt (Art 14). Bei einer Verweisung auf Mehrrechtsstaaten wird die maßgebende Teilrechtsordnung durch das interne Recht des betreffenden Staates bestimmt (Art 15). Verweisungen auf ein ausländisches Recht stellen Sachnormverweisungen dar (Art 21 Abs 1).

Dasselbe Gesetz enthält auch Bestimmungen zum interreligiösen Erbkollisionsrecht **641** (Übersetzung von ELWAN aaO):

Über die Erbfolge, die Berufung zu gesetzlichen Erben, die Bestimmung ihrer Anteile und den Übergang des Nachlasses

Art 655

(1) . . .

(2) Die Berufung zu gesetzlichen Erben, die Bestimmung ihrer Anteile am Nachlaß und der Übergang des Nachlasses unterliegen dem islamischen Recht bezüglich der Muslime und derjenigen, die mit der Anwendung der Bestimmungen dieses Rechts einverstanden sind.

(3) Abgesehen von den in Abs 2 aufgeführten Personen wird das Recht über Testamente und Nachlaßverwaltung aus dem Jahre 1928 (The Wills and Administration Ordinance, 1928) oder jedes andere Gesetz, das das erwähnte Gesetz ersetzt, angewandt.

Das auf Vermächtnisse anwendbare Recht

Art 683

(1) Das islamische Recht und die diesem entnommenen gesetzlichen Bestimmungen sind für das Vermächtnis maßgebend, soweit es sich um Muslime oder diejenigen handelt, die mit der Anwendung der Bestimmungen dieses Rechts einverstanden sind.

(2) Abgesehen von den in Abs 1 aufgeführten Personen wird das Gesetz über Testamente und Nachlaßverwaltung aus dem Jahr 1928 angewandt.

642 Südafrika

Rechtsprechung: BayObLGZ 1972, 383; KG IPRspr 1971 Nr 113 a; OLG Zweibrücken FamRZ 1998, 263; ORG Berlin IPRspr 1971 Nr 113 b; AG Kirchheim IPRspr 1966/67 Nr 163.

Schrifttum: BEUMKER, Die Testamentsformen in Südafrika und ihre geschichtliche Entwicklung (2000); ELWAN/OTTO, Das Zusammenspiel von Ehegüterrecht und Erbrecht in Namibia und Südafrika – Auswirkungen auf die Abwicklung internationale Erbfälle in Deutschland, IPRax 1995, 354; FERID/FIRSCHING/DANNENBRING, Internationales Erbrecht, Bd VI: Republik Südafrika; FLICK/PILTZ Rn 932 ff; HAHLO, IntEncCompL, National Reports, South Africa; KAHN, JClDrComp, République d'Afrique du Sud; JÜLICHER, Probleme des deutsch-südafrikanischen Erbfalls aus zivil- und steuerrechtlicher Sicht, ZEV 1999, 466.

Gutachten: IPG 1965/66 Nr 60 (Hamburg); 1969 Nr 39 (Köln); 1971 Nr 42 (Kiel); IPG 1987/88 Nr 31 (Göttingen); WENGLER, Gutachten zum internationalen und ausländischen Familien- und Erbrecht II (1971) Nr 106.

643 Südafrika ist seit dem 4.12.1970 Partner des Haager TestÜbk (BGBl 1971 II 6, dazu Vorbem 31 ff zu Art 25). Bilaterale staatsvertragliche Regelungen auf dem Gebiet des Erbrechts zwischen der Bundesrepublik Deutschland und Südafrika bestehen nicht. Das autonome IPR von Südafrika ist nicht kodifiziert, vielmehr gelten die durch Richterrecht geprägten kollisionsrechtlichen Grundsätze des Common Law fort (vgl Rn 180 ff; ELWAN/OTTO IPRax 1995, 355). Im Internationalen Erbrecht herrscht dementsprechend das Prinzip der Nachlaßspaltung: Der bewegliche Nachlaß vererbt sich nach dem Recht des letzten Domizils des Erblassers, für den unbeweglichen Nachlaß ist die lex rei sitae maßgebend. Beides gilt sowohl für die testamentarische wie auch für die Intestaterbfolge. Der Domizilbegriff entspricht dem des englischen Rechts.

644 Die Testierfähigkeit richtet sich nach dem Domizilrecht (bewegliches Vermögen) bzw dem Belegenheitsrecht (unbewegliches Vermögen) zum Zeitpunkt der Testamentserrichtung (KAHN Nr 85). Hinsichtlich der Erbfähigkeit des Bedachten ist bei unbeweglichen Sachen auf die lex rei sitae abzustellen. Ob im Hinblick auf bewegliches Vermögen das Domizilrecht des Erblassers (hM) oder das des Bedachten maßgebend ist, wird nicht einheitlich beurteilt (KAHN Nr 85). Die Testamentsauslegung unterliegt in erster Linie dem vom Erblasser gewählten Recht; in Ermangelung einer Wahl dem Recht seines Domizils zum Zeitpunkt der Testamentserrichtung (KAHN Nr 85). Für die Formgültigkeit der Testamente sind die in den Wills Act 1953 eingearbeiteten Anknüpfungsregeln des Haager TestÜbk maßgeblich.

Das *materielle Erbrecht* findet sich teils im nichtkodifizierten römisch-holländischen **645** Recht, teils in Gesetzen wie zB dem Succession Act 1934 oder dem Wills Act 1953 bzw dem Succession Amendment Act 1992 (dazu FERID/FIRSCHING/DANNENBRING, Texte Nr 12 u 14; KAHN Nr 48 ff).

Syrien **646**

Schrifttum: CHEBAT, IntEncCompL, National Reports, Syria.

Gutachten: IPG 1967/68 Nr 69 (Kiel).

Staatsvertragliche Regelungen auf dem Gebiet des Erbrechts zwischen der Bundes- **647** republik Deutschland und Syrien bestehen nicht. Syrien hat in seinem Zivilgesetzbuch Nr 84 v 18. 5. 1949 (in Kraft seit dem 15. 5. 1949) in den Art 11 ff die kollisionsrechtlichen Bestimmungen des ägyptischen Zivilgesetzbuches (vgl dazu Rn 3) übernommen. Die erbrechtliche Kollisionsnorm lautet:

Art 18 **648**
(1) Die Erbfolge, die Testamente und andere Verfügungen von Todes wegen unterfallen dem Heimatrecht des Erblassers, des Testierenden und des Verfügenden zur Zeit des Todes.

(2) Die Form des Testaments richtet sich jedoch immer nach dem Heimatrecht des Erblassers zur Zeit der Errichtung des Testaments oder nach dem Recht des Ortes, wo das Testament errichtet wurde. Das gleiche gilt für die Form der übrigen Verfügungen von Todes wegen.

Maßgebend ist danach das Heimatrecht zum Zeitpunkt des Todes des Erblassers bzw Testators (Art 18 Abs 1). Die Form eines Testaments oder einer anderen Verfügung von Todes wegen ist entweder nach dem Heimatrecht des Testators zum Zeitpunkt der Errichtung oder aber nach dem Recht des Errichtungsortes zu beurteilen (Art 18 Abs 2).

Das *materielle Erbrecht* Syriens ist im Personalstatutsgesetz Nr 59 aus dem Jahre 1953 **649** enthalten. Der Grundsatz, daß ein Muslim von einem Andersgläubigen nicht gesetzlich beerbt werden kann (Erbhindernis der Religionsverschiedenheit) verstößt gegen den deutschen ordre public (vgl Art 25 Rn 692). Gleiches gilt für die auf den Koran zurückgehenden Bestimmungen, welche der überlebenden Witwe sowie weiblichen Nachkommen eine geringere gesetzliche Erbberechtigung zusprechen, als sie einem

überlebenden Ehemann bzw männlichen Nachkommen zustehen würde (S Lorenz
IPRax 1993, 150; näher dazu Art 25 Rn 691).

650 Tadschikistan

Schrifttum: Ferid/Firsching/Weishaupt, Internationales Erbrecht, Bd VI: Tadschikistan.

651 Die Republik Tadschikistan ist aus dem Zerfall der Union der Sozialistischen Sowjetrepubliken hervorgegangen. Durch Notenwechsel v 30. 11. u 15. 12. 1994 haben die
Bundesrepublik Deutschland und die Republik Tadschikistan festgestellt, daß die
zwischen der Bundesrepublik und der früheren UdSSR geschlossenen völkerrechtlichen Verträge im Verhältnis zwischen der Bundesrepublik und Tadschikistan solange weiterhin angewandt werden sollen, bis beide Seiten etwas Abweichendes vereinbaren (BGBl 1995 II 255). Damit gilt auch der zwischen der Bundesrepublik und der
UdSSR geschlossene Konsularvertrag v 25. 4. 1958 (BGBl 1959 II 469, dazu Vorbem 191 ff
zu Art 25 f) im Verhältnis zwischen der Bundesrepublik und Tadschikistan fort. Dieser
Vertrag enthält in seinem Art 28 Abs 3 eine erbrechtliche Kollisionsnorm, wonach
„hinsichtlich der unbeweglichen Nachlaßgegenstände" die Rechtsvorschriften des
Belegenheitsstaates Anwendung finden (näher Vorbem 194 zu Art 25). Diese Bestimmung geht gemäß Art 3 Abs 2 S 1 dem autonomen Kollisionsrecht vor. Die Rechtsnachfolge in den beweglichen Nachlaß wird dagegen von dem Konsularvertrag nicht
geregelt; insoweit gelten die allgemeinen Vorschriften des jeweiligen nationalen IPR.
Der Rechtshilfevertrag v 19. 9. 1979, den die frühere UdSSR seinerzeit mit der DDR
geschlossen hatte und der auch erbrechtliche Kollisionsnormen enthielt (näher Art 25
Rn 608), ist mit der Herstellung der deutschen Einheit am 3. 10. 1990 erloschen (vgl
Art 25 Rn 614) und findet somit auch im Verhältnis zur Republik Tadschikistan keine
Anwendung mehr.

652 Tadschikistan ist Mitglied der Gemeinschaft Unabhängiger Staaten (GUS) und hat
die Konvention der Gemeinschaft Unabhängiger Staaten über Rechtshilfe und die
Beziehungen auf dem Gebiete des Zivil-, Familien- und Strafrechts gezeichnet (Bogdanova Rev cr dr i pr 1997, 141; vgl auch Majoros Osteuroparecht 1998, 19 f). Die Konvention
enthält erbrechtliche Kollisionsnormen in ihren Art 44 ff, die im Verhältnis der GUS-
Staaten untereinander Anwendung finden (Text in französischer Sprache bei Bogdanova
aaO 155). Die Erbfolge in bewegliches Vermögen richtet sich nach dem Recht des
letzten Erblasserwohnsitzes (Art 45 Abs 1), die Erbfolge in unbewegliches Vermögen nach der lex rei sitae (Art 45 Abs 2).

653 Die vom Obersten Sowjet am 31. 5. 1991 beschlossenen neuen „Grundlagen der
Zivilgesetzgebung der Union der SSR und der Republiken" sind in Tadschikistan
nicht mehr in Kraft getreten (vgl Boguslawskij IPRax 1992, 403; Ferid/Firsching/Weis-
haupt Grdz A Rn 11). Daher gelten dort zunächst noch die Kollisionsnormen des
Zivilgesetzbuchs der Tadschikischen Sowjetrepublik v 1. 5. 1965 weiter (vgl Boguslawskij IPRax 1992, 403), die in der Sache die entsprechenden Vorschriften der „Grundlagen der Zivilgesetzgebung der UdSSR und der Unionsrepubliken" v 8. 12. 1961
übernommen haben. Der hier einschlägige Art 563 des tadschikischen Zivilgesetzbuchs lautet (in der Übersetzung von Ferid/Firsching/Weishaupt Texte Nr 2):

Art 563   **654**

Erbrechtsverhältnisse bestimmen sich nach dem Recht des Landes, in dem der Erblasser seinen letzten ständigen Wohnsitz hatte.

Die Fähigkeit einer Person, ein Testament zu errichten und zu widerrufen, sowie die Form des Testaments und des Widerrufs bestimmen sich nach dem Recht des Landes, in dem der letzwillig Verfügende im Zeitpunkt der Errichtung oder des Widerrufs seinen ständigen Wohnsitz hatte. Das Testament oder sein Widerruf kann jedoch nicht wegen Formmangels als ungültig angesehen werden, wenn die Formvorschriften am Ort der Errichtung oder des Widerrufs oder die Anforderungen der sowjetischen Gesetze erfüllt sind.

Die Erbfolge in Gebäude, die sich in der UdSSR befinden, richtet sich in jedem Fall nach dem sowjetischen Recht. Hiernach bestimmt sich auch die Fähigkeit einer Person, ein Testament zu errichten oder es zu widerrufen sowie die diesbezügliche Form, wenn das zu vererbende Gebäude auf dem Territorium der UdSSR belegen ist.

Maßgebend ist danach das Recht des letzten Erblasserwohnsitzes (Art 563 Abs 1). **655** Für die Formgültigkeit der Testamente gilt alternativ Wohnsitzrecht, das das Recht des Errichtungsortes oder tadschikisches Recht (Art 563 Abs 2). Das in Tadschikistan belegene unbewegliche Vermögen vererbt sich in jedem Fall nach Belegenheitsrecht (vgl Art 563 Abs 3).

Das *materielle Erbrecht* Tadschikistans ist ebenfalls in dem tadschikischen Zivilge- **656** setzbuch aus dem Jahre 1965 geregelt, das auch im Bereich des materiellen Erbrechts lediglich die „Grundlagen des Zivilrechts der UdSSR und der Unionsrepubliken" v 8.12.1961 umsetzt (Text: Ferid/Firsching/Weishaupt, Internationales Erbrecht, Bd VI: Tadschikistan, Texte Nr II 1).

Tansania   **657**

Schrifttum: Ghai, IntEncCompL, National Reports, Tanzania.

Das Kollisionsrecht Tansanias beruht auf den Grundsätzen des Common Law (vgl **658** Rn 200 ff).

Thailand   **659**

Schrifttum: Yut Sangoudhai, IntEncCompL, National Reports, Thailand.

Staatsvertragliche Regelungen auf dem Gebiet des Erbrechts zwischen der Bundes- **660** republik Deutschland und Thailand bestehen nicht. Das thailändische Kollisionsrecht findet sich im Gesetz über Gesetzeskollisionen v 10.3.1938 (Wortlaut: Makarov[3] 279 ff; vgl auch Bergmann/Ferid/Fuhrmann, Internationales Ehe- und Familienrecht, Thailand 59). Einschlägig sind die §§ 37–42 dieses Gesetzes:

       Heinrich Dörner

661 § 37

Die Erbfolge in unbewegliches Vermögen unterfällt dem Recht des Ortes, wo dieses Vermögen belegen ist.

§ 38

Die gesetzliche oder testamentarische Erbfolge in bewegliches Vermögen unterfällt dem Recht des Wohnsitzes des Erblassers zur Zeit seines Todes.

§ 39

Die Fähigkeit einer Person, ein Testament zu errichten, unterliegt ihrem Heimatrecht zur Zeit der Errichtung des Testaments.

§ 40

Eine Person kann ein Testament sowohl in der von ihrem Heimatrecht vorgeschriebenen Form als auch in der vom Recht des Errichtungsortes vorgeschriebenen Form errichten.

§ 41

Wirkungen und Auslegung von Testamenten wie auch die Nichtigkeit eines Testaments oder einer testamentarischen Verfügung unterfallen dem Recht des Wohnsitzes des Testators zur Zeit seines Todes.

§ 42

Der Widerruf eines Testaments oder einer Verfügung in einem Testament beurteilt sich nach dem Recht des Wohnsitzes des Testators zur Zeit des Widerrufs.

Das Recht des Wohnsitzes des Testators zur Zeit seines Todes bestimmt die Hinfälligkeit eines Testaments oder einer Verfügung in einem Testament.

662 Das thailändische Erbkollisionsrecht beruht also auf dem Grundsatz der Nachlaß-spaltung (§§ 37, 38). Die Testierfähigkeit unterliegt dem Heimatrecht des Testators (§ 39). Die Formgültigkeit eines Testaments wird alternativ dem Heimatrecht des Testators oder dem Recht des Errichtungsortes unterstellt (§ 40). Die materielle Wirksamkeit sowie die Auslegung eines Testaments bestimmt sich nach dem Recht des letzten Erblasserwohnsitzes (§ 41). Eine Rückverweisung fremden Rechts auf thailändisches Recht wird angenommen und abgebrochen (§ 4). Bei Mehrstaatern hat die thailändische Staatsangehörigkeit den Vorrang; im übrigen kommt bei nacheinander erworbenen Staatsangehörigkeiten das Recht der zuletzt erworbenen Staatsangehörigkeit zum Zuge; bei gleichzeitigem Erwerb gilt das Recht des Wohnsitzes. Für Staatenlose ist das Wohnsitz-, hilfsweise das Recht des Aufenthaltes maßgeblich (§ 6).

663 Das *materielle Erbrecht* ist enthalten im 6. Buch des Zivil- und Handelsgesetzbuches. Es steht unter dem Einfluß französischen, deutschen und japanischen Rechtsdenkens sowie thailändischer Übung (Yut Sangoudhai T 14).

664 Togo

Schrifttum: Mawupe Vovor, IntEncCompL, National Reports, Togo.

Staatsvertragliche Regelungen auf dem Gebiet des Erbrechts im Verhältnis zu Togo **665**
bestehen nicht. Das Kollisionsrecht von Togo ist im Familiengesetzbuch (Ordonnan-
ce No 80–16 v 31.1.1980) enthalten. Die hier einschlägigen Bestimmungen lauten
(nach der Übersetzung von MAKAROV, in: KROPHOLLER/KRÜGER/RIERING/SAMTLEBEN/SIEHR
843 ff):

Art 714 **666**
Die Fragen der gesetzlichen Erbfolge, welche die Bestimmung der gesetzlichen Erben, die Reihenfolge, in der sie berufen sind, und den Übergang der Vermögenswerte und Verbindlichkeiten auf
jeden von ihnen betreffen, werden von dem Heimatrecht des Verstorbenen beherrscht.

Art 715
Von dem Recht des Ortes der Eröffnung der Erbfolge werden die Maßnahmen beherrscht, welche die
Ausübung des Wahlrechts eines Erben betreffen, die Besitzeinweisung der Erben, die Erbengemein-
schaft, die Teilung des Aktivvermögens und die Abwicklung der Verbindlichkeiten.

Art 716
Im Falle der Erbfolge in unbewegliche Gegenstände oder in Geschäftsvermögen wird der Übergang
des Eigentums an diesen von dem Recht ihrer Belegenheit beherrscht.

Art 717
Das Testament wird hinsichtlich seiner Form von dem Recht des Ortes beherrscht, an dem es abgefaßt ist, aber es kann auch gemäß jedem anderen Recht errichtet werden, das vom Testator ausdrücklich gewählt wird.

Art 718
Die testamentarische Erbfolge erfolgt gemäß dem Heimatrecht des Erblassers. Die Abwicklung der
Erbfolge wird von dem Recht des Ortes der Eröffnung der Erbfolge beherrscht.

Danach unterliegen die Rechtsfragen der gesetzlichen und testamentarischen Erb- **667**
folge grundsätzlich dem Heimatrecht des Verstorbenen (Art 714, 718 S 1), während
die Nachlaßabwicklung dem Recht des Ortes untersteht, an dem die Erbfolge eröffnet
wurde (Art 715, 718 S 2). Die Formgültigkeit eines Testaments unterliegt alternativ
dem Recht des Errichtungsortes sowie dem vom Testator gewählten Recht (Art 717).

Tschad **668**

Schrifttum: DECOTTIGNIES/SY, IntEncCompL, National Reports, Chad; SEID-NABIA, Familien- und
Erbrecht im Tschad, RabelsZ 1991, 41.

Staatsvertragliche Regelungen auf dem Gebiet des Erbrechts zwischen der Bundes- **669**
republik Deutschland und der Republik Tschad bestehen nicht. Das autonome Internationale Privatrecht des Tschad ist in Art 70 einer Verordnung Nr 6–67 v 21.3.1967
betreffend die Reform der Gerichtsverfassung enthalten. Einschlägig ist die Nr 4
dieses Artikels:

Art 70 **670**
. . .

Heinrich Dörner

4. Erbfälle richten sich nach dem Recht des Verstorbenen.

671 Maßgebend ist danach das letzte Heimatrecht des Erblassers. Der Renvoi eines fremden Rechts wird nicht beachtet (Seid-Nabia RabelsZ 1991, 59 Fn 34).

672 Das materielle Erbrecht des Tschad ist interpersonal gespalten. Es kommen nebeneinander animistische Stammesgewohnheitsrechte, islamisch-malekitisches Gewohnheitsrecht sowie das Erbrecht des französischen Code civil in der Fassung v 31. 3. 1959 (dh vor Eintritt der Unabhängigkeit des Tschad) zur Anwendung (Seid-Nabia RabelsZ 1991, 42). Beim Tode eines Staatsangehörigen des Tschad muß daher festgestellt werden, welche der genannten Teilrechtsordnungen auf die Erbfolge Anwendung findet. Die Rechtsprechung des Tschad scheint die Erbfolge dann den Bestimmungen des Code civil zu unterstellen, wenn der Erblasser ein notarielles Testament errichtet oder wenn – beim Tode eines Ehegatten – eine Zivilheirat vor einem Standesbeamten stattgefunden hat. Andernfalls entscheidet über die Anwendbarkeit des animistischen bzw islamischen Stammesrechts nach der oben zitierten Bestimmung die Stammeszugehörigkeit des Verstorbenen.

673 Soweit einzelne animistische Rechte die Erbberechtigung der Witwe und der weiblichen Nachkommen ausschließen, ist darin von den Gerichten des Tschad selbst ein Verstoß gegen den staatlichen ordre public gesehen worden; statt dessen wurde von ihnen islamisches Gewohnheitsrecht angewandt, das den weiblichen Verwandten immerhin ein – eingeschränktes – Erbrecht zuerkennt (Seid-Nabia RabelsZ 1991, 61). Aus *deutscher* Sicht würde weder der vollständige Erbausschluß der Witwe bzw der Töchter noch das im islamischen Recht anzutreffende eingeschränkte Erbrecht der weiblichen Verwandten vor Art 6 bestehen können (dazu Art 25 Rn 691).

674 Tschechische Republik

Rechtsprechung: BayObLGZ 1960, 478; 1961, 123; 1961, 176; 1967, 197; 1967, 338; 1980, 72; IPRspr 1980 Nr 125; OLG Frankfurt aM IPRspr 1960/61 Nr 101 b.

Schrifttum: Bohata, Das Erbrecht der CSSR, JbOstR 1987, 87; Donner, Das neue tschechoslowakische Gesetz über das internationale Privat- und Prozeßrecht, ZfRvgl 1964, 207; Ferid/Firsching/Bohata, Internationales Erbrecht, Bd VI: CSSR; Kalensky, Les traits essentiels des nouvelles codifications du droit du commerce international et du droit international privé, Rev int dr comp 1964, 565; Knapp, Das neue tschechoslowakische Zivilgesetzbuch, ZfRvgl 1965, 19; Korkisch, Neues Internationales Privatrecht in Ostmitteleuropa, RabelsZ 1968, 601; ders, Zum Außenprivatrecht der Tschechoslowakei unter besonderer Berücksichtigung des Internationalen Privatrechts, WGO 1970, 133; Kucera, Private International Law in Czechoslovakia, Bulletin of Czechoslovak Law 1985, 6; Plank, Das Testamentsrecht der Tschechoslowakischen Sozialistischen Republik, ZfRvgl 1964, 151; Schmid, Das internationale Erbrecht der Tschechoslowakei unter besonderer Berücksichtigung der „Republikfluchtfälle", WGO 1986, 257; dies, Das internationale Erbrecht der Tschechoslowakei (1987); Steiner, Das neue tschechoslowakische internationale Privat- und Prozeßrecht, Staat und Recht 1965, 421; ders, JClDrComp, Tschéchoslovaquie; Trilsch-Eckard, Das tschechische Erbrecht im Vergleich zum deutschen und Reformüberlegungen, ZEV 1996, 4.

Gutachten: IPG 1967/68 Nr 77.

Die frühere Tschechoslowakei hat sich zum 1. 1. 1993 aufgelöst; an ihre Stelle sind die **675** Tschechische und die Slowakische Republik getreten. Staatsvertragliche Regelungen auf dem Gebiet des Erbrechts zwischen der Bundesrepublik Deutschland und der Tschechoslowakei bzw heute der Tschechischen Republik bestanden und bestehen nicht. Die Tschechoslowakei hatte allerdings zuletzt mit der früheren DDR einen Rechtshilfevertrag v 18. 4. 1989 (GBl DDR 1989 II 102) geschlossen, der auch erbrechtliche Kollisionsnormen enthielt (näher Art 25 Rn 599). Inzwischen hat die Regierung der Bundesrepublik nach Durchführung der in Art 12 Abs 2 EV vorgesehenen Konsultationen jedoch ausdrücklich festgestellt, daß dieser Vertrag mit der Herstellung der deutschen Einheit am 3. 10. 1990 erloschen ist (BGBl 1991 II 1077 Nr 81, vgl Art 25 Rn 614). Die Tschechoslowkei hatte das Haager Übereinkommen über die internationale Verwaltung von Nachlässen ratifiziert; es ist davon auszugehen, daß dieses Übereinkommen nunmehr in der Tschechischen Republik fortgilt (vgl Vorbem 121 zu Art 25 f).

Es ist davon auszugehen, daß für das Kollisionsrecht der Tschechischen Republik das **676** tschechoslowakische Gesetz über das Internationale Privat- und Prozeßrecht v 4. 12. 1963 (in Kraft seit dem 1. 4. 1964) fortgilt. Die erbrechtlichen Bestimmungen lauten (in der Übersetzung von MAKAROV[3] 299):

§ 17 **677**

Die erbrechtlichen Verhältnisse unterliegen der Rechtsordnung des Staates, dem der Erblasser zur Zeit seines Todes angehört hat.

§ 18

Die Fähigkeit, ein Testament zu errichten oder aufzuheben, sowie auch die Wirkungen von Willensmängeln und von Fehlern bei seiner Errichtung richten sich nach dem Recht des Staates, dem der Erblasser zur Zeit der Willenserklärung angehört hat. Nach diesem Recht ist auch zu beurteilen, welche weiteren Arten von Verfügungen von Todes wegen zulässig sind.

Die Form des Testaments richtet sich nach dem Recht des Staates, dem der Erblasser zu der Zeit angehört hat, als er das Testament errichtete; es genügt jedoch, wenn er dem Recht des Staates nachkommt, auf dessen Gebiet das Testament errichtet wurde. Dasselbe gilt für die Form der Aufhebung eines Testaments.

Im Internationalen Erbrecht der Tschechischen Republik gilt danach der Grundsatz **678** der Nachlaßeinheit. Angeknüpft wird an die letzte Staatsangehörigkeit des Erblassers (§ 17). Bei Mehrstaatern entscheidet die zuletzt erworbene Staatsangehörigkeit; besitzt eine Person neben einer ausländischen Staatsangehörigkeit auch die der Tschechischen Republik, so ist diese maßgeblich (§ 33 Abs 1 u 2). Staatenlose oder Personen, deren Staatsangehörigkeit nicht festgestellt werden kann, unterliegen dem Recht ihres Wohnsitzes, hilfsweise dem Recht ihres Aufenthalts. Kann auch der Aufenthalt nicht ermittelt werden, gelangt tschechisches Recht zur Anwendung (§ 33 Abs 3).

Die Zulässigkeit einer Verfügung von Todes wegen sowie die Wirksamkeit des **679** Errichtungsakts unterliegen dem Heimatrecht zum Zeitpunkt der Vornahme des Rechtsgeschäfts (Art 18 Abs 1). Die Formgültigkeit von Errichtung und Aufhebung werden alternativ nach dem Heimatrecht des Testators bzw nach dem Recht des Errichtungsortes beurteilt (§ 18 Abs 2).

680 Bei Verweisungen auf einen Mehrrechtsstaat entscheidet über eine Unteranknüpfung das interne Recht dieses Staates (§ 34). Eine Rück- oder Weiterverweisung wird befolgt, wenn „dies einer vernünftigen und billigen Regelung des Verhältnisses entspricht, um das es sich handelt" (§ 35).

681 Das *materielle Erbrecht* ist geregelt im Bürgerlichen Gesetzbuch der Tschechoslowakei v 26. 2. 1964, das in der Tschechischen Republik fortgilt (vgl FERID/FIRSCHING/ BOHATA Texte Nr 1; STEINER, JClDrComp, Nr 175 ff).

682 Türkei

Rechtsprechung: OLG München IPRspr 1980 Nr 188 b u c = IPRax 1981, 215 u 216; LG Augsburg IPRspr 1980 Nr 188 a = IPRax 1981, 215; OLG Köln IPRspr 1985 Nr 145 u IPRspr 1986 Nr 109.

Schrifttum: ANSAY, American-Turkish Private International Law (1966); ANSAY/WALLACE, Introduction to Turkish Law (1996); BODUROGLU, Aufrechterhaltung des Erbrechts und anderer Rechte für ehemalige türkische Staatsangehörige, ZEV 1997, 472; DAVRAN/KUBALI, IntEncCompL, National Reports, Turkey; DÖRNER, Das deutsch-türkische Nachlaßabkommen, ZEV 1996, 90; FERID/FIRSCHING/DAVRAN/DAVRAN, Internationales Erbrecht, Bd VI: Türkei; GIRITLIOGLU/SUNGURBEY, Die Auslegung des Testaments, die Verweisung und die Ausgleichungspflicht der gesetzlichen Erben im türkischen Recht, Mélanges Fritz Sturm Bd II (1999) 1017; HIRSCH, Die Quellen des IPR in der Türkei, in: FS Lewald (1953) 245; ders, Türkisches Recht vor deutschen Gerichten (1981); KREMER, Die Bedeutung des deutsch-türkischen Konsularvertrages für Nachlaßverfahren in der Bundesrepublik Deutschland, IPRax 1981, 205; KRÜGER, Das türkische IPR-Gesetz von 1982, IPRax 1982, 252; ders, Neues internationales Privatrecht in der Türkei, ZfRvgl 1982, 169; ders, Türkisches Internationales Privat- und Zivilverfahrensrecht, StAZ 1983, 49; ders, Erbrecht nichtehelicher Kinder nach türkischem Recht, IPRax 1988, 322; RUMPF, Türkisches Staatsangehörigkeitsrecht und Mehrstaatigkeit in Deutschland, IPRax 1996, 435; SAKMAR/ÖZTEK, JClDrComp, Turquie; SCHÖMMER/FASSOLD/BAUER, Internationales Erbrecht Türkei (1997); SEROZAN, Das türkische Erbrecht verglichen mit dem deutschen Erbrecht: mehr Gemeinsamkeiten als Besonderheiten, ZEV 1997, 473; ders, Entwicklungen im türkischen Erbrecht, in: Mélanges Fritz Sturm Bd II (1999) 1123; TEKINALP, Der türkische „Gesetzentwurf über internationales Privat- und Zivilverfahrensrecht", RabelsZ 1982, 26; ULUOCAK, Quelques réflexions sur la loi de 1982, Rev crit dr i pr 1983, 149.

Gutachten: IPG 1969 Nr 20 (Köln); 1970 Nr 7 (Köln); 1977 Nr 36 (Hamburg); DIV-Gutachten ZfJ 1986, 625; ZfJ 1988, 203; ZfJ 1989, 257; ZfJ 1991, 276; ZfJ 1992, 47.

683 Der deutsch-türkische Konsularvertrag v 28. 5. 1929 (in Kraft seit dem 18. 11. 1931) enthält erbrechtliche Kollisionsnormen sowie verfahrensrechtliche Bestimmungen über die Nachlaßbehandlung (vgl im einzelnen Vorbem 158 ff zu Art 25 f). Gemäß § 14 dieses Abkommens bestimmen sich die erbrechtlichen Verhältnisse im Hinblick auf den beweglichen Nachlaß nach dem Heimatrecht des Erblassers zum Zeitpunkt seines Todes, im Hinblick auf den unbeweglichen Nachlaß nach dem Belegenheitsrecht (Vorbem 169 ff zu Art 25 f). Diese Bestimmungen gehen in deutsch-türkischen Erbfällen gemäß Art 3 Abs 2 S 1 den Art 25 Abs 1, Art 26 Abs 5 in der Anwendung vor. Die Türkei ist ferner seit dem 22. 10. 1983 Vertragspartei des Haager TestÜbk (BGBl 1983 II 720, vgl näher Vorbem 31 ff zu Art 25 f) und mit Wirkung v 20. 3. 1976 auch dem Baseler Übereinkommen über die die Einrichtung einer Organisation zur Registrierung von Testamenten (Vorbem 142 ff zu Art 25 f) beigetreten. Sie hat das Haager Übereinkommen über die internationale Verwaltung von Nachlässen (Vorbem 121 ff zu Art 25 f) gezeichnet.

Das autonome türkische Kollisionsrecht ist in dem am 22. 11. 1982 in Kraft getretenen **684** Gesetz Nr 26755 über das internationale Privat- und Zivilverfahrensrecht geregelt. Die erbrechtliche Kollisionsnorm lautet (in der Übersetzung von KRÜGER IPRax 1982, 256):

Art 22 Erbschaft **685**
Die Erbschaft unterliegt dem Heimatrecht des Verstorbenen. Hinsichtlich des in der Türkei belegenen unbeweglichen Vermögens wird türkisches Recht angewandt.

Die mit der Eröffnung des Erbganges, dem Erwerb und der Teilung der Erbschaft zusammenhängenden Bestimmungen unterliegen dem Recht des Ortes, an dem sich der Nachlaß befindet.

Ein in der Türkei befindlicher erbloser Nachlaß fällt an den Staat.

Die Form einer Verfügung von Todes wegen unterliegt der Bestimmung des Art 6. Die von dem Verstorbenen in der Form seines Heimatrechts getroffenen Verfügungen von Todes wegen sind gleichfalls wirksam.

Die Testierfähigkeit unterliegt dem Heimatrecht des Verfügenden zur Zeit der Errichtung der Verfügung.

Im Gegensatz zur früheren Rechtslage – die der im deutsch-türkischen Konsular- **686** vertrag getroffenen Regelung entsprach – wird das Erbstatut nunmehr offenbar gemäß Art 22 Abs 1 einheitlich durch das letzte Heimatrecht des Erblassers bestimmt; lediglich auf die Vererbung in der Türkei belegenen unbeweglichen Vermögens wird ausnahmsweise türkisches Recht angewandt (TEKINALP RabelsZ 1982, 45 f; KRÜGER IPRax 1982, 256 Fn 45). Im übrigen ist das Belegenheitsrecht maßgeblich für Rechtsfragen, die den Erbgang, den Erbschaftserwerb und die Teilung betreffen (Art 22 Abs 2). Für Staatenlose gilt das Recht ihres Wohnsitzes, hilfsweise das Recht des gewöhnlichen bzw schlichten Aufenthalts (Art 4 a). Das Personalstatut bei Mehrstaatern wird nach dem Grundsatz der engsten Beziehung ermittelt; türkisch-ausländische Mehrstaater unterliegen dem türkischen Recht (Art 4 b u c). Die in Art 22 Abs 5 iVm Art 6 (Formstatut: Recht des Errichtungsortes oder Geschäftsrecht) vorgesehenen Anknüpfungen werden im Hinblick auf die Formgültigkeit von Testamenten durch die Bestimmungen des Haager TestÜbk überlagert. Die Kollisionsnormen des IPR-Gesetzes sprechen Gesamtverweisungen aus; nach einer Weiterverweisung auf das Recht eines Drittstaates wird die Verweisung abgebrochen (Art 2 Abs 3).

Das *materielle türkische Erbrecht* findet sich im türkischen Zivilgesetzbuch v **687** 4. 10. 1926 (vgl FERID/FIRSCHING/DAVRAN/DAVRAN Texte II Nr 1; SAKMAR/ÖZTEK Nr 325 ff); es ist zuletzt durch Gesetz v 14. 11. 1990 geändert worden (vgl Hinweisblatt FERID/FIRSCHING/DAVRAN/DAVRAN aaO).

688 Tunesien

Schrifttum: Abdesselem-Charfi, IntEncCompL, Tunesia; Hachem, Le code tunesien de droit international privé, Rev cr Dr i pr 1999, 227; Menhofer, Neues Internationales Privatrecht in Tunesien, IPRax 1999, 266; Meziou, JClDrComp, Tunesie, Fasc 2.

Gutachten: IPG 1977 Nr 31 (Hamburg); 1996 Nr 40 (Köln).

689 Staatsvertragliche Regelungen auf dem Gebiet des Erbrechts zwischen der Bundesrepublik Deutschland und Tunesien bestehen nicht. Das Erbkollisionsrecht von Tunesien ist enthalten in den Art 54 u 55 des tunesischen Code de droit international privé (Gesetz Nr 98–97 v 27. 11. 1998, Text in französischer Sprache in IPRax 1999, 292 ff u Rev cr dr i pr 1999, 382 ff). Diese Bestimmungen lauten (in der Übersetzung von Thoms, in: Kropho, ller/Krüger/Riering/Samtleben/Siehr 893):

690 **Art 54**

Die Erbfolge unterliegt dem innerstaatlichen Recht des Staates, dessen Staatsangehörigkeit der Erblasser zum Zeitpunkt seines Todes hatte, dem Recht des Staates seines letzten Wohnsitzes oder dem Recht des Staates, in dem er Vermögensgegenstände hinterlassen hat.

Wenn das auf den Nachlaß anwendbare Recht in Tunesien belegene Vermögensgegenstände nicht einer natürlichen Person als Erben zuweist, fallen diese Vermögensgegenstände dem tunesischen Staat zu.

Art 55

Das Testament unterliegt dem Heimatrecht des Testierenden im Zeitpunkt seines Todes.

Die Form des Testaments unterliegt dem Heimatrecht des Testierenden oder dem Recht des Ortes, an dem es errichtet wurde.

691 Danach ist für die Erbfolge das Heimatrecht des Erblassers zum Zeitpunkt seines Todes, das Recht seines letzten Wohnsitzes oder das Recht des Staates maßgeblich, in dem Nachlaßgegenstände belegen sind (Art 54 Abs 1). Die Festlegung des Erbstatuts im konkreten Fall dürfte – obwohl das Gesetz schweigt – durch Rechtswahl des Erblassers getroffen werden. In Ermangelung einer Rechtswahl wird man – dem bisherigen Rechtszustand entsprechend – das Heimatrecht des Erblassers anwenden. Die testamentarische Erbfolge unterliegt in jedem Fall dem Heimatrecht (Art 55 Abs 1); die Formgültigkeit von Testamenten beurteilt sich alternativ nach dem Heimatrecht des Testierenden oder dem Recht des Errichtungsortes (Art 55 Abs 2).

692 Das *materielle tunesische Erbrecht* findet sich in dem Gesetzbuch über das Personalstatut v 13. 8. 1956 (in Kraft seit dem 1. 1. 1957, vgl näher Meziou Nr 79 ff). Der Grundsatz, daß ein Muslim von einem Andersgläubigen nicht gesetzlich beerbt werden kann (Erbhindernis der Religionsverschiedenheit), verstößt gegen den deutschen ordre public (vgl Art 25 Rn 692). Gleiches gilt für die auf den Koran zurückgehenden Bestimmungen, welche der überlebenden Witwe sowie weiblichen Nachkommen eine geringere gesetzliche Erbberechtigung zusprechen, als sie einem überlebenden Ehemann bzw männlichen Nachkommen zustehen würde (S Lorenz IPRax 1993, 150; näher dazu Art 25 Rn 691).

Turkmenistan 693

Schrifttum: FERID/FIRSCHING/WEISHAUPT, Internationales Erbrecht, Bd VI: Turkmenistan.

Die Republik Turkmenistan ist aus dem Zerfall der Union der Sozialistischen Sowjet- 694
republiken hervorgegangen. Während die Bundesrepublik im Verhältnis zu anderen
Nachfolgestaaten der früheren UdSSR durch Gemeinsame Erklärung oder Notenwechsel Übereinstimmung darüber erzielt hat, daß die zwischen der Bundesrepublik
und der früheren UdSSR geschlossenen völkerrechtlichen Verträge solange weiterhin angewandt werden sollen, bis beide Seiten etwas Abweichendes vereinbaren, ist
ein solcher Schritt im Verhältnis zu Turkmenistan bislang nicht erfolgt. Daher besteht
derzeit (1. 1. 2000) Unsicherheit darüber, ob der zwischen der Bundesrepublik und
der UdSSR geschlossene Konsularvertrag v 25. 4. 1958 (BGBl 1959 II 469, dazu Vorbem 191 ff zu Art 25 f), der in seinem Art 28 Abs 3 die Erbfolge in unbewegliches Vermögen dem Belegenheitsrecht unterwirft (vgl Rn 194), im Verhältnis zwischen der
Bundesrepublik und der Republik Turkmenistan fortgilt; zur völkerrechtlichen
Rechtslage vgl Vorbem 193 zu Art 25.

Der Rechtshilfevertrag v 19. 9. 1979, den die frühere UdSSR seinerzeit mit der DDR 695
geschlossen hatte und der auch erbrechtliche Kollisionsnormen enthielt (näher Art 25
Rn 608), ist mit der Herstellung der deutschen Einheit am 3. 10. 1990 erloschen (vgl
Art 25 Rn 614) und findet somit auch im Verhältnis zur Republik Turkmenistan keine
Anwendung mehr.

Turkmenistan ist Mitglied der Gemeinschaft Unabhängiger Staaten (GUS) und hat 696
die Konvention der Gemeinschaft Unabhängiger Staaten über Rechtshilfe und die
Beziehungen auf dem Gebiete des Zivil-, Familien- und Strafrechts am 28. 12. 1993
ratifiziert (BOGDANOVA Rev cr dr i pr 1997, 141; vgl auch MAJOROS Osteuroparecht 1998, 19 f). Die
Konvention enthält erbrechtliche Kollisionsnormen in ihren Art 44 ff, die im Verhältnis der GUS-Staaten untereinander Anwendung finden (Text in französischer Sprache
bei BOGDANOVA aaO 155). Die Erbfolge in bewegliches Vermögen richtet sich nach dem
Recht des letzten Erblasserwohnsitzes (Art 45 Abs 1), die Erbfolge in unbewegliches
Vermögen nach der lex rei sitae (Art 45 Abs 2).

Die vom Obersten Sowjet am 31. 5. 1991 beschlossenen neuen „Grundlagen der 697
Zivilgesetzgebung der Union der SSR und der Republiken" sind in Turkmenistan
nicht mehr in Kraft getreten (vgl BOGUSLAWSKIJ IPRax 1992, 403; FERID/FIRSCHING/WEIS-
HAUPT Grdz A Rn 10). Daher gelten dort zunächst noch die Kollisionsnormen des
Zivilgesetzbuchs der Turkmenischen Sowjetrepublik v 1. 7. 1964 weiter (vgl BOGU-
SLAWSKIJ IPRax 1992, 403), die in der Sache die entsprechenden Vorschriften der
„Grundlagen der Zivilgesetzgebung der UdSSR und der Unionsrepubliken" v
8. 12. 1961 übernommen haben. Der hier einschlägige Art 568 des turkmenischen
Zivilgesetzbuchs lautet (in der Übersetzung von FERID/FIRSCHING/WEISHAUPT Texte B):

Art 568 698
Erbrechtsverhältnisse bestimmen sich nach dem Recht des Landes, in dem der Erblasser seinen
letzten ständigen Wohnsitz hatte.

Die Fähigkeit einer Person, ein Testament zu errichten und zu widerrufen, sowie die Form des

Testaments und des Widerrufs bestimmen sich nach dem Recht des Landes, in dem der letzwillig Verfügende im Zeitpunkt der Errichtung oder des Widerrufs seinen ständigen Wohnsitz hatte. Das Testament oder sein Widerruf kann jedoch nicht wegen Formmangels als ungültig angesehen werden, wenn die Formvorschriften am Ort der Errichtung oder des Widerrufs oder die Anforderungen der sowjetischen Gesetze erfüllt sind.

Die Erbfolge in Gebäude, die sich in der UdSSR befinden, richtet sich in jedem Fall nach dem sowjetischen Recht. Hiernach bestimmt sich auch die Fähigkeit einer Person, ein Testament zu errichten oder es zu widerrufen sowie die diesbezügliche Form, wenn das zu vererbende Gebäude auf dem Territorium der UdSSR belegen ist.

699 Maßgebend ist danach das Recht des letzten Erblasserwohnsitzes (Art 568 Abs. 1). Für die Formgültigkeit der Testamente gilt alternativ Wohnsitzrecht, das Recht des Errichtungsortes oder turkmenisches Recht (Art 568 Abs 2). Das in Turkmenistan belegene unbewegliche Vermögen vererbt sich in jedem Fall nach Belegenheitsrecht (vgl Art 568 Abs 3).

700 Das *materielle Erbrecht* Turkmenistans ist in einem neuen Zivilgesetzbuch (Art 1128 ff) v 1.3.1999 enthalten (Text in englischer Sprache in : http://www.gtz.de/lexinfosys).

701 Uganda

Schrifttum: Mugerwa/Matovu, IntEncCompL, National Reports, Uganda.

Rechtsprechung: BayObLGZ 1995, 373.

702 Das Kollisionsrecht von Uganda beruht auf den Grundsätzen des Common Law (vgl Rn 200 ff).

703 Ukraine

Schrifttum : Ferid/Firsching/Bilinsky, Internationales Erbrecht, Bd VI: Ukraine.

704 Die Republik Ukraine ist aus dem Zerfall der Union der Sozialistischen Sowjetrepubliken hervorgegangen. Aufgrund einer Gemeinsamen Erklärung der Bundesrepublik Deutschland und der Republik Ukraine v 9.6.1993 stimmen beide Staaten darin überein, daß die zwischen der Bundesrepublik und der früheren UdSSR geschlossenen völkerrechtlichen Verträge im Verhältnis zwischen der Bundesrepublik und der Ukraine solange weiterhin angewandt werden sollen, bis beide Seiten etwas Abweichendes vereinbaren (BGBl 1993 II 1189). Damit gilt auch der zwischen der Bundesrepublik und der UdSSR geschlossene Konsularvertrag v 25.4.1958 (BGBl 1959 II 469, dazu Vorbem 191 zu Art 25 f) im Verhältnis zwischen der Bundesrepublik und der Ukraine fort. Dieser Vertrag enthält in seinem Art 28 Abs 3 eine erbrechtliche Kollisionsnorm, wonach „hinsichtlich der unbeweglichen Nachlaßgegenstände" die Rechtsvorschriften des Belegenheitsstaates Anwendung finden (näher Vorbem 194 zu Art 25 f). Diese Bestimmung geht gemäß Art 3 Abs 2 S 1 dem autonomen Kollisionsrecht vor. Die Rechtsnachfolge in den beweglichen Nachlaß wird dagegen von dem Konsularvertrag nicht geregelt; insoweit gelten die allgemeinen Vorschriften des jeweiligen nationalen IPR. Der Rechtshilfevertrag v 19. 9. 1979, den die frühere UdSSR seinerzeit mit der DDR geschlossen hatte und der auch erbrechtliche Kollisionsnormen enthielt (näher Art 25 Rn 608), ist mit der Herstellung der deutschen Einheit am 3. 10. 1990 erloschen (vgl Art 25 Rn 614) und findet somit auch im Verhältnis zur Ukraine keine Anwendung mehr.

Die Ukraine ist Mitglied der Gemeinschaft Unabhängiger Staaten (GUS) und hat die **705** Konvention der Gemeinschaft Unabhängiger Staaten über Rechtshilfe und die Beziehungen auf dem Gebiete des Zivil-, Familien- und Strafrechts am 10. 11. 1994 ratifiziert (BOGDANOVA Rev cr dr i pr 1997, 141; vgl auch MAJOROS Osteuroparecht 1998, 19 f). Die Konvention enthält erbrechtliche Kollisionsnormen in ihren Art 44 ff, die im Verhältnis der GUS-Staaten untereinander Anwendung finden (Text in französischer Sprache bei BOGDANOVA aaO 155). Die Erbfolge in bewegliches Vermögen richtet sich nach dem Recht des letzten Erblasserwohnsitzes (Art 45 Abs 1), die Erbfolge in unbewegliches Vermögen nach der lex rei sitae (Art 45 Abs 2).

Die vom Obersten Sowjet am 31. 5. 1991 beschlossenen neuen „Grundlagen der **706** Zivilgesetzgebung der Union der SSR und der Republiken" sind in der Ukraine nicht mehr in Kraft getreten (vgl BOGUSLAWSKIJ IPRax 1992, 403). Daher gelten dort die Kollisionsnormen des Zivilgesetzbuchs der Ukrainischen Sowjetrepublik v 1. 1. 1964 weiter (vgl BOGUSLAWSKIJ IPRax 1992, 403), die in der Sache die entsprechenden Vorschriften der „Grundlagen der Zivilgesetzgebung der UdSSR und der Unionsrepubliken" v 8. 12. 1961 übernommen haben. Der hier einschlägige Art 570 des ukrainischen Zivilgesetzbuchs lautet (nach FERID/FIRSCHING/BILINSKY Texte II 1):

Art 570 **707**
Die erbrechtlichen Verhältnisse werden durch das Gesetz des Staates bestimmt, in dem der Erblasser seinen letzten Wohnsitz hatte.

Die Fähigkeit einer Person, ein Testament zu errichten oder auzuheben, wird ebenso wie die die Form der Errichtung des Testaments und ihrer Aufhebung durch das Gesetz des Staates bestimmt, in dem der Testator im Zeitpunkt der Errichtung oder Aufhebung seinen Wohnsitz hatte. Ein Testament oder dessen Aufhebung kann jedoch wegen Nichtbeachtung der Form nicht als unwirksam angesehen werden, wenn diese den Erfordernissen des Orts der Vornahme der Rechtshandlung oder den Erfordernissen des sowjetischen Rechts genügt.

Das Erbrecht an den in der UdSSR belegenen Gebäuden wird in allen Fällen durch das sowjetische Gesetz bestimmt. Nach dem gleichen Gesetz richten sich auch die Fähigkeit einer Person, ein Testament zu errichten oder aufzuheben, sowie dessen Form, wenn testamentarisch über ein Gebäude, das in der UdSSR belegen ist, verfügt wird.

Maßgebend ist danach das Recht des letzten Erblasserwohnsitzes (Art 570 Abs 1). **708** Für die Formgültigkeit der Testamente gilt alternativ Wohnsitzrecht, das Recht des Errichtungsortes oder ukrainisches Recht (Art 570 Abs 2). Das in der Ukraine belegene unbewegliche Vermögen vererbt sich in jedem Fall nach Belegenheitsrecht (vgl Art 570 Abs 3)

709 Das *materielle Erbrecht* der Ukraine ist ebenfalls in dem ukrainischen Zivilgesetzbuch aus dem Jahre 1964 geregelt, das auch im Bereich des materiellen Erbrechts lediglich die „Grundlagen des Zivilrechts der UdSSR und der Unionsrepubliken" v 8. 12. 1961 umsetzt (Text: FERID/FIRSCHING/BILINSKY, Internationales Erbrecht, Bd VI: Ukraine, Texte Nr II 1).

710 Ungarn

Rechtsprechung: BayOblGZ 1965, 377; OLG Hamm IPRspr 1956/57 Nr 148 b; LG Memmingen IPRspr 1984 Nr 52.

Schrifttum: BENKÖ/PEUSTER, Grundzüge des ungarischen internationalen Privatrechts, Osteuroparecht 1980, 39; FARAGO, Das neue ungarische Erbrecht, öJBl 1962, 177; FERID/FIRSCHING/EMBER, Internationales Erbrecht, Erbrecht VI: Ungarn; KOVACS, IntEncCompL, National Reports, Hungary; JESSEL, Zur Kodifikation des ungarischen IPR, WGO 1979, 179; LEH, La codification du droit coutumier hongrois, Rev int dr comp 1960, 559; MARSCHALL, Die Testamentsformen nach ungarischem Recht, ZfRvgl 1966, 176; SZASZY, L'évolution des principes généraux du droit international privé dans les pays de democratie populaire, Rev crit dr i pr 1963, 1, 233; VÉKAS, Zur Kodifikation des ungarischen Internationalen Privatrechts, JbOstR 1979, 297; ders, Zur Kodifikation des ungarischen Internationalen Privatrechts, NJ 1981, 122; WEISS, JClDrComp, Hongrie; ZOLTAN, La nouvelle réglementation hongroise en droit international privé, Rev int dr comp 1980, 87.

Gutachten: PFAFF/WAEHLER, Gutachten zum Familien- und Erbrecht der Flüchtlinge und Umsiedler (1972) Nr 72–75; Deutsches Notarinstitut, Gutachten zum internationalen und ausländischen Privatrecht 1993 (1995) 144.

711 Ungarn hat mit einer Reihe osteuropäischer Staaten bilaterale Abkommen über die Rechtshilfe in Zivil-, Familien- und Strafsachen geschlossen, so etwa mit Bulgarien, der CSSR, Jugoslawien, Polen, Rumänien, der UdSSR. Im Verhältnis zur früheren DDR bestand ein Rechtshilfevertrag v 30. 10. 1957 (GBl DDR 1958 I 278), der auch erbrechtliche Kollisionsnormen enthielt (näher Art 25 Rn 607). Inzwischen hat die Regierung der Bundesrepublik nach Durchführung der in Art 12 Abs 2 EV vorgesehenen Konsultationen ausdrücklich festgestellt, daß dieser Vertrag mit der Herstellung der deutschen Einheit am 3. 10. 1990 erloschen ist (BGBl 1991 II 957, vgl Art 25 Rn 614). Staatsvertragliche Regelungen auf dem Gebiet des Erbrechts zwischen der Bundesrepublik Deutschland und Ungarn bestehen daher nicht.

712 Das ungarische IPR ist in einer am 1. 7. 1979 in Kraft getretenen Gesetzesverordnung Nr 13/1979 des Präsidialrates der Ungarischen Volksrepublik über das internationale Privatrecht enthalten. Das Erbkollisionsrecht findet sich in § 36 der Verordnung. Diese Bestimmung lautet (in der Übersetzung von BENKÖ/PEUSTER StAZ 1980, 78; vgl auch MAJOROS Rev crit dr i pr 1981, 158):

713 § 36

(1) Erbrechtsverhältnisse sind nach dem Recht zu beurteilen, das beim Tod eines Erblassers sein Personalstatut war. Dieses Recht ist auch für die Frage maßgeblich, inwiefern ein Ankauf der Erbschaft oder eine Verfügung über die erwartete Erbschaft möglich sind.

(2) Eine letztwillige Verfügung ist nach dem Recht zu beurteilen, das zum Todeszeitpunkt Personalstatut des Verstorbenen war. Eine Verfügung von Todes wegen und deren Zurücknahme ist formell wirksam, wenn sie dem ungarischen Recht oder

a) dem am Ort der Errichtung bzw am Ort der Zurücknahme geltenden Recht, oder

b) demjenigen Recht, das zur Zeit der Errichtung der letztwilligen Verfügung, zur Zeit ihrer Rücknahme oder zur Todeszeit des Erblassers dessen Personalstatut war, oder

c) demjenigen Recht, das zur Zeit der Errichtung der letztwilligen Verfügung, zur Zeit ihrer Rücknahme oder zur Todeszeit des Erblassers am Wohnort oder gewöhnlichen Aufenthaltsort des Erblassers galt oder

d) im Falle einer letztwilligen Verfügung, die sich auf eine unbewegliche Sache bezieht, dem Recht der belegenen Sache

entspricht.

Danach untersteht die Erbfolge dem letzten Personalstatut des Erblassers; das ist **714** gemäß § 11 Abs 1 S 1 der Verordnung „das Recht desjenigen Staates, dessen Staatsangehöriger er ist". Personalstatut eines ungarisch-ausländischen Doppelstaaters ist das ungarische Recht (§ 11 Abs 2). Personen mit mehreren ausländischen Staatsangehörigkeiten sowie Staatenlose werden nach dem Recht ihres Wohnsitzes bzw – wenn sie auch einen Wohnsitz in Ungarn haben – nach ungarischem Recht beurteilt; haben diese Personen mehrere Wohnsitze im Ausland, entscheidet die engste Beziehung zum Recht eines Staates (§ 11 Abs 3). Zur parallelen Anwendbarkeit deutschen Erb- und ungarischen Ehegüterrechts VÉKAS IPRax 1985, 24. Die Formgültigkeit einer letztwilligen Verfügung wird in § 36 Abs 2 alternativ angeknüpft. Die ungarischen Kollisionsnormen sprechen Sachnormverweisungen aus; ein Renvoi auf das ungarische Recht wird jedoch beachtet (§ 4).

Das *materielle Erbrecht* findet sich im ungarischen Bürgerlichen Gesetzbuch aus dem **715** Jahre 1960 idF v 1. 3. 1978 (dazu FERID/FIRSCHING/EMBER Texte Nr 1; WEISS Nr 95 ff).

Uruguay   716

Schrifttum: VESCOVI, IntEncCompL, National Reports, Uruguay; LISBONNE, JClDrComp, Uruguay; TIEDEMANN, Internationales Erbrecht in Deutschland und Lateinamerika (1993).

Im Verhältnis zu Argentinien und Paraguay gilt der Vertrag von Montevideo idF des **717** Jahres 1940 (vgl Rn 28). Den Código Bustamante (vgl Rn 84) hat Uruguay zwar gezeichnet, aber nicht ratifiziert. Staatsvertragliche Regelungen auf dem Gebiet des Erbrechts zwischen der Bundesrepublik Deutschland und Uruguay bestehen nicht.

Das autonome erbrechtliche Kollisionsrecht findet sich im Schlußtitel (beigefügt **718** 1941) zum Código civil aus dem Jahre 1868 (Übersetzung bei MAKAROV[3] 307).

Art 2400   719
Das Gesetz des Ortes, an welchem sich die Nachlaßgüter zum Zeitpunkt des Todes der Person, um deren Nachfolge es geht, befinden, beherrscht die gesamte gesetzliche oder testamentarische Erbfolge.

Für die Erbfolge wird demnach allseitig das Belegenheitsrecht berufen. Uruguayer **720**

können im Ausland entweder in öffentlicher Ortsform oder aber vor Konsularbeamten in der Form des uruguayischen Rechts testieren (Art 826 Cc).

721 Das *materielle Erbrecht* ist im Código civil aus dem Jahre 1868 geregelt (LISBONNE
Nr 190 ff).

722 Usbekistan

Schrifttum: FERID/FIRSCHING/WEISHAUPT, Internationales Erbrecht, Bd VII: Usbekistan; SAÏDOV, Le
système juridique de l'Ouzbékistan – Histoire et droit contemporaine, Rev Int Dr comp 1995, 883.

723 Die Republik Usbekistan ist aus dem Zerfall der Union der Sozialistischen Sowjetrepubliken hervorgegangen. In einer Gemeinsamen Erklärung v 25. 8. 1994 haben die
Bundesrepublik Deutschland und die Republik Usbekistan festgestellt, daß die zwischen der Bundesrepublik und der früheren UdSSR geschlossenen völkerrechtlichen
Verträge im Verhältnis zwischen der Bundesrepublik und der Republik Usbekistan
solange weiterhin angewandt werden sollen, bis beide Seiten etwas Abweichendes
vereinbaren (BGBl 1993 II 2038). Damit gilt auch der zwischen der Bundesrepublik
und der UdSSR geschlossene Konsularvertrag v 25. 4. 1958 (BGBl 1959 II 469, dazu
Vorbem 192 ff zu Art 25 f) im Verhältnis zwischen der Bundesrepublik und Usbekistan
fort. Dieser Vertrag enthält in seinem Art 28 Abs 3 eine erbrechtliche Kollisionsnorm, wonach „hinsichtlich der unbeweglichen Nachlaßgegenstände" die Rechtsvorschriften des Belegenheitsstaates Anwendung finden (näher Vorbem 194 zu Art 25 f).
Diese Bestimmung geht gemäß Art 3 Abs 2 S 1 dem autonomen Kollisionsrecht
vor. Die Rechtsnachfolge in den beweglichen Nachlaß wird dagegen von dem Konsularvertrag nicht geregelt; insoweit gelten die allgemeinen Vorschriften des jeweiligen nationalen IPR. Der Rechtshilfevertrag v 19. 9. 1979, den die frühere UdSSR
seinerzeit mit der DDR geschlossen hatte und der auch erbrechtliche Kollisionsnormen enthielt (näher Art 25 Rn 608), ist mit der Herstellung der deutschen Einheit am
3. 10. 1990 erloschen (vgl Art 25 Rn 614) und findet somit auch im Verhältnis zur Usbekischen Republik keine Anwendung mehr.

724 Usbekistan ist Mitglied der Gemeinschaft Unabhängiger Staaten (GUS) und hat die
Konvention der Gemeinschaft Unabhängiger Staaten über Rechtshilfe und die
Beziehungen auf dem Gebiete des Zivil-, Familien- und Strafrechts am 6. 5. 1993
ratifiziert (BOGDANOVA Rev cr dr i pr 1997, 141; vgl auch MAJOROS Osteuroparecht 1998, 19 f).
Die Konvention enthält erbrechtliche Kollisionsnormen in ihren Art 44 ff, die im
Verhältnis der GUS-Staaten untereinander Anwendung finden (Text in französischer
Sprache bei BOGDANOVA aaO 155). Die Erbfolge in bewegliches Vermögen richtet sich
nach dem Recht des letzten Erblasserwohnsitzes (Art 45 Abs 1), die Erbfolge in
unbewegliches Vermögen nach der lex rei sitae (Art 45 Abs 2).

725 Das autonome Internationale Privatrecht Usbekistans findet sich im Abschnitt VI
(Kapitel 70 u 71) des neuen Zivilgesetzbuchs aus dem Jahre 1997. Die erbrechtlichen
Kollisionsnormen lauten (in der Übersetzung von TOBIAS STÜDEMANN; vgl auch NUSSBERGER,
in: KROPHOLLER/KRÜGER/RIERING/SAMTLEBEN/SIEHR 955).

Artikel 1197. Rechtsbeziehungen bei der Erbschaft   **726**

Erbrechtliche Verhältnisse werden vorbehaltlich der Art 1198 und 1199 dieses Gesetzbuches nach dem Recht des Landes bestimmt, in dem der Erblasser seinen letzten dauernden Wohnsitz hatte, sofern der Erblasser nicht in seinem Testament das Recht des Landes gewählt hat, dessen Staatsangehöriger er ist.

Artikel 1198. Fähigkeit von Personen zur Errichtung und Aufhebung eines Testaments, Form eines Testaments und seiner Aufhebung

Die Fähigkeit einer Person zur Errichtung und zum Widerruf eines Testaments, die Form eines Testaments sowie eines Widerrufs werden vom Recht des Landes bestimmt, in dem der Erblasser zum Zeitpunkt der Errichtung seinen dauernden Wohnsitz hatte, sofern der Erblasser nicht in seinem Testament das Recht des Landes gewählt hat, dessen Staatsangehöriger er ist. Jedoch können ein Testament oder ein Widerruf nicht wegen Nichtbeachtung der Form für ungültig erklärt werden, wenn sie den Erfordernissen des Errichtungsortes oder den Erfordernissen des Rechts der Usbekischen Republik entsprechen.

Artikel 1199. Vererbung von unbeweglichen Sachen und Sachen, die in das staatliche Register einzutragen sind.

Die Vererbung von unbeweglichem Eigentum wird von dem Recht des Landes geregelt, in dem sich dieses Eigentum befindet. Eigentum, das in das staatliche Register Usbekistans eingetragen ist, vererbt sich nach dem Recht der Usbekischen Republik.

Danach richtet sich die Erbfolge grundsätzlich nach dem Recht des letzten Erblasser- **727** wohnsitzes; der Erblasser kann testamentarisch für die Anwendbarkeit seines Heimatrechts optieren (Art 1197). Unbewegliches Vermögen vererbt sich nach dem Recht des Lageortes (Art 1199). Testierfähigkeit und Testamentsform unterliegen grundsätzlich dem Wohnsitzrecht zum Zeitpunkt der Errichtung (Art 1198 S 1). Darüber hinaus sind die Errichtung sowie der Widerruf eines Testaments formgültig, wenn die Formvorschriften des Errichtungsortes oder des usbekischen Rechts eingehalten werden (Art 1198 S 2).

Vatikan   **728**

Schrifttum: FERID/FIRSCHING/CIPROTTI, Internationales Erbrecht, Bd VII: Vatikan.

Im Internationalen Erbrecht des Vatikan gilt das Staatsangehörigkeitsprinzip und der **729** Grundsatz der Nachlaßeinheit. Das materielle Erbrecht findet sich im Codice civile de Regno d'Italia aus dem Jahre 1865.

Venezuela   **730**

Schrifttum: BREWER-CARIAS, IntEncCompL, National Reports, Venezuela; HERNÁNDEZ-BRETÓN, Neues venezolanisches Gesetz über das Internationale Privatrecht, IPRax 1999, 194; LISBONNE, JClDrComp, Vénézuela; LOMBARD, American-Venezuelan Private International Law (1965); PARRA-ARANGUREN, La loi vénézuélienne de 1998 sur le droit international privé, Rev crit dr i pr 1999, 209; TIEDEMANN, Internationales Erbrecht in Deutschland und Lateinamerika (1993).

Gutachten: IPG 1983 Nr 33 (Hamburg); 1997 Nr 39a (Hamburg).

Rechtsprechung: LG Frankfurt aM/Main IPRspr 1997 Nr 122.

731 Venezuela hat den Staatsvertrag über Internationales Privatrecht von Havanna aus dem Jahre 1928 (Código Bustamante) ratifiziert (vgl dazu Rn 84). Staatsvertragliche Regelungen auf dem Gebiet des Erbrechts zwischen der Bundesrepublik Deutschland und Venezuela bestehen nicht.

732 Das Internationale Privatrecht Venezuelas ist in einem am 6. 2. 1999 in Kraft getretenen Gesetz über das Internationale Privatrecht enthalten. Die erbrechtlichen Kollisionsnormen lauten (in der Übersetzung von SAMTLEBEN IPRax 1999, 198; vgl auch den Text in Rev crit dr i pr 1999, 392):

733 **Art 34**
Die Erbschaften richten sich nach dem Wohnsitzrecht des Erblassers.

Art 35
Die Nachkommen, die Vorfahren und der überlebende Ehegatte, der nicht in gesetzlicher Gütertrennung lebt, können in jedem Fall an dem in der Republik belegenen Vermögen das Noterbrecht durchsetzen, das ihnen das venezolanische Recht gewährt.

Art 36
Im Fall, daß gemäß dem maßgebenden Recht das Erbschaftsvermögen dem Staat zusteht, oder im Fall, daß die Erben nicht vorhanden oder unbekannt sind, geht das in der Republik belegene Vermögen in das Besitztum der venezolanischen Nation über.

734 Maßgebend ist danach das Recht des letzten Erblasserwohnsitzes (Art 34), dh das Recht des Staates, in dem der Erblasser seinen letzten gewöhnlichen Aufenthalt gehabt hat (Art 11). Nahen Angehörigen steht an dem in Venezuela belegenen Nachlaß in jedem Fall ein Noterbrecht nach venezuelanischem Recht zu (Art 35). Testamente sind nach der allgemeinen Regel zur Formanknüpfung gültig, wenn sie entweder dem Recht des Errichtungsortes, dem in der Sache maßgebenden Recht oder dem Recht des Wohnsitzes des Testators entsprechen (Art 37).

735 Zur Rechtslage vor Inkrafttreten des IPR-Gesetzes vgl TIEDEMANN 129 ff; LG Frankfurt aM IPRspr 1997 Nr 122 (Renvoi auf Belegenheitsrecht).

736 Das *materielle Erbrecht* Venezuelas ist im Código civil aus dem Jahre 1942 geregelt.

737 **Vereinigte Arabische Emirate**

Schrifttum: ABU-SAHLIEH, Dispositions relatives au droit international privé dans le code de transactions civiles des Emirats arabes unis, Rev crit dr i pr 1986, 390; ALBAHARNA, IntEncCompL, National Reports, United Arab Emirats; KRÜGER/KÜPPER, Das internationale Privatrecht der Vereinigten Arabischen Emirate, IPRax 1986, 389.

738 Staatsvertragliche Regelungen auf dem Gebiet des Erbrechts zwischen der Bundesrepublik Deutschland und den Vereinigten Arabischen Emiraten bestehen nicht. Das autonome IPR der VAE (zum Folgenden KRÜGER/KÜPPERS IPRax 1986, 389) ist in einem am 30. 3. 1986 in Kraft getretenen Zivilgesetzbuch enthalten und orientiert sich an den entsprechenden Vorschriften des ägyptischen Rechts (dazu Rn 3). Die hier einschlägige Bestimmung des Erbkollisionsrechts lautet (in der Übersetzung von KRÜGER/KÜPPERS 391; vgl auch ABU-SAHLIEH, Rev crit dr i pr 1986, 392):

Art 17 739

1. Für die Erbfolge gilt das [Heimat-]Recht des Erblassers zur Zeit seines Todes.

2. Auf den Staat gehen die auf seinem Territorium belegenen Vermögensrechte dessen über, der – insbesondere im Fall eines Ausländers – keinen Erben hat.

3. Auf die materiellrechtlichen Bestimmungen über das Testament und die übrigen Verfügungen von Todes wegen wird das Recht des Staates angewandt, dessen Staatsangehörigkeit der Verfügende zZ seines Todes besessen hat.

4. Für die Form des Testaments und der übrigen Verfügungen von Todes wegen gilt das Recht des Staates, dessen Staatsangehörigkeit der Verfügende zZ ihrer Errichtung besessen hat oder das Recht des Staates, in dem die Verfügung getroffen worden ist.

5. Das Recht der VAE gilt hinsichtlich des Testaments eines Ausländers über seine im Staat belegenen Immobilien.

Angeknüpft wird demnach an die Staatsangehörigkeit des Erblassers (Art 17 Nr 1 740 u 3). Die Formgültigkeit der Verfügungen von Todes wegen unterliegt alternativ dem Heimatrecht oder dem Recht des Errichtungsortes (Nr 4). Auf Staatenlose sowie Doppelstaater findet das Recht der VAE Anwendung; und zwar im letzten Fall sowohl, wenn die betreffende Person (auch) die Staatsangehörigkeit der VAE besitzt, als auch dann, wenn sie mehreren ausländischen Staaten angehört (Art 24). Bei Verweisungen auf Mehrrechtsstaaten entscheidet über die Unteranknüpfung in erster Linie das interne Recht des berufenen Staates, hilfsweise wird „die vorherrschende Rechtsordnung oder das Recht des Wohnsitzes" angewandt (Art 25). Bei den Kollisionsnormen der VAE handelt es sich zwar grundsätzlich um Sachnormverweisungen (Art 26 Nr 1), jedoch wird eine Rückverweisung auf das Recht der VAE befolgt (Art 26 Nr 2). Das Recht der VAE wird herangezogen, wenn es nicht möglich ist, ein fremdes Recht zu ermitteln oder seine Bedeutung zu bestimmen (Art 28).

Das *materielle Erbrecht* ist teilweise im Zivilgesetzbuch im Zusammenhang mit den 741 Bestimmungen über den Eigentumserwerb geregelt. Im übrigen sind Sondergesetze sowie die Regeln der islamisch-malikitischen Rechtsschule heranzuziehen (KRÜGER/ KÜPPERS 390).

Vereinigte Staaten von Amerika (USA) 742

Rechtsprechung: BGHZ 24, 352 = NJW 1957, 1316 = MDR 1957, 733 (Anm THIEME); BGH NJW 1959, 1317 = RabelsZ 1960, 313 (Anm KNAUER); BGH IPRspr 1988 Nr 115 = NJW 1989, 2197; FamRZ 1967, 473; WM 1968, 1170; MDR 1989, 526; BFH IPRspr 1984 Nr 4; 1986 Nr 112;

1988 Nr 134; WM 1988, 1679; IPRspr 1977 Nr 120; BayObLGZ 1958, 34; 1966, 115; 1967, 418; 1974, 223; 1980, 42; BayOblG IPRspr 1980 Nr 124 = IPRax 1982, 111 (Anm FIRSCHING 98); IPRspr 1983 Nr 118; KG IPRspr 1968/69 Nr 163; IPRspr 1972 Nr 123; OLG Dresden IPRspr 1931 Nr 95; OLG Frankfurt aM IPRspr 1958/59 Nr 145 = DNotZ 1959, 354 (Anm FIRSCHING); IPRspr 1962/63 Nr 146; DNotZ 1972, 543; OLG Celle IPRspr 1958/59 Nr 148; OLG Karlsruhe IPRspr 1989 Nr 164 = NJW 1990, 1420 = IPRax 1990, 407, 389; OLG München WM 1967, 812; OLG Brandenburg FamRZ 1998, 985; LG München IPRspr 1958/59 Nr 144 = DNotZ 1959, 355 (Anm FIRSCHING); IPRspr 1966/67 Nr 20; LG Kassel IPRspr 1958/59 Nr 146; LG Wiesbaden IPRspr 1960/61 Nr 138; LG Berlin IPRspr 1964/65 Nr 170; LG Bamberg IPRspr 1976 Nr 155; LG Hamburg IPRspr 1977 Nr 104; IPRspr 1980 Nr 190; LG Köln IPRspr 1977 Nr 120.

Schrifttum: BEITZKE, Zum deutschen Erbrecht einer amerikanischen Adoptivnichte, IPRax 1990, 36; BIRMELIN, Die Beibehaltung der Erbschaftsverwaltung anglo-amerikanischen Rechts (administration) im deutschen Rechtsbereich als Beispiel der Anpassung (Diss Mainz 1962); BONDZIO, Zum Internationalen Ehegüter- und Ehegattenerbrecht der Vereinigten Staaten von Amerika (1964); BUCHFINK, Neuere Entwicklungen im Erbrecht des überlebenden Ehegatten bei Interstatserbfolge in den 50 Bundesstaaten der U.S.A. und in Washington D.C. (Diss Regensburg 1994); CZERMAK, Der express trust im internationalen Privatrecht (1986); ders, Die Joint Tenancy im Internationalen Privatrecht, ZVglRW 1988, 58; CLAUNITZER, Die güter- und erbrechtliche Stellung des überlebenden Ehegatten nach den Kollisionsrechten der Bundesrepublik Deutschland und der USA (1986); DOMKE, Zur Ausschlagung von Rechten Deutscher an amerikanischen Nachlässen, JZ 1952, 741; DROBNIG, American-German Private International Law (1972); FERID, Die Bedeutung der „joint tenancy" für deutsches Nachlaßvermögen beweglicher und unbeweglicher Art bei Erbfällen nach Amerikanern, DNotZ 1964, 517; FERID/FIRSCHING Internationales Erbrecht, Bd VII: USA; FIRSCHING, Deutsch-amerikanische Erbfälle (1965); ders, Testamentsvollstrecker – executor – trustee, DNotZ 1959, 354; ders, Joint tenancy im internationalen Erbrecht – Erbscheinsverfahren nach einem ausländischen (hier: US-)Erblasser, IPRax 1982, 98; FLICK/PILTZ Rn 976 ff; HARNIK, Erbrecht, Verlassenschaftsabhandlung und Erbschaftssteuer in den USA, ZfRvgl 1963, 52; ders, Das Testamentsrecht des Staates New York, ZfRvgl 1964, 224; HEBING, Neue Aspekte deutsch-US-amerikanischer Nachlaßplanung, RIW/AWD 1981, 237; HELMAN, Deutsch-amerikanische Nachlaßplanung: „Aufräumung" nach dem TAMRA-„Überfall", RIW 1989, 207; HENRICH, Die Behandlung von joint tenancies bei der Abwicklung von Nachlässen in Deutschland, in: FS Riesenfeld (1983) 103; HEPP, Der amerikanische Testiervertrag – contract to make a will – aus der Sicht des deutschen Rechts (1991); JAYME, Neue Kodifikation des Internationalen Privatrechts in Louisiana, IPRax 1993, 56; KIETHE, Das Gemeinschaftskonto (joint bank account) von Ehegatten als Testamentsersatz im Recht der Vereinigten Staaten von Amerika (Diss Kiel 1971); KLEBS, Kennt das Erbrecht der USA keinen Pflichtteil?, BWNotZ 1982, 164; KÜHLEWEIN, Die Erbscheinserteilung nach Ausschlagung amerikanischer Erben, NJW 1963, 142; MARX, Die Grundlagen des amerikanischen Erbrechts und die Ausstellung eines Teilerbscheins nach § 2369 BGB, NJW 1953, 529; ders, Die Fassung von Erbscheinen bei Vorhandensein eines Trusts nach angelsächsischem Recht, RzW 1958, 86; NEUHAUS/GÜNDISCH, Gemeinschaftliche Testamente amerikanischer Erblasser, RabelsZ 1956, 550; vOERTZEN/SEIDENFUS, Ausgewählte Zivilrechtsfragen deutsch-amerikanischer Nachfolgeplanungen, ZEV 1996, 210; REBOUL, JClDrComp, Etats-Unis d'Amérique (Fasc 2); SCHACK, Die verfahrensmäßige Behandlung von Nachlässen im anglo-amerikanischen und internationalen Zivilverfahrensrecht, in: SCHLOSSER (Hrsg), Die Informationsbeschaffung für den Zivilprozeß – Die verfahrensmäßige Behandlung von Nachlässen, ausländisches Recht und Internationales Zivilprozeßrecht (1996) 241; SCHECK, Der Testamentsvollstrecker im IPR, unter besonderer Berücksichtigung des US-amerikanischen Rechts (Diss Mainz 1977); SCHERMUTZKI, Die gesetzliche Stellung des überlebenden Ehegatten im Recht der Common Law Staaten der USA (Diss München 1967); SCHURIG, Erbstatut, Güterrechtsstatut, gespaltenes Vermögen und ein Pyrrhussieg, IPRax 1990, 389; SCHWENN, Die Anwendung der §§ 2369 und 2368 BGB auf Erbfälle mit englischem oder amerikanischem Erbstatut, NJW 1952, 1113; ders, Die Erteilung eines Erbscheins nach § 2369 in deutsch-amerikanischen Nachlaßfällen, NJW 1953, 1580; SYMONIDES, Louisiana's Draft on Sucessions and Marital Property, AmJCompL 1987, 259; TETIWA, Grundzüge, Entstehung und Bedeutung des „estate planning" (Nachlaßplanung) im Recht der USA (Diss Münster 1975); TZSCHUCKE, Das Pflichtteilsrecht in den Vereinigten Staaten von Amerika (Diss Köln 1969); WALTER, Steuerprobleme bei deutsch-amerikanischen Erbfällen, RIW/AWD 1975, 205; ders, Tamra: Neues Risiko für deutsch-amerikanische Nachlaßplaner, RIW 1990, 955; WALTER/HELMAN, Betrachtungen zur Planung deutsch-amerikanischer Nachlässe, ZVglRW 1986, 359; WEISS, Die Verfügungsgewalt des Erben nach amerikanischem Recht über Wiedergutmachungsansprüche, RzW 1964, 347; WENGLER, Erbrecht von deutschen Staatsangehörigen in den USA, JR 1951, 1; WOHLGEMUTH, Der Status New Yorker Erbschaftsverwalter (administrators) im deutschen Nachlaßverfahren, MittRhNotK 1992, 101.

Gutachten: IPG 1965/66 Nr 24 (Hamburg); 1965/66 Nr 51 (München); 1965/66 Nr 61 (Hamburg); 1965/66 Nr 62 (München); 1965/66 Nr 66 (Kiel); 1965/66 Nr 67 (Köln); 1965/66 Nr 68 (München); 1965/66 Nr 73 (Hamburg); 1967/68 Nr 65 (Köln); 1967/68 Nr 66 (Hamburg); 1967/68 Nr 74 (Köln); 1967/68 Nr 78 (Heidelberg); 1967/68 Nr 79 (Hamburg); 1969 Nr 31 (Köln); 1970 Nr 33 (Heidelberg); 1970 Nr 37 (Heidelberg); 1971 Nr 36 (Köln); 1972 Nr 33 (München); 1972 Nr 34 (Freiburg); 1973 Nr 41 (Köln); 1974 Nr 32 (Freiburg); 1976 Nr 41 (Freiburg); 1976 Nr 42 (München); 1977 Nr 33 (Heidelberg); 1982 Nr 32 (München); 1983 Nr 36 (Heidelberg); 1984 Nr 40 (München); 1987/88 Nr 47 (Berlin); 1996 Nr 42 (Hamburg); 1997 Nr 43 (Köln); WENGLER, Gutachten zum internationalen und ausländischen Familien- und Erbrecht II (1971) Nr 75, 79, 81, 100, 103, 104, 108, 109, 110, 114, 117, 126; DIV-Gutachten ZfJ 1988, 87; 1988, 461; ZfJ 1990, 66; ZfJ 1990, 520; ZfJ 1990, 798; 1992, 86; Deutsches Notarinstitut, Gutachten zum internationalen und ausländischen Privatrecht 1993 (1995) 257.

Rechtsprechung und Gutachten nach Bundesstaaten geordnet: 743

Alabama: DIV-Gutachten ZfJ 1990, 66.

Georgia: DIV-Gutachten ZfJ 1988, 87; ZfJ 1990, 798.

Illinois: BGH FamRZ 1967, 473; IPG 1982 Nr 32 (München); IPG 1967/68 Nr 79 (Bonn).

Kalifornien: BGHZ 24, 352 = NJW 1957, 1316 = MDR 1957 (Anm THIEME); BayObLGZ 1958, 34; 1966, 115; OLG Celle IPRspr 1958/59 Nr 148; IPG 1965/66 Nr 62 (München); 1965/66 Nr 66 (Kiel); 1967/68 Nr 65 (Köln); 1967/68 Nr 78 (Heidelberg); 1971 Nr 36 (Köln); 1977 Nr 33 (Heidelberg); 1996 Nr 42 (Hamburg); 1997 Nr 43 (Köln).

Kentucky: BayObLGZ 1967, 418.

Louisiana: BFH IPRspr 1977 Nr 120; vgl im übrigen Rn 661.

Maryland: BGH IPRspr 1988 Nr 115 = NJW 1989, 2197; ZfJ 1990, 520.

Massachusetts: IPG 1969 Nr 31 (Köln); 1972 Nr 33 (München).

Michigan: IPG 1983 Nr 36 (Heidelberg); 1972 Nr 34 (Freiburg).

Missouri: OLG Frankfurt aM IPRspr 1958/59 Nr 145 = DNotZ 1959, 354 (Anm FIRSCHING); IPRspr 1962/63 Nr 146; LG Wiesbaden IPRspr 1960/61 Nr 138; IPG 1974 Nr 32 (Freiburg).

Nebraska: IPG 1984 Nr 40 (München).

New Jersey: BayObLGZ 1980, 42; BayObLG IPRspr 1980 Nr 124 = IPRax 1982, 111; OLG Dresden IPRspr 1931 Nr 95; LG Hamburg IPRspr 1980 Nr 190; IPG 1987/88 Nr 47 (Berlin); 1967/68 Nr 66 (Hamburg); 1967/68 Nr 74 (Köln); Deutsches Notarinstitut, Gutachten zum internationalen und ausländischen Privatrecht 1993 (1995) 257.

New York: BGH WM 1968, 1170; WM 1976, 811; BFH IPRspr 1984 Nr 4; 1986 Nr 112; 1988 Nr 134; BayObLGZ 1967, 418; BayObLG IPRspr 1983 Nr 118; KG IPRspr 1968/69 Nr 163; IPRspr 1972 Nr 123; OLG München WM 1967, 812; OLG Brandenburg FamRZ 1998, 985; LG München IPRspr 1958/59 Nr 144 = DNotZ 1959, 355 (Anm FIRSCHING); LG Berlin IPRspr 1964/65 Nr 170; LG Hamburg IPRspr 1977 Nr 104; IPG 1965/66 Nr 61 (Hamburg); 1965/66 Nr 67 (Köln); 1973 Nr 41 (Köln); 1976 Nr 41 (Freiburg); vgl im übrigen Rn 660.

Oklahoma: LG Kassel IPRspr 1958/59 Nr 146.

Oregon: IPG 1965/66 Nr 51 (München); DIV-Gutachten ZfJ 1988, 461.

Pennsylvania: LG München IPRspr 1966/67 Nr 20; IPG 1965/66 Nr 68 (München).

South Carolina: LG Bamberg IPRspr 1976 Nr 155.

Texas: OLG Karlsruhe IPRspr 1989 Nr 164 = NJW 1990, 1420 = IPRax 1990, 407, 389; DIV-Gutachten ZfJ 1992, 86.

Washington/DC: IPG 1976 Nr 42 (München).

Wisconsin: BayObLGZ 1974, 223.

744 Die Vereinigten Staaten haben das Haager Trust-Übereinkommen v 1.7.1985 (Rn 129 ff) gezeichnet. Staatsvertragliche Regelungen auf dem Gebiet des Erbrechts zwischen der Bundesrepublik Deutschland und den USA bestehen nicht. Der Freundschafts-, Handels- und Schiffahrtsvertrag v 29.10.1954 (BGBl 1956 II 487, dazu Vorbem 207 zu Art 25 f) sowie der teilweise noch fortgeltende Freundschafts-, Handels- und Konsularvertrag v 8.12.1923 (RGBl 1925 II 795; 1935 II 743; BGBl 1954 II 721, vgl Vorbem 208 zu Art 25 f) enthalten keine erbrechtlichen Kollisionsnormen.

745 Die Vereinigten Staaten sind ein Mehrrechtsstaat; jeder Bundesstaat kennt ein eigenes materielles Erbrecht. Verweist das deutsche IPR daher zB in seinem Art 25 Abs 1 auf das Recht der Vereinigten Staaten, muß zunächst die maßgebende Teilrechtsordnung durch eine Unteranknüpfung gemäß Art 4 Abs 3 ermittelt werden. Da die

USA auch über kein gesamtstaatliches Interlokales Recht verfügen, erfolgt die Bestimmung der maßgebenden Teilrechtsordnung im Erbrecht gemäß Art 4 Abs 3 S 2 durch eine Anknüpfung an die engste Verbindung (vgl Art 25 Rn 657). Damit gelangt regelmäßig das Recht des Bundesstaates zur Anwendung, in welcher der Erblasser bzw Testator seinen (letzten) gewöhnlichen Aufenthalt hatte.

Das Erbkollisionsrecht sämtlicher Bundesstaaten folgt dem aus dem Common Law **746** übernommenen Grundsatz der Nachlaßspaltung: Danach unterliegt die Erbfolge in beweglichen Nachlaß (movables) dem Recht des letzten Domizils des Erblassers, die in immovables der lex rei sitae. Dieses sowohl für die testamentarische als auch die gesetzliche Erbfolge geltende Prinzip wird durch die Gesetzgebung der einzelnen Jurisdiktionen bestätigt:

So lauten zB die einschlägigen Bestimmungen des New Yorker Estates, Powers und **747** Trusts Law (EPTL, abgedruckt bei FERID/FIRSCHING Texte III Nr 30 a New York):

§ 3–5.1b (1) und (2)

. . .

„(b) Subject to the other provisions of this section:

(1) The formal validity, intrinsic validity, effect, interpretation, revocation or alteration of a testamentary disposition of real property, and the manner in which such property descends when not disposed of by will, are determined by the law of the jurisdiction in which the land is situated.
(2) The intrinsic validity, effect, revocation or alteration of a testamentary disposition of personal property, and the manner in which such property devolves when not disposed of by will, are determined by the law of the jurisdiction in which the decedent was domiciled at death.“

Das Internationale Erbrecht des Bundesstaates *Louisiana* ist durch ein am 1. 1. 1992 **748** in Kraft getretenes und in den Civil Code von Louisiana eingefügte IPR-Gesetz kodifiziert worden (vgl näher JAYME IPRax 1993, 56 ff; deutsche Übersetzung von IVERSEN, in: KROPHOLLER/KRÜGER/RIERING/SAMTLEBEN/SIEHR 1013 ff):

Art 3528. Formal validity of testamentary dispositions
A testamentary disposition is valid as to form if it is in writing and is made in conformity with: (1) the law of this state; or (2) the law of the state of making at the time of making; or (3) the law of the state in which the testator was domiciled at the time of making or at the time of death; or (4) with regard to immovables, the law that would be applied by the courts of the state in which the immovables are situated.

Art 3529. Capacity and vices of consent
A person ist capable of making a testament if, at the time of making the testament, he possessed that capacity under the law of the state in which he was domiciled either at that time or at the time of death.

If the testator was capable of making the testament under the law of both states, his will contained in the testament shall be held free of vices if it would be so held under the law of at least one of those states.

Heinrich Dörner

If the testator was capable of making the testament under the law of only one of the states specified in the first paragraph, his will contained in the testament shall be held free of vices only if it would be so held under the law of that state.

Article 3530. Capacity of heir or legatee
The capacity or unworthiness of an heir or legatee is determined in accordance with the law of the state in which the deceased was domiciled at the time of his death.

Nevertheless, with regard to immovables situated in this state, the legatee must qualify as a person under the law of this state.

Article 3531. Interpretation of testaments
The meaning of words and phrases used in a testament is determined according to the law of the state expressly designated by the testator for that purpose, or clearly contemplated by him at the time of making the testament, and, in the absence of such an express or implied selection, according to the law of the state in which the testator was domiciled at the time of making the testament.

Article 3532. Movables
Except as otherwise provided in this Title, testate and intestate succession to movables is governed by the law of the state in which the deceased was domiciled at the time of death.

Article 3533. Immovables situated in this state
Except as otherwise provided in this Title, testate and intestate succession to immovables situated in this state is governed by the law of this state.

The forced heirship law of this state does not apply if the deceased was domiciled outside this state at the time of death and at the time he acquired the immovable and he left no forced heirs domiciled in this state at the time of his death.

Article 3534. Immovables situated in another state
Except as otherwise provided in this Title, testate and intestate succession to immovables situated in another state is governed by the law that would be applied by the cours of that state.

If the deceased died domiciled in this state and left at least one forced heir who at the time was domiciled in this state, the value of those immovables shall be included in calculating the disposable portion and in satisfying the legitime.

749 Eine Besonderheit kennt das Recht des Bundesstaates *Mississippi* (§ 91.1.1. Mississippi Code 1972) insofern, als es die gesetzliche Erbfolge in beweglichen Nachlaß, soweit dieser in Mississippi gelegen ist, dem Rechte von Mississippi unterstellt.

750 Unter einem „domicile" ist nach dem – im wesentlichen übereinstimmenden – Verständnis der US-amerikanischen Bundesstaaten der Ort zu verstehen, zu dem eine Person die engste Beziehung hat, dh an welchem sich ihr „home" befindet. Das „home" einer Person liegt dort, wo sie sich aufhält und wo sich der Mittelpunkt ihres familiären und sozialen Lebens liegt. Ein einmal erworbenes Domizil bleibt so lange bestehen, bis ein neues erworben wird. Zum Erwerb eines Wahldomizils ist erforderlich, daß sich eine Person im Bereich des neuen „domicile" (regelmäßig eine gewisse Zeit) aufhält und sie die Absicht hat, dort für immer oder doch für einen nicht von vornherein begrenzten Zeitraum zu leben (vgl die Zusammenstellung der einschlägigen Rechtsregeln im Restatement of the Law [2d] Conflict of Laws [2d], hrsg vom American Law Institute, Bd 1 [1979] §§ 11 ff).

Die Qualifikation einer Sache als „beweglich" oder „unbeweglich" wird aufgrund **751** einer Qualifikationsverweisung der lex rei sitae überlassen (vgl FERID/FIRSCHING Grdz Rn 36 b u dazu Art 25 Rn 622; zur Qualifikation nach deutschem Recht s Art 25 Rn 477 ff).

Die vorangehend skizzierten Regeln, insbesondere die nach der Art der Nachlaß- **752** gegenstände unterscheidende Erbfolge, betreffen die *Nachlaßverteilung* (succession); davon zu unterscheiden ist im US-amerikanischen Kollisionsrecht der Bereich der *Nachlaßabwicklung* (administration). Zur kollisionsrechtlichen Behandlung vgl die Ausführungen in Rn 185 (ferner bereits Art 25 Rn 107, 631, 647, 871 f); zu den erbscheins-rechtlichen Konsequenzen s Art 25 Rn 853, 855.

Das *materielle Erbrecht* der US-Bundesstaaten findet sich in den einzelnen State **753** Statutes (dazu FERID/FIRSCHING Bd VII Texte III).

Vietnam **754**

Schrifttum: RAUSCHER/HONG PHAN-HUY, Das vietnamesische Zivilgesetzbuch vom 28. 10. 1995, ZvglRWiss 1998, 340.

Staatsvertragliche Regelungen im Verhältnis zu Vietnam bestehen nicht. Der Rechts- **755** hilfevertrag v 15. 12. 1980, den die Sozialistische Republik Vietnam mit der früheren DDR geschlossen hatte und der auch erbrechtliche Kollisionsnormen enthielt (näher Art 25 Rn 610), findet keine Anwendung mehr (vgl näher Art 25 Rn 614).

Das Internationale Privatrecht der Sozialistischen Republik Vietnam ist bruchstück- **756** haft im Zivilgesetzbuch aus dem Jahre 1996 und im Ehe- und Familiengesetz aus dem Jahre 1993 geregelt (vgl die Übersetzung von MASSMANN, in: KROPHOLLER/KRÜGER/RIERING/ SAMTLEBEN/SIEHR 1034 ff). Erbrechtliche Kollisionsnormen enthalten diese Gesetze nicht. Da sie aber im Internationalen Personen- und Familienrecht an die Staatsan-gehörigkeit der Beteiligten anknüpfen und auch in dem mit der DDR geschlossenen Rechtshilfevertrag (Art 25 Rn 610) die erbrechtlichen Beziehungen dem Heimat-recht der Beteiligten unterstellt wurden, ist davon auszugehen, daß die Rechtsnach-folge von Todes wegen im vietnamesischen Internationalen Privatrecht dem Heimat-recht des Erblassers unterstellt wird.

Zentralafrikanische Republik **757**

Schrifttum: ESPINASSE, IntEncCompL, National Reports, Central African Empire.

Das Kollisionsrecht der Zentralafrikanischen Republik ist in einem Gesetz Nr 65– **758** 71 v 3. 6. 1965 enthalten. Die einschlägige erbrechtliche Bestimmung lautet (in der Übersetzung von MAKAROV bei: KROPHOLLER/KRÜGER/RIERING/SAMTLEBEN/SIEHR 1057):

759 Art 43

Die Erbfolge in Immobilien richtet sich nach dem Recht des Ortes der Belegenheit der Immobilien. Die Erbfolge in bewegliches Vermögen folgt dem Recht des Wohnsitzes des Verstorbenen.

760 Danach herrscht im zentralafrikanischen Erbkollisionsrecht das Prinzip der Nachlaßspaltung. Das unbewegliche Vermögen wird nach dem Recht des Lageortes, das bewegliche Vermögen nach dem Recht des letzten Erblasserwohnsitzes beerbt. Rechtsgeschäfts sind formgültig, wenn sie die Bestimmungen des am Vornahmeort geltenden Rechts einhalten (Art 44).

761 Zypern

Schrifttum: TORNARITIS, IntEncCompL, National Reports, Cyprus.

762 Zypern hat das Haager Trust-Übereinkommen gezeichnet (Vorbem 129 zu Art 25 f) und das Washingtoner Testamentsform-Übereinkommen (Vorbem 136 zu Art 25 f) sowie das Baseler Übereinkommen über die Einrichtung einer Organisation zur Registrierung von Testamenten (Vorbem 142 zu Art 25 f) ratifiziert. Im übrigen beruht das Kollisionsrecht von Zypern auf den Grundsätzen des Common Law (vgl Rn 200).

Sachregister

Die fetten Zahlen beziehen sich auf die
Artikel, die mageren Zahlen auf die
Randnummern.

J. von Staudingers
Kommentar zum Bürgerlichen Gesetzbuch
mit Einführungsgesetz und Nebengesetzen

Übersicht vom 3. Juli 2000

Die Übersicht informiert über die Erscheinungsjahre der Kommentierungen in der 13. Bearbeitung und deren Neubearbeitung 1998 ff. (= Gesamtwerk STAUDINGER). *Kursiv* geschrieben sind die geplanten Erscheinungsjahre.

Die Übersicht ist für die 13. Bearbeitung und für deren Neubearbeitung zugleich ein Vorschlag für das Aufstellen des „Gesamtwerks STAUDINGER" (insbesondere für solche Bände, die nur eine Sachbezeichnung haben). Es wird empfohlen, die Austauschbände chronologisch neben den überholten Bänden einzusortieren, um bei Querverweisungen auf diese schnell Zugriff zu haben. Bei Platzmangel sollten die ausgetauschten Bände an anderem Ort in gleicher Reihenfolge verwahrt werden.

	13. Bearb.	Neub. 1998 ff.
Erstes Buch. Allgemeiner Teil		
Einl BGB; §§ 1 - 12; VerschG	1995	
§§ 21 - 103	1995	
§§ 104 - 133; BeurkG	*2001*	
§§ 134 - 163	1996	
§§ 164 - 240	1995	
Zweites Buch. Recht der Schuldverhältnisse		
§§ 241 - 243	1995	
AGBG	1998	
§§ 244 - 248	1997	
§§ 249 - 254	1998	
§§ 255 - 292	1995	
§§ 293 - 327	1995	
§§ 328 - 361	1995	
§§ 362 - 396	1995	2000
§§ 397 - 432	1999	
§§ 433 - 534	1995	
Wiener UN-Kaufrecht (CISG)	1994	1999
§§ 535 - 563 (Mietrecht 1)	1995	
§§ 564 - 580 a (Mietrecht 2)	1997	
2. WKSchG; MÜG (Mietrecht 3)	1997	
§§ 581 - 606	1996	
§§ 607 - 610	*2001*	
VerbrKrG; HWiG; § 13 a UWG	1998	
§§ 611 - 615	1999	
§§ 616 - 619	1997	
§§ 620 - 630	1995	
§§ 631 - 651	1994	
§§ 651 a - 651 l	*2000*	
§§ 652 - 704	1995	
§§ 705 - 740	*2001*	
§§ 741 - 764	1996	
§§ 765 - 778	1997	
§§ 779 - 811	1997	
§§ 812 - 822	1994	1999
§§ 823 - 825	1999	
§§ 826 - 829; ProdHaftG	1998	
§§ 830 - 838	1997	
§ 839	*2002*	
§§ 840 - 853	*2001*	
Drittes Buch. Sachenrecht		
§§ 854 - 882	1995	
§§ 883 - 902	1996	
§§ 903 - 924; UmwHaftR	1996	
§§ 925 - 984	1995	
§§ 985 - 1011	1993	1999
ErbbVO; §§ 1018 - 1112	1994	
§§ 1113 - 1203	1996	
§§ 1204 - 1296; §§ 1 - 84 SchiffsRG	1997	
§§ 1 - 64 WEG	*2001*	
Viertes Buch. Familienrecht		
§§ 1297 - 1302; NeLebGem (Anh §§ 1297 ff.); §§ 1303 - 1362	2000	
§§ 1363 - 1563	1994	

	13. Bearb.	Neub. 1998 ff.
§§ 1564 - 1568; §§ 1 - 27 HausratsVO	1999	
§§ 1569 - 1586 b	*2002*	
§§ 1587 - 1588; VAHRG	1998	
§§ 1589 - 1600 o	1997	
§§ 1589 - 1600 e; Anh §§ 1592, 1600 e		2000
§§ 1601 - 1615 o	1997	
§§ 1616 - 1633; §§ 1-11 RKEG	*2001*	
§§ 1638 - 1683	*2000*	
§§ 1684 - 1717	*2000*	
§§ 1741 - 1772	*2000*	
§§ 1773 - 1895; Anh §§ 1773 - 1895 (KJHG)	1999	
§§ 1896 - 1921	1999	

Fünftes Buch. Erbrecht

	13. Bearb.	Neub. 1998 ff.
§§ 1922 - 1966	1994	2000
§§ 1967 - 2086	1996	
§§ 2087 - 2196	1996	
§§ 2197 - 2264	1996	
§§ 2265 - 2338 a	1998	
§§ 2339 - 2385	1997	

EGBGB

	13. Bearb.	Neub. 1998 ff.
Einl EGBGB; Art 1 - 2, 50 - 218	1998	
Art 219 - 222, 230 - 236	1996	

EGBGB/Internationales Privatrecht

	13. Bearb.	Neub. 1998 ff.
Einl IPR; Art 3 - 6	1996	
Art 7, 9 - 12	*2000*	
IntGesR	1993	1998
Art 13 - 18	1996	
IntVerfREhe	1997	
Kindschaftsrechtl. Ü; Art 19	1994	
Art 20 - 24	1996	
Art 25, 26	1995	2000
Art 27 - 37	*2001*	
Art 38	1998	
IntWirtschR	*2000*	
IntSachenR	1996	

	13. Bearb.	Neub. 1998 ff.
BGB-Synopse 1896-1998	1998	
BGB-Synopse 1896-2000		2000
100 Jahre BGB – 100 Jahre Staudinger (Tagungsband 1998)	1999	
Gesamtregister	*2002*	

Demnächst erscheinen

	13. Bearb.	Neub. 1998 ff.
§§ 104 - 133; BeurkG	2001	
§§ 293 - 327		2001
§§ 631 - 651		2000
§§ 651 a - 651 l	2000	
§§ 652 - 704		2001
§§ 1363 - 1563		2000
§§ 1601 - 1615 o		2000
§§ 1684 - 1717	2000	
§§ 1741 - 1772	2000	
Art 7, 9 - 12 EGBGB	2000	
IntWirtschR	2000	

Nachbezug: Um sich die Vollständigkeit des „Gesamtwerks STAUDINGER" zu sichern, haben Abonnnenten jederzeit die Möglichkeit, die ihnen fehlenden Bände früherer Jahre zu für sie erheblich vergünstigten Bedingungen nachzubeziehen (z. B. 55 bis Dezember 1998 erschienene Bände [1994 ff., ca. 35.900 Seiten] seit 1. Januar 2000 als Staudinger-Einstiegspaket 2000 für DM 9.800,-/öS 71.540,-/sFr 8.722,-). Auskünfte erteilt jede gute Buchhandlung und der Verlag.

Reprint 1. Auflage: Aus Anlaß des 100jährigen Staudinger-Jubiläums ist die 1. Auflage (1898-1903) als Reprint erschienen. Rund 3.600 Seiten in sechs Bänden. 1998. Halbleder DM 1.200,- (zu beziehen bei Schmidt Periodicals, D-83075 Bad Feilnbach).

Dr. Arthur L. Sellier & Co. KG - Walter de Gruyter GmbH & Co. KG, Berlin
Postfach 30 34 21, D-10728 Berlin, Telefon (030) 2 60 05-0, Fax (030) 2 60 05-222

STAUDINGER BGB

▶ **Prof. Dr. Mathias Habersack ZHR 163 (1999) 394:**
„...kann ohne Übertreibung von einem Jahrhundertwerk von höchstem Niveau und enormer Aktualität gesprochen werden."

J. von Staudingers Kommentar zum Bürgerlichen Gesetzbuch mit Einführungsgesetz und Nebengesetzen

Als nächste Bände werden erscheinen:

§§ 104-133; BeurkG

13. Bearbeitung von Notar
Dr. Ralf Katschinski, Hamburg,
Notar Dr. Benno Keim, München,
Professor Dr. Hans-Georg Knothe, Greifswald,
Richter am OLG Professor Dr. Reinhard
Singer, Rostock.
Redaktor: Richter am Amtsgericht
Norbert Habermann, Offenbach.
Ca. 540 S. 2001. EP ca. DM 354,– /
öS 2.584,– / sFr 315,–
AboP ca. DM 273,– / öS 1.993,– / sFr 243,–
ISBN 3-8059-0918-7

§§ 293-327

Neubearbeitung 2001 von Professor
Dr. Dr. h. c. Manfred Löwisch, Freiburg,
Professor Dr. Hansjörg Otto, Göttingen,
Professor Dr. Volker Rieble, Mannheim,
Notar Dr. Eduard Wufka, Starnberg.
Redaktor: Professor Dr. Dr. h. c. Manfred
Löwisch.
Ca. 660 S. 2001. EP ca. DM 433,– /
öS 3.161,– / sFr 385,–
AboP ca. DM 334,– / öS 2.438,– / sFr 297,–
ISBN 3-8059-0939-X

§§ 631-651

Neubearbeitung 2000 von Richter am OLG
Professor Dr. Frank Peters, Hamburg.
Redaktor: Richter am OLG Professor Dr.
Dieter Reuter, Kiel.
Ca. 920 S. 2000. EP ca. DM 604,– /
öS 4.409,– / sFr 538,–
AboP ca. DM 466,– / öS 3.402,– / sFr 415,–
ISBN 3-8059-0936-5

§§ 651a-651l

13. Bearbeitung von Richter am OLG
Professor Dr. Jörn Eckert, Kiel.
Redaktor: Richter am OLG Professor Dr.
Dieter Reuter, Kiel.
Ca. 320 S. 2000. EP ca. DM 210,– /
öS 1.533,– / sFr 187,–
AboP ca. DM 162,– / öS 1.183,– / sFr 144,–
ISBN 3-8059-0921-7

§§ 652-704

Neubearbeitung 2001 von Professor Dr. Dr.
Michael Martinek, M.C.J., Saarbrücken,
Richter am OLG Professor Dr. Dieter Reuter,
Kiel,
Notarassessor Dr. Uwe Theobald, Saarbrücken,
Richter am OLG Professor Dr. Olaf Werner,
Jena.
Redaktor: Richter am OLG Professor
Dr. Dieter Reuter.
Ca. 920 S. 2001. EP ca. DM 604,– /
öS 4.409,– / sFr 538,–
AboP ca. DM 466,– / öS 3.402,– / sFr 415,–
ISBN 3-8059-0943-8

§§ 1363-1563

Neubearbeitung 2000 von Ministerialdirigent
Burkhard Thiele, Schwerin,
Vors. Richter am OLG Eckhard Rehme,
Oldenburg.
Redaktor: Professor Dr. Christian von Bar,
Osnabrück.
Ca. 960 S. 2000. EP ca. DM 630,– /
öS 4.599,– / sFr 561,–
AboP ca. DM 486,– / öS 3.548,– / sFr 433,–
ISBN 3-8059-0938-1

■ **§§ 1601-1615 o**
Neubearbeitung 2001 von Professor
Dr. Helmut Engler, Freiburg,
Privatdozentin Dr. Dagmar Kaiser, Freiburg.
Redaktor: Professor Dr. Helmut Engler.
Ca. 600 S. 2001. EP ca. DM 394,– /
öS 2.876,– / sFr 351,–
AboP ca. DM 304,– / öS 2.219,– / sFr 271,–
ISBN 3-8059-0945-4

■ **§§ 1684-1717**
13. Bearbeitung von Professor Dr. Michael
Coester, LL.M., München,
Professor Dr. Thomas Rauscher, Leipzig,
Professor Dr. Ludwig Salgo, Frankfurt am
Main.
Redaktorin: Senatorin für Justiz Dr. Lore
Maria Peschel-Gutzeit, Hamburg.
Ca. 480 S. 2000. EP ca. DM 315,– /
öS 2.300,– / sFr 280,–
AboP ca. DM 243,– / öS 1.774,– / sFr 216,–
ISBN 3-8059-0940-3

■ **§§ 1741-1772**
13. Bearbeitung von Professor Dr. Rainer
Frank, Freiburg.
Redaktor: Professor Dr. Helmut Engler,
Freiburg.
Ca. 400 S. 2001. EP ca. DM 263,– /
öS 1.920,– / sFr 234,–
AboP ca. DM 203,– / öS 1.482,– / sFr 181,–
ISBN 3-8059-0946-2

■ **Artikel 7 EGBGB; Anhang zu
Artikel 7: Länderübersicht zu Volljährig-
keit, beschränkter/Teilgeschäftsfähigkeit
und vorzeitiger Mündigkeit; Artikel 9,
10 EGBGB; Anhang I zu Artikel 10:
Istanbuler CIEC-Übereinkommen über
die Änderung von Namen und Vornamen,
Anhang II zu Artikel 10: Berner CIEC-
Übereinkommen über die Angabe von
Familiennamen und Vornamen in den
Personenstandsbüchern; Artikel 11
EGBGB; Anhang zu Artikel 11: Auslän-
dische Rechte; Artikel 12 EGBGB**
13. Bearbeitung von Professor Dr. Rainer
Hausmann, Konstanz, Professor Dr. Reinhard
Hepting, Mainz,

Professor Dr. Günter Weick, Gießen,
Richter am OLG Professor Dr. Peter Winkler
von Mohrenfels, Rostock.
Redaktor: Professor Dr. Jan Kropholler,
Hamburg.
Ca. 480 S. 2000. EP ca. DM 315,– /
öS 2.300,– / sFr 280,–
AboP ca. DM 243,– / öS 1.774,– / sFr 216,–
ISBN 3-8059-0927-6

■ **Internationales Wirtschaftsrecht**
13. Bearbeitung von Richter am OLG
Professor Dr. Karl-Heinz Fezer, Konstanz.
Redaktor: Richter am OLG Professor
Dr. Ulrich Magnus, Hamburg.
Ca. 440 S. 2000. EP ca. DM 289,– /
öS 2.110,– / sFr 257,–
AboP ca. DM 223,– / öS 1.628,– / sFr 198,–
ISBN 3-8059-0935-7

STAUDINGER
BGB

Sellier
de Gruyter

Postfach 30 34 21
D-10728 Berlin
Telefon (030) 260 05-0
Fax (030) 260 05-222
www.deGruyter.com

Sellier
de Gruyter